Richter
Vertragsrecht

Vertragsrecht

Die Grundlagen des Wirtschaftsrechts

von

Prof. Dr. iur. Thorsten S. Richter

2., aktualisierte Auflage

Verlag Franz Vahlen München

Prof. Dr. jur. Thorsten S. Richter, Professor an der betriebswirtschaftlichen Fakultät der Hochschule für Technik und Wirtschaft Dresden, hat viele Jahre als Rechtsanwalt in Verbänden, Bildungsträgern und Hochschulen praktische Kenntnisse im Vertragsrecht gesammelt und vermittelt. Im Internet sind Beiträge von ihm unter sofatutor.de und youtube.com zu finden.

ISBN 978 3 8006 4673 9

© 2013 Verlag Franz Vahlen GmbH
Wilhelmstr. 9, 80801 München
Satz: Fotosatz H. Buck
Zweikirchener Str. 7, 84036 Kumhausen
Druck und Bindung: Druckhaus Nomos
In den Lissen 12, 76547 Sinzheim
Gedruckt auf säurefreiem, alterungsbeständigem Papier
(hergestellt aus chlorfrei gebleichtem Zellstoff)
Hägar Comics: © 2013 King Features Syndicate, Inc./Distr. Bulls

Hinweise zur 2. Auflage

Nach 3 Jahren wurde das vorliegende Buch komplett aktualisiert und u. a. folgende Änderungen vorgenommen:
- **Neue Statistiken und Urteile der Rechtsprechung** wurden eingearbeitet z. T. auch Urteile, die die bisherigen Aussagen im Text erneut mit aktuellen Beispielen bereichern.
- Darüber hinaus wurde die **neue Rechtslage** im Widerrufsrecht aufgenommen, nachdem 2010 und 2011 wesentliche Bestimmungen zum Wertersatz und zum Fristbeginn geändert und auch die Belehrungsmuster angepasst und zum Teil auch noch an einem neuen Ort (statt BGB-InfoV jetzt im EGBGB) geregelt.
- Die Lösungsvorschläge zu den **Fällen** wurden erweitert und auch **10 neue Fälle** in den Kapiteln aufgenommen, so dass jetzt insgesamt **anhand von 126 Fällen** das Vertragsrecht transparent und praxisnah vermittelt wird.
- Der bewährte Frage-Antwort-Stil wurde beibehalten und noch **durch Hinzufügung von mehr als 32 Fragen** auf nun insgesamt **348 Fragen** verfeinert (statt bisher 315), so dass dem Leser die wichtigsten Frage- und Problemstellungen umfassend erläutert werden können.
- Das Buch weist **aufbautechnisch** nun 10 statt 7 Hauptkapitel auf, da die Phasen der Leistungsstörungen eines Vertrages in die einzelnen Unterkapitel 6. Vertragsstörungen, 7. Anfechtung, 8. AGB-Kontrolle und 9. Leistungsstörungen aufgeteilt worden sind.
- Das während der Überarbeitung des Buches noch im Gesetzgebungsverfahren befindliche Gesetz zur Bekämpfung von Zahlungsverzug im Geschäftsverkehr (BR-Drs 306/12) wurde berücksichtigt und der neue § 271 a BGB und die Änderungen in den §§ 286 und 288 BGB eingefügt.

Vorwort

▶ 1 Was ist das Anliegen dieses Buches?

Dieses Buch will die Zusammenhänge rechtlicher Vorschriften mit betriebwirtschaftlichen Gedankengängen im Kontext von steuerrechtlichen und versicherungsrechtlichen Rahmenbedingungen aufzeigen.

Der Leser soll die Bedeutung des Vertrags und seiner rechtlichen Probleme in der Praxis einschätzen lernen und dann daraus die richtigen Schlüsse ziehen.

Dabei will dieses Buch auch eine **Antwort auf die Probleme anlässlich der EU-weiten Umstellung der Studiengänge von Diplom- auf Bachelor- und Masterstudiengänge** sein. Immer wieder wird beklagt, dass die Lehrenden ihren Lehrstoff nicht gekürzt haben, sondern ihr eigenes Diplom-Programm in die Bachelorstudiengänge „reingepresst" haben. Höhere Studienabbrecherquoten und Frustration bei den Studierenden seien die Folge. Mit dem vorliegenden Buch soll eine angemessene Verteilung der Stoffvermittlung zwischen Lehrenden und Studenten dadurch ermöglicht werden, dass Materialien zum Selbststudium zwar umfangreich angeboten werden, diese aber inhaltlich im Buch vorbereitet werden. Ein **Buch zum gelenkten Selbststudium**, ein „Pauk- und Workbuch" ja, das aber die Vorlesung der Lehrenden auf keinen Fall ersetzen kann.

Begleitet wird dieses Buch durch Lernvideos auf dem Online-Portal sofatutor.com.

▶ 2 Wie ist dieses Buch geschrieben worden?

Das vorliegende Buch soll in möglichst verständlichen und dennoch juristisch korrekten Sätzen die für den Leser wichtigsten Bereiche des Vertragsrechts näher beschreiben. Dem Autor ging es dabei vor allem um die Verdeutlichung wesentlicher Grundgedanken des Vertragsrechts, seiner Strukturen und Prinzipien. Die Fragen wurden nach ihrer Häufigkeit aus der eigenen Beratungspraxis ausgewählt.

Das Vertragsrecht ist nur auf den ersten Blick eine trockene Rechtsmaterie. Viele Menschen beschäftigen sich täglich mit diesem Recht und seinen zahlreichen Facetten, und in der Beratung ist man bemüht, praxistaugliche Lösungen zu finden.

Dieses Ziel hat auch das vorliegende Buch mit Hilfe eines einfachen **Frage-und-Antwort-Katalogs**. Nach jeder Frage bekommt der Leser anhand von Beispielen die Herleitung der Lösung aufgezeigt. Am Ende von Erläuterungen finden sich dann nochmals **Kurzzusammenfassungen**, die auf einen Blick sofort die wesentlichen Aspekte präsentieren. Damit ist eine problemlose und zügige Lektüre des Buches garantiert. Gesetzesverweise erfolgen nur im unbedingt notwendigen Umfang.

Im **Anhang** finden die Leser eine alphabetische Liste wichtiger Ansprechpartner, die bei Fragen zum Vertragsrecht weiterhelfen können.

3 Was will dieses Buch nicht?

Dieses Buch erhebt nicht den Anspruch, ein Lexikon oder **Nachschlagewerk** für alle Fragen des Vertragsrechts zu sein. Im Vordergrund stehen die täglichen Interessen des Vertragsschließenden. Hier sollen wichtige Zusammenhänge des Vertragsrechts in einer Sprache verdeutlicht werden, die sich von den Texten vieler rechtlicher Vorschriften unterscheidet. Dabei wird oft bewusst auf die juristische Fachsprache verzichtet und mehr auf betriebswirtschaftliche Zusammenhänge Wert gelegt.

Vor dem Hintergrund der Komplexität des Vertragsrechts konnten **nicht alle Spezialfragen** an Ort und Stelle beantwortet werden. Es werden aber zahlreiche Hinweise für die weitere Informationsbeschaffung gegeben. Das Buch kann nicht jeden Einzelfall abdecken; denn dazu bedarf es der Berücksichtigung aller konkreten Umstände, die oftmals nur in einer eingehenden Einzelberatung geklärt werden können.

4 Wer hat mitgewirkt?

Das vorliegende Buch ist der Versuch, ein hoch komplexes Thema in kurzen Fragen, knappen Zusammenfassungen und zielführenden Antworten in einem angemessenen Umfang zu bearbeiten. Dabei sollen mehrere klassisch getrennte Disziplinen zu Wort kommen, was evtl. etwas ungewöhnlich erscheinen mag. Der Autor würde sich über Anregungen, Hinweise, Kritik und sonstige Anmerkungen sehr freuen.

Danken möchte ich allen, die mir bei der Realisierung dieses Projekts mit Rat und Tat zur Seite standen. Für die geduldige Unterstützung in jeder Hinsicht möchte ich meiner Frau Sabine danken und meinen Kindern Marie, Simon und David für ihre Geduld mit dem manchmal geistig und körperlich abwesenden Vater.

Dem Verlag bin ich ebenfalls sehr dankbar, allen voran, Stephan Kilian, ohne den ich dieses Projekt nie hätte verwirklichen können.

Kritik, Lob und Anregungen sind stets willkommen (**richtert@wiwi.htw-dresden.de**)

Dresden/Chemnitz im Sommer 2013　　　　　　　　　　　　Thorsten S. Richter

Inhaltsübersicht

Vorwort VI
Inhaltsverzeichnis XI
Gebrauchsanweisung – Ein „kleiner Fall" zum Einstieg! XVII
  1. Teil Bedeutung, Aufgaben und Begriffe – 1
  2. Teil Vertragsanbahnung – 59
  3. Teil Vertragsschluss – 125
  4. Teil Vertragsparteien – 187
  5. Teil Vertragsgegenstand – 243
  6. Teil Vertragsstörungen – 269
  7. Teil Anfechtung eines Vertrages – 299
  8. Teil AGB-Kontrolle – 333
  9. Teil Leistungsstörungen – 389
10. Teil Vertragsbeendigung – 501
Sachverzeichnis 553

Inhaltsverzeichnis

Vorwort.. VI
Inhaltsübersicht... IX

1. Teil Bedeutung, Aufgaben und Begriffe – Welche Bedeutung und Aufgaben haben Verträge? Wo findet man Informationen? Welche Grundbegriffe gibt es?... 1

I.	Bedeutung...	3
	1	Juristische Bedeutung...........................	3
	2	Betriebswirtschaftliche Bedeutung..............	4
II.	Aufgaben..	14
	1	Abänderung gesetzlicher Regelungen	14
	2	Konkretisierung	16
	3	Lückenfüllung	17
	4	Klarheit und Beweisbarkeit	18
	5	Rechtssicherheit	19
	6	Verlagerung von Risiken........................	20
III.	Informationsquellen.................................	21
	1	Fachbücher	21
	2	Lehrbücher	22
	3	Kommentare	23
	4	Fallsammlungen................................	24
	5	Gesetzesvorschriften	25
	6	Rechtsprechung	25
	7	Internetfundstellen	26
IV.	Vertragsfreiheit.....................................	28
	1	Vertragsfreiheit.................................	29
	2	Abschlusszwang	32
	3	Partnerwahlzwang	34
	4	Formzwang	35
	5	Gestaltungszwang	35
V.	Rechtsgeschäft......................................	38
	1	Begriff des Rechtsgeschäfts	38
	2	Arten von Rechtsgeschäften.....................	39
	3	Trennungs- bzw. Abstraktionsprinzip	40
VI.	Willenserklärung....................................	44
	1	Begriff der Willenserklärung	44
	2	Innerer Tatbestand	46
	3	Äußerer Tatbestand	49
	4	Schweigen als Willenserklärung	50
VII.	Vertrag	53
	1	Begriff des Vertrages	53
	2	Hauptregelungsort des Vertrages	53
	3	Abgrenzung des Vertrages	54
	4	Arten von Verträgen	56

2. Teil Vertragsanbahnung – Welche rechtlichen Folgen hat eine Vertragsanbahnung? ... 59

I.	Allgemeine Vorfragen	61
II.	Vertragsplanung	64
	1 Ziele der Planung	64
	2 Strategie und Taktik der Planung	65
	3 Planungsfaktoren und ihre Auswirkungen auf Vertragsinhalte	68
	4 Planungsszenarien durchspielen	74
III.	Vertragsdesign	77
	1 Regeln für Lücken, Fehlinterpretationen und Missverständnisse	78
	2 Regeln für Aufbau, Sprache und Form des Vertrages	84
	3 Praktische Hilfsmittel	87
	4 Musterverträge	88
IV.	Vertragsverhandlungen	91
V.	Vertragsdurchführungsplanung	95
	1 Typische Haupthindernisse	95
	2 Typische Werkzeuge	98
VI.	Systematische Analyse juristischer Sachverhalte	100
	1 Sachverhalt genau erfassen – Schritt 1	100
	2 Fragestellung beachten – Schritt 2	103
	3 Erste Gedanken zur Lösung festhalten – Schritt 3	104
	4 Suche nach den Rechtsvorschriften – Schritt 4	105
	5 Erstellung einer Lösungsskizze – Schritt 5	108
	6 Ausformulierung der Lösung – Schritt 6	109
VII.	Vertrags-Controlling	112
VIII.	Phasen der Vertragsanbahnung	114
	1 Verhandlungsprotokolle	114
	2 Absichtserklärung	115
	3 Option	118
	4 Vorhand- bzw. Vorkaufsrecht	120
	5 Vorvertrag	121

3. Teil Vertragsschluss – Wie erfolgt juristisch der Vertragsschluss? ... 125

I.	Angebot und Annahme	127
	1 Inhalt und Ablauf des Vertragsabschlusses	127
	2 Angebot	128
	3 Bindende Angebote und nicht bindende Angebote	131
	4 Annahme	132
II.	Abgabe einer Willenserklärung	136
	1 Begriff der Empfangsbedürftigkeit	136
	2 Abgabe einer Willenserklärung	138
III.	Zugang einer Willenserklärung	142
IV.	Beweis des Zugangs	146
V.	Zugangsverhinderung	148
VI.	Erlöschen eines Vertragsangebots	151
	1 Ablehnung eines Angebots	151
	2 Annahmefristen	152
	3 Annahme bei späteren Änderungen	156

VII.	Formvorschriften		159
	1 Allgemeines zu Formvorschriften		159
	2 Prüfungsschema		161
VIII.	Schriftform		166
IX.	Elektronische Form		170
X.	Textform		172
XI.	Öffentliche Beglaubigung		174
XII.	Notarielle Beurkundung		177
XIII.	Vereinbarte Formanforderungen		179
XIV.	Sonstige Formanforderungen		184

4. Teil Vertragsparteien – Welche Bedeutung hat die Bestimmung der Vertragsparteien vertragsrechtlich? ... 187

I.	Bedeutung der Vertragsparteien		189
	1 Funktion des Vertragspartners		189
	2 System des BGB		191
II.	Natürliche Personen		194
	1 Begriff der Rechtsfähigkeit		194
	2 Beginn der Rechtsfähigkeit		195
	3 Ende der Rechtsfähigkeit		196
	4 Vorverlagerte Rechtsfähigkeit		196
III.	Juristische Personen		199
	1 Begriff der juristischen Person		199
	2 Beginn der Rechtsfähigkeit		201
	3 Ende der Rechtsfähigkeit		201
	4 Haftung der juristischen Person		202
IV.	Geschäftsfähigkeit		204
	1 Begriff der Geschäftsfähigkeit		204
	2 Geschäftsunfähigkeit		205
	3 Beschränkte Geschäftsfähigkeit		209
	4. Teilgeschäftsfähigkeit		213
V.	Stellvertretung		219
	1 Begriff, Prinzipien und Voraussetzungen der Stellvertretung		219
	2 Zulässigkeit der Stellvertretung		223
	3 Vertreterhandeln		225
	4 Vertretungsmacht		227
	5 Fehler des Vertreters		235
	6 Vertreter ohne Vertretungsmacht		236

5. Teil Vertragsgegenstand – Was kann Gegenstand eines Vertrages sein? 243

I.	System der Vertragsgegenstände		245
	1 Begriff und Systematik der Vertragsgegenstände		245
	2 Rechtliche Bedeutung		246
	3 Betriebswirtschaftliche Bedeutung		246
II.	Sachen		248
	1 Begriff der Sache		248
	2 Bewegliche und unbewegliche Sachen		249

		3	Vertretbare und unvertretbare Sachen	250
		4	Verbrauchbare und nicht verbrauchbare Sachen	252
		5	Wesentliche Bestandteil einer Sache oder eines Grundstücks	253
		6	Zubehör	258
	III.		Tiere	261
	IV.		Rechte	263
		1	Abtretung von Rechten	263
		2	Verschiedene Rechte	265

6. Teil Vertragsstörungen – Welche Störungen können im Vertragsrecht auftreten? ... 269

	I.	Überblick über die häufigsten Vertragsstörungen und ihre Rechtsfolgen	271
	II.	Haupt- und Nebenpflichten	273
		1 Hauptleistungspflichten	273
		2 Nebenleistungspflichten	274
	III.	Unwirksame Verträge	281
		2 Gesetzesverstoß	282
		3 Sittenwidrigkeit	285
		4 Unwirksamkeit und Wirksamkeit	290
		5 Scherz- und Scheingeschäfte	293

7. Teil Anfechtung eines Vertrages – Wann kann ein Vertrag angefochten werden? ... 299

	I.	Begriff und Abgrenzung der Anfechtung	301
	II.	Inhaltsirrtum	308
	III.	Erklärungsirrtum	310
	IV.	Eigenschaftsirrtum	311
	V.	Übermittlungsirrtum	313
	VI.	Arglistige Täuschung	314
	VII.	Widerrechtliche Drohung	318
	VIII.	Anfechtungsformalitäten	322
	IX.	Wirkungen der Anfechtung	327

8. Teil AGB-Kontrolle – Welche vorgedruckten Vertragsbedingungen sind wirksam? Welche nicht? ... 333

	I.	Typische Problembereiche bei AGB	335
	II.	Bedeutung der AGB	336
		1 Vorteile von AGB	336
		2 Nachteile von AGB	340
		3 Fundstellen von AGB	340
	III.	Begriff der AGB	342
		1 Begriff der „AGB-Kontrolle"	342
		2 Vorformuliert	344
		3 Vielzahl von Verträge	346
		4 Einseitig gestellt	347

IV.	Einbeziehung von AGB	349
	1 Hinweis	349
	2 Möglichkeit der Kenntnisnahme	352
	3 Einverständnis	353
	4 Sonderfälle	354
	5 Widersprechende AGB	355
V.	Anwendungsbereich der AGB-Kontrolle	358
	1 Persönlicher Anwendungsbereich	358
	2 Inhaltlicher Anwendungsbereich	359
VI.	Überraschende und unklare AGB-Klauseln	360
	1 Überraschende Klauseln	360
	2 Mehrdeutige Klauseln	362
VII.	Umgehungsverbot	365
VIII.	Einzelne AGB-Klauselverbote	367
IX.	Klauselverbote ohne Wertungsmöglichkeit	368
X.	Klauselverbote mit Wertungsmöglichkeit	376
XI.	Generalklausel	382
XII.	Rechtsfolgen der AGB-Kontrolle	386

9. Teil Leistungsstörungen – Wie kann beim Vertrag die Leistung gestört werden? ... 389

I.	Begriff und Systematik des Leistungsstörungsrechts	391
II.	Unmöglichkeit	395
III.	Schuldnerverzug	403
IV.	Gläubigerverzug	427
V.	Positive Vertragsverletzung (pVV)	434
VI.	Verschulden bei den Vertragsverhandlungen	444
VII.	Haftung für Mängel	453
VIII.	Wegfall der Geschäftsgrundlage	465
IX.	Sicherungsmittel	470
	1 Zurückbehaltungsrecht	471
	2 Unsicherheitseinrede	472
	3 Pfandrechte	473
	4 Abschlagszahlungen	475
	5 Bauvertragliche Sicherheiten	475
	6 Vertragliche Sicherheiten	477
	7 Bürgschaft	478
	8 Schuldbeitritt	482
	9 Schuldversprechen bzw. Schuldanerkenntnis	484
	10 Garantievertrag	486
	11 Sicherungsübereignung	488
	12 Sicherungsabtretung	490
	13 Eigentumsvorbehalt	492
	14 Vertragliches Pfandrecht	496
	15 Patronatserklärung	497

10. Teil Vertragsbeendigung – Auf welche Art und Weise können Verträge beendet werden? 501

I.	Überblick	503
II.	Allgemeine Erfüllungshandlungen	504
	1 Erfüllung	504
	2 Leistung an Erfüllung statt und erfüllungshalber	505
III.	Besondere Erfüllungshandlungen	508
	1 Hinterlegung	508
	2 Aufrechnung	510
	3 Erlass und negatives Schuldanerkenntnis	515
IV.	Weitere Erlöschensgründe	519
	1 Unmöglich gewordene Leistung	519
	2 Fristablauf	519
	3 Verwirkung	520
	4 Aufhebungsvertrag	522
	5 Kündigung	524
	6 Widerruf	538
	7 Rücktritt	546
	8 Novation	549
	9 Konfusion	550

Stichwortverzeichnis 553

Gebrauchsanweisung –
Ein „kleiner Fall" zum Einstieg!

Fall 1 Ein Auto kaufen kann doch jeder, oder? Kunde K und Autohausbesitzer V sind sich nach tagelangen Beratungen endlich einig geworden, welches Auto zu welchem Preis im nächsten Monat geliefert werden soll. Auch die zahlreichen Sonderwünsche des K wird der V versuchen, bis dahin durch Einbauten zu erfüllen.

Schließlich will der Autohausbesitzer V von K eine Unterschrift auf einem **Vertragsmuster**, das V sich vom Zentralverband des deutschen Kraftfahrzeuggewerbes (ZdK) besorgt hat. Der Verkäufer V argumentiert, in dem Vertrag seien alle Probleme, die sich bei Autoverkäufen ergeben können, bestens geregelt. Folgende Vertragsklauseln kommen dem Käufer komisch vor:

„Der Käufer ist an die Bestellung höchstens bis 10 Tage... gebunden"

„Der Käufer ist verpflichtet, den Kaufgegenstand innerhalb von acht Tagen... abzunehmen.... Verlangt der Verkäufer Schadensersatz, so beträgt dieser 10% des Kaufpreises"

Auch nach Lesen weiterer Vertragsklauseln ist dem Kunden K nicht klar, welche typischen Rechtsprobleme sich beim Autokauf ergeben könnten. Kunde K bekommt nun das vorliegende Buch in die Hand und fragt sich, wie er daraus schnell Lösungen für seine vertragsrechtlichen Unsicherheiten bekommen kann?

▶ 5 Wie ist dieses Buch aufgebaut?

Das Buch besteht aus verschiedenen Teilen, die sich an den typischen Fragen orientieren, die im zeitlichen „Lebenszyklus" von Verträgen in der Praxis immer in einer gewissen Reihenfolge auftauchen können:

> „Zehn Lebensabschnitte" ▶ Klärung der Grundlagen ▶ Anbahnung des Vertragsschlusses ▶ Vertragsschluss ▶ mit den ausgewählten Vertragsparteien ▶ Bestimmung des Vertragsgegenstandes ▶ Durchführung des Vertrages ▶ Störungen bei der Vertragsdurchführung ▶ Nichtigkeit und Anfechtbarkeit des Vertrages ▶ AGB-Kontrolle ▶ Beendigung des Vertrages

Innerhalb dieser „Lebensabschnitte" eines Vertrages sollten Vertragsparteien regelmäßig die nachfolgenden Fragen klären, die im Buch nach und nach in immer denselben zehn Abschnitten bei den verschiedenen Vertragstypen erläutert werden.

Lösung Fall 1 Im **Fall** des Kunden K sollte er sich nach Lesen dieser Gebrauchsanweisung im **Teil 1** die wesentlichen Grundlagen von Verträgen ansehen.

Aufbau des Buches

- **Grundsätze** ○ Buch enthält zehn Teile ○ entsprechen den zehn „Lebensabschnitten" eines Vertrages
- **1. Teil** Bedeutung, Aufgaben, Informationsquellen und Grundbegriffe von Verträgen
- **2. Teil** Vertragsanbahnung
- **3. Teil** Vertragsschluss
- **4. Teil** Vertragsparteien

- 5. Teil Vertragsgegenstand
- 6. Teil Vertragsstörungen
- 7. Teil Anfechtung
- 8. Teil AGB-Kontrolle
- 9. Teil Leistungsstörungen
- 10. Teil Vertragsbeendigung

▶ **6 Warum sind zunächst die Aufgaben und Bedeutung der Verträge, Informationsquellen sowie ihrer Begrifflichkeiten zu klären?**

Jeder Vertragsschließende sollte wissen, welche **Aufgaben** ein Vertrag eigentlich hat. Nur zu gern vergisst der Kunde, dass er nach Ableistung der Vertragsunterschrift eine rechtlich einklagbare Verpflichtung eingegangen ist und dass daran z. B. umfangreiche Zahlungspflichten hängen, die im Zahlungsverzugsfall erhebliche Verzugszinsen nach sich ziehen und zum Teil sogar ein Vielfaches der eigentlichen Leistungssumme betragen können.

> Im **Fall 1** des Autohaus-Kaufvertrages soll der schriftlich abgefasste Vertrag sicherlich auch zur **Erhöhung der Beweisbarkeit** die getroffenen Vereinbarungen festhalten. Die Vertragsklauseln wurden aus **Gründen der Rechtssicherheit** vorab von Juristen überprüft (Von wem wurden die Juristen bezahlt? Zu wessen Gunsten arbeiten sie?). Letztlich sollen aber **dem Verkäufer viele Risiken des Geschäfts genommen** werden, da es sich um einen **weitestgehend verkäuferfreundlichen Vertrag** handelt.

Wenn auch der **Begriff** des Vertrags relativ sicher in der Praxis umschrieben werden kann, werden vielfach Fachbegriffe im Vertragstext falsch bzw. uneinheitlich verwendet. Hier ist dringend eine Klärung erforderlich, will man nicht die „Katze im Sack" oder ein „spuckendes Lama" mitkaufen.

> Im **Fall 1** des Autohaus-Kaufvertrags sind z. B. Regelungen mit verschiedensten Rechtsbegriffen enthalten. ▶ Was sind „Allgemeine Geschäftsbedingungen"? ▶ Wann ist ein Angebot „zugegangen"? ▶ Wer ist bei einer GmbH letztlich Vertragspartner? ▶ Was ist eine „Leistungsstörung"? ▶ Was bedeutet „Skonto"? ▶ Was verbirgt sich hinter der „Garantie" und was ist unter der „Gewährleistung" zu verstehen? ▶ Was bedeutet die Vereinbarung eines „Eigentumsvorbehalts"? ▶ Was ist eine „Gerichtsstandsvereinbarung"?

> **Teil 1 Aufgaben, Bedeutung und Begriffsdefinitionen**
> - **Grundsätze** ○ An Verträgen hängen rechtlich einklagbare Verpflichtungen und Zahlungspflichten! ○ Rechtsfragen müssen schnell und rechtssicher noch vor dem eigentlichen Vertragsschluss geklärt werden!
> - **Häufigste Fehler** ○ Aufgaben und Bedeutungen unklar ○ falsche bzw. uneinheitliche Verwendung von Fachbegriffen
> - **Häufigste Fragen** ○ Welche Bedeutung und Aufgaben hat der jeweilige Vertrag rechtlich und betriebswirtschaftlich? ○ Welche vertragsspezifischen Rechtsbegriffe sind in der Praxis mit Problemen verbunden?
> - **Hinweis zum Gebrauch** ○ Teil 1 widmet sich Aufgaben, Bedeutung, Informationsquellen und wichtiger Begriffe des Vertrages

▶ 7 Wie sollte man betriebswirtschaftlich und rechtlich richtig bei der Vertragsanbahnung vorgehen?

Dass gerade mit vorgedruckten Verträgen Kunden im Massengeschäft des täglichen Lebens in der Fußgängerzone oder an der Haustür zu übereilten Vertragsabschlüssen mit nachteilhaften Vertragsklauseln, z. B. Haftungsausschlüssen, verleitet werden können, ist oftmals Ergebnis eines perfekt angewandten **Vertragsmanagements**, jedenfalls aus der Sicht des Verkäufers. Es gibt aber auch Fälle, in denen der Vertragsschluss durch fehlendes oder ungeschicktes Verhandeln gar nicht zustande kommt. Treten erste rechtliche Probleme bei der Abwicklung eines Vertrages auf, bedarf es zudem einer gewissen juristischen **Arbeitsmethodik**, um aus einer Vertragsurkunde rechtlich einwandfreie Ergebnisse ableiten zu können.

> Im **Fall 1** des Autohaus-Kaufvertrags findet sich in der Klausel für den Fall der Nichtabholung der Ware ein **pauschaler Schadensersatzanspruch in Höhe von 10 %** des Kaufpreises. Diesen muss der Käufer K zahlen, wenn er das Auto ohne Verschulden des Verkäufers nicht abholt, z. B. weil die Bank inzwischen nicht mehr bereit ist, dem K einen Kredit auszuzahlen. Die Rechtmäßigkeit von Schadenspauschalen ist in der Praxis durchaus zweifelhaft und immer wieder Gegenstand von gerichtlichen Auseinandersetzungen, da sie aus der Nichtabholung für den Verkäufer entstehenden Schaden betragsmäßig übersteigen können, vgl. § 309 Nr. 5 a BGB. Will der Käufer K diese Klausel nicht haben, so muss er sie nun geschickt „herausverhandeln".

§ > **§ 309 BGB Klauselverbote ohne Wertungsmöglichkeit** Auch soweit eine Abweichung von den gesetzlichen Vorschriften zulässig ist, ist in Allgemeinen Geschäftsbedingungen unwirksam 5. (**Pauschalierung von Schadensersatzansprüchen**) die Vereinbarung eines pauschalierten Anspruchs des Verwenders auf Schadensersatz oder Ersatz einer Wertminderung, wenn a) die Pauschale den in den geregelten Fällen nach dem gewöhnlichen Lauf der Dinge zu erwartenden Schaden oder die gewöhnlich eintretende Wertminderung übersteigt oder ...

Allein das **Auffinden der gesetzlichen Vorschriften** erfordert einige Übung mit gesetzlichen Vorschriften. Hinzu kommt die Komplexität bestimmter Vorschriften, die nicht beim ersten Durchlesen bewältigt werden kann. Außerdem bedarf es für die sichere Anwendung der Vorschriften oft Zusatzkenntnisse und **vernetztes Wissen**, da die Vorschriften nur im Gesamtzusammenhang gelesen richtige Ergebnisse liefern können. Die Juristen haben sich hier eine bestimmte Arbeitstechnik angewöhnt, die es ermöglicht, in der Praxis zu den entsprechenden Ergebnissen zu kommen.

 Teil 2 Vertragsanbahnung

- **Grundsätze** ○ Häufige Fehler vermeiden, indem man strategisch vorgeht! ○ Antworten auf die häufigsten Fragen im Vorfeld eines Vertrages kennen!
- **Häufigste Fehler** ○ einseitiges, fehlendes oder ungeschicktes Vertragsmanagement ○ Arbeitsmethodik fehlt oder ist fehlerhaft ○ gesetzliche Vorschriften werden nicht gefunden oder falsch angewandt ○ Zusatzwissen und vernetzte Kenntnisse fehlen

Gebrauchsanweisung – Ein „kleiner Fall" zum Einstieg!

- **Häufigste Fragen** ○ Was gehört zu einer guten Vertragsplanung? Sollen Musterverträge verwendet werden? ○ Was ist bei den Vertragsverhandlungen zu beachten? ○ Wie werden juristische Probleme systematisch mit dem 6-Schritte-Schema angegangen?
- **Hinweis zum Gebrauch** ○ Im **Teil 2** werden Vertragsmanagement und Arbeitstechnik ausführlich besprochen.

▶ 8 Wie erfährt man, ob und ab wann ein Vertrag wirksam geschlossen ist?

Wann letztlich der **Vertragsschluss** stattfindet, wird vom juristischen Laien durchaus nicht immer richtig eingeschätzt.

> Im Fall 1 des Autohaus-Kaufvertrages ist der Vertragsschluss regelmäßig durch Musterformulierungen so gestaltet, dass der Käufer eine **verbindliche Bestellung** abgibt, der Verkäufer aber während einer daran anschließenden Frist von bis zu 2 Wochen sich noch überlegen kann, ob er das Vertragsangebot annimmt oder nicht. In den AGB ist meistens geregelt, dass der Vertrag erst mit einer Bestätigung des Verkäufers oder mit Lieferung zustande kommt. Damit hat sich der Verkäufer seine rechtliche Bindung zu seinen Gunsten aufgeschoben, der Käufer ist dem mehr oder weniger ausgeliefert, wenn er unterschrieben hat.

Will der Käufer sicher gehen, dass der Verkäufer sofort gebunden ist, muss er dieses ausdrücklich so vereinbaren und die Musterformulieren an den Einzelfall anpassen. Außerdem müssen rechtliche Fehler vermieden werden, z. B. beim Vertragsschluss mit noch nicht voll **Geschäftsfähigen**, mit **Stellvertretern** oder unter Verwendung von vorgedruckten Geschäftsbedingungen (**AGB**).

Teil 3 Vertragsschluss

- **Grundsätze** ○ Klare Regelungen zum Vertragsschluss verwenden! ○ Wissen, wie ein Vertragsschluss tatsächlich und rechtlich abläuft!
- **Häufigste Fehler** ○ nicht genau klar, wann der Vertragsschluss erfolgt ○ keine Musterformulierungen vorhanden ○ nicht an den Einzelfall angepasste Vertragsschlussklauseln
- **Häufigste Fragen** ○ Wie erfolgt beim jeweiligen Vertrag ein formwirksamer Vertragsschluss?
- **Hinweis zum Gebrauch** ○ Im **Teil 3** werden Probleme hinsichtlich des Vertragsschlusses erläutert.

▶ 9 Wie erfährt man, mit welchem Vertragspartner ein Vertrag wirksam geschlossen ist?

Es kommt auch immer wieder vor, dass die **Vertragsparteien** ungenau bezeichnet werden, insbesondere wenn auf einer Seite mehrere Personen auftreten oder Gesellschaften. Auch der plötzliche Austausch eines finanzkräftigen Schuldners in den letzten Minuten vor Vertragsschluss durch einen weniger potenten Vertragspartner ist ein durchaus zu beobachtendes Verhalten.

Es existieren auch Musterformulierungen, die einen Wechsel des Vertragspartners noch während der Vertragsdurchführung ermöglichen.

Teil 4 Vertragsparteien

- **Grundsätze** ○ Klare Regelungen zum Vertragspartner verwenden! ○ Informationen über den Vertragspartner einholen, die im Haftungsfall zur Verfügung stehen!
- **Häufigste Fehler** ○ Nichtbeachtung rechtlicher Besonderheiten beim Vertragsschluss mit nicht voll Geschäftsfähigen, Stellvertretern oder AGB ○ **Vertragsparteien** ungenau bezeichnet ○ unvollständig
- **Häufigste Fragen** ○ Wie bestimmt man die Vertragsparteien richtig?
- **Hinweis zum Gebrauch** ○ Im Teil 4 werden Probleme hinsichtlich der Vertragsparteien erläutert.

▶ 10 Wie muss der Vertragsgegenstand bestimmt werden?

Der Vertragsgegenstand muss in allen Verträgen vollständig beschrieben sein, da sich an ihm ja die weiteren Fragen der Schlechterfüllung abmessen lassen. Erst wenn man weiß, was Gegenstand des Vertrages war, kann man entscheiden, ob die geleistete Sache dem auch entspricht, was wiederum Auswirkungen auf die Mängelhaftung nach §§ 434 ff. BGB hat.

In der Praxis besteht zudem oft ein Interesse des Lieferanten, den Vertragsgegenstand **nachträglich zu verändern**, z. B. wegen Lieferengpässen oder zur Gewinnmaximierung. Auch hier enthält das BGB Vorschriften zur Begrenzung der unternehmerischen Freiheit, z. B. § 308 Nr. 4 BGB.

Teil 5 Vertragsgegenstand

- **Grundsätze** ○ Vollständig beschriebener Vertragsgegenstand ○ so genau, dass festgestellt werden kann, ob die erbrachte Leistung vollständig, mangelfrei und korrekt ist
- **Häufigste Fehler** ○ unvollständig beschriebener Vertragsgegenstand ○ Austausch durch eine Vertragspartei ist möglich
- **Häufigste Fragen** ○ Welcher Vertragsgegenstand ist bei den einzelnen Verträgen geschuldet?
- **Hinweis zum Gebrauch** ○ Der Teil 5 behandelt die Rechtsfragen zu der Bestimmung des Vertragsgegenstands.

▶ 11 Welche Haupt- und Nebenpflichten ergeben sich aus Verträgen und wie geht man mit Störungen bei der Leistungserbringung um?

Die Verletzung von **Haupt- oder Nebenpflichten** kann zu Schadensersatzforderungen führen. Jedes Schuldverhältnis und damit auch jeder Vertrag verpflichtet nicht nur zur Erbringung der Hauptleistungspflichten, wie z. B. Lieferung einer mangelfreien

Ware, sondern wie in § 241 Abs. 2 BGB ausdrücklich geregelt ist, als Nebenpflicht auch zur Rücksichtnahme auf den anderen.

> **§ 241 Abs. 2 BGB Pflichten aus dem Schuldverhältnis** (2) Das Schuldverhältnis kann nach seinem Inhalt jeden Teil zur Rücksicht auf die Rechte, Rechtsgüter und Interessen des anderen Teils verpflichten.

Diese im Gesetz als Rücksichtnahmepflicht geregelte Nebenpflicht äußert sich in der Praxis in vielen Nebenpflichten, die den Vertragsparteien oft unbekannt sind.

Beispiele für Nebenpflichten ▶ Mitwirkungspflichten des Werkbestellers bei der Werkerrichtung, § 642 BGB ▶ Hinweispflichten, wenn vom Leistungsgegenstand Gefahren ausgehen ▶ Aufklärungs-, Auskunfts- und Beratungspflichten ▶ Bereithaltungspflichten hinsichtlich Ersatzteilen ▶ Rechnungslegungspflichten ▶ Einweisungspflichten ▶ Verpackungs- und Versendungspflichten

In den Verträgen finden sich daher regelmäßig auch Vereinbarungen zu diesen Nebenpflichten, um Rechtssicherheit zu schaffen bzw. auch um die Rechte einer Vertragspartei zu verkürzen.

Teil 6 Vertragsstörungen

- **Grundsätze** ○ Haupt- und Nebenpflichten ansprechen und festschreiben ○ Absicherung der Folgen von Leistungsstörungen durch Vorsorgeregelungen aufnehmen.
- **Häufigste Fehler** ○ Haupt- und Nebenpflichten sind nicht bekannt ○ keine oder nachteilige Regelungen im Vertrag ○ Vertragsstörungen ○ Arten von Leistungsstörungen unbekannt ○ werden nicht vorausbedacht und mit Vereinbarungen abgesichert
- **Häufigste Fragen** ○ Welche Vertragsstörungen gibt es und welche Rechtsfolgen können diese haben? Wie wird mit Vertragsstörungen umgegangen?
- **Hinweis zum Gebrauch** ○ Teil 6 enthält mögliche Vertragsstörungen und entsprechenden Lösungen.

▶ **12 Unter welchen Voraussetzungen kann man einen Vertrag anfechten? Welche Rechtsfolgen hat eine Anfechtung?**

Grundsätzlich ist derjenige, der eine Vertragserklärung abgibt, **an diese gebunden** (lat. pacta sunt servanda), selbst wenn sie nicht seinem wirklichen Willen entsprach. Nur **ausnahmsweise** erlaubt die Rechtslehre dem Erklärenden, sich wieder von seiner Erklärung zu lösen, wenn ein **besonderer (Anfechtungs-)Grund** dafür vorliegt. Das Gesetz regelt verschiedene Anfechtungssituationen, in denen dieses ausnahmsweise zulässig sein soll.

Beispiele für Anfechtungsgründe ▶ Irrtum, § 119 BGB ▶ Falsche Übermittlung, § 120 BGB ▶ Arglistige Täuschung und widerrechtliche Drohung, § 123 BGB

In der Praxis ist es von größter Bedeutung zu wissen, in welchen Fällen das BGB dem Auseinanderfallen von Wille (subjektiver Tatbestand) und Erklärung (objektiver Tatbestand) Bedeutung zumisst, wie, in **welcher Frist** und **wem** die Anfechtung erklärt werden muss und **welche Wirkungen** bzw. Rechtsfolgen dann eintreten. Daraus ergibt sich eine relativ feststehende Prüfungsabfolge, die auch konkreten Gesetzesvorschriften zugeordnet werden kann:

Teil 7 Anfechtung

- **Voraussetzungen** einer Anfechtung nach §§ 119 ff. BGB ○ Liegt **begrifflich** eine Anfechtung vor? ○ Welcher **Anfechtungsgrund** könnte gegeben sein? (§§ 119, 120 oder 123 BGB) ○ Ist die **Anfechtungsfrist** eingehalten? (§§ 121 oder 124 BGB) ○ Wurde die Anfechtung wirksam **erklärt**? (§ 143 BGB) ○ Welche **Wirkungen** hat die Anfechtung? (§ 142 BGB) ○ Besteht ein Anspruch auf **Schadensersatz**? (§ 122 BGB)
- **Häufigste Fehler** ○ kein beweisbarer Anfechtungsgrund ○ Anfechtungsfrist verstrichen ○ formfehlerhafte Anfechtungserklärung ○ gegenüber dem falschen Anfechtungsgegner
- **Häufigste Fragen** ○ Wie muss eine Anfechtung formuliert werden?
- **Hinweis zum Gebrauch** ○ Teil 7 enthält das übliche Prüfungsschema, so dass Grundlagen für jede Anfechtung gelegt werden

▶ 13 Welche besonderen Anforderungen bestehen rechtlich an die Ausformulierung Allgemeiner Geschäftsbedingungen?

Im Volksmund werden sie auch das „Kleingedruckte" genannt und sind nicht sehr beliebt. Trotzdem: In der Praxis der Gerichte und Verbraucherverbände werden Allgemeine Geschäftsbedingungen (im Folgenden kurz abgekürzt: AGB) in zunehmendem Maß kontrolliert und zum Nachteil ihrer Benutzer oftmals für nichtig erklärt.

Damit diese Vertragsklauseln nicht länger das Schicksal einer unbekannten Materie teilen und damit zum unberechenbaren Risiko für ihre Verwender werden, sind grundsätzliche Rechtskenntnisse nötig.

Folgende Problembereiche sollen hier vorgestellt werden:

> **Beispiele für nichtige AGB-Klauseln** ▶ Schema der AGB-Kontrolle ▶ Begriff der AGB ▶ Einbeziehung von AGB in den Vertrag ▶ vorrangige Individualvereinbarungen ▶ persönlicher und sachlicher Anwendungsbereich der AGB-Kontrolle ▶ überraschende und mehrdeutige AGB-Klauseln ▶ Klauselverbote ohne Wertungsmöglichkeit ▶ Klauselverbote mit Wertungsmöglichkeit ▶ Generalverbotsklausel ▶ Rechtsfolgen unwirksamer AGB-Klauseln

AGB sollten in einem **bestimmten Grundschema** geprüft werden und die Begriffe bekannt sein:

Teil 8 AGB-Kontrolle

- **Begriff der AGB-Kontrolle** ○ gewisse Systematik, mit der AGB-Klauseln nach einem Schema von Fragen kontrolliert werden
- **Begriff von AGB, § 305 Abs. 1 BGB** ○ drei Voraussetzungen ○ vorformulierte Vertragsbedingungen des Verwenders, die bereits vom Verwender ausgearbeitet wurden ○ für eine Vielzahl von Verträgen, was bei einer Verwendung für drei Verträge bereits gegeben ist ○ und vom Verwender dem Verwendungsgegner einseitig gestellt, d. h. wenn der Verwender den Vertragsabschluss zu den vorgelegten AGB verlangt hat, ohne daran Veränderungen durch den Vertragsgegner wirklich zuzulassen, ein Aushandeln nicht vorliegt

- **Drei Einbeziehungsvoraussetzungen von AGB, §305 Abs. 2 BGB** ○ deutlicher Hinweis oder Aushang zum Zeitpunkt des Vertragsschlusses ○ Möglichkeit der Kenntnisnahme durch Vorlage der AGB, so dass der andere Teil diese mühelos lesen kann ○ Einverständnis durch die andere Vertragspartei, das ausdrücklich, konkludent und nur ausnahmsweise durch Schweigen erfolgen kann
- **Bei widersprechenden AGB-Klauselwerken** gelten nur die übereinstimmenden Klauseln, widersprechende Teile werden nicht Vertragsbestandteil, §306 BGB.
- **Vorrangige Individualvereinbarungen, §305 b BGB** ○ liegen z. B. bei hand- oder maschinenschriftlichen Ergänzungen vor
- **Anwendungsbereich der AGB-Kontrolle, §310 BGB** ○ keine bzw. nur eingeschränkte AGB-Kontrolle bei AGB gegenüber bestimmten Personen, d. h. Unternehmern
- **Überraschende und mehrdeutige AGB-Klauseln** ○ Verbot überraschender Klauseln, §305 c Abs. 1 BGB, so dass alle Klauseln unwirksam sind, die aus der Sicht des Kunden bei Verträgen der konkreten Art nicht zu erwarten sind bzw. an völlig außergewöhnlicher Stelle verwendet werden, sog. Überrumpelungs- oder Übertölpelungseffekt
- **verschiedene Arten von verbotenen Klauseln unterscheiden** ○ Klauselverbote ohne Wertungsmöglichkeit in §309 ○ Klauselverbote mit Wertungsmöglichkeit in §308 BGB ○ Generalklausel in §307 BGB
- **Hinweis zum Gebrauch** ○ Teil 8 zeigt eine Vielzahl von zulässigen und unzulässigen AGB-Klauseln

▶ 14 Was versteht man unter dem Begriff der Leistungsstörung? Welche Rechtsfolgen haben Leistungsstörungen?

Durch welche Umstände ein Vertrag gestört werden kann, ist den meisten Vertragsschließenden oftmals nicht in vollem Umfang bekannt. Im Recht spricht man von den sog. **Leistungsstörungen**.

> **Beispiele** für Leistungsstörungen ▶ endgültiges Ausbleiben der Leistung (Unmöglichkeit, §§275, 311 a, 326 BGB) ▶ verspätete Leistung (Verzug, §286 ff. BGB) ▶ mangelhafte Leistung (Mängelhaftung, §§434 ff. BGB) ▶ Verletzung von Vertragspflichten (ehemals positive Vertragsverletzung, §§280 Abs. 1, 241 Abs. 2 BGB) ▶ Verletzung vorvertraglicher Pflichten (Culpa in Contrahendo, §311 Abs. 2 und 3 BGB) ▶ Nichtannahme der Leistung durch den Gläubiger (Gläubigerverzug, §§293 ff. BGB) ▶ Sinnlosigkeit der Lieferung (Wegfall der Geschäftsgrundlage, §313 BGB).

Die Vertragsparteien sollten diese Störungen des Vertrages noch vor Vertragsschluss bedenken, das Risiko des Störungseintritts abschätzen und die Folgen durch entsprechende Absicherungen auch in den Vertragsformulierungen beherrschbarer machen.

Teil 9 Leistungsstörungen

- **Grundsätze** ○ Haupt- und Nebenpflichten ansprechen und festschreiben ○ Absicherung der Folgen von Leistungsstörungen durch Vorsorgeregelungen aufnehmen.

- **Häufigste Fehler** ○ Haupt- und Nebenpflichten sind nicht bekannt ○ keine oder nachteilige Regelungen im Vertrag ○ Leistungsstörungen ○ Arten von Leistungsstörungen unbekannt ○ werden nicht vorausbedacht und mit Vereinbarungen abgesichert
- **Häufigste Fragen** ○ Welche Vertragsstörungen gibt es und welche Rechtsfolgen können diese haben? Wie wird mit Leistungsstörungen umgegangen?
- **Hinweis zum Gebrauch** ○ Teil **9** enthält mögliche Leistungsstörungen und entsprechenden Lösungen.

▶ 15 Welche Möglichkeiten der Vertragsbeendigung gibt es?

Leider wird oft beim Vertragsschluss nicht bis zum Ende weitergedacht, d. h. Regelungen zur ordentlichen oder außerordentlichen **Beendigung** eines Vertrages fehlen oder sind einseitig zu Gunsten einer Vertragspartei geregelt. In guten Verträgen wird ein angemessener Interessenausgleich zwischen den Vertragsparteien vereinbart, wenn ein Vertrag z. B. vorzeitig gelöst werden muss und einer Vertragspartei dadurch finanzieller Schaden entstehen kann.

Der Käufer im **Fall 1** sollte sich daher im „Kleingedruckten" besonders die beschriebenen Problemfelder ansehen und bei Nichtverstehen um Erläuterung bitten. Sollten die Erläuterungen ergeben, dass für den Käufer wichtige Punkte nicht in seinem Sinne formuliert wurden, ist entweder eine Anpassung des Vertrags erforderlich oder der Vertrag **sollte nicht abgeschlossen** werden.

Teil 10 Vertragsbeendigung

- **Grundsätze** ○ Viele gesetzliche und vertragliche Beendigungsmöglichkeiten ○ Absicherung der Rechtsfolgen im Vertrag erforderlich
- **Häufigste Fehler** ○ Beendigung ist nicht geregelt ○ einseitig zu Gunsten einer Vertragspartei
- **Häufigste Fragen** ○ Was ist bei der Beendigung eines Vertrages zu beachten?
- **Hinweis zum Gebrauch** ○ Teil **10** zeigt jeweils einige verschiedene Beendigungsmöglichkeiten und ihre Rechtsfragen in den einzelnen Teilen

1. Teil

Bedeutung, Aufgaben und Begriffe –

Welche Bedeutung und Aufgaben haben Verträge?
Wo findet man Informationen?
Welche Grundbegriffe gibt es?

Gliederung des 1. Teils

I.	Bedeutung	3
II.	Aufgaben	14
III.	Informationsquellen	21
IV.	Vertragsfreiheit	28
V.	Rechtsgeschäft	38
VI.	Willenserklärung	44
VII.	Vertrag	53

I. Bedeutung

Die Bedeutung von Verträgen kann anhand von einzelnen Parametern nur ungefähr eingeschätzt werden. Genaue Zahlen gibt es angesichts fehlender Erhebungs- und Meldepflichten für Verträge in Deutschland nicht. Trotzdem kann man sich anhand der nachfolgenden Informationen ein Bild machen.

Die Bedeutung soll **exemplarisch am Beispiel des Kaufvertrags** näher vertieft werden.

> **Fall 2 Autoverkauf unter Unbekannten** Der Unternehmer **Karl Stehling** hat eine florierende Firma namens Automobile Stehling Import/Export GmbH in Hamburg und sucht im Internet regelmäßig nach interessanten Angeboten. Auf der Seite des **Kfz-Händlers Volker Klapper** aus Dresden fallen ihm drei weiße Lieferwagen auf. Nach einem Telefonat mit Klapper macht Stehling sich sofort auf den Weg nach Dresden. Kfz-Händler Volker Klapper hat nach der Internetannonce viele andere Anfragen bekommen. Klapper will einen möglichst hohen Verkaufspreis realisieren und trifft sich zunächst mit dem Kaufinteressenten Stehling in Dresden, um konkrete Kaufvertragsverhandlungen zu beginnen. **Frage: Welche Bedeutung hat der Kaufvertrag für die Unternehmer Stehling und Klapper im juristischen Bereich und in den Kern-Funktionsbereichen betrieblicher Tätigkeit?**

1 Juristische Bedeutung

▶ **13 Welche juristische Bedeutung hat der Vertrag?**

Der Vertrag wird von den Juristen selbst als **Haupterscheinungsform des Rechtsgeschäfts** bezeichnet (Palandt/Ellenberger, Einf. v. § 145, 1) und dient damit als **wichtigstes Mittel zur Verwirklichung der Privatautonomie**. Wenn diese Aussagen auch etwas abstrakt klingen, verdeutlichen sie letztlich, dass mit einem Vertrag die Parteien fast in eigener Verantwortung bestimmen können, was zwischen ihnen als „richtig oder falsch" gelten soll (Palandt a.a.O.).

Diese überragend wichtige juristische Bedeutung des Vertrags kann darüber hinaus auch daran abgelesen werden, wie oft vertragliche Streitigkeiten vor Gericht ausgefochten werden müssen. Betrachtet man die **Verfahrensgegenstände vor deutschen Zivilgerichten**, machen Streitigkeiten aus dem Vertragsrecht einen Großteil der täglichen Arbeit aus.

> **Beispiele für juristische Bedeutung** ▶ **Miet- und Kaufverträge** – Die Statistik der vor dem Amtsgericht erledigten Zivilsachen in den Jahren 2007 bis 2011 wird von Streitigkeiten im Wohnungsmietrecht (= über 270.000 Mietverträge) und Kaufrecht (= über 130.000 Kaufverträge) angeführt. ▶ **Werk- und Dienstverträge** – Nach dem Verkehrsunfallrecht findet sich dann auf Platz 4 schon wieder ein typisches Vertragsrechts-Thema, das Bau- und Architektenrecht (über 15.000 Bauverträge nur vor dem Amtsgericht, vor dem Landgericht finden sich weitere erstinstanzliche Streitigkeiten aufgrund des regelmäßig höheren Streitwertes) (Quelle: Justizgeschäftsstatistik, am 14.08.2012 herausgegeben vom Statistischen Bundesamt, Wiesbaden, Fachserie 10, Reihe 2.1, 2012, Seite 11, Schaubilder, **www.destatis.de**)

I. Bedeutung

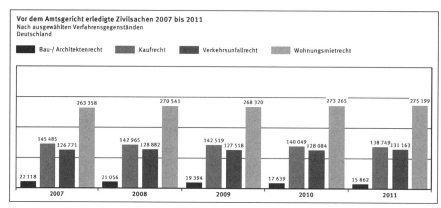

Schaubild 1 Vor den Amtsgerichten erledigte Zivilsachen 2007 bis 2011
© Statistisches Bundesamt, Wiesbaden 2012

Somit verwundert es nicht, dass sich viele Rechtsvorschriften direkt mit Verträgen beschäftigen. Wie viele Vorschriften es zum Vertragsrecht gibt, kann nur erahnt werden. Allein im BGB finden sich in den Vorschriften §§ 433 bis 811 BGB eine **Vielzahl von Vorschriften** zu einzelnen Arten von Schuldverhältnissen. Bei der Anwendung dieser Vorschriften wird aber nicht nur von den Juristen oftmals bemängelt, dass der Vertrag nicht vollständig im Gesetz geregelt ist (Palandt/Ellenberger, Einf. v. § 145, Rn. 1), sondern vieles der Rechtsprechung überlassen wird. Dem ungeübten Leser wären zuweilen ein paar deutlichere und vollständigere Vorschriften lieber.

Beispiele für Regelungsorte ▶ Der Vertrag wird mitten im 1. Teil des BGB in der Überschrift zum Titel 3 erwähnt. ▶ Es fehlen vollständige gesetzliche Regelungen zu verschiedenen Beendigungsformen eines Vertrages (allenfalls werden Kündigungsfristen bestimmt, z. B. §§ 621 ff. BGB). ▶ Die für das Zustandekommen des Vertrages erforderlichen Willenserklärungen werden in den §§ 145 ff. BGB nur zum Teil ausdrücklich geregelt. ▶ In den §§ 433 bis 811 BGB werden nur die wesentlichsten Wirkungen verschiedener Vertragstypen aufgeführt.

Im **Fall 2** müssen Verkäufer Klapper und Käufer Stehling sich darüber im Klaren sein, dass
- sie mit dem Vertrag fast **in eigener Verantwortung bestimmen können**, was zwischen ihnen als „richtig oder falsch" gelten soll.
- **vertragliche Streitigkeiten** oft in Gerichtsverhandlungen enden,
- es eine große **Anzahl von Vorschriften** gibt, die sie kennen sollten,
- nicht alle möglichen **Streitpunkte im Gesetz** geregelt sind, sondern in Verträgen.

2 Betriebswirtschaftliche Bedeutung

▶ **14 Welche betriebswirtschaftliche Bedeutung hat der Vertrag?**

Betrachtet man **allgemein** verschiedene Bereiche des wirtschaftlichen Handelns, so ergibt sich eine große Bedeutung des Vertrags aus folgenden Erwägungen heraus:
- Im **Baubereich** werden in Deutschland viele Millionen € verbaut. Dieses geschieht aufgrund von Werkverträgen.

2 Betriebswirtschaftliche Bedeutung

- Im **Bankenbereich** werden jährlich viele Kreditverträge abgeschlossen, um den nötigen Finanzbedarf abzudecken.
- Die **Versicherungen** melden immer neue Rekorde an verkauften Versicherungen – das bedeutet eine große Anzahl an Versicherungsverträgen.
- In Deutschland existieren mehrere Millionen **Arbeitsverhältnisse**, die alle durch einen Arbeitsvertrag begründet wurden.
- Der **Warenverkehr** allein in Deutschland setzt täglich ein hohes Volumen um. Hinter diesen Verträgen stehen Kaufverträge.

Die enorme Bedeutung des Kaufvertrages im Wirtschaftsleben kann man an folgenden Kriterien ermessen:

Betriebswirtschaftliche Bedeutung des Kaufvertrags in den Kern-Funktionsbereichen betrieblicher Tätigkeit
- Unternehmensführung
- Produktion
- Absatz
- Finanzierung
- Rechnungswesen
- Steuer- und Versicherungsfragen

Im **Fall 2** müssen Verkäufer Klapper und Käufer Stehling sich darüber im Klaren sein, dass der Kaufvertrag in den **Kern-Funktionsbereichen** betrieblicher Tätigkeit wichtige betriebswirtschaftliche und rechtliche Aufgaben zu erfüllen hat.

▶ 15 Welche Bedeutung haben Kaufverträge für die Unternehmensführung?

Der Kaufvertrag wird als der häufigste und wichtigste Vertragstyp genannt, z. B. mit Kunden und Lieferanten (vgl. Palandt/Weidenkaff, BGB, Einf. v. § 433, 1).

Viele Unternehmenskonzepte bestehen darin, günstig Waren einzukaufen und – bearbeitet oder unbearbeitet – diese mit einem Aufschlag weiterzuverkaufen. Bei guter Unternehmensführung können dadurch erhebliche Unternehmensgewinne erzielt werden, wie das Ranking der Frankfurter Allgemeinen Zeitung über die 10 größten Unternehmen Deutschlands belegt.

Die Unternehmensführung ist dabei bestrebt, im Rahmen der geltenden **Vertragsfreiheit ihre Kaufverträge** zu ihren Gunsten zu gestalten, so dass im Streitfall die genauen Vertragskonditionen zunächst transparent und beweisbar vorliegen, sowie betriebliche Risiken der Geschäftstätigkeit, wie z. B. Zahlungsausfälle, möglichst vom eigenen Unternehmen ferngehalten werden, etwa durch die **Vereinbarung von Sicherheiten** wie Eigentumsvorbehalt, Bürgschaften etc.

Lösung Fall 2 Beide Vertragsparteien werden bei ihrer Unternehmensführung versuchen, die für den eigenen Risikobereich wichtigsten Vertragsregelungen zu vereinbaren. Für den Verkäufer Klapper steht das Risiko im Vordergrund, das Eigentum an der Kaufsache zu verlieren, ohne den Kaufpreis vorher erlöst zu haben.

I. Bedeutung

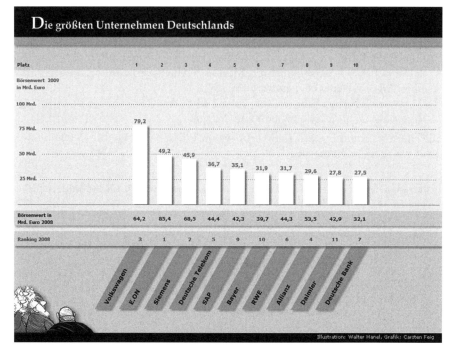

Schaubild 2 Ranking der Frankfurter Allgemeinen Zeitung über die 10 größten Unternehmen Deutschlands http://www.faz.net/aktuell/wirtschaft/unternehmen/die-100-groessten-unternehmen-die-100-groessten-unternehmen-1837507.html, 30.04.2013

> Der Käufer Stehling muss befürchten, dass die Kaufsache mangelhaft ist, so dass er sich dort absichern muss. Letztlich wollen beide Vertragspartner rechtssichere Kaufverträge, die eine gerichtliche Auseinandersetzung unnötig machen, im schlimmsten Fall aber auch einer gerichtlichen Auseinandersetzung standhalten.

▶ **16 Wie wirkt sich der Kaufvertrag in der Produktion aus?**

Im Rahmen der Produktion hat der Kaufvertrag deshalb einen hohen Stellenwert, weil der Beschaffungsbereich regelmäßig durch den Kauf und die Bereitstellung von Werkstoffen gekennzeichnet ist (vgl. Wöhe, a. a. O., S. 283). So ist es u. a. **Ziel der Materialwirtschaft**, mit minimalen Kosten die für die Produktion erforderlichen Materialen in möglichst hochwertiger Qualität anzukaufen. Dieses Ziel schlägt sich unmittelbar in den Kaufvertragsurkunden nieder, wenn es um die **Materialeinkaufspreise, Eigenschaftszusicherungen und Produktbeschreibungen** geht, über die beim Kaufvertrag Einigung erzielt werden muss.

> **Muster 1: Leistungsumfangsklausel**
> Der Verkäufer verkauft dem Käufer einen/eine ―――――――.
> Farbe: ――――― Größe: ――――― Serien-Nr.: ―――――
> Zwischen den Vertragsparteien ist die als Anlage 1 diesem Vertrag beigefügte detaillierte Produktbeschreibung zur Bestimmung der Beschaffenheit des Vertragsgegenstandes ausdrücklich vereinbart.
> Weitergehende Haltbarkeits- und / oder Beschaffenheitsgarantien hat der Verkäufer dem Käufer gegenüber nicht abgegeben.

Weiter finden sich in Kaufverträgen Regelungen zur Frage, wer **die Kosten des Transports, der Verpackung oder der Versicherung** der benötigten Produktionsmittel bezahlt.

> Im **Fall 2** wäre der **Käufer Stehling** gut beraten, eine genaue Beschreibung der Autos samt Zubehörliste zu verlangen und zudem die Leistungsmerkmale evtl. noch zu tätigender Einbauten näher zu bestimmen. Dem **Verkäufer Klapper** muss aber dann auch klar sein, dass damit Beschaffenheitsgarantien abgegeben werden, die bei Nichterfüllung zu für ihn nachteiligem Schadensersatz und Nacherfüllungsforderungen führen können.

> **Muster 2: Kosten der Verpackung und des Transports**
> (1) Sofern nichts Gegenteiliges schriftlich vereinbart wird, gelten unsere Preise ab Werk ausschließlich Verpackung und zuzüglich Mehrwertsteuer in jeweils gültiger Höhe.
> (2) Kosten der Verpackung und des Transports werden gesondert in Rechnung gestellt.

Themen der Materialwirtschaft sind damit regelmäßig Gegenstand von Kaufvertragsverhandlungen und haben unmittelbar Auswirkung auf die abgeschlossenen Kaufvertragsurkunden.

▶ 17 Welche Aufgaben hat der Kaufvertrag beim Absatz?

Für jedes Unternehmen ist der Absatz der beschafften, evtl. be- oder verarbeiteten Waren ein wichtiger Bereich, ohne den die Lebensfähigkeit des Betriebes in Frage gestellt wird. Der Kaufvertrag darf in der Praxis keinen Absatzwiderstand bieten, indem er z. B. den **Vertragsschluss** zu kompliziert regelt, unverständliche Regelungen enthält oder zu viele Formalitäten vorsieht. Dieses gilt gerade dort, wo man sich auf einem Käufermarkt befindet, bei dem das Angebot die Nachfrage übersteigt und somit auch die besten Kaufvertragsregelungen einem Wettbewerbsdruck ausgesetzt sind.

Folgende Regelungsbeispiele können auch helfen, enge Kundenbindungen rechtlich zu unterstützen und abzusichern:

- **Vertragslaufzeiten** werden so lang wie gesetzlich noch zulässig ausgedehnt, z. B. bis zu zwei Jahre.
- **Gesetzliche Kündigungsfristen** werden verlängert, z. B. bis zu drei Monate.

I. Bedeutung

- Bei Ablauf des Vertrages findet eine **automatische Vertragsverlängerung** um ein Jahr statt, wie z. B. im Handy-Bereich im Hinblick auf die Vertragslaufzeiten beim Kauf eines Handys.

Diese absatzfördernden Maßnahmen funktionieren aber nur dann, wenn die vertraglichen Regelungen im Streitfall auch einer gerichtlichen Überprüfung standhalten, so dass z. B. § 309 Nr. 9 BGB zu beachten ist, der eine weitere Ausdehnung von Vertragslaufzeiten in allgemeinen Geschäftsbedingungen mit Privatkunden beschränkt.

§ **§ 309 Nr. 9 BGB Klauselverbote ohne Wertungsmöglichkeit** Auch soweit eine Abweichung von den gesetzlichen Vorschriften zulässig ist, ist in Allgemeinen Geschäftsbedingungen unwirksam 9. (Laufzeit bei Dauerschuldverhältnissen) bei einem Vertragsverhältnis, das die regelmäßige Lieferung von Waren oder die regelmäßige Erbringung von Dienst- oder Werkleistungen durch den Verwender zum Gegenstand hat, a) eine den anderen Vertragsteil **länger als zwei Jahre** bindende Laufzeit des Vertrags, b) eine den anderen Vertragsteil bindende stillschweigende Verlängerung des Vertragsverhältnisses um **jeweils mehr als ein Jahr** oder c) zu Lasten des anderen Vertragsteils **eine längere Kündigungsfrist als drei Monate** vor Ablauf der zunächst vorgesehenen oder stillschweigend verlängerten Vertragsdauer;

Beispiel für AGB **T-Mobile** In den Allgemeinen Geschäftsbedingungen des Mobilfunkdienstes von T-Mobile werden für die Vertragsverhältnisse mit Mobilfunkkunden in Ziffer 10 folgende Vertragslaufzeiten und Kündigungsfristen vereinbart (http://www.telekom.de/dlp/agb/pdf/33351.pdf 30.04.2013):

> **Muster 3:   Auszug aus Ziffer 10 der Allgemeinen Geschäftsbedingungen, Mobilfunkdienst T-Mobile**
>
> 10.2 Vertragsverhältnis mit fester **Laufzeit von 24 Monaten**:
>
> Das Vertragsverhältnis ist für beide Vertragspartner erstmalig zum Ablauf der Mindestvertragslaufzeit kündbar.
>
> Die Kündigung muss dem Vertragspartner mindestens **3 Monate vor Ablauf der Mindestvertragslaufzeit schriftlich** zugehen.
>
> Soweit das Vertragsverhältnis von keinem Vertragspartner gekündigt wird, **verlängert** sich das Vertragsverhältnis **automatisch jeweils um 12 Monate**.
>
> Für die Kündigung der jeweils folgenden 12-monatigen Vertragslaufzeiten gilt sodann die Regelung in Satz 2 entsprechend.

Diese Vertragsklauseln vom Mobilfunkdienst T-Mobile (andere Anbieter haben regelmäßig ähnliche Klauseln) entsprechen rechtlich gerade noch den Vorgaben, die die gesetzlichen Vorschriften für vorgedruckte allgemeine Geschäftsbedingungen in § 309 Nr. 9 a) bis c) vorsehen. Eine Bewertung dieser Klauseln ergibt folgendes Ergebnis:

Rechtliches **Können** und betriebswirtschaftliches **Dürfen** sind zu unterscheiden!

- Aus **rechtlicher** Sicht wurde das maximal Mögliche in die Vereinbarungen aufgenommen und das Geschäft der Vertragsgestaltung letztlich optimal aus Verkäufersicht gestaltet – rechtlich **kann** man dann einiges verlangen.

- Aus **betriebswirtschaftlicher** Sicht ist zu beachten, dass im tatsächlichen Umgang mit dem Kunden nicht in jedem Fall auf diesen rechtlichen Vereinbarungen beharrt werden **darf**, will man eine gute Kundenbindung aufbauen bzw. erhalten. So kann es sachgerechter sein, Kunden eher aus den Verträgen herauszulassen und evtl. Alternativangebote zu unterbreiten.

Fazit: Das rechtliche Können bietet den Rahmen, in dem man sich dann aus betriebswirtschaftlichen Gründen auch anders entscheiden darf. Die Verhandlungsführung wird durch diese Vertragsklauseln entscheidend gestärkt, da das Unternehmen auch auf der Einhaltung von Mindestvertragslaufzeiten, Kündigungsfristen und Verlängerungszeiten bestehen könnte.

> Im Fall 2 wäre es für den Verkäufer nicht sinnvoll, sich zu schnell durch einen Vertragsschluss zu binden, da man noch andere Interessenten hat und auch die Liquidität des Käufers zu überprüfen ist. Um das Angebot des Käufers aufrechtzuerhalten, könnte sich die nachfolgend aufgeführte vertragliche Annahmefristklausel empfehlen, wonach der Verkäufer noch seine Annahmeerklärung hinauszögert und das Geschäft innerhalb der nächsten zwei Wochen an sich ziehen könnte, der Käufer allerdings noch zwei Wochen gebunden ist.
>
> Für den Käufer Stehling wäre es spiegelbildlich erstrebenswert, eine schriftliche Zusage des Verkäufers zu bekommen, in der nicht nur die Leistungsmerkmale der Ware enthalten sind, sondern auch die Ausführung des Kaufvertrages zu einem bestimmten Zeitpunkt festgelegt ist.

Muster 4: Vereinbarung einer Annahmefrist

Der Käufer ist an die Bestellung höchstens bis zwei Wochen gebunden.

Der Kaufvertrag ist abgeschlossen, wenn der Verkäufer die Annahme der Bestellung des näher bezeichneten Kaufgegenstandes innerhalb der jeweils genannten Fristen schriftlich bestätigt oder die Lieferung ausführt.

---

§ **§ 308 Nr. 1 BGB Klauselverbote mit Wertungsmöglichkeit** In Allgemeinen Geschäftsbedingungen ist insbesondere unwirksam 1. (Annahme- und Leistungsfrist) eine Bestimmung, durch die sich der Verwender **unangemessen lange oder nicht hinreichend bestimmte Fristen für die Annahme oder Ablehnung eines Angebots** oder die Erbringung einer Leistung vorbehält; ausgenommen hiervon ist der Vorbehalt, erst nach Ablauf der Widerrufs- oder Rückgabefrist nach § 355 Abs. 1 bis 3 und § 356 zu leisten;

▶ 18 Welche Rolle spielt der Kaufvertrag im Funktionsbereich Investition und Finanzierung?

Im Bereich der Finanzierung findet man Kaufverträge z. B. dann, wenn ein Unternehmen benötigte finanzielle Mittel dadurch bereitstellen möchte, dass es Gegenstände des Sach- oder Finanzanlagevermögens verkauft (Finanzierung aus Vermögensumschichtung, vgl. Wöhe, a. a. O., S. 515). Regelungen in Kaufverträgen über **Kaufpreis, Zahlungsform, Zahlungszeitraum, Skontonachlässe** (vgl. das Beispiel) und auch zur finanziellen Absicherung eines vorleistenden Vertragspartners z. B. durch kostenverursachende Bürgschaften haben direkte Auswirkungen auf die Finanzplanung eines Unternehmens. Gab es in der Vergangenheit kostspielige gerichtliche

I. Bedeutung

Auseinandersetzungen, so bieten sich **Schlichtungs- und Schiedsgerichtsklauseln** in den Kaufverträgen an, die helfen können, Prozesskosten zu sparen.

- **Kunde Herr Klever** zahlt am 10. Tag, Skontoabzug: 3% von 3.000,– € = 90,– €, Rechnungsbetrag: 2.910,– €, durch frühere Zahlung könnten Finanzierungskosten in Höhe von 1,23 € bei Herrn Klever angefallen sein, wenn er z. B. einen Überziehungskredit mit 9% für diese 20 Tage in Anspruch nimmt (2.910,– € bei z. B. 9% Überziehungszins für 20 Tage = 1,23 €), Gesamtkosten aus reduziertem Kaufpreis und Finanzierungskosten: 2911,23 €.
- **Kunde Herr Dumm** zahlt am 30. Tag den vollen Kaufpreis ohne Skontoabzug in Höhe von 3.000,– €. Hätte Herr Dumm die 3.000,– € in diesen 30 Tagen angelegt, könnte er selbstverständlich noch geringe Zinsen für sich verbuchen (z. B. bei 3% Guthabenszins auf 3.000 € für 30 Tage: 0,41 €). Seine Gesamtkosten würden sich daher auf 2.999,59 € belaufen (gezahlter Kaufpreis abzüglich des Zinsgewinns).
- **Gesamtrechnung:** Herr Klever hat 88,77 € Ersparnis, da er statt 3.000,– € nur 2911,23 € aufwenden muss. Herr Dumm hat eine Ersparnis von nur 0,41 €, dafür sind ihm für 30 Tage aufgeschobene Zahlung faktisch 55,67% Zinskosten entgangen, da er das Skonto nicht in Anspruch genommen hat (vgl. Hermann Lauer: Konditionen-Management, Zahlungsbedingungen optimal gestalten und durchsetzen).

Wertet man diese Beispielrechnung aus, so ergeben sich folgende Wirkungen auf die Finanzplanung eines Unternehmens:

Aus der Sicht des Gläubigers:

- Die Vereinbarung einer Skontoklausel kann eine Zahlung durch den Schuldner beschleunigen, so dass weniger Zinsverluste durch säumige Zahler entstehen.
- Der Gläubiger vermeidet die Androhung von Mahngebühren.
- Der Gläubiger verliert Kaufpreisteile.

Aus der Sicht des Schuldners:

- Eine schnelle Zahlungsweise führt zu guten Liquiditätsbewertungen, der Schuldner gilt als liquide, das Ansehen beim Lieferanten steigt (er bekommt eher ein Angebot auf Kauf eines Sonderpostens etc.).
- Die Skontoklausel ist preiswerter als ein Bankkredit bzw. anders ausgedrückt: bei Nichtinanspruchnahme hat man einen teuren Lieferantenkredit.

> Aus der Sicht des **Käufers Stehling** ist im Fall 2 die Vereinbarung von Skonto daher eine betriebswirtschaftlich durchaus zu empfehlende Vorgehensweise.
>
> Für den **Verkäufer Klapper** bedeutet diese Vorgehensweise eine deutliche Umsatzeinbuße, allerdings verbunden mit dem Vorteil, dass er das Liquiditätsrisiko des unbekannten Käufers nicht lange selbst zu tragen braucht. Eher empfehlenswert wäre daher eine Barzahlung bei Abholung der Kaufsachen, wenn das zu realisieren ist.

Häufiger Irrtum: „Skonto rechnet sich nicht!"

- Das kommt darauf an!
- Für den **Käufer** kann sich die Skontozahlung lohnen, wenn er dadurch einen günstigen Preisnachlass bekommt und er keine hohen Überziehungszinsen bezahlen muss.
- Für den **Verkäufer** stellt die Gewährung von Skonto einen betragsmäßig hohen Verzicht auf Kaufpreisanteile dar. Dieses kann sich dann lohnen, wenn dadurch eine unsichere Kaufpreiszahlung schneller eingeht. Der Totalausfall, z. B. bei Insolvenz des Käufers, wäre noch teurer für den Verkäufer.
- Die Aussage ist also nicht immer richtig!

19 Welche Bedeutung hat der Kaufvertrag für das Rechnungswesen?

Das betriebswirtschaftliche Rechnungswesen ist als Informationsbeschaffer für die zukünftige Gestaltung von z. B. Kaufverträgen von großer Bedeutung. So werden Kunden, die ihre Schulden beim Unternehmen noch nicht beglichen haben, in Zukunft nur nach Vereinbarung von vertraglichen Sicherheiten **weiterbeliefert**. Dieses können beispielsweise sein:

- Verpfändung von Gegenständen oder Forderungen
- Abschlagszahlungen
- Eigentumsvorbehalte
- Bürgschaftsvereinbarungen
- Sicherungsübereignungen
- Dingliche Sicherheiten an Grundstücken

> **Muster 5: Einfacher Eigentumsvorbehalt beim Autokauf**
>
> (1) Wir behalten uns das Eigentum an der gelieferten Sache bis zur vollständigen Zahlung sämtlicher Forderungen aus dem Liefervertrag vor.
>
> (2) Wir sind berechtigt, die Kaufsache zurückzunehmen, wenn der Besteller sich vertragswidrig verhält.
>
> (3) Der Besteller ist verpflichtet, solange das Eigentum noch nicht auf ihn übergegangen ist, die Kaufsache pfleglich zu behandeln.
>
> (4) Insbesondere ist er bei hochwertigen Gütern verpflichtet, diese auf eigene Kosten gegen Diebstahl, Feuer- und Wasserschäden ausreichend zum Neuwert zu versichern.
>
> (5) Müssen Wartungs- und Inspektionsarbeiten durchgeführt werden, hat der Besteller diese auf eigene Kosten rechtzeitig auszuführen.
>
> (6) Solange das Eigentum noch nicht übergegangen ist, hat uns der Besteller unverzüglich schriftlich zu benachrichtigen, wenn der gelieferte Gegenstand gepfändet oder sonstigen Eingriffen Dritter ausgesetzt ist. Soweit der Dritte nicht in der Lage ist, uns die gerichtlichen und außergerichtlichen Kosten einer Klage gemäß § 771 ZPO zu erstatten, haftet der Besteller für den uns entstandenen Ausfall.

Wie das nachfolgende Schaubild zeigt, kann sich die Zahlungsdauer europaweit auf bis zu **25 Tage** belaufen, wodurch einem Unternehmen erhebliche Zinsschäden entstehen können.

I. Bedeutung

Schaubild 3 Grundlage für die Berechnung des Zahlungsverhaltens ist das Debitorenregister Deutschland (DRD) von Creditreform, in dem ca. 80 Millionen branchenübergreifende Zahlungserfahrungen über deutsche Unternehmen vorliegen. Der Zahlungsverzug eines im DRD gespeicherten Zahlungsbelegs wird in Tagen dargestellt und ermittelt sich aus der Differenz zwischen dem vereinbarten Zahlungsziel und dem tatsächlichen Zahlungseingang.

Aus der Sicht des **Käufers Stehling** ist im Fall 2 eine Zahlungsweise zu wählen, bei der seine Liquidität nicht zu sehr leidet, d.h. Ratenzahlung oder evtl. Stundung des Kaufpreises, bis er seinerseits die Ware weiterverkauft und den Erlös bereits in seiner Kasse hat (Idealfall).

Für den **Verkäufer Klapper** ist aufgrund des unbekannten Geschäftskontakts unbedingt Vorsicht geboten, so dass auf jeden Fall vertragliche Sicherheiten wie Eigentumsvorbehalt, Anzahlungen und Zurückhaltung der Fahrzeugpapiere vereinbart bzw. praktiziert werden müssen.

▶ 20 Wie wirken sich Steuer- und Versicherungsfragen im Vertrag aus?

In Kaufverträgen finden sich regelmäßig steuerrechtlich relevante Regelungen zur Höhe und Tragung z. B. der Umsatzsteuer (gerade auch im grenzüberschreitenden Handel) oder der Grunderwerbsteuer. Bei der Versteuerung von Gewinnen eines Unternehmens belegen die Kaufverträge die getätigten Umsätze und dienen daher mittelbar auch der Anfertigung von Steuererklärungen. Kaufvertragliche Regelungen können auch versicherungsrechtliche Inhalte regeln, z. B. die Pflicht einer Vertragspartei zum Abschluss von Versicherungen gegen folgende Risiken:

- Transportschäden
- Diebstahl
- Feuerschäden
- Wasserschäden

Im **Fall 2** sind auf jeden Fall **Regelungen zur Umsatzsteuer** aufzunehmen und bei Vereinbarung eines Eigentumsvorbehalts auch die entsprechenden Verpflichtungen zur **Versicherung** gegen Diebstahl-, Feuer- und Wasserschäden.

Sollten die Autos noch auf den Verkäufer Klapper bei der Zulassungsstelle eingetragen sein, muss der Verkäufer unverzüglich der Kfz-Zulassungsstelle und der eigenen Versicherungsgesellschaft die Veräußerung der Autos anzeigen. **Sonst läuft der Verkäufer Klapper** Gefahr, dass er bis zu einem Jahr für die Kfz-Steuer und die Versicherungsprämie aufkommen muss, wenn der Käufer Stehling die Autos nicht ummeldet.

Bedeutung von Verträgen

- **Keine zahlenmäßige Erfassung von Verträgen**, da keine Melde- und Erhebungspflicht
- **Juristische Bedeutung** ○ Verträge sind Haupterscheinungsform des Rechtsgeschäfts ○ wichtigstes Mittel zur Verwirklichung der Privatautonomie ○ **Vertragsstreitigkeiten führen Gerichtsstatistik an** ○ Vielzahl von Vorschriften
- **Betriebswirtschaftliche Bedeutung** ○ hoher Warenumsatz, z. B. auf Kaufvertragsbasis ○ bauwirtschaftliche Gesamtleistung basiert auf Werkverträgen ○ Funktionsfähigkeit der Wirtschaft nur aufgrund von Kredit- und Versicherungsverträgen ○ Realisierung einer arbeitsteiligen Wirtschaft durch Abschluss von zahlreichen Arbeitsverträgen
- In allen **Kern-Funktionsbereichen** betrieblicher Tätigkeit erfüllt **beispielsweise der Kaufvertrag** entscheidende betriebswirtschaftliche und rechtliche Aufgaben.
- **Unternehmensführung** ○ Im Rahmen der Vertragsfreiheit will man transparente Kaufverträge abschließen. ○ Betriebswirtschaftliche Risiken sollen auf den Vertragsgegner verlagert werden (z. B. Klauseln mit Eigentumsvorbehalten).
- **Produktion** ○ Alle benötigten Produktionsmaterialien sollen möglichst kostengünstig beschafft werden. ○ Beispiele: Kaufvertragsklauseln zur Kostentragung für Transport, Verpackung und sonstige Qualitätsanforderungen
- **Absatz** ○ Kaufvertragsregelungen sollen der Absatzförderung dienen und keine Hindernisse aufbauen. ○ Beispiele: einfache Vertragsschluss-Klauseln, Regelungen einer möglichst langen Vertragsdauer mit langen Kündigungsfristen und/oder einer automatischen Vertragsverlängerung
- **Investition und Finanzierung** ○ Die in Kaufverträgen vereinbarten Zahlungsmodalitäten sind von großer Bedeutung für die Liquidität eines Unternehmens. ○ Beispiele: Zahlungsziele für die Kaufpreiszahlung, Skonto-Klauseln, Schlichtungs- bzw. Schiedsgerichtsklauseln können helfen, Prozesskosten zu sparen.
- **Rechnungswesen** ○ Es erfasst die Zahlungsweise von Käufern in der Vergangenheit und kann zu veränderten Zahlungsterminen und Zahlungsbedingungen in Kaufvertragsregelungen führen. ○ Beispiele: Vorkasse, Bürgschaften, Sicherungsübereignung
- **Steuer- und Versicherungsfragen** ○ Regelungen in Kaufverträgen stehen auch im Zusammenhang mit steuer- und versicherungsrechtlichen Sachverhalten. ○ Beispiele: Umsatzsteuer, Grunderwerbsteuer, Versicherung gegen Diebstahl, Feuer-, Transport- und Wasserschäden

II. Aufgaben

Fall 3 Verträge schließt man, um sich zu „vertragen", oder? Der **Designer Bernhard Schwulst** hat ein innovatives Design entwickelt, mit dem er nun auf den Markt gehen will. Schon bald findet er einen **Unternehmer Udo Schief**, der dieses Design für seine Möbelherstellung verwenden will. Man will einen Lizenzvertrag abschließen und begibt sich auf die Suche nach den entsprechenden gesetzlichen Regelungen, findet aber im BGB den Lizenzvertrag nicht ausdrücklich geregelt. Nun stellen sich Fragen dahingehend, **ob man einen Lizenzvertrag überhaupt vereinbaren kann und welche Aufgaben einer solchen vertraglichen Vereinbarung zukommen.** Was könnte man den beiden Vertragsparteien **als unabhängiger Berater** empfehlen?

In der Praxis ist den Vertragspartnern oft nicht bewusst, welche Aufgaben die Vertragsregelungen insbesondere neben existierenden gesetzlichen Vorschriften haben.

Es sollen daher folgende **Hauptaufgaben** von Verträgen **systematisch analysiert** werden:

- Abänderung gesetzlicher Regelungen
- Konkretisierung
- Lückenfüllung
- Klarheit und Beweisbarkeit
- Verlagerung von Risiken

Lösung Fall 3 Es muss einem **unabhängigen Berater** in dem vorliegenden Fall klar sein, dass zwischen dem Designer Schwulst und dem Unternehmer Schief sehr unterschiedliche Interessen (Interessengegensätze) existieren. Diese hat man deutlich zu machen:

Der **Unternehmer Schief** will **wenig Risiko** tragen, wenn das Design „floppt", will **niedrige Lizenzen** bezahlen, kann den Vertragsinhalt beeinflussen mit Hilfe von „**lizenznehmerfreundlichen" Klauseln**, wenn er eine Art **Monopolstellung** hätte (wenige interessierte Unternehmer) oder/und wenn er **gute Kenntnisse** im Vertragsrecht hat.

Der **Designer Schwulst** will **wenig Risiko** tragen und eine gute Vermarktung seines Designs erreichen, will die **höchsten Lizenzen** erzielen, kann den **Vertragsinhalt beeinflussen mit Hilfe von „lizenzgeberfreundlichen" Klauseln**, wenn er eine Art **Monopolstellung** hätte (wenige Designer am Markt) oder/und wenn er ebenfalls **gute Kenntnisse** im Vertragsrecht hat.

1 Abänderung gesetzlicher Regelungen

▶ 21 Dürfen Verträge von den Gesetzen abweichen?

Vielfach herrscht die Meinung vor, dass bei Auftreten rechtlicher Probleme das Gesetz allein die Rechtsfolgen bestimmt. Das stimmt nur zum Teil. Das Gesetz gibt in vielen Fällen nur einen Mindestrahmen für die rechtliche Ordnung vor, der aber von den Vertragsparteien auch in vielen Fällen verändert werden kann. Man spricht hier von **sog. abdingbaren, also veränderbaren Rechtsvorschriften.** Von welchen Vorschriften abgewichen werden kann, ergibt sich z. T. bereits aus den Vorschriften selbst, wenn z. B. im Gesetzestext die Abdingbarkeit vorgesehen bzw. die Unabdingbarkeit festgeschrieben wird.

Beispiele für veränderbare Rechtsvorschriften ▶ **Abdingbare Vorschriften** finden sich im Gesellschaftsrecht, wenn in den Vorschriften davon gesprochen wird, dass sie z. B. nur „in Ermangelung einer anderen Vereinbarung" gelten, § 706 Abs. 1 BGB. ▶ Z.T. sind Vorschriften auch als **ausdrücklich nicht bzw. nur eingeschränkt durch Vertrag abänderbar** gekennzeichnet, z. B. die den Arbeitnehmer schützenden Mindestkündigungsfristen bei Arbeitsverträgen, § 622 Abs. 5 S. 1 BGB.

§ **§ 706 Abs. 1 BGB Beiträge der Gesellschafter** (1) Die Gesellschafter haben in Ermangelung einer **anderen Vereinbarung** gleiche Beiträge zu leisten.

§ **§ 622 Abs. 5 Eingangssatz BGB, Kündigungsfristen bei Arbeitsverhältnissen** (5) Einzelvertraglich kann eine kürzere als die in Absatz 1 genannte Kündigungsfrist **nur vereinbart** werden, wenn ...

Vielfach sieht man es aber den Vorschriften nicht an, ob und inwieweit sie durch einen Vertrag verändert werden können, so dass dann die dazu ergangene Rechtsprechung bzw. Kommentare zu den Vorschriften zu Rate zu ziehen sind.

Die Abänderung der gesetzlichen Vorschriften ist für die Praxis sehr **bedeutsam**, denn viele Regelungen sind für die betriebswirtschaftlichen Belange völlig ungeeignet, z. B. Sofortfälligkeit einer Leistung nach § 271 BGB.

§ **§ 271 Abs. 1 BGB Leistungszeit** (1) Ist eine Zeit für die Leistung weder bestimmt noch aus den Umständen zu entnehmen, so kann der Gläubiger die Leistung sofort verlangen, der Schuldner sie **sofort** bewirken.

Die Verfasser von Verträgen wissen dieses regelmäßig und vereinbaren daher absichtlich und systematisch vertragliche Regelungen, die ungewünschte gesetzliche Inhalte abändern.

Auch die Regelung des § 706 Abs. 1 BGB mit immer gleichen Beitragspflichten der Gesellschafter dürfte nur sehr selten den praktischen Bedürfnissen entsprechen. Vielfach bringt einer der Gesellschafter viel mehr ein als ein anderer, so dass man im Gesellschaftsvertrag eine besondere Regelung finden muss.

Lösung Fall 3 Auch wenn der Lizenzvertrag nicht ausdrücklich im BGB geregelt ist, finden sich ebenfalls Vorschriften im Gesetz, die für dessen Gestaltung und Prüfung herangezogen werden werden, z. B. pacht- bzw. **mietrechtliche Vorschriften**, da der Pachtvertrag ähnliche Strukturen haben kann wie ein Lizenzvertrag. Auch bei den Vorschriften des allgemeinen Teils des BGB, z. B. § 271 BGB, müssen **vertragliche Ergänzungen bei abdingbaren Gesetzesregelungen erfolgen**, soll ein wirklich der Praxis entsprechender, „passender" Vertrag vorliegen.

2 Konkretisierung

▶ **22 Wie helfen die Verträge, gesetzliche Regelungen zu konkretisieren?**

Selbst wenn im Streitfall passende Regelungen im Gesetz zu finden sind, geben diese grundsätzlich **nur eine allgemeine Regel** vor, so dass jeder Sachverhalt auf die abstrakt formulierten Gesetzestexte anzuwenden ist.

Dieses bereitet in der Praxis angesichts einer Vielzahl von möglichen Fallvariationen nicht unerhebliche Schwierigkeiten. Das Gesetz ist oft zu ungenau.

Die **Bedeutung** von Verträgen liegt hier in der **Konkretisierung** gesetzlicher Voraussetzungen und Rechtsfolgen. Verträge führen Details des Einzelfalls auf, z. B. dass der Verkäufer erst in drei Monaten liefern will und nicht sofort, wie es die im Zweifel geltende Sofortfälligkeit des § 271 Abs. 1 BGB vorsieht.

Das Gesetz setzt diese vertraglich erfolgte Konkretisierung (hier der Leistungszeit) sogar häufig vor („Ist eine Zeit bestimmt ..."), wie sich aus dem Abs. 2 des genannten § 271 BGB ergibt.

§ **§ 271 Abs. 2 BGB Leistungszeit** (2) Ist eine Zeit **bestimmt**, so ist im Zweifel anzunehmen, dass der Gläubiger die Leistung nicht vor dieser Zeit verlangen, der Schuldner aber sie vorher bewirken kann.

Lösung Fall 3 Selbst wenn in Spezialgesetzen wie z. B. dem Urhebergesetz Regelungen zu Lizenzen zu finden sind, z. B. Anspruch auf eine angemessene Vergütung, § 34 UrheberG, müssen diese **immer noch auf den Einzelfall** des Herrn Schwulst und des Unternehmers Schief **angepasst** werden. Davon geht das Urhebergesetz auch aus, wenn es im ersten Satz sogleich Bezug nimmt auf eine **„vertraglich vereinbarte Vergütung"**. Das Gesetz nimmt also an, dass im Grundsatz immer ein Vertrag geschlossen wird.

Nur für den **Zweifelsfall** enthält dann Satz 2 eine Regelung, die aber auch wieder nicht sehr konkret ist (Was ist „angemessen"?). Letztlich wird hier sehr deutlich, wie wichtig die Konkretisierungsaufgabe von Verträgen ist und wie wenig Rechtssicherheit man durch die Gesetze erlangt.

§ **§ 32 Abs. 1 S. 1 und S. 2 UrhG Angemessene Vergütung**

(1) Der Urheber hat für die Einräumung von Nutzungsrechten und die Erlaubnis zur Werknutzung **Anspruch auf die vertraglich vereinbarte Vergütung**. Ist die Höhe der Vergütung **nicht bestimmt**, gilt die **angemessene** Vergütung als vereinbart. ...

Es ist davon auszugehen, dass im Vertragsrecht geübte Vertragspartner diese Konkretisierungsmöglichkeiten des Gesetzes kennen und **systematisch** für sich durch neue Vereinbarungen verändern.

3 Lückenfüllung

▶ **23 Wie werden Verträge ihrer Aufgabe als „Lückenfüller" der Gesetze gerecht?**

Die **Gesetze sind** z.T. auch **lückenhaft, wie der obige Fall zeigt**: der Lizenzvertrag ist überhaupt nicht im BGB zu finden. Auch die verschiedenen typischen Verträge, die im BGB in den §§ 433 bis 853 BGB zu finden sind, enthalten auf den ersten Blick **keine Regelungen** für den Lizenzvertrag.

§ | **Abschnitt 8 Einzelne Schuldverhältnisse §§ 433 bis 853 BGB**
  | Titel 1   Kauf, Tausch
  | Titel 2   Teilzeit-Wohnrechteverträge
  | Titel 3   Darlehensvertrag; Finanzierungshilfen und Ratenlieferungsverträge zwischen einem Unternehmer und einem Verbraucher
  | Titel 4   Schenkung
  | Titel 5   Mietvertrag, Pachtvertrag
  | Titel 6   Leihe
  | Titel 7   Sachdarlehensvertrag
  | Titel 8   Dienstvertrag
  | Titel 9   Werkvertrag und ähnliche Verträge
  | Titel 10 Mäklervertrag
  | Titel 11 Auslobung
  | Titel 12 Auftrag Geschäftsbesorgungsvertrag und Zahlungsdienste
  | Titel 13 Geschäftsführung ohne Auftrag
  | Titel 14 Verwahrung
  | Titel 15 Einbringung von Sachen bei Gastwirten
  | Titel 16 Gesellschaft
  | Titel 17 Gemeinschaft
  | Titel 18 Leibrente
  | Titel 19 Unvollkommene Verbindlichkeiten
  | Titel 20 Bürgschaft
  | Titel 21 Vergleich
  | Titel 22 Schuldversprechen, Schuldanerkenntnis
  | Titel 23 Anweisung
  | Titel 24 Schuldverschreibung auf den Inhaber
  | Titel 25 Vorlegung von Sachen
  | Titel 26 Ungerechtfertigte Bereicherung
  | Titel 27 Unerlaubte Handlungen

II. Aufgaben

Dieses ist vom Gesetzgeber in manchen Fällen **absichtlich** gemacht, da die Rechtspraxis mit einer begrenzten Anzahl von Vertragstypen auskommt und ähnliche Regelungen auf nicht geregelte Verträge anwendet.

Natürlich gibt es aber auch **versehentliche Gesetzeslücken**, bei denen Verträgen ebenfalls die wichtige Aufgabe der **Lückenfüllung** zukommt. Die Vertragsparteien sind dann noch mehr gefordert, ihren Willen zu einer bestimmten Vertragsdurchführung festzulegen.

> **Lösung Fall 3** Der Fall zeigt, dass dem abzuschließenden **Vertrag über eine Lizenzvergabe** eine wichtige Aufgabe bei der Lückenfüllung von gesetzlich nicht geregelten Rechtsfragen, wie z. B. Mängelhaftung, Lieferfristen, zukommt. Das Gesetz sieht keine speziellen Regelungen für den Lizenzvertrag vor, so dass sich die Vertragsparteien **informieren müssen, welche Inhalte sie vorab regeln wollen**. Dadurch beschäftigen sich die Vertragsparteien auch mehr mit den Details und **kennen letztlich ihren Vertrag besser**, ja identifizieren sich mit den gefundenen Regelungen. Bei der Zusammenstellung der Inhalte des Lizenzvertrages **orientiert man sich an den anderen gesetzlichen Leitbildern**, hier z. B. Pacht, und wendet auch allgemein geltende Vorschriften auf den Vertrag an, wie z. B. allgemeine Vertragsschlussregelungen in §§ 145 ff. BGB.

Da Vertragsfreiheit herrscht, können Verträge mit den verschiedensten Inhalten vereinbart werden, auch über die Vergabe von Lizenzen. Die Tatsache, dass ein Vertragstyp nicht ausdrücklich im BGB geregelt ist, spielt keine Rolle.

4 Klarheit und Beweisbarkeit

▶ **24 Wie führen Verträge zu mehr Klarheit und Beweisbarkeit?**

Gerade die Verwendung von schriftlich fixierten Regelungen hat immer den Vorteil, dass **weniger Zweifel** über die getroffenen Vereinbarungen auftreten.

Durch die Vertragsurkunde sind die Inhalte der Vereinbarungen genau nachzuweisen. Verträge erfüllen daher auch wichtige Aufgaben bei der Schaffung von Klarheit und Beweisbarkeit von Vertragsschlüssen. Letztlich wird derjenige **Rechtsvorteile** haben, der seine Rechtsposition im Streitfall auch beweisen kann.

Natürlich können aber unklar formulierte Vertragsbedingungen für die Partei, die den Vertrag formuliert hat, **Rechtsnachteile** bringen. Dieser Rechtsgedanke ergibt sich z. B. in § 305 c Abs. 2 und § 307 Abs. 1 BGB, wonach vorgedruckte Geschäftsbedingungen zu Lasten des Verwenders ausgelegt werden und zudem nichtig sein können, wenn sie von dem Verwender nicht transparent genug gefasst sind.

§ **§ 305 c Abs. 2 BGB Mehrdeutige Klauseln** (2) Zweifel bei der Auslegung Allgemeiner Geschäftsbedingungen gehen zu Lasten des Verwenders.

§ **§ 307 Abs. 1 BGB Inhaltskontrolle** (1) Bestimmungen in Allgemeinen Geschäftsbedingungen **sind unwirksam**, wenn sie den Vertragspartner des Verwenders entgegen den Geboten von Treu und Glauben unangemessen benachteiligen. Eine unangemessene Benachteiligung kann sich auch daraus ergeben, dass die Bestimmung **nicht klar** und **verständlich** ist.

Lösung Fall 3 Der **Designer Berhard Schwulst** könnte **aus Gründen der Klarheit** in dem Lizenzvertrag z. B. vereinbaren, was genau passiert, wenn sich sein Design als absoluter „Renner" entwickeln sollte, auch wenn das Gesetz hier in § 32 a UrhG eine allgemeine Regelung enthält. Hier könnte man bereits **vorab Anhaltspunkte** für die Bestimmung des finanziellen „Nachschlags" vereinbaren, so dass die anfangs getroffene Festlegung eines bestimmten Lizenzbetrages z. B. pro produzierten Möbelstücks abgeändert würde. Mit solchen klaren Regelungen wissen die Vertragsparteien von vornherein woran sie sind.

§ **§ 32a UrhG Weitere Beteiligung des Urhebers**

(1) Hat der Urheber einem anderen ein Nutzungsrecht zu Bedingungen eingeräumt, die dazu führen, dass die vereinbarte Gegenleistung unter Berücksichtigung der gesamten Beziehungen des Urhebers zu dem anderen in einem **auffälligen Missverhältnis** zu den Erträgen und Vorteilen aus der Nutzung des Werkes steht, so ist der andere auf Verlangen des Urhebers verpflichtet, in eine **Änderung des Vertrages einzuwilligen,** durch die dem Urheber eine den Umständen nach weitere **angemessene Beteiligung** gewährt wird.

5 Rechtssicherheit

▶ **25 Warum können Verträge zu mehr Rechtssicherheit führen?**

Darüber hinaus können Verträge der Rechtssicherheit dadurch dienen, dass sich die Vertragsparteien über die **rechtliche Zulässigkeit** ihrer beabsichtigten Vertragsinhalte im Klaren werden.

Besonders wenn es sich um schriftliche Vertragsbedingungen handelt, können diese **leichter einem Rechtskundigen zur Kontrolle übergeben werden.** Diese Rechtssicherheit können natürlich nur aktuelle Verträge bieten, d. h. es besteht ein gewisser **Aktualisierungszwang.**

Während die Gesetze regelmäßig von den Gesetzgebungsorganen an neue Rechtsprechung angepasst werden, ist der Verwender von Verträgen gezwungen, seine Vertragsklauseln **systematisch** von Zeit zu Zeit auf Wirksamkeit rechtlich überprüfen zu lassen.

Beispiel für Aktualisierungszwang ▶ Die im Kfz-Handel weit verbreiteten Neuwagenverkaufsbedingungen (NWVB) und Gebrauchtwagenverkaufsbedingungen (GWVB) und Kfz-Reparaturbedingungen wurden von den herausgebenden Verbänden VDA, VDIK und ZDK nach der Schuldrechtsmodernisierung 2002 neu überarbeitet und 2003 veröffentlicht. Damit sind sie jetzt **wieder rechtssicher.** Einige Gerichtsentscheidungen und Erfahrungen mit bestimmten Klauseln in der Vertragswirklichkeit haben zur Überarbeitung und Neuveröffentlichung im Frühjahr 2008 geführt, vgl. http://www.kfzgewerbe.de/, > Branche intern > Formulare (nur für Mitglieder), zu finden auch auf Webseiten von Autohäusern (Auflage beachten!) oder zum Teil bei Verlagen, die sich auf den Druck dieser Vertragsbedingungen spezialisiert haben, **http://www.hermann-fachversand.com,** > Downloads

Lösung Fall 3 Da der Lizenzvertrag gesetzlich nicht geregelt ist, sollten beide Vertragsparteien im vorliegenden Fall **dringend die gefundenen Vereinbarungen schriftlich niederlegen** und jeder für sich **rechtlich** bei einem Fachmann überprüfen lassen. Dazu wendet man sich an eigene Verbände oder/und an einen Rechtsanwalt.

6 Verlagerung von Risiken

▶ **26 Wie werden in der Praxis mit Hilfe von Verträgen rechtliche Risiken verlagert?**

Vertragliche Regelungen haben in der Praxis oft die Aufgabe, etwaige Risiken im Streit- oder Schadensfalle einer der Vertragsparteien aufzuerlegen.

Gerade Verwender von **Allgemeinen Geschäftsbedingungen** (AGB) nutzen **typische Vertragsklauseln**, die den **unternehmerischen Schaden minimieren**, die Vertragsdurchführung zu ihren Gunsten **beschleunigen** und die Rechte und möglichen Gegenansprüche der anderen Vertragspartei **begrenzen** bzw. **kalkulierbarer** machen sollen. In Verträgen werden dazu Regelungen aufgenommen, die man auch als Haftungs-Hürden bezeichnen könnte. Diese „Hürden" muss die andere Seite „überwinden", will sie einen gesetzlich eigentlich vorgesehenen Haftungsanspruch geltend machen.

> **Beispiele für risikoverlagernde Klauseln** ▶ **Haftungsausschluss-Klauseln**, deren Wirksamkeit im Einzelfall zweifelhaft sein kann und die erst in einem Gerichtsverfahren überprüft (und evtl. nichtig erklärt) würden – bis dahin aber vom Verwender gut zur Abwehr von Ansprüchen genutzt werden könnten ▶ Nachfristen ▶ Rücktritts- und Änderungsvorbehalte ▶ Preisänderungsklauseln ▶ Ausschluss von Leistungsverweigerungsrechten ▶ Aufrechnungsverbote ▶ Schadenspauschalen ▶ Vertragsstrafen ▶ Kündigungserschwerungen ▶ lange Bindungsfristen ▶ beweislastverändernde Klauseln, etc.

> **Lösung Fall 3** Der **Designer Bernhard Schwulst** könnte sich bei entsprechender Verhandlungsmacht ausdrücklich zusichern lassen, **um wieviel Prozent** sich die Lizenzgebühren bei Erfolg erhöhen (**Preisänderungsklausel**). Außerdem wäre auch ein **vertragliches Rücktrittsrecht** für ihn vorteilhaft, wenn er das Design anders vermarkten will. Damit hätte er einige wichtige **„lizenzgeberfreundliche"** Klauseln vereinbart.
>
> Für den **Unternehmer Udo Schief** wären evtl. **Vertragsstrafen** als eine **„lizenznehmerfreundliche"** Klausel interessant. Z.B. wenn der Designer Bernhard Schwulst nicht rechtzeitig die Design-Entwürfe liefert, wodurch es zu schwer bezifferbaren Schadenspositionen kommen könnte. Natürlich ist der Unternehmer im Regelfall auch an **Kündigungserschwerungen** und **langen Bindungsfristen** gebunden, damit der Designer nicht ohne weiteres das Design bei Mitbewerbern anbieten kann.

> 👁 **Aufgaben von Verträgen**
>
> - **Abänderung gesetzlicher Regelungen** ○ abdingbare gesetzliche Regelungen werden durch vertragliche Regelungen ersetzt
> - **Konkretisierung** ○ allgemein formulierte Gesetzestexte ○ Verträge regeln Details
> - **Lückenfüllung** ○ Verträge regeln gesetzlich absichtlich oder versehentlich nicht vorgegebene Inhalte
> - **Klarheit und Beweisbarkeit** ○ weniger Zweifel über getroffenen Vereinbarungen ○ Rechtsnachteile bei unklaren Verträgen
> - **Rechtssicherheit** ○ Überprüfung durch Rechtskundige leichter möglich ○ Aktualisierungszwang
> - **Verlagerung von Risiken** ○ AGB enthalten typische Klauseln ○ Verträge minimieren unternehmerische Schäden ○ beschleunigte Vertragsdurchführung ○ Begrenzung und damit Kalkulierbarkeit von Gegenansprüchen

III. Informationsquellen

> **Fall 4 Viele Infoquellen um ein Auto!?** Der Autonarr **Horst Gschwind** möchte seinen patentierten Cabrio-Umbau verkaufen und überlegt sich, welche Möglichkeiten er hat, sich über die rechtliche Seite des Verkaufs „schlau" zu machen.
> Dazu befragt er seine Jura studierende **Freundin Frida Prüfer**, die ihm dabei helfen will, einen Überblick zu bekommen. Man will einen Vertrag abschließen und begibt sich auf die Suche nach den entsprechenden gesetzlichen Regelungen und am besten einigen Musterklauseln. **Fragen:** Welche **Informationsquellen** gibt es im Vertragsrecht? Welche **Informationswege** sind im konkreten Fall zu empfehlen?

Es gibt viele Informationsquellen, die in der täglichen Praxis weiterhelfen, wenn man mit Verträgen rechtliche Probleme hat. Folgende Hinweise sollen hier nur als Auswahl dienen, ohne einen vollständigen Überblick geben zu können und zu wollen. Die Nennungen sollen einige exemplarische Fundstellen zeigen, um den Interessierten für eine Weitersuche zu sensibilisieren.

> **Lösung Fall 4 Begrifflich** sollte Autoverkäufer Horst Gschwind folgende Begriffe kennen, wenn Frida Prüfer für ihn passende Informationsquellen vorstellt: Es muss einem **Fachbuch – Lehrbuch – Kommentar – Fallsammlung – Gesetz – Urteil – Internet**

1 Fachbücher

▶ **27 Welche Fachbücher gibt es zum Thema und wie sollte man mit ihnen arbeiten?**

Gibt man bei einer der geläufigen Online-Buchhandlungen den Begriff „**Vertragsrecht**" ein, finden sich viele Einträge, hinter denen Bücher stehen, die verschiedene Aspekte von Verträgen behandeln.

Manche Fachbücher widmen sich dem Vertragsrecht indem sie Fragen und Rechtsprobleme in einem **bestimmten Zusammenhang z. B. rechtlicher und betriebswirtschaftlicher Tätigkeitsbereiche** darstellen:

> ▶ Vertragsrecht **im Einkauf** behandelt von Helmut Renner ▶ **IT**-Vertragsrecht von Thomas Hoeren ▶ **Online**-Vertragsrecht: Warenvertrieb über das Internet von Marcus Miksch ▶ **Grundlagen** des Vertragsrechts von Karl Riesenhuber

Einige Fachbücher widmen sich **nur der Vertragsgestaltung**, geben viele Musterklauseln und Schriftsätze und behandeln auch Managementfragen:

> ▶ Einführung in die **Vertragsgestaltung** von Karl-Oskar Schmittat ▶ Vertragsgestaltung von Abbo Junker und Sudabeh Kamanabrou ▶ Handbuch der Vertragsgestaltung und **Vertragsmanagement** von Benno Heussen

Andere Fachbücher wiederum wenden sich an **bestimmte Berufe und Branchen** und versorgen sie mit entsprechendem Wissen:

III. Informationsquellen

Anwaltliche Vertragsgestaltung von Gerald Rittershaus und Christoph Teichmann ▶ **Formularbuch Vertragsrecht**: Verträge und Musterschriftsätze für Vertragsstörungen von Prof. Dr. Hans Schulte-Nölke, Dr. Norbert Frenz und Dr. Eckhard Flohr ▶ **Vertragsvorlagen** und juristische Schreiben von Franzis Buch ▶ Besteuerung, Buchführung und Vertragsrecht der **Reisebüros** von Jörg Rummel und Günter Hassel

Dabei besetzen die Fachbücher zum Teil auch ganz **kleine „Nischen"**, um möglichst nah an den Bedürfnissen der Leser zu sein:

▶ Der **Künstler** und sein Recht: Schutz und Verwertung von Kunstwerken. Rechtsstellung und **Vertragsrecht der Künstler** von Hermann Josef Fischer und Steven A. Reich ▶ **Vergabe- und Vertragsrecht** 2012 von Karsten Hansen-Reifenstein, Franz Dieblich und Anne Knapschinsky ▶ Vertragsrecht für **Nichtjuristen** von Alix Frank-Thomasser und Wolfgang Punz ▶ **Der Autokauf** von Kurt Reinking und Christoph Eggert

Lösung Fall 4 Beispielsweise ist hier als **Informationsquelle** das Fachbuch **Der Autokauf** von Kurt Reinking und Christoph Eggert zu empfehlen. Dort findet Horst Geschwind einen Musterkaufvertrag, den er als Verkäufer sofort verwenden kann.

Dieser Musterkaufvertrag enthält sehr viele „verkäuferfreundliche" Klauseln, so dass Frida Prüfer ihm die Rechtsvorteile erläutern kann. Benötigt er weitere Informationen, empfiehlt sich folgender **Informationsweg**: Inhaltsverzeichnis des Buches ansehen und wichtige Kapitel notieren. Die Musterklauseln des Mustervertrags durchlesen und Fragen dazu notieren. In den Erläuterungstexten Lösungen zu den Fragen suchen und Ergebnisse notieren. Bleiben offene Fragen, diese notieren und weitere im Buch angegebene Fundstellen ansehen. Alle dann noch offenen Fragen in weiteren Informationsquellen bzw. durch Einholung von Rechtsrat einer Klärung zuführen.

2 Lehrbücher

▶ 28 Welche Lehrbücher sind zum Vertragsrecht geschrieben worden?

Vielfach finden sich auch Ausführungen zum Vertragsrecht in Büchern, die sich mit dem Themenbereich „**Wirtschaftsrecht**" beschäftigen:

Beispiele für Bücher zum Wirtschaftsrecht ▶ **Wirtschaftsprivatrecht**: Basiswissen des Bürgerlichen Rechts und des Handels- und Gesellschaftsrechts für Wirtschaftswissenschaftler und Unternehmenspraxis von Ernst R. Führich ▶ **Wirtschaftsprivatrecht** von Justus Meyer ▶ **Wirtschaftsprivatrecht Rechtliche Grundlagen wirtschaftlichen Handelns** von Peter Müssig ▶ **Basiswissen** Ziviles Wirtschaftsrecht: Ein Lehrbuch für Wirtschaftswissenschaftler von Knut Werner Lange ▶ **Kompakt Training Wirtschaftsrecht** und Kompendium Wirtschaftsrecht von Brunhilde Steckler

Neben diesen Spezialtiteln ist das Thema Vertragsrecht aber auch in den **allgemeinen Rechtslehrbüchern** quasi „versteckt" hinter Begriffen wie „**Allgemeiner Teil des BGB**" oder „**Schuldrecht**" zu finden.

Beispiele für juristische Lehrbücher zum Thema ▶ **Einführung** in das Bürgerliche Recht von Eugen Klunzinger ▶ Vertragliche Schuldverhältnisse von Jürgen Oechsler ▶ **Allgemeiner Teil des BGB, Allgemeines und Besonderes Schuldrecht** von Hans Brox und Wolf-Dietrich Walker ▶ BGB AT: **Einführung** in das Recht – Allgemeiner Teil des BGB von Rainer Wörlen ▶ **Allgemeiner Teil** des BGB, Schuldrecht 1. Allgemeiner Teil: Ein Lehrbuch bzw. ein Studienbuch von Dieter Medicus bzw. Stephan Lorenz ▶ **Allgemeiner Teil des BGB:** von Bernd Rüthers und Astrid Stadler ▶ Allgemeiner Teil des BGB.

Einführung und **Rechtsgeschäftslehre** von Manfred Löwisch und Daniela Neumann ▶ **Allgemeiner Teil des deutschen Bürgerlichen Rechts** von Karl Larenz und Manfred Wolf ▶ **BGB-Schuldrecht**. Allgemeiner Teil von Harm Peter Westermann, Peter Bydlinski und Ralph Weber

> **Lösung Fall 4** Host Gschwind und Frida Prüfer muss klar sein, dass Lehrbücher ein Fachgebiet in allgemeiner Art und Weise erläutern, ohne auf bestimmte Besonderheiten einer Branche einzugehen:
>
> Manche Lehrbücher erläutern die **allgemein** zum Verständnis erforderlichen Inhalte vorweg, hier z. B. Recht der Rechtsgeschäfte.
>
> Der Vertrag wird dann als eines von mehreren möglichen Schuldverhältnissen allgemein beschrieben, hier der Kaufvertrag.
>
> Bei der Darstellung werden z. B. der Begriff eines Kaufvertrages, die verschiedenen Arten und die Systematik näher erläutert, hier der Kauf einer Sache.

3 Kommentare

▶ 29 Welche Kommentare können wie weiterhelfen?

Für den Juristen aus seiner täglichen Arbeit nicht hinweg zudenken ist der Gebrauch von Kommentaren, die anhand der gesetzlichen Vorschriften die Rechtslehre aufzeigen. Besonders wichtig ist bei diesen Kommentaren die **Zusammenführung der gesetzlichen Vorschriften mit den Rechtsmeinungen in der Lehre und Rechtsprechung**. Damit kann sich der geübte Leser einen Überblick über die häufigsten Rechtsprobleme verschaffen und gleichzeitig für eigene Fälle eine Lösungsalternative erarbeiten. Für den Nichtjuristen ist diese Arbeit am Kommentar aber sehr gewöhnungsbedürftig, nicht zuletzt deshalb, weil Kommentare nach eigenen Regeln aufgebaut sind und wie beim Standardwerk des Zivilrechts, dem Palandt, eine abgekürzte Sprache benutzen.

Um eine Überfrachtung mit Quellenangaben zu vermeiden, sind im Folgenden hauptsächlich die **Fundstellen im Palandt** angegeben. Von dort aus ist dann für den Interessierten eine Vertiefung des Gelesenen anhand der Hinweise auf Lehre und Rechtsprechung schnell möglich.

> **Beispiele für Standardkommentare** ▶ **Palandt**, Bürgerliches Gesetzbuch (Beck'sche Kurz-Kommentare, 2.955 Seiten, in einem Band) ▶ **Münchener Kommentar** zum Bürgerlichen Gesetzbuch (BGB) in mehreren Bänden ▶ Kommentar zum Bürgerlichen Gesetzbuch von Julius von **Staudinger**, Karl-Heinz Fezer, Stefan Koos, und Ulrich Magnus ▶ Kommentar zum Bürgerlichen Gesetzbuch (BGB): §§ 1 – 610 CISG: Band 1 von **Heinz Georg Bamberger und Herbert Roth**

> **Lösung Fall 4** Kommentare sind unterschiedlich aufgebaut und müssen daher unterschiedlich eingesetzt werden: **Themenorientierte Kommentare**: Ist ein Kommentar themenorientiert aufgebaut, muss wie in einem Lehrbuch die gesuchte Rechtsfrage in den Themen wiedergefunden werden, hier also zum Kaufvertrag. **Vorschriftenorientierte Kommentare**: Ist der Kommentar anhand der Vorschriften eines Gesetzes aufgebaut, muss man die wichtigsten Vorschriften zu Klärung der Rechtsfrage bereits kennen, hier §§ 433 ff. BGB.

Dem Horst Gschwind empfiehlt sich daher folgender **Informationsweg**: Bei themenorientierten Kommentaren ähnlich wie beim Fach- oder Lehrbuch vorgehen. Bei vorschriftenorientierten Kommentaren zunächst die relevanten Vorschriften suchen. Unter jeder Vorschrift in der Kommentierung wichtige Aspekte der Lösung suchen und Zwischenergebnisse notieren. Dabei evtl. mehrere Kommentare zur gleichen Vorschrift befragen. Offene Fragen durch Vertiefung in den angegebenen Urteilen und anderen Quellen lösen bzw. Rechtsrat einholen.

4 Fallsammlungen

30 Welche Fallsammlungen können das Gelernte noch vertiefen?

Auf dem Markt gibt es einige Fallbücher, die helfen sollen, das Gelernte anhand von Fällen und Lösungen zu vertiefen. Vielfach handelt es sich bei den Büchern um juristische Lehrbücher, bei denen auch die im juristischen Examen wichtige Falllösungstechnik im Vordergrund steht. Einige Bücher wenden sich aber auch an Nichtjuristen und stellen mehr das Ergebnis und nicht den Prüfungsweg dar. Auch die Skripten der in der juristischen Ausbildung zu findenden Repetitorien sind hier zu nennen.

Beispiele für Fallbücher ▶ Übungen im Privatrecht von Eugen Klunzinger ▶ Prüfe Dein Wissen: BGB, Allgemeiner Teil und Recht der Schuldverhältnisse von Helmut Köhler ▶ **Lernen mit Fällen**. Allgemeiner Teil des BGB. Materielles Recht und Klausurenlehre von Winfried Schwabe ▶ Übungsbuch Wirtschaftsrecht: Fragen – Fälle – Lösungen von Bernd Rohlfing ▶ BGB AT 1, 29 Fälle vom Repetitorium Josef A. **Alpmann** ▶ Grundwissen Schuldrecht AT vom Repetitorium Karl Edmund **Hemmer** und Achim Wüst

Lösung Fall 4 Fallsammlungen enthalten eine Ansammlung von vielen bereits entschiedenen oder vom Autor entworfenen Fällen: Findet Frida Prüfer für ihren Freund einen **real entschiedenen Fall**, der die gesuchte Rechtsfrage löst, dann ist zu fragen, ob man die Lösung auf den konkreten Fall anwenden kann, ob er ähnlich gelagert ist, hier also Fälle zu Kaufverträgen. Sind die Fälle **nicht real entschieden**, so kann Frida Prüfer versuchen, aus den Fällen Lehren für die praktische Anwendung auf Horst Gschwinds Fall abzuleiten.

Um den richtigen Fall zu finden, muss man bereits Vorkenntnisse haben, so dass sich folgendes Vorgehen empfiehlt: Im Inhaltsverzeichnis die Grundstruktur der Fallsammlung ansehen und das gesuchte eigene Thema, hier Kaufvertrag, suchen. Wird eine passende Erläuterung gefunden, Fall anlesen und auf Übereinstimmung prüfen. Wichtige Zwischenergebnisse notieren und weitere Fundstellen im oder außerhalb des Buches für noch offene Fragen konsultieren.

5 Gesetzesvorschriften

▶ **31 Woher bekommt man zuverlässig die neuesten Gesetzesvorschriften und wie geht man mit ihnen um?**

Viele Verlage haben inzwischen Gesetzessammlungen für die **juristischen Berufe** aber auch für die **Ausbildung in nichtjuristischen Disziplinen** auf den Markt gebracht. Je nach behandeltem Stoffumfang sollte daher die passende Gesetzessammlung gesucht werden.

> **Beispiele für Gesetzessammlungen** ▶ **Schönfelder** Deutsche Gesetze Textsammlung ▶ **Aktuelle Wirtschaftsgesetze** vom Verlag Franz Vahlen ▶ **Bürgerliches Gesetzbuch BGB** im Beck-Verlag im dtv ▶ **Steuer- und Wirtschaftsrecht** oder Wichtige Wirtschaftsgesetze von NWB Verlag

Hinweis: Die in diesem Buch verwendeten Gesetzestexte sind zur Orientierung für die Leser mit **Unterstreichungen** versehen, die in der vom Gesetzgeber herausgegebenen Fassung nicht enthalten sind.

> **Lösung Fall 4** Gesetze enthalten eine Vielzahl von Regelungen, manchmal relativ systematisch geordnet, manchmal nicht sehr systematisch, sondern eher historisch gewachsen: **Moderne, geordnete Gesetze** enthalten zu Beginn immer Begriffsklärungen, Definitionen und dann verschiedene Themen; den Abschluss machen Zuständigkeitsfragen und Strafbestimmungen. Ältere, ungeordnete Gesetze sind für den Laien oft nur schwer zu lesen, so dass schnell Rechtsrat notwendig wird. Vorliegend erschließt sich die Rechtsfrage nach den Kaufvertragsinhalten aus dem BGB, das eine sehr eigene Systematik hat, so dass sich folgender **Informationsweg** für den Horst Gschwind empfiehlt:
>
> Aus dem Inhaltsverzeichnis des BGB erkennt man, dass das Gesetz in mehrere „Bücher" aufgeteilt ist, wovon hier besonders das 1. und 2. Buch thematisch passen: Allgemeiner Teil und Schuldrecht. Zunächst sind die speziellen Vorschriften, hier die §§ 433 ff. BGB zum Kaufvertrag, zu lesen, dann die allgemeineren, z. B. Zustandekommen eines Vertrages, §§ 145 ff. BGB. Bleiben noch offene Fragen sind weitere Informationsquellen, z. B. Kommentare, zur Lösung heranzuziehen bzw. Rechtsrat bei einem Juristen zu einzuholen.

6 Rechtsprechung

▶ **32 Wo kann man Urteile im Original nachlesen und was ist bei ihrer Lektüre zu beachten?**

Wer Urteile im Original papierschriftlich nachlesen will, kann sich natürlich zunächst an die **Geschäftsstellen** der entsprechenden Gerichte wenden.

Die für das Vertragsrecht besonders wichtigen Urteile des Bundesgerichtshofs in Zivilsachen werden in einer von den Mitgliedern des Bundesgerichtshofs herausgegebenen **Sammlung der wichtigen Entscheidungen des Gerichts** herausgegeben und finden sich in diesem Buch unter der Abkürzung „BGHZ". Leider sind die danach stehenden Ziffern nicht die Jahreszahlen der Entscheidung. Bei der Zitierung z. B. BGHZ 66, 51 (52), bedeutet die Zahl 66, dass sie sich im Band 66 der Entscheidungs-

III. Informationsquellen

sammlung befindet und auf der Seite 51 beginnt. Die wichtige Textpassage, auf die hingewiesen werden soll, steht dann z. B. auf der Seite 52.

Viele Urteile werden aber auch **in Fachzeitschriften** veröffentlicht, so dass man auch dort über Behörden, Bibliotheken, Anwälte, Kammern, Verbände etc., die diese Zeitschriften führen, einen Einblick nehmen kann. Dabei werden die Zeitschriften meistens mit einem Kürzel bezeichnet z. B. **BGH NJW 1986, 2034 (2035)**, dahinter das Jahr der Zeitschrift, dann die Anfangsseite des Zitats und z. T. die genaue Seite mit der Stelle, auf die es dem Zitierenden ankam.

> **Beispiele für wichtige Fundstellen von Urteilen** ▶ **Komplettes Recht** = Neue Juristische Wochenschrift (NJW) und Neue Juristische Wochenschrift – Rechtsprechungsreport (NJW-RR) ▶ **Schadensersatz- und Versicherungsrecht** = Neue Zeitschrift für Versicherungsrecht (NVersR) ▶ **Wirtschaftsrecht einschließlich Steuer- und Arbeitsrecht** = Betriebsberater (BB) und Der Betrieb (DB) ▶ **Arbeitsrecht** = Neue Zeitschrift für Arbeitsrecht (NZA) ▶ **Recht in der Ausbildung** = Juristische Schulung (JuS)

> **Lösung Fall 4** Urteile bestehen aus verschiedenen Teilen, so dass Horst Gschwind bei der Lektüre wissen muss, wo man nachsehen sollte: **Leitsatz**: Die wichtigsten Aussagen des Urteils werden oft in Leitsätzen zusammengefasst, die nicht unbedingt von den Richtern, sondern von den Redaktionen formuliert werden. **Sachverhalt**: Damit die Aussagen eines Urteils auf den eigenen konkreten Fall übertragen werden können, ist ein vergleichbarer Sachverhalt notwendig. **Verschiedenen Rechtsmeinungen**: Urteile zeigen auch Rechtsmeinungen der Richter und anderer Juristen. Will der Gschwind für seinen Vertragsschluss aus thematisch passenden Urteilen etwas Informatives herauslesen, empfiehlt sich folgender Informationsweg:
>
> Betrachtung des Sachverhalts, der dem Urteil zugrundeliegt: Ist der Sachverhalt ähnlich, was ist anders? Welcher Leitsatz hilft weiter, und wie sind die Hauptaussagen des Urteils? Aus dem Begründungstext eines Urteils kann er Argumente für die eigene Argumentation mit Käufern nutzen. Bleiben offene Fragen sollten die Fundstellen im Urteil nachgelesen bzw. juristischer Rat eingeholt werden.

7 Internetfundstellen

▷ 33 Wo findet man im Internet gute Informationsquellen?

Das Internet ist auch für den auf juristischem Gebiet Tätigen heute eine unverzichtbare Informationsquelle geworden, indem es je nach dem gewünschten Ziel die verschiedensten Websites gibt.

> **Beispiele für interessante Internetseiten** ▶ umfangreiche **Suchmaschine für rechtliche Vorschriften** im Internet unter www.rechtliches.de mit zahlreichen Verweisen auf dejure.org oder Gesetzessammlungen des Bundesjustizministeriums ▶ **Datenbanken u. a. zum Vertragsrecht** von Prof. Stephan Lorenz www.stephan-lorenz.de ▶ **Mustersammlung von Kammern und Verbänden** unter www.frankfurt-main.ihk.de/recht/mustervertrag/index.html ▶ zahlreiche **Linksammlungen für Juristen** existieren zum Teil auf Hochschulseiten, z. B. www.uni-konstanz.de/rtf/gs/jurlinks.htm, von Anwälten, www.jura-lotse.de/ bzw. privaten Betreibern z. B. www.links-fuer-juristen.de/

Lösung Fall 4 Internetseiten stellen die unterschiedlichsten Bereiche des Rechts dar. **Vorschriften**: Manche Internetseiten zeigen, wo man im Internet die entsprechenden Vorschriften finden kann, z. B. bei www.rechtliches.de **Vertragsmuster**: Für unseren Fall können sogar aus dem Internet konkrete Kaufvertragsmuster geladen werden, manchmal aber kostenpflichtig. **Datenbanken**: Will man verschiedene Urteile finden, empfehlen sich Urteilsdatenbanken. **Linklisten**: Bei der Suche nach weiteren Fundstellen empfehlen sich die Linklisten, z. B. hier von Unternehmer bzw. Verkäuferverbänden.

Will Horst Gschwind das Internet als Informationsquelle verwenden, sind folgende Hinweise für den **Informationsweg** zu beachten: Zunächst sollte der Urheber der Internetseite ausfindig gemacht werden, da dann gewisse Interessen und Motive des Seitenerstellers klar werden können, z. B. Kundenakquise. Die Aktualität der Seite ist zu überprüfen und die Frage zu klären, ob Kosten bei der Seitennutzung anfallen. Evtl. sollte Gschwind auf kostenlose Portale ausweichen. Bleiben Fragen offen, können diese durch Kontaktaufnahme mit dem Ersteller der Internetseite oder mit einem Juristen geklärt werden.

Informationsquellen

- **Fachbücher** ○ Spezialliteratur zu besonderen Bereichen wie z. B. Einkauf, Internet ○ Bücher zur Vertragsgestaltung und zum Vertragsmanagement ○ berufs- und branchenorientierte Bücher ○ Nischenprodukte wie z. B. Literatur für Nichtjuristen
- **Lehrbücher** ○ Bücher zum Wirtschaftsrecht bzw. Wirtschaftsprivatrecht ○ juristische Lehrbücher zum Allgemeinen Teil des BGB bzw. zum Schuldrecht
- **Kommentare** ○ Palandt ○ Münchener Kommentar ○ Staudinger Kommentar
- **Fallsammlungen** ○ Übung im Privatrecht ○ Prüfe Dein Wissen-Bücher ○ Lernen mit Fällen ○ Übungsbücher ○ Repetitoriumsskripten
- **Gesetzesvorschriften** ○ Schönfelder ○ Aktuelle Wirtschaftsgesetze ○ Bürgerliches Gesetzbuch ○ Steuer- und Wirtschaftsrecht
- **Rechtsprechung** ○ juristische Fachzeitschriften zum Kompletten Recht ○ zum Schadens- und Versicherungsrecht ○ zum Wirtschaftsrecht einschließlich Steuer- und Arbeitsrecht ○ Zeitschriften für Studium und Referendariat
- **Internetfundstellen** ○ Suchmaschinen für rechtliche Vorschriften ○ Datenbanken ○ Linksammlungen

IV. Vertragsfreiheit

Fall 5 Viele Rechtsbegriffe um ein Auto Nun wird es ernst! Nachdem sich **Horst Gschwind** über die Informationsquellen informiert hat, vgl. vorhergehendes Kapitel, will er seinen zu verkaufenden patentierten Cabrio-Umbau tatsächlich verkaufen und setzt daher eine Anzeige mit allen Daten in eine Internetbörse. Von dem ersten **Interessenten Karl Klug** erhält er eine E-Mail, wonach er das Auto einschließlich Patent im Namen seiner Firma Klug-GmbH kaufe und dem Gschwind demnächst einen Kaufvertrag zusenden werde. Nachdem Gschwind vom Klug in den nächsten Tagen per Post einen bereits ausgefüllten vorgedruckten Kaufvertrag bekommt, überlegt sich Gschwind, ob er das Auto wirklich verkaufen möchte, da sein **17-jähriger Sohn Simon als Miteigentümer** des Cabrios das schöne Wetter weiterhin für Ausfahrten nutzen will. Klug beharrt auf dem Vertragsschluss, man habe ja zumindest einen Vorvertrag geschlossen, und bedrängt den Gschwind, den Vertrag endlich zu unterzeichnen.

Klug würde sogar auf die Haftung für Mängel verzichten und behauptet zudem, für den Fall, dass Gschwind die Vertragsurkunde nicht unterzeichne, er sich schadensersatzpflichtig machen würde. Gschwind fühlt sich bedroht und will die Vertragsurkunde nicht unterzeichnen, notfalls sogar alles aufheben oder anfechten.

Frage Welche Rechtsbegriffe der Rechtsgeschäftslehre spielen bei der Lösung des Falles eine Rolle?

In der Praxis spielen bei Vertragsstreitigkeiten immer wieder folgende Begriffe und Kernfragen der Rechtsgeschäftslehre eine Rolle.

Checkliste 1 Häufige Begriffe der Rechtsgeschäftslehre
- „**Vertragsfreiheit**" ▶ Ab wann ist man verpflichtet, einen Vertrag zu schließen, um z. B. eine angebotene Ware zu verkaufen? ▶ Kann man sich frei entscheiden, mit wem man einen Vertrag schließt? ▶ Wer bestimmt die Form, in der der Vertrag geschlossen werden muss? ▶ Mit welchem Inhalt kann man einen Vertrag schließen?
- „**Rechtsgeschäft**" ▶ Ab wann ist eine bestimmte Handlung als Rechtsgeschäft mit rechtlichen Pflichten zu bewerten? ▶ Wann liegt nur eine rein private Äußerung vor?
- „**Willenserklärung**" ▶ Welche Voraussetzungen sind für das Vorliegen einer Willenserklärung zu erfüllen? ▶ Wann ist eine empfangsbedürftige Willenserklärung zugegangen?
- „**Vertrag**" ▶ Wann liegt ein Vertrag vor, wann nicht?

- **„Vertragsschluss"** ▶ Welche Voraussetzungen müssen für einen Vertragsschluss gegeben sein? ▶ Wann liegt eine Willensübereinstimmung vor? ▶ Wie ist die Zeit vor dem Vertragsschluss rechtlich zu bewerten? ▶ Wann liegt ein Angebot vor? ▶ Wann ist eine Annahme erfolgt?
- **„Vertragsparteien"** ▶ Wer kann Partei eines Vertrages sein? ▶ Wie genau müssen die Vertragsparteien bezeichnet werden? ▶ Wofür ist die genaue Bezeichnung der Vertragspartei von Bedeutung?
- **„Vertragsgegenstand"** ▶ Was kann Gegenstand eines Vertrages sein? ▶ Welcher Gegenstand kann nicht in einem Vertrag aufgenommen werden?
- **„Leistungsstörungen"** ▶ Welche Vertragsstörungen gibt es? ▶ Welche Voraussetzungen haben sie? ▶ Welche Rechtsfolgen haben die Leistungsstörungen?
- **„Vertragsbeendigung"** ▶ Welche Arten der Vertragsbeendigung gibt es? ▶ Welche Besonderheiten haben diese Beendigungsarten?

Lösung Fall 5 Im Fall ist der **Autonarr Gschwind** mit der Veröffentlichung des Autos in der Internetbörse noch keine rechtliche Bindung gegenüber dem **Interessenten Klug** eingegangen, er hat noch **Abschlussfreiheit** (Ausnahme: Einstellen bei eBay mit fehlendem Mindestpreis) und kann das Auto behalten. Das Einstellen eines Autos in eine Internetbörse ist vergleichbar einem Zeitungsinserat, mit dem Interessenten lediglich aufgerufen werden sollen, dem Verkäufer gegenüber ihr Interesse zu bekunden und dann verbindliche Angebote zu bestimmten Konditionen als **Willenserklärungen** abzugeben.

Ein Rechtsgeschäft mit dem Kunden liegt demnach noch nicht vor. Demgegenüber hat der Interessent Klug bereits eine Willenserklärung wirksam abgegeben, indem er sein Kaufangebot per Mail schickt, da das Kaufangebot nicht formbedürftig ist. Wenn nun noch der **Zugang** beim Empfänger Gschwind nachzuweisen (z. B. durch eine Empfangsbestätigung) ist, stünde einem rechtsverbindlichen Angebot in diesem Fall nicht mehr viel im Wege.

Für einen **Kaufvertragsschluss** bedarf es aber einer wirksamen **Annahme** durch den Verkäufer Gschwind, was weder durch Einstellen des Autos in die Internetbörse noch sonstwie hier ersichtlich ist. Sollte es doch noch zu einem Vertrag kommen, ist dann die Beteiligung des Miteigentümers, Sohn Simon, unbedingt sicherzustellen. Ebenso ist die Frage zu klären, ob der Käufer **Vertretungsmacht** für die GmbH hat, die als Käufer wohl auftreten soll. Des Weiteren muss der **Kaufgegenstand** präzisiert werden, da es nicht nur um den Kauf einer Sache (Auto) geht, sondern auch um Rechte (Patente). Will der Käufer auf Mängelrechte verzichten, bedarf dieses einer Überprüfung auf Zulässigkeit und einer gesonderten Vereinbarung.

1 Vertragsfreiheit

▶ 34 Was hat die grundrechtlich geschützte Privatautonomie mit dem Vertragsrecht zu tun?

Das BGB übernimmt mit der Vertragsfreiheit den **Grundsatz der Privatautonomie** aus dem Grundgesetz, Art. 2 Abs. 1 GG, und überlässt dem Einzelnen, seine Lebensverhältnisse im Rahmen der Rechtsordnung eigenverantwortlich zu gestalten, als Teil des Rechts auf freie Entfaltung der Persönlichkeit.

IV. Vertragsfreiheit

Art. 2 Abs. 1 GG Jeder hat das Recht auf die **freie Entfaltung seiner Persönlichkeit**, soweit er nicht die Rechte anderer verletzt und nicht gegen die verfassungsmäßige Ordnung oder das Sittengesetz verstößt.

> Diese Privatautonomie berechtigt jeden Einzelnen, Rechte und Pflichten zu begründen, zu ändern oder aufzuheben.

Bei **Vertragsstreitigkeiten** geht es in der tieferen Bedeutung oftmals versteckt eigentlich um die Vertragsfreiheit, z. B. wenn ein Verkäufer wissen will, ob und wie lange er die Freiheit hat, eine Ware später doch nicht zu verkaufen, nachdem er sie bereits im Verkaufsgeschäft ausgelegt, in der Zeitung inseriert oder im Internet veröffentlicht hat.

Von der Vertragsfreiheit mit umfasst ist die **Abschlussfreiheit**, die jedem das Recht gibt, selbst zu entscheiden, ob er eine Ware verkauft oder nicht. Erst nach verbindlichem Abschluss eines Rechtsgeschäfts, ist diese Abschlussfreiheit erloschen.

Beispiele ▶ Vereinigungsfreiheit bei Vereinen und Gesellschaften durch Gesellschaftsverträge ▶ Testierfreiheit bei Testamenten und Erbverträgen ▶ Freiheit, Eigentum zu haben und darüber zu verfügen

Schlüsselbegriffe der Privatautonomie (und der Vertragsfreiheit) sind hierbei die folgenden Begriffe:

- **Rechtsgeschäft**: Damit bezeichnet man Geschäfte, mit denen verbindliche Rechtsbeziehungen im Rahmen der Privatautonomie geknüpft werden, z. B. durch Abschluss eines Kaufvertrages, Aufsetzen eines Testaments.
- **Willenserklärung**: Mit Hilfe von einzelnen Erklärungen, sog. Willenserklärungen, werden diese Rechtsgeschäfte und Verträge von jedem Einzelnen autonom im Rahmen der Gesetze abgegeben.
- **Vertrag**: Die Privatautonomie lässt auch Regelungen zwischen zwei Personen zu, die vor dem Recht verbindlich sein sollen und als Vertrag bezeichnet werden.

▶ 35 Was besagt der Grundsatz der Vertragsfreiheit?

Fall 6 Die unendliche Freiheit!? Der **Bauunternehmer Bernd Bruch** findet Verträge äußerst praktisch. Er schließt schon seit einigen Jahren mit seinen Bauherren Verträge über Grundstücke in sehr begehrten Lagen ab, die er als große unverkäufliche Grundstücke vorher gekauft hat, dann aufteilt, preiswert bebaut und in Einzelstücken teuer und mit komplettem Haftungs- und Gewährleistungsausschluss verkauft. Der nicht so betuchte **Gemeindebürger Gerd Gschrei** will sich das Verhalten nun nicht mehr länger gefallen lassen und hält dieses vertragliche Verhalten für unredlich. **Frage Wie ist die Rechtslage?**

Eine der **häufigsten Ausprägungen** der Privatautonomie ist die Freiheit des Einzelnen, seine **Lebensverhältnisse durch Verträge eigenverantwortlich zu gestalten**. Man spricht vom Grundsatz der Vertragsfreiheit. Begrifflich kann man diese Freiheit nochmals in verschiedene Unterfreiheiten einteilen, je nachdem, um welchen Vertragsbereich es gerade geht:

Beispiele für Vertragsfreiheiten ▶ **Abschlussfreiheit** = jedermann ist frei darin, ob er einen Vertrag schließt ▶ **Partnerwahlfreiheit** = jedermann ist frei darin, mit wem er einen Vertrag schließt ▶ **Formfreiheit** = jedermann ist frei darin, in welcher Form er einen Vertrag schließt ▶ **Gestaltungsfreiheit** = jedermann ist frei darin, wie er einen Vertrag inhaltlich schließt

Lösung Fall 6 Die Bauherren müssen also eigentlich überhaupt keine Bauverträge abschließen, sondern können z. B. weiter zur Miete wohnen (**Abschlussfreiheit**). Sollten sie sich zum Bauen entschlossen haben, sind sie frei darin, ob sie mit dem Bauunternehmer Bruch oder mit einem anderen einen Bauvertrag abschließen (**Partnerwahlfreiheit**). Dieser Bauvertrag ist als reiner Werkvertrag grundsätzlich auch formfrei per Handschlag möglich (**Formfreiheit**), sobald es allerdings um Grundstücke geht, bestehen Formzwänge. Dass der Bauunternehmer unzulässige Inhalte in dem Bauvertrag aufnimmt, ist zunächst seine freie Entscheidung, eine Genehmigungspflicht der Inhalte gibt es grundsätzlich nicht (**Gestaltungsfreiheit**), vgl. aber unten bei den Grenzen der Gestaltungsfreiheit.

▶ **36 Wodurch wird der Grundsatz der Vertragsfreiheit beschränkt?**

Der Grundsatz der Vertragsfreiheit existiert aber nicht unbegrenzt (schrankenlos), dass die Menschen alles in ihren Verträgen regeln dürfen. Nach der Rechtsprechung des Bundesverfassungsgerichts muss **sozialem und wirtschaftlichem Ungleichgewicht entgegengewirkt** werden, damit Selbstbestimmung für den Vertragspartner nicht zur „**schrankenlosen Fremdbestimmung**" wird, BVerfG NJW 1990, 1470. Die Juristen verlangen, dass ein Mindestmaß an „**Vertragsgerechtigkeit**" herrschen muss (vgl. Palandt/Ellenberger Einf. v. § 145 Rn. 7).

Diese Überprüfung der Verträge wird u. a. durch folgende „Zwänge" dem Bürger gegenüber gesichert:

Schranken der Vertragsfreiheit
- Abschlusszwang
- Partnerwahlzwang
- Formzwang
- Gestaltungszwang
- Informationszwang
- Widerrufsrechte

2 Abschlusszwang

37 Wann gilt ein Abschlusszwang?

Fall 7 Ohne Versicherung kein Auto! Der **ausländische Bürger B** ist zwar schon fast 100 Jahre alt, möchte nun sein erstes Auto auf seinen Namen zulassen. Die von ihm gewünschte **Versicherung V** will ihm nicht die für die Zulassung zwingend erforderliche Versicherung verkaufen, da er zu alt sei und man auch schlechte Erfahrungen mit Bürgern seines Landes gemacht habe. **Frage Hat B einen Anspruch auf Vertragsschluss mit der Versicherung?**

Die Gesetze unterwerfen den Bürger und die Unternehmen bisweilen einem vertraglichen **Abschlusszwang** (sog. Kontrahierungszwang), von dem nur aus sachlichen Gründen abgewichen werden kann. Unwirksam wäre es z. B. die Ablehnung eines Vertragsabschlusses allein an der Staatsangehörigkeit festzumachen.

Beispiele für Abschlusszwänge (Palandt/Ellenberger Einf. v. § 145, Rn. 8ff.) ▶ gesetzliche Pflicht nach §§ 1, 5 PflVG, eine **Kfz-Haftpflichtversicherung** abzuschließen, wenn man ein Kfz zulassen möchte ▶ Strom-, Gaslieferungspflicht der **Versorgungsbetriebe** nach §§ 17 EnWG ▶ **Personentransport**, § 22 PBefG ▶ Monopolleistungen der **Post**, § 8 PostG ▶ Versorgung mit lebensnotwendigen **medizinischen Gütern** ▶ Die Ablehnung eines Vertragsschlusses kann bei marktbeherrschenden und marktstarken Unternehmen auch gegen das **Diskriminierungsverbot** des § 20 Abs. 2 GWB verstoßen.

Lösung Fall 7 Die **Versicherung V** muss auch einen älteren Bürger grundsätzlich nach §§ 1, 5 PflVG versichern, es sei denn, es bestehen besondere Gründe, die einem Versicherungsabschluss entgegenstehen (z. B. B hat schon in der Vergangenheit keine Versicherungsbeiträge gezahlt, sich durch übermäßige Schadenshäufigkeit als fahruntüchtig erwiesen, vgl. auch § 20 Abs. 1, S. 2, Nr. 1 Allgemeines Gleichbehandlungsgesetz (AGG). Das Argument, ausländischer Mitbürger eines bestimmten Landes zu sein, ist diskriminierend und unwirksam nach dem Allgemeinen Gleichbehandlungsgesetz, § 19 Abs. 1 AGG).

§ **§ 19 Abs. 1 AGG Zivilrechtliches Benachteiligungsverbot** (1) Eine Benachteiligung aus Gründen der Rasse oder wegen der **ethnischen Herkunft**, wegen des Geschlechts, der Religion, einer Behinderung, des Alters oder der sexuellen Identität **bei der Begründung**, Durchführung und Beendigung zivilrechtlicher Schuldverhältnisse, die 1. typischerweise ohne Ansehen der Person zu vergleichbaren Bedingungen in einer Vielzahl von Fällen zustande kommen (Massengeschäfte) oder bei denen das Ansehen der Person nach der Art des Schuldverhältnisses eine nachrangige Bedeutung hat und die zu vergleichbaren Bedingungen in einer Vielzahl von Fällen zustande kommen oder 2. eine **privatrechtliche Versicherung** zum Gegenstand haben, ist unzulässig.

§ **§ 20 Abs. 1, S. 1 Nr. 1 AGG Zulässige unterschiedliche Behandlung** (1) Eine Verletzung des Benachteiligungsverbots ist nicht gegeben, wenn für eine unterschiedliche Behandlung wegen der Religion, einer Behinderung, **des Alters**, der sexuellen Identität oder des Geschlechts ein **sachlicher Grund** vorliegt. Das kann insbesondere der Fall sein, wenn die unterschiedliche Behandlung 1. der **Vermeidung von Gefahren**, der Verhütung von Schäden oder anderen Zwecken vergleichbarer Art dient,

---

⚡ **Häufiger Irrtum: „Das Aufreißen der Ware verpflichtet zum Kauf der Ware!"**

- **Falsch!**
- Das OLG Düsseldorf verkündete am 21.12.2000 (Az. 6 U 45/00) zu diesem Satz folgenden Leitsatz:
- *„Die Beklagte wird verurteilt, es unter Androhung eines für jeden Fall der Zuwiderhandlung … fälligen **Ordnungsgeldes bis zu 500.000,00 DM**, … oder **Ordnungshaft bis zu sechs Monaten**, wobei die Ordnungshaft an den gesetzlichen Vertretern der Beklagten zu vollziehen ist, zu unterlassen, die nachfolgende (hier oben genannte Klausel, Anm. des Verfassers) oder dieser inhaltsgleiche Klauseln in allgemeinen Geschäftsbedingungen in bezug auf Kaufverträge **zu verwenden**, ausgenommen gegenüber einem Unternehme …":*
- Damit ist klar, dass diese Klausel nicht das Papier wert ist, auf dem sie gedruckt worden ist. Bei leicht wieder verschließbaren Gegenständen, ist das ganze sowieso unproblematisch. Problematisch ist das Ganze auch, wenn die Verpackung nur ein Bruchteil dessen kostet, was Inhalt der Verpackung war, z. B. Bodenstaubsauger und Stereogeräte.
- Aber selbst wenn der Kunde eine Ware aufreißt, und z. B. im **Lebensmittelbereich die Ware nur fest verschweißt weiter verkauft** werden kann, ist der Kunde **nie gezwungen**, die Ware zu kaufen und mitzunehmen.
- Natürlich muss er dann dem Verkäufer die **Kosten für die Wiederherstellung der Verpackung** bezahlen oder bei Unmöglichkeit die Differenz zwischen herabgesetzen Verkaufspreis und dem ursprünglichen Preis bezahlen (entgangener Gewinn), aber einen Vertragsabschlusszwang gibt es hier nicht.

IV. Vertragsfreiheit

3 Partnerwahlzwang

▷ 38 In welchen Fällen ist ein Vertragspartner verpflichtet, mit einer anderen Person einen Vertrag zu schließen?

> **Fall 8** Ohne Fleiß kein Preis – gilt im Recht nicht immer! Auszubildender A hat sich während seiner Lehrzeit in die Jugend- und Auszubildendenvertretung wählen lassen. Zum Ende der Lehrzeit soll dieser Lehrling nun nicht in ein Arbeitsverhältnis übernommen werden, da seine Leistungen nicht überzeugen. **Frage Hat er einen Rechtsanspruch?**

Mitunter enthalten Gesetze einen **Partnerwahlzwang**, um z. B. die Teilnahme an Monopolleistungen zu ermöglichen oder um sonstige Schutzzwecke zu erreichen:

> **Beispiele für Partnerwahlzwänge** ▶ Pflicht der Denic eG als **Registrierungsbehörde für Internetdomains** mit einem Anmelder einen Vertrag zu schließen, wenn keine rechtlichen Hindernisse entgegenstehen (OLG Frankfurt, WRP 1999, 366) ▶ Grundsätzlich existiert aufgrund der Vertragsfreiheit kein Zwang der Arbeitsvertragsparteien, einen **Arbeitsvertrag** abzuschließen; Ausnahmen bestehen aber bei Auszubildenden, die in ein Amt gewählt wurden, § 78 a Abs. 2 BetrVG

§ **§ 78 a Abs. 1 und 2 BetrVG Schutz Auszubildender in besonderen Fällen** (1) Beabsichtigt der Arbeitgeber, einen Auszubildenden, der **Mitglied der Jugend- und Auszubildendenvertretung, des Betriebsrats, der Bordvertretung oder des Seebetriebsrats** ist, nach Beendigung des Berufsausbildungsverhältnisses nicht in ein Arbeitsverhältnis auf unbestimmte Zeit zu übernehmen, so hat er dies drei Monate vor Beendigung des Berufsausbildungsverhältnisses dem Auszubildenden schriftlich mitzuteilen. (2) Verlangt ein in Absatz 1 genannter Auszubildender innerhalb der letzten drei Monate vor Beendigung des Berufsausbildungsverhältnisses schriftlich vom Arbeitgeber die Weiterbeschäftigung, so gilt **zwischen Auszubildendem und Arbeitgeber** im Anschluss an das Berufsausbildungsverhältnis ein Arbeitsverhältnis **auf unbestimmte Zeit** als **begründet**. Auf dieses Arbeitsverhältnis ist insbesondere § 37 Abs. 4 und 5 entsprechend anzuwenden.

> **Lösung Fall 8** Auch wenn es sich beim Lehrvertrag um einen befristeten Vertrag handelt, § 21 Abs. 2 BBiG, der automatisch mit Ende der Ausbildungszeit oder vorherigem Bestehen der Abschlussprüfung endet, hat das Gesetz **zum Schutz des Auszubildenden** vor Nachteilen aus seiner ehrenamtlichen Tätigkeit einen Zwang auf Abschluss eines anschließenden Arbeitsvertrages auf unbestimmte Zeit (nicht nur für die noch verbleibende Amtszeit!) geregelt. Der Arbeitgeber kann aber gerichtlich gegen diese Zwangswirkung vorgehen, „wenn Tatsachen vorliegen, aufgrund derer dem Arbeitgeber unter Berücksichtigung aller Umstände die Weiterbeschäftigung nicht zugemutet werden kann", § 78 a Abs. 4 BetrVG.

4 Formzwang

▷ 39 Welche Formzwänge bestehen ausnahmsweise?

> **Fall 9 Mitleid an der Tür.** Der **Student S** hat sich an seiner Haustür eine Mitgliedschaft in einem Buchclub aufdrängen lassen, da ihm der arbeitslose **Vermittler V** so leid tat. Als er die ersten horrenden Rechnungen bekommt, widerruft er durch erbosten Anruf beim Buchclub, wo er allerdings nur auf den Anrufbeantworter spricht. **Frage Ist der Widerruf wirksam?**

Ein **Formzwang** wird von den Gesetzen immer dann eingeführt, wenn bestimmte staatlich gewünschte Funktionen bei Rechtsgeschäften ansonsten gefährdet wären, z. B. Beweissicherungsfunktion, Beratungsfunktion, Überwachungsfunktion.

> **Beispiele** für Formzwänge ▶ **Textform** beim Widerruf von Verbraucherverträgen, § 355 Abs. 1 S. 2 BGB ▶ **Schriftform** bei der Bürgschaftserklärung, § 766 Abs. 1 BGB ▶ **Notarielle Beurkundung** bei Grundstücksverträgen, § 311 b I BGB

> **Lösung Fall 9** Der Widerruf **genügt nicht der Textform**, da der Anruf nicht zur dauerhaften Wiedergabe in Schriftzeichen geeignet ist, § 126 b BGB. Es ist ein erneuter wirksamer Widerruf nötig, soweit die Frist noch nicht abgelaufen ist.

5 Gestaltungszwang

▷ 40 Bis zu welchen Grenzen kann man den Inhalt eines Vertrages bestimmen?

> **Fall 10 0 % vertragliche Haftung?** Bauunternehmer **Bert Abzieher** findet Verträge äußerst praktisch. Er schließt schon seit einigen Jahren mit seinen Bauherren Verträge ab, in denen er sein eigenes Haftungsrisiko voll und ganz auf die Bauherren abwälzt.
> Der Bauherr **Andreas Autsch** will sich das nun nicht mehr länger gefallen lassen, hält die vertraglichen Regelungen für unwirksam und will sein Recht. **Frage Wie ist die Rechtslage?**

Der inhaltlichen Freiheit, einen Vertrag zu gestalten, werden durch gewisse **Gestaltungszwänge** rechtliche und praktische Grenzen gesetzt. Besonders im Sachen-, Familien- und Erbrecht (3., 4. und 5. Buch des BGB) können die Parteien Grundstücks-, Ehe- und Erbverträge nur in der gesetzlich vorgeschriebenen Art und Weise abschließen, so dass inhaltliche Gestaltungsfreiheit nur sehr beschränkt besteht. Im **Schuldrecht** (2. Buch) dagegen ist der Gesetzgeber im Hinblick auf die Gestaltungsfreiheit **recht großzügig**, da dort die Verträge nur Wirkungen zwischen den daran beteiligten Personen entfalten. Die **sachenrechtlichen** Verträge dagegen müssen gegenüber dem Grundbuchamt und dem öffentlichen Rechtsverkehr inhaltlich verstanden und organisiert werden. Die dinglichen Rechte, Familienrechte und Testamente haben nämlich eine Art Außenwirkung, die von jedermann und damit absolut zu beachten sind. Sie müssen daher auch jedermann erkennbar sein. Im Gegensatz dazu sind die **schuldrechtlichen Verträge** grundsätzlich nur zwischen

IV. Vertragsfreiheit

ihren Parteien, d. h. relativ verpflichtend, so dass man sich im Rahmen der Gesetze grundsätzlich zu allem Möglichen verpflichten kann.

Beispiele für Gestaltungszwänge ▶ Bestimmte **gesetzliche Regelungen** sind unveränderbar (**unabdingbar**) **und können** nicht durch vertragliche Vereinbarungen abgeändert werden, z. B. §§ 475, 651 a ff, 655 e, 676 c Abs. 3 BGB. ▶ Verträge mit knebelnden Inhalten sind nach § 138 BGB wegen **Sittenwidrigkeit** unwirksam. ▶ **Vorformulierte Verträge (AGB)** werden zusätzlichen Verboten in den §§ 305 bis 310 BGB unterworfen, da das „Kleingedruckte" in der Praxis oftmals nicht gelesen bzw. überlesen wird. Hiervor soll die andere Vertragspartei geschützt werden. ▶ **Auch Vorschriften des Europarechts** sind als unmittelbar geltende Verordnungen bzw. nach der Umsetzung in deutsches Recht mittelbar wirkende Richtlinien zu beachten, wie die Verordnung 2006/2004/EG über die Zusammenarbeit zwischen den für die Durchsetzung der Verbraucherschutzgesetze zuständigen nationalen Behörden.

§ **§ 276 Abs. 3 BGB Verantwortlichkeit des Schuldners**

(3) Die Haftung wegen Vorsatzes kann dem Schuldner nicht im Voraus erlassen werden.

§ **§ 138 BGB Sittenwidriges Rechtsgeschäft; Wucher** (1) Ein Rechtsgeschäft, das gegen die guten Sitten verstößt, ist nichtig. (2) Nichtig ist insbesondere ein Rechtsgeschäft, durch das jemand unter Ausbeutung der Zwangslage, der Unerfahrenheit, des Mangels an Urteilsvermögen oder der erheblichen Willensschwäche eines anderen sich oder einem Dritten für eine Leistung Vermögensvorteile versprechen oder gewähren lässt, die in einem auffälligen Missverhältnis zu der Leistung stehen.

Lösung Fall 10 Im **Fall** des Bauunternehmers Bert Abzieher darf dieser z. B. nicht die Haftung für **vorsätzliche** Schädigungen gegenüber seinen Bauherren vertraglich ausschließen, da der **§ 276 Absatz 3 BGB ausdrücklich nicht abdingbar ist**. Auch andere Klauseln werden wahrscheinlich wegen Verstoßes gegen die guten Sitten nach § 138 BGB nichtig sein. Hat der Bauunternehmer die vertraglichen Vereinbarungen zudem in AGB aufgenommen, gelten noch strengere Grenzen nach den §§ 305 ff. BGB, so dass der Bauherr Autsch nicht ganz schutzlos dasteht. Aus **europäischen Vorschriften** könnte der Bauherr Autsch die für ihn zuständigen nationalen Behörden bestimmen und zudem darauf vertrauen, dass Deutschland als Mitgliedstaat der EU eigene Vorschriften zur Verhinderung von missbräuchlichen Klauseln in Verbraucherverträgen verabschiedet hat. Die Ausschlüsse sind **weitgehend unwirksam**, „sie sind das wertlos.

Weitere Grenzen der Vertragsfreiheit ergeben sich besonders dort, wo Gesetze bestimmte Schutzzwecke verfolgen, z. B. das **soziale Mietrecht** in den §§ 535 ff. BGB mit Regelungen über Mietpreissteigerung, der **besondere Kündigungsschutz** für Ausbildungsverträge mit Lehrlingen durch das Berufsbildungsgesetz (BBiG) oder die **Wettbewerbsregeln**, die den Verbraucher vor unlauteren geschäftlichen Handlungen schützen wollen, § 3 UWG.

Fall 11 Schneeballsysteme aber ohne Schnee. Der **Student S** hat sich ein Computerspiel mit dem Namen „**World Trading System**" ausgedacht, wonach jeder Mitspieler nach der Zahlung mehrerer Einstiegspositionen von je 950 € weitere Mitspieler für das Spiel werben muss, um eine bestimmte Gewinnposition zu erreichen. Werden keine neuen

Mitglieder angeworben, bleibt man in der sog. „Dynamik-Einstiege" stehen. Einer der **Mitstudenten M** findet das System klasse und kauft insgesamt für **10.450 €** Anteile. Als in den Folgemonaten nur eine Gewinnzahlung von 200 € an den M erfolgt, beendet er die Vertragsbeziehung und will das Geld zurück. **Frage: Hat der Student S Recht, wenn er die Rückzahlung mit den Worten verweigert, dass „jeder selbst seines Glückes Schmied sei"?** (Fall nach BGH NJW 1997, 2314)

Lösung Fall 11 Der Mitstudent M hat einen Rückzahlungsanspruch in voller Höhe gegen S, da Gewinnspiele, die nach dem **„Schneeballprinzip"** darauf angelegt sind, dass die große Masse der Teilnehmer ihren Einsatz verlieren muss, gegen die guten Sitten verstoßen, § 138 Abs. 1 BGB, und deshalb nichtig sind.

Außerdem können auch die im Gesetz geregelten **Informationspflichten und Widerrufsrechte**, die Vertragsfreiheit der Vertragsparteien begrenzen.

> Beispiele für Fundstellen ▶ **Fernabsatzverträge**, §§ 312 c und 312 d BGB ▶ **elektronischer Geschäftsverkehr**, § 312 e BGB ▶ Prospektpflicht bei **Teilzeit-Wohnrechteverträgen**, §§ 482 und 485 BGB ▶ **Geschäftsbesorgungsvertrag**, § 675 a BGB ▶ sonstige Informationspflichten nach der **BGB-Informationspflichten-Verordnung** und nach **Art. 238 ff. EGBGB**

 Vertragsfreiheit

- **Privatautonomie** ○ jeder Einzelne kann seine Lebensverhältnisse im Rahmen der Rechtsordnung eigenverantwortlich gestalten ○ Teil des Rechts auf freie Entfaltung der Persönlichkeit ○ Art. 2 Abs. 1 GG ○ Freiheit des Einzelnen, Rechte und Pflichten zu begründen, zu ändern oder aufzuheben ○ Schlüsselbegriffe der Privatautonomie = Rechtsgeschäft, Willenserklärung, Vertrag
- **Vertragsfreiheit** ○ häufigste Ausprägung der Privatautonomie ○ Freiheit, durch Verträge sein Leben zu gestalten ○ Beispiele: Abschlussfreiheit, Partnerwahlfreiheit, Formfreiheit, Gestaltungsfreiheit
- **Beschränkungen der Vertragsfreiheit** ○ nach der Rechtsprechung des Bundesverfassungsgerichts muss sozialem und wirtschaftlichem Ungleichgewicht entgegengewirkt werden ○ keine „schrankenlose Fremdbestimmung" ○ Abschlusszwang ○ Partnerwahlzwang ○ Formzwang ○ Gestaltungszwang ○ weitere Grenzen der Vertragsfreiheit, wo das Gesetz bestimmte Schutzzwecke verfolgt ○ Informationszwänge ○ Widerrufsrechte

V. Rechtsgeschäft

1 Begriff des Rechtsgeschäfts

▶ **41 Wie definiert man ein Rechtsgeschäft?**

> **Fall 12   Der Pillen-Fall.** Der **Student Barni** wohnt seit drei Jahren mit seiner **Freundin Susi** zusammen in eheähnlicher Lebensgemeinschaft, wie es so schön heißt. Sie sind sich bisher **darüber einig** gewesen, dass aus ihrer Beziehung kein Kind hervorgehen und Susi **empfängnisverhütende Medikamente** einnehmen soll. Kurz vor Weihnachten setzt Susi aber „die Pille" ab, ohne ihren Freund zu informieren, da sie unbedingt von Barni ein Kind haben will und er sie endlich heiraten soll. Als Barni von der Schwangerschaft im März des darauffolgenden Jahres erfährt, **zerbricht das Verhältnis**. Nach der Geburt des Kindes im November, wird er als nichtehelicher Vater im Vaterschaftsprozess zur Zahlung von Unterhalt verpflichtet. **Frage: Bestand zwischen dem Paar ein Rechtsgeschäft, dessen Pflichten die Freundin durch Nichteinnahme der Pille und fehlende Information verletzt hat?** (Fall nach BGH NJW 1986, 2034)

Das Rechtsgeschäft dient der Verwirklichung der Privatautonomie im bürgerlichen Recht und setzt sich aus **bestimmten begrifflichen Bestandteilen zusammen, ohne die kein „Geschäft mit dem Recht" vorliegt.**

Begrifflich besteht das Rechtsgeschäft

- aus einer oder mehreren **Willenserklärungen**,
- die allein oder in Verbindung mit anderen **Tatbestandsmerkmalen** (z. B. mieten, kaufen, übergeben) eine Rechtsfolge herbeiführen,
- wobei diese **Rechtsfolge** gewollt ist.

Beispiel für ein Rechtsgeschäft ▶ Verkäufer V und Käufer K schließen einen Kaufvertrag durch Abgabe von Angebots- bzw. Annahmeerklärungen ab und tätigen damit ein Rechtsgeschäft. Sie geben Willenserklärungen ab, die zum Kauf-Vertragsschluss führen. Die beabsichtigte Rechtsfolge ist das Entstehen eines Kaufvertrages.

> **Lösung Fall 12**   Der **Student Barni** hätte nur dann ein Rechtsgeschäft mit seiner **Freundin Susi** gehabt, wenn Susi das **Bewusstsein** gehabt hätte, sich mit der Zusage zur Verhütung einer Schwangerschaft Medikamente nehmen zu wollen, **rechtlich zu binden**, so dass bei einer Verletzung dieser Pflicht Schadensersatzansprüche erwachsen könnten. Dieses wurde vom Gericht aber verneint, da diejenigen, die in einer **nichtehelichen Lebensgemeinschaft** leben, ja bewusst auf die Institution der Ehe als rechtliche Ordnung der Beziehung verzichten. Sie wollen ja gerade eine von Rechtsvorschriften befreite Partnerschaft, die auf individuellen Vorstellungen von Moral und Anstand sowie Gefühl und Vertrauen sich gründet. **Es fehlt schon deshalb an einem Rechtsbindungswillen der Susi**. Das Gericht führte weiter aus, dass zudem ein Partner nicht rechtsgeschäftlich verbindlich in einem Bereich gebunden werden kann, der den **engsten Kern seiner Persönlichkeit** betrifft: man muss sich immer wieder neu und frei für ein Kind entscheiden können.

2 Arten von Rechtsgeschäften

▷ 42 Welche Arten von Rechtsgeschäften unterscheidet man?

> **Fall 13** Sind das alles Rechtsgeschäfte? Verkäufer Veit Vorlaut hat verschiedene Geschäfte am Laufen und fragt sich, **ob es sich um Rechtsgeschäfte handelt und wie die Rechtslage ist.**
> ▶ **Karl** will seinen Kaufvertrag mit V wieder rückgängig machen und erklärt die **Anfechtung wegen Täuschung.** Vorlaut lehnt ab. Benötigt er die Zustimmung des Käufers zur Beseitigung des Kaufvertrages? ▶ Mit **Karla** hat er vereinbart, ihm einen Gegenstand zu verkaufen. Vorlaut fragt nach den **Rechtsfolgen** dieser Vereinbarung. ▶ Mit seinen Geschäftspartnern **Kuni** und **Gunde** hat er einen **Gesellschaftsvertrag** beim Notar abgeschlossen.

Je nachdem, ob für die Herbeiführung des rechtlichen Erfolges die Willenserklärung eines Einzelnen ausreicht oder ob mehrere Willenserklärungen dafür erforderlich sind, kann man bei den Rechtsgeschäften zwischen **einseitigen, zweiseitigen und mehrseitigen** Rechtsgeschäften unterscheiden.

Bei **einseitigen Rechtsgeschäften** hat allein die Willenserklärung einer Person Rechtsfolgen. Bei der rechtlichen Überprüfung der Wirksamkeit des Rechtsgeschäfts muss auch nur eine Willenserklärung gesucht und überprüft werden. Darin zeigt sich die Bedeutung dieser Unterteilung in der Praxis.

> **Beispiele** für einseitige Rechtsgeschäfte ▶ Anfechtungserklärung, §§ 142 ff. BGB ▶ Vollmachtserteilung, § 164 BGB ▶ Kündigung, § 622 BGB ▶ Auslobung, § 657 BGB ▶ Gewinnzusagen, § 661 a BGB ▶ Testamentserrichtung, §§ 2064 ff., 2247 BGB ▶ Gründung einer Einmann-AG oder -GmbH, §§ 2 AktG bzw. 2 GmbHG

Bei **zweiseitigen Rechtsgeschäften** ist die Willenserklärung von zwei Personen erforderlich, und bei einer Überprüfung müssen diese beiden Willenserklärungen rechtlich einwandfrei sein. Alle Verträge sind zumindest zweiseitige Rechtsgeschäfte und stehen daher im vorliegenden Buch im Vordergrund der Betrachtung.

> **Beispiele** ▶ Kaufvertrag, §§ 433 ff. BGB ▶ Schenkungsvertrag, §§ 516 ff. BGB ▶ Mietvertrag, §§ 535 ff. BGB ▶ Dienstvertrag, § 611 ff. BGB ▶ Werkvertrag, §§ 631 ff. BGB

Mehrseitige Rechtsgeschäfte bedürfen für die Herbeiführung von Rechtsfolgen unter Umständen einer ganzen Fülle von Willenserklärungen, bei denen nicht der einzelne Wille, sondern nur die Mehrheit von abgegebenen Willenserklärungen ausschlaggebend ist. Dieses Mehrheitsprinzip ist dem Vertragsrecht aber fremd.

> **Beispiele** ▶ Beschlüsse der Vereinsmitglieder in der Mitgliederversammlung, § 32 BGB ▶ Willenserklärungen zum Abschluss eines Gesellschaftsvertrags, §§ 705 ff. BGB

Die Rechtsgeschäfte lassen sich auch **nach ihren unterschiedlichen Regelungsinhalten** unterscheiden:

- **schuld**rechtliche Rechtsgeschäfte, z. B. Kauf-, Miet-, Werkverträge
- **sachen**rechtliche Rechtsgeschäfte, z. B. Übereignung beweglicher oder unbeweglicher Sachen, Bestellung von Nutzungs- oder Sicherungsrechten
- **familien**rechtliche Rechtsgeschäfte, z. B. Verlobung, Eheschließung, Wahl des ehelichen Güterstandes
- **erb**rechtliche Rechtsgeschäfte, z. B. Testament, Erbvertrag

V. Rechtsgeschäft

- **gesellschafts**rechtliche Rechtsgeschäfte, z. B. Vereinssatzung, GmbH-Gesellschaftsvertrag, AG-Satzung

Diese Einteilung nach Regelungsgehalten ist für die **Bestimmung der anwendbaren Rechtsvorschriften bedeutsam** und soll damit den Umgang mit den Rechtsproblemen vereinfachen.

> **Lösung Fall 13** Es liegen unterschiedliche Rechtsgeschäfte vor: ▶ **Karl** hat ein zweiseitiges Rechtsgeschäft abgeschlossen, bei dem zwei rechtsgültige Willenserklärungen vorliegen müssen und folglich die §§ 145 ff. BGB zu prüfen sind. ▶ **Karla** macht mit der Anfechtung ein einseitiges Rechtsgeschäft, so dass nur eine Willenserklärung erforderlich ist, um die Rechtsfolgen herbeizuführen, die §§ 119 ff. BGB sind heranzuziehen. ▶ **Geschäftspartner Kuni und Gunde haben** ein zulässiges gesellschaftsrechtliches Rechtsgeschäft mit dem Verkäufer Veit Vorlaut vorgenommen, das zusätzlich noch gesellschaftsrechtliche Vorschriften einhalten muss.

3 Trennungs- bzw. Abstraktionsprinzip

▶ **43 Welche Bedeutung steckt hinter der Einteilung der Rechtsgeschäfte in Verpflichtungsgeschäfte und Verfügungsgeschäfte?**

> **Fall 14** Wann wird man Eigentümer? Der Käufer **Kurt Knall** hat dem Verkäufer **Veit Vorlaut** den Kaufpreis bereits vollständig bezahlt, die Ware steht aber noch im Lager. Knall meint, er sei **schon Eigentümer** der Sache, der Verkäufer ist sich da nicht so sicher, da ja alles was, in seinem Lager steht, ihm gehört. **Frage** Wer ist Eigentümer der Ware?

Für die Beantwortung der Frage, wann ein Vertragspartner bei der Durchführung eines Liefergeschäfts, wie z. B. den Kauf, Eigentum erwirbt, muss man die im deutschen Recht existierende Unterscheidung von Verpflichtungs- und Verfügungsgeschäften kennen und beachten.

> **Häufiger Irrtum: „Wer gekauft hat, ist Eigentümer der Ware!"**
> - Falsch!
> - Der Käufer erwirbt nur einen Anspruch darauf, dass der Verkäufer ihm die Ware demnächst übereignet und übergibt.
> - Der Verkäufer bleibt bis zum Vollzug dieses Übereignungsgeschäfts Eigentümer der Ware und kann sie sogar noch an einen anderen Kaufinteressenten verkaufen und letztlich wirksam übereignen.

Die Einteilung der Rechtsgeschäfte in Verpflichtungen und Verfügungen hat den Sinn, den Umgang mit den Rechtsvorschriften zu erleichtern, auch wenn es auf den ersten Blick etwas schwer fallen mag, in der Praxis als einheitlich empfundene Vorgänge z. B. ein im Laden durchgeführtes Bargeschäft, in einzelne Rechtsgeschäfte zu zerlegen. Das **sog. Trennungs- bzw. Abstraktionsprinzip** bewirkt, dass der Rechtsanwender bei jeder Vermögensverschiebung kraft Rechtsgeschäfts zwischen zwei verschiedenen Arten von Rechtsgeschäften zu unterscheiden hat, wenn er die

Wirkungen des Rechtsgeschäfts richtig beurteilen bzw. Rechtsprobleme präzise zuordnen will.

> **Verpflichtungsgeschäft** ▶ begrifflich auch als Grundgeschäft oder causa bezeichnet ▶ das Rechtsgeschäft, durch das sich eine Person einer anderen Person gegenüber zu einer (späteren) Leistung verpflichtet ▶ Die meisten Verpflichtungsgeschäfte sind im 2. Buch des BGB enthalten, wobei der Kaufvertrag in §433 BGB der Hauptanwendungsfall ist. ▶ Mit dem Abschluss des Kaufvertrages **verpflichtet sich** der Verkäufer (nur schuldrechtlich, vgl. §433 BGB), dem Käufer eine mangelfreie Sache zu übergeben (= Realakt, tatsächliche Besitzverschaffung) und zu übereignen (= Übereignungsgeschäft, bei beweglichen Sachen nach §929 BGB). ▶ Im gleichen Zug **verpflichtet sich** der Käufer (nur schuldrechtlich), dem Verkäufer das Geld zu bezahlen (= Realakt) und nach §929 BGB zu übereignen (= Übereignungsgeschäft) ▶ Aus diesen Verpflichtungen können bei Nichterfüllung Schadensersatzansprüche entstehen, Eigentumsansprüche scheiden dagegen aus, da die Eigentumslage noch nicht verändert wurde

> **Lösung Fall 14** Bestand im **Fall** zwischen dem Verkäufer Vorlaut und Käufer Knall bislang nur ein Kaufvertrag, so resultieren daraus **nur reine Verpflichtungen**, ohne dass es hinsichtlich des Eigentums bereits zu einer Veränderung der Rechtslage gekommen ist. Der Verkäufer Vorlaut könnte das Eigentum sogar noch jemand anderem übertragen. Das verpflichtende Rechtsgeschäft (Kaufvertrag) ist aber selbständig („abstrakt") wirksam, ohne dass es auf die Wirksamkeit des anderen Rechtsgeschäfts ankommt, deshalb spricht man auch vom **Abstraktionsprinzip**. Selbst wenn Vorlaut die Ware nur einmal in seinem Eigentum hat, kann er sich beliebig oft verpflichten, diese zu verkaufen. Der Käufer Knall ist damit **noch nicht Eigentümer** der Ware geworden. Die Tatsache, dass Knall schon bezahlt hat, ist ohne Bedeutung, da es sich auch hierbei um ein eigenständiges Rechtsgeschäft handelt, das grundsätzlich keine Wirkungen auf das Rechtsgeschäft der Warenübereignung hat.

Die Frage, wer z.B. bei einem Kaufvertrag letztlich das Eigentum an der Ware erhält, entscheidet sich erst nach einem weiteren Rechtsgeschäft, der Übereignung nach §929 BGB (das Verfügungsgeschäft), das die Wirksamkeit des Verpflichtungsgeschäfts unberührt lässt. Damit ist das **Verfügungsgeschäft** das Rechtsgeschäft, durch das ein Recht unmittelbar übertragen, belastet, geändert oder aufgehoben wird. Z.B. wird auf das Recht des bisherigen Eigentümers bei einem Verkauf im Sinne einer Rechtsminderung eingewirkt.

> **Verfügungsgeschäft** ▶ begrifflich auch Erfüllungsgeschäft, abstraktes Geschäft genannt ▶ Die meisten Verfügungsgeschäfte sind im Sachenrecht (3. Buch des BGB) zu finden, da dingliche Rechtsgeschäfte die Rechtslage tatsächlich verändern. ▶ z.B. die Übereignung eines beweglichen Kaufgegenstandes nach §929 BGB ▶ Auch das Schuldrecht (2. Buch des BGB) enthält einzelne Verfügungsgeschäfte. ▶ z.B. Erlass, §397 BGB oder die Abtretung einer Forderung, §398ff. BGB

> Im **Fall** ist es nur im Hinblick auf den Kaufpreis zu einer tatsächlichen Verfügung gekommen. Vorlaut und Knall haben sich über den Eigentumsübergang des Geldes auf Vorlaut geeinigt, §929 S.1 BGB (Übereignungsvertrag), und das Geld übergeben, §854 Abs.1 BGB (Übergabe). Vorlaut ist Eigentümer des Geldes geworden, Übereignungsvorgänge hinsichtlich der Ware fehlen (noch).

Diese Unterscheidung in verschiedene Rechtsgeschäfte hat folgende rechtliche und betriebswirtschaftliche Auswirkungen.

V. Rechtsgeschäft

Das Verpflichtungsgeschäft und das Verfügungsgeschäft **sind rechtlich in ihrer Wirksamkeit grundsätzlich voneinander getrennt zu beurteilen.** Selbst wenn also z. B. ein Kaufvertrag wegen Irrtums angefochten werden sollte, ist nach erfolgter Übereignung der Käufer Eigentümer der Kaufsache geworden und durfte diese benutzen wie ein Eigentümer, sie verkaufen und sogar verschenken. Der Käufer konnte sich auf die Eigentumsstellung trotz des mangelhaften Verpflichtungsgeschäfts verlassen (Rechtssicherheit, Gläubigerschutz). Gleichzeitig bedeutet das, dass der Verkäufer vor Übereignung des Kaufgegenstandes noch frei ist, die Ware anderen Käufern zu übereignen. Er verstößt in diesem Fall allenfalls gegen schuldrechtliche Verpflichtungen den Käufern gegenüber (mit Schadensersatzfolgen nach §§ 280 ff. BGB).

Die **Trennung von Rechtsgeschäften in kausale und abstrakte Rechtsgeschäfte** hat darüber hinaus noch eine weitere Bedeutung. Es gilt der Grundsatz, dass Rechtsgeschäfte, bei denen eine Vermögensverschiebung zwischen den Partnern erfolgt (sog. Zuwendungsgeschäfte), einen rechtlichen Grund benötigen. Dieser liegt zumeist in einem Verpflichtungsgeschäft, einem schuldrechtlichem Vertrag. Ist das Verpflichtungsgeschäft allerdings unwirksam, sind die abstrakten Rechtsgeschäfte, wie z. B. die Übereignung nach §§ 929 BGB zunächst trotzdem wirksam. Der Käufer hätte dann aber ein Recht (z. B. Eigentum an der Ware) „ohne Grund" erlangt, so dass eine Herausgabe nach den Grundsätzen der ungerechtfertigten Bereicherung erfolgen muss, §§ 812 ff. BGB.

§ §812 Abs. 1 S. 1 BGB Herausgabeanspruch (1) Wer durch die Leistung eines anderen oder in sonstiger Weise auf dessen Kosten etwas **ohne rechtlichen Grund** erlangt, ist ihm zur Herausgabe verpflichtet ...

Herauszugeben ist aber nur das, was noch an Bereicherung in der Vermögenssphäre des Käufers vorhanden ist – nicht unbedingt also der übergebene Kaufgegenstand. Die **Vorschriften der §§ 812 ff. BGB** machen folglich nur vor dem Hintergrund des Abstraktionsgrundsatzes Sinn und sind letztlich Beweis für die Existenz dieses Grundsatzes.

Würde man von einer Einheit von Verpflichtungsgeschäft und Verfügungsgeschäft ausgehen, könnte bei einem Mangel des Verpflichtungsgeschäfts (z. B. Kaufvertrag mit falschem Kaufpreis) auch gleich die Eigentumsstellung beim Verkäufer verloren gehen. Wird der Kaufvertrag dann für nichtig erklärt, könnte der Verkäufer sofort nach §§ 985 ff. BGB auf Herausgabe gegen den Käufer und alle weiteren Aufkäufer der Ware vorgehen.

§ **§ 985 BGB Herausgabeanspruch** Der Eigentümer kann von dem Besitzer die Herausgabe der Sache verlangen.

Ein großes Chaos entstünde. Außerdem könnte man sich nie sicher sein, ob die Waren, die man gekauft hat, aufgrund von Fehlern in der Lieferkette plötzlich mit Rückforderungsansprüchen belastet wären. Teure und rechtsunsichere **Rückabwicklungsketten** mit den anderen Käufern wären die Folge. Dieses will das Gesetz durch die Trennung der Rechtsgeschäfte unterbinden. Es wird allerdings bezweifelt, dass Deutschland sich mit seinem Abstraktions- und Trennungsprinzip in einem weiter harmonisierten Schuldrecht in Europa halten kann, da auch einfachere Rechtskonstruktionen möglich sind (vgl. weitere Hinweise Palandt Überbl. v. § 104 Rn. 22 ff.)

Rechtsgeschäft

- **Begriffliche Bestandteile** ○ eine oder mehrere Willenserklärungen ○ Tatbestandsmerkmale z. B. Kauf, Miete ○ Rechtsfolge ist gewollt
- **Arten von Rechtsgeschäften** ○ einseitiges Rechtsgeschäft ○ zweiseitiges Rechtsgeschäft ○ mehrseitiges Rechtsgeschäft ○ je nach Regelungsinhalt, z. B. schuldrechtliches Rechtsgeschäft, wie Kaufvertrag, Mietvertrag, Werkvertrag
- **Bedeutung der Einteilung der Rechtsgeschäfte in Verpflichtungs- und Verfügungsgeschäfte** ○ Wirksamkeit der Geschäfte ist voneinander getrennt zu beurteilen ○ Verhinderung von Rückabwicklungsketten bei Fehlern in Vorgeschäften ○ BGB basiert bei Verträgen auf dem sog. **Trennungs- und Abstraktionsprinzip** ○ Verpflichtungsgeschäft (Grundgeschäft, causa), z. B. Kaufvertrag ○ Verfügungsgeschäft (Erfüllungsgeschäft, abstraktes Geschäft), z. B. Übergabe der Ware ○ im täglichen Leben in der Regel in ein und demselben Moment durchgeführt (z. B. an der Kasse eines Supermarktes) ○ **Verpflichtungsgeschäft** = Rechtsgeschäft, durch das sich eine Person einer anderen Person gegenüber zu einer (späteren) Leistung verpflichtet ○ die meisten der im 2. Buch des BGB enthaltenen Rechtsgeschäfte, z. B. Kaufvertrag, § 433 BGB ○ **Verfügungsgeschäft** = Rechtsgeschäft, durch das ein Recht unmittelbar übertragen, belastet, geändert oder aufgehoben wird. ○ z. B. Übereignung nach § 929 S. 1 BGB ○ **Verschiedene Rechtswirkungen** ○ Verpflichtungsgeschäft und Verfügungsgeschäft sind rechtlich in ihrer Wirksamkeit grundsätzlich voneinander getrennt zu beurteilen ○ Fehlen oder Nichtigkeit des Verpflichtungsgeschäfts berührt grundsätzlich nicht die Gültigkeit des Verfügungsgeschäfts ○ Bei Zuwendungsgeschäften benötigt jedes Verfügungsgeschäft ein Verpflichtungsgeschäft. ○ Rückabwicklungen werden über Bereicherungsrecht vollzogen, §§ 812 ff. BGB, rechtsunsichere Rückabwicklungsketten damit vermieden.

VI. Willenserklärung

Die Willenserklärung ist „**Kern eines Rechtsgeschäfts**" und damit für das Rechtsgeschäft Vertrag von großer Bedeutung. Eine Person, die rechtsgeschäftlich handeln möchte, also eine Rechtsfolge herbeiführen will, muss eine entsprechende Erklärung abgeben, eine sog. Willenserklärung.

> **Fall 15 Wie gewonnen so zerronnen!** Der **Arbeiter Ali Baba aus Röthenbach** spielt schon **seit 40 Jahren zusammen mit drei weiteren Freunden Lotto** und man tippt jede Woche für 50 € bestimmte festliegende Zahlenreihen. Die Beiträge werden bei seinem **Freund Bernd Besserdich** eingezahlt, da dieser Buchhalter ist. **Bernd muss die Lottozettel im eigenen Namen ausfüllen** und bei der Lottoannahmestelle abgeben. Als am Sonnabend die Lottozahlen bekannt gegeben wurden, traute Ali seinen Augen nicht, sie hatten **sechs Richtige mit Zusatzzahl**. Die Nacht wurde durchgefeiert bis der Freund Bernd ihm im Morgengrauen beichtete, dass er **aus beruflichen Gründen nicht rechtzeitig zur Lottoannahmestelle gekommen ist**, um den Lottoschein einzureichen. **Frage** Kann die Lottospielgemeinschaft den Ex-Freund Bernd auf Schadensersatz verklagen, da diese sich gegenseitig durch Willenserklärungen rechtlich gebunden haben? (Fall nach BGH NJW 1974, 1705)

1 Begriff der Willenserklärung

▶ **44 Wann spricht man begrifflich von einer Willenserklärung?**

Die Willenserklärung ist der „**Kern des Rechtsgeschäfts**", wie es in der Rechtslehre heißt, und obwohl das **BGB** den Begriff der Willenserklärung an vielen Stellen verwendet, definiert es ihn aber nicht, setzt ihn eher als bekannt voraus.

> **Beispiele für Fundstellen** ▶ Überschrift im Titel 2, Abschnitt 3 des 1. Buches des BGB ▶ Verwendung in den §§ 105, 116, 119, 130 BGB

Die Rechtsprechung hat es übernommen, eine Definition zu erarbeiten, um die rechtlich bedeutsame Willenserklärung von anderen Äußerungen im Rechtsverkehr abzugrenzen.

> **Definition der Rechtsprechung**
> Eine Willenserklärung bringt einen Rechtsfolgewillen zum Ausdruck, d. h. einen Willen, der auf die Begründung, inhaltliche Änderung oder Beendigung eines privaten Rechtsverhältnisses abzielt (BGH NJW 2001, 289).

Besteht ein Rechtsgeschäft nur aus **einer** Willenserklärung (z. B. Kündigung) ist die Willenserklärung mit dem Rechtsgeschäft **identisch**. Werden mehrere Willenserklärungen benötigt, wie beim Vertrag, ist sie Teil des Rechtsgeschäfts.

45 Von welchen anderen Handlungen ist die Willenserklärung abzugrenzen?

Von den hier betrachteten im BGB geregelten und daher privaten Willenserklärungen zur Begründung eines Vertrages sind andere Willensäußerungen und Handlungen des Rechts abzugrenzen:

> **Abgrenzung der privaten Willenserklärung**
> - Willensäußerungen auf dem Gebiet des öffentlichen Rechts
> - Realakte
> - geschäftsähnliche Handlungen
> - Gefälligkeiten

Unter **Willensäußerungen auf dem Gebiet des öffentlichen Rechts** versteht man, z. B. öffentlich-rechtliche Erklärungen einer Behörde im Wege des Verwaltungsakts (Strafzettel). Die Wirksamkeit dieser Willenserklärungen richtet sich in erster Linie nach den öffentlich-rechtlichen Sondervorschriften. Erst wenn eine öffentliche Behörde am Markt auftritt wie ein Privater, z. B. bei der Beschaffung von Bürobedarf, gibt sie wieder private Willenserklärungen auf der Basis des BGB ab.

Beispiele für öffentlich-rechtliche Willensäußerungen ▶ Strafzettel ▶ Erteilung einer Baugenehmigung ▶ Gebührenbescheid

Weiterhin gibt es sog. **Realakte**, mit denen man Tathandlungen bezeichnet, an welche die Rechtsordnung Rechtsfolgen knüpft, ohne dass der Handelnde diese Rechtsfolgen auch wollte.

Beispiele für Realakte ▶ Handwerker Heiner **baut** in den Rohbau des Bauherren Bube Fenster **ein**. Durch diese Verbindung der Fenster mit dem Haus, wird Bube nach § 946 BGB Eigentümer, auch wenn Heiner dieses gar nicht wollte, z. B. weil Bube nicht bezahlt hatte. ▶ Unterhaltsverpflichtung aufgrund Zeugung, §§ 1601 ff. BGB

Ähnlich wirken die **sog. geschäftsähnlichen Handlungen**, bei denen das BGB wiederum an Willensäußerungen oder Mitteilungen kraft Gesetzes (und nicht kraft Willens) Rechtsfolgen knüpft, also ohne dass diese vom Äußernden gewollt sein müssen.

Beispiele geschäftsähnlicher Handlungen ▶ Der Schuldner erbringt die geschuldete Leistung nicht, so dass der Gläubiger dem Schuldner eine **Mahnung** schickt. Mit dieser Mahnung kommt der Schuldner unter den Voraussetzungen der §§ 286 ff. BGB in Verzug, ohne dass ihm alle Rechtsfolgen der Mahnung bewusst waren. ▶ Fristsetzung nach § 326 Abs. 1 BGB ▶ Aufforderung zur Erteilung der Genehmigung nach §§ 108 Abs. 2 BGB oder § 177 Abs. 2 BGB

Ebenfalls keine Willenserklärungen liegen bei den sog. **Gefälligkeitserklärungen** (Gefälligkeiten) vor. Hier fehlt grundsätzlich für den anderen erkennbar der rechtliche Bindungswille.

Beispiele für Gefälligkeitserklärungen ▶ private Einladung zum Essen ▶ Nachbarschaftshilfe im Garten ▶ Einkäufe für Freunde ▶ Verleih geringwertiger Sachen, z. B. Toilettenpapier

Diese Freundschafts- oder Höflichkeitserklärungen führen also nicht zu rechtsgeschäftlichen Verpflichtungen, es sei denn, es ist etwas anderes ausdrücklich vereinbart, z. B. Fahrgemeinschaften bei gewerblichen Mitfahrbörsen.

> **Lösung Fall 15** Der BGH hatte in dem oben genannten Fall tatsächlich zu prüfen, ob in der Lottoscheinübergabe ein Angebot auf Abschluss eines **Auftragsvertrags nach § 662 BGB** lag, aus dem der Ex-Freund **Bernd Besserdich** dem Arbeiter **Ali Baba** wegen verschuldeter Pflichtverletzung, § 280 Abs. 1 BGB, schadensersatzpflichtig geworden ist. Ob demgegenüber die Abgabe des Lottoscheins nur ein **unverbindliches Gefälligkeitsverhältnis** darstellt, muss durch **Auslegung** ermittelt werden (BGH NJW 1992, 498). Dabei ist die wirtschaftliche und rechtliche Bedeutung der Handlung zu beachten, so dass der BGH im vorliegenden Fall **aufgrund der hohen Schadensmöglichkeit und deren verheerenden finanziellen Auswirkungen** einen Rechtsbindungswillen des Freunds **Bernd Besserdich** nicht annehmen wollte. Außerdem war das sich ergebende Schadensrisiko für den beauftragten Freund **Bernd Besserdich** unter Berücksichtigung der Unentgeltlichkeit der übernommenen Geschäftsbesorgung unzumutbar. Spielergemeinschaften haben ja auch den Zweck, die geringe Gewinnchance zu erhöhen, und dienen nicht der Begründung von Schadensersatzpflichten. Zum gleichen Ergebnis kommt man übrigens, wenn man zwar einen Vertrag annimmt, bei dem aber ein stillschweigender Haftungsausschluss besteht. Die **Lottospielgemeinschaft** geht **leer** aus (BGH NJW 1974, 1705).

2 Innerer Tatbestand

▷ **46 In welche Teile wird die Willenserklärung zur besseren Erklärung ihrer Rechtsfolgen eingeteilt?**

In der Rechtslehre werden bei der Willenserklärung **zwei Ebenen unterschieden,** der (innere, subjektive) Wille und jede (quasi objektiv sichtbare) Äußerung des Willens. Diese Zweiteilung kann man sich gut merken, wenn man sich das Wort „Willenserklärung versinnbildlicht, das ja ebenfalls **aus zwei Teilen** besteht:

	WILLENS-	ERKLÄRUNG		
Innerer (subjektiver) Tatbestand (= Wille)		Äußerer (objektiver) Tatbestand (= Willensäußerung)		
Handlungswille	Erklärungswille	Geschäftswille	ausdrückliches Verhalten	schlüssiges Verhalten	Ausnahmsweise: Schweigen

Soweit in der Praxis die Willenserklärung **fehlerfrei** abgegeben wird, haben diese einzelnen Willenselemente **keine weitere Bedeutung**. Erst dann, wenn sich bei der Willensbildung oder bei der Umsetzung des Willens in die Erklärung **Fehler** eingeschlichen haben (z.B. verschreiben, versprechen), muss geprüft werden, **wo** der sog. **Willensmangel** genau liegt (mehr dazu später bei den Mängeln des Rechtsgeschäfts). Je nachdem, welcher Fehler vorliegt, entscheidet das BGB,

- **ob** die Willenserklärung trotzdem als **fehlerfrei** zustande gekommen gilt, oder
- **ob** und **wie** der Erklärende die Möglichkeit hat, sie **wieder zu beseitigen** (z.B. gegen Schadensersatzleistung, wie bei der Anfechtung),

Außerdem gibt es **verschiedene Arten**, eine Willenserklärung **zu erklären**.

▶ 47 Welche Bedeutung hat der innere Wille bei einer Willenserklärung?

Der **innere Wille** wurde schon früh von den Rechtsgelehrten nach den damaligen Erkenntnissen der Psychologie in **drei** Bestandteile untergliedert, um rechtliche Problemfälle besser bewerten zu können:

Bestandteile des subjektiven Tatbestands der Willenserklärung
- Handlungswille
- Erklärungswille (auch Erklärungsbewusstsein)
- Geschäftswille

---

(1) Was erfordert der Handlungswille?

Fall 16   Immer Ärger mit dem Willen. Student Karl Kool war in die Versteigerung des Ulli Umtriebig gekommen und schließlich eingeschlafen. Im Schlaf nickte Kool wiederholt mit dem Kopf, so dass Umtriebig ihm das Gebot gab und nun Bezahlung verlangt. **Frage** Zu Recht?

Hintergründe zum Fall: Dieser Fall ist den unter den Juristen sehr bekannten sog. **Trierer Weinversteigerungsfällen** nachgebildet, die als Lehrbuchfälle wohl nie stattgefunden haben, aber von dem Juristen Hermann Isay 1899 in seinem Lehrbuch „Die Willenserklärung im Tatbestande des Rechtsgeschäfts" aufgeführt wurden und seither die Juristen in der Ausbildung schwer beschäftigen. Sie zeigen zum einen den Aufbau von Willenserklärungen und zum anderen, dass Juristen nicht „zum Lachen in den Keller gehen", denn der Jurist Isay, schrieb sein Buch in seiner Zeit als Rechtsreferendar in Trier und hatte wohl auch eine gewisse Lebenserfahrung machen können.

Zunächst setzt die Willenserklärung einen **Handlungswillen** voraus, also das Bewusstsein zum Handeln zu haben.

Beispiele fehlenden Handlungswillens ▶ Reflexbewegungen ▶ Handlungen unter Hypnose ▶ Zwang durch andere, z. B. Hand bei der nicht gewollten Unterschrift führen ▶ Handlungen unter Narkose

Fehlt dieser Wille, liegt begrifflich schon keine Willenserklärung vor. In Grenzfällen kann es auch an einer Rechtsfähigkeit nach § 105 Abs. 2 BGB fehlen, wenn z. B. eine hochgradige Bewusstseinstrübung vorliegt. In der Praxis ist dann die Abgrenzung schwierig, das Ergebnis ist jedoch dasselbe, es liegt keine wirksame Willenserklärung vor.

Lösung Fall 16   Hier liegt also beim **Schlafenden Kool** schon begrifflich keine Willenserklärung vor. Der Versteigerer Ulli Umtriebig hat keinen Anspruch auf Bezahlung aus § 433 Abs. 2 BGB, da kein Vertragsschluss mit zwei übereinstimmenden Willenserklärungen vorliegt.

(2) Wann handelt der Erklärende mit Erklärungswillen?

Fall 17   Die „verschlafene" Sparkasse Die Sparkasse **Sülzen** übermittelte an die **Erich-Schief-Hallen Bau GmbH** folgendes Schreiben: *„Unsere Bürgschaft in Höhe von 150.000 DM zugunsten der Firma Sand-GmbH, München, ... zugunsten der Firma*

VI. Willenserklärung

> Sand-GmbH haben wir gegenüber Ihrer Firma die selbstschuldnerische Bürgschaft in Höhe von 150.000 DM übernommen. Wir wären Ihnen für eine kurze Mitteilung sehr verbunden, wie hoch sich die Verpflichtungen der Firma Sand-GmbH bei Ihnen derzeit belaufen." Die **Erich-Schief-Hallen** Bau GmbH bedankte sich bei der Sparkasse. Daraufhin schrieb die Sparkasse 15 Tage später, dass der Zweigstelle ein Fehler unterlaufen sei, und man irrig von einer bereits bestehenden Bürgschaftsverpflichtung gegenüber der **Erich-Schief-Hallen** Bau GmbH ausgegangen sei. Man habe eine solche Bürgschaft mit dem Schreiben gar nicht begründen sondern nur eine bereits bestehende bestätigen wollen, die es aber gar nicht gab. Nachdem die Sand-GmbH ihre Schulden nicht gegenüber der **Erich-Schief-Hallen** Bau GmbH zahlen kann, verlangt diese das Geld von der Sparkasse. **Frage Lag eine Willenserklärung der Sparkasse vor oder nicht?** (Fall nach BGH NJW 1984, 2279)

Zum Hintergrund des Falles: Dieser Fall zeigt, dass es die bereits oben angesprochenen Lehrbuchfälle des **Trierer Weinversteigerungsfall** tatsächlich in der Praxis geben kann. Bereits 1899 wurde von Hermann Isay folgender Fall zur Erläuterung des Erklärungswillen geschildert: *Referendar Heribert Sternhagel war in die Weinversteigerung des Dieter Verworrn nach Trier gekommen und winkte fröhlich seinem Freund Ludwig Frischbier zu, als er diesen endlich wieder sieht. Heribert Sternhagel wusste nicht, dass hier das Handheben die Abgabe eines um 50 € höheren Kaufangebotes bedeutet.* **Frage** Hat der Versteigerer Verworrn Ansprüche gegen den Referendar auf den Kaufpreis für das ersteigerte Fass Wein?

Als **zweiter Bestandteil** einer wirksamen Willenserklärung muss ein **Erklärungswille** vorhanden sein, d. h. der Wille, überhaupt eine rechtsgeschäftliche Erklärung abzugeben – auch Erklärungsbewusstsein genannt.

> **Beispiele fehlenden Erklärungswillens** ▶ Hissen einer Lotsenflagge ohne Kenntnis ihrer Bedeutung ▶ Unterzeichnung einer Bestellung mit der irrigen Vorstellung, es handele sich um einen Glückwunschbrief ▶ Zahlung auf ein eigentlich unverbindlich zugesandtes Angebot, das zum Zweck des Kundenfangs wie eine Rechnung über einen bereits geschlossenen Vertrag gestaltet war (AG Hannover NJW-RR 1998, 267)

> **Lösung Fall 17** Die Rechtsprechung hat im Fall der handelnden **Sparkasse** geprüft, ob „der Erklärende bei Anwendung der im Verkehr erforderlichen Sorgfalt hätte erkennen und vermeiden können, **dass seine Äußerung nach Treu und Glauben und der Verkehrssitte als Willenserklärung aufgefasst werden durfte**, und ob der Empfänger sie auch tatsächlich so verstanden hat." Aus der Sicht der BGH durfte die **Erich-Schief-Hallen GmbH** dieses Schreiben aber als Willenserklärung für die Übernahme einer Bürgschaftserklärung auffassen. Nun hätte der Sparkasse nur noch die Anfechtung der Erklärung weitergeholfen, da sie aber damit **15 Tage nach Kenntnis des Anfechtungsgrundes gewartet hatte** (nicht unverzüglich, § 121 Abs. 1 BGB), versagte das Gericht ihr auch noch diesen Weg, sie musste 150.000 DM nebst Prozesszinsen, Gerichtskosten und Anwaltsgebühren, etc. bezahlen.
>
> Ähnlich war der **Trierer Weinversteigerungsfall** schulbuchmäßig zu lösen. Der **Winkende Heribert Sternhagel** hatte zwar den Willen gehabt, zu handeln, es fehlt ihm aber das Bewusstsein, mit seiner Handlung etwas rechtsgeschäftlich Erhebliches (ein Vertragsangebot gegenüber **Versteigerer Verworrn**) vorzunehmen. Es kommt also im Fall auf die Umstände an, wobei es aber keinem auf einer Weinversteigerung entgehen kann, dass das Heben der Hand in einer Auktion als Gebot aufgefasst werden kann. **Heribert Sternhagel**

hat damit eine wirksame Willenserklärung abgegeben, von der er sich nur durch eine rechtzeitige Anfechtung und durch Ersatz des Vertrauensschadens (z. B. Lagerungskosten bis zur nächsten Versteigerung, Veranstaltungskosten, Werbekosten) lösen kann.

(3) Wann handelt der Erklärende mit dem richtigen Geschäftswillen?

Letztlich muss auch ein **Geschäftswille** vorliegen, d. h. der Wille, eine ganz konkrete Rechtsfolge z. B. mit einer ausgewählten Person eine konkrete Sache für eine bestimmte Gegenleistung herbeizuführen.

> **Beispiele fehlenden Geschäftswillens** ▶ Erklärender verschreibt, vertippt oder verspricht sich und bestellt eine falsche Ware, § 119 Abs. 1 BGB, Erklärungsirrtum ▶ Erklärender irrt sich über die Eigenschaften einer Person, z. B. dass der zukünftige Bankangestellte keine Vorstrafen hat, § 119 Abs. 2 BGB, Eigenschaftsirrtum

Fehlt der Geschäftswille, kommt der Erklärende zwar wieder aus dem Vertrag heraus, er muss sich aber alle negativen Folgen zurechnen lassen und z. B. Schadensersatz zahlen. Dieser Geschäftswille darf aber nicht mit dem Motiv für die Abgabe einer Willenserklärung verwechselt werden. Das **Motiv** für ein Geschäft ist aus Gründen der Rechtssicherheit und Klarheit grundsätzlich unbeachtlich.

> **Beispiele unbeachtlicher Motivirrtümer** ▶ Kauft jemand Blumen, um diese als Geschenk einem anderen zu dessen vermeintlichen Geburtstag zu überreichen, spielt dieses Motiv keine Rolle. Hat man sich über das Geburtsdatum geirrt, könnte man die Blumen also nicht mit dieser Begründung wieder zurückbringen ▶ Gleiches gilt auch für ein Rückgabeverlangen z. B. beim Aktienkauf, weil die erhoffte Kurssteigerung nicht eingetreten ist.

3 Äußerer Tatbestand

▶ 48 Welche Bedeutung hat der objektive Tatbestand der Willenserklärung?

> **Fall 18 Einsteigen zählt bereits!** Kirmesbesucher **Kurt Weissnix** besteigt das Karussell des Unternehmers **Claus Thaler**, um sich ein wenig von dem anstrengenden Kirmesbesuch auszuruhen. Fahren will er nicht damit. Plötzlich fährt das Karussell an und **Claus Thaler** will hinterher auch noch den Fahrpreis von **Kurt Weissnix**. Frage Zu Recht?

Beim 2. Teil der Willenserklärung, der **Äußerung des Willens,** ist jede Äußerung rechtlich relevant, wenn sich daraus irgendein Rechtsfolgewille ablesen lässt. Das Recht unterscheidet dabei drei Fallgruppen:

> **Bestandteile des objektiven Tatbestands der Willenserklärung – Äußerung des Willens**
> - ausdrückliche Willensäußerung
> - schlüssige Willensäußerung
> - nur im Ausnahmefall: Willensäußerung durch Schweigen

Zunächst ist also zu prüfen, ob eine **ausdrückliche** (= direkte, unmittelbare) Willenserklärung vorliegt, in der der Wille des Erklärenden unmittelbar zum Ausdruck kommt.

VI. Willenserklärung

> **Beispiel** ▶ Käufer Knall schreibt in einem Brief an den Verkäufer Vorlaut: „Hiermit nehme ich Ihr Angebot vom 15.5. an."

Die Verwendung von Wörtern, Briefen oder überhaupt Schrift ist nicht zwingend für eine Willenserklärung. Solange keine Formvorschriften vorliegen, akzeptiert das Recht auch eine **schlüssige Willenserklärung** (= d.h. indirekte, mittelbare, konkludente Willenserklärung), bei der der Handelnde mit seinem direkten Verhalten unmittelbar einen anderen Zweck verfolgt, mittelbar aber einen bestimmten Geschäftswillen zum Ausdruck bringt. Das Wichtigste: die Vertragspartner müssen von dem Verhalten auf einen bestimmten Geschäftswillen schließen können.

> **Beispiele schlüssiger Willenserklärungen** ▶ Arbeitgeber sagt zu einem Bewerber: *„Bitte fangen Sie gleich an und entwerfen Sie mir ein Vertriebskonzept!"* = Angebot zum Abschluss eines Arbeitsvertrages ▶ soweit sich nicht aus den Umständen etwas anders ergibt, auch der **Handschlag** ▶ **Mausklick** beim Internetgeschäft ▶ automatisierte Erklärungen durch ein Computerprogramm (**E-Mail**, BGH NJW 2002, 363) ▶ **Abwinken** ▶ **Kopfnicken** ▶ auch die bloße **Ingebrauchnahme** einer Sache oder die Entgegennahme einer Leistung, z.B. Hineinfahren in ein Parkhaus, kann als zustimmende Handlungen angesehen werden ▶ Nach §545 BGB oder §625 BGB führt die Fortsetzung eines eigentlich beendeten Vertrages zur Verlängerung des Miet- bzw. Dienstvertrages.

> **Lösung Fall 18** Der **Kurt Weissnix** hat durch Besteigen des Karussells **nach außen** die Erklärung abgegeben, eine Runde mitzufahren. Sein **innerer Wille**, sich nur auszuruhen, war aus Empfängersicht nicht zu sehen, so dass ein Vertragsschluss vorliegt.

4 Schweigen als Willenserklärung

▶ 49 Welche rechtliche Bedeutung hat Schweigen beim Vertragsschluss?

Schweigen bedeutet grundsätzlich keine Willensäußerung, da ja eben nichts erklärt wird. Im Vertragsrecht gilt das Schweigen auf ein Vertragsangebot daher in der Regel nicht als Zustimmung, wie man auch an den §§147ff. BGB ersehen kann, die eine Annahmehandlung voraussetzen. Das Recht hat jedoch aufgrund der Bedürfnisse in der Praxis einige Ausnahmefälle zugelassen bzw. geregelt.

> **Beispiele für Ausnahmefälle** ▶ **beredetes Schweigen**, d.h. wenn vorher von den Vertragspartnern vereinbart wurde, dass das Schweigen eine bestimmte Bedeutung hat ▶ **normiertes Schweigen**, d.h. wenn man aufgrund der Umstände nach Treu und Glauben, §242 BGB, hätte erwarten können, dass der Schweigende einen gegenteiligen Willen zum Ausdruck bringt, was er aber nicht getan hat ▶ **fingierte Willenserklärung**, d.h. wenn ausdrücklich in gesetzlichen Vorschriften einem Schweigen ein bestimmter Erklärungsinhalt beigelegt wird, z.B. dem einer Annahmeerklärung bei §§416 Abs.1 S.2 BGB bei der Übernahme einer Hypothekenschuld, §455 S.2 BGB beim Kauf auf Probe gilt das Schweigen als Billigung, §515 Abs.2 S.2 BGB bei der Annahme einer Schenkung ▶ **Handelsrechtliche Sonderbestimmungen** sehen im Schweigen ebenfalls Annahme- bzw. Genehmigungserklärungen, §362 Abs.1, §377 Abs.2 HGB.

4 Schweigen als Willenserklärung

Abschließender Gesamtüberblick:

		WILLENS-	ERKLÄRUNG (WE)		
Innerer (subjektiver) Tatbestand (= Wille)			Äußerer (objektiver) Tatbestand (= Willensäußerung)		
Handlungswille	Erklärungswille	Geschäftswille	ausdrücklich Verhalten	schlüssiges Verhalten	Ausnahme: Schweigen
= das Bewusstsein zu handeln	= der Wille, überhaupt eine rechtserhebliche Erklärung abzugeben	= der Willen, eine ganz konkrete Rechtsfolge herbeizuführen	= Äußerungen, die auf einen bestimmten Rechtsfolgenwillen schließen lassen	= Handlungen, die mittelbar einen Schluss auf einen bestimmten Rechtsfolgenwillen ziehen lassen	= Schweigen wurde ein bestimmter Rechtsfolgewille vertraglich oder gesetzlich zugewiesen
fehlt z. B. beim Schlafenden	fehlt z. B. beim Handheben in einer Versteigerung, um einem Freund zu winken	fehlt z. B., wenn man sich verschreibt, und statt 400,– 4.000,– € bietet	z. B. Arbeitnehmer sagt dem Arbeitgeber, dass er kündige	z. B. Einsteigen in einen städtischen Bus	z. B. aufgrund handelsrechtlicher Bestimmungen, § 362 Abs. 1 HGB
Rechtsfolge bei Fehlen: Keine WE gegeben	bei Fehlen: Wirksame WE, aber anfechtbar mit Schadensersatzpflicht	bei Fehlen: Wirksame WE, aber anfechtbar mit Schadensersatzpflicht	bei Fehlen: Keine Willenserklärung gegeben		

Willenserklärung

- **Begriff** ○ „Kern" des Rechtsgeschäfts ○ keine Definition im BGB, wird vorausgesetzt ○ Rechtsgeschäfte mit nur einer Willenserklärung (z. B. Kündigung) ○ Rechtsgeschäfte mit zwei oder mehreren Willenserklärungen (z. B. Verträge)
- **Abgrenzung** ○ Willensäußerungen auf dem Gebiet des öffentlichen Rechts, z. B. Verwaltungsakte ○ Realakte, z. B. Einbauten in ein Haus ○ geschäftsähnliche Handlungen, z. B. Mahnung ○ Gefälligkeiten, z. B. private Einladung
- **Einteilung** ○ zwei Ebenen der Willenserklärung ○ innerer, subjektiver Wille ○ objektiv sichtbare Äußerung des Willens
- **Innerer Wille** ○ drei Bestandteile ○ Handlungswille als das Bewusstsein zum Handeln ○ Fehlt dieser, liegt keine Willenserklärung vor ○ Erklärungswille, d. h. der Wille, überhaupt eine rechtsgeschäftliche Erklärung abzugeben ○ bei Fehlen kommt es auf die Umstände an, ob Empfänger Erklärung als Willenserklärung auffassen durfte ○ Geschäftswille, d. h. der Wille, eine ganz konkrete Rechtsfolge z. B. mit einer ausgewählten Person, eine konkrete Sache für eine bestimmte Gegenleistung herbeizuführen ○ Fehler beim Geschäftswillen können zur Anfechtung wegen Willensmängel führen ○ Motivirrtümer berechtigen nicht zur Anfechtung

VI. Willenserklärung

- **Äußerung des Willens** ○ ausdrückliche (= direkte, unmittelbare) Willenserklärung ○ schlüssige (= indirekte, mittelbare, konkludente) Willenserklärung
- **Rechtliche Bedeutung des Schweigens** ○ grundsätzlich keine Willensäußerung ○ Besonderheiten nach der Rechtsprechung und aufgrund gesetzlicher Regelungen, z. B. beredtes Schweigen, wenn dem Schweigen eine bestimmte Wirkung zugesprochen wurde oder § 362 Abs. 1 HGB

VII. Vertrag

Fall 19 Keine Verträge mit Studierenden!? Der **Student Adolf Abstreiter aus Augsburg** ist der Meinung, er habe **noch nie einen** Vertrag geschlossen. Auf Nachfrage des **Professors Jony Allwißer** stellt sich heraus, dass sich der Student am Vortag eine **Gesetzessammlung** in der Buchhandlung von **Thea Thierbach** gekauft und diese auch sogleich mitgenommen hat. Außerdem gehört der Professor Allwißer zur **Fahrgemeinschaft** des Studenten Abstreiter, der ihn immer nach dem Unterricht mit seinem Studentenauto zum Bahnhof fährt. Als anständiger Student hatte er sich auch zu Semesterbeginn bereit erklärt, die **Tafel** immer vor und nach dem Unterricht zu **säubern**, den herumliegenden Müll **aufzusammeln** und den Beamer abzubauen. **Frage Hat der Student Abstreiter damit Verträge abgeschlossen? Welche Ansprüche bestehen?**

1 Begriff des Vertrages

▶ **50 Was versteht man rechtlich unter einem Vertrag?**

Der Vertrag ist im Gesetz **nicht ausdrücklich definiert**. Das Recht geht davon aus, dass der Vertragsbegriff bekannt ist, letztlich gehört der Vertrag zu den Grundlagen des Rechts, die als bekannt vorausgesetzt werden, vgl. z. B. den Titel im BGB vor § 145 BGB:

§ **Titel 3 Vertrag § 145 Bindung an den Antrag**
Wer einem anderen die Schließung eines Vertrags anträgt, ist an den Antrag gebunden, es sei denn, dass er die Gebundenheit ausgeschlossen hat.

Rechtlich gesehen sind Verträge **mehrseitige Rechtsgeschäfte**, bei denen zwei oder mehrere Personen sich gegenseitig über die Herbeiführung eines bestimmten Ergebnisses (z. B. Verkauf eines Autos) durch die Abgabe von **Willenserklärungen** so einigen, dass daraus einklagbare rechtliche Verpflichtungen entstehen.

Wesentliche Begriffsmerkmale des Vertrages wurden bereits in den vorhergehenden Kapiteln beschrieben, vgl. insbesondere im Rahmen der Definition der Willenserklärung und des Rechtsgeschäfts. Nachfolgend werden die Besonderheiten des Vertragsbegriffs behandelt.

2 Hauptregelungsort des Vertrages

▶ **51 Wo ist der Hauptregelungsort des Vertrages?**

Im Privatrecht ist der Hauptregelungsort das Bürgerliche Gesetzbuch (BGB), wo es um die Wirksamkeit der abgegebenen Willenserklärungen, Angebot und Annahme, in den §§ 145 ff. BGB geht.

VII. Vertrag

Der Schwerpunkt der Regelungen des Vertragsrechts ist in den §§ 433 bis 811 BGB und damit im 2. Buch des BGB, im sog. Schuldrecht, zu finden. Aber auch in den anderen Teilen des BGB ist der Vertrag in unterschiedlicher Ausprägung zu finden.

Beispiele für Regelungsorte von Verträgen in den Büchern des BGB ▶ Im **Schuldrecht** sind nach §§ 433 ff. BGB typische Verträge wie Kauf-, Miet-, Dienst- und Werkvertrag geregelt (Buch 2) ▶ Im **Sachenrecht** werden dingliche Rechte wie das Eigentum z. B. an Grundstücken durch Vertrag vor dem Notar begründet, §§ 873 ff., BGB (Buch 3). ▶ Im **Familienrecht** gehören der Ehevertrag, §§ 1408 ff. BGB, und das Verlöbnis, §§ 1297 ff. BGB, zu den typischen Verträgen (Buch 4). ▶ Im **Erbrecht** gehören der Erbvertrag, § 1941 BGB, und der Erbverzicht, §§ 2346 ff. BGB, ebenfalls zu typischen Arten des Vertrags (Buch 5).

Lösung Fall 19 Im **Fall** hat der Student Adolf Abstreiter daher beim Kauf seiner Gesetzessammlung in der Buchhandlung der Thea Thierbach einen Kaufvertrag nach § 433 BGB abgeschlossen.

Der Vertrag ist aber auch **außerhalb des Privatrechts** zu finden, z. B. als öffentlich-rechtlicher Vertrag (Vereinbarungen mit öffentlichen Stellen z. B. Baubehörden) oder als völkerrechtlicher Vertrag (Abkommen zwischen souveränen Staaten, Art. 32 Abs. 2 und 3 GG).

§ **Art 32 Abs. 2 und 3 Grundgesetz**

(2) Vor dem Abschlusse eines **Vertrages**, der die besonderen Verhältnisse eines Landes berührt, ist das Land rechtzeitig zu hören.

(3) Soweit die Länder für die Gesetzgebung zuständig sind, können sie mit Zustimmung der Bundesregierung mit auswärtigen Staaten **Verträge abschließen**.

3 Abgrenzung des Vertrages

▶ **52 Wann liegt juristisch gesehen kein Vertrag vor?**

Kein Vertrag liegt in folgenden Fällen vor:

- kein rechtlicher Erfolg gewollt (fehlender Rechtsbindungswille)
- Rechtsfolgen treten kraft Gesetzes ein
- Rechtsfolgen treten aufgrund des Handelns nur einer Person ein

Mit Verträgen im Rechtssinne wollen die Beteiligten immer eine **Veränderung der rechtlichen Situation im Sinne einer rechtlichen Bindung** herbeiführen. Beispielsweise will der Käufer den Verkäufer durch einen Kaufvertrag verpflichten, ihm eine mangelfreie Kaufsache zu verschaffen, § 433 Abs. 1 S. 1 BGB. Will jemand einem anderen dagegen aus Gründen des Anstands, der Ehre, der Freundschaft, der nachbarschaftlichen oder familiären Verbundenheit einen Gefallen tun, liegen keine rechtlichen Bindungen vor, die man einklagen könnte. Die in diesem Buch geschilderten vertraglichen Grundsätze finden daher auf nachfolgende **Gefälligkeiten** ohne rechtlichen Bindungswillen regelmäßig keine Anwendung:

3 Abgrenzung des Vertrages

> **Beispiele für fehlende Vertragsqualität** (Palandt/Grüneberg Einl. V. § 241, Rn. 9) ▶ die **Kinder des Nachbarn** beaufsichtigen (BGH NJW 1968, 1874) ▶ Kinder mit zum Kindergarten **befördern** (LG Karlsruhe VersR 1981, 143) ▶ Beaufsichtigung des **Hauses** von Nachbarn oder Verwandten (OLG Koblenz NJW-RR 2002, 595) ▶ Herauswinken eines **Autos** aus einer Parklücke (OLG Frankfurt NJW 1965, 1334) ▶ Versprechen, Mittel zur **Empfängnisverhütung** anzuwenden (BGH NJW 1986, 2034, vgl. bereits oben) ▶ dem Partner einer nichtehelichen Lebensgemeinschaft die **Wohnung überlassen** (BGH NJW 2008, 2333)

> Im **Fall** sind die neben der Fahrgemeinschaft getätigten Absichtsbekundungen hinsichtlich der **Tafel**, des **Beamers** und des **Mülls nicht** nach vertraglichen Grundsätzen vom Professor Allwißer gegenüber dem Studenten Abstreiter rechtlich „einklagbar", da sie wohl **nur** aus Gründen des Anstands oder anderen außerrechtlichen Zwecken erfolgten.

Die Einordnung kann aber schwierig sein und muss im Einzelfall entschieden werden. Die Rechtsprechung stellt bei ihrer Einordnung darauf ab, wie sich das Verhalten der Beteiligten bei Würdigung aller Umstände einem objektivem Beurteiler darstellt (BGH NJW 1956, 1313). **Je nach wirtschaftlicher und rechtlicher Bedeutung** einer Abrede kam die Rechtsprechung z. B. in nachfolgenden Fällen wiederum zu einer Haftung nach den Grundsätzen der Verträge:

> **Beispiele für bestehende Vertragsbindungen** (Palandt/Grüneberg Einl v § 241, Rn. 9) ▶ Bei der Beaufsichtigung von zum Geburtstag **eingeladenen Kindern** verlassen sich die Eltern auf eine verbindliche Aufsicht (OLG Celle NJW-RR 1987, 1384) ▶ Ausbildung eines **Hundes** ohne Entgelt (OLG Koblenz NJW-RR 1991, 26) ▶ Bei der Fahrt eines **Pkw** zur Werkstatt stehen erhebliche Werte auf dem Spiel (OLG Frankfurt NJW 1998, 1232) ▶ Aufladen einer **Autobatterie** mit Hilfe eines Startkabels (AG Kaufbeuren NJW-RR 2002, 382) ▶ Überlassung eines **Parkplatzes** gegen Entgelt und mit dem Hinweis, dass Parkplätze überwacht werden (OLG Karlsruhe VersR 2005, 951)

> Im **Fall** ist daher die Mitnahme des Professors Allwißer durch den Studenten Abstreiter im Rahmen einer **Fahrgemeinschaft** in der Regel nach **vertraglichen** Grundsätzen zu behandeln (OLG Köln VersR 2004, 189). Der Professor verlässt sich dadurch ersichtlich auf die Zusage der schnellen Beförderung, dass er z. B. nicht die Vorlesung eher beendet, um noch seinen Zug zu erreichen.

Kein Vertrag im Rechtssinne liegt auch dann vor, wenn **Rechtsfolgen kraft Gesetzes** ohne vorherige Einigung der Vertragsparteien eintreten.

> **Beispiel gesetzlicher Schuldverhältnisse** ▶ Bei einem Autounfall treffen den Schädiger Schadensersatzpflichten nach §§ 823 ff. BGB wegen unerlaubter Handlungen, ohne dass es eines Vertrages bedurfte.

Bei gesetzlichen Schuldverhältnissen werden beispielsweise die **Altersgrenzen** zum Teil gleich (7 Jahre, § 106 BGB und § 828 Abs. 1 BGB), aber zum Teil auch völlig abweichend (10 Jahre, § 828 Abs. 2 BGB) und mit abweichenden Kriterien („Einsichtsfähigkeit", § 828 Abs. 3) geregelt.

> § **§ 106 BGB Beschränkte Geschäftsfähigkeit Minderjähriger**
> Ein Minderjähriger, der das **siebente Lebensjahr** vollendet hat, ist nach Maßgabe der §§ 107 bis 113 in der Geschäftsfähigkeit beschränkt.

> **§ 828 BGB Minderjährige**
>
> (1) Wer nicht das **siebente Lebensjahr** vollendet hat, ist für einen Schaden, den er einem anderen zufügt, nicht verantwortlich.
>
> (2) Wer das siebente, aber nicht das **zehnte Lebensjahr** vollendet hat, ist für den Schaden, den er bei einem Unfall mit einem Kraftfahrzeug, einer Schienenbahn oder einer Schwebebahn einem anderen zufügt, nicht verantwortlich. Dies gilt nicht, wenn er die Verletzung vorsätzlich herbeigeführt hat.
>
> (3) Wer das 18. Lebensjahr noch nicht vollendet hat, ist, sofern seine Verantwortlichkeit nicht nach Absatz 1 oder 2 ausgeschlossen ist, für den Schaden, den er einem anderen zufügt, nicht verantwortlich, wenn er bei der Begehung der schädigenden Handlung nicht die zur Erkenntnis der Verantwortlichkeit erforderliche **Einsicht** hat.

Ebenso wenig spricht man begrifflich von einem Vertrag, wenn die Rechtsfolgen schon wegen der Erklärung **einer** Person eintreten.

> **Beispiel einseitiger Rechtsgeschäfte** ▶ Anfechtungserklärung, z. B. §§ 119 ff. BGB ▶ Kündigung eines Dienst- oder Arbeitsvertrages, §§ 620 ff. BGB

Die Kündigungserklärung ist beispielsweise kein Vertrag, sondern ein **einseitiges Rechtsgeschäft**, eine einseitige Gestaltungserklärung, mit der ein Vertrag wieder beendet wird, ohne dass es dazu des Einverständnisses des Empfängers bedarf. Einer Einigung über die Beendigung des Vertragsverhältnisses (durch Austausch mindestens zweier Willenserklärungen) bedarf es daher nicht.

Davon zu unterscheiden ist die oft **empfehlenswerte Bestätigung** des Erhalts durch den Empfänger, wenn es sich um eine empfangsbedürftige Willenserklärung handelt. Diese Bestätigung macht z. B. eine Kündigung nicht zu einem Vertrag, da die Kündigungsentscheidung von dem Kündigenden alleine getroffen wird.

4 Arten von Verträgen

▶ 53 Welche juristischen Arten von Verträgen unterscheidet man?

Im Recht unterscheidet man verschiedene Arten von Verträgen z. B. danach, **für wen** der Vertrag (Haupt-)Leistungsverpflichtungen erbringt.

Bei einseitig verpflichtenden Verträgen obliegt nur einer Partei, dem Schuldner, eine Leistungsverpflichtung. Dieses ist z. B. dann bedeutsam, wenn ein beschränkt Geschäftsfähiger nur Willenserklärungen abgeben darf, durch die er selbst keine rechtlichen Verpflichtungen eingeht, § 107 BGB, wie etwa die Annahme einer Schenkung.

> **Beispiele einseitig verpflichtender Verträge** ▶ zinsloses Darlehen, § 488 Abs. 1 und 2 BGB ▶ Schenkungsvertrag, § 516 BGB ▶ Bürgschaftsvertrag, § 765 BGB

Bei zweiseitig verpflichtenden Verträgen stehen die Leistungspflichten der Parteien in einem Austauschverhältnis zueinander. Jeder muss seine **Leistung** nur dann erbringen, wenn er auch die **Gegenleistung** erhält (*lateinisch: „do ut des" = ich gebe, damit Du gibst, griechisch: Synallagma genannt*). Jede Partei ist in eigener Person sowohl Gläubiger als auch Schuldner = ein gegenseitiges Schuldverhältnis.

4 Arten von Verträgen

Beispiele zweiseitig verpflichtender Verträge ▶ Kaufvertrag, § 433 BGB ▶ verzinsliches Darlehen, § 488 Abs. 1 und 2 BGB ▶ Mietvertrag, § 535 BGB ▶ Dienstvertrag, § 611 BGB ▶ Werkvertrag, § 631 BGB

Vertrag

- **Rechtlich ein Rechtsgeschäft** ○ mindestens zwei Personen ○ einklagbare Verpflichtungen begründend ○ Grundbestandteile sind Willenserklärungen
- **Hauptregelungsort** ○ im BGB, §§ 145 ff. BGB ○ verschiedene Vertragsarten in anderen Rechtsbereichen, z. B. im Sachenrecht der Übereignungsvertrag nach § 873 ff. BGB ○ weitere Fundstellen außerhalb des Privatrechts z. B. im Baurecht oder Völkerrecht
- **Abgrenzung** ○ kein Vertrag, wenn kein rechtlicher Erfolg gewollt, z. B. Gefälligkeiten ○ wenn Rechtsfolgen kraft Gesetzes eintreten ○ oder eine Willenserklärung für die Herbeiführung von Rechtsfolgen ausreicht, z. B. Kündigung als einseitiges Rechtsgeschäft
- **Arten** ○ einseitig verpflichtende Verträge, z. B. Schenkungsvertrag ○ zweiseitig verpflichtende Verträge, z. B. Kaufvertrag

2. Teil

Vertragsanbahnung –

Welche rechtlichen Folgen hat eine Vertragsanbahnung?

Gliederung des 2. Teils

I.	Allgemeine Vorfragen	61
II.	Vertragsplanung	64
III.	Vertragsdesign	77
IV.	Vertragsverhandlungen	91
V.	Vertragsdurchführungsplanung	95
VI.	Systematische Analyse juristischer Sachverhalte	100
VII.	Vertrags-Controlling	112
VIII.	Phasen der Vertragsanbahnung	114

I. Allgemeine Vorfragen

Fall 20 Gegensätzlicher geht es nicht, oder? Der Gebrauchtwagenhändler **Heiner Habicht** hat seit langem einen „Ladenhüter" auf seinem Autohof, so dass er einen Kunden sucht, der das Auto so nimmt wie es dort steht, zu dem hohen Preis, den er verlangt. Der **Kunde Kain Kummer** sieht das Auto und möchte es so preiswert wie möglich kaufen. Er wittert eine Chance, da das Auto bereits längere Zeit in den Anzeigen des Händlers stand und dieser wohl Probleme mit dem Verkauf hat. Beide Vertragsparteien wollen rechtlich und betriebswirtschaftlich den Vertragsschluss und die Vertragsdurchführung gut „managen". **Fragen Welche Vertrags-Phasen und Aktivitäten unterscheidet man rechtlich vor Vertragsschluss? Welche Hauptfragen stellen sich?**

▶ **54 Welche Rechtsfragen stellen sich bei der Vertragsanbahnung?**

Bevor es zur vollständigen Einigung kommt, werden häufig verschiedenen Aktionen in der Phase der Vertragsanbahnung vollzogen. Diese Vorstufen sind zwar **nicht ausdrücklich als solche im Gesetz bezeichnet**, im betriebswirtschaftlichen Geschäftsverkehr können üblicherweise in dieser Phase u. a. **folgende Handlungsweisen** beobachtet und rechtlichen Fragestellungen zugeordnet werden:

> **Schema: Mögliche Phasen vor einem Vertragsabschluss**
> - **Vertragsmanagement** Anwendung von Taktiken und Werkzeugen des Vertragsmanagements
> - **Protokolle** gegenseitige Abzeichnung von Verhandlungsprotokollen
> - **Absichtserklärung** Abschluss einer Absichtserklärung, sog. Letter of Intent
> - **Vorhand bzw. Vorkaufsrecht** Abschluss einer Vorhand- bzw. Vorkaufsvereinbarung
> - **Option** Vereinbarung einer Option
> - **Vorvertrag** Abschluss eines Vorvertrages

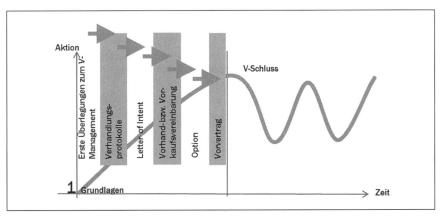

Schaubild 4 Mögliche Aktivitäten der Vertragsparteien in der Vertragsanbahnungsphase

I. Allgemeine Vorfragen

Lösung Fall 20 Im **Fall** könnten die Vertragsparteien die **unterschiedlichen Aktivitäten** vor Vertragsabschluss vornehmen. So könnten sich beide zunächst über die Vertragsmanagementtechniken Gedanken machen. Bei längeren Verhandlungen, könnte man Zwischenergebnisse protokollieren und sich gegenseitig abzeichnen lassen. Auch Absichtserklärungen und Vorkaufsrechte könnten ausgetauscht werden. Sind alle wichtigen Details geklärt, wäre auch ein Vorvertrag möglich.

Die **Hauptfragen** des Vertragsrechts sind hierbei regelmäßig die folgenden:
- Wie groß ist das vertragliche **Haftungsrisiko** für die Verhandlungspartner in diesem Stadium?
- Ab wann besteht eine vertragsrechtliche **Pflicht zum späteren Vertragsschluss**?

Das Gesetz erfasst seit 2002 vorbereitende Handlungen der Aufnahme von Vertragsverhandlungen und der Vertragsanbahnung unter dem Stichwort des **Verschuldens bei Vertragsschluss**, sog. Culpa in Contrahendo, §§ 280 Abs. 1 i. V. m. 311 Abs. 2 Nr. 2 BGB.

§ **§ 311 Abs. 2 BGB Rechtsgeschäftliche und rechtsgeschäftsähnliche Schuldverhältnisse** (2) Ein Schuldverhältnis mit Pflichten nach § 241 Abs. 2 entsteht auch durch 1. die **Aufnahme von Vertragsverhandlungen**, 2. die **Anbahnung eines Vertrags**, bei welcher der eine Teil im Hinblick auf eine etwaige rechtsgeschäftliche Beziehung dem anderen Teil die Möglichkeit zur Einwirkung auf seine Rechte, Rechtsgüter und Interessen gewährt oder ihm diese anvertraut, oder 3. ähnliche geschäftliche Kontakte.

Wie später noch bei den Vertragsstörungen näher gezeigt wird, kann je nach Einzelfall ein erhebliches vertragliches Haftungsrisiko bereits durch die Vertragsanbahnung bestehen.

Je nachdem, welche Aktivitäten die Vertragsparteien Heiner Habicht und Kain Kummer im **Fall** vor Vertragsschluss unternehmen, ergeben sich unterschiedliche Haftungsrisiken. Ist das Haftungsrisiko bei den internen Vorüberlegungen zum anzuwendenden Vertragsmanagement noch nahezu null, da kein „Kontakt" im Sinne des § 311 Abs. 2 Nr. 3 zueinander besteht, **steigt dieses stetig** mit den Absichtserklärungen, Optionen und Vorkaufsrechten, die man sich gegenseitig zuwendet. Beim Vorvertrag stehen die Parteien bereits voll in der Haftung der Vertragserfüllung.

Bis zum Abschluss des Hauptvertrags **fehlt** vorbereitenden Handlungen grundsätzlich **die rechtliche Bindungswirkung**, wie es ausdrücklich in § 154 Abs. 1 S. 2 BGB zu der Aufzeichnung von z. B. Verhandlungsergebnissen zu lesen ist.

§ **§ 154 Abs. 1 S. 2 BGB Offener Einigungsmangel** (1) … Die Verständigung über einzelne Punkte ist auch dann nicht bindend, wenn eine Aufzeichnung stattgefunden hat.

Ob und inwieweit tatsächlich bereits ein Zwang zum Vertragsabschluss vorliegt, hängt entscheidend von den Umständen der Vertragsanbahnung ab.

Beispiele für Abschlusszwang ▶ Wurden schon vertrauensbildende Aussagen mündlich gemacht? ▶ Hat man erkannt, dass der Vertragspartner bestimmte gefahrträchtige Positionen nicht erkannt hat?

> **Im Fall** ist es ebenfalls von den **Aktivitäten der Vertragsparteien** abhängig, ab wann sich einer (Option, Vorkaufsrecht) oder beide (Vorvertrag) bereits zum Abschluss des späteren Hauptvertrages verpflichtet haben.

▶ 55 Was versteht man unter Vertragsmanagement?

Eine gesetzliche Definition, was sich hinter dem Begriff „Vertragsmanagement" verbirgt, gibt es nicht. Nach Aussage des Buches von **Benno Heussen** (Vertragsverhandlung und Vertragsmanagement) geht es beim Vertragsmanagement um alle diejenigen Tätigkeiten, mit denen ein Vertrag gestaltet und letztlich realisiert wird.

Soweit es sich nicht um standardisierte und unproblematische Massengeschäfte handelt, werden beim Vertragsmanagement von den Handelnden organisatorische und planerische Aufgaben in folgenden Bereichen verlangt:

> **Bereiche des Vertragsmanagements**
> - Vertrags**planung**
> - Vertrags**design**
> - Vertrags**verhandlung**
> - Vertrags**durchführung**
> - Vertrags**controlling**

II. Vertragsplanung

Fall 21 Jetzt wird es strategisch!? Immer noch stehen sich der **Gebrauchtwagenhändler Heiner Habicht** mit seinem „Ladenhüter" und der **Kunde Kain Kummer** in Vertragsverhandlungen gegenüber. Beide lassen sich nun rechtlich und betriebswirtschaftlich beraten. **Frage Welche rechtlichen Fragen sind bei der Planung und Durchführung eines Vertragsschlusses unter Berücksichtigung betriebswirtschaftlicher Interessen zu klären?**

▶ **56 Welche Rechtsfragen stellen sich bei der Vertragsplanung?**

Bei der **Planung** eines Vertrages stehen folgende Fragen beispielsweise im Vordergrund:

> **Checkliste 1   Bei der Vertragsplanung zu beachtende Fragen**
> - **Ziele der Planung** Welche betriebswirtschaftlichen / technischen **Ziele** sollen durch den Vertrag erreicht werden?
> - **Strategie und Taktik** Welche **Strategie** will man mit dem Vertrag verfolgen? Welche **taktischen** Überlegungen werden angestellt?
> - **Planungsfaktoren** Was sind die wichtigsten Planungsfaktoren?
> - **Planungsszenarien** Wo liegen die häufigsten Störfaktoren? Wie sieht ein typischer Ablauf der Planung aus?

1 Ziele der Planung

▶ **57 Wie werden rechtlich einwandfrei die Ziele des Vertrags verfolgt?**

Aus der Sicht eines betriebswirtschaftlich geprägten Vertragsmanagements spielen zunächst bei der Bestimmung der **Ziele eines Vertrages** verschiedene Aspekte eine Rolle:

> **Lösung Fall 21**   Im **Fall** will **Verkäufer Heiner Habicht** seine preisliche Untergrenze auf jeden Fall verbergen, damit der Kaufinteressent nicht zu wenig bietet. Der Verkäufer will demgegenüber wissen, wie viel Geld Kummer bereit wäre zu bezahlen. Außerdem will er das Auto schnell und ohne weiteren Aufwand vom Hof haben.
> Die **Ziele des Kaufinteressenten Kummer** sind fast umgekehrt dazu: er möchte preiswert ein möglichst hochwertiges Auto kaufen und die besten Übergabebedingungen haben (Kosten trägt alle der Verkäufer). Evtl. möchte er noch Zusatzleistungen, wie z. B. Winterreifen, Inspektion, etc.

Wie dieses kleine Beispiel zeigt, haben die Vertragsparteien häufig genau **entgegengesetzte strategische Ziele**, die sie bei dem Vertragsabschluss verfolgen, wenn auch ein gemeinsames Ziel im Eigentumswechsel hinsichtlich des Autos liegt. In einem

Vertrag könnten die im Beispielsfall angedeuteten Strategien sich nun wie folgend in konkreten Regelungen niederschlagen:

- **Ziele müssen klar und rechtmäßig sein**: Der Händler und der Kunde wollen über ein ganz bestimmtes Auto verhandeln, das in der Vertragsurkunde genau beschrieben ist. Dieses Ziel darf natürlich nicht gegen die guten Sitten verstoßen, z. B. indem es in wucherischer Weise verfolgt wird, § 138 BGB.

> **§ 138 Sittenwidriges Rechtsgeschäft; Wucher** (1) Ein Rechtsgeschäft, das gegen die guten Sitten verstößt, ist nichtig. (2) Nichtig ist insbesondere ein Rechtsgeschäft, durch das jemand unter Ausbeutung der Zwangslage, der Unerfahrenheit, des Mangels an Urteilsvermögen oder der erheblichen Willensschwäche eines anderen sich oder einem Dritten für eine Leistung Vermögensvorteile versprechen oder gewähren lässt, die in einem auffälligen Missverhältnis zu der Leistung stehen.

- **Interessenkonflikte müssen verdeutlich werden**: Der Händler will eine Barzahlungsvereinbarung aufnehmen, während der Kunde den Kauf an den Abschluss eines Leasingvertrages z. B. mit einer Leasingbank knüpfen will.
- **Zielkonflikte sollten vorab geregelt werden**: Der Kunde wird sich ein Rücktrittsrecht vorbehalten, wenn die Leasingbank keinen Leasingvertrag mit dem Kunden z. B. wegen fehlender Sicherheiten abschließen will.
- **Für den Krisenfall sind abgestufte Rechtsfolgen und Sanktionen vorzusehen**: Der Händler bietet für den Fall, dass der Leasingvertrag nicht zustande kommt, eine Ratenzahlungsvereinbarung an, bei der der Kunde 50 % des Kaufpreises sofort zahlt.

> **Ziele der Vertragsplanung**
> - Häufig bestehen entgegengesetzte Ziele zwischen den Vertragspartnern.
> - Ziele müssen klar und rechtmäßig sein.
> - Interessenkonflikte müssen verdeutlicht werden.
> - Zielkonflikte sollten vorab geregelt werden.
> - Für den Krisenfall sind abgestufte Rechtsfolgen und Sanktionen vorzusehen.

2 Strategie und Taktik der Planung

▶ **58 Welche Strategien und taktischen Überlegungen sind mit den vertragsrechtlichen Grenzen vereinbar?**

Hinter der Vertragstaktik steckt weiter die Frage nach den taktischen Mitteln, Werkzeugen und Wegen, mit denen die soeben beschriebenen strategischen Ziele letztlich erreicht werden sollen. Die in der Praxis existierenden taktischen Mittel und Werkzeuge sind vielfältig und bedürfen zum Teil einer guten Intuition, wann welches Mittel das richtige ist. Die Kenntnis einiger Taktiken ist bei der Planung von Vertragsverhandlungen sicher sehr wertvoll und bedeutsam. Außerdem sei hier sogleich

II. Vertragsplanung

darauf hingewiesen, dass einige der nachfolgend beschriebenen Verhaltensweisen rechtlich nicht hinzunehmen sind, wenn sie z. B.

- **als Verschulden bei den Vertragsverhandlungen**, §§ 311 Abs. 2 i. V. m. 280 Abs. 1 BGB, zu Schadensersatzansprüchen führen können, weil gegen übliche Rücksichtnahmepflichten nach § 241 Abs. 2 BGB verstoßen wird,
- **gegen** Treu- und Glauben verstoßen, § 242 BGB, so dass die Berufung auf das Vertragsergebnis evtl. vor Gerichten nicht statthaft ist, weil sich der Vertragspartner damit in Widerspruch zu seinem früheren Verhalten setzen würde, z. B. bei Verhandlungen nur zum Schein,
- **gegen die** guten Sitten **verstoßen**, § 138 BGB, was zur Nichtigkeit der Vereinbarungen führen kann, z. B. bei Zahlung von Schmiergeldern an Gutachter, oder
- **gegen** Strafgesetze **verstoßen**, z. B. § 263 StGB in der Form des Eingehungsbetrugs, bei dem der anderen Seite vorgetäuscht wird, eine Verpflichtung z. B. zur Zahlung eingehen zu können, obwohl die finanziellen Mittel überhaupt nicht vorhanden sind. Diese Taktik kann dann in einem öffentlich-rechtlichen Strafverfahren nach § 263 BGB enden oder über § 823 Abs. 2 BGB zu zivilrechtlichen Schadensersatzforderungen führen.

In der Praxis können die unterschiedlichsten **Werkzeuge, Mittel und Wege der Vertragstaktik** beobachtet werden (mehr Beispiele dazu Heussen, Vertragsverhandlung und Vertragsmanagement, S. 44):

> **Checkliste 2   Strategische Werkzeuge, Mittel und Wege der Vertragstaktik**
> - **Beziehungsebene** Wie arbeitet man gezielt auf der Beziehungsebene?
> - **Zeitschiene** Wie soll die Zeitschiene manipuliert werden?
> - **Kostenschiene** Welche Aktivitäten erfolgen auf der Kostenschiene?
> - **Informationsverhalten** Wie wird mit Informationen gesteuert?
> - **Kompromissbereitschaft** Wird Kompromissbereitschaft nur vorgetäuscht?
> - **Arbeitsteilung** Ist die Arbeitsteilung zielführend?
> - **Formulierungen** Sollen Formulierungen absichtlich Ziele verschleiern?
> - **Emotionen und Öffentlichkeit** Wie wird mit Emotionen und der Öffentlichkeit Druck ausgeübt?

- **Beziehungsebene**: ▶ Man arbeitet mit einem besonderem Vertrauens- und Näheverhältnis zum Vertragspartner (z. B. individuelles Einladungsschreiben, persönliche Ansprache, „Duzen", kostenlose Bewirtung, Einblicke in die Privatsphäre, Treffen in Privatwohnung, körperliche Nähe), ▶ oder man bewahrt sich eine kühle Sachlichkeit und Distanz (z. B. formale Anrede, keine Kostenübernahme, keine Privatgespräche, unpersönliche Orte, körperliche Distanz).
- **Zeitschiene**: ▶ Es wird vermeintlich bestehender Zeitdruck aufgebaut (z. B. Hinweis auf bald eintretende rechtliche, steuerliche, produktbezogene Änderungen) ▶ bzw. man verlangsamt die Verhandlungen (z. B. Hinauszögern der Entscheidung durch Hinzuziehung weiterer Berater, Einholung von Gutachten).
- **Kostenschiene**: ▶ Kosten der anderen Vertragspartei werden übernommen ▶ bzw. die andere Vertragspartei wird bereits in Vorinvestitionen getrieben, so dass sie den Vertragsschluss unbedingt braucht, um ihre Kosten wieder zu amortisieren.
- **Informationsverhalten**: ▶ Mit gezielter Information wird ein offenes Klima hergestellt (z. B. alle Unterlagen sind einsehbar, eigene Informationen werden

vollständig und richtig weitergegeben) ▶ bzw. es wird mit Des-, Falsch- oder Halbinformation gearbeitet (z. B. eigene Informationen werden vertuscht, oder werden unvollständig, halbrichtig oder falsch weitergegeben), so dass eindeutig die rechtlich zulässigen Grenzen überschritten sind und Vertragsnichtigkeit nach § 138 BGB, Schadensersatzklagen wegen Verschuldens bei Vertragsverhandlungen, §§ 311 Abs. 2 i. V. m. 280 Abs. 1 BGB, und/oder Strafverfahren wegen Betrugs, § 263 StGB, die Folge sein können.

- **Kompromissbereitschaft und Alternativen:** ▶ Es besteht große Kompromissbereitschaft (z. B. werden Angebote und Kompromisse von sich aus erarbeitet und mitgeteilt) ▶ bzw. keine Bereitschaft zum Kompromiss bzw. zu Alternativen (z. B. lässt man sich mühsam alle Kompromisse und Alternativen abhandeln, macht auch mal zum Schein irgendwelche Angebote und setzt so den anderen unter Entscheidungsdruck bzw. testet die Kompromissbereitschaft des anderen zum Schein, Alternativen des Vertragsgegners werden vereitelt); schon fast selbstverständlich ist es heute, eigene Forderungskataloge mit von Anfang an überzogenen Ansätzen aufzustellen, um sich dann später auf das wirklich Gewollte herunterhandeln zu lassen („altes Spiel" bei Tarifvertragsverhandlungen).

- **Arbeitsteilung:** ▶ Man bietet Arbeitsteilung und die Bündelung von Kräften an (z. B. geht der Vertragspartner im Haus „ein und aus", bekommt kostenlos Mitarbeiter gestellt), ▶ oder eine Arbeitsteilung wird faktisch unterbunden bzw. man lehnt eine Vermischung der Arbeitskräfte direkt ab (z. B. indem auf strikte Trennung der Mitarbeiter geachtet wird, keine Ansprechpartner außerhalb der Geschäftsleitung genannt werden); gerne werden auch angeblich unabhängige Gutachter mit an den Verhandlungen beteiligt.

- **Formulierungen:** ▶ Man formuliert mit klarer Sprache und stimmt Formulierungen ab (z. B. werden keine Unterlagen weitergegeben, ohne dass die Gegenseite sie abgesegnet hat) ▶ bzw. man lässt absichtlich unklare Formulierungen stehen, um sie später anders interpretieren zu können (z. B. werden alle Protokolltätigkeiten an sich gezogen, um in den Protokollen unliebsame Entscheidungen „klein" zu reden oder ganz zu vergessen, sog. Macht des Protokollanten).

- **Emotionen und Öffentlichkeit:** ▶ Der Vertragspartner wird in rationalen Situationen mit zielgerichteten Emotionen irritiert (z. B. fingiert man irgendwelche emotionalen Situationen) ▶ bzw. man lässt ihn in emotionalen Situationen durch Unbeteiligtsein auflaufen, um so die Schwächen des anderen Vertragspartners auszunutzen; manchmal werden auch Pressetermine angekündigt oder politische Amtsträger als Vermittler eingesetzt.

> Im **Fall** will der **Kunde Kummer** sein strategisches Ziel, den Wagen möglichst günstig zu bekommen, mit der Vorlage der Prospekte der neuen Kfz-Serie und Erwähnung der langen Standzeit auf dem Autohof erreichen. Dadurch soll der Händler unter Preisdruck gesetzt werden. Ebenso spielt der Kunde auf der Zeitschiene, wenn er plötzlich „alle Zeit der Welt" für seine Entscheidung hat.
>
> Demgegenüber hat der **Händler Habicht** ein großes Interesse daran, dass sich der Kunde der technischen Neuerungen der aktuellen Serie nicht so direkt bewusst wird, und stellt daher das Kaufobjekt mit älteren Modellen zusammen aus. Er wird den Kunden versuchen in persönlich gehaltenen Gesprächen und kostenloser Bewirtung zu einem schnellen Kaufentschluss zu bewegen.

> **Strategien, rechtliche Grenzen und Werkzeuge der Vertragsplanung**
> - **Strategien anwenden** ○ In der Praxis existierende taktische Mittel und Werkzeuge sind vielfältig und bedürfen zum Teil einer guten Intuition.
> - **Rechtliche Grenzen einhalten** ○ kein Verschulden bei den Vertragsverhandlungen ○ kein Verstoß gegen Treu- und Glauben ○ kein Verstoß gegen die guten Sitten ○ kein Verstoß gegen die Strafgesetze
> - **Unterschiedliche Werkzeuge, Mittel und Wege der Vertragstaktik kennen** ○ **Beziehungsebene** = Arbeiten mit Nähe oder Distanz ○ **Zeitschiene** = Aufbau von Zeitdruck oder Verlangsamung der Vertragsanbahnung ○ **Kostenschiene** = Übernahme von Kosten der Vertragspartei oder Kostentreiberei ○ **Informationsverhalten** = gezielte Information oder Vertuschung von Informationen ○ **Kompromissbereitschaft und Alternativen** = kompromissbereit oder sich Kompromisse abhandeln lassen ○ **Arbeitsteilung** = kostenloses Zusammenarbeiten oder keine Vermischung der Mitarbeiter zulassen ○ **Formulierungen** = klare und abgestimmte Formulierungen oder absichtlich unklare Sprache ○ **Emotionen und Öffentlichkeit** = Irritationen durch Emotionen und Druckaufbau durch Schaffung von Öffentlichkeit

3 Planungsfaktoren und ihre Auswirkungen auf Vertragsinhalte

▶ **59 Welche Auswirkungen haben die rechtlichen, technischen und betriebswirtschaftlichen Faktoren auf die Vertragsinhalte?**

Die Vertragsplanung wird im Regelfall von einer Vielzahl von rechtlichen, technischen und betriebswirtschaftlichen Faktoren beeinflusst. Diese sollte man sich bewusst machen, wenn man einen Vertragsschluss planen möchte. Verträge bekommen dann eine viel größere Tiefe und Genauigkeit, die für die Zufriedenheit beider Vertragspartner mit dem hinter dem Vertrag stehenden Projekt wesentlich sind. Dieses hat in der Regel auch unmittelbare Auswirkungen auf die inhaltliche Formulierung in den Vertragsklauseln.

> **Checkliste 3   Planungsfaktoren**
> - **Umgang mit Informationen** Welche Politik wird hier verfolgt?
> - **Machtverhältnisse und Beziehungen** Besteht ein Ausgleich der Machtpositionen?
> - **Zeitrahmen und Prioritäten** Wie wird mit Zeit umgegangen?
> - **Kompromissbereitschaft** Besteht Kompromissbereitschaft?
> - **Finanzielle Mittel** Wie geht der Vertragspartner mit Geld um?
> - **Einsatz von Projektteams** Wie arbeitet man zusammen?
> - **Beratung** Werden Berater eingesetzt?
> - **Kommunikation** Welche Kommunikationskulturen werden gepflegt?
> - **Entschlossenheit** Wie entschlossen ist der Vertragspartner?
> - **Flexibilität** Wie flexibel ist der Vertragspartner?

Umgang mit Informationen ▶ Welche Informationen will man selbst geben? ▶ Bestehen Bedenken, bestimmte Informationen herauszugeben, sind evtl. **Geheimhaltungsvereinbarungen** in die Verträge mit aufzunehmen bzw. schon vor der Verhandlung abzuschließen? ▶ Welche Informationen werden benötigt? ▶ Welche Informationen sind zu prüfen und zu aktualisieren? Dieses könnte im Vertrag ebenfalls bei den **Verpflichtungen der Vertragsparteien** mit aufgenommen werden.

Muster 6: Geheimhaltungsvereinbarung mit Vertragsstrafe

Das an einer Lizenz interessierte Unternehmen verpflichtet sich gegenüber dem Erfinder, die gegenseitig mitgeteilten geheimen Erkenntnisse und Informationen zur Erfindung, die insbesondere im Zusammenhang mit Neuentwicklungen, Vorführungen, Versuchen und Gesprächen stehen, geheim zu halten.

Sie treffen alle erforderlichen Maßnahmen, um deren Kenntnisnahme und Verwertung durch Dritte zu verhindern. Mitarbeiter und Angestellte sind, soweit sie hierzu nicht bereits aufgrund ihres Arbeitsvertrages angehalten sind, zur Geheimhaltung zu verpflichten.

Unabhängig von einem eventuellen Schadensersatzanspruch verpflichten sich beide Parteien, für jeden Fall des schuldhaften Verstoßes gegen diese Vereinbarung eine Vertragsstrafe in Höhe von € _____ zu zahlen.

Im **Fall** gilt wohl Folgendes: **Verkäufer Heiner Habicht** = günstige Sachverhalte des Kaufobjekts nach vorne schieben, ungünstige nennen, aber nicht zu versteckt (Täuschung?); **Kaufinteressent Kain Kummer** = eigene Ziele nicht bekannt geben, mit Halbinformationen arbeiten

Machtverhältnisse und Beziehungen ▶ Besteht ein gleichberechtigtes Verhältnis der Vertragspartner? ▶ Existiert ein Machtübergewicht auf einer Vertragspartnerseite? Für den Fall des Machtüberhangs werden zumeist auch die Vertragsinhalte von der mächtigeren Partei bestimmt. Diese ist sogar in der Lage, unwirksame Vertragsklauseln durchzusetzen, wenn sie den Vertragspartner in der Hand hat.

Fall: Verkäufer Heiner Habicht = individuelle Einladung aussprechen, persönliche Ansprache, privat gestaltete Verhandlungsräume, kostenlose Bewirtung; **Kaufinteressent Kain Kummer** = Distanz, körperliche Ferne, keine Privatgespräche

---

Zeitrahmen und Prioritäten ▶ Betreibt der Vertragspartner einen umfassenden Informationsaufwand, wägt sorgfältig alles ab und entscheidet vorsichtig und langsam? ▶ Findet der Vertragspartner nach der Klärung von Eckdaten zu einer schnellen Entscheidung? ▶ Werden die Grundregeln des Zeitmanagements beachtet? (Ziele bestimmen, Zeit und Aufgaben planen, Aufgaben durchführen und delegieren, Ergebnisse kontrollieren) Je nachdem müssen hier **genaue Fristen** im Vertrag aufgenommen werden bzw. Regelungen für den Fall der Nichteinhaltung. Auch empfiehlt es sich, langfristige Vertragsprojekte evtl. in **zeitlich kleinere Einheiten mit gesondertem vertraglichem Kündigungsrecht** aufzuteilen.

> **Muster 7: Projektabschnitte mit gesonderten Kündigungsrechten**
> Die Durchführung des Vertrages erfolgt in verschiedenen Abschnitten, die aus der Anlage ersichtlich sind. Spätestens zum Ende eines jeden Kalenderquartals, erstmals zum ... wird der Auftragnehmer dem Auftraggeber einen Zwischenbericht über den jeweiligen Projektabschnitt in 3-facher Ausfertigung übergeben und diesen an einem noch zu bestimmenden Ort präsentieren. Aus diesem müssen sich die wesentlichen Ergebnisse aus den bisher durchlaufenen Projektabschnitten ergeben. Der Auftraggeber kann diesen Vertrag mit einer Frist von einem Monat zum Ende eines Kalendervierteljahres kündigen, erstmals zum 30.06.2013.

> **Fall: Verkäufer Heiner Habicht** = auf schnellen Abschluss drängen, Zeitfristen mit Kostenvorteilen setzen, angeblich gebe es noch andere Interessenten für das Kaufobjekt; **Kaufinteressenten Kain Kummer** = Abschluss verlangsamen, Zeitfristen mit Kostenvorteilen einfordern, vorgeben, dass es angeblich noch andere lohnende Kaufobjekte gebe, die man sich noch ansehen wolle.

Finanzielle Mittel ▶ Wie geht der Vertragspartner mit Geld um? ▶ Ist ausreichend Liquidität für das hinter dem Vertrag stehende Projekt bereitgestellt? ▶ Wer soll das Kalkulationsrisiko tragen? ▶ Sind Korrekturinstrumente vereinbart worden, z. B. vertragliche Rücktrittsrechte bei fehlender Finanzierungszusage durch die Bank? Im Vertrag könnten auch Sicherungsabreden und Bürgschaftsverpflichtungen mit aufgenommen werden.

> **Fall: Verkäufer Heiner Habicht** = viele Kosten übernehmen, z. B. Bewirtung; **Kaufinteressent Kain Kummer** = keine Vorinvestitionen treffen

Einsatz von Projektteams ▶ Werden Projektteams eingesetzt, wenn es sich nicht um ein unproblematisches Massengeschäft, sondern Einzelprojekte handelt? ▶ Wer erhält die Verhandlungskompetenzen? ▶ Gibt es eine zentrale Koordinierungsstelle? ▶ Wie ist die Verhandlungsorganisation aufgebaut? ▶ Wer ist Leiter? ▶ Existiert an einem Ort im Unternehmen eine Zusammenstellung aller für das Vertragsobjekt erforderlichen Informationen und Unterlagen? ▶ In den Verträgen sollten **Ansprechpartner** aufgenommen werden bzw. die Art und Weise der Bestimmung des Projektteams.

> **Muster 8: Ansprechpartner von Projektteams**
> Innerhalb von 14 Tagen nach Unterzeichnung des Vertrages teilen die Vertragsparteien dem jeweils anderen Vertragspartner schriftlich mit, wer Ansprechpartner für die zu bildenden Projektteams ist. Zusätzlich sind dessen Stellvertreter zu benennen.

> **Fall: Verkäufer Heiner Habicht** = alles als „Chefsache" deklarieren, selbst anwesend sein; **Kaufinteressent Kain Kummer** = mit den Fachleuten sprechen, haben im Zweifel mehr Wissen

Beratung ▶ Welche Berater sollten eingesetzt werden? (Dolmetscher, eigene Mitarbeiter des Unternehmens, Finanzfachleute, Notare, Presseberater, politische Mandatsträger, Rechtsanwälte, Steuerberater, Techniker, Unternehmensberater, Verbandsmitarbeiter, Wirtschaftsprüfer) ▶ Werden die Berater frühzeitig ausgewählt und bei der

3 Planungsfaktoren und ihre Auswirkungen auf Vertragsinhalte

Projektkoordinierung bedacht? ▶ Sind die Vertragspartner Beratern gegenüber negativ eingestellt? (Zeitlicher Aufwand für umfassende Information des Beraters wird gescheut, Berater stören die Verhandlungskultur, Berater seien nur „Bedenkenträger", Berater kosten zu viel) ▶ Haben die Berater Erfahrungen aus ähnlichen Vertragsprojekten? ▶ Sind die Berater befangen, z. B. aufgrund bestimmter Verflechtungen mit Zulieferbetrieben? Eigene Mitarbeiter im Unternehmen müssen oft auf ihre eigene Stellung im Unternehmen achten und beraten nicht unbefangen, um nicht den eigenen Arbeitsplatz zu gefährden. ▶ Sollen Berater als Impulsgeber von außen eingesetzt werden? ▶ Dienen die Berater der Beschleunigung bzw. der Verlangsamung des Verhandlungsprozesses? ▶ Kann durch Berater die Waffengleichheit wieder hergestellt werden, die eine übermächtige Vertragspartei aus dem Gleichgewicht gebracht hat? Sobald eine Seite sich Berater nimmt, ist die Tendenz zu beobachten, dass auch die andere Seite sich mit Beratern „wappnet", um „Waffengleichheit" herzustellen, z. B. auf beiden Seiten Anwälte, Steuerberater, Unternehmensberater. ▶ Sollen Berater eingesetzt werden, um unliebsame Forderungen zu bekräftigen? ▶ Soll durch den Einsatz von Beratern die Haftungsmasse vergrößert werden? Da die Berater bei einer Fehlberatung dem Unternehmen haften, kann hier ein wesentlicher Faktor für die Einplanung gerade von externen Beratern gesehen werden. Gegen eigene Mitarbeiter ist aufgrund der arbeitsrechtlichen Regelungen ein Haftungsanspruch selten durchsetzbar. In Verträgen sollten hierzu deutliche Regelungen enthalten sein, z. B. über die **Kostenverteilung für Berater, Anzahl und Auswahlverfahren**, etc. ▶ Erfolgte eine Unterwerfung unter ein außergerichtliches Schlichtungs- und Schiedsgerichtsverfahren, deren Schlichter unabhängig sind?

Fall: Verkäufer Heiner Habicht = Gutachter aus dem eigenen Hause nehmen; **Kaufinteressent Kain Kummer** = unabhängige Gutachter einschalten

Kommunikation ▶ Stoßen verschiedene Unternehmenskulturen mit unterschiedlichem Kommunikationsverhalten im Rahmen von Vertragsverhandlungen aufeinander? ▶ Gibt es Vorkehrungen, um gute Kommunikation bei Vertragsverhandlungen zu ermöglichen bzw. Fehler zu bereinigen? Bereits im Vertrag können **Leitlinien für die Kommunikation** vereinbart werden.

Fall: Verkäufer Heiner Habicht = auf gute Kommunikation achten; **Kaufinteressenten Kain Kummer** = nur weiterverhandeln, wenn die Kommunikation stimmt

Entschlossenheit ▶ Sind die Parteien fähig, Entscheidungen der Vertragsgestaltung, die in ihren Auswirkungen letztlich nicht ganz abschätzbar sind, trotzdem zu tref-

II. Vertragsplanung

fen? ▶ Nimmt man mit Entscheidungen verbundene Vertragsrisiken in Kauf? ▶ Sind die Kompetenzen der Verhandlungspartner so stark beschränkt, dass es jedes Mal zu Zeitverzögerungen kommt? ▶ Sind Entscheidungen mehrerer Personen z. B. in Gremien für die Vertragsdurchführung erforderlich, so werden im Vertrag die **Bedingungen für die Beschlussfassung** und die notwendigen Mehrheiten geregelt. ▶ Bestehen Kompetenzprobleme, ist zu prüfen, ob nicht die **Vertragsparteien ausgewechselt** werden müssen (z. B. Tochter-Firma wird durch Mutter-Konzern ersetzt). In der Praxis ist auch der Beitritt eines Beteiligten mit größerer Kompetenz zum Vertrag möglich (evtl. als Gast oder Vertragspartner).

> **Muster 9: Partnerwechselklausel**
> Wir behalten uns vor, die sich aus dem Vertrag ergebenden Rechte und Pflichten auf die Firma Müller, Müllerstraße 10, 08157 Müllhausen zu übertragen.

> **Fall: Verkäufer Heiner Habicht** = große Entschlossenheit zeigen; **Kaufinteressent Kain Kummer** = große Entschlossenheit zeigen, wenn die Rahmenbedingungen stimmen, ansonsten abwarten und evtl. auf die Entscheidungskompetenz einer Bank für die Finanzierung verweisen

Flexibilität ▶ Wie flexibel ist der Vertragspartner trotz der bestehenden Rituale in der jeweiligen Unternehmenskultur? ▶ Wie weit besteht die innere Bereitschaft der Vertragspartner, eigene vertragliche Positionen zu überdenken und gegebenenfalls zu ändern? ▶ Besteht Bereitschaft, Pilotprojekte vorzuschalten bzw. eine Auffangplanung mit verschiedenen Stufen durchzuführen? ▶ Bei Pilotprojekten werden bestimmte Teile des Projekts bereits vorgezogen und die weiteren Schritte vom Erfolg des Teilprojekts abhängig gemacht. Erforderlich ist dann natürlich ein Vertrag der als „**Pilotprojektvertrag**" bezeichnet werden kann. Bei einer Auffangplanung wird ein Stufenplan erstellt und nach Erreichen jeder Stufe das weitere Vorgehen bestimmt, ohne dass das bereits Erreichte wieder wertlos werden muss. Für die Auffangplanung eignen sich **Rahmenverträge**, die die Stufen umschreiben und das Verfahren der Bestimmung der nächsten Stufe regelt. ▶ Wird das vollständige Scheitern des Vertragsprojekts einkalkuliert? Es ist durchaus sinnvoll, im Vertrag Regelungen für ein geordnetes Auseinandergehen ohne Vertragserfüllung vorzusehen, z. B. **Schlichtungsregelungen.** Dieses erfordert aber ein genaues Verfahren (z. B. Schlichtungsklausel der IHK), in dem diese Gründe sachlich festgestellt werden, will man im Nachhinein längere Gerichtsverfahren vermeiden.

> **Muster 10: Unterwerfung unter ein außergerichtliches Schlichtungsverfahren (Vorschlag der IHK Frankfurt / Main)**
> Die Vertragsparteien verpflichten sich, bei Meinungsverschiedenheiten ein **Schlichtungsverfahren** mit dem Ziel durchzuführen, eine interessengerechte und faire Vereinbarung im Wege einer Mediation mit Unterstützung eines **neutralen Schlichters** unter Berücksichtigung der wirtschaftlichen, rechtlichen, persönlichen und sozialen Gegebenheiten zu erarbeiten. Alle Streitigkeiten, die sich im Zusammenhang mit diesem Vertrag oder über seine Gültigkeit ergeben, werden vor Einschaltung der Gerichte nach der Schlichtungsordnung der Institution der Industrie- und Handelskammer .... (z. B. XXXXX = Name der nächstgelegenen IHK mit Schlichtungsstelle) geschlichtet.

> **Muster 11: Unterwerfung unter ein Schiedsgerichtsverfahren (Vorschlag der IHK Frankfurt/Main)**
> Alle Streitigkeiten, die sich im Zusammenhang mit diesem Vertrag oder über seine Gültigkeit ergeben, werden nach der **Schiedsgerichtsordnung der Industrie- und Handelskammer** .... unter Ausschluss des ordentlichen Rechtsweges endgültig entschieden. Das gerichtliche Mahnverfahren bleibt aber zulässig.

▶ In Verträgen könnten auch **Rücktrittsklauseln** für den Fall des Nichtvollzugs des Vertrags bis zu einem bestimmten Termin oder aus „sonstigen Gründen" (z. B. Unzuverlässigkeit, fehlende Kompromissbereitschaft, Manipulationsversuche, fehlendes Vertrauen) geregelt werden. ▶ Zudem braucht jeder auf längere Zeit geschlossene Vertrag **Anpassungsklauseln**, wenn sich wichtige Einflussgrößen und Rahmenbedingungen durch Zufall oder durch Einwirkung Dritter verändern. ▶ Sind Preissteigerungen mitbedacht worden? Hier bieten sich z. B. **Preisgleitklauseln** in den Verträgen an.

> **Muster 12: Preisgleitklauseln**
> Eine Anpassung der Preise ist möglich, wenn zwischen Vertragsabschluss und vereinbartem Liefertermin mehr als vier Monate liegen. Eine Preisänderung ist dann zulässig, wenn bis zur Lieferung die Löhne oder Materialkosten sich ändern. Die Preisänderung wird entsprechend den nachweisbaren Kostensteigerungen oder Kostensenkungen erfolgen. Ein Rücktritt des Kunden ist nur zulässig, wenn eine Preiserhöhung erheblich über dem Anstieg der allgemeinen Lebenshaltungskosten zwischen Vertragsabschluss und Lieferung liegt.

> **Fall: Verkäufer Heiner Habicht** = keinen Rücktritt einräumen, Festpreis und keine Anpassung; **Kaufinteressent Kain Kummer** = Rücktrittsmöglichkeit einräumen lassen

> **Planungsfaktoren und ihre Auswirkungen auf Vertragsinhalte**
>
> - **Umgang mit Informationen** ○ Bei offenem Umgang werden zum Schutz von Betriebsgeheimnissen Geheimhaltungsvereinbarungen im Vertrag aufgenommen.
> - **Machtverhältnisse und Beziehungen** ○ Sind diese nicht ausgewogen, werden sogar unwirksame Vertragsklauseln durchgesetzt.
> - **Zeitrahmen und Prioritäten** ○ genaue Fristenpläne und Regelungen für den Fall der Nichteinhaltung, Vereinbarung von einzelnen Vertragsobjekten mit gesonderten Kündigungsrechten
> - **Finanzielle Mittel** ○ Aufnahme vertraglicher Rücktrittsrechte ○ Sicherungsabreden und Bürgschaftsverpflichtungen
> - **Einsatz von Projektteams** ○ notwendig, wenn es Einzelvertragsprojekte sind ○ Verteilung von Verhandlungskompetenzen ○ zentrale Koordinierungsstelle ○ Aufbau einer Verhandlungsorganisation, einschließlich Leitung ○ Zusammenstellung der benötigten Unterlagen ○ Ansprechpartner benennen
> - **Beratung** ○ Auswahl der Berater ○ frühzeitiger Einsatz bereits bei Projektkoordinierung ○ negative Einstellung zu Beratern bei Vertragspartnern ○ vertragserfahrene Berater ○ zeitliche Funktion von Beratern klären ○ Waffengleichheit

durch Einsatz gleichrangiger Berater, z. B. Anwälte auf beiden Seiten ○ Beratereinsatz zur Bekräftigung eigener Positionen ○ Berater zum Zweck des späteren In-die-Haftung-Nehmens
- **Kommunikation** ○ unterschiedliche Kommunikationsverhalten bei den Vertragspartnern beachten ○ Vorkehrungen für eine gute Verhandlungskommunikation treffen ○ vertraglich Leitlinien vereinbaren
- **Entschlossenheit** ○ Grad der Entscheidungsfähigkeit angesichts unsicherer Auswirkungen bewerten ○ Risikobereitschaft der Vertragspartner ○ Umfang der vertraglichen Abschlusskompetenz ○ vertragliche Regelung der Bedingungen einer gemeinsamen Beschlussfassung in Verhandlungsgremien ○ bei Kompetenzproblemen Wahl des Vertragspartners überprüfen
- **Flexibilität** ○ Flexibilität der Vertragspartner analysieren ○ Fähigkeit zur Korrektur eigener vertraglicher Positionen ○ Bereitschaft zu Pilotprojekten mit entsprechendem „Pilotprojektvertrag" ○ Notwendigkeit von Auffangplanungen mit Stufenplan, zu dem ein Rahmenvertrag erstellt werden kann ○ Einkalkulieren eines „geplanten Scheiterns", z. B. mit Schlichtungsklauseln für den Streitfall ○ Planung eines Rücktrittsfalls durch Rücktrittsklauseln ○ Aufnahme von Anpassungsklauseln bei länger laufenden Verträgen, z. B. Preisgleitklauseln

4 Planungsszenarien durchspielen

▷ **60 Wie können Störfaktoren bereits bei der Vertragsanbahnung beispielsweise durch Planungs-szenarien ausgemacht werden?**

Die Kenntnis von Störfaktoren hat immer den Vorteil, dass man frühzeitig Vorkehrungen gegen sie in den Verträgen installieren kann. Um die möglichen Störfaktoren besser bei der Vertragsgestaltung einplanen zu können empfiehlt es sich, die konkreten Phasen eines Vertrages **in Planungsszenarien „durchzuspielen".** Je nach Art des Projekts, der Unternehmenskultur und vieler anderer Faktoren sind verschiedene Schritte immer mit Blick auf die erforderlichen Vertragsregelungen durchzugehen.

Bei manchen Vertrags-Projekten sind diese evtl. durch äußere Umstände genau vorgezeichnet, bei manchen Projekten herrscht zu Beginn eine **kreativ-chaotische Ausgangslage.** Will man gewisse Schritte vorbereiten, darf dieses natürlich nicht so geschehen, dass die Kreativität vernachlässigt wird. Vielmehr soll eine gewisse Struktur angeboten werden, die sich in der Praxis in vielen Fällen bewährt hat. Folgende **vier Planungsphasen** können als **typischer Planungsablauf** mit jeweils unterschiedlichen Planungsschritten unterschieden werden (vgl. näher dazu Heussen, Vertragsverhandlung und Vertragsmanagement, S. 99):

Checkliste 4   Planungsphasen
- Vorbereitungsphase
- Verhandlungsphase
- Durchführungsphase
- Kontrollphase

- **Vorbereitungsphase** In dieser Phase gilt es, die Situation zu analysieren, Kompetenzen und Verantwortlichkeiten festzulegen, die Ziele, Alternativen und Auffangpositionen zu definieren, die dafür erforderlichen Mittel, Werkzeuge und Wege aufzuzeigen, zu treffende Maßnahmen mit Prioritäten zu versehen und einen Zeitrahmen durchzukalkulieren. Für diesen Bereich können vertragliche Regelungen z. B. in einem Rahmenvertrag sinnvoll sein, um Rechtssicherheit und Geheimnisschutz zu bekommen.

> **Fall**: **Verkäufer Heiner Habicht** = wird evtl. einen Vorvertrag vorbereiten, damit er sicher ist, dass der Kummer den Wagen auch nimmt, rechnet finanzielle Vorzüge aus; **Kaufinteressent Kain Kummer** = sieht sich andere preiswertere Autos an, sammelt Unterlagen

- **Verhandlungsphase** Diese Phase ist natürlich durch die Verhandlung mit dem Vertragspartner gekennzeichnet, in deren Zuge Verhandlungsergebnisse in Vertragsklauseln eingearbeitet werden müssen, nachdem Risiken und Chancen bewertet wurden. Evtl. müssen auch völlig neue Lösungen gefunden werden, für die es dann jeweils rechtssichere neue Musterformulierungen im Vertrag geben muss, die sich auch mit anderen Vertragsregelungen vereinbaren lassen.

> **Fall**: **Verkäufer Heiner Habicht** = wird die besten Verhandlungsbedingungen schaffen, sehr persönlicher Raum, Kaufobjekt „herausgeputzt"; **Kaufinteressent Kain Kummer** = droht immer wieder mit einem Abbruch der Verhandlungen, gibt sich zögerlich, hat andere vermeintlich bessere Alternativen dabei, will weitere Garantien

- **Durchführungsphase** In dieser Phase geht es um eine mangelfreie und reibungslose Leistungserbringung entsprechend den getroffenen Vereinbarungen zum Leistungsumfang. Dabei kann es auch zu Änderungen im Hinblick auf die Leistungen kommen (z. B. Zeit- und Mengenverschiebungen), die bereits bei der Vertragsformulierung durch entsprechende Änderungsklauseln, Preisgleitklauseln etc. bedacht werden müssen.

> **Fall**: **Verkäufer Heiner Habicht** = beseitigt noch kleinere Mängel am Auto, sorgt für gute Stimmung, lässt sich im Vertrag den Empfang des Autos bestätigen; **Kaufinteressent Kain Kummer** = lässt sich noch Garantien und Zusicherungen über Eigenschaften des Autos schriftlich geben

- **Kontrollphase** In den Verträgen können auch Regelungen dazu enthalten sein, wie der Erfolg der Vertragsumsetzung dokumentiert, kontrolliert und ausgewertet werden kann. Auch die Frage, wer z. B. Projekttagebücher oder Ähnliches führt, sollte geklärt werden.

> **Fall**: **Verkäufer Heiner Habicht** = rechnet die Stunden aus, die er für die Bearbeitung benötigt hat, besorgt sich neue Vertragsmuster, die klarer sind und nicht zu viele Nachfragen mit sich bringen; **Kaufinteressent Kain Kummer** = vergleicht den geschlossenen Kaufvertrag mit anderen Angeboten, macht einen Vergleich der Vorzüge und Nachteile des Kaufobjekts

II. Vertragsplanung

 Störfaktoren und typische Planungsphasen

- **Störfaktoren** ○ in typischen Planungsszenarien „durchspielen" ○ Planungsschritte sind z. T. vorgezeichnet durch äußere Umstände ○ aber: Kreativität nicht blockieren
- **Typischer Ablauf in vier Planungsphasen** ○ Vorbereitung ○ Verhandlung ○ Durchführung ○ Kontrolle
- **Vorbereitungsphase** ○ z. B. Analyse der Ist-Situation und Abschluss eines Rahmenvertrages über diese Phase, um Rechtssicherheit zu bekommen
- **Verhandlungsphase** ○ z. B. je nach Verhandlungsstand evtl. Erarbeitung neuer Vertragsformulierungen notwendig
- **Durchführungsphase** ○ z. B. müssen Verträge bei Änderungen der Sachlage flexibel sein und angepasst werden können
- **Kontrollphase** ○ Projekttagebücher z. B. als vertragliche Kontrollinstrumente vereinbaren

III. Vertragsdesign

▶ 61 Was versteht man unter Vertragsdesign?

Der Begriff des Vertrags-Designs ist rechtlich nicht vorgegeben. Damit werden letztlich die bei der Gestaltung von Verträgen angewandten Regeln hinsichtlich **Sprache und Aufbau sowie Arbeitstechniken, Hilfsmittel und Werkzeuge** beschrieben. Der

III. Vertragsdesign

Vertragsinhalt kann von den Gestaltungsfragen nicht getrennt werden, beides gehört zusammen. Das **Vertragsdesign** nimmt sich in rechtlicher Hinsicht folgender Fragen an:

> **Checkliste 5   Fragen des Vertragsdesigns**
> - Wie geht das Vertragsrecht mit **Lücken, Fehlinterpretationen und Missverständnissen** um?
> - Welche **Regeln** für Aufbau, Sprache und Form von Verträgen sind zu beachten?
> - Welche **Arbeitstechniken** bieten sich für den Vertragsentwurf an?
> - Welche **praktischen Hilfsmittel** dienen auch unter rechtlichen Gesichtspunkten der guten Gestaltung eines Vertrages?
> - Wie geht man mit **Musterverträgen** rechtlich richtig um?

1 Regeln für Lücken, Fehlinterpretationen und Missverständnisse

▶ 62 Wie geht das Vertragsrecht mit Lücken, Fehlinterpretationen und Missverständnissen um?

> **Fall 22   Tegernseer Gebräuche!?** Der **Schreinermeister Max Handlos** aus dem Westerwald hat zum ersten Mal beim **Holzhändler Jakob Unholz** in Oberfranken über 32 m³ äußerlich einwandfreies Kiefernholz gekauft. Als Max Handlos wenige Tage nach Lieferung bemängelt, dass 90 % des Holzes von Bläue befallen seien und den Umtausch verlangt, beruft sich **Jakob Unholz** auf den Haftungsausschluss §7 der sog. „Tegernseer Gebräuche". **Frage Gilt dieser Haftungsausschluss, wenn der Max Handlos diese Gebräuche als Ortsunkundiger nicht kannte?** (OLG Koblenz, NJW-RR 1988, 1306)

Im Vertragsrecht existieren **verschiedene Arten von Vorschriften und Auslegungsregeln**, die bei mehrdeutigen, missverständlichen und lückenhaften Vertragsregelungen **weiterhelfen**. Mit Hilfe der **Auslegung** und ihrer Regeln will man feststellen, ob überhaupt eine rechtserhebliche Erklärung vorliegt, und wenn ja mit welchem Inhalt bzw. bei lückenhaftem Inhalt mit welchem mutmaßlichen Inhalt.

> **Checkliste 6   Wie geht man bei Lücken, Fehlinterpretationen und Missverständnissen in Verträgen vor?**
> - **Hilfsvorschriften des Vertragsrechts, sog. Zweifelsvorschriften** suchen und auf den Fall anwenden
> - **Auslegungshilfen** suchen und auf den Fall anwenden
> - **Vorrang des übereinstimmenden Parteiwillens** aus der Vertragsurkunde oder anderswo ableiten
> - **Verbot der Buchstabenauslegung,** so dass fachsprachliche Besonderheiten berücksichtigt werden
> - **Auslegung nach dem Empfängerhorizont,** so dass man sich in den Empfänger bei empfangsbedürftigen Willenserklärungen hineinversetzen kann

1 Regeln für Lücken, Fehlinterpretationen und Missverständnisse

- **Auslegung nach Treu und Glauben,** so dass z. B. örtliche Gebräuche eine Rolle spielen können
- **Ergänzende Vertragsauslegung nach dem hypothetischen Parteiwillen,** so dass offen gebliebene Punkte „weitergedacht" werden können
- **Unklarheiten gehen zu Lasten der vertragsführenden Vertragspartei,** so dass manche Regelungen einschränkend angewandt werden können
- **Fortbestehen des Vertrages ist vorzuziehen,** so dass die gesetzeskonforme Auslegung vorgezogen wird
- **Im Zweifel Verfolgung vernünftiger Ziele und redlicher Absichten,** so dass unklare Regelungen „weitergedacht" werden können
- **Maßstab des Durchschnittsmenschen entscheidend,** so dass nicht auf die Vorstellungen der ganz Intelligenten und auch nicht der Uneinsichtigen geachtet wird

Zum einen gibt es **Vorschriften, die bei Zweifeln** ein bestimmtes Ergebnis vorgeben, das „im Zweifel" vom Gesetzgeber angenommen wird.

> **Beispiele für „Zweifelsvorschriften"** ▶ fehlende vertraglich vereinbarte **Formanforderung** führt zur Nichtigkeit, § 125 S. 2 BGB ▶ fehlender **Vertragsschluss** bei noch offenen Punkten, § 154 Abs. 1 S. 1 BGB ▶ Bei einer fehlenden **Leistungszeitbestimmung** kann der Gläubiger die Leistung nicht eher verlangen, der Schuldner sie aber vorher bewirken, § 271 Abs. 2 BGB.

§ **§ 125 S. 2 BGB Nichtigkeit wegen Formmangels** Der Mangel der durch Rechtsgeschäft bestimmten Form hat im Zweifel gleichfalls Nichtigkeit zur Folge.

§ **§ 154 Abs. 1 S. 1 BGB Offener Einigungsmangel** (1) Solange nicht die Parteien sich über alle Punkte eines Vertrags geeinigt haben, über die nach der Erklärung auch nur einer Partei eine Vereinbarung getroffen werden soll, ist im Zweifel der Vertrag nicht geschlossen.

§ **§ 271 BGB Leistungszeit** (2) Ist eine Zeit bestimmt, so ist im Zweifel anzunehmen, dass der Gläubiger die Leistung nicht vor dieser Zeit verlangen, der Schuldner aber sie vorher bewirken kann.

Fehlen solche Vorschriften oder führen sie nicht weiter, existieren **Vorschriften mit Auslegungshilfen,** so dass eine Einzelfallauslegung unter Berücksichtigung der Verhältnisse im Zeitpunkt des Wirksamwerdens einer Willenserklärung durchzuführen ist:

> **Beispiele für Auslegungshilfen** ▶ Auslegung einer **Willenserklärung** nach dem wirklichen Willen, § 133 BGB ▶ Auslegung von **Verträgen** nach der Verkehrssitte, § 157 BGB ▶ Leistung nach **Treu und Glauben,** § 242 BGB ▶ Auslegung zweifelhafter AGB zu Lasten des Verursachers (**Verwenders**), § 305 c BGB ▶ Nichtigkeit von nicht klaren und nicht verständlichen **AGB,** § 307 Abs. 1 S. 2 BGB ▶ **einseitige Bestimmung** einer Leistung nur nach billigem Ermessen, §§ 315 ff. BGB

§ **§ 133 BGB Auslegung einer Willenserklärung** Bei der Auslegung einer Willenserklärung ist der wirkliche Wille zu erforschen und nicht an dem buchstäblichen Sinne des Ausdrucks zu haften.

§ **§ 157 BGB Auslegung von Verträgen** Verträge sind so auszulegen, wie Treu und Glauben mit Rücksicht auf die Verkehrssitte es erfordern.

§ **§ 242 BGB Leistung nach Treu und Glauben** Der Schuldner ist verpflichtet, die Leistung so zu bewirken, wie Treu und Glauben mit Rücksicht auf die Verkehrssitte es erfordern.

§ **§ 305c Abs. 2 BGB mehrdeutige Klauseln** (2) Zweifel bei der Auslegung Allgemeiner Geschäftsbedingungen gehen zu Lasten des Verwenders.

§ **§ 307 BGB Inhaltskontrolle** (1) Bestimmungen in Allgemeinen Geschäftsbedingungen sind unwirksam, wenn sie den Vertragspartner des Verwenders entgegen den Geboten von Treu und Glauben unangemessen benachteiligen. Eine unangemessene Benachteiligung kann sich auch daraus ergeben, dass die Bestimmung nicht klar und verständlich ist.

Dabei bedient sich das Vertragsrecht unabhängig von den einzelnen Regelungen im Gesetz (die ja z. T. für den Anwender recht nichtssagend sind, z. B. „Treu und Glauben" nach § 242 BGB) **allgemein anerkannter Auslegungsgrundsätze**, deren Kenntnis bei der Gestaltung von Verträgen und der Lösung von Problemen sehr wichtig sind.

Systemgrundsatz 1 Vorrang des übereinstimmenden Parteiwillens Sind sich die Parteien trotz des fehlenden oder unvollständigen Vertragswortlauts einig, was sie wollen, gilt dieser übereinstimmende Wille. Auch irrtümliche oder absichtlich falsch gewählte Bezeichnungen spielen keine Rolle, (BGH NJW 2008, 1658). In der Praxis muss natürlich dieser wirkliche Wille irgendwie bewiesen werden können, so dass Hinweise aus dem Stadium der Vertragsanbahnung bzw. des Vertragstexts eine große Rolle spielen.

Systemgrundsatz 2 Verbot der Buchstabenauslegung Auch wenn § 133 BGB ausdrücklich regelt, dass eben nicht am Buchstaben hängen geblieben werden darf, ist der Vertragstext doch einer der wichtigsten Anhaltspunkte für die Lösung von unklaren Verträgen. Diese Vorschrift darf also nicht als Abwertung des Vertragstextes missverstanden werden. Entscheidend ist der allgemeine Sprachgebrauch, der sich bei Fachtexten auch nach der Fachsprache richten kann.

> **Beispiel für Verbot der Buchstabenauslegung** ▶ Wird in einer Urkunde von einem „Schuld-anerkenntnis" gesprochen, so ist das bei einem Rechtsgelehrten im juristischen Sinne auszulegen und führt zu bindenden Rechtsfolgen (LG Berlin NJW 2005, 993), während bei rechtlich Unkundigen hier noch weitere Umstände hinzutreten müssten.

Systemgrundsatz 3 Auslegung empfangsbedürftiger Willenserklärungen nach dem Empfängerhorizont unter Berücksichtigung der Verkehrssitte Nach ständiger Rechtsprechung werden bei einem unklaren Vertragsangebot oder einer unklaren Vertragsannahme die Umstände zur Auslegung berücksichtigt, die bei Zugang der

1 Regeln für Lücken, Fehlinterpretationen und Missverständnisse

Erklärung dem Empfänger bekannt oder erkennbar waren (BGH NJW 2006, 3777). Es kommt also entscheidend auf den Empfänger an, nicht auf den Absender. Der Empfänger muss aber nach Treu und Glauben alle Umstände berücksichtigen und mit gehöriger Aufmerksamkeit prüfen, was denn nun der Erklärende meinte (BGH NJW 2006, 2284). Hierin liegt ein wichtiger Aspekt für das Vertragsdesign, das sich immer in den Empfänger hineindenken muss, wenn es bestimmte Vertragsklauseln sprachlich eindeutig fassen möchte. Entscheidend ist also der Adressatenkreis, der nicht aus Experten bestehen muss.

Systemgrundsatz 4 Verträge werden nach Treu und Glauben mit Rücksicht auf die Verkehrssitte ausgelegt Ein Vertrag ist dann nach Treu und Glauben ausgelegt worden, wenn im Ergebnis die berechtigten Interessen von beiden Vertragsparteien angemessen Berücksichtigung gefunden haben. Das Ergebnis wird von beiden dann „gebilligt". Zudem muss es mit den Anforderungen des redlichen Geschäftsverkehrs in Einklang zu bringen sein, Palandt/Ellenberger § 133 Rn. 21. Als Verkehrssitte wird von den Gerichten all das akzeptiert, bei dem der sich darauf berufende Vertragspartner auf eine nachgewiesenermaßen tatsächlich herrschende Übung der im Verkehr beteiligten Kreise berufen kann. Das gilt auch dann, wenn einer der Vertragspartner diese Verkehrssitte nicht kannte.

> **Beispiele für Verkehrssitten** ▶ **Schriftformerfordernis**, wenn bestimmte Vertragsregelungen regelmäßig schriftlich geregelt werden (BGH NJW 1994, 659) ▶ **Haftungsausschlüsse** bei **besonderen Liefergegenständen**, wie z. B. Holz (OLG Koblenz, NJW-RR 1988, 1306)

> **Lösung Fall 22** Im Fall der **Tegernseer Gebräuche** wurde vom OLG Koblenz eine **Verkehrssitte** anerkannt, die für die Auslegung des Holzkaufvertrages gemäß § 157 BGB zu beachten ist, auch wenn die Vertragsparteien sie weder ausdrücklich vereinbart hatten noch kannten. Diese Tegernseer Gebräuche gibt es **schon über 100 Jahre** und beruhen in ihrer Entstehung auf den besonderen, naturgegebenen Eigenschaften des Handelsgutes Holz. Diese Gebräuche wurden 1950 schriftlich als „Tegernseer Gebräuche" festgestellt und **von Verbänden akzeptiert**, hinter denen 98 % der Groß- und 80 % der Mittel- und Kleinbetriebe des gesamten Bundesgebietes stehen. Der **Schreinermeister Max Handlos** konnte daher **keine** Rechte geltend machen.

Systemgrundsatz 5 Offen gebliebene Punkte werden durch einen hypothetischen Parteiwillen geschlossen (ergänzende Vertragsauslegung). Nach dieser Auslegungsregel wird der im Vertrag angelegte Regelungsplan der Parteien als Ausgangspunkt genommen und unter Berücksichtigung des hypothetischen Parteiwillens für die Schließung von Regelungslücken verwendet (BGH NJW 1978, 695, BAG NJW 2007, 2348, Palandt/Ellenberger § 157 BGB, Rn. 2 ff.).

> **Beispiele für ergänzende Vertragsauslegung** ▶ Hinweis im Kaufvertrag *„wie besichtigt"* führt grundsätzlich nur zum Ausschluss der Haftung für deutlich erkennbare Mängel (OLG Frankfurt DB 1980, 779) ▶ Für die Gültigkeit von Telefonkarten kann **nachträglich eine Verfallsfrist** festgelegt werden (BGH NJW-RR 2008, 562). ▶ **neue Kostenverteilung**, weil nicht die Gemeinde sondern eine privates Unternehmen die Erschließung eines Grundstücks durchführt (BGH NJW-RR 1987, 458, 2000, 894) ▶ Kein Platz für eine Regelungslücke ist dann gegeben, wenn bei einem Bauvertrag ein Zuschlag geändert wird, was sich auf die Kalkulationsgrundlage des Bieters auswirkt, dabei aber die Ausführungsfristen unverändert bleiben (BGH NJW 2010, 519, Rn. 20). ▶ **Umsatzsteuer** ist in dem genannten Preis enthalten, da sie ein rechtlich unselbständiger Teil des Preises ist, somit kann diese nicht extra nachverlangt werden, sog. Brutto-Preis (BGH NJW 2002, 2312) ▶ Wird in einem Vertrag eine Angabe mit *„circa"* angeführt, sind Abweichungen von 5–10 % nach unten oder oben zulässig (OLG Nürnberg NJW-RR 1995, 1437).

III. Vertragsdesign

Voraussetzung für das Tätigwerden der Juristen ist natürlich immer eine „planwidrige Unvollständigkeit" (BGH 127, 138/42), die gefüllt werden muss, um dem Vertrag seine angemessene und interessengerechte Lösung zuzuführen (BGH NJW-RR 2008, 562). Ob die Lücke nun absichtlich oder versehentlich vorliegt, spielt keine Rolle, sie darf nur nicht nach dem Willen der Parteien bewusst abschließend gewesen sein (OLG Hamm NJW-RR 2004, 298).

Systemgrundsatz 6 Eine Lücke liegt auch nicht vor, **wenn eine fehlende Vertragsregelung durch dispositives Gesetzesrecht geschlossen werden könnte.** Für das Vertrags-Design ist es wichtig zu wissen, dass diese geschilderte ergänzende Vertragsauslegung den hypothetischen Parteiwillen zunächst aus den im Vertrag enthaltenen Regelungen und Wertungen entnehmen muss (BGH NJW 2005, 1421), so dass jede Mühe, die auf klare Regelungen verwendet wird, sich auch hier auszahlen kann. Da die Juristen nicht darauf abstellen, wie die Parteien tatsächlich diese Regelungslücke geschlossen hätten, wenn sie sie rechtzeitig erkannt hätten, kann es zu ganz unerwarteten Ergebnissen kommen.

Vielfach wird auch einfach eine **hälftige Teilung** der durch die Lücke entstehenden Lasten vorgenommen (BGH NJW-RR 2000, 894), so dass die betriebswirtschaftliche Vor-Kalkulation der Vertragsparteien erheblich verändert werden würde. Ihre Grenze findet die ergänzende Vertragsauslegung aber erst dann, wenn sie zu einem nichtigen Vertrag führt, gegen einen erkennbaren Willen der Parteien steht oder den Rahmen des ursprünglichen Vertragsgegenstandes sprengt. Keine ergänzende Vertragsauslegung erfolgt auch dann, wenn sich mehrere Lösungsmöglichkeiten für die Lückenschließung ergeben, aber die Gerichte keine Anhaltspunkte für die eine oder andere Lösung im Vertrag oder aus den Umständen finden (BGH NJW-RR 2005, 1619).

Systemgrundsatz 7 Unklare Vertragsregelungen gehen **im Zweifel zu Lasten der vertragsführenden (zumeist wirtschaftlich bzw. intellektuell überlegenen) Vertragspartei** Die für formularmäßige Vereinbarungen ausdrücklich in § 305 c Abs. 2 BGB geregelte Unklarheitenregel wird bei ungleichen Vertragspartnern als allgemeine Auslegungsregel auch angewendet (OLG Frankfurt OLGZ, 73, 230), scheidet aber wohl bei einzeln verhandelten Abreden aus (BGH VersR 1971, 172). Beim Entwurf von vorgedruckten Allgemeinen Geschäftsbedingungen ist daher auch aus Rechtsgründen auf klare Vertragsregelungen zu achten, will man nicht die Nichtigkeit der Vertragsklausel bei gleichzeitiger Beibehaltung der sonstigen vertraglichen Leistungspflichten riskieren, § 306 Abs. 1 und 2 BGB.

Systemgrundsatz 8 Vertragsregelungen, die die Rechte des Vertragspartners verringern, werden einschränkend ausgelegt. Besonders bei Haftungsausschlussklauseln wurde diese Auslegungsregel oft angewendet, um den um Haftung nachsuchenden Vertragspartner vor der Einschränkung von wesentlichen Rechten zu schützen. In der Vertragspraxis hat daher der Verfasser von Klauseln sehr vorsichtig bei der Abfassung von Freizeichnungs-, Haftungsausschluss- und sonstigen Beschränkungsklauseln vorzugehen (Palandt/Grüneberg, § 276 Rn. 36). Deshalb mutieren diese einschränkenden Vertragsklauseln auch in der heutigen Praxis immer mehr zu langen „Textmonstern", da der benachteiligte Vertragspartner auf alle Ausnahmen und Eventualitäten hingewiesen werden muss, will man die Nichtigkeit der gesamten Klausel vermeiden.

1 Regeln für Lücken, Fehlinterpretationen und Missverständnisse

Das Fortbestehen eines Vertrages ist der Nichtigkeit des Vertrags durch gesetzeskonforme Auslegung vorzuziehen. Bestehen bei der Auslegung mehrere Auslegungsvarianten, wird in der Regel die gewählt, bei der das Rechtsgeschäft erhalten bleibt und keine Nichtigkeit eintritt. Diese Regel gilt aber nicht bei formularmäßigen Vertragsregelungen, sog. **geltungserhaltende Reduktion**, da ansonsten die überlegene Vertragspartei ohne weiteres nichtige Klauseln so lange verwenden würde, bis sie im Streitfalle z. B. durch ein Gericht abgeändert werden. § 306 Abs. 2 und 3 BGB sieht daher die Nichtigkeit einer unangemessenen Klausel und den Ersatz dieser durch gesetzliche Regeln, aber auch bei unzumutbaren Rechtsfolgen die Nichtigkeit des ganzen Vertrages vor, was aber für den Autor von Vertragsregeln schlecht kalkulierbar ist. Rechtsunsicherheit ist die Folge, die nur durch ausgewogenere Vertragsbedingungen vermieden werden kann.

Vertragsparteien verfolgen im Zweifel „vernünftige Ziele und redliche Absichten". Wenn es mehrere Auslegungsalternativen gibt, gehen die Gerichte davon aus, dass die Vertragspartner sich für das Vernünftige entschieden hätten (BGH NJW 1994, 1538, vgl. weitere Nachweise bei Palandt/Ellenberger § 133 Rn. 26). Es wird auch von vernünftigen Vertragspartnern ausgegangen, die rechtserhebliche Regelungen ohne Widersprüche vereinbaren, die im Zweifel die Gesetze einhalten wollen. Beim absichtlichen Entwurf unredlicher Vertragsklauseln kann man sich also nicht darauf verlassen, dass eine gerichtliche Auslegung den evtl. unredlichen Absichten der Verfasser folgt.

Maßstab für die Auslegung vorformulierter und typischer Vertragsklauseln ist die Verständnismöglichkeit eines Durchschnittsmenschen. Werden Vertragsklauseln für eine Vielzahl von Fällen formuliert, kann man nicht darauf vertrauen, dass die eigenen Vorstellungen und besonderen Umstände des Einzelfalls als Maßstab einer Auslegung in Zweifelsfällen herangezogen werden. Hier muss sich der Verfasser im Klaren sein, dass die Gerichte einen objektiven und für alle Anwendungsfälle einheitlichen Maßstab anwenden.

Lücken, Fehlinterpretationen und Missverständnisse – Lösungen des Vertragsrechts

- **Hilfsvorschriften des Vertragsrechts** ○ Vorschriften für den „Zweifelsfall", z. B. § 125 S. 2 BGB ○ Vorschriften mit Auslegungshilfen, z. B. §§ 133, 157 BGB ○ Allgemeine anerkannte Auslegungsregeln wurden von der Rechtsprechung und Rechtslehre entwickelt.
- **Vorrang des übereinstimmenden Parteiwillens**, wenn dieser bewiesen werden kann
- **Verbot der Buchstabenauslegung**, so dass z. B. fachsprachliche Besonderheiten zu berücksichtigen sind
- **Auslegung** empfangsbedürftiger Willenserklärungen **nach dem Empfängerhorizont** unter Berücksichtigung der Verkehrssitte, so dass man sich bei der Vertragsgestaltung in den Empfänger „hineinversetzen" muss
- Verträge werden **nach Treu und Glauben** mit Rücksicht auf die **Verkehrssitte** ausgelegt, so dass örtliche Gebräuche eine Rolle spielen können.
- Offen gebliebene Punkte werden durch einen **hypothetischen Parteiwillen** ergänzt.

- **Unklarheiten** gehen zu Lasten der vertragsführenden Vertragspartei ○ Vertragsregelungen, die die Rechte des Vertragspartners verringern, werden **einschränkend angewandt**.
- Das **Fortbestehen** eines Vertrages ist der Nichtigkeit des Vertrags durch gesetzeskonforme Auslegung **vorzuziehen**.
- Es werden im Zweifel „**vernünftige Ziele und redliche Absichten**" von den Vertragsschließenden verfolgt.
- Maßstab ist der **Durchschnittsmensch**, also nicht die ganz Intelligenten und auch nicht die Uneinsichtigen

2 Regeln für Aufbau, Sprache und Form des Vertrages

▶ **63 Welche Regeln für Aufbau, Sprache und Form von Verträgen sind zu beachten?**

Bei der Beschäftigung mit dem Design eines Vertrages geht es vorrangig um formale Gestaltungsfragen, die aber auch auf den Inhalt des Vertrags „durchschlagen" können. Gesetzliche Vorgaben für Vertragsaufbau, Stil und Struktur existieren vereinzelt.

> **Beispiele** ▶ **Formvorschriften** z. B. für Mietverträge, § 550 BGB ▶ **faktische Mindestinhalte** für Arbeitsverträge durch Anforderungen an einen vom Arbeitgeber auszuhändigenden Nachweis, § 2 NachweisG ▶ **Gestaltung des Sicherungsscheins** für Pauschalreisen gemäß § 651 k BGB i. V. m. § 9 BGB-Informationspflichten-Verordnung (BGB-InfoV)

Letztlich müssen sich solche Vorgaben immer am Grundsatz der Vertragsfreiheit messen lassen, wonach größtmögliche Freiheit für die Verträge auch in dieser formalen Hinsicht herrschen soll. Selbst wenn man also keine Formvorschriften einhält, sind die getroffenen Vereinbarungen aufgrund des Grundsatzes der Formfreiheit rechtlich wirksam, z. B. wenn es um formlose Briefwechsel geht, in denen bestimmte Vereinbarungen getroffen werden. Struktur- und formlose Verträge führen aber leicht zu Lücken, Fehlinterpretationen und Missverständnissen, so dass man zumindest bestimmte **Regeln für Aufbau, Sprache und Form von Verträgen** beachten sollte.

- **1 Beginn des Vertrages**: ▶ Welche aussagekräftige und rechtlich richtige Überschrift soll der Vertrag haben? ▶ Soll eine **Präambel bzw. Vorbemerkung** mit aufgenommen werden? Rechtlich dienen diese Angaben alle als wichtige Auslegungshilfen im Rahmen der Vorschriften §§ 133, 157 BGB ▶ Werden die Vertragsparteien jedes Mal ausdrücklich erwähnt oder nennt man sie nur in der Parteistellung, z. B. „der Verkäufer … die Käuferin …"

> **Muster 13: Präambel eines Unternehmenskaufvertrags**
> Herr A, 67 Jahre alt, ist seit mehreren Jahrzehnten Inhaber der Firma A, Schreinerei, und führt diese Firma als Alleininhaber. Herr A beabsichtigt sich allmählich aus dem aktiven Arbeitsleben zurück-zuziehen und war auf der Suche nach einem Nachfolger. Der Nachfolger soll die Firma in einer anderen Rechtsform weiterführen. Herr B möchte eine Firma gründen, wobei er den bisherigen Betrieb des Herrn A in die GmbH i. G. (in Gründung) integrieren will und den Einzelbetrieb unter der neuen

Rechtsform weiterführen will. Da Herr B bisher nicht aus der Branche kommt, ist er auf eine umfassende Einarbeitung und Einführung durch den bisherigen Alleininhaber Herrn A angewiesen. Bei der Einzelfirma A, Schreinerei, handelt es sich um ein stark personenbezogenes Geschäft, das auf die Person des Inhabers abgestimmt war und dadurch die bekannten Betriebsergebnisse erwirtschaftet hat. Die Mitarbeit des Herrn A ist daher zur Einführung des Herrn B für einen Zeitraum von 3 Jahren vorgesehen. In dieser Zeit wird ihm die Weitergabe der geschäftswichtigen Belange, das Know-how von Herrn A vermittelt. Dieser Zeitraum wird auch bei der Bemessung des Unternehmenswertes zugrundegelegt. Die Einführungs- und Beratungsleistungen des Herrn A sind dabei stets persönlich zu erbringen.

- **2 Untergliederungen und Absätze:** ▶ Sind Untergliederungen im Vertragstext vorgenommen worden? ▶ Welche Gliederungspunkte werden inhaltlich aufgenommen? ▶ Wie werden die Gliederungspunkte bezeichnet? als Paragrafen, mit Nummern, Buchstaben etc. ▶ Wurde auf Einheitlichkeit bei den Untergliederungen geachtet? ▶ Werden rechtlich sinnvolle Absätze gemacht? Wann ein Absatz sinnvoll ist, kann z. B. dadurch herausgefunden werden, dass man sich eine Überschrift dazu denkt bzw. evtl. sogar über den Absatz schreibt. Rechtliche Bedeutung erlangen übersichtliche Klauseln z. B. besonders dann, wenn der Vertragspartner auf bestimmte Klauseln besonders hingewiesen werden muss, um keine versteckten bzw. überraschenden Klauseln zu entwerfen, die nur wegen der Unübersichtlichkeit nicht Vertragsbestandteil wären, § 305 c Abs. 1 BGB.

§ **§ 305 c Abs. 1 BGB überraschende Klauseln** (1) Bestimmungen in Allgemeinen Geschäftsbedingungen, die nach den Umständen, insbesondere nach dem äußeren Erscheinungsbild des Vertrags, so ungewöhnlich sind, dass der Vertragspartner des Verwenders mit ihnen nicht zu rechnen braucht, werden **nicht Vertragsbestandteil.**

- **3 Reduzierung von Wiederholungen:** ▶ Ist der Aufbau so gewählt, dass es nicht zu unnötigen Wiederholungen kommt? Sollten Wiederholungen dem Verständnis dienen, kann ausnahmsweise eine Wiederholung angemessen sein. Auch ist in anderen Ländern die Wiederholung ein wichtiges Stilmittel, um eine notwendige Verstärkung eines Punktes zu verdeutlichen, z. B. in Großbritannien, USA.
- **4 Modularer Aufbau in einer Urkunde mit Anlagen:** ▶ Besteht der Vertrag aus Modulen? z. B. orientieren sich Verträge oft an sechs Hauptmodulen = Grundlagen, Leistungsinhalt, Sicherung der Leistungen, Vertragsdurchführung, allgemeine Bestimmungen und Anlagen. ▶ Wurden Vertragstext und Anlagen getrennt? ▶ Wurde versucht, den Vertrag trotz gewisser Komplexität in einer Vertragsurkunde abzufassen? Wenn natürlich aus taktischen Gründen, z. B. Geheimhaltungsgründen, mehrere Urkunden verwendet werden, gilt diese Regel nicht.
- **5 Wahl der richtigen Fachsprache:** ▶ Welche Sprache klingt im Vertrag an? ▶ Wird diese möglichst konsistent durchgehalten? Im Allgemeinen unterscheidet man verschiedenen Sprachebenen, wie die allgemeine Umgangssprache, technische, kaufmännische oder juristische Fachsprache, Fremdsprache, etc. ▶ Wird eine einfache Sprache verwendet? Kurz, eindeutig, treffend, aktiv statt passiven Sprachstils? ▶ Führt der Sprachstil zu mehr Übersichtlichkeit? ▶ Wird eine anschauliche Sprache verwendet? Verwendung von Beispielen, Kommentaren, etc. ▶ Sollen Abkürzungen verwendet werden? ▶ Werden grammatikalische Regeln einge-

halten? Vermeidung von Fehlern bei Orthographie, Interpunktion, syntaktischen Bezügen ▶ Werden für die gleichen Gegenstände die gleichen Begriffe verwendet? ▶ Werden zusammenhängende Fragen auch zusammenhängend behandelt?
- **6 Verwendung eines qualitativ hoch stehenden Sprachstils:** ▶ Wird aus taktischen Gründen ein bestimmter Sprachstil verwendet? **Absichtlich unklare** Formulierungen sollen Risiken verstecken, Verwendung von Fachbegriffen, um Kompetenz vorzuspiegeln, Einfügung von nicht definierten Begriffen, z. B. frustrierter Aufwand, Mangelfolgeschaden, freier Mitarbeiter, Kundenschutz schafft (beabsichtigte) Rechtsunsicherheit ▶ Wird ein **neutraler** Vertragsstil verwendet? z. B. indem keine taktisch bedingten Begriffe, wenig Fachsprache, neutrale Ansprache der Vertragspartner (z. B. Käufer, Verkäufer) verwendet werden, zudem der Versuch gemacht wird, die **Interessengegensätze** der Parteien so ausgewogen wie möglich herauszuarbeiten, Probleme werden klar und konkret angesprochen, jede Partei findet ihre Interessen im Vertrag zumindest in der einen oder anderen Weise wieder, Begriffe werden einheitlich verwendet, Auslegungshilfen sind enthalten ▶ **Persönlicher** Stil? Vertragspartner mit Namen angesprochen, vertraute Begriffe verwendet, (nicht unbedingt der fachlich richtige Begriff, aber der bekannte) ▶ Herrscht im Vertrag ein **konstruktiver** Vertragsstil vor oder bedient sich der Vertragsverfasser eines **destruktiven** Sprachstils? Befehlston (z. B. „Der Käufer hat die Ware innerhalb von 24 Stunden abzuholen."), Machtpositionen werden betont, Fachbegriffe auch bei nicht kundigem Vertragspartner

> Im Fall der **Tegernseer Gebräuche** hätte es dem **Schreinermeister Max Handlos** rechtlich sehr geholfen, wenn er in einer Anlage die „Tegernseer Gebräuche" vorgefunden hätte. Dann hätte er sich über die näheren Vertragsbedingungen besser erkundigen können.
> Auch die **Kenntnis der wichtigsten Fachbegriffe** (hier „Tegernseer Gebräuche") wäre für ihn sehr wertvoll gewesen.

👁 Regeln für Aufbau, Sprache und Form von Verträgen

- **Beginn des Vertrages** ○ aussagekräftige und rechtlich richtige Überschrift ○ für die Auslegung hilfreiche Vorbemerkung (Präambel) ○ Bezeichnung der Parteien
- **Untergliederungen und Absätze** ○ Bezeichnung und Aufmachung der Gliederungspunkte, z. B. als Paragrafen, Nummern, Buchstaben ○ rechtlich sinnvolle Absätze, so dass keine unwirksame überraschende Klausel vorliegt, § 305 c Abs. 1 BGB
- **Reduzierung von Wiederholungen** ○ Aufbau soll unnötige Wiederholungen vermeiden ○ Wiederholungen aus Gründen des Verständnisses und als Stilmittel möglich
- **Modularer Aufbau in einer Urkunde mit Anlagen** ○ sechs Hauptmodule, z. B. Grundlagen, Leistungsinhalt, Sicherung der Leistungen, Vertragsdurchführung, allgemeine Bestimmungen, Anlagen ○ Anzahl der Vertragsurkunden und -seiten taktisch abklären
- **Wahl der richtigen Fachsprache** ○ unterschiedliche Sprachebenen, wie z. B. umgangssprachlich, technisch, kaufmännisch, juristisch ○ übersichtlicher Sprachstil ○ anschauliche Sprache ○ Verwendung von Abkürzungen ○ Rechtschreibkontrolle ○ einheitliche Verwendung von Begriffen

- Verwendung eines qualitativ hoch stehenden Sprachstils ○ taktische Wahl eines Sprachstils, z. B. Arbeiten mit absichtlich unklaren oder mit ausgewogenen Formulierungen ○ Vertragsstil ist neutral, persönlich konstruktiv oder destruktiv

3 Praktische Hilfsmittel

▷ **64 Welche Arbeitstechniken und praktischen Hilfsmittel dienen auch unter rechtlichen Gesichtspunkten der guten Gestaltung eines Vertrages?**

Wie bereits erwähnt, bedient man sich bei der arbeitstechnischen Gestaltung von Verträgen üblicherweise bestimmter Hilfsmittel und Werkzeuge.

- **1 Checklisten** Diese findet man in zahlreichen Publikationen der Literatur und des Internets. Checklisten haben gegenüber fertigen Vertragsmustern den Vorteil, dass sie „mitwachsen" können, d. h. bei jedem neuen Vertrag können neue Erfahrungen in Form von Fragen mit aufgenommen werden.
- **2 Eigene Vertragssammlungen** Verträge, bei denen man selbst mitgearbeitet hat bzw. die man von anderen erhalten hat, sollten aufbewahrt, archiviert und damit zur eigenen Wissens- und Erfahrungserweiterung genutzt werden. Manchmal ist auch der Vertragsentwurf von der Gegenseite so gut, dass er in Parallelprojekten sofort weitere Verwendung finden kann.
- **3 Literatur** Auch in der Literatur gibt es immer wieder Hinweise zu Vertragsklauseln, die in bestimmten Fällen zu empfehlen sind. Gerade in sehr spezialisierten Bereichen, wie z. B. Baubereich, Speditionsgewerbe, können aus dieser Spezialliteratur wertvolle Hinweise für die Vertragsgestaltung abgeleitet werden. Welche Werke es gibt, ist über Verbraucherschutzbehörden, Interessengruppen (z. B. Arbeitgeber- oder Arbeitnehmerverbände) oder Anwälte in Erfahrung zu bringen.
- **4 Rechtsprechung** Urteile beschäftigen sich regelmäßig mit konkreten Vertragsklauseln, die dann für nichtig bzw. mit den Gesetzen vereinbar erklärt werden. So gibt es Zusammenstellungen über unwirksame Klauseln, die es in der Vertragsgestaltung zu vermeiden gilt. Manchmal finden sich sogar in Presseberichten der Gerichte wertvolle Hinweise über Entscheidungen, die demnächst zur Veröffentlichung anstehen und die bereits in eine Vertragsgestaltung einfließen können.
- **5 Datenbanken** In Datenbanken finden sich Informationen, die für Vertragsentwürfe verwendet werden können, wie z. B. Preisindizes für Preisgleitklauseln aber auch bevorstehende Gesetzgebungsvorhaben für z. B. Anpassungsklauseln.
- **6 Softwareprogramme** Mit Hilfe von Vertragsmanagement Software soll eine Automatisierung und Optimierung des Vertragswesens erreicht werden. Oftmals decken die Programme alle wichtigen Bereiche wie z. B. Vertragsarchivierung, Vertragsverwaltung und Vertragscontrolling ab. Dadurch werden z. B. Zeiten für die Suche von Verträgen und auch Mehrfacharbeiten vermieden, Vertragsverhandlungen optimiert. Die Problematik der Software-Datenbanken ist oft, das gewünschte Produkt schnell und sicher zu finden. Hier können bestimmte kostenpflichtige professionelle Managementsysteme helfen, die einen entsprechenden „Pfad" anlegen, auf dem man dann zu seinem Vertragsmuster geführt wird.

- **7 Vertragsmuster** Vertragsmuster sind in Formularbüchern und auch im Internet hinreichend vorhanden, haben aber Nachteile wie noch zu erläutern sein wird. Hauptproblem von Mustern allgemein ist, dass es selten „neutrale" und ausgewogene Vertragsmuster gibt, sondern jeder Vertrag immer die Perspektive einer der beiden Vertragspartner einnimmt („Stallgeruch"). Kostenfreie Internetseiten: Portale der Industrie- und Handelskammern (z. B. http://www.frankfurt-main.ihk.de > Recht und Steuern > Musterverträge), Handwerkskammer für München und Oberbayern (http://www.hwk-muenchen.de > Beratung > Formulare + Downloads > Musterverträge für die geschäftliche Praxis)

> Im Fall der **Tegernseer Gebräuche** kann man dem **Schreinermeister Max Handlos** nur für die Zukunft eine Verbesserung seiner Arbeitstechniken empfehlen. Er sollte sich eine **eigene Checkliste** erarbeiten, in der u. a. nach den vor Ort geltenden Gebräuchen gefragt wird.

Praktische Hilfsmittel

- **Checklisten** ○ können mit jedem Fall weiter „wachsen"
- **Eigene Vertragssammlungen** ○ Sammlung von selbst erarbeiteten oder von anderer Seite erhaltenen Mustern ○ auch: Vertragsentwürfe der Gegenseite aufbewahren für Parallelprojekte
- **Literatur** ○ für bestimmte Bereiche spezialisierte Werke erwerben
- **Rechtsprechung** ○ enthalten Hinweise für konkret unzulässige Vertragsklauseln
- **Datenbanken** ○ Informationen für Vertragsentwürfe, z. B. Preisindizes für Preisgleitklauseln
- **Softwareprogramme** ○ Managementsysteme können ebenfalls Muster mit Vertragsklauseln enthalten
- **Vertragsmuster** ○ enthalten in Formularbüchern ○ Internetseiten bieten kostenpflichtige Muster an ○ Interessengruppen bieten Muster an, die aber dann aus einer bestimmten Perspektive geschrieben sein können („Stallgeruch")

4 Musterverträge

▷ 65 Wie geht man mit Musterverträgen rechtlich richtig um?

> **Fall 23** (K)ein Muster für alle Fälle?! Der **Unternehmer Ulli Urig** versteht die vielen Bemühungen um den richtigen Vertrag nicht. Urig verwendet seit Jahren immer Musterverträge, die er sich aus dem Internet für wenig Geld herunter lädt, ob für Kaufverträge, Mietverträge oder Arbeitsverträge. Sein **Anwalt Albert Achtung** will ihn davon überzeugen, dass diese Vorgehensweise rechtlich und letztlich auch betriebswirtschaftlich nicht ratsam ist. **Frage Welche Argumente sprechen für und welche gegen Musterverträge?**

Musterverträge sind u. a. aus folgenden Gründen so **beliebt**:

- **1 Struktur** Musterverträge geben bereits eine **gewisse** Systematik und Struktur vor, so dass man sie als Anhaltspunkt für eigene Vertragsverhandlungen heranziehen kann.
- **2 Rationalität** Gut ausgearbeitete und verwaltete Musterverträge ermöglichen bei unproblematischen Massengeschäften **rationelles Arbeiten**. Man hat praktisch immer einen Vertrag in der Schublade, mit dem man den Vertragspartner sofort binden kann.
- **3 Einheitlichkeit** Für die Verwendung von Musterverträgen spricht auch, dass Geschäftsbeziehungen in rechtlicher Sicht **vereinheitlicht** werden. Ein Unternehmer muss sich nicht bei Auftreten von Problemen erst vergewissern, was in dem jeweiligen Vertrag damals mit einem bestimmten Vertragspartner vereinbart wurde. So kann es z. B. günstig sein, gleiche Kündigungsfristen, Vertragslaufzeiten, Schadensersatzregelungen etc. zu haben.

Bei der Verwendung von Musterverträgen sind folgende **Nachteile** zu beachten:

- **1 Nur Orientierungs- und Formulierungshilfen** Jeder Mustervertrag bildet eine bestimmte Situation ab, die das Ergebnis von Verhandlungen zwischen den Vertragspartnern ist. Diese Einigung kann aber nicht ohne weiteres auf andere Interessenlagen übertragen werden. Musterverträge sind **nur als Orientierungs- und Formulierungshilfe** zu verstehen. Sie sind auf den Regelfall zugeschnitten und können besondere Umstände des Einzelfalles nicht berücksichtigen. Streng genommen sind sie daher nicht 1:1 für die Belange der Praxis einsetzbar.
- **2 Geringe Haftung** Eine **Haftung** für den Inhalt von Musterverträgen wird (mit Ausnahme von Fällen von grober Fahrlässigkeit oder Vorsatz) von den Verkäufern bzw. Portalbetreibern **regelmäßig nicht übernommen**. Schäden, die aus der Verwendung fehlerhafter oder nachteiliger Vertragsformulierungen entstehen, können daher selten beim Autor des Mustervertrags geltend gemacht werden. Dagegen haben Verträge, die aus der Hand z. B. eines Rechtsanwalts stammen, eine gewisse Haftungsmasse im Hintergrund (nicht zuletzt durch die zwingend vorgeschriebene Berufshaftpflichtversicherung des Rechtsanwalts).
- **3 „Stallgeruch"** Die Verfasser von Verträgen bringen in vielen Fällen ihre eigene Sicht der Dinge mit in den Vertrag ein, so dass ein Kaufvertragsmuster herausgegeben z. B. vom Fachverband des deutschen Kraftfahrzeuggewerbes (ZDK e.V.) eher die Interessen der Autoverkäufer durch entsprechende Klauseln vertritt, sog. verkäuferfreundliche Klauseln. Der Vertrag hat somit eine Art **„Stallgeruch"** der Verkäuferseite. Bei der Verwendung von Musterverträgen sollte man sich daher vergewissern, **aus welcher Feder** der Vertrag kommt und ob man dieser Seite angehört. Außerdem ist es nicht unüblich, dass Unternehmen Einkaufs-Bedingungen für ihre Einkaufsabteilungen haben und Verkaufs-Bedingungen für die Vertriebsabteilung mit jeweils gegensätzlichen vertraglichen Regelungen, um die eigenen Interessen größtmöglich zu schützen.
- **4 Blockierung eigener Gedanken** Musterverträge können Vertragspartner davon abhalten, sich **eigene Gedanken über die Lösung** bestimmter Probleme zu machen. Besser ist daher immer, Checklisten zu befolgen, die Abfolgen von Fragen beinhalten, die man sich selbst stellen und beantworten muss, um eine Lösung für eine vertragliche Regelung zu erhalten.
- **5 Falsche Sicherheit** Musterverträge können die Beteiligten **in Sicherheit wiegen**, dass man schon alles bedacht und geregelt habe.

- **6 Schwierigere Anpassung** Musterverträge bedienen sich meistens einer eigenen Fachsprache, die vom Anfang bis zum Ende beibehalten wird. Eingriffe in die Verträge durch die Vertragsparteien können zu sprachlichen Unklarheiten führen, die Verträge sind nicht mehr aus „einem Guss", das Gesamtgefüge kann gestört sein. Soweit die Autoren von Musterverträgen überhaupt eine Haftung übernehmen, geht diese letztlich völlig verloren, wenn der Verwender eigene **Anpassungen** im Vertragstext vornimmt.

> **Lösung Fall 23** Im **Fall** muss **abgewogen** werden, wie hoch für den Unternehmer Ulli Urig das **Risiko von Rechtstreitigkeiten**, gar eines verlorenen Rechtsstreits in der Praxis ist. Musterverträge können die individuelle Vertragssituation nie genau abbilden, verhindern außerdem die genaue Auseinandersetzung mit den zu regelnden Sachverhalten.
>
> Trotzdem darf nicht übersehen werden, dass die Verwendung von nicht passenden Musterverträgen genauso häufig ist, wie die Verwendung von wissentlich rechtswidrigen Vertragsklauseln. So kann es vorkommen, dass ein **wirtschaftlich überlegener Vertragspartner** seinen Vertragsgegnern absichtlich rechtswidrige Vertragsklauseln auferlegt, da ein Streitfall faktisch von der anderen Seite finanziell nicht durchgehalten bzw. anderweitig verhindert werden könnte.
>
> Aus der Sicht eines gut geführten Unternehmens ist aber klar festzuhalten, dass die Verwendung ordnungsgemäßer Verträge gewissermaßen auch als eine **Art „gute Visitenkarte"** des Unternehmens anzusehen ist. Nur die tiefgehende Beschäftigung mit den tatsächlich benötigten Vertragsklauseln kann eine beiderseits faire und dauerhafte Vertragsbeziehung sicherstellen.

> **Vor- und Nachteile von Musterverträgen**
>
> - **Vorteile** ○ **strukturgebend** ○ bei unproblematischen Massengeschäften **rationelleres Arbeiten** ○ Geschäftsbeziehungen werden in rechtlicher Sicht **vereinheitlicht**
> - **Nachteile** ○ nur Orientierungs- und Formulierungshilfen ○ **geringe Haftung bei fehlerhaften oder nicht passenden Formulierungen** ○ „Stallgeruch" durch einseitig bevorzugende Klauselinhalte ○ blockieren eigene Gedanken ○ wiegen in falscher Sicherheit ○ schwierigere Anpassung, **da Eingriffe das Gesamtgefüge stören**
> - **Abwägung erforderlich** ○ **Wie hoch ist das Risiko** von Rechtstreitigkeiten? ○ Wird die **Auseinandersetzung** mit den zu regelnden Sachverhalten durch Muster verhindert? ○ Führt die wirtschaftlich überlegene Vertragspartei wissentlich rechtswidrige Vertragsklauseln ein? ○ Sollen ordnungsgemäße Verträge gewissermaßen als Art „gute Visitenkarte" des Unternehmens verwendet werden? ○ Sollen die Vertragsmuster eine Basis für beidseits faire und dauerhafte Vertragsbeziehungen sein?

IV. Vertragsverhandlungen

▶ **66 Welche rechtlichen Fragen stellen sich im Rahmen von Vertragsverhandlungen?**

> **Fall 24 Wie verhandelt man richtig? Hollywood macht es vor!** In dem berühmten Film „Wall Street" hat der **Aktienbroker Bud** im Auftrag des „**Börsenhais**" **Gordon** die Pläne des finanziell überlegenen **Konkurrenten Larry** herausbekommen, der die marode Stahlfirma Anacott Steel aufkaufen will. Gordon kauft daraufhin ein größeres Aktienpaket und will es mit großem Gewinn an Larry weiterverkaufen. Larry ruft Gordon an, und drängt auf einen kurzfristig vereinbarten Termin in Gordons Haus, wo gerade eine Party gefeiert wird.
> **Bis zum Eintreffen** macht sich Gordon Gedanken über seine Chancen und Risiken.
> Schließlich kommt es zur Verhandlung über den Verkauf des Aktienpakets an den Konkurrenten Larry, das dieser dringend benötigt. **Larry kommt in Begleitung eines Beraters**, Gordon begrüßt überschwänglich den kühlen Konkurrenten und gemeinsam mit Bud zieht man sich in das von Gordon mit einer großen Waffensammlung ausgestattete Arbeitszimmer zurück.
> Dort versucht Larry Gordon **ins Gewissen zu reden**, da mit der Sanierung viele Arbeitsplätze gesichert werden können – ohne Erfolg. Es werden Beleidigungen ausgetauscht.
> Verkäufer Gordon hält Larrys Angebot (65 Dollar) für zu niedrig, befragt Bud (der 80 Dollar als angemessen angibt), Gordon will 72 Dollar, die **Verhandlungen drohen zu scheitern**, Gordon will aus dem Raum gehen. Käufer Larry bietet 71 Dollar, Gordon will 71,50 Dollar, die von Larry zähneknirschend akzeptiert werden. Larry **geht grußlos**.
> In einer **Nachbesprechung** gehen Gordon und Bud nochmals die aus ihrer Sicht gelungene Verhandlung durch. **Fragen Welche verschiedenen Phasen der Verhandlung sind festzustellen? Welche unterschiedlichen Verhandlungsstile sind ersichtlich? Welche typischen Fehler werden gemacht?** (Beispiel von Agnes Kunkel, Verhandeln nach Drehbuch)

Im Rahmen von Vertragsverhandlungen stellen sich folgende Fragen mit rechtlich relevanten Bezügen:

> **Checkliste 7 Rechtliche Fragen der Verhandlungsphase**
> - **Verhandlungsphasen**: Welche Verhandlungsphasen kann man regelmäßig beobachten?
> - **Verhandlungsstil**: Welche **Verhandlungsstile** werden unterschieden?
> - **Rechtliche Berührungspunkte**: Welche rechtliche Bedeutung haben unterschiedliche Verhandlungsstile?
> - **Taktische und rechtliche Fehler**: Welche taktischen aber auch rechtlichen **Fehler** sind bei Verhandlungen zu vermeiden?

Bei der Planung und Durchführung von Vertragsverhandlungen sind Grundkenntnisse über die regelmäßig anfallenden Verhandlungsphasen und möglichen Verhandlungsstile von **großer Bedeutung** für rechtmäßige Verträge. Der vorvertragliche Bereich wird durch §311 Abs. 2 BGB direkt erfasst und ist damit ebenso wie die Abwicklung des Vertrags sehr „verrechtlicht".

IV. Vertragsverhandlungen

▶ 67 Welche sieben Phasen einer Verhandlung unterscheidet man regelmäßig?

Allgemein unterscheidet man die folgenden Phasen einer Verhandlung, in denen besonders wiederum auch rechtliche Aspekte eine Rolle spielen könnten:

- 1. Phase: Vorbereitung ▶ Welche Verhandlungsleitlinien sollen gelten? ▶ Wie findet man den besten Einstieg in das Thema? ▶ Welche Informationen liegen vor? ▶ Welche Alternativen gibt es zu der bevorstehenden Verhandlung? ▶ Welche Sichtweise hat die andere Seite? ▶ Aus welchen Motiven handelt die andere Seite? ▶ Welche emotionale Distanz haben die Beteiligten zur Verhandlung?
- 2. Phase: Begrüßung ▶ Der „erste Eindruck" zählt viel! ▶ Wer übernimmt die Führung in der neuen Gruppe? ▶ Welche Spielregeln sollen gelten?
- 3. Phase: Informationsaustausch ▶ achtsames Sich-vorwärts-Tasten ▶ Entscheidung: Abbrechen oder weiter verhandeln? ▶ emotionale Appelle werden ausgesandt ▶ Wechsel der Verhandlungsstile von weich zu hart oder umgekehrt
- 4. Phase: Verhandeln im engeren Sinne ▶ Austausch von Angeboten und Forderungen ▶ geschickt nachgeben, statt auf Details zu beharren ▶ klassische Verhandlungsspiele, wie z.B. „Hoch eröffnen, langsam nachgeben", Abbruchdrohungen, kurzfristiges Verlassen des Verhandlungsortes, „Walkout", Setzen von Fristen und Ultimaten, „knabbern lassen"
- 5. Phase: Einigung ▶ freiwillige und wechselseitige Einigung auf die Vertragsbestandteile
- 6. Phase: Abschied ▶ wichtig für den emotionalen Gesamteindruck
- 7. Phase: Nachbereitung ▶ Was hat funktioniert, was nicht? ▶ Was könnte verbessert werden? ▶ Was ist als nächstes organisatorisch zu veranlassen?

▶ 68 Welche Verhandlungsstile gibt es?

Auf die Frage, welcher Verhandlungsstil am ehesten zum betriebswirtschaftlichen und rechtlichen Erfolg führt, kann es keine einheitliche Antwort geben. Möglich ist hier jedoch eine Sensibilisierung für verschiedene Verhandlungsstile zu gewinnen, so dass der informierte Verhandlungspartner je nach Einzelfall aus verschiedenen Stilen sich bedienen kann, um seine Ziele bestmöglich zu erreichen. Dem Verhandlungsstil kommt eine **große Bedeutung** auch deshalb zu, da das Unterbewusstsein bei Verhandlungen immer mitspielt. Die „Verpackung" der Tatsachen ist daher für den Verhandlungserfolg ebenso mitentscheidend, wie der transportierte rechtliche Inhalt. Nicht nur mit Hilfe des gesprochenen Wortes wird der Verhandlungsstil geprägt, sondern auch mittels

- Körpersprache
- Aufbereitung von Informationen
- Aufzeigen von Emotionen, Mitgefühl, etc.

In der Literatur werden hier unterschiedliche Stilformen unterschieden und beschrieben, die sich zum Teil überschneiden (vgl. näher dazu Heussen, Vertragsgestaltung und Vertragsmanagement, S. 219).

Beispiele für konkrete Reaktionsmöglichkeiten, wenn z. B. von der anderen Vertragspartei bestimmte Fakten vorgelegt werden, die die Verhandlungsposition stören, könnte man wie folgend verhandeln ▶ **tatsachenorientiert** „Unsere Fakten, die vorliegend wichtig sind, befinden sich in der Anlage…" ▶ **emotional** „Fakten können die tatsächlich wichtigen Umstände gar nicht darstellen" ▶ **pessimistisch** „Die ▶ von Ihnen vorgelegten Fakten sind sowieso falsch zusammengestellt" ▶ **optimistisch** „Selbst wenn unsere Fakten falsch zusammengestellt worden sind, kann man daraus noch folgende Schlüsse ziehen: …" ▶ **kreativ** „Ich möchte Ihnen mal eine ganz andere Lösung vorschlagen, bei der man die vorliegenden Fakten vernachlässigen kann: …" ▶ **kontrollierend** „Ohne eine genaue Kontrolle der Fakten brauchen wir gar nicht weiterzuverhandeln."

Darüber hinaus können bei den Verhandlungen auch **verschiedene Richtungen** eingeschlagen werden:

- **1 ergebnisorientierter Stil** ▶ eigene Interessen werden verdeutlicht ▶ Interessen des Vertragspartners werden erforscht ▶ Gefühle werden geäußert und interpretiert ▶ berechtigte Argumente werden unterstützt, auch wenn sie von der Gegenseite stammen ▶ unbrauchbare Argumente werden verworfen ▶ auch die eigenen Gemeinsamkeiten werden aufgespürt ▶ Unterschiede werden offen überbrückt ▶ Kontroversen werden kreativ genutzt ▶ gegenseitiger Respekt und Fairness werden demonstriert ▶ unfaire Verhandlungspraktiken werden abgewehrt
- **2 neutraler Stil** ▶ beide Parteien bemühen sich um Verhaltensweisen, die zu einem bestimmten Arbeitsergebnis führen ▶ Austausch und Bewertung von Argumenten stehen im Vordergrund ▶ unfaire Argumentationen werden vermieden ▶ eigene Position wird immer wieder objektiv hinterfragt ▶ neutraler Stil stellt fest
- **3 destruktiver Stil** ▶ überlegene Positionen werden gegenüber unterlegenen Vertragspartnern ausgespielt ▶ unhöfliche und arrogante Gesprächsführung ▶ scheinheilige, heuchlerische und verlogene Kommunikation ▶ destruktiver Stil fordert, z. B. Zugeständnisse
- **4 konstruktiver Stil** ▶ Nutzung aller Stilelemente, die dem Ergebnis der Verhandlung dienen können ▶ sachliches und optimistisches Verhalten ▶ evtl. auch kritisches Nachfragen ▶ erforderliche Kontrollen von behaupteten Fakten durchführen ▶ selbstbewusste Ablehnung unfairer Zumutungen ▶ mehr Nähe als Distanz ▶ Informationen, nicht Emotionen im Vordergrund ▶ nicht die Darstellung der eigenen Position vorrangig gewünscht, sondern das angestrebte Verhandlungsergebnis ▶ konstruktiver Stil fragt nach

IV. Vertragsverhandlungen

▶ **69 Welche rechtlichen Regeln sind bei den gezeigten Verhandlungsphasen und – stilen zu beachten?**

Verhandlungen finden nicht im „rechtsfreien" Raum statt, sondern haben folgende rechtliche Grenzen zu beachten:

Die Vorenthaltung von verpflichtenden Informationen kann in den Bereich der arglistigen Täuschung fallen. Zu sehr auf Vertuschungstaktik basierende Verhandlungsstile werden bald in den Bereich der arglistigen Täuschung vordringen, § 123 Abs. 1 Alt. 1 BGB. Dieses kann zum einen Nichtigkeit des ganzen Vertrags nach sich ziehen, aber auch strafrechtliche Folgen nach § 263 StGB wegen Betrugs haben.

Verhandlungsstile dürfen nicht mit Mitteln der widerrechtlichen Drohungen durchgeführt werden. Wird der Vertragspartner in der Verhandlungsphase zu sehr unter Druck gesetzt, kann eine widerrechtliche Drohung nach § 123 Abs. 1 Alt. 2 BGB vorliegen, die ebenfalls zur Nichtigkeit des gesamten Vertrages führen kann.

Vergleiche zum Ganzen später unter dem Begriff Anfechtung.

> **Lösung Fall 24** Im **Fall** des Hollywood-Films sind alle **Verhandlungsphasen** deutlich zu finden, vom Anruf des Konkurrenten über die Begrüßungszene im Eingangsbereich, das Zeigen der Waffensammlung durch Gordon, dann der Eintritt in die konkrete Verhandlung über das Aktienpaket, Abbruchdrohungen mit Ansetzen zum Hinausgehen aus dem Verhandlungsraum, Fristen setzen, feilschen um Cents, ein etwas abrupter Abschied und die Nachbereitung durch Besprechung des Erfolgs.
>
> Die **Verhandlungsstile** wechseln von ergebnisorientierten Phasen über destruktive und emotionale Teile, z. B. wenn die Mutter oder eine Auszeichnung des Konkurrenten in unsachlicher Art und Weise mit die Diskussion gebracht wird.
>
> **Rechtlich gesehen** droht der Käufer Larry dem Gordon, ihn „fertig machen" zu können, wenn er nicht verkauft, so dass hier eine deutliche **widerrechtliche Drohung** vorliegt, da Vertragsfreiheit herrscht und der Eigentümer der Aktien, Gordon, nicht verkaufen muss.

Vertragsverhandlung

- **Sieben Phasen einer Verhandlung** ○ 1. Vorbereitung ○ 2. Begrüßung ○ 3. Informationsaustausch ○ 4. Verhandeln im engeren Sinne ○ 5. Einigung ○ 6. Abschied ○ 7. Nachbereitung
- **Verschiedene Verhandlungsstile** ○ tatsachenorientiert ○ emotional ○ pessimistisch ○ optimistisch ○ kreativ ○ kontrollierend ○ ergebnisorientiert ○ neutral ○ destruktiv ○ konstruktiv
- **Rechtliche Grenzen** ○ arglistig täuschende Verhandlungsstile ○ widerrechtlich drohende Verhandlungsführung

V. Vertragsdurchführungsplanung

▶ **70 Welche besonderen rechtlichen Fragen ergeben sich in der Phase der Durchführung eines Vertrages und wie können diese bereits in der Vorplanung berücksichtigt werden?**

> **Fall 25 Wie führt man richtig durch? Hollywood schafft es nicht!** In dem berühmten Film „Wall Street" hat der **Aktienbroker Bud** im Auftrag des **„Börsenhais" Gordon** die Pläne des finanziell überlegenen **Konkurrenten Larry** herausbekommen, der die marode Stahlfirma Anacott Steel aufkaufen will. Gordon verkaufte dann Larry sein Aktienpaket mit großem Gewinn. Nun soll dieser Vertrag wirksam und rechtlich unproblematisch durchgeführt werden. **Fragen Welche Haupthindernisse können noch bei der Vertragsdurchführung auftreten? Durch welche Werkzeuge können die Hauptfehler bei der Vertragsdurchführung rechtzeitig erkannt und bewältigt werden?**

Im Hinblick auf die **Durchführung** eines Vertrages können folgende Planungsbereiche rechtlich problematisch werden:

> **Checkliste 8 Fragen der rechtlichen Durchführungsplanung**
> - **Typische Hindernisse und Fehler**: Welche typischen **Haupthindernisse und Hauptfehler** sind bekannt?
> - **Typische Werkzeuge**: Wie können die Hauptfehler **rechtzeitig erkannt und besser** bewältigt werden?

1 Typische Haupthindernisse

▶ **71 Welche typischen Haupthindernisse sind bekannt?**

Orientiert man sich an den Phasen, die jeder Vertrag durchläuft, kann man diesen Phasen bestimmte Hindernisse transparenter zuordnen (und dadurch die Vermeidungsstrategie verbessern):

- **1 Grundlagen**: Die **betriebswirtschaftlichen Rahmendaten** sind nicht geklärt. Es fehlen **Qualitätsstrukturen** und **rechtliche Rahmenbedingungen**.

V. Vertragsdurchführungsplanung

> **Lösung Fall 25** Im **Fall** des Hollywood-Films sollte sich **Verkäufer Gordon** fragen, wie lange er es finanziell schaffen könnte, nicht die Aktien an Larry zu verkaufen. Damit hat er die Sicherheit, dass er Larry nicht zu lange hinhält. Auch die Frage, welche Verhandlungsethik gelten soll, wäre zu überprüfen.
>
> Anders gewendet ist es für **Käufer Larry** ebenfalls wichtig zu wissen, wie lange er finanziell noch in der Gewinnzone ist, wenn er nicht sofort die Aktien von Gordon kaufen kann. Die günstigsten rechtlichen Vertragsdokumente werden seine Anwälte für ihn besorgen, wenn er diese sich im Vorfeld gesucht hat.

- **2 Vertragsanbahnung**: Die Vertragsanbahnung erfolgt **zu schnell** und ist **nicht durchdacht**.

> **Verkäufer Gordon** sollte nicht zu schnell dem Druck des Kaufinteressenten Larry nachgeben, da der Aktienkurs am Steigen ist und er evtl. noch mehr als Kaufpreis verlangen könnte. Außerdem sollte man diese Phase planen: Verhandlungsprotokolle? Letter of Intent? Geheimhaltungsvereinbarungen? Vorvertrag?
>
> Aus der Sicht des Käufers Larry ist ebenfalls Ruhe in die Vertragsanbahnung zu bringen. Er sollte sich eine Verhandlungsstrategie zulegen und mit verschiedenen Verhandlungsstilen arbeiten. Für Larry wäre es auch besser, seine Wut zu bändigen und sich nicht die Kaufabsichten anmerken zu lassen – wenn nicht: Berater ranlassen.

- **3 Vertragsschluss**: Der **Vertragsschluss** erfolgt überhastet und zu unklaren Bedingungen, so dass **nicht erfüllte Erwartungen** einer oder beider Vertragspartner vorprogrammiert sind, die einer Vertragsausführung dann im Wege stehen.

> Die Bedingungen des Vertragsschlusses sollten nicht überhastet auf einer Party verhandelt werden. Aus diesem Grunde werden nach dem grundsätzlichen OK sicher noch Anwälte, Steuerberater, etc. über die Inhalte der Vertragsdokumente entscheiden müssen.
>
> Käufer Larry wäre gut beraten, wenn er die Hintergründe des Aktienkaufs durch Gordon noch besser beleuchtet hätte. Dann wäre ihm evtl. bekannt gewesen, dass hier mit verbotenem Insiderwissen gearbeitet worden ist. Das wäre für den Vertragsschluss von großer Bedeutung gewesen, die Situation von Larry eindeutig gestärkt, da Gordon schnellstens die Aktien wieder los werden müsste.

- **4 Vertragsparteien: Die Vertragsparteien kommunizieren nicht** oder nicht genügend miteinander, was eines der Haupthindernisse darstellt.

> **Verkäufer Gordon** hat sich sehr genau über die Schwächen und Stärken seines Vertragsgegners Larry informiert. Somit konnte er in der Phase der Vertragsanbahnung Vorteile daraus ziehen. Allerdings ist fraglich, ob er nicht die Macht von Larry unterschätzt hat, der auf Rache sinnt – und sie später auch bekommt.
>
> **Käufer Larry** hat sich eindeutig zu wenig Gedanken über seinen Vertragspartner gemacht. Er ging davon aus, dass er mit seinem machtvollen Auftritt alles erreichen könnte. Zudem war ihm die Funktion des Informationsbeschaffers Bud nicht klar, was seine Vertragsdurchführung zunächst erschwert hat.

- **5 Vertragsgegenstand: Die Vertragsdurchführung** wird von inneren oder äußeren Problemen bestimmt. So ergeben sich regelmäßig Probleme bei **unvollständigen Leistungsbeschreibungen**, die ein juristisches Nachjustieren erforderlich machen. Bei Nachverhandlungen kommt es dann auch darauf an, ob Projektregeln existieren und befolgt werden (Projektdisziplin), natürlich nicht im Sinne eines Projektbürokratismus.

> **Verkäufer Gordon** hat sich durch seinen bei den Vertragsverhandlungen anwesenden Berater Bud über den Wert des Vertragsgegenstandes abgesichert. Ob die Aktien wirklich später diesen Wert erreichen, ist Spekulation.
> **Käufer Larry** selbst ist für diese Phase nicht gut gerüstet. Er hätte bereits in der Anbahnungsphase deutlich machen müssen, wie marode der Vertragsgegenstand ist. Dieses hätte er z. B. durch genaue Aufzählungen der vielen Mängel der Fabrikationsanlagen, der hohen Forderungen der Gewerkschaften für die Löhne, etc. untermauern müssen, um den Vertragsgegenstand wertmindernd zu präzisieren.

- **6 Vertragsstörungen**: Auch ein **Vertragsbruch** kann Verträgen schwer schaden, sowohl die offen zutage tretende Nichteinhaltung als auch die unterschwellig bekannte Variante (z. B. wenn Wettbewerbsverbote über das Ausland unterlaufen werden). Natürlich können auch auf **höherer Gewalt** (Umweltkatastrophen, Krieg) beruhende Leistungsstörungen den Vertragsparteien zu schaffen machen. Ebenso sind **Leistungsstörungen** aufgrund **Verschuldens** einer der Vertragsparteien häufig anzutreffen (z. B. verzögerte Lieferung wegen fehlenden Zeitmanagements).

> Bis zum Verkauf der Aktien an Larry trägt **Verkäufer Gordon** das Risiko, dass seine Aktien Wert verlieren. Da er aber weiß, wie wichtig Larry die Aktien sind, ist sein Risiko hier relativ gering. Larry kauft, ohne weitere Sicherheiten nehmen zu müssen, z. B. Bürgschaften.
> **Käufer Larry** geht mit dem Kauf ein großes Risiko ein, hat sich aber wohl über die Gewinnchancen vorab informiert. Die Abtretung der Aktien muss in rechtlich abgesicherten Dokumenten für den Fall erfolgen, dass mit den Aktien etwas nicht stimmt. Dazu sind in den Verträgen Regelungen einzufügen, z. B. Rücktrittsmodalitäten.

- **7 Vertragsbeendigung**: Die **Beendigung** erfolgt z. T. unüberlegt und unabgestimmt, manchmal liegt ein regelrechter Vertragsabbruch vor. Auch fehlen regelmäßig Regelungen zur Nachbereitung und Nachkontrolle. Ein vorzeitiges Ende der Vertragsdurchführung durch Kündigung sollte ebenfalls in seinen Folgen im Vertrag geregelt sein (Kostentragung, Fristen).

> Eine Vertragsbeendigung ist für **Verkäufer Gordon** keine machbare Alternative, denn er benötigt das Geld aus dem Verkauf der Aktien. Sollte der Vertrag nicht durchgeführt werden, müsste Gordon einen anderen Käufer finden, so dass er evtl. Interesse daran hätte, einen Schadensersatz im Vertrag bei einer Vertragsbeendigung durch Larry zu regeln.
> **Käufer Larry** könnte sich ebenfalls Gedanken darüber machen, ob er sich pauschale Schadensersatzansprüche im Vertrag versprechen lässt, wenn Gordon die Vertragsdurchführung platzen lässt.

Wirft man einen Blick in die gesetzlichen Regelungen zum Vertrag z. B. unter Verwendung von Allgemeinen Geschäftsbedingungen, vgl. §§ 305 ff. BGB, kann man einen guten Überblick über die häufigsten rechtlichen Hauptfehler bekommen: überraschende Vertragsregelungen, § 305 c Abs. 1 BGB, unklare Regelungen, § 305 c Abs. 2 BGB, unangemessen den anderen Teil benachteiligende Klauseln nach §§ 308 und 309 BGB.

V. Vertragsdurchführungsplanung

§ **§ 305c BGB Überraschende und mehrdeutige Klauseln** (1) Bestimmungen in Allgemeinen Geschäftsbedingungen, die nach den Umständen, insbesondere nach dem äußeren Erscheinungsbild des Vertrags, so ungewöhnlich sind, dass der Vertragspartner des Verwenders mit ihnen nicht zu rechnen braucht, werden nicht Vertragsbestandteil. (2) Zweifel bei der Auslegung Allgemeiner Geschäftsbedingungen gehen zu Lasten des Verwenders.

> **Typische Haupthindernisse bei der Durchführung eines Vertrags**
> - **Grundlagen** ○ nicht geklärte betriebswirtschaftliche Rahmendaten ○ Qualitätsstrukturen fehlen
> - **Vertragsanbahnung** ○ zu schnell ○ nicht durchdacht
> - **Vertragsschluss** ○ überhastet ○ kein Austausch der Erwartungen an den Vertrag
> - **Vertragsparteien** ○ fehlende Kommunikation
> - **Vertragsgegenstand** ○ unvollständige Leistungsbeschreibungen
> - **Vertragsstörungen** ○ unvollständige Leistungsbeschreibungen ○ juristisches Nachjustieren erforderlich ○ Projektregeln fehlen
> - **Vertragsbeendigung** ○ unüberlegter Vertragsabbruch ○ fehlende Regeln zu Nachbereitung und Nachkontrolle ○ nicht geregelte Fragen einer vorzeitigen Vertragsbeendigung

2 Typische Werkzeuge

▷ **72 Durch welche Werkzeuge können die Hauptfehler bei der Vertragsdurchführung rechtzeitig erkannt und besser bewältigt werden?**

Als mögliche Werkzeuge werden folgende empfohlen:
- **1 Benennung von Informations-, Auskunfts- und Hinweispflichten** Erkannt werden können die Hauptfehler nur, wenn die Vertragspartner ihre rechtlichen Informations-, Auskunfts- und Hinweispflichten erfüllen, § 242 BGB. Die oftmals nur unterschwellig erwarteten Auskünfte sollten ausdrücklich im Vertrag aufgezählt werden.

> Im **Fall** hätte man im Vertrag z. B. regeln können, dass die Preisabrede nur dann wirksam ist, wenn keine illegalen Insiderinformationen eine Rolle bei dem Vertragsschluss gespielt haben.

- **2 Rechtliches Frühwarnsystem** Die Installierung eines **rechtlichen Frühwarnsystem** wird empfohlen, so dass man z. B. die Beschwerden des Vertragspartners ernst nimmt und auf dem nicht abreißenden Kommunikationswege Problemlösungen suchen kann. Dieses ist im Gesellschaftsrecht sogar indirekt für die Vorstände einer AG in § 91 Abs. 2 AktG angesprochen, wenn dort von der Einrichtung eines Überwachungssystems die Rede ist. Befolgt der Vorstand dieses nicht, droht ihm eine persönliche Haftung für die daraus entstehenden Schäden.

2 Typische Werkzeuge

> **§ 91 AktG Organisation. Buchführung** (1) Der Vorstand hat dafür zu sorgen, dass die erforderlichen Handelsbücher geführt werden. (2) Der Vorstand hat geeignete Maßnahmen zu treffen, insbesondere ein Überwachungssystem einzurichten, damit den Fortbestand der Gesellschaft gefährdende Entwicklungen früh erkannt werden.

Im Fall hätte Käufer Larry systematisch seinen Vertragspartner Gordon und dessen Berater Bud auf verbotene Insidergeschäfte untersuchen müssen.

- **3 Alternative Vertragslösungen** Natürlich darf dabei eine rechtliche Bewertung nicht fehlen und sollten im Vertrag evtl. bereits von Anfang an alternative Lösungen bei Leistungsstörungen aufgenommen werden. Auch die Veränderung des Leistungsinhalts bei Leistungsstörungen von Austauschverträgen muss mit eingeplant werden.

So könnte hier die Frage zu klären sein, was z. B. passieren würde, wenn Käufer Larry den Kaufpreis nicht rechtzeitig aufbringen könnte. Als „Plan B" müsste dann **Verkäufer Gordon** mit Larry die Geschäfte des Unternehmens gemeinsam führen, was Gordon sicher auf keinen Fall möchte. Damit hätte eine solche Regelung evtl. auch eine gewisse Abschreckungswirkung vor zu hohen Geldforderungen des Gordon gegenüber Käufer Larry?!

- **4 Kosten- und Risikoabwälzung** Zur Kosten- und Risikovermeidung kann im Vertrag die Risikoübernahme durch Dritte, z. B. Versicherungen oder durch den überlegenen Vertragspartner deutlich zu einer Reduzierung des Streitrisikos führen.

So könnten im vorliegenden Fall z. B. Versicherungen für den Fall abgeschlossen werden, dass die Vertragsdurchführung aus Gründen des illegalen Insiderhandels platzt und dadurch ein Vermögensschaden entsteht.

> **Werkzeuge zur Fehlererkennung und -bewältigung**
>
> - **Benennung von Informations-, Auskunfts- und Hinweispflichten** ○ rechtliche Informations-, Auskunfts- und Hinweispflichten erfüllen ○ besser: ausdrücklich im Vertrag aufzählen
> - **Rechtliches Frühwarnsystem** ○ Installierung wird empfohlen, § 91 Abs. 2 AktG ○ Beschwerden des Vertragspartners ernst nehmen ○ nicht abreißende Kommunikationswege ○ Problemlösungen suchen
> - **Alternative Vertragslösungen** ○ rechtliche Bewertung von Alternativen darf nicht fehlen ○ im Vertrag alternative Lösungen aufnehmen ○ Veränderung des Leistungsinhalts einplanen
> - **Kosten- und Risikoabwälzung** ○ Kosten- und Risikovermeidung durch vertragliche Risi-koübernahmeklauseln, z. B. Versicherer

VI. Systematische Analyse juristischer Sachverhalte

▶ **73 Welche sechs Schritte werden zur systematischen Rechtsbewertung juristischer Sachverhalte empfohlen?**

> **Fall 26 Unfall auf der Landstraße** Der 15-jährige **Franz Fahrinsland** schneidet auf einer unübersichtlichen Landstraße die Kurve. Der entgegenkommende Autofahrer **Bernd Bleifuß**, der ebenfalls nicht allzu weit rechts fährt, wird zu einem Ausweichmanöver gezwungen und landet im Graben. Der Schaden am Auto beträgt 2.000 €. Der Autofahrer **Bernd Bleifuß** und der 15-jährige **Franz Fahrinsland** einigen sich noch am Unfallort, dass Letzteren die alleinige Schuld treffe und er dem Autofahrer alle Kosten erstatten werde. Dieses wird auf dem vom Autofahrer vorgelegten Unfallbericht auch gleich schriftlich vermerkt. Später will **Franz Fahrinsland** nicht bezahlen! **Frage Wie ist die Rechtslage?**

Eine systematische Überprüfung der Rechtslage kann bei Störungen im Vertragsablauf z. B. durch die **Sechs-Schritte-Technik** erfolgen. Diese Technik wird regelmäßig in der Rechtslehre mit der einen oder anderen leichten Abwandlung und mit unterschiedlichen Intensitätsgraden empfohlen und angewendet.

> **Checkliste 9 Sechs Schritte zur systematischen Rechtsbewertung**
> - Sachverhalt genau erfassen – Schritt 1
> - Fragestellung beachten – Schritt 2
> - Erste Gedanken zur Lösung festhalten – Schritt 3
> - Suche nach den Rechtsvorschriften – Schritt 4
> - Erstellung einer Lösungsskizze – Schritt 5
> - Ausformulierung der Lösung – Schritt 6

Neben den **inhaltlichen** Kenntnissen des Rechts ist für eine Bewertung von Fällen im Vertragsrecht auch **die Kenntnis der juristische Arbeitsweise** unbedingte Voraussetzung. Diese Methode **kann und muss** zuerst erlernt werden, damit in der Praxis das theoretische Wissen in brauchbare Lösungen umgesetzt werden kann. Bei den einzelnen Lösungsschritten sind weitere Unter-Checklisten abzuarbeiten.

1 Sachverhalt genau erfassen – Schritt 1

▶ **74 Wie erfasst man schnell und sicher einen juristischen Sachverhalt?**

> **Checkliste 10 Erfassung des Sachverhalts (1. Schritt)**
> - Juristische Fachsprache und ihre Besonderheiten beachten
> - Lesegeschwindigkeit reduzieren
> - Immer auf die vermeintlich bekannten sprachlichen Formulierungen in juristischen Texten achten
> - Jedem Detail Aufmerksamkeit schenken, erfassen und abwägen (Stichwort: „Goldwaage", eine sehr fein wiegende Messeinrichtung, steht für sorgfältiges Arbeiten)

- Aufmerksamkeit beim Lesen erhöhen durch wiederholtes und sorgfältiges Lesen
- Fallskizze und Datentabelle anfertigen
- Juristisches Regel-Ausnahme-Denken kennen
- „Das-kommt-darauf-an"-Antwort geben
- Bewahrung von Unbefangenheit, keine „Sachverhaltsquetsche" = *„Ich weiß da ein Problem, das muss es sein"*

Bei der Lektüre von juristischen Sachverhalten und Verträgen ist zunächst die juristische Sprache als **Fachsprache zu akzeptieren**, wie sie auch bei anderen Berufen (z. B. Ärzten) anzutreffen ist.

Beispiele „lustiger" Fachsprache ▶ *„In Nr. 2 ist in Spalte 2 das Wort „**Parkplatz**" durch die Worte „Platz zum Packen" zu ersetzen."* (aus der Ausschussempfehlung zum Bußgeldkatalog) ▶ *Der **Wertsack** ist ein Beutel, der aufgrund seiner besonderen Verwendung nicht Wertbeutel, sondern Wertsack genannt wird, weil sein Inhalt aus mehreren Wertbeuteln besteht, die in den Wertsack nicht verbeutelt, sondern versackt werden".* (aus einem Merkblatt der Deutschen Bundespost) ▶ *Das **Lutschen eines Hustenbonbons** durch einen erkälteten Zeugen stellt keine Ungebühr im Sinne von § 178 GVG dar."* (aus einem Beschluss des OLG Schleswig) ▶ ***Ausfuhrbestimmungen** sind Erklärungen zu den Erklärungen, mit denen man eine Erklärung erklärt."* (aus einem Protokoll im Wirtschaftsministerium) ▶ *Ein **Ehemann** hat in der Regel seinen Wohnsitz dort, wo sich seine Familie befindet."* (BFH BstBL 85, 331).

Eine Fachsprache weist im Vergleich zur Umgangssprache einige Besonderheiten auf, die zu einigen Missverständnissen führen können, wenn man sie nicht kennt bzw. beachtet. Die Fachsprache der Juristen muss **klar** und **unmissverständlich** sein – jedenfalls für Juristen! Deshalb sind viele aus der Umgangssprache eigentlich bekannte Begriffe in juristischen Texten **in einem genau definierten Sinne** und damit häufig anders als in der Umgangssprache verwendet.

Beispiel für die juristische Fachsprache ▶ Klara Fall ist Eigentümerin eines Computers. Dieb Michael Frech stiehlt den Computer und benutzt ihn. Auf die Frage, wem der Computer gehört, antwortet der Jurist differenziert nach Eigentum und Besitz. Trotz des Diebstahls ist Klara weiterhin Eigentümerin des Computers, § 903 S. 1 BGB. Michael ist aber Besitzer, da er die tatsächliche Herrschaft über die Sache ausüben kann, § 854 Abs. 1 BGB.

Hinzu kommt, dass in der juristischen Ausdrucksweise Füllwörter (z. B. „eigentlich", „zumeist", „wohl") erheblich seltener vorkommen als in der Umgangssprache. Dadurch bekommen juristische Texte eine sehr viel **höhere Informationsdichte** und können nicht „mal schnell überflogen" werden – **wiederholtes und sorgfältiges Lesen** ist nötig. Nur dann kann eine richtige rechtliche Stellungnahme abgegeben werden, wenn der zu bewertende Sachverhalt zutreffend verstanden und in allen seinen wesentlichen Einzelheiten erfasst ist, z. B. durch Anfertigung einer Fallskizze bzw. Datentabelle. **Jedem Detail** in der Fallschilderung ist Aufmerksamkeit zu widmen und praktisch wie auf einer Goldwaage höchst genau sein Gewicht für die Lösung des Falles abzumessen.

Lösung Fall 26 Im Fall könnte dem Leser daher auffallen, warum **das Alter** nur einer Person angegeben ist (Rechtsproblem der altersabhängigen Geschäfts- und Zurechnungsfähigkeit). Oftmals wird auch behauptet, der Jugendliche sei **Fahrrad** gefahren, was sich aber nicht aus dem Sachverhalt ergibt (und deshalb wohl für die Lösung weitgehend unbeachtlich ist).

VI. Systematische Analyse juristischer Sachverhalte

Das deutsche Rechtssystem stellt in seinen Rechtstexten zunächst nur Grundregeln auf, die Ausnahmen bestätigen letztlich die Regel, **sog. Regel-Ausnahme-Denken**. Mit diesen „grundsätzlich" geltenden Regeln versuchen die Juristen die Vielzahl der in der Wirklichkeit auftretenden Sachverhalte zu erfassen. Wollte man jeden Fall regeln, wäre das geschriebene Recht noch unübersichtlicher. Weist ein Sachverhalt jedoch Besonderheiten auf, so muss der Jurist entscheiden, ob und wie dieser Ausnahmefall noch von dem jeweiligen Rechtssatz erfasst wird oder ob er völlig anders zu behandeln ist. Um keine falsche Antwort zu geben, muss der Jurist daher einer allgemein gehaltenen Antwort immer ein „grundsätzlich" hinzufügen. Erst wenn die genaueren Umstände des Sachverhalts bekannt sind, kann entschieden werden, ob nicht gerade in diesem Fall ein Ausnahmefall vorliegt. Dementsprechend kann man bei der juristischen Fall-Lösung nur in den allerseltensten Fällen sofort mit einem „Ja" oder „Nein" antworten. Erforderlich ist ein genaueres Hinterfragen des Sachverhalts und seiner Details. Diese Frage-Antwort-Technik der Juristen beginnt daher immer mit einer **„Das-kommt-darauf-an"-Antwort**. Die „Kunst" der juristischen Arbeitsweise ist herauszufinden, worauf es bei der Lösung des konkreten Falles aus juristischer Sicht ankommt und die entsprechenden gesetzlichen Vorschriften zu kennen und zu finden (juristische Kenntnisse, die man sich vorher aneignen muss).

> **Beispiel für differenziertes juristisches Antworten** Diebstahl ist zwar **regelmäßig** strafbar, aber wenn ein Kunde in einem Kaufhaus beim **Diebstahl** von 43 Tafeln Schokolade erwischt wird, kommt es **ausnahmsweise** für die Strafverfolgung auf den **Wert** der gestohlenen Sache an. § 248 a Absatz 2 des Strafgesetzbuchs (StGB) sieht beim Diebstahl geringwertiger Sachen von einer automatischen Strafverfolgung durch die Strafverfolgungsbehörden ab. Erforderlich ist dann regelmäßig ein **Strafantrag** des Bestohlenen. Nicht umsonst liest man also in vielen Läden, dass jeder Diebstahl „zur Anzeige" gebracht wird. Dieses basiert auf der Rechtslage, nach der zwar grundsätzlich jede Straftat vom Staat und der Polizei verfolgt werden muss. Wegen des fehlenden öffentlichen Interesses gibt es aber im Bagatell-Bereich Ausnahmen, wobei die Grenze der Geringwertigkeit nach einem Urteil von 2003 heute bei 50 € liegen soll (OLG Hamm, 18.07.2003, 2 Ss 427/03, so dass dort bei 43 Tafeln auch bei fehlendem Strafantrag von einem besonderen öffentlichen Interesse an der Strafverfolgung ausgegangen worden ist).

§ **§ 248 a StGB Diebstahl und Unterschlagung geringwertiger Sachen** Der Diebstahl und die Unterschlagung geringwertiger Sachen werden in den Fällen der §§ 242 und 246 nur auf Antrag verfolgt, es sei denn, dass die Strafverfolgungsbehörde wegen des besonderen öffentlichen Interesses an der Strafverfolgung ein Einschreiten von Amts wegen für geboten hält.

Bei allen Rechtskenntnissen und Erfahrungen, die man nach und nach sammelt, ist es wichtig, **Unbefangenheit** zu bewahren und keine „Sachverhaltsquetsche" zu betreiben: „Ich weiß da ein Problem, das muss es sein".

> Im **Fall** sind wichtige Anhaltspunkte für die Haftungsfrage des Autofahrers, dass er nicht ganz rechts fährt, nicht vor einem Hindernis bremsen kann, auf einer unübersichtlichen Landstraße fährt. Für die Haftungsfrage des Jugendlichen entscheidende Aspekte sind sein minderjähriges Alter und das Schneiden der Kurve auf einer unübersichtlichen Landstraße.

2 Fragestellung beachten – Schritt 2

▶ **75 Wie ist mit juristischen Fragestellungen umzugehen?**

> **Checkliste 11   Fragestellung (2. Schritt)**
> - Konkrete Fallfragen abarbeiten bzw. allgemeine Fallfragen mit System konkretisieren
> - Bei allgemeinen Fragen nach der Rechtslage: Hineinversetzen in die Beteiligtenrolle: Wer will von wem was woraus? sog. 4-W-Frage
> - Bei mehreren Sachverhaltsteilen: Aufgliederung nach Sachverhaltsteilen
> - Bei mehreren Personen: Aufteilung in Zwei-Personen-Verhältnisse (Grundsatz)
> - Bei mehreren Anspruchsbegehren: Aufgliederung nach Anspruchsbegehren

Bei der Bearbeitung einer juristischen Rechtsfrage ist es nach der Sachverhaltserfassung als Nächstes wichtig, dass man weiß, was die im Fall genannten Personen wollen, wie die **Fragestellung** lautet.

> **Beispiele typischer Fragestellungen** ▶ Wer hat Recht? ▶ Wie ist die Rechtslage? ▶ Hat der Geschädigte einen Anspruch gegen den Schädiger? ▶ Kann Bernd Bleifuß von Franz Fahrinsland einen Schadensersatzanspruch in Höhe von 2.000 Euro aus §§ 823 ff. BGB geltend machen?

In der Praxis können dazu **konkrete Forderungen** der anderen Seite z. B. in anwaltlichen Schreiben oder in Klageschriften enthalten sein. Häufig gibt es aber auch Lebenssachverhalte, bei denen man sich einfach nur fragt, wie die allgemeine Rechtslage nun ist, wie im obigen Fall. Hier bedarf es vor einer Bearbeitung zuerst einer näheren Aufschlüsselung, damit sinnvolle Antworten gegeben werden können. Ansonsten bestünde die Gefahr, dass Aspekte untersucht werden, die für niemanden von Interesse sind und von der wirklichen Lösung ablenken, zudem auch Zeitprobleme und die Verschwendung von Ressourcen mit sich bringen. **Methodisch** wird bereits vielen Generationen von Juristen die Stellung der **4-W-Frage** zur Konkretisierung der allgemeinen Rechtslagenfrage empfohlen. Letztlich soll sich der Betrachter in die Beteiligten hineinversetzen und fragen:

> **Die sog. 4-W-Frage**
> - WER?   ⇒ Anspruch**steller** ist welche Person?
>   will von
> - WEM?   ⇒ Anspruch**gegner** ist welche Person?
> - WAS?   ⇒ Anspruch**inhalt** ist welche Forderung /welcher Gegenstand?
> - WORAUS?   ⇒ Anspruch**grundlage** ist welche Rechtsgrundlage /Vorschrift?

Bei der Anwendung dieser Frage kann es hilfreich sein, auf **genaue Trennung von verschiedenen Sachverhaltsteilen, Personen- und Anspruchsgruppen** zu achten. Liegen mehrere, abtrennbare Sachverhaltsteile vor, ist diese Frage für jeden Teil gesondert zu stellen. Sind mehrere Personen betroffen, ist grundsätzlich in Zwei-Personen-

VI. Systematische Analyse juristischer Sachverhalte

Verhältnissen zu arbeiten. Gibt es mehrere Anspruchsinhalte (z. B. auf Zahlung, auf Schadensersatz, auf Gegendarstellung) sind auch diese voneinander getrennt zu prüfen. Nur die Bereiche, in denen am ehesten mit einem juristischen Erfolg zu rechnen ist, bekommen dann **Priorität** in der Rechtsverfolgung. Hierbei können verschiedene Aspekte zu berücksichtigen sein: Liquidität des Anspruchsgegners, Zeit, die für die Beitreibung zur Verfügung steht, Kenntnis des Aufenthaltsortes des Anspruchsgegners, Ort des zuständigen Gerichts.

> Im **Fall** liegt eine allgemeine Fallfrage vor, so dass alle sich stellenden Fragen systematisch zusammengetragen, bewertet und mit Prioritäten versehen werden müssen. Es handelt sich um einen relativ einheitlichen Sachverhalt, bei dem zwei Personen als Handelnde aufgetreten sind (die Eltern des Jugendlichen **Franz Fahrinsland** können nur bei der Prüfung einer Aufsichtspflichtverletzung eine Rolle spielen). Das Anspruchsbegehren des Autofahrers **Bernd Bleifuß** auf Schadensersatz könnte auf zwei Anspruchsgrundlagen basieren: Erfüllung des unterschriebenen Vertrags (Schuldanerkenntnis, § 781 BGB) und Schadensersatz wegen unerlaubter Handlung (§ 823 BGB). Beide müssten jetzt Gegenstand einer getrennten Prüfung sein.

3 Erste Gedanken zur Lösung festhalten – Schritt 3

▷ **76 Wieso sollte man sich immer zuerst die ersten Gedanken zur Lösung aufschreiben?**

> **Checkliste 12   Erste Gedanken zur Lösung (3. Schritt)**
> - Welche Eindrücke hatte man beim ersten Lesen des Falles? Kreative Phase zu Beginn des Lesens nutzen
> - Ist ein evtl. Abweichen der ersten Notizen vom später gefundenen (angeblich richtigen) Ergebnis plausibel? (**Plausibilitätskontrolle**).
> - Welche praktischen Lösungsalternativen gibt es überhaupt, ohne dass bereits mit der Suche nach Rechtsvorschriften begonnen wird?
> - Was kann schlimmstenfalls und was bestenfalls das Ergebnis des Falles sein? (best-case- und worst-case-Betrachtung) Wie wahrscheinlich ist die eine oder andere Lösungsalternative? (**Wahrscheinlichkeitskontrolle**)
> - Welche betriebswirtschaftlichen Auswirkungen hätte die eine oder andere Lösungsalternative?
> - Welche allgemeinen juristischen Schwierigkeiten ergeben sich bei der einen oder anderen Alternative?

Bereits beim ersten Kontakt mit einem juristischen Sachverhalt fallen einem **spontan erste Gedanken** ein, die z. B. auf einem Merkzettel festgehalten werden sollten.

> **Beispiele typischer erster Gedanken** ▷ Ist ein 15-Jähriger überhaupt alt genug, einen Unfallbericht zu unterschreiben? ▷ Was heißt denn „nicht allzu weit rechts fahren"? ▷ Kann man den Unfallhergang nachweisen? ▷ Haben nicht beide eine gewisse Mitschuld? ▷ Glaube nicht, dass der Autofahrer den gesamten Schaden ersetzt bekommt, bestenfalls die Hälfte ▷ wenn sich der junge Unfallverursacher auf seine Unerfahrenheit herausredet, muss er nichts bezahlen ▷ Unfallberichte am Unfallort sind zu Beweiszwecken evtl. sinnvoll, aber juristisch nicht immer verwertbar.

Bei den nachfolgenden Arbeitsschritten können so besser vorläufige Gedanken festgehalten werden und bei der Bearbeitung laufend auf ihre Richtigkeit überprüft werden. Diese gedankliche Auseinandersetzung kann wichtige Hinweise für die Fallbearbeitung ergeben. Die Rechtspraxis zeigt, dass die sich aus dem unmittelbaren Rechtsgefühl geborenen ersten Gedanken („der erste Eindruck") selten trügen, und nicht später in der Eile vergessen werden sollten. Im 3. Schritt sollte man sich daher nicht sogleich auf die Suche nach der richtigen Rechtsvorschrift machen, sondern die ersten Gedanken zu einer möglichen Lösung noch rechtlich „unbelastet" festhalten:

> Im **Fall** gehört das Unterschreibenlassen von irgendwelchen Dokumenten noch am Unfallort zu den ersten Dingen, die einem nicht richtig vorkommen (**unfaires Verhalten, Druck ausübend, betrügerisches Vorgehen**).
> Als Nächstes beruft man sich wohl auf den **Minderjährigenschutz** durch die Gesetze. Damit ist es sehr fraglich, ob der Autofahrer wirklich seinen ganzen Schaden ersetzt bekommt, zumal er auch noch am Unfall eine **Mitschuld** hat. Hier wird eine **Schadensteilung** wahrscheinlich das Ergebnis sein, aus der Sicht des Autofahrers bekommt er schlimmstenfalls nichts vom Jugendlichen.

4 Suche nach den Rechtsvorschriften – Schritt 4

▶ 77 Wie findet man die richtigen Rechtsvorschriften?

> **Checkliste 13   Auffinden der richtigen Rechtsvorschriften (4. Schritt)**
> - Von der konkretisierten Fallfrage aus das Anspruchsziel ermitteln
> - Vorschriften zusammenstellen, die dem Anspruchsziel entsprechen und dabei die wichtigsten Anspruchsziele für Vertragserfüllung, Rückabwicklung, Herausgabe und Schadensersatz kennen
> - Häufiges Lesen von Vorschriften übt das Gedächtnis, so dass man immer am Gesetz arbeiten sollte, in Buchform, z. B. Aktuelle Wirtschaftsgesetze, aus der Reihe: „Vahlen Handbücher der Wirtschafts- und Sozialwissenschaften" oder online unter www.rechtliches.de bzw. bundesrecht.juris.de
> - Sich die Gliederung des BGB bei der Suche nach Anspruchsgrundlagen verdeutlichen und den methodischen Aufbau des BGB durch die Ausklammerungsmethode und Verweisungstechnik beachten
> - Alle Anspruchsgrundlagen vollständig zusammenstellen und bedenken, dass ein und derselbe Lebenssachverhalt mehrere Anspruchsgrundlagen verwirklichen kann

Der richtige rechtliche Einstieg beginnt mit dem methodischen **Aufsuchen der für die Lösung des Falles entscheidungserheblichen Rechtsvorschriften**. Gesucht werden zunächst Vorschriften, die das Ziel des Anspruchsstellers z. B. auf Vertragserfüllung nach §433 BGB stützen, sodann sind weitere Vorschriften zu finden, die für die Bestimmung der einzelnen Voraussetzungen der Anspruchsgrundlagen von Bedeutung sind, z. B. Definition der Geschäftsfähigkeit, §§104 ff. BGB. Ausgehend von der konkretisierten Fallfrage kann man z. B. Anspruchsgrundlagen nach den häufigsten

VI. Systematische Analyse juristischer Sachverhalte

Zielen bzw. Anspruchsinhalten des Anspruchsstellers suchen. Im BGB entsprechen den Zielen des Anspruchsstellers z. B. folgende Vorschriften: Ansprüche auf

- **Vertragserfüllung**, z. B. eines Kaufvertrags, § 433 BGB, Mietvertrags, § 535 BGB, Werkvertrags, § 631 BGB
- **Rückabwicklung**, z. B. aufgrund Rücktritts, §§ 346 ff. BGB
- **Herausgabe**, z. B. aufgrund Eigentums, § 985 BGB, Besitzrechts, § 861 BGB, oder ungerechtfertigter Bereicherung, § 812 BGB
- **Schadensersatz**, z. B. aus Verletzung vertraglicher Pflichten, § 280 BGB, oder unerlaubter Handlung, § 823 BGB

Die vorgenannten Vorschriften werden als **Anspruchsgrundlagen** bezeichnet und sind sozusagen „Eckpfeiler" im Zivilrecht. Die richtigen Vorschriften aufzufinden bedarf sicherlich einer gewissen Intuition, ist aber auch durch häufiges Lesen der Vorschriften und Kenntnis der juristischen Arbeitsmethodik lernbar. So ist es bei der Suche nach den einschlägigen Anspruchsgrundlagen im Vertragsrecht unabdingbar, die wichtigsten Fachbegriffe des Bürgerlichen Rechts zu kennen und dabei den Aufbau des Bürgerlichen Gesetzbuches zu berücksichtigen.

Das Bürgerliche Gesetzbuch (BGB) ist das wichtigste Gesetzbuch für den Vertrag und stellt eine Art „Grundgesetz" dar. Um die gesuchten Vorschriften schnell und treffsicher zu finden, ist es hilfreich, sich die Gliederung des Bürgerlichen Gesetzbuches in fünf sog. Bücher zu vergegenwärtigen.

- **Allgemeiner Teil** (§§ 1–240 BGB, grundlegende Bestimmungen, die für alle anderen Bücher des BGB gelten, z. B. Rechts-, Geschäfts- und Deliktsfähigkeit)
- **Schuldrecht** (§§ 241–853 BGB, mit Vorschriften zu Schuldverhältnissen, z. B. Kaufvertrag)
- **Sachenrecht** (§§ 854–1296 BGB, ordnet die Beziehung einer Person zu einer Sache, z. B. das Eigentum)
- **Familienrecht** (§§ 1297–1921 BGB, enthält Normen über die familiären Beziehungen, z. B. Ehe, Verwandtschaft)
- **Erbrecht** (§§ 1922–2385 BGB, regelt die vermögensrechtlichen Folgen des Todes eines Menschen, z. B. Erbfolge, Testament, Erbvertrag).

> Im obigen **Fall** kann man allein schon mit der Kenntnis des BGB-Aufbaus sozusagen im „Ausschlussverfahren" sich den wichtigsten Vorschriften nähern, da es bei dem Unfall auf der Landstraße **nicht** um Fragen des Sachen-, Familien- oder Erbrechts geht. Der Jugendliche **Franz Fahrinsland** schuldet dem Autofahrer **Bernd Bleifuß** Schadensersatz, so dass „nur" die Vorschriften des Allgemeinen Teils und des Schuldrechts im BGB zwischen § 1 BGB und § 853 BGB zu prüfen sind.

Vertieft man sich anschließend in die entsprechenden Vorschriften des BGB, wird man leider feststellen, dass man keine leicht lesbaren Vorschriftenblöcke mit ausführlichen Erläuterungen verschiedener Vertragsarten findet. Man hat eher das Gefühl, die Vorschriften fangen mitten im Text ohne Einleitung und langsame Hinführung an. Dieses Empfinden ist damit zu erklären, dass die Verfasser gesetzlicher Vorschriften **verschiedene Gesetzesmethoden** anwenden, bei denen immer nur das unbedingt Notwendige in den jeweiligen Vorschriften aufgeführt ist, während der Leser sich die aus der Systematik ergebenden Inhalte „dazu denken" muss.

(1) Was besagt die sog. Ausklammerungsmethode?

Um nicht jeden Begriff im Gesetz immer wieder aufzuführen und zu definieren, werden einige wichtige grundlegende Fragestellungen und Begriffe im Gesetzbuch vorweg behandelt, nach dem Vorbild der Mathematik „vor die Klammer gesetzt", während in der Klammer nur das jeweils Besondere verbleibt. Allein schon die Existenz eines **„Allgemeinen Teils"** in der Gliederung des BGB zeigt anschaulich diese Methode: in diesem ersten Buch wird das Gemeinsame der anderen vier Bücher geregelt. Aber auch **innerhalb** eines Buches wird diese Methode angewendet, z. B. im Schuldrechtsteil des BGB:

> Beispiele für die Ausklammerungsmethode ▶ §§ 241–432 BGB enthalten allgemeine Vorschriften zu den Schuldverhältnissen. ▶ §§ 433–853 BGB behandelt dann „einzelne Schuldverhältnisse" und setzen aber die allgemeinen Grundsätze der vorhergehenden Vorschriften voraus

Für die Arbeit mit dem BGB hat diese Methode eine **einschneidende Folge**: Die für die Lösung eines Falles sachlich zusammenhängenden Bestimmungen sind quasi verschachtelt in verschiedenen Büchern des BGB verteilt. Je weiter diese Abstraktion durch den Aufbau vom Allgemeinen zum Besonderen vorangetrieben wird, umso unverständlicher wird die Regelung für den ungeübten Rechtsanwender.

(2) Wie äußert sich die sog. Verweisungstechnik?

Zur **Vermeidung von Wiederholungen** im Gesetzestext erfolgen vielf ▶ ch Verweisungen im Gesetz auf andere Gesetzesbestimmungen. Diese sind dann **wörtlich** oder ihrem **Sinn nach entsprechend** anzuwenden. Leider haben die Verfasser der Vorschriften in vielen Fällen zu oft in einer Vorschri ▶ t auf mehrere andere Vorschriften **direkt** (= ausdrücklich, z. B. mit Angabe der Vorschri ▶ ten) oder **indirekt** (= durch bestimmte Rechtsbegriffe, z. B. „Vertrag") Bezug genommen. So kommt es vor, dass die Bestimmung, auf die verwiesen wird, ▶ hrerseits weiter verweist.

> Beispiele für die Verweisungstechnik ▶ §§ 145 ff. BGB ist zu entnehmen, dass ein **Vertrag** aus dem Antrag des einen Vertragspartners und der Annahmeerklärung des anderen Vertragspartners besteht. Jede dieser beiden Erklärungen ist begrifflich eine „**Willenserklärung**". ▶ Diese **Willenserklärung** wird in §§ 116 ff. BGB behandelt, wie in der Titelüberschrift zu lesen ist. ▶ Nun muss man aber wissen, dass eine wirksame „Willenserklärung" wiederum die **Geschäftsfähigkeit** des Erklärenden voraussetzt, was in §§ 104 ff. BGB geregelt ist. ▶ Man könnte so jeden Fall theoretisch bis auf § 1 BGB zurückführen, der für die Fähigkeit, **Rechte** nach dem BGB zu erwerben, die Vollendung der Geburt eines Menschen verlangt. ▶ **abschreckendes nicht lesbares Beispiel** einer direkten Verweisung siehe § 2013 BGB, der die Folgen der unbeschränkten Haftung des Erben umschreibt.

§ **§ 2013 BGB Folgen der unbeschränkten Haftung des Erben** (1) Haftet der Erbe für die Nachlassverbindlichkeiten unbeschränkt, so finden die Vorschriften der §§ 1973 bis 1975, 1977 bis 1980, 1989 bis 1992 keine Anwendung; der Erbe ist nicht berechtigt, die Anordnung einer Nachlassverwaltung zu beantragen. Auf eine nach § 1973 oder nach § **1974** eingetretene Beschränkung der Haftung kann sich der Erbe jedoch berufen, wenn später der Fall des § 1994 Abs. 1 Satz 2 oder des § 2005 Abs. 1 eintritt. (2) Die Vorschriften der §§ **1977 bis 1980** und das Recht des Erben, die Anordnung einer Nachlassverwaltung zu beantragen, werden nicht dadurch ausgeschlossen, dass der Erbe einzelnen Nachlassgläubigern gegenüber unbeschränkt haftet.

VI. Systematische Analyse juristischer Sachverhalte

(3) Was versteht man unter einer Anspruchskonkurrenz?

Bei der Suche nach den richtigen Vorschriften ist es des Weiteren wichtig, dass man sich zu Anfang alle Anspruchsgrundlagen vollständig zusammenstellt. Nicht nur die begründeten Ansprüche sind zu berücksichtigen, sondern alle, die vernünftigerweise in Betracht kommen. In der Praxis ist es nämlich durchaus häufig, dass ein und derselbe Lebenssachverhalt mehrere Anspruchsgrundlagen erfüllt. Man spricht dann von einer **Anspruchskonkurrenz**.

> Beispiele für die Anspruchskonkurrenz, wenn Schadensersatz wegen einer Vertragsverletzung verlangt wird ▶ Schadensersatz kann nach §§ 241, 280 BGB verlangt werden ▶ und, wenn eine **unerlaubte Handlung** vorliegt, auch nach §§ 823 ff. BGB.

Dann kann natürlich nicht die geforderte Leistung mehrfach gefordert werden. Da die Anspruchsgrundlagen aber alle in der Regel unterschiedliche Voraussetzungen haben und in der Praxis der Beweis der einen oder anderen Voraussetzung problematisch sein könnte, ist es immer ratsam, „mehrgleisig" vorzugehen. Außerdem sehen die Anspruchsgrundlagen bisweilen unterschiedliche Rechtsfolgen vor. Hier interessiert es den Anspruchssteller besonders, wo er die für ihn günstigsten Rechtsfolgen einklagen könnte. Bei der Suche nach der richtigen Anspruchsgrundlage ist es nicht ratsam, bereits mit der Untersuchung einzelner Rechtsprobleme zu früh zu beginnen, weil man andernfalls leicht dazu verführt wird, Anspruchsnormen zu übersehen. Dieses sollte erst im nächsten Schritt erfolgen.

5 Erstellung einer Lösungsskizze – Schritt 5

▶ 78 Wie erstellt man eine juristische Lösungsskizze?

> **Checkliste 14   Erstellung der Lösungsskizze (5. Schritt)**
> - Vergleich der Voraussetzungen einer Vorschrift mit den tatsächlichen Gegebenheiten – sog. Subsumtion oder auch „Rosinenpicken" (Suchen wichtiger Sachverhaltspunkte)
> - Beim mehrfachen Lesen herausfinden, ob jede der allgemein beschriebenen Voraussetzungen der Vorschrift durch Angaben im Sachverhalt ausgefüllt werden kann
> - Das Ergebnis jeder Überprüfung wird in einer Lösungsskizze festgehalten (z. B. mit (+), (–) oder (?) hinter der jeweiligen Voraussetzung).

Sind Rechtsnormen gefunden, nach denen der Anspruchssteller einen Anspruch hätte, müssen deren rechtliche Voraussetzungen zusammengestellt werden und jede einzelne mit dem Sachverhalt verglichen werden, sog. Subsumtion. Anschaulicher ausgedrückt „pickt" sich der Bearbeiter die wichtigsten Angaben wie Rosinen aus dem Sachverhalt heraus, um die Erfüllung der Tatbestandsmerkmale des Gesetzes beweisen zu können. Zumeist gehen das Suchen der Vorschriften (Schritt 4) und das skizzenmäßige Prüfen (Schritt 5) Hand in Hand, d. h. bei einer gefundenen Vorschrift werden sogleich die darin enthaltenen Voraussetzungen auf ihr Vorhandensein überprüft und diese Zwischenergebnisse in einer **Lösungsskizze kurz notiert**. Sind alle gesetzlichen Voraussetzungen nach dem Sachverhalt gegeben, kann der Anspruch bejaht werden und es ergibt sich die geregelte Rechtsfolge. Ist dagegen eine

Voraussetzung nicht erfüllt, kann sich der Anspruchssteller nicht auf die in der Anspruchsgrundlage enthaltene Rechtsfolge dem Anspruchsgegner gegenüber berufen.

> Im **Fall** könnte rechtlich ein Schuldanerkenntnis vorliegen, § 781 S. 1 BGB. Dazu müsste z. B. zwischen den Beteiligten ein **wirksamer Vertrag** über die Verpflichtung zum Schadensersatz zustande gekommen sein. Dessen Wirksamkeit hängt von weiteren Rechtsfragen ab, z. B. ob ein 15-Jähriger bereits wirksam Verträge abschließen kann. Da es sich aber um einen Vertrag mit rechtlichen Verpflichtungen für den **Franz Fahrinsland** handelt, bedarf er zu einer Willenserklärung der Einwilligung seines gesetzlichen Vertreters, § 107 BGB, so dass der Vertrag schwebend unwirksam ist, § 108 Abs. 1 BGB, vgl. später beim Thema Geschäftsfähigkeit.
>
> Bei der Prüfung von gesetzlichen **Schadensersatzansprüchen wegen unerlaubter Handlungen**, §§ 823 Abs. 1 BGB, spielt auch wieder das Alter eine Rolle. So kann wohl von einem 15-Jährigen durchaus erwartet werden, dass er bei unübersichtlicher Verkehrslage nicht grundlos die Kurve schneidet, § 828 Abs. 3 steht einer Zurechnungsfähigkeit der unerlaubten Handlung nach § 823 Abs. 1, Alternative „Eigentum", nicht im Wege. Bei der Schadensregulierung muss sich aber der Autofahrer ein Mitverschulden entgegenhalten lassen, weil er auch nicht ganz rechts gefahren ist (Verstoß gegen das Rechtsfahrgebot), vor einem Hindernis nicht rechtzeitig zum Stehen kam (nicht angepasste Geschwindigkeit) und letztlich auch die Betriebsgefahr seines Autos trägt. In der Praxis könnte daher der Autofahrer durchaus auf der Hälfte seines Schadens sitzen bleiben.

6 Ausformulierung der Lösung – Schritt 6

▶ **79 Was ist bei der Ausformulierung der Lösung zu beachten?**

> **Checkliste 15   Ausformulierung der Lösung (6. Schritt)**
> - Ausformulierung der bisherigen Gedanken aufgrund der Fragestellung erwünscht?
> - Gilt der Gutachtenstil? Frage wird am Anfang formuliert → Lösungsweg genau beschreiben → Lösung am Ende des Gutachtens
> - Ist der Urteilsstil erwünscht? Lösung am Anfang → Weg dahin wird erst nachfolgend beschrieben

Sollte bei der rechtlichen Prüfung eines vertragsrechtlichen Falls eine Niederschrift der wesentlichen Gedanken erforderlich sein, sind folgende Vorgehensweisen möglich:

Dem Bearbeiter liegen nach den zuvor vollzogenen Arbeitsschritten zumeist eine Fallskizze und/oder Datentabelle, ein Merkzettel mit den ersten Gedanken und eine kurze Lösungsskizze vor. Dieses „Gerippe" der Lösung wird nun so präzise wie möglich **ausformuliert**. Dabei ist inhaltlich genau und überzeugend auf die eigentlichen Streitfragen einzugehen. Für die Lösung letztlich nicht oder nur am Rande interessierender Fragen sind gar nicht oder nur in aller Kürze abzuhandeln.

Methodisch hat ein rein juristisch arbeitender Bearbeiter bei der Fallprüfung vielfach den „**Gutachtenstil**" anzuwenden. Dabei wird an den Beginn der Ausführungen die zu erörternde Frage gestellt. Erst am Ende wird die Antwort auf diese Frage

VI. Systematische Analyse juristischer Sachverhalte

gegeben, wenn alle hierfür notwendig werdenden Voraussetzungen der Vorschrift behandelt wurden.

> **Beispiele für den Gutachtenstil** ▶ **1. Teil:** Hauptfrage und mögliche Antwrrt am Anfang im Konjunktiv = z. B. Bernd könnte gegenüber Franz einen Schadensersatzanspruch aus § 823 Abs. 1 BGB haben. ▶ **2. Teil:** Voraussetzungen der Hauptfrage formulieren = Voraussetzung wäre das Vorliegen einer zumindest fahrlässigen Eigentumsverletzung durch den Franz. ▶ **3. Teil:** einzelne Voraussetzungen werden subsumiert, hier Vorsatz oder Fahrlässigkeit = Fahrlässigkeit setzt das Außerachtlassen der im Verkehr erforderlichen Sorgfalt voraus, § 276 Abs. 2 BGB ▶ **4. Teil:** Welche Untervoraussetzungen hat das in Frage stehende Tatbestandsmerkmal? = Auf deutschen Straßen fährt nur der sorgfältig, der das Rechtsfahrgebot einhält. ▶ **Zwischenergebnis:** Franz hat daher mit dem Schneiden der Kurve das Rechtsfahrgebot verletzt und fahrlässig gehandelt.

Der „**Urteilsstil**" stellt demgegenüber an den Anfang das Ergebnis und erklärt dieses dann, indem die wesentlichen Sachverhaltsangaben mit dem gesetzlichen Tatbestand verglichen werden. In der betrieblichen Praxis ist dieser ergebnisorientierte Urteils-Stil jedenfalls bei der schriftlichen Fixierung gebräuchlich, da die Ergebnisse schnell präsentiert werden sollen und die Herleitung zwar wichtig ist, aber nicht im Vordergrund steht.

> Im **Fall** könnte die Antwort im **Urteilsstil** folglich so aussehen: Bei der Beantwortung der Frage nach der Rechtslage nach dem Unfall sind zunächst zwei verschiedene Anspruchsgrundlagen zu prüfen. Ein **vertraglicher Anspruch** des Autofahrers **Bernd Bleifuß** gegen den Jugendlichen **Franz Fahrinsland** aus dem Schuldanerkenntnis nach § 781 BGB ist derzeit nicht gegeben, solange nicht seine Eltern diesen für den Jugendlichen rechtlich nachteilhaften Vertrag genehmigen, §§ 107, 108 Abs. 1 BGB. Eine Genehmigung ist nämlich deshalb erforderlich, weil der Vertrag Verpflichtungen auf Zahlungen für den Jugendlichen begründet... (nähere Ausführungen zur Geschäftsfähigkeit folgen)
>
> Der **gesetzliche Anspruch** auf Ersatz des durch verschuldetes Schneiden der Kurve beim Autofahrer entstandenen Schadens besteht gegenüber dem zurechnungsfähigen Jugendlichen trotz seiner Minderjährigkeit zur Hälfte nach §§ 823 Abs. 1 i. V. m. § 254 Abs. 1 BGB, weil ein Jugendlicher regelmäßig die Gefährlichkeit eines solchen Verhaltens erkennen kann... (nähere Ausführungen zur Deliktsfähigkeit und zum Mitverschulden folgen).

Systematische Analyse vertragsrechtlicher Fälle

- **Juristisches Fall-Lösungsschema** zur rechtlichen Bewertung von Vertragsproblemen einsetzen
- **1. Schritt Sachverhalt erarbeiten** ○ juristische Fachsprache und ihre Besonderheiten beachten ○ Lesegeschwindigkeit reduzieren ○ auf vermeintlich bekannte sprachliche Formulierungen achten ○ jedem Detail Aufmerksamkeit schenken, dieses erfassen und abwägen (Stichwort: „Goldwaage") ○ wiederholtes und sorgfältiges Lesen ○ Fallskizze und Datentabelle anfertigen ○ juristisches Regel-Ausnahme-Denken kennen ○ Das-kommt-darauf-an-Antwort geben ○ Unbefangenheit bewahren
- **2. Schritt Fragestellung beachten** ○ konkrete Fallfragen abarbeiten ○ allgemeine Fallfragen mit System konkretisieren ○ sog. 4-W-Frage stellen ○ genaue Trennung von Sachverhaltsteilen, Personen und Anspruchsinhalten hilfreich ○ Prioritäten setzen

Systematische Analyse vertragsrechtlicher Fälle

- **3. Schritt Erste Gedanken zur Lösung festhalten** ○ Notizen machen und mit späterem Ergebnis vergleichen ○ Plausibilitätskontrolle durchführen ○ best-case- und worst-case-Betrachtung ○ betriebswirtschaftliche und juristische Auswirkungen
-
- **4. Schritt Suche nach den Rechtsvorschriften** ○ Ziele des Anspruchsstellers entscheidend, z. B. ob er Vertragserfüllung, Rückabwicklung, Herausgabe oder Schadensersatz will ○ Anspruchsgrundlagen suchen ○ Aufbau des BGB in fünf Bücher beachten ○ verschachtelter Aufbau des BGB durch Ausklammerungsmethode und Verweisungstechnik ○ mehrere Vorschriften nebeneinander prüfen
- **5. Schritt Erstellung einer Lösungsskizze** ○ Vergleich rechtlicher Voraussetzungen mit tatsächlichen Gegebenheiten ○ Subsumtion oder „Rosinen picken" genannt ○ Lösungsskizze hält Ergebnisse fest
- **6. Schritt Ausformulierung der Lösung** ○ anhand von Fallskizze/Datentabelle ○ Merkzettel ○ Lösungsskizze ○ Gutachterstil bei der juristischen Prüfung ○ Urteilsstil bei einer eher ergebnisorientierten, betriebswirtschaftlichen Herangehensweise

VII. Vertrags-Controlling

▶ 80 Wie kann ein Vertrags-Controlling rechtliche Vorteile bringen?

Auch Elemente des **Controllings** könnten im Vertragsmanagement Eingang finden:

> - Wie findet man heraus, ob das Vertragsmanagement erfolgreich war bzw. wo **Verbesserungsbedarf** besteht?
> - Welche **Instrumente des Controllings** sind auf das Vertragsmanagement übertragbar?

Bei der Erfolgskontrolle sind **Betriebs- und Geschäftsgeheimnisse** rechtlich zu wahren, ansonsten drohen empfindliche Strafen nach UWG.

Der **Begriff des Controllings** wird in der Betriebswirtschaft dafür verwendet, Maßnahmen und Werkzeuge zu beschreiben, die helfen,

- Planung und tatsächlich Realisiertes miteinander vergleichen zu können,
- Differenzen messbar zu machen und
- die daraus gewonnenen Erkenntnisse zu bewerten.

▶ 81 Warum werden Controlling-Instrumente so wenig im Vertragsrecht angewendet?

Bei den rechtlichen Verträgen wurden diese Instrumente bislang noch sehr wenig angewendet, was vor allem an Folgendem liegen kann:

- **Fehlende Einsicht** in den betriebswirtschaftlichen Abteilungen, welche Bedeutung die Vertragsplanung für die Erreichung kaufmännischer Ziele haben kann.
- **Schwierige Messbarkeit der Vorteile**, die eine gute Vertragsplanung mit sich bringt. Der Vergleich von betriebswirtschaftlichen Kennzahlen fällt immer leichter, als die Vorteile, die gut verhandelte und richtig strukturierte Verträge in der Praxis haben.

Praktisch wird von Heussen, (a.a.O., S. 366), folgendes Controlling-Verfahren mit unterschiedlichen Instrumenten vorgeschlagen:

- **Vertragstext** einschließlich aller Anlagen nach Erfolg oder Misserfolg **auswerten**
- **Aufteilung der Rechte und Pflichten** der Vertragsparteien in einer Matrix
- **Aufzählung** aller Leistungsdaten und Informationen und Zuordnung zu den Vertragsparteien
- **Kontrolle** der Pflichten und Bewertung der Ergebnisse
- **Schnelles Erkennen von Schlechterfüllung und rechtzeitige Anmahnung** von Leistungsstörungen, z. B. Verzug
- **Aufbewahrung aller Unterlagen** auch zur Erfüllung von gesetzlichen Aufbewahrungspflichten – Dokumentenverwaltung
- **Nachkalkulation** der durch den Vertrag entstandenen aber auch vermiedenen Kosten, indem z. B. die gezahlten Vertragsstrafen, Zinsen für Bürgschaften, Rückstellungen von Garantien, Kosten für Planung und Kontrolle erfasst werden.

Vertrags-Controlling

- **Betriebswirtschaftlicher Begriff des Controllings bei den rechtlichen Verträgen bislang noch sehr wenig angewendet** ○ fehlende Einsicht, welche Bedeutung die Vertragsplanung für die Erreichung kaufmännischer Ziele haben kann ○ schwierige Messbarkeit der Vorteile
- **Vorschläge für ein Vertrags-Controlling** ○ Vertragstext auswerten ○ Matrix mit allen Rechten und Pflichten ○ Aufzählung aller Leistungsdaten und Informationen ○ Zuordnung zu den Vertragsparteien ○ Kontrolle der Pflichten und Bewertung der Ergebnisse ○ schnelleres **Erkennen von Schlechterfüllung** ○ **rechtzeitige Anmahnung** ○ **Aufbewahrung aller Unterlagen** ○ Einbeziehung der durch den Vertrag entstandenen aber auch vermiedenen Kosten in die **Nachkalkulation**

VIII. Phasen der Vertragsanbahnung

1 Verhandlungsprotokolle

▶ **82 Welche vertragsrechtliche Wirkung haben Verhandlungsprotokolle?**

> **Fall 27 Unternehmensverkauf auf Protokollbasis?** Die Unternehmerin Jutta Zweipfennig möchte ihr Handelsunternehmen verkaufen. Es sind einige Interessenten schon da, mit denen man verhandelt, und auch **Protokolle über die Gespräche** anfertigt, die von beiden Parteien am Ende der Verhandlung gegengezeichnet werden. **Frage** Bestehen schon rechtliche Pflichten aufgrund dieser Verhandlungsprotokolle? Muss Jutta Zweipfennig an einen der Interessenten verkaufen?

Bei länger andauernden Vertragsverhandlungen können die Parteien Positionspapiere, Verhandlungsprotokolle oder **sog. Punktationen** erstellen und austauschen. **Begrifflich** werden dabei Punkte, über die abschließend verhandelt wurde, schriftlich festgelegt, um sie später in den Hauptvertrag als Teil der Vereinbarungen einzubringen.

> **Muster 14: Punktation**
> Zwischen ... schweben Kaufvertragsverhandlungen über ... . Nach Abschluss der Verhandlungsrunde vom ... sind folgende Ergebnisse festzuhalten: ...

Punktationen haben insbesondere dann große **Bedeutung**, wenn die Parteien den Abschluss des Hauptvertrages wollen und wegen des Umfangs und der Dauer der Verhandlungen Abschnitte des Verhandlungsergebnisses mit gewisser Verbindlichkeit festlegen, die dann Bestandteil des späteren Hauptvertrages werden sollen. Sie dienen der **guten Verhandlungsführung**, da ein rascherer Überblick über die bereits gewonnenen Ergebnisse und die noch offenen Punkte gewonnen werden kann. Bei Unterbrechungen von Verhandlungen ist der Stand der Verhandlungsergebnisse festgehalten, so dass dort weiterverhandelt werden kann.

Bis zum Abschluss des Hauptvertrags **fehlt** diesen „Verhandlungs(Zwischen-) Ergebnissen" jedoch **grundsätzlich die rechtliche Bindungswirkung**, §154 Abs.1 S.2 BGB.

§ **§154 Abs.1 S.2 BGB Offener Einigungsmangel** (1) ... Die Verständigung über einzelne Punkte ist auch dann nicht bindend, wenn eine Aufzeichnung stattgefunden hat.

Im Gegensatz zu echten Vorfeldverträgen, können hier die Parteien den Inhalt der Punktation einseitig, nach freiem Belieben, aufheben (so bereits das Reichsgericht, RGZ 130, 73, 75). Aus diesen vorvertraglichen Verhandlungen können aber wertvolle **Hinweise für die spätere Auslegung** von unklaren Vertragsklauseln gewonnen werden (BGH NJW 1981, 2295, ZIP 2004, 843). Durch die Aufnahme von Verhandlungen können auch Schadensersatzansprüche begründet werden, z.B. bei willkürlichem Abbruch eines als sicher in den Verhandlungsprotokollen dargestellten Vertragsabschlusses, sog. Verschulden bei Vertragsschluss (Culpa in Contrahendo, §§ 280 Abs. 1 i. V. m. 311 Abs. 2 BGB). Sollen diese Punktationen zu **bindenden Rechten und Verpflichtungen** führen, so müssen die Parteien diese Bindungswirkung **ausdrücklich vereinbaren**.

> **Lösung Fall 27** Im Fall entsteht daher zunächst durch die Verhandlungsprotokolle **keine Verkaufspflicht** der Unternehmerin Jutta Zweipfennig. Die Parteien müssen aber sorgsam miteinander umgehen, da ein **rechtsgeschäftsähnliches Vertrauensverhältnis** begründet wurde, § 311 Abs. 2 Nr. 1 BGB. Will man den Protokollen mehr Verbindlichkeit geben, könnte man darin z. B. festlegen, dass zahlreich vorhandene immaterielle Wirtschaftsgüter zu einem bestimmten Preis Teil des Gesamtpreises werden. In den Kaufvertrag ist dann dieser Teilpreis als Bestandteil des Gesamtkaufpreises zwingend aufzunehmen.

> **Verhandlungsprotokolle**
>
> - **Begrifflich** ○ abschließende schriftliche Fixierung von (Teil-)Ergebnissen einer Verhandlung ○ auch Punktationen genannt
> - **Bedeutung** ○ Instrument zur guten Verhandlungsführung ○ dienen der späteren Erstellung des Vertrages
> - **Bindungswirkung** ○ keine rechtliche Bindungswirkung, § 154 Abs. 1 S. 2 BGB ○ dienen als Auslegungshilfe
> - **Haftungsfolgen** ○ Begründung eines vertragsähnlichen Vertrauensverhältnisses, §§ 280 Abs. 1 i. V. m. 311 Abs. 2 BGB

2 Absichtserklärung

▷ **83 Was ist bei der Abgabe einer Absichtserklärung (Letter of Intent) vertragsrechtlich zu beachten?**

> **Fall 28 Der unbekannte „Letter"** Für das zum Verkauf stehende **Unternehmen des Rainer Zweifel** erhält dieser von einer Kaufinteressentin, der **Zahnärztin Klara Zitter**, einen sog. Letter of Intent. **Frage** Rainer Zweifel möchte wissen, was dessen rechtliche Bedeutung ist und welche Inhalte üblicherweise darin stehen sollten bzw. müssen.

Aus dem anglo-amerikanischen Rechtskreis stammt das Institut des **Letter of Intent (auch LOI genannt)**. Darunter wird eine den Hauptvertrag vorbereitende, meist in Briefform abgegebene Erklärung verstanden, die in der Regel eine Absichtserklärung beinhaltet, zu einem bestimmten rechtsgeschäftlichen Ergebnis (z. B. der Unternehmensübertragung) zu kommen. Der LOI hat besonders bei sehr großen Vertragsprojekten **Bedeutung**, die sich aufgrund des Umfangs oder anderer Umstände auch zeitlich lange hinziehen, bei denen aber schon in einem frühen Stadium Bedarf an rechtssicheren und planungssicheren Details besteht.

Ausgehend von den meisten Formulierungen in den LOI, kommt ihnen im Regelfall aber **keine rechtliche Bindungswirkung** im Hinblick auf einen Vertragsschluss zu. Darin wird nur die rechtlich nicht verbindliche Fixierung der Verhandlungsposition desjenigen wiedergegeben, der die Erklärung abgegeben hat. Rechtliche Bindungswirkung kann sich aber im Einzelfall aus dem Inhalt des LOI ergeben.

Beispiele für bindende Letter of Intent ▶ einer der Beteiligten gibt die Zusicherung der grundsätzlichen Kauf- oder Veräußerungsbereitschaft ▶ Zusicherung, keine verdeckten Parallelverhandlungen mit Dritten zu führen

In einem solchen Fall, würde die Zuwiderhandlung gegen diese Bestätigungen zu einer Vertrauenshaftung nach den Grundsätzen des **Verschuldens bei Vertragsschluss** führen können, §§ 280 Abs. 1 i. V. m. 311 Abs. 2 BGB, da eine Art „Selbstbindung" des Abgebenden eingetreten ist.

Um Missverständnisse zu vermeiden, sollte im LOI geregelt werden, **ob dieser Bindungs- oder Haftungswirkung entfalten soll oder nicht.**

Beispiele für Muster ▶ Kösters NZG 1999, 623 ▶ gewerblicher Mietvertrag, Linder/Figura NZM 2000, 1193 ▶ EDV-Software-Kauf, IHK Frankfurt/Main online unter http://www.frankfurt-main.ihk.de > Recht und Steuern > Musterverträge > Letter of Intent

---

Muster 15: Letter of Intent (Absichtserklärung) der IHK Frankfurt am Main (gekürzt)

Absichtserklärung zwischen der Fa. Anwender GmbH, A-Stadt nachfolgend „ANWENDER GMBH" genannt und der Fa. BELG – Beste EDV-Lösungen GmbH, B-Stadt – nachfolgend „BELG" genannt –.

1. Vorbemerkungen Die ANWENDER GMBH möchte ihr B-System umstellen und beabsichtigt insofern Software von BELG einzusetzen und BELG zusätzlich mit der Projekt- und Einführungsunterstützung zu beauftragen. Die Parteien halten nachstehend den Stand ihrer bisherigen Verhandlungen und ihre vorläufigen Vereinbarungen fest. Sie begründen damit noch keine Verpflichtung zum Abschluss eines Lizenz- und Dienstleistungsvertrages. Vielmehr haben die Parteien bis zur Unterzeichnung des entsprechenden Vertrages das Recht, jederzeit ohne Angaben von Gründen von den weiteren Verhandlungen Abstand zu nehmen. Der später abschließende Vertrag (Hauptvertrag) soll folgenden wesentlichen Inhalt haben:

2. Wesentlicher Inhalt des zwischen ANWENDER GMBH und BELG abzuschließenden Lizenz- und Dienstleistungsvertrags (Hauptvertrag) Gegenstand der vorgesehenen vertraglichen Vereinbarung ist der Erwerb und die Installation der Software „Spezial" für einen Testbetrieb. Dieser Testbetrieb soll ab dem ...... (Datum einsetzen) in einen Echtbetrieb übergehen (ggf. weitere Ausführungen zum Sachstand).

Der zu vereinbarende Dienstleistungsteil soll konkrete Abstimmungen und ein Konzept zur Einführungs- und Projektunterstützung, Echtstartunterstützung, zur Einrichtung und Abstimmung der Schnittstellen sowie die notwendigen Anwenderschulungen enthalten.

3. Zeitplan Die Parteien stimmen darin überein, dass sie schnellstmöglich Gespräche zur Ausarbeitung eines Lizenz- und Dienstleistungsvertrages im Geiste dieser Absichtserklärung aufnehmen mit dem Ziel eines zügigen Vertragsabschlusses.

Beide Parteien sind bereit, die für den Vertragsabschluss erforderlichen Vorleistungen nach Treu und Glauben zu erbringen und zur Erreichung des Vertragsabschlusses partnerschaftlich zusammenzuarbeiten.*) Sie werden alle hierfür erforderlichen Informationen zur Verfügung stellen.

4. Inkrafttreten und Laufzeit der Absichtserklärung Diese Absichtserklärung tritt mit der Unterzeichnung durch beide Parteien in Kraft und endet automatisch mit Abschluss eines Hauptvertrages zwischen den Parteien, spätestens jedoch am xx.xx.20xx, es sei denn, die Parteien haben einvernehmlich eine Verlängerung der Laufzeit dieser Absichtserklärung schriftlich vereinbart.

5. Geheimhaltung Die der anderen Partei übergebenen Unterlagen, Kenntnisse und Erfahrungen dürfen ausschließlich für die Zwecke dieser Absichtserklärung verwendet werden. Die vorstehende Geheimhaltungsverpflichtung gilt nicht für Informationen, wenn und soweit – diese bereits vor Offenlegung gegenüber der anderen Partei und ohne Geheimhaltungsverpflichtung rechtmäßig in ihrem Besitz waren; – diese ohne ihr Zutun veröffentlicht worden oder anderweitig ohne ihr Verschulden allgemein bekannt geworden sind;- diese ihr nach Abschluss der Absichtserklärung von einem oder mehreren Dritten ohne Geheimhaltungsverpflichtung rechtmäßig, also ohne Bruch dieser Vereinbarung durch die empfangende Partei, übermittelt wurden; – diese schriftlich durch die offenlegende Partei gegenüber der anderen Partei freigegeben werden; – diese ohne entsprechende Verpflichtungen und Beschränkungen von der offenlegenden Partei einem Dritten zugänglich gemacht worden sind.

6. Schlussbestimmungen Frühere mündliche oder schriftliche Vereinbarungen zwischen den Parteien in Bezug auf den Gegenstand dieser Absichtserklärung sind mit deren Inkrafttreten gegenstandslos. Änderungen oder Ergänzungen dieser Absichtserklärung sowie dieser Klausel bedürfen der Schriftform und sind von beiden Parteien zu unterzeichnen. Rechte und Pflichten aus dieser Absichtserklärung werden durch Formumwandlung bzw. Neustrukturierungen der Betriebsorganisation der Parteien, auch wenn diese zur Ausgliederung von Betriebsteilen oder zur Schaffung neuer Rechtspersönlichkeiten führen, nicht berührt. Sollte eine Bestimmung dieser Absichtserklärung unwirksam sein, wird die Wirksamkeit der übrigen Bestimmungen dadurch nicht berührt. Die Parteien werden die unwirksame Bestimmung unverzüglich durch eine solche wirksame ersetzen, die dem wirtschaftlichen Zweck der unwirksamen Bestimmung am nächsten kommt. Auf diese Absichtserklärung findet deutsches Recht Anwendung. Gerichtsstand ist B-Stadt. (Anmerkung: An dieser Stelle kann auf Wunsch eine Schlichtungsvereinbarung und/oder Schiedsgerichtsvereinbarung getroffen werden. Zur Vereinbarung einer Schlichtungsklausel und/oder Schiedsklausel siehe Erläuterung unten)

Unterschriften

*) Beispiel für eine zusätzliche Aufwendungsersatzregelung bei Nichtzustandekommen des Hauptvertrages: „Für den Fall, dass die Parteien eine weitergehende Vereinbarung über den Gegenstand dieser Absichtserklärung hinaus – aus welchem Grund auch immer – nicht abschließen, hat die BELG einen Anspruch auf Vergütung der bereits erbrachten Leistungen, wobei jedoch jede Partei ihre eigenen Kosten bezüglich etwaiger Kosten von Gutachtern, Beratern, Rechtsanwälten oder Reisekosten selbst trägt."

Lösung Fall 28 Im **Fall** des Unternehmers Rainer Zweifel ist daher mit dem erhaltenen „Letter of Intent" noch keine Kaufverpflichtung gegenüber der Interessentin Klara Zitter gegeben. Inhaltlich kann sich Zweifel z. B. an dem Muster der IHK orientieren und bei den weiteren Verhandlungen auf Präzisierung noch fehlender Inhalte bestehen. Damit erlangt er Rechtssicherheit und zunehmende Verbindlichkeit.

Letter of Intent (LOI)

- **Begrifflich** ○ eine den Hauptvertrag vorbereitende, meist in Briefform abgegebene Erklärung ○ in der Regel eine Absichtserklärung zu einem bestimmten rechtsgeschäftlichen Ergebnis
- **Bedeutung** ○ bei sehr großen Vertragsprojekten ○ schon in frühem Stadium Bedarf an rechtssicheren und planungssicheren Details

- **Rechtlich** ○ grundsätzlich keine rechtliche Bindungswirkung ○ Bindungswirkung ist aber möglich, je nach Formulierung
- **Haftungsfolgen** ○ Vertrauenshaftung nach den Grundsätzen des Verschuldens bei Vertragsschluss
- **Inhaltlich besteht Vertragsfreiheit** ○ Musterbeispiel der IHK Frankfurt mit verschiedenen Inhalten: ○ Vorbemerkungen ○ wesentlicher Inhalt des abzuschließenden Hauptvertrages ○ Zeitplan ○ Inkrafttreten und Laufzeit der Absichtserklärung ○ Geheimhaltung ○ Schlussbestimmungen ○ vor Abgabe einer Absichtserklärung sollte juristischer Rat eingeholt werden

3 Option

▶ **84 Welche Vertragsrechte verleiht eine Option?**

> **Fall 29 Unternehmer „optiert"?** Der **Unternehmer Klaus Klug** möchte sein Unternehmen am liebsten an seine ehemalige **Mitbewerberin Liesbeth Spanner** verkaufen, da diese das Geschäft wirklich versteht. Er gibt ihr daher zu einem bestimmten Preis eine zeitlich befristete Kaufoption. Für die Zeit der Option will der Unternehmer **Klaus Klug** aber **schon einen Geldbetrag vom Lisbeth Spanner** haben. **Frage Später fragt Klaus Klug sich, welche Bindungen mit dieser Option verbunden sind und ob er Anspruch auf diesen Vorabgeldbetrag hat.**

Das Optionsrecht ist gesetzlich nicht im BGB geregelt, Vereinbarungen darüber sind allerdings aufgrund der Vertragsfreiheit zulässig.

> **Muster 16: Option im Mietvertrag**
>
> Der Vermieter gewährt dem Mieter nach regulärem Ablauf des Mietverhältnisses am 31.12.2009 ein Optionsrecht auf Verlängerung des Mietvertrages um dreimal drei Jahre. Das Optionsrecht auf Verlängerung zum 31.12.2012 muss durch den Mieter bis zum 31.12.2009 durch schriftliche Erklärung gegenüber dem Vermieter ausgeübt werden. Die Erklärung des Mieters, das Optionsrecht auf Verlängerung des Mietvertrages bis 31.12.2015 auszuüben, muss bis spätestens 31.12.2012 beim Vermieter schriftlich erklärt worden sein.

Mit der Hingabe eines Optionsrechts gibt man einem der Vertragspartner das Recht, den Vertragsabschluss durch **einseitige Erklärung** herbeizuführen, also z. B. ein Unternehmen entweder zu kaufen oder zu verkaufen. Der Optionsberechtigte hat dann durch die Abgabe der Optionserklärung die Möglichkeit, einem aufschiebend bedingten Vertrag seine endgültige Wirksamkeit zu geben (BGHZ 47, 388; OLG Bamberg, NJW-RR 1989, 1449).

Die Optionsrechtserteilung kann in der Praxis auch mit der Zahlung eines sog. **Bindungsentgelts** verbunden sein, das der Gebundene vom Berechtigten während der Zeit des Optionsrechts erhält, da der Optionsvertrag zunächst einseitig nur dem Optionsnehmer Vorteile bringt, er hat die freie Wahl. In den Optionsvereinbarungen wird dann aber eine Verrechnung der bereits gezahlten Beträge mit der zu zahlenden Vertragssumme vereinbart, wenn der Vertrag zustande kommt.

Begrifflich sind also folgende Erklärungen bzw. Vereinbarungen zu unterscheiden:

- Hingabe einer Option = Optionsrechtserteilung bzw. Optionsvereinbarung
- Annahme einer Option = Optionserklärung und letztlich Annahmeerklärung des zugrundeliegenden Vertrages

Rechtlich problematisch kann bei Bestehen von Formvorschriften, z. B. Grundstücksgeschäften, § 311 b Abs. 1 BGB, die Frage sein, auf welchen dieser „Ebenen" die Form eingehalten werden muss.

> **Beispiele aus der Rechtsprechung** ▶ Nur die Optionsvereinbarung, nicht dagegen die Optionserklärung ist formbedürftig (BGH NJW 2006, 2843). ▶ Stellt das Optionsrecht gleichzeitig ein langfristig bindendes Vertragsangebot dar (Auslegungsfrage im Einzelfall), soll auch die Optionserklärung formbedürftig sein (BGH LM § 433 Nr. 16).

In ihrer **Bedeutung** ist die Option wegen ihrer rechtlichen Bindungswirkung **für beide Vertragspartner betriebswirtschaftlich riskant**. Der Vertrag kommt mit der Ausübung der Option zustande und muss daher den Inhalt des abzuschließenden Kaufvertrages bereits zu einem frühen Zeitpunkt vollständig wiedergeben. Zudem ist zu beachten, dass der Verkäufer Interna seines Unternehmens in der Option offenlegt, die vom Käufer missbraucht werden können, falls es nicht zum Kaufabschluss kommt.

Lösung Fall 29 Im Fall geht der **Unternehmer Klaus Klugesherz** daher mit seiner Option eine rechtliche Bindung ein, die nur dann hält was sie verspricht, wenn die Vertragsmodalitäten des Hauptvertrages gut umschrieben sind. Kommt der Vertrag später zustande, **muss Lisbeth Spanner** den Kaufpreis abzüglich des bereits gezahlten Bindungsentgelts bezahlen, wenn dieses so vereinbart worden war. Je nachdem, ob das Optionsrecht gleichzeitig ein langfristig bindendes Vertragsangebot mit der Beteiligung von Grundstücken war, kann die Optionserklärung dann auch **formbedürftig** sein.

Option

- **Begrifflich** ○ gesetzlich nicht geregelt ○ Recht, den Vertragsabschluss durch einseitige Erklärung herbeizuführen
- **Bindungsentgelt** ○ dient als Ausgleich dafür, dass der Optionsgeber gebunden ist, und der Optionsnehmer einseitig Nutzen daraus ziehen kann ○ je nach Vereinbarung ist eine Verrechnung mit der später vom Optionsnehmer zu zahlenden Gegenleistung möglich
- **Rechtlich** nur wirksam, wenn Formvorschriften eingehalten werden
- **Betriebswirtschaftliche Bedeutung** ○ für beide Vertragspartner riskant ○ Inhalt des abzuschließenden Kaufvertrages muss vollständig wiedergegeben werden ○ Verkäufer muss Interna seines Unternehmens in der Option offenlegt, die vom Käufer missbraucht werden können, falls es nicht zum Kaufabschluss kommt

4 Vorhand bzw. Vorkaufsrecht

▶ **85 Welche vertragsrechtlichen Rechte und Pflichten begründet eine Vorhand bzw. ein Vorkaufsrecht?**

> **Fall 30 Vorkauf zu jedem Preis?** Der **Unternehmer Karsten Bier** hat vor langer Zeit auf einem Familienfest seiner damals sehr interessierten **Schwester Ilona Bier-Weiß** versprochen, seine Brauerei für den Fall zu verkaufen, dass er sich jemals zu Ruhe setzen würde. **Frage Anlässlich schwebender Verkaufsverhandlungen mit dem spendablen Architekten Karl Korn über die Brauerei will die Schwester Ilona nun ihre Rechte aus den Versprechungen ihres Bruders wissen.**

Begrifflich wird unter einer Vorhand die Verpflichtung verstanden, dem Vorhand- bzw. Vorkaufsberechtigten einen Gegenstand anzubieten, bevor man ihn anderweitig veräußert, vermietet oder verpachtet.

> **Muster 17: Vorkaufsrecht im Mietvertrag** (vgl. Beck'sches Formularbuch, III D. 2 § 17)
> Der Vermieter bestellt dem Mieter ein Vorkaufsrecht am Grundstück ... für jeden Erwerbsfall. Dieses Vorkaufsrecht ist bis zum 31.12.2020 befristet. Solange eine Eintragung im Grundbuch nicht erfolgt ist, soll das Recht als schuldrechtliches Vorkaufsrecht bestehen. Der Mieter kann verlangen, dass das Vorkaufsrecht auf seine Kosten in das Grundbuch eingetragen wird.

Je nachdem, wie diese Vorhandrechte ausgestaltet wurden, können durch sie verschiedene Rechte entstehen.

> **Beispiele für Rechte aus Vorhandrechten** ▶ bloßes Recht, vor Erklärung des Optionsberechtigten nicht mit einem Drittinteressenten abzuschließen (formfreie **Reservierungsvereinbarung**, Abgrenzung gut dargestellt bei OLG Hamburg, NJW-RR 1992 20) ▶ **Recht** des Vorhandberechtigten, zu einem bestimmten Preis, in laufende Verhandlungen einzusteigen ▶ **aufschiebend bedingter Vorvertrag** für den Zeitpunkt, dass der Vorkaufsverpflichtete verkaufen will

Welche rechtliche **Wirkung** eine Vorhand letztlich hat, ist im Einzelfall zu bestimmen. Rechtlich zu beachten ist, dass bei Grundstücksgeschäften diese Vorkaufsrechte gerne von Nachbarn und An- oder Mitbewohnern zu dem Zweck gewünscht werden, einen anderweitigen Verkauf an nicht gewünschte Käufer zu verhindern. Hier ist zu beachten, dass dieses Ziel letztlich nur erreicht werden kann, wenn die Vorkaufsrechte **notariell beurkundet** und im Grundbuch eingetragen sind. Bei einem nicht eingetragenen formwirksamen (schuldrechtlichen) Vorkaufsrecht, macht sich der dagegen verstoßende Verkäufer aber gegenüber dem Vorkaufsberechtigten schadensersatzpflichtig, wenn er einfach an einen Dritten weiterverkauft.

> **Lösung Fall 30** Die Rechte der Schwester Ilona Bier-Weiß hängen letztlich davon ab, **welche Qualität das Versprechen** des Bierbrauers Karsten Bier hatte.
> War es ein **aufschiebend bedingter Vorvertrag**, würde der Bruder beim Verkauf an den Architekten Korn dagegen verstoßen und müsste der Schwester Schadensersatz nach § 280 Abs. 1 BGB zahlen. Wenn **keine grundbuchrechtlichen Eintragungen** (z. B. von Vormerkungen) erfolgt waren, kann die Schwester den Erwerb durch den Architekten auch nicht verhindern.

Wertet man das Versprechen des Bruders als **Option**, gilt Ähnliches, wenn der Bruder bereits eine Bindung gewollt hatte und sich nun nicht daran hält.

Aus den Umständen (lange Zeit her, Familienfest) ist jedoch eher davon auszugehen, dass es sich hier nur um ein vages **Verhandlungsversprechen** gehandelt hatte, aus dem noch keine weit verfestigte Rechtsposition und kein Vorkaufsrecht für die Schwester ersichtlich entstehen konnten. Das jetzige Verhalten des Karsten Biers gibt daher der Schwester keinen Schadensersatzanspruch, aber evtl. Grund für ein belastetes familiäres Verhältnis.

 Vorkauf bzw. Vorhand

- **Begrifflich** ○ Verpflichtung, dem Vorhand- bzw. Vorkaufsberechtigten einen Gegenstand anzubieten, bevor man ihn anderweitig veräußert
- **Rechtlich** ○ sehr einzelfallabhängig ○ im Grundstücksgeschäft dingliche Eintragung im Grundbuch ratsam ○ ansonsten besteht bei Verstoß gegen Vorhandrechte nur eine Schadensersatzpflicht

5 Vorvertrag

▶ 86 Welche Rechtswirkungen hat ein Vorvertrag?

Fall 31 Vorvertrag oder nur Reservierung? Der **Grundstückseigentümer Peter Goldig** bot am 18.4. dem **Kaufinteressenten Hans Kantz** schriftlich (!) zwei Grundstücke im Wert von 12 Mio. US-$ als „Option" bis zum 31.8. desselben Jahres an. Der Interessent zahlte einen **„Optionspreis" in Höhe von 100.000 US-$**, wobei vereinbart wurde, dass dieses Geld nicht zurückgezahlt werde (also verloren sei), wenn der später noch zu schließende Kaufvertrag nicht zustande käme. Der Interessent Kantz kaufte dann **tatsächlich nicht** und wollte sein **Geld zurück** haben, da ein **unwirksamer Vorvertrag** (da formbedürftig) und nicht bloß eine **formfreie Reservierungsbestätigung** bzw. Option vorliege. **Frage Wie ist die Rechtslage?** (Fall nach OLG Hamburg, NJW-RR 1992 20)

Beim Vorvertrag wird **begrifflich** eine Verpflichtung zum Abschluss des Hauptvertrages begründet. **Bedeutung** erlangt der Vorvertrag z. B. dann, wenn ein Hauptvertrag noch nicht vereinbart werden kann, weil bestimmte, von den Parteien als klärungsbedürftig angesehene Punkte noch offen sind. Es ist aber bereits eine Bindung der Vertragsparteien gewollt.

VIII. Phasen der Vertragsanbahnung

Die in **der Praxis eher seltenen Vorverträge** bestehen im Wesentlichen aus der **Festschreibung bisheriger Verhandlungsergebnisse über kaufmännische oder technische Inhalte**, ohne jedoch bereits alle wichtigen rechtlichen und/oder steuerlichen Fragen zu regeln.

> **Beispiele für Vorverträge** ▶ vorvertragliche Vereinbarung, dass der Zeitpunkt des Übergangs des Unternehmens auf den Käufer (sog. Closing) zwischen den Vertragsparteien noch geklärt wird ▶ vorvertragliche Vereinbarung, dass der Kaufpreis von einem durch die IHK auszuwählenden Wirtschaftsprüfer für die Beteiligten bindend ermittelt wird, §317 Abs.1 BGB

Der **Vorvertrag** enthält regelmäßig eine **rechtliche Bindungswirkung**. Voraussetzung ist aber, dass alle wesentlichen Punkte genügend bestimmt sind (BGH NJW 1990, 1234), das heißt in der Regel:

- Einigung über den Vertragsgegenstand
- bestimmte Gegenleistung, z. B. Kaufpreis
- Regelung aller von den Parteien als wesentlich angesehenen Nebenpunkte bzw. hinreichende Bestimmbarkeit

Wichtig ist, dass die wesentlichen Punkte zumindest bestimmbar sind, ansonsten kann eine später notwendige Auslegung ergeben, dass nur eine unverbindliche Absichtserklärung vorlag. Unterliegt der Hauptvertrag einem **Formzwang**, der die Vertragsparteien vor Übereilung schützen will, genügt für die Wirksamkeit eines Vorvertrages eine formlos getroffene Vereinbarung in einem Vorvertrag nicht (BGHZ 61, 48).

> **Beispiele zu beachtender Formvorschriften** ▶ **notarielle Beurkundung** bei Grundstücksgeschäften, §311 b Abs.1 BGB ▶ **notarielle Beurkundung** bei Schenkungen, §518 BGB ▶ **Schriftform** bei der Bürgschaftserklärungen, §766 BGB ▶ Ausnahmsweise ist die Einhaltung von Formvorschriften dann **nicht erforderlich**, wenn deren Zweck nicht unbedingt die Formanforderungen verlangt, wie z.B. der Mietvorvertrag beim auch mündlich möglichen Mietvertrag, (BGH NJW 2007, 1817), selbst wenn nach §550 S.1 BGB für Grundstücksmietverträge über ein Jahr Schriftform notwendig ist. Da hierdurch nicht die Parteien eines Mietvorvertrags vor Übereilung geschützt werden sollen, sondern Käufer des Grundstücks Klarheit über bestehende Verpflichtungen erhalten sollen, ist also eine ganz andere Vertragsbeziehung Schutzziel.

Genügt ein Vorvertrag diesen Anforderungen, sind die Vertragsparteien zum Austausch der Willenserklärungen des Hauptvertrages verpflichtet.

Vorverträge bergen daher mit ihrer Lückenhaftigkeit **erhebliche Risiken** für beide Vertragspartner und

- können bei zu großen Lücken **überhaupt keine rechtsgeschäftliche** Bindungswirkung entfalten, oder
- es können für eine Partei **ungünstige Inhalte dadurch entstehen**, dass vorvertragliche Lücken durch die Rechtsprechung auch hinsichtlich wesentlicher Vertragspunkte im Wege der ergänzenden Vertragsauslegung durch Anwendung der einschlägigen gesetzlichen Bestimmungen (z. B. §§315, 316 BGB) geschlossen werden können.

> **TIPP** Vorverträge so **sorgfältig abzufassen**, dass alle wesentlichen Verhandlungspunkte erfasst und geregelt sind, widerspricht eigentlich dem Wesensinhalt des von Natur aus lückenhaften Vorvertrags: Stehen die wesentlichen Bestandteile des Unternehmenskaufvertrages fest, so kann und soll man sogleich den Hauptvertrag abschließen.

> **Lösung Fall 31** Im Fall will der Kaufinteressent Hans Kantz vom Grundstückseigentümer die Herausgabe des bereits gezahlten „Optionspreises" in Höhe von 100.000 US-$ aufgrund der nicht formwirksamen Nicht-Verrechnungs-Abrede, nach der das Geld nicht zurückzuzahlen sei. Ob die Abrede wirksam ist, hängt entscheidend davon ab, ob es sich bei dem Optionsrecht
> - um einen **unwirksamen, da formbedürftigen Grundstücks-Vorvertrag** handelt oder
> - um eine **bloß formfreie Reservierungsbestätigung bzw. Option**.
>
> Nach der Rechtsprechung trifft die Bezeichnung als „Optionsrecht" in dem Fall nicht zu, da die Parteien **kein einseitiges Recht** des Käufers begründen wollten, einen Vertrag zustande zu bringen. Beide Vertragsparteien gingen davon aus, dass später noch ein Kaufvertrag abgeschlossen werden sollte, so dass **nur ein formbedürftiger Vorvertrag** in Frage kommt. Gestützt wird die **Beurkundungspflicht** dadurch, dass die Vereinbarung durch das hohe „Bindungsentgelt" bereits einen unangemessenen wirtschaftlichen Druck in Richtung auf einen Erwerb mit sich brachte und deshalb der Übereilungsschutz der Formvorschrift des § 311 b BGB gerade benötigt wird. Der nur schriftlich vereinbarte Vorvertrag war also formunwirksam und der Kaufinteressent Hans Kantz hat einen Anspruch auf Rückzahlung der 100.000 US-$.

 Vorvertrag

- **Begrifflich** ○ Vereinbarung, einen Hauptvertrag mit einem bestimmten Inhalt abzuschließen
- **Bedeutung** ○ dient der Bindung der Vertragsparteien vor Vertragsschluss ○ wird eher selten abgeschlossen ○ Festschreibung bisheriger Verhandlungsergebnisse über kaufmännische oder technische Inhalte
- **Rechtlich** ○ hat rechtliche Bindungswirkung, einen Vertrag später abzuschließen ○ wenn alle wesentlichen Punkte genügend bestimmt sind (Vertragsgegenstand, Gegenleistung, alle wesentlichen Nebenpunkte) ○ Formzwang, wenn Hauptvertrag formbedürftig
- **Betriebswirtschaftlich** ○ Risiken durch unsichere Bindungswirkung bzw. unbeabsichtigte Lücken

3. Teil

Vertragsschluss –

Wie erfolgt juristisch der Vertragsschluss?

Gliederung des 3. Teils

I.	Angebot und Annahme	127
II.	Abgabe einer Willenserklärung	136
III.	Zugang einer Willenserklärung	142
IV.	Beweis des Zugangs	146
V.	Zugangsverhinderung	148
VI.	Erlöschen eines Vertragsangebots	151
VII.	Formvorschriften	159
VIII.	Schriftform	166
IX.	Elektronische Form	170
X.	Textform	172
XI.	Öffentliche Beglaubigung	174
XII.	Notarielle Beurkundung	177
XIII.	Vereinbarte Formanforderungen	179
XIV.	Sonstige Formanforderungen	184

I. Angebot und Annahme

> **Fall 32 Ist der Kunde immer König?** Der **Gastwirt Gregor Feiertag** ist überlastet und schafft den „Papierkram" nur leidlich, leider hat er nun auch noch eine **fehlerhafte Angebotstafel** im Eingangsbereich aufgestellt, auf der aus Versehen der Schweinebraten statt 10 € nur mit 1 € angeboten wurde. Der Druckfehler fällt **Gregor** Gott sei Dank gleich bei der Bestellung durch **Gast Friedrich Dürr** auf, der allerdings auf der Zubereitung von 10 Schweinebraten zu je 1 € besteht, da ja schon ein Vertrag entstanden sei. **Fragen** Hat der Gast Friedrich Dürr Recht, wenn er behauptet, der Gast müsse im Lokal nur die Bestellung aufgeben, um einen Vertrag zustande kommen zu lassen? Liegt nicht in der Angebotstafel ein Angebot im rechtlichen Sinne vor?

▶ **87 Wie kommt ein Vertragsschluss zustande?**

Verträge kommen durch eine Willenseinigung mittels zweier übereinstimmender Willenserklärungen zustande:

> **Zustandekommen von Verträgen**
> - **Angebot** (auch Antrag, Offerte) des anbietenden Vertragspartners und
> - **Annahme** (auch Zuschlag, Zusage oder Einverständnis genannt) des annehmenden Vertragspartners

1 Inhalt und Ablauf des Vertragsabschlusses

▶ **88 Was muss die Willenseinigung beinhalten?**

Eine Willenseinigung liegt nur dann vor, wenn der **wesentliche Inhalt** des Vertrages bestimmt oder wenigstens eindeutig bestimmbar ist. Die Juristen sprechen von den sog. essentialia negotii, den wesentlichen Vertragsbestandteilen, die je nach Vertragstyp unterschiedlich sein können.

> **Beispiele für wesentliche Inhalte** ▶ **Kaufvertrag** = Einigung über Ware und Preis (BGH NJW-RR 2006, 1139) ▶ **Mietvertrag** = Einigung über das Mietobjekt (BGH NJW-RR 2007, 519) ▶ **Darlehensvertrag** = Einigung über Zinshöhe und Zinsbindungszeitraum (OLG Karlsruhe ZIP 2006, 1289)

Darüber hinaus können die Vertragspartner auch noch **weitere Inhalte** festlegen, über die erst eine Einigung vorliegen muss, ehe man von einem Vertragsschluss ausgehen kann, so die für Zweifel geltende Regel des § 154 Abs. 1 S. 1 BGB.

§ **§ 154 BGB Offener Einigungsmangel** (1) Solange nicht die Parteien sich über alle Punkte eines Vertrags geeinigt haben, über die nach der Erklärung auch nur einer Partei eine Vereinbarung getroffen werden soll, ist im Zweifel der Vertrag nicht geschlossen.

I. Angebot und Annahme

Fehlt dagegen eine Einigung über nebensächliche Inhalte, kann man von einem Vertragsschluss ausgehen.

> **Beispiele für weitere Nebendetails** ▶ Details der Versendungsform ▶ ausdrücklich als Nebensächlichkeiten bezeichnete Verpackungsmodalitäten

Es kann aber auch genügen, dass man bestimmte Inhalte **absichtlich offen** lässt, z. B. Art der Verpackung, und deren Bestimmung einem der Vertragspartner oder sogar einem Dritten überträgt. Dann regelt das BGB, dass der bestimmende Vertragspartner oder der Dritte die Leistungsbestimmung aber im Zweifel so zu treffen hat, wie es unter Berücksichtigung der Interessen beider Parteien und dem in vergleichbaren Fällen Üblichen entspricht, eben wie es „recht und billig" ist, §§ 315 ff. BGB.

> **§ 315 BGB Bestimmung der Leistung durch eine Partei** (1) Soll die Leistung durch einen der Vertragschließenden bestimmt werden, so ist im Zweifel anzunehmen, dass die Bestimmung nach billigem Ermessen zu treffen ist.

▶ 89 Wird zeitlich zuerst das Angebot und dann die Annahme erklärt?

Die gesetzlichen Vorschriften des BGB gehen davon aus, dass zuerst das Angebot erfolgt und dann zeitlich folgend die Annahme dieses Angebots erklärt wird, so formuliert es z. B. § 146 BGB.

> **§ 146 BGB Erlöschen des Antrags** Der Antrag erlischt, wenn er dem Antragenden gegenüber **abgelehnt** oder wenn er **nicht** diesem gegenüber nach den §§ 147 bis 149 rechtzeitig **angenommen** wird.

In der Praxis kommen aber auch andere Abläufe durchaus vor.

> **Beispiele** ▶ **gleichzeitig** = wenn beim Notar gleichzeitig ein Vertrag über den Kauf eines Grundstücks beurkundet wird ▶ **Annahme vor dem Angebot** = Mit dem Einstellen der Ware in Auktionsplattformen und der Freischaltung der Angebotsseite wie z. B. bei ebay üblich, erklärt der Verkäufer zugleich die Annahme des höchsten, wirksam abgegebenen Angebots (BGH NJW 2002, 363).

> **Lösung Fall 32** Im Fall hat der Gast Friedrich Dürr nur dann einen Anspruch auf Lieferung eines Schweinebratens zu 1 €, wenn ein Kaufvertrag über diesen Kaufpreis zustande gekommen wäre, § 433 Abs. 1 BGB. Der Kunde **Friedrich Dürr hat nicht Recht** mit seiner Meinung, dass nur die Bestellung durch den Kunden ausreichen würde. Das Einverständnis (Annahme) des Gastwirts Gregor Feierabend ist also erforderlich. Solange diese fehlt, liegt **kein Vertrag** und damit kein Lieferanspruch nach § 433 Abs. 1 BGB vor.

2 Angebot

▶ 90 Wie wird ein Angebot rechtlich definiert?

Definitorisch handelt es sich beim **Angebot** um eine empfangsbedürftige Willenserklärung, durch die ein Vertragsschluss einem anderen so angetragen wird, dass nur von dessen Einverständnis das Zustandekommen des Vertrages abhängt (OLG

Düsseldorf NJW-RR 1991, 1143/44). Der Empfänger muss also nur noch „ja" sagen oder zugreifen, um einen Vertrag
- mit feststehenden **Vertragsparteien**, z. B. Verkäufer und Käufer
- **Vertragsgegenstand**, z. B. Kaufgegenstand, und
- **Vertragsgegenleistung**, z. B. Geld,

zustande bringen zu können (sog. wesentliche Vertragsbestandteile).

> **Muster 18: Verrragsangebot**
> Ich biete Ihnen den Abschluss eines Kaufvertrages über diesen VW-Bus T5, Fahrgestellnummer 007... zum Preis von 20.000 € zzgl. MWSt. an.

In den Rechtsvorschriften wird das Angebot auch als **Offerte**, **Bestellung** oder in § 145 BGB als „**Antrag**" bezeichnet.

§ **§ 145 BGB Bindung an den Antrag** Wer einem anderen die Schließung eines Vertrags anträgt, ist an den **Antrag** gebunden, es sei denn, dass er die Gebundenheit ausgeschlossen hat.

▶ 91 Wie werden Angebote in Zeitungen, Internet oder Katalogen behandelt?

Kein Angebot liegt bei einer Willensäußerung vor, mit der man sich noch nicht rechtlich binden will bzw. kann und die bloß als Aufforderungen zur Abgabe eines Angebots rechtlich zu sehen sind (**sog. invitatio ad offerendum**) vgl. OLG Schleswig NJW 2004, 231.

> **Beispiele für fehlende Angebotseigenschaft** (Palandt/Ellenberger Einf. v. § 145, Rn. 2) ▶ **Zeitungsannoncen** ▶ Angebote in **Prospekten** ▶ **Katalogangebote** ▶ Zusendung von **Preislisten** ▶ Auslegen von **Speisekarten** ▶ mit Preisen **ausgezeichnete Waren in Selbstbedienungsläden** (das Angebot selbst ist dann erst die Vorlage der **Ware durch den Kunden an der Kasse**, denn die Annahme erfolgt erst mit der Feststellung des Rechnungsbetrages durch die Kasse (BGHZ 66, 139)) ▶ **Konzertankündigungen** ▶ Angebote von **Online-shops** im Internet (AG Butzbach NJW-RR 2003, 54)

Ob tatsächlich eine Bindung gewollt ist, wird immer in jedem Einzelfall untersucht. Dabei ist entscheidend, was ein **objektiver Empfänger** der Willensäußerung sich gedacht hat bzw. hätte denken können. Dieser gedachte Empfänger muss aber auch beachten, dass ein Verkäufer z. B. mit der bloßen Auslage von Ware im Schaufenster nicht jedem vorbeigehenden (evtl. nicht liquiden) Passanten, eine (evtl. preislich falsch ausgezeichnete) Ware verkaufen möchte. Zudem könnte auch sein Vorrat gar

I. Angebot und Annahme

nicht ausreichen und die Ware gerade zuvor als letztes Stück von einem anderen Verkäufer verkauft worden sein. Betriebswirtschaftlich werden damit von der Rechtsprechung bei der Bestimmung eines Bindungswillens typisch betriebswirtschaftliche Fragen mitberücksichtigt:

- **Prüfung des Vertragspartners**: Wie sicher ist die Liquidität des Vertragspartners? Welche Sicherheiten bestehen?
- **Preisvorstellungen**: Ist der Preis von den Mitarbeitern ordnungsgemäß angegeben worden? Wurde die Preiskalkulation richtig durchgeführt?
- **Vorratshaltung**: Ist die verkaufte Ware überhaupt vorrätig? Wie schnell kann die Ware beschafft werden und zu welchen Bedingungen?

Vor dem Hintergrund u. a dieser Fragen werden folgende Beispiele als Angebote qualifiziert:

Beispiele für bestehende Angebotseigenschaft ▶ **Bestellung eines Hotelzimmers** soll im Zweifel ein Angebot sein (OLG Düsseldorf NJW-RR, 1991, 1144) ▶ **Einstellen einer Ware im Internet**, wenn die AGB der Auktionsplattform diese als Angebot qualifizieren (BGH NJW 2002, 363)

Aufgrund der Bedürfnisse des Massenverkehrs an schnellen und unkomplizierten Vertragsabschlüssen, gibt es auch Angebote, bei denen der Vertragspartner nicht von vornherein bestimmt ist, sog. **Angebote an jedermann**.

Beispiele für Angebote an jedermann ▶ **Warenautomaten** = Aufstellen ist nur dann ein Angebot an jedermann, wenn der Mechanismus des Automaten mit den richtigen Geldmitteln (z. B. Betrag, Stückelung) und den beschränkbaren Adressaten (z. B. Volljährigkeit) ausgelöst wird, ansonsten kein Vertragsschluss (OLG Hamm NJW-RR 2002, 1634, 2003, 971) ▶ **Spielautomat** = aber kein Vertragsschluss gegenüber „gesperrtem" Spieler (KG NJW-RR 2003, 1359) ▶ **Geldautomat** = berechtigter Karteninhaber gibt der Bank bzw. dem Kartenunternehmen eine Weisung auf Auszahlung von Geld von seinem Konto (BGH NJW 1988, 979, 981) ▶ **Pfandautomat** = durch den Aufdruck „Pfand" macht der Hersteller ein Angebot an jedermann, die Flasche zurückzunehmen und dafür einen bestimmten Pfandbetrag zu bezahlen (BGH NJW 2007, 2912) ▶ **Ausgefülltes Leistungsverzeichnis bei einem Bauvertrag** = Ein Bauhandwerker füllt ein Leistungsverzeichnis aus und gibt es bis zum Eröffnungstermin beim Bauherrn ab. Das ausgefüllte und unterschriebene Leistungsverzeichnis ist sein Angebot. Bis zur Zuschlagsfrist ist der Bauhandwerker an sein Angebot gebunden. Wird vor Ablauf der Zuschlagsfrist der Zuschlag (= Annahme) erteilt, so ist ein Bauvertrag zustande gekommen.

Im **Fall** ist die Angebotstafel im Eingangsbereich einer Gaststätte kein Angebot im rechtlichen Sinne, so dass der Kunde dieses Angebot mit seiner Bestellung annehmen könnte. Aus der Sicht eines objektiven Empfängers gilt:

- **Prüfung des Vertragspartners**: Jeder Gastwirt muss erst prüfen, wie es um die Liquidität des Vertragspartners steht.
- **Preisvorstellungen**: Außerdem passieren immer mal Fehler. So muss er noch prüfen können, ob der Preis von den Mitarbeitern ordnungsgemäß angegeben worden.
- **Vorratshaltung**: Außerdem kann der Schweinebraten ja schon ausverkauft sein, so dass dem Verkäufer die Prüfung gestattet werden muss, ob die verkaufte Ware überhaupt vorrätig ist.

Aus der Sicht eines objektiv urteilenden Betrachters kann man sich nicht auf die Preisangabe einer Angebotstafel verlassen. Ein Verkaufsangebot ist mit dem Herausstellen und (falschen) Beschriften der Tafel **nicht zustande** gekommen. Vielmehr macht der Kunde Friedrich Dürr das Angebot zu 1 €, das vom Gastwirt Gregor Feierabend nicht angenommen wird.

3 Bindende Angebote und nicht bindende Angebote

▶ **92 Wann liegt ein bindendes Angebot vor, wann nicht?**

Das Gesetz geht grundsätzlich von einer **Bindung an Vertragsangebote** aus, § 145 BGB.

> **Fall 33 Keine Caravelle für den Chef?** Der spendable **Chef Frank Reich** möchte mit seiner gesamten Belegschaft im nächsten Jahr im Februar einen **Betriebsausflug nach Nizza** machen und bittet die **Charterfirma Schlagflügel Ltd.** Ende Juni um ein Angebot. Diese bietet dem **Frank Reich** im Juli „*freibleibend entsprechend unserer Verfügbarkeit*" eine Caravelle SE 210 als Tagesflug zum Preis von 18.016 € pro Flug einschließlich aller Nebenkosten an. **Frank Reich** faxt im August zurück, er sei interessiert und man solle ihm eine Caravelle SE 210 reservieren. Im Oktober schreibt die Charterfirma **Schlagflügel Ltd.** plötzlich, dass sie leider „**keine Verfügbarkeit**" mehr habe. **Frage Kann der Chef Frank Reich den ihm durch die ersatzweise gecharterte größere Maschine entstandenen Schaden in Höhe von 5.000 € von der Charterfirma Schlagflügel Ltd. ersetzt verlangen?** (Fall nach BGH NJW 1984, 1885)

Ein Antrag ist **unwiderruflich** und kann vom Antragenden nicht ohne Zustimmung des Empfängers zurückgezogen werden, nachdem der Antrag zugegangen ist. Etwas anderes gilt nach dem Wortlaut des § 145 Halbsatz 2 BGB dann, wenn der Antragende „**die Gebundenheit ausgeschlossen hat.**", also selbst aktiv geworden ist:

> **Beispiele für nicht vollständig bindende Angebote** ▶ „*ohne obligo*", „*freibleibend*" oder „*unverbindlich*" gelten als Aufforderung zur Abgabe eines (dann aber bindenden) Angebots der anderen Seite (BGH NJW 1996, 919) ▶ „*freibleibend entsprechend unserer Verfügbarkeit*" gilt als Widerrufsvorbehalt, der vom Anbietenden rechtzeitig ausgeführt werden muss (BGH NJW 1984, 1885) ▶ „*solange Vorrat reicht*" könnte auch als auflösende Bedingung für das gemachte Angebot gesehen werden ▶ „*Liefermöglichkeit vorbehalten*" oder „*Preise freibleibend*" könnten auch als Freizeichnungs-Klauseln angesehen werden, die dann Inhalt des Vertrages werden (BGH 1, 354)

Zu beachten ist, dass diese Freizeichnungs-Klauseln im kaufmännischen Geschäftsverkehr von **großer Bedeutung für den wirtschaftlichen Erfolg** einer Unternehmung sein können. Würde der Unternehmer diesen Vorbehalt nicht machen, müsste er unter Umständen seinen begrenzten Vorrat bei einem Nachfrageüberhang zu unter Umständen höheren Einkaufspreisen und/oder Lieferkosten am Markt auf eigene Kosten besorgen. Für eine ordnungsgemäße Kalkulation sind daher solche Klauseln vielfach unumgänglich.

I. Angebot und Annahme

Auf der anderen Seite besteht natürlich das Bedürfnis des Käufers auf verbindliche Lieferzusage. Hier muss ein Interessenausgleich zwischen den Parteien herbeigeführt werden, z. B. durch die Möglichkeit verlängerter Lieferfristen bei Lieferengpässen oder die Vereinbarung von Vertragsstrafenregelungen bei verzögerter oder ausbleibender Lieferung. Oder man verlangt vom Antragenden, dass er unverzüglich widerspricht, wenn er den Vertrag nicht will (ähnlich wie beim kaufmännischen Bestätigungsschreiben oder auch bei § 362 HGB). Schweigt er auf die Annahmeerklärung, muss der Empfänger das als endgültige Zustimmung ansehen.

In der Praxis hat derjenige, der sich auf eine bindende Erklärung beruft, zu beweisen, dass man sich wirklich binden wollte, ebenso wie die andere Seite, die die Bindung verweigert, dieses **beweisen** muss. So ist es nicht verwunderlich, dass im Geschäftsleben regelmäßig Vertragsklauseln verwendet werden, mit denen ein Vertragspartner von der anderen Seite ausdrücklich ein bindendes Angebot verlangt. Dieses kann dann in Ruhe auf seine betriebswirtschaftliche Sinnhaftigkeit überprüft werden, ohne dass das Risiko besteht, dass der Kunde wieder abspringt und evtl. kostenverursachende Überprüfungen umsonst waren.

> **Muster 19: Bindende Angebotsklausel**
> Die vom Besteller unterzeichnete Bestellung ist ein bindendes Angebot.

> **Lösung Fall 33** Von der Rechtslehre wird die Klausel *„freibleibend entsprechend unserer Verfügbarkeit"* nicht nur als Aufforderung an die andere Seite angesehen, ein neues Angebot zu machen. Es handelt sich vielmehr um ein verbindliches Angebot, das aber mit einem Widerrufsvorbehalt versehen ist. Die **Charterfirma Schlagflügel Ltd. hatte sich also im Juli bereits gebunden.** Dieses Angebot hat der **Chef Frank Reich im August angenommen**, indem er um Reservierung bat. Nun kam es darauf an, **ob ein wirksamer Widerruf vorliegt**. Der BGH hat einen Widerruf, der erst im **Oktober**, zwei Monate nach der Annahmeerklärung erfolgte, in diesem Fall **als verspätet** angesehen, so dass ein wirksamer Vertrag zustande gekommen ist, den die Charterfirma nicht eingehalten hat. **Chef Frank Reich** bekommt von der **Charterfirma Schlagflügel Ltd.** den Schaden ersetzt (Fall nach BGH NJW 1984, 1885).

4 Annahme

▶ **93 Wie wird ein Angebot angenommen?**

Die **Annahme** ist ebenfalls eine einseitige empfangsbedürftige Willenserklärung, mit der der Empfänger das Angebot und seinen gesamten Inhalt vorbehaltlos bejaht. Sie wird in der Praxis häufig durch schlüssiges Verhalten erklärt.

> **Beispiele schlüssiger Annahmeerklärungen** ▶ **Ausführung** einer Lieferung (BGH NJW 1980, 2246) ▶ Leistung wird **entgegengenommen** (BGH NJW 1963, 248) ▶ auch wenn die Partei ausdrücklich erklärt, sie werde die vertraglich **geschuldete Gegenleistung nicht bezahlen**, z. B. für das Parken auf einem Parkplatz, wenn der tatsächlichen Nutzung objektiv nur die Bedeutung einer Vertragsannahme beigemessen werden kann, der gemachte Vorbehalt wird also unbeachtlich, sog. protestatio facto contraria (BGH NJW 1965, 387, BGH NJW MDR 2000, 956) ▶ **Entgegennahme** von Elektrizität, Wasser, Gas o.ä. aus dem

Leitungsnetz von Versorgungsunternehmen oder Bahnstromnetz der Bahn wird als Annahme einer Realofferte durch sozialtypisches Verhalten angesehen, selbst wenn man das tarifliche Entgelt nicht bezahlen möchte (BGH NJW-RR 2004, 928, 2005, 639, OLG Koblenz NJW-RR 2006, 1065) ▶ **Schweigen** kann ebenfalls eine Annahmeerklärung darstellen, wenn z. B. für beide Vertragsparteien der Vertragsschluss feststand (BGH NJW 1996, 920).

Nicht immer führt jedes schlüssige Verhalten auch zu einer Annahmeerklärung. Die Rechtsprechung hat in Einzelfällen eine schlüssige Annahme abgelehnt, wenn dieses nach Lage des Einzelfalls nicht zu begründen ist.

Beispiele fehlender Annahmeerklärungen ▶ Keine Annahmeerklärung wurde bei **Realofferten** von Versorgungsunternehmen angenommen, wenn bereits mit anderen Dritten Leistungsverträge bestehen, die aber zwischenzeitlich die Lieferung unbemerkt eingestellt hatten (OLG Koblenz NJW-RR 2006) ▶ keine Anerkennung von **Betriebskosten**, die ohne Rechtspflicht gezahlt wurden (BGH NJW 2008, 283) ▶ im Zweifel kein Abschluss des Versicherungsvertrages durch **Entgegennahme der Erstprämie** (BGH NJW 1976, 289, anders aber BGH NJW-RR 1991, 1178)

▶ 94 Wann ist der Zugang einer Annahmeerklärung beim anderen Vertragsteil ausnahmsweise entbehrlich?

Das Gesetz regelt zwei Fälle, in denen der Zugang einer Annahmeerklärung überflüssig ist, § 151 S. 1 BGB.

Gesetzliche Fälle des entbehrlichen Zugangs einer Annahmeerklärung
- Der Zugang ist nach der Verkehrssitte nicht zu erwarten.
- Auf den Zugang wurde verzichtet.

§ 151 BGB Annahme ohne Erklärung gegenüber dem Antragenden Der Vertrag kommt durch die Annahme des Antrags zustande, ohne dass die Annahme dem Antragenden gegenüber erklärt zu werden braucht, wenn eine solche Erklärung **nach der Verkehrssitte nicht zu erwarten** ist oder der Antragende auf sie **verzichtet** hat. Der Zeitpunkt, in welchem der Antrag erlischt, bestimmt sich nach dem aus dem Antrag oder den Umständen zu entnehmenden Willen des Antragenden.

Fall 34 Hotelzimmerbuchung und der Streit Der Student **Bert Warwas** möchte mit seiner **Freundin Agathe Warum** aus Herne kurzfristig ein Hotelzimmer in Hamburg für das nächste Wochenende buchen. Hotelier **Rainer Unglaube** vermerkt die Reservierung im Computer, meldet sich aber bei beiden nicht mehr, da die Zeit drängt. Bert und Agathe streiten sich vor dem Wochenende und wollen nun nicht mehr fahren. **Frage Haben beide einen Vertrag mit Unglaube, so dass der Hotelier den Hotelzimmerpreis verlangen kann?**

Der Fall, dass eine Erklärung der Annahme nach der **Verkehrssitte** nicht zu erwarten ist, § 151, S. 1, Alt. 1 BGB, wurde von der Rechtsprechung z. B. in den Fällen angenommen, wo für die andere Seite vorteilhafte Rechtshandlungen vorgenommen wurden (BGH NJW 2000, 276).

I. Angebot und Annahme

Beispiele für entsprechende Verkehrssitte ▶ nachträgliche Preisnachlässe (BGH WM 1984, 243) ▶ verbesserte Vertragsbedingungen (OLG Frankfurt NJW-RR 1995, 39) ▶ Beitritt eines zusätzlichen Schuldners (BGH NJW-RR 1994, 280) ▶ Erlass einer Schuld (OLG Brandenburg NJW-RR 2007, 270) ▶ Übermittlung einer Garantiekarte (BGHZ 104, 85)

Weiterhin kann auf den Zugang einer Annahmeerklärung auch durch den Antragenden ausdrücklich **verzichtet werden**, § 151 S. 1, Alt. 2 BGB.

Lösung Fall 34 Der Verzicht kann sich in diesem Fall auch aus den Umständen ergeben, z. B. bei einer kurzfristigen Bestellung eines Hotelzimmers (bis zu 3 Tagen), wo durch die Bereitstellung des Zimmers durch den Hotelbetreiber das Angebot des Hotelgastes akzeptiert wird und der Bestellende keine Bestätigung erwartet (OLG Düsseldorf, MDR 1993, 26). Hotelbesteller Bert muss daher die Hotelrechnung bezahlen.

Beispiele ▶ Käufer fordert den Verkäufer zur sofortigen Lieferung der Waren auf ▶ Waren unterliegen starken Preisschwankungen ▶ Waren wurden „express" bestellt

Da jede Verkehrssitte auch ein stillschweigender Verzicht sein kann (vgl. Palandt / Ellenberger § 151 Rn. 4), kommt es auf die präzise Unterscheidung beider Alternativen in der Praxis nicht an. Zu beachten ist aber, dass in diesen Fällen nur der Zugang der Annahmeerklärung fehlt. Die Annahmehandlung muss aber beim Empfänger des Angebots vorliegen.

Beispiele einer Annahmehandlung des Empfängers ▶ Verpacken des Kaufgegenstandes ▶ Absenden der Ware ▶ Überweisung des Kaufpreises bzw. Zahlung von Darlehensraten (BGH WM 2008, 967, Rn. 38) ▶ Vornahme einer betriebsinternen **Erfüllungshandlung** wie Bereitstellen des Hotelzimmers ▶ auch sog. Aneignungs- oder Gebrauchshandlungen genügen, z. B. Weiterverschenken, Lesen des übersandten Buches

Besonderheiten gelten bei der Lieferung unbestellter Sachen oder sonstiger Leistungen, bei denen mangels Vertragsschlusses (fehlende Annahme) keine vertraglichen Ansprüche begründet werden, § 241a Abs. 1 BGB.

§ **§ 241a Abs. 1 BGB Unbestellte Leistungen** (1) Durch die Lieferung unbestellter Sachen oder durch die Erbringung unbestellter sonstiger Leistungen durch einen Unternehmer an einen Verbraucher wird ein Anspruch gegen diesen nicht begründet.

👁 Angebot und Annahme

- **Zwei übereinstimmende Willenserklärungen** ○ Angebot (auch Antrag, Offerte) des Anbietenden ○ Annahme (auch Zuschlag, Zusage oder Einverständnis genannt) des Annehmenden
- **Einigung über die wesentlichen Inhalte des Vertrages** ○ bestimmte oder eindeutig bestimmbare Inhalte ○ je nach Vertragstyp verschieden ○ Einigung über weitere wesentliche Inhalte können vereinbart werden ○ absichtliches Offenlassen ist möglich ○ Bestimmung durch einen der Vertragsschließenden vereinbar
- **Zeitlicher Ablauf** ○ Gesetz sieht zuerst das Angebot und dann die Annahme vor ○ anderer Zeitablauf ist möglich
- **Angebot** ○ rechtlich eine empfangsbedürftige Willenserklärung ○ inhaltlich wird der Vertragsschluss so genau angeboten, dass Empfänger nur noch „ja" sagen muss ○ Angebot enthält regelmäßig die Bestimmung von Vertragsparteien, Vertragsgegenstand und Vertragsgegenleistung

- **Kein Angebot in Zeitungen, Internet oder Katalogen** ○ fehlender Rechtsbindungswille ○ Aufforderungen zur Abgabe von Angeboten (sog. invitatio ad offenrendum), z. B. Schaufensterauslage ○ was vorliegt, richtet sich nach dem objektiven Empfängerhorizont ○ betriebswirtschaftliche Sichtweise ist zu beachten, z. B. Prüfung der Liquidität des Vertragspartners muss vor bindender Angebotsabgabe möglich gewesen sein
- **Bindung an das Angebot** ○ grundsätzlich ist Angebot bindend ○ anders lautende Vereinbarung ist möglich, z. B. Angebot „freibleibend" ○ großes betriebswirtschaftliches Risiko bei einer zu frühen Bindung, da z. B. beim Kaufvertrag dann Verschaffungspflicht besteht ○ Beweis für bindende Erklärung obliegt demjenigen, der sich darauf beruft ○ vertragliche Klauseln daher üblich
- **Annahme** ○ rechtlich gleichfalls eine empfangsbedürftige Willenserklärung ○ inhaltlich eine vorbehaltlose Annahme des Angebots ○ durch schlüssiges Verhalten möglich ○ ausnahmsweise ist Zugang einer Annahmeerklärung entbehrlich, z. B. kurzfristige Hotelzimmerbestellung ○ Schweigen ist grundsätzlich keine Annahme bei Lieferung unbestellter Sachen oder sonstiger Leistungen, führt grundsätzlich zu keinem Vertragsschluss

II. Abgabe einer Willenserklärung

▶ **95 Welche Wirksamkeitsvoraussetzungen sind bei Willenserklärungen abzuprüfen?**

Bei der Frage, wann eine Willenserklärung ihre Wirksamkeit entfaltet, unterscheidet das Vertragsrecht **verschiedene Arten** von Willenserklärungen und bestimmte **Umstände** der Erklärung. Diese sind bei der Prüfung von Vertragserklärungen vorab zu klären:

> **Checkliste 16   Vertragsschlussvoraussetzungen einer Willenserklärung**
> - Liegt eine **nicht empfangsbedürftige** oder eine **empfangsbedürftige** Willenserklärung vor?
> - Wann wurde eine Willenserklärung wirksam **abgegeben**?
> - Lag eine Erklärung unter **Anwesenden** oder unter **Abwesenden** vor?
> - Wurde die Erklärung **schriftlich** oder **mündlich** abgegeben?
> - Unter welchen Voraussetzungen ist eine empfangsbedürftige Willenserklärung **zugegangen**?
> - Erfolgte bei der empfangsbedürftigen Willenserklärung vorher oder gleichzeitig mit deren Zugang ein **Widerruf**?
> - Wie kann der Zugang der Willenserklärung **bewiesen** werden?
> - Haben sich bestimmte Umstände nach Zugang der Erklärung wesentlich **geändert**?
> - Lag ein berechtigtes oder unberechtigtes **Zugangshindernis** vor?

1 Begriff der Empfangsbedürftigkeit

Die Rechtsordnung geht hinsichtlich des Wirksamwerdens von Erklärungen von der Existenz von **zwei verschiedenen Arten** von Willenserklärungen aus.

▶ **96 Wie definiert man nicht empfangsbedürftige Willenserklärungen?**

> **Fall 35   Ein trickreicher Hundebesitzer** Dem **Psychologen Sepp Zwinger** ist sein Dackel Waldi entlaufen. Er heftet an sehr viele Straßenbäume Zettel mit folgendem Wortlaut: „Dackel Waldi entlaufen! Dem Finder zahle ich 1.000 € **Belohnung**". Zufällig sieht der **Patient Dieter Weint** den Hund im Wald, fängt ihn und bringt ihn bei der nächsten Sitzung zum Psychologen mit, der sich sehr bei ihm bedankt, aber nichts vom Finderlohn sagt und schnell losrennt, alle Zettel zu entfernen. Auf dem Heimweg liest der Patient zufällig an einem Straßenbaum auf einem vergessenen Zettel seines Therapeuten von dessen Finderlohn und geht empört zum Sepp Zwinger zurück. **Frage Muss Sepp Zwinger 1.000 € Finderlohn an seinen Patienten Dieter Weint zahlen?**

> **§ 657 BGB Bindendes Versprechen** Wer durch öffentliche Bekanntmachung eine Belohnung für die Vornahme einer Handlung, insbesondere für die Herbeiführung eines Erfolges, aussetzt, ist verpflichtet, die Belohnung demjenigen zu entrichten, welcher die Handlung vorgenommen hat, auch wenn dieser nicht mit Rücksicht auf die Auslobung gehandelt hat.

Nicht empfangsbedürftige Willenserklärungen sind **begrifflich** solche, die **nicht** an eine andere Person gerichtet werden müssen, um ihre Rechtsfolgen herbeizuführen. Hier gibt es keine Person, die sich auf die durch die Willenserklärung geschaffene Rechtslage einstellen müsste. Das BGB erwähnt diese Art von Willenserklärung nicht in seinen Vorschriften. Es besteht aber Einigkeit darüber, dass vom **System** her eine nicht empfangsbedürftige Willenserklärung mit bloßer **Abgabe** durch den Erklärenden wirksam wird, d.h. wenn er für andere erkennbar einen bestimmten Willen äußern wollte.

In der Praxis ist damit die Willenserklärung dann rechtlich existent und entfaltet ihre Rechtswirkungen, u.a. also verpflichtet sie den Erklärenden, er kann die Willenserklärung nicht einfach wieder zurücknehmen. Dieses ist also ein **betriebswirtschaftlich bedeutsamer Moment**, so dass rechtlich hier auf besonderes Augenmerk zu legen ist.

Ob und wann diese Äußerung von jemand anderem empfangen wird, ist für das Wirksamwerden der nicht empfangsbedürftigen Willenserklärung unerheblich.

> **Beispiele nicht empfangsbedürftiger Willenserklärungen** ▶ Ein **Testament** wird mit Niederschrift wirksam, auch wenn diese weder von der bedachten Person noch von sonst jemandem (z.B. Notar) vor dem Tod des Erblassers gelesen wurde ▶**Auslobung** einer Belohnung, § 657 BGB

> **Lösung Fall 35** Im Fall des wiedergefundenen Dackels liegt eine nicht empfangsbedürftige Auslobung nach § 657 BGB vor, so dass der Patient Dieter Weint vom Hundebesitzer den versprochenen Finderlohn verlangen kann, auch wenn er den Hund nicht in Kenntnis des Belohnungsversprechens zurückgebracht hatte.

▶ 97 Wie definiert man empfangsbedürftige Willenserklärungen?

Willenserklärungen, die an eine andere Person (= den Erklärungsempfänger) gerichtet sind, erwähnt das Gesetz in § 130 Abs. 1 S. 1 BGB, für den Fall, dass die Erklärung unter Abwesenden abgegeben wird.

> **§ 130 Abs. 1. S. 1 BGB Wirksamwerden der Willenserklärung gegenüber Abwesenden** (1) Eine Willenserklärung, **die einem anderen gegenüber abzugeben ist**, wird, wenn sie in dessen **Abwesenheit** abgegeben wird, in dem Zeitpunkt wirksam, in welchem sie ihm **zugeht**.

II. Abgabe einer Willenserklärung

Aus dieser Vorschrift kann man ableiten, dass zur Wirksamkeit unter Abwesenden zwei Voraussetzungen erforderlich sind:

- eine wirksame **Abgabe und**
- ein wirksamer **Zugang**

Beispiele empfangsbedürftiger Willenserklärungen ▶ die empfangsbedürftige **Kündigungserklärung** des Mieters ist auf dem Postweg an den Vermieter verloren gegangen. Der Mieter muss erneut kündigen, da die Erklärung nicht wirksam geworden ist ▶ das **Vertragsangebot** des Käufers kam per E-Mail nie beim Verkäufer an, da es einen Stromausfall gegeben hat

2 Abgabe einer Willenserklärung

▶ 98 Wann ist eine Willenserklärung wirksam abgegeben?

Fall 36   Der Schuss im Nebenzimmer Der **Bankdirektor Axel Verderber** besuchte den erfolglosen **Opernsänger Johann Tralla** und seine **Ehefrau Johanna** in deren Wohnung und verlangte von der Ehefrau, für ihren Ehemann und dessen horrende Schulden bei der Bank mit Unterzeichnung auf einer vorbereiteten Bürgschaftsurkunde zu bürgen. Gerade als die Ehefrau die Bürgschaftsurkunde **unterschrieben hatte** und diese dem Direktor **übergeben wollte**, hörten beide einen **Schuss** aus dem Nebenzimmer, wo sich der Ehemann Johann soeben das Leben genommen hatte. Der Direktor Axel Verderber **verließ daraufhin bestürzt die Wohnung,** ohne die auf dem Tisch liegen gebliebene Bürgschaftsurkunde mitgenommen zu haben. **Frage Gilt die auf dem Tisch hingelegte Urkunde als abgegeben, so dass die Ehefrau Johann Tralla der Bank gegenüber für die Schulden ihres Mannes als Bürgin haften muss?** (Fall nach RGZ 61, 415)

Wann eine Willenserklärung **abgegeben** ist, hängt davon ab,

- ob eine **empfangsbedürftige** oder **nicht empfangsbedürftige** Willenserklärung abgegeben wurde,
- ob die Willenserklärung **schriftlich** oder **mündlich** und
- unter **Anwesenden** oder unter **Abwesenden** ergangen ist.

Bei **nicht empfangsbedürftigen Willenserklärungen** ist die Abgabe begrifflich bereits dann abgegeben, wenn der Erklärende die Erklärung mit Wissen und rechtsgeschäftlichem Wollen für andere so **wahrnehmbar** gemacht hat, dass ▶ ein Zweifel an einer endgültigen Erklärung mehr bestehen kann. Eine solche Willenserklärung ist also mit der Abgabe sofort wirksam.

Beispiele für die Abgabe ▶ Testament mit seiner Niederschrift ▶ Auslobung mit Versprechen einer Belohnung

Ein bis zum Wirksamwerden der Willenserklärung möglicher **Widerruf** des Belohnungsversprechen konnte im Dackelfall nicht mehr durch das Entfernen der Zettel konkludent erfolgen, da die **gewünschte Handlung bereits erfolgt** war, § 658 BGB.

2 Abgabe einer Willenserklärung

Bei **empfangsbedürftigen Willenserklärungen** setzt die Rechtsprechung zusätzlich bei der Abgabe voraus, dass der Erklärende die Willenserklärung willentlich so in Richtung auf den Empfänger in Bewegung gesetzt hat, dass er bei Zugrundelegung normaler Verhältnisse mit dem Zugang beim Empfänger rechnen darf (BGH NJW-RR 2003, 384).

In der Praxis kann es bereits hier zu Problemen kommen, z. B. wenn der Erklärende noch gar keine Willenserklärung abgeben wollte.

> **Beispiele des fehlenden Abgabewillens** ▶ Willenserklärung sollte **nur zu Informationszwecken** abgegeben werden, die Rechtswirkungen erst später eintreten, so dass keine Abgabe vorliegt (BGH DNotZ 1983, 624) ▶ anders, wenn **Mitarbeiter** die vom Vorgesetzten bereits formulierte Bestellung zur Post bringen; hier muss sich der Vorgesetzte dieses Handeln evtl. aufgrund einer Anscheins- oder Duldungsvollmacht zurechnen lassen ▶ wird eine **E-Mail aus Versehen** an den Empfänger abgesendet, so haftet der Absender bei Verschulden bzw. von ihm zu vertretenden Softwareproblemen nach den Grundsätzen des Verschuldens bei Vertragsverhandlungen, §§ 311 Abs. 2, 241 Abs. 2, 280 Abs. 1 BGB oder kann mit Schadensersatzfolgen nach § 122 BGB anfechten (BGH NJW-RR 2006, 847)

In den vielen Einzelfällen der Rechtsprechung wird weiterhin noch danach unterschieden, ob die Willenserklärung unter **A**nwesenden oder in **Ab**wesenheit des Empfängers abgegeben worden ist und ob eine **mündliche** oder eine **schriftliche** Erklärung vorliegt.

▶ 99 Lag eine schriftliche oder mündliche Erklärung vor, und ist diese unter Anwesenden oder unter Abwesenden ergangen?

Eine **mündliche** Erklärung gegenüber einem **Anwesenden** ist abgegeben, wenn sie so geäußert wird, dass dieser **in der Lage ist, sie zu verstehen** (BayObLG NJW-RR 1996, 524). Ist der Empfänger **taub** oder **nicht der Sprache der Erklärung mächtig**, wird die Erklärung nicht wirksam, wenn der Erklärende nach den für ihn erkennbaren Umständen hätte erkennen können, dass der Empfänger sie nicht richtig verstehen kann. Er kann sich nicht darauf berufen, dass normalerweise Menschen alles verstehen. **In der Praxis** sollten daher Übersetzungshilfen oder Dolmetscher in strittigen Fällen von vornherein eingeplant werden. Zu einer Erklärung unter Anwesenden gehört auch eine telefonische Erklärung, die vom Gesetz wie eine Erklärung unter Anwesenden behandelt wird, vgl. § 147 Abs. 1 S. 2 BGB = „Fernsprecher".

> **mündliches Beispiel unter Anwesenden** ▶ Eine Kündigungserklärung des Arbeitgebers auf dem Fußballplatz, die vom Arbeitnehmer wegen des Lärms der Zuschauer nicht verstanden werden konnte, ist nicht wirksam, auch wenn andere Anwesende diese verstanden haben.

Eine **schriftliche** Erklärung unter **Anwesenden** ist abgegeben, wenn sie diesem zur Entgegennahme **überreicht** wird (BGH NJW 1998, 3344, BAG NJW 2005, 153). Allein die Herstellung der Urkunde reicht nicht, da sie damit noch nicht „in Richtung auf den Empfänger" gebracht worden ist.

> **schriftliches Beispiel unter Anwesenden** ▶ solange eine schriftliche Kündigungserklärung eines Arbeitgebers dem Arbeitnehmer noch nicht übergeben wurde, ist diese Erklärung nicht abgegeben; der Arbeitgeber kann es sich noch anders überlegen und z. B. diese Erklärung zerreißen

II. Abgabe einer Willenserklärung

> **Lösung Fall 36** Die Bürgschaftsurkunde war durch die Unterschrift der Ehefrau T zwar **bereits erstellt** worden, aber sie hatte die **Verfügungsmacht noch nicht aufgegeben**, wie das Reichsgericht feststellte. Die Unterzeichnung der Bürgschaft war nur eine **Vorbereitungshandlung**, die noch nicht ausreicht. Solange die Urkunde noch nicht übergeben worden war, hätte die Ehefrau beim Fallen des Schusses im Nebenzimmer die evtl. bereits zum Direktor K ausgestreckte Hand ja noch zurückziehen können. **Wenn die Urkunde auf dem Tisch gelegen hat**, hätte sie zudem dem Direktor K die Wegnahme verbieten können. Somit konnte die Urkunde nicht als übergeben angesehen werden, sie war noch nicht wirksam. Der Direktor K konnte die Ehefrau T **nicht aus der Bürgschaft** auf Begleichung der Schulden des verstorbenen Ehemannes verklagen.

Eine **mündliche** Erklärung gegenüber einem **Abwesenden** kann sogar durch einen Boten erfolgen. Wenn es sich um einen Boten des Erklärenden handelt, hat der Erklärende die Willenserklärung abgegeben, wenn er diese gegenüber dem Boten so **abgibt**, dass dieser sie **verstehen** konnte.

> **mündliches Beispiel unter Abwesenden** ▶ Sagt der Unternehmer seiner Sekretärin, diese solle zum Arbeitnehmer fahren und den Arbeitsvertrag zum nächstzulässigen Termin kündigen, so ist die Kündigungserklärung des Unternehmers in diesem Moment abgegeben. Also mit Aushändigen des Schreibens vom Unternehmer an die Sekretärin ist sie abgegeben. Eine andere Frage ist, wann die Willenserklärung dem Arbeitnehmer zugeht (vgl. dazu „Zugang").

Eine **schriftliche** Erklärung unter **Abwesenden** ist abgegeben, wenn der Erklärende das Schriftstück angefertigt, unterschrieben, evtl. in einen Umschlag gesteckt hat und so in Richtung auf den Erklärungsempfänger auf den Weg gebracht hat, dass normalerweise mit dem Zugang beim Erklärungsempfänger gerechnet werden kann.

> **schriftliches Beispiel unter Abwesenden** ▶ die in einem Brief enthaltene Willenserklärung ist demnach erst dann abgegeben, wenn der Erklärende den Brief selbst in den Postkasten wirft oder jemanden mit der Absendung so beauftragt, dass dieser nicht ohne weiteres mehr aufgehalten werden kann

In der Praxis selten, aber in Schulfällen immer wieder beliebt ist der Auftritt eines **unerkannt Geisteskranken**, der eine Willenserklärung erklärt bzw. empfängt. Um Geisteskranke vor den nachteiligen Folgen einer geschäftlichen Tätigkeit zu schützen, sehen §§ 104 Nr. 2, 105 Abs. 1 BGB grundsätzlich eine Nichtigkeit ihrer Willenserklärungen vor (Ausnahme Geschäfte des täglichen Lebens, § 105 a BGB).

> **Fall 37 Geisteskranker kündigt** Ein Mieter wirft am 2.10. eine Kündigung in den Briefkasten und verfällt am 3.10. einer Geisteskrankheit. **Frage** Ist die Kündigung wirksam? **Alternative Wie ist es, wenn der Mieter bereits am 1.10. unerkannt geisteskrank war?**

Hier wird die Frage aufgeworfen, was passiert, wenn sich nach der Abgabe der Erklärung die Verhältnisse ändern. Für diesen Fall bestimmt § 130 Abs. 2 BGB einen allgemeinen Grundsatz: Für das Vorhandensein bestimmter Eigenschaften des Erklärenden kommt es auf den Zeitpunkt der Abgabe, nicht des Zugangs an. Ob der Vertragspartner sich nicht später doch wegen Irrtums oder entfallener Geschäftsgrundlage vom Vertrag lösen kann, ist hier nicht die Frage, zunächst kommt der Vertrag zustande.

Lösung Fall 37 Im **Ausgangsfall** ist es also grundsätzlich unerheblich, wenn der Erklärende **nach** der Abgabe geschäftsunfähig wird oder gar stirbt. Die Kündigung ist nach § 130 Abs. 2 BGB wirksam. **Alternative** Ist der Mieter dagegen schon **vor** der Abgabe geschäftsunfähig, ist seine Erklärung nach §§ 104 Nr. 2, 105 Abs. 1 BGB nichtig.

§ 130 Abs. 2 BGB Wirksamwerden der Willenserklärung gegenüber Abwesenden
(2) Auf die Wirksamkeit der Willenserklärung ist es **ohne Einfluss**, wenn der Erklärende **nach** der Abgabe stirbt oder geschäftsunfähig wird.

III. Zugang einer Willenserklärung

Fall 38 So was kann dem besten Leiter passieren In dem Holzunternehmen des **Abteilungsleiters Arno Baumhackl-Fuss** sind mehrere Angebotsvarianten für einen großen Auftrag beim **Architekturbüro Beißel u. Wuff** durch den langwierigen Abstimmungsprozess in den einzelnen Abteilungen entstanden.

Als der Abteilungsleiter Arno Baumhackl-Fuss nachmittags in sein Büro kommt, findet er auf seinem Schreibtisch die tatsächlich richtige „Endversion", weggeschickt wurde die erste Rohfassung mit einem für das Unternehmen sehr nachteilig kalkulierten Preis. **Fragen** Wann ist das Angebot bei den Empfängern Beißel und Wuff wirksam geworden? Könnte der Abteilungsleiter noch vor Zugang widerrufen?

▶ **100 Wann erfolgt der Zugang einer empfangsbedürftigen Willenserklärung?**

Wie der Begriff schon andeutet, werden „empfangsbedürftige" Willenserklärungen nach erfolgter **Abgabe** erst dann wirksam, wenn diese auch vom Erklärungsgegner „empfangen" werden, rechtlich ihm **zugehen**, wie § 130 Abs. 1 S. 1 BGB formuliert.

§ **§ 130 Abs. 1 S. 1 BGB Wirksamwerden der Willenserklärung gegenüber Abwesenden** (1) Eine Willenserklärung, die einem anderen gegenüber abzugeben ist, wird, wenn sie in dessen Abwesenheit abgegeben wird, in dem Zeitpunkt wirksam, in welchem sie ihm **zugeht**.

(1) Wie ist der Begriff des Zugangs definiert?

Da das **Gesetz** in § 130 BGB selbst **keine Definition** des Begriffs des Zugehens (Zugang) enthält, hat die **Rechtsprechung eine Zugangsformel erarbeitet** (z. B. BGHZ 67, 271, 275; BGH NJW 2004, 1320, BAG NJW 1993, 1093):

> **Begriff des Zugangs bei empfangsbedürftigen Willenserklärungen**
> Ein Zugang ist nur dann gegeben, wenn die Willenserklärung so in den Bereich des Erklärungsempfängers gelangt ist (**quasi räumliche Verfügungsgewalt**), dass er unter normalen Umständen die Möglichkeit hat, Kenntnis vom Inhalt der Erklärung zu erhalten (**faktisch zeitlicher Zugangszeitpunkt**).

Bei schriftlichen Willenserklärungen ist der Zugang übrigens unabhängig davon gegeben, wann der Empfänger das Schriftstück tatsächlich liest. Die Möglichkeit der Kenntnisnahme reicht aus.

(2) Was gehört zum „räumlichen" Machtbereich des Empfängers?

Zum räumlichen Machtbereich gehören die vom Empfänger extra eingerichteten Empfangsvorrichtungen, aber auch jeder sonstige „Bereich", sofern der Empfänger in der Lage ist, von dem Inhalt der Willenserklärung Kenntnis zu nehmen.

Beispiele des räumlichen Machtbereichs ▶ Mieter spricht am letzten Tag der Kündigungsfrist dem Vermieter die Kündigung auf dessen Anrufbeantworter. Damit ist die Erklärung im Machtbereich des Empfängers ▶ Hausbriefkasten ▶ Postfach ▶ E-Mail-Postfach ▶ Geschäftsräume ▶ Wohnung

(3) Wann kann man mit der Möglichkeit der Kenntnisnahme unter normalen Umständen rechnen?

Dieses ist insbesondere für fristgebundene Willenserklärungen wichtig, die innerhalb einer bestimmten Frist zugegangen sein müssen, wenn z. B. eine Kündigung nur zum Monatsende möglich ist, § 622 Abs. 2 BGB. Ist der Empfang nicht möglich gewesen, obwohl der Empfänger diesem durch geeignete Vorkehrungen hätte entgegenwirken können, gilt der Zugang als bewirkt.

Beispiele bestehender Kenntnisnahmemöglichkeit ▶ Arbeitnehmer ist im Urlaub ▶ Mieter ist in Haft ▶ Käufer liegt erkrankt im Krankenhaus ▶ Arbeitnehmer lebt an einem Zweitwohnsitz, dessen Adresse dem Arbeitgeber bekannt war, aber nicht für die Zustellung einer Kündigung verwendet wurde (BAG NZA 2004, 1330)

Für die zeitliche Kenntnisnahmemöglichkeit wird allerdings von der Rechtsprechung auf die **gewöhnlichen Umstände** abgestellt und nur zum Teil auf die tatsächlichen Verhältnisse am Empfangsort, so dass sich inzwischen eine Vielzahl von Urteilen einzelner Streitfragen annehmen mussten. Leider widersprechen sich auch manche Urteile, so dass letztlich beim Zugang einer Willenserklärung immer ein zeitlicher Spielraum gelassen werden sollte, will man nicht betriebswirtschaftlichen Schaden erleiden.

Beispiele verschiedener üblicher Zugangsmittel ▶ **Briefeinwurf in einen Briefkasten,** Zugang nach generalisierender Sicht zu dem Zeitpunkt, an dem mit der nächsten Entnahme zu rechnen ist (BGH NJW 2004, 1370) ▶ **Kein Zugang zur „Unzeit",** z. B. bei Privatpersonen Zustellung der Post um 3 Uhr nachts oder bei Geschäftspersonen nach Geschäftsschluss z. B. am 31.12. gegen 16 Uhr, so dass Zugang erst am Morgen danach bzw. mit Geschäftsöffnung erfolgt (BGH NJW 2008, 843) ▶ in gewissem Widerspruch dazu stehen Urteile, die **bis 18 Uhr** in den Briefkasten eingeworfene Briefe noch als am selben Tag zugegangen behandelt wissen wollen (BayVerfGH NJW 1993, 518, LG Stuttgart, BB 2002, 380) ▶ üblicher Abholtermin aus dem **Postfach** (BGH NJW 2003, 3270), was bei Anwälten auch am Sonnabend gilt (BFH NJW 2000, 1742) ▶ **Einschreiben,** bei denen wegen Abwesenheit des Empfängers nur ein Benachrichtigungszettel eingeworfen wurde, gelten grundsätzlich nicht als zugegangen (BAG NJW 1997, 146), selbst wenn der Inhalt des Schreibens mündlich mitgeteilt worden ist (BAG DB 1977, 1194). ▶ **Telegramm** geht mit Verlesen am Telefon zu ▶ **Telefax** geht mit Ausdruck beim Empfänger und üblicher Kenntnisnahme z. B. zu Geschäftszeiten zu (BGH NJW 2004, 1320) ▶ Hat der Empfänger seine Empfangsbereitschaft durch **E-Mail, SMS oder Anrufbeantworter** mit entsprechenden Angaben auf seinen Geschäftsbriefen dokumentiert, könnten Erklärungen dort zeitlich bereits mit Speicherung auf der Mailbox oder dem Telefonspeicher als zugegangen gelten (Rechtsprechung abwarten).

Letztlich soll dem Empfänger nicht zugemutet werden, dass er zu jeder Tages- und Nachtzeit nachforschen muss, ob bei ihm eine Erklärung eingegangen ist. Wer Wert darauf legt, dass die Zugangswirkung auch zu ungewöhnlichen Zeiten eintritt, ist schließlich nicht daran gehindert, den Empfänger aufzusuchen und ihm die Willenserklärung auf anderem Wege, z. B. persönlich, zu übergeben.

III. Zugang einer Willenserklärung

⚡ **Häufiger Irrtum: „Einschreiben mit Rückschein ist die sicherste Art der Übermittlung und daher Rechtspflicht zur Übermittlung wichtiger Erklärungen!"**

- Falsch!
- Wenn der Empfänger der Erklärung nicht vom Postboten angetroffen wird, wird eine Mitteilung im Briefkasten hinterlassen, dass das Einschreiben abgeholt werden kann, aber rechtlich nicht unbedingt abgeholt werden muss. Ahnt der Empfänger bereits, dass da etwas Unangenehmes auf ihn zukommt, geht er einfach nicht zur Post. **Eine Rechtspflicht in diesem Sinne existiert jedenfalls so nicht!** Nur in Ausnahmefällen führt dieses Verhalten dazu, dass die Zusendung dann doch als zugegangen gilt, z. B. wenn der Arbeitnehmer von einer Behörde vorab auf die baldige Übermittlung hingewiesen wurde.
- Zudem kommt es leider immer wieder vor, dass Empfänger zwar bestätigen, dass sie ein Einschreiben mit Rückschein bekommen haben, aber dieses habe leider keinen, den falschen oder beleidigenden Inhalt gehabt. Auch das spricht bei kritischen Empfängern gegen eine solche Zustellungsmethode, da streng genommen der **Inhalt des übergebenen Briefumschlages nicht** durch den Einlieferungsbeleg und den Rückschein **belegt werden**.
- **Sicherer** ist dagegen in diesen Extremfällen die Übermittlung von Willenserklärungen mit rechtlichem Inhalt durch einen Gerichtsvollzieher, § 132 Abs. 1 BGB, oder durch einen Boten, der persönlich die Erklärung übergibt oder in den Hausbriefkasten des Empfängers einwirft.

(4) Wann geht eine Willenserklärung zu, bei der dritte Personen zwischengeschaltet wurden?

Ob tatsächlich ein Zugang an den eigentlichen Empfänger bereits mit dem Zugang beim Dritten vorliegt, ist nach den Umständen und der Stellung des Dritten zum Empfänger zu entscheiden.

Beispiele für die Empfangnahme durch Dritte (Palandt/Ellenberger § 130 Rn. 8–10) ▶ Handelt es sich um einen **Empfangsvertreter** (= zur Empfangnahme bevollmächtigte Person) erfolgt der Zugang bereits mit Aushändigung an den Vertreter, z. B. wenn der Arbeitgeber vor Gericht gegenüber dem *Rechtsanwalt des Arbeitnehmers* eine erneute Kündigung ausspricht; nun ist der Zugang sofort bewirkt, nicht erst mit Weitergabe an den Mandanten (BAG NJW 1988, 2691). ▶ Beim **Empfangsboten** (= nur zur Entgegennahme geeignete Person) erfolgt der Zugang in dem Zeitpunkt, in dem nach dem regelmäßigen Verlauf der Dinge die Weiterleitung an den Adressaten erwartet werden darf (BGH NJW-RR 1989, 757). Darunter fällt z. B. die Aushändigung an *Ehegatten*, in der Wohnung des Empfängers lebende *Angehörige und Haushaltsmitglieder*, soweit sie in der Lage sind, Erklärungen ordnungsgemäß anzunehmen und weiterleiten zu können, einen Stock tiefer wohnende *Ehefrau des Bruders* (OLG Köln MDR 2006, 866) *kaufmännische Angestellte* des Betriebs (BGH NJW 2002, 1565/66), *Buchhalter* für den Betriebsleiter (BAG AP Nr. 8), *Maurerpolier*, der den Lieferschein für Baumaterial entgegennimmt (OLG Celle NJW 1960, 870); geben diese Personen die Erklärung nicht weiter, geht das zu Lasten des Empfängers, d. h. dieser muss sich so behandeln lassen, als wäre ihm die Willenserklärung zugegangen ▶ Beim **Erklärungsboten** erfolgt der Zugang mit der tatsächlichen Weitergabe an den Empfänger selbst; darunter fallen alle nach der Verkehrsanschauung nicht ermächtigte Personen, z. B. noch nicht erwachsene Kinder, Nachbarn, zufällig anwesende Handwerker, so dass eine Nichtweitergabe zu Lasten des Erklärenden geht, der die Wahl der Zugangsperson hatte. Er trägt das Risiko, so dass die Willenserklärung nicht als zugegangen gilt.

2 Abgabe einer Willenserklärung

▶ **101 Was gilt, wenn dem Empfänger vor dem Zugang oder gleichzeitig mit der Erklärung ein Widerruf zugeht?**

Bei Zugang eines rechtzeitigen Widerrufs vor Zugangsbewirkung, wird die Willenserklärung nicht wirksam, § 130 Abs. 1 S. 2 BGB. Hiervon zu unterscheiden ist der Widerruf eines bereits geschlossenen Vertrages, §§ 312 ff. BGB, vgl. später im Teil Vertragsbeendigung.

§ **§ 130 Abs. 1 S. 2 BGB Wirksamwerden der Willenserklärung gegenüber Abwesenden** (1) Sie wird nicht wirksam, wenn dem anderen vorher oder gleichzeitig ein **Widerruf** zugeht.

In der Praxis kann der **Widerruf** einer Willenserklärung vor deren Zugang immer wieder eine bedeutsame Rolle spielen, wenn z. B. ein Fehler in einer abgegebenen Willenserklärung entdeckt wird und man die kostenintensive Anfechtung der Willenserklärung vermeiden will.

Für einen rechtzeitigen Widerruf reicht der rechtzeitige Zugang, eine tatsächliche Kenntnisnahme des Empfängers ist nicht erforderlich. Der bereits **rechtzeitig** zugegangene Widerruf ist selbst dann wirksam, wenn der Empfänger zuerst das Angebot tatsächlich gelesen hat (BGH NJW 1975, 382). Ein **verspätet zugegangener** Widerruf soll nach einer älteren Rechtsprechung aber selbst dann unwirksam sein, wenn er eher als das Angebotsschreiben gelesen wurde (RGZ 91, 63), also noch keine Vermögensdispositionen des Empfängers getroffen worden sind. Kein Widerruf soll entsprechend dieser Rechtslage durch Entfernung eines Angebots auf der Internetplattform eBay möglich sein, da der Ware einstellende Eigentümer die Annahme des Höchstgebots in den AGB bereits vorab erklärt habe (KG NJW 2005, 1053).

Lösung Fall 38 Wird im **Fall** der **Irrtum** noch **vor Zugang** des falschen Angebots zu den üblichen Geschäftszeiten erkannt, kann der erklärende Abteilungsleiter Arno Baumhackl-Fuss noch gegenüber dem Architekturbüro Beißel und Wuff **widerrufen**, eine Anfechtung mit Schadensersatzfolge entfiele. Es kommt jetzt also darauf an, **ob man sich wirklich die Blöße geben möchte**, dass ein falsches Angebot das Haus verlassen hat oder ob man stillschweigend das Angebot bei Annahme durch das Architekturbüro erfüllt, um keinen Imageschaden zu erleiden.

IV. Beweis des Zugangs

102 Wie kann man den Beweis des tatsächlichen Zugangs erbringen?

Der tatsächliche Zugang einer Willenserklärung und die **Erbringung eines Beweises** können in der praktischen Handhabung problematisch sein. So kann es in Rechtsstreitigkeiten passieren, dass der Erklärungsgegner möglicherweise sogar wider besseres Wissen den Erhalt der Willenserklärung (z. B. eine Kündigung) **abstreitet**. Wenn der Erklärende dann den Zugang nicht beweisen kann, muss er in Prozessen mit Rechtsnachteilen rechnen, da der Zugang überhaupt und der Zeitpunkt eine für ihn günstige Tatsache ist, für die er beweispflichtig ist (OLG Saarbrücken, NJW 2004, 2908). In der Rechtsprechung existieren einige auch sich widersprechende Urteile darüber, wann ein Anscheinsbeweis für den Zugang angenommen werden kann und wann nicht.

Beispiele für die Beweiswirkung ▶ kein Beweis des Zugangs beim Empfänger durch **einfachen Postbrief oder Faxtext** (BGH NJW 1964, 1176, BAG DB 2002, 2549), es gibt aber hier Instanzgerichte, die in besonderen Einzelfällen anderer Meinung sind, d. h. für Zugangsbeweis durch Fax (AG Hamburg-Altona MDR 2007, 705) ▶ Lesebestätigung bei einer **E-Mail** soll als Anscheinsbeweis ausreichen ▶ **normales Einschreiben** begründet keinen Anscheinsbeweis des Zugangs (BGH NJW 1996, 2033/35), wenn nicht ein ordnungsgemäß dokumentierter Einwurf in den Briefkasten vorliegt, z. B. durch **Einwurfeinschreiben** (AG Paderborn NJW 2000, 3722, anders AG Kempen NJW 2007, 1215), wobei nicht der Inhalt des Schreibens bestätigt wird ▶ **Einschreiben mit Rückschein** begründet nach § 175 ZPO eine tatsächliche Vermutung, dass an dem im Rückschein aufgeführten Tag, der Brief auch zugestellt wurde, (Palandt/Ellenberger, § 130 Rn. 21), hier darf aber auch wieder nicht übersehen werden, dass von dieser Beweiswirkung nicht die Frage erfasst wird, was sich in dem zugestellten Briefumschlag befand

§ **§ 175 ZPO Zustellung durch Einschreiben mit Rückschein** Ein Schriftstück kann durch **Einschreiben mit Rückschein** zugestellt werden. Zum Nachweis der Zustellung genügt der Rückschein.

Muster 20: „Strenges" Zugangsprotokoll bei einer Kündigung eines Arbeitsverhältnisses

Absender ... (Bote)

Empfänger Frau/Herrn ... (Kündigender)   Ort, Datum

Zugangsbestätigung

Sehr geehrte/r Frau/Herr ... hiermit bestätige ich, dass ich das Original des in Kopie beigefügten Kündigungsschreibens vom ... (Datum des Kündigungsschreibens) an ... (Kündigungsempfänger) wohnhaft: ... (Adresse des Kündigungsempfängers) in einen Umschlag gesteckt habe. Mit dem verschlossenen Umschlag habe ich mich anschließend zu der vorgenannten Adresse begeben und den Umschlag am ... (Datum) um ... (Uhrzeit)

- in den Hausbriefkasten des Empfängers mit der Aufschrift ... eingeworfen

- in den Briefkastenschlitz an der Wohnungstür des Empfängers mit dem Namensschild ... eingeworfen
- persönlich dem Empfänger überreicht (Zutreffendes ist angekreuzt)

Besonderheiten ...

Mit freundlichen Grüßen (Unterschrift Bote)

Anlage: Kopie des eingeworfenen Schreibens

In der **Praxis** sind daher folgende **Mindestanforderungen** für einen beweisbaren Zugang einzuhalten:

Checkliste 17 Mindestanforderungen für einen beweisbaren Zugang von Willenserklärungen

Mündliche Erklärung unter Anwesenden

- Sind unabhängige, ladungsfähige Zeugen anwesend?
- Hat der Empfänger auf einer Kopie den Zugang freiwillig bestätigt oder abgelehnt?
- Haben die Zeugen auf einer Kopie der übergebenen Erklärung den Zugang in ihrem Beisein mit Datumsangabe bestätigt?

Schriftliche Erklärung unter Abwesenden

- Hat der Empfänger trotz Aufforderung keine Empfangsbestätigung zurückgesandt?
- Wurde eine Übergabe unter Anwesenden mit Zeugen versucht?
- Existiert ein Briefkasten, in dem eine Zustellung beweisbar mit Zeugen vorgenommen werden kann?
- Ist bei Zugangshindernissen die Übermittlung durch einen Gerichtsvollzieher versucht worden?
- Wurden die Gerichte um Hilfe gebeten, z. B. einen Aushang an der Gerichtstafel vorzunehmen?

V. Zugangsverhinderung

▷ **103 Was gilt, wenn der Empfänger den Empfang verhindert?**

> **Fall 39 Wo ist die Briefmarke geblieben?!** Der adlige Großgrundbesitzer **Bauer Leonhard de Luser** möchte beim **Verwaltungsbeamten Michael Mangelkramer** einen Antrag auf Gewährung von Gasölverbilligung für das vergangene Jahr stellen. Dieser Antrag konnte nur bis zum 15.2. des laufenden Jahres gestellt werden (Ausschlussfrist). Großgrundbesitzer de Luser steckt seinen Antrag mit zwölf Monatsbelegen des vergangenen Jahres in einen Briefumschlag und behauptet, drei Briefmarken mit entsprechendem Porto auf den Brief geklebt zu haben. Beim Verwaltungsbeamten Mangelkramer kommt der **Brief aber nicht an**, da das Postamt nur zwei Marken auf dem Umschlag vorfindet. Entsprechend der generellen Absprache mit der Verwaltungsbehörde soll diese unterfrankierte Briefe an den Absender mit dem Vermerk „**Annahme wegen Nachgebühr verweigert**" zurückschicken. Da Großgrundbesitzer de Luser auch noch den Absender nicht auf den Briefumschlag geschrieben hatte, musste der Umschlag schließlich noch amtlich geöffnet werden. De Luser versäumt durch diese Zeitverzögerungen letztlich die Antragsfrist. **Frage Durfte der Verwaltungsbeamte Michael Mangelkramer den Zugang des Briefes von Großgrundbesitzer Leonhard de Luser verweigern?** (Fall nach OVG Hamburg NJW 1995, 3137)

Begrifflich versteht man unter einer Zugangsverhinderung den Umstand, dass eine empfangsbedürftige Willenserklärung

- aufgrund eines **Hindernisses** unverschuldeter oder verschuldeter Art
- **nicht oder nicht rechtzeitig** so in den Machtbereich des Empfängers gelangt ist, dass unter Zugrundelegung normaler Umstände die Möglichkeit zur Kenntnisnahme durch den Empfänger bestand.

Systematisch ist bei einer Empfangsverhinderung immer zu fragen, ob diese **berechtigt oder unberechtigt** erfolgte.

Liegt ein **absichtliches** Zugangshindernis vor und hat der Empfänger dadurch den Zugang der Willenserklärung durch Hindernisse aus seiner Sphäre verhindert oder verzögert, kann diese **unberechtigte Zugangsverhinderung** den Zugang nicht verhindern, die Willenserklärung gilt als zugegangen. Der Empfänger wird von Rechts wegen nach den Grundgedanken des § 162 BGB und den Grundsätzen von Treu und Glauben, § 242 BGB, so gestellt, als hätte er die Erklärung tatsächlich erhalten. Erforderlich ist aber, dass der Erklärende alles unternimmt, um einen Zugang zu bewirken, z. B. unverzügliche Wiederholung von Zustellversuchen, da Warten nach der Rechtsprechung evtl. Rechtsnachteile bringen kann.

§ **§ 162 BGB Verhinderung oder Herbeiführung des Bedingungseintritts** (1) Wird der Eintritt der Bedingung von der Partei, zu deren Nachteil er gereichen würde, wider Treu und Glauben verhindert, so **gilt die Bedingung als eingetreten**. (2) Wird der Eintritt der Bedingung von der Partei, zu deren Vorteil er gereicht, wider Treu und Glauben herbeigeführt, so gilt der Eintritt als nicht erfolgt.

2 Abgabe einer Willenserklärung

Beispiele unberechtigter Zugangshindernisse ▶ **fehlende Empfangsvorrichtung**, z. B. kein Briefkasten oder Briefeinwurfschlitz in der Tür, obwohl mit Erklärungen zu rechnen ist ▶ Fehlen eines **Namensschildes** kann im Einzelfall als Sorgfaltsverstoß angesehen werden (LAG Bremen DB 2001, 2729) ▶ **Angabe einer falschen Anschrift**, unter der man nicht erreichbar ist (BAG NZW 2006, 204) ▶ **Nichtabholung** eines angekündigten Einschreibbriefs kann im Einzelfall treuwidrig sein, wenn man Kenntnis von einer baldigen Kündigungszusendung hatte (BAG NJW 1997, 146, Abholung am übernächsten Werktag erforderlich nach LG Freiburg NJW-RR 2004, 1377) ▶ angegebenes **Faxgerät** muss im Zweifel auch empfangsbereit sein (BGH NJW 1995, 665) ▶ wohl ebenso **E-Mail** bei geschäftlichen Transaktionen

Bei **berechtigten Zugangshindernissen** dagegen muss der Erklärende die Willenserklärung nochmals abgeben bzw. anders zugehen lassen.

Beispiele berechtigter Zugangshindernisse ▶ Empfänger soll wegen **ungenügender Frankierung** Nachporto bezahlen (OVG Hamburg NJW 1995, 3137) ▶ Absender lässt sich nicht eindeutig lesen ▶ die mündliche Erklärung ist mit **Beleidigungen** durchsetzt, so dass sich der Empfänger die Ohren zuhält ▶ **Fehlen eines Hausbriefkastens**, dann Zustellung durch einen Gerichtsvollzieher erforderlich

Lösung Fall 39 Die Gerichte gehen in dem Fall der unzureichend frankierten Zusendung regelmäßig **von einer berechtigten Verweigerung** in diesem Fall der Verwaltungsbehörde aus. Laut § 130 Abs. 3 BGB gelten die zivilrechtlichen Vorschriften über das Wirksamwerden von Willenserklärungen auch bei Abgabe gegenüber einer Behörde. Die Rechtsprechung behandelt diese Fälle daher weitestgehend nach einheitlichen Zugangsgrundsätzen. Einen allgemeinen Grundsatz, dass Verwaltungsbehörden unterfrankierte Briefsendungen annehmen müssen, gibt es nicht, auch wenn es um das Einhalten einer Ausschlussfrist geht (OVG Hamburg NJW 1995, 3137). Der **Verwaltungsbeamte** Michael Mangelkramer durfte zu Recht die Annahme verweigern, solange der Absender Leonhard de Luser nicht beweisen konnte, dass die Briefsendung wirklich ausreichend frankiert worden war.

§ **§ 130 Abs. 2 BGB Wirksamwerden der Willenserklärung gegenüber Abwesenden**
(3) Diese Vorschriften finden auch dann Anwendung, wenn die Willenserklärung einer Behörde gegenüber abzugeben ist.

V. Zugangsverhinderung

Wirksamwerden einer Willenserklärung

- **Zwei verschiedene Arten von Willenserklärungen**
- **Nicht empfangsbedürftige** Willenserklärungen ○ erfordern nur eine wirksame Abgabe durch den Erklärenden ○ Beispiel: testamentarische Erklärungen
- **Empfangsbedürftige Willenserklärungen** ○ setzen Abgabe und Zugang voraus ○ Beispiel: Kündigungserklärungen
- **Abgabe einer nicht empfangsbedürftigen Willenserklärung** ○ Willenserklärung muss für den anderen wahrnehmbar gemacht werden ○ es besteht kein Zweifel an der Endgültigkeit einer Erklärung
- **Abgabe einer empfangsbedürftigen Willenserklärung** ○ Willenserklärung vom Erklärenden willentlich in Richtung auf den Empfänger in Bewegung gesetzt ○ bei Zugrundelegung normaler Verhältnisse ist mit Zugang beim Empfänger zu rechnen ○ verschiedene Fallvarianten danach, ob Abgabe unter **Anw**esenden oder in **Ab**wesenheit des Empfängers ○ und ob eine **mündliche** oder eine **schriftliche** Erklärung vorliegt ○ **Sonderfall**: unerkannt Geisteskranke, bei denen Willenserklärungen nichtig sind ○ Zeitpunkt der Abgabe, nicht des Zugangs entscheidend, so dass spätere Änderungen für die Wirksamkeit einer Willenserklärung unerheblich sind (evtl. aber Wegfall der Geschäftsgrundlage)
- **Zugang einer empfangsbedürftigen Willenserklärung** ○ BGB verwendet diesen Begriff des Zugehens **ohne ihn zu definieren** ○ Rechtsprechungsformel ○ Willenserklärung muss so in den Bereich des Erklärungsempfängers gelangt sein, dass er Kenntnis nehmen kann (**1. „räumliche" Voraussetzung**) ○ und unter normalen Umständen mit der Kenntnisnahme zu rechnen ist (**2. „zeitliche" Voraussetzung**)
- **Beweis des Zugangs** ○ in der Praxis ist **Beweisbarkeit** des Zugangs wichtig, z. B. durch Empfangsbestätigung
- **Zugangsverhinderung** ○ bei **unberechtigter Zugangsverweigerung** wird der Empfänger von Rechts wegen so gestellt, als hätte er die Erklärung tatsächlich erhalten ○ bei **berechtigter Zugangsverweigerung** liegt kein Zugang vor

VI. Erlöschen eines Vertragsangebots

> **Fall 40 Kein leichtes Spiel mit Anna Tanga!** Der **Käufer Franz Schlotterhose** sieht in Witten im **Bekleidungsgeschäft von Anna Tanga** einen Anzug, der laut Schaufensteraufkleber nur 98 € kosten soll. Schlotterhose probiert den Anzug und sagt zu Anna Tanga: *„Den nehme ich für 98 €!"* Anna Tanga zeigt auf das Preisschild auf dem Ständer, wo 298 € steht. Später stellt sich heraus, dass Schüler die „2" am Schaufenster aus jugendlichem Leichtsinn entfernt hatten. Jeder besteht auf seinem Preis. Anna meint, das Angebot des Franz zu 98 € sei mit ihrem Beharren auf dem wahren Preis in Höhe von 298 € erloschen.
> **Frage** *Kein leichtes Spiel mit Anna Tanga!*

▶ 104 Aus welchen Gründen kann ein Vertragsangebot erlöschen?

Ein bindendes Vertragsangebot kann grundsätzlich natürlich nicht **bis in alle Ewigkeit Geltung haben, es erlischt begrifflich nach den gesetzlichen Vorschriften**, § 146 BGB, aus folgenden Gründen:

> **Gründe für das Erlöschen von Angeboten**
> - bei **Ablehnung** des Antrags (z. B. ausdrückliche Verneinung)
> - bei Ablauf einer **Annahmefrist** (z. B. Fall der verspäteten Annahme)
> - bei **Widerruf** eines noch nicht bindenden Antrags, § 130 Abs. 1 S. 2 BGB, vgl. bereits vorne beim Thema Zugang
> - bei **Tod oder Geschäftsunfähigkeit** nach Abgabe, wenn dieses nach dem Willen des Antragenden anzunehmen ist, § 153 BGB
> - bei **Versteigerungen**, z. B. durch Abgabe eines Übergebotes oder Schluss der Versteigerung ohne Zuschlag, § 156 BGB
> - etc.

§ **§ 146 BGB Erlöschen des Antrags** Der Antrag erlischt, wenn er dem Antragenden gegenüber abgelehnt oder wenn er nicht diesem gegenüber nach den §§ 147 bis 149 rechtzeitig angenommen wird.

Im Folgenden soll es um die **häufigsten Erlöschensgründe** bei Verträgen gehen, die in §§ 146 ff. BGB geregelt sind.

1 Ablehnung eines Angebots

▶ 105 Wie erfolgt die Ablehnung eines Angebots?

Eine **direkte Ablehnung** setzt die Abgabe einer empfangsbedürftigen Willenserklärung voraus, die auch bei Bestehen von Formvorschriften für den Hauptvertrag grundsätzlich formlos erfolgen kann.

VI. Erlöschen eines Vertragsangebots

Eine Ablehnung des ursprünglichen Angebots kann **auch indirekt** durch Annahme unter Erweiterungen, Einschränkungen oder sonstigen Änderungen erfolgen. Dann gibt die verändernde Annahme als neues Angebot, § 150 Abs. 2 BGB.

> § **§ 150 Abs. 2 BGB ... abändernde Annahme** (2) Eine Annahme unter Erweiterungen, Einschränkungen oder sonstigen Änderungen **gilt als Ablehnung** verbunden mit einem neuen Antrag.

Ist der Ablehnende noch nicht volljährig, so ist die Zustimmung seines gesetzlichen Vertreters erforderlich, da ein Rechtsverlust für den Minderjährigen mit der Ablehnung verbunden ist, § 107 BGB.

> **Lösung Fall 40** Im **Fall** der Anna Tanga und des Franz Schlotterhose liegt zunächst daher nur ein Angebot der Anna Tanga zu 298 € vor. Das ursprüngliche Angebot des Franz zu 98 € hatte die Anna durch das höhere Angebot zu 298 € abgelehnt und als neues Angebot Franz gegenüber gemacht.
>
> **Besteht Franz auf seinem 98 EUR-Angebot**, lehnt er wiederum das von Anna gemachte 298 €-Angebot ab, so dass dann nur ein 98 €-Angebot im Raume steht – und so weiter.

2 Annahmefristen

▶ 106 Wie werden Annahmefristen rechtlich behandelt?

Angebote sollten in der betriebswirtschaftlichen Praxis immer mit einer Annahmefrist versehen werden, so dass sie durch die nicht rechtzeitige Annahme erlöschen, § 148 BGB. Nur so kann sich der Antragende sicher sein, dass seine kalkulierte Leistung nicht durch eine sehr späte Annahme betriebswirtschaftlich verlustbringend ausgeführt werden muss.

> § **§ 148 BGB Bestimmung einer Annahmefrist** Hat der Antragende für die Annahme des Antrags eine Frist bestimmt, so kann die Annahme **nur innerhalb der Frist** erfolgen.

Meist nennt der Antragende eine Frist, die durch eine Zeitspanne oder eine Datumsangabe bestimmt werden kann, aber nicht muss, wie die Beispiele der Rechtsprechung zeigen.

> **Beispiele für Annahmefristen** ▶ *„Bindung 4 Wochen"* ▶ *„innerhalb einer Woche anzunehmen"*, ▶ *„mit der Bitte um Ihre sofortige Rückantwort per Fax"* ▶ auch *„umgehende Antwort"* (BAG NZA 2007, 925) ▶ *„wir halten uns für zwei Wochen an das Angebot gebunden"* (LG Mönchengladbach VersR 1983, 49)

Bei der Länge der Frist und ihrer Bestimmtheit sind die Vertragsparteien grundsätzlich frei, müssen aber bei einer Vereinbarung in AGB die Anforderungen des § 308 Abs. 1 Nr. 1 BGB einhalten, wonach Fristen nicht unangemessen lange bzw. nicht zu ungenau formuliert sein dürfen. Die Fristberechnung erfolgt nach den §§ 186 ff. BGB.

2 Annahmefristen

▶ 107 Was gilt, wenn eine Frist nicht ausdrücklich bestimmt wurde?

Problematisch sind die Fälle, in denen der Antragende **keine ausdrückliche Frist bestimmt** hat, es aber aufgrund eines längeren Zeitablaufs inzwischen nicht mehr ganz klar ist, ob der Vertrag noch durch eine Annahme zustande kommen könnte oder ob inzwischen nicht eine Ablehnung des Angebots faktisch vorliegt. In diesen Fällen bestimmt das Gesetz quasi „**gesetzliche Annahmefristen**", die bei einer Lösung von Zweifelsfällen helfen sollen, § 147 BGB.

> Gesetzlich geregelte Fristen für eine Annahmeerklärung
> - unter Anwesenden nur sofortige Annahme
> - unter Abwesenden Abnahme bis zu dem Zeitpunkt, der unter regelmäßigen Umständen erwartet werden darf

§ **§ 147 BGB Annahmefrist** (1) Der einem **Anwesenden** gemachte Antrag kann nur sofort angenommen werden. Dies gilt auch von einem mittels Fernsprechers oder einer sonstigen technischen Einrichtung von Person zu Person gemachten Antrag. (2) Der einem **Abwesenden** gemachte Antrag kann nur bis zu dem Zeitpunkt angenommen werden, in welchem der Antragende den Eingang der Antwort unter regelmäßigen Umständen erwarten darf.

Bei der Frage, wie lange ein Angebot in diesen Zweifelsfällen also gilt, wird nach dem Gesetzeswortlaut zwischen Angeboten unter **Anwesenden** und **Abwesenden** unterschieden.

▶ 108 Welche gesetzliche Annahmefrist gilt bei Anträgen unter Anwesenden?

Nach diesen Regelungen kann der einem **Anwesenden** (oder telefonisch, Videokonferenz, Chat, nicht aber E-Mail, Fax oder Bildschirmtext) gemachte Antrag nur **sofort** angenommen werden, § 147 Abs. 1 BGB. Der Empfänger muss sich sofort entscheiden, d. h. so schnell wie objektiv möglich (Palandt/Ellenberger § 147 Rn. 5).

Stimmt er dem Angebot zu spät zu, ist dieses **bereits erloschen**. Warum er nicht geantwortet hat, spielt keine Rolle, so dass **auch schuldloses Schweigen** zum Erlöschen führt (im Gegensatz zur „unverzüglich" vorzunehmenden Anfechtungserklärung, § 121 Abs. 1 BGB).

VI. Erlöschen eines Vertragsangebots

▶ 109 Wie lange kann man einen Antrag gegenüber Abwesenden annehmen?

Der einem **Abwesenden** gegenüber gemachte Antrag kann nach dem System der Vorschriften nur bis zu dem Zeitpunkt angenommen werden, in dem der Antragende „den Eingang der Antwort unter regelmäßigen Umständen **erwarten darf**", § 147 Abs. 2 BGB.

Es richtet sich also nicht nach den tatsächlichen Hoffnungen des Antragenden auf den Eingang der Antwort, sondern wann er **normalerweise** mit dem Zugang der Annahmeerklärung rechnen darf. Bei der Berechnung der Frist sind die Zeiten für das Zugehen des Antrags beim Empfänger, für das Überlegen und Beantworten sowie für das Zugehen der Antwort beim Antragenden zu berücksichtigen (BGH NJW 1996, 921). Diese allgemeinen Rechtsgrundsätze haben in den vergangenen Jahren zu einer Vielzahl von Urteilen geführt, in denen eine Konkretisierung in Einzelfällen versucht wird. Die folgende Aufzählung einiger Fälle kann aber nur als Anhaltspunkt verstanden werden, um sich gewisse Vorstellungen machen zu können. Letztlich hilfreich sind in der betriebswirtschaftlichen Praxis einzig und allein klar formulierte Fristen.

> **Beispiele für Fristen der Rechtsprechung** ▶ **Mietverträge** sind innerhalb von 2 bis 3 Wochen anzunehmen (LG Stendal NJW-RR 2005, 97) ▶ **Kaufvertragsangebot** über eine Eigentumswohnung ist innerhalb von 6 Wochen anzunehmen (OLG Dresden BauR 2005, 599) ▶ der schriftliche Antrag auf Änderung eines **Versicherungsvertrages** war nach 27 Tagen noch rechtzeitig angenommen worden (AG Frankfurt/M, NJW-RR 86, 329) ▶ Annahme eines **Darlehens** ist nach 8 Monaten verspätet (BGH WM 2008, 967) ▶ Anträge **per Fax** müssen spätestens binnen 4 Tagen angenommen werden (AG Frankfurt/M, NJW-RR 89, 47), können aber auch schon nach 2 Tagen im Einzelfall zu spät sein (LG Wiesbaden NJW-RR 1998, 1435)

Bei der Fristberechnung sind **fristverlängernde Umstände** wie z. B. Überlastung in der Saison, Urlaubszeit, notwendige Auskunftseinholung, die zu einer Verzögerung der Annahme führen können, dann mit in die Frist einzuberechnen, wenn sie dem Antragenden bekannt waren oder bekannt sein mussten (BGH NJW 2008, 1148/21). Eine Verpflichtung des Antragenden, auf den Fristablauf hinzuweisen, wird von der Rechtsprechung regelmäßig nicht erwartet (BGH DB 1971, 232).

▶ 110 Welche Rechtswirkungen hat die verspätete Annahme eines Antrags?

> **Fall 41 Anna Tanga wird ungeduldig** Verkäuferin **Anna** wird die Sache mit dem Anzugverkauf und dem unentschlossenen Käufer schließlich zu bunt, so dass sie dem **Franz Schlotterhose** mitteilt, dass er sich ihren Preis in Höhe von 298 € noch bis zum 1.10. überlegen könne, dann werde sie aber die ganze Kollektion auf eine Versteigerung am 3.10. weggeben. Franz überlegt hin und her faxt, der Anna am 2.10. zu, dass er den Anzug zu dem gewünschten Preis in Höhe von 298 € nehme. **Frage Muss Anna dem Franz noch liefern oder nicht?**

Bei Verspätungen unterscheidet das Gesetz zwei Grundfälle:

- verspätet zugegangene Annahmeerklärung, § 149 BGB
- verspätete Annahmeerklärung, § 150 Abs. 1 BGB

2 Annahmefristen

(1) Wie muss man bei einer verspätet zugegangenen Annahmeerklärung rechtlich richtig reagieren?

Bei einer verspätet zugegangenen Annahmeerklärung kommt es nach § 149 BGB darauf an,

- wer an dieser Verzögerung schuld war,
- ob die andere Seite Kenntnis von dem Verzögerungsgrund haben konnte,
- und ob der Antragende die Verzögerung unverzüglich dem Annehmenden angezeigt hat.

> **§ 149 BGB Verspätet zugegangene Annahmeerklärung** Ist eine dem Antragenden verspätet zugegangene Annahmeerklärung dergestalt abgesendet worden, dass sie **bei regelmäßiger Beförderung** ihm **rechtzeitig** zugegangen sein würde, und musste der **Antragende** dies erkennen, so hat er die Verspätung dem Annehmenden unverzüglich nach dem Empfang der Erklärung **anzuzeigen**, sofern es nicht schon vorher geschehen ist. Verzögert er die Absendung der Anzeige, so gilt die Annahme **als nicht verspätet**.

Liegt das Problem der Nichteinhaltung ausschließlich in der Beförderung, soll dieses dem ordnungsgemäß handelnden Annehmenden nicht angelastet werden, er erhält eine Chance, dass die Annahme trotzdem als rechtzeitig gilt, wenn der Antragende nicht unverzüglich seine Verspätungsanzeige absendet.

(2) Wie behandelt die Rechtsordnung eine verspätete Annahme?

War schon der Versand der Annahme zu spät, liegt begrifflich nun eine verspätete Annahme vor und es stellt sich die Frage nach der Rechtslage und dem Stand der Dinge. Hier regelt das Gesetz eine praktische Lösung. Da man die ergehende (verspätete) Annahme nicht ganz ohne rechtliche Wirkung sein lassen möchte, gilt nach § 150 Abs. 1 BGB Folgendes:

> **§ 150 Abs. 1 BGB Verspätete ... Annahme** (1) Die verspätete Annahme eines Antrags gilt als **neuer Antrag**.

Eine verspätete Annahme wird also zivilrechtlich wie ein neues Angebot behandelt, auf das nun wiederum die andere Seite reagieren kann, wenn sie möchte. Man verhindert mit dieser Rechtskonstruktion eine unnötige Förmelei, die dann entstünde, wenn der verspätet Annehmende die andere Vertragspartei dazu auffordern müsste, nochmals ein Angebot zu machen, damit man dieses dann nochmals rechtzeitig annehmen kann.

> **Lösung Fall 41** Da Franz im Fall am 2.10. definitiv zu spät antwortete (kein Fall des § 149 BGB), war das Angebot der Anna zu 298 € aber auch wieder nach § 148 BGB erloschen, so dass man das Fax von Franz mit dem Inhalt, den Preis zahlen zu wollen, als **neues Angebot** an die Anna zu 298 € auslegen dürfte, auf dessen Beantwortung der Franz jetzt so lange warten muss, wie es unter normalen Umständen üblich ist, maximal wohl eine Woche. Die Anna muss also nicht an den Franz liefern, wenn sie nicht will.

3 Annahme bei späteren Änderungen

▷ 111 Wie wird eine Annahme unter Veränderungen rechtlich behandelt?

Bei den Vertragsverhandlungen sind in der betriebswirtschaftlichen Praxis eher selten ausdrückliche Ablehnungen zu finden. Das Angebot wird oft „unter Erweiterungen, Einschränkungen oder sonstigen Änderungen angenommen (= also kein eindeutiges „Ja, ich nehme das Auto ...", sondern ein „Ja, aber nur mit neuen Winterreifen ...").

Nach den Regelungen des BGB in § 150 Abs. 2 BGB, ist eine solche „Annahme" rechtlich keine Annahme, sondern die Ablehnung des alten Angebots und die Erklärung eines neuen Angebots.

> **§ 150 Abs. 2 BGB ... abändernde Annahme** (2) Eine Annahme unter Erweiterungen, Einschränkungen oder sonstigen Änderungen gilt als Ablehnung verbunden mit einem neuen Antrag.

Wie wesentlich die Änderungen sind, spielt nach der Rechtsprechung grundsätzlich keine Rolle, (BGH NJW 2001, 222), wie auch die Beispiele der Gerichte zeigen.

> **Beispiele für abändernde Annahmen** ▶ Erhöhung des **Preises** (BGH NJW 1983, 1603) ▶ Bank verlangt **Eigenmittel** statt des Nachweises einer Restfinanzierung (BGH NJW 1990, 1846) ▶ Veränderung der **Bauzeit** in der Annahmeerklärung (OLG Hamm NJW-RR 2007, 819)

Handelt es sich aber um ganz **unwesentliche** Änderungen, z. B. wie Modalitäten der Verpackung, wird die Rechtsprechung eher geneigt sein, eine Genehmigung der Änderungen aus den Umständen z. B. durch bloße Annahme der Leistung bzw. auch Schweigen zu entnehmen.

> **Häufiger Irrtum: Ein falscher Preis an der Ware gilt, der Verkäufer ist daran gebunden!"**
> - **Falsch!**
> - Auch bei einer falschen Preisauszeichnung kann der Verkäufer verlangen, das Angebot des Käufers nur unter Korrektur des Preises anzunehmen. Zivilrechtlich jedenfalls kommt ein Vertrag nicht zum falschen Preis zustande
> - **ABER**: Sollte sich herausstellen, dass die falsche Preisauszeichnung als „Marketing-Trick" zur Erhöhung des Umsatzes absichtlich genutzt wird, um Käufer in das Verkaufsgeschäft zu locken, kann der Verkäufer wettbewerbsrechtlich bei der Gewerbeaufsicht angezeigt werden. Mit der falschen Preisauszeichnung kann der Tatbestand der irreführenden Werbung nach §§ 1, 5 Abs. 1 S. 2 Nr. 2 UWG vorliegen.

112 Erlischt ein Angebot bei zeitlich nachfolgendem Eintritt des Todes oder der Geschäftsunfähigkeit des Antragenden?

Dass der Erklärende nach Abgabe einer Willenserklärung **verstorben oder geschäftsunfähig** geworden ist bzw. einer Betreuung unterliegt (OLG Celle NJW 2006, 3501), ist für das Wirksamwerden einer Willenserklärung unter Abwesenden irrelevant, § 130 Abs. 2 BGB, da der Abgabezeitpunkt entscheidend ist.

§ **§ 130 Abs. 2 BGB Wirksamwerden der Willenserklärung gegenüber Abwesenden**
(2) Auf die Wirksamkeit der Willenserklärung ist es **ohne Einfluss**, wenn der Erklärende **nach** der Abgabe **stirbt** oder **geschäftsunfähig** wird.

Ob in diesen Fällen aber tatsächlich ein Vertragsschluss mit den Erben bzw. den gesetzlichen Vertretern durchgeführt werden kann, hängt letztlich davon ab, ob das Angebot noch annahmefähig ist, wovon § 153 BGB im Zweifel ausgeht.

§ **§ 153 BGB Tod oder Geschäftsunfähigkeit des Antragenden** Das Zustandekommen des Vertrags wird nicht dadurch gehindert, dass der Antragende vor der Annahme stirbt oder geschäftsunfähig wird, es sei denn, dass ein anderer Wille des Antragenden anzunehmen ist.

Aus § 153 BGB ergibt sich, dass ein Angebot auch noch **angenommen** werden kann, wenn der Antragende stirbt oder geschäftsunfähig geworden ist. Der Zeitpunkt, wann der Tod oder die Geschäftsunfähigkeit eintritt, ist dann gleichgültig, wenn sie vor oder nach dem Zugang des Angebots eintritt. Entscheidend ist nur, dass bei Abgabe der Willenserklärung Geschäftsfähigkeit vorlag. Die Annahme ist dann gegenüber dem Erben des Verstorbenen oder dem gesetzlichen Vertreter des Geschäftsunfähigen abzugeben. Ausnahmen sind immer dann zu machen, wenn sich ein anderer Wille des Antragenden ergibt, z. B. er nur an eine bestimmte Person verkaufen wollte, § 153 BGB am Ende. Kann der Erbe bzw. Vertreter des Antragenden dieses glaubhaft machen, kommt es nicht zu einem Vertragsabschluss.

VI. Erlöschen eines Vertragsangebots

 Erlöschen eines Vertragsangebots

- **Gesetzliche Erlöschensgründe** ○ Ablehnung des Antrags ○ Ablauf einer Annahmefrist
- **Ablehnung, § 146 BGB** ○ Ablehnung ist eine empfangsbedürftige Willenserklärung ○ formlos ○ ausdrücklich ○ indirekt durch Annahme unter Erweiterungen, Einschränkungen oder sonstigen Änderungen, § 150 Abs. 2 BGB
- **Ablauf einer vertraglich vereinbarten Annahmefrist, § 148 BGB** ○ vertraglich vereinbarte Annahmefrist ○ frei vereinbar ist die Länge der Frist ○ muss angemessen sein, so dass der andere Teil sich hinreichend informieren kann ○ genaue Formulierung erforderlich
- **Bestimmung gesetzlich vorgesehener Annahmefristen, § 147 BGB** ○ unter **An**wesenden = sofortige Annahme erforderlich ○ unter **Ab**wesenden = innerhalb der Frist, die der Antragende „unter regelmäßigen Umständen" **erwarten darf**
- **Verspätete Annahme** ○ nach verspätet zugegangener Annahmeerklärung gilt Anzeigepflicht nach Sondervorschrift § 149 BGB ○ normale Verspätung gilt als Ablehnung des alten Angebots und neues Angebot des Verspäteten, § 150 Abs. 1 BGB
- **Auswirkungen besonderer Umstände wie Tod oder Geschäftsunfähigkeit auf die Willenserklärungen** ○ grundsätzlich keine Erlöschensgründe für bereits abgegebene Willenserklärung, § 130 Abs. 2 BGB ○ Annahme ist ebenfalls möglich, wenn kein anderer Wille des Antragenden anzunehmen ist, § 153 BGB

VII. Formvorschriften

> **Fall l 42 Nur wer schreibt, der bleibt, oder?** Der **Student Stefan Sparfuchs** fährt mit seinem Auto zu einem Konzert, will sich aber den bewachten kostenpflichtigen Parkplatz eigentlich nicht mehr leisten. Da er so schnell keinen anderen kostengünstigeren und sicheren Platz findet und das Konzert gleich beginnt, fährt er durch die Schranke, stellt sein Auto unbemerkt ab und verschwindet in der Konzerthalle. Als er nachts den Platz verlassen will, verlangt der **Parkwächter Peter Pott** ohne Erbarmen für arme Studierende die Gebühren. **Frage** Was ist von der Aussage des Studenten Stefan Sparfuchs zu halten, ohne schriftlichen Vertrag müsse er nichts bezahlen?

1 Allgemeines zu Formvorschriften

▶ **113 Welche Formvorschriften sind beim Vertragsschluss zu beachten?**

> **Häufiger Irrtum: „Verträge sind nur schriftlich wirksam!"**
>
> - Das kommt darauf an!
> - Verträge sind wie alle Rechtsgeschäfte grundsätzlich formlos wirksam, es gilt der aus dem Grundsatz der Vertragsfreiheit abgeleitete **Grundsatz der Formfreiheit**. Die Entscheidung, ob eine Erklärung mündlich, schriftlich oder mit Hilfe z.B. eines Notars abgegeben wird, obliegt in den meisten Fällen dem Erklärenden. Der Grund für diese Freiheit liegt darin, dass der Rechts- und Geschäftsverkehr möglichst weitgehend frei von rechtlichen Pflichten ablaufen soll.
> - Nur ausnahmsweise sieht das Gesetz bei Verträgen eine Schriftform vor, z.B. bei Verbraucherdarlehensverträgen, §492 BGB, um den Verbraucher zu schützen.

Je nachdem, ob die Formanforderungen kraft gesetzlicher Vorschriften (sog. **gesetzlicher Formzwang**) oder aufgrund einer zwischen den Parteien getroffenen Vereinbarung bestehen (sog. **gewillkürter Formzwang**), unterscheidet man **verschiedene Arten** von Formen, §§125ff. BGB.

> **Beispiele gesetzlicher Formen** ▶ Schriftform, §126 BGB ▶ elektronische Form, §126a BGB ▶ Textform, §126b BGB ▶ öffentliche Beglaubigung der Unterschrift §129 BGB ▶ notarielle Beurkundung, §128 BGB ▶ gleichzeitige Anwesenheit der Beteiligten mit Vertretungsmöglichkeit, Grundstückskaufvertrag, §925 Abs.1 BGB ▶ Abgabe vor der zuständigen Stelle bei gleichzeitiger Anwesenheit der Erklärenden, ohne Vertretungsmöglichkeit, z.B. Eheschließung, §1310 BGB

Für die nicht abschließend gesetzlich geregelten **vereinbarten Formanforderungen** finden im Zweifel die Vorschriften über die gesetzlichen Formen Anwendung, §127 Abs.1 BGB.

§ **§127 Abs.1 BGB Vereinbarte Form** (1) Die Vorschriften des §126, des §126a oder des §126b gelten im Zweifel auch für die durch Rechtsgeschäft bestimmte Form.

VII. Formvorschriften

Beispiele vereinbarter Formen ▶ Kündigung nur per Einschreiben und Rückschein ▶ Vertragsschluss nur zu bestimmten Uhrzeiten, Abgabe einer Willenserklärung nur an bestimmtem Ort

Lösung Fall 42 Die Aussage des Studenten ist **falsch**, da grundsätzlich ohne Einhaltung irgendwelcher Formanforderungen Verträge zustande kommen können. Durch das Parken auf dem Parkplatz hat er diesen in einer Art genutzt, dass ein **objektiver Betrachter** diesem nur die Bedeutung einer Vertragsannahme beimessen kann. Es liegt ein **schlüssiger** Vertragsschluss vor, Student S muss bezahlen ohne etwas unterschrieben zu haben.
Gesetzliche Formvorschriften existieren hier nicht, da der Grundsatz der Formfreiheit vorgeht. **Gründe**, die eine besondere Formanforderung sinnvoll erscheinen lassen, sind **nicht ersichtlich**. Der Massenverkehr verlangt vielmehr, dass diese Art von Verträgen schnell abgeschlossen werden können, ohne dass förmliche Anforderungen den Vorgang erschweren.

▶ 114 Aus welchen Gründen gibt es Formvorschriften?

Das Gesetz sieht trotz der bestehenden Formfreiheit bestimmte Formzwänge vor, deren Nichtbeachtung die Nichtigkeit des Rechtsgeschäfts, also des Vertrages zur Folge hätte, § 125 S. 1 BGB.

§ **§ 125 S. 1 BGB Nichtigkeit wegen Formmangels** Ein Rechtsgeschäft, welches der durch Gesetz vorgeschriebenen Form ermangelt, ist **nichtig**.

Eine derart einschneidende Rechtsfolge kann das Gesetz nur ausnahmsweise anordnen, um die grundgesetzlich geschützte Privatautonomie der Vertragsparteien nicht zu sehr zu beschränken. Erforderlich ist ein **besonderer Grund**, warum letztlich eine bestimmte Formvorschrift besteht. Soweit das Gesetz diesen Grundsatz der Formfreiheit einschränkt, verfolgt es damit ganz verschiedene Funktionen (vgl. Palandt/Ellenberger, § 125 Rn. 2–6).

Funktionen von Formvorschriften
- Schutz des Erklärenden vor übereilten oder nicht durchdachten Entscheidungen aufgrund der mit Rechtsgeschäften verbundenen Risiken, Schutz vor ungewollten Bindungen (= **Warnfunktion**), z. B. Schriftformerfordernis bei Schenkungsversprechen, § 518 BGB Bürgschaftserklärungen, § 766 BGB
- Klarstellung und Beweisbarkeit des Inhalts von vorgenommenen Rechtsgeschäften (= **Klarstellungs- und Beweisfunktion**), z. B. das Erfordernis der eigenhändigen Unterschrift bei der Schriftform, § 126 Abs. 1 BGB, beweist, wer der Aussteller ist, ob die Erklärung wirklich von ihm stammt und ob er die Erklärung gelesen hat bzw. wenigstens hätte lesen können
- Bestimmte Formen übernehmen auch die Aufgabe, den Erklärenden über seine Rechtsposition mit allen Rechten und Pflichten umfassend zu informieren (= **Informationsfunktion**), z. B. bei den Verbraucherdarlehensverträgen sind die im Gesetz angegebenen Informationen dem Darlehensnehmer schriftlich zur Unterschrift vorzulegen, § 492 Abs. 1 S. 5 BGB.

- Manche Formerfordernisse stellen zudem sicher, dass die Beteiligten von bestimmten Stellen über ihre Rechtslage beraten und belehrt werden können (= **Beratungsfunktion**), z. B. durch den Notar bei der notariellen Beurkundung eines Grundstückkaufvertrages, § 311 b Abs. 1 S. 1 BGB, durch die gleichzeitige Anwesenheit beider Vertragsteile beim Abschluss eines Ehevertrags, § 1410 BGB.
- Letztlich dienen Formvorschriften auch der Absicherung wirksamer behördlicher Überwachung (= **Kontrollfunktion**), z. B. müssen Arbeitgeber die über die gesetzlich vorgegebene durchschnittliche tägliche Arbeitszeit von 8 Stunden hinausgehenden Beschäftigungszeiten aufzeichnen und aufbewahren, damit eine Kontrolle durch die Behörden möglich wird, § 16 Abs. 2 ArbZG.

§ **§ 16 Abs. 2 ArbZG Aushang und Arbeitszeitnachweise** (2) Der Arbeitgeber ist verpflichtet, die über die werktägliche Arbeitszeit des § 3 Satz 1 hinausgehende **Arbeitszeit** der Arbeitnehmer **aufzuzeichnen** und ein Verzeichnis der Arbeitnehmer zu führen, die in eine Verlängerung der Arbeitszeit gemäß § 7 Abs. 7 eingewilligt haben. Die Nachweise sind mindestens zwei Jahre aufzubewahren.

2 Prüfungsschema

▷ **115 Welches Prüfungsschema ist bei der Kontrolle von Formanforderungen zu beachten?**

Fall 43 Das geschenkte Indianerkostüm Teil 1 Auf der Feier des 60. Geburtstages verspricht Onkel **Otto Obst** seinem 10-jährigen **Neffen Frank Kleinermann** ohne Wissen seiner Eltern ein Indianerkostüm zu schenken. Später ärgert sich der Onkel über Franks freches Verhalten und widerruft die Schenkung. **Frage Hat Frank einen Rechtsanspruch auf das Indianerkostüm?**

Für die Prüfung, ob Formvorschriften beim Vertragsschluss eingehalten werden müssen und wenn ja, welche Anforderungen bestehen und wie Fehler beseitigt werden können, bietet sich folgende Prüfungsreihenfolge an.

Checkliste 18 Prüfung der Einhaltung der Form

Nach welchen Vorschriften besteht ein Formerfordernis? (hier die häufigsten Fälle)

- Kaufvertrag über ein Grundstück, § 311 b Abs. 1 BGB
- Schenkung, § 518 BGB
- Kündigung von Mietverträgen über Wohnraum, § 568 BGB
- Kündigung von Arbeitsverträgen, § 623 BGB
- Abschluss von Aufhebungsverträgen im Arbeitsrecht, § 623 BGB
- Bürgschaftserklärung eines Bürgen, § 766 BGB
- Bestellung bzw. Übertragung von Grundstückseigentum, § 873 Abs. 1 BGB
- Verbraucherdarlehensvertrag, § 492 BGB

- Abschluss eines Teilzeit-Wohnrechtevertrages, §484 Abs.1 BGB
- Ausübung eines gesetzlichen Widerrufsrechts, §355 Abs.1 BGB
- vereinbarte Formvorschriften, §127 Abs.1 BGB
- etc.

Wurden die Anforderungen bezüglich der vorgeschriebenen Form beachtet?
- Textform, §126 b BGB
- Schriftform, §126 BGB
- elektronische Form, §126 a BGB
- öffentliche Beglaubigung, §129 BGB
- notarielle Beurkundung, §128 BGB
- etc.

Wenn die Form nicht beachtet wurde, bestehen Heilungsmöglichkeiten, so dass der Vertragsschluss trotzdem wirksam ist?
- bei Grundstücksverträgen, §311 b Abs.1 S.2 BGB
- bei Verbraucherdarlehensverträgen, §494 Abs.2 S.1 BGB
- bei der Schenkung, §518 Abs.2 BGB
- bei der Bürgschaft, §766 S.3 BGB
- etc.

▶ 116 Welche Folgen haben Verstöße gegen die Formvorschriften?

Bei den Rechtsfolgen einer Nichtbeachtung der Formanforderungen ist zwischen dem gesetzlichen und dem gewillkürten, d.h. vertraglich vereinbarten Formzwang zu unterscheiden.

(1) Welche Folgen hat die Nichtbeachtung der gesetzlichen Formvorschriften?

Ein Verstoß gegen gesetzliche Vorschriften führt dazu, dass das Rechtsgeschäft nichtig ist, §125 S.1 BGB.

§ **§125 S.1 BGB Nichtigkeit wegen Formmangels** Ein Rechtsgeschäft, welches der durch Gesetz vorgeschriebenen Form ermangelt, ist nichtig.

Diese Nichtigkeit setzt aber voraus, dass die entsprechende Formvorschrift nur bei Einhaltung der Formanforderungen das Rechtsgeschäft wirksam werden lassen will, was manchmal nur durch Auslegung der Umstände festgestellt werden kann.

Beispiel für fehlende Nichtigkeitsfolgen ▶ §2 Abs.1 S.1 NachweisG, wonach der Arbeitgeber dem Arbeitnehmer einen Nachweis über die wesentlichen Vertragsbedingungen schriftlich niederlegen, unterzeichnen und aushändigen muss, führt bei Nichtbeachtung nicht zu einer Nichtigkeit des Arbeitsvertrags, da sich sonst der Schutz durch das NachweisG zu Lasten des Arbeitnehmers auswirken würde (BAG NJW 1998, 922) ▶ Formvorschriften in **Tarifverträgen** können evtl. ebenfalls so ausgelegt werden, dass mündliche Vereinbarungen wirksam sein sollen

Soll jedoch nach der Formvorschrift die Gültigkeit des Rechtsgeschäfts von der Beachtung der richtigen Form abhängig gemacht werden, werden vom Formzwang **alle Bestandteile** des Rechtsgeschäfts umfasst, die den Vertragsinhalt nach dem Willen der Parteien letztlich ausmachen (Palandt/Ellenberger, §125 Rn.9).

Beispiele für formbedürftige Vertragsbestandteile ▶ bei ausdrücklicher Bestimmung der Parteien (BGH NJW 2002, 3389) ▶ Nebenabreden, z. B. Baukostenzuschüsse (OLG Düsseldorf NZM 2007, 643) ▶ später vorgenommene Änderungen und Ergänzungen des Vertrags, wenn sie die Vertragspflichten wesentlich ändern und nicht nur aufgetretene Schwierigkeiten bei der Vertragsdurchführung beheben wollen (BGH NJW-RR 1988, 185, BGH NJW 2001, 1932)

Beispiele für nicht formbedürftige Vertragsbestandteile ▶ bloße Erläuterungen (BGH NJW 2005, 884) ▶ Vertragsübernahmen durch andere Parteien, z. B. Vermieter- bzw. Mieterwechsel (BGH NJW 2003, 2158 und BGH NJW-RR 2005, 958) ▶ Aufhebung von formbedürftigen Rechtsgeschäften (OLG Karlsruhe NJW-RR 2004, 1305), soweit das Gesetz nichts anderes vorsieht, z. B. Schriftform bei Arbeitsvertragsaufhebung, § 623 BGB oder beim Erbvertrag, § 2290 Abs. 4 BGB

Lösung Fall 43 Bei der Abgabe eines Schenkungsversprechens sieht das Gesetz tatsächlich die **notarielle Beurkundung** aus Warn- und Beweiszwecken vor, § 518 Abs. 1, S. 1 BGB, so dass Onkel Otto noch keine wirksame Schenkung gegenüber dem Neffen Frank ausgesprochen hat. Die Schenkung des Otto Obst an seinen Neffen Frank ist nach § 125 S. 1 BGB **nichtig**.

(2) Welche Folgen hat die Nichteinhaltung vertraglich vereinbarter Formanforderungen?

Beruht die Einhaltung der Form auf dem Wunsch der vertragsschließenden Parteien (gewillkürter, vertraglich vereinbarter Formzwang), richten sich auch die Folgen der Nichteinhaltung der Form zunächst allein nach dem **Willen der Parteien**.

Fall 44 Der strenge Vorgesetzte Eine **Arroganz-Versicherung A** hat mit dem **Versicherungsnehmer Veit Veldtief** vereinbart, dass die Kündigung nur dann wirksam sein soll, wenn sie mit Einschreiben und Rückschein eingesandt wird. Aus Vergesslichkeit kündigt der Versicherungsnehmer durch einfachen Brief, woraufhin der zuvorkommende Sachbearbeiter **Siegberg Sanft** ihm die Kündigung schriftlich bestätigt. Später beruft sich der Vorgesetzte **Kain Pardong** des Sachbearbeiters auf die fehlende Einhaltung der Formanforderungen. **Frage Ist die Kündigung trotzdem wirksam?**

Ist der tatsächliche Wille der Parteien nicht bekannt, muss er durch **Auslegung** ermittelt werden, §§ 133, 157 BGB.

§ **§ 133 BGB Auslegung einer Willenserklärung** Bei der Auslegung einer Willenserklärung ist der wirkliche Wille zu erforschen und nicht an dem buchstäblichen Sinne des Ausdrucks zu haften.

§ **§ 157 BGB Auslegung von Verträgen** Verträge sind so auszulegen, wie Treu und Glauben mit Rücksicht auf die Verkehrssitte es erfordern.

Diese Auslegung muss untersuchen, ob eine **Heilung** der Formanforderungen möglich ist, was zu verneinen ist, wenn Parteien diese Form als Wirksamkeitsvoraussetzung wollten. Dagegen zu bejahen ist es, wenn die Form nur als Beweissicherungsmittel diente.

VII. Formvorschriften

Im **ersten Fall** wird erst durch die Einhaltung der Form das Rechtsgeschäft wirksam (= **konstitutive, rechtsbegründende** Wirkung der Form). Bei Nichtbeachtung der Form ist das Rechtsgeschäft nichtig.

Im **zweiten Fall** dagegen dient die Form nur der Sicherung des Beweises (= **deklaratorische, rechtserklärende** Wirkung der Form). Ist daher z. B. ein Kündigungsschreiben beweisbar beim anderen per Boten eingetroffen, so ist es trotz des eigentlich vereinbarten Einschreibens wirksam zugegangen.

> **Beispiele für deklaratorische Schriftform** ▶ Abrede unter **Kaufleuten**, dass der Vertrag schriftlich bestätigt werden soll (BGH NJW 1964, 1269) ▶ Schriftformanforderungen für **Änderungsverträge** bei der OHG und KG haben regelmäßig nur klarstellende Funktionen (BGHZ 49, 364)

Nur wenn auch nach einer Auslegung der Umstände des Einzelfalls noch **überwindbare Zweifel** vorliegen, greift die gesetzliche Zweifelsregelung des § 125 S. 2 BGB, wonach der Mangel der durch Rechtsgeschäft bestimmten Form bei verbleibenden Zweifeln die Nichtigkeit des Rechtsgeschäfts zur Folge hat.

> § **§ 125 S. 2 BGB Nichtigkeit wegen Formmangels** ... Der Mangel der durch Rechtsgeschäft bestimmten Form hat im Zweifel gleichfalls Nichtigkeit zur Folge.

> **Lösung Fall 44** Im **Fall** wird man daher im Hinblick auf das **Erfordernis eines Einschreibens** von einer **rein deklaratorischen Formanforderung** ausgehen, da mit einem Einschreiben und Rückschein der Zweck verfolgt wird, den eindeutigen Zugang besser bestimmen zu können und auch den Lauf von Kündigungsfristen eindeutig verfolgen zu können. Nun wurde der Zugang aber **durch den Sachbearbeiter bestätigt**, so dass dieser **Zweck erfüllt ist**, die vereinbarten Formanforderungen nicht mehr notwendig sind. Die Versicherung muss sich auch das Verhalten des Sachbearbeiters **als eigenes Handeln zurechnen lassen** und würde daher sich im Widerspruch gegen ihre eigene Bestätigung setzen, wenn sie sich jetzt auf die fehlenden Formanforderungen berufen könnte. Dieses widerspräche auch den Grundsätzen von Treu und Glauben, wonach widersprüchliches Verhalten rechtlich nicht wirksam ist, § 242 BGB (BGH NJW-RR 2000, 1560 und NJW 2004, 1320).

▶ 117 Wann kann ein Formfehler geheilt werden?

> **Fall 45 Das geschenkte Indianerkostüm Teil 2** Wie wäre die Rechtslage im Indianerkostümfall gewesen, wenn der **Onkel Otto Obst** das Kostüm gleich nach der Ankündigung der Schenkung **auch tatsächlich dem Neffen ausgehändigt** hätte und dieser damit fröhlich spielend in den Garten gegangen wäre. **Frage Ist die Schenkung an den Neffen immer noch formunwirksam?**

Bei bestimmten Rechtsgeschäften kann aber eine **Heilung** des Formmangels eintreten, so dass das formlose Rechtsgeschäft letztlich als **wirksam angesehen wird**.

> **Beispiele** ▶ Eintragung ins Grundbuch trotz formunwirksamen Grundstücksveräußerungsvertrags, § 311 b Abs. 1 S. 2 BGB ▶ tatsächliche Vornahme der Schenkung beim formungültigen Schenkungsversprechen, § 518 Abs. 2 BGB ▶ Bezahlung durch den Bürgen beim formungültigen Bürgschaftsversprechen, § 766, S. 2 BGB

> **§ § 311 b Abs. 1 BGB Verträge über Grundstücke, das Vermögen und den Nachlass**
> (1) Ein Vertrag, durch den sich der eine Teil verpflichtet, das Eigentum an einem Grundstück zu übertragen oder zu erwerben, bedarf der **notariellen Beurkundung**. Ein ohne Beachtung dieser Form geschlossener Vertrag wird seinem ganzen Inhalt nach **gültig**, wenn die **Auflassung und die Eintragung** in das Grundbuch erfolgen.

In diesen Fällen tritt die Heilung ein, wenn die formlos versprochene Leistung **tatsächlich „bewirkt"** worden ist, also das Verpflichtungsgeschäft durch das Verfügungsgeschäft erfüllt wurde. Der **Grund** für diese Heilung ist letztlich darin zu sehen, dass die oben beschriebene Warn- und Beweisfunktion nach der dann bereits eingetretenen Erfüllung entbehrlich ist.

> **Lösung Fall 45** Bei einer **sog. Handschenkung** erfüllt der Schenker Otto Obst das Schenkungsversprechen sofort. Ihm wird daher der dadurch eintretende Verlust unmittelbar bewusst, so dass das Gesetz den **Schutz vor Übereilung nicht mehr sieht**. Der Schenkungsvertrag wird ohne Beachtung der Form **wirksam**, § 518 Abs. 2 BGB.

> **§ § 518 Abs. 2 BGB Form des Schenkungsversprechens** (2) Der Mangel der Form wird durch die Bewirkung der versprochenen Leistung **geheilt**.

> **Gesetzliche und vertraglich vereinbarte Formanforderungen**
> - **Grundsatz der Formfreiheit** ○ Rechtsgeschäfte sind **grundsätzlich formlos wirksam** ○ **Ausnahmen** ○ wenn besondere Funktionen erfüllt werden müssen ○ Warnfunktion ○ Klarstellungs- und Beweisfunktion ○ Informationsfunktion ○ Beratungsfunktion ○ Kontrollfunktion
> - **Zwei grundlegende Unterscheidungen bei den Formanforderungen** ○ sog. gesetzlicher Formzwang, §§ 125 ff. BGB ○ Formzwang kraft Rechtsgeschäft, sog. gewillkürter Formzwang, § 127 BGB
> - **Prüfungsschema** ○ Bestehen Formvorschriften? ○ Wenn ja, wurden die Anforderungen eingehalten? ○ Wenn nein, wurden die Formfehler geheilt?
> - **Folgen der Nichtbeachtung gesetzlicher Formvorschriften, § 125 S. 1 BGB** ○ Rechtsgeschäft nichtig ○ Heilung des Formmangels möglich ○ Beispiel: Eintragung beim formunwirksamen Grundstücksveräußerungsvertrag, § 311 b Abs. 1 S. 2 BGB
> - **Folgen der Nichtbeachtung vertraglich vereinbarter Formvorschriften, § 125 S. 2 BGB** ○ Folgen richten sich nach der Nichteinhaltung der jeweiligen Form ○ tatsächlicher Wille der Parteien muss durch **Auslegung** ermittelt werden, §§ 133, 157 BGB ○ **Heilung** abhängig von beabsichtigter Wirkung der Formanforderung ○ konstitutive, rechtsbegründende Wirkung führt zur Nichtigkeit ○ deklaratorische, rechtserklärende Wirkung führt zur Wirksamkeit ○ erst bei unüberwindbaren Zweifeln ist Nichtigkeit die Folge

VIII. Schriftform

▶ **118 Wann sind die gesetzlichen Anforderungen an die Schriftform erfüllt?**

> **Fall 46 Bitte nur keine Faxen machen!** Der **Elektroinstallateur Gerd Leichtenschlag aus Freudenberg** will sich eine neue Klimaanlage in seine Werkstatt liefern lassen. Der **Lieferant Viktor Klima aus Österreich** will für das Profigerät 15.000 € Kaufpreis, die der Elektroinstallateur Gerd Leichtenschlag nur auf Raten zahlen kann. Lieferant **Klima** verlangt Sicherheiten, so dass kurzerhand der ebenfalls in der Werkstatt schweißtreibende Arbeit verrichtende **Meister Markus Meckert** auf einem Blatt Papier eine Bürgschaft für das Geschäft unterschreibt und sie dem Lieferanten per Fax übermitteln lässt. **Frage** Lieferant Viktor Klima überlegt, ob mit dem Fax bereits eine formwirksame Bürgschaft vorliegt und er beruhigt die Lieferung ausführen kann.

Der gesetzlich verlangten **Schriftform** ist nur Genüge getan, wenn der Aussteller der betreffenden Urkunde diese eigenhändig durch Namensunterschrift unterzeichnet, § 126 Abs. 1 BGB.

§ **§ 126 Abs. 1 BGB Schriftform** (1) Ist durch Gesetz schriftliche Form vorgeschrieben, so muss die **Urkunde** von dem Aussteller **eigenhändig** durch **Namensunterschrift** oder mittels notariell beglaubigten Handzeichens **unterzeichnet** werden.

> **Beispiele für die im Gesetz angeordnete Schriftform** ▶ Einwilligung des gesetzlichen Vertreters zur Vornahme eines einseitigen Rechtsgeschäfts durch den Minderjährigen, **§ 111 S. 2 BGB** ▶ Quittung, **§ 368 BGB** ▶ Abtretungsanzeige, **§ 410 Abs. 1 BGB** ▶ Kündigungswiderspruch des Mieters **§ 574 b Abs. 1 BGB** ▶ Schriftform der arbeitsvertraglichen Kündigung, **§ 623 BGB** ▶ außerhalb des BGB z. B. für den Lehrvertrag und dessen Kündigung, **§ 11 Abs. 1 S. 1 und 22 Abs. 3 Berufsbildungsgesetz**

> **Checkliste 19 Anforderungen an die Schriftform nach § 126 Abs. 1 BGB**
> - Liegt eine Urkunde vor?
> - Ist eine Eigenhändigkeit gegeben?
> - Wurde die Urkunde unterschrieben?
> - Sind Namenszeichen vorhanden?

(1) Wann liegt eine Urkunde vor?

Wie die Urkunde selbst hergestellt wird, ist zwar gleichgültig, z. B. ob sie also mit der Hand, Maschine oder dem Computer hergestellt, gedruckt oder vervielfältigt wurde und in welcher Sprache sie geschrieben wurde. Auch das Material der Urkunde ist nicht von Bedeutung, solange es **Schriftzeichen dauerhaft festhalten** kann. Entscheidend ist die Eigenhändigkeit der auf dieser Urkunde vorgenommenen Unterschrift.

Da das der Schriftform unterliegende Rechtsgeschäft **in einer einzigen Urkunde** enthalten sein muss, verlangt die Rechtsprechung bei mehreren Blättern, dass eine

Zusammengehörigkeit erkennbar gemacht wird (BGH NJW 2003, 1248). Zu diesem Problemkreis sind inzwischen einige Urteile ergangen (vgl. Palandt / Ellenberger, § 126 Rn. 4), da sich in der Praxis immer wieder Vertragsparteien auf die Nichtigkeit von Verträgen berufen haben, weil es an einer einheitlichen und formwirksamen Urkunde angeblich gefehlt habe. Die Rechtsprechung hat ihre früher vertretene strenge Ansicht, dass eine körperliche Verbindung erforderlich ist, inzwischen sehr gelockert (BGH NJW-RR 2004, 586).

> **Beispiele ausreichender Einheitlichkeit aufgrund folgender Umstände** ▶ mehrseitige Dokumente wurden **auf jeder einzelnen Seite** (meist rechts unten) durch alle Vertragspartner **unterschrieben** (sog. Paraphierung) ▶ Vorschriften eines Vertrages sind fortlaufend durchnummeriert ▶ **graphische** Gestaltung ist einheitlich ▶ inhaltlicher Zusammenhang zweifelsfrei erkennbar ▶ **Bezugnahme** in der Haupturkunde auf ergänzende Schriftstücke und so genaue Bezeichnung, dass zweifelsfrei die Zugehörigkeit feststeht (z. B. BGH NJW 2007, 3202) ▶ **gedankliche** Einheit wird durch Bezugnahme bestätigt (BGH NJW 2007, 3273) ▶ sogar eine Bezugnahme im Unter-Untermietvertrag auf Unter- und Hauptmietvertrag ist zulässig (BGH NJW 2003, 1248) ▶ **Anlagen** müssen nicht immer mitunterschrieben werden (BGH NJW 2003, 3273), aber in der Praxis aus Beweissicherungsgründen dringend ratsam, da so noch im Umlauf befindliche Vertragsentwürfe erkannt werden können und zudem so ein Schutz vor Veränderung oder Austausch der Anlagen oder einzelner Blätter erlangt werden kann

Die Schriftform ist zudem auch in folgenden weiteren Punkten in der Praxis immer wieder problematisch.

(2) Dürfen Schreibhilfen eingesetzt werden, oder fehlt dann die Eigenhändigkeit?

Eigenhändigkeit bedeutet, dass eine **mechanisch gefertigte Unterschrift** (z. B. Schreibmaschine, Druck, Stempel) nicht ausreicht. Ebenso wenig ist daher das **Telegramm und Fax** selbst bei Erkennbarkeit einer Unterschrift nicht eigenhändig und entspricht nicht der Schriftform. Ist der Erklärende aus Gesundheitsgründen zu schwach, einen Stift zu halten, kann er evtl. keine eigenhändige Unterschrift mehr abgeben und ist ein notariell beglaubigtes Handzeichen erforderlich. Schreibhilfen sind nur soweit zulässig, wie sie **lediglich der Unterstützung** dienen und der Schriftzug immer noch **vom Willen des Erklärenden getragen** ist (BGH NJW 1981, 1900).

(3) Wo muss sich die Unterschrift befinden?

Unterzeichnung heißt, dass die Urkunde durch die Unterschrift **räumlich abgeschlossen** werden muss. Der Namenszug nur am Kopf oder Rand der Urkunde oder auf dem Briefumschlag genügt nicht sog. Oberschrift (RG 110, 168, BGH 113, 48), es sei denn, es handelt sich um eine Unterschriftenleiste, unter der dann die Funktion steht, in der die Unterschrift geleistet wurde (BGH NJW 1995, 43).

(4) Muss der Name vollständig sein?

Eine Namensunterschrift liegt dann vor, wenn mit dem **Familiennamen** unterzeichnet wurde, der Vorname ist entbehrlich (BGH NJW 2003, 1120). Anfangsbuchstaben des Namens oder der Titel einer Person genügen daher allein nicht. Der Vorname genügt nur in Sonderfällen, z. B. bei Verträgen im Familienkreis. Teile eines Doppelnamens oder ein Pseudonym können ausreichen, wenn sich die Identität aus der Urkunde ergibt.

Beispiele fehlender Namensqualität (Palandt/Ellenberger § 126 Rn. 10) ▶ *„Euer Vater"* (RG 134, 214) ▶ nur Nennung des Titels, z. B. *„Doktor"* ▶ Angabe einer Rechtsstellung *„Der Geschäftsführer"* ▶ **Namenskürzel** (OLG Brandenburg WM 2003, 2037) ▶ Anfangsbuchstaben oder Initialen, sog. Paraphe, z. B. *„gezeichnet A."* (BGH NJW-RR 2007, 351) ▶ Dagegen hat eine gewellte Linie Namensqualität, die den Buchstaben „W" andeutet (OLG Köln NJW-RR 2005, 1252)

(5) Muss die Unterschrift leserlich sein?

Nein, ausreichend sind „individualisierende Merkmale" (BGH NJW 1987, 1334, 1994, 55). Ist die Unterschrift so individuell und einmalig, reicht dieses (BGH WM 2010, 1024, Rn. 21), selbst wenn ein stark vereinfachter und nicht lesbarer Namenszug vorliegt und auch sonst so oder ähnlich unterschrieben wird. Selbst wenn großzügige Maßstäbe von den Gerichten bei hinreichenden anderen Individualisierungsmerkmalen angewendet werden, sind aus Gründen der Rechtssicherheit lesbare Unterschriften dringend zu empfehlen, da manche Gerichte z. B. bei Kündigungen strengere Maßstäbe anlegen (AG Dortmund NJW-RR 2000, 151) und zumindest angedeutete Buchstaben verlangen könnten (BGH NJW 1997, 3380). Aus betriebswirtschaftlicher Sicht kann hier ein großer Schaden entstehen, wenn z. B. Kündigungen gegenüber Arbeitnehmern wiederholt werden müssten. Handzeichen von Schreib**un**kundigen, wie z. B. Punkte, Kreuze, Strichzeichen oder Initialen, müssen nach § 126 Abs. 1 BGB notariell beglaubigt werden.

(6) Sind Blankounterschriften rechtswirksam?

Dieses ist erst zu bejahen, sobald der Text darüber gesetzt wurde. Entspricht der Text allerdings nicht dem Willen des Unterzeichneten, kann er die mit dem Text abgegebene Erklärung grundsätzlich nach § 119 Abs. 1 Alt. 2 BGB (= Erklärungsirrtum) anfechten. **Ausnahme**: Die Anfechtung eines freiwillig aus der Hand gegebenen Bonketts gegenüber einem gutgläubigen Dritten ist ausgeschlossen (BGHZ 40, 68) unter Berufung auf den Rechtsgedanken des § 172 Abs. 2 BGB.

Bei einem **Vertrag** wird die gesetzlich verlangte Schriftform nicht durch gewöhnlichen Briefwechsel gewahrt. Erforderlich ist grundsätzlich die Unterzeichnung der Parteien auf derselben Urkunde, § 126 Abs. 2 BGB. In der Praxis existieren oft mehrere identische Ausfertigungen eines Vertrages, so dass es ausreicht, wenn jeder Vertragspartner die für den anderen Teil bestimmte Urkunde unterschreibt, § 126 Abs. 2 S. 2. BGB.

VIII. Schriftform

§ § 126 Abs. 2 BGB Schriftform (2) Bei einem Vertrag muss die Unterzeichnung der Parteien auf derselben Urkunde erfolgen. Werden über den Vertrag mehrere gleichlautende Urkunden aufgenommen, so genügt es, wenn jede Partei die für die andere Partei bestimmte Urkunde unterzeichnet.

Lösung Fall 46 Die nach § 766 S. 1 geforderte Schriftform der Bürgschaftserklärung des Meisters M ist durch die Faxzusendung an Lieferanten L **nicht gewahrt, da das Fax nur eine Kopie des Originals enthält**. Die strengere Formvorschrift bei der Bürgschaft hat den **Sinn**, den Bürgen zu **größerer Vorsicht** anzuhalten und vor **Übereilung** zu schützen. Auch wenn der Bürge die Urkunde bereits unterzeichnet hat, ist er so lange nicht gebunden, **bis er die Urkunde im Original aus der Hand gibt**. Dann erst wird ihm nämlich deutlich bewusst, dass ein anderer etwas gegen ihn „**in der Hand**" hat. Dieses kann man auch dem Gesetzestext entnehmen, der von einer „**schriftlichen Erteilung**" spricht, was die Rechtsprechung als Hinweis für das Aus-der-Hand-Nehmen sieht, (BGHZ 121, 224). Betriebswirtschaftlich wird dadurch **das Fax als tägliches Kommunikationsmittel nicht wesentlich entwertet**, da im kaufmännischen Bereich z. B. die Formvorschriften sowieso nur eingeschränkt gelten, § 350 HGB, und viele Verträge auch per Fax zustande kommen können.

§ § 766 Schriftform der Bürgschaftserklärung

Zur Gültigkeit des Bürgschaftsvertrags ist schriftliche Erteilung der Bürgschaftserklärung erforderlich. Die Erteilung der Bürgschaftserklärung in elektronischer Form ist ausgeschlossen. Soweit der Bürge die Hauptverbindlichkeit erfüllt, wird der Mangel der Form geheilt.

IX. Elektronische Form

> **Fall 47 Klageerhebung per E-Mail?!** Der Hamburger **Gartenbaumeister Albert Gurke** erhob um 23.10 Uhr kurz vor Ablauf der Klagefrist mit einfacher E-Mail (unsigniert) bei der elektronischen Poststelle des **Finanzgerichts Hamburg** Klage gegen einen Haftungsbescheid. Der **Finanzrichter Elmar Steuernagel** weist die Klage als unzulässig ab. Eine E-Mail erfülle weder die eigentlich notwendige Schriftform noch die in der einschlägigen hamburgischen Rechtsverordnung geforderte „elektronische Form". Albert Gurke will sich das nicht gefallen lassen und klagt vor dem Bundesfinanzhof! **Frage Was haben die Richter des Bundesfinanzhofs in München dem Hamburger wohl sagen müssen?** (Fall angelehnt an den Beschluss vom 26.7.2011 – VII R 30/10)

▶ **119 Was versteht man unter der elektronischen Form?**

Ein Vertragsschluss in der **sog. elektronischen Form** kann die soeben beschriebene schriftliche Form grundsätzlich ersetzen, §§ 126 Abs. 3 i. V. m. 126 a BGB.

§ **§ 126 a BGB Elektronische Form** (1) Soll die gesetzlich vorgeschriebene **schriftliche** Form durch die elektronische Form **ersetzt** werden, so muss der Aussteller der Erklärung dieser seinen Namen hinzufügen und das elektronische Dokument mit einer qualifizierten elektronischen Signatur nach dem Signaturgesetz versehen. (2) Bei einem Vertrag müssen die Parteien jeweils ein gleichlautendes Dokument in der in Absatz 1 bezeichneten Weise elektronisch signieren.

Sie ist damit eigentlich **keine eigene Form**, sondern nur eine Sonderform der Schriftform, vgl. § 125 Abs. 3 BGB. Hierzu ist erforderlich, dass der Aussteller der Erklärung dieser seinen Namen hinzufügt und das elektronische Dokument mit einer qualifizierten Signatur nach dem Signaturgesetz versieht, § 126 a BGB.

> **Checkliste 20 Anforderungen an die elektronische Form nach § 126 a BGB**
> - Besteht ein Einverständnis zur Verwendung einer elektronischen Form?
> - Liegt ein gleichlautendes elektronisches Dokument vor?
> - Wurde ein Name hinzugefügt?
> - Wurde eine qualifizierte elektronische Signatur verwendet?
> - Ist die elektronische Form überhaupt zulässig?

Da das Gesetz die elektronische Form als Sonderfall der Schriftform in den Vorschriften des BGB aufzählt, ist grundsätzlich in jedem Einzelfall das **Einverständnis** des Vertragspartners zur Verwendung der elektronischen Form einzuholen, was aber bei elektronischer Geschäftsabwicklung auch schlüssig erfolgen kann.

Der gesamte Vertragstext – und nicht nur das Angebot bzw. die Annahme – muss als einheitliches **Dokument** vorliegen, so dass die Vertragspartner das Dokument für den jeweils anderen mit einer elektronischen Signatur versehen können, § 126 a Abs. 2 BGB. Als elektronische Dokumente bezeichnet man alle in elektronischer Form vorliegenden Daten, die z. B. am Bildschirm oder auch als Ausdruck in Schriftzeichen lesbar gemacht werden können.

Der **Name** muss dem Dokument an irgendeiner Stelle beigefügt werden, eine Unterschrift im Sinne der Schriftform, mit dokument abschließendem Charakter, wird nicht vom Gesetz verlangt.

Bei einer **elektronischen Signatur** handelt es sich um Daten in elektronischer Form, die anderen elektronischen Daten beigefügt oder logisch mit ihnen verknüpft werden und die damit letztlich der Authentifizierung dienen. **Qualifiziert** sind nur solche fortgeschrittenen elektronischen Signaturen, die den Anforderungen des § 2 Nr. 2 und Nr. 3 Signaturgesetz erfüllen, d. h. bei denen eine Identifizierung des Inhabers möglich ist.

§ **§ 2 SigG Begriffsbestimmungen** Im Sinne dieses Gesetzes sind 1. „**elektronische Signaturen**" Daten in elektronischer Form, die anderen elektronischen Daten beigefügt oder logisch mit ihnen verknüpft sind und die zur Authentifizierung dienen, 2. „**fortgeschrittene elektronische Signaturen**" elektronische Signaturen nach Nummer 1, die ausschließlich dem Signaturschlüssel-Inhaber zugeordnet sind, die Identifizierung des Signaturschlüssel-Inhabers ermöglichen, mit Mitteln erzeugt werden, die der Signaturschlüssel-Inhaber unter seiner alleinigen Kontrolle halten kann, und mit den Daten, auf die sie sich beziehen, so verknüpft sind, dass eine nachträgliche Veränderung der Daten erkannt werden kann. 3. „**qualifizierte elektronische Signaturen**" elektronische Signaturen nach Nummer 2, die a) auf einem zum Zeitpunkt ihrer Erzeugung gültigen qualifizierten Zertifikat beruhen und b) mit einer sicheren Signaturerstellungseinheit erzeugt werden

Will man mit einer qualifizierten elektronischen Signatur Verträge abschließen, ist neben dem Besitz entsprechender Soft- und Hardware ein Antrag bei einem Zertifizierungsdienstanbieter erforderlich.

Da die elektronische Form ein Sonderfall der Schriftform ist, sind hier grundsätzlich die gleichen Beispiele wie oben zu nennen.

In manchen Fällen hat das Gesetz aber die elektronische Form **ausdrücklich ausgeschlossen**, z. B. § 623 Halbsatz 2 BGB bei der Kündigung eines Arbeitsverhältnisses.

§ **§ 623 BGB Schriftform der Kündigung** Die Beendigung von Arbeitsverhältnissen durch Kündigung oder Auflösungsvertrag bedürfen zu ihrer Wirksamkeit der Schriftform; die **elektronische** Form ist **ausgeschlossen**.

weitere Beispiele ausgeschlossener elektronischer Form (Palandt/Ellenberger § 126 a Rn. 2) ▶ § 484 Abs. 1 S. 2 BGB Teilzeit-Wohnrechtverträge ▶ § 630 BGB Zeugniserteilung ▶ § 761 BGB Leibrentenversprechen ▶ § 766 BGB Bürgschaftserklärung ▶ § 780 BGB Schuldversprechen ▶ § 781 BGB Schuldanerkenntnis

Lösung Fall 47 In einer Mitteilung des BFH vom 21.9.2011 – 77/11 haben die Münchner Richter des BFH erklärt, „dass die wirksame Erhebung einer Klage per E-Mail bei einem Finanzgericht (hier Hamburg) die Beifügung einer **qualifizierten digitalen Signatur** erfordert... Geht eine Klage ohne diese Signatur ein, ist sie unwirksam und wird einer schriftlich, aber **ohne Unterschrift erhobenen Klage** gleichgestellt." Damit hat der Kläger Albert Gurke leider wegen Formmangels **nicht wirksam** gegen seinen Haftungsbescheid Klage erhoben, er musste die Haftungssumme bezahlen. Hätte er eine qualifizierte digitale Signatur gehabt, wäre der Fall evtl. anders ausgegangen.

X. Textform

▶ **120 Welche Voraussetzungen hat die Textform?**

> **Fall 48 Die erfolgreiche Drückerkolonne!?** An der Haustür des **Zahnarztes Manni Angstmann** haben sich die **Zeitungswerber Marlion, Silwester und Arnoldi** versammelt. Durch entsprechende Drohgebärden haben sie den Angstmann zum Abschluss zahlreicher Zeitungsabonnements des Trick-Verlags samt Widerrufsbelehrung veranlasst. Angstmann ist über diese „Drückerkolonne" sehr erbost gewesen, will alles widerrufen und ruft bei dem Trick-Verlag an. Dort läuft nur der Anrufbeantworter. Der in Bürodingen ungeübte Zahnarzt spricht seinen Widerruf auf den Anrufbeantworter und kümmert sich nicht mehr um die Angelegenheit. **Frage Muss der Zahnarzt die innerhalb der nächsten Wochen zugesandten Zeitschriften dem Trick-Verlag bezahlen, wenn das Gesetz für einen Widerruf „Textform" genügen lässt?**

Wenn das Gesetz **Textform** vorschreibt, muss die Erklärung in einer Urkunde oder auf andere zur dauerhaften Wiedergabe in Schriftzeichen geeigneten Weise abgegeben, die Person des Erklärenden genannt und der Abschluss der Erklärung durch Nachbildung der Namensunterschrift oder anders erkennbar gemacht werden, § 126 b BGB.

§ **§ 126b BGB Textform** Ist durch Gesetz Textform vorgeschrieben, so muss die Erklärung in einer Urkunde oder auf andere zur dauerhaften Wiedergabe in Schriftzeichen geeignete Weise abgegeben, die Person des Erklärenden genannt und der Abschluss der Erklärung durch Nachbildung der Namensunterschrift oder anders erkennbar gemacht werden.

> **Beispiele für die im Gesetz angeordnete Textform** ▶ Unterrichtung des Verbrauchers über z. B. Einzelheiten des Vertrages bei Fernabsatzverträgen, § 312 c Abs. 2 BGB ▶ Widerruf bei Verbraucherverträgen, z. B. bei Haustürgeschäften nach § 312 Abs. 1 BGB i. V. m. § 355 Abs. 1, 2 BGB ▶ Garantieerklärung auf Verlangen des Verbrauchers in Textform, § 477 Abs. 2 BGB ▶ zahlreiche Erklärungen im Mietverhältnis, so z. B. die Begründung des Mieterhöhungsverlangen, § 558 a Abs. 1 BGB

Mit dieser 2001 eingeführten Formvorschrift wird eine erhebliche Erleichterung gegenüber der Schriftform eingeführt, da auf eine eigenhändige Unterschrift verzichtet wird und nur noch eine lesbare Erklärung abgestellt wird. Natürlich sind dadurch die eingangs geschilderten Zwecke von Formvorschriften deutlich reduziert, übrig bleibt eigentlich nur noch die **Informationsfunktion**. Das Gesetz geht aber davon aus, dass auf die anderen Funktionen bei ausgewählten gesetzlich vorgesehenen Fällen verzichtet werden kann.

> **Checkliste 21 Anforderungen an die Textform nach § 126 b BGB**
> - Liegt ein **Einverständnis** des anderen Teils zur Textform kraft Vereinbarung oder gesetzlicher Vorschriften vor?
> - Ist eine **Urkunde** vorhanden, oder wird die Erklärung auf andere zur dauerhaften Wiedergabe in Schriftzeichen geeignete Weise abgegeben?
> - Wurde die **Person des Erklärenden** genannt?
> - Ist die Namensunterschrift nachgebildet worden, oder besteht ein anderer **erkennbarer Abschlusshinweis**?

Soweit das Gesetz nicht ausdrücklich die Textform zulässt, ist bei der Verwendung dieser „abgespeckten" Übermittlung das **Einverständnis des anderen** Teils zu verlangen (Palandt/Ellenberger § 126 b Rn. 2). Vielfach sieht das Gesetz auch diese Form einfach vor, z. B. § 355 Abs. 1 S. 2 BGB, so dass eine gesetzliche Zulässigkeit gegeben ist. In der betriebswirtschaftlichen Praxis wird dieses Einverständnis zumeist **schlüssig** durch die Angabe von E-Mail-Anschrift, Fax-Nummer oder anderweitig auf Geschäftsbriefen und Visitenkarten erteilt.

Mit der Textform wird nicht mehr allein eine Urkunde wie bei der Schriftform verlangt, sondern **auch andere Medien** wie z. B. elektronische Datenträger (**Disketten, CD, DVD und Computer-Festplatten**) entsprechen nun gewissen rechtlichen Anforderungen und können im betriebswirtschaftlichen Verkehr genutzt werden. Neben dem Erfordernis der dauerhaften Wiedergabe ist nur notwendig, dass die Wiedergabe in Schriftzeichen erfolgen kann, so dass auch mit einer **E-Mail** oder einem **Computer-Fax** (LG Kleve NJW-RR 2003, 196), die auf der Festplatte gespeichert und ausgedruckt werden können, die Textform eingehalten wird. Wie eine **Download-Möglichkeit auf einer Homepage** zu behandeln ist, hat die höchstrichterliche Rechtsprechung noch nicht entschieden, bislang liegen gegensätzliche Urteile der unteren Instanzen vor (Textform gewahrt: OLG Hamburg NJW-RR 2007, 839; Textform nicht gewahrt: OLG Naumburg NJW-RR 2008, 776).

> **Lösung Fall 48** Somit erfüllt im **Fall** eine auf einem Anrufbeantworter hinterlassene Erklärung nicht die Anforderungen der **in § 312 Abs. 1 S. 1 BGB i. V. m. § 355 Abs. 1 S. 2 BGB** aufgestellten Textform, da die Wiedergabe **nicht in Schriftzeichen** möglich ist. Der Widerruf des Angstmann ist unwirksam, ein wirksamer Kaufvertrag nach § 433 BGB mit einer Zahlungsverpflichtung ist grundsätzlich zustande gekommen.

§ §355 Abs.1 S.2 BGB Widerrufsrecht bei Verbraucherverträgen

(1) Der Widerruf muss keine Begründung enthalten und ist in **Textform** oder durch Rücksendung der Sache innerhalb der Widerrufsfrist gegenüber dem Unternehmer zu erklären; zur Fristwahrung genügt die rechtzeitige Absendung.

Die **Person des Erklärenden** ist bereits dann genannt, wenn sich diese aus Angaben im Kopf oder im Inhalt des (auch mechanisch gefertigten) Textes ergeben, wie bei der elektronischen Form beschrieben. Soweit dieses für den Empfänger verständlich ist, reichen auch Vor-, Wahl- oder Spitznamen.

Der **Abschluss der Erklärung** wird in der Praxis zumeist durch eine Unterschrift oder einen Stempel dokumentiert, was aber nicht zwingend ist (OLG Hamm NJW-RR 2007, 852).

Da die Textform die geringsten Anforderungen an die Form stellt, ist es selbstverständlich, dass ihre Anforderungen durch jede andere „höherwertige" Form wie z. B. die Schriftform oder die elektronische Form ebenfalls gewahrt werden.

XI. Öffentliche Beglaubigung

▶ **121 Wie sind die Anforderungen an die öffentliche Beglaubigung einer Unterschrift?**

> **Fall 49 Die polnische GmbH!** Im Notariat von **Dr. Wolfgang Wolf aus Wolfsburg** haben sich die **polnischen Geschäftsleute Lolleg Kowalski** und **Bolleg Janowski** und ihr **Dolmetscher** versammelt, um eine GmbH auf deutschem Boden zu gründen. Wörtlich wird im später ergangenen Urteil der folgende Sachverhalt geschildert: *„Die Niederschrift nebst Anlage (Satzung der Gesellschaft) wurde den Beteiligten vom Notar in deutscher Sprache vorgelesen und anschließend von dem anwesenden Dolmetscher in die polnische Sprache übersetzt. Am gleichen Tag meldeten die Gesellschafter die Gesellschaft ... zur Eintragung in das Handelsregister an. ... Im Beglaubigungsvermerk des* **Notars** *heißt es, die Registeranmeldung sei den Gesellschaftern von dem Dolmetscher in Gegenwart des Notars in die polnische Sprache übersetzt worden. ... Mit Zwischenverfügung vom 20. Februar 2002 teilte das* **Amtsgericht** *– Registergericht – mit, es bestehe ein* **Eintragungshindernis**. *Die Wirksamkeit der in der Anmeldung enthaltenen Versicherungen sowie der Belehrung stehe nicht zweifelsfrei fest. Zur Anmeldung hätte ein* **vereidigter** *Dolmetscher beigezogen werden müssen. Ferner sei erforderlich, dass der Dolmetscher mit* **unterzeichne.**"
>
> Das Amtsgericht befürchtete wohl, dass **formal** nicht – wie bei einer Beurkundung üblich – nachgewiesen war, dass die polnischen Geschäftsführer wirklich wussten, welche rechtlichen **Inhalte** diese mit dem Antrag auf Handelsregistereintragung der GmbH äußerten! **Frage Muss bei der öffentlichen Beglaubigung der Anmeldung einer GmbH durch sprachunkundige Geschäftsführer der beigezogene Dolmetscher vereidigt und auch die Anmeldung unterschrieben werden, damit der Inhalt der Erklärung vom Willen der Abgebenden formal als abgegeben gilt?** (Fall nach einem Urteil des **OLG Karlsruhe** vom 08.11.2002, Aktenzeichen: 11 Wx 48/02)

Bei einer durch das Gesetz vorgeschriebenen **öffentlichen Beglaubigung** muss die Unterschrift schriftlich abgefasst sein und die Unterschrift oder das Handzeichen des Erklärenden vor einer Urkundsperson zu dem angegebenen Zeitpunkt vollzogen oder anerkannt werden. Die Urkundsperson bestätigt damit, dass die Unterschrift tatsächlich von demjenigen stammt, der die Erklärung wirklich abgegeben hat (Personenname und Erklärender sind identisch). Begrifflich ist die öffentliche Beglaubigung von der amtlichen Beglaubigung z. B. einer Fotokopie und sonstigen Beglaubigungen zu unterscheiden. **Amtlich beglaubigen** kann jede öffentliche Einrichtung, der die Führung eines Dienstsiegels von staatlicher Seite erlaubt worden ist, z. B. Behörden, öffentlich-rechtlich organisierte Kirchen, §§ 33, 34 VwVfG bzw. 29, 30 SGB X. Die Beweiswirkung erstreckt sich dann nur darauf, dass die Kopien äußerlich übereinstimmend sind. Daneben gibt es noch **sonstige Beglaubigungen** von Rechtsanwälten, Vereinen, Krankenkassen etc., die mangels staatlicher Anerkennung weder als amtliche noch als öffentliche Beglaubigungen gelten und noch geringere Beweiswirkungen entfalten können.

> **Checkliste 22 Anforderungen an die öffentliche Beglaubigung nach § 129 Abs. 1 BGB**
> - Soll nur die **Echtheit** der Unterschrift unter einer Urkunde bestätigt werden?
> - Liegt eine **schriftliche** Erklärung vor?

XI. Öffentliche Beglaubigung

- Wurde eine **Unterschrift** oder ein **Handzeichen** des Erklärenden abgegeben?
- Ist das öffentlich-rechtlich geregelte **Beglaubigungsverfahren** durch eine Urkundsperson durchgeführt worden?

§ **§ 129 Abs. 1 BGB Öffentliche Beglaubigung** (1) Ist durch Gesetz für eine Erklärung öffentliche Beglaubigung vorgeschrieben, so muss die Erklärung **schriftlich** abgefasst und die **Unterschrift** des Erklärenden von einem Notar **beglaubigt** werden. Wird die Erklärung von dem Aussteller mittels Handzeichens unterzeichnet, so ist die in § 126 Abs. 1 vorgeschriebene Beglaubigung des Handzeichens erforderlich und genügend.

§ **§ 40 BeurkG Beglaubigung einer Unterschrift** (1) Eine Unterschrift soll nur beglaubigt werden, wenn sie in Gegenwart des Notars vollzogen oder anerkannt wird. (2) **Der Notar braucht die Urkunde nur darauf zu prüfen, ob Gründe bestehen, seine Amtstätigkeit zu versagen.** (3) Der Beglaubigungsvermerk muss auch die Person bezeichnen, welche die Unterschrift vollzogen oder anerkannt hat. In dem Vermerk soll angegeben werden, ob die Unterschrift vor dem Notar vollzogen oder anerkannt worden ist.

Die öffentliche Beglaubigung bezieht sich grundsätzlich nur auf die Unterschrift, **nicht auf den Text der Urkunde**, §§ 129 Abs. 1 BGB i. V. m. § 40 Abs. 1 bis 3 BeurkG, (BGHZ 37, 86). In der betriebswirtschaftlichen Praxis spielt dieser Aspekt vor allem unter **Haftungsgesichtspunkten** eine entscheidende Rolle, da die Urkundsperson keine inhaltlichen Überprüfungspflichten hat, man sich also nicht auf eine rechtliche Kontrolle der Erklärung auf Rechtswirksamkeit geschweige denn auf rechtliche Sinnhaftigkeit verlassen kann. Um diese Sicherheit zu erlangen, ist deshalb grundsätzlich der **gesonderte Rat eines Rechtsanwalts oder Rechtsberaters** in einem Verband einzuholen.

Die öffentliche Beglaubigung ist oft bei der Abgabe **schriftlicher Erklärungen** gegenüber einer Behörde **bedeutsam**.

Beispiele gesetzlicher Vorschriften ▶ Anmeldung zum Vereinsregister, § 77 BGB ▶ Gläubigeranerkenntnis, dass eine Schuld erloschen ist, § 371 S. 2 BGB ▶ Abtretungserklärung des bisherigen Gläubigers, § 403 BGB ▶ Verzeichnis über Nießbrauch an Sachen, § 1035 BGB ▶ *außerhalb des BGB* = Anmeldung zur Eintragung in das Handelsregister, § 12 HGB ▶ Grundbuch-Eintragungsbewilligung, §§ 29, 30 Grundbuchordnung

So ist ein öffentlich geführtes Register wie z. B. das Handelsregister darauf angewiesen, eine Legitimation des Unterzeichners zu haben, um **nicht missbräuchlich von Fremden** falsche Erklärungen zu erfassen. Letztlich geht es auch darum, dass die zur Eintragung materiell-rechtlich notwendigen Erklärungen der Behörde durch **tatsächlich existierende und beglaubigte Schriftstücke** nachgewiesen werden. Wenn eine Erklärung aber bereits von einer öffentlichen Behörde stammt, die diese aufgrund ihrer Zuständigkeit amtlich abgegeben hat, ist keine weitere Beglaubigung erforderlich (BGHZ 45, 362). Wenn die erforderliche Beglaubigung fehlt, sind Verträge wegen Formmangels **nichtig**, § 125 BGB. Eine Eintragung, etwa in ein Register, dürfte dann auch nicht von Amts wegen erfolgen, § 29 Abs. 1 GBO. Heilungsmöglichkeiten sind für die öffentliche Beglaubigung nicht im Gesetz geregelt.

XI. Öffentliche Beglaubigung

Wie bei der Schriftform können neben Unterschriften auch **Handzeichen** beglaubigt werden, § 129 Abs. 1 S. 2 BGB.

Erforderlich ist die Durchführung des im BeurkG geregelten **Beglaubigungsverfahrens** vor einer dazu bestimmten Stelle. Grundsätzlich sind Notare für die in § 129 BGB geregelte öffentliche Beglaubigung zuständig, ausnahmsweise auch eine Betreuungsbehörde oder Standesbeamte, §§ 15c, 31a PStG, teilweise gibt es in den Bundesländern weitere befugte Personen. Wird demgegenüber die Beglaubigung von einer anderen Stelle vorgenommen, z. B. Gemeinde, Polizei oder anderen Verwaltungsbehörde, liegt keine öffentliche Beglaubigung im Sinne des § 129 BGB vor.

> **Beispiel** ▶ Soll die Echtheit eines Schulabschlusszeugnisses beglaubigt werden, bestätigt die Behörde nur, dass das Original mit der Abschrift verglichen und bestätigt wurde und keine Änderungen in der Kopie vorgenommen wurden.

> **Lösung Fall 49** In den Urteilsgründen machte das OLG Karlsruhe im vorliegenden Fall deutlich, dass es bei der Eintragung ins Handelsregister **nicht der notariellen Beurkundung** des Antrags bedarf, sondern **nur der öffentlichen Beglaubigung**. „Das bedeutet nach § 129 Abs. 1 Satz 1 BGB, dass die Erklärung *schriftlich abgefasst* und die *Unterschrift des Erklärenden von einem Notar beglaubigt* werden muss. Die Beglaubigung einer Unterschrift ist die öffentliche Beurkundung der Tatsache, dass die Unterschrift von einer bestimmten Person herrührt und dass der Aussteller seine Unterschrift persönlich vor dem Notar vollzogen hat ... Anders als bei der *notariellen Beurkundung* einer Willenserklärung ist es hier *nicht erforderlich, dass die Erklärung von der Urkundsperson inhaltlich wahrgenommen und verantwortlich geprüft wird*. Die Tätigkeit der Urkundsperson beschränkt sich vielmehr auf die *Bezeugung der Richtigkeit der Unterschrift*. ... Es entspricht allgemeiner Auffassung, dass die strengen Anforderungen des § 16 BeurkG (Anm. d. Verfassers: Vereidigung bei Beurkundung) für die Beglaubigung einer Unterschrift nicht gelten."
>
> Selbst wenn man davon ausgehen würde, dass der Notar **wenigstens Zweifel, Unklarheiten und Täuschungen** über den **Inhalt** der von den polnischen Staatsbürgern unterschriebenen Erklärung im Rahmen des notariellen Beglaubigungsaktes ausräumen müsste, war formal **keine** zusätzliche Unterschrift eines vereidigten Dolmetschers erforderlich. Vorliegend hatten die polnischen Geschäftsführer die Registeranmeldung **übersetzt** bekommen. Damit hat der Notar nach pflichtgemäßem Ermessen gehandelt. Weitere Anhaltspunkte dafür, „dass die Geschäftsführer gleichwohl keine sichere Kenntnis von dem Inhalt der Anmeldung erlangt hätten" lagen nicht vor.
>
> Die Zwischenverfügung des Registergerichts war mangels gesetzlicher Grundlage **aufzuheben**, die polnischen Geschäftsführer **mussten eingetragen** werden.

XII. Notarielle Beurkundung

▶ **122 Wie erfolgt eine notarielle Beurkundung?**

> **Fall 50   Gibt es noch Edelmänner?** Als Belohnung für seine Dienste verspricht der **Grundstückseigentümer Herzog Tunicht von Gut**, seinem treuen **Diener Anton Habenichts** eines seiner Grundstücke kostenlos zu **schenken**. Der nicht dumme Diener Anton Habenichts will sogleich einen Termin beim Notar für die notwendige notarielle Beurkundung machen, als ihm sein Herr antwortet, dass der Diener Anton ganz beruhigt sein könne, **er sei „ein Mann von Adel und sein Edelmannswort" genüge.** Diener Anton versah deshalb in Treue weiter seine Dienste für den Herzog. **Frage Hat der Diener Anton Habenichts einen Anspruch auf Übereignung des Grundstücks aus dem mündlichen Versprechen des Herzog Tunicht von Gut, wenn dieser später sein Versprechen nicht mehr einhalten will?** (der berühmte sog. Edelmannfall nach RGZ 117, 121, vom 27.5.1927!)

In einem besonders geregelten Verfahren erfolgt die **notarielle Beurkundung** einer Erklärung vor der Urkundsperson, regelmäßig dem Notar, §§ 8 ff. BeurkG. Danach wird die abgegebene Erklärung nach der Beratung durch den Notar diesem gegenüber abgegeben, niedergeschrieben, dem Erklärenden vorgelesen, von ihm genehmigt und unterschrieben. Der Notar unterzeichnet anschließend die Niederschrift.

§ 128 BGB setzt die Regelungen des BeurkG voraus und regelt nur die Zulässigkeit der sukzessiven Beurkundung, d. h. der Vornahme der Beurkundung an verschiedenen Orten durch verschiedene Urkundspersonen.

§ **§ 128 BGB Notarielle Beurkundung** Ist durch Gesetz notarielle Beurkundung eines Vertrags vorgeschrieben, so genügt es, wenn zunächst der Antrag und sodann die Annahme des Antrags von einem Notar beurkundet wird.

> **Checkliste 23   Anforderungen an die notarielle Beurkundung nach § 128 BGB**
> - Ist notarielle Beurkundungspflicht festgelegt?
> - Wurden die zu beurkundenden Willenserklärungen vor der Urkundsperson abgegeben?
> - Wurde eine Niederschrift erstellt?
> - Erfolgte eine Verlesung, Genehmigung und Unterschriftsleistung durch die Beteiligen und die Urkundsperson?

Betriebswirtschaftlich gesehen unterscheidet sich die notarielle Beurkundung von der Beglaubigung schon äußerlich dadurch, dass der Notar auch die Urkunde herstellt, im Vertragsrecht also der Notar ein Vertragsmuster nach den Wünschen der Parteien erstellt und auch deutlich erhöhte Kosten in Rechnung stellt. Bei der Beglaubigung wird die zu beglaubigende Urkunde von dem Erklärenden in der Regel selbst erstellt und zur Urkundsperson mitgebracht, bezahlt wird nur der kurze Beglaubigungsvermerk durch den Notar.

Die Urkunde liefert den Beweis dafür, dass der Erklärende die beurkundete Erklärung vor dem Notar abgegeben hat.

XII. Notarielle Beurkundung

Die notarielle Beurkundungspflicht erfüllt wichtige **Funktionen**:

> **Beispiele** ▶ **Wirksamkeitsfunktion**, da bei fehlender Beurkundung das Rechtsgeschäft grundsätzlich unwirksam ist, § 125 S. 1 BGB, Ausnahmen z. B. § 311 b Abs. 1 S. 2 BGB ▶ **Warnfunktion**, da der Gang zum Notar vor übereilten Abschlüssen mit unübersehbaren Risiken schützt ▶ **Beweisfunktion**, da der Notar eine „öffentliche" Urkunde herstellt, aus der der Beweis der abgegebenen Erklärung möglich wird ▶ **Beratungsfunktion**, da der Notar die Beteiligten über evtl. bestehende rechtlichen Gefahren aufklären muss, § 17 Abs. 1 BeurkG ▶ **Kontrollfunktion**, da den Notar gewisse Anzeigepflichten bei staatlichen Behörden treffen, z. B. gegenüber dem Finanzamt, § 18 Abs. 1 Nr. 2 GrEStG

Die Beurkundung ersetzt als „strengere" Formvorschrift die schriftliche Form und die öffentliche Beglaubigung, §§ 126 Abs. 3 und 129 Abs. 2 BGB.

Sie ist **beispielsweise** in den Fällen gesetzlich vorgesehen, in denen aufgrund der Wichtigkeit des Geschäftes **besondere Beratungs- und Belehrungsfunktionen** bestehen.

> **Beispiele gesetzlicher Vorschriften** ▶ Vertrag mit Grundstücksübertragungs-/-erwerbsverpflichtung, § 311 b Abs. 1 BGB ▶ Schenkungsversprechen, § 518 Abs. 1 BGB ▶ bindende Einigung über eine Grundstücksübertragung/-belastung, § 873 Abs. 2 BGB ▶ Öffentliches Testament, § 2231 Nr. 1 BGB ▶ Abschluss und Aufhebung eines Erbvertrages, §§ 2276 Abs. 1, 2290 Abs. 4 BGB ▶ Gesellschaftsvertrag und satzungsändernde Beschlüsse der GmbH-Gesellschafterversammlung, §§ 2 Abs. 1, S. 1, 53 Abs. 2, S. 1 GmbHG ▶ Gründung einer Aktiengesellschaft, § 23 Abs. 1 AktG

> **Lösung Fall 50** Obwohl sich der Edelmann **Herzog Tunicht von Gut** und sein Diener **Anton Habenichts** einig über den Schenkungsvertrag waren, wurde hier die notarielle Beurkundungspflicht nach § 311 b Abs. 1 und § 518 Abs. 1 BGB nicht eingehalten. Solange keine Eintragung des Dieners Habenichts ins Grundbuch erfolgt, ist die Einigung nach § 125 S. 1 BGB nichtig. Das **Reichsgericht** untersuchte damals noch, ob nicht die Berufung des Edelmanns Tunicht von Gut **gegen Treu und Glauben verstößt**, § 242 BGB. Dann müsste die Nichtigkeit für den Diener nicht nur zu „**bloß harten, sondern schlechthin untragbaren Ergebnissen"** führen (vgl. auch BGH NJW 1987, 1069). Da aber der Diener Habenichts in **voller Kenntnis** von der Unwirksamkeit weiter seine Dienste leistete, lehnte das Gericht damals eine Korrektur der Nichtigkeitsfolge ab. Auch eine zwischenzeitliche Eintragung ins Grundbuch fehlte, wodurch eine Heilung des Formfehlers nach § 518 Abs. 2 bzw. § 311 b Abs. 1 S. 2 BGB hätte eintreten können. Diener Habenichts ging leer aus. In **einem anderen Fall** hatte dagegen der BGH einem bedeutenden Wirtschaftsunternehmens die Berufung auf die Formunwirksamkeit versagt (BGHZ 48, 396 ff.), da das Unternehmen unter Einsatz seiner Bedeutung und seines Ansehens einem Mitarbeiter vermittelt, dass man einen schriftlichen Vertrag einem notariellen als gleichwertig anzusehen pflege. Der Mitarbeiter bekam also trotz nichtigen Vertrags sein Recht (vgl. auch BGH NJW 1996, 2503).

XIII. Vereinbarte Formanforderungen

▷ **123 Was ist bei Formanforderungen zu beachten, die die Vertragsparteien vereinbart haben?**

> **Fall 51 Die 100% richtige Form!** Die **Autoverkäuferin Doris Düster** hat schon einiges mit unverschämten Vertragspartnern durchgemacht. Sie will jetzt ganz sicher gehen bei der Beachtung von Formvorschriften und legt ihren Verträgen vorgedruckte allgemeine Geschäftsbedingungen mit nachfolgenden Formvorschriften-Klauseln bei. Ihr **Rechtsanwalt Frieder Fleischmann von Punzelwitz** will sich die Mühe machen, „rechtshistorisch" die Klausel mal auf ihre Zulässigkeit angesichts einschlägiger Urteile und Vorschriften zu untersuchen. **Frage Welche Klauselinhalte wird er wohl bemängeln, welche nicht?**

> **Muster 21: Schriftformklausel**
> 1 Der Kaufvertrag ist nur schriftlich wirksam.
> 2 Änderungen oder Ergänzungen dieses Vertrages bedürfen der Schriftform.
> 3 Dieses gilt auch für die Abänderung dieser Klausel.
> 4 Ein Rücktritt des Vertragspartners vom Vertrag ist nur durch eingeschriebenen Brief wirksam.
> 5 Soweit die Vertragsparteien einander nicht persönlich bekannt sind, erfolgt ein Vertragsschluss nur nach notarieller Beurkundung des Vertrages.
> 6 Mündliche Zusagen durch unsere Vertreter oder sonstige Hilfspersonen bedürfen der schriftlichen Bestätigung durch den Auftragnehmer.
> 7 Mündliche Nebenabreden wurden nicht getroffen.

Die Parteien eines Rechtsgeschäfts können für eine Willenserklärung oder den gesamten Vertrag eine bestimmte Form vereinbaren. Dabei können sie die an die Wahrung der Form zu stellenden Anforderungen frei bestimmen (Grundsatz der Privatautonomie). Die Parteien können die Anforderungen an die Schriftform **beispielsweise** erleichtern oder erschweren.

> **Beispiele vertraglich vereinbarter Formanforderungen** ▶ keine Eigenhändigkeit der Unterzeichnung nötig (**Stempel reicht**) ▶ **maschinell** erstellte Unterschrift ist ausreichend ▶ Zustellung des Schriftstücks nur durch **eingeschriebenen** Brief möglich

> In dem obigen **Fall** sollen folgende Arten von Formvereinbarungen dem Vertragspartner aufgelastet werden: ▶ **Schriftformklausel 1** für den Vertrag ▶ **Schriftformklausel 2** für Änderungen oder Ergänzungen ▶ **Abänderungsklausel 3** für die Abänderung der Schriftformklausel, sog. doppelte Schriftformklausel ▶ **Einschreibenpflichtklausel 4** für Rücktritte ▶ **Beurkundungsklausel 5** für nicht bekannte Vertragspartner ▶ **Bestätigungsklausel 6** für Vertreter und Hilfspersonen ▶ **Beweislastverändernde Klausel 7** im Hinblick auf mündliche Nebenabreden

XIII. Vereinbarte Formanforderungen

> **Checkliste 24   Anforderungen an vereinbarte Formanforderungen nach § 127 BGB**
>
> - Liegt eine **vertraglich wirksam vereinbarte Formanforderung** entsprechend den gesetzlich möglichen Formarten vor?
> - Liegt eine wirksame vorformulierte Schriftformklausel **für Änderungen oder Ergänzungen als AGB-Regelung** vor, die auch nicht durch eine Individualvereinbarung abgeändert worden ist?
> - Wurde ein **Verbot mündlicher Abänderungen** einer zuvor vertraglich vereinbarten Formanforderung wirksam?
> - Liegt ein **vorformuliertes Einschreiben-Erfordernis** vor?
> - Wurden **strengere Formvorschriften als erlaubt** vereinbart?
> - Wurde **Hilfspersonen** Vertretungsmacht nur für bestimmte formgebundene Erklärungen wirksam übertragen?
> - Sind die Anforderungen an **beweislastverändernde AGB-Regelungen** eingehalten worden?

(1) Liegt eine vertraglich wirksam vereinbarte Formanforderung entsprechend den gesetzlich möglichen Formarten vor?

Wenn die Parteien eines Vertrages besondere Formanforderungen vereinbart haben, nimmt man im Zweifelsfall zur Bestimmung dieser Formanforderungen die gesetzlichen Vorschriften, § 127 Abs. 1 S. 1 BGB. In den Absätzen des § 127 BGB werden sodann Fälle geregelt, in denen die Parteien über die konkreten Anforderungen der eigentlich gewollten Form so wenig Aussagen getroffen haben, dass noch nicht einmal eine Auslegung (§§ 133, 157 BGB) möglich ist und weiterhin Zweifel bestehen. So werden z. B. nach § 127 Abs. 1 S. 1 BGB im Zweifel die Vorschriften für die gesetzlichen Formvorschriften §§ 126 bis 126 b BGB auf die vertraglich vereinbarten Formanforderungen ebenfalls angewendet, das bisher Geschriebene gilt also hier auch. Außerdem enthalten die Abs. 2 und 3 des § 127 BGB noch Erleichterungen für die Schriftform und die elektronische Form.

§ **§ 127 Abs. 1 S. 1 Vereinbarte Form** (1) Die Vorschriften des § 126, des § 126 a oder des § 126 b gelten **im Zweifel** auch für die durch Rechtsgeschäft bestimmte Form.

> **Lösung Fall 51**   Im Fall wurde zunächst in der **Klausel 1** die **Schriftform** und in den **Klauseln 4 und 5** die **Einschreibpflicht** bzw. **Beurkundungspflicht** vereinbart. Damit gelten Vorschriften, die sich mit diesen Formanforderungen beschäftigen, „im Zweifel" auch für diese Vereinbarungen, § 127 Abs. 1 BGB. Konkret wären das also der **§ 126 BGB** für die Schriftform und der **§ 128 BGB** für die Beurkundung.

(2) Liegt eine wirksame vorformulierte Schriftformklausel für Änderungen oder Ergänzungen als AGB-Regelung vor, die auch nicht durch eine Individualvereinbarung abgeändert worden ist?

In der Praxis finden sich vertraglich vereinbarte Formvorschriften auch häufig in **vorgedruckten Geschäftsbedingungen (AGB)**, für die strengere Wirksamkeitsanforderungen aufgrund der §§ 305 ff. BGB gelten, als es das Gesetz normalerweise für Nicht-AGBs vorsieht. Auch aus betriebswirtschaftlicher Sicht ist die im BGB herrschende Formfreiheit in der Praxis wegen der damit verbundenen Beweisschwierigkeiten oftmals nicht sachgerecht. Die Folge ist die Vereinbarung einer zwingenden Schriftform aller Erklärungen, einschließlich Nebenabreden und Ergänzungen durch **sog. Schriftformklauseln,** wie in der ersten Musterklausel des obigen Falles.

Trotz der weiten Verbreitung sind diese in der Praxis häufigen **Schriftformklauseln** im Streitfall nicht immer ein wirklich tragfähiges Fundament für die Verhinderung wirksamer mündlicher Nebenabreden. Grund hierfür ist, dass derartige Vereinbarungen über eine einzuhaltende Form von den Parteien jederzeit wieder aufgehoben oder durch eine andere Formabrede ersetzt werden können. Dieses ist ausdrücklich, aber auch stillschweigend möglich, indem die Parteien das Rechtsgeschäft formlos oder in der neuen Form abschließen und damit die Aufhebung bzw. Abänderung der ursprünglichen Formvereinbarung zu erkennen geben. Das Gesetz sieht dieses ausdrücklich z. B. bei AGB-Vereinbarungen vor, indem es den Vorrang der (zu beweisenden) Individual-Abrede vor schriftlichen AGB-Vereinbarungen bestimmt, § 305 b BGB.

> § **§ 305 b BGB Vorrang der Individualabrede Individuelle** Vertragsabreden haben **Vorrang** vor Allgemeinen Geschäftsbedingungen.

> Wurde die **Schriftformklausel 1** des Falles z. B. bei einem Autokauf vereinbart, so dass der Kaufvertrag und alle Änderungen unbedingt schriftlich zu vereinbaren seien, und sind sich beide Parteien aber einig, dass schon ein mündlich verhandelter Kaufvertrag ausnahmsweise gelten soll, ist die Schriftformklausel unwirksam. Durch die **einverständliche Durchführung des Kaufvertrages,** z. B. durch Lieferung des Autos durch die Verkäuferin, hat diese mündlich die Schriftformklauseln 1 und 2 wieder aufgehoben und erklärt sich durch schlüssiges Handeln (Auslieferung der Ware) mit einem mündlichen Vertragsschluss einverstanden. Die Klauseln 1 und 2 wären dann **rechtlich wertlos gewesen.**

(3) Wurde ein Verbot mündlicher Abänderungen einer zuvor vertraglich vereinbarten Formanforderung wirksam?

Natürlich hat die Praxis schnell auf diese Rechtslage reagiert und in die Vertragsbedingungen ein umfassendes **mündliches Abänderungsverbot** aufgenommen, wonach auch das Schriftformerfordernis nicht mündlich abgeändert werden kann, **sog. doppelte Schriftformklausel,** vgl. der dritte Satz in der obigen Musterklausel. Die Behandlung dieser Klauseln ist leider unter den Gerichten umstritten. Viele Gerichte wollen bei dieser Art von Klauseln bei frei verhandelten Vertragsklauseln die Privatautonomie einschränken und mündliche Abreden als formunwirksam betrachten (BGHZ 66, 379, BFH BB 1992, 51, BAG NJW 2003, 3725). Sind diese Klauseln dagegen in vorgedruckten AGB enthalten, dann sind sie jedenfalls dann nach §§ 305 b und 307 BGB nichtig, wenn sie so formuliert sind, dass beim Kunden der Eindruck erweckt wird, mündliche Abreden können überhaupt nicht getroffen werden.

Zur Sicherheit ist daher folgender Klauselzusatz zu empfehlen:

> 2 Änderungen oder Ergänzungen dieses Vertrages bedürfen der Schriftform.
> 3 Dieses gilt auch für die Abänderung dieser Klausel. **Individualabreden i. S. d. § 305 b BGB werden von dieser Notwendigkeit einer schriftlichen Regelung nicht erfasst, sollten aber aus Gründen der Rechtssicherheit schriftlich niedergelegt werden.**

> Wurden die oben dargestellten Schriftformklauseln 1 und 2 z. B. bei einem Autokauf vereinbart und übereignet die Verkäuferin später auch noch die nicht schriftlich erwähnten Winterreifen und das Hardtop sofort gegen Barzahlung (= Aushändigung der Papiere und Schlüssel gegen Geld), so ist der Kaufvertrag mit den Beigaben wirksam. Die beiderseitige Erfüllung spricht dafür, dass die Parteien die **Formabreden 1 bis 2** wieder einverständlich aufgehoben haben. Nach den Umständen des Einzelfalls ist davon auszugehen, dass auch die Abänderung der Schriftform mündlich vorgenommen werden konnte, das mündliche Abänderungsverbot in **Klausel 3** also **unwirksam** ist.

Selbst wenn manche Vertragsjuristen aufgrund dieser umstrittenen Rechtslage die Klauseln 2 und 3 völlig weglassen wollen, ist auf der anderen Seite nicht zu verkennen, dass sie eine gewisse Signalwirkung für die Beteiligten enthalten, soviel wie möglich in schriftlicher Form festzuhalten und daher doch verwendet werden sollten.

(4) Liegt ein vorformuliertes Einschreiben-Erfordernis vor?

In manchen Verträgen finden sich auch sog. **Einschreibenpflicht-Klauseln**, mit denen für Erklärungen das Erfordernis eines Einschreibens o. ä. Zugangserfordernisse vereinbart werden. Unzulässig ist es auch, für bestimmte Erklärungen des Kunden die Benutzung bestimmter vom Verwender vorgegebener Formulare zu verlangen. Soweit dieses in vorgedruckter Form vereinbart wird, gilt die AGB-Kontrolle des BGB. Gegenüber Verbraucher ist danach nur **maximal die Schriftform** als Formerfordernis zugelassen, § 309 Nr. 13 BGB.

§ **§ 309 Nr. 13 BGB Klauselverbote ohne Wertungsmöglichkeit** Auch soweit eine Abweichung von den gesetzlichen Vorschriften zulässig ist, ist in Allgemeinen Geschäftsbedingungen **unwirksam** ... 13. (Form von Anzeigen und Erklärungen) eine Bestimmung, durch die Anzeigen oder Erklärungen, die dem Verwender oder einem Dritten gegenüber abzugeben sind, an eine **strengere Form** als **die Schriftform** oder an **besondere Zugangserfordernisse** gebunden werden.

> Wurde im **Fall** die obige Einschreibepflichtklausel 4 z. B. bei einem Autokauf vereinbart und tritt ein Käufer nicht mit eingeschriebenem Brief, sondern mündlich oder nur schriftlich mit normaler (bewiesener) Postzustellung zurück, so ist der **Kaufvertrag trotzdem rückwirkend aufgehoben**. Der Verwender solcher AGB-Klauseln mit Einschreibenpflichten können sich nach **§ 309 Nr. 13 BGB** nicht auf ihre unwirksam vereinbarten Formalitäten und Zugangserfordernisse berufen. Die sog. Einschreibepflichtklausel 4 ist damit in einer gerichtlichen Auseinandersetzung wirkungslos.

(5) Wurden strengere Formvorschriften als erlaubt vereinbart?

Strengere Formen, wie z. B. notarielle Beurkundung oder öffentliche Beglaubigung dürfen nicht in AGB vorgeschrieben sein – allenfalls frei ausgehandelt. Gegenüber Unternehmern („B2B" business to business) ist sicherlich eine strengere Form möglich (§ 309 BGB findet grundsätzlich keine Anwendung), vgl. § 310 Abs. 1 S. 1 BGB), sollte aber aus Praktikabilitätsgründen nur in besonderen Ausnahmefällen vorgedruckt vereinbart werden.

Im **Fall** ist der AGB-Verwender daher auch bei seiner **Beurkundungsklausel 5** und dem Erfordernis einer notariellen Beurkundung ein wenig „über das Ziel hinausgeschossen", wenn sich diese in den AGBs befinden. Erforderlich wäre eine einzelvertraglich ausgehandelte Formvereinbarung. Auch ein **mündlich unter Zeugen bestätigter Vertragsschluss** hätte daher Vertragserfüllungspflichten der Verkäuferin zur Folge, da der Vertrag zustande gekommen wäre.

(6) Wurde Hilfspersonen Vertretungsmacht nur für bestimmte formgebundene Erklärungen wirksam übertragen?

In AGB sind auch immer wieder Klauseln zu finden, die **mündliche Erklärungen von Hilfspersonen** betreffen und unter ein Schriftformerfordernis stellen. Diese Klauseln sind weitgehend als Regelungen der Stellvertretungsmacht zulässig und führen dazu, dass Erklärungen von diesen Personen, die nicht schriftlich bestätigt werden, nicht gegen den vertretenen AGB-Verwender wirken. Ausnahmen gelten natürlich dann, wenn die Stellvertreter aufgrund von gesetzlichen Vorschriften mit einer umfangreichen Stellvertretungsmacht ausgestattet sind, z. B. Prokuristen.

Die **Klausel 6** ist als **wirksame Vertretungsmachtregelung** dann wirksam, wenn die Vertreter bzw. Hilfspersonen nicht aufgrund von gesetzlichen Vorschriften als ermächtigt gelten, bestimmte mündliche Vereinbarungen zu treffen. Liegt ein **kaufmännischer Vertragspartner** vor, sind seine Hilfspersonen im Regelfall als Handlungsbevollmächtigte nach § 54 HGB befugt, unternehmenstypische Verträge zu schließen und auch gewisse Abreden mündlich vorzunehmen.

(7) Sind die Anforderungen an beweislastverändernde AGB-Regelungen eingehalten worden?

Problematisch sind auch **beweislastverändernde Schriftform-Klauseln**, wonach die Vertragsparteien sich schriftlich bestätigen lassen, dass keine Nebenabreden vereinbart wurden. Nach § 309 Nr. 12 b BGB sind alle die Beweislast verändernden Klauseln unwirksam und hier insbesondere solche Regelungen, durch die sich der Verwender von seinem Kunden das Vorliegen bestimmter Tatsachen bestätigen lässt.

§ **§ 309 Nr. 12 BGB Klauselverbote ohne Wertungsmöglichkeit** Auch soweit eine Abweichung von den gesetzlichen Vorschriften zulässig ist, ist in Allgemeinen Geschäftsbedingungen **unwirksam** ... 12. (Beweislast) eine Bestimmung, durch die der Verwender die Beweislast zum Nachteil des anderen Vertragsteils ändert, insbesondere indem er b) **den anderen Vertragsteil bestimmte Tatsachen bestätigen lässt;** Buchstabe b gilt nicht für Empfangsbekenntnisse, die gesondert unterschrieben oder mit einer gesonderten qualifizierten elektronischen Signatur versehen sind;

Solange sich der Verwender daher kein gesondertes Empfangsschreiben mit dieser Nebenabredenklausel unterschreiben lässt, ist diese Klausel wegen Verstoßes gegen ein Klauselverbot unwirksam.

Im **Fall** wird der AGB-Verwender mit der **Klausel 7** in AGBs gegenüber Verbrauchern keinen Erfolg haben.

XIV. Sonstige Formanforderungen

▶ **124 Welche sonstigen gesetzlichen Formanforderungen gibt es gerade beim Vertragsschluss?**

> **Fall 52 Immer schön in Form bleiben!** Nachdem die **Autoverkäuferin Doris Düster** im vorhergehenden Fall gesehen hat, was man alles bei den Formvorschriften zu beachten hat, fragt sie ihren **Rechtsanwalt Frieder Fleischmann von Punzelwitz**, ob das denn schon alles an Formvorschriften war. **Frage Welche sonstigen gesetzlichen Formanforderungen gibt es noch?**

Das Gesetz kennt noch andere besondere Formanforderungen, die z. B. die gleichzeitige Anwesenheit der Beteiligten verlangen oder die Abgabe einer Willenserklärung vor der zuständigen Stelle. Eine **gleichzeitige Anwesenheit der Beteiligten** verlangt das BGB zusätzlich bei notarieller Beurkundung einiger besonders wichtiger Geschäfte.

> **Beispiele für die gleichzeitige Anwesenheit der Beteiligten** ▶ Auflassung eines Grundstücks, § 925 Abs. 1 BGB ▶ Abschluss eines Ehevertrages, § 1410 BGB ▶ Abschluss bzw. Aufhebung eines Erbvertrages, §§ 2276 Abs. 1, 2290 Abs. 4 BGB

Allerdings ist zu unterscheiden, ob das Gesetz wirklich persönliche Anwesenheit der Beteiligten verlangt (so etwa nach § 2274 BGB beim Erbvertrag für den späteren Erblasser). In manchen Fällen ist auch die **Stellvertretung** durch Bevollmächtigte zulässig (so etwa bei der Auflassung, wenn die Bevollmächtigung nachgewiesen wird, §§ 29, 30 Grundbuchordnung).

Manche rechtsgeschäftlichen Erklärungen können **nur gegenüber bestimmten Behörden oder gegenüber Gerichten** abgegeben werden. In vielen dieser Fälle ist öffentliche Beglaubigung verlangt und in wichtigen Fällen die gleichzeitige Anwesenheit aller Beteiligten.

> **Beispiele bestimmter Abgabestellen** ▶ Eheschließung vor dem Standesbeamten, § 1310 BGB ▶ gegenüber dem Vereinsregister, §§ 55 ff. BGB ▶ gegenüber dem Familiengericht, § 1746 Abs. 1 S. 4 BGB ▶ gegenüber dem Nachlassgericht, § 1945 Abs. 1 BGB

> **Lösung Fall 52** Der Autoverkäuferin Doris Düster könnte durch Anleitung ihres Rechtsanwalt Frieder Fleischmann von Punzelwitz, anhand einiger Beispiele gezeigt werden, dass es doch **noch einiges an Formvorschriften** gibt. Das Gesetz kennt noch andere besondere Formanforderungen, die z. B. die **gleichzeitige Anwesenheit der Beteiligten** verlangen oder die Abgabe einer Willenserklärung **vor der zuständigen Stelle**.

> **Gesetzliche und vertraglich vereinbarte Formanforderungen**
>
> - **Schriftform, § 126 Abs. 1 BGB** ○ Aussteller der betreffenden Urkunde muss diese eigenhändig durch Namensunterschrift unterzeichnen, z. B. Quittung, § 368 BGB ○ Urkunde muss Schriftzeichen dauerhaft festhalten ○ einheitliche Urkunde oft problematisch ○ Eigenhändigkeit verbietet grundsätzlich Schreibhilfen ○ Unterschriften schließen die Urkunde räumlich ab ○ namentlich heißt grundsätzlich mit dem Nachnamen ○ Leserlichkeit ist nicht erforderlich ○ Blankounterschriften sind gültig

XIV. Sonstige Formanforderungen

- **Elektronische Form, § 126 a BGB** ○ keine eigene Form, eher Sonderfall der Schriftform ○ Aussteller fügt seiner Erklärung seinen Namen hinzu ○ versieht das elektronische Dokument mit einer qualifizierten Signatur nach dem Signaturgesetz ○ Einverständnis erforderlich ○ elektronisches Dokument gegeben ○ Name statt Unterschrift ○ elektronische Signatur ○ Ausschluss der elektronischen Form z. B. bei arbeitsvertraglichen Kündigungen, § 632 S. 2 BGB
- **Textform, § 126 b BGB** ○ Beispiel: Unterrichtung des Verbrauchers über z. B. Einzelheiten des Vertrages bei Fernabsatzverträgen, § 312 c Abs. 2 S. 2 BGB ○ geringste Formanforderungen, so dass nur noch Informationsfunktion ○ zumindest schlüssiges Einverständnis erforderlich ○ Urkunde oder auf andere zur dauerhaften Wiedergabe geeignete Träger, z. B. CD, Fax, E-Mail ○ Schriftzeichen erforderlich ○ Person des Erklärenden muss genannt werden ○ Abschluss der Erklärung durch Nachbildung der Namensunterschrift oder anders erkennbar
- **Öffentliche Beglaubigung, § 129 Abs. 1 BGB** ○ bezieht sich nur auf die Unterschrift, nicht auf den Text der Urkunde ○ Erklärung muss schriftlich abgefasst sein, z. B. das Gläubigeranerkenntnis, dass eine Schuld erloschen ist, § 371 S. 2 BGB ○ Unterschrift oder Handzeichen des Erklärenden ○ Durchführung eines öffentlich-rechtlich geregelten Beglaubigungsverfahrens
- **Notarielle Beurkundung, § 128 BGB** ○ festgelegtes Erfordernis einer Beurkundungspflicht ○ Erklärung wird nach der Beratung durch den Notar diesem gegenüber abgegeben ○ niedergeschrieben ○ dem Erklärenden vorgelesen ○ von ihm genehmigt und unterschrieben ○ Notar unterzeichnet anschließend die Niederschrift ○ Beweis dafür, dass der Erklärende die beurkundete Erklärung vor dem Notar abgegeben hat, Beispiel: Vertrag mit Grundstücksübertragungs-/erwerbsverpflichtung, § 311 b Abs. 1, 3, 5 S. 2 BGB
- **Grundsatz der Privatautonomie** ○ lässt weitere Formanforderungen im Wege der Vereinbarung zu, z. B. keine Eigenhändigkeit der Unterzeichnung nötig (Stempel reicht) ○ im Zweifel gelten nach § 127 BGB die Vorschriften für die gesetzlichen Formvorschriften §§ 126 bis 126 b BGB ○ besondere AGB-Kontrolle ○ strengere Formanforderungen in AGBs, als es das Gesetz vorsieht ○ **Schriftformklauseln** können von den Parteien jederzeit wieder aufgehoben oder durch eine andere Formabrede ersetzt werden ○ ausdrücklich, aber auch stillschweigend ○ Vorrang der (zu beweisenden) Individual-Abrede vor schriftlichen AGB-Vereinbarungen bestimmt, § 305 b BGB ○ **mündliches Abänderungsverbot** kann nach § 307 unwirksam sein ○ **Einschreiben-Klauseln** sind gegenüber Verbrauchern in AGB unzulässig, da nur maximal Schriftform als Formerfordernis zugelassen ○ § 309 Nr. 13 BGB ○ strengere Formanforderungen nichtig ○ gegenüber Unternehmern (B2B) möglich ○ **fehlende Vertretungsmacht für mündliche Erklärungen von Hilfspersonen** ○ kein AGB-Verbot, daher grundsätzlich zulässig ○ evtl. unwirksam, wenn Stellvertreter mit umfangreicher gesetzlich zwingender Stellvertretungsmacht, z. B. Prokurist ○ **beweislastverändernde Schriftform-Klauseln** ○ Bestätigung, dass keine Nebenabreden vereinbart wurden ○ unwirksam nach § 309 Nr. 12 b BGB ○ wenn nicht gesondert unterschrieben
- **Weitere gesetzliche Formanforderungen** ○ gleichzeitige Anwesenheit der Beteiligten, z. B. Auflassung eines Grundstücks, § 925 Abs. 1 BGB ○ Abgabe nur gegenüber bestimmten Behörden oder gegenüber Gerichten, z. B. Eheschließung vor dem Standesbeamten, § 1310 BGB

4. Teil

Vertragsparteien –

Welche Bedeutung hat die Bestimmung der Vertragsparteien vertragsrechtlich?

Gliederung des 4. Teils

I.	Bedeutung der Vertragsparteien	189
II.	Natürliche Personen	194
III.	Juristische Personen	199
IV.	Geschäftsfähigkeit	204
V.	Stellvertretung	219

I. Bedeutung der Vertragsparteien

▷ 125 Welche Funktion hat die Bestimmung des Vertragspartners?

1 Funktion des Vertragspartners

> **Fall 53 Eine Frage des richtigen Riechers?** Die **Verkäuferin Nelly Tete** hat verschiedene Vertragsabschlüsse vor sich und möchte gerne wissen, ob und wenn ja was sie bei der Eintragung folgender Vertragsparteien in das Vertragsmuster beachten muss: **1.** Zunächst soll ein Vertrag mit einer ganzen **Gruppe von Studenten (Pino, Pini und Pano)** von der **Hipp-Hochschule** geschlossen werden, die eine Party feiern wollen und dafür „Gastronomisches" einkaufen wollen. **2. Däsy Unbenannt** ist eine der Verkäuferin **völlig unbekannte Person**, die die Ware gleich mitnehmen möchte. **3. John Tückmantel-Vogelfänger** ist **Kaufmann** einer neuen Import- und Export-Firma; er benötigt Waren für die Erstausstattung. **4. Falco Fröhlich** kauft für die **Abfluss-Flott-Fröhlich-GmbH** in erheblichem Umfang ein. **5. Alberto Übelacker** ist Vorsitzender des **Vereins zur Verschönerung der Landschaft e.V.** und will für einen Messeauftritt einkaufen. **6. Geschäftsführer Danni Kipp** kommt von der Firma **Kipp & Sohn GmbH & Co. KG**, die Riesenräder herstellt und Ersatzteile braucht. **7. Niki Altgenug** ist 17 Jahre alt, fühlt sich aber viel älter und will auch mal Verträge abschließen.

Vertragsparteien sind die Personen, die den Vertrag persönlich abschließen oder in deren Namen z. B. ein Kaufvertrag abgeschlossen wird. In der Praxis werden mit der Nennung der Vertragsparteien wichtige betriebswirtschaftliche und rechtliche Fragestellungen aufgeworfen und müssen einer Beantwortung zugeführt werden, wenn man einen erfolgreichen Vertragsschluss sicherstellen will.

Die Bestimmung der Vertragsparteien hat regelmäßig folgende Funktionen:

> **Funktionen der Bestimmung von Vertragsparteien**
> - **Identitätsfunktion,** da die Identität für eine spätere Anspruchsverfolgung wichtig ist
> - **Informationsfunktion** über Bonität, Vertretungsverhältnisse, aber auch Haftungsmodalitäten
> - **Warnfunktion** durch Angabe von verfolgungserleichternden Hinweisen

Nur bei präziser **Identitätsbestimmung,** wer Vertragspartner ist, kann juristisch beurteilt werden, wen die **Rechte und Pflichten** aus dem Vertrag treffen sollen. Damit zusammen hängen Fragen, wer denn nun aus einem Vertrag z. B. beim Kaufvertrag zur späteren Kaufpreiszahlung verpflichtet werden soll, wer für Mängel der Kaufsache verantwortlich ist etc.

Die für den betriebswirtschaftlichen Erfolg wichtige **Zahlungsfähigkeit** des Vertragspartners kann über erste Angaben im Vertragstext leichter einer Überprüfung zugeführt werden (**Informationsfunktion**). So können z. B. über eine Handelsregister-Nummer beim Kaufmann oder bei der GmbH einige Rahmendaten des Unternehmens online besorgt werden. Je mehr Daten man von den Vertragspartnern hat, umso mehr kann man dann auch über Wirtschaftsauskunfteien über Bonität, Geschäftsvorgänge und manchmal auch Aufenthaltsorte von evtl. flüchtigen Geschäftspartnern herausfinden.

I. Bedeutung der Vertragsparteien

Gerade bei juristischen Personen wie der GmbH und dem Verein ist es unerlässlich, sich über eine **vertretungsberechtigte Person** und deren Anschrift zu **informieren**, da diese bei späteren Rechtsstreitigkeiten als Ansprechpartner und schlimmstenfalls auch als Haftungspersonen zur Verfügung stehen müssen. Bei Geschäften mit Minderjährigen sollte immer ein gesetzlicher Vertreter auftreten bzw. mitunterzeichnen.

Aus den Angaben des Vertragspartners kann z. B. beim Verein oder einer Stiftung herausgefunden werden, **ob diese bereits rechtsfähig sind**. Dieses hat sehr große betriebswirtschaftliche Bedeutung für die Bestimmung der Haftungsmasse, z. B. im Falle einer Insolvenz. Eine rechtsfähige Gesellschaft wie die GmbH kann als Vertragspartner auftreten und alle Rechte in Anspruch nehmen, wenn es aber um ihre Pflichten dem Vertragspartner gegenüber geht, ist es mit der Haftungsmasse oft nicht weit her. Da aber nur das Vermögen der GmbH haftet und grundsätzlich nicht das Vermögen der dahinter stehenden Gesellschafter, führt die Rechtsfähigkeit oft zu einer Benachteiligung der Vertragspartner. Hier müssen Sicherungsmaßnahmen erfolgen, z. B. Sicherheitenbestellung oder Erweiterung der Vertragsparteienstellung auch auf die Gesellschafter persönlich.

Verlangt der Vertragspartner bereits beim Vertragsabschluss **Daten zur besseren späteren gerichtlichen Verfolgung**, wie z. B. Personalausweisnummer, können hiervon deutliche Signale an die potentiellen Vertragspartner ausgesendet werden. Die Hürde für Betrüger wird erhöht, wenn auch ein vollständiger Schutz hierdurch noch nicht möglich ist.

▶ **126 Wie sieht eine Musterformulierung für die Bestimmung der Vertragspartner aus?**

Muster 22:   Vertragsparteien

Vertrag über .... (z. B. den Kauf eines Autos) zwischen

Käufer	**Verkäufer**
Name	Name
Vorname	Vorname
Anschrift: Straße, Postleitzahl, Ort	Anschrift: Straße, Postleitzahl, Ort
Geburtsdatum / -ort	Geburtsdatum / -ort
Telefon	Telefon
Faxnummer	Faxnummer
E-Mail	E-Mail
Personalausweis-Nr.	Personalausweis-Nr.

bei Handeln eines Stellvertreters

Angaben über den Vertreter	Angaben über den Vertreter

bei registrierten Vertragsparteien

Registerangaben	Registerangaben

Sonstige Angaben

2 System des BGB

▶ **127 Wer kann nach dem System des BGB überhaupt Vertragspartei sein?**

Begrifflich spricht man von einer Vertragspartei, wenn eine Person aus einem Vertragsverhältnis Rechte und/oder Pflichten treffen. Für die Eigenschaft als Vertragspartei ist es zwingend notwendig, dass die Vertragspartei Rechtsfähigkeit nach dem BGB erlangt hat. Das BGB definiert weder die Rechtsfähigkeit noch die Geschäftsfähigkeit und setzt sie als gegeben voraus, vgl. §§ 1, 21 ff. und 104 BGB.

> **Definition der Rechtsfähigkeit nach der Rechtslehre**
> Rechtsfähigkeit ist die **Fähigkeit, Träger von Rechten und Pflichten zu sein.**

Beispiele für Rechte und Pflichten ▶ Eigentümer und/oder Besitzer von Sachen sein können oder ▶ Inhaber von Forderungen ▶ Vertragspartei ▶ Schuldner von Leistungen ▶ Erbe eines Nachlasses ▶ Partei eines Prozesses

▶ **128 Wie unterscheidet sich die Rechtsfähigkeit von anderen zivilrechtlichen Fähigkeiten?**

Erst wenn **Rechtsfähigkeit** vorliegt, können auch Verträge an den bestehenden Rechtspositionen etwas ändern, z. B. durch eigenes Handeln wenn zusätzlich sog. **Geschäftsfähigkeit vorliegt,** §§ 104 ff. BGB.

In der Praxis ist es daher wichtig zu wissen, dass im zivilrechtlichen System der Fähigkeiten folgende Begriffe von der **Rechtsfähigkeit abzugrenzen** sind:

> **Abgrenzung der Rechtsfähigkeit von anderen zivilrechtlichen Fähigkeiten**
> - **Handlungsfähigkeit** = Fähigkeit, durch eigene Handlungen Rechtsfolgen zu bewirken; im BGB als solche nicht definiert, steht aber als Oberbegriff für die Geschäftsfähigkeit und Deliktsfähigkeit
> - **Geschäftsfähigkeit** = Fähigkeit, rechtsgeschäftliche Erklärungen abzugeben und entgegenzunehmen, §§ 104 ff. BGB, vgl. dazu später
> - **Deliktsfähigkeit** = Fähigkeit, für eigene schuldhafte Handlungen zivilrechtlich verantwortlich zu sein; auch Verantwortlichkeit, Verschuldensfähigkeit genannt, §§ 827, 828, 276 Abs. 1 S. 3 BGB, nicht zu verwechseln mit der strafrechtlichen Strafmündigkeit, d. h. der Fähigkeit eine Strafe antreten zu können
> - **Testierfähigkeit** = Fähigkeit, Testamente eingehen zu können, § 2229 BGB
> - **Ehemündigkeit** = Fähigkeit, eine Ehe eingehen zu können, § 1303 BGB

I. Bedeutung der Vertragsparteien

▶ 129 Welche systematische Unterscheidung ist bei der Rechtsfähigkeit ist zu treffen?

Bei der Frage der Rechtsfähigkeit machen die Vorschriften des BGB **folgende begriffliche Unterscheidungen**, die für die weitere Befassung mit diesem Thema notwendig sind.

In den **§§ 1 bis 89 BGB** enthält das BGB Vorschriften zu den **Rechtssubjekten**, die Rechte haben, und in den **§§ 90 bis 103 BGB** Regelungen zu den **Rechtsobjekten**, an denen die Rechtssubjekte Rechte haben können.

> Abgrenzung von Rechtssubjekten und Rechtsobjekten
> - **Rechtssubjekte**: Die subjektiven Rechte des BGB (sog. Ansprüche) setzen einen Träger dieses Rechts voraus: ein Rechtssubjekt. Das BGB bezeichnet das Rechtssubjekt als Person. Damit wird zugleich festgestellt, dass eine Person auch Rechtsfähigkeit hat.
> - **Rechtsobjekte**: Darunter versteht man Sachen, Tiere und Rechte. Die Rechtsobjekte haben selbst keine Rechtsfähigkeit. Vielmehr ist es gerade umgekehrt: auf diese Güter erstreckt sich die rechtliche Herrschaftsmacht des Rechtssubjekts.

▶ 130 Wie sind die Rechtssubjekte systematisch weiter zu untergliedern?

Bei den Rechtssubjekten untergliedert das BGB die Vorschriften entsprechend folgender **Träger der Rechtsfähigkeit**:

> - **Natürliche Personen, §§ 1 bis 20 BGB** Natürliche Person ist der Mensch, vgl. im Gesetzestext die Überschrift „Erster Titel" und § 1 BGB.
> - **Juristische Personen, §§ 21 bis 89 BGB** Juristische Personen sind demgegenüber „eine Zweckschöpfung des Gesetzgebers", vgl. im Gesetzestext „Zweiter Titel" und §§ 21 ff. BGB. Damit sind rechtlich geregelte Organisationen (aus Sachen oder Personen) gemeint, denen die Rechtsordnung Rechtsfähigkeit verliehen hat, z. B. Verein, Stiftung, GmbH, AG, vgl. dazu später.

Wichtigster Unterschied zwischen beiden vom BGB anerkannten Personen ist zusammenfassend also, dass bei der natürlichen Person (Mensch) die Rechtsfähigkeit nicht vom Gesetzgeber **verliehen wird**, sondern dem Gesetz automatisch **vorgegeben** ist (**Merkhilfe**: natürliche Personen erhalten ihre Rechtsfähigkeit von der „Natur", juristische Personen von den Juristen!).

> **Lösung Fall 53** Im **Fall** ist es gerade bei Personenmehrheiten wie den Studenten oder auch bei der GmbH & Co. KG wichtig zu wissen, wer denn später in einem gerichtlichen Mahn- oder/und Gerichtsverfahren zu laden ist (Stichwort: *„Bitte geben Sie mir eine ladungsfähige Anschrift an!"*). Es empfiehlt sich daher folgende Musterformulierung je nach Einzelfall ausfüllen und belegen zu lassen: bei **1. Studenten der Hipp-Hochschule:** Anschriften aller Studenten sicherstellen z. B. durch Personaldokumente, Anschrift der

Hochschule, Ansprechpartner an der Fakultät mit Telefonnummer, etc. **2. Unbekannte Geschäftsfrau Däsy Unbenannt:** Personaldokumente in Kopie, Auskunft eines Inkassodienstes als Bonitätsauskunft, weitere Sicherungsmittel, z. B. Eigentumsvorbehalt bzgl. der mitgenommenen Waren vereinbaren **3. John Tückmantel-Vogelfänger:** Personaldokumente, Handelsregisterauszug, Bonitätsauskunft **4. Abfluss-Flott-Fröhlich-GmbH:** Registerauszüge, Angaben zum Vertreter **Falco Fröhlich**, Bonitätsauskunft, Vereinbarung von zusätzlichen Sicherheiten z. B. mit GmbH-Gesellschaftern **5. Verein zur Verschönerung der Landschaft e.V.:** Registerauszug, Angaben zum Vertreter und Vertretungsbefugnis des handelnden **Alberto Übelacker**, evtl. Informationen über ordnungsgemäße Beschlussfassung, z. B. Angabe der Beschlussnummer und Tag des Beschlusses, einen bestimmten Vertrag zu schließen **6. Firma Kipp & Sohn GmbH & Co. KG:** bei Betriebsaufspaltung Registerauszüge aller beteiligten Unternehmen, Klärung der Zuordnung des Vertrages zu einer oder mehreren Gesellschaften, Angabe des Vertretungsverhältnisses des Herrn Danni Kipp, evtl. Patronatserklärung des Mutterkonzerns, vgl. Kapitel Sicherungsmittel **7. Minderjähriger Miki Altgenug:** zustimmende Unterschriften des Minderjährigen und seines gesetzlichen Vertreters (z. B. Eltern), bei Unbekannten mit Personaldokumenten zu allen persönlichen Angaben

 Funktionen, Bestimmung und systematische Einordnung der Vertragspartei

- **Funktionen eindeutig bestimmter Vertragsparteien** ○ **Identitätsfunktion**, zur Feststellung Person, die Rechte und Pflichten aus dem Vertrag hat ○ **Informationsfunktion**, z. B. über die Zahlungsfähigkeit einer Vertragspartei ○ **Warnfunktion**
- **Musterinhalt für die Bestimmung der Vertragspartei** ○ Name ○ Vorname ○ ladungsfähige Anschrift (nicht Postfach) ○ Geburtsdatum ○ Telefonnummern ○ Faxnummer ○ E-Mail ○ Personalausweisnummer
- **System rechtlich zulässiger Vertragsparteien** ○ Rechtsfähigkeit ist Voraussetzung ○ Abgrenzung zur Handlungs-, Geschäfts-, Delikts-, Testier-, und Ehefähigkeit ○ Träger von Rechten und Pflichten können nur Rechtssubjekte sein ○ Abgrenzung von den Rechtsobjekten, an denen Rechtssubjekten Rechte zustehen können ○ Rechtssubjekte untergliedert man wiederum in natürliche Personen und juristische Personen

II. Natürliche Personen

> **Fall 54 So jung und schon so reich?** Baby **Bärbel Babbel** ist gerade geboren worden, da war ihr **Großvater Rudolf Ranzinger** bereits einen Monat **zuvor** verstorben. In seinem vor der Geburt der Bärbel aufgesetzten Testament hinterließ er dem sehnsüchtig erwarteten Baby sein Millionenvermögen mit vielen Grundstücken sowie sein Unternehmen mit Namen „Ranzinger Lebensmittel Großhandel". **Frage** Kann Baby Bärbel Babbel bereits so kurz nach der Geburt Millionärin sein?

Unter **natürlichen Personen** versteht das Recht, ohne dass dieses irgendwo definiert wird, die **Menschen**. Dieses ergibt sich aus der Abgrenzung zu den **juristischen** Personen (z. B. Verein, GmbH), die ebenfalls als Personen Träger von Rechten und Pflichten sein können, sog. Rechtssubjekte. Im Gesetz ist diese begriffliche Unterscheidung an einigen Stellen zu sehen, z. B. im BGB in den Titel-Überschriften vor § 1 BGB („Person") und vor § 21 BGB.

> **Abschnitt 1 Personen**
> Titel 1 Natürliche Personen, Verbraucher, Unternehmer
> Titel 2 Juristische Personen

Alle Personen müssen Rechtsfähigkeit besitzen, damit sie dann tatsächlich auch Rechte wie Eigentumsrechte als Rechtsträger quasi „tragen" können. Diese Rechtsfähigkeit ist daher zunächst vorab zu prüfen. Im Vertragsrecht im Speziellen ist zunächst sicherzustellen, dass die handelnde Person evtl. als natürliche Person rechtsfähig ist, um überhaupt Vertragspartei sein zu können.

1 Begriff der Rechtsfähigkeit

▶ 131 Wie ist die Rechtsfähigkeit natürlicher Personen geregelt?

Für den **Beginn** der allgemeinen Rechtsfähigkeit ist „nur" die Geburt notwendig, § 1 BGB.

> **§ 1 BGB Beginn der Rechtsfähigkeit** Die Rechtsfähigkeit des Menschen beginnt mit der Vollendung der Geburt.

Sie ist grundsätzlich nicht an ein bestimmtes Alter, Staatsangehörigkeit, Geschlecht, Herkunft oder Gesundheit gebunden. Auch wenn keine weiteren Merkmale für diese allgemeine Rechtsfähigkeit definitorisch vorgesehen sind, darf nicht übersehen werden, dass das Gesetz für bestimmte Fälle die volle Rechtsposition erst durch Hinzutreten weiterer Voraussetzungen, wie z. B. des Alters, bestimmt.

> **Altersgrenzen für die Geltung von Rechten und Pflichten**
> - Fähigkeit, rechtlich vorteilhafte Rechtsgeschäfte selbst vornehmen zu können (**beschränkte Geschäftsfähigkeit, §§ 106 ff. BGB**) = Vollendung des 7. Lebensjahres
> - Fähigkeit, alle Rechtsgeschäfte selbst vornehmen zu können (**volle Geschäftsfähigkeit, § 2 BGB**) = Vollendung des 18. Lebensjahres
> - beschränkte Verantwortlichkeit für unerlaubte Handlungen (**bedingte Deliktsfähigkeit, § 828 BGB**) = Vollendung des 7. Lebensjahres bzw. bei Unfällen im motorisierten Verkehr mit Vollendung des 10. Lebensjahres
> - Volle Verantwortlichkeit für unerlaubte Handlungen (**volle Deliktsfähigkeit**) = Vollendung des 18. Lebensjahres
> - Fähigkeit, ein Testament aufsetzen zu können (**beschränkte Testierfähigkeit, §§ 2229, 2233, 2247 Abs. 4 BGB**) = Vollendung des 16. Lebensjahres
> - Möglichkeit, von dem Erfordernis der Ehemündigkeit befreit zu werden (**beschränkte Ehemündigkeit**) = Vollendung des 16. Lebensjahres

Die allgemeine Rechtsfähigkeit als Grundvoraussetzung für die prinzipielle Teilnahme an den hier im Vordergrund der Betrachtung stehenden Verträgen besitzen demnach aber schon der Säugling und auch der Geisteskranke.

Demgegenüber ist das **Kind im Mutterleib** grundsätzlich nicht (zivilrechtlich) rechtsfähig – trotzdem ist es aber durch die Rechtsordnung z. B. strafrechtlich gegen Verletzungen geschützt. Auch wenn das Kind während der Geburt stirbt, hat es keine Rechtsfähigkeit erlangt.

2 Beginn der Rechtsfähigkeit

▶ 132 Wann beginnt die Rechtsfähigkeit?

Erforderlich ist die Vollendung der Geburt. Wann dieses genau vorliegt, wurde von der Rechtsprechung näher definiert.

> **Beispiele für die Vollendung der Geburt** (vgl. Palandt/Ellenberger § 1 Rn. 2) ▶ völliger **Austritt des Kindes** aus dem Mutterleib ▶ **Nabelschnur** muss nicht gelöst sein ▶ Kind muss bei Vollendung der Geburt **leben**, **Lebensfähigkeit** ist nicht erforderlich (LSG Niedersachsen, NJW 1987, 2328) ▶ ebenso reicht es, wenn das **Herz geschlagen** hat ▶ die **Nabelschnur pulsiert** oder die **natürliche Lungenatmung** eingesetzt hat ▶ ausreichend ist auch, wenn eine **sichere andere Lebensfunktion** nachgewiesen wurde, z. B. Hirnströme ▶ **gesundheitliche Fehlbildungen** hindern auf keinen Fall die Rechtsfähigkeit ▶ **Beweispflicht** für die Tatsache einer (lebenden) Geburt sowie für die Reihenfolge mehrerer Geburten hat derjenige, der daraus eine bestimmte Rechtsposition für sich ableitet

Für bestimmte Rechtsfälle – besonders im Erbrecht – kommt es entscheidend auf die Frage an, wann die Geburt vollendet ist, da nur bei einer Lebendgeburt das Kind eine Erbschaft erhält, § 1923 Abs. 1 BGB, vgl. später.

> **Lösung Fall 54** Baby Bärbel kann bereits ein Vermögen erben, wenn die Geburt vollendet war und Bärbel zumindest kurz gelebt hat. Der Gesundheitszustand spielt dabei keine Rolle. Da Baby Bärbel natürlich nicht die Unternehmen des Großvaters Ranzinger führen kann, werden dafür gesetzliche Vertreter, zumeist die Eltern, aber evtl. auch Nachlassverwalter eingesetzt werden müssen, bis Baby Bärbel geschäftsfähig geworden ist.

3 Ende der Rechtsfähigkeit

▷ **133 Wann endet die Rechtsfähigkeit?**

Die Rechtsfähigkeit des Menschen endet mit dem **Tod** des Menschen, § 1922 Abs. 1 BGB.

> § **§ 1922 Abs. 1 BGB Gesamtrechtsnachfolge** (1) Mit dem Tod einer Person (Erbfall) geht deren Vermögen (Erbschaft) als Ganzes auf eine oder mehrere andere Personen (Erben) über.

Die Rechtsfähigkeit kann nicht durch die Entscheidung einer Behörde oder eines Gerichts beendet werden, wie das früher bei der Entmündigung der Fall war. Ein Verzicht oder eine Beschränkung ist dagegen möglich. Ob und wann der Tod des Menschen eingetreten ist, muss mit Hilfe der medizinischen Wissenschaft beantwortet werden.

> **Tod des Menschen** = die Gesamtfunktionen des Großhirns, Kleinhirns und des Hirnstammes sind endgültig und nicht behebbar ausgefallen, so dass auch dauerhaft keine Gehirnkurven mehr aufgezeichnet werden können (OLG Köln NJW-RR 1992, 1480, BayObLG NJW-RR 1999, 1309)

Vom Zeitpunkt des Todes an ist der Mensch nicht mehr Träger von Rechten und Pflichten, Verträge wirken also nicht mehr für oder gegen ihn. Sein Vermögen geht als Ganzes auf den oder die Erben über § 1922 Abs. 1 BGB. Der Beweis des Todes wird durch das Sterbebuch geführt, und muss dem Standesbeamten angezeigt werden, vgl. §§ 32 ff. PStG. Der Beweis des Todes ist in vielerlei Hinsicht bedeutsam:

> **Beispiele für die rechtliche Bedeutung des Todes** ▶ Auszahlung der **Lebensversicherungssumme** ▶ Bezug von **Witwen-** oder **Waisenrente** ▶ **Wiederheirat** des überlebenden Ehegatten ▶ Antritt der **Erbschaft** ▶ **Vertragspartner** sind nach dem Tode des Unterzeichners grundsätzlich die Erben, da der Vertrag mit allen seinen Rechten und Pflichten mit in die Erbmasse fällt

4 Vorverlagerte Rechtsfähigkeit

▷ **134 Gibt es eine vorverlagerte Rechtsfähigkeit?**

Die mit der Geburt beginnende Rechtsfähigkeit des Menschen hat im Gesetz dann eine **Ausnahmeregelung** erhalten, wenn es sich um ein **noch nicht geborenes Kind** handelt, das später lebend zur Welt kommt, sog. nasciturus.

> **Fall 55 Der tragische Unfall**: Der **Angestellte Andi** wird bei einem Verkehrsunfall schwer verletzt. Schuld war allein der **Fußgänger Falk**. Andi stirbt schließlich im **Januar**. Er hinterlässt neben seiner im achten Monat schwangeren **Ehefrau Else** ein Vermögen in Höhe von 1 Mio. € und seine **Eltern Karl und Karla**. Zwei Monate nach dem Unfall wird sein **Kind Peter im März** geboren. **Frage** Ist das Kind Peter erbfähig? Welche Ansprüche hat Peter gegen den Unfallverursacher Falk? **Alternative** Was wäre erbrechtlich, wenn Peter tot zur Welt gekommen wäre?

(1) Welchen Anspruch auf Schadensersatz haben noch nicht geborene Kinder?

Kinder haben gegenüber ihren Eltern einen gesetzlich einklagbaren Unterhaltsanspruch, § 1601 BGB. Dieser Anspruch besteht natürlich nur dann, wenn das Kind rechtsfähig ist. Wird z. B. ein Elternteil durch einen fremdverschuldeten Unfall getötet, kann das Kind diesen entgangenen Unterhaltsanspruch gegenüber dem Schadensverursacher geltend machen, § 844 Abs. 2 S. 2 BGB.

> **§ 844 BGB Ersatzansprüche Dritter bei Tötung** (1) Im Falle der Tötung hat der Ersatzpflichtige die **Kosten der Beerdigung** demjenigen zu ersetzen, welchem die Verpflichtung obliegt, diese Kosten zu tragen (2) Stand der Getötete zur Zeit der Verletzung zu einem Dritten in einem Verhältnis, vermöge dessen er diesem gegenüber **kraft Gesetzes unterhaltspflichtig** war oder unterhaltspflichtig werden konnte, und ist dem Dritten infolge der Tötung das Recht auf den Unterhalt entzogen, so hat der Ersatzpflichtige dem Dritten durch Entrichtung einer Geldrente insoweit Schadensersatz zu leisten, als der Getötete während der mutmaßlichen Dauer seines Lebens zur Gewährung des Unterhalts verpflichtet gewesen sein würde; die Vorschriften des § 843 Abs. 2 bis 4 finden entsprechende Anwendung. **Die Ersatzpflicht tritt auch dann ein, wenn der Dritte zur Zeit der Verletzung gezeugt, aber noch nicht geboren war.**

Ist das Kind demgegenüber zum Zeitpunkt des Unfalls zwar schon gezeugt, aber noch nicht geboren worden, so hat es streng genommen noch keine Rechtsfähigkeit. Da der genaue Zeitpunkt der Geburt aber von ungewissen Faktoren abhängt, würde der Schadensverursacher dann entlastet, wenn der Tod des einen Elternteils noch vor der Geburt eintritt. Das ist nach der Rechtsordnung unbillig, so dass § 844 Abs. 2 BGB bestimmt, dass die Unterhaltspflicht des Schadensverursachers auch dann eintritt, wenn das unterhaltsberechtigte Kind im Zeitpunkt seiner Verletzungshandlung zumindest gezeugt war.

(2) Können noch nicht geborene Kinder Erbe werden?

Ein ähnliches Prinzip der Vorverlagerung der Rechtsfähigkeit existiert auch im Erbrecht:

> **§ 1923 BGB Erbfähigkeit** (1) Erbe kann nur werden, wer zur Zeit des Erbfalls lebt. (2) Wer zur Zeit des Erbfalls noch nicht lebte, aber bereits gezeugt war, gilt als vor dem Erbfall geboren.

Die Fähigkeit, ein Erbe antreten zu können, ist grundsätzlich identisch mit der Rechtsfähigkeit, sie setzt die Vollendung der Geburt voraus, vgl. den Gesetzeswortlaut „… wer … lebt", § 1923 Abs. 1 BGB. Aber auch hier muss das Gesetz eine **Ausnahme in § 1923 Abs. 2 BGB** regeln, damit keine unbilligen Rechtsfolgen entstehen. Stirbt daher der Vater eines bereits gezeugten Kindes noch vor dessen Geburt, muss für die Bestimmung der gesetzlichen Erbfolge abgewartet, ob das Kind später lebend zur Welt kommt. Hier will das Gesetz vermeiden, dass die Erbfolge von Zufälligkeiten abhängt. Kommt das Kind dagegen nicht lebend zur Welt, gilt es als nicht erbfähig und die Erbfolge wird ohne das Kind bestimmt.

Lösung Fall 55 Kind Peter ist eigentlich zum Zeitpunkt des Erbfalls noch nicht auf der Welt und daher nicht fähig, zivilrechtliche Rechte und Pflichten zu haben, im Erbrecht als sog. Erbfähigkeit bezeichnet, § 1923 Abs. 1 BGB. Da er aber „**Fleisch und Blut**" des kürzlich vorverstorbenen Vaters ist, wäre eine Versagung seines Erbrechts unbillig, § 1923 Abs. 2 BGB. Auch im Deliktsrecht hätte er eigentlich keine Schadensersatzrechte, da er noch nicht rechtsfähig ist, § 1 BGB. Zur Korrektur dieses Ergebnisses **verlegt das Zivilrecht die Erb- und Rechtsfähigkeit nach vorne** in die Zeit nach der Empfängnis. Voraussetzung ist aber, dass Peter später lebend geboren wird. **Alternative** Kind Peter erbt nichts bzw. hat keine Schadensersatzansprüche, wenn es tot zur Welt kommt. In diesem Fall muss sich die Ehefrau Karla das Erbe mit den Eltern des Verstorbenen teilen.

Natürliche Personen als Vertragspartei

- **Begriff** ○ natürliche Personen sind Menschen
- **Rechtsfähigkeit, § 1 BGB** ○ beginnt mit Vollendung der Geburt ○ danach grundsätzlich an keine weiteren Merkmale geknüpft, z. B. Gesundheit, Intelligenz ○ aber: Altersgrenzen, für die bestimmte Rechte existieren
- **Beginn der Rechtsfähigkeit** ○ Vollendung der Geburt ○ Einzelfragen regeln Urteile, z. B. dass Lebensfähigkeit nicht vorliegen muss, eine kurze Lebensphase reicht aus
- **Ende der Rechtsfähigkeit, § 1922 Abs. 1 BGB** ○ mit dem Tod ○ rechtlich gesehen wenn keine Gehirnkurven mehr aufgezeichnet werden können ○ genauer Zeitpunkt hat betriebswirtschaftlich Bedeutung u. a. für die Auszahlung einer Lebensversicherungssumme
- **Vorverlagerte Rechtsfähigkeit, §§ 844 Abs. 2, 1923 Abs. 2 BGB** ○ noch nicht geborene Kinder (sog. nascituri) erhalten quasi die Rechtsfähigkeit im Mutterleib ○ damit sie Schadens- oder Erbansprüche bekommen ○ wenn sie später lebend zur Welt kommen

III. Juristische Personen

1 Begriff der juristischen Person

▶ 135 Wer gehört zu den juristischen Personen?

> **Fall 56** Einmal Schlossbesitzer sein! Der Nachrichtentechniker **Michael Stephalke** hat sich in dem gemeinnützigen **Cool-Verein e.V. Dresden** weit hochgearbeitet. Er ist jetzt Vorstand, als solcher sehr geschickt und bekommt viele staatliche Bildungsaufgaben übertragen. Da muss doch ein Schloss drin sein, denkt sich Stephalke. Er least daher vom **Schlosseigentümer Graf Ferkel von Ferkelburg** für monatlich **80.000 Euro im Namen des Cool-Vereins** das Schloss Ferkelburg bei Chemnitz. Damit er die horrenden Leasingraten zahlen kann, beschafft Stephalke das Geld über seine 25 Vereinsmitglieder, die keine „normalen" natürlichen Personen sind, sondern wiederum eigene Gesellschaften. Diese tummeln sich übrigens auch im gleichen Bildungsgeschäft zusammen mit dem Cool-Verein e.V. Nach ein paar Jahren ist der Cool-Verein e.V. **pleite**, Leasingraten werden nicht mehr an den Grafen gezahlt. **Frage** Kann der **Graf Ferkel von Ferkelburg** die einzelnen hinter dem Cool-Verein e.V. stehenden Vereinsmitglieder in die Haftung für die nicht gezahlten Leasingraten nehmen? Diese hätten eigentlich wissen müssen, dass sich ihr Vorstand Stephalke finanziell übernimmt. (Fall frei nach BGH-Urteil vom 10.12.2007, II ZR 239/05)

Wie dargestellt erkennt das BGB neben dem Menschen als natürlicher Person auch noch eine juristische Person als Rechtssubjekt und damit als Vertragspartei an. Bitte an den **Merksatz** zur Abgrenzung beider Personenarten **erinnern**: „Die natürliche Personen hat die Natur hervorgebracht, die juristischen Personen wurden von den Juristen geschaffen."

> Beispiele für juristische Personen des Privatrechts ▶ Verein, §§ 21 ff. BGB ▶ GmbH, § 13 GmbHG ▶ AG, § 1 AktG ▶ Genossenschaft, § 1 Genossenschaftsgesetz

> § **Titel 2 Juristische Personen, Untertitel 1 Vereine, Kapitel 1 Allgemeine Vorschriften § 21 BGB Nichtwirtschaftlicher Verein** Ein Verein, dessen Zweck nicht auf einen wirtschaftlichen Geschäftsbetrieb gerichtet ist, **erlangt Rechtsfähigkeit** durch Eintragung in das Vereinsregister des zuständigen Amtsgerichts.

> § **§ 31 BGB Haftung des Vereins für Organe** Der Verein ist für den Schaden verantwortlich, den der Vorstand, ein Mitglied des Vorstands oder ein anderer verfassungsmäßig berufener Vertreter durch eine in Ausführung der ihm zustehenden Verrichtungen begangene, zum Schadensersatz verpflichtende Handlung einem Dritten zufügt.

Beiden kommt die **Rechtsfähigkeit** zu, d.h. sie können Träger von Rechten und Pflichten und damit Vertragspartner eines Vertrages sein. Nur die juristische Person haftet dann z.B. für Verbindlichkeiten der Gesellschaft, § 13 Abs. 2 GmbHG bzw. § 1 Abs. 1 AktG.

III. Juristische Personen

§ **§ 13 GmbHG Juristische Person; Handelsgesellschaft** (1) Die Gesellschaft mit beschränkter Haftung als solche **hat selbständig ihre Rechte und Pflichten**; sie kann Eigentum und andere dingliche Rechte an Grundstücken erwerben, vor Gericht klagen und verklagt werden. (2) Für die Verbindlichkeiten der Gesellschaft haftet den Gläubigern derselben **nur das Gesellschaftsvermögen**. (3) Die Gesellschaft gilt als Handelsgesellschaft im Sinne des Handelsgesetzbuchs.

§ **§ 1 AktG Wesen der Aktiengesellschaft** (1) Die Aktiengesellschaft ist eine Gesellschaft **mit eigener Rechtspersönlichkeit**. Für die Verbindlichkeiten der Gesellschaft haftet den Gläubigern nur das Gesellschaftsvermögen.

> **Klassische Definition der juristischen Personen nach der Rechtslehre**
>
> Juristische Personen sind Organisationen, bei denen die Rechtsordnung eine eigene Rechtsfähigkeit anerkennt, so dass sie selbständig Träger eigener Rechte und Pflichten sind.

Letztlich ist die juristische Person „eine Zweckschöpfung des Gesetzgebers", vgl. im Gesetzestext „Zweiter Titel" und §§ 21 ff. BGB.

> **Lösung Fall 56** Der Cool-Verein e.V. ist daher **vermögensmäßig zu trennen** vom Vorstand Michael Stephalke und von seinen Mitgliedern. Der Verein haftet grundsätzlich **allein** für die Leasingraten gegenüber dem Graf Ferkel von Ferkelburg.

▷ 136 Wie weit geht die Rechtsfähigkeit juristischer Personen?

Die juristische Person ist in vermögensrechtlicher und verfahrensrechtlicher Hinsicht **den natürlichen Personen weitgehend gleichgestellt, so dass sie auf jeden Fall als Vertragspartner aller üblichen Verträge in Betracht kommen.**

> **Beispiele für den Umfang der Rechtsfähigkeit** (vgl. Palandt/Ellenberger Einf v § 21 Rn. 9)
> ▶ kann **Besitzer** sein, § 854 BGB ▶ **Bevollmächtigter** ▶ **Testamentsvollstrecker** ▶ persönlich haftender **Gesellschafter** ▶ **Mitglied** einer juristischen Person ▶ aktiv **erb- und vermächtnisfähig**, §§ 2044 Abs. 2, S. 1, 2101, 2105 ff., 2109, 2163 BGB ▶ **parteifähig**, § 50 ZPO ▶ **insolvenzfähig**, § 11 Abs. 1 InsO ▶ Anspruch auf **Prozesskostenhilfe**, § 116 Abs. 1 Nr. 2 ZPO ▶ Recht am eigenen **Namen** ▶ Recht auf allgemeines **Persönlichkeitsrecht** (LG Hamburg vom 03.05.2005, Az. 324 = 136/05, NJW-RR 2006, 844, sog. Vereinspersönlichkeitsrecht)

Demgegenüber sind ihr Rechtsstellungen des **Familienrechts** und Rechtspositionen, die auf eine **persönliche Verantwortung** ausgerichtet sind, **verschlossen**, so dass dort keine Verträge geschlossen werden können.

> **Beispiele fehlender Gleichstellung** ▶ **Prokuristenstellung** ist unzulässig ▶ kein Amt als **Schiedsrichter** ▶ kein Status als **Prozessbevollmächtigter** ▶ kein Recht, **Verwalter** einer Wohnungseigentümergemeinschaft zu sein (BGH NJW 2006, 2189)

2 Beginn der Rechtsfähigkeit

▶ 137 Wann beginnt die juristische Person zu „leben" und wie handelt sie?

Die Rechtsfähigkeit der juristischen Person des privaten Rechts beginnt grundsätzlich durch Abschluss eines **Gründungsvertrages** (zwei übereinstimmende Willenserklärungen der Gründer) **und** einen **Staatsakt**, z. B. Eintragung ins Vereinsregister bei nichtwirtschaftlichen Vereinen, § 21 BGB. Bei juristischen Personen des öffentlichen Rechts wird die Rechtsfähigkeit in der Regel durch Gesetz oder einen Verwaltungsakt erlangt.

Andere Beispiele für die Rechtserlangung ▶ AG, §§ 24 – 41 AktG ▶ GmbH, §§ 1–11 GmbHG, Genossenschaft, §§ 1–13 GenG

Die juristische Person kann selbst nicht Verträge unterschreiben, da sie eigentlich ja nur auf dem „Papier" (Gesellschaftsvertrag bzw. Handelsregister-„Blatt") existent ist. Die Juristische Person handelt deshalb durch „Organe", die je nach gesetzlicher Grundlage unterschiedliche Namen tragen:

- Vorstand beim e.V., § 26 BGB,
- Geschäftsführer bei der GmbH, § 35 GmbHG
- Vorstand bei der AG, §§ 76 ff. AktG

§ **§ 35 Abs. 1 GmbHG Vertretung der Gesellschaft** (1) Die Gesellschaft wird **durch die Geschäftsführer** gerichtlich und außergerichtlich vertreten. …

§ **§ 76 Abs. 1 AktG Leitung der Aktiengesellschaft** (1) Der Vorstand hat **unter eigener Verantwortung** die Gesellschaft zu leiten.

Lösung im Fall Der Cool-Verein e.V. hat daher begonnen zu „leben", als er im Vereinsregister Dresden **eingetragen** worden ist.

3 Ende der Rechtsfähigkeit

▶ 138 Wann und wie „stirbt" die juristische Person?

Die Rechtsfähigkeit einer juristischen Person **endet** z. B. beim Verein
- mit dem Wegfall des Vereins (Auflösungsbeschluss der Mitgliederversammlung, § 41 BGB)
- mit Entzug der Rechtsfähigkeit, §§ 43, 44, 73, 74 Abs. 3 BGB
- mit der Eröffnung des Insolvenzverfahrens über das Vereinsvermögen, §§ 42 Abs. 1 S. 1 BGB
- durch Zeitablauf
- Verlegung des Vereinssitzes ins Ausland, wenn der aufnehmende Staat nicht nach eigenem Recht das Fortbestehen einer juristischen Person anerkennt

III. Juristische Personen

- sonstige von der Rechtsprechung anerkannte Gründe, wie z. B. Tod, Austritt der letzten Mitglieder (zahlenmäßige Grenze = drei Mitglieder, § 73 BGB), faktische Nichtweiterverfolgung des Vereinszwecks, Verbot des Vereins bei Verstoß gegen Strafgesetze (BVerwG NJW 1989, 993, „Hell's Angels")

> **Lösung im Fall** Nachdem der Cool-Verein e.V. in Insolvenz gegangen ist, wird der Verein aus dem **Vereinsregister gelöscht** und hört damit auf zu „leben".

4 Haftung der juristischen Person

▶ 139 Wer haftet für eine juristische Person?

Die Kenntnis um die Rechtskonstruktion der juristischen Person ist **aus betriebswirtschaftlicher Sicht** bei der Auswahl des Vertragspartners besonders deshalb immer wieder von größter Wichtigkeit, wenn der Vertragspartner gewisse Eigenschaften wie z. B. **Liquidität** für die Vertragserfüllung aufweisen muss und man keinen Ausfall der Gegenleistung befürchten will.

Grundsätzlich haftet aus einem Vertrag, der nur mit der juristischen Person abgeschlossen worden sind nur die juristische Person mit ihrem Vermögen, z. B. beim Verein, § 31 BGB. Natürlich muss evtl. der für die juristische Person handelnde Vertreter (Vorstand oder Geschäftsführer) dem Verein später in engen Grenzen Schäden ersetzen, vgl. § 31 a BGB. Aber es bleibt bei dem Grundsatz, dass auch **vermögende Mitglieder einer juristischen Person für deren Verbindlichkeit grundsätzlich nicht haften** (BGH WM 2008, 358, Kolpingwerk Dresden).

Von jedem Grundsatz gibt es natürlich Ausnahmen: So sind die Gerichte sind aber durch die höchstrichterliche Rechtsprechung der letzten Jahre dazu angehalten worden, nicht allein auf die juristische Konstruktion allein zu achten (Vorschieben einer juristischen Person als „Strohmann"). Bei einem treuwidrigen Verhalten der hinter einer juristischen Person stehenden natürlichen Person ist auch eine Haftung dieser Person zu erwägen. Für eine solche sog. **Durchgriffshaftung** auf die hinter einer juristischen Person stehenden natürlichen oder juristischen Personen ist ein weiterer besonderer Rechtsgrund erforderlich, z. B. rechtsmissbräuchliche Vermögensverschiebungen von der juristischen Person auf seine Mitglieder zu Lasten der Gläubiger. Schützen kann man sich gegen diese Strohmannfunktion der juristischen Person, z. B. durch die Vereinbarung einer persönlichen Bürgschaft mit den Vereinsmitgliedern.

> **Lösung im Fall** In dem dem Sachverhalt zugrunde liegenden realen Fall hat der BGH in seiner Pressemitteilung Nr. 188/2007 zunächst nochmals den Grundsatz bestätigt, dass *„für Verbindlichkeiten eines eingetragenen Vereins grundsätzlich nur dieser selbst und nicht die hinter ihm stehenden Vereinsmitglieder"* haften *„Eine Durchbrechung dieses Trennungsgrundsatzes sei laut BGB nur ausnahmsweise dann zulässig, wenn die Ausnutzung der rechtlichen Verschiedenheit zwischen der juristischen Person und den hinter ihr stehenden natürlichen Personen rechtsmissbräuchlich ist (vgl. BGHZ 54, 222, 224; 78, 318, 333)."* Der BGH wollte so einen **Rechtsmissbrauch** durch den Cool-Verein e.V. **nur dann gegeben sehen**, wenn dieser z. B. von Anfang an zu wenig Geld für den Betrieb des Schlosses gehabt hätte oder wenn

rechtmissbräuchliche Vermögensverschiebungen im Konzern oder eine vergleichbare Ausnutzung von Konzernstrukturen zu Lasten des Graf Ferkel von Ferkelburg stattgefunden hätte. Auch die Tatsache, dass ein Verein eigentlich nicht umfangreich wirtschaftlich als Verein tätig werden darf (sog. Nebenzweckprivileg) und die Vereinsmitglieder das hätten wissen müssen, führt nicht zu ihrer eigenen Haftung. Wenn ein Verein sich zu stark unternehmerisch betätigt, dann gebe es das **Amtslöschungsverfahren oder eine behördliche Entziehung der Rechtsfähigkeit**. Erst danach würden dann die weiterarbeitenden ehemaligen Vereinsmitglieder persönlich haften. Das solle nach Ansicht des BGH zum Schutze des Rechtsverkehrs (hier also Graf Ferkel von Ferkelburg) ausreichen. Eine persönliche (rückwirkende) Haftung der Vereinsmitglieder ist demgegenüber **nicht im Gesetz eindeutig geregelt**. Auch eine **regelungsbedürftige Gesetzeslücke** wollte der BGH nicht annehmen. Graf Ferkel von Ferkelsburg ging daher finanziell gegenüber den Mitgliedern leer aus. Ob ihm die 3-jährige Bewährungsstrafe für Michael Stephalke und Bewährungsauflage von 18.000 Euro etwas Genugtuung bringen konnte, ist anzuweifeln.

 Juristische Person als Vertragspartei

- **Begriff** ○ juristische Personen des Privatrechts sind z. B. der Verein, §§ 21 ff. BGB ○ GmbH nach GmbHG ○ es haftet grundsätzlich nur das Gesellschaftsvermögen, nicht die Gesellschafter, da die juristische Person eigene Rechtspersönlichkeit hat ○ Ausnahmen hat die Rechtsprechung in den letzten Jahren im Wege der Durchgriffshaftung auf die Gesellschafter erarbeitet
- **Rechtsfähigkeit** ○ vom Umfang her grundsätzlich mit der natürlichen Person gleichgestellt ○ Ausnahmen im Familienrecht und wenn es auf persönliche Verantwortung ankommt, z. B. Verwalter einer Wohnungseigentümergemeinschaft kann sie nicht sein
- **Beginn der Rechtsfähigkeit** ○ Gründungsakt erforderlich (ähnlich dem Geburtsakt der natürlichen Person) ○ und ein Staatsakt, z. B. Eintragung in ein Register (ähnlich der Aufnahme im Geburtsregister bei natürlichen Personen) ○ handelt durch Organe, z. B. Geschäftsführer der GmbH, § 35 GmbHG
- **Ende der Rechtsfähigkeit** ○ abhängig von der Art der juristischen Person ○ beim Verein z. B. mit Wegfall ○ Entzug der Rechtsfähigkeit ○ Eröffnung des Insolvenzverfahrens ○ Zeitablauf ○ Verlegung des Vereinssitzes ins Ausland kann zum Ende führen, wenn im Ausland keine Anerkennung stattfindet ○ weitere Gründe je nach Art der juristischen Person
- **Haftung** ○ es haftet grundsätzlich nur das Gesellschaftsvermögen, nicht die Gesellschafter, da die juristische Person eigene Rechtspersönlichkeit hat ○ Ausnahmen hat die Rechtsprechung in den letzten Jahren im Wege der Durchgriffshaftung auf die Gesellschafter erarbeitet

IV. Geschäftsfähigkeit

Im Gegensatz zur Rechtsfähigkeit, steht die Geschäftsfähigkeit **nicht allen natürlichen Personen** zu. Die Vornahme von eigenen Rechtshandlungen **setzt Verantwortlichkeit** der handelnden Personen **voraus**. Geschäftsfähigkeit ist nur dann sinnvoll, wenn der Handelnde die Folgen seiner rechtsgeschäftlichen Erklärungen auch verstehen kann. Ein Mindestmaß an Einsichts- und Urteilsfähigkeit muss gegeben sein.

1 Begriff der Geschäftsfähigkeit

▶ **140 Wie definiert man Geschäftsfähigkeit?**

> **Definition der Geschäftsfähigkeit nach der Rechtslehre**
> Begrifflich versteht man unter der Geschäftsfähigkeit die Fähigkeit, Rechtsgeschäfte wirksam selbst vornehmen zu können.

Für den Abschluss eines Vertrages ist die Geschäftsfähigkeit eine Grundvoraussetzung. Auch wenn der Titel 1 vor § 104 BGB mit Geschäftsfähigkeit überschrieben ist, regelt das Gesetz in den nachfolgenden Vorschriften nur die **Ausnahmefälle**. Dieser Ansatz ist nur so zu verstehen, dass das BGB **jede rechtsfähige Person zunächst auch als geschäftsfähig ansieht**, und dann die zahlenmäßig geringeren Fälle der fehlenden bzw. beschränkten Geschäftsfähigkeit aufzählt. Dementsprechend muss auch derjenige, der sich auf das **Fehlen** der Geschäftsfähigkeit beruft, ihr Nichtvorliegen **beweisen**.

Auch aus **betriebswirtschaftlicher Sicht** müssen daher beim konkreten Vertragsabschluss, d.h. Abgabe des Angebots und dessen Annahme, mit bestimmten Personengruppen die besonderen Rechtsfolgen der folgenden Vorschriften beachtet werden.

> **Gesetzliche Fallgruppen bei der Geschäftsfähigkeit**
> - **minderjährige Geschäftsunfähige**, § 104 Nr. 1 BGB
> - **volljährige Geschäftsunfähige**, § 104 Nr. 2 BGB
> - **volljährige Geschäftsunfähige**, die ein Geschäft des täglichen Lebens ausführen, § 105 a BGB
> - **beschränkt geschäftsfähige Minderjährige**, §§ 107 ff. BGB
> - **beschränkt geschäftsfähige Minderjährige** bei Überlassung eigener Mittel, sog. Taschengeldgeschäfte, § 110 BGB
> - **beschränkt geschäftsfähige Minderjährige**, die einen selbständigen Betrieb eines Gewerbebetriebs führen, § 112 BGB
> - **beschränkt geschäftsfähige Minderjährige**, die ein Dienst- oder Arbeitsverhältnis ausüben, § 113 BGB

Die fehlende Geschäftsfähigkeit wird also von verschiedenen Faktoren abhängig gemacht:

> **Faktoren fehlender Geschäftsfähigkeit**
> - **feste Altersstufen**, z. B. 0 bis noch nicht 7 Jahre, 7 Jahre bis noch nicht 18 Jahre, über 18 Jahre
> - **Geisteszustand**, z. B. krankhafte Störungen der Geistestätigkeit
> - **Umfang des Vertragsinhalts**, z. B. rechtliche Vorteilhaftigkeit, § 107 BGB
> - **Art des Rechtsgeschäfts**, z. B. einseitige Rechtsgeschäfte, § 111 BGB
> - **Genehmigungsbedürftigkeit**, z. B. durch das Familiengericht, § 112 BGB

2 Geschäftsunfähigkeit

▶ **141 Wer kann als minderjähriger Geschäftsunfähiger keine Verträge abschließen?**

> **Fall 57 Der ungleiche Tausch** Der **6-jährige Michael** hat ein kleines Spielzeugauto mit der gleichaltrigen **Andrea** getauscht. Dafür hat er von Andrea einen Plüschtiger der Marke „Steiff" bekommen. **Frage Können die Eltern den möglicherweise recht ungleichen Tausch rückgängig machen?**

§ **§ 104 Nr. 1 BGB Geschäftsunfähigkeit** Geschäftsunfähig ist: 1. wer nicht das siebente Lebensjahr vollendet hat,

Nach **Nr. 1** des § 104 BGB sind Minderjährige bis zum vollendeten **siebten Lebensjahr** geschäfts**un**fähig. Die Geschäftsunfähigkeit ist also von der geistigen Entwicklung unabhängig und **endet** rein zeitlich mit dem Beginn des Geburtstages (0 Uhr), an dem das Kind 7 Jahre alt wird, § 187 Abs. 2 BGB.

Die Folge der Geschäftsunfähigkeit bestimmt § 105 Abs. 1 BGB, wonach die Willenserklärungen von Geschäftsunfähigen wegen Nichtigkeit keinerlei Rechtswirkungen haben.

§ **§ 105 Abs. 1 BGB Nichtigkeit der Willenserklärung** (1) Die Willenserklärung eines Geschäftsunfähigen ist **nichtig**.

> **Lösung Fall 57** Die von den Kindern ausgetauschten Tauscherklärungen sind alle nichtig nach § 105 Abs. 1 BGB, so dass weder Tauschverträge, §§ 480, 433 ff. BGB, noch Übereignungsverträge, §§ 929 BGB, wirksam abgeschlossen werden konnten.

IV. Geschäftsfähigkeit

▶ 142 Wann sind volljährige Geschäftsunfähige als Vertragspartner ausgeschlossen?

> **Fall 58 Tausch im Rausch!** Der **Trunkenbold T** gibt in volltrunkenem Zustand seinem **Zechbruder Z** seine mit insgesamt 1.000 € gefüllte Krokodil-Lederbörse als Geschenk. Nach ein paar Tagen will T die Geldbörse wieder zurückhaben, während Z dieses verweigert. **Frage Wie ist die Rechtslage?**

Keinen Vertrag abschließen können nach § 104 Nr. 2 BGB Personen ▶ mit einer **krankhaften Störung der Geistestätigkeit**, unabhängig von der medizinischen Prognose, also ob heilbar oder unheilbar und auch bloße Geistesschwäche (BGH WM 1965, 895).

§ **§ 104 Nr. 2 BGB Geschäftsunfähigkeit** Geschäftsunfähig ist: 2. wer sich in einem die freie Willensbestimmung ausschließenden Zustand krankhafter Störung der Geistestätigkeit befindet, sofern nicht der Zustand seiner Natur nach ein vorübergehender ist.

Nicht zu verwechseln ist die Anordnung der **Betreuung** mit der Geschäftsunfähigkeit, da der Betreute grundsätzlich weiterhin geschäftsfähig und daher als Vertragspartner in Betracht kommt, solange nicht auch noch medizinische Gründe ihn zu einem Fall des § 104 Nr. 2 BGB machen.

Auch wenn § 104 Nr. 2 einen **Dauerzustand** voraussetzt, führen **auch vorübergehende Störungen der Geistestätigkeit** z. B. infolge Trunkenheit nach § 105 Abs. 2 BGB ebenfalls zur Nichtigkeit einer vertragsschließenden Willenserklärung.

§ **§ 105 Abs. 2 BGB Nichtigkeit der Willenserklärung** (2) Nichtig ist auch eine Willenserklärung, die im Zustand der Bewusstlosigkeit oder vorübergehender Störung der Geistestätigkeit abgegeben wird.

Nicht jede **Alkohol- oder Drogensucht** macht einen Menschen sofort zu einem Geschäftsunfähigen. Die Rechtsprechung verlangt einen **suchtbedingten Abbau der Persönlichkeit**, so dass psychosomatische Störungen entstanden sind, aufgrund derer der Betroffene nicht mehr in der Lage ist, seine Entscheidung von vernünftigen Erwägungen abhängig zu machen (OLG Naumburg NJW 2005, 2017, mehr als 3 Promille, BGH NJW 1991, 852). In der Regel nehmen die Gerichte erst **ab 3 Promille** eine derartige Trunkenheit an (BGH NJW 1991, 852). Zu beachten ist, dass unter dem Zustand der Bewusstlosigkeit **kein völliges Fehlen des Bewusstseins** verstanden werden darf, da dann ja wegen Fehlens eines Handlungswillens schon begrifflich keine Willenserklärung mehr vorliegt. Es ist hier vielmehr von einer Bewusstseinstrübung zu sprechen, die die Erkenntnis des Inhalts und Wesens der vorgenommenen Handlung ausschließt (BGH WM 1972, 972).

> **Lösung Fall 58** Wenn T aufgrund von Zeugenaussagen oder besonderer Umstände **nachweisen kann**, dass seine Trunkenheit das geschilderte Maß erreicht hat, sind seine Willenserklärungen zum Abschluss eines Schenkungsvertrags, § 516 BGB, und die sofortige Vollziehung durch Übereignung, § 929 BGB, an den Z unwirksam, § 105 Abs. 2, Alt. 1 BGB. **Bleiben dagegen ernsthafte Zweifel**, ist der Beweis von T nicht erbracht und er kann die Geldbörse nicht zurückverlangen (BGH NJW 1991, 852).

143 Was gilt in lichten Augenblicken, in denen man keine Störung der Geistestätigkeit hat?

In **lichten Augenblicken** (lateinisch „lucida intervalla"), in denen der Erkrankte in der Lage ist, die Bedeutung der von ihm abgegebenen Willenserklärung einzusehen und nach dieser Einsicht zu handeln, besteht **Geschäftsfähigkeit**. Dieses kann man dem Gesetzeswortlaut deshalb entnehmen, weil darauf abgestellt wird, dass man „sich in einem ... Zustande ... befindet ...". In der Praxis führt dieses nicht gerade zur Rechtssicherheit.

> **Beispiele zu den lichten Augenblicken** ▶ K leidet schon längere Zeit an plötzlich auftretender Schizophrenie. An einem Tag hat er ein paar lichte Momente und kauft eine Uhr. Ist der Vertrag wirksam? Ja, der Vertrag ist grundsätzlich wirksam, wenn der K beweisen kann, dass er einen lichten Augenblick hatte. ▶ Wie wäre es, wenn K im Zustand eines akuten schizophrenen Schubs den Vertrag geschlossen hätte? Dann wäre der Vertrag unwirksam. ▶ Was, wenn der K an dauerhafter Schizophrenie leiden würde? Die Verträge sind unwirksam, wenn die Erkrankung von K nachgewiesen wird.

144 Kann man auch nur für bestimmte Rechtsgeschäfte geschäftsunfähig sein?

In der Rechtsprechung sind auch Fälle anerkannt worden, in denen man die Geschäftsunfähigkeit auf einen bestimmten gegenständlich abgegrenzten Kreis von Angelegenheiten beschränkt, **sog partielle Geschäftsunfähigkeit**.

> **Beispiele** fehlender teilweiser Geschäftsfähigkeit (Palandt/Ellenberger § 104 Rn. 6 BGB) ▶ keine Fähigkeit zur Prozessführung wegen **Querulantenwahns** (BAG AP Nr. 1, ▶ VerwG 30 25) ▶ Ehefragen bei **krankhafter Eifersucht** (BGHZ 18, 184) ▶ Unfähigkeit zu Prozesshandlungen bei **wahnhafter Verarbeitung** der Beziehung zu einer Prostituierten (BGH ZIP 1999, 2073) ▶ Telefonkontakte mit einer Telefonsexpartnerin bei **krankhafter Abhängigkeit** zu dieser (BGH NJW-RR 2002, 1424) ▶ Unfähigkeit zu weiteren Führung eines Prozesses, wenn der Rechtsanwalt aufgrund eines Fristversäumnisses unter **Schock** steht (BGH 30 112/17) ▶ partielle Geschäftsfähigkeit aber sogar bei Erteilung einer Vorsorgevollmacht angenommen (OLG München DNotZ, 2011, 43)

Im **Vertragsrecht** spielen diese Fälle aber nur eine untergeordnete Rolle, da die partielle Geschäftsfähigkeit für besonders schwierige Verträge regelmäßig nicht von der Rechtsprechung anerkannt wurde (BayObLG, NJW 1989, 1678). Dieses würde ansonsten auch vor jedem Vertragsschluss von den Vertragsparteien verlangen, den anderen Vertragspartner intensiv zu seinem Verständnis der vertraglichen Regelungen zu befragen, was nicht gerade die Rechtssicherheit erhöhen würde und zu erheblichen Verzögerungen im Geschäftsablauf führen würde.

145 Welche Folgen hat Geschäftsunfähigkeit beim Vertragsschluss?

Die **Folgen der Geschäftsunfähigkeit** sind u. a. in § 105 und § 131 Abs. 1 BGB beschrieben:

- Willenserklärungen sind **nichtig**. Der Geschäftsunfähige kann also nicht wirksam rechtsgeschäftlich handeln.
- Auch kann dem Geschäftsunfähigen eine Willenserklärung **nicht** wirksam **zugehen**, vgl. § 131 Abs. 1 BGB.

IV. Geschäftsfähigkeit

> **§ 131 Abs. 1 BGB Wirksamwerden gegenüber nicht voll Geschäftsfähigen** (1) Wird die Willenserklärung einem **Geschäftsunfähigen** gegenüber abgegeben, so wird sie **nicht wirksam**, bevor sie dem gesetzlichen Vertreter zugeht.

Der Geschäftsunfähige ist aber **rechtsfähig**, so dass er auf andere Weise am Rechtsverkehr teilnehmen kann. Für ihn handelt sein **gesetzlicher Vertreter**:

- für Kinder beide **Eltern**, § 1629 Abs. 1 S. 2 BGB
- für Volljährige der **Vormund** (alle Angelegenheiten), § 1793 BGB
- für erkrankte Volljährige ein **Betreuer**, § 1902 BGB
- **Pfleger** schließlich für die Fälle, in denen die Eltern oder der Vormund nicht vertreten können (z. B. Krankheit) oder sollen, § 1909 BGB, z. B. Nachlasspflegschaft.

▶ 146 Welche Verträge können volljährige Geschäftsunfähige ausnahmsweise schließen?

Um besonders geistig Behinderten eine bessere Rechtsstellung zu geben, ihre Eigenverantwortung zu stärken und ihre soziale Emanzipation zu fördern, dürfen sie ausnahmsweise Vertragspartner werden. Dieses gilt aber nur für Rechtsgeschäfte des täglichen Lebens nach § 105 a BGB.

> **§ 105 a BGB Geschäfte des täglichen Lebens** Tätigt ein **volljähriger Geschäftsunfähiger** ein Geschäft des täglichen Lebens, das mit geringwertigen Mitteln bewirkt werden kann, so gilt der von ihm geschlossene Vertrag in Ansehung von Leistung und, soweit vereinbart, Gegenleistung als wirksam, sobald Leistung und Gegenleistung **bewirkt** sind. Satz 1 gilt nicht bei einer **erheblichen Gefahr** für die Person oder das Vermögen des Geschäftsunfähigen.

> **Beispiele für Geschäfte des täglichen Lebens** (Palandt/Ellenberger § 105 a Rn. 3 BGB) ▶ einfache Kaufverträge über zum **alsbaldigen Gebrauch bestimmte Nahrungs- und Genussmittel** ▶ Kosmetika ▶ Kleidung ▶ Zeitungen und Zeitschriften ▶ Postdienstleistungen wie Briefversand ▶ einfache **Dienstleistungen** wie z. B. Fahrten mit öffentlichen Verkehrsmitteln ▶ Besuch des **Kinos** oder des **Friseurs** ▶ Vereinsbeitritt

Dagegen fallen alle Geschäfte, die an der **Haustür**, § 312 BGB, oder im **Fernabsatz**, § 312 b BGB, z. B. **Internetgeschäfte**, getätigt werden, **nicht** unter den § 105 a BGB, soweit eine Überforderung des Behinderten aufgrund der besonderen Vertragsumstände vorliegen kann. Letztere Verträge wären ohne Einwilligung des Betreuers, § 1896 BGB, unwirksam.

Ebenso ausgeschlossen sind Verträge, die **erhebliche Gefahren** für den Geschäftsunfähigen mit sich bringen, wie z. B. der **Kauf von Alkohol durch einen Alkoholkranken** oder der **Kauf von fünf Mänteln** von unterschiedlichen Verkäufern, wenn eigentlich aber nur ein Mantel notwendig wäre (Palandt/Ellenberger § 105 a Rn. 5 BGB). Das Risiko, einen unerkannt Geschäftsunfähigen als Vertragspartner zu haben, trägt der geschäftsfähige Vertragspartner.

3 Beschränkte Geschäftsfähigkeit

▶ **147 Welche Verträge kann ein beschränkt geschäftsfähiger Minderjähriger als Vertragspartner abschließen?**

> **Fall 59 Das tolle Indianerzelt** Der 60 Jahre alte **Onkel Otto Obst** schenkt seinem 10-jährigen Neffen Frank Kleinermann ohne Wissen seiner Eltern ein Indianerzelt. Frank stellt das Zelt sofort im Garten auf und spielt damit. **Frage** Sind die Rechtsgeschäfte wirksam?

Die Vorschriften des BGB geben dem beschränkt Geschäftsfähigen die **bedeutsame Möglichkeit**, bei einzelnen Verträgen eine wirksame Willenserklärung abzugeben, und regeln letztlich auch die Frage, wann der Minderjährige nur mit Hilfe des gesetzlichen Vertreters Vertragspartner werden kann.

> Beschränkt geschäftsfähig sind Minderjährige, die das siebente Lebensjahr vollendet haben, § 106 BGB, somit die 7- bis noch nicht 18-Jährigen.

Bei ihren Vertragsschlüssen sind die §§ 107 bis 113 BGB zu prüfen, wie § 106 BGB anordnet.

§ **§ 106 BGB Beschränkte Geschäftsfähigkeit Minderjähriger** Ein Minderjähriger, der das siebente Lebensjahr vollendet hat, ist nach Maßgabe der §§ 107 bis 113 in der Geschäftsfähigkeit beschränkt.

Zunächst unterscheidet man die zustimmungsfreien von den zustimmungsbedürftigen Rechtsgeschäften, § 107 BGB.

§ **§ 107 BGB Einwilligung des gesetzlichen Vertreters** Der Minderjährige bedarf zu einer Willenserklärung, durch die er nicht lediglich einen rechtlichen Vorteil erlangt, der Einwilligung seines gesetzlichen Vertreters.

▶ **148 Bei welchen Rechtsgeschäften braucht der beschränkt geschäftsfähige Minderjährige keine Zustimmung des gesetzlichen Vertreters?**

Zustimmungsfreie Rechtsgeschäfte sind diejenigen, durch die der Minderjährige lediglich einen rechtlichen **Vorteil** erlangt, § 107 BGB. Wegen fehlender Schutzbedürftigkeit kann der beschränkt Geschäftsfähige hier Verträge selbst wirksam als Vertragspartei abschließen.
Bringt ihm seine Willenserklärung dagegen einen rechtlichen **Nachteil**, so ist die Einwilligung des gesetzlichen Vertreters zur Wirksamkeit des Geschäfts erforderlich. **Ob ein lediglich rechtlicher Vorteil vorliegt, ist allein nach der rechtlichen Wirkung des Geschäfts zu entscheiden.**

IV. Geschäftsfähigkeit

> **Abgrenzung des rechtlichen Vorteils zum rechtlichen Nachteil**
> - **rechtlich vorteilhaft** = Zuwachs an Rechten, Abnahme von Haupt- oder Nebenpflichten
> - **rechtlich nachteilhaft** = Abnahme an Rechten, Zunahme von Haupt- oder Nebenpflichten

Es kommt nicht auf den wirtschaftlichen Erfolg des Geschäfts an, da dann in jedem Fall geprüft werden müsste, ob und ab wann das Rechtsgeschäft des Minderjährigen wirtschaftlich günstig war, was einen unsicheren Maßstab darstellt.

Bei der Beurteilung der Frage, **ob** ein aus mehreren Rechtsgeschäften bestehender Vorgang (z. B. Kauf) für einen beschränkt Geschäftsfähigen **rechtlich vorteilhaft** oder nachteilhaft ist, spielt die **Beachtung des Abstraktionsgrundsatzes** eine große Rolle. Nach dem Abstraktionsgrundsatz sind das **Verpflichtungsgeschäft** (= kausales, schuldrechtliches Geschäft, z. B. Kaufvertrag) und das **Verfügungsgeschäft** (= abstraktes, sachenrechtliches, dingliches Geschäft, z. B. Übereignung der Kaufsache) **rechtlich getrennt**, vgl. in vorhergehenden Kapiteln. Anders ausgedrückt: Selbst wenn das eine Geschäft ungültig ist, z. B. der Kaufvertrag, kann das andere Geschäft, z. B. die Übereignung des Kaufpreises oder der Kaufsache, rechtlich wirksam sein, wenn es dem Minderjährigen rechtliche Vorteile brachte.

> **Lösung Fall 59** Rechtlich haben der Onkel und der Neffe einen **Verpflichtungsvertrag** (Schenkungsvertrag, § 516 BGB) zugunsten des Neffen und ein **Verfügungsgeschäft** (Übereignungsvertrag nach § 929 BGB) geschlossen. Die Willenserklärungen des Neffen sind problematisch, da er erst beschränkt geschäftsfähig ist und seine Eltern als gesetzliche Vertreter keine Kenntnis haben, §§ 106 ff. BGB gelten. Es kommt für die Lösung des Falls also darauf an, ob die Erklärung des Neffen, er möchte einen Schenkungsvertrag eingehen und er möchte Eigentum an dem Zelt erlangen, vorteilhaft für ihn ist.

▶ **149 In welchen Einzelfällen liegen z. B. nachteilige bzw. vorteilhafte Willenserklärungen vor?**

> **Fall 60 Spendable Eltern?** Die **Eltern E** wollen dem 17-jährigen **Sohn S** ein unbelastetes Haus mit Grundstück an der Ostsee über den Notar N schenken und übertragen. **Frage Sind die von den Eltern vorbereiteten notariell beurkundeten Verträge wirksam, wenn auf den Sohn dann die üblichen öffentlich-rechtlichen Lasten, wie Grundsteuer etc. zukommen? Alternative** Was wäre, wenn das Grundstück mit einer Hypothek für ein Darlehen der Eltern von der Bank B belastet wäre?

Beispiele für rechtlich nachteilige bzw. vorteilhafte Willenserklärungen aus der fast unüberschaubaren Rechtsprechung (vgl. Palandt/Ellenberger § 107 Rn. 2–4)

> Rechtlich **nachteilig** ist z. B. ▶ Erwerb eines **vermieteten Gebäudes**, wegen der Übernahme bestehender Mietvertragspflichten, die aus §§ 566 i. V. m. 578 BGB resultieren (BGH NJW 2005, 1430) ▶ Schenkung von **Wohnungseigentum**, wenn damit der Eintritt in den Verwaltervertrag verbunden ist, der dann natürlich wieder Pflichten mit sich bringen würde (OLG Celle NJW 1976, 2214) ▶ Schenkung unter der **Auflage**, das Grab des Schenkers später zu pflegen (BFH NJW 77, 456) ▶ **Leihe** durch den Minderjährigen, da trotz der kostenlosen

3 Beschränkte Geschäftsfähigkeit

Überlassung Pflichten wie Rückgabe, Ersatz von Aufwendungen und weitere Nebenpflichten entstehen können ▶ **alle Gestaltungsrechte**, soweit für den Minderjährigen rechtliche Nachteile entstehen können, z. B. Erklärung der Anfechtung, Aufrechnung, Kündigung, Rücktritt und Widerruf

Würde man für die Beurteilung einer rechtlichen Vorteilhaftigkeit das Fehlen **jedes auch noch so geringen Risikos** an rechtlich nachteiligen Folgepflichten verlangen, würde der § 107 BGB eigentlich „leer" laufen. Jeder rechtsgeschäftliche Kontakt ist schließlich mit gewissen rechtlichen Pflichten verbunden, vgl. §§ 311 Abs. 2 i. V. m. § 241 Abs. 2 BGB, Rücksichtnahmepflichten bei geschäftlichen Kontakten. Somit hat die Rechtsprechung einige Grenzziehungen durchführen müssen, welche Pflichten nun schaden (Einwilligung der gesetzlichen Vertreter erforderlich) und welche nicht beachtlich sein sollen (keine Einwilligung erforderlich).

Rechtlich **vorteilhaft** sind folglich beispielsweise ▶ Rechtsgeschäfte mit einem geringen Risiko an rechtlich nachteilige Folgepflichten, wie z. B. die Schenkung von Tieren an Kinder (BGH NJW 2005, 415, aber Sonderregelung in § 11 TierschutzG) ▶ Sachen oder Forderungen werden an den Minderjährigen übereignet bzw. abgetreten (BFH NJW 1989, 1631) ▶ **schuldrechtlicher Vertrag über eine Schenkung an** einen Minderjährigen, BGHZ 15, 168, 170 ▶ Übereignung eines **Grundstücks**, auch wenn es mit Folgendem belastet ist ▶ **öffentliche Lasten**, BGH NJW 2005, 415 ▶ **Grundpfandrechte**, BayObLG 79, 53 ▶ **Nießbrauch**, GRZ 148, 324 ▶ **Wohnrecht** (BayObLG NJW 1967, 1912), da durch diese Pflichten der rechtliche Vorteil nicht aufgehoben, sondern nur geringfügig eingeschränkt werde (Stichwort: „**geminderter Vorteil**") ▶ selbst wenn die an dem Grundstück hängenden Belastungen größer sind als der Grundstückswert beinhaltet die Übereignung keinen rechtlichen Nachteil – evtl. aber einen wirtschaftlichen Vorteil.

Lösung Fall 60 Bei der Lösung des Falles ist aufgrund des **Trennungsgrundsatzes** zwischen dem Schenkungsversprechen und der Übereignung des Grundstücks zu unterscheiden. Das **Schenkungsversprechen** bringt dem Sohn S nur rechtliche Vorteile im Sinne des § 107 BGB, solange mit der Schenkung keinerlei rechtlicher Pflichten (z. B. Pflege des elterlichen Grabes) verbunden sind. Die **Übereignung des Grundstücks** durch Auflassung und Eintragung ins Grundbuch, §§ 873, 925 BGB, konnte vom Minderjährigen ebenfalls vorgenommen werden, da sie für ihn rechtlich vorteilhaft war. Zwar bringt jeder Grundstückserwerb rechtliche Pflichten wie die Zahlung der Grundsteuer, Erschließungsbeiträge, Verkehrssicherungspflichten etc. mit sich, so dass § 107 BGB wörtlich angewandt eigentlich einen rechtlichen Nachteil vermuten ließe. Der BGH hat den **Anwendungsbereich des § 107 BGB im Hinblick auf seinen Schutzzweck reduziert** und sieht einen rechtlichen Nachteil nur dann als gegeben an, wenn der Minderjährige mit seinem sonstigen Vermögen persönlich aus dem Rechtsgeschäft haftet. Können daher die Belastungen wie z. B. Grundsteuer aus den laufenden Erträgen des Grundstücks vom Minderjährigen gezahlt werden, ist die Grundstücksschenkung und Übereignung rechtlich wirksam. Dieses gilt auch hinsichtlich der **Alternative**, da die Hypothek nur die Zwangsvollstreckung aus dem Grundstück ermöglicht, das übrige Vermögen des Minderjährigen aber unberührt lässt. Auch für das Darlehen seiner Eltern muss der S durch die Schenkung nicht haften.

▶ 150 Welches gesetzliche Widerrufsrecht steht dem Geschäftsgegner des beschränkt Geschäftsfähigen zu?

> **Fall 61 Alles verloren!** Der recht groß gewachsene **17-jährige M** bestellt am 15.8. im Laden des **Verkäufers V** ohne Wissen seiner Eltern zu seinem bevorstehenden Geburtstag (17.8.) einen neuen Computer für über 3.000 €, der aber noch nicht lieferbar ist. V schreibt sich die Anschrift des M auf und sagt ihm baldige Lieferung zu. Am Tag darauf erfährt der Verkäufer V, dass der M noch minderjährig ist, so dass ihm Bedenken kommen, ob er die Bestellung wirklich an seinen Lieferanten weiterleiten soll. **Frage Was ist dem Verkäufer zu raten?**

Grundsätzlich geht das BGB davon aus, dass ein beschränkt Geschäftsfähiger zu einer Willenserklärung, durch die er rechtliche Nachteile erlangt, einer **vorherigen Zustimmung** (= Einwilligung, § 183 BGB) seines gesetzlichen Vertreters bedarf, vgl. § 107 BGB.

> § **§ 183 S. 1 BGB Widerruflichkeit der Einwilligung** Die vorherige Zustimmung (Einwilligung) ist bis zur Vornahme des Rechtsgeschäfts widerruflich, soweit nicht aus dem ihrer Erteilung zugrunde liegenden Rechtsverhältnis sich ein anderes ergibt.

In der täglichen Praxis kommt es jedoch vor, dass der beschränkt Geschäftsfähige zunächst „auf eigene Faust", ohne Erlaubnis der gesetzlichen Vertreter (Eltern), handelt. In diesem Fall hängt die Wirksamkeit des Vertrages grundsätzlich von der **Genehmigung** (= **nachträgliche Zustimmung**, § 184 BGB) ab, § 108 BGB. Bis zur endgültigen Zustimmung tritt ein Schwebezustand ein, das Rechtsgeschäft ist zunächst **schwebend unwirksam**. In § 108 Abs. 2 BGB ist dann die Vorgehensweise zur Beendigung des Schwebezustands beschrieben. Auch eine zwischenzeitlich eingetretene Volljährigkeit führt zum Vertragsschluss, § 108 Abs. 3 BGB.

> § **§ 108 BGB Vertragsschluss ohne Einwilligung** (1) Schließt der Minderjährige einen Vertrag **ohne die erforderliche Einwilligung** des gesetzlichen Vertreters, so hängt die Wirksamkeit des Vertrags von der **Genehmigung** des Vertreters ab. (2) Fordert der andere Teil den Vertreter zur Erklärung über die Genehmigung auf, so kann die Erklärung nur ihm gegenüber erfolgen; eine vor der Aufforderung dem Minderjährigen gegenüber erklärte Genehmigung oder Verweigerung der Genehmigung wird unwirksam. Die Genehmigung kann nur **bis zum Ablauf von zwei Wochen** nach dem Empfang der Aufforderung erklärt werden; wird sie nicht erklärt, so gilt sie als verweigert. (3) Ist der Minderjährige **unbeschränkt geschäftsfähig geworden**, so tritt seine Genehmigung an die Stelle der Genehmigung des Vertreters.

Dieser Schwebezustand kann für den Geschäftspartner recht unbefriedigend sein. Deshalb könnten die mit beschränkt Geschäftsfähigen abgeschlossenen, rechtlich nachteiligen Verträge ausnahmsweise auch wieder nach § 109 BGB widerrufen werden.

§ **§ 109 BGB Widerrufsrecht des anderen Teils** (1) Bis zur Genehmigung des Vertrags ist der andere Teil **zum Widerruf berechtigt**. Der Widerruf kann auch dem Minderjährigen gegenüber erklärt werden. (2) Hat der andere Teil die Minderjährigkeit gekannt, so kann er nur widerrufen, wenn der Minderjährige der Wahrheit zuwider die Einwilligung des Vertreters behauptet hat; er kann auch in diesem Falle nicht widerrufen, wenn ihm das Fehlen der Einwilligung bei dem Abschluss des Vertrags bekannt war.

Lösung Fall 61 Dem Verkäufer V stehen **mehrere Möglichkeiten** offen. Zunächst kann er den Vertrag mit dem M **einfach widerrufen**, § 109 Abs. 1 S. 1 BGB. Wenn er dem Geschäft noch eine Chance geben möchte, kann er als **zweite Möglichkeit** auch versuchen, den ebenfalls computerbegeisterten Vater des M durch eine Anfrage für sich zu begeistern, indem er um Genehmigung des Vertrages bittet, § 108 Abs. 2, S. 1 BGB. Geht er diesen Weg, muss er die Genehmigung aber innerhalb von 2 Wochen erwirken, da das Gesetz eine Fiktion der Nichtgenehmigung nach Fristablauf vorsieht, § 108 Abs. 2, S. 2 BGB. Als **dritte Möglichkeit** könnte V einfach ein paar Tage warten, bis der M selbst volljährig ist, und ihn dann um Bestätigung des Kaufvertrags bitten, § 108 Abs. 3 BGB. Der Computer kommt dann wahrscheinlich nicht rechtzeitig zum Geburtstag, der Händler hat aber einen wirksamen Kaufvertrag.

4. Teilgeschäftsfähigkeit

▷ **151 In welchen gesetzlichen Ausnahmefällen kann ein rechtlich nachteiliger Vertrag ohne Einwilligung des gesetzlichen Vertreters trotzdem wirksam von beschränkt geschäftsfähigen Minderjährigen geschlossen werden?**

Nur ausnahmsweise ist auch bei rechtlich nachteiliger Rechtsgeschäften eine Genehmigung des gesetzlichen Vertreters entbehrlich. Dazu muss einer der in den §§ 110 bis 113 BGB geschilderten Fälle vorliegen.

Gesetzlich geregelte Ausnahmefälle für die Vornahme rechtlich nachteiliger Rechtsgeschäfte durch beschränkt geschäftsfähige Minderjährige
- Bewirken der Leistung mit eigenen Mitteln, § 110 BGB, sog. Taschengeldparagraf
- Selbständiger Betrieb eines Erwerbsgeschäfts, § 112 BGB
- Dienst- oder Arbeitsverhältnis, § 113 BGB

IV. Geschäftsfähigkeit

152 Wann liegt bei beschränkt Geschäftsfähigen ein zustimmungsfreies sog. Taschengeldgeschäft vor?

> **Fall 62 Der Lotteriefall** Der Schüler S spielte schon seit langem mit seinem Taschengeld von 3 € wöchentlich Lotterie und gewann eines Tages tatsächlich 4.000 €, von denen er sich sogleich ein gebrauchtes Auto für 3.200 € beim Händler H kaufte. Der Vater fordert das Geld zurück. **Frage Zu Recht?** (Fall nach RGZ 74, 235)

Wird von einem beschränkt Geschäftsfähigen ohne Zustimmung des gesetzlichen Vertreters ein Vertrag geschlossen und die vertragsgemäße Leistung (= z. B. Kaufpreis) mit Mitteln bewirkt, die ihm zu diesem Zweck oder zu freier Verfügung von dem Vertreter überlassen worden sind (z. B. **Taschengeld**), gilt das Rechtsgeschäft als von Anfang an wirksam, § 110 BGB.

> § **§ 110 BGB Bewirken der Leistung mit eigenen Mitteln** Ein von dem Minderjährigen ohne Zustimmung des gesetzlichen Vertreters geschlossener Vertrag gilt als von Anfang an wirksam, wenn der Minderjährige die vertragsmäßige Leistung mit Mitteln bewirkt, die ihm zu diesem Zweck oder zu freier Verfügung von dem Vertreter oder mit dessen Zustimmung von einem Dritten überlassen worden sind.

Hierbei handelt es sich rechtlich gesehen um einen Spezialfall der konkludenten Einwilligung nach § 107 BGB. Diese liegt in der Überlassung der Mittel durch den gesetzlichen Vertreter oder in seiner Zustimmung bei Überlassung durch einen Dritten. Bei der Frage, welche Mittel als überlassen gelten bzw. welche Mittel unter § 110 BGB fallen, sind folgende Grundsätze zu beachten.

> **Beispiele aus der Rechtsprechung** (vgl. Palandt/Ellenberger § 110, Rn. 2 ff.) ▶ Bei der Frage, ob Taschengeld tatsächlich zum Abschluss eines bestimmten Vertrages überlassen wurde, wird von den Gerichten eine **Vernunftskontrolle** durchgeführt, so dass z. B. der Kauf einer sog. Airsoftgun Beretta M92FS nicht von § 110 BGB als einwilligungsfreies Rechtsgeschäft gedeckt war (AG Freiburg NJW-RR 1999, 637). ▶ Ob der **Spielgewinn** aus einem Loskauf frei verwendet werden darf, ist Auslegungssache (RGZ 74, 235).

> **Lösung Fall 62** Das Reichsgericht entschied mit Urteil vom 29.09.1910 (!) in dem Lotteriefall **zugunsten des Vaters des Schülers**. Da der Vater in einfachen Verhältnissen lebte und daher niemals damit einverstanden gewesen sei, dass der auf eine Unterrichtsanstalt gehende Schüler seinen *„großen Gewinn zum Ankaufe eines Kraftfahrzeuges und zum Betriebe eines kostspieligen, auch sittliche Gefahren aller Art mit sich bringenden Sports verwende"* (gemeint waren die sittlichen Gefahren des Autofahrens). Dieses habe der Händler auch erkennen müssen, so dass der § 110 BGB nicht einschlägig war.

§ 110 BGB verlangt zudem, dass der beschränkt Geschäftsfähige die vertragsgemäße Leistung **tatsächlich bewirkt** hat und seine Leistung voll bewirkt worden sein muss. Unzulässig ist z. B. Ratenzahlung.

> **Fall 63 Der Mopedkauf** Der **17-jährige M** kauft ohne Wissen der Eltern beim **Händler H** ein gebrauchtes Moped zum Preis von 200 € auf Raten und zahlt mit seinem Taschengeld 50 € an. Nach der Übergabe des Mopeds kommt es zu einem Unfall, bei dem das Moped schwer beschädigt wird. Der Händler will die restlichen Raten oder Schadensersatz für das Moped. Die Eltern wollen die Anzahlung zurück. **Frage Wer bekommt Recht?**

4. Teilgeschäftsfähigkeit

Der beschränkt Geschäftsfähige soll sich von vornherein wirksam nur zur Leistung solcher Mittel verpflichten können, die er schon tatsächlich zur Verfügung hat. Soweit ein Vertrag teilbar ist, z. B. Versicherungs-, Miet- und Mobilfunkverträge, können diese auch für entsprechende Zeiträume nach Zahlung durch den Minderjährigen wirksam werden. Wissen die gesetzlichen Vertreter von einem Ratengeschäft nichts und leistet der beschränkt Geschäftsfähige die letzte Rate, so wird der Vertrag rückwirkend wirksam.

> **Lösung Fall 63** Der rechtlich nachteilhafte Kaufvertragsschluss wurde ohne Einwilligung der Eltern des M getätigt, so dass der Vertrag schwebend unwirksam ist, §§ 106, 107, 108 Abs. 1 BGB. Der § 110 BGB kann ebenfalls diesen Schwebezustand nicht beenden, da der Vertrag ohne die Restzahlung aus dem Taschengeld **nicht voll erfüllt** ist. Verweigern die Eltern endgültig die Genehmigung, **entfällt der Kaufpreisanspruch** des Händlers und er muss die Anzahlung wegen ungerechtfertigter Bereicherung, § 812 Abs. 1, S. 1, Alt. 1 BGB zurückgeben. Im Gegenzug bekommt er das beschädigte Moped, wobei der Minderjährige um die gezogenen Nutzungen nicht mehr bereichert ist, § 818 Abs. 3 BGB. Einen Schadensersatz bekommt der Händler nicht, da er auf eigenes Risiko gehandelt hat.

▶ **153 Welche Verträge kann ein Minderjähriger im Rahmen eines von ihm betriebenen Erwerbsgeschäfts abschließen?**

> **Fall 64 Strand-Sportschule „Dreaming"** Der 16-jährige M eröffnet mit Einverständnis der Eltern und mit familiengerichtlicher Genehmigung vor dem Haus die Strand-Sportschule „Dreaming". Das Geschäft wächst und gedeiht so gut, dass M bald weitere Lagerräume anmieten und einen Surflehrer einstellen kann und sich ein Kreditlimit auf seinem Girokonto bei der Sparkasse S in Höhe von 5.000 € einräumen lässt. **Frage Die Eltern halten diese Geschäfte allerdings für unwirksam. Wie ist die Rechtslage?**

Mit Genehmigung des Familiengerichts (vor dem 01.09.2009 war das Vormundschaftsgericht zuständig!) kann der gesetzliche Vertreter den beschränkt Geschäftsfähigen zum **selbständigen Betrieb eines Erwerbsgeschäfts** ermächtigen, § 112 BGB.

§ **§ 112 BGB Selbständiger Betrieb eines Erwerbsgeschäfts** (1) Ermächtigt der gesetzliche Vertreter mit Genehmigung des Familiengerichts den Minderjährigen zum selbständigen Betrieb eines Erwerbsgeschäfts, so ist der Minderjährige für **solche Rechtsgeschäfte** unbeschränkt geschäftsfähig, welche **der Geschäftsbetrieb** mit sich bringt. Ausgenommen sind Rechtsgeschäfte, zu denen der Vertreter der Genehmigung des Familiengerichts bedarf. (2) Die Ermächtigung kann von dem Vertreter nur mit Genehmigung des Familiengerichts **zurückgenommen** werden.

> **Beispiele für teilweise Geschäftsfähigkeit** ▶ selbständige Ausübung eines künstlerischen Berufes (BAG NJW 1964, 1641) ▶ Tätigkeit als **selbständiger Handelsvertreter** (ArbG Berlin VersR 1969, 97)

Der beschränkt Geschäftsfähige bedarf dann insoweit **nicht mehr der Zustimmung seines gesetzlichen Vertreters**. Der gesetzliche Vertreter kann auch nicht mehr für ihn wirksam handeln, seine Vertretungsmacht ruht. Diese Teilgeschäftsfähigkeit hat jedoch **Grenzen**, § 112 Abs. 1, S. 2 BGB. Sie gilt nicht für Rechtsgeschäfte, zu denen der Vertreter die Genehmigung des Familiengerichts bräuchte, vgl. §§ 1643, 1821 ff. BGB.

IV. Geschäftsfähigkeit

Beispiele für fehlende Vertretungsmacht durch gesetzliche Vertreter ▶ Aufnahme eines **Kredits** vgl. §§ 1643 Abs. 1, 1822 Nr. 8 BGB ▶ Erteilung einer **Prokura**, vgl. §§ 1643 Abs. 1, 1822 Nr. 11 BGB

Vertretungsmacht besteht demgegenüber für alle Geschäfte, die dem geschäftlichen Bereich zuzuordnen sind (BGHZ 83, 76), wobei immer auf das konkret geführte Erwerbsgeschäft des Minderjährigen abgestellt wird.

Die Ermächtigung der Eltern kann auch nur wieder mit familiengerichtlicher Genehmigung **zurückgenommen** werden, § 112 Abs. 2 BGB.

> **Muster 23:** Ermächtigung zum selbständigen Betrieb eines Erwerbsgeschäfts
>
> An Elvira Kleine-Wilde, Krachmacherstr. 1, 26434 Wangerland
>
> Hiermit ermächtigen wir, als Deine Eltern Wilhelmine und Wilhelm Kleine-Wilde, als Deine gesetzlichen Vertreter Dich zum **selbständigen Betrieb eines Verkaufsstandes auf dem Wochenmarkt** in Wangerland. Die Genehmigung des Vormundschaftsgerichts liegt uns vor. Nach den gesetzlichen Bestimmungen bist Du somit für solche Rechtsgeschäfte unbeschränkt geschäftsfähig, die der Betrieb des Verkaufsstands mit sich bringt, § 112 BGB.
>
> gez. Wilhelmine und Wilhelm Kleine-Wilde

> **Lösung Fall 64** Die einzelnen Geschäfte sind gesondert auf Zulässigkeit zu überprüfen, wenn die Genehmigung des Familiengerichts hierfür erforderlich wäre: 1. Mietverträge sind nicht von § 112 BGB gedeckt, wenn dadurch der Minderjährige „zu wiederkehrenden Leistungen verpflichtet wird, wenn das Vertragsverhältnis länger als ein Jahr nach dem Eintritt der Volljährigkeit des Mündels fortdauern soll", §§ 1643 Abs. 1, 1822 Nr. 8 BGB, 2. Eine Einstellung tätigen kann der Minderjährige, wenn er nicht selbst dadurch zu persönlichen Leistungen für längere Zeit als ein Jahr verpflichtet wird, §§ 1643 Abs. 1, 1822 Nr. 7 BGB, 3. Kreditaufnahme fällt nicht unter die zulässigen Rechtsgeschäfte des M, da die Eltern (würden sie sie für den M vornehmen) selbst einer familiengerichtliche Genehmigung bräuchten, §§ 1643 Abs. 1, 1822 Nr. 7 BGB.

▶ **154 Welche Verträge kann ein Minderjähriger im Rahmen eines Dienst- oder Arbeitsverhältnisses schließen?**

> **Fall 65** Hotel oder Nachtclub, das ist hier die Frage! Da der **17-jährige M** Geld braucht, arbeitet er mit Genehmigung der Eltern in einem Hotel am Strand als Kellner. Der Lohn wurde aber auf das Konto der Eltern überwiesen. M will deshalb lieber einen Arbeitsplatz, wo er angeblich mehr Trinkgeld bekommen kann. Er kündigt ohne Wissen der Eltern im Hotel fängt in einem Nachtclub als DJ an. Außerdem tritt er der Gewerkschaft ÖTV bei. **Frage Sind die Rechtsgeschäfte wirksam?**

Weiterhin kann der gesetzliche Vertreter den beschränkt Geschäftsfähigen auch ermächtigen, „in Dienst oder Arbeit zu treten", § 113 BGB.

> § **§ 113 BGB Dienst- oder Arbeitsverhältnis** (1) Ermächtigt der gesetzliche Vertreter den Minderjährigen, in Dienst oder in Arbeit zu treten, so ist der Minderjährige für **solche Rechtsgeschäfte unbeschränkt geschäftsfähig**, welche die **Eingehung oder Aufhebung** eines Dienst- oder Arbeitsverhältnisses der **gestatteten Art** oder

die **Erfüllung** der sich aus einem solchen Verhältnis ergebenden Verpflichtungen betreffen. **Ausgenommen sind Verträge**, zu denen der Vertreter der Genehmigung des Familiengerichts bedarf. (2) Die Ermächtigung kann von dem Vertreter zurückgenommen oder **eingeschränkt** werden. (3) Ist der gesetzliche Vertreter ein Vormund, so kann die Ermächtigung, wenn sie von ihm verweigert wird, auf Antrag des Minderjährigen durch das Familiengericht ersetzt werden. Das Familiengericht hat die Ermächtigung zu ersetzen, wenn sie im Interesse des Mündels liegt. (4) Die für einen **einzelnen Fall** erteilte Ermächtigung gilt im Zweifel als allgemeine Ermächtigung zur Eingehung von Verhältnissen derselben Art.

Damit ist er für solche Rechtsgeschäfte unbeschränkt geschäftsfähig, welche die Eingehung oder Aufhebung eines Dienst- oder Arbeitsverhältnisses der gestatteten Art betrifft.

> **Beispiele für gestattete Rechtsgeschäfte** ▶ **Handelsvertretervertrag** (BAG NJW 1964, 1641) ▶ Dienst im **Bundesgrenzschutz** (BVerwG 34, 158) ▶ Dienst als **Zeitsoldat** (OVG Münster NJW 1962, 758) ▶ **nicht**: Abschluss eines **Lehrvertrags**, da hier der Ausbildungszweck und nicht die Arbeitsleistung überwiegt, § 1 Abs. 2 BBiG

Auch die **Erfüllung** der sich aus einem solchen Verhältnis **ergebenden Verpflichtungen** fällt darunter, wenn sie dem gewöhnlichen Lauf der Dinge entsprechen und nicht zu einer wesentlichen Verschlechterung der rechtlichen oder sozialen Stellung des Minderjährigen führen (Palandt/Ellenberger § 113 Rn. 4).

> **Beispiele gestatteter Erfüllung von Verbindlichkeiten** ▶ Vereinbarung eines **Wettbewerbsverbots** als Handelsvertreter (BAG NJW 1964, 1641) ▶ **Beitritt zur Gewerkschaft** (LG Frankfurt FamRZ 1967, 680) ▶ Annahme des **Lohns** ▶ Einrichtung eines **Gehaltskontos** und **Barabhebungen** ▶ **nicht**: Überweisungen und Krediteinräumung ▶ Teilgeschäftsfähiger kann **kündigen**, gekündigt werden, der Kündigung widersprechen (LAG Hamm DB 1971, 779) ▶ **Vergleich** schließen ▶ **Grenze**: wesentlich vom Üblichen abweichende rechtlich nachteilhafte Rechtsgeschäfte, z. B. Aufhebungsvertrag, der aus Anlass der Schwangerschaft geschlossen wurde (LAG Bremen DB 1971, 2318), ist unwirksam

Eine familiengerichtliche **Genehmigung** ist hier im Gegensatz zu § 112 BGB **nicht erforderlich**. Ausgenommen sind aber auch hier wiederum die Geschäfte, zu denen der Vertreter der Genehmigung des Vormundschaftsgerichtes bedarf, §§ 113 Abs. 1, S. 2, 1643, 1821 ff. BGB.

> **Lösung Fall 65** Der M ist zwar teilgeschäftsfähig, so dass er auch den **Lohn seiner Arbeit empfangen** darf, die Eltern haben aber die Möglichkeit, die vorab erteilte Generaleinwilligung zu beschränken, § 113 Abs. 2, Alt. 2 BGB, und eine „Lohnumleitung" eingeführt. Die **Kündigung des M** ist ohne Einwilligung der Eltern wirksam, § 113 Abs. 1, S. 1, Alt. 2 BGB „Aufhebung". Die Ermächtigung, als Kellner in einem bestimmten Hotel arbeiten zu dürfen, umfasst aber auch die **Aufnahme von Arbeitsverhältnissen** derselben Art, z. B. Kellner in einer Gaststätte, nicht aber als DJ in einer Diskothek, in der zu gänzlich anderen Zeiten gearbeitet wird und in der auch ein anderes „Publikum" verkehrt, § 113 Abs. 4 BGB. Der **Beitritt zur Gewerkschaft** soll trotz der sich ergebenden Beitragszahlungspflichten deshalb zulässig sein, weil dann die von der Gewerkschaft ausgehandelten (günstigen) Arbeitsbedingungen für den M unmittelbar gelten. Mittelbar ist der Gewerkschaftsbeitritt daher als Erfüllung der sich für den M aus dem Arbeitsverhältnis ergebenden Pflichten zu sehen.

IV. Geschäftsfähigkeit

 Geschäftsfähigkeit

- **Geschäftsfähigkeit steht nicht allen natürlichen Personen zu** ○ setzt Verantwortlichkeit der handelnden Personen voraus ○ Folgenabschätzung ist erforderlich ○ Mindestmaß an Einsichts- und Urteilsfähigkeit
- **Definition** ○ Fähigkeit, Rechtsgeschäfte wirksam selbst vornehmen zu können ○ BGB regelt in §§ 104 ff. BGB bestimmte Fallgruppen der Geschäftsfähigkeit ○ Unterscheidungsmerkmale sind dabei das Alter ○ Störungen der Geistestätigkeit ○ Umfang des Vertragsinhalts ○ Art des Rechtsgeschäfts ○ Genehmigungsbedürftigkeit durch das Familiengericht
- **Minderjährige Geschäftsunfähige, § 104 Nr. 1 BGB** ○ bis zur Vollendung des siebten Lebensjahres ○ unabhängig von der geistigen Entwicklung ○ trotzdem vorgenommene Rechtsgeschäfte sind nichtig, § 105 Abs. 1 BGB
- **Volljährige Geschäftsunfähige, § 104 Nr. 2 BGB** ○ bei krankhafter Störung der Geistestätigkeit ○ unabhängig von der Diagnose, Heilbarkeit etc. ○ abzugrenzen von **betreuten Personen**, die geschäftsfähig bleiben und Verträge abschließen können, evtl. aber in Teilbereichen ausgeschlossen sind, z. B. Bankgeschäfte ○ auch **vorübergehende Störungen** führen zur Geschäftsunfähigkeit, § 105 Abs. 2 BGB ○ Alkohol- oder Drogensucht muss zum Abbau der Persönlichkeit geführt haben ○ in **lichten Augenblicken** kann der Geschäftsunfähige wirksame Verträge schließen ○ Rechtsprechung erkennt sogar eine **partielle Geschäftsunfähigkeit** unter strengen Voraussetzungen an, z. B. Unfähigkeit einen Prozess zu führen wegen Querulantenwahns
- **Volljährige Geschäftsunfähige, die ein Geschäft des täglichen Lebens ausführen, § 105 a BGB** ○ zur Stärkung der Eigenverantwortung sind Rechtsgeschäfte des täglichen Lebens rechtlich wirksam, z. B. einfache Kaufverträge über zum alsbaldigen Gebrauch bestimmte Nahrungs- und Genussmittel ○ nicht möglich: Haustür- und Fernabsatzgeschäfte ○ gefährliche Vertragsabschlüsse, z. B. Kauf von Alkohol
- **Beschränkt geschäftsfähige Minderjährige, §§ 107 ff. BGB** ○ entscheidend ist, ob dem Minderjährigen durch seine Willenserklärung ein rechtlicher Nachteil entsteht ○ vorteilhaft und ohne Zustimmung des gesetzlichen Vertreters sind z. B. Schenkungsverträge zugunsten des Minderjährigen ○ nachteilig sind alle Verträge, die Zahlungsverpflichtungen für den Minderjährigen begründen ○ nachteilige Rechtsgeschäfte sind schwebend unwirksam ○ Vertragsgegner des Minderjährigen hat bei nachteiligen Rechtsgeschäften ein Widerrufsrecht, § 109 BGB
- **Ausnahmsweise zulässige Rechtsgeschäfte beschränkt geschäftsfähiger Minderjähriger, §§ 110, 112, 113 BGB** ○ bei Überlassung eigener Mittel, sog. Taschengeldgeschäfte, § 110 BGB ○ mit Genehmigung des Familiengerichts, wenn der gesetzliche Vertreter zum selbständigen Betrieb eines Gewerbebetriebs ermächtigt ist, § 112 BGB ○ bei Ausübung eines Dienst- oder Arbeitsverhältnisses mit Ermächtigung des gesetzlichen Vertreters, § 113 BGB

V. Stellvertretung

▶ 155 Welche Bedeutung hat die Stellvertretung in der Praxis?

Die Stellvertretung nimmt eine **große wirtschaftliche Bedeutung** in der Praxis ein. Gerade bei Massengeschäften im Einzelhandel schließen nicht die wahren Parteien den Vertrag selbst ab, sondern Hilfspersonen, Mitarbeiter und Angestellte. Es gibt Fälle, in denen die Partei nicht selbst handeln will (etwa fehlende Sachkunde, Zeitdruck, andere Prioritäten) oder nicht selbst handeln kann (bei Abwesenheit, Krankheit oder bei Unfähigkeit zur Abgabe gültiger Willenserklärungen).

> **Beispiele von typischen Vertretungssituationen** ▶ Inhaber großer Handelsketten sind nicht in der Lage, alle erforderlichen **Wareneinkäufe** in eigener Person vorzunehmen. Sie beschäftigen Einkäufer. ▶ Ebenso können die **in den Filialen abgeschlossenen Kaufverträge** nicht von ihnen direkt betreut werden. Dafür sind Verkäufer eingestellt worden. ▶ Für den **Geschäftsunfähigen** handelt sein gesetzlicher Vertreter (Vormund), wenn es um die Verwaltung seines ererbten Mietshauses geht. Der Geschäftsunfähige selbst kann in der Regel keine gültige Willenserklärung z. B. zum Abschluss eines Mietvertrages abgeben.

1 Begriff, Prinzipien und Voraussetzungen der Stellvertretung

▶ 156 Wie definiert man rechtlich die Stellvertretung?

> **Fall 66** Ohne Vertreter geht es nicht mehr Der **Vertreter Karl Vergesslich** gibt dem **Kaufinteressenten Rudi Rennwanz im** Namen des **Autoeigentümers Burkhard Beule** ein Vertragsangebot zum Verkauf dessen Autos für 10.000,- € ab. **Vertreter Karl Vergesslich** empfängt im Namen des **Autoeigentümers Burkhard Beule** die Annahmeerklärung des **Käufers Rudi Rennwanz**. Frage Zwischen welchen Parteien ist damit ein Kaufvertrag zustande gekommen?
> **Alternative 1** Wie ist der Fall zu lösen, wenn der **Vertreter Karl Vergesslich** nicht gesagt hat, dass er für den Autoeigentümer Burkhard Beule handelt?
> **Alternative 2** Was gilt, wenn der Autoeigentümer Burkhard Beule dem Vertreter Karl Vergesslich nur Vertretungsmacht für ein Verkaufsangebot **für mehr als 15.000 €** gegeben hatte?

Vor allem die komplizierte Vielgestaltigkeit des modernen Wirtschaftslebens hat die Bedeutung der Stellvertretung sehr erhöht. In den §§ 164 bis 181 BGB ist daher das Recht der Stellvertretung geregelt (5. Titel „Vertretung, Vollmacht"). Das Prinzip der Stellvertretung und vier ihrer Voraussetzungen bzw. Rechtsfolgen sind gleich in § 164 Abs. 1, S. 1 BGB erklärt:

§ **§ 164 Abs. 1 S. 1 BGB Wirkung der Erklärung des Vertreters** (1) Eine Willenserklärung, die jemand innerhalb der ihm zustehenden **Vertretungsmacht** im **Namen des Vertretenen** abgibt, **wirkt unmittelbar für und gegen** den Vertretenen.

V. Stellvertretung

> **Definition der Stellvertretung**
> - Eine Willenserklärung,
> - die jemand innerhalb der ihm zustehenden Vertretungsmacht
> - im Namen des Vertretenen abgibt,
> - Rechtsfolge: wirkt unmittelbar für und gegen den Vertretenen.

Obwohl eine Person (als Vertreter) handelt, treffen die Rechtsfolgen die andere Person (den **Vertretenen**), wie wenn diese Person selbst rechtsgeschäftlich gehandelt hätte.

> **Beispiele zum Stellvertretungsprinzip** ▶ Vertreter V gibt dem Käufer K im Namen des Autobesitzers A ein Vertragsangebot zum Kauf eines Autos für 10.000,– € an. ▶ V empfängt im Namen des A die Annahmeerklärung des K. ▶ Damit ist ein Kaufvertrag zwischen K und A zustande gekommen – nicht zwischen Vertreter V und Käufer K!

Auch wenn die vertragsrechtliche Haftung bei einer wirksamen Stellvertretung grundsätzlich nur den Vertretenen und den Dritten trifft, darf nicht übersehen werden, dass **der Vertreter** aber aufgrund anderer Vorschriften ebenfalls einer Haftung ausgesetzt ist:

> **Beispiele zur Haftung des Vertreters** ▶ Haftung **aufgrund Rechtsscheins**, wenn sein Handeln den Anschein einer Mithaftung erweckt ▶ Haftung **aus vorvertraglichem Verschulden,** sog. culpa in contrahendo (c.i.c.) wenn der Vertreter „in besonderem Maße Vertrauen für sich in Anspruch nimmt und dadurch die Vertragsverhandlungen oder den Vertragsschluss erheblich beeinflusst", § 311 Abs. 3 BGB ▶ **Haftung aus unerlaubter Handlung** des Vertreters, z. B. betrügerisches Verhalten.

Ein Handeln für einen anderen liegt übrigens nicht nur dann vor, wenn der Vertreter eine Willenserklärung abgibt (= **aktive Stellvertretung**, § 164 Abs. 1 S. 1 BGB), sondern auch dann, wenn er die Willenserklärung eines Dritten empfängt (= **passive Stellvertretung durch Empfangsvertreter**, § 164 Abs. 3 BGB).

> **Beispiel der passiven Stellvertretung** ▶ für Erklärungen von Tankstellenpächters ist der für den Bezirk verantwortliche Bezirksleiter Empfangsvertreter des dahinterstehenden Mineralölunternehmens (BGH NJW 2002, 1041)

Lösung Fall 66 Ein Kaufpreisanspruch des Autoeigentümers Burkhard Beule gegen den Käufer Rudi Rennwanz nach § 433 Abs. 2 BGB setzt voraus, dass ein wirksamer Kaufvertrag zwischen Beule und Rennwanz zustandegekommen ist. Erforderlich sind also **zwei übereinstimmende Willenserklärungen** zwischen Beule und Rennwanz. Eine Willenserklärung des Käufers Rennwanz liegt vor. **Problematisch ist**, ob der Autoeigentümer Beule eine Willenserklärung abgegeben hat. **Persönlich hat er keine Willenserklärung abgegeben.** Ihm könnte jedoch die Willenserklärung des Vertreters Vergesslich zugerechnet werden, aktive Stellvertretung. Außerdem hat der Vergesslich die Annahmeerklärung des Käufers Rennwanz für Beule entgegengenommen, passive Stellvertretung. Es ist im Folgenden zu prüfen, ob der Vertreter Vergesslich den Autoeigentümer Beule wirksam im Sinne von § 164 Abs. 1 BGB vertreten hat, wobei die Grundprinzipien und Voraussetzungen der Stellvertretung vorliegen müssen.

1 Begriff, Prinzipien und Voraussetzungen der Stellvertretung

▷ 157 Nach welchen Prinzipien funktioniert das Stellvertretungsrecht?

Die Regelung über die Stellvertretung beruht auf **drei Grundsätzen** (vgl. Palandt/ Ellenberger Einf. v. § 164, Rn. 2):

> **Prinzipien der Stellvertretung**
> - Repräsentationsprinzip
> - Offenheitsprinzip
> - Abstraktionsprinzip

(1) Was besagt das Repräsentationsprinzip bei der Stellvertretung?

Der Vertreter ist allein derjenige, der eine Willenserklärung abgibt, nicht dagegen der Vertretene. **Repräsentieren** heißt weiter, dass es für die Wirksamkeit des Rechtsgeschäfts (z. B. das Fehlen von Anfechtungsgründen) grundsätzlich allein auf den Repräsentanten, den Vertreter ankommt. Sein Wille ist entscheidend, auch wenn den Vertretenen die Rechtswirkungen des Geschäfts treffen. Dieses ist in § 166 Abs. 1 BGB ausdrücklich geregelt.

> § **§ 166 Abs. 1 BGB** Willensmängel; Wissenszurechnung (1) Soweit die rechtlichen Folgen einer Willenserklärung durch Willensmängel oder durch die Kenntnis oder das Kennenmüssen gewisser Umstände beeinflusst werden, kommt **nicht die Person des Vertretenen**, sondern die des **Vertreters** in Betracht.

Auf der anderen Seite „repräsentiert" der Vertreter nur, so dass für sein Handeln **beschränkte Geschäftsfähigkeit ausreicht**, § 165 BGB, er kann als Vertreter tätig werden, die Wirkungen der in Vertretung abgegebenen Willenserklärung treffen ihn nicht. Nur Geschäftsunfähige, z. B. unter 7-jährige will man nicht mit den Pflichten eines Vertreters betrauen. Bei sehr wichtigen eigenhändigen Rechtsgeschäften, z. B. die Testamentserrichtung, ist Stellvertretung **unzulässig**.

> § **§ 165 Beschränkt geschäftsfähiger Vertreter** Die Wirksamkeit einer von oder gegenüber einem Vertreter abgegebenen Willenserklärung wird nicht dadurch beeinträchtigt, dass der Vertreter in der Geschäftsfähigkeit beschränkt ist.

(2) Wie sieht das Offenheitsprinzip bei der Stellvertretung aus?

Das Geschäft des Vertreters wirkt rechtlich nur dann unmittelbar für den Vertretenen, wenn es **offen erkennbar „im Namen des Vertretenen"** abgegeben worden ist. Damit will man die evtl. ungewollt Vertretenen vor Geschäftsabschlüssen schützen, die andere ihnen einfach so vermitteln. Der Vertreter muss als Vertreter und nicht als eigener Vertragspartner aufgetreten sein, § 164 Abs. 2 BGB.

> § **§ 164 Abs. 2 BGB Wirkung der Erklärung des Vertreters** (2) Tritt der Wille, in fremdem Namen zu handeln, nicht erkennbar hervor, so kommt der Mangel des Willens, im eigenen Namen zu handeln, nicht in Betracht.

V. Stellvertretung

Handelt der Vertreter **nicht in fremdem Namen**, liegt grundsätzlich ein sog. Eigengeschäft des Vertreters vor, Stellvertretungsregeln finden keine Anwendung. Grundsätzlich ist deshalb der Handelnde auch den Beweis schuldig, dass er für jemand anderen handeln wollte (BGH NJW 1986, 1675). Von diesem Offenheitsgrundsatz kann in der Praxis in bestimmten Ausnahmefällen abgewichen werden, wenn z. B. die Umstände im Massengeschäft eine Nennung der Vertragspartner nicht erfordern, vgl. Geschäft für den, den es angeht.

(3) Welche Bedeutung hat das Abstraktionsprinzip bei der Stellvertretung?

Die Vertretungsmacht (gegenüber Dritten) und die Beauftragung zur Vertretung durch den Vertretenen (z. B. aus einem Arbeitsverhältnis heraus) sind in ihrer Wirksamkeit voneinander unabhängig. So kann der Vertretene Dritten gegenüber wirksam durch den Vertreter verpflichtet worden sein, obwohl der Vertreter eigentlich keine Vertretungsmacht für das konkrete Geschäft hatte (z. B. er sich nicht an interne Höchstauftragsgrenzen gehalten hat).

> Im **Fall** wird es in der **Alternative 1** ein Problem mit dem Offenheitsprinzip geben, da der Vertreter nicht „im Namen des Vertretenen" aufgetreten ist. Je nach den Umständen könnte evtl. ein Eigengeschäft vorliegen, vgl. dazu später näher. In der **Alternative 2** sind interne Absprachen nicht eingehalten worden, so dass das Abstraktionsprinzip bei der Lösung ein Rolle spielen wird.

▶ 158 Unter welchen einzelnen Voraussetzungen wirkt die Willenserklärung des Stellvertreters für die vertretene Partei?

Eine wirksame Stellvertretung liegt nach den gesetzlichen Vorschriften also dann vor, wenn vier Voraussetzungen erfüllt sind:

> **Checkliste 25** Wirkt das Vertretergeschäft für und gegen den Vertretenen?
> - Ist eine Stellvertretung überhaupt **rechtlich zulässig** oder liegt z. B. ein höchstpersönliches Rechtsgeschäft vor?
> - Hat der Vertreter eine **eigene Willenserklärung** abgegeben oder nur eine Botschaft überbracht?
> - Liegt eine **Abgabe in fremdem Namen** vor?
> - Hat der Vertreter mit **Vertretungsmacht** gehandelt?

Diese **vier Schritte** sollten vor jeder Prüfung der Stellvertretung zumindest gedanklich durchgegangen werden und bei Rechtsproblemen auf der einen oder anderen Stufe dort jeweils vertieft werden. Erst wenn alle Voraussetzungen gegeben sind, können die Wirkungen der Stellvertretung nach § 164 Abs. 1, S. 1 BGB eintreten: das Geschäft wirkt für und gegen den Vertretenen!

2 Zulässigkeit der Stellvertretung

▶ 159 Bei welchen Verträgen findet kein Stellvertretungsrecht Anwendung?

> **Fall 67 Vertreter können nicht alles!** Der **Unternehmer U** ist im Stress und bittet seinen **Freund F**, ihn ein wenig zu entlasten, indem er das Testament des U aufschreibt und U nur noch unterschreiben muss. Das Testament soll er dann zum Notar N bringen, wo er auch gleich noch einen neuen Ehevertrag für seine Ehefrau E in Vertretung des U unterschreibt und dessen Sohn S zum Erbverzicht überredet. Freund F soll das Ganze dann bei einem Gartenfest der ganzen Familie ausrichten, wozu F einen **Party-Service** mit der Ausrichtung im Namen des U beauftragen soll. Der nun auch gestresste Freund F hilft dann auch fleißig bei den Partyvorbereitungen mit, beschädigt dabei aber ein abgestelltes Auto des Party-Service-Unternehmens P, das dem Unternehmer nun eine Rechnung darüber stellen will. **Frage Ist Stellvertretungsrecht für das gesamte Handeln des F anzuwenden?**

Die Regeln der Stellvertretung werden in folgenden Bereichen **nicht** angewendet:

> **Ausschluss der Stellvertretungsregeln**
> - bei **höchstpersönlichen Rechtsgeschäften**, insbesondere des Familien- und Erbrechts
> - bei **reinen Tathandlungen** (Realakten)
> - wenn dieses durch **vertragliche Abreden** der Parteien festgelegt worden ist, sog. gewillkürte Höchstpersönlichkeit

> **Beispiele für höchstpersönliche Rechtsgeschäfte** ▶ **Eheschließung**, da nach § 1311 BGB erforderlich, dass die Ehewilligen persönlich und bei gleichzeitiger Anwesenheit vor dem Standesbeamten erklären, die Ehe miteinander eingehen zu wollen ▶ ebenso kann der Erblasser ein **Testament** nur persönlich errichten, § 2064 BGB, und komplett eigenhändig schreiben und unterschreiben, § 2247 BGB, will er nicht zum Notar gehen, § 2232 BGB ▶ Abschluss und Aufhebung eines **Erbvertrages**, §§ 2276 Abs. 1, 2290 Abs. 4 BGB ▶ **Erbverzicht**, § 2347 Abs. 2 BGB ▶ Einwilligung in eine **ärztliche Behandlung** oder **Freiheitsentziehung** (OLG Stuttgart OLGZ 1994, 431)

Die §§ 164 ff. BGB gelten nur für das rechtsgeschäftliche Handeln im Namen eines anderen. Sie kommen daher nur bei der Abgabe oder dem Empfang einer Willenserklärung in Betracht und scheiden bei reinen **Tathandlungen** (Realakten) aus.

> **Beispiel** ▶ Wird für den Kfz-Meister sein Lehrling bei der Autoreparatur tätig, ist der Lehrling nicht als Vertreter für den Kfz-Meister tätig, da er nicht rechtsgeschäftlich handelt.

Auch bei Verfügungsgeschäften, z. B. der Übereignung nach § 929, S. 1 BGB, ist eine Stellvertretung nur bei dem rechtsgeschäftlichen Teil (Einigung über den Eigentumsübergang) möglich. Der Realakt (= Übergabe) ist vertretungsfeindlich. Dagegen ist bei den geschäftsähnlichen Handlungen, wie Mahnungen, Fristsetzungen, Anzeigen eine Stellvertretung möglich. Zwar handelt es sich bei diesen Handlungen um keine Willenserklärungen, weil die Rechtsfolgen ohne Rücksicht auf den Willen des Abgebenden eintreten. Die geschäftsähnlichen Handlungen stehen aber den Willenserklärungen sehr nahe, da auch bei ihnen der Abgebende sich dessen bewusst ist, dass sie Rechtswirkungen auslösen werden.

V. Stellvertretung

Im Rahmen der Vertragsfreiheit ist es natürlich auch möglich, dass die Parteien vereinbaren, dass abzugebende Willenserklärungen **nur höchstpersönlich abgegeben** werden dürfen, BGHZ 99, 94.

> **Lösung Fall 67** Das Handeln des **Freundes F** für den Unternehmer U ist nur hinsichtlich der **Beauftragung des Party-Service** nach Stellvertretungsregeln behandeln. Ansonsten liegen einige **höchstpersönliche Rechtsgeschäfte** vor, die der F gar nicht für den U wirksam tätigen kann (Testament, Ehevertrag, Erbverzicht). Bei der Beschädigung des Partywagens hat der F zudem nicht rechtsgeschäftlich gehandelt. Seine **Tathandlung** wird über andere Vorschriften dem U evtl. zugerechnet, §§ 278 oder 831 BGB).

▶ 160 Wann liegt lediglich ein Botengeschäft vor?

Der Vertreter wird bei der Abgabe der Willenserklärung selbst rechtsgeschäftlich tätig. Er überbringt nicht etwa wie ein Bote nur eine fremde Willenserklärung des Vertretenen. Sobald der Vertreter einen **gewissen Spielraum** bezüglich des Inhalts der Erklärung hat, ist von Stellvertretung auszugehen. Daraus ergeben sich folgende Unterschiede zwischen Bote und Vertreter:

> **Eigenschaften eines Boten**
> - übermittelt eine **fremde** Erklärung, ohne diese verändern zu dürfen
> - **bei Fehlern** bei der Übermittlung gilt Anfechtungsrecht nach § 120 BGB
> - Bote braucht **nicht geschäftsfähig** sein, da sein Tun rein tatsächlicher und nicht rechtsgeschäftlicher Art ist
> - **auch höchstpersönliche Rechtsgeschäfte** können vorgenommen werden, wenn keine persönliche Anwesenheit des Auftraggebers erforderlich ist (BGH NJW 2008, 917)

> **Eigenschaften eines Vertreters in Abgrenzung zum Boten**
> - gibt eine **eigene** Erklärung ab, die je nach Umständen in gewissem Rahmen abgeändert werden darf
> - **bei Fehlern** kommt es darauf an, ob er – und nicht der Vertretene – sich in einem zur Anfechtung berechtigenden Irrtum befand, § 166 Abs. 1 BGB.
> - Vertreter muss zumindest **beschränkt geschäftsfähig** (= über 7 Jahre alt) sein, § 165 BGB, da er durch die Abgabe der Willenserklärung rechtsgeschäftlich tätig wird. Beachte: Die Vertretung selbst ist rechtlich vorteilhaft, da die daraus entstehenden Pflichten nicht für ihn, sondern nur für und gegen den Vertretenen gelten.

In der Praxis kann es manchmal schwierig sein herauszufinden, ob nun jemand als Bote oder als Stellvertreter handelt. Nach der Rechtsprechung kommt es allein darauf an, „wie die erklärende Person für den Dritten erkennbar auftritt", BGHZ 12, 334. Nicht erheblich ist also, was der Geschäftsherr und sein Mittler ausgemacht hatten.

> **Beispiele** für die Abgrenzung von Bote und Stellvertreter ▶ tritt beim Abschluss eines langfristigen Mietvertrages ein **leitender Angestellter** auf, spricht das für Stellvertretung ▶ kommt der **Pförtner**: eher Botenschaft ▶ wird das **Kind zum Kiosk** geschickt, um eine ganz bestimmte Tageszeitung zu kaufen, liegt aufgrund der fehlenden eigenen Entschließungsfreiheit Botenschaft vor

3 Vertreterhandeln

▶ 161 Inwieweit muss die Stellvertretung der anderen Seite bekannt gemacht werden (Handeln im fremden Namen)?

> **Fall 68** Handelte da jetzt ein Vertreter oder nicht? Der **Unternehmer U** beauftragt seine **Sekretärin S** für die Abteilung **neuen Kaffee beim Einzelhändler E** um die Ecke zu kaufen. Außerdem solle sie noch bei der **Druckerei D** neues Geschäftspapier mit Firmenlogo bestellen. Die Sekretärin fühlt sich sowieso schon wie die Chefin und vergisst bei allen Einkäufen bzw. Bestellungen ausdrücklich darauf hinzuweisen, dass das natürlich alles für den Unternehmer sei. Am Wochenende mietet sie sich außerdem noch in das **Hotel H** ein, wobei ihr Mann den Namen des Chefs U angeben soll, damit sie ein schöneres Zimmer bekommen. **Frage Für wen gelten die abgeschlossenen Geschäfte, für den U oder für die S?**

Nach dem Wortlaut des § 164 Abs. 1 S. 1 BGB setzt eine wirksame Stellvertretung weiter voraus, dass der Vertreter „im Namen des Vertretenen" handelt. Damit soll der Dritte geschützt werden, denn er muss im Regelfall wissen, wer sein Geschäftspartner ist.

§ **§ 164 Abs. 1 S. 2 BGB Wirkung der Erklärung des Vertreters** (1) ... Es macht keinen Unterschied, ob die Erklärung ausdrücklich im Namen des Vertretenen erfolgt oder ob die Umstände ergeben, dass sie in dessen Namen erfolgen soll. ...

Ein Handeln im fremden Namen liegt aber nicht nur dann vor, wenn die Erklärung „ausdrücklich im Namen des Vertretenen erfolgt": „Im Namen des XY möchte ich Folgendes kaufen...". Nach dem Wortlaut des Gesetzes ist es auch ausreichend, wenn „**die Umstände ergeben, dass sie (die Erklärung) in dessen Namen erfolgen soll**", § 164 Abs. 1 S. 2 BGB. Ist also für den Dritten erkennbar, dass der Erklärende für einen anderen handelt, so gilt der Vertrag als mit dem hinter dem Vertreter stehenden Vertretenen geschlossen.

> **Sonderfälle aus der Rechtsprechung** (Palandt/Ellenberger, § 164 Rn. 2, 8 bis 10) ▶ Es reicht aus, wenn die Person mindestens **bestimmbar** ist (BGH NJW 1989, 164), z. B. bei Internetanschlüssen (BGH NJW 2006, 1971). ▶ Möglich ist auch, dass die Bestimmung der Person des Vertretenen einer späteren Regelung vorbehalten bleibt, wenn feststeht, wer die Bestimmung später trifft, *sog. offenes Geschäft*, wobei dann aber die Person später genannt werden muss. ▶ Anders liegt es bei **Bargeschäften des täglichen Lebens**, wo auf den Namen des Vertragspartners verzichtet wird, z. B. bei Massengeschäften im Einzelhandel, und der Vertragspartner nicht vor beispielsweise nicht zahlenden Vertragspartnern geschützt werden muss; das Geschäft wird sofort abgewickelt und es ist daher irrelevant, den genauen Vertragspartner zu kennen, es kommt ein *sog. Geschäft* **für den, den es angeht** zustande, aus dem der gewollte Vertragspartner dann aber auch alle Rechte hat, z. B. Gewährleistungsansprüche (BGH NJW 1991, 2283, 85). Ausgeschlossen soll ein solches Geschäft allerdings beim Autokauf sein, da es kein Massengeschäft ist (OLG Celle, MDR 2007, 832). ▶ Bei *unternehmensbezogenen Geschäften* besteht eine tatsächliche Vermutung, dass z. B. die Betriebsangestellten im Zweifel den Betriebsinhaber als ein solches Geschäft allerdings beim Autokauf sein, da es kein Massengeschäft ist (OLG Celle, MDR 2007, 832). ▶ Bei *unternehmensbezogenen Geschäften* besteht eine tatsächliche Vermutung, dass z. B. die Betriebsangestellten im Zweifel den Betriebsinhaber als Vertragspartner vereinbaren wollen (BGH NJW 2008, 1214), wenn z. B. der Firmenwagen

in Reparatur gegeben wird, auch die Beauftragung anderer Bauunternehmer, Handwerker und Statiker durch einen Architekten oder Baubetreuer erfolgt regelmäßig im Namen des Bauherrn (OLG Köln NJW-RR 2002, 1099), **nicht** dagegen wenn der Bauträger oder Baubetreuer diese Personen beauftragt, er handelt dabei im Zweifel im eigenen Namen. ▶ Vom *Handeln unter fremden Namen* spricht man dann, wenn der Vertreter unter einem falschen Namen Rechtsgeschäfte tätigt; hier wird nach den Umständen des Einzelfalls entweder ein **Eigengeschäft** des Handelnden (z.B. Name spielte keine Rolle, man wollte mit dem Handelnden einen Vertrag schließen, BGH NJW-RR 2006, 701, z.B. Übernachtung im Hotel) oder ein **Fremdgeschäft mit dem tatsächlichen Namensträger** angenommen (z.B. bei Nutzung eines fremden Internetzugangs für die Vornahme eines Vertragsabschlusses, gilt das Geschäft für den Namensträger, nicht für den tatsächlich am Computer Bestellenden, BGH NJW 2011, 2421, Rn. 12.

▶ **162 Kann man anfechten, wenn man als Vertreter auftrat und nur aus Versehen vergessen hat, im eigenen Namen einen Vertrag zu schließen?**

Eine Irrtumsanfechtung ist nicht möglich, wenn der Vertreter eigentlich im eigenen Namen handeln will, § 164 Abs. 2 BGB analog. Unbeachtlich ist grundsätzlich der innere Wille des Vertreters, wenn dieser nicht deutlich nach außen erklärt worden ist. Tritt der Vertreter nach außen im fremden Namen auf (z.B. Geschäftsauto, Visitenkarten oder Firmenbogen der Firma X), will er aber in Wahrheit für sich selbst abschließen, wird allein der Vertretene (= Firma X) aus dem Geschäft berechtigt und verpflichtet, BGH NJW 1966, 1916. § 164 Abs. 2 BGB analog bewirkt hier, das diese Art von Mangel (Erklärungsirrtum nach § 119 Abs. 1, 2. Alt. BGB = „der Erklärende erklärt nicht das, was er erklären will") nicht zur Anfechtung berechtigt (BGH NJW-RR 1992, 1011).

> **Lösung Fall 68** Gegenüber dem **Einzelhändler E** liegt ein Bargeschäft des täglichen Lebens vor, bei dem es dem Vertragspartner letztlich egal ist, wer sein Vertragspartner ist, *sog. Geschäft für den, den es angeht*. Das mit dem Geschäft eingegangen Liquiditätsrisiko des Käufers hat sich gleich nach Entrichtung des Kaufpreises erledigt. Das Geschäft wirkt also für und gegen den Unternehmer U. Die **Druckerei D** kann aus dem Firmenlogo auf dem Geschäftspapier eindeutig erkennen, dass kein Eigengeschäft für die S, sondern ein „**unternehmenbezogenes Handeln**" vorliegt, aus dem Unternehmer U verpflichtet und berechtigt wird. Bei der Einmietung in das Hotel H hat der Hotelier wahrscheinlich keine Vorstellungen von dem wirklichen Namensträger und bekommt ja auch spätestens am Ende des Aufenthalts sein Geld, so dass es bei diesem **Handeln unter fremdem Namen** um ein Eigengeschäft der Eheleute S geht, aus dem Unternehmer U nicht verpflichtet wird.

4 Vertretungsmacht

▶ **163 Wann gibt das Gesetz einem Vertreter Vertretungsmacht für eine Vertragspartei?**

§ 164 Abs. 1 S. 1 BGB setzt weiter voraus, dass der Vertreter „innerhalb der ihm zustehenden Vertretungsmacht" gehandelt hat. Die Vertretungsmacht kann auf zwei verschiedenen Grundlagen beruhen:

- Vertretungsmacht kann durch eine **gesetzliche Vorschrift** erteilt werden.
- Vertretungsmacht kann aufgrund eines **entsprechenden Rechtsgeschäfts** bestehen, sog. Vollmacht, so die Legaldefinition des § 166 Abs. 2 BGB.

Beruht die Vertretungsmacht auf einer gesetzlichen Vorschrift, so spricht das BGB einfach von der „Vertretungsmacht". Das Gesetz sieht eine solche „gesetzlich verordnete" Vertretungsmacht vor allem dort vor, wo Personen nicht selbstständig rechtsgeschäftlich handeln können. Damit ist die Vertretungsmacht Mittel des Schutzes und der Fürsorge.

Beispiele für die gesetzlich begründete Vertretungsmacht ▶ § 1629 Abs. 1, S. 2 BGB = Eltern für ihre minderjährigen Kinder ▶ § 1357 BGB = Ehegatten untereinander bei Geschäften zur Deckung des Lebensbedarfs ▶ § 1793 BGB = Vormund für Volljährige ▶ § 1902 BGB = Betreuer für erkrankte Volljährige ▶ § 27 Abs. 2 WEG = Verwalter für die Wohnungseigentümer

▶ **164 Wann liegt eine Vertretungsmacht kraft Vereinbarung, sog. Vollmacht, vor?**

Wurde die Vertretungsmacht durch ein Rechtsgeschäft begründet (z. B. Auftrag) definiert das Gesetz dieses als Vollmacht, vgl. die Legaldefinition in § 166 Abs. 2 S. 1 BGB.

§ **§ 166 Abs. 2, S. 1 BGB Willensmängel; Wissenszurechnung** (2) Hat im Falle einer durch Rechtsgeschäft erteilten Vertretungsmacht (**Vollmacht**) der Vertreter nach bestimmten Weisungen des Vollmachtgebers gehandelt, so kann sich dieser in Ansehung solcher Umstände, die er selbst kannte, nicht auf die Unkenntnis des Vertreters berufen. Dasselbe gilt von Umständen, die der Vollmachtgeber kennen musste, sofern das Kennenmüssen der Kenntnis gleichsteht.

Im Rahmen der Privatautonomie ist die Vollmachtserteilung ein Mittel, den eigenen rechtsgeschäftlichen Wirkungskreis durch Arbeitsteilung zu erweitern.

Beispiel für eine gesetzlich abgeleitete Vertretungsmacht: ▶ § 8 Abs. 1 HGB = Prokuraerteilung durch den Inhaber eines Handelsgeschäfts

(1) Auf welche Art und Weise kann eine Vollmacht erteilt werden?

Die Vollmachtserteilung erfolgt durch eine einseitige, empfangsbedürftige Willenserklärung, die nicht vom Bevollmächtigten extra angenommen werden muss. Die Bevollmächtigung kann

- gegenüber dem Vertreter (sog. **Innenvollmacht**), § 167 Abs. 1, Alt. 1 BGB,
- gegenüber dem Geschäftspartner (sog. **Außenvollmacht**), § 167 Abs. 1, Alt. 2 BGB, oder
- durch **öffentliche** Bekanntmachung erfolgen.

(2) Ist die Erteilung einer Vollmacht formgebunden?

Die Bevollmächtigung ist grundsätzlich **nicht formgebunden**, § 167 Abs. 2 BGB.

§ **§ 167 BGB Erteilung der Vollmacht** (1) Die Erteilung der Vollmacht erfolgt durch Erklärung gegenüber dem zu Bevollmächtigenden oder dem Dritten, dem gegenüber die Vertretung stattfinden soll. (2) Die Erklärung bedarf **nicht der Form**, welche für das Rechtsgeschäft bestimmt ist, auf das sich die Vollmacht bezieht.

Nur ausnahmsweise verlangt das Gesetz eine besondere Form im Vertragsbereich. z. B.

Beispiele für ausnahmsweise erforderliche Formanforderungen ▶ **Schriftform** für die Vollmacht, die ein Darlehensnehmer zum Abschluss eines Verbraucherdarlehensvertrags erteilt, § 492 Abs. 4 BGB, oder einer Bürgschaft (BGH NJW 1996, 1467) ▶ **notarielle Beurkundung** der Vollmacht, wenn diese unwiderruflich zum Grundstücksverkauf oder -erwerb erteilt wurde, da § 311 b Abs. 1 BGB sonst umgangen werden würde

Sie kann auch durch **schlüssiges Verhalten** erfolgen, soweit nichts anderes vorgeschrieben ist (ausdrückliche Erteilung z. B. bei der Prokura, § 48 Abs. 1 HGB).

Beispiele für schlüssige Vollmachterteilung (Palandt/Ellenberger, § 167 Rn. 2) ▶ Übertragung von solchen Aufgaben, die nur mit einer Vollmacht ordnungsgemäß erfüllt werden können ▶ Wird einem Architekten die Durchführung eines Bauvorhabens aufgetragen, liegt darin, falls nichts anderes vereinbart wurde, zugleich die Erteilung einer Vollmacht (BGH NJW 1960, 859); anders, wenn der Architekt nur Angebote einholen soll (OLG Köln NJW-RR 1992, 915). ▶ Die Vollmacht zur Verfügung über ein Bankkonto berechtigt nicht schlüssig auch für Kontoüberziehung. ▶ Die dem Gebrauchtwagenhändler bei einem Vermittlungsauftrag erteilte Vollmacht kann durch Veränderung des Pkws (Umlackierung) durch schlüssiges Handeln erlöschen (OLG Köln NJW-RR 1989, 1084).

Die Ausfertigung einer Urkunde über die Vollmachtserteilung ist nicht erforderlich. In der Praxis haben sich aber Nachweise über die Bevollmächtigung bewährt. Durch eine solche **Vollmachtsurkunde** wird für den Geschäftspartner Klarheit geschaffen. Probleme können sich allenfalls mit dem Widerruf einer solchen Vollmachtsurkunde ergeben, wozu §§ 174 bis 176 BGB Fragen im Hinblick auf die Wirkungsdauer bei Kenntnis des Erlöschens der Vertretungsmacht, Rückgabe der Urkunde, Kraftloserklärung der Urkunde klären, vgl. unten.

§ **§ 172 BGB Vollmachtsurkunde** (1) Der besonderen Mitteilung einer Bevollmächtigung durch den Vollmachtgeber steht es gleich, wenn dieser dem Vertreter eine Vollmachtsurkunde ausgehändigt hat und der Vertreter sie dem Dritten vorlegt. (2) Die Vertretungsmacht bleibt bestehen, bis die Vollmachtsurkunde dem Vollmachtgeber zurückgegeben oder für kraftlos erklärt wird.

165 Welche Arten der Vollmacht können von den Vertragsparteien erteilt werden?

> **Fall 69 Die eifrige Empfangsdame** Die bei **Unternehmer U** lediglich als **Empfangsdame** beschäftigte E hat sich, um die Langeweile zu vertreiben, **angewöhnt, telefonische Bestellungen** für den U direkt von den Kunden anzunehmen. Eigentlich sollte sie diese der chronisch überlasteten Bestellabteilung durchstellen. Der gestresste Unternehmer U kam aber nicht dazu, der E dieses Verhalten zu untersagen. Einer der langjährigen Kunden K verlangt von U Erfüllung eines über die E abgeschlossenen Vertrages. Angesichts der schlechten Vertragskonditionen weigert sich U nun erstmalig, da die E nicht von ihm bevollmächtigt gewesen sei. **Frage Hat der Unternehmer U Recht? Variante** Wie wäre es, wenn der U von dem Verhalten der E nichts gewusst hatte, weil er zu viel auf Reisen und zu wenig im Büro war?

Je nachdem, welche **Unterscheidungskriterien** man anwendet, gibt es u.a. die nachfolgenden Arten der Vollmacht:

Arten der Vollmacht
- Innen-, und Außenvollmacht
- Spezial-, Gattungs- und Generalvollmacht
- Einzel- und Gesamtvollmacht
- Haupt- und Untervollmacht
- Duldungs- und Anscheinsvollmacht

(1) Wie wurde die Vollmacht erteilt?

Wurde die Vollmacht durch Erklärung gegenüber dem Vertreter erteilt, liegt eine **Innenvollmacht** vor, § 167 Abs. 1, Alt. 1 BGB. Wurde die Vollmacht durch Erklärung gegenüber dem Geschäftsgegner erteilt, spricht man von einer **Außenvollmacht**, § 167 Abs. 1, Alt. 2 BGB.

> **§ 167 Abs. 1 BGB Erteilung der Vollmacht** (1) Die Erteilung der Vollmacht erfolgt durch Erklärung gegenüber dem zu Bevollmächtigenden oder dem Dritten, dem gegenüber die Vertretung stattfinden soll.

Schließlich kann man noch die **Bevollmächtigung durch öffentliche Bekanntmachung** unterscheiden, § 171 Abs. 1, Alt. 2 BGB, bei der z. B. durch Mitteilungen an die Kunden, Zeitungsannonce oder durch sonstige Medien eine Vollmachtserteilung bekannt gegeben wird. Die Unterscheidung hat in der Praxis Auswirkungen auf die Art und Weise des Widerrufs der Vollmacht, die je nach Art der Vollmacht unterschiedlich sein kann, vgl. unten.

(2) Ist der Umfang der Vertretungsmacht beschränkt?

Will man den unterschiedlichen **Umfang** einer Vollmacht bereits durch den Namen der Vollmacht beschreiben, unterscheidet die Rechtslehre (Palandt/Ellenberger, § 167 BGB, Rn. 5 ff.):

- die **Spezialvollmacht** = Vollmacht für ein bestimmtes Geschäft, wobei der Umfang der Vollmacht in der Regel durch die Festlegungen der Parteien zu bestimmen ist. Wurde hier ausnahmsweise keine Absprache getroffen, ist durch Auslegung

(§§ 133, 157 BGB) der Vollmachtserklärung und der Umstände der Umfang zu bestimmen.

> **Muster 24: Einfache Spezialvollmacht (vgl. Beck'sches Formularhandbuch, I. 33)**
>
> Ich, der unterzeichnende Eigentümer V, bevollmächtige meinen Freund F (Geburtsdatum, Anschrift) meinen Wagen, Typ VW, amtliches Kennzeichen ..., zu verkaufen und zu übereignen sowie alle im Zusammenhang mit dem Verkauf und der Übereignung erforderlichen oder zweckmäßigen Erklärungen abzugeben und Handlungen – einschließlich der Entgegennahme des Kaufpreises – vorzunehmen. Die Vollmacht erlischt am ... Unterschrift Eigentümer, Ort und Datum

- die **Gattungsvollmacht** = Vollmacht für eine Art, eine Gattung von Geschäften, so dass gleichartige Geschäfte betroffen sind (z. B. Vollmacht zum Inkasso von Forderungen, Vollmacht für Bankgeschäfte). Oder die Vollmacht wird durch eine bestimmte Funktion beschrieben (z. B. übliche Vollmachten, die ein Verwalter benötigt).
- die **Generalvollmacht** = Vollmacht für alle Geschäfte, bei denen Vertretung zulässig ist, wobei durch Auslegung auch Grenzen des Umfangs z. B. für sehr außergewöhnliche und den Vertretenen eindeutig benachteiligende Verträge von der Rechtsprechung anerkannt wurden (OLG Frankfurt NJW-RR 1987, 482). Eine weitere Begrenzung erhält die Generalvollmacht beim Vollmachtsmissbrauch, z. B. wenn der Vertreter und der Vertragsgegner bewusst zum Nachteil des Vertretenen zusammenarbeiten (sog. Kollusion).

> **Muster 25: Generalvollmacht (vgl. Beck'sches Formularhandbuch, I. 34)**
>
> Verhandelt in ... am ... Vor dem unterzeichnenden Notar ... erschien ... Der Erschienene erklärte: Ich ernenne meine Freundin F (Geburtsdatum, Anschrift) zu meiner Generalbevollmächtigten. Sie ist befugt, mich gerichtlich und außergerichtlich gegenüber jedermann und in allen gesetzlich zulässigen Fällen zu vertreten. Meine Bevollmächtigte ist berechtigt, für bestimmte Arten von Geschäften oder für einzelne Geschäfte Untervollmacht zu erteilen, jedoch nicht unter Befreiung von den Beschränkungen des § 181 BGB. Sie selbst ist von den Beschränkungen des § 181 BGB befreit. Die Vollmacht soll über meinen Tod hinaus gültig sein, bis sie von meinen Erben widerrufen wird. Die Bevollmächtigte ist ermächtigt, sich eine Ausfertigung dieses Protokolls erteilen zu lassen. Weitere Ausfertigungen sind ihr nur aufgrund ausdrücklicher Weisung zu erteilen. Vorgelesen, genehmigt und unterschrieben

(3) Kann der Vertreter alleine handeln oder nur mit anderen?

Hat man eine Vollmacht mehreren erteilt, kann man es durch die **Gesamtvollmacht** erreichen, dass die Vollmacht nur immer im Zusammenwirken mit anderen Vertretern oder dem Vertretenen ausgeübt werden kann. Ist eine Person also allein zur Vertretung befugt, bezeichnet man dieses als **Einzelvollmacht**. Der Vertreter kann hierbei neben anderen ebenfalls bevollmächtigten Vertretern alleine handeln, ohne dass er sich mit diesen abzustimmen braucht. Sind dagegen zwei (oder mehrere) Vertreter nur zusammen berechtigt, ein Geschäft für den Vertretenen durchzuführen, liegt eine **Gesamtvollmacht** vor. Diese Gesamtvollmacht ist in der Praxis z. B. dann angeraten, wenn ein Vertreter nicht genügend Know-how für den Abschluss der Verträge hat oder man eine wirksame Kontrolle seiner Geschäftstätigkeit beabsichtigt. Natürlich wird dann auch der Vertragsabschluss verlangsamt bzw. erschwert.

4 Vertretungsmacht

Im Gesetz ist eine solche Gesamtvollmacht z. B. ausdrücklich im §48 Abs. 2 HGB bei der Prokura vorgesehen, sog. Gesamtprokura.

> **§48 Abs. 2 HGB** (2) Die Erteilung kann an mehrere Personen **gemeinschaftlich** erfolgen (**Gesamtprokura**).

Welche Art von Prokura im Einzelfall vorliegt, ist durch Auslegung der Vollmachtserklärung zu ermitteln. Für den Vertragsabschluss ist bei Vorliegen einer Gesamtvollmacht immer die Unterschrift mehrerer Personen unter den Vertrag notwendig.

(4) Wer ist der Bevollmächtigende?

Je nachdem, ob die Vollmacht **vom Geschäftsherrn** oder von einem seinerseits Bevollmächtigten bzw. gesetzlichen Vertreter erteilt wurde, unterscheidet man die **Haupt- und die Untervollmacht**. Ob der Bevollmächtigte zur Erteilung einer solchen Untervollmacht berechtigt ist, ergibt wiederum eine Auslegung der Vollmachtserteilung und der näheren Umstände, §§ 133, 157 BGB. Letztlich kommt es darauf an, **ob es erkennbar für den Vertretenen auf die persönliche Wahrnehmung der Vertretung** durch den Bevollmächtigten ankam oder nicht (BGH BB 1959, 319). Auch der Unterbevollmächtigte muss im Namen des Vertretenen auftreten und berechtigt und verpflichtet aus den abgeschlossenen Geschäften allein den Vertretenen (nicht etwa den Bevollmächtigenden, wobei in der Rechtsprechung aber auch der „Vertreter des Vertreters" akzeptiert wurde, BGHZ 32, 253).

(5) Wie wurde die Vollmacht erteilt?

Abhängig von der Art der Erteilung unterscheidet die Rechtslehre neben der ausdrücklichen Vollmachtserteilung auch noch die sog. **Duldungsvollmacht und die Anscheinsvollmacht**. In der Praxis kommt es manchmal vor, dass eine Vollmacht in Wirklichkeit nicht besteht, eine Person aber trotzdem wie ein Vertreter gegenüber den Geschäftspartnern auftritt. Kommen auch dann noch äußere Umstände hinzu, aus denen der Geschäftspartner ableiten konnte, dass der Vertreter zum Abschluss des Geschäfts befugt war, könnte eine sog. Duldungsvollmacht oder eine Anscheinsvollmacht vorliegen.

In diesen Fällen ist abzuwägen, ob der Vertretene (= dann kein Vertragsschluss zu seinen Lasten) oder der Geschäftspartner (= dann Vertragsschluss zu Lasten des Vertretenen) schutzwürdiger ist.

Die **Rechtsprechung** hat in den Fällen, in denen der Vertretene seinerseits dazu beigetragen hat, dass sich für einen Dritten der Schein einer Vollmacht des Vertreters ergeben hat, den Geschäftspartner als schutzwürdiger befunden. Derjenige, der den Rechtsschein einer Vollmacht veranlasst hat, muss das vom Vertreter abgeschlossene Rechtsgeschäft gegen sich gelten lassen. Die Voraussetzungen für eine solche Duldungs- oder Anscheinsvollmacht hat die Rechtsprechung wie folgend herausgearbeitet:

> **Voraussetzungen für die Duldungs- oder Anscheinsvollmacht**
> - Es liegt keine **ausdrückliche Vollmacht** vor.
> - Der Geschäftspartner kann mit Rücksicht auf die **Verkehrssitte** aus dem äußeren Geschehen auf eine Bevollmächtigung schließen.

- Der Vertretene hat diesen Rechtsschein in zurechenbarer Weise gesetzt, d. h. bei der **Duldungsvollmacht** indem er das Verhalten des für ihn Handelnden gekannt und geduldet hat.
- Bei der **Anscheinsvollmacht** hat er es zwar nicht gekannt, hätte es aber bei pflichtgemäßer Sorgfalt erkennen und verhindern können.
- Der Dritte (Geschäftspartner) hat auf den so geschaffenen Rechtsschein tatsächlich **vertraut**. Wusste er von der fehlenden Bevollmächtigung, so ist sein Vertrauen in das Bestehen einer Vertretungsmacht nicht schutzwürdig.

Lösung Fall 69 Im **Fall** liegt eine ausdrückliche Bevollmächtigung nicht vor und auch eine stillschweigende Bevollmächtigung ist nach Zeit und Ort nicht eindeutig auszumachen. Wendet man hier das von der Rechtslehre entwickelte **allgemeine Institut der Rechtsscheinsvollmacht** an, liegt bei Kenntnis des Unternehmers U vom Handeln der E eine **Duldungsvollmacht** gegenüber dem Kunden K vor. U hätte gegen das Verhalten der E einschreiten können und letztlich auch müssen. **Wusste** der U dagegen nichts vom Verhalten der E, ist er nach den Grundsätzen der **Anscheinsvollmacht** trotzdem verpflichtet, den Vertrag mit K zu erfüllen, wenn er bei pflichtgemäßer Sorgfalt hätte erkennen und verhindern können, dass seine Mitarbeiter eigene Wege gehen. Da U sich zu wenig um sein Büro gekümmert hatte, ist diese Voraussetzung gegeben. Soweit der Kunde K auch nichts von der fehlenden Vertretungsmacht wusste, ist der Unternehmer auch in der Alternative dem Vertrag verpflichtet worden.

▷ **166 Wie kann eine Vertragspartei die einmal vergebene Vollmacht wieder zum Erlöschen bringen?**

Für das Erlöschen einer Vollmacht regelt das Gesetz einige Möglichkeiten, § 168 S. 1 BGB, in der Praxis können noch weitere dazukommen.

§ **§ 168 S. 1 BGB Erlöschen der Vollmacht** Das Erlöschen der Vollmacht bestimmt sich nach dem ihrer **Erteilung zugrunde liegenden Rechtsverhältnis**.

Folgende **Erlöschensgründe** sind gegeben:

Erlöschensgründe bei der Vollmacht
- Erlöschen des zugrunde liegenden Grundverhältnisses
- Kündigung bzw. Widerruf der Vollmacht
- Zeitablauf bei befristeter Vertretung
- Tod des Bevollmächtigten
- Rücknahme einer Außenvollmacht
- Anfechtung der Bevollmächtigung
- Rücktritt von der Bevollmächtigung
- Rückgabe der Vollmachtsurkunde

Die Vollmacht erlischt regelmäßig mit der Beendigung des zugrundeliegenden **Grundverhältnisses**, das regelmäßig einen Geschäftsbesorgungsvertrag darstellt, § 675 BGB, aber auch andere Rechtsgeschäfte zur Basis haben kann.

4 Vertretungsmacht

Beispiele für ein der Vertretung zugrunde liegendes erloschenes Rechtsgeschäft ▶ Bestand die Geschäftsbesorgung im Abschluss eines bestimmten Vertrags, endet die Vertretung mit Abschluss dieses Vertrages, da dann der Zweck der Vertretung erreicht wurde. ▶ Wurde der Arbeitsvertrag des Vertreters gekündigt, ist der Arbeitnehmer Dritten gegenüber auch nicht mehr zur Vornahme von Rechtsgeschäften bevollmächtigt.

Möglich ist auch der jederzeitige **Widerruf** durch den Bevollmächtigenden mittels einseitiger empfangsbedürftiger Willenserklärung, § 168 S. 2 und 3 BGB.

§ **§ 168 S. 2 und 3 BGB Erlöschen der Vollmacht** ... Die Vollmacht ist auch bei dem Fortbestehen des Rechtsverhältnisses widerruflich, sofern sich nicht aus diesem ein anderes ergibt. Auf die Erklärung des Widerrufs findet die Vorschrift des § 167 Abs. 1 entsprechende Anwendung.

Befristete Vollmachten enden mit Fristablauf. Vollmachten, die nur unter bestimmten Bedingungen abgeschlossen werden (z. B. aus Gründen der Urlaubsvertretung) enden mit dem Wegfall der Bedingung (z. B. Rückkehr des Vertretenen aus dem Urlaub).

Stirbt der Bevollmächtigte, so endet regelmäßig auch die Vollmacht, §§ 672, 675 BGB, ein vorher geschlossener Vertrag bleibt aber wirksam.

§ **§ 673 BGB Tod des Beauftragten** Der Auftrag erlischt **im Zweifel** durch den Tod des Beauftragten. Erlischt der Auftrag, so hat der Erbe des Beauftragten den Tod dem Auftraggeber unverzüglich anzuzeigen und, wenn mit dem Aufschub Gefahr verbunden ist, die Besorgung des übertragenen Geschäfts fortzusetzen, bis der Auftraggeber anderweit Fürsorge treffen kann; der Auftrag gilt insoweit als fortbestehend.

Stirbt dagegen der Vollmachtgeber oder wird er geschäftsunfähig, endet die Vollmacht nicht automatisch, wie sich aus §§ 672, 675 BGB ergibt. Der Vertreter steht weiterhin als Vertragspartner zur Verfügung.

§ **§ 672 BGB Tod oder Geschäftsunfähigkeit des Auftraggebers** Der Auftrag erlischt **im Zweifel nicht** durch den Tod oder den Eintritt der **Geschäftsunfähigkeit** des Auftraggebers. Erlischt der Auftrag, so hat der Beauftragte, wenn mit dem Aufschub Gefahr verbunden ist, die Besorgung des übertragenen Geschäfts fortzusetzen, bis der Erbe oder der gesetzliche Vertreter des Auftraggebers anderweit Fürsorge treffen kann; der Auftrag gilt insoweit als fortbestehend.

Mit dem Erlöschen der Vollmacht fehlt dem Vertreter für die Vornahme weiterer Geschäfte die Vertretungsmacht. Handelt er trotzdem im fremden Namen, kommen grundsätzlich die Vorschriften über den Vertragsschluss durch Vertreter ohne Vertretungsmacht zur Anwendung, §§ 177 ff. BGB. Möglich ist aber auch, dass der Dritte (Geschäftspartner) schutzwürdiger ist als der die Vollmacht widerrufende Vollmachtgeber. Diese **Ausnahmefälle einer Rechtsscheinshaftung** des Vollmachtgebers regeln die §§ 170 bis 173 BGB.

§ 170 BGB regelt die **sog. Außenvollmacht**, d. h. die Vollmacht, die durch Erklärung gegenüber dem Dritten erteilt worden ist. Sie erlischt erst dann wieder, wenn sie auch dem Dritten gegenüber widerrufen wird. Ein gutgläubiger Dritter könnte also auf die Vollmacht weiterhin vertrauen, bis ihm das Erlöschen angezeigt wird. § 170 BGB gilt auch dann, wenn die Vollmacht nur eingeschränkt oder abgeändert worden ist.

> **§ 170 BGB Wirkungsdauer der Vollmacht** Wird die Vollmacht durch Erklärung gegenüber einem Dritten erteilt, so bleibt sie diesem gegenüber in Kraft, bis ihm das Erlöschen von dem Vollmachtgeber angezeigt wird.

Wurde die Bevollmächtigung durch eine besondere Mitteilung an einen Dritten oder durch **öffentliche Bekanntmachung** kundgegeben, muss die Vollmacht in derselben Weise, wie sie erteilt worden ist, widerrufen werden, § 171 BGB.

> **§ 171 BGB Wirkungsdauer bei Kundgebung** (1) Hat jemand durch besondere Mitteilung an einen Dritten oder durch öffentliche Bekanntmachung kundgegeben, dass er einen anderen bevollmächtigt habe, so ist dieser auf Grund der Kundgebung im ersteren Falle dem Dritten gegenüber, im letzteren Falle jedem Dritten gegenüber zur Vertretung befugt. (2) Die Vertretungsmacht bleibt bestehen, bis die Kundgebung in derselben Weise, wie sie erfolgt ist, widerrufen wird.

Wurde dem Bevollmächtigten vom Vollmachtgeber eine Vollmachtsurkunde ausgehändigt und dem Dritten vorgelegt, bleibt die Vollmacht solange bestehen, bis die **Vollmachtsurkunde** dem Vollmachtgeber zurückgegeben oder für kraftlos erklärt wird, §§ 172, 175, 176 BGB.

> **§ 172 BGB Vollmachtsurkunde** (1) Der besonderen Mitteilung einer Bevollmächtigung durch den Vollmachtgeber steht es gleich, wenn dieser dem Vertreter eine Vollmachtsurkunde ausgehändigt hat und der Vertreter sie dem Dritten vorlegt. (2) Die Vertretungsmacht bleibt bestehen, bis die Vollmachtsurkunde dem Vollmachtgeber zurückgegeben oder für kraftlos erklärt wird.

Diesen Fällen ist gemeinsam, dass der Dritte in seinem Vertrauen auf einen Rechtsschein vom Gesetz geschützt wird. Kennt der Dritte dagegen das Erlöschen oder hätte er es bei Anwendung der erforderlichen Sorgfalt erkennen können, finden die vorgenannten Vorschriften keine Anwendung, § 173 BGB.

> **§ 173 BGB Wirkungsdauer bei Kenntnis und fahrlässiger Unkenntnis** Die Vorschriften des § 170, des § 171 Abs. 2 und des § 172 Abs. 2 finden keine Anwendung, wenn der Dritte das Erlöschen der Vertretungsmacht bei der Vornahme des Rechtsgeschäfts kennt oder kennen muss.

5 Fehler des Vertreters

▶ **167 Welchen Beteiligten werden Fehler und besondere Kenntnisse bei der Stellvertretung zugerechnet?**

Bei der Abgabe von Willenserklärungen kann es zu Fehlern kommen. Wird ein Vertreter eingeschaltet, stellt sich die Frage, **ob und wem die Fehler des Vertreters zugerechnet werden**.

Letztlich ist es Ziel der gesetzlichen Vorschriften, den Vertragsparteien durch den Einsatz von Vertretern keine Nachteile aber auch keine Vorteile gegenüber einem in eigener Person vorgenommenen Vertragsschluss zuteil werden zu lassen.

(1) Wie wird eine besondere Kenntnis des Vertreters behandelt?

> **Fall 70 Der irrende Vertreter** Der von **Unternehmer U** bevollmächtigte angestellte **Prokurist P** verspricht sich bei den Verhandlungen mit dem **Händler H** über den Kauf eines Schrankes und sagt **statt 1.380 € 1.830 €** als Kaufpreis zu. **Fragen Was muss der Unternehmer U bezahlen? Kann U anfechten?**

Unterliegt der Vertreter bei der Abgabe der Erklärung z. B. einem Irrtum, der nach §§ 119 ff. BGB zur Anfechtung berechtigt, ist der Vertretene zwar an die irrtümliche Erklärung des Vertreters zunächst gebunden. Hätte der Vertretene aber die Willenserklärung selbst abgegeben, könnte er anfechten. Da der Vertretene die Willenserklärung aber nicht selbst abgegeben hat, ist er auch nicht im Irrtum, streng genommen hat der Vertretene sich nicht geirrt.

Hier bedarf es einer Klarstellung durch das Gesetz: § 166 Abs. 1, Alt. 1 BGB stellt hinsichtlich der Voraussetzungen der Anfechtung („Willensmängel") auf die Person des Vertreters ab. Dieser gibt schließlich für den Vertretenen die Willenserklärung ab. Da den Vertretenen aber die Rechtsfolgen des Geschäfts treffen, ist der Vertretene – also nicht der Vertreter – zur Anfechtung berechtigt. Gleiches gilt bei Vorliegen einer widerrechtlichen Drohung oder arglistigen Täuschung.

> § **§ 166 Abs. 1 BGB Willensmängel; ...** (1) Soweit die rechtlichen Folgen einer Willenserklärung durch **Willensmängel** oder durch die Kenntnis oder das Kennenmüssen gewisser Umstände beeinflusst werden, kommt **nicht die Person des Vertretenen**, sondern die des **Vertreters** in Betracht.

Kommt es bei manchen Rechtsgeschäften auf die Kenntnis oder das Kennenmüssen bestimmter Umstände an, z. B. beim gutgläubigen Erwerb von Gegenständen, §§ 929, 932 BGB, ist zu entscheiden, ob es auf den Vertreter oder den Vertretenen ankommt. Grundsätzlich ist auch hier auf den Vertreter als den Handelnden abzustellen, § 166 Abs. 1, Alt. 2 BGB.

> **Lösung Fall 70** Der vertretene U ist zunächst an die irrtümlich abgegebene Erklärung des Vertreters P gebunden. Eine Erklärung der Anfechtung durch U würde an seinem fehlenden Irrtum scheitern, wenn § 166 Abs. 1 BGB nicht den Blick auf den Vertreter P und dessen Willensmängel richten würde. Da der P sich in einem Irrtum befand, kann der U den Vertrag durch Anfechtung der Willenserklärung des P anfechten.

V. Stellvertretung

(2) Wie ist die Rechtslage, wenn der Vertreter auf Anweisung des Vertretenen gehandelt hat?

> **Fall 71 Der unwissende Strohmann** Der **Vertreter V** soll einen Schrank für den **Unternehmer U** abholen und alle notwendigen Vertragserklärungen gegenüber **Händler H** abgeben. Dabei weiß der V aber nicht, dass der Schrank nicht dem H, sondern der Verleihfirma D gehört, diese ihn aber dem Unternehmer U nicht verkaufen wollte. Der kaufende Unternehmer U schickt deshalb den V als unwissenden „Strohmann" vor, damit dieser das Geschäft endlich „perfekt" macht. **Frage Wird der U mit Abgabe der Erklärungen durch V Eigentümer des Schrankes?**

Hat jedoch der Vertreter **nach Anweisung des Vertretenen** gehandelt, kann sich der Vertretene nicht darauf berufen, dass der Vertreter gewisse ihm aber bekannte Umstände nicht kannte oder nicht kennen musste, § 166 Abs. 2 BGB.

> **§ 166 Abs. 2 BGB Wissenszurechnung** (2) Hat im Falle einer durch Rechtsgeschäft erteilten Vertretungsmacht (Vollmacht) der Vertreter **nach bestimmten Weisungen** des Vollmachtgebers **gehandelt**, so kann sich dieser in Ansehung solcher Umstände, die er selbst kannte, nicht auf die Unkenntnis des Vertreters berufen. Dasselbe gilt von Umständen, die der Vollmachtgeber kennen musste, sofern das Kennenmüssen der Kenntnis gleichsteht.

> **Lösung Fall 71** Da der **Händler H** nicht Eigentümer (sondern nur Besitzer) des Schrankes ist, kann der Unternehmer U von ihm nicht nach der „normalen" Übereignungsvorschrift § 929 S. 1 BGB Eigentum erwerben. Möglich ist ein **gutgläubiger Erwerb vom Nichtberechtigten** für U nicht, da ihm ja bekannt ist, dass der Händler H nicht Eigentümer ist, § 932 Abs. 2 BGB. In der Praxis ist daher die **Methode „Strohmann"** gar nicht so selten zu finden, hier in der Form, dass man einen ahnungslosen Vertreter vorschickt. Vor dem Hintergrund der gesetzlichen Regelung in § 166 Abs. 2 BGB, wonach es bei Weisungen auf die Kenntnis des Weisungsgebers ankommt, ist diesen Machenschaften ein Riegel vorzuschieben. Der Unternehmer erwirbt **kein Eigentum** durch einen gutgläubigen Vertreter V, da er selbst bösgläubig war.

6 Vertreter ohne Vertretungsmacht

▶ 168 Wann liegt ein Vertragsschluss durch einen Vertreter ohne Vertretungsmacht vor?

> **Fall 72 Immer Ärger mit den Vertretern** Der **Händler H** bestellt seinen **Angestellten P** zum Prokuristen. **Intern** wird mit A vereinbart, dass er nur Geschäfte bis zu 5.000,- € alleine tätigen darf. Alle darüber hinaus gehenden Geschäfte muss er vorher mit H abstimmen. Trotzdem kauft A beim **Lieferanten L** für den H Waren im Wert von 10.000,- €, weil er einen günstigen Mengenrabatt eingeräumt bekam. Der Lieferant L verlangt Bezahlung von H in Höhe von 10.000,- €. H weigert sich unter Hinweis auf die interne Absprache mit seinem treulosen Vertreter A. **Frage Zu Recht?**

Einleitend ist zunächst einmal zu entscheiden, wann überhaupt ein Vertreter ohne Vertretungsmacht nach der Rechtsprechung vorliegt:

> **Fälle des Handelns ohne Vertretungsmacht**
> - keine oder nicht wirksame **Erteilung** der Vertretungsmacht
> - **erloschene Vertretungsmacht**, z. B. durch Anfechtung, Widerruf oder aus sonstigen Gründen
> - **Überschreitung der Vertretungsmacht** durch den Vertreter, bewusst oder unbewusst

Ohne Zweifel fehlt es in den ersten beiden Fällen an einer Vertretungsmacht. Schwieriger kann dagegen der dritte Fall der fehlenden Vertretungsmacht sein, wenn der Vertreter sich z. B. nicht an interne Absprachen im Hinblick auf Umfang, Kosten, Kaufpreis oder Ähnliches hält.

▶ **169 Welche Rolle spielen Außen- und Grundverhältnis bei der Stellvertretung?**

Da das Stellvertretungsrecht auch vom **Abstraktionsprinzip** beherrscht wird, sind bei der Nichtbeachtung interner Absprachen zwei Ebenen voneinander zu unterscheiden:

- **Ebene Vertretener und Dritter (Außenverhältnis):** Die Vollmacht betrifft allein das **Außenverhältnis** zwischen Vollmachtgeber und Drittem (Geschäftspartner). Sie berechtigt lediglich den Bevollmächtigten für den Vertretenen zu handeln; verpflichtet den Vertreter selbst aber nicht.
- **Ebene Vertretener und Vertreter (Grund- oder Innenverhältnis):** Wenn der Vollmachtgeber den Vertreter bittet, ein Geschäft für ihn abzuschließen, liegt in der Regel ein Vertragsverhältnis zwischen beiden vor (z. B. Auftrag, Arbeitsverhältnis, Geschäftsbesorgungsvertrag). Das Vertragsverhältnis (Grundverhältnis) zwischen Vollmachtgeber und Bevollmächtigtem betrifft demgegenüber das **Innenverhältnis** zwischen diesen beiden Personen. Daraus wird der Bevollmächtigte verpflichtet, das Geschäft dann für den Vertretenen durchzuführen.

Bei der Frage, ob eine Bevollmächtigung für den Vertragsschluss mit dem dritten Vertragspartner wirksam ist, muss unterschieden werden, wer schutzbedürftiger ist.

Bei der **Vollmacht nach BGB** wird der Bürger davor geschützt, dass irgendjemand sich als Vertreter aufschwingt und ihn einfach in Vertragsabschlüsse hineinzieht. Fehlt die Beauftragung im Grundverhältnis, so existiert auch im Außenverhältnis keine Vertretungsmacht, da **der Vertretene schutzbedürftiger ist als der Dritte**, der sich ja hätte erkundigen müssen. Es liegt ein Fall der Vertretung ohne Vertretungsmacht vor, §§ 177 ff. BGB.

Im **HGB** dagegen existiert mit der **Prokura eine sehr umfassende Vollmacht**, die zudem im Handelsregister eingetragen wird. Der Dritte darf sich darauf verlassen, und das grundsätzlich unabhängig davon, ob das zugrunde liegende Grundgeschäft zwischen Prokuristen und Vertretenen noch besteht. Für die Wirksamkeit der Vollmacht darf also nicht auf das zugrunde liegende Grundgeschäft gesehen werden, sondern allein auf die nach außen wirkende Vollmacht des Außenverhältnisses. Ist diese

Vollmacht nach allgemeinen Grundsätzen wirksam, spielen die internen Absprachen für den Vertragsschluss mit dem Dritten keine Rolle, er kann auf Vertragserfüllung beharren, denn der Dritte ist schutzbedürftiger als der Vertretene, die Vollmacht ist abstrakt gültig, obwohl das Grundverhältnis nicht besteht. Es liegt kein Fall des Vertreters ohne Vertretungsmacht vor.

> **Lösung Fall 72** Die interne Absprache im **Fall** zwischen dem Vertretenen H und dem Prokuristen A hat für das Zustandekommen des Geschäfts aufgrund der umfangreichen handelsrechtlichen Vertretungsmacht nach § 49 Abs. 1 HGB keine Auswirkung. Es liegt damit **kein Fall eines Vertreters ohne Vertretungsmacht** im Sinne der §§ 177 bis 179 BGB vor, da nach außen von wirksamer Vertretung auszugehen ist. Der H hat lediglich gegen seinen Angestellten einen Schadensersatzanspruch, wenn ihm durch die abredewidrig ausgeübte Vollmacht ein Schaden entstanden ist. Den Vertrag muss er ansonsten erfüllen.

§ **§ 49 Abs. 1 HGB** (1) Die Prokura ermächtigt **zu allen Arten** von gerichtlichen und außergerichtlichen Geschäften und Rechtshandlungen, die der Betrieb eines Handelsgewerbes mit sich bringt.

Liegt nach Beachtung des Vorgenannten ein tatsächlicher Fall des Fehlens der Vertretungsmacht vor, regelt das Gesetz in den §§ 177 bis 179 BGB die bestehenden Rechtsbeziehungen.

▶ **170 Was gilt im Verhältnis zwischen dem dritten Vertragspartner und dem Vertretenen wenn ein Vertrag von einem Vertreter ohne Vertretungsmacht abgeschlossen wurde?**

Ist ein Vertrag ohne Vertretungsmacht im Namen des Vertretenen abgeschlossen worden, besteht zunächst ein **Schwebezustand**. Der Vertrag ist nicht völlig unwirksam, aber entfaltet auch noch keine Rechtswirkungen. Dieser Schwebezustand kann wie in § 177 Abs. 1 BGB geregelt, beendet werden.

§ **§ 177 Abs. 1 BGB Vertragsschluss durch Vertreter ohne Vertretungsmacht** (1) Schließt jemand ohne Vertretungsmacht im Namen eines anderen einen Vertrag, so hängt die Wirksamkeit des Vertrags für und gegen den Vertretenen von dessen **Genehmigung** ab.

Der **Vertretene** kann das vollmachtlose Geschäft seines Vertreters an sich ziehen, z. B. wenn es ein günstiges Geschäft ist, indem er es nachträglich genehmigt, §§ 182 ff. BGB.

Es besteht auch die Möglichkeit, dass diese Genehmigung **durch schlüssiges Handeln** etwa durch Leistung der verkauften Gegenstände erklärt wird. Voraussetzung ist aber immer, dass der Vertretene weiß oder bei Anwendung pflichtgemäßer Sorgfalt hätte erkennen können, dass er damit den vom Vertreter geschlossenen Vertrag genehmigt (BGH NJW 2005, 1488).

Der Dritte kann den Vertretenen auch **zur Erklärung über die Genehmigung** auffordern, § 177 Abs. 2 BGB. Vom Zugang der Aufforderung läuft dann eine Frist von 2 Wochen, innerhalb der die Genehmigung erklärt werden kann. Wird sie nicht erklärt, gilt sie als verweigert.

6 Vertreter ohne Vertretungsmacht

> **§177 Abs. 2 BGB Vertragsschluss durch Vertreter ohne Vertretungsmacht** (2) Fordert der andere Teil den Vertretenen zur Erklärung über die Genehmigung auf, so kann die Erklärung nur ihm gegenüber erfolgen; eine vor der Aufforderung dem Vertreter gegenüber erklärte Genehmigung oder Verweigerung der Genehmigung wird unwirksam. Die Genehmigung kann nur bis zum Ablauf von zwei Wochen nach dem Empfang der Aufforderung erklärt werden; wird sie nicht erklärt, so gilt sie als verweigert.

▶ **171 Welche Auswirkungen hat ein Vertragsschluss zwischen einem vollmachtlosen Vertreter und dem Dritten bei fehlender Genehmigung des Vertretenen?**

> **Fall 73 Der vollmachtlose Vertreter** Der **Vertreter V** hat für den **U** ohne Vertretungsmacht beim **Händler H** ein Auto für 5.000,– € gekauft. U verweigert die Genehmigung. Händler H verlangt jetzt vom Vertreter V persönlich Zahlung des vereinbarten Kaufpreises i.H.v. 5.000,– € und Abnahme des Wagens. Wenn V nicht zahlen kann, will er wenigstens seinen entgangenen Gewinn i.H.v. 500,– €. Auf jeden Fall will er die Kosten für die nutzlose Probefahrt i.H.v. 20,– € Benzinkosten. **Frage Welche Ansprüche hat H?**

Das Rechtsverhältnis zwischen dem **Vertreter und dem Dritten** ist in §179 BGB geregelt:

> **§179 BGB Haftung des Vertreters ohne Vertretungsmacht** (1) Wer als Vertreter einen Vertrag geschlossen hat, ist, sofern er nicht seine Vertretungsmacht nachweist, dem anderen Teil nach dessen Wahl zur **Erfüllung** oder zum **Schadensersatz** verpflichtet, wenn der Vertretene die Genehmigung des Vertrags verweigert. (2) Hat der Vertreter den Mangel der Vertretungsmacht nicht gekannt, so ist er nur zum **Ersatz desjenigen Schadens** verpflichtet, welchen der andere Teil dadurch erleidet, dass er auf die Vertretungsmacht vertraut, jedoch nicht über den Betrag des Interesses hinaus, welches der andere Teil an der Wirksamkeit des Vertrags hat. (3) Der Vertreter **haftet nicht**, wenn der andere Teil den Mangel der Vertretungsmacht kannte oder kennen musste. Der Vertreter haftet auch dann nicht, wenn er in der Geschäftsfähigkeit beschränkt war, es sei denn, dass er mit Zustimmung seines gesetzlichen Vertreters gehandelt hat.

Kommt der vom vollmachtlosen Vertreter geschlossene Vertrag letztlich nicht zustande, muss der Dritte geschützt werden, wenn er auf die Gültigkeit des Geschäfts vertraut hat. Der Vertreter ist regelmäßig nicht schutzbedürftig, da er ja am ehesten wissen konnte, ob und inwieweit er Vertretungsmacht hatte. §179 BGB regelt für die folgenden Fälle unterschiedliche Rechtsfolgen:

- **§179 Abs. 1, 1. Alt. BGB:** Hat der Vertreter den Vertrag ohne Vertretungsmacht abgeschlossen, kann der Dritte auswählen, ob er einen Vertrag mit dem Vertreter selbst abschließen möchte, so dass dieser aus dem Vertrag zur **Erfüllung** verpflichtet ist.
- **§179 Abs. 1, 2. Alt. BGB:** Der Dritte kann aber auch **Schadensersatz** wegen Nichterfüllung verlangen. Der Vertreter muss dann dem Dritten den Schaden in Geld

ersetzen, der dem Dritten dadurch entstanden ist, dass das Geschäft nicht mit dem Vertretenen wirksam geworden ist.

- **§ 179 Abs. 2 BGB:** Zu ersetzen ist nur der **Vertrauensschaden**, d. h. die Nachteile, die durch das Vertrauen auf die Gültigkeit des Vertrages dem Dritten entstanden sind (sog. negative Interesse). Der Dritte ist wertmäßig so zu stellen, wie wenn er stehen würde, wenn er nicht auf die Gültigkeit des Vertrags vertraut hätte. Der Vertrauensschaden könnte den Vertreter aber evtl. mehr kosten, als wenn der Vertrag von ihm erfüllt würde. Dann wäre der Dritte aber durch die fehlende Vertretungsmacht besser gestellt als mit vorhandener Vertretungsmacht. Deshalb hat das Gesetz den Schadensersatzanspruch auf die Höhe des Erfüllungsschadens begrenzt.

Beispiele ▶ nutzlos aufgewandte **Fahrtkosten** ▶ **Telekommunikationskosten** ▶ Arbeitszeit ▶ **Verpflegungsmehraufwand**

- **§ 179 Abs. 3 BGB:** Da die Haftung des Vertreters ohne Vertretungsmacht auf dem Grundsatz basiert, dass dieser Vertrauen veranlasst und enttäuscht hat, verdient ein bösgläubiger Vertragspartner keinen Schutz. Dieses liegt vor, wenn der Dritte die fehlende Vertretungsmacht ausdrücklich kannte bzw. wenn er sie kennen hätte müssen. Evtl. kann sogar eine Nachprüfungs- und Erkundigungspflicht bestehen, z. B. wenn ohne den Bauherrn zu beteiligen der Bauunternehmer mit dem Bauleiter eine wesentliche Änderung vereinbart (OLG Zweibrücken NJW-RR 2001, 453).

Lösung Fall 73 Im Fall könnte der H zunächst nach § 179 Abs. 1, Alt. 1 BGB **Erfüllung** verlangen, so dass der V das Auto nicht nur abnehmen müsste, sondern der H auch die Zahlung des Kaufpreises in Höhe von 5.000 € verlangen könnte, § 433 Abs. 2 BGB. H müsste dann seinerseits dem V das Auto übergeben und übereignen, § 433 Abs. 1, S. 1 BGB. Der H könnte aber auch das Auto behalten, und nur seinen **Schaden i.H.v. 500,- € entgangenen Gewinns** und seinen Schadensersatz durch die nutzlosen Benzinkosten i.H.v. 20,- € verlangen, § 179 Abs. 1, Alt. 2 BGB. Ist der **V ein gutgläubiger Vertreter**, d. h. wusste er nicht, dass er keine Vertretungsmacht hatte, beschränkt sich der Schadensersatz auf das Gesamtinteresse des Dritten, d. h. 500,- € Gesamtsumme (das wäre der Gewinn aus dem entgangenen Geschäft gewesen), § 179 Abs. 2 BGB. Liegen die Benzinkosten über diesem Betrag, müssen sie von einem gutgläubigen Vertreter nicht ersetzt werden.

Stellvertretung

- **Stellvertretung hat große Bedeutung in der Wirtschaft** ○ Massengeschäfte benötigen Stellvertreter, z. B. im Einzelhandel ○ Partei fehlt z. T. selbst die Sachkunde ○ Partei kann nicht handeln, z. B. wegen Abwesenheit, Krankheit
- **Definition der Stellvertretung, §§ 164–181 BGB** ○ Willenserklärung wird mit Wirkung für und gegen einen anderen durch den Vertreter abgegeben ○ Vertretener wird vertraglich verpflichtet ○ Vertreter haftet für ordnungsgemäße Vornahme der Vertretung ○ aktive Stellvertretung, wenn Vertreter Willenserklärung abgibt ○ passive Stellvertretung, wenn Vertreter Willenserklärung in Vertretung entgegennimmt
- **Prinzipien der Stellvertretung** ○ Repräsentationsprinzip, d. h. für bestimmte Eigenschaften, Kenntnisse etc. kommt es auf den Repräsentanten, den Vertreter an, nicht auf den Vertretenen, z. B. § 166 Abs. 1 BGB ○ Offenheitsgrundsatz, d. h. Stellvertretung liegt grundsätzlich nur vor, wenn der Vertreter im Namen des

6 Vertreter ohne Vertretungsmacht

Vertretenen erkennbar aufgetreten ist, § 164 Abs. 2 BGB ○ **Abstraktionsprinzip**. d. h. die Beauftragung zur Vertretung und das abgeschlossene Rechtsgeschäft sind hinsichtlich ihrer Wirksamkeit voneinander unabhängig

- **1. Voraussetzung einer wirksamen Stellvertretung = rechtlich zulässige Vertretung** ○ d. h. kein höchstpersönlich nur vom Vertretenen durchführbares Rechtsgeschäft ○ keine reine Tathandlung ○ kein vertraglicher Ausschluss der Stellvertretung
- **2. Voraussetzung = eigene Willenserklärung des Vertreters** ○ d. h. keine reine Boteneigenschaft ○ eigene Erklärung mit Handlungsspielraum ○ Vertreter muss zumindest beschränkt geschäftsfähig sein (Bote nicht) ○ bei Fehlern kommt es auf den Irrtum beim Vertreter an, § 166 Abs. 1 BGB (beim Boten auf den Irrtum des Erklärenden hinter dem Übermittler, § 120 BGB)
- **3. Voraussetzung = Abgabe in fremdem Namen, Vertreterhandeln** ○ ausdrücklich oder aus den Umständen muss sich der Fremdgeschäftswille erkennbar ergeben ○ Ausnahmen bei **sog. offenem Geschäft**, bei dem der Vertretene absichtlich erst später genannt werden soll ○ Verzicht auf den Namen bei dem sog. **Geschäft für den es angeht**, z. B. bei Bargeschäften des täglichen Lebens ○ nicht notwendig ist die Offenbarung auch bei unternehmensbezogenen Geschäften, die erkennbar nur für das Unternehmen geschlossen werden, z. B. Betriebsangestellte für den Betriebsinhaber ○ Sonderfall des Handelns unter falschem Namen ist nach den Umständen des Einzelfalls als Eigengeschäft des Vertreters oder Fremdgeschäft mit dem tatsächlichen Namensinhaber zu qualifizieren
- **4. Voraussetzung = Handeln mit Vertretungsmacht** ○ gesetzlich verliehene Vertretungsmacht, z. B. Eltern handeln beim Vertragsschluss für ihre Kinder ○ rechtsgeschäftlich erteilte Vertretungsmacht, z. B. durch Erklärung gegenüber dem Vertreter ○ grundsätzlich formlos möglich ○ auch durch schlüssiges Verhalten
- **Arten** der Vollmacht kann man unterscheiden z. B. nach Erteilungsform (Innen- oder Außenvollmacht, öffentlich bekantgemachte Vollmacht) ○ nach Umfang (Spezialvollmacht für ein Geschäft, Gattungsvollmacht, Generalvollmacht) ○ nach Anzahl der handelnden Vertreter (Einzel- oder Gesamtvollmacht) ○ nach der Person des Bevollmächtigenden (Haupt- oder Untervollmacht) ○ nach der Art der Erteilung (ausdrückliche, schlüssige Vollmacht, Duldungs- und Anscheinsvollmacht)
- **Erlöschen der Vollmacht** durch verschiedene Erlöschensgründe, z. B. ○ Erlöschen des zugrunde liegenden Rechtsverhältnisses (Arbeitsverhältnis, Auftrag) ○ Widerruf ○ Tod des Bevollmächtigten ○ Anfechtung der Bevollmächtigung etc.
- **Zurechnung von Fehlern des Vertreters, § 168 BGB** ○ für eine Kenntnis oder Kennenmüssen bestimmter Umstände stellt man auf den Vertreter ab, nicht auf den Vertretenen, § 168 Abs. 1 BGB ○ handelte der Vertreter auf Anweisung des Vertretenen, ist für eine Kenntnis bestimmter Umstände auf den Vertretenen abzustellen, § 168 Abs. 2 BGB
- **Handeln ohne Vertretungsmacht, §§ 178–179 BGB** ○ fehlende Vertretungsmacht in drei Fällen ○ keine oder nicht wirksame Erteilung ○ erloschene Vertretungsmacht ○ überschrittene Vertretungsmacht ○ Außen- und Innenverhältnis spielt bei der Überschreitung der Vertretungsmacht eine Rolle ○ Absprachen im Innenverhältnis schlagen nur bei der BGB-Vollmacht auf das Außenverhältnis

durch, anders bei HGB-Vollmachten, z. B. Prokura ○ Schwebezustand beim Handeln ohne Vertretungsmacht, § 177 BGB ○ Vertreter kann Geschäft nach seiner Wahl an sich „ziehen", genehmigen ○ bei Ablehnung kann Dritter vom Vertreter nach seiner Wahl die Erfüllung des Vertrages oder Schadensersatz verlangen, § 179 BGB

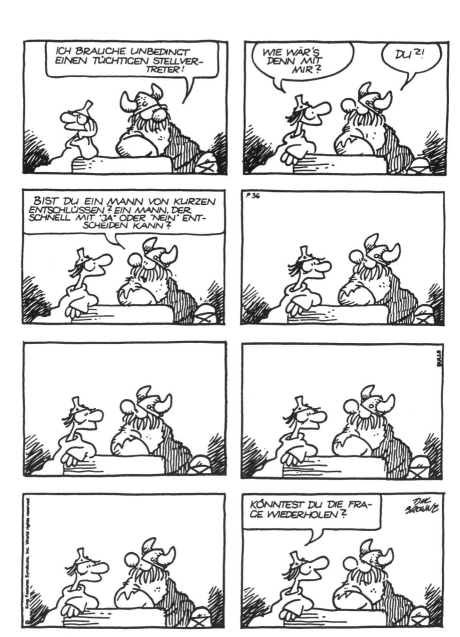

5. Teil

Vertragsgegenstand –

Was kann Gegenstand eines Vertrages sein?

Gliederung des 5. Teils

I.	System der Vertragsgegenstände	245
II.	Sachen	248
III.	Tiere	261
IV.	Rechte	263

I. System der Vertragsgegenstände

▶ **172 Welche Arten von Vertragsgegenständen unterscheidet man?**

Verträge können sich auf alle von der Rechtsordnung unter dem Begriff Rechtsobjekte fallenden Gegenstände beziehen, d. h. auf alles, was Objekt von Rechten sein kann.

1 Begriff und Systematik der Vertragsgegenstände

▶ **173 Was fällt begrifflich unter die Vertragsgegenstände?**

> **Fall 74 Nichts geht ohne System** Der **Unternehmer U** benötigt einen Kredit der **Hausbank B** und möchte als Sicherheiten folgende „Vermögensgegenstände" für den Kreditvertrag bewerten lassen: 1. Geschäftsmöbel, 2. Unternehmensgrundstück am Friedrich-List-Platz 1, 3. Firmenbus der Marke „Volkswagen", 4. Forderung an den Kunden Müller in Höhe von 1 Mio. €, 5. Kundenstamm mit 120 langfristigen Wartungsverträgen, 6. Mitarbeit von der Ehefrau E. **Frage** Wie sind diese Gegenstände in das in §§ 90 bis 103 BGB enthaltene Ordnungssystem des BGB für Gegenstände des Rechtsverkehrs einzuordnen?

Das BGB definiert zwar den Begriff (Vertrags-)Gegenstand nirgends, verwendet ihn aber, z. B. § 453 Abs. 1 BGB, wo es von Sachen, Rechten und sonstigen Gegenständen spricht.

§ **§ 453 Abs. 1 BGB Rechtskauf** (1) Die Vorschriften über den Kauf von **Sachen** finden auf den Kauf von **Rechten** und **sonstigen Gegenständen** entsprechende Anwendung.

> Allgemein könnte man unter Vertragsgegenständen alle Sachen und Rechte verstehen, die im allgemeinen Wirtschaftsleben mit oder ohne Gegenleistung einem Vertragspartner verschafft werden können.

Beispiele für Vertragsgegenstände ▶ körperliche Gegenstände, wie Lebensmittel ▶ Haustiere ▶ Kaufpreisforderungen ▶ Immaterialgüterrechte (unkörperliche Gegenstände), wie z. B. Werbeideen, Know-how, nicht patentierte Erfindungen ▶ Vermögensgesamtheiten wie z. B. Unternehmen, Arztpraxen ▶ Titel von Zeitschriften ▶ technisch beherrschbare Energien ▶ **nicht** darunter fallen höchstpersönliche Rechte, wie z. B. das Namensrecht, Persönlichkeitsrechte, Familienrechte, bloße Besitzrechte

Welche Systematik liegt den Vorschriften des BGB im Hinblick auf den Vertragsgegenstand zugrunde?

Diese Gegenstände werden systematisch weitestgehend in folgende Kategorien eingeordnet, und dann den entsprechenden rechtlichen Regelungen zugeordnet:

> **Systematik der Vertragsgegenstände nach den Vorschriften des BGB**
> - körperliche **Sachen**, §§ 90 ff. BGB
> - **Tiere**, § 90 a BGB, und
> - unkörperliche **Rechte**, §§ 398 ff. BGB

2 Rechtliche Bedeutung

▶ **174 Warum ist die Einhaltung dieser Systematik rechtlich so bedeutsam?**

Mit dieser Begriffsbestimmung wird eine **Rechtsklarheit** erreicht, die das BGB besonders im 3. Buch (Sachenrecht) erfordert und auch dort strikt einhält. Je nachdem, welches Rechtsobjekt übertragen werden soll, z. B. eine Sache oder ein Recht, gibt es im BGB dafür **verschiedene Übertragungs-Vorschriften** und natürlich verschiedene Voraussetzungen, die zu beachten sind:

§ **Abschnitt 5 Übertragung einer Forderung**

§ 398 BGB Abtretung Eine Forderung kann von dem Gläubiger durch Vertrag mit einem anderen auf diesen übertragen werden (Abtretung). Mit dem Abschluss des Vertrags tritt der neue Gläubiger an die Stelle des bisherigen Gläubigers.

Titel 3 Erwerb und Verlust des Eigentums an beweglichen Sachen Untertitel 1 Übertragung

§ **§ 929 BGB Einigung und Übergabe** Zur Übertragung des Eigentums an einer beweglichen Sache ist erforderlich, dass der Eigentümer die Sache dem Erwerber übergibt und beide darüber einig sind, dass das Eigentum übergehen soll ...

Darüber hinaus wird damit auch eine **Abgrenzung zu den Gegenständen** getroffen, die eben nicht Gegenstand von schuldrechtlichen Verpflichtungen sein können, wie z. B. das Persönlichkeitsrecht oder auch familienrechtliche Verpflichtungen (z. B. die Mitarbeit der Ehefrau in dem Unternehmen des Ehemanns). Nur an Sachen kann z. B. Eigentum im Sinne der §§ 903 ff. BGB, ein anderes dingliches Recht oder Besitz bestehen.

§ **Abschnitt 3 Eigentum Titel 1 Inhalt des Eigentums § 903 BGB Befugnisse des Eigentümers** Der Eigentümer einer **Sache** kann, soweit nicht das Gesetz oder Rechte Dritter entgegenstehen, mit der Sache nach Belieben verfahren und andere von jeder Einwirkung ausschließen.

3 Betriebswirtschaftliche Bedeutung

▶ **175 Warum ist die Bestimmung des Vertragsgegenstandes betriebswirtschaftlich so wichtig?**

An der Bestimmung dessen, was der andere Vertragspartner zu leisten hat, entscheiden sich wesentliche rechtliche Fragen, die aber auch für den betriebswirtschaftlichen Erfolg eines Vertrags von großer Bedeutung sind.

- **Welche Pflichten** hat der Vertragspartner im Hinblick auf den Vertragsgegenstand?
- Wann ist ein Vertragsgegenstand **mangelhaft** erbracht?
- Kann der Vertragsgegenstand nochmals geleistet werden, wenn er vor der Lieferung **zerstört** wurde?

In der Praxis ist es daher üblich, für die Bestimmung des Vertragsgegenstandes sowohl in **inhaltlichem als auch zeitlichem** Umfang genaue Vereinbarungen zu treffen, Fehlen diese, hält das BGB in den §§ 269–271 BGB Zweifelsregelungen bereit, die aber nicht immer den betriebswirtschaftlichen Sinn der Vertragsparteien treffen.

> **Muster 26: Inhaltlicher Leistungsumfang**
>
> Der Verkäufer verkauft dem Käufer einen/eine ... Farbe ... Größe ... Serien-Nr. ... .Zwischen den Vertragsparteien ist die als Anlage 1 diesem Vertrag beigefügte detaillierte Produktbeschreibung zur Bestimmung der Beschaffenheit des Vertragsgegenstandes ausdrücklich vereinbart. Weitergehende Haltbarkeits- und / oder Beschaffenheitsgarantien hat der Verkäufer dem Käufer gegenüber nicht abgegeben.

> **Muster 27: Leistungszeit**
>
> Der Beginn der von uns angegebenen Lieferzeit setzt die Abklärung aller technischen Fragen sowie die rechtzeitige und ordnungsgemäße Erfüllung der Verpflichtungen des Bestellers voraus. Die Einrede des nicht erfüllten Vertrages bleibt vorbehalten.
>
> Falls kein fester Liefertermin vereinbart wurde, erfolgt die Lieferung zwei Wochen nach Vertragsschluss. Soweit eine Mitwirkungshandlung des Kunden notwendig ist, beginnt die Frist nicht zu laufen, bevor der Kunde diese Handlung vorgenommen hat.

> **Lösung Fall 74** Mit Ausnahme der Ehefrau (6.), die zu den Rechtssubjekten gehört und kein Rechtsobjekt ist, können alle aufgezählten Vermögensgegenstände Gegenstand eines Vertrages sein. Rechtssystematisch liegen **drei Sachen** (Geschäftsmöbel, Unternehmensgrundstück, Firmenbus) und **zwei als Rechte** zu qualifizierende Vertragsgegenstände vor (Kundenforderung, Kundenstamm). Diese Gegenstände werden nach **verschiedenen Vorschriften** und Voraussetzungen übertragen. Ihre betriebswirtschaftliche Bewertung erfolgt nach **unterschiedlichen Bewertungsmethoden**.

> **Begriff, Systematik und Bedeutung der Vertragsgegenstände**
>
> - **Begriff der Vertragsgegenstände** ○ nicht definiert ○ Im Gesetz wird von „sonstigen" Gegenständen gesprochen, § 453 Abs. 1 BGB ○ Allgemein fallen darunter alle Sachen und Rechte, die im allgemeinen Wirtschaftsleben mit oder ohne Gegenleistung einem Vertragspartner verschafft werden können, z. B. Lebensmittel, Haustiere, Kaufpreisforderungen, Werbeideen.
> - **Systematik des BGB** ○ Das BGB enthält unterschiedliche Vorschriften für die drei Arten von Gegenständen ○ körperliche Sachen, §§ 90 ff. BGB ○ Tiere, § 90 a BGB ○ unkörperliche Rechte, §§ 398 ff. BGB
> - **Bedeutung** ○ je nach Vertragsgegenstand bestehen unterschiedliche Vertragspflichten ○ Mangelbegriff ist unterschiedlich ○ Frage, ob bei Zerstörung nochmals geliefert werden muss, ist je nach Vertragsgegenstand unterschiedlich zu beantworten

II. Sachen

▶ **176 Welche Arten von Sachen unterscheidet man?**

Sollen körperliche Sachen Gegenstand eines Vertrages sein, sind die Regelungen der §§ 90 ff. BGB zu beachten, in denen verschiedene Arten und ihre rechtliche Behandlung bei der Vertragsgestaltung beschrieben ist.

> **Arten von Sachen**
> - bewegliche und unbewegliche Sachen, § 90 BGB
> - vertretbare und nicht vertretbare Sachen, § 91 BGB
> - verbrauchbare und nicht verbrauchbare Sachen, § 92 BGB
> - wesentliche Bestandteile einer Sache oder eines Grundstücks und nicht wesentliche Bestandteile, §§ 93, 94 BGB

1 Begriff der Sache

▶ **177 Wann ist eine körperliche Sache Vertragsgegenstand?**

> **Fall 75 Zu soft für eine Sache?!** Die **Computerfirma Flottmann** hat mit dem **Optiker Dumm** einen Vertrag über die Nutzung von Software geschlossen, wonach dem **Dumm** auf einem zentralen Server installierte Buchhaltungs- und Warenwirtschaftssoftware zur Nutzung über das Internet zur Verfügung gestellt wurde (sog. **ASP-Vertrag**, d.h. Application Service Providing/Bereitstellung von Softwareanwendungen und damit verbundenen Dienstleistungen). **Dumm** musste für die Einweisung einmal 1.550 € und für die Nutzung monatlich 450 € zahlen. In der Folgezeit rügt der **Dumm Mängel der Software** und kündigt den Vertrag fristlos und lässt die im Wege des Bankeinzugs abgebuchten Nutzungsentgelte zurückbuchen. **Frage Lag hier die Miete einer beweglichen Sache vor, so dass Mietrecht anwendbar ist?** (Fall nach BGH NJW 2007, 2394)

Im Sinne des § 90 BGB sind Sachen nur körperliche Gegenstände, so dass in dieser Körperlichkeit das Hauptunterscheidungsmerkmal zu den Rechten zu finden ist.

§ **§ 90 BGB Begriff der Sache** Sachen im Sinne des Gesetzes sind nur körperliche Gegenstände.

Üblicherweise definiert die Rechtslehre diese Körperlichkeit so (vgl. Palandt/Ellenberger § 90 BGB, Rn. 1):

> Körperlichkeit bedeutet, dass eine Sache im Raum abgrenzbar sein muss,
> - entweder durch eigene körperliche Begrenzung,
> - durch Fassung in einem Behältnis
> - oder durch andere künstliche Mittel wie Grenzsteine oder Einzeichnungen in Karten.

Sachen können daher fest, flüssig oder gasförmig sein. Aber nicht alles sinnlich Wahrnehmbare ist auch gleichzeitig eine Sache. Entscheidend ist in jedem Einzelfall die Verkehrsanschauung und nicht der letzte Stand der physikalischen Wissenschaft.

Beispiele für fehlende Körpereigenschaft (Palandt/Ellenberger, § 90 Rn. 1 ff.) ▶ **Allgemeingüter**, wie z. B. Atemluft im Freien, Wasser in einem fließenden Gewässer oder im Meer (anders: in einen Becher eingefülltes Quellwasser) ▶ elektrische Energie ▶ Licht ▶ Grundwasser ▶ Schnee, grundsätzlich auch in Form von Langlaufloipen ▶ **Computerprogramme und Computerdaten** (wohl aber die Medien, auf denen diese Daten gespeichert sind, BGH NJW 2007, 2394) ▶ **Kundenstamm** (da immaterielles Gut) ▶ **Körper lebendiger Menschen** und seine ungetrennten Teile sowie mit ihm fest verbundene künstliche Körperteile wie der Herzschrittmacher ▶ getrennte Körperteile können eigentumsfähig als Sachen sein, z. B. Eigentumsrechte an Prothesen, Perücken und künstlichen Gebissen, vgl. § 811 Abs. 1, Nr. 12 ZPO, der ausdrücklich deren Schutz bei einer Pfändung vorsieht – folglich deren Sachqualität anerkennt.

Lösung Fall 75 Vertragsgegenstand beim ASP-Vertrag ist die **Gewährung einer Onlinenutzung von Software für eine begrenzte Zeit,** so dass typischerweise ein **Mietverhältnis** in Betracht kommt. Die dafür benötigten Computerprogramme bestehen zwar nur aus **magnetischen Aufzeichnungen,** sie sind aber vergleichbar mit den **Inhalten bei einem Buch** durch die Speicherung auf einem Datenträger **verkörpert** (Körper beim Buch = Papier; Körper beim Programm = Diskette, CD, USB-Stick, Festplatte etc.). Die Vorschriften über die Miete von Sachen finden Anwendung. Damit kommt es in dem Fall nun darauf an, ob die Computerfirma Flottmann eine mangelfreie Mietsache angeboten hat.

2 Bewegliche und unbewegliche Sachen

▶ 178 Wie unterscheidet man bewegliche und unbewegliche Gegenstände?

Diese Unterscheidung ist deshalb von größter Bedeutung, weil das Eigentum von unbeweglichen und beweglichen Sachen unter **völlig verschiedenen Voraussetzungen übertragen** wird:

- bewegliche Gegenstände = Übergabe und Übereignung nach § 929 BGB

> **Titel 3 Erwerb und Verlust des Eigentums an beweglichen Sachen**
>
> **Untertitel 1 Übertragung**
>
> **§ 929 BGB Einigung und Übergabe** Zur Übertragung des Eigentums an einer beweglichen Sache ist erforderlich, dass der Eigentümer die Sache dem Erwerber übergibt und beide darüber einig sind, dass das Eigentum übergehen soll.

Für die Frage der Beweglichkeit kommt es nicht auf die tatsächlich bestehende Möglichkeit, eine Sache „vom Platz wegzutragen" an!

Beweglich sind aus der Sicht der Juristen alle Sachen, die nicht Grundstücke, den Grundstücken gleichgestellte oder Grundstücksbestandteile sind. Ebenso gelten nur vorübergehend mit Grundstücken verbundene Sachen, § 95 BGB, sowie Schiffe und Luftfahrzeuge grundsätzlich als bewegliche Sachen.

II. Sachen

- unbewegliche Gegenstände = Übertragung nach §§ 873, 925 BGB durch Auflassung und Eintragung ins Grundbuch mit zusätzlichen Formanforderungen an den schuldrechtlichen Vertrag nach § 311b Abs. 1 BGB, notarielle Beurkundung

§ **§ 311b BGB Verträge über Grundstücke,** ... (1) Ein Vertrag, durch den sich der eine Teil verpflichtet, das Eigentum an einem Grundstück zu übertragen oder zu erwerben, bedarf der notariellen Beurkundung ...

Abschnitt 2 Allgemeine Vorschriften über Rechte an Grundstücken

§ 873 BGB Erwerb durch Einigung und Eintragung (1) Zur Übertragung des Eigentums an einem Grundstück, zur Belastung eines Grundstücks mit einem Recht sowie zur Übertragung oder Belastung eines solchen Rechts ist die Einigung des Berechtigten und des anderen Teils über den Eintritt der Rechtsänderung und die Eintragung der Rechtsänderung in das Grundbuch erforderlich, soweit nicht das Gesetz ein anderes vorschreibt.

Titel 2 Erwerb und Verlust des Eigentums an Grundstücken

§ 925 BGB Auflassung (1) Die zur Übertragung des Eigentums an einem Grundstück nach § 873 erforderliche Einigung des Veräußerers und des Erwerbers (Auflassung) muss bei gleichzeitiger Anwesenheit beider Teile vor einer zuständigen Stelle erklärt werden.

Unbewegliche Sachen sind nach dem BGB die Grundstücke. Definiert wird die unbewegliche Sache als die abgegrenzten Teile der Erdoberfläche, die im Bestandsverzeichnis eines Grundbuchblattes unter einer bestimmten Nummer eingetragen sind (Palandt/Ellenberger Überbl v § 90 BGB, Rn. 3). Außerdem gehören zum Grundstück dessen Bestandteile und nicht wesentlichen Bestandteile, vgl. dazu später.

3 Vertretbare und unvertretbare Sachen

▷ **179 Inwieweit kann die Unterscheidung zwischen vertretbaren und unvertretbaren Gegenständen beim Vertrag wichtig werden?**

> **Fall 76 Das zerstörte Motorrad** Der rennbegeisterte **Kfz-Meister Rudi Rennwanz** hat ein Serienmotorrad in vielen Abendstunden mit viel Herzblut zu einer renntauglichen umgebaut. **Rudi Rennwanz** hatte dabei zufällig so gute Kolben am Weltmarkt gekauft und eingepasst, dass einzigartige Leistungen die Folge waren und das Motorrad über 300 Km/h fahren konnte. Aus Unachtsamkeit stößt sein **Lehrling Karlchen Kipp** am Abend vor dem großen Rennen die Maschine um, so dass sie in Flammen aufgeht und total zerstört wird. **Karlchen Kipp** meint, er müsse nur mit ebenso großer Liebe eine neue Maschine nachbauen, M besteht auf den Ersatz der gearbeiteten Stunden und des Materialwertes. **Frage Wer hat Recht?**

Innerhalb der beweglichen Sachen werden vertretbare und unvertretbare Sachen vom Gesetz in unterschieden, § 91 BGB.

§ **§ 91 BGB Vertretbare Sachen** Vertretbare Sachen im Sinne des Gesetzes sind bewegliche Sachen, die im Verkehr nach Zahl, Maß oder Gewicht bestimmt zu werden pflegen.

3 Vertretbare und unvertretbare Sachen

(1) Was sind vertretbare Sachen?

> **Vertretbar** ist eine Sache dann, wenn sie im Rechtsverkehr nur als Stück einer bestimmten Gattung in Betracht kommt, so dass nicht die Individualität der Sache im Vordergrund steht, sondern deren Austauschbarkeit.

Beispiele für vertretbare Sachen (Palandt / Ellenberger §91 Rn.2) ▶ **Geld** ▶ **Wertpapiere** ▶ **Lebensmittel** ▶ **Brennstoffe** ▶ **fabrikneue, serienmäßig** hergestellte **Maschinen**

(2) Was sind nicht vertretbare Sachen?

> **Nicht vertretbar** sind sehr individuell bestimmte Sachen, die auf die Wünsche des Bestellers ausgerichtet sind und deshalb für den Unternehmer anderweitig schwer oder gar nicht abzusetzen sind. Entscheidend ist die Verkehrsanschauung, vgl. den Gesetzeswortlaut „im Verkehre … bestimmt zu werden pflegen".

Beispiele für nicht vertretbare Sachen (Palandt/Ellenberger §91 Rn.3) ▶ **Grundstücke** und **Eigentumswohnungen** ▶ **Serienmotorrad**, das als Sonderanfertigung gebaut wurde ▶ für einen Raum oder Betrieb besonders angepasste Maschinen ▶ **Einbauküchen** (BGH NJW-RR 1990, 787), soweit keine Serienteile vorliegen ▶ **Maßanzug**

(3) Welche rechtliche Bedeutung hat die Unterscheidung?

Rechtliche Bedeutung erlangt diese Unterscheidung z.B. beim Sachdarlehensvertrag nach §607 BGB, wo der Entleiher im Regelfall Geld bzw. bei der Hingabe von Mehl oder Kohle eben Mehl oder Kohlen gleicher Art, Güte und Menge wiederzurückzugeben hat.

> **§607 BGB Vertragstypische Pflichten beim Sachdarlehensvertrag** (1) Durch den Sachdarlehensvertrag wird der Darlehensgeber verpflichtet, dem Darlehensnehmer eine vereinbarte **vertretbare Sache** zu überlassen. Der Darlehensnehmer ist zur Zahlung eines Darlehensentgelts und bei Fälligkeit zur Rückerstattung von **Sachen gleicher Art, Güte und Menge** verpflichtet. (2) Die Vorschriften dieses Titels finden keine Anwendung auf die Überlassung von **Geld**.

Das Gesetz regelt für vertretbare Sachen einheitliche Rechtsfolgen, die für nicht vertretbare Sachen nicht gelten.

> **Lösung Fall 76** Ein weiteres Beispiel für die Bedeutung dieser Unterscheidung ist der Verlust oder die **Zerstörung eines als Sonderanfertigung hergestellten Serienmotorrades** des Kfz-Meisters **Rudi Rennwanz**, wo ein Schadensersatzanspruch **nicht auf Lieferung eines neuen Motorrades** nach §249 S.1 BGB hinauslaufen kann. Der Schädiger **Karlchen Kipp** müsste vielmehr Ersatz des für die Herstellung aufgewandten Betrages nach §251 BGB leisten („Herstellung nicht möglich" – BGH NJW 1984, 2282 und NJW 1985, 2413).

> **§249 BGB Art und Umfang des Schadensersatzes** (1) Wer zum Schadensersatz verpflichtet ist, hat den Zustand herzustellen, der bestehen würde, wenn der zum Ersatz verpflichtende Umstand nicht eingetreten wäre …

§ **§ 251 BGB Schadensersatz in Geld ohne Fristsetzung** (1) Soweit die Herstellung nicht möglich oder zur Entschädigung des Gläubigers nicht genügend ist, hat der Ersatzpflichtige den Gläubiger in Geld zu entschädigen ...

4 Verbrauchbare und nicht verbrauchbare Sachen

▶ **180 Wo ist die Unterscheidung in verbrauchbare und nicht verbrauchbare Gegenstände vertragsrechtlich von Bedeutung?**

> **Fall 77   Gut Holz?** Dem **Peter Kaltofen** ist bei dem strengen Winter das Feuerholz ausgegangen. Gott sei Dank hat er ein Gartengrundstück gepachtet, bei dem ihm auch ein Nießbrauch an dem dort lagernden Holzvorrat des Eigentümers **Erwin Kleinholz** eingeräumt wurde. Der Peter Kaltofen verbraucht nun den gesamten Vorrat. Darunter sind auch sehr alte Kirschholzstämme, die der Eigentümer Erwin Kleinholz eigentlich für den Bau eines Schrankes verwenden wollte – mit einem so strengen Winter hatte er nicht gerechnet! Eigentümer Erwin Kleinholz ist nun sauer und verlangt von Peter Kaltofen anstelle des angebotenen Geldes die Herbeischaffung ähnlich alten Kirschbaumholzes – zu Recht?

Bei den beweglichen Sachen lassen sich darüber hinaus die verbrauchbaren von den nicht verbrauchbaren Sachen trennen.

§ **§ 92 BGB Verbrauchbare Sachen** (1) Verbrauchbare Sachen im Sinne des Gesetzes sind bewegliche Sachen, deren bestimmungsmäßiger Gebrauch in dem Verbrauch oder in der Veräußerung besteht ...

(1) Was sind verbrauchbare Sachen?

Verbrauchbare Sachen sind solche Sachen, deren objektive Zweckbestimmung der Verbrauch oder die Veräußerung sind.

> **Beispiele verbrauchbarer Sachen** ▶ Lebensmittel ▶ Brennmaterial ▶ **nicht** aber Kleidungsstücke oder Teppiche, die durch den Gebrauch bloß abgenutzt, aber nicht vollständig aufgebraucht werden

Im rechtlichen Sinne verbrauchbar sind auch Sachen, die zur Veräußerung bestimmt sind, z. B. Glasplatten im Warenlager einer Glaserei, und als Sachen selber keinen Gebrauchswert haben, wie z. B. Geld oder Wertpapiere.

(2) Was sind nicht verbrauchbare Sachen?

Alle übrigen Sachen gelten als nicht verbrauchbar.

Die rechtliche Bedeutung dieser Unterscheidung ist in der Praxis verhältnismäßig untergeordnet, da es selbstverständlich ist, dass verbrauchbare Sachen durch den Nutzungsberechtigten (z. B. Nießbrauchsinhaber) später in Form von Wertersatz – und nicht als gegenständlich gleiche Sache – zurückgegeben werden müssen, z. B. bei Verbrauch von Brennstoffen. Dieses ist z. B. in §§ 1067, 1075, 1085 BGB geregelt.

> **§ 1067 BGB Nießbrauch an verbrauchbaren Sachen** (1) Sind verbrauchbare Sachen Gegenstand des Nießbrauchs, so wird der Nießbraucher Eigentümer der Sachen; nach der Beendigung des Nießbrauchs hat er dem Besteller den Wert zu ersetzen, den die Sachen zur Zeit der Bestellung hatten.

> **Lösung Fall 77** Erwin Kleinholz hat grundsätzlich **nicht Recht** auf die Herbeischaffung des Kirschbaumholzes, da Gegenstand des Nießbrauches verbrauchbare Sachen waren, vgl. § 1067 Abs. 1 BGB. Brennholz wird von der Rechtsprechung üblicherweise als verbrauchbare Sache qualifiziert. Der Peter Kaltofen muss daher **nur den Wert ersetzen**, den das Kirschbaumholz zur Zeit der Bestellung des Nießbrauches hatte. Eine **Pflicht zur Wiederbeschaffung** ähnlich alten Kirschbaumholzes trifft den Peter Kaltofen nicht – er hatte Recht!

5 Wesentliche Bestandteil einer Sache oder eines Grundstücks

▷ **181 Warum kann ein wesentlicher Bestandteil einer anderen Sache oder eines Grundstücks nicht mehr selbständiger Vertragsbestandteil sein?**

> **Fall 78 Sachen ohne Sachqualität!** Der Kfz-Meister **Arno Am Ende** kauft schon seit Jahren **Austauschmotoren** für den Tankwagenbau bei der **Fabrik des Karl Benz**. Nun ist M fast pleite und **Karl Benz** will die bereits gelieferten **Motoren wieder abholen**, die er unter Eigentumsvorbehalt geliefert hatte. Kfz-Meister **Arno Am Ende** schraubt noch schnell die letzten Austauschmotoren in die Tankwagen seiner Kunden, damit F nichts abholen kann. **Karl Benz** ist entsetzt und **will die kompletten Tankwagen** mitnehmen, **fragt** sich aber, ob er nur die Motoren **mitnehmen darf** und **wer diese wieder** ausbaut. **Was ist das rechtliche und betriebswirtschaftliche Problem?**

Ein Gegenstand kann nur dann Vertragsgegenstand sein, wenn er als solcher ein eigenständiges Teil darstellt und nicht in einer anderen Sache aufgeht, wie z. B. der Lack eines frisch lackierten Autos. Die Farbe verbindet sich durch das Auftragen so mit Metall, dass der vorher in einer Lackdose befindliche Stoff aufhört, rechtlich zu existieren.

Das Gesetz enthält folgende Vorschriften für die Abgrenzung der (Einzel-)Sachen (Lack in Dosen) von den (nur) wesentlichen Bestandteilen von Sachen (Lack auf Auto) und wesentlichen Bestandteilen von Grundstücken.

- Wesentliche Bestandteile einer Sache, § 93 BGB i. V. m. § 947 BGB
- Wesentliche Bestandteile eines Grundstücks § 94 BGB i. V. m. § 946 BGB

Welche betriebswirtschaftliche Bedeutung hat die Frage nach den wesentlichen Bestandteilen einer anderen Sache oder eines Grundstücks?

In der Praxis hat die Frage, ob eine Sache selbständig oder nur wesentlicher Bestandteil einer anderen Sache ist, eine **große betriebswirtschaftliche Bedeutung**. Immer dann, wenn ein **Eigentumsvorbehalt** vereinbart werden soll oder die Einzelgegenstände **sicherungsübereignet** werden sollen und man sich nur auf einzelne Bestandteile bezieht, z. B. Schubladen einer Kommode, muss genau geprüft werden, worauf sich der Eigentumsvorbehalt bzw. die Sicherungsübereignung bezieht. Wird die Restkommode übereignet, dann geht das Eigentum auch an den Schubladen mit auf den Erwerber über, da die Schubladen nicht Gegenstand besonderer Eigentumsrechte sein können, sondern dem Eigentum der Restsache folgen. Eine Kommode ohne Schublade macht wirtschaftlich und damit auch rechtlich keinen Sinn.

Außerdem können auch im **Insolvenzfall** unter Vorbehalt übereignete Sachen nur dann aus der Insolvenzmasse herausgelöst werden, wenn sie nicht inzwischen wesentlicher Bestandteil eines Gutes der Insolvenzmasse geworden sind, § 47 InsO.

> **§ 47 InsO Aussonderung** Wer auf Grund eines **dinglichen** oder persönlichen **Rechts** geltend machen kann, dass ein Gegenstand nicht zur Insolvenzmasse gehört, ist kein Insolvenzgläubiger. Sein Anspruch auf **Aussonderung des Gegenstands** bestimmt sich nach den Gesetzen, die außerhalb des Insolvenzverfahrens gelten.

> **Lösung Fall 78** **Rechtlich** stellt sich das Problem, ob die Austauschmotoren nach dem Zusammensetzen mit anderen Gegenständen **noch Gegenstand eines Eigentumsvorbehalts** sein können oder ob sie wesentlicher Bestandteil der Tankwagen der Kunden des Kfz-Meisters **Arno Am Ende** geworden sind, §§ 947 Abs. 1 BGB i. V. m. § 93 BGB. **Betriebswirtschaftlich** würde ein Verlust des Eigentums für den Fabrikanten **Karl Benz** zu einer ungesicherten Situation führen, wobei er zudem bei einer Insolvenz des Kfz-Meisters **Arno Am Ende** seine Motoren nicht aus der Insolvenzmasse aussondern könnte, sondern Insolvenzgläubiger werden würde. Es ist daher für ihn entscheidend, wie die Motoren zu qualifizieren wären, vgl. dazu gleich.

▶ 182 Was versteht man unter einem wesentlichen Bestandteil einer anderen Sache?

Wesensnotwendige Bestandteile einer Sache, die voneinander nicht getrennt werden können, ohne dass der eine oder der andere zerstört oder in seinem Wesen verändert wird, gehören zu den sog. wesentlichen Bestandteilen einer Sache, § 93 BGB.

> **§ 93 BGB Wesentliche Bestandteile einer Sache** Bestandteile einer Sache, die voneinander nicht getrennt werden können, ohne dass der eine oder der andere zerstört oder in seinem Wesen verändert wird (wesentliche Bestandteile), können nicht Gegenstand besonderer Rechte sein.

Diese Bestandteile sind keine Einzelsachen mehr, sie gehören zur Hauptsache, man bezeichnet sie als **sonderrechtsunfähig**, so dass sie nicht mehr Gegenstand eines Vertrages sein können.

Das Gesetz hat diese Fälle regeln müssen, da es viele Gegenstände gibt, die aus einzelnen Bestandteilen zusammengefügt sind und bei deren Trennung es zu einer betriebswirtschaftlich sinnlosen Veränderung der verbleibenden Restsache kommen könnte.

5 Wesentliche Bestandteil einer Sache oder eines Grundstücks

Als Bestandteile werden alle diejenigen Teile einer Sachgesamtheit verstanden, die durch die Verbindung ihre Selbständigkeit verloren haben. Wesentlich sind diese Bestandteile dann, wenn sie durch eine Trennung nicht mehr einzeln wirtschaftlich genutzt werden könnten, wobei es nicht auf die Festigkeit der Verbindung, sondern mehr auf eine wirtschaftliche Betrachtungsweise ankommt. Die Rechtsprechung hat inzwischen zu vielen Einzelfällen Stellung bezogen, da die Abgrenzung nicht immer leicht zu treffen ist, vgl. Palandt/Ellenberger § 93 BGB, Rn. 5 ff.

> **Beispiele für wesentliche Bestandteile** ▶ Karosserie und Bremsanlage eines LKW ▶ Schiffsmotor, da er nur mit unverhältnismäßig großen Aufwendungen ausgebaut und in anderen Schiffen verwendet werden kann (BGHZ 26, 225) ▶ die auf den Briefumschlag aufgeklebte Briefmarke ▶ Matratze und Lattenrost des Bettes

> **Beispiele, die keine wesentlichen Bestandteile sind** ▶ Motoren (serienmäßig), wenn sie mit verhältnismäßig geringen Aufwendungen wieder entfernt und an anderen Stellen weiterverwendet werden kann, z. B. Austauschmotoren (BGHZ 61, 80) ▶ Sitze und Räder beim Kfz ▶ Schrauben einer Maschine

Demnach teilen eine Sache und ihre wesentlichen Bestandteile ein einheitliches rechtliches Schicksal, so dass z. B. die Karosserie des LKW nicht selbständig verkauft werden kann, nur in der Gesamtheit mit dem LKW. Man sagt auch, dass wesentliche Bestandteile „sonderrechtsunfähig" sind. Ziel dieser Regelung ist es, die nutzlose Zerstörung wirtschaftlicher Werte zu verhindern. Dieses würde dann eintreten, wenn wesentliche Bestandteile von der Hauptsache getrennt werden, die ihren wirtschaftlichen Zweck und damit ihren Wert nur in der von ihnen gebildeten Einheit haben.

Was letztlich wesentlicher Bestandteil ist, bestimmt sich nach der **Verkehrsauffassung**, wobei der technische Fortschritt zu beachten ist und früher als wesentlich angesehene Bestandteile heute wegen bestehender Ersatzmöglichkeit nicht mehr als wesentlich angesehen werden.

Im Einzelfall ist also **nicht** zu fragen,

- ob ein Bestandteil für eine Sache besonders wichtig ist,
- wie fest die Sachen miteinander verbunden sind (z. B. verschraubt, verklebt),

sondern

- ob durch die Trennung der abgetrennte oder der zurückbleibende Bestandteil **zerstört** oder **in seinem Wesen verändert** wird, seine **wirtschaftliche Verwertbarkeit** also wesentlich beeinträchtigt wird.

> Da im **Fall** des Kfz-Meisters **Arno Am Ende** die **Austauschmotoren** keine wesentlichen Bestandteile der Tankwagen geworden sind, verliert der Fabrikant **Karl Benz** nicht nach §§ 947 Abs. 1, 93 BGB sein Eigentum. Eine Trennung ist jederzeit möglich, ohne die Einzelteile zu zerstören oder ihre wirtschaftliche Funktionsfähigkeit zu beinträchtigen. Der Eigentumsvorbehalt des Fabrikanten zeigt also auch in der Insolvenz seine Wirkung. Fabrikant **Karl Benz** kann seine Motoren auf Kosten des Kfz-Meisters **Arno Am Ende** wieder heraus verlangen.

183 Was sind wesentliche Bestandteile eines Grundstücks?

> **Fall 79 Was ein Hotel so alles braucht?!** Der **Hotelier H** hat sein 10-stöckiges Hotel durch Einbau von Aufzügen, Beleuchtungsanlagen für den Garten, neue Teppichböden für den Eingangsbereich und Einbauküchen in den Hotelsuiten individuell renovieren lassen. Leider ist ihm dabei das Geld ausgegangen, so dass die Lieferanten sich fragen, **ob sie die gelieferten Sachen wieder mitnehmen können, wenn Hotelier H nicht bald zahlt.**

Wesentliche Bestandteile eines Grundstücks sind einzelne Sachen, die der mit dem Grund und Boden fest verbundenen Sache und somit der Hauptsache (Grundstück) zugeordnet sind.

Bei Grundstücken bringt § 94 BGB noch eine Erweiterung zu dem § 93 BGB für bewegliche Sachen, da hier auch die mit dem Grund und Boden fest verbundenen beweglichen Sachen dem Grundstücksinhaber gehören, solange sie mit dem Grund und Boden zusammenhängen.

§ **§ 94 BGB Wesentliche Bestandteile eines Grundstücks oder Gebäudes** (1) Zu den wesentlichen Bestandteilen eines Grundstücks gehören die mit dem Grund und Boden **fest verbundenen** Sachen, insbesondere Gebäude, sowie die Erzeugnisse des Grundstücks, **solange** sie mit dem Boden zusammenhängen. Samen wird mit dem Aussäen, eine Pflanze wird mit dem Einpflanzen wesentlicher Bestandteil des Grundstücks. (2) Zu den wesentlichen Bestandteilen eines Gebäudes gehören die **zur Herstellung** des Gebäudes eingefügten Sachen.

Ein Kaufinteressent soll bei Grundstücken durch bloßen Augenschein feststellen können, was zum Grundstück gehört.

> **Beispiele für wesentliche Bestandteile eines Grundstücks** ▶ **Fenster und Fensterrahmen** beim Haus ▶ **Fertiggarage** (in der Rechtslehre umstrittene Einordnung) ▶ **Zentralheizung in Wohnungen** ▶ unter Putz verlegte **Leitungen** ▶ **Wach- und Badeanlagen** ▶ **Grundstückspflanzen**

> **Beispiele für keine wesentlichen Bestandteile eines Grundstücks** ▶ Grenzsteine ▶ Hotelkühlschränke ▶ Gartenstatue

(1) Wann ist eine Sache mit Grund und Boden „fest verbunden" oder „zur Herstellung des Gebäudes" eingefügt?

In der Praxis kommt es auch hier wieder auf die Verkehrsanschauung an, die Parteien können also keine anderslautende Vereinbarungen treffen. Dieses gilt insbesondere für die Frage, wann eine Sache mit einem Grundstück „fest verbunden" ist. So wurde entschieden, dass 80 cm tief in den Boden eingegrabene Betonhöcker ebenso wesentliche Bestandteile sind, wie das in eine Grube eingelassene, mit einem Magerbetonkranz umgebene Fertigteilschwimmbecken. **Pflanzen** werden nicht erst mit dem Anwurzeln sondern schon mit dem Einpflanzen wesentliche Bestandteile, § 94 Abs. 1, S. 2 BGB.

Nach **§ 94 Abs. 2 BGB** sind wesentliche Bestandteile des Grundstücks auch die zur Herstellung des darauf stehenden Gebäudes eingefügten Sachen.

5 Wesentliche Bestandteil einer Sache oder eines Grundstücks

Beispiele für zur Herstellung eingefügte Sachen ▶ **Gewächshaus**, wenn es auf dem Fundament eingelassen worden ist ▶ **Heizkessel**, wenn er auf den Platz im Rohbau verbracht worden ist, der nach baulichen und betrieblichen Erfordernissen für ihn bestimmt ist ▶ **Fenster oder Türen**, die zwecks Einpassens eingesetzt waren, wenn die Einpassung schon endgültig war und sie nur zur Vereinfachung der weiteren Arbeiten herausgenommen wurden ▶ **nicht**, wenn das Einsetzen nur probeweise, also zunächst nur vorübergehend erfolgte

Gerade der Absatz 2 des §94 BGB hat in der Praxis erhebliche Bedeutung für den Baubereich. Werden dort von Handwerksunternehmen Einbauten in Gebäude vorgenommen, verlieren die Bauunternehmern regelmäßig ihr Eigentum an den Grundstückseigentümer, vgl. auch §§946 i. V. m. 949, 951 Abs. 1 BGB:

§ **§946 BGB Verbindung mit einem Grundstück** Wird eine bewegliche Sache mit einem Grundstück dergestalt verbunden, dass sie wesentlicher Bestandteil des Grundstücks wird, so erstreckt sich das Eigentum an dem Grundstück auf diese Sache.

§ **§949 BGB Erlöschen von Rechten Dritter** Erlischt nach den §§946 bis 948 das Eigentum an einer Sache, so erlöschen auch die sonstigen an der Sache bestehenden Rechte.

§ **§951 Abs.1 BGB Entschädigung für Rechtsverlust** (1) Wer infolge der Vorschriften der §§946 bis 950 einen Rechtsverlust erleidet, kann von demjenigen, zu dessen Gunsten die Rechtsänderung eintritt, Vergütung in Geld nach den Vorschriften über die Herausgabe einer ungerechtfertigten Bereicherung fordern. Die Wiederherstellung des früheren Zustands kann nicht verlangt werden.

Lösung Fall 79 Die Lieferanten könnten die eingebauten Sachen dann wieder mitnehmen, **wenn sie nicht ihre Einzelsachqualität** inzwischen durch die Verbindung mit dem Hotelgrundstück **verloren hätten**. Alle gelieferten Sachen könnten theoretisch wieder entfernt werden, ohne dass sie wesentlich zerstört werden würden. Allerdings erweitert §94 Abs. 2 BGB den Kreis der wesentlichen Bestandteile auf die Sachen, die für die wirtschaftliche Planung des konkreten Gebäudes erforderlich sind, gleich, ob sie tatsächlich benutzt würden. Da ein 10-stöckiges Hotel ohne **Aufzug** nicht nutzbar ist, die **Beleuchtungsanlage** für die Nutzung des Gartens und den Schutz vor Einbrechern ebenso wichtig ist wie der **Teppichboden** im Eingangsbereich, sind alle Eigentumsvorbehalte daran erloschen, §94 Abs. 2 BGB. Hinsichtlich der Einbauküchen gilt eine **Kuriosität**: die Norddeutschen bauen Küchen mit der Absicht des dauernden Verbleibs ein (OLG Celle NJW-RR 1989, 913) während die West- und Süddeutschen Küchen nicht für die Herstellung eines Gebäudes als wesentlich ansehen (OLG Düsseldorf NJW-RR 1994, 1039, OLG Karlsruhe NJW-RR 1986, 19). Hier kommt es also darauf an, wo das Hotel des H steht.

(2) Was fällt unter die Scheinbestandteile eines Grundstücks?

Fall 80 Die Rechnung ohne den Wirt gemacht? Der **Kneipenpächter P** hat vom **Lieferanten L** eine **Schankanlage** auf Raten gekauft, ohne das Geld für die restlichen Raten zu haben. P beeilt sich, diese **in seiner gepachteten Wirtschaft einzubauen** und baut extra noch ein passendes **Podest** dafür mit **Fundamenten tief** in das Erdreich. P meint, dass damit der Eigentumsvorbehalt des L erloschen ist. L beruft sich auf sein Eigentum, als P nicht mehr zahlen kann, und will die Schankanlage wieder haben. **Frage Wer hat Recht?**

Von den mit dem Grundstück fest verbundenen Sachen müssen die sog. **Scheinbestandteile** nach §95 BGB unterschieden werden.

> **§95 BGB Nur vorübergehender Zweck** (1) Zu den Bestandteilen eines Grundstücks gehören solche Sachen nicht, die nur zu einem vorübergehenden Zweck mit dem Grund und Boden verbunden sind. Das Gleiche gilt von einem Gebäude oder anderen Werk, das **in Ausübung eines Rechts** an einem fremden Grundstück von dem Berechtigten mit dem Grundstück verbunden worden ist. (2) Sachen, die nur zu einem vorübergehenden Zweck in ein Gebäude eingefügt sind, gehören nicht zu den Bestandteilen des Gebäudes.
>
> **Beispiele** für Scheinbestandteile ▶ vom Grundstücks**pächter** errichtete Gebäude, da er nur ein zeitlich begrenztes Besitzrecht hat ▶ Baubaracken ▶ Messecontainer ▶ Schrankwand des Mieters ▶ Baumschulpflanzen ▶ Gerüste ▶ Straßentribünen ▶ Kinderschaukel und Sandkasten (BGH NJW 1992, 1101)
>
> **Lösung Fall 80** Selbst wenn die Schankanlage fest mit dem Grundstück verbunden ist, ändert das nichts daran, dass der Kneipier P **nur Pächter des Grundstücks** ist, so dass eine tatsächliche Vermutung dafür spricht, das sie nur für die Dauer der „Ausübung eines Rechts" an dem fremden Grundstück verbunden worden ist, wie §95 Abs. 1, S. 2 BGB für die Eigenschaft als Scheinbestandteil formuliert. Bis zur vollständigen Bezahlung bleibt die Schankanlage nach wie vor im Eigentum des L und kann herausgefordert werden, auch wenn sie dabei zerstört werden würde.

6 Zubehör

▶ **184 Wie wird Zubehör gesetzlich behandelt?**

> **Fall 81 Mit oder ohne Hotelomnibus?** Der **Hotelier H** hat an den Käufer K sein Hotel zu billig verkauft und nimmt nun alles „was nicht unbedingt in das Hotel gehört" vor der Übergabe an K mit. K besteht darauf, dass der nur für Hotelzwecke benutzte Hotelomnibus beim Hotel bleibt, obwohl darüber nichts im Kaufvertrag steht. **Frage Wurde der Omnibus mitverkauft oder nicht?** (Fall nach RGZ 47 200)

Zubehörgegenstände können zwar rechtlich ein Sonderschicksal haben und somit unter Eigentumsvorbehalt geliefert werden. Meistens folgen sie aber rechtlich der Hauptsache, so dass sie auch ohne ausdrückliche Erklärung im Zweifel als mitverkauft gelten, §311c BGB.

> **§97 BGB Zubehör** (1) Zubehör sind **bewegliche Sachen**, die, ohne Bestandteile der Hauptsache zu sein, dem wirtschaftlichen Zwecke der Hauptsache **zu dienen bestimmt** sind und zu ihr in einem dieser Bestimmung entsprechenden räumlichen Verhältnis stehen. Eine Sache ist **nicht** Zubehör, wenn sie **im Verkehr** nicht als Zubehör angesehen wird. (2) Die vorübergehende Benutzung einer Sache für den wirtschaftlichen Zweck einer anderen begründet nicht die Zubehöreigenschaft. Die vorübergehende Trennung eines Zubehörstücks von der Hauptsache hebt die Zubehöreigenschaft nicht auf.

6 Zubehör

§ **§ 311 c BGB Erstreckung auf Zubehör** Verpflichtet sich jemand zur Veräußerung oder Belastung einer Sache, so erstreckt sich diese Verpflichtung im Zweifel auch auf das Zubehör der Sache.

Bei einer Grundstücksübereignung erlangt der Erwerber das Eigentum an den Zubehörstücken, z. B. Vieh, mit dem Eigentum am Grundstück, § 926 BGB. Das Zubehör haftet auch für die Hypothek, so dass z. B. Boote, die auf einem Freizeitsee liegen, mit in der Zwangsvollstreckung verkauft werden können, § 1120 BGB.

§ **§ 926 BGB Zubehör des Grundstücks** (1) Sind der Veräußerer und der Erwerber darüber einig, dass sich die Veräußerung auf das Zubehör des Grundstücks erstrecken soll, so erlangt der Erwerber mit dem Eigentum an dem Grundstück **auch das Eigentum an den zur Zeit des Erwerbs vorhandenen Zubehörstücken**, soweit sie dem Veräußerer gehören. Im Zweifel ist anzunehmen, dass sich die Veräußerung auf das Zubehör erstrecken soll.

§ **§ 1120 BGB Erstreckung auf Erzeugnisse, Bestandteile und Zubehör** Die Hypothek erstreckt sich auf die von dem Grundstück getrennten Erzeugnisse und sonstigen Bestandteile, soweit sie nicht mit der Trennung nach den §§ 954 bis 957 in das Eigentum eines anderen als des Eigentümers oder des Eigenbesitzers des Grundstücks gelangt sind, sowie auf das Zubehör des Grundstücks mit Ausnahme der Zubehörstücke, welche nicht in das Eigentum des Eigentümers des Grundstücks gelangt sind.

Beispiele für Zubehör ▶ gewerbliches und landwirtschaftliches Inventar, § 98 BGB ▶ Alarmanlage ▶ Bierausschankanlage ▶ Fabrikfahrzeuge ▶ Hotelbus ▶ Schrankschlüssel ▶ Kfz-Warndreieck und –Feuerlöscher ▶ Ersatzrad ▶ Dachgepäckträger ▶ Heizvorräte ▶ Fabrikvorräte

Beispiele für fehlende Zubehörqualität ▶ zum Verkauf bestimmte Ware ▶ Gartenstatuen ▶ Speditionsfahrzeuge ▶ Möbel ▶ vom Mieter angeschaffte Beleuchtungsgeräte.

Lösung Fall 81 Der Hotelomnibus gehört dann mit zu dem verkauften Hotel, wenn er nur für Hotelzwecke benutzt wurde. Dann ist er auch ohne Aufnahme im Hotelkaufvertrag als Zubehör im Zweifel mitverkauft, §§ 311 c, 926 BGB.

👁 **Sachen**

- **Verschiedene Begriffsdefinitionen von Sachen** ○ beweglich/unbeweglich ○ vertretbar/nicht vertretbar ○ verbrauchbar/nicht verbrauchbar ○ wesentlicher/nicht wesentlicher Bestandteil einer anderen Sache ○ körperliche/nicht körperliche Sache
- **Körperliche und nicht körperliche Gegenstände, § 90 BGB** ○ räumlich im Raum abgrenzbar ○ Verkehrsanschauung entscheidend ○ Nicht körperliche Gegenstände sind z. B. Allgemeingüter wie die Atemluft im Freien, elektrische Energie, Körper lebendiger Menschen.

- **Bewegliche und unbewegliche Gegenstände, § 90 BGB** ○ beweglich sind alle Sachen, die nicht Grundstücke sind ○ unterschiedliche Übereignungsvorschriften, §§ 929 ff. BGB im Gegensatz zu den §§ 873, 925 BGB bei Grundstücken
- **Vertretbare und nicht vertretbare Gegenstände, § 91 BGB** ○ Bei vertretbaren Sachen steht nicht die Individualität der Sache im Vordergrund, sondern deren Austauschbarkeit, z. B. 1 Kilo Tomaten Handelsklasse I. ○ Bei nicht vertretbaren Sachen kommt es auf die Individualität der Sache an, die z. B. nach den Wünschen eines Bestellers erstellt wurde und daher nicht austauschbar ist, z. B. Maßanzug.
- **Verbrauchbare und nicht verbrauchbare Gegenstände, § 92 BGB** ○ Besteht die objektive Zweckbestimmung einer Sache im Verbrauch oder der Veräußerung, liegt eine verbrauchbare Sache vor, z. B. Brennmaterial. ○ Alle übrigen Sachen sind nicht verbrauchbare Gegenstände, z. B. Kleidungsstücke, Teppiche, auch wenn eine Abnutzung eintritt.
- **Betriebswirtschaftliche und rechtliche Bedeutung der wesentlichen Bestandteile** ○ betriebswirtschaftlich dann von Bedeutung, wenn Rechte an Einzelsachen mit der Verbindung erlöschen, z. B. Eigentumsvorbehalte, Sicherungseigentum, sowie Aussonderungsrechte in der Insolvenz ○ rechtlich sonderrechtsunfähig
- **Wesentliche Bestandteile einer anderen Sache, § 93 BGB** ○ Wesensnotwendige Bestandteile einer Sache, die voneinander **nicht getrennt werden können, ohne dass der eine oder der andere zerstört** oder in seinem Wesen verändert wird, gehören zu den sog. wesentlichen Bestandteilen einer Sache. ○ Diese Sachen verlieren ihre „**Einzelsachqualität**" ○ sie gehören zur Hauptsache. ○ An ihnen bestehende Rechte, z. B. Eigentumsvorbehalt, erlöschen, da sie sonderrechts**un**fähig sind ○ z. B.: Wesentlicher Bestandteil des Briefumschlags ist die Briefmarke nach ihrem Aufkleben.
- **Wesentliche Bestandteile eines Grundstücks, § 94 BGB** ○ feste Verbindung mit Grund und Boden ○ oder zur Herstellung des Gebäudes eingefügte Sachen ○ z. B.: Fenster eines Hauses
- **Scheinbestandteile, § 95 BGB** ○ nur vorübergehend mit einem Grundstück oder Gebäude verbundene oder eingefügte Sachen ○ z. B. Messecontainer, Teppichboden
- **Zubehör, § 97 BGB** ○ kann ein Sonderschicksal haben ○ wird im Zweifel mitverkauft, §§ 311 c, 926 BGB ○ haftet mit, § 1120 BGB

III. Tiere

Fall 82 Der Katzenkaufvertrag Tierliebhaber **Karl Winsel** möchte eine Katze kaufen. Er ist sehr verwundert, als ihm der **Verkäufer Volker Katzenbeisser** einen Katzenkaufvertrag vorlegt. Tiere sind doch eigentlich nicht wie Sachen zu verkaufen, oder? **Frage Wie werden Tiere als Vertragsgegenstand rechtlich behandelt?**

Sind Tiere Gegenstand von Verträgen, so ist zunächst die Sondervorschrift des § 90 a BGB zu beachten, nach der Tiere keine Sachqualität haben, da eine Gleichstellung mit einer bloßen Sache der Tatsache, dass es sich um ein Mitgeschöpf der Menschen handelt, nicht gerecht würde.

§ **§ 90a BGB Tiere** Tiere sind keine Sachen. Sie werden durch besondere Gesetze geschützt. Auf sie sind die für Sachen geltenden Vorschriften entsprechend anzuwenden, soweit nicht etwas anderes bestimmt ist.

▶ 185 Welche vertragsrechtlichen Besonderheiten gelten beim Vertragsgegenstand Tier?

Trotz der fehlenden Sachqualität bestimmt § 90 a S. 3 BGB, dass auf Tiere die für Sachen geltenden Vorschriften **entsprechend, d. h. sinngemäß** und unter Anwendung der besonderen Schutzbedürftigkeit als Lebewesen entsprechend anzuwenden sind.

Die Rechtsprechung sieht jedoch **kaum Unterschiede zur Sache** (Palandt / Ellenberger § 90 a GB, Rn. 1 bezeichnet den § 90 a BGB sogar als „**eine gefühlige Deklamation ohne wirklich rechtlichen Inhalt**").

Beispiele für die Gleichstellung ▶ Vorschriften des **Verbrauchsgüterkaufs** gelten, da Tiere wie bewegliche Sachen behandelt werden, §§ 474 ff. BGB (BGH NJW 2006, 2250) ▶ Da keine besonderen Mangelvorschriften für den Viehkauf von Tieren besteht, gilt für sie z. B. die für das Kaufrecht gebräuchliche Unterscheidung in **neue oder gebrauchte Tiere** (BGH NJW 2007, 261). ▶ Auch haben Tiere eine „**übliche Beschaffenheit**", deren Fehlen zu einem Mangel des Vertragsgegenstandes führt (BGH NJW 2007, 1351).

Zum Teil existieren aber Sondervorschriften, die zu beachten sind.

Beispiele für Sondervorschriften ▶ § 251 Abs. 2 S. 2 BGB, **Unverhältnismäßigkeit** der Heilbehandlung eines verletzten Tieres ▶ § 903 S. 2 BGB, durch die **Tierschutzgesetze** beschränkte Befugnisse des Eigentümers bei der Ausübung seiner Eigentumsrechte gegenüber Tieren ▶ § 765 a Abs. 1 S. 3 und § 811 c Abs. 1 ZPO, Schutz bei **Vollstreckung und Pfändung** ▶ Tierschutzgesetz

§ **§ 251 Abs. 2 BGB Schadensersatz in Geld ohne Fristsetzung** 2) Der Ersatzpflichtige kann den Gläubiger in Geld entschädigen, wenn die Herstellung nur mit unverhältnismäßigen Aufwendungen möglich ist. Die aus der Heilbehandlung eines verletzten Tieres entstandenen Aufwendungen sind nicht bereits dann unverhältnismäßig, wenn sie dessen Wert erheblich übersteigen.

III. Tiere

> **Lösung Fall 82** Katzen werden als Tiere zivilrechtlich **grundsätzlich nicht wie Sachen** behandelt, insoweit hat der **Käufer Karl Winsel** Recht. Aber soweit es sich um die Vorlage eines Katzenkaufvertrages handelt, ist grundsätzlich davon auszugehen, dass auch über eine Katze ein Kaufvertrag **abgeschlossen werden kann**. Die einzelnen Regelungen in dem Katzenkaufvertrag müssen dann allerdings evtl. bestehenden Sondervorschriften entsprechen. Der Verkäufer **Volker Katzenbeisser** muss daher gut aufpassen, was er in den Vertrag im Hinblick auf evtl. Pfändung oder Schadensersatzforderungen aufnimmt.

„Tierisches" aus dem Gerichtsalltag

Wellensittich-Rennen: Zur Rettung eines **Wellensittichs** ist die Überschreitung der zulässigen Höchstgeschwindigkeit um 54 km/h **nicht** gerechtfertigt (OLG Düsseldorf NJW 1990, 2264 ff.).

Hundeterror: Das Bellen von **bis zu zwölf gleichzeitig versammelten Hunden** auf dem Grundstück des Nachbarn, zu unterschiedlichen Tageszeiten, stellt eine erhebliche Störung des Nachbarn im Sinne von § 906 BGB dar und überschreitet die Grenze dessen, was ein Nachbar als Störung hinzunehmen hat (OLG Nürnberg NJW-RR 1991, S. 1230 ff.).

Zurückbehaltungsrecht am Pudel: Dem Herausgabeverlangen des Eigentümers von Zuchtpudeln kann ein Zurückbehaltungsrecht wegen eines Pkws nicht entgegengehalten werden (LG Stuttgart, NJW-RR 1991, S. 446 ff.)

Nach dem Abkoten bleibt der **Kothaufen** grundsätzlich eine selbstständige bewegliche Sache, er wird nicht durch Verbinden oder Vermischen untrennbarer Bestandteil eines Wiesengrundstücks, der Eigentümer des Wiesengrundstücks erwirbt also nicht automatisch Eigentum am Hundekot. (Fallbeispiel aus der Zeitschrift Deutsche Verwaltungspraxis)

 Tiere als Vertragsgegenstand

- **Sondervorschrift, § 90a BGB** ○ Tiere sind keine Sachen ○ Tiere werden durch besondere Gesetze geschützt, z. B. Tierschutzgesetz.
- **Vertragsrechtlich wie Sachen zu behandeln** ○ Vorschriften des Verbrauchsgüterkaufs gelten, §§ 474 ff. BGB ○ Tiere werden bei Mängeln in gebrauchte und neue Tiere eingeteilt ○ Tiere haben auch „übliche Beschaffenheiten"
- **Ausnahmevorschriften** ○ Unverhältnismäßigkeit einer Heilbehandlung bei verletzten Tieren, § 251 Abs. 2 S. 2 BGB ○ beschränkte Eigentumsrechte gegenüber Tieren, § 903 S. 2 BGB ○ Schutz bei Vollstreckung und Pfändung

IV. Rechte

▶ **186 Welche rechtlichen Besonderheiten gelten, wenn Vertragsgegenstand ein Recht ist?**

> **Fall 83 Der entscheidende Factor!** Der **Unternehmer Valdemar Seltenreich** ist es leid, nicht zahlenden Kunden hinterher zu telefonieren. Er überlegt sich, ob es nicht betriebswirtschaftlich sinnvolle Lösungen gibt, das Eintreiben von Forderungen „outzusourcen", d.h. auf andere zu verlagern. Da bietet ihm die **Bringfried Peiniger Bank** an, seine Forderungen aus Warenlieferungen und Dienstleistungen gegen seine Kunden abzukaufen. Das Ganze nennt die Bringfried Peiniger-Bank „Factoring" und sie sei der Factor. **Frage Welche Rechtsgeschäfte müssten die beiden abschließen?**

Sollen Rechte Vertragsgegenstand sein, ist vorrangig zu überprüfen, ob die Rechte überhaupt der Privatautonomie der Vertragsparteien unterliegen und z. B. **übertragbar** bzw. **abtretbar** sind.

▶ **187 Welche Arten von Rechten unterscheidet man?**

Dazu kann man u.a. folgende Rechte unterscheiden:

> **Arten von Rechten**
> - **Forderungen** des Schuldrechts, z. B. auf Kaufpreiszahlung, Übereignung der Kaufsache
> - **Eigentumsrechte** des Sachenrechts, z. B. an einer beweglichen Sache
> - **Rechte des Familien- und Erbrechts**
> - **gewerbliche Schutzrechte** und Nutzungsrechte an Urheberrechten
> - **gesellschaftsrechtliche Rechte**, z. B. Mitgliedschaftsrechte und Gesellschaftsanteile
> - **Gestaltungsrechte**, z. B. Rücktritts- und Minderungsrechte wegen Mängel

Sind diese Rechtspositionen rechtlich durch Vertrag „verhandelbar", ist weiter zu bestimmen, welche Sonderregelungen für sie im Gesetz gelten.

Forderungen des Schuldrechts entstehen vor allem aus Kaufverträgen, Schenkungsverträgen, Geschäftsbesorgungsverträgen und ähnlichen Rechtsgeschäften.

1 Abtretung von Rechten

▶ **188 Zwischen wem erfolgt die Abtretung von Forderungen?**

Aufgrund des Abstraktionsprinzips sind von diesen verpflichtenden Rechtsgeschäften (Kausalgeschäften) die „verfügenden" Verträge (Verfügungsgeschäft) abzugrenzen, deren Inhalt auf die Übertragung der Gläubigerstellung und damit letztlich auf die Übertragung gerichtet ist, sog. Abtretungsvertrag, § 398 BGB.

IV. Rechte

> **§ 398 BGB Abtretung** Eine Forderung kann von dem Gläubiger durch Vertrag mit einem anderen auf diesen übertragen werden (Abtretung). Mit dem Abschluss des Vertrags tritt der neue Gläubiger an die Stelle des bisherigen Gläubigers.

Muster 28: Factoring-Vertrag (in Anlehnung an Beck'sches Formularhandbuch, VII. 10)

Zwischen der A GmbH (Firma) und der B-Bank (Factor) wird folgende Vereinbarung geschlossen.

1. Kaufangebot (1) Die Firma bietet dem Factor alle jetzt bestehenden und während der Laufzeit dieses Vertrages neu entstehenden Forderungen aus Warenlieferungen und Dienstleistungen gegen ihre Abnehmer zum Kauf an. (2) Die Firma teilt dem Factor jeden Geschäftsabschluss unverzüglich mit. Erteilt die Firma sofort Rechnung, genügt die Übersendung bzw. Übermittlung einer Rechnungsdurchschrift …

2. Ankauf (1) Der Factor ist verpflichtet, die angezeigten Forderungen diesem Vertrag entsprechend anzukaufen. (2) Der Kaufvertrag über die einzelnen Forderungen ist abgeschlossen, wenn der Firma nicht innerhalb einer Woche nach Zugang der Anzeige beim Factor dessen Ablehnungserklärung zugeht.

3. Abtretung (1) Die Firma tritt hiermit alle gegenwärtigen und künftigen Forderungen gegen ihre Abnehmer unter der Bedingung ab, dass darüber ein Kaufvertrag nach den Bestimmungen dieses Factoring-Vertrages geschlossen wird …

Der Abtretungsvertrag kommt wie das Kausalgeschäft durch Angebot und Annahme zustande, nur die **Parteien** haben andere Fachbezeichnungen: der Zedent (bisheriger Gläubiger) tritt die Forderung an den Zessionar (neuen Gläubiger) ab.

Schuldner	schuldet dem	bisherigen Gläubiger (Zedent)
	eine Forderung	
		dieser tritt ab an
		neuen Gläubiger (Zessionar)

(1) Sind Formvorschriften zu beachten?

Formvorschriften bestehen grundsätzlich auch dann nicht, wenn ein zugrunde liegendes Rechtsgeschäft formbedürftig ist (z. B. Grundstückskaufvertrag). Manche Forderungen unterliegen aber besonderen Übertragungsvorschriften, wenn sie z. B. in bestimmten Papieren „verbrieft" sind, wie z. B. Inhaberpapiere, die nur nach §§ 929 ff. BGB durch Übereignung des Papiers übertragen werden (das Recht aus dem Papier folgt dem Recht am Papier).

(2) In welchen Fällen darf eine Forderung nicht Vertragsgegenstand sein?

Nur ausnahmsweise enthält das Gesetz Abtretungsverbote hinsichtlich bestimmter Forderungen, §§ 399, 400 BGB, so dass ein darauf gerichteter Vertrag unwirksam wäre.

Beispiele für Abtretungsverbote (Palandt/Grüneberg § 399 BGB, Rn. 4) ▶ wenn die Forderung bei der Abtretung ihren **Inhalt verändern** würde, z. B. bei Unterhaltsansprüchen, die die bestimmte Personen persönlich erhalten sollen ▶ **höchstpersönliche Ansprüche**, z. B. Urlaubsanspruch des Arbeitnehmers ▶ **Nebenrechte**, die rechtlich unselbständig oder abhängig von der Hauptforderung sind, z. B. der Anspruch aus einer Bürgschaft ▶ im Handelsrecht können Besonderheiten gelten, d. h. z. B. eigentlich nicht abtretbare Geldforderungen sind bei beidseitigen Handelsgeschäften doch abtretbar, § 354 a Abs. 1 HGB ▶ kraft Gesetzes **unpfändbare Forderungen**, z. B. das Existenzminimum bei Gehaltsansprüchen des Arbeitnehmers ▶ bei einem vereinbarten Abtretungsverbot, vgl. Muster

---

Muster 29: Abtretungsverbot kraft Vereinbarung
Abtretungen der Forderungen werden nicht anerkannt und sind unwirksam.

Lösung Fall 83 Zwischen Unternehmer Valdemar Seltenreich und der Bringfried Peiniger Bank könnte ein **Factoring-Vertrag** nach dem obigen Muster durch Vereinbarung abgeschlossen werden. Hierbei werden bezüglich jeder Forderung ein Kaufvertrag (= Verpflichtungsgeschäft) und ein Abtretungsvertrag (= Verfügungsgeschäft) abgeschlossen. Der **Factoring-Vertrag selbst ist eine Art Rahmenvertrag**, der diese zukünftig vorzunehmenden Rechtsgeschäfte und noch andere Einzelheiten, z. B. Vergütung, Kündigungsfristen, verbindlich festlegt.

2 Verschiedene Rechte

▶ **189 Welche verschiedenen Rechte können Gegenstand vertraglicher Regelungen sein, welche nicht?**

(1) Kann man über die Rechte des Sachenrechts vertragliche Regelungen treffen?

Grundsätzlich können Sachenrechte auch Gegenstand von Verträgen sein, wobei nicht ein Abtretungsvertrag nach §§ 398, 413 BGB abgeschlossen wird, sondern folgende, besondere Vorschriften Anwendung finden.

Beispiele für sachenrechtliche Übertragungsvorschriften ▶ Eigentumsrechte an Grundstücken, §§ 873, 925 BGB ▶ Eigentum an beweglichen Sachen, §§ 929 ff. BGB ▶ Hypothek, § 1154 BGB ▶ Grundschuld, § 1192 BGB

(2) Können Rechte des Familien- und Erbrechts Gegenstand von Verträgen sein?

Im Bereich des Familien- und Erbrechts finden sich nicht viele übertragbare Forderungen, die Gegenstand eines Vertrages sein könnten. So ist das gesetzlich vorgesehene Erbrecht unübertragbar, während aber ein Erbe über seinen Anteil am Nachlass nach den besonderen Vorschriften des Erbrechts durch einen notariellen Vertrag verfügen könnte, § 2033 Abs. 1 S. 2 BGB.

§ **§ 2033 BGB Verfügungsrecht des Miterben** (1) Jeder Miterbe kann über seinen Anteil an dem Nachlass verfügen. Der **Vertrag**, durch den ein Miterbe über seinen Anteil verfügt, bedarf der notariellen Beurkundung. (2) Über seinen Anteil an den einzelnen Nachlassgegenständen kann ein Miterbe nicht verfügen.

IV. Rechte

(3) Was ist bei Vertragsgegenständen aus dem Kreise der gewerblichen Schutzrechte und Nutzungsrechte an Urheberrechten zu beachten?

Ebenso wie das Erbrecht kann das Urheberrecht nicht als solches mit einem Vertrag übertragen werden. Möglich ist aber die Begründung von Nutzungsrechten an bestehenden Urheberrechten. Im Bereich der gewerblichen Schutzrechte kommen spezielle Vorschriften des jeweiligen Schutzrechts zur Anwendung.

> **Beispiele für gewerbliche Schutzrechte** ▶ Patente, § 15 PatG ▶ Gebrauchsmuster, §§ 8 Abs. 4, 22 Abs. 1 S. 2 GebrMG ▶ Geschmacksmuster, § 29 GeschMG ▶ Marken, § 27 MarkenG

§ **§ 15 PatentG** (1) Das Recht auf das Patent, der Anspruch auf Erteilung des Patents und das Recht aus dem Patent gehen auf die Erben über. Sie können **beschränkt oder unbeschränkt auf andere übertragen** werden. (2) Die Rechte nach Absatz 1 können ganz oder teilweise Gegenstand von ausschließlichen oder nicht ausschließlichen Lizenzen für den Geltungsbereich dieses Gesetzes oder einen Teil desselben sein. Soweit ein Lizenznehmer gegen eine Beschränkung seiner Lizenz nach Satz 1 verstößt, kann das Recht aus dem Patent gegen ihn geltend gemacht werden. (3) Ein Rechtsübergang oder die Erteilung einer Lizenz berührt nicht Lizenzen, die Dritten vorher erteilt worden sind.

(4) Welche Rechtspositionen des Gesellschaftsrechts können Vertragsgegenstand sein?

Nach den gesetzlichen Leitbildern sind Mitgliedschaftsrechte bei **Vereinen und Personengesellschaften** aufgrund der persönlichen Einbindung in die Gemeinschaft grundsätzlich nicht als mögliche Vertragsgegenstände vorgesehen, §§ 38 Abs. 1, 719 Abs. 1 Halbsatz 1 BGB. Trotzdem kann die Vereinssatzung bzw. der Gesellschaftsvertrag andere Regeln im Rahmen der Vertragsfreiheit vorsehen.

§ **§ 38 Abs. 1 BGB Mitgliedschaft** (1) Die Mitgliedschaft ist nicht übertragbar und nicht vererblich.

§ **§ 719 Abs. 1 Halbsatz 1 BGB Gesamthänderische Bindung** (1) Ein Gesellschafter kann nicht über seinen Anteil an dem Gesellschaftsvermögen und an den einzelnen dazu gehörenden Gegenständen verfügen.

Auch bei **Kapitalgesellschaften** sind Verträge mit Gesellschaftsanteilen grundsätzlich besonderen Vorschriften unterworfen, die zum Teil auch nur beschränkt durch Vereinbarungen verändert werden können, §§ 15 Abs. 1 GmbHG, 68 Abs. 1 S. 1 AktG.

§ **§ 15 Abs. 1 GmbHG Übertragung von Geschäftsanteilen** (1) Die Geschäftsanteile sind veräußerlich und vererblich.

§ **§ 68 Abs. 1 S. 1 AktG Übertragung von Namensaktien** (1) Namensaktien können auch durch Indossament übertragen werden.

(5) Was ist bei Gestaltungsrechten als Vertragsgegenständen zu beachten?

Gestaltungsrechte geben ihrem Inhaber die Befugnis, ein Rechtsverhältnis einseitig zu gestalten, d. h. es aufzuheben oder inhaltlich zu verändern, z. B. Widerruf, Anfechtung, Minderung. Ob bestimmte Gestaltungsrechte eigene Vertragsgegenstände werden können, hängt im Einzelfall davon ab, ob sie wesensnotwendig mit dem Hauptrecht verbunden sind.

> **Beispiele für Gestaltungsrechte** ▶ Selbständig abtretbar ist z. B. das **Vorkaufsrecht** ▶ nicht dagegen abtretbar sind unselbständige Gestaltungsrechte, die derart an die Forderung gebunden sind, dass sie nicht Gegenstand eines eigenen Vertrages sein können, z. B. das ein Gläubigerwahlrecht. ▶ Verwirrenderweise existieren aber auch unselbständige Gestaltungsrechte wie **Rücktritts- und Minderungsrechte** z. B. wegen Mängeln, die trotzdem gesondert in einem Vertrag auf einen anderen übertragen werden können.

Rechte als Vertragsgegenstand

- **Forderungen des Schuldrechts** ○ z. B. auf Kaufpreiszahlung, Übereignung der Kaufsache ○ können durch Abtretungsvertrag nach § 398 BGB Vertragsgegenstand sein ○ Vertrag zwischen bisherigem Gläubiger (Zedent) und neuem Gläubiger (Zessionar) erforderlich ○ Formvorschriften sind grundsätzlich nicht zu beachten ○ aber besondere Übertragungsvorschriften sind zu berücksichtigen, z. B. bei Inhaberpapieren ○ In manchen Fällen können Forderungen **nicht Vertragsgegenstand** sein, z. B. wenn sie höchstpersönlich erbracht werden müssen, z. B. Urlaubsanspruch des Arbeitnehmers, oder sie unpfändbar sind.
- **Eigentumsrechte des Sachenrechts** ○ werden nach besonderen Vorschriften übertragen, z. B. bewegliche Sachen nach §§ 929 ff. BGB
- **Rechte des Familien- und Erbrechts** ○ wenige übertragbare Forderungen stehen als Vertragsgegenstand zur Verfügung ○ z. B. Anteil am Nachlass, § 2033 Abs. 1. S. 2 BGB ist übertragbar durch Vertrag
- **Nutzungsrechte an Urheberrechten und gewerbliche Schutzrechte** ○ Urheberrecht als solches kann nicht übertragen werden ○ Bestellung von Nutzungsrechten an dem Urheberrecht ist aber möglich ○ Sondervorschriften des PatG, GebrauchsmusterG, GeschmacksmusterG, MarkenG
- **Gesellschaftsrechtliche Rechte** ○ z. B. Mitgliedschaftsrechte und Gesellschaftsanteile ○ Übertragung durch Vertrag **bei Vereinen und Personengesellschaften** aufgrund der persönlichen Verbundenheit grundsätzlich nicht gewollt ○ bei **Kapitalgesellschaften** möglich, aber evtl. Beschränkungen durch das Gesetz oder gesellschaftsvertragliche Vereinbarungen möglich
- **Gestaltungsrechte** ○ z. B. Rücktritts- und Minderungsrechte wegen Mängeln ○ Übertragbarkeit als Vertragsgegenstand abhängig vom Einzelfall

6. Teil

Vertragsstörungen –

Welche Störungen können im Vertragsrecht auftreten?

Gliederung des 6. Teils

I. Überblick über die häufigsten Vertragsstörungen und ihre Rechtsfolgen 271
II. Haupt- und Nebenpflichten 273
III. Unwirksame Verträge 281

I. Überblick über die häufigsten Vertragsstörungen und ihre Rechtsfolgen

▶ 190 Welche Vertragsstörungen treten am häufigsten in der Praxis auf und welche Rechtsfolgen können sich daraus ergeben?

> **Fall 84 Probleme über Probleme – und die Lösungen?** Handwerker **Rudolf Katzenellenbogen** und **Lala Kurzhals** besitzen eine Ladenbau-Schreinerei mit angeschlossenem Holz- und ihrer Aufträge **mit Kunden** haben. Sie möchten zunächst einen **Überblick** darüber gewinnen, **welche Probleme und Störungen** überhaupt bei der Vertragsdurchführung **mit Kunden** auftreten können und **welche Rechtsfolgen das Gesetz** regelmäßig vorsieht.

Verträge können sowohl beim Vertragsabschluss als auch bei der Vertragsabwicklung und Vertragsbeendigung Störungen unterliegen, auf die die Vertragsparteien rechtlich und betriebswirtschaftlich reagieren müssen, wenn sie den mit dem Vertrag bezweckten Erfolg nicht gefährden wollen.

Die in der Praxis auftretenden Störungen sind jedoch so unterschiedlich, dass das Gesetz nur sehr begrenzt einheitliche Regelungen anbieten kann. Somit muss der Rechtsanwender in einem ersten Schritt zunächst prüfen, **welche Art von Störung** vorliegt, um dann anhand der jeweils unterschiedlichen Voraussetzungen die Rechtsfolgen im Einzelfall zu bestimmen und die weiteren Aktionen zu veranlassen (z. B. Schadensersatzforderung, Rücktritt, etc.).

> **Die häufigsten Störungsfälle bei Verträgen**
> - **Verstoß des Vertrages gegen Gesetze**, z. B. Sittenwidrigkeit, § 138 BGB, unangemessene Benachteiligung durch vorgedruckte allgemeine Geschäftsbedingungen (AGB), §§ 305 ff. BGB
> - **Vorliegen von Anfechtungsgründen**, §§ 119 ff. BGB, Irrtum oder arglistige Täuschung, widerrechtliche Drohung
> - **Völliges Ausbleiben der Leistung**, sog. Unmöglichkeit, §§ 275, 280 Abs. 1, 3 i. V. m. 283, 311a, 326 BGB
> - **Verspätete Leistung**, Schuldnerverzug, §§ 280 Abs. 1, 2 i. V. m. 286 bis 290 BGB
> - **Schlechte Leistung wegen Mängeln**, Mängelhaftung, §§ 434 ff., 633 ff. BGB
> - **Schlechte Leistung wegen Pflichtverletzung** (sog. positive Pflichtverletzung oder positive Vertragsverletzung, kurz „pVV") hinsichtlich Schutz- und Nebenpflichten, §§ 280, 241 Abs. 2 BGB
> - **Schlechte Leistung durch Verschulden bei Vertragsschluss** (culpa in contrahendo, kurz „cic") wegen Verletzung vorvertraglicher Schutzpflichten, §§ 280 Abs. 1, 311 Abs. 2, 3, 241 Abs. 2 BGB
> - **Nichtannahme der Leistung durch den Vertragspartner,** sog. Gläubigerverzug, §§ 293 bis 304 BGB
> - **Sinnlosigkeit der Leistung**, so dass ein Wegfall der Geschäftsgrundlage vorliegt, § 313 BGB

I. Überblick über die häufigsten Vertragsstörungen und ihre Rechtsfolgen

Je nachdem, welche Rechtsvorschriften anwendbar sind, können die vorgenannten Störungen beispielsweise folgende **Rechtsfolgen haben**:

Die häufigsten Rechtsfolgen von Vertragsstörungen

- **Nichtigkeit** des Vertrages, der Vertrag hat keinerlei Rechtsfolgen
- **Anfechtbarkeit** des Vertrages, bis dahin schwebend wirksam
- **Rücktrittsrecht** einer Vertragspartei, bis dahin ist der Vertrag je nach Einzelfall z. B. schwebend wirksam
- **Schadensersatzansprüche** statt einer Leistung
- **Schadensersatzansprüche** wegen einer Verzögerung der Leistung
- **Schadensersatzansprüche** wegen Mängeln der Leistung
- Ersatz **sonstiger Schäden**
- **Befreiung des Vertragspartners** von seiner eigenen Leistungspflicht
- **Gewährleistungsrechtliche** Ansprüche auf Nacherfüllung oder Minderung bzw. Rücktritt
- **Herausgabeansprüche** hinsichtlich eines erlangten Ersatzes, z. B. von einer Versicherung
- **Kündigungsrechte**, z. B. bei Dauerschuldverhältnissen wie Mietverträgen

Lösung Fall 84 Den Unternehmern Rudolf Katzenellenbogen und Lala Kurzhals sind also im Wesentlichen **neun Störungen** und **elf mögliche Rechtsfolgen** zu erläutern.

II. Haupt- und Nebenpflichten

Für die Frage, ob einer der oben geschilderten Störungsfälle vorliegt, ist zu untersuchen, welchen Pflichtenverstoß die Vertragspartei begangen hat.

Dazu müssen die Pflichten der Parteien festgestellt werden, wobei die Rechtslehre zwischen **Haupt**leistungspflichten und **Neben**leistungspflichten unterscheidet.

1 Hauptleistungspflichten

▶ **191 Wie werden vertragliche Hauptleistungspflichten definiert?**

Hauptleistungspflichten sind diejenigen Pflichten, die die **Eigenart des jeweiligen Vertrages prägen** und letztlich für seine Einordnung in die verschiedenen **Vertragstypen** (Kauf, Miete, Werkvertrag etc.) verantwortlich sind (Palandt/Grüneberg § 241 BGB, Rn. 5).

Diese Pflichten stehen bei den gegenseitigen Verträgen regelmäßig im Gegenseitigkeitsverhältnis zueinander (sog. Synallagma), d.h. die eine Vertragspartei gibt ihre Leistung (z.B. Kaufpreis), weil und soweit die andere Seite ihre Leistung (z.B. Kaufgegenstand) dafür verspricht. Solange eine der Hauptleistungspflichten nicht erfüllt ist, bleibt die Erfüllung des ganzen Vertrages offen. Der Vertrag kann noch wegen Unmöglichkeit der Leistung scheitern. Auch ist noch Verzug für den ganzen Vertrag möglich. Die Pflichten unterscheiden sich je nach seinem Inhalt:

Hauptpflichten der verschiedenen Typen von Verträgen

- **Kaufvertrag**: Übereignung und Übergabe einer mangelfreien Kaufsache durch den Verkäufer, Bezahlung der Kaufsache durch den Käufer (Abnahme der Ware ist in der Regel Nebenpflicht wenn nichts anderes vereinbart)
- **Werkvertrag**: Rechtzeitige und mangelfreie Herstellung des Werkes durch den Werkunternehmer, Bezahlung und Abnahme durch den Werkbesteller
- **Arbeitsvertrag**: Erbringung der geschuldeten Arbeitsleistung durch den Arbeitnehmer, Bezahlung der vereinbarten Vergütung durch den Arbeitgeber
- **Mietvertrag**: Überlassung einer mangelfreien Mietsache durch den Vermieter, Bezahlung des Mietpreises durch den Mieter

---

Wirft man exemplarisch einen Blick auf die Hauptpflichten des Käufers beim Kaufvertrag, stellen sich z.B. folgende Fragen, die im Vertrag regelmäßig durch entsprechende Klauseln definiert werden bzw. definiert werden muss:

Checkliste 26   Zahlungspflicht des Käufers als Hauptpflicht beim Kaufvertrag
- **Enthalten die Rechnungen Mehrwertsteuer?** = sog. Mehrwertsteuerklausel
- **Wer zahlt die Kosten der Verpackung?** = sog. Verpackungskostenklausel
- **Wird Skonto gewährt?** = sog. Skontoklausel
- **Sind Ratenzahlungen zugelassen?** = sog. Ratenzahlungsklausel

II. Haupt- und Nebenpflichten

- Welche Regelungen gelten hinsichtlich Preiserhöhungen? = sog. Preiserhöhungsklauseln
- Wann sind Rechnungen zu bezahlen? = sog. Leistungsfristenklauseln und Zahlungsklauseln
- Was ist bei Aufrechnungsmöglichkeit durch den Vertragspartner zulässig? = sog. Aufrechnungsklauseln
- Welche Leistungsverweigerungsrechte bestehen? = sog. Leistungsverweigerungsklauseln
- etc.

2 Nebenleistungspflichten

▶ **192 Welche vertraglichen Pflichten gehören zu den Nebenpflichten?**

- Während die Hauptpflichten je nach Vertragstyp variieren, gelten viele Nebenpflichten allgemein für alle Vertragstypen. So ergeben sich kraft Gesetzes bei allen Vertragstypen zusätzliche Pflichten aus dem allgemeinen Vertragszweck, § 241 Abs. 2 BGB, sowie dem Grundsatz nach § 242 BGB, wonach ein Vertrag unter Berücksichtigung von Treu und Glauben zu erfüllen ist.

§ **§ 241 Abs. 2 BGB Pflichten aus dem Schuldverhältnis** (2) Das Schuldverhältnis kann **nach seinem Inhalt** jeden Teil **zur Rücksicht** auf die Rechte, Rechtsgüter und Interessen des anderen Teils verpflichten.

§ **§ 242 Leistung nach Treu und Glauben** Der Schuldner ist verpflichtet, die Leistung so zu bewirken, wie **Treu und Glauben** mit Rücksicht auf die **Verkehrssitte** es erfordern.

Im Einzelnen können die Vertragspartner folgende **Nebenpflichten** treffen (Auswahl, nicht abschließend, Abgrenzung und Systematisierung ist in der Rechtslehre umstritten).

> **Beispiele für wichtige Nebenpflichten**
> - **Rücksichtnahmepflichten**, z. B. Aufklärungs- und Schutzpflichten
> - **Leistungstreuepflichten**, z. B. Ausräumung von Hindernissen, Unterlassung von Wettbewerb oder Bereithaltung von Ersatzteilen bei Serienprodukten während der üblichen Nutzungsdauer
> - **Mitwirkungspflichten**, z. B. auch Übergabe der Urkunden, Garantiescheine

Vertragliche Nebenleistungspflichten treten zu den Hauptpflichten hinzu, ohne dass sie im Vertrag **ausdrücklich genannt zu werden** brauchen, da sie eng mit der Hauptleistungspflicht verbunden sind. Sie bereiten die Hauptleistung vor, ergänzen sie, dienen ihrer Realisierung und sichern letztlich den Erfolg des Vertrages.

Nebenleistungspflichten stehen zwar nicht in einem Gegenseitigkeitsverhältnis mit der Hauptleistungspflicht, sind aber so wichtig, dass bei Verletzung dieser Pflichten Schadensersatz neben der Erfüllung der Hauptleistungspflichten aus dem Vertrag weiterhin verlangt werden kann (aus §§ 311 Abs. 2 bzw. 280 Abs. 1 S. 1 BGB).

Ob die Einhaltung der Nebenpflichten **selbständig eingeklagt** werden kann, ist im Einzelfall davon abhängig, ob durch diese Nebenpflichten eigene Zwecke verfolgt werden, was z. B. bei Auskunfts- und Mitwirkungspflichten bejaht wird (Palandt/Heinrichs § 242 Rn. 25). Es ist auch im konkreten Fall zu prüfen, ob man dem jeweiligen Vertragspartner ein schutzwürdiges Interesse an einer solchen Klage auf Erfüllung von Nebenpflichten aus den Grundsätzen von Treu und Glauben zusprechen muss.

Die **Abgrenzung von Haupt- und Nebenpflichten** kann in der Praxis durchaus **schwierig** sein, da sie eng miteinander verbunden sind. Letztlich ist diese Abgrenzung nur durch Auslegung im Einzelfall zu treffen. Da allerdings das Schadensersatzrecht nicht mehr nach Haupt- und Nebenleistungspflichten in §§ 280 ff. BGB unterscheidet, dürfte diese Unterscheidung in der Zukunft eher an Bedeutung verlieren.

▷ 193 Welche Rücksichtnahmepflichten sind zu beachten?

Bei den Rücksichtnahmepflichten nach § 241 Abs. 2 BGB geht es vorrangig nicht um die vertraglich geschuldete Hauptleistung, sondern um die sonstigen Rechte, Rechtsgüter und Interessen des Vertragspartners.

Diese gilt es bei der Vertragsabwicklung zu schützen, und zwar bereits im vorvertraglichen Stadium und auch noch nach Beendigung des eigentlichen Vertrages und sogar im Hinblick auf Personen außerhalb der Vertragsparteien, wenn es sich um einen Vertrag mit Schutzwirkung zugunsten Dritter handelt.

Welche Pflichten sich aus der Rücksichtnahmepflicht ergeben, nennt das Gesetz nicht, so dass die Rechtslehre hierunter hauptsächlich **Aufklärungspflichten und Schutzpflichten** versteht (Palandt/Grüneberg § 241 BGB, Rn. 7). Letztlich hängen die einzelnen Rücksichtnahmepflichten dieser Blankettnorm in Inhalt und Umfang vom Zweck des Vertrages, der Verkehrssitte und den Anforderungen des redlichen Geschäftsverkehrs ab (BGH NJW 2010, 1135).

> **Vertragliche Aufklärungspflicht**
>
> Pflicht, den Vertragspartner unaufgefordert über solche Umstände zu informieren, die für ihn entscheidungserheblich sind.

Unter dem Begriff der **Aufklärungspflichten** sind alle Handlungen zusammengefasst, mit denen der Vertragspartner gewarnt und informiert wird, bzw. mit denen der Vertragspartner bestimmte Umstände anzeigt oder offenbart.

Zunächst muss man sich aber vergegenwärtigen, dass die Rechtsprechung angesichts der Vertragsfreiheit nur sehr vorsichtig mit der Anerkennung von Aufklärungspflichten umgeht. Ausgangspunkt ist immer die Auffassung, dass es in einem relativ freien Wirtschaftssystem **Sache der Parteien ist, selbst für ihren Interessenkreis zu sorgen**. Dementsprechend wird eine **allgemein und automatisch** bestehende Pflicht verneint, wonach **alle** Umstände zu offenbaren wären, die für die Entscheidung des anderen Vertragsteils von Bedeutung sein können (BGH NJW 1971, 1795). Ungünstige Eigenschaften einer Person oder einer Sache müssen grundsätzlich **nicht ohne Nachfrage** offengelegt werden.

Von dieser grundsätzlichen Entscheidung aus erkennt die Rechtslehre nur dann Aufklärungspflichten an, wenn **besondere Umstände** vorliegen, die in einer Vielzahl von Einzelfällen herausgearbeitet wurden und wobei sie sich unterschiedlicher Vorschriften bedient hat: § 123 Abs. 1 Alt. 1 BGB (Täuschung durch Verschweigen), §§ 241 Abs. 2 BGB (Rücksichtnahme), 242 BGB, aber auch der BGB-Informationspflichten-Verordnung und der Art. 238 ff. EGBGB.

> **Beispiele für Aufklärungspflichten** (Palandt/Ellenberger § 123 Rn. 5 ff. und Palandt/Grünberg § 242, Rn. 37) ▶ Grundsätzlich muss der Vertragspartner, der von den Gefahren des Vertragsgegenstands für die Sphäre des anderen Vertragsteils weiß, diesen nach Treu und Glauben aufklären, § 242 BGB, besonders wenn er der **Fachmann** ist oder anderweitig **besondere Kenntnisse** hat (OLG Brandenburg NJW-RR 1996, 724), spricht von einem „**Informationsgefälle**". ▶ z. B. Aufklärung über die **Gefährlichkeit von Präparaten oder Dienstleistungen** wie z. B. eine **Ballonfahrt** (BGHZ 64, 49, OLG München NJW-RR 1991, 421) ▶ oder z. B. **Instruktion über den sachgemäßen Gebrauch** einer Sache (BGH NJW 1983, 2697), wobei hier sogar eine Hauptleistungspflicht vorliegen kann, vgl. § 434 Abs. 2 S. 2 zur fehlerhaften Montageanleitung ▶ Aufklärungspflichten bestehen besonders für Umstände, bei deren fehlender Aufklärung dem Vertragspartner erheblicher Schaden zugefügt werden kann (BGH NJW 2010, 3362). ▶ Besteht darüber hinaus ein **besonderes Vertrauensverhältnis**, ergeben sich daraus weitere Grundlagen für eine Aufklärungspflicht. ▶ z. B. **Handelsvertreter** muss von seinem Unternehmen über mögliche Lieferschwierigkeiten, die bevorstehende Betriebsstilllegung ebenso informiert werden, wie der Handelsvertreter über die Liquiditätsprobleme des Kunden informieren muss (BGH DB 1988, 2402, BGH NJW 1974, 795, BGH BB 1969, 1196)

Vertragliche Schutzpflichten

Bei der Durchführung eines Vertrages haben sich die Vertragsparteien so zu verhalten, dass keine Verletzung für Körper, Leben, Eigentum und sonstige Rechtsgüter des Vertragspartners eintreten (BGH NJW-RR 2004, 481).

Als vertragliche **Schutzpflichten** sind alle Verkehrssicherungs-, Verwahrungs-, Obhuts- und Geheimhaltungspflichten zu bezeichnen, die sich aus der erhöhten Einwirkungsmöglichkeit innerhalb einer Vertragsbeziehung ergeben können. Hierbei geht es z. B. um die Haftung für in Verwahrung genommene Sachen und auch um Fragen des ausreichenden Versicherungsschutzes durch den Vertragspartner.

> **Beispiele für Schutzpflichten** (vgl. Palandt/Grüneberg § 242 Rn. 35 ff.) ▶ Hat der Kunde eines Supermarktes **im Geschäft einen Unfall erlitten**, ist der Betreiber des Supermarktes bei der Schadensbeseitigung zur Mithilfe verpflichtet (OLG Braunschweig NJW-RR 1998, 602). ▶ Schutz der im Rahmen einer Vertragsbeziehung **in Verwahrung genommenen Sachen**, soweit nicht eine Hauptpflicht aus einem Verwahrungsvertrag nach § 688 BGB besteht, z. B. bei Übergabe von Sachen an den Vertragspartner oder zwingender Abnahme der Kleidung im Theater, Schwimmbad oder in einer Gaststätte durch den Gastwirt und Deponierung in einem Extraraum ▶ Verliert der Vertragspartner die Einwirkungsmöglichkeit auf seine Sachen, hat er als Nebenpflicht zumindest **übliche Sicherheitsvorkehrungen** zu stellen, wie abschließbare Fächer oder Aufsichtspersonen (OLG Hamm NJW-RR 2005, 1334). ▶ regelmäßig **keine** Schutzpflicht, wenn sich die Kleidung in Sichtweite des Gastes befindet (BGH NJW 1980, 1096, aber auch anderslautende Urteile vorhanden) ▶ Verpflichtung, für einen **ausreichenden Versicherungsschutz** zu sorgen, besteht je nach Einzelfall, z. B. Kfz-Halter muss eine Haftpflichtversicherung zum Schutz des Fahrers abschließen (BGH

VersR 1971, 430, BAG 14, 228) ▶ Kfz-Händler muss für **Probefahrten** eine Kaskoversicherung haben (BGH NJW 1986, 1099) ▶ Arbeitgeber haben nach § 618 BGB festgelegte Schutzpflichten und müssen z. B. in der Regel für **angestellte Fahrer eine Kaskoversicherung** mit angemessener Selbstbeteiligung abschließen, um sie vor existenzvernichtenden Schäden zu bewahren (LAG Niedersachsen DB 1982, 2628) ▶ **nicht** dagegen muss der Arbeitgeber eine Rechtsschutz- oder Feuerversicherung für Arbeitnehmer abschließen (ArbG Karlsruhe BB 1986, 868, LAG Düsseldorf DB 1990, 1468) ▶ Parkhauskunden können vom Parkhausbetreiber **keine Diebstahlsversicherung** erwarten (OLG Düsseldorf NJW-RR 2001, 1607).

▶ 194 Was versteht man unter vertraglichen Leistungstreuepflichten?

Die Leistungstreuepflicht in einem Vertragsverhältnis kann auch als **Pflicht zur Loyalität, zur Treue** gegenüber dem Vertragspartner verstanden werden. Sie will die Erbringung der Hauptleistung sicherstellen.

> **Leistungstreuepflicht**
>
> Aufgrund der Leistungstreuepflicht treffen die Vertragspartner alle geeigneten Maßnahmen, um die aus dem Vertrag sich ergebenden Verpflichtungen zu erfüllen und unterlassen gleichzeitig alles, was den Zweck des Vertrages oder den Leistungserfolg gefährden könnte (BGH NJW 1983, 998).

Die Rechtsprechung hat inzwischen einige dieser Leistungstreuepflichten konkretisiert, so dass man auch bestimmte Fallgruppen mit Leistungspflichten bilden kann (Palandt/Grüneberg § 242 Rn. 27 ff.).

> **Fallgruppen der Leistungstreuepflicht**
> - Vorbereitung und Herbeiführung des Vertragserfolges
> - Sicherung des Vertragserfolges
> - Pflicht zur Vertragstreue
> - Pflicht zur gegenseitigen Unterstützung und Rücksichtnahme

Die Vertragsparteien müssen die vertraglich geschuldete Leistungserbringung so **vorbereiten und durchführen**, dass die mit einem Vertrag bezweckten Ziele eintreten können.

> **Beispiele für Vorbereitungspflichten** ▶ Stehen einer Grundbuchumschreibung des Eigentümers Hindernisse entgegen, muss der Verkäufer diese beseitigen (BGH NJW 2007, 3777). ▶ Vertragsgegenstände sind vom Vertragspartner **zu erhalten und in Obhut zu nehmen**, bis sie vertragsgemäß übergeben werden bzw. der Annahmeverzug des Gläubigers endet, z. B. sind Maschinen zu warten, Tiere zu versorgen (RGZ 108, 343). ▶ Pflicht zur **ordnungsgemäßen Verpackung und zeitgerechten Versendung** von Waren, unabhängig davon, wer die Kosten dafür trägt (LG Frankfurt NJW-RR 1986, 967).

Der einmal als **sicher eingetretene Vertragserfolg** darf auch **nach Abschluss und Beendigung** der Vertragsbeziehung **nicht wieder entzogen, wesentlich geschmälert** oder **gefährdet** werden.

II. Haupt- und Nebenpflichten

Beispiele für Sicherungspflichten ▶ Dem Vertragspartner **versprochene Vorteile** dürfen nicht durch nachträgliche Aktionen des anderen Teils wieder entwertet werden, z.B. kein Wettbewerb durch den Verkäufer nach Verkauf seines Betriebes mit Kundenstamm oder Herstellung und Verkauf von Waren (BGH NJW-RR 1989, 1305). ▶ Eine sachgerechte Nutzung der verkauften Waren ist durch die **Bereithaltung von Ersatzteilen** für gewöhnliche Nutzungsdauer der Ware abzusichern (AG München NJW 1970, 1852, LG Köln NJW-RR 1999, 1285). ▶ Eine **Pflicht zur zeitnahen Dokumentation** der erbrachten Leistungen wird nur in Einzelfällen anerkannt, z.B. bei Verträgen mit Ärzten, um für den weiteren Behandlungsverlauf wichtige medizinische Daten gewinnen zu können (OLG Koblenz NJW-RR 2007, 405), aber auch bei Verträgen im Baubereich (LG Heidelberg NJW-RR 1992, 668).

Ein Vertragspartner muss sich auch **vertragstreu** halten, so dass **Verweigerungshaltungen** im Hinblick auf geforderte Maßnahmen schon vom Gesetz her in verschiedenen Vorschriften mit Sanktionen bedacht sind, z.B. §§ 281 Abs. 2 S. 1 HS. 1, 286 Abs. 2 Nr. 3, 323 Abs. 2 Nr. 1 BGB.

§ **§ 281 Abs. 2 S. 1 Hs. 1 BGB Schadensersatz statt der Leistung wegen nicht oder nicht wie geschuldet erbrachter Leistung** (2) Die Fristsetzung ist entbehrlich, wenn der Schuldner die Leistung **ernsthaft und endgültig verweigert** oder wenn besondere Umstände vorliegen, die unter Abwägung der beiderseitigen Interessen die sofortige Geltendmachung des Schadensersatzanspruchs rechtfertigen.

Beispiele für Vertrauenspflichten ▶ Vertragsparteien dürfen nicht durch schwere **Unzuverlässigkeit die Vertrauensbasis** untereinander gefährden, z.B. indem man sich ohne ersichtlichen Grund vom Vertrag lossagt ▶ oder ohne Berechtigung die Leistungserbringung des anderen Vertragsteils beanstandet.

Wie oben bereits geschildert, führen Vertragsbeziehungen auch zur Pflicht auf **gegenseitige Unterstützung und Rücksichtnahme**, ohne dass dabei allerdings die eigenen Interessen den Belangen der anderen Seite unterzuordnen wären.

Beispiele für Unterstützungs- und Rücksichtnahmepflichten ▶ Vertragspartner müssen **eigene Unterlagen bereitstellen**, um der anderen Seite bei der Kreditbeschaffung oder Nutzung von steuerlichen Vorteilen zu helfen (BGH NJW 1973, 1793) ▶ Besteht eine **besondere vertragliche Nähebeziehung**, wie z.B. bei einem Vertrieb von Waren und Dienstleistungen über Handelsvertreter, Vertragshändler und Franchisenehmern, hat die Rechtsprechung umfangreiche Rücksichtnahmepflichten für die Vermögenssphäre des wirtschaftlich schwächeren Vertragsteils regelmäßig bestätigt (BGHZ 136, 195).

▶ **195 Welche Mitwirkungspflichten existieren?**

Neben den im Gesetz ausdrücklich angesprochenen Mitwirkungspflichten, z.B. §§ 642, 643 BGB Mitwirkungspflichten beim Werkvertrag, hat die Rechtsprechung diesbezüglich noch in einigen anderen Fällen selbständig zur Hauptleistung einklagbare Nebenpflichten anerkannt.

Beispiele für Mitwirkungspflichten (vgl. Palandt/Grüneberg § 242 Rn. 32 ff.) ▶ Wurde ein Vertrag abgeschlossen, der der Genehmigung bedarf, müssen beide Parteien an der **Erlangung dieser Genehmigung mitwirken** und dürfen die Erteilung nicht durch irgendwelche Handlungen gefährden oder vereiteln (BGHZ 14, 2 BGHZ 67, 35). ▶ Daran knüpft sogar eine **Pflicht zur Abänderung** eines bereits geschlossenen Vertrages an, wenn die Erteilung der Genehmigung nur so zustande käme (BGH NJW 1967, 830).

2 Nebenleistungspflichten

§ **§642 BGB Mitwirkung des Bestellers** (1) Ist bei der Herstellung des Werkes eine Handlung des Bestellers erforderlich, so kann der Unternehmer, wenn der Besteller durch das Unterlassen der Handlung in Verzug der Annahme kommt, eine angemessene Entschädigung verlangen. (2) Die Höhe der Entschädigung bestimmt sich einerseits nach der Dauer des Verzugs und der Höhe der vereinbarten Vergütung, andererseits nach demjenigen, was der Unternehmer infolge des Verzugs an Aufwendungen erspart oder durch anderweitige Verwendung seiner Arbeitskraft erwerben kann.

§ **§643 BGB Kündigung bei unterlassener Mitwirkung** Der Unternehmer ist im Falle des §642 berechtigt, dem Besteller zur Nachholung der Handlung eine angemessene Frist mit der Erklärung zu bestimmen, dass er den Vertrag kündige, wenn die Handlung nicht bis zum Ablauf der Frist vorgenommen werde. Der Vertrag gilt als aufgehoben, wenn nicht die Nachholung bis zum Ablauf der Frist erfolgt.

Haupt- und Nebenpflichten

- **Hauptpflichten** ○ prägen die **Eigenart** des jeweiligen Vertrages ○ sind für die **Einordnung** in verschiedene Vertragstypen verantwortlich ○ stehen im **Gegenseitigkeitsverhältnis**, d. h. die eine Vertragspartei verspricht ihre Leistung, um die der anderen zu bekommen ○ je nach Vertragstyp gibt es unterschiedliche Inhalte, z. B. beim Kaufvertrag die Pflicht des Verkäufers zur Übereignung und Übergabe einer mangelfreien Kaufsache korrespondiert mit der Pflicht des Käufers die Ware zu bezahlen
- **Nebenpflichten** ○ gelten **für alle Vertragstypen** ○ werden aus §§241 Abs. 2 und 242 BGB abgeleitet ○ **kein abschließendes System** in der Rechtslehre vorhanden ○ wichtigste Nebenpflichten bestehen aus der Pflicht zur **Rücksichtnahme, Leistungstreue und Mitwirkung.** ○ brauchen nicht im Vertrag ausdrücklich genannt zu werden ○ sind eng mit der Hauptleistungspflicht verbunden ○ bereiten diese vor, ergänzen sie, sichern letztlich den Erfolg des Vertrages ○ Verletzung von Nebenpflichten kann zu **Schadensersatzansprüchen** führen, §§311 Abs. 2 bzw. 280 Abs. 1, S. 1 BGB ○ je nach Inhalt sind Nebenpflichten selbständig einklagbar, z. B. Auskunfts- und Mitwirkungspflichten ○ Abgrenzung Haupt- und Nebenpflichten schwierig, aber durch die Gleichbehandlung praktisch weniger bedeutsam
- **Rücksichtnahmepflicht, §241 Abs. 2 BGB** ○ Rücksichtnahme zielt auf die Rechte, Rechtsgüter und Interessen des Vertragsgegners, z. B. durch Aufklärungspflichten und Schutzpflichten ○ vertragliche **Aufklärungspflichten** bestehen nicht immer, da es Sache der Parteien ist, selbst für ihren Interessenkreis zu sorgen ○ keine allgemein und automatisch bestehende Pflicht, ungünstige Eigenschaften ohne Nachfrage preiszugeben ○ Rechtsprechung verlangt das Vorliegen **besonderer Umstände** für die Annahme einer Aufklärungspflicht, z. B. „Informationsgefälle" zwischen den Vertragsparteien ○ vertragliche Schutzpflichten bestehen für Körper, Leben, Eigentum und sonstige Rechtsgüter des Vertragspartners ○ alle Verkehrssicherungs-, Verwahrungs-, Obhuts- und Geheimhaltungspflichten fallen darunter, z. B. hinsichtlich in Verwahrung genommener Sachen oder Vornahme üblicher Sicherheitsvorkehrungen und ausreichenden Versicherungsschutz je nach Einzelfall

II. Haupt- und Nebenpflichten

- **Leistungstreuepflicht** ○ Loyalitätspflicht genannt ○ konkretisiert sich in der **Pflicht zur Vorbereitung und Herbeiführung** des mit dem Vertrag bezweckten Erfolges, z. B. indem die Ware ordnungsgemäß verpackt und zeitgerecht versandt wird ○ **Pflicht zur Sicherung** des Vertragserfolges, z. B. keine Entwertung des Vertragszwecks und Bereithaltungspflicht von Ersatzteilen ○ **Pflicht zur Vertragstreue**, z. B. keine Verweigerung geschuldeter Leistungspflichten ○ **Pflicht zur gegenseitigen Unterstützung** und **Rücksichtnahme**, z. B. Bereitstellung von eigenen Unterlagen, damit die andere Seite Kredite oder steuerliche Vorteile nutzen kann
- **Mitwirkungspflicht** ○ gesetzlich z. T. ausdrücklich geregelt, §§ 642, 643 BGB ○ Rechtsprechung hat z. B. Pflicht zur Mitwirkung bei der Erlangung einer Genehmigung entwickelt

III. Unwirksame Verträge

▶ **196 Welche Begriffe unterscheidet man bei unwirksamen Verträgen?**

1. Begriff des nichtigen Vertrages

Verträge sind nicht bereits wegen eines „kleinen" Fehlers unwirksam. Ausgehend von der vollständigen Wirksamkeit von ordnungsgemäßen Verträgen auf der einen Seite ordnet das Gesetz je nach Art und Schwere jeder Vertragsstörung verschiedene **gesetzliche Unwirksamkeitsstufen** zu, um einen möglichst gerechten Ausgleich zwischen den Interessen der Vertragsparteien und der Rechtsordnung herzustellen.

> Unwirksamkeitsstufen bei Vertragsstörungen
> - Nichtigkeit
> - Schwebende Unwirksamkeit
> - Schwebende Wirksamkeit
> - Relative Unwirksamkeit
> - Anfechtbarkeit

Zur richtigen Einschätzung, welcher Vertragsverstoß eine dieser Unwirksamkeitsstufen verwirklicht, ist eine gewisse Kenntnis der gesetzlichen Systematik erforderlich, da das Gesetz die Begriffe der Unwirksamkeit leider nicht einheitlich verwendet (Palandt/Ellenberger, Überbl. v. 104, Rn. 29).

> **Beispiele für die Begriffssystematik** ▶ „*nichtig*" z. B. § 105 BGB bei Geschäftsunfähigen ▶ „*unwirksam*", z. B. § 111 S. 1 und S. 2 BGB bei Vertragskündigungen durch beschränkt Geschäftsfähige ▶ „*kann nicht*", z. B. § 137 BGB im Hinblick auf rechtsgeschäftliche Veräußerungsverbote, die nicht wirksam sind ▶ „*kann sich nicht berufen*", z. B. nach § 444 BGB ist die Vereinbarung eines Haftungsausschlusses bei arglistig Mängel verschweigendem Verkäufer nichtig.

§ **§ 105 BGB Nichtigkeit der Willenserklärung** (1) Die Willenserklärung eines Geschäftsunfähigen ist **nichtig**.

§ **§ 111 BGB Einseitige Rechtsgeschäfte** Ein einseitiges Rechtsgeschäft, das der Minderjährige ohne die erforderliche Einwilligung des gesetzlichen Vertreters vornimmt, ist **unwirksam**.

III. Unwirksame Verträge

▶ **197 Was versteht man unter einem nichtigen Vertrag?**

Das Gesetz ordnet bei schwerwiegenden Mängeln von Verträgen und erheblichen Verstößen gegen allgemeine Gesetze die Nichtigkeit des Vertrages oder Teile davon an.

Begrifflich haben **nichtige Verträge** von Anfang an nicht die beabsichtigten Rechtswirkungen und sind **gegenüber jedermann als nicht existent** zu betrachten, ohne dass man sich auf den Nichtigkeitsgrund z. B. vor Gericht berufen müsste (Beachtung von Amts wegen durch die Gerichte).

(1) Was bedeutet die Nichtigkeit in der Praxis?

Praktisch gesehen kann auch eine durch die Nichtigkeitsfolge geschützte Vertragspartei nicht das Rechtsgeschäft auf eigenen Wunsch wirksam werden lassen. Die Rechtsordnung erkennt diese Rechtsgeschäfte aber nur insoweit nicht an, als die inhaltlich bezweckten Rechtswirkungen nicht eintreten. Dagegen kann ein nichtiger Vertrag aber andere Rechtsfolgen wie z. B. Schadensersatzpflichten nach sich ziehen (z. B. § 122 BGB bei angefochtenen Rechtsgeschäften).

§ **§ 122 BGB Schadensersatzpflicht des Anfechtenden** (1) Ist eine Willenserklärung nach § 118 nichtig oder auf Grund der §§ 119, 120 **angefochten**, so hat der Erklärende, wenn die Erklärung einem anderen gegenüber abzugeben war, diesem, andernfalls jedem Dritten d**en Schaden zu ersetzen**, den der andere oder der Dritte dadurch erleidet, dass er auf die Gültigkeit der Erklärung vertraut, jedoch nicht über den Betrag des Interesses hinaus, welches der andere oder der Dritte an der Gültigkeit der Erklärung hat.

Der Partner bei einem nichtigen Vertrag muss so gestellt werden, also ob er niemals einen Vertrag geschlossen hätte.

(2) Aus welchen Gründen kann ein Vertrag nichtig sein?

Die **Gründe** für die Nichtigkeit eines Rechtsgeschäfts können sich aus verschiedenen Aspekten ergeben.

Beispiele ▶ **personenbezogene Gründe**, z. B. Geschäfte mit Geschäftsunfähigen, §§ 104 und 105 BGB, vgl. oben ▶ Umstände bei **Vertragsschluss**, z. B. zum Schein oder als Scherz geschlossene Verträge, §§ 117, 118 BGB, vgl. dazu unten ▶ **formale Gründe**, z. B. Vertragsschluss unter Missachtung der Form, §§ 125 ff. BGB ▶ **inhaltliche Gründe**, z. B. Vertragsinhalte, die gegen Verbotsgesetze und oder die guten Sitten verstoßen, §§ 134, 138 BGB

2 Gesetzesverstoß

▶ **198 Wann sind Verträge wegen Gesetzesverstoßes nach § 134 BGB nichtig?**

Zwar wird das Vertragsrecht von dem Grundsatz der Vertragsfreiheit beherrscht, d. h. auch dem Recht, den Inhalt eines Vertrages frei gestalten zu dürfen (sog. Gestaltungs- oder Inhaltsfreiheit). Um den Grundsatz der Vertragsfreiheit vor Missbrauch zu bewahren und höherrangige Interessen zu schützen, müssen jedoch Einschränkungen vorgenommen und gesetzliche Grenzen aufgestellt werden.

> **Fall 85 Der geschäftstüchtige Einzelhändler** Der Einzelhändler E verkauft auch nach den gesetzlichen Ladenöffnungszeiten munter an die Kunden weiter. **Frage** Sind die geschlossenen Rechtsgeschäfte deshalb unwirksam?

Nach **§ 134 BGB** ist ein Rechtsgeschäft, das gegen ein gesetzliches Verbot verstößt, nichtig, wenn sich nicht aus dem Verbotsgesetz etwas anderes ergibt.

§ **§ 134 BGB Gesetzliches Verbot** Ein Rechtsgeschäft, das gegen ein gesetzliches Verbot verstößt, ist nichtig, wenn sich nicht aus dem Gesetz ein anderes ergibt.

> **Checkliste 27 Ist ein Vertrag wegen Gesetzesverstoßes nichtig?**
> - Liegt ein Verbotsgesetz vor?
> - Bezweckt das Verbotsgesetz die Nichtigkeit des Vertrages?

(1) Wann liegt ein Verbotsgesetz vor?

Als „Gesetz" im Sinne des § 134 BGB gilt jede Rechtsnorm, vgl. Art. 2 EGBGB. Damit können Verbotsgesetze in formellen Gesetzen, z. B. BGB, aber auch in Rechtsverordnungen, Satzungen oder im Gewohnheitsrecht zu finden sein. Ob eine Vorschrift ein Verbot enthält, ergibt sich zum Teil aus dem Gesetzestext selbst (z. B. § 536 Abs. 4 BGB, unwirksame mietrechtliche Vereinbarungen), muss andernfalls aber durch Auslegung ermittelt werden. Anhaltspunkte im Gesetzeswortlaut sind neben eindeutigen Formulierungen wie *„ist verboten"* oder *„ist untersagt"* auch allgemeinere Formulierungen wie z. B. *„darf nicht"*, *„ist unübertragbar"* oder *„ist unzulässig"*. Entscheidend ist aber letztlich der Sinn und Zweck des Gesetzes.

> **Beispiele für Verbotsgesetze** ▶ Verstoß gegen **arbeitsrechtliche Vorschriften**, z. B. Abschluss von mehreren Arbeitsverhältnissen, wodurch es zu einer Überschreitung der arbeitszeitrechtlichen Höchstbeschäftigungszeiten nach § 3 ArbZG kommt, (BAG 8, 49, 50), Verzicht auf gesetzlichen Mindesturlaub von vier Wochen, §§ 2, 13 BUrlG, (BAG BB 1988, 1744) ▶ **Verstoß bei Kaufverträgen**, z. B. Verkauf von apothekenpflichtigen Medikamenten in Form einer Internetversteigerung (VGH München NJW 2006, 715), ebenso wenn nicht zugelassene Arzneien von Anbietern im Ausland gekauft werden (OLG Karlsruhe NJW-RR 2002, 1206) ▶ **Verstoß gegen Strafgesetze**, z. B. Ankauf gestohlener Sachen, § 259 StGB, verbotenes Glücksspiel, § 284 Abs. 1 StGB, Schenkung zur Bestechung eines Amtsträgers, § 334 Abs. 2 StGB

(2) Bezweckt das Verbotsgesetz die Nichtigkeit des Vertrages?

Nur wenn sich aus der konkreten Verbotsnorm ergibt, dass ein Verstoß gegen sie auch das zugrunde liegende Rechtsgeschäft für unwirksam erklären soll, liegt ein Verbotsgesetz im Sinne des § 134 BGB vor.

Nicht als solche Verbotsgesetze sind z. B. Vorschriften einzuordnen, die sich nur gegen die **Art und Weise** wenden, in der das Rechtsgeschäft abgeschlossen worden ist. Diese sog. Ordnungsvorschriften sind vor allem die gewerbepolizeilichen und baupolizeilichen Verbote, die nicht den Inhalt des Rechtsgeschäfts, sondern die äußeren Umstände seiner Vornahme missbilligen (BGH NJW 1968, 2286).

III. Unwirksame Verträge

Beispiele für Ordnungsvorschriften ▶ Ausschank nach Polizeistunde (RGZ 103, 264) ▶Verkauf nach Ladenschluss (RGZ 60, 276) ▶ Abgabe von Arzneimitteln ohne Rezept (BGH NJW 1968, 2286)

Lösung Fall 85 Die vom Einzelhändler abgeschlossenen Kaufverträge sind daher **nicht nichtig**.

(3) Was gilt bei einseitigen Verbotsgesetzen?

Es existieren auch Verbotsgesetze, die **nur das Verhalten einer Partei** sanktionieren wollen, so dass zu prüfen ist, ob das Rechtsgeschäft nichtig oder im Interesse der redlichen Partei gültig sein soll (**sog. einseitige Verbotsgesetze**).

Beispiel für einseitige Verbotsgesetze ▶ Fälle, in denen **nur das Verhalten einer Partei sanktioniert** werden soll, so dass die zugrundeliegenden Verträge wirksam bleiben ▶ z. B. ein durch Betrug einer Seite zustande gekommener Kaufvertrag, § 263 StGB, ist wirksam, wenn es trotz Betrugs ein günstiger Kauf war, Anfechtungsrecht des Betrogenen nach § 123 BGB, keine Anfechtungspflicht und keine automatische Nichtigkeit

Fall 86 Der unwissende Kunde eines Schwarzarbeiters Der **Grundstückseigentümer G** beauftragte den **Handwerker H** mit der **Errichtung eines Mehrfamilienhauses** für einen Festpreis von 230.000 €. Nachdem G 223.000 € bereits gezahlt hatte und Mängel am Bau auftraten, stellte der Handwerker die Arbeiten ein, weil er mehr Geld haben wollte als vereinbart. G musste einen anderen Bauunternehmer einsetzen und bezahlen und verlangte daraufhin diese Beträge als Schadensersatz vor Gericht. Das **Gericht** stellte fest, dass der **Werkvertrag nichtig** gemäß § 134 BGB sei, da der **Handwerker nicht in der Handwerksrolle** eingetragen war und Schwarzarbeit vorliege. Aus dem Vertrag könnten **weder Erfüllungs- noch Gewährleistungsansprüche** hergeleitet werden. **Frage Spielt es eine Rolle, ob dem Grundstückseigentümer das verbotswidrige Verhalten unbekannt gewesen ist?** (Fall nach BGH NJW 1984, 1175)

Lösung Fall 86 Im Fall liegt ein **Verstoß gegen das Gesetz zur Bekämpfung der Schwarzarbeit** vor, welches den Leistungsaustausch zwischen dem Auftraggeber und dem nicht in der Handwerksrolle eingetragenen Gewerbetreibenden allgemein verhindern und die Schwarzarbeit schlechthin verbieten will. Aus der Zielrichtung des Gesetzes und der sowohl für den Auftragnehmer als auch für den Auftraggeber vorgesehenen Geldbuße (§§ 1 und 2 SchwArbG) ist deshalb zu entnehmen, dass zumindest Verträge, durch die **beide Vertragspartner** gegen das Gesetz zur Bekämpfung der Schwarzarbeit verstoßen, gem. § 134 BGB nichtig sind (BGH NJW 1983, 109). Im vorliegenden Fall war es aber anders, da der Grundstückseigentümer keine Kenntnis von dem Gesetzesverstoß hatte und sich daher nicht rechtswidrig verhalten hatte. Der Werkvertrag ist wirksam, die angefallenen unvermeidlichen Mehraufwendungen müssen wegen Pflichtverletzung nach §§ 280 Abs. 1, 631 BGB ersetzt werden.

3 Sittenwidrigkeit

▷ **199 Wann ist ein Vertrag wegen Sittenwidrigkeit nach § 138 Abs. 1 BGB nichtig?**

Das Gesetz umschreibt in der Generalklausel des § 138 Abs. 1 BGB nicht die Voraussetzungen der Sittenwidrigkeit, die zur Nichtigkeit eines Vertrags führen können, sondern hat dieses der Entwicklung durch die Rechtsprechung und Rechtslehre überlassen.

§ **§ 138 Abs. 1 BGB Sittenwidriges Rechtsgeschäft** (1) Ein Rechtsgeschäft, das gegen die **guten Sitten** verstößt, ist nichtig.

Es sind deshalb folgende Prüfungspunkte zu beachten:

> **Checkliste 28   Wann ist ein Vertrag sittenwidrig?**
> - Ist der Begriff der Sittenwidrigkeit erfüllt?
> - Welche Besonderheiten ergeben sich bei Verträgen?
> - Welcher Zeitpunkt ist für die Bewertung der Sittenwidrigkeit bei Verträgen zu berücksichtigen?

> **Fall 87   Der rabiate Arbeitgeber** Der Arbeitgeber A kündigt seinem Arbeitnehmer B, weil dieser in die Gewerkschaft eingetreten ist. **Frage Könnte eine Kündigung allein aus diesem Grunde bereits unwirksam sein?**

(1) Was versteht man unter der Sittenwidrigkeit?

Das BGB enthält in § 138 BGB eine Art **Generalklausel**, die der autonomen Rechtsgestaltung dort eine Grenze setzt, wo sie in Widerspruch zu den Grundprinzipien unserer Rechts- und Sittenordnung tritt. Problematisch ist natürlich der Hinweis auf die „guten Sitten" (gemeinrechtliche Formel „boni mores"), da hiermit ein unbestimmter Rechtsbegriff im Gesetz eingefügt ist. Nach der Entstehungsgeschichte und der ständigen Rechtsprechung ist ein Rechtsgeschäft insbesondere dann sittenwidrig,

> - „wenn es gegen das Anstandsgefühl aller billig und gerecht Denkenden verstößt" (so zitiert z. B. in BGH NJW 2004, 2668)
> - „wenn sein Inhalt mit grundlegenden Wertungen der Rechts- oder Sittenordnung unvereinbar ist" (BGHZ 94, 272).

Letztlich sind diese Umschreibungen ebenfalls **ausfüllungsbedürftig** und besagen nur, dass
- es nicht auf die tatsächlich ausgeübten Sitten, sondern die in der beteiligten Gruppe **bestehende Sozialmoral** ankommt,
- **nicht** auf die moralisch besonders hochstehende Anschauung **bestimmter Kreise** abzustellen ist,
- **ebenso wenig** besonders **laxe Ansichten** und Unsitten, selbst wenn sie weit verbreitet sind, maßgeblich sind,
- es auf die Auffassung des „**anständigen Durchschnittsmenschen**" ankommt.

III. Unwirksame Verträge

(2) Was ist bei der Prüfung der Sittenwidrigkeit von Verträgen besonders zu beachten?

Bei der Prüfung eines Vertrages kann sich seine Sittenwidrigkeit **zum einen** daraus ergeben, dass sein **Inhalt** gegen die Grundwerte der Rechts- und Sittenordnung verstößt (z. B. Kaufvertrag über menschliche Organe). In diesem Fall kommt es auch nicht mehr darauf an, welche anerkennenswerten Ziele die Vertragsparteien mit dem Vertrag verfolgten, da die Rechtsordnung nicht zur Disposition steht.

Selbst wenn manche Verträge inhaltlich nicht zu beanstanden sind, kann sich die Sittenwidrigkeit **aus dem Gesamtcharakter** ergeben (Palandt/Ellenberger § 138 Rn. 8). Dabei werden die Umstände des Einzelfalls mit in die Sittenwidrigkeitsprüfung mit einbezogen, d. h. neben dem Inhalt, auch die Beweggründe, Ziele, Absichten und Motive der Vertragsparteien.

Die hier z. B. im Vertragsrecht bedeutsame Frage, ob **allein die Verletzung von Vertragsrechten** eine Sittenwidrigkeit begründen kann, wurde von der Rechtsprechung zwar grundsätzlich verneint (BGH NJW 1981, 2185), in Einzelfällen aber auch für möglich angesehen.

> **Beispiele einer Sittenwidrigkeit bei Verletzung von Vertragsrechten** ▶ Ein **Arbeitsvertrag mit einem rechtswidrig abgeworbenen Arbeitnehmer** bleibt regelmäßig wirksam (BAG NJW 1963, 125) ▶ Dagegen kann in einer **vorsätzlichen Verleitung zum Vertragsbruch** ein den Sittenverstoß begründendes rücksichtsloses oder illoyales Verhalten gesehen werden (BGH 103, 241). ▶ Sittenwidrig kann auch ein **bewusstes Zusammenwirken zum Nachteil eines Dritten** sein, wenn diesem z. B. dadurch ein Vorkaufs- oder Wiederkaufsrecht versagt werden soll (BGH NJW-RR 2005, 1534).

(3) Welcher Zeitpunkt ist für die Bewertung der Sittenwidrigkeit bei Verträgen zu berücksichtigen?

Problematisch ist weiterhin, dass sich die aus den guten Sitten ergebenden Anforderungen **ständig wandeln**. Grundsätzlich ist der Zeitpunkt des Vertragsschlusses entscheidend, so dass ein zunächst wirksamer Vertrag nicht durch einen späteren Wandel des sittlichen Maßstabes unwirksam wird.

> **Beispiel für den Wandel des Sittenwidrigkeitsmaßstabes** ▶ Vermietung eines Doppelzimmers an Nichtverheiratete, unwirksamer Beherbergungsvertrag, so noch das AG Emden NJW 1975, 1363 ▶ wirksamer Vertrag, so das LG Bonn NJW 1976, 1691, BGHZ 92, 219

> **Lösung Fall 87** Die Kündigung eines Mitarbeiters wegen seines Gewerkschaftsbeitritts verstößt gegen die Koalitionsfreiheit des Grundgesetzes, Art. 9 Abs. 3 GG, so dass eine sittenwidrige Kündigung vorliegt.

§ **Art 9 Abs. 3 GG** (3) Das Recht, zur Wahrung und Förderung der Arbeits- und Wirtschaftsbedingungen **Vereinigungen zu bilden**, ist für jedermann und für alle Berufe gewährleistet. Abreden, die dieses Recht einschränken oder zu behindern suchen, sind nichtig, **hierauf gerichtete Maßnahmen sind rechtswidrig**. ...

▶ 200 Wann ist ein Vertrag wegen Wuchers nach § 138 Abs. 2 BGB nichtig?

Ein Sonderfall des sittenwidrigen Rechtsgeschäfts ist das **wucherische Geschäft**, § 138 Abs. 2 BGB.

§ **§ 138 Abs. 2 BGB Wucher** (2) Nichtig ist insbesondere ein Rechtsgeschäft, durch das jemand unter **Ausbeutung** der Zwangslage, der Unerfahrenheit, des Mangels an Urteilsvermögen oder der erheblichen Willensschwäche eines anderen sich oder einem Dritten für eine Leistung Vermögensvorteile versprechen oder gewähren lässt, die in einem auffälligen Missverhältnis zu der Leistung stehen.

Auch die Feststellung, ob ein Vertrag gegen das Wucherverbot des § 138 Abs. 2 BGB verstößt, fällt aufgrund der Vielzahl von bislang ergangenen Urteilen nicht immer leicht. Die Rechtslehre verlangt die Erfüllung objektiver und subjektiver Voraussetzungen des Wuchergeschäfts bzw. des Wucherers:

> **Checkliste 29 Voraussetzungen des Wuchers nach § 138 Abs. 2 BGB**
> - Bestand ein auffälliges Missverhältnis zwischen Leistung und Gegenleistung? (objektiver Tatbestand, objektive Sicht)
> - Wollte der Wucherer eine beim Vertragspartner bestehende Schwächesituation ausnutzen? (Subjektiver Tatbestand, innerer Wille)

(1) Wann besteht ein objektiv auffälliges Missverhältnis von Leistung und Gegenleistung?

Dieses ist regelmäßig dann gegeben, wenn die Gegenleistung (z. B. Kaufpreis) bei Vertragsschluss den tatsächlichen, objektiven Wert der Leistung um 100 % oder mehr übersteigt, wobei aber die Wertbestimmung unter Berücksichtigung aller Umstände des Einzelfalls vorzunehmen ist. Es kann auch eine besonders niedrige Gegenleistung die Sittenwidrigkeit begründen, z. B. zu geringe Zinsen. Diese sog. **Grenze des Doppelten** kann man aber nicht wie ein Schema auf alle Fälle anwenden, es müssen die Umstände beachtet werden.

> **Beispiele für objektives Missverhältnis** (weitere Beispiele bei Palandt/Ellenberger § 138 Rn. 34 ff.) ▶ Bei nicht gewerblich tätigen Vertragspartnern und riskanten Umständen kann z. B. durchaus eine höhere Verzinsung als das Doppelte verlangt werden, ohne dass dieses sittenwidrig ist (BGH BB 1990, 655). ▶ Andererseits unterfällt bei Mietverträgen bereits eine den angemessenen Preis um 50 % übersteigende Miete dem Mietwucher (BGH NJW-RR 2006, 591). ▶ **Kaufvertrag**: tatsächlicher Wert des gekauften Grundstücks beträgt 42.500 DM – Kaufpreis war 80.000 DM (BGH NJW 1992, 899), 441.660 DM Kaufpreis zum Wert von 224.000 DM (BGH NJW 2001, 1127) **Kaufpreis** von 80.000 DM für Spielgerät im Wert von 30.000 DM (BGH NJW-RR1998, 1065), Kauf eines Heizgerätes im Wert von ca. 325,- DM zum Preis von 1.767 DM (LG Bremen NJW-RR 1988, 570) ▶ Verkauf und Finanzierung des Kaufs einer Heißmangel, wobei der Käufer 10.520 DM statt der üblichen 4.330 DM aufzubringen hatte (BGH NJW 1980, 1156) ▶ **Werklohn**, der das Vierfache des Üblichen und Angemessenen beträgt (KG NJW-RR 1995, 1422) bzw. ein Bauvertrag mit einer achthundertfachen Überschreitung der Einheitspreise BGH NZBau, 2009, 268) ▶ **Arbeitslohn**: von 1,04 DM/Stunde (LAG Bremen AP Nr. 33), angestellter Rechtsanwalt mit Lohnabrede 1.300 DM brutto, 610 DM netto (ArbG Bad Hersfeld DB 1999, 2115, LAG Hessen MDR 2000, 893), Dipl. Ing. (FH) mit 375 € Bruttopraktikantenlohn (LAG BaWü NZW 2008, 768), nur

III. Unwirksame Verträge

50% des Tariflohns ▶ **Darlehensvertrag**: zinslos mit 40-jähriger Laufzeit (BGH WM 1988, 195) ▶ Vergütung von 4.985,– DM für 4 Partnervorschläge eines **Eheanbahnungsinstituts** (AG Eltville FamRZ 1989, 1299)

Beispiele für kein objektives Missverhältnis ▶ **Kaufvertrag**: Kaufpreis 69.215 DM für 38.000 DM Gegenwert (BGH NJW 2003, 2529), 175.000 DM für 111.000 DM (BGH NJW 2004, 2671), Kaufpreis von 2/3 des objektiven Wertes, BGH LM (Ba)Nr. 4 ▶ **Gehalt**, in Höhe von 70% des Üblichen (BAG EWiR 2002, 419) ▶ Vergütung von 3.075,– DM für 25 Partnervorschläge (LG Krefeld MDR 1984, 491)

(2) Wann wollte der Vertragsschließende die Zwangslage, die Unerfahrenheit, den Mangel an Urteilsvermögen oder die erhebliche Willensschwäche eines anderen ausbeuten?

Das Gesetz erwartet beim Wucher zusätzlich zur bestehenden objektiven Sittenwidrigkeit auch noch eine bestimmte Situation, eine **Zwangslage** wurde von der Rechtsprechung dann angenommen, wenn dem Betroffenen ohne eine bestimmte Geld- oder Sachleistung schwere Nachteile drohen (BGH NJW 1994, 1276), wie z. B. bei dringendem Kreditbedarf (OLG Hamm WM 1984, 1448), Wasserrohrbruch oder Stromausfall am Sonntag (AG Langenfeld NJW-RR 1999, 1354). ▶ Die **Unerfahrenheit** wurde bislang bei fehlender Lebens- oder Geschäftserfahrung z. B. bei Jugendlichen, älteren Menschen oder geistig Behinderten angenommen (BGH NJW 1996, 1451), kann aber auch aufgrund der Lebensumstände z. B. bei Bürgern der neuen Bundesländer kurz nach der Wiedervereinigung eintreten (BGH NJW 1994, 1476), wobei allerdings fehlende Rechtskenntnisse nicht ausschlaggebend für die Unerfahrenheit sind (LAG München DB 1986, 2191). ▶ Das **mangelnde Urteilsvermögen** liegt vor, wenn der Betroffene die auszutauschenden Leistungen nicht im Hinblick auf ihre Vor- und Nachteile richtig bewerten kann, was nicht nur bei körperlichen Defiziten sondern auch aufgrund unklarer Geschäftsumstände der Fall sein kann (OLG Stuttgart FamRZ 1983, 499). ▶Eine **erhebliche Willensschwäche** kann selbst bei Vertragspartnern, die das Geschäft an sich durchschauen, dann gegeben sein, wenn der Betroffene z. B. aufgrund von Alkohol- oder Drogensucht oder Alter psychisch nicht in der Lage ist, sich beim Abschluss des Rechtsgeschäfts sachgerecht zu verhalten. ▶ Ausbeutung liegt in der bewussten Ausnutzung der Schwächesituation des Betroffenen in Kenntnis des bestehenden Missverhältnisses der ausgetauschten Leistungen (BGH NJW 2003, 1860)

(3) Was sind die Rechtsfolgen des Wuchers?

Sind die genannten Voraussetzungen gegeben, ist ein geschlossener **Vertrag nichtig**. Nur ausnahmsweise kann das Rechtsgeschäft „gerettet" werden, wenn z. B. der Preis von einem unabhängigen Dritten bestimmt werden kann oder die Nichtigkeit zu Lasten des Betroffenen ginge, wie z. B. beim Miet- und Arbeitsvertrag, wo die angemessene Miete bzw. die übliche Vergütung dann als geschuldet gilt, § 612 Abs. 2 BGB. Daneben kann der „Bewucherte" einen **Schadensersatzanspruch** unter den Voraussetzungen des § 823 Abs. 2 BGB oder § 826 BGB geltend machen und die bereits ausgetauschten **Leistungen zurückverlangen** (je nach Einzelfall nach §§ 985 bzw. 812 BGB).

(4) Welche weiteren Fallgruppen kann man bei den sittenwidrigen Verträgen unterscheiden?

Da die Generalklausel des § 138 BGB im Laufe der Zeit durch die Rechtsprechung in großem Umfang ausgefüllt worden ist, behilft man sich in der Rechtspraxis mit der Zusammenfassung ähnlich gelagerter Fälle zu verschiedenen **Fallgruppen**. Diese Fallgruppen sind nicht zwingend so aufzugliedern, werden aber vielfach von der Rechtsprechung so angewandt (vgl. Palandt/Ellenberger, § 138 Rn. 24 ff.).

3 Sittenwidrigkeit

Hierbei ist aber immer zu beachten, dass für die Entscheidung, ob ein Vertrag nichtig ist, letztlich die **Umstände des Einzelfalls** maßgeblich sind, so dass die nachfolgenden Urteile nur ein **grober Anhaltspunkt** sein können. Eine Kenntnis dieser Fallgruppen kann für die Grenzen der Sittenwidrigkeit **sensibilisieren**, sollte aber nicht **zu unnötigen Prozessen** mit ungewissem Ausgang animieren.

Einzelne Fallgruppen sittenwidriger Vertragsgestaltungen		
	sittenwidrig	nicht sittenwidrig
Ratenkreditverträge	▶ **Gewerbsmäßige Darlehensverträge**: Vertragszins übersteigt den marktüblichen Effektivzins um 100 % (BGHZ 110, 338), EU-Zinssätze als Vergleichsmaßstab	▶ Überschreitung des Marktzinses um 80,5 % (BGHZ 99, 336) ▶ um 81,8 % (BGH NJW 1988, 1662) ▶ 87,6 % (BGH NJW 1989, 829) ▶ **Risikoreiches Gelegenheitsdarlehen**: Kreditnehmer muss das Darlehen von 72.000,– DM nach 6 Wochen in Höhe von 90.000,– DM zurückzahlen (BGH NJW 1994, 1056)
Überforderung	▶ **Absicherung von Verträgen durch Bürgschaft**: Mitverpflichtung einer geschäftsunerfahrenen, einkommens- und vermögenslosen Ehefrau für einen Unternehmerkredit, wenn die Bank diese zusätzliche Sicherheit in Ausnutzung der ehelichen Hilfsbereitschaft der am Unternehmen nicht beteiligten Ehefrau verlangt hat, OLG Koblenz NJW 1994, 682	▶ **Bürgschaftsabsicherung**: Kein übermäßig hoher Kredit zur Finanzierung von Anschaffungen, BVerfG NJW 1994, 36: 30.000,– DM, oder bei gemeinsamem Entschluss der Ehegatten, OLG Hamburg FamRZ 1993, 957 oder wenn die Ehefrau über die Summe mitverfügen konnte, BGH, NJW 1993, 332
Knebelungsverträge	▶ Allgemein alle Verträge, bei denen der andere Vertragsteil so in **seiner wirtschaftlichen Freiheit beschränkt** ist, dass dieser seine freie Selbstbestimmung ganz oder in wesentlichem Umfang verloren hat (BGH NJW 1993, 1587) ▶ **Bierbezugsvertrag**: Gastwirt muss in seiner Gastwirtschaft 30 Jahre lang ausschließlich die Erzeugnisse der Brauerei ausschenken (BGH NJW 1979, 865) oder seine Bewegungsfreiheit und Selbständigkeit ist durch andere Vertragsmodalitäten unangemessen eingeschränkt (OLG Köln 2007, 498) ▶ **Automatenaufstellungsvertrag**: Gastwirt ist gegenüber einem Automatenaufsteller verpflichtet, bei Eröffnung eines weiteren Lokals wiederum Automatenaufstellungsverträge mit ihm abzuschließen (BGH NJW 1983, 159)	▶ **Grundstückskaufvertrag**: Einseitige Verpflichtung zum Erwerb eines Grundstücks, da nicht jede Beschränkung der wirtschaftlichen Freiheit gleich eine „Knebelung" darstellt (BGH NJW 1962, 102) ▶ **Bierbezugsvertrag**: Laufzeiten bis 15, maximal 20 Jahre (BGH NJW 1992, 2145), entscheidend ist die Marktabschottungswirkung des Vertrages, wofür der Gastwirt darlegungs- und beweislastpflichtig ist (BGH NJW 1992, 1456) ▶ **Automatenaufstellungsvertrag**: bloße Vereinbarung einer abgesicherten Laufzeit und Zahlungspflicht von Darlehenszinsen allein reicht nicht aus, eine Sittenwidrigkeit zu begründen (OLG Düsseldorf OLGZ 73, 11)

III. Unwirksame Verträge

Einzelne Fallgruppen sittenwidriger Vertragsgestaltungen		
	sittenwidrig	nicht sittenwidrig
Sittenwidriges Verhalten gegenüber der Allgemeinheit oder Dritten	▶ **Schmiergeldverträge**, mit denen Zuwendungen an den Verhandlungsführer/Vertreter versprochen werden, (strafbar nach §299 StGB), sind nichtig (BGH NJW 1991, 1819) und können auch den Hauptvertrag dann nichtig werden lassen, wenn dessen Vertragsgestaltung beweisbar nachteilig beeinflusst wurde (BGH 141, 357), da der Vertreter nicht ohne Offenlegung der Bestechung den Hauptvertrag abschließen durfte, **ist dieser zunächst schwebend unwirksam** (BGH NJW 2000, 511), Provisionszusagen des Bauunternehmers gegenüber dem Architekten (OLG Hamburg NJW-RR 1988, 144) ▶ **Steuerrechtswidrige Verträge**: Ist der Hauptzweck des Vertrages die Steuerhinterziehung, liegt Sittenwidrigkeit vor, z.B. Tafelgeschäfte (OLG Jena OLG-NL 95, 193, 96, 28), Abrede, dass keine Rechnung verlangt werden kann, ist nichtig und macht den Vertrag insgesamt dann nichtig, wenn die Ohne-Rechnung-Abrede Einfluss auf die Preisvereinbarung hatte (BGH NJW-RR 2008, 1050 Rz. 11 in Abkehr von BGH NJW-RR 2001, 380) ▶ **Betrug/Hehlerei**: Verkauf von Diebesgut, wenn der Erwerber grob fahrlässig handelt (BGH NJW 1992, 310), der Kauf von wertlosen Aktien zur Vorbereitung eines Betrugs (BGH DB 1971, 39)	▶ **Werbevertrag für eine Veranstaltung, die nach dem Gesetz gegen den unlauteren Wettbewerb (UWG) unzulässig ist**, OLG Hamm GRUR 1988, 564 ▶ **Steuersparende Grundstücksverträge**: Keine Sittenwidrigkeit, wenn die Vertragsparteien zu Steuerersparniszwecken den Kaufpreis zu niedrig angeben (BGH NJW 1966, 588, OLG MDR 2000, 877), ▶ **Verhalten der Vertragspartner** kann nicht als Unterstützung der strafbaren Handlung gewertet werden, wenn z.B. der Verkäufer weiß, dass der Käufer eines Schiffes dieses zum Schmuggel benutzen will (RG JW 21, 928) ▶ **Entgeltlicher Studienplatztausch** (OLG München NJW 1978, 701)
Übersicherung	▶ **Globalzession**: wenn sie zu einer Täuschung und Gefährdung späterer Gläubiger führt und die Parteien dieses in Kauf genommen haben, BGH DB 1977, 949 ▶ **Sicherungsabtretung künftiger Kundenforderungen**, die der Schuldner aufgrund verlängerten Eigentumsvorbehalts seinen Lieferanten abgetreten hat	▶ **Abtretung aller zukünftigen Geschäftsforderungen**, OLG Stuttgart NJW 1966, 666

4 Unwirksamkeit und Wirksamkeit

▶ 201 Wann liegt eine schwebende Unwirksamkeit eines Vertrages vor?

Schwebend unwirksame Verträge haben zwar aktuell **nicht die mit ihnen bezweckten Rechtswirkungen**, können aber noch wirksam werden, wenn bestimmte Voraussetzungen nachträglich eintreten.

Beispiele für Vorschriften mit schwebender Unwirksamkeit ▶ rechtlich nachteilhafter Vertragsschluss durch einen beschränkt Geschäftsfähigen, §§ 107, 108 Abs. 1 BGB ▶ Abschluss eines Vertrages durch einen Vertreter ohne Vertretungsmacht, § 177 Abs. 1 BGB ▶ Vertragsabschlüsse, die unter Verstoß gegen das Verbot des Selbstkontrahierens, § 181 BGB, zustande gekommen sind, z.B. Verträge zwischen einer GmbH und ihrem GmbH-Geschäftsführer über Gegenstände der GmbH

§ **§ 108 Abs. 1 BGB Vertragsschluss ohne Einwilligung** (1) Schließt der Minderjährige einen Vertrag ohne die erforderliche Einwilligung des gesetzlichen Vertreters, so hängt die **Wirksamkeit** des Vertrags von der Genehmigung des Vertreters ab.

Da eine schuldrechtliche Beziehung trotz dieses Schwebezustands besteht, sind die Parteien einander aber zum sorgfältigen Umgang verpflichtet, und haben auf die Rechtsgüter des anderen Rücksicht zu nehmen, §§ 241 Abs. 2 i. V. m. 311 Abs. 2 BGB.

Aufgrund der allgemeinen Treuepflichten, § 242 BGB, haben die Parteien auch alles zu unternehmen, um den Schwebezustand zu beenden, z. B. erforderliche Genehmigungen zu beantragen. Erst wenn die Wirksamkeitsvoraussetzungen endgültig nicht mehr eintreten können, wird der Vertrag unwirksam und hat dann die gleichen Wirkungen wie die oben beschriebene Nichtigkeit.

Das Gesetz gibt regelmäßig auch das Recht zum Widerruf, um den Schwebezustand zu beenden, z. B. § 109 BGB.

▶ **202 In welchen Fällen spricht man von einer schwebenden Wirksamkeit eines Vertrages?**

Hatten die Verträge bei der schwebenden Unwirksamkeit zunächst nicht die gewünschten Rechtswirkungen, enthält das Gesetz mit der Aufnahme von ausdrücklichen Widerrufsrechten auch die umgekehrte Rechtsfolge: der Vertrag ist **zunächst wirksam**, kann aber durch Ausübung des Widerrufsrechts wieder unwirksam (nichtig) werden.

Beispiele für Vorschriften mit schwebender Wirksamkeit ▶ Verträge, die in der Situation eines „**Haustürgeschäfts**" abgeschlossen wurden, § 312 BGB ▶ Verträge, die unter ausschließlicher Verwendung von Fernkommunikationsmitteln abgeschlossen wurden, sog. **Fernabsatzgeschäfte**, § 312 d BGB ▶ Verträge über Teilzeit-Wohnrechte, **sog. Time-Sharing**, § 485 BGB ▶ Verträge über **Verbraucherdarlehen**, § 495 BGB

§ **§ 312 Abs. 1 S. 1 BGB Widerrufsrecht bei Haustürgeschäften** (1) Bei einem Vertrag zwischen einem Unternehmer und einem Verbraucher, der eine entgeltliche Leistung zum Gegenstand hat und zu dessen Abschluss der Verbraucher 1. durch mündliche Verhandlungen an seinem Arbeitsplatz oder im Bereich einer Privatwohnung, 2. anlässlich einer vom Unternehmer oder von einem Dritten zumindest auch im Interesse des Unternehmers durchgeführten Freizeitveranstaltung oder 3. im Anschluss an ein überraschendes Ansprechen in Verkehrsmitteln oder im Bereich öffentlich zugänglicher Verkehrsflächen bestimmt worden ist (Haustürgeschäft), steht dem Verbraucher **ein Widerrufsrecht** gemäß § 355 zu.

§ **§ 355 Abs. 1 S. 1 BGB Widerrufsrecht bei Verbraucherverträgen** (1) Wird einem Verbraucher durch Gesetz ein Widerrufsrecht nach dieser Vorschrift eingeräumt, so ist er an seine auf den Abschluss des Vertrags gerichtete Willenserklärung **nicht mehr gebunden**, wenn er sie fristgerecht widerrufen hat.

III. Unwirksame Verträge

Rechtlich gesehen wird durch den Widerruf das ursprüngliche Vertragsverhältnis in ein sog. Rückgewährschuldverhältnis umgewandelt, da sich die Beziehung zum Vertragspartner nun inhaltlich auf die Rückgabe der bereits ausgetauschten Sachen richtet, z. B. Rücküberweisung des Kaufpreises, vgl. dazu unten in Teil Vertragsbeendigung.

▷ **203 Welche gesetzlichen Fälle der relativen Unwirksamkeit von Verträgen gibt es?**

Einen weiteren Fall der Unwirksamkeit sieht das Gesetz in den Fällen vor, in denen ein **Vertrag nur bestimmten Personen gegenüber unwirksam** sein soll, ansonsten aber für alle anderen Teilnehmer des Geschäftsverkehrs Rechtswirkungen hat. Diese nur in einer bestimmten „Relation" (Beziehung) bestehende Unwirksamkeit (relative Unwirksamkeit) wird vom Gesetz her immer dann vorgesehen, wenn eine unwirksame Verfügung einer Person vorliegt, die keine Wirksamkeit anderen schutzwürdigen Personen gegenüber haben soll (Palandt/Ellenberger, Überbl. v. 104, Rn. 30).

Verstößt eine vertraglich vereinbarte Verfügung (z. B. Veräußerung wie Übereignung oder Übertragung eines Rechts) gegen ein **gesetzliches Veräußerungsverbot**, das nur bestimmte Personen schützen will, ist diese Verfügung den geschützten Personen gegenüber unwirksam.

Es geht hierbei um die Frage, ob jemand rechtswirksam verfügen **darf**, nicht um die Frage, ob er es überhaupt **könnte**. Die Veräußerungsverbote sind deshalb von den **absoluten Verfügungsverboten** zu unterscheiden, bei denen es schon am rechtlichen Können fehlt, eine vertragliche Regelung also jedermann gegenüber unwirksam wäre.

> **Beispiel** ▶ Abtretungsverbot des § 399 BGB, wenn sich durch die Abtretung eines Rechts dessen Inhalt ändern würde, so bei höchstpersönlichen Ansprüchen wie die Urlaubsgewährung beim Arbeitsvertrag, die ja gerade bei dem konkreten Arbeitnehmer eine Erholung bewirken soll.

§ **§ 399 BGB Ausschluss der Abtretung bei Inhaltsänderung oder Vereinbarung** Eine Forderung kann nicht abgetreten werden, wenn die Leistung an einen anderen als den ursprünglichen Gläubiger nicht ohne Veränderung ihres Inhalts erfolgen kann oder wenn die Abtretung durch Vereinbarung mit dem Schuldner ausgeschlossen ist.

Das Gesetz verwendet den Begriff der **relativen Unwirksamkeit** nicht direkt, sondern umschreibt ihn z. B. in folgenden Fällen.

> **Beispiele** ▶ „*nur diesen Personen gegenüber unwirksam*", gesetzliches und behördliches Veräußerungsverbot, §§ 135, 136 BGB ▶ „*Verfügung ... ist insoweit unwirksam*", Wirkung einer im Grundbuch eingetragenen Wirkung, § 883 Abs. 2 BGB ▶ „*zu dessen Gunsten die Vormerkung besteht, unwirksam ist ...*", Anspruch des Vormerkungsberechtigten auf Zustimmung zu vormerkungsentsprechenden Grundbucheintragungen, § 888 Abs. 1 BGB ▶ „*dem Hypothekengläubiger gegenüber unwirksam ...*", relative Unwirksamkeit von Verfügungen über Miete oder Pacht im Verhältnis zum Hypothekengläubiger, § 1124 Abs. 2 BGB

Bei den Veräußerungsverboten werden beispielsweise in den Vorschriften §§ 135 und 136 BGB Verbote kraft **gesetzlicher Vorschriften** oder kraft behördlicher Anordnung geregelt.

> **§ 135 Abs. 1 S. 1 BGB Gesetzliches Veräußerungsverbot** (1) Verstößt die Verfügung über einen Gegenstand gegen ein gesetzliches Veräußerungsverbot, das nur den Schutz bestimmter Personen bezweckt, so ist sie nur diesen Personen gegenüber unwirksam.

> **Beispiel für gesetzliches Veräußerungsverbot** ▶ Einziges gesetzliches Veräußerungsverbot im BGB ist die **Unübertragbarkeit eines Vorkaufsrechts** nach § 473 BGB, damit der durch das Vorkaufsrecht Verpflichtete nicht ungewollt einen anderen Vorkaufsberechtigten als Vertragspartner vorgesetzt bekommt.

Ob und wer von einer Vorschrift letztlich geschützt werden soll, muss der jeweiligen Vorschrift entnommen werden.

> **§ 136 BGB Behördliches Veräußerungsverbot** Ein Veräußerungsverbot, das von einem Gericht oder von einer anderen Behörde innerhalb ihrer Zuständigkeit erlassen wird, steht einem gesetzlichen Veräußerungsverbot der in § 135 bezeichneten Art gleich.

> **Beispiel für behördliches Veräußerungsverbot** ▶ Behördliche Veräußerungsverbote sind **im gerichtlichen Bereich** vielfach anzutreffen, z. B. nach einer Pfändung einer Geldforderung, § 829 Abs. 1 S. 1 BGB, so dass diese Forderung nicht mehr Gegenstand eines Vertrages sein kann.

> **§ 829 Abs. 1 S. 1 und S. 2 ZPO Pfändung einer Geldforderung** (1) Soll eine Geldforderung gepfändet werden, so hat das Gericht dem Drittschuldner zu verbieten, an den Schuldner zu zahlen. Zugleich hat das Gericht an den Schuldner das Gebot zu erlassen, sich jeder Verfügung über die Forderung, insbesondere ihrer Einziehung, zu enthalten.

5 Scherz- und Scheingeschäfte

▶ 204 Was gilt, wenn ein oder beide Vertragspartner gar keine Willenserklärung abgeben wollen, diese aber formal erklärt wird?

Willenserklärungen können auch nichtig sein, wenn sie zwar formal abgegeben wurden, eine oder beide Vertragsparteien die rechtlichen Wirkungen aber eigentlich gar nicht wollen. Je nachdem, welcher der in den §§ 116 bis 118 BGB geregelten Fälle vorliegt, knüpft das BGB daran unterschiedliche Rechtsfolgen.

> **Fälle der Erklärung ohne Geschäftswillen**
> - Geheimer Vorbehalt, § 116 BGB
> - Mangel der Ernstlichkeit, § 118 BGB
> - Scheingeschäft, § 117 BGB

III. Unwirksame Verträge

> **Fall 88 Der lustige Vermieter** Der **Vermieter V** kündigt dem **Mieter M** das Mietverhältnis zum Ende des Monats, obwohl er das in Wirklichkeit nicht will. Zweck dieser Kündigung ist ein „erzieherischer". V will dem M mal zeigen, wer der „Herr im Hause" ist und dass der Mieter ihn anfleht, das Mietverhältnis fortzusetzen. **Frage Ist die Kündigung wirksam? Variante** Wie ist zu entscheiden, wenn der Mieter M durch einen Dritten erfahren hat, was V mit ihm vorhat?

Ein **geheimer Vorbehalt** nach § 116 BGB (sog. Mentalreservation) liegt immer dann vor, wenn

- der Erklärende eine Willenserklärung abgibt und sich **insgeheim** vorbehält, das Erklärte **nicht zu wollen**, § 116 S. 1 BGB.
- Weiterhin muss der Erklärende den Willen haben, dass der **Empfänger** der empfangsbedürftigen Willenserklärung den **geheimen Vorbehalt nicht kennt**, sonst wäre es eine Scherzerklärung nach § 118 BGB.

§ **§ 116 BGB Geheimer Vorbehalt** Eine Willenserklärung ist nicht deshalb nichtig, weil sich der Erklärende insgeheim vorbehält, das Erklärte nicht zu wollen. Die Erklärung ist nichtig, wenn sie einem anderen gegenüber abzugeben ist und dieser den Vorbehalt kennt.

Die **Rechtsfolgen** des geheimen Vorbehalts richten sich danach, ob dem anderen der Vorbehalt unbekannt oder bekannt ist.

- **Wusste der Empfänger** der Erklärung **nichts** von dem geheimen Vorbehalt, so ist die Willenserklärung wirksam. Der Erklärende muss sich an seiner Äußerung festhalten lassen, sein geheimer Vorbehalt ist wirkungslos.
- War dem Erklärungsempfänger dagegen der Vorbehalt **bekannt**, ist er nicht schutzbedürftig. Die Willenserklärung ist nichtig, § 116 S. 2 BGB.

> **Lösung Fall 88** Im **Fall** will der erklärende Vermieter V die Erklärung in Wahrheit nicht ernstlich. Auch geht er davon aus, dass der Empfänger die Nichternstlichkeit seiner Erklärung nicht kennt. Es liegt also ein **„böser Scherz"** nach § 116 BGB vor (der „gute Scherz" ist in § 118 BGB geregelt). Solange der Mieter M nichts von den heimlichen Motiven des Vermieters V weiß, ist die Kündigung wirksam. Vermieter V muss damit rechnen, dass der Mieter tatsächlich auszieht und ihn nicht „anfleht", das Mietverhältnis fortzusetzen. Erst wenn der Vermieter V nachweisen kann, dass der Mieter M den Vorbehalt kannte, ist die Kündigung unwirksam, so die Lösung der **Variante**.

▷ **205 Gilt ein Vertrag als geschlossen, wenn es sich erkennbar um ein Scherzgeschäft handelt?**

> **Fall 89 Die Bierlaune** Arbeitgeber A kündigt in einer „Bierlaune" auf dem Faschingsfest der halben Belegschaft wegen „Faulheit" durch Übergabe von Kündigungsschreiben auf Bierdeckeln! **Frage** Sind die Kündigungen wirksam?

In § 118 BGB ist das sog. Scherzgeschäft geregelt, das immer dann vorliegt, wenn

- der Erklärende eine empfangsbedürftige Willenserklärung
- in der Erwartung abgibt, der Mangel der Ernstlichkeit werde erkannt, § 118 BGB.

5 Scherz- und Scheingeschäfte

> **§ 118 BGB Mangel der Ernstlichkeit** Eine nicht ernstlich gemeinte Willenserklärung, die in der Erwartung abgegeben wird, der Mangel der Ernstlichkeit werde nicht verkannt werden, ist nichtig.

Wie bei § 116 BGB ist die Erklärung vom Erklärenden **nicht ernstlich** gemeint. Im Gegensatz zum § 116 BGB setzt § 118 BGB jedoch voraus, dass der Erklärende davon ausgeht, der andere werde die Nichternstlichkeit der Erklärung erkennen. Der Erklärende handelt also **ohne Täuschungsabsicht** (deshalb wird der in § 118 BGB geregelte Fall auch als der „**gute Scherz**" bezeichnet). Als **Rechtsfolge** sieht der § 118 BGB die Nichtigkeit der Willenserklärung vor. Aber das Gesetz sieht sehr wohl, dass der Erklärungsempfänger in bestimmten Fällen schutzwürdiger ist als der scherzende Erklärende.

Deshalb hat derjenige, der auf die Gültigkeit der Erklärung vertraut, einen Anspruch gegen den Erklärenden auf **Ersatz des Vertrauensschadens** aus § 122 Abs. 1 BGB.

> **§ 122 BGB Schadensersatzpflicht des Anfechtenden** (1) Ist eine Willenserklärung nach § 118 nichtig oder auf Grund der §§ 119, 120 angefochten, so hat der Erklärende, wenn die Erklärung einem anderen gegenüber abzugeben war, diesem, andernfalls jedem Dritten den Schaden zu ersetzen, den der andere oder der Dritte dadurch erleidet, dass er auf die Gültigkeit der Erklärung **vertraut**, jedoch nicht über den Betrag des Interesses hinaus, welches der andere oder der Dritte an der Gültigkeit der Erklärung hat. (2) Die Schadensersatzpflicht tritt **nicht ein**, wenn der Beschädigte den Grund der Nichtigkeit oder der Anfechtbarkeit **kannte** oder infolge von Fahrlässigkeit nicht kannte (**kennen musste**).

Voraussetzung ist nur, dass die Scherzerklärung für einen Vertrauensschaden des anderen ursächlich ist (im Fall hat ein Arbeitnehmer bereits in einer Zeitungsanzeige eine neue Stelle gesucht, wodurch Inseratkosten entstanden sind). Dieser Schadensersatzanspruch ist nach § 122 Abs. 2 BGB dann **ausgeschlossen**, wenn der andere die Nichternstlichkeit **kennt** (**1. Fallgruppe**), da er dann nicht auf die Gültigkeit vertraut hat. Auch wenn er dieses **kennen musste** (**2. Fallgruppe** = das heißt: aufgrund von Fahrlässigkeit nicht kannte), verliert er den Schadensersatzanspruch.

> **Lösung Fall 89** In unserem **Fall** bestünde daher kein Anspruch auf Ersatz der Kosten für ein Zeitungsinserat, wenn die gekündigte Belegschaft bei gehöriger Aufmerksamkeit den Scherz des Arbeitgebers hätte erkennen können (z. B. aus dem Umstand heraus, dass Fasching ist, der Arbeitgeber sich gerade in Bierlaune befindet, die Benutzung von Bierdeckeln, etc.). Letztlich ist das **Frage der Umstände des Einzelfalls**, aber wahrscheinlich wird man von einem Erkennen-Können der Gekündigten ausgehen müssen, weil Kündigungen zu ernst sind, als dass sie unter diesen Umständen abgegeben werden, zumindest eine Nachfrage bei dem wieder nüchternen Arbeitgeber am nächsten Tag ist wohl angebracht, bevor man kostenverursachende Bewerbungen schreibt.

III. Unwirksame Verträge

▶ **206 Wie werden Scheinverträge rechtlich behandelt?**

Fall 90 Immer Ärger mit dem Schwarzgeld Verkäufer V und Käufer K schließen einen Kaufvertrag über ein Hausgrundstück zum Preis von 600.000,– € ab. Im notariell beurkundeten Kaufvertrag wird aber nur ein Kaufpreis von 400.000,– € angegeben, um damit Notarkosten und Grunderwerbsteuern zu sparen. **Frage Ist der Kaufvertrag zu 400.000,– € wirksam? Variante** Wie ist zu entscheiden, wenn der K später als Eigentümer des Grundstücks eingetragen wird und V 600.000,- € verlangt?

Ein **Scheingeschäft** (sog. simulierte Erklärung) liegt immer dann vor, wenn
- der Erklärende eine empfangsbedürftige Willenserklärung
- mit Einverständnis des Erklärungsempfängers nur zum Schein abgibt, § 117 Abs. 1 BGB.

§ **§ 117 BGB Scheingeschäft** (1) Wird eine Willenserklärung, die einem anderen gegenüber abzugeben ist, mit dessen Einverständnis nur zum Schein abgegeben, so ist sie nichtig. (2) Wird durch ein Scheingeschäft ein anderes Rechtsgeschäft verdeckt, so finden die für das verdeckte Rechtsgeschäft geltenden Vorschriften Anwendung.

Beispiele für Scheingeschäfte ▶ GmbH-Geschäftsführer nimmt **scheinbar ein Darlehen** auf, um das Ergebnis der GmbH zu verändern (BGH NJW 1993, 2435) ▶ Um für Baumängel Versicherungsschutz zu bekommen, wird **zum Schein im Nachhinein ein Architektenvertrag** abgeschlossen (OLG Hamm NJW-RR 1996, 1233). ▶ **Abschluss eines Arbeitsvertrages** mit der in Wirklichkeit nicht im Unternehmen mitarbeitenden Ehefrau aus steuerlichen Gründen

Hauptanwendungsfall des § 117 BGB sind Grundstücksverkäufe, bei denen aus Gründen der Steuer- und Kostenersparnis und der Geldwäsche, offiziell ein geringerer Preis angegeben wird, als tatsächlich dann gezahlt wird.

In diesen Verkaufsfällen tauschen die Parteien **empfangsbedürftige Willenserklärungen** aus (Im Fall: „Verkaufe für 400.000,– € ", „Kaufe für 400.000,– €"). Auch fand ein **Einverständnis** zwischen dem Erklärenden und dem Erklärungsempfänger statt, dass das Geschäft nicht gelten soll. Damit unterscheidet sich das Geschäft vom geheimen Vorbehalt, § 116 BGB. Ein Mangel der Ernstlichkeit, § 118 BGB, liegt ebenfalls nicht vor, da die Parteien das verdeckte Rechtsgeschäft (= zu 600.000,– €) ja in Wirklichkeit wollen.

Als **Rechtsfolge** sieht der § 117 Abs. 1 BGB die **Nichtigkeit** der simulierten Erklärung vor. Der Erklärungsempfänger ist nicht schutzbedürftig, da er ja die Erklärung mit dem Einverständnis des Erklärenden nur zum Schein abgegeben hat. Oftmals wird durch ein Scheingeschäft ein anderes Geschäft verdeckt (Beispielsfall = Kaufvertrag zu 600.000,– €). Auf das hinter dem **verdeckten Geschäft** steckende Geschäft finden die für dieses geltenden Vorschriften Anwendung, § 117 Abs. 2 BGB. Das bedeutet, dass das verdeckte Geschäft gültig ist, wenn es allen Gültigkeitserfordernissen entspricht. Ein gegen ein gesetzliches Verbot, § 134 BGB, oder gegen die guten Sitten, § 138 BGB, verstoßendes Rechtsgeschäft ist ebenfalls nichtig.

Lösung Fall 90 Im **Fall** ist das Erklärte (Kauf zu 400.000,– €) nicht gewollt, also als Scheingeschäft nach § 117 Abs. 1 BGB nichtig. Das tatsächlich gewollte Rechtsgeschäft (Kauf zu 600.000,– €) ist **nicht notariell beurkundet**, also wegen Formmangels nach §§ 125 S. 1 i. V. m. 311 b Abs. 1 S. 1 BGB nichtig. Erst wenn die Formunwirksamkeit des Geschäft über 600.000,– € durch Auflassung und Eintragung im Grundbuch **geheilt** wird, § 311 b Abs. 1 S. 2 BGB, kann es wirksam werden (= Variante).

Unwirksame und nichtige Verträge

- **Unwirksamkeitsstufen im Gesetz** ○ Nichtigkeit ○ schwebende Unwirksamkeit ○ schwebende Wirksamkeit ○ relative Unwirksamkeit ○ Anfechtbarkeit ○ leider keine einheitliche Verwendung von Rechtsbegriffen im BGB ○ dahinter stehende Gesetzessystematik muss bekannt sein
- **Nichtige Verträge** ○ nur bei schwerwiegenden Verstößen ○ keinerlei Rechtswirkungen gegenüber jedermann ○ kann in der Praxis zu Schadensersatzpflichten führen ○ Gründe können sein die Person des Vertragspartners, Umstände des Vertragsschlusses, formale oder inhaltliche Gesetzesverstöße
- **Nichtigkeit wegen Gesetzesverstoßes, § 134 BGB** ○ wenn ein Verbotsgesetz vorliegt, z. B. arbeitsrechtlicher Mindesturlaub ○ und das Verbotsgesetz die Nichtigkeit des Vertrages vorsieht, z. B. bei Arzneimittelvertrieb im Reisegewerbe ○ keine Nichtigkeit bei bloßen Ordnungsvorschriften oder nur einseitigen Verbotsgesetzen
- **Nichtigkeit wegen Sittenwidrigkeit, § 138 Abs. 1 BGB** ○ keine gesetzliche Definition der Sittenwidrigkeit, sondern **Ausfüllung durch Beispiele der Rechtsprechung und Rechtslehre** ○ ausfüllungsbedürftiger unbestimmter Rechtsbegriff ○ „Anstandsgefühl" aller billig und gerecht Denkenden" ○ Vertrag muss mit „grundlegenden **Wertungen der Rechts- oder Sittenordnung** vereinbar sein" ○ Es kommt nicht auf die tatsächlichen Sitten, sondern auf die bestehende Sozialmoral und den „anständigen Durchschnittsmenschen" an. ○ **Bei Verträgen** kann sich die Sittenwidrigkeit aus dem Vertragsinhalt, dem Gesamtcharakter oder allein aus der Verletzung von Vertragsrechten ergeben. ○ **Zeitpunkt** des Vertragsschlusses ist entscheidend ○ Sittenwidrigkeitsmaßstab kann sich aber wandeln mit der Zeit
- **Nichtigkeit wegen Wuchers, § 138 Abs. 2 BGB** ○ **Sonderfall** der Sittenwidrigkeit ○ viele Einzelfallentscheidungen zur Ausfüllung des **unbestimmten Rechtsbegriffs „Wucher"** ○ auffälliges Missverhältnisses zwischen Leistung und Gegenleistung muss **objektiv** vorliegen, z. B. mehr als das Doppelte verlangen als üblich wäre ○ Wucherer muss **subjektiv** eine beim Vertragspartner bestehende Schwächesituation ausnutzen wollen, z. B. wenn dringender Kreditbedarf den Vertragspartner in eine Zwangslage brachte ○ **Rechtsfolge** des Wuchers ist grundsätzlich Nichtigkeit, ausnahmsweise aber auch Anpassung des Vertrages, weitere Folgen können Schadensersatz- und Herausgabepflichten sein
- **Fallgruppen der Sittenwidrigkeit** ○ Unübersichtliche Rechtsprechung fasst man in Fallgruppen mit ähnlich gelagerten Fällen zusammen ○ Dadurch erreicht man eine „Sensibilisierung" für die Rechtsprechungstendenzen. ○ Man darf aber diese Urteile nur als groben Anhaltspunkt sehen und sollte unnötige Prozesse mit ungewissem Ausgang vermeiden. ○ Ratenkreditverträge ○ Überforderung ○ Knebelungsverträge ○ sittenwidriges Verhalten gegenüber der Allgemeinheit oder Dritten ○ Übersicherung

III. Unwirksame Verträge

- **Schwebende Unwirksamkeit** ○ Vertrag hat derzeit keine Vertragswirkungen, z. B. keine Zahlungspflicht für gelieferte Zeitschriften, CDs ○ Schwebezustand kann aber von den Vertragsparteien beendet werden, z. B. durch Genehmigung oder Widerruf, z. B. § 109 BGB
- **Schwebende Wirksamkeit** ○ Verträge haben derzeit Vertragswirkungen, z. B. Abnahme- und Zahlungspflichten ○ Schwebezustand hält aber z. B. bis zum Ablauf einer Widerrufsfrist nach §§ 312, 355 BGB an ○ ohne Widerruf wird der Vertrag endgültig wirksam ○ mit Widerruf endgültig unwirksam
- **Relative Unwirksamkeit** ○ Der Vertrag ist nur bestimmten Personen gegenüber unwirksam, z. B. beim Verstoß gegen ein gesetzliches oder behördliches Veräußerungsverbot, §§ 135, 136 BGB, das im BGB für den Fall der Unübertragbarkeit eines Vorkaufsrechts oder in der ZPO bei gerichtlich angeordneten Pfändungen von Geldforderungen anzutreffen ist.
- **Nichtigkeit wegen fehlenden Geschäftswillens** ○ **wenn ein Vertragspartner die Erklärung nicht abgeben wollte** und der Vertragspartner dieses weiß, § 116 S. 2 BGB (weiß der Vertragspartner nichts, bleibt die Willenserklärung als „Strafe" für diesen „bösen Scherz" wirksam) ○ **Wenn es sich erkennbar um ein Scherzgeschäft handelte, § 118 BGB**; ob der Vertragspartner dieses erkennen konnte, spielt bei der Höhe des Schadensersatzes eine Rolle, § 122 BGB. ○ wenn ein Scheingeschäft, § 117 Abs. 1 BGB, abgeschlossen wurde, das eigentlich nicht gewollt war

7. Teil

Anfechtung eines Vertrages –

Wann kann ein Vertrag angefochten werden?

Gliederung des 7. Teils

I.	Begriff und Abgrenzung der Anfechtung	301
II.	Inhaltsirrtum	308
III.	Erklärungsirrtum	310
IV.	Eigenschaftsirrtum	311
V.	Übermittlungsirrtum	313
VI.	Arglistige Täuschung	314
VII.	Widerrechtliche Drohung	318
VIII.	Anfechtungsformalitäten	322
IX.	Wirkungen der Anfechtung	327

I. Begriff und Abgrenzung der Anfechtung

▶ **207 Wie definiert man die Anfechtung und von welchen Anfechtungsmöglichkeiten ist sie abzugrenzen?**

Grundsätzlich ist derjenige, der eine Vertragserklärung abgibt, **an diese gebunden** (lat. pacta sund servanda), selbst wenn sie nicht seinem wirklichen Willen entsprach. Nur **ausnahmsweise** erlaubt die Rechtslehre dem Erklärenden, **sich wieder von seiner Erklärung zu lösen**, wenn ein **besonderer (Anfechtungs-)Grund** dafür vorliegt. Das Gesetz regelt verschiedene Anfechtungssituationen, in denen dieses ausnahmsweise zulässig sein soll.

> **Fälle einer möglichen Anfechtung**
> - Irrtum, § 119 BGB
> - Falsche Übermittlung, § 120 BGB
> - Arglistige Täuschung und widerrechtliche Drohung, § 123 BGB

Dabei ist aber zu beachten, dass im Gegensatz zu den geschilderten von vornherein nichtigen oder unwirksamen Verträgen, anfechtbare Verträge so lange rechtswirksam sind, bis sie angefochten werden. Erforderlich ist also ein **Tätigwerden des Anfechtungsberechtigten** gegenüber dem Anfechtungsgegner aufgrund eines bestimmten Anfechtungsgrundes innerhalb der vom Gesetz bestimmten Anfechtungsfristen. Bildlich gesprochen könnte man sich das so vorstellen: der Anfechtungsberechtigte muss quasi einen „Degen" (= Anfechtungserklärung) erheben, um die Erklärung mit dieser Waffe „zu töten", d.h. nichtig zu machen.

Erst wenn diese Aktion rechtswirksam erfolgt, wird z. B. der angefochtene Vertrag grundsätzlich von Anfang an nichtig, § 142 Abs. 1 BGB.

Begrifflich ist die Anfechtbarkeit von Willenserklärungen von anderen Anfechtungsmöglichkeiten **zu unterscheiden**, die hier nicht Gegenstand der Betrachtung sein sollen:

> **Beispiele anderer Anfechtungsarten** ▶ anfechtbare Rechtshandlungen wegen der Benachteiligung der Gläubiger nach **Anfechtungsgesetz** und Insolvenzordnung ▶ **Vaterschaftsanfechtungen**, §§ 1600 ff. BGB ▶ **erbrechtliche** Anfechtungen, §§ 2340 ff. BGB

▶ **208 Unter welchen Voraussetzungen kann eine Anfechtung eines Vertrages erfolgen?**

Aus Gründen der Rechtssicherheit darf sich der Erklärende nur unter den **strengen Voraussetzungen** des Gesetzes nachträglich von seiner Willenserklärung wieder lösen, wenn z. B. der Empfänger sie anders verstanden hat, als sie eigentlich verstanden werden sollte (Irrtum). Entscheidend ist zunächst die Sichtweise des objektiven Empfängers unter Berücksichtigung von Treu und Glauben und der Verkehrssitte (Gedanke der §§ 133 BGB und 157 BGB).

In der Praxis ist es von größter Bedeutung zu wissen, in welchen Fällen das BGB dem Auseinanderfallen von Wille (subjektiver Tatbestand) und Erklärung (objekti-

I. Begriff und Abgrenzung der Anfechtung

ver Tatbestand) Bedeutung zumisst, wie, in welcher Frist und wem die Anfechtung erklärt werden muss und welche Wirkungen bzw. Rechtsfolgen dann eintreten. Daraus ergibt sich eine relativ feststehende **Prüfungsabfolge**, die auch konkreten Gesetzesvorschriften zugeordnet werden kann:

> **Checkliste 30   Voraussetzungen einer Anfechtung nach §§ 119 ff. BGB**
> - Liegt **begrifflich** eine Anfechtung vor?
> - Welcher **Anfechtungsgrund** könnte gegeben sein? (§§ 119, 120 oder 123 BGB)
> - Ist die **Anfechtungsfrist** eingehalten? (§§ 121 oder 124 BGB)
> - Wurde die Anfechtung wirksam **erklärt**? (§ 143 BGB)
> - Welche **Wirkungen** hat die Anfechtung? (§ 142 BGB)
> - Besteht ein Anspruch auf **Schadensersatz**? (§ 122 BGB)

▶ **209 Wann spricht man begrifflich von anfechtbaren Rechtsgeschäften?**

Die Rechtslehre spricht dann von anfechtbaren Rechtsgeschäften, wenn nach der Regelung des Gesetzes die Rechtsgeschäfte zunächst vollständig wirksam sind, aber eben nachträglich „vernichtbar".

Erst dann, wenn der Anfechtungsberechtigte von seinem Anfechtungsrecht Gebrauch macht, wird das Rechtsgeschäft rückwirkend (von Anfang an, ex tunc) nichtig. Die Anfechtung ist von **anderen Fehlern** bei der Abgabe der Willenserklärung zu unterscheiden:

> **Abgrenzung der Anfechtung von anderen Fehlern**
> - unwissentliche Falschbezeichnungen
> - Dissens
> - Bewusste Unkenntnis
> - Motivirrtum
> - Verdeckter Berechnungsirrtum

(1) Was gilt, wenn die Parteien unwissentlich falsche Bezeichnungen verwenden?

> **Fall 91   Haakjöringsköd-Fall** Der **Fischhändler F** verkaufte Mitte November dem **Restaurantbesitzer R** 214 Fass *„Haakjöringsköd per Dampfer Jessica abgeladen à 4,30 M per Kilo cif Hamburg netto Kasse gegen Konnossement und Police"*. Den Kaufpreis zahlte der Restaurantbesitzer R dem Fischhändler F Ende November gegen Aushändigung der Dokumente. Später stellt sich heraus, dass **„Haakjöringsköd" die beiden unbekannte norwegische Bezeichnung für Haifischfleisch** und nicht für das gewollte Walfischfleisch ist. Beim Eintreffen in Hamburg wurde die Ware von der Zentral-Einkaufsgesellschaft mbH **in Berlin beschlagnahmt** und demnächst auch übernommen. Der **Kläger R** machte geltend, die Ware sei ihm als Walfischfleisch verkauft worden, **während sie Haifischfleisch sei. Als Walfischfleisch** würde sie der Beschlagnahme nicht unterlegen haben. Der Beklagte F,

der vertragswidrige Ware geliefert habe, müsse ihm deshalb den Unterschied zwischen dem Kaufpreis und dem von der Zentral-Einkaufsgesellschaft gezahlten, erheblich niedrigeren Übernahmepreis erstatten. Restaurantbesitzer klagte auf Zahlung von 47.515,90 Mark. **Frage Kann der Restaurantbesitzer gegen den Fischhändler diesen Schadensersatzanspruch wegen vertragswidriger Ware geltend machen oder ist der Vertrag wegen Irrtums anfechtbar? (Fall nach RGZ 99, 147)**

Voraussetzung für eine Irrtumsanfechtung ist das Auseinanderfallen von Wille und Erklärung, so dass keine Anfechtung möglich ist, wenn die Vertragsparteien beispielsweise genau wissen was sie wollten, nur übereinstimmend sich falsch ausdrücken. Rein äußerlich decken sich der Wille und das erkennbar Erklärte nicht. Bei diesen sog. **Falschbezeichnungen** (lat. falsa demonstratio non nocet, BGHZ 20, 109, 71, 243, NJW-RR 1995, 859) sind die Parteien auch nicht schutzbedürftig, so dass man ihnen eine Lösung von der Willenserklärung im Wege der Anfechtung ermöglichen müsste.

Lösung Fall 91 Eine **Anfechtung** ist in diesem berühmten Haakjöringsköd-Fall von der Rechtsprechung **abgelehnt worden**, da **beide Vertragsparteien** einen Vertrag über Walfischfleisch abschließen wollten und sich nur irrtümlich gemeinsam eines falschen Begriffs bedient haben. Dieser Fall ist so zu behandeln, **als wenn sie die richtige Bezeichnung verwendet** hätten, da eine **unschädliche Falschbezeichnung** vorliegt. Im **Ergebnis** musste der Fall dann nach den Grundsätzen der Mängelhaftung und nicht nach dem Anfechtungsrecht gelöst werden, da der Fischhändler nicht das vertragsgemäß geschuldete Walfischfleisch geliefert hatte. Der Restaurantbesitzer R konnte seinen Schadensersatzanspruch zu Recht gelten machen.

(2) Wie wird der Fall behandelt, wenn objektiv keine Willensübereinstimmung vorliegt, sog. Dissens?

Fall 92 „**Semilodei"-Fall** Der deutsche Metallhändler D bot dem New Yorker Unternehmer P sechs bis acht Tonnen Weißmetall wie folgend an: *„ohne jede Garantie, nach Angabe ihrer Lieferanten ... circa 86 Prozent Zinn, 7 bis 8 Prozent Antimon, 7 bis 8 Prozent Kupfer, freibleibend offerieren könnten fob Hamburg netto Kasse zum Preise von 188,75 Mark"*. Das Geschäft wurde von dem Handelsmakler R betreut, der dieses Angebot dem Unternehmer zeigte, aber wegen der fehlenden Deutschkenntnisse nicht lesen konnte. Handelsmakler R erklärte dann, man müsse nur sein **Stichwort „Semilodei"** nach Deutschland übermitteln, dann wäre eine Bestellung mit Garantie der Zusammensetzung der Metallprozentsätze vereinbart. Unternehmer P übermittelte daher folgendes nach

I. Begriff und Abgrenzung der Anfechtung

> **Deutschland: „Accept R's Semilodei".** Der deutsche Metallhändler **D akzeptiert bei den nachfolgenden Verhandlungen die Erklärung „Semilodei"**, auch wenn er sich darunter nichts vorstellen kann und empfängt schon mal den Kaufpreis. **Frage Kann der deutsche Metallhändler anfechten, wenn sich noch vor Verschiffung der Ware herausstellt, dass P von einem Kauf mit Garantie und D von einem Kauf ohne Garantie ausgingen?** (Fall nach RGZ 68, 6 ff.)

Schwieriger ist die Abgrenzung des anfechtungsrelevanten **Irrtums** im Sinne des § 119 BGB zum Dissens nach § 155 BGB.

> **§ 155 BGB Versteckter Einigungsmangel** Haben sich die Parteien bei einem Vertrag, den sie als geschlossen ansehen, über einen Punkt, über den eine Vereinbarung getroffen werden sollte, **in Wirklichkeit nicht geeinigt**, so gilt das Vereinbarte, sofern anzunehmen ist, dass der Vertrag auch ohne eine Bestimmung über diesen Punkt geschlossen sein würde.

Eine Irrtumsanfechtung nach § 119 BGB ist nur beim Irrtum über die **eigene** Willenserklärung möglich. Demgegenüber gibt es aber auch Fälle, in denen die Erklärung des anderen Teils anders ausfällt, als man dachte. Beim Dissens hat man sich **nicht über seine eigene Erklärung geirrt, sondern über die des Erklärungsempfängers**. Man geht von einer Übereinstimmung aus, so dass auch hier eigentlich ein Irrtum vorliegt, objektiv gesehen sind beide Erklärungen aber nicht deckungsgleich.

> **Beispiele für den Dissens** (vgl. Palandt/Ellenberger, § 155 Rn. 4) ▶ Die Vertragsparteien **vergessen oder übersehen**, dass man sich über einen eigentlich regelungsbedürftigen Punkt nicht geeinigt hatte. ▶ Der Antrag lautet über *„Original IBM Druckkassetten"*, die Annahme erfolgt über *„IBM Original Druckkassetten"* (OLG Hamm NJW-RR 1998, 1747). ▶ beide Parteien **verlesen oder verhören** sich ▶ auch bei der Verwendung **mehrdeutiger Begriffe**, die von den Vertragsparteien auf verschiedenen Weise gedeutet wurden, z. B. Begriff „*Aktien*" (Köln WM 1970, 892), *„Best of"* **Album** im Hinblick auf die Zusammensetzung der Titel (OLG Köln NJW-RR 2001, 1720), Bedeutung des **Selbstkostenanteils** bei einer Behandlung durch den Zahnarzt (AG Köln NJW 1980, 2756)

Die Rechtsfolge beim Dissens ist in der Regel die **Unwirksamkeit des Vertrages**, es sei denn, dass der Vertrag auch ohne die Einigung geschlossen werden sollte, was durch Auslegung zu ermitteln ist. Bei **Nebenpunkten** wird man eher den Vertrag als gültig ansehen müssen (ohne den offenen Punkt) während bei offenen wesentlichen Vertragsbestandteilen dieser mutmaßliche Wille wohl kaum anzunehmen ist. Da die Vertragspartei, die ihre eigene Erklärung anders verstanden hat als der Empfänger, auch anfechten kann, fällt eine Abgrenzung in der Praxis sehr schwer.

> **Lösung Fall 92** Gleich vorweg: das **Wort „Semilodei" gibt es wohl nicht**, sondern ist ein Phantasiewort, dessen Herkunft unbekannt ist (aus einem Telegraphenschlüssel entnommen?) und nun seit über 100 Jahren im Vertragsrecht „rumgeistert". Wie die obigen Rechtsprechungsbeispiele belegen, immer noch mit Aktualität. Rechtlich haben sich die Vertragspartner **objektiv geeinigt**. Nach den Vorstellungen der Parteien haben beide Vertragspartner **subjektiv** aber **etwas anderes unter diesen Begriffen verstanden**: der Amerikaner ein Kaufangebot mit Garantiezusage, der Deutsche eine Kaufannahme ohne Garantiezusage. Es ist daher ein **Dissens** über einen entscheidenden Punkt gegeben, bei dem ein **Kaufvertrag überhaupt nicht zustande** gekommen ist. Der Deutsche muss den Kaufpreis zurückgeben.

I. Begriff und Abgrenzung der Anfechtung

(3) Wird der bewusst nicht einen Vertrag lesende Unterzeichner durch die Irrtumsanfechtung geschützt?

> **Fall 93 Die ungelesene Bürgschaftsurkunde** Die **Sparkasse Segenskirchen** nimmt die iranische Staatsangehörige **Nesrin** aus selbstschuldnerischer, zeitlich und betragsmäßig unbegrenzter **Bürgschaft** für Forderungen der Sparkasse ihren Eltern gegenüber in Höhe von über 400.000 € in Anspruch. **Nesrin** hatte das Formular bei einem Besuch ihrer in Deutschland lebenden Eltern **in den Geschäftsräumen der Sparkasse** unterzeichnet, **ohne Deutsch sprechen noch lesen zu können.** Damit wollte sie sich bei der Sparkasse gegenüber erkenntlich zeigen, weil diese ihr eine **schmerzlindernde Rückenoperation** vermittelt hatte. Sie wusste aber nicht, dass ihre Eltern kurz zuvor ein Haus für 800.000 € gekauft hatten, und dachte, dass sie für ihre eigene Geldanlage etwas unterschreibe. **Frage Kann Nesrin anfechten, wenn sie das deutsche Bürgschaftsformular nicht erläutert und nur durch ihren Vetter übersetzt bekommen hatte und über dessen Inhalt irrte?** (Fall nach BGH NJW 1995, 190)

Da ein Irrtum nur bei unbewusstem Auseinanderfallen von Wille und Erklärung vorliegt, scheidet er schon begrifflich bei **bewusstem Auseinanderfallen oder völliger Gedankenlosigkeit** des Erklärenden aus. Wer sich keine Gedanken macht, irrt auch nicht.

> **Beispiele für bewusstes Handeln** (vgl. Palandt/Ellenberger, § 119 Rn. 9) ▶ Erklärender **weiß**, dass er den Inhalt nicht kennt (BGH NJW 1951, 705) ▶ Urkunde wird **ungelesen** unterschrieben (BGH NJW 1968, 2102) ▶ Erklärender versteht den Inhalt der Erklärung nicht, da er **Analphabet** ist oder nicht die notwendigen Sprachkenntnisse hat (LG Köln WM 1986, 821, LG Memmingen NJW 1975, 451) ▶ Unterschrift unter einen Versicherungsvertrag, dessen Regelungen der Unterschreibende **nicht verstanden** hat (OLG Köln VersR 2000, 243)

Eine **Anfechtung ist allerdings dann wieder möglich,** wenn der Erklärende sich von dem Inhalt des unterschriebenen Schriftstücks eine bestimmte, allerdings unrichtige Vorstellung gemacht hat, er also eine **ungefähre Ahnung** vom Erklärungsinhalt der Vertragsurkunde hatte, die aber von dem wahren Inhalt der Urkunde abweicht (BGH NJW 1995, 190, BAG NJW 1971, 639).

> **Beispiele eines Anfechtungsrechts** (vgl. Palandt/Ellenberger, § 119 Rn. 9) ▶ Erklärender meint, er unterzeichne ein **Empfangsbekenntnis**, was in Wirklichkeit bereits die Unterschrift für den Hauptvertrag darstellt ▶ Unterschrift auf einem **Antragsformular** für eine Behandlung als **Privatpatient**, obwohl eigentlich nur ein Einzelzimmer beantragt werden sollte (LG Köln VersR 1989, 1265) ▶ Unterzeichner bemerkt nicht, dass das bestehende jährliche Kündigungsrecht durch eine **besonders lange Laufzeitvereinbarung** für die nächsten fünf Jahre ausgeschlossen wird (OLG Frankfurt NJW-RR 2006, 447)

> **Lösung Fall 93** Der BGH sah in dem Fall **keine sittenwidrigen oder arglistige Täuschung begründenden Begleitumstände** vorliegen, da **Nesrin** von ihrem Vetter die auf einer DIN A 4-Seite befindlichen, gut lesbaren, übersichtlich gegliederten und inhaltlich auch für einen Rechtsunkundigen hinreichend verständlichen **Vertragsbedingungen übersetzt** bekam (Fehler bei der Übersetzung wären der Sparkasse nicht zuzurechnen). Eine Anfechtung war gleichwohl möglich, da die **Nesrin** irrig annahm, mit ihrer Unterschrift ein Rechtsgeschäft hinsichtlich ihres Sparguthabens vorzunehmen, und nicht wusste, dass sie eine Bürgschaftsverpflichtung einging, § 119 Abs. 1 BGB.

I. Begriff und Abgrenzung der Anfechtung

(4) Welche Rolle spielen Motive, Beweggründe und enttäuschte Erwartungen bei der Anfechtung?

Nicht zur Anfechtung führen auch solche Irrtümer, bei denen Motive, Beweggründe und enttäuschte Erwartungen des Erklärenden eine wesentliche Rolle für die Abgabe seiner Erklärung spielten, die aber für den Erklärungsempfänger nicht ersichtlich waren, **sog. Motivirrtümer.**

> **Beispiele** (vgl. Palandt/Ellenberger, § 119 Rn. 29) ▶ Vertrag über eine Antiquität als Kopie in der **Hoffnung**, dass doch ein Original vorliegt ▶ falsche Vorstellung vom Wert oder Marktpreis einer Ware ▶ Umstand, dass das **Klima** beim Grundstückskauf subjektiv **nicht vertragen** wird (BGH DB 1972, 479)

Eine Enttäuschung dieser Motive und Erwartungen ist daher regelmäßig irrelevant, soweit das Gesetz nicht etwas anderes regelt (Ausnahmefälle im Erbrecht, §§ 2078 Abs. 2, 2079, 2308 BGB).

(5) Welche Rechtsfolgen ergeben sich bei Vertragsschlüssen, denen eine fehlerhafte Kalkulation oder Berechnung zugrunde liegt, sog. Berechnungsirrtum?

> **Fall 94** **Rechnen ist Silber** Der **Prokurist V** bietet dem **Kunden K** 200 KG Silber „**800 fein**" zum Preise von 320 €/kg an. Der Kunde benötigt aber Silber „**1000 fein**". Der Prokurist rechnet im Beisein des Kunden im Kopf den Preis für Silber „1000 fein" um, verrechnet sich und gibt **360 €/kg** an, während **400 €/kg** richtig gewesen wären. **Frage Kann der Prokurist den geschlossenen Kaufvertrag anfechten, nachdem er den Irrtum bemerkt hat?** (Silber-Fall, RGZ 101, 107)

Ein Motivirrtum besonderer Art liegt beim Berechnungsirrtum vor, der in der Praxis immer wieder eine Rolle spielt. Bei diesen Irrtümern verrechnet sich der Erklärende und gibt einen zu niedrigen oder zu hohen Preis an. Da es bei Irrtümern im Bereich des Preises zu sehr unangenehmen Folgen für den Erklärenden kommen kann (existenzvernichtende Preise), musste die Rechtsprechung in den vergangenen Jahren eine **sehr differenzierte Antwort** auf die Frage geben, wann man bei einem Irrtum in der Berechnung und Kalkulation ein Anfechtungsrecht zugestehen will und wann nicht. Zunächst wird grundlegend zwischen dem offengelegten und dem verdeckten Berechnungsirrtum unterschieden.

> **Beispiele des verdeckten Irrtums über die Berechnung** (Palandt/Ellenberger, § 119 Rn. 18) ▶ Erhält der Vertragspartner nur das Ergebnis der Berechnung mitgeteilt, ohne dass der Rechenweg und damit der Fehler ersichtlich wird, **scheidet eine Anfechtung regelmäßig aus, sog. interner oder verdeckter Kalkulationsirrtum** (BGH NJW 2002, 2312). ▶ Diese Rechtsprechung gilt unabhängig davon, ob der Empfänger dieses erkannt hat oder nicht, es kann aber **rechtsmissbräuchlich im Sinne von § 242 BGB** vom Empfänger sein, auf der Vertragsdurchführung zu bestehen, wenn die Vertragsdurchführung erkennbar unzumutbar werden würde (OLG München NJW 2003, 367). ▶ Die Rechtsprechung hat auch eine **Pflicht zur Prüfung und Vornahme entsprechender Hinweise** dem Empfänger auferlegt, wenn sich die Kalkulationsfehler aufgrund ihrer Schwere aufdrängen müssen (BGH NJW 2001, 284).

Schwieriger gestaltet sich die Behandlung des sog. **offenen Kalkulationsirrtums**, bei dem eine fehlerhafte Kalkulation den Vertragsverhandlungen zugrunde lag und gleichzeitig dem Vertragsgegner auch ein falscher Endbetrag genannt wurde. Die herrschende Rechtslehre will hier grundsätzlich **kein Anfechtungsrecht** geben, da ein bloßer Motivirrtum vorliegt (BGH NJW 1998, 3192). Dieses soll sogar dann gelten, wenn der Kalkulationsirrtum vom Erklärungsempfänger positiv erkannt wird oder sich wegen treuwidriger Kenntnisvereitelung so stellen lassen muss. Andernfalls versuchen die Gerichte für den jeweiligen Einzelfall passende **Ersatzlösungen** anzubieten, um eine Einzelfallgerechtigkeit zu erreichen.

> **Lösungsbeispiele für den offenen Irrtums über die Berechnungsgrundlagen** (Palandt/Ellenberger, §119 Rn. 20 ff.) ▶ Manche Gerichte sehen in dem falsch berechneten Endbetrag eine unerhebliche Falschbezeichnung, so dass im Wege der **Auslegung** (§§ 133, 157 BGB) allein die davor stehenden Einzelposten und die Findung der Endziffer im Wege richtiger Berechnung zu beachten sind (BGH BB 2006, 1650). ▶ Ein **nicht zustandegekommener Vertrag** könnte demgegenüber dann vorliegen, wenn man durch die sich widersprechenden Einzelposten und den Endbetrag einen Widerspruch der beiden Willenserklärungen annehmen wollte, §154 BGB. ▶ Eine **Vertragsanpassung** könnte evtl. über die Grundsätze über das Fehlen der Geschäftsgrundlage, §313 BGB, versucht werden, wenn beide Parteien sich auf die fehlerhafte Berechnung gestützt haben.

> **Lösung Fall 94** Das Reichsgericht gab dem **Prokuristen P ein Anfechtungsrecht**, da die Kalkulation zum Gegenstand der entscheidenden Vertragsverhandlungen gemacht worden sind, als der Prokurist im Beisein des Kunden den Preis schnell (falsch) umrechnete. Somit war es für den Kunden auch leicht ersichtlich, dass diese Art der Preisberechnung Vertragsbestandteil war und es nicht entscheidend auf den Endpreis ankam. **Ob diese Entscheidung noch heute so ergehen würde, ist sehr fraglich**, da der BGH sehr strenge Anforderungen an die Anfechtungsmöglichkeit stellt, da ja den Vertragspartner regelmäßig der Endpreis interessiert und nicht die Kalkulationsgrundlagen. Die Maßgeblichkeit einer Kalkulationsweise müsste also unzweifelhaft im Vertrag mit vereinbart worden sein.

▶ 210 Aus welchen Gründen kann eine Anfechtung erklärt werden?

Die von der Rechtsordnung anerkannten Anfechtungsgründe sind abschließend im Gesetz geregelt:

> **Anfechtungsgründe**
> - Inhaltsirrtum, §119 Abs. 1, Alt. 1 BGB
> - Erklärungsirrtum, §119 Abs. 1, Alt. 2 BGB
> - Eigenschaftsirrtum, §119 Abs. 2 BGB
> - Übermittlungsirrtum, §120 BGB
> - Arglistige Täuschung, §123 Abs. 1, Alt. 1 BGB
> - Widerrechtliche Drohung, §123 Abs. 1, Alt. 2 BGB

II. Inhaltsirrtum

▶ **211 Wann liegt ein Irrtum über den Erklärungsinhalt (Inhaltsirrtum) vor?**

> **Fall 95 25 Gros Rollen-Toilettenpapier für die Mädchenrealschule** Die **Konrektorin K** der Mädchenrealschule in Hanau bestellte *„25 Gros Rollen"* Toilettenpapier beim Großhändler G durch Ausfüllen des Bestellscheins, der u.a. den Hinweis *„Gros = 12 x 12"* enthielt. Die K dachte, es handle sich dabei um die Maßangabe der Verpackung, kannte aber nicht die veraltete Mengenbezeichnung „Gros", nach der 1 Gros = 144 Stück sind. **Frage Kann die K die Anlieferung von 3.600 Toilettenpapierrollen anfechten?** (Fall nach LG Hanau, NJW 1979, 721)

Ein Inhaltsirrtum liegt nach § 119 Abs. 1, Alt. 1 BGB dann vor, wenn der Erklärende
- bei der Abgabe einer empfangsbedürftigen Willenserklärung
- über deren Inhalt im Irrtum war.

§ **§ 119 Abs. 1, Alt. 1 BGB Anfechtbarkeit wegen Irrtums** (1) Wer bei der Abgabe einer Willenserklärung **über deren Inhalt** im Irrtum war ..., kann die Erklärung anfechten, wenn anzunehmen ist, dass er sie bei Kenntnis der Sachlage und bei verständiger Würdigung des Falles nicht abgegeben haben würde.

> **Beispiele für Inhaltsirrtümer** (vgl. Palandt/Ellenberger, § 119 Rn. 12 ff.) ▶ **falscher Vertragsgegenstand**: Verwechslung des gekauften Grundstücks z. B. mit der Flurbezeichnung A in der irrigen Annahme, dahinter verbirgt sich das eigentlich gewünschte Nachbargrundstück B ▶ **falscher Vertragstyp**: Rentnerin will als Mitglied der gesetzlichen Sozialversicherung im Krankenhaus behandelt werden und unterschreibt aber einen Vertrag über eine private Behandlung (LG Köln NJW 1988, 1518) ▶ **falscher Vertragspartner:** wollte man einen berühmten Maler A für die Anfertigung eines Portraits engagieren und verwechselt das Auftragsangebot irrig an einen Namenskollegen, besteht ein zur Anfechtung berechtigender Inhaltsirrtum ▶ **falsche Rechtswirkungen**: Abgabe eines Verkaufsangebots auf der Auktionsplattform eBay, wenn vom Anbietenden ein erheblich unter dem Mindestpreis liegender **Wert als Mindestpreis eingegeben** wird, ohne zu wissen, dass das Angebot mit rechtlicher Wirkung sofort zu diesem Mindestpreis angenommen und die Auktion damit zu diesem irrigen Preis beendet werden kann, sog. Rechtsfolgenirrtum (OLG Oldenburg NJW-RR 2007, 268)

Der Inhaltsirrtum wird dadurch gekennzeichnet, dass **der Erklärende zwar das erklärt, was er erklären will.** Er irrt aber **über** die **rechtliche Bedeutung** seiner Erklärung und misst ihr einen **anderen Sinn bei**, als sie in Wirklichkeit hat (*„Man weiß was man sagt, aber man weiß nicht, was man damit sagt"*, Lessmann JuS 1969, 478).

Eine besondere Form des Inhaltsirrtums liegt beim Irrtum über die Rechtsfolgen eines Rechtsgeschäfts vor, sog. **Rechtsfolgenirrtum**. Hier nimmt die Rechtsprechung seit langem nur dann eine zulässige Anfechtung an, wenn jemand „infolge Verkennung oder Unkenntnis seiner rechtlichen Bedeutung ein Rechtsgeschäft erklärt hat, das nicht die mit seiner Vornahme erstrebte, sondern eine davon **wesentlich verschiedene Rechtswirkung**, die nicht gewollt ist, hervorbringt" (RGZ 88, 278). Kein Anfechtungsrecht besteht, wenn nicht erkannte und nicht gewollte rechtliche Nebenwirkungen eintreten, oder wenn es sich um Rechtsfolgen handelt, die unabhängig vom Willen des Erklärenden eintreten. Die Abgrenzung ist im Einzelfall nicht leicht zu treffen.

Beispiele zum Rechtsfolgenirrtum ▶ Bestellung einer Hypothek für die 2. Rangstelle, die in Wirklichkeit auf die 1. Rangstelle geht (RGZ 88, 284) ▶ Unkenntnis bei einem Vertragsschluss darüber, dass damit wesentliche Rechtswirkungen früherer Vereinbarungen wesentlich geändert werden ▶ **kein** Anfechtungsrecht dagegen, wenn der Bieter bei einer Zwangsversteigerung sein Gebot wegen einer Fehlvorstellung über den Umfang der nach den Versteigerungsbedingungen bestehen bleibenden Rechte (hier Belastungen in Höhe von 43.256,29 €) anfechten möchte (BGH Beschl. v. 5. Juni 2008 – V ZB 150/07)

Lösung Fall 95 Das LG Hanau sah einen **klassischen Inhaltsirrtum** als gegeben an, da die Konrektorin die heute unübliche und veraltete Bezeichnung „Gros" nicht kannte – und sogar als Pädagogin nicht kennen musste. Der Hinweis (12 x 12) konnte ebenfalls den Irrtum nicht beseitigen. Sie **irrte sich über den Sinn ihres Ausdrucks** und hätte eine so große Bestellung (3.600 Rollen à 1.000 Blatt!) auch angesichts der damit verbundenen **betriebswirtschaftlich sinnlosen Vorratshaltung und bei jährlicher Haushaltsabrechnung** den Umständen nach nicht abgegeben. Der Großhändler hat nach der Anfechtung keinen Anspruch mehr auf Abnahme und Bezahlung der Ware.

III. Erklärungsirrtum

▶ **212** Wann ist ein Irrtum in der Erklärungshandlung (Erklärungsirrtum) gegeben?

> **Fall 96 Immer Ärger mit den Zahlen** Der **Computerhändler H** hat ein Notebook in das **EDV-gesteuerte Warenwirtschaftssystem** mit einem Verkaufspreis von **2.650 €** eingegeben, der aufgrund eines Datenfehlers als Betrag **245 €** automatisch in die Produktdatenbank seiner Internetseite übertragen wurde. **Student S** freute sich sehr über diesen günstigen Preis und bestellte das Notebook und bekam am selben Tag eine automatisch verfasste E-Mail über den Eingang seiner Bestellung. In den Folgetagen wurde das Notebook mit einer automatisch gefertigten Rechnung in Höhe von 245 € an den Studenten ausgeliefert. **Frage Kann der Händler den Kaufvertrag anfechten?** (Fall nach BGH NJW 2005, 976)

Ein **Erklärungsirrtum** liegt nach § 119 Abs. 1, Alt. 2 BGB vor, wenn der Erklärende
- bei der Abgabe einer empfangsbedürftigen Willenserklärung
- eine Erklärung dieses Inhalts überhaupt nicht abgeben wollte.

§ **§ 119 Abs. 1, Alt. 2 BGB Anfechtbarkeit wegen Irrtums** (1) Wer bei der Abgabe einer Willenserklärung ... eine **Erklärung** dieses Inhalts überhaupt **nicht abgeben** wollte, kann die Erklärung anfechten, wenn anzunehmen ist, dass er sie bei Kenntnis der Sachlage und bei verständiger Würdigung des Falles nicht abgegeben haben würde.

> **Beispiele für Erklärungsirrtümer** ▶ Kassierer **vertippt** sich und gibt in die Kasse versehentlich einen vom Preisschild abweichenden zu niedrigen Preis ein (LG Hamburg, NJW-RR 1986, 156) ▶ V will dem K ein Bild für 1.000,– € zum Kauf anbieten und **verschreibt** sich: Kaufangebot zu 100,– €

Der Erklärungsirrtum wird dadurch gekennzeichnet, dass **der Erklärende nicht das erklärt, was er erklären wollte.** Die Abgrenzung zum Inhaltsirrtum ist nicht immer genau zu ziehen und in der Praxis letztlich wegen identischer Rechtsfolge (Anfechtbarkeit) zu vernachlässigen.

> **Lösung Fall 96** Der **Computerhändler H** konnte seine Willenserklärung wegen Erklärungsirrtums **anfechten**, da der Fehler auf seiner Internetseite (invitatio ad offerendum) auf die Bestellung des Studenten S und die anschließende Bestätigung und Rechnungserteilung fortgewirkt hatte. Dass es sich dabei um einen Fehler der Software handelte, spielt nach Ansicht des BGH keine Rolle, da eine *„Verfälschung des ursprünglich richtig Erklärten auf dem Wege zum Empfänger durch eine unerkannt fehlerhafte Software ... als Irrtum in der Erklärungshandlung anzusehen ist"*. BGH a. a. O.

IV. Eigenschaftsirrtum

▶ **213 Wie wird der Irrtum über verkehrswesentliche Eigenschaften (Eigenschaftsirrtum) definiert?**

> **Fall 97 Berater und Sektenmitglied – geht das?** Unternehmer U beauftragte den Personalberater P mit der Suche nach einem geeigneten Projektleiter für das Unternehmen. P erstellte für ein Honorar von 20.000 € zuzüglich Inseratkosten verschiedene „Profile" wie z. B. Firmen-, Arbeitsplatz-, Stellen-, Anforderungs- und Projektprofile und konzipierte eine Stellenanzeige, die in mehreren Zeitungen veröffentlicht wurde. **Frage Kann der Unternehmer den Vertrag mit dem P anfechten, nachdem er durch einen anonymen Hinweis von dessen Zugehörigkeit zur Scientology-Sekte erfahren hat?** (Fall nach LG Darmstadt NJW 1979, 365)

Ein **Eigenschaftsirrtum** nach §119 Abs. 2 BGB liegt vor, wenn der Erklärende

- bei der Abgabe einer empfangsbedürftigen Willenserklärung
- über solche Eigenschaften der Person oder der Sache im Irrtum war,
- die im Verkehr als wesentlich angesehen werden.

§ **§119 Abs. 2 BGB Anfechtbarkeit wegen Irrtums** (2) Als Irrtum über den Inhalt der Erklärung gilt auch der Irrtum über solche Eigenschaften der Person oder der Sache, die im Verkehr als wesentlich angesehen werden.

Beim Eigenschaftsirrtum irrt der Erklärende nicht über die Erklärungshandlung oder den Erklärungsinhalt, sondern eigentlich über bestimmte Motive, die in den Eigenschaften einer Person oder einer Sache liegen. Es liegt ein Motivirrtum vor, der kraft Gesetzes für beachtlich erklärt wird, wenn es sich um so wesentliche Eigenschaften handelt, dass der Geschäftsverkehr Irrtümer in diesem Bereich ausnahmsweise beachten sollte.

Eigenschaften sind nach der Definition der Rechtsprechung nicht nur die auf der natürlichen Beschaffenheit beruhenden Merkmale, sondern auch die tatsächlichen und rechtlichen Verhältnisse und Beziehungen des Gegenstandes, soweit sie nach der Verkehrsanschauung für die Wertschätzung oder die Verwertbarkeit von Bedeutung sind (BGHZ 34, 41 und BGHZ 88, 245).

Verkehrswesentlich sind bei Verträgen diejenigen Eigenschaften, die mit den im Vertrag bezweckten Wirkungen in Zusammenhang stehen. Wobei aber wohl als nicht wesentlich solche Eigenschaften anzusehen sind, die nur vom Standpunkt des Erklärenden erheblich sind oder die nur vorübergehend einer Person oder Sache anhaften. Nach der Rechtsordnung ist aber auf den typischen wirtschaftlichen Zweck des konkreten Geschäfts abzustellen, so dass z. B. die Kinderfreundlichkeit bei der Anmietung einer Wohnung als verkehrswesentlich angesehen werden könne (LG Essen NZM 2006, 294).

Letztlich hat die Rechtsprechung eine Vielzahl von Fällen entschieden, um die Begriffe der Verkehrswesentlichkeit einer Eigenschaft bei Personen bzw. Sachen herauszuarbeiten.

IV. Eigenschaftsirrtum

> **Beispiele für die Eigenschaften einer Person** (vgl. Palandt/Ellenberger, § 119 Rn. 26) ▶ **Geschlecht** (BAG NJW 1991, 2726) ▶ **Alter, Sachkunde, Konfession, politische Einstellung**, Mitgliedschaft in einer Sekte, wenn ein Personalberater eingestellt werden soll (LG Darmstadt NJW 1999, 365, Scientology) ▶ Bei Verträgen, bei denen es nicht um einen reinen Güteraustausch, sondern um eine vertrauensvolle Zusammenarbeit geht (z. B. Baubetreuungsvertrag), können Eigenschaften wie **Vertrauenswürdigkeit** und **Zuverlässigkeit** verkehrswesentliche Eigenschaften sein (BGH WM 1970, 906). ▶ Tatsache, dass man in einen **Bestechungsfall verwickelt** ist, der beim Lizenzfußballspieler zu einem Lizenzentzug führt (BGH NJW 1976, 565) ▶ **Eintragung in die Handwerksrolle**, wenn ein Vertrag mit einem „Fachbetrieb" geschlossen ist, dieser aber nicht in der Handwerksrolle eingetragen ist (OLG Hamm NJW-RR 1990, 523) ▶ **Vorstrafen**, nur dann wenn es nach dem Vertragsinhalt auf die Vertrauenswürdigkeit besonders ankommt, z. B. einschlägig vorbestrafter Kassierer (BAG 5, 265) ▶ **Krankheit und Leiden** des Arbeitnehmers sind nur dann wesentlich, wenn sie seine Leistungsfähigkeit dauernd erheblich herabsetzen (BAG AP § 119 BGB, Nr. 3). ▶ Bei Kreditgeschäften kann auch die **Zahlungsfähigkeit** und **Kreditwürdigkeit** eine verkehrswesentliche Eigenschaft sein, nicht aber bei Bargeschäften. ▶ **Schwangerschaft** bei Arbeitnehmerin ist nicht nur als vorübergehender Zustand für die Anfechtung unerheblich, sondern verstößt auch gegen die Gleichheitsgrundsätze des Europarechts, der Verfassung und des Allgemeinen Gleichbehandlungsgesetzes (EuGH NJW 1994, 2077)

Eigenschaften einer Sache sind alle wertbildenden Faktoren, soweit sie die Sache unmittelbar kennzeichnen (BGHZ 34, 41).

> **Beispiele für Eigenschaften einer Sache** (vgl. Palandt/Ellenberger, § 119 Rn. 27) ▶ **Echtheit** beim Kunstwerk (BGH NJW 1988, 2597) ▶ **Stoff, Bestand und Größe** (RGZ 101, 68) ▶ **Herstellungsjahr** (BGH NJW 1979, 160) ▶ **Fahrleistung** (OLG München, DB 1979, 1059) ▶ **Lage** und **Bebaubarkeit** eines Grundstücks (OLG Köln MDR 1965, 292)

Keine Eigenschaften einer Sache sind laut Rechtsprechung folgende **mittelbaren** oder weit außerhalb der Sache und damit nicht direkt mit einer Willenserklärung in Zusammenhang stehenden Umstände:

> **Beispiele für fehlenden Eigenschaftscharakter** ▶ **Wert oder Marktpreis**, da es zu größter Rechtsunsicherheit führen würde, wenn jemand allein aufgrund einer Fehleinschätzung des Preises ein Rechtsgeschäft anfechten könnte (BGHZ 16, 57) ▶ **Eigentum** an einer Sache (BGHZ 34, 41) ▶ wirtschaftliche **Verwertungsmöglichkeit** beim Kauf einer Sache (BGHZ 16, 57) ▶ Zahlungsfähigkeit der Mieter ist nicht als verkehrswesentliche Eigenschaft beim Verkauf eines Mietgrundstücks zu sehen

> **Lösung Fall 97** Ein Anfechtungsrecht wegen Eigenschaftsirrtums stand dem Unternehmer U zu, **da die Sektenmitgliedschaft eine persönliche Eigenschaft des Beklagten** ist, die als **verkehrswesentlich** anzusehen ist. Es handelt sich vorliegend nicht bloß um einen **Warenaustausch**, sondern um den als empfindlicher einzuschätzenden Personalbereich. Aufgrund der engen Zusammenarbeit hatte der Berater P **zahlreiche Informationen** über die Firma erhalten, tiefgehende Einblicke in Firmeninterna gewinnen können, so dass auch deshalb eine Sektenzugehörigkeit als verkehrswesentliche Eigenschaft anzusehen war. Der Unternehmer hätte den Beratungsvertrag bei Kenntnis der Sektenmitgliedschaft auch nicht erteilt, da er eine **Schädigung seines guten Rufs** in der Branche fürchtete. Ob der Berater tatsächlich versucht hat oder versucht hätte, einer der Scientology-Sekte nahe stehenden Person eine Anstellung beim Unternehmer U zu verschaffen, war nicht relevant.

V. Übermittlungsirrtum

▶ **214 Was versteht man unter einem Übermittlungsirrtum nach § 120 BGB?**

Ein Übermittlungsirrtum liegt nach § 120 BGB vor, wenn der Erklärende
- sich der Übermittlung seiner Erklärung einer **Person** (eines Boten) oder einer **Anstalt** (z. B. Post) **bedient** und
- die Willenserklärung durch die Person oder Anstalt **unbewusst unrichtig übermittelt** wird.

§ **§ 120 BGB Anfechtbarkeit wegen falscher Übermittlung** Eine Willenserklärung, welche durch die zur Übermittlung verwendete Person oder Einrichtung unrichtig übermittelt worden ist, kann unter der gleichen Voraussetzung angefochten werden wie nach § 119 eine irrtümlich abgegebene Willenserklärung.

Beispiele für Übermittlungsirrtümer (vgl. Palandt/Ellenberger, § 120 Rn. 2) ▶ **Bote, Dolmetscher** oder Post- bzw. Telegraphenanstalt übermittelt unrichtig (BGH BB 1963, 204) ▶ Übermittlung durch Telekom bzw. Post-AG, sonstige Dienstleister für E-Mail, Fax oder SMS-Dienste ▶ Erklärung wird einem **falschen Empfänger zugeleitet**, sofern sich aus dem Inhalt der Erklärung ergibt, dass sie für eine andere Person bestimmt war ▶ Bei **Internetgeschäften** wird § 120 BGB auch dann angewendet, wenn der Preis infolge eines **Softwarefehlers** falsch angegeben wird (OLG Hamm NJW 2004, 2601). ▶ **nicht:** telefonische Übermittlung, die wie eine Übermittlung unter Anwesenden gilt, so dass § 119 BGB direkt gilt

Das Risiko einer falschen Übermittlung trägt **grundsätzlich** derjenige, der die Wahl der Übermittlungsart hatte: in der Regel der Erklärende. Er kann sich die sicherste Übermittlungsart schließlich aussuchen. Trotzdem wird die unrichtige Übermittlung der Erklärung **wie ein Erklärungsirrtum nach § 119 Abs. 1, Alt. 2 BGB behandelt**, da in beiden Fällen Wille und Erklärung voneinander abweichen. Beim § 120 BGB benutzt der Erklärende lediglich ein **Erklärungswerkzeug**, dessen unrichtiges Funktionieren er sich zwar zurechnen lassen muss. Die Benutzung eines Boten etc. kann aber nicht zum gänzlichen Ausschluss der Anfechtung führen. Deshalb sind diese Fälle der falschen Übermittlung denen der eigenhändigen Erklärung gleichgestellt.

Anders dagegen sind die Fälle zu behandeln, in denen der Bote **bewusst** eine unrichtige Erklärung übermittelt. Hier wird die Erklärung dem Erklärenden erst gar nicht zugerechnet. Es bedarf keiner Anfechtung. Der vorsätzlich falsch übermittelnde Bote wird wie ein vollmachtloser Vertreter nach §§ 177, 179 BGB behandelt, so dass evtl. Verpflichtung zum Schadensersatz besteht (OLG Oldenburg NJW 1978, 951).

VI. Arglistige Täuschung

▷ **215** Unter welchen Voraussetzungen kann man nach § 123 Abs. 1, Alt. 1 BGB anfechten, wenn man vom Vertragspartner arglistig getäuscht wurde?

> **Fall 98 Gibt es ein Recht auf Lüge?** Der **Polizist P** hatte sich im November 1992 beim Land L beworben und durchlief ein längeres Bewerbungsverfahren, wobei er bekennen musste, dass ihm wegen einer Trunkenheitsfahrt die Fahrerlaubnis für acht Monate entzogen worden war. Im Juni 1993 verpflichtete er sich auf einem Belehrungsbogen, alle bis Dienstantritt eingeleiteten Ermittlungs- oder Strafverfahren offenzulegen. P verschwieg seinem zukünftigen Arbeitgeber, kurz zuvor mit einem weder zugelassenen noch versicherten **Jeep eine Spritztour über einen Acker** und öffentliche Straßen gemacht hatte, weswegen er im Mai 1994 mehrere Strafbefehle bekam. Erst **drei Jahre später**, als die Verbeamtung anstand, machte P in dem ihm vorgelegten Formular plötzlich Angaben zu den anderen Vorkommnissen aus dem Jahre 1993. **Frage** War das Land L berechtigt, das Arbeitsverhältnis mit P zu beenden, oder hatte er ein Recht auf Verschweigen der Strafbefehle? (Fall nach BAG NJW 1999, 3653)

Nach § 123 Abs. 1, Alt. 1 BGB ist eine Anfechtung auch dann möglich, wenn jemand durch arglistige Täuschung zur Abgabe einer Willenserklärung bestimmt worden ist. Erforderlich sind damit die folgenden Tatbestandsmerkmale:

> **Tatbestandsmerkmale der arglistigen Täuschung**
> - **Täuschungshandlung** zum Zweck der Hervorrufung oder Aufrechterhaltung eines Irrtums
> - **Widerrechtlichkeit** der Täuschung
> - dadurch **Veranlassung, eine Willenserklärung abzugeben**
> - **Arglistiges Handeln**

§ **§ 123 Abs. 1, Alt. 1 BGB Anfechtbarkeit wegen Täuschung oder Drohung** (1) Wer zur Abgabe einer Willenserklärung durch **arglistige Täuschung** … bestimmt worden ist, kann die Erklärung anfechten.

VI. Arglistige Täuschung

Beispiele für arglistige Täuschung (vgl. Palandt / Ellenberger, §123 Rn. 2 ff.) ▶ **Kaufvertrag**: Gebrauchtwagenhändler H **verschweigt einen schweren Unfallschaden** des Autos (BGH NJW 1967, 1222), bezeichnet den Wagen als *„unfallfrei"*, anders bei bloßem Bagatellschaden, die keine Blechschäden sind, z. B. Lackschäden (BGH NJW 1982, 1386) ▶ **Werkvertrag**: Bezeichnung als Architekt, obwohl **keine Eintragung in die Architektenliste** vorliegt und auch die Voraussetzungen dafür nicht vorliegen, OLG Düsseldorf (BauR 1982, 86) ▶ **Arbeitsvertrag**: Vorlage eines **gefälschten Zeugnisses** bei der Bewerbung um einen Arbeitsvertrag führt zur Täuschung über die eigenen Qualifikationen (LAG BW DB 2007, 1197) ▶ **Kreditvertrag**: beim Kauf auf Kredit wird Zahlungsfähigkeit und Zahlungswilligkeit stillschweigend miterklärt, so dass bei Fehlen dieser Eigenschaften eine Täuschung vorliegt (OLG Köln NJW 1967, 749)

▶ 216 Welche Täuschungshandlung kann zur Anfechtung berechtigen?

Mit einer Täuschungshandlung soll in einem anderen eine unrichtige Vorstellung hervorgerufen, bestärkt oder aufrechterhalten werden. Die Täuschung kann also durch Vorspiegelung oder Entstellung der Tatsachen erfolgen.

Beispiele für Täuschungshandlungen ▶ Täuschungen beziehen sich immer **auf objektiv nachprüfbare Umstände**, die zu den wertbildenden Merkmalen des Vertragsgegenstandes gehören, wie z. B. **Alter** eines Teppichs (BGH DB 1977, 671), **Kilometerstand** beim Auto (OLG Köln NJW-RR 1988, 1136), Tatsachenbehauptungen wie „generalüberholt" (BGH NJW 1995, 955), „neu" oder „neuartig" (OLG Frankfurt DB 1965, 1812), Behauptung ins Blaue, dass Auto *„unfallfrei"* sei (BGH NJW 2006, 2839) ▶ **Täuschung über betriebswirtschaftliche Tatsachen**, wie z. B. dass durch **Mieteinnahmen** und Steuervorteile sich eine Wohnung *„selbst tragen"* wird (KG NJW 1998, 1082) oder auch stillschweigend durch die wahre Erklärung, dass mit Automaten bestimmte Gewinne erzielt werden, wenn der andere daraus ableitet, er werde ebenfalls gleiche Gewinne erzielen (OLG Bamberg MDR 1971, 44) ▶ ein Angebot von *„Antiquitäten aus einer Schlossauflösung"*, das in Wirklichkeit Nachbildungen alter Möbel mit künstlich herbeigeführter Alterung betraf (OLG Düsseldorf, NJW 2002, 612) ▶ **Nicht** für eine Anfechtung reichen **bloße Werturteile** oder reklamehafte Anpreisungen, solange in ihnen nicht doch Tatsachenbehauptungen in irgendeiner Form enthalten sind (BGH NJW 2007, 357).

(1) Kann man auch durch Schweigen täuschen?

Eine Täuschungshandlung kann nicht nur bei einer ausdrücklichen wahrheitswidrigen Behauptung bedeutsamer Umstände vorliegen. Möglich ist auch die **Täuschung durch bloßes Unterlassen** (Verschweigen) **der Aufklärung** über bedeutsame Dinge. Eine solche Unterlassung ist aber nur dann beachtlich, wenn es eine Rechtspflicht zur Aufklärung gibt und so „der andere Teil **nach Treu und Glauben** unter Berücksichtigung der **Verkehrsanschauung** redlicherweise Aufklärung erwarten durfte" (BGH NJW-RR 2008, 258). Zwar ist im Geschäftsverkehr jede Vertragspartei gehalten, die Interessen ihrer eigenen Sphäre im Blick zu halten, so dass **keine allgemeine Pflicht** besteht, alle Umstände zu offenbaren, die für die Entschließung des anderen Teils von Bedeutung sein können (BGH NJW 1971, 1799). **Ausnahmsweise** besteht aber dann eine **Aufklärungspflicht** hinsichtlich solcher Umstände, die den Vertragszweck vereiteln oder erheblich gefährden können und die daher für den anderen Teil von ausschlaggebender Bedeutung sind (BGH NJW 1980, 2460). Auch beim Bestehen eines „Informationsgefälles" zu Lasten des anderen Vertragspartners wird man eine Aufklärungspflicht annehmen müssen.

VI. Arglistige Täuschung

Beispiele für Täuschung durch Schweigen ▶ **Gebrauchtwagenhändler** verschweigt, dass der **Boden durchgerostet** ist (OLG Köln DAR 1979, 286) ▶ fünf statt zwei Vorbesitzer vorliegen (OLG Düsseldorf DAR 2002, 506) ▶ Unfallschäden **nicht vollständig repariert** wurden bzw. geringe Folgen hatten (OLG Hamm DAR 1996, 499, OLG München MDR 2001, 1407) ▶ ein Auto in einem **Fluss** gelegen hat (OLG Koblenz DAR 2002, 512) ▶ 2,5 Jahre vor der ersten Zulassung bereits die Herstellung war (OLG Oldenburg, MDR 2006, 630) ▶ eine Tür ausgebessert und neu lackiert wurde bei einem als fabrikneu bezeichneten Auto (LG Gießen NJW-RR 2005, 493) ▶ **Hausverkäufer** verschweigt, dass das Haus **ohne Genehmigung** gebaut worden ist (BGH NJW 1979, 2243) ▶ mit **Hausbockkäfern** befallen ist (KG NJW-RR 1989, 972) ▶ der Verdacht der **Trocken- und Nassfäule** besteht (OLG Celle MDR 1971, 392) ▶ Einsturzgefahr und erhebliche Feuchtigkeitsschäden bestehen (BGH NJW 1990, 975, KG MDR 2006, 200) ▶ eine **Vorbenutzung als Deponie**, wilde Müllkippe oder ungesichertes Fasslager für giftige Chemikalien bestand (BGH NJW 1991, 2900, NJW 1995, 1549, LG Stuttgart NJW-RR 2003, 1315) ▶ Verschweigen jahrzehntelanger schikanöser Belästigung durch **nachbarlichen Lärm** (BGH NJW 1991, 1675) ▶ **nicht** dagegen die **vorherige Nutzung** als Gaswerk, chemische Reinigung oder als Bordell (BGH NJW 1994, 253, OLG Celle NJW-RR 1997, 848, OLG Hamm NJW-RR 2000, 1183 ▶ **Verkäufer von Unternehmen** täuschen, wenn sie **Steuerrückstände** nicht angeben (OLG Köln NJW-RR 1994, 1064) ▶ Lieferantenverbindlichkeiten in erheblicher Höhe beim Verkauf einer GmbH verschweigen (BGH NJW-RR 1998, 1406)

(2) Welche Täuschungen sind widerrechtlich und welche sind zulässig?

Auch wenn es sich nicht unmittelbar aus dem Wortlaut ergibt, muss auch die Täuschungshandlung widerrechtlich sein. Widerrechtlich ist eine Täuschung dann, wenn z. B. die vom anderen Vertragsteil gestellte Frage zulässig war. Bei **unzulässigen Fragen** darf der Befragte die Antwort dagegen nicht nur verweigern, sondern auch eine unrichtige Antwort geben, es liegt dann keine widerrechtliche Täuschung vor:

Beispiele für Widerrechtlichkeit (vgl. Palandt/Ellenberger, § 123, Rn. 6 und 10) ▶ Fragen des Arbeitgebers nach **Vorstrafen** sind nur dann zulässig, wenn und soweit die Art des zu besetzenden Arbeitsplatzes dieses erfordert, z. B. bei „einschlägigen" Strafen wie z. B. bei einem wegen Unterschlagung vorbestraften Kassierer, BAG DB 1970, 803 ▶ Frage nach der **Schwangerschaft** ist grundsätzlich unzulässig, auch dann wenn sich nur Frauen beworben haben (EuGH NJW 1991, 629, BAG NJW 1993, 1154)

(3) Wann ist eine Täuschung tatsächlich für den Irrtum ursächlich?

Die Täuschungshandlung muss weiter für die Willenserklärung ursächlich sein. Erforderlich ist also, dass die Täuschung zu einem Irrtum des Getäuschten führte und dieser deshalb die Willenserklärung abgegeben hat.

Beispiel ▶ Beim Kauf eines Mietshauses unter Vortäuschung der Zahlungsfähigkeit der Mieter ist eine für den Kaufentschluss ursächliche Täuschung dann nicht gegeben, wenn das Haus sowieso abgerissen werden sollte, um ein Geschäftshaus auf dem Grundstück zu erreichten.

(4) Wann handelt der Täuschende arglistig?

Arglistig handelt, wer die Unrichtigkeit seiner Angaben kennt und darüber hinaus weiß, dass der andere gerade durch diese Täuschung zur Abgabe der Willenserklärung bestimmt worden ist. Ausreichend ist auch, wenn der Täuschende nur mit der möglichen Unrichtigkeit seiner Angaben rechnet und trotzdem „ins Blaue hinein" unrichtige Behauptungen aufstellt (BGH NJW-RR 1986, 700).

Lösung Fall 98 Polizist P hatte das **Land L** über das laufende Ermittlungsverfahren getäuscht und auch die ergangenen Strafbefehle verheimlicht (**Täuschungshandlung**). Da es um die Einstellung in den öffentlichen Dienst ging, dürfen besondere Anforderungen an die Eignung der Bewerber nach Art. 33 Abs. 2 GG gestellt werden, so die Fähigkeit und innere Bereitschaft, die rechtsstaatlichen Regeln einzuhalten. Polizist P hatte eine Aufklärungspflicht gehabt, sein **Schweigen** ist **also als Täuschung** zu behandeln. Die Täuschung war auch **rechtswidrig**, da der P **kein Recht auf Lüge** hatte. Der Arbeitgeber hat ein berechtigtes Interesse an der Richtigbeantwortung von Fragen nach laufenden Ermittlungsverfahren, besonders wenn der Bewerber als Streifenpolizist dieselben Vergehen aufzuklären hatte, wegen derer ein Ermittlungsverfahren gegen ihn persönlich lief. Das stellte seine Tauglichkeit für den Posten als Polizeibeamter deutlich in Frage. Das Land hat auch ein berechtigtes Interesse daran zu erfahren, ob der Bewerber nach der bereits begangen Trunkenheitsfahrt nun sich gesetzestreu verhält. Der unterlassene Hinweis auf das inzwischen eingeleitete Verfahren gegen P war **auch kausal** für das Zustandekommen des Arbeitsvertrages, da das Land den P sonst nicht eingestellt hätte. **Arglistig** handelte der P, weil er die Unrichtigkeit seiner Angaben kannte und zumindest billigend in Kauf nahm, dass das Land durch seine Täuschung beeinflusst werde. Die Anfechtung war **auch nach dreijähriger Dauer des Arbeitsverhältnisses nicht unbillig nach § 242 BGB**, da P seinen Arbeitgeber auch zum Schluss **nur zögerlich** über den gesamten Sachverhalt informierte und ansonsten keine Umstände für ihn sprachen. Die Anfechtung war rechtmäßig.

VII. Widerrechtliche Drohung

▶ **217 Wann kann man einen Vertrag anfechten, der durch eine widerrechtliche Drohung zustande kommen ist?**

> **Fall 99 Wer sich ins Unrecht begibt ...** In der Einzelhandelsfiliale des **Händlers H** waren alle Kassierer darüber aufgeklärt worden, **keine Einkäufe von Angehörigen abzurechnen**, sondern diese an andere Kassen zu schicken. Nachdem die K von H erwischt wurde, wie sie ihrem **Ehemann** an der Kasse zwei Päckchen **Zigaretten** zu je 4,85 € und eine Packung **Kaffee** zu 5,99 € **nicht abgerechnet** hatte, gab die Kassiererin K zu, dieses in den letzten zwei Jahren regelmäßig gemacht zu haben. In einem Gespräch, das zeitweise auch im Beisein ihres Ehemanns geführt wurde, stellte der Händler die K vor die Wahl, entweder in einen **Aufhebungsvertrag** einzuwilligen und ein Schuldanerkenntnis über 5.750 € abzugeben, oder das Hinzuziehen **der Polizei** hinzunehmen. **Frage Kann die Kassiererin die damals geschlossenen Aufhebungsvereinbarung und das Schuldanerkenntnis wegen Drohung anfechten?** (Fall nach BAG NJW 1999, 2059)

Bei der widerrechtlichen Drohung nach § 123 Abs. 1, Alt. 2 BGB liegt **eigentlich kein Irrtum des Erklärenden** vor.

§ **§ 123 Abs. 1, Alt. 2 BGB Anfechtbarkeit wegen Täuschung oder Drohung** (1) Wer zur Abgabe einer Willenserklärung ... **widerrechtlich durch Drohung** bestimmt worden ist, kann die Erklärung anfechten.

Trotzdem berechtigt die widerrechtliche Drohung zur Anfechtung der Willenserklärung, weil damit die Freiheit der Willensentschließung geschützt werden soll. Erforderlich sind die folgenden Tatbestandsmerkmale:

> **Tatbestandsmerkmale einer widerrechtlichen Drohung**
> - Drohung
> - dadurch Veranlassung, eine Willenserklärung abzugeben
> - Widerrechtlichkeit der Willensbeeinflussung
> - Wille des Drohenden, den Bedrohten zur Abgabe einer Willenserklärung zu bestimmen

> **Beispiele für widerrechtliche Drohungen (keine schematische Übertragung zulässig)**
> ▶ **Androhung von Körperverletzung oder Sachbeschädigung**, wenn ein Kaufvertrag nicht unterschrieben wird ▶ **Drohung mit einer herabsetzenden Pressenotiz**, wenn nicht bestimmte Mietverträge geschlossen werden ▶ **vorbehaltlose Anerkennung** einer Abrechnung nach Drohung, andernfalls werde das Haus nicht übergeben (BGH NJW 1982, 2302, anders aber BGH NJW 1983, 384)

(1) Wann spricht man rechtlich von einer Drohung?

Drohung ist nach der Definition der Rechtsprechung „das Inaussichtstellen eines künftigen Übels, auf dessen Eintritt der Drohende Einfluss zu haben vorgibt" (BGHZ 2, 295, NJW 1988, 2599).

Folglich ist beim Bedrohten eine **Zwangslage** erforderlich, in der er aber immer noch eine eigene Willenserklärung mit Handlungswillen abgibt. Abzugrenzen ist die

VII. Widerrechtliche Drohung

Drohung daher von den Fällen, in denen unmittelbar Gewalt, z. B. durch gewaltsames Führen der Hand bei der Unterschrift auf einer Vertragsurkunde angewandt wird. Bei Letzterem ist schon tatbestandlich nicht mehr von einer Willenserklärung des Erklärenden auszugehen, der Vertrag ist schon mangels Vorhandensein einer Angebots- bzw. Annahmeerklärung nicht wirksam (BGH DB 1975, 2075).

Ob auf der Seite des Bedrohten die angedrohte Folge als „Übel" angesehen wird, ist sorgfältig zu prüfen. Es genügt zwar nach der Rechtsprechung jeder Nachteil für den Bedrohten oder einen Dritten, auch bloß materieller oder ideeller Natur, wie z. B. die Ankündigung der Kündigung von Kredit- oder Arbeitsverträgen (BGH NJW 1997, 1980, BAG NJW 1994, 1021). Bei besonders geringfügigen Nachteilen ist dieser Punkt vom Gericht besonders zu prüfen, z. B. wenn der Arbeitnehmer beim Abschluss eines Aufhebungsvertrages „nur" unter „Zeitdruck" gesetzt wird, soll dieses allein noch nicht als Nachteil im Sinne des § 123 Abs. 1, Alt. 2 BGB reichen (BAG NJW 1994, 1021).

Das künftige Übel muss **aus der Sicht des Bedrohten vom Willen des Drohenden abhängig** sein. Weist der Drohende nur auf eine von seinem Willen unabhängige Zwangslage hin, genügt das nicht.

> **Beispiele für Drohungen** ▶ Ein Verpächter weist den Pächter darauf hin, **dass ein Strafverfahren gegen den Pächter läuft**, aus dem er heraus mit schwersten Folgen zu rechnen habe. Hier liegt kein künftig vom Willen des Drohenden abhängendes Übel vor, da mit einer bereits vollzogenen Maßnahme gedroht wird. ▶ Auch eine **nicht ernst gemeinte Drohung** reicht, wenn der Bedrohte sie für ernst hält und halten sollte, wie z. B. Drohung mit einer Strafanzeige, die gar nicht erstattet werden soll, wenn der andere zu deren Vermeidung seine Unterschrift leistet (BGH NJW 1982, 2302).

(2) Wann ist eine Drohung für eine abgegebene Willenserklärung auch ursächlich?

Die Drohung ist für die Willenserklärung ursächlich, wenn der Bedrohte diese ohne die Drohung nicht, mit einem anderen Inhalt oder zu einem anderen Zeitpunkt abgegeben hätte (BGH NJW 1964, 811, BGHZ 2, 299). Ob die Drohung für die Furcht des Erklärenden und seine Willenserklärung ausschlaggebend war, hängt oft auch von der psychischen Verfassung des Bedrohten ab. Auf ein und dieselbe Drohung können „Nervenstarke" mit einem Lächeln, „Zartbeseitete" mit ängstlichem Zittern reagieren. Wenn der Bedrohte gleichzeitig die Handlung aus eigener Entscheidung vornehmen wollte, liegt keine ursächliche Drohung vor (BGH WM 1974, 1023, BAG NJW 2007, 1831).

> **Beispiel für fehlende Ursächlichkeit** ▶ Der bloße Abschluss eines Aufhebungsvertrags nach einer vorangegangenen Kündigung des Arbeitsvertrages durch den Arbeitgeber stellt kein Indiz für die Ursächlichkeit einer Drohung dar. Es bedarf weiterer Hinweise, damit der Aufhebungsvertrag als Ergebnis einer Drohung anzusehen ist (BAG NJW 2007, 1831).

(3) Welche Drohung zeichnet sich durch eine Widerrechtlichkeit aus, welche nicht?

Die Rechtswidrigkeit der Drohung kann sich

- bereits aus dem angedrohten verwerflichen Mittel,
- dem erstrebten zu missbilligenden Zweck (Erfolg) oder
- aus dem Verhältnis von angedrohtem Mittel und erstrebtem Erfolg ergeben (Zweck-Mittel-Verhältnis).

VII. Widerrechtliche Drohung

Im **ersten Fall** liegt ein **widerrechtliches Mittel** regelmäßig bei der Androhung strafbaren oder sittenwidrigen Verhaltens vor.

> **Beispiele für widerrechtliche Mittel** (vgl. Palandt/Ellenberger, §123 Rn. 19) ▶ Drohung mit **Vertragsbruch** (BGH NJW 1995, 3052) ▶ **Keine** widerrechtliche Drohung soll vorliegen, wenn der Bedrohte das angedrohte objektiv rechtswidrige Verhalten **als für erlaubt hält** (BGH NJW 2005, 2766). ▶ Auch die **Androhung, zu Gericht zu gehen** ist rechtmäßig, selbst wenn objektiv keine Ansprüche bestehen (BGHZ 79 143, BGH WM 1972, 946). ▶ rechtmäßig auch die **Drohung mit Zwangsvollstreckung** (BGH WM 1984, 1249), **Enteignung** (BayObLG 91, 229), **Strafanzeige** (BGHZ 25, 217, BAG NJW 1999, 2059), Vertragsstrafe (BGH NJW 2005, 2766) oder Kündigung

Die Widerrechtlichkeit einer Drohung kann sich bei eigentlich rechtmäßigem Mittel auch aus der Verfolgung widerrechtlicher **Zwecke** ergeben.

> **Beispiel für widerrechtliches Ziel** ▶ Die Androhung einer Strafanzeige zur Ahndung einer **bereits begangenen Straftat** kann widerrechtlich sein, falls sie ausgesprochen wird, weitere Straftaten zu begehen, z. B. wenn der andere Vertragspartner nicht dabei helfe, die Bank zu betrügen (= widerrechtliches Ziel = Beihilfe zum Betrug).

Selbst wenn sowohl das Mittel als auch der Zweck rechtmäßig sind, so kann die Verwendung dieses Mittels **zur Erreichung eines bestimmten Zwecks** widerrechtlich sein. Entscheidend ist, ob der Drohende an der Erreichung des von ihm erstrebten Erfolgs ein berechtigtes Interesse hat und die Drohung nach der Auffassung aller billig und gerecht Denkenden ein angemessenes Mittel zur Erreichung des nicht zu missbilligenden Zwecks ist (BGHZ 25, 220).

> **Beispiele für widerrechtliche Zweck-Mittel-Verbindung** (vgl. Palandt/Ellenberger § 123 Rn. 22) ▶ **Drohung mit Nichterbringung einer objektiv geschuldeten Leistung**, wenn nicht eine bestrittene Gegenforderung anerkannt wird (OLG Saarbrücken MDR 1999, 1313) ▶ **Drohung mit Nichtübergabe des Hauses**, wenn nicht eine Abrechnung ohne Vorbehalt anerkannt werde (BGH NJW 1982, 2301) ▶ Die **Drohung mit einer Strafanzeige** kann ausnahmsweise dann zulässig sein, wenn sie einen daraus Nutzen ziehenden Angehörigen des Täters zur Wiedergutmachung des Schadens veranlassen soll (BGHZ 25, 221), erforderlich ist eine umfassende Würdigung aller Umstände. ▶ **Drohung mit einer Kündigung des Arbeitsvertrages** kann gerechtfertigt sein, wenn aus der Sicht eines verständigen Arbeitgebers eine fristlose oder ordentliche Kündigung ausgesprochen worden wäre (BAG NJW 2004, 2401) ▶ zulässig auch eine **Drohung mit der Kündigung des Kreditvertrages** einer GmbH, wenn nicht ihr Geschäftsführer eine persönliche Bürgschaft übernehme (BGH NJW 1997, 1980) ▶ **Drohung, die Presse „einzuschalten"** und ihr einen bestimmten Pressebericht zuzuführen, stellt dann keine widerrechtliche Verknüpfung auf der Ebene der Zweck-Mittel-Relation dar, wenn der Drohende von einem bestehenden Anspruch ausging und der Pressebericht auch inhaltlich nicht rechtswidrig war (BGH NJW 2005, 2766)

(4) Muss der Drohende mit Schädigungsabsicht handeln?

In subjektiver Hinsicht verlangt § 123 Abs. 1, Alt. 2 BGB, dass der Drohende den anderen Teil zur Abgabe gerade einer Willenserklärung mit einem ungefähr bestimmten Inhalt anhalten wollte (BAG BB 1978, 1467). **Nicht erforderlich** ist dagegen, dass der Drohende mit **Schädigungsabsicht** handelt. Auch ein Bewusstsein der Rechtswidrigkeit oder Schuldfähigkeit müssen nicht vorliegen, da es bei § 123 Abs. 1, Alt. 2 BGB nicht darum geht, dem Drohenden einen Vorwurf zu machen. Es soll vielmehr nur die Entschließungsfreiheit des Bedrohten geschützt werden.

Lösung Fall 99 Bei dem vorliegenden Fall war nur die Frage problematisch, ob die **Verknüpfung** des rechtmäßigen Mittels (Drohung mit Strafanzeige) zur **Erlangung eines schnellen Schadensersatzanspruches** aufgrund Schuldanerkenntnisses (rechtmäßiger Zweck) vorliegend **rechtswidrig war** (Zweck-Mittel-Relation). Nach Ansicht der Rechtslehre ist eine Rechtswidrigkeit der Verknüpfung dann **jedenfalls nicht gegeben,** wenn ein **verständiger Arbeitgeber** in der konkreten Situation eine Beendigung **ebenfalls ernsthaft in Erwägung gezogen** hätte. Da die Kassiererin dem Arbeitgeber H gegenüber eine fortgesetzte Straftat **gestanden** hat, durfte der Arbeitgeber mit einer Strafanzeige drohen. Dass die Kassiererin **später alle Geständnisse widerrufen** hat und durch ihren Anwalt mitteilen ließ, es wäre nur ein „**einmaliger Vorfall**" gewesen, spielt für die Situation, in der der Arbeitgeber handeln musste, keine Rolle. Eine Anfechtung ist nicht wegen widerrechtlicher Drohung zulässig, die sog. Zweck-Mittel-Relation war nicht unangemessen, es bestand ein **innerer Zusammenhang** zwischen der Straftat und dem wiedergutzumachenden Schaden, so dass die **Drohung des Händlers rechtmäßig erfolgte.**

VIII. Anfechtungsformalitäten

▶ **218 Wie lange hat man Zeit, eine Anfechtung zu erklären?**

Liegt ein Anfechtungsgrund vor, regelt das BGB in zwei Vorschriften, **wie lange** ein Schwebezustand anhalten kann, in dem sich der Anfechtungsberechtigte überlegen kann, **ob** er von seinem Anfechtungsrecht Gebrauch machen möchte oder nicht.

- **§ 121 BGB** = unverzügliche Anfechtung in den Fällen des §§ 119, 120 BGB
- **§ 124 BGB** = Anfechtung im Fall des § 123 BGB binnen Jahresfrist

Bei den Irrtumsfällen nach §§ 119 und 120 BGB muss die Anfechtung „**unverzüglich**" erfolgen, § 121 Abs. 1 S. 1 BGB.

> **§ 121 BGB Anfechtungsfrist** (1) Die Anfechtung muss in den Fällen der §§ 119, 120 **ohne schuldhaftes Zögern (unverzüglich)** erfolgen, nachdem der Anfechtungsberechtigte von dem Anfechtungsgrund **Kenntnis** erlangt hat. Die einem Abwesenden gegenüber erfolgte Anfechtung gilt als rechtzeitig erfolgt, wenn die Anfechtungserklärung unverzüglich abgesendet worden ist. (2) Die Anfechtung ist ausgeschlossen, wenn seit der **Abgabe** der Willenserklärung **zehn** Jahre verstrichen sind.

Ein ungewisser Schwebezustand soll im Interesse des Erklärungsempfängers so kurz wie möglich gehalten werden, da er ja im Regelfall nicht den Irrtum des Erklärenden verschuldet hat. Auch sollen die mit der Anfechtung verbundenen Schadensersatzforderungen des Anfechtungsgegners im Rahmen gehalten werden. Schließlich verschlechtert sich die Beweislage mit fortschreitender Zeit immer mehr, so dass auch für die gerichtliche Geltendmachung Fristen sehr sinnvoll sind.

Nach der gesetzlichen Definition **heißt unverzüglich „ohne schuldhaftes Zögern".** Der Beginn der Anfechtungsfrist fällt mit dem Zeitpunkt zusammen, in dem der Anfechtungsberechtigte zuverlässig Kenntnis vom Anfechtungsgrund erhält, z. B. er entdeckt, dass er sich im Angebot verschrieben hat. Ein bloßer Verdacht oder ein mögliches Kennenmüssen reicht für den Fristbeginn nicht (BayObLG NJW-RR 1998, 797). Zwar hat er dann sofort zu handeln, eine angemessene **Prüfungs- und Überlegungsfrist** bis zum Ausspruch der Anfechtung steht ihm aber nach der Rechtsprechung zu (BGH NJW 2005, 1869).

> **Beispiele für eine unverzügliche Anfechtung** (vgl. Palandt/Ellenberger, § 121 Rn. 3) ▶ **Erkundigt** sich der Anfechtungsberechtigte vor der Anfechtung noch nach seinen Rechten **bei einem Rechtskundigen**, kann ihm das nicht negativ angerechnet werden (OLG Oldenburg NJW 2004, 168) ▶ Als zeitliche Obergrenze ist in der Regel eine **Frist von 2 Wochen** angesehen worden (OLG Hamm, NJW-RR 1990, 523). ▶ War der Arbeitnehmer **während des Urlaubs** erkrankt, ist eine sofort nach der Rückkehr vorgenommene Anzeige der Erkrankung noch unverzüglich (LAG Köln, DB 1983, 1771).

Für die Rechtzeitigkeit der Anfechtung genügt es, dass die Anfechtungserklärung rechtzeitig abgesandt worden ist, § 121 Abs. 1, S. 2 BGB. Eine Verzögerung zwischen unverzüglicher (!) Absendung und Zugang der Erklärung beim Anfechtungsgegner geht also nicht zu Lasten des Anfechtenden, sondern des Anfechtungsgegners.

Da die Unverzüglichkeits-Frist an den subjektiven Umständen der Kenntnis von Anfechtungsberechtigtem und Anfechtungsgrund anknüpft, könnte es theoretisch Jahre dauern, bis die Frist in Gang gesetzt wird. Deshalb bedurfte es einer weiteren zeitlichen Grenze, die in Abs. 2 des § 123 BGB enthalten ist. Danach ist die Anfechtung dann ausgeschlossen, wenn seit Abgabe der Willenserklärung 10 Jahre verstrichen sind. Letztlich können bei der Anfechtung durchaus zwei Fristen parallel laufen:

- eine ab Entdeckung des Irrtums (= endet unverzüglich danach) und
- eine ab Abgabe der Willenserklärung (= endet 10 Jahre später).

Eine Anfechtung ist dann wegen Fristablaufs nicht mehr möglich, wenn eine der beiden Fristen bereits abgelaufen ist.

Beispiel für die Berechnung der Anfechtungsfristen ▶ Hatte sich der Verkäufer am 1.1.2009 bei seinem Vertragsschluss mit einem Käufer verschrieben, so beginnt die 10-Jahresfrist am 2.1.2009, 0.00 und 1 Sekunde und endet mit Ablauf des 1.1.2018, 23.59 und 59 Sekunden. Wenn er bis dahin nicht Kenntnis von dem Anfechtungsgrund und dem Anfechtungsberechtigten hatte, ist die Anfechtung nicht mehr möglich. ▶ Erfährt er dagegen bereits am 2.1.2009 von dem Versehen, ist eine Anfechtung nach normalen Umständen wohl spätestens mit Ablauf des 16.1.2009 verfristet (Obergrenze: 2 Wochen).

▶ 219 Wann ist eine Anfechtung nur „binnen Jahresfrist" notwendig?

Die Anfechtungsfrist in den Fällen der arglistigen Täuschung und der widerrechtlichen Drohung beträgt ein Jahr nach Entdeckung der Täuschung bzw. dem Ende der Zwangslage, § 124 BGB.

§ **§ 124 BGB Anfechtungsfrist** (1) Die Anfechtung einer nach § 123 anfechtbaren Willenserklärung kann nur binnen **Jahresfrist** erfolgen. (2) Die Frist beginnt im Falle der arglistigen Täuschung mit dem Zeitpunkt, in welchem der Anfechtungsberechtigte die Täuschung **entdeckt**, im Falle der Drohung mit dem Zeitpunkt, in welchem die Zwangslage **aufhört**. Auf den Lauf der Frist finden die für die Verjährung geltenden Vorschriften der §§ 206, 210 und 211 entsprechende Anwendung. (3) Die Anfechtung ist ausgeschlossen, wenn seit der Abgabe der Willenserklärung **zehn Jahre** verstrichen sind.

Die Frist ist im Gegensatz zum § 121 BGB länger, weil der Getäuschte/Bedrohte hier besser gestellt werden soll und der Täuschende/Drohende keinen Schutz durch eine sehr kurze Anfechtungsfrist wie beim Irrtum verdient. Nur unter ganz besonderen Umständen kann bereits vor Ablauf der Jahresfrist eine Verwirkung des Anfechtungsrechts in Betracht kommen (BAG NZA, 2008, 348).

Wird die Täuschung später als 10 Jahre nach Abgabe der Willenserklärung entdeckt, ist die Anfechtung aber endgültig ausgeschlossen, § 124 Abs. 2 BGB. Gleiches gilt für die widerrechtliche Drohung, wenn seit der Abgabe der Willenserklärung 10 Jahre verstrichen sind.

VIII. Anfechtungsformalitäten

▶ 220 Wie erklärt man juristisch richtig eine Anfechtung?

Die Feststellung, dass ein Anfechtungsgrund vorliegt, reicht noch nicht für die Nichtigkeit des Rechtsgeschäfts aus. Die Anfechtung muss bei einem Vertrag dem anderen Teil gegenüber **erklärt** werden, § 143 Abs. 1 BGB.

> **§ 143 Abs. 1 BGB Anfechtungserklärung** (1) Die Anfechtung erfolgt durch Erklärung gegenüber dem Anfechtungsgegner.

Die Anfechtungserklärung ist **formlos durch eine empfangsbedürftige Willenserklärung** durchzuführen, durch die der ursprünglich geschlossene Vertrag einseitig wieder umgestaltet wird (= **einseitiges Rechtsgeschäft, Gestaltungsrecht**).

Wie eine Anfechtungserklärung inhaltlich gestaltet sein muss, ist im Gesetz nicht geregelt. Die Rechtsprechung hat deshalb gewisse Anforderungen aus der Praxis her formuliert.

> **Beispiele für die Anforderungen an eine Anfechtungserklärung** ▶ Es muss **ersichtlich sein**, dass die Partei das Rechtsgeschäft aufgrund des Anfechtungsgrundes nicht mehr will (BGH NJW 1995, 859). ▶ Der **Ausdruck „anfechten"** muss nicht in der Anfechtungserklärung enthalten sein (BGH NJW-RR 1988, 566). ▶ Konkludente Anfechtungserklärungen wurden darin gesehen, dass das Geleistete zurückgefordert oder das Bestehen einer Verpflichtung bestritten wurde (BGH NJW-RR 1995, 859, KG DB 1972, 768). ▶ Der Grund der Anfechtung muss nicht in der Anfechtungserklärung angegeben werden (kein Zitiergebot, RGZ 65, 88).

In welchem Umfang dem Anfechtungsgegner die Hintergründe der Anfechtung im Einzelnen bereits in der Anfechtungserklärung dargelegt werden, sollte in jedem Einzelfall abgewogen werden. Ratsam kann es sein, die tatsächlichen Grundlagen der Anfechtung darzulegen, da nach Ablauf der Anfechtungsfrist die Anfechtung nicht auf neue Anfechtungsgründe gestützt werden kann (BGH NJW 2008, 939).

> **Muster 30: Einfaches Muster für Anfechtungserklärung wegen arglistiger Täuschung** (hier Muster der IHK Frankfurt am Main wegen Adressbuchschwindels)
>
> Sehr geehrte Damen und Herren,
>
> ich habe unter dem Eindruck einer Zahlungsverpflichtung den Betrag von .... € an Sie gezahlt. Mit dieser Zahlung ist kein Vertragsschluss rechtswirksam zustande gekommen.
>
> Hiermit fechte ich meine Erklärung vom ... wegen arglistiger Täuschung an. Mit Ihrem Formularschreiben vom ... haben Sie in wettbewerbswidriger Weise den Eindruck vermittelt, es handele sich um ...
>
> - ... eine Rechnung mit Zahlungsverpflichtung und nicht lediglich um ein Angebot. Der Angebotscharakter war nicht ohne Weiteres erkennbar.
> - ... eine kostenlose Eintragung in ein Adressenverzeichnis. Der Angebotscharakter und die Kostenpflichtigkeit waren nicht ohne Weiteres erkennbar.
>
> Ich fordere Sie daher auf, die von mir geleisteten Zahlungen unverzüglich, spätestens bis zum .... auf mein Konto .... zurückzuerstatten.
>
> Rechtliche Schritte gegen Sie behalte ich mir ausdrücklich vor.

221 Wer ist anfechtungsberechtigt und wem gegenüber ist die Anfechtung zu erklären?

Derjenige, **der die fehlerhafte Willenserklärung abgegeben hat,** kann sie auch wieder anfechten. Hat ein Vertreter die anfechtbare Willenserklärung abgegeben, ist der Vertretene ebenfalls anfechtungsberechtigt, da die Willenserklärung ihm zugerechnet wird. Haben mehrere Personen ein Anfechtungsrecht, kann sich jeder alleine entscheiden, seine Willenserklärung anzufechten.

Wer **Anfechtungsgegner** ist, hängt davon ab, wer Vertragspartner geworden ist bzw. wer die Vorteile der anfechtbaren Erklärung erhalten hat. Das Gesetz unterscheidet daher in § 143 BGB nach der Art der Rechtsgeschäfte und Willenserklärungen, so dass Anfechtungsgegner

- bei **Verträgen** der andere Vertragspartner ist, § 143 Abs. 2 BGB, bzw. derjenige, der aus einem Vertrag ein Recht erworben hat, z. B. bei Verträgen zugunsten Dritter der Vertragspartner, bei Gesellschaftsverträgen alle Gesellschafter, alle Beteiligten einer mehrseitigen Vertragsübernahme (BGHZ 96, 309).
- bei **einseitigen Rechtsgeschäften** der Erklärungsempfänger ist, § 143 Abs. 3 BGB, z. B. bei der Anfechtung einer mit Fehlern behafteten Bevollmächtigung, § 167 BGB.
- bei **nicht empfangsbedürftigen Willenserklärungen** derjenige ist, der aus dem Rechtsgeschäft unmittelbar einen Vorteil gezogen hat, § 143 Abs. 4, S. 1 BGB, z. B. bei der Eigentumsaufgabe, § 959 BGB, wendet man sich an denjenigen, der jetzt das Eigentum übernommen hat.
- bei **empfangsbedürftigen Willenserklärungen gegenüber Behörden** der unmittelbar durch das Rechtsgeschäft Betroffene, wahlweise auch die Behörde, § 143 Abs. 4 S. 2 BGB, die die Anfechtung dann weiterleiten muss, z. B. Erklärungen gegenüber dem Grundbuchamt, § 875 Abs. 1, S. 2 oder § 876 S. 3 BGB.

§ **§ 143 Abs. 2 bis 4 BGB Anfechtungserklärung** (2) Anfechtungsgegner ist **bei einem Vertrag** der andere Teil, im Falle des § 123 Abs. 2 Satz 2 derjenige, welcher aus dem Vertrag unmittelbar ein Recht erworben hat. (3) Bei einem **einseitigen Rechtsgeschäft**, das einem anderen gegenüber vorzunehmen war, ist der andere der Anfechtungsgegner. Das Gleiche gilt bei einem Rechtsgeschäft, das einem anderen oder einer Behörde gegenüber vorzunehmen war, auch dann, wenn das Rechtsgeschäft der Behörde gegenüber vorgenommen worden ist. (4) Bei einem **einseitigen Rechtsgeschäft anderer Art** ist Anfechtungsgegner jeder, der auf Grund des Rechtsgeschäfts unmittelbar einen rechtlichen Vorteil erlangt hat. Die Anfechtung kann jedoch, wenn die Willenserklärung **einer Behörde gegenüber** abzugeben war, durch Erklärung gegenüber der Behörde erfolgen; die Behörde soll die Anfechtung demjenigen mitteilen, welcher durch das Rechtsgeschäft unmittelbar betroffen worden ist.

VIII. Anfechtungsformalitäten

▶ **222 Wann erlischt das Anfechtungsrecht?**

Eine an sich bestehende Anfechtbarkeit kann durch unterschiedliche Umstände verloren gehen:
- **Ablauf der Anfechtungsfrist**, vgl. oben,
- **ausdrücklicher Verzicht** auf eine Anfechtung, so dass es rechtsmissbräuchlich sein kann, § 242 BGB, danach dann doch anfechten zu wollen,
- **Bestätigung** eines anfechtbaren Rechtsgeschäfts, § 144 BGB.

Die Anfechtung ist dann ausgeschlossen, wenn der Anfechtungsberechtigte angesichts der Anfechtbarkeit durch bestimmte Handlungen zu erkennen gibt, dass er nicht anfechten will, § 144 BGB. Dafür ist keine empfangsbedürftige Willenserklärung in irgendeiner Form erforderlich.

§ **§ 144 Bestätigung des anfechtbaren Rechtsgeschäfts** (1) Die Anfechtung ist ausgeschlossen, wenn das anfechtbare Rechtsgeschäft von dem Anfechtungsberechtigten bestätigt wird. (2) Die Bestätigung bedarf nicht der für das Rechtsgeschäft bestimmten Form.

Beispiele für bestätigende Handlungen (vgl. Palandt/Ellenberger, § 144 Rn. 2) ▶ jede Handlung, aus der sich der Wille ablesen lässt, ein Rechtsgeschäft **doch durchführen** zu wollen (BGH NJW-RR 1992, 779) ▶ Strenge Anforderungen werden von den Gerichten an die vom Anfechtungsgegner aufgestellte Behauptung einer Bestätigungshandlung angesetzt, so sich aus den Handlungen **keine anderen Beweggründe** deuten lassen (BAG NZA 2008, 348). ▶ Die **Zwangslage** muss bei einer bestehenden Anfechtbarkeit wegen widerrechtlicher Drohung **wieder entfallen sein**, da der Bestätigende sonst nicht frei in seiner Willensbestimmung ist (BAG AP § 123 Nr. 16). ▶ Konkludente Bestätigungshandlungen können darin liegen, dass der Anfechtungsberechtigte die **Vertragsgegenstände weiterverkauft**, freiwillig die Gegenleistungen bei Dauerschuldverhältnissen **weiterzahlt** (z. B. Unterhalt), die Vertragsgegenstände **benutzt** (BGH NJW 1971, 1795). ▶ **Nicht** als Bestätigungshandlungen hat die Rechtsprechung die Erklärung eines viermonatigen Gebrauch der Mietsache durch einen arglistig getäuschten Mieter angesehen, der nur die Nebenkosten bezahlt hat (BGH NJW-RR 1992, 780). ▶ Erforderlich ist auch, dass der Bestätigende die Anfechtbarkeit kannte oder mit ihr rechnete (BGH NJW 2012, 296, Rn. 48).

IX. Wirkungen der Anfechtung

▶ **223 Welche Wirkungen hat eine erklärte Anfechtung für den Vertrag?**

Das angefochtene Rechtsgeschäft ist **als von Anfang an nichtig anzusehen**, § 142 Abs. 1 BGB. Das bedeutet, dass die Anfechtung **rückwirkende Kraft** hat und **auch Dritten gegenüber wirkt**, z. B. verliert der Makler seinen Provisionsanspruch aus dem angefochtenen Vermittlungsgeschäft.

> **§ 142 BGB Wirkung der Anfechtung** (1) Wird ein anfechtbares Rechtsgeschäft angefochten, so ist es als **von Anfang an nichtig** anzusehen. (2) Wer die Anfechtbarkeit kannte oder kennen musste, wird, wenn die Anfechtung erfolgt, so behandelt, wie wenn er die Nichtigkeit des Rechtsgeschäfts gekannt hätte oder hätte kennen müssen.

Mit der Anfechtung sind **alle Ansprüche aus dem Vertrag ausgeschlossen**. Bevor die Anfechtung ausgesprochen wird, ist daher immer zu prüfen, ob nicht andere Rechte aus dem Vertrag erfolgsversprechender geltend gemacht werden können, z. B. Rücktrittsrechte, Minderung. Bestimmte Rechte aus dem Vertrag könnten mit der Anfechtung vernichtet werden.

Die Nichtigkeit infolge Anfechtung ist **endgültig**. Die Rücknahme der Anfechtung ist ausgeschlossen. Nur dann, wenn bezüglich der empfangsbedürftigen Anfechtungserklärung wiederum selbst ein Anfechtungsgrund vorliegt, kann die Anfechtungserklärung ihrerseits angefochten werden (BayObLG MDR 1980, 492).

Bei bereits in Gang gesetzten **Arbeits- und Gesellschaftsverträgen** ist eine Anfechtung mit rückwirkender Kraft durch die Natur des Vertrages ausgeschlossen (wie sollte man die tatsächlich erbrachte Arbeitsleistung „rückabwickeln"?). Die Anfechtung wirkt hier **nur für die Zukunft** („ex nunc"). Sobald z. B. in einem Arbeitsverhältnis verwertbare Arbeit geleistet worden ist, muss diese auch vergütet werden.

Wichtig ist ebenfalls, dass die Anfechtung des **Verpflichtungsgeschäfts** die Wirksamkeit des **Verfügungsgeschäfts** grundsätzlich nicht berührt (sog. Abstraktionsgrundsatz). Die Rückgewähr der beiderseitigen Leistungen richtet sich nach Bereicherungsrecht, § 812 Abs. 1 BGB.

▶ **224 Kann man nach einer Anfechtung Schadensersatz verlangen?**

Bei der Frage nach dem Schadensersatz ist wiederum zwischen den

- **Scherz- bzw. Irrtums-Fällen** der §§ 118–120 BGB und den
- **Täuschungs- bzw. Drohungsfällen** des § 123 BGB zu unterscheiden.

Nur für die erste Fallgruppe enthält das Gesetz eine ausdrückliche Regelung in § 122 BGB.

IX. Wirkungen der Anfechtung

(1) Welchen Schadensersatz kann man in Scherz- bzw. Irrtumsfällen beanspruchen?

Eine Anfechtung nach §§ 119 ff. BGB löst eine Pflicht zur Zahlung von Schadensersatz aus. Ausgehend von dem **Grundsatz der Veranlassungshaftung** (BGH NJW 1969, 1380) muss demjenigen, der auf die Gültigkeit der Willenserklärung vertraut hat, der entstandene Schaden ersetzt werden. Diese Verpflichtung trifft **denjenigen**, der die mangelhafte **Erklärung abgegeben** hat. Dabei spielt es keine Rolle, ob der Anfechtende die Erklärung aus Verschulden oder ohne sein Verschulden anfechten musste.

> **Beispiele für Schadenspositionen** (vgl. Palandt/Ellenberger, § 122, Rn. 4) ▶ Zu den zu ersetzenden Schadenspositionen gehören die entstandenen Kosten, die im Vertrauen auf ein gültiges Geschäft vom Anfechtungsgegner veranlasst wurden, ▶ außerdem alle sonstigen Vermögenseinbußen, die aus dem Nichtabschluss eines anderen Vertrags entstanden sind (BGH NJW 1984, 1950). ▶ **Nicht** dazu sollen Prozesskosten gehören, wenn aufgrund einer Anfechtung ein Prozess verloren geht (BGH NJW 1962, 1670). ▶ Hatte das Geschäft dem Anfechtungsgegner keinerlei finanzielle Vorteile erbracht, scheidet eine Ersatzpflicht aus.

Der **Umfang** des Schadensersatzanspruches ist in zweifacher Hinsicht begrenzt, damit der Anfechtungsgegner nicht noch aus einer Anfechtung „Profit" schlägt und nur den wirklich entstandenen Schaden ersetzt bekommt. Zunächst muss man zwei verschiedene Schadensberechnungen kennen:

- Vertrauensschaden, sog. negatives Interesse
- Erfüllungsschaden, sog. positives Interesse

Bei der Berechnung des **Vertrauensschadens** erfasst man diejenigen Schadenspositionen,

- die durch das Vertrauen auf die Gültigkeit entstanden sind, wie z. B. Portokosten, Verpackungskosten, Telefonkosten,
- zuzüglich der entgangenen Vermögensvorteile aus anderen an der Stelle des angefochtenen Geschäfts abgeschlossenen Verträgen, z. B. abgelehnte sonstige Vertragsangebote.

Die **erste Begrenzung** des Schadensersatzes bei § 122 BGB liegt darin, dass grundsätzlich nur der Vertrauensschaden im Rahmen des § 122 Abs. 1 BGB zu ersetzen ist.

> § **§ 122 Abs. 1 BGB Schadensersatzpflicht des Anfechtenden** (1) Ist eine Willenserklärung nach § 118 nichtig oder auf Grund der §§ 119, 120 angefochten, so hat der Erklärende, wenn die Erklärung einem anderen gegenüber abzugeben war, diesem, andernfalls jedem Dritten den Schaden zu ersetzen, den der andere oder der Dritte dadurch erleidet, dass er auf die **Gültigkeit der Erklärung vertraut**, jedoch **nicht über den Betrag des Interesses** hinaus, welches der andere oder der Dritte an der Gültigkeit der Erklärung hat

- Darüber hinaus kann es aber Fälle geben, dass der Ersatzberechtigte ohne den angefochtenen Vertrag noch ganz andere Rechtsgeschäfte hätte abschließen können, aus denen er sehr viel höhere Vermögensvorteile bekommen hätte, sein Vertrauensschaden wäre dann immens höher. Bei normalen Schadensersatzansprüchen ist dieses durchaus der Normalfall, §§ 249 ff. BGB, wenn auch die Höhe genau nachgewiesen werden müsste.

IX. Wirkungen der Anfechtung

Damit wäre allerdings dem Missbrauch bei der Anfechtung Tür und Tor geöffnet, so dass das Gesetz eine **zweite Berechnungsmethode für die Schadensbegrenzung** heranzieht: die Grenze des **Erfüllungsschadens aus dem angefochtenen Geschäft**.

Darunter ist der Schaden zu verstehen, den der Ersatzberechtigte dadurch hat, dass er jetzt die Vermögensvorteile **aus dem angefochtenen Rechtsgeschäft nicht** erhält – nicht mehr und nicht weniger. Ein Blick auf sonstige Vermögensvorteile ist bei dieser Berechnungsmethode verwehrt, es interessiert nur die Differenz im Vermögen des Anfechtungsgegners mit und ohne Anfechtung. Das Erfüllungsinteresse wird in der Anwendung oft nicht verstanden, weil man sich unter dem Wort „Erfüllung" die Erfüllung der anderen theoretisch möglichen Geschäfte vorstellt. Dem ist aber hier nicht so. Allein der Blick auf das angefochtene Geschäft zählt.

Der **Grund für die Begrenzung** auf das Erfüllungsinteresse liegt darin, dass der Anspruchsberechtigte durch die Anfechtung der Willenserklärung **nicht schlechter gestellt werden darf**, als wenn er nicht angefochten hätte.

Bei Gültigkeit seiner Erklärung hätte er nur den tatsächlich vereinbarten Preis zu zahlen. Würde dagegen das Erfüllungsinteresse gelten, müsste er evtl. sogar noch mehr zahlen. Damit würde der Vertragspartner dann **aber besser gestellt werden**, als wenn er mit dem Anfechtenden tatsächlich den Vertrag abgeschlossen hätte. Das Anfechtungsrecht hätte mehr Schaden als Nutzen. Das muss ebenfalls verhindert werden, so dass eine Begrenzung auf den Vertrauensschaden erfolgt.

Nicht schutzbedürftig ist auch ein Anfechtungsgegner, der die vorliegenden Fehler des Rechtsgeschäfts ausdrücklich kannte oder hätte kennen können, § 122 Abs. 2 BGB.

> § **§ 122 Abs. 2 BGB Schadensersatzpflicht des Anfechtenden** (2) Die Schadensersatzpflicht tritt **nicht** ein, wenn der Beschädigte den Grund der Nichtigkeit oder der Anfechtbarkeit kannte oder infolge von Fahrlässigkeit nicht kannte (kennen musste).

Wer von einer nicht tragfähigen Willenserklärung weiß, muss sich in seinen Vermögensdispositionen selbst vorsehen und kann nicht die Schuld allein beim anderen suchen. Der Bösgläubige ist zur Schadensminderung verpflichtet (Gedanke des § 254 Abs. 2 BGB) bzw. sein Schadensersatzbegehren ist rechtsmissbräuchlich, § 242 BGB.

(2) Wie ist der Schadensersatz bei arglistiger Täuschung und widerrechtlicher Drohung im Gesetz geregelt?

Der wegen Täuschung bzw. Drohung **Anfechtende** ist demgegenüber als der nach §§ 119 ff. BGB Anfechtende nicht zum Ersatz des Vertrauensschadens verpflichtet. Es wäre sinnwidrig, wenn der Täuschende/Drohende auch noch mit einem Schadensersatzanspruch belohnt würde.

Im Gegenteil, der Getäuschte bzw. Bedrohte hat verschiedene Möglichkeiten, Schadensersatzansprüche geltend zu machen.

> **Beispiele** (vgl. Palandt/Ellenberger, § 123, Rn. 26) ▶ Nach § 823 Abs. 2 BGB i. V. m. § 263 StGB (Betrug) oder § 240 StGB (Nötigung) bzw. § 826 BGB (sittenwidrige vorsätzliche Schädigung) besteht ein Anspruch auf **Schadensersatz aus unerlaubter Handlung.** ▶ Hier ist dann sogar der Erfüllungsschaden (positives Interesse) zu ersetzen (OLG Köln NJW-RR 1994, 1064), so z. B. wenn der Anfechtende nachweist, dass der Vertrag ohne die Täuschung bzw. Drohung mit für ihn vorteilhafteren Inhalten abgeschlossen worden wäre (BGH DB

IX. Wirkungen der Anfechtung

1969, 877). ▶ Darüber hinaus erfüllt jede Täuschung bzw. Drohung auch den Tatbestand des Verschuldens bei Vertragsverhandlungen nach §311 Abs.1 und 2 BGB so dass i.V.m. §§280 und 249 BGB vertragliche **Schadensersatz- und Rückabwicklungsansprüche** auch außerhalb der Anfechtungsfristen gegeben sind.

Anfechtbarkeit eines Vertrages

- **Bedeutung der Anfechtbarkeit** ○ Anfechtbarkeit ist eine **Ausnahme vom Grundsatz**, dass Verträge verbindlich sind und innere Motive keine Rolle spielen dürfen. ○ **Besondere (Anfechtungs-)Gründe** können hier aber eine Lösung bewirken. ○ Verschiedene Anfechtungsfälle sind der Irrtum, die falsche Übermittlung, die arglistige Täuschung und widerrechtliche Drohung. ○ **Erforderlich ist ein Tätigwerden des Anfechtungsberechtigten.** ○ Vertragsanfechtung nach §§119 ff. BGB ist von anderen Anfechtungen z.B. nach dem Anfechtungsgesetz und der Insolvenzordnung zu unterscheiden
- **Voraussetzungen einer Anfechtung** ○ sechs Prüfungsstufen ○ Begriff ○ Anfechtungsgrund ○ Anfechtungsfrist ○ Anfechtungserklärung ○ Anfechtungswirkung ○ Schadensersatzfolgen
- **Begriff der Anfechtung** ○ **Anfechtung** setzt ein wirksames Rechtsgeschäft voraus, das nachträglich wegen Irrtums für nichtig erklärt werden soll. ○ Bei **wissentlicher Falschbezeichnung** liegt kein Irrtum vor, die Parteien sind nicht schutzbedürftig. ○ Bei objektiv nicht vorliegender Einigung liegt ein zur Unwirksamkeit des Vertrages führender **Dissens** vor, §155 BGB. ○ Wenn jemand einen **Vertrag nicht liest**, irrt er auch nicht, so dass die Anfechtung ausscheidet. ○ **Motive**, Beweggründe spielen grundsätzlich keine Rolle, sog. Motivirrtum ○ **Berechnungsirrtümer** sind danach unterschiedlich zu behandeln, ob die Kalkulationsgrundlage offen gelegt wurde oder nicht und wie die Umstände des Einzelfalls sind.
- **Inhaltsirrtum, §119 Abs.1, Alt.1 BGB** ○ wenn der Erklärende zwar das erklärt was er erklären will, aber über die rechtliche Bedeutung irrt ○ z.B. wenn man 25 Gros Rollen Toilettenpapier bestellt und meint, man erhalte 25 sehr große Rollen
- **Erklärungsirrtum, §119 Abs.1, Alt.2 BGB** ○ wenn der Erklärende nicht das erklärt, was er erklären wollte ○ z.B. indem er sich vertippt, verspricht, verschreibt
- **Eigenschaftsirrtum, §119 Abs.2 BGB** ○ wenn eine verkehrswesentliche Eigenschaft einer Person oder Sache nicht wie gewollt vorliegt ○ z.B. Zahlungsfähigkeit bei Kreditgeschäften oder Echtheit beim Kunstwerk
- **Übermittlungsirrtum, §120 BGB** ○ wenn unbewusst eine Willenserklärung unrichtig übermittelt wurde
- **Arglistige Täuschung, §123 Abs.1, Alt.1 BGB** ○ wenn jemand zur Abgabe einer Willenserklärung durch arglistige Täuschung bestimmt worden ist, z.B. wenn falsche Zeugnisse beim Arbeitgeber vorgelegt werden oder ein Gebrauchtwagenhändler mehrere Vorbesitzer verschweigt
- **Widerrechtliche Drohung, §123 Abs.1, Alt.2 BGB** ○ wenn der Erklärende zur Abgabe der Willenserklärung durch widerrechtliche Drohung bestimmt wurde
- **Anfechtungsfristen** ○ **unverzügliche** Anfechtung erforderlich **bei Irrtum**, spätestens zehn Jahre **nach** Abgabe der Willenserklärung, §121 BGB ○ **innerhalb eines Jahres** in den Fällen der **arglistigen Täuschung und der widerrechtlichen Drohung**, spätestens zehn Jahre nach Abgabe der Willenserklärung, §124 BGB

- **Anfechtungserklärung, §143 BGB** ○ formlose empfangsbedürftige Willenserklärung ○ einseitige Gestaltungserklärung, so dass keine Zustimmung erforderlich ist ○ durch den fehlerhaft Erklärenden ○ gegenüber dem Erklärungsempfänger ○ solange nicht die Anfechtungsfrist abgelaufen ist, ausdrücklich auf Anfechtung verzichtet oder das anfechtbare Rechtsgeschäft bestätigt wurde, §144 BGB
- **Anfechtungswirkung, §142 BGB** ○ Vertrag ist als von Anfang an nichtig anzusehen ○ rückwirkende Kraft der Anfechtung ○ auch Dritten gegenüber wirksam ○ endgültig, da keine Rücknahme möglich ○ bei in Gang gesetzten Arbeits- und Gesellschaftsverträgen wirkt die Anfechtung für die Zukunft ○ Verfügungsgeschäfte bleiben grundsätzlich wirksam
- **Anfechtung und Schadensersatz** ○ in Scherz- und Irrtumsfällen regelt §122 BGB eine Ersatzpflicht ○ bei arglistiger Täuschung und widerrechtlicher Drohung finden die allgemeinen Schadensersatzgrundlagen nach §§823 ff. BGB Anwendung

8. Teil

AGB-Kontrolle –

Welche vorgedruckten Vertragsbedingungen sind wirksam? Welche nicht?

Gliederung des 8. Teils

I.	Typische Problembereiche bei AGB	335
II.	Bedeutung der AGB	336
III.	Begriff der AGB	342
IV.	Einbeziehung von AGB	349
V.	Anwendungsbereich der AGB-Kontrolle	358
VI.	Überraschende und unklare AGB-Klauseln	360
VII.	Umgehungsverbot	365
VIII.	Einzelne AGB-Klauselverbote	367
IX.	Klauselverbote ohne Wertungsmöglichkeit	368
X.	Klauselverbote mit Wertungsmöglichkeit	376
XI.	Generalklausel	382
XII.	Rechtsfolgen der AGB-Kontrolle	386

I. Typische Problembereiche bei AGB

▶ 225 Welche besonderen Nichtigkeitsgründe gibt es beim Vertragsschluss mit vorgedruckten Allgemeinen Geschäftsbedingungen (AGB)?

> **Fall 100 Wozu denn vorgedruckte Vertragsklauseln?** Verkäuferin Viola Schrott hat dem **Kaufinteressenten Karl Knabenschuh,** der Kurierdienst & Kleintransporte anbietet, ein vorgedrucktes Kaufvertragsformular vorgelegt, dem mehrere Seiten mit **kleingedruckten Klauseln** beiliegen. Der Käufer ist sehr überrascht und will das eigentlich alles nicht vorher lesen. **Karl Knabenschuh** fragt sich, **wozu der Verkäufer wohl die Vertragsklauseln benutzt? Der Käufer** will daraufhin auch etwas zu dem Vertragsabschluss beitragen und verlangt, dass die im Gebrauchtwagenhandel wohl üblichen Vertragsbedingungen des Zentralverbands des Kraftfahrzeuggewerbes (ZDK) e.V. Geltung haben sollen. **Frage** Ist dieses rechtlich gesehen eine vorteilhafte Idee für ihn, wenn in dem ZDK-Vordruck die Gewährleistung des Verkäufers von gesetzlich 2 Jahren auf 1 Jahr reduziert wird?

Im Volksmund werden sie auch das „Kleingedruckte" genannt und sind nicht sehr beliebt. Trotzdem: In der Praxis der Gerichte und Verbraucherverbände werden Allgemeine Geschäftsbedingungen (im Folgenden kurz: AGB) in zunehmendem Maß kontrolliert und zum Nachteil ihrer Benutzer oftmals für nichtig erklärt.

Damit diese Vertragsklauseln nicht länger das Schicksal einer unbekannten Materie teilen und damit zum unberechenbaren Risiko für ihre Verwender werden, sind grundsätzliche Rechtskenntnisse nötig.

Folgende Problembereiche sollen hier vorgestellt werden:

> **Typische Problembereiche bei AGB**
> - Bedeutung von AGB in der Praxis
> - Schema der AGB-Kontrolle
> - Begriff der AGB
> - Einbeziehung von AGB in den Vertrag
> - vorrangige Individualvereinbarungen
> - persönlicher und sachlicher Anwendungsbereich der AGB-Kontrolle
> - überraschende und mehrdeutige AGB-Klauseln
> - Klauselverbote ohne Wertungsmöglichkeit
> - Klauselverbote mit Wertungsmöglichkeit
> - Generalverbotsklausel
> - Rechtsfolgen unwirksamer AGB-Klauseln

II. Bedeutung der AGB

1 Vorteile von AGB

▶ **226 Welche vorteilhafte Bedeutung haben AGB in der Praxis?**

Die Verwendung von sorgfältig angefertigten AGB zahlt sich immer aus. Bereits mit wenigen Kenntnissen können grobe Fehler bei der Verwendung von AGB vermieden und ein gewisses Fingerspitzengefühl für die Zulässigkeit von gewissen Vertragsklauseln entwickelt werden.

> **Vorteile von AGB**
> - Einheitlichkeit der Vertragsinhalte
> - Rechtssicherheit bei Vertragsproblemen
> - Rationalität bei Vertragsabschlüssen
> - Lückenfüllung bei fehlenden gesetzlichen Regelungen
> - Risikominimierung beim rechtlichen Vertragsmanagement

Für die Verwendung von AGB spricht, dass Geschäftsbeziehungen in rechtlicher Sicht **vereinheitlicht** werden. Ein Unternehmer muss nicht bei Auftreten von Problemen sich erst vergewissern, was in dem jeweiligen Vertragstext vereinbart wurde.

Zudem sind die einmal von Fachleuten überprüften bzw. angefertigten AGB **rechtssicherer**, als die im Einzelfall im Eifer des Gefechts vereinbarten Vertragsklauseln. Nur bei der Verwendung von AGB ist es möglich, rechtliche Fehler bei den Vertragsvordrucken zu vermeiden.

Gerade bei Massengeschäften (z. B. in Geschäften, beim Kinobesuch, im Nahverkehr) erlauben AGB zügige, und damit **rationelle** Vertragsschlüsse, da nicht jedes Mal die Vertragstexte ausgehändigt werden müssen, sondern zur Einsicht für jedermann ausgehängt werden können. Aus betriebswirtschaftlicher Sicht kommt es zudem zu einer Senkung der „Transaktionskosten", da kein Personal, keine Räume, keine Schulungen etc. für ausführliche Verhandlungen einzelner Vertragsklauseln benötigt wird.

Fast zwingend notwendig sind AGB dort, wo **gesetzlich nicht bzw. unzureichend geregelte Vertragstypen** wie Leasing, Factoring (= Kauf einer Forderung), Franchising, Bauträgerverträge vereinbart werden. Gleiches gilt für AGB-Klauseln, die unzweckmäßige Vorschriften des BGB praxisgerecht abwandeln, bis das Gesetz geändert wurde.

> **Beispiel für die Auswirkungen der AGB auf die Gesetze** ▶ Das BGB sah **bis** zur Schuldrechtsmodernisierung 2002 ein **sofortiges Rücktrittsrecht** im Fall einer mangelhaften Kaufsache vor. ▶ Dieses wurde in der Vertragspraxis durch AGB-Klauseln abgeändert, in denen der Verkäufer **zuerst ein Recht zur Nacherfüllung** in Form der Reparatur oder des Austausches der Ware gegen eine mangelfreie Ware versprach. ▶ Mit der Schuldrechtsreform 2002 wurde diese AGB-Praxis **in das Gesetz überführt,** wenn auch das Rangverhältnis (erst Nachbesserung, dann Rückgabe) nicht deutlich in §437 BGB bzw. §439 BGB angesprochen wird, so dass die AGB-Regelungen heute immer noch für den Kunden eine wichtige Erläuterung der gesetzlichen Rechtslage enthalten.

1 Vorteile von AGB

Letztlich ist der große Erfolg der AGB in der Praxis aber auf den Aspekt der **Risikominimierung** zurückzuführen: zum Teil wird mit AGB eine Abwälzung von Geschäftsrisiken auf den Vertragspartner versucht und auch erreicht.

Um welche Geschäftsrisiken es geht, soll die nachfolgende Übersicht kurz an einigen Beispielen darstellen:

> **Checkliste 31   Welche Geschäftsrisiken existieren und wie können AGB Klauseln zur Risikominimierung eingesetzt werden?**
> - **Risiko „kollidierende AGB"** = Werden sog. **Abwehrklauseln** verwendet, die sicherstellen, dass bei jedem Vertragsschluss nur die eigenen AGB gelten und nicht die des Vertragspartners?
> - **Risiko „insolventer Vertragspartner"** = Sehen die AGB **Annahmefrist-Klauseln** vor, die den Vertragspartner an den Vertrag bereits für eine gewisse Frist binden, so dass man seine Zahlungsfähigkeit in dieser Zeit überprüfen kann?
> - **Risiko „besserer Preis realisierbar"** = Werden die in den AGB vorgesehenen Fristen für die Annahme des verbindlichen Angebots des Kunden für die Suche nach Kunden mit besseren Preisangeboten genutzt?
> - **Risiko „Vertragsgegenstand unvorhergesehen in schlechtem Zustand"** = Wird die eigene Verpflichtung des AGB-Verwenders, die Vertragsleistung zu erbringen durch die Nennung von Annahmefristen so lange hinausgezögert, bis man den Vertragsgegenstand ordnungsgemäß untersucht und noch notwendige Investitionen mit in die Preisgestaltung einkalkuliert hat?
> - **Risiko „Zweckentfremdung von Angebotsunterlagen"** = Enthalten die AGB eindeutige Klauseln, die das Eigentum und die Urheberrechte dem AGB-Verwender sichern helfen?
> - **Risiko „gewinnschmälernde mündliche Zusagen der eigenen Vertreter"** = Wurden in den AGB durch Schriftformklauseln alle mündlichen Vereinbarungen untersagt?
> - **Risiko „ungenaue Bestimmung des Vertragsgegenstands"** = Ist eine Produktbeschreibung beigefügt, aus der sich hinreichend konkrete Bezeichnungen der Leistungen ergeben?
> - **Risiko „zu knapp kalkulierte Lieferzeit"** = Wird in den AGB der Beginn der Lieferzeiten hinausgeschoben?
> - **Risiko „Kunde setzt eine sehr knappe Nachfrist bei fehlender Leistungserbringung"** = Enthalten die AGB eigene Nachfristen im Fall des Leistungsverzugs?
> - **Risiko „ungenaue Bestimmung von Zahlungsbedingungen"** = Wurden in den AGB genaue Regelungen zur Tragung der MwSt, der Zulässigkeit von Barzahlungsnachlässen und/oder Kostentragungspflichten z. B. für Verpackung aufgenommen? Zulässigkeit von Ratenzahlung?
> - **Risiko „steigende Produktionskosten"** = Können Preise angepasst werden durch **Preisänderungsklauseln**?
> - **Risiko „nicht pünktlich zahlender Kunde"** = Wurden die Zahlungsziele genau definiert durch **Zahlungsziel-Klauseln**? Gibt es pauschale **Verzugsschadensklauseln**?
> - **Risiko „Kunde will mit Gegenforderungen aufrechnen"** = Sind Aufrechnungen z. B. mit nicht gerichtlich anerkannten bzw. anerkannten Forderungen durch **Aufrechnungsverbots-Klauseln** ausgeschlossen worden?

II. Bedeutung der AGB

- Risiko „Kunde behält Geld zurück" = Wie werden Zurückbehaltungsrechte der Kundem am Geld betriebswirtschaftlich sinnvoll durch **Zurückbehaltungs-Klauseln** geregelt?
- Risiko „Verlust des Eigentums an einer noch nicht vollständig bezahlten Ware" = Wie kann man sich das zur Sicherheit vorbehaltene Eigentum an einer Kaufsache möglichst lange durch **Eigentumsvorbehalts-Klauseln sichern**?
- Risiko „Kunde nimmt den Vertragsgegenstand nicht ab" = Wie kann man den bei der Nichtabnahme entstehenden Schaden leichter gegenüber dem Kunden durch **Annahmeverzugs-Klauseln** geltend machen?
- Risiko „Liefernder Vertragspartner kann nicht pünktlich liefern" = Wie kann der nicht rechtzeitig liefernde Vertragspartner die Gefahr einer größeren Schadensersatzforderung beim anderen Vertragsteil durch **Schadensbegrenzungsklauseln bei Lieferverzug** verringern?
- Risiko „Verjährung von Zahlungsansprüchen" = Wie kann der leistende Vertragsteil die Verjährungsfristen für Zahlungsverpflichtungen des Kunden durch **Verjährungsregelungen** verändern?
- Risiko „Kunde will längere Zeit Gewährleistungsansprüche geltend machen" = Wie kann man durch Gewährleistungsausschlüsse verhindern, dass noch lange Zeit nach Auftragerbringung Mängel geltend gemacht werden?
- Risiko „Kunde will hohe Schadensersatzforderungen geltend machen" = Wie kann man die Haftung für Pflichtverletzungen des leistenden Vertragsteils und der eingesetzten Mitarbeiter durch **Haftungs-Klauseln** reduzieren?
- Risiko „Kunde storniert seine Bestellung" = Wie kann man im Falle des Rücktritts durch **Stornierungs-Klauseln** Schadensersatzforderungen besser geltend machen?
- Risiko „Kunde muss an einem weit entfernten Gerichtsstand verklagt werden" = Wie kann man ein nahe gelegenes Gericht für Klagen gegen den nicht leistenden Vertragsteil durch **Gerichtsstandsklauseln** wirksam vereinbaren?
- Risiko „Im Ausland wohnhafter Kunde beruft sich in einem grenzüberschreitenden Fall auf Regelungen des ausländischen Rechts" = Wie kann man durch **Rechtswahl-Klauseln** das bei grenzüberschreitenden Fällen anwendbare Recht bestimmen?
- Risiko „Vertragspartner treten vom Vertrag zurück, so dass eine Rückabwicklung erforderlich ist" = Wie kann man durch **Rücktritts-Klauseln** die Ausübung und die Folgen eines Rücktritts für beide Seiten verbindlich regeln?
- Risiko „ursprünglicher Vertragspartner möchte den Vertrag auf eine andere Person übertragen" = Wie kann man den Austausch einer Vertragspartei durch **Wechselklausel** ermöglichen bzw. beschränken?
- weitere **sonstige Risiken**

Erklärtes **Ziel vieler AGB-Verwender** ist es, die **Rechtsposition des Verwenders von AGB auszubauen** und zu stärken, während der andere Teil in seinen Rechten so weit, wie es das Gesetz und die Rechtsprechung zulassen, beschränkt wird.

Hier drängt sich die Frage auf, **wieso sich die Kunden derart unausgewogene Vertragsinhalte gefallen lassen?** In der Rechtslehre wird hier von einem deutlichen „**Marktversagen**" gesprochen (vgl. Palandt/Grüneberg Überbl. v. § 305, Rn. 6), da der durchschnittliche Kunde sich nicht die Zeit nimmt, AGB zu lesen, unverständliche

Regelungen sich erklären zu lassen, mit anderen zu vergleichen, rechtliche Hintergründe auszuforschen und unliebsame Klauseln zu streichen bzw. anderslautende Klauseln vorzuschlagen.

Die Vertragsfreiheit kann bei AGB letztlich nicht hinreichend durch die allgemeinen Nichtigkeitsgrenzen der allgemeinen Vorschriften wie z. B. §§ 134 und 138 BGB vor Missbrauch durch die überlegene Vertragspartei wirksam geschützt werden. Der Verwender schafft es durch die vollständige Vorformulierung des Vertragsinhaltes, die **Vertragsfreiheit ausschließlich für sich** zu nutzen.

Seit 1.1.1977 hat der Gesetzgeber deshalb mit ersten gesetzlichen Klauselverboten durch Schaffung des **AGB-Gesetzes (AGBG)** auf die bereits von den Gerichten gesprochenen Urteile reagiert. Das AGBG wurde dann aufgehoben und im Rahmen der Schuldrechtsmodernisierung 2002 in die **§§ 305 ff. BGB** eingefügt.

Mit der damit **gesetzlich vorgesehenen Inhaltskontrolle** von Verträgen wurde das heute wichtigste Rechtsinstitut des Vertragsrechts geschaffen (vgl. Palandt/Grüneberg Überbl. v. § 305, Rn. 7), mit dem die grundgesetzliche Verpflichtung zur sozialstaatlichen Ausrichtung des Staates (Art. 20 und 28 GG) sich in der Schaffung einer gewissen „**Vertragsgerechtigkeit**" niederschlagen soll.

> **Ziel des Gesetzgebers** ist es letztlich, den überforderten Kunden durch eine besondere AGB-Kontrolle so zu schützen, dass jede unangemessene Benachteiligung des Vertragspartners zur Nichtigkeit der betreffenden AGB-Klausel führen kann.

Neben den im BGB enthaltenen AGB-Kontrollvorschriften sind bei Verbraucherverträgen auch **europarechtliche Richtlinien** zu beachten, die zwar keine auf den Vertrag unmittelbar wirkende Rechtsnorm darstellen (da sie an die Mitgliedstaaten gerichtet sind, Art. 249 Abs. 3 EG-Vertrag).

Im Rahmen der Bestimmung, ob eine Vertragsklausel nach § 307 BGB den Vertragspartner unangemessen benachteiligt, führt aber jede Verletzung der verbraucherschützenden EU-Richtlinien auch gleichzeitig zu einem Verstoß gegen § 307 BGB, der allein von den nationalen Gerichten festgestellt werden kann (EuGH NJW 2007, 135).

In der Praxis gilt aber leider immer noch: Wer sich gegen AGB wehren möchte, muss dieses vielfach vor Gericht mit dem entsprechenden Prozess- und Kostenrisiko tun. In der Praxis wird es deshalb oft unterlassen und lieber die unliebsame Klausel befolgt. Aber auch hier sollte das **Ziel der Wirtschaft** nicht aus den Augen verloren werden:

> Nur ein (auch mit den AGB) zufriedener Kunde, bleibt auch ein Kunde.

Unternehmen, die sich rücksichtslos auf ihre AGB berufen, können im Wettbewerb um den besten Kunden Nachteile erleiden.

> **Lösung Fall 100** Der Vorschlag des Käufers K ist **nicht unbedingt ruhmreich**, da in den vorgeschlagenen AGB **vielfach die Interessen der Verkäuferseite** im Vordergrund stehen. Aus seiner Sicht wäre eine umfangreiche Garantie über Eigenschaften der Ware, 24-Stunden-Betreuung, kostenfreie Stellung von Ersatzgeräten und das Fehlen verkäuferfreundlicher Schadenspauschalen eher wünschenswert.

2 Nachteile von AGB

▶ **227 Wann ist die Verwendung von AGB eher nachteilig?**

Gute Gründe **gegen** die Verwendung von AGB

> **Nachteile von AGB**
> - Gefahr von Abmahnungen
> - Rechtsnachteile durch schlecht formulierte AGB
> - Aktualisierungszwang

Werden AGB verwendet, die den Kunden unangemessen benachteiligen, besteht die Gefahr von kostenpflichtigen **Abmahnungen** durch Verbraucherschutz- oder Wettbewerbsüberwachungsorganisationen.

Wer Klauseln verwendet, die mit dem AGB-Recht nicht vereinbar sind, kann darüber hinaus insbesondere von verschiedenen Institutionen der Wettbewerbsaufsicht kostenpflichtig – notfalls auch im Klageweg – auf Unterlassung der Verwendung rechtswidriger Klauseln in Anspruch genommen werden. Das Unterlassungsklagengesetz (UklaG) bietet hierfür die gesetzliche Grundlage.

§ **§1 UklaG Unterlassungs- und Widerrufsanspruch bei Allgemeinen Geschäftsbedingungen** Wer in Allgemeinen Geschäftsbedingungen Bestimmungen, die nach den §§ 307 bis 309 des Bürgerlichen Gesetzbuchs unwirksam sind, verwendet oder für den rechtsgeschäftlichen Verkehr empfiehlt, kann auf Unterlassung und im Fall des Empfehlens auch auf Widerruf in Anspruch genommen werden.

Außerdem können schlecht formulierte AGB auch zu **Rechtsnachteilen** für den Fall einer gerichtlichen Auseinandersetzung mit dem Kunden führen.

Zudem müssen AGB in bestimmten Zeitabständen **überprüft und aktualisiert** werden, um den Gleichschritt zwischen AGB und neuester Rechtsprechung sichern zu können und die Unwirksamkeit einzelner Klauseln zu vermeiden. Nicht zuletzt mit der Neufassung der §§ 305 ff. BGB (1.1.2002) sind AGB-Vertragswerke wieder einmal im Geschäftsverkehr in aller Munde gewesen. Fachleute schätzen, dass ca. 90 % aller im Umlauf befindlichen AGB an die neue Rechtslage angepasst und auf die Kompatibilität zum neuen Recht überprüft werden mussten.

3 Fundstellen von AGB

▶ **228 Wie und wo erhält man gut ausgearbeitete AGB?**

Allgemeine Geschäftsbedingungen für den eigenen Geschäftsbereich erhält man auf folgenden Wegen:

3 Fundstellen von AGB

> **Herkunft von AGB**
> - Bundeskartellamt
> - Buchhandel
> - Internet
> - Rechtsanwaltskanzleien

Das **Bundeskartellamt** führt eine Liste über von Branchenverbänden empfohlene AGB. Diese finden sich im Internet unter **http://www.bundeskartellamt.de** unter der Rubrik Serviceseiten Mittelstand. Durch die Registrierung der AGB durch die herausgebenden Stellen beim Bundeskartellamt ist aber nicht gesichert, dass die AGB inhaltlich in vollem Umfang richtig sind.

Weiterhin sind im **Buchhandel** verschiedene branchenspezifische AGB erhältlich.

Eine Sammlung von AGB und verschiedenen Musterverträgen findet man auch im **Internet** unter **www.frankfurt-main.ihk.de/rechtslinks**. Dabei gilt aber der dringende Hinweis, dass Musterverträge und Muster für Allgemeine Geschäftsbedingungen nur ein Anhaltspunkt sein können, die auf die individuellen Verhältnisse angepasst werden müssen, soweit sich dies nach der Art des Geschäfts anbietet. Es wird im Zweifel empfohlen, die Vertragsklauseln jeweils im Einzelnen auszuhandeln. Außerdem sind entsprechende Muster vor der Verwendung immer auf den jeweiligen Stand der Rechtsentwicklung hin zu überprüfen.

Möglich ist es auch, sich AGB von **Rechtsanwälten** erarbeiten zu lassen. Dieses hat den Vorteil, dass maßgeschneiderte Regelungen gefunden werden können. Im Streitfall besteht unter Umständen auch eine Regressmöglichkeit gegenüber dem Anwalt, wenn dieser eine rechtlich nachteilhafte Klausel empfohlen hat.

> **Bedeutung von AGB**
>
> - **Vorteile von AGB** ○ vorteilhafte Bedeutung durch **Vereinheitlichung** der Vertragsinhalte ○ Schaffung von **Rechtssicherheit** bei Vertragsproblemen ○ **Rationalität** durch schnelle Vertragsabschlüsse ○ **Lückenfüllung** bei fehlenden gesetzlichen Regelungen ○ **Risikominimierung** durch Abwälzung von Risiken auf die andere Vertragspartei, z. B. indem mit sog. Abwehrklauseln die AGB des Vertragsgegners für nicht wirksam erklärt werden, oder es gibt für den AGB-Verwender Annahmefristklauseln, die er nutzen kann, um die Liquidität des Kunden, die Beschaffenheit der Ware oder die Angemessenheit des Preises zu prüfen ○ **Ziel vieler AGB**: Rechtsposition des AGB-Verwenders stärken, Rechtsposition des Vertragsgegners schwächen ○ **Ziel des Gesetzgebers**: überforderte Kunden schützen durch eine besondere AGB-Kontrolle („Vertragsgerechtigkeit"), die bei unangemessener Benachteiligung der anderen Seite zur Nichtigkeit der AGB-Klausel führt ○ **Ziel der Wirtschaft**: nur ein (auch mit den AGB) zufriedener Kunde bleibt ein Kunde.
> - **Nachteile von AGB** ○ Gefahr von Abmahnungen ○ Rechtsnachteile durch schlecht formulierte AGB ○ Aktualisierungszwang
> - **Herkunft von AGB** ○ Bundeskartellamt ○ Buchhandel ○ Internet ○ Rechtsanwaltskanzleien

III. Begriff der AGB

1 Begriff der „AGB-Kontrolle"

▶ **229 Was versteht man unter dem Begriff der „AGB-Kontrolle"?**

War jetzt schon mehrfach die Rede von der AGB-Kontrolle, soll jetzt gezeigt werden, was sich hinter diesem Begriff versteckt. Aufgrund der gesetzlichen Vorschriften ergibt sich die folgende (nirgends festgelegte, noch gesetzlich vorgegebene) Systematik bei der Prüfung von Allgemeinen Geschäftsbedingungen, die man als AGB-Kontrolle verstehen kann:

1. Frage	Liegen **begrifflich** überhaupt AGB vor? (wenn nein, Individualvereinbarungen)
Ja, wenn bei Vertragsschluss • vorformuliert • für eine Vielzahl von Fällen • und vom Verwender gestellt	Nein, z. B. wenn • einzeln ausgehandelt • nur für einen Fall • mit Veränderungen durch den Partner
2. Frage	Sind die AGB wirksam in den Vertrag **einbezogen** worden?
Ja, wenn bei Vertragsschluss • Hinweis oder Aushang • mit der Möglichkeit der Kenntnisnahme • und Einverständnis durch den Vertragspartner	Nein, z. B. wenn • Hinweis erst bei Lieferung • AGB zu klein geschrieben oder sonst unlesbar • Partner den AGB widersprochen hat
3. Frage	Liegt keine vorrangig zu beachtende **Individualvereinbarung** vor, so dass AGB-Recht zur Anwendung kommt?
Ja, wenn bei Vertragsschluss • vorformuliert • für eine Vielzahl von Fällen • und vom Verwender gestellt	Nein, z. B. wenn • einzeln ausgehandelt nur für eine Fall • mit Veränderungen durch den Partner
4. Frage	Sind die Klauselverbote **persönlich** anwendbar?
Ja, bei • Verbrauchern • Existenzgründern und deren ersten Verträgen	Nein, z. B. wenn es sich um • Unternehmer oder • juristische Personen des öffentlichen Rechts handelt
5. Frage	Sind die Klauselverbote **sachlich** anwendbar?
Ja, z. B. bei • Kaufverträgen über Verbrauchsgüter • Werkverträgen im Baubereich	Nein, z. B. • beim Erbschaftskauf oder beim Ehevertrag • bei Verträgen im gesellschaftsrechtlichen Bereich • bei arbeitsrechtlichen Vereinbarungen ausgeschlossen (z. B. Tarifverträge) bzw. eingeschränkt (z. B. Arbeitsverträge)

1 Begriff der „AGB-Kontrolle"

6. Frage	Liegt eine **überraschende Klausel** vor?
Ja, wenn die Klausel nicht üblich ist, z. B. nach • dem Leitbild des Vertrages • der Höhe des Entgelts	Nein, wenn z. B. • ein besonderer Hinweis auf sie erfolgte • solche Klauseln typisch sind für die Art von Verträgen
7. Frage	Ist die Klausel **mehrdeutig** formuliert?
Ja, wenn • zwei Auslegungen rechtlich möglich wären	Nein, z. B. wenn • die Klausel bei objektiver Auslegung einen einheitlichen Inhalt aufweist

8. Frage	Liegt eine verbotene **Klausel ohne Wertungsmöglichkeit** nach § 309 BGB vor?
Ja, wenn z. B. • kurzfristige Preiserhöhungen vorgesehen werden • Aufrechnungsverbote unbeschränkt enthalten sind • jegliche Haftung ausgeschlossen wird	Nein, wenn z. B. • die Preiserhöhung erst bei Lieferungen später als 4 Monate nach Vertragsschluss erfolgt • wenn Aufrechnungen mit anerkannten Gegenforderungen erlaubt sind • die leicht fahrlässige Haftung für Sachschäden ausgeschlossen wird
9. Frage	Ist eine verbotene **Klausel mit Wertungsmöglichkeit** nach § 308 BGB gegeben?
Ja, wenn z. B. • wenn unangemessen lange oder nicht hinreichend bestimmte Annahme- und Leistungsfristen in AGB vereinbart werden • wenn eine unangemessen lange oder nicht hinreichend bestimmte Nachfrist vereinbart wird	Nein, wenn z. B. • die Annahme- und Leistungsfristen dem Üblichen entsprechen und konkret in den AGB bestimmt sind • wenn die Nachfristen dem Üblichen entsprechen und konkret in den AGB bestimmt sind
10. Frage	Handelt es sich bei der Klausel um eine nach der **Generalklausel** unwirksame AGB-Regelung, § 307 BGB?
Ja, wenn z. B. • ein freies Kündigungsrecht der Banken besteht • die Verpflichtung bestehen soll, die Ware nach Aufreißen der Verpackung kaufen zu müssen • eine Vorleistungspflicht des Käufers bestehen soll	Nein, wenn z. B. • die Abwälzung der Schönheitsreparaturen auf den Vermieter vereinbart wird • die Verjährungsfrist verkürzt wird

III. Begriff der AGB

230 Wann liegen begrifflich AGB vor?

Begrifflich liegen nur dann besonders kontrollierte AGB vor, wenn **drei Voraussetzungen** nach § 305 Abs. 1 S. 1 BGB gegeben sind:

> **Begriff der AGB**
> - vorformulierte Vertragsbedingungen des Verwenders
> - für eine Vielzahl von Verträgen
> - und vom Verwender dem Verwendungsgegner einseitig gestellt

§ **§ 305 Abs. 1 S. 1 BGB Einbeziehung von AGB (1)** Allgemeine Geschäftsbedingungen sind alle für eine **Vielzahl** von Verträgen **vorformulierten** Vertragsbedingungen, die eine Vertragspartei (Verwender) der anderen Vertragspartei bei Abschluss eines Vertrags **stellt**.

2 Vorformuliert

231 Wann sind Vertragsbedingungen vorformuliert?

> **Fall 101 AGB oder nicht AGB – das ist hier die Frage** Der **Möbelgroßhändler M** hat sich nun überzeugen lassen, dass AGB gut sind. Nun will er folgende AGB ausprobieren: ▶ Garderobenschild: *„Für Garderobe keine Haftung"* ▶ Lieferscheinaufdruck: *„Eigentum vorbehalten"* ▶ Hinweis auf der Rechnung: *„netto"* ▶ Zudem weist er seine Mitarbeiter an, beim Verkauf der Möbel auf dem mit „Auftragsbestätigung und Rechnung" überschriebenen Formular unter der Rubrik „Zahlung am…" aus dem Gedächtnis die Ergänzung *„Restzahlung vor Lieferung"* oder eine andere inhaltsgleiche Formulierung handschriftlich einzutragen. **Frage Handelt es sich in allen Fällen um AGB?** (Fall u. a. nach BGH NJW 1999, 2180)

Hier ist die Praxis natürlich sehr erfinderisch, wie die Beispiele zeigen, so dass die Rechtsprechung immer weiter den Schutzbereich der AGB-Kontrolle erweitern musste.

> **Beispiele für die Vorformulierung** ▶ Ausreichend ist auch, wenn der Verwender die wesentlichen Formulierungen **auswendig weiß** und jedes Mal **stereotyp** in den Vertrag per Handschrift einfügt (BGH NJW 1988, 410 und 2001, 2635). ▶ Es ist **keine regelmäßige** Verwendung der Vertragsbedingungen erforderlich, so dass auch AGB vorliegen, wenn gelegentlich keine eingefügt werden (OLG Frankfurt NJW-RR 2001, 55).

> **Vorformuliert** sind Vertragsklauseln letztlich dann, wenn der Verwender sie so schriftlich oder z. B. mittels EDV-Technik aufzeichnet, dass sie mehrfach im Geschäftsverkehr benutzt werden können.

Dabei ist es ohne Bedeutung, ob ein vollständiger Vertragstext oder nur einzelne Vertragsklauseln vorformuliert sind. Es können in Verträgen auch nur Vertragsteile als AGB qualifiziert und der Kontrolle unterworfen werden.

Als **Verwender** bezeichnet man diejenige Partei, von der die Initiative zur Einbeziehung der Klauseln ausgeht, § 305 Abs. 1 S. 1 BGB (gesetzliche Definition). Dieser muss nicht gleichzeitig auch Verfasser eines Formularvertrages sein. So genügt es, wenn er ein von einem Dritten (z. B. Interessenverband, Rechtsanwalt) für eine Vielzahl von Verträgen vorgefertigtes Formular **auch nur für einen einzigen Vertrag** benutzt. Auch wer eigentlich das rechtsgeschäftliche Angebot macht, spielt demgegenüber keine entscheidende Rolle.

Desjenigen, dem die AGB einseitig auferlegt werden, bezeichnet das Gesetz als die „andere" Vertragspartei, ohne sie ausdrücklich zu definieren, § 305 Abs. 1 S. 1 BGB. Man bezeichnet sie auch oft als **Verwendungsgegner**, was die Sache gut beschreibt: letztlich geht es nämlich um einen „Kampf" um die günstigen Klauseln, wie bereits oben beschrieben.

Der Begriff der **Vertragsbedingungen** wird sehr weit verstanden und umfasst letztlich alle Vereinbarungen, die Rechte und Pflichten zwischen Vertragsparteien begründen sollen und die den Vertragsinhalt ausmachen.

> **Beispiele für Vertragsbedingungen** ▶ Bedingungen für die Teilnahme an **Gewinnspielen** (OLG Karlsruhe NJW-RR 1988, 303) ▶ **Schuldanerkenntnisse** (BAG NZA 2005, 682) ▶ **Auftragsbestätigungen** (BGHZ 99, 381) ▶ einseitige Rechtsgeschäfte, die für den Verwendungsgegner vorformuliert wurden, wie z. B. **Vollmachten**, Überweisungsformulare, Quittungen und Bestätigungen

Ob die Vertragsbedingungen einen gesonderten Bestandteil des Vertrages bilden oder in den Vertragstext eingearbeitet sind und auch dessen Umfang spielen für die Qualifikation als AGB keine Rolle, § 305 Abs. 1 S. 2 BGB.

> **§ 305 Abs. 1 S. 2 BGB Einbeziehung von AGB** (1) … Gleichgültig ist, ob die Bestimmungen einen **äußerlich gesonderten** Bestandteil des Vertrags bilden oder in die Vertragsurkunde selbst aufgenommen werden, welchen **Umfang** sie haben, in welcher **Schriftart** sie verfasst sind und welche **Form** der Vertrag hat. Allgemeine Geschäftsbedingungen liegen nicht vor, soweit die Vertragsbedingungen zwischen den Vertragsparteien im Einzelnen ausgehandelt sind.

> **Beispiele für mögliche AGB-Formen** ▶ eine einzige Klausel reicht, z. B. Eigentumsvorbehalt ▶ **Stempelaufdruck** ▶ Gerichtsstandsklausel im **Briefkopf** (BGHZ 101, 273) ▶ **Schriftarten** sind **unerheblich**: z. B. gedruckt, handschriftlich oder mittels Schreibautomat ▶ Notariell beurkundete Verträge können ebenfalls AGB enthalten, wenn z. B. der „Hausnotar" tätig wird, der im Auftrag des Verwenders Vertragsformulare entwickelt hat und sich letztlich nur die marktstärkere Vertragspartei durchsetzt (BGH NJW 1985, 2477).

3 Vielzahl von Verträge

▷ 232 Wann betreffen Vertragsbedingungen eine Vielzahl von Fällen?

Zudem müssen die Vertragsbedingungen für eine Vielzahl von Verträgen aufgestellt worden sein.

> Die Rechtsprechung hat insoweit festgelegt, dass der Wille des Verwenders dahin gehen muss, **dass er die vorformulierten Vertragsbedingungen in mindestens drei Fällen verwenden will** (BGH NJW 1998, 2286 und 2002, 138, BAG DB 2006, 1377).

Es kann sich in diesen drei Fällen auch immer um denselben Vertragspartner handeln, die Verwendung kann im privaten oder geschäftlichen Bereich erfolgen, ohne die Tatsache zu verändern, dass die AGB-Kontrolle nach §§ 305 ff. BGB ab der ersten Benutzung der Vertragsbedingungen eingreift.

Zu beachten ist, dass **bei Verbraucherverträgen** (Verträgen zwischen einem Unternehmer und einem Verbraucher) an das „Vorformuliertsein" geringere Anforderungen gestellt werden und somit der Anwendungsbereich der AGB-Kontrolle auch auf Nicht-AGB ausgedehnt wird, § 310 Abs. 3 Nr. 2 BGB. Wichtig ist aber, dass der Verbraucher keinen Einfluss hatte und keine von ihm gewünschte Individualvereinbarung vorliegt, so dass er weiterhin schutzbedürftig ist.

> § **§ 310 Abs. 3 Nr. 2 BGB Anwendungsbereich** (3) Bei Verträgen zwischen einem Unternehmer und einem Verbraucher (**Verbraucherverträge**) finden die Vorschriften dieses Abschnitts mit folgenden Maßgaben Anwendung ... 2. § 305 c Abs. 2 und die §§ 306 und 307 bis 309 dieses Gesetzes sowie Artikel 29 a des Einführungsgesetzes zum Bürgerlichen Gesetzbuche finden auf vorformulierte Vertragsbedingungen **auch dann Anwendung**, wenn diese nur zur **einmaligen** Verwendung **bestimmt** sind und soweit der Verbraucher auf Grund der Vorformulierung auf ihren Inhalt **keinen Einfluss** nehmen konnte

> **Lösung Fall 101** Bei **sämtlichen** vom Möbelgroßhändler verwendeten **Klauseln** handelt es sich **um AGB**, da der Umfang der Klauseln nicht relevant ist, so dass auch ein Schild an der Garderobe ausreicht, um eine Haftungsfreizeichnung beim Bewirtungsvertrag, §§ 651, 433 ff. BGB, einen Eigentumsvorbehalt, § 449 BGB, oder die Vereinbarung von Netto-Preisen „versuchen" zu vereinbaren (die inhaltliche Rechtmäßigkeit soll hier zunächst außen vor bleiben). Dabei spielte es auch keine Rolle, dass die Klauseln **aus dem Gedächtnis** üblicherweise oder gegenüber einer Mehrzahl von Kunden in den Vertrag eingefügt werden.

4 Einseitig gestellt

▶ **233 Wann sind Vertragsbedingungen vom Verwender einseitig auferlegt?**

> **Fall 102   Eine haarige Angelegenheit** Die **Friseurin F** schloss erstmals mit einem **Kunden K** einen als „**Befestigungsabonnement**" bezeichneten Vertrag, wonach die F dem K in 48 Behandlungen **Haarkreationen in die Frisur einweben** sollte. In der Rubrik „Umfang" wurde handschriftlich „*4 Jahre*" eingetragen und ein Zusatz „*Auslandsaufenthalt Verlängerung jederzeit möglich*" gemacht, da der K dienstlich immer wieder ins Ausland reisen musste und diese Zeiten an den Vertrag hinten angehängt werden sollten. **Frage Kann sich der Kunde K darauf berufen, dass die vierjährige Frist eine AGB-Klausel ist, die dann gegen die in § 309 Nr. 9 a) BGB geregelte Maximalfrist von zwei Jahren verstößt?** Was ist von dem Einwand der Friseurin F zu halten, die meinte, es sei eine individuelle Vereinbarung über die Laufzeit getroffen worden? (Fall nach BGH NJW 2008, 2250)

Schließlich liegen nur dann AGB vor, wenn Vertragsbedingungen vom Verwender „**gestellt**" werden.

> Diese Voraussetzung ist erfüllt, wenn der Verwender von seinem Vertragspartner den Abschluss zu den vorformulierten Bedingungen verlangt bzw. diese einseitig auferlegt hat.

Entscheidend ist, dass der eine Teil die Gestaltungsmacht einseitig an sich reißt und dem anderen Teil die Einflussnahme auf den Vertragsinhalt abgeschnitten wird.

> **Beispiele für einseitige gestellte AGB** ▶ Kann der Kunde nur zwischen bestimmten **vorformulierten Varianten** wählen, liegen trotzdem AGB vor (BGH NJW 1996, 1676). ▶ Vom Kunden auszufüllende **leere Stellen** im ansonsten vorgedruckten Text sind dann immer noch AGB, wenn der Kunde keine eigenen Inhalte einfügen kann ▶ bzw. der Verwender die Ausfüllung im eigenen Sinne verlangt und darauf hinarbeitet (BGH NJW 1998, 1066 und 2005, 1574).

Allgemeine Geschäftsbedingungen liegen nicht vor, wenn die Vertragsbedingungen zwischen den Parteien im Einzelnen „**ausgehandelt**" worden sind, § 305 Abs. 1 S. 2 BGB.

> § **§ 305 Abs. 1 S. 3 BGB Einbeziehung von AGB** (1) … Allgemeine Geschäftsbedingungen liegen nicht vor, soweit die Vertragsbedingungen zwischen den Vertragsparteien im Einzelnen **ausgehandelt** sind.

Die Rechtsprechung setzt aber **hohe Anforderungen** an das „Aushandeln", um dem Verwendungsgegner nicht zu früh den Schutz durch die AGB-Kontrolle zu nehmen. Es muss der Vertragsinhalt in seinem vom Gesetz abweichenden Kern ernsthaft zur Disposition gestellt werden, damit der andere Vertragsteil seinen Interessen entsprechende Vertragsinhalte wirklich gestalten kann (BGH NJW 2000, 1110, BAG NZA 2008, 1679).

III. Begriff der AGB

Beispiele des Aushandelns ▶ Der Verwender muss seinem Vertragspartner klar machen, dass dieser Einfluss auf den Inhalt der Klausel hat bzw. der Verwender unter Umständen auf die Klausel **sogar verzichtet**. ▶ **Bloßes Verhandeln und Besprechen** der Klauseln genügt **nicht** (BGH NJW 1991, 1679). ▶ Ebenso reichen das **Vorlesen, Erläutern oder Erörtern nicht** aus. ▶ Der Text muss aber nach ausführlichem Verhandeln nicht geändert werden, wenn der Verwendungsgegner von ihm überzeugt ist (BGH NJW 1992, 2285 und 2000, 1110).

Grundsätzlich muss derjenige, der den Schutz der AGB-Kontrolle in Anspruch nehmen will auch das Vorhandensein von AGB **beweisen**: vorformuliert, Vielzahl von Verträgen, einseitig gestellt. Der Verwender, der das Vorhandensein von ausgehandelten oder vom Verbraucher eingeführten Vertragsbedingungen behauptet, hat hierfür grundsätzlich die Beweislast. Wurden allerdings in einem Formular nachträglich handschriftliche Ergänzungen eingefügt, kann das ein Indiz für eine Individualvereinbarung sein (BGH NJW 1998, 2600 und 2008, 2250). Ein „Aushandeln" lässt sich selbstverständlich aber **nicht fingieren**, etwa durch folgende Formularklausel, (BGH NJW 1997, 624).

Muster 31:   Unwirksame AGB-Anerkenntnis-Klausel 1

Der Kunde bestätigt, dass er von der Formularbedingung Kenntnis genommen hat und mit ihrer Geltung einverstanden ist.

Muster 32:   Unwirksame AGB-Anerkenntnis-Klausel 2

Der Kunde bestätigt, dass der Inhalt des Vertrages ausführlich erörtert wurde und ausdrücklich als ausgehandelt anerkannt werden soll.

Bei Verbraucherverträgen besteht aufgrund § 310 Abs. 3 Nr. 1 BGB eine **widerlegbare Vermutung** für die Frage, ob Vertragsbedingungen ausgehandelt wurden oder nicht: die AGB gelten im Zweifel als gestellt und nicht ausgehandelt.

§ **§ 310 Abs. 3 Nr. 1 BGB Anwendungsbereich** (3) Bei Verträgen zwischen einem Unternehmer und einem Verbraucher (Verbraucherverträge) finden die Vorschriften dieses Abschnitts mit folgenden Maßgaben Anwendung: 1. Allgemeine Geschäftsbedingungen **gelten** als vom Unternehmer **gestellt**, es sei denn, dass sie durch den Verbraucher in den Vertrag eingeführt wurden;

Lösung Fall 102 Der BGH hat in dem **Befestigungsabonnement-Fall** dem Verbraucher die Darlegungs- und Beweislast dafür auferlegt, dass eine Vertragsklausel vorformuliert worden ist und er infolge der Vorformulierung keinen Einfluss auf ihren Inhalt nehmen konnte. Diesen Beweis blieb der Kunde K schuldig, da **sich** in der **Aufnahme der individuellen Situation des K („Auslandsaufenthalte") ein Indiz dafür zeigte**, dass es sich nicht um eine für eine Vielzahl von Verbraucherverträgen vorformulierte Vertragsbestimmung, sondern um eine für den konkreten Vertrag der Parteien bestimmte Regelung handelte. Eine Anwendung des § 309 Nr. 9 BGB, wie sie der Kunde K begehrt, ist aber bei nur zur einmaligen Verwendung bestimmten AGB nach § 310 Abs. 3 Nr. 2 BGB nur bei Beweis des fehlenden Einflusses möglich, den der Kunde K nicht erbringen konnte.

IV. Einbeziehung von AGB

▶ **234 Unter welchen Voraussetzungen werden AGB wirksam in einen Vertrag mit einbezogen?**

> **Fall 103 Aber es gilt doch nur das, was im Vertrag steht – Oder?** Der Verkäufer sendet dem Käufer **nach Abschluss** des Kaufvertrages den gekauften Gegenstand mit einem Lieferschein zu, auf dessen Rückseite AGB enthalten sind, die den Käufer wie folgend belasten: *„Dem Käufer steht bei Mangelhaftigkeit der Kaufsache nur ein Anspruch auf Nachbesserung zu. Die sonstigen Rechte sind ausgeschlossen."* Nachdem die Ware wegen eines Mangels nicht mehr funktioniert und der Verkäufer vergeblich Nachbesserung versucht hat, will der Käufer den Kaufvertrag rückgängig machen, § 437 Nr. 2, Alt. 1 BGB. Der Verkäufer beruft sich auf die abgedruckten AGB. **Frage Wer hat Recht? Variante** Wie wäre der Fall zu entscheiden, wenn der Ausschluss auf dem Angebot des Verkäufers von vornherein enthalten war?

Die Einbeziehung von vorgedruckten AGB erfolgt nach § 305 Abs. 2 BGB grundsätzlich unter Beachtung folgender drei Voraussetzungen:

> **Voraussetzungen für die Einbeziehung von AGB**
> - deutlicher Hinweis oder Aushang
> - mit der Möglichkeit der Kenntnisnahme
> - und Einverständnis durch die andere Vertragspartei

§ **§ 305 Abs. 2 BGB Einbeziehung Allgemeiner Geschäftsbedingungen in den Vertrag** (2) Allgemeine Geschäftsbedingungen werden nur dann Bestandteil eines Vertrags, wenn der Verwender bei Vertragsschluss 1. die andere Vertragspartei ausdrücklich oder, wenn ein ausdrücklicher **Hinweis** wegen der Art des Vertragsschlusses nur unter unverhältnismäßigen Schwierigkeiten möglich ist, durch deutlich sichtbaren Aushang am Ort des Vertragsschlusses auf sie hinweist und 2. der anderen Vertragspartei die Möglichkeit verschafft, in zumutbarer Weise, die auch eine für den Verwender erkennbare körperliche Behinderung der anderen Vertragspartei angemessen berücksichtigt, von ihrem Inhalt **Kenntnis zu nehmen, und** wenn die andere Vertragspartei mit ihrer Geltung **einverstanden** ist.

1 Hinweis

▶ **235 Welche Anforderungen werden an einen deutlichen Hinweis oder Aushang gestellt?**

Ohne einen ausdrücklichen Hinweis auf die Verwendung von AGB kommt ein Vertrag inhaltlich nicht mit diesen AGB zustande, wobei der Hinweis mündlich oder schriftlich erfolgen kann.

IV. Einbeziehung von AGB

> **§ 305 Abs. 2 Nr. 1 BGB Einbeziehung Allgemeiner Geschäftsbedingungen in den Vertrag** (2) Allgemeine Geschäftsbedingungen werden nur dann Bestandteil eines Vertrags, wenn der Verwender **bei Vertragsschluss 1.** die andere Vertragspartei ausdrücklich oder, wenn ein ausdrücklicher **Hinweis** wegen der Art des Vertragsschlusses nur unter unverhältnismäßigen Schwierigkeiten möglich ist, durch deutlich sichtbaren Aushang am Ort des Vertragsschlusses auf sie hinweist...

Bei schriftlichem Vertragsschluss, Abschluss per Angebotsschreiben oder Angebotsformular wird deshalb regelmäßig spätestens vor der Unterschriftzeile ein deutlich lesbarer Hinweis auf die Verwendung der AGB in der Praxis verwendet.

Muster 33: Sog. AGB-Geltungsklausel (deutlich sichtbar auf der Auftragsbestätigung – z. B. Vorderseite)

Wir verkaufen Ihnen die im Einzelnen spezifizierte Ware zu den umstehend abgedruckten Verkaufsbedingungen.

Bei mündlichen Vertragsabschlüssen ist ein durch Zeugen nachweisbarer mündlicher Hinweis erforderlich. Die Rechtsprechung hat hierzu einige Zweifelsfälle entscheiden müssen (vgl. Palandt/Grüneberg, § 305 Rn. 29).

> **Beispiele für Hinweise auf AGB** ▶ **unzureichend**, z. B. **versteckter** Hinweis (OLG Nürnberg, BG 1990, 1999) ▶ Abdruck auf der Rückseite des Vertrags **ohne Hinweis** auf der Vorderseite oder Abdruck in dem zugrundelegenden Katalog (LG Münster VersR 1980, 100, im Gegensatz dazu OLG München NJW-RR 1999, 1358 nach den Umständen des Einzelfalls) ▶ „*Umseitige*" AGB sind nur die wirklich auf der Folgeseite stehenden Regelungen, nicht andere auf gesondertem Beiblatt (BGH NJW 1989, 1096). ▶ Wichtig ist, dass der Hinweis **auch bei flüchtiger Betrachtung** aus der Sicht eines durchschnittlichen Kunden nicht übersehen werden kann (BGH NJW-RR 1987, 113).

Als **entscheidender Zeitpunkt** für das Vorliegen des Hinweises formuliert das Gesetz ausdrücklich im Eingangssatz des § 305 Abs. 2 BGB den Zeitpunkt des Vertragsschlusses. Somit muss sich der Verwender von AGB für eine rechtssichere Einbeziehung Gedanken über den Ablauf des Vertragsschlusses machen, will er nicht im Streitfalle wegen verspäteter AGB-Vorlage völlig auf die Geltung der AGB verzichten müssen.

> **Beispiele für den Zeitpunkt des Hinweises auf AGB** ▶ Nicht rechtzeitig ist bei Geschäften mit Verbrauchern die **Bezugnahme auf frühere Geschäfte** (BGH NJW-RR 1987, 113). ▶ Zu spät kommen auch AGB auf **erst nach bindendem Vertragsschluss** ausgehändigten **Fahrscheinen, Eintrittskarten, Tickets, Lieferscheinen, Empfangsbescheinigungen** oder Quittungen. ▶ Möglich ist aber bei Selbstbedienungsläden der Hinweis auf die AGB **an der Kasse** (OLG Hamm NJW-RR 1998, 199) oder AGB auf einem **vor der Einfahrt** ins Parkhaus zu ziehenden Parkschein (LG Frankfurt NJW-RR 1988, 955).

Das Gesetz sieht auch vor, dass AGB im Voraus z. B. durch eine Rahmenvereinbarung vereinbart werden können, § 305 Abs. 3 BGB.

> **§ 305 Abs. 3 BGB Einbeziehung Allgemeiner Geschäftsbedingungen in den Vertrag** (3) Die Vertragsparteien können für eine bestimmte Art von Rechtsgeschäften die Geltung bestimmter Allgemeiner Geschäftsbedingungen unter Beachtung der in Absatz 2 bezeichneten Erfordernisse im Voraus vereinbaren.

> **Muster 34:** AGB-Anwendungsklausel – Ausweitung der Anwendbarkeit auf zukünftige AGB
>
> Diese Verkaufsbedingungen gelten auch für alle zukünftigen Geschäfte mit dem Besteller, soweit es sich um Rechtsgeschäfte verwandter Art handelt.

> **Häufiger Irrtum:** AGB sollten immer „in ihrer jeweiligen aktuellen Fassung" vereinbart werden!
>
> **FALSCH!** Dieses ist nicht möglich, da dann der Vertragspartner nie im Vorhinein weiß, was in den AGB auf ihn zukommen wird. Der Verwender könnte z. B. auch zunächst ausgewogene AGB nach und nach zu Lasten des anderen Vertragsteils verändern. Erforderlich ist auch hier eine Einigung über die Abänderung der ursprünglich vereinbarten AGB.

Ist dagegen ein Hinweis aufgrund der Art des Vertragsschlusses nicht ohne Weiteres möglich, sieht das Gesetz eine Alternative vor: den deutlich sichtbaren **Aushang** am Ort des Vertragsschlusses. Besonders im täglichen Massengeschäft, wo es zu vielen konkludent geschlossenen Verträgen allein durch die Inanspruchnahme von Leistungen wie z. B. Beförderungsleistungen kommt, wäre ein ausdrücklicher Hinweis eine unnötige „Förmelei". Der Verwendungsgegner muss aber die AGB ohne weitere Mühe finden können, ohne dass er lange suchen müsste. In der Geschäftswelt hängen derartige Hinweise daher regelmäßig am Eingang des Geschäfts oder an der Kasse, kurz bevor es zum Vertragsschluss kommt.

Die Rechtsprechung hat die Verwendung solcher Aushänge aber auch dann als zulässig anerkannt, wenn es der Erleichterung der Geschäftsabwicklung dient, wie z. B. in Kinos, Theatern, Veranstaltungen im Sportbereich, Lotteriebedingungen in Annahmestellen, Autowaschanlagen, chemischen Reinigungen und Versteigerungen (OLG Hamburg DAR 1984, 260, BGH NJW 1985, 850, weitere Nachweise bei Palandt/Grüneberg §305 Rn. 31). Ein Hinweis im **Hotelzimmer** dagegen ist kritisch, da der Vertragsschluss hier schon an der Rezeption erfolgt ist und daher das Hotelzimmer der falsche Ort des Hinweises ist. Inhaltlich kann der Hinweis kurz gefasst werden und muss nicht bereits die gesamten AGB aufführen.

> **Muster 35:** AGB-Anwendungsklausel – ausreichender Hinweis auf die Geltung von AGB
>
> Bitte beachten Sie, dass wir Verträge nur auf der Grundlage unserer an der Kasse zur Einsicht bereitliegenden AGB schließen.

> **Lösung Fall 103** Die erst nach Abschluss des Kaufvertrages auf dem Lieferschein befindliche AGB-Klausel ist nicht wirksam einbezogen worden, da sie nicht bei Vertragsschluss vorgelegen hat. Folglich ist auf den ebenfalls problematischen Inhalt gar nicht mehr einzugehen.

2 Möglichkeit der Kenntnisnahme

▶ 236 Wann liegt eine Kenntnisnahmemöglichkeit der Vertragsbedingungen vor?

§ 305 Abs. 2 Nr. 2 BGB enthält die Vorgabe, dass der Durchschnittskunde vom Inhalt der vom Verwender angesprochenen AGB auch mühelos Kenntnis nehmen können muss.

§ **§ 305 Abs. 2 Nr. 2 BGB Einbeziehung Allgemeiner Geschäftsbedingungen in den Vertrag** (2) Allgemeine Geschäftsbedingungen werden nur dann Bestandteil eines Vertrags, wenn der Verwender bei Vertragsschluss ... 2. der anderen Vertragspartei die Möglichkeit verschafft, in zumutbarer Weise, die auch eine für den Verwender erkennbare körperliche Behinderung der anderen Vertragspartei angemessen berücksichtigt, von ihrem Inhalt **Kenntnis zu nehmen**

In der Praxis stellen sich in diesem Zusammenhang zumeist folgende Probleme, die mit betriebswirtschaftlich vertretbarem Aufwand vom Verwender zu lösen sind:

Je nach dem Kenntnisstand des Verwendungsgegners, seiner Übung im Umgang mit AGB und Zumutbarkeitsgesichtspunkten kann es im Einzelfall erforderlich sein, die AGB auszuhändigen.

Beispiele ausreichender Kenntnisnahmemöglichkeiten ▶ Regelmäßig besteht zumindest eine **Vorlage**pflicht bei Vertragsschluss unter **Anwesenden** (LG Ansbach NJW-RR 1990, 564) ▶ Besonders umfangreiche AGB müssen ausgehändigt werden (OLG Hamburg VersR 1989, 202). ▶ Unter **Abwesenden** geschlossene Verträge genügen in der Regel nur mit übersandten AGB den Anforderungen einer wirksamen Einbeziehung, so dass das Angebot einer kostenlosen Übersendung ebenso wenig ausreicht wie die Zusendung nur von einzelnen Teilen der gesamten AGB (BGH NJW-RR 1999, 1246 und NJW-RR 1991, 727). ▶ Bei **Internetgeschäften** wird dieses Problem meistens dadurch gelöst, dass auf der Bestellseite ein gut sichtbarer Link aufgerufen werden kann und der Verwendungsgegner auch noch anklicken muss, dass er die AGB zur Kenntnis genommen hat (BGH NJW 2006, 2976 und 3633). ▶ Als ausreichend wurde auch die bloße **Ablichtung eines AGB-Textes** ohne Ausdruckmöglichkeit mit sieben Seiten und 15 Vorschriften angesehen (OLG Köln NJW-RR 1998, 1277).

Faktisch stellt das Gesetz mit dem Erfordernis der Kenntnisnahmemöglichkeit ein **weiteres Transparenzgebot** auf, das noch vor der inhaltlichen Kontrolle nach § 307 Abs. 1 S. 2 BGB seine Wirkung entfaltet: nicht erkennbare AGB werden schon gar nicht Vertragsbestandteil. Es gelten folgende Grundsätze (Palandt/Grüneberg, § 305 Rn. 39 ff.):

Beispiele für transparente AGB-Hinweise ▶ AGB müssen bezogen auf den Durchschnittskunden **mühelos lesbar** sein (BGH NJW 1983, 2773 und NJW-RR 1986, 1311). ▶ AGB müssen ein gewisses Maß an **Übersichtlichkeit aufweisen,** gemessen an der Bedeutung des Vertrages einen **vertretbaren Umfang** haben und dürfen **drucktechnisch nicht verwirrend angeordnet** sein. ▶ AGB bei Verträgen mit **sehschwachen oder blinden Kunden** müssen vorgelesen, in Braille-Schrift vorgelegt oder in sonstiger geeigneter Weise zur Kenntnis gebracht werden. ▶ Bei Vertragspartnern mit einer **Gehbehinderung** sind Vorkehrungen zu treffen, dass für diese Personen etwaige ausgehängte AGB überhaupt erreichbar sind. ▶ Bei **ausländischen Kunden** bedarf es grundsätzlich keiner besonderen Rücksichtnahme, selbst wenn diese der deutschen Sprache nicht oder nur unzureichend mächtig sind, da entscheidend ist, in welcher Sprache die Vertragsverhandlungen geführt wurden (BGHZ 87, 115, AG Langenfeld NJW-RR 1998, 1524); anders, wenn die Verhandlung in ausländischer Sprache erfolgte (OLG Frankfurt NJW-RR 2003, 704). Evtl. besteht aber bei Verträgen von erheblicher wirtschaftlicher Tragweite eine Verpflichtung zu erläuternden Hinweisen. ▶ **Nicht** einbezogen ist z. B. die Regelung, dass sich die Verjährung **nach VOB und BGB** richte (OLG Celle NJW-RR 1997, 82).

3 Einverständnis

▶ **237 Wie erfolgt in der Praxis das Einverständnis des Vertragspartners?**

Letztlich muss der Vertragspartner mit der Einbeziehung der AGB in den beabsichtigten Vertrag einverstanden sein.

§ **§ 305 Abs. 2 letzter Halbsatz BGB Einbeziehung Allgemeiner Geschäftsbedingungen in den Vertrag** (2) Allgemeine Geschäftsbedingungen werden nur dann Bestandteil eines Vertrags, ... wenn die andere Vertragspartei mit ihrer Geltung **einverstanden** ist.

Das Einverständnis kann selbstverständlich nicht nur ausdrücklich, sondern auch konkludent erklärt werden. Schließt ein Kunde einen Vertrag, nachdem er auf die AGB hingewiesen wurde, und hatte er die Möglichkeit, ihren Inhalt zur Kenntnis zu nehmen, so geht man von einer gleichzeitig mit dem Vertragsschluss erklärten Zustimmung zu den zugrundegelegten AGB aus. Problematisch sind aber alle Fälle, in denen ein bloßes Schweigen des Verwendungsgegners vorliegt (Palandt/Grüneberg, § 305 Rn. 43 ff.).

> **Beispiele für Schweigen bei AGB-Einbeziehung** ▶ Ein **Einverständnis trotz Schweigens** wurde von der Rechtsprechung nur vereinzelt z. B. beim Betreten eines Einkaufszentrums im Hinblick auf ein durch Aushang verkündetes Recht zur Taschenkontrolle angenommen (OLG Frankfurt NJW-RR 1993, 790). ▶ Überwiegend wurde jedoch **Schweigen nicht als Einverständnis** aufgefasst, so z. B. wenn erst in der Auftragsbestätigung von beigefügten AGB die Rede ist (BGHZ 61, 287 und NJW 1988, 2106). ▶ Ebenso wenig wirksam sind in der Praxis häufige Hinweise wie *„Betreten auf eigene Gefahr"* oder ähnliche Haftungsbeschränkungen, die auf Kinderspielplätzen (OLG Köln VersR 1970, 577), Trimm-Dich-Pfaden (OLG Karlsruhe VersR 1975, 381) oder Reithallen (BGH NJW-RR 1988, 657) zu finden sind und bei denen es eben an einem Einverständnis des Besuchers fehlt. ▶ Selbst wenn der Kunde die **versprochene Leistung entgegennimmt,** ist darin kein Einverständnis in alle zugänglichen AGB zu sehen. Auch wenn er tatsächlich ein Girokonto eröffnet oder ein Kredit aufnimmt, führt dieses nicht automatisch zur allumfassenden Anerkennung aller AGB der Bank (BGH NJW 2002, 3695).

Hieraus ist für die betriebswirtschaftliche Praxis abzuleiten, dass von dem Verwender ein eindeutiges und umfassendes Einverständnis der anderen Vertragspartei ausdrücklich eingeholt und beweissicher dokumentiert werden muss, will man sicher gehen, dass die eigenen AGB auch in einem Rechtsstreit Geltung haben.

4 Sonderfälle

▷ **238 Welche Besonderheiten gelten für die Einbeziehung von AGB bei Vertragsabschlüssen mit Unternehmen?**

Da der Vertragsschluss zwischen geschäftserfahrenen Vertragsparteien (auch B2B-Geschäft genannt „business to business") in der Praxis oftmals schneller und informeller abläuft, hat das Gesetz bei Vertragsschlüssen mit Unternehmern Erleichterungen für die Einbeziehung von AGB in § 310 Abs. 1 S. 1 BGB dadurch möglich gemacht, dass die strengen Voraussetzungen der § 305 Abs. 2 und 3 BGB keine Anwendung finden.

§ **§ 310 Abs. 1 S. 1 BGB Anwendungsbereich (1)** § 305 Abs. 2 und 3 und die §§ 308 und 309 finden **keine** Anwendung auf Allgemeine Geschäftsbedingungen, die **gegenüber einem Unternehmer, ... verwendet werden.**

Dieser abgesenkte Schutz u. a. bei der Einbeziehung von AGB bedeutet aber nicht, dass AGB immer und automatisch Geltung in unternehmerisch geprägten Geschäftsbeziehungen haben. Auch hier müssen die Parteien sich über die AGB einigen, wenn auch in manchen Punkten weniger formal als bei der Vereinbarung von AGB mit Verbrauchern.

> **Beispiele** (Palandt/Grüneberg, § 305 Rn. 50 ff.) ▶ Der Verwender muss auf seine AGB für den anderen Teil **erkennbar hinweisen** (BGH NJW-RR 2003, 754). ▶ Ein **bloßer Abdruck von AGB** reicht als Hinweis nicht immer (OLG Hamm DAR 2006, 390). ▶ Besteht eine **ständige Geschäftsbeziehung** mit häufigen Vertragsschlüssen, können für den flüchtigen Leser ohne weiteres erkennbare Hinweise in Rechnungen ausreichen (BGH NJW-RR 1991, 571), nicht aber Hinweise in Lieferscheinen, da diese zumeist nicht von den Vertragsparteien entgegengenommen werden (BGH NJW 1978, 2243). ▶ Erstmals in einer **Auftragsbestätigung** in Bezug genommene AGB können im kaufmännischen Verkehr wirksam einbezogen werden, wenn der andere Teil die Leistung ohne Widerspruch entgegennimmt (BGH NJW-RR 2000, 1154). ▶ Auch wenn dem geschäftserfahrenen Verwendungsgegner die AGB regelmäßig nicht bei Vertragsschluss **beigelegt** werden müssen, sind doch von der Rechtsprechung gewisse Anforderungen an die Möglichkeit der Kenntnisnahme entwickelt worden, z. B. dass bei nicht leicht zugänglichen AGB der Verwender diese beschaffen muss, will er nicht die Berufung auf die AGB verwirken (OLG Hamm DB 1983, 2619).

> **Muster 36:** **AGB-Geltungsklausel** (deutlich sichtbar auf der Auftragsbestätigung – z. B. Vorderseite)
> Wir danken Ihnen für die Bestellung; diese bestätigen wir unter ausschließlicher Geltung unserer rückseitig abgedruckten Verkaufsbedingungen.

▷ **239 Wie werden AGB in den gesetzlich geregelten Sonderfällen des § 305 a BGB Vertragsbestandteil?**

Auch ohne Einhaltung der in § 305 Abs. 2 Nr. 1 und 2 bezeichneten Erfordernisse werden in den in § 305 a BGB genannten Sonderfällen AGB vereinfacht einbezogen:

- Mit **behördlicher Genehmigung** öffentlich bekannt gemachte Tarife und Beförderungsbedingungen z. B. von Eisenbahn, Bus etc. bedürfen keiner formellen Einbeziehung mehr, § 305 a Nr. 1 BGB.

- Nach **behördlicher Prüfung** veröffentlichte AGB im Bereich Elektrizität, Gas, Telekommunikation, Post und Eisenbahnen, wenn es sich um außerhalb von Geschäftsräumen durch Einwurf von Postsendungen in Briefkästen abgeschlossene Beförderungsverträge oder direkt in der Herstellung einer Telefonverbindung, z. B. bei der Telefonauskunft, handelt.

§ **§ 305a BGB Einbeziehung in besonderen Fällen** Auch ohne Einhaltung der in § 305 Abs. 2 Nr. 1 und 2 bezeichneten Erfordernisse werden einbezogen, wenn die andere Vertragspartei mit ihrer Geltung einverstanden ist,
1. die mit Genehmigung der zuständigen Verkehrsbehörde oder auf Grund von internationalen Übereinkommen erlassenen Tarife und Ausführungsbestimmungen der Eisenbahnen und die nach Maßgabe des Personenbeförderungsgesetzes genehmigten Beförderungsbedingungen der Straßenbahnen, Obusse und Kraftfahrzeuge im Linienverkehr in den Beförderungsvertrag,
2. die im Amtsblatt der Bundesnetzagentur für Elektrizität, Gas, Telekommunikation, Post und Eisenbahnen veröffentlichten und in den Geschäftsstellen des Verwenders bereitgehaltenen Allgemeinen Geschäftsbedingungen a) in Beförderungsverträge, die außerhalb von Geschäftsräumen durch den Einwurf von Postsendungen in Briefkästen abgeschlossen werden, b) in Verträge über Telekommunikations-, Informations- und andere Dienstleistungen, die unmittelbar durch Einsatz von Fernkommunikationsmitteln und während der Erbringung einer Telekommunikationsdienstleistung in einem Mal erbracht werden, wenn die Allgemeinen Geschäftsbedingungen der anderen Vertragspartei nur unter unverhältnismäßigen Schwierigkeiten vor dem Vertragsschluss zugänglich gemacht werden können.

5 Widersprechende AGB

▷ **240 Was gilt bei sich widersprechenden AGB-Regelwerken der Vertragsparteien?**

In der Praxis kommt es besonders unter Unternehmern vor, dass beide Seiten eigene AGB verwenden:

- Verkäufer verwenden Verkaufs-AGB
- Einkäufer verwenden Einkaufs-AGB

> **Fall 104 Wer zahlt den Transport der Ware?** Der **Verkäufer V** hat einem Kaufvertrag mit K Verkaufs-AGB zugrunde gelegt, in denen unter Transportkosten Folgendes steht: „*... Transportkosten zahlt der Käufer ...*" Der **Käufer K** – ist ja auch nicht dumm – hatte seinem Kaufannahmeschreiben ebenfalls sog. Einkaufsbedingungen beigefügt, in denen es zu diesem Thema heißt: „*... Transportkosten zahlt der Verkäufer ...*" In beiden AGB sind sog. *Ausschließlichkeitsklauseln* enthalten, wonach nur die eigenen AGB-Regelungen Geltung haben sollen. Nun streiten sich beide, wer die 1000 € Transportkosten übernimmt. **Frage** Wie ist die Rechtslage, wenn beide einverständlich den Vertrag in Kenntnis der sich widersprechenden Klauseln begonnen haben?

IV. Einbeziehung von AGB

In diesem Fall spricht man von **kollidierenden AGB**. Um hier eine Lösung zu finden, werden in AGB oftmals so genannte **Abwehrklauseln** eingefügt, wonach AGB des Vertragspartners nicht anerkannt werden.

> **Muster 37: Abwehrklausel gegen AGB des Vertragsgegners**
> Diese allgemeinen Vertragsbedingungen gelten ausschließlich. Entgegenstehende oder von den Vertragsbedingungen abweichende Bedingungen der anderen Seite erkennen wir nur an, wenn wir ausdrücklich schriftlich der Geltung zustimmen. Unsere Geschäftsbedingungen gelten auch in dem Fall, dass wir in Kenntnis entgegenstehender oder von unseren Geschäftsbedingungen abweichende Bedingungen des Kunden eine Leistung ohne Vorbehalt an ihn erbringen bzw. von ihm entgegennehmen.

Gilt die Theorie des letzten Wortes oder finden widersprechende Klauseln auf beiden Seiten dann keine Anwendung?

In der früheren Rechtsprechung wurde die Ansicht vertreten, dass die zuletzt vor der Entgegennahme der Leistung übergebenen AGB den Vertragsinhalt bestimmen sollten, sog. Theorie des letzten Wortes. Dieses Rechtsansicht wurde 2001 aufgegeben.

> Nunmehr bestimmten die beiderseitigen AGB nur insoweit den Vertragsinhalt, als sie übereinstimmen, für die sich widersprechenden Teile liegt Dissens vor, §§ 154, 155 BGB (BGH NJW-RR 2001, 484).

Die frühere Theorie des letzten Wortes hat sich damit letztlich nicht durchgesetzt. Beginnen die Parteien trotzdem einverständlich mit der Durchführung des Vertrages, gilt die in § 306 BGB enthaltene Lösung: der Vertrag bleibt grundsätzlich ohne die sich widersprechenden Passagen wirksam, § 306 Abs. 1 BGB, Lücken werden durch das Gesetz gefüllt, § 306 Abs. 2 BGB, es sei denn, dass das Festhalten an dem veränderten Vertragsinhalt für eine Partei eine unzumutbare Härte darstellen würde, § 306 Abs. 3 BGB. Erst dann kann der Vertrag aufgelöst werden, so dass den Verwendern ersichtlich kollidierender AGB letztlich eine erhebliche Rechtsunsicherheit droht, wenn sie sich nicht um einheitliche Vertragsinhalte bemühen.

> **§ 306 BGB Rechtsfolgen bei Nichteinbeziehung und Unwirksamkeit** (1) Sind Allgemeine Geschäftsbedingungen ganz oder teilweise nicht Vertragsbestandteil geworden oder unwirksam, so bleibt der Vertrag im Übrigen wirksam. (2) Soweit die Bestimmungen nicht Vertragsbestandteil geworden oder unwirksam sind, richtet sich der Inhalt des Vertrags **nach den gesetzlichen Vorschriften**. (3) Der Vertrag ist unwirksam, wenn das Festhalten an ihm auch unter Berücksichtigung der nach Absatz 2 vorgesehenen Änderung eine **unzumutbare Härte** für eine Vertragspartei darstellen würde.

> **Lösung Fall 104** Im Fall sind die beiden Transportkosten-Regelungen daher unwirksam und es gilt die gesetzliche Vermutungsregelung des § 448 Abs. 1 BGB, wonach der Käufer die Transportkosten schuldet, wenn der Erfüllungsort der Sitz des Verkäufers war, wovon im Regelfall auszugehen ist, § 269 Abs. 1 BGB.

> **§ 448 BGB Kosten der Übergabe und vergleichbare Kosten** (1) Der Verkäufer trägt die Kosten der Übergabe der Sache, der Käufer die Kosten der Abnahme und der Versendung der Sache nach einem anderen Ort als dem Erfüllungsort.

> **§ 269 BGB Leistungsort** (1) Ist ein Ort für die Leistung weder bestimmt noch aus den Umständen, insbesondere aus der Natur des Schuldverhältnisses, zu entnehmen, so hat die Leistung an dem Ort zu erfolgen, an welchem der Schuldner zur Zeit der Entstehung des Schuldverhältnisses seinen Wohnsitz hatte.

Tipp: Welche genauen Wirkungen eine Abwehrklausel hat, wird im Einzelfall von den jeweiligen Instanzgerichten bestimmt. Deshalb ist es **für den Verkäufer** ratsam, umfassende Ausschließlichkeits- und Abwehrklauseln zu formulieren, damit zumindest entgegenstehende oder widerstreitende Einkaufs-AGB abgewehrt werden. (Mehr kann die Klausel entgegen ihrem Wortlaut allerdings nicht! Will man die eigenen AGB durchsetzen, hilft nur eine Individualvereinbarung).

▷ 241 Was geht vor: Individualvereinbarung oder AGB-Vereinbarung?

Nach § 305 b BGB gehen individuelle Abreden bei Vertragsabschlüssen den vorgefertigten AGB vor.

> **§ 305 b BGB Vorrang der Individualabrede** Individuelle Vertragsabreden haben Vorrang vor Allgemeinen Geschäftsbedingungen.

Im Anschluss an die obige Darstellung fallen unter die individuellen Vertragsabreden zunächst alle im Einzelnen ausgehandelten Vertragsinhalte nach § 305 Abs. 1 S. 3 BGB.

> **Beispiele für Individualvereinbarungen** ▶ hand- oder maschinenschriftliche **Ergänzungen** im AGB-Text (BGH NJW 1987, 2011) ▶ nachträgliche **Änderungen** in einem Bestätigungsschreiben (BGH NJW-RR 1995, 179) ▶ **stillschweigende** oder **nachträglich** getroffene Individualabreden (BGH NJW-RR 1996, 674 und NJW 2006, 138)

V. Anwendungsbereich der AGB-Kontrolle

1 Persönlicher Anwendungsbereich

▷ **242 Bei welchen Vertragsparteien findet keine bzw. nur eine abgeschwächte Kontrolle der verwendeten AGB statt?**

Das BGB unterscheidet sehr genau, inwieweit bestimmte Handelnde des Geschäftsverkehrs einen Schutz durch nachteilige AGB benötigen und inwieweit nicht. Auch bestimmte Verträge sind von der AGB-Kontrolle ausgenommen bzw. deren Kontrolle mit Besonderheiten versehen.

Eine AGB-Kontrolle ist nicht erforderlich, wenn es sich um Vertragspartner handelt, die im Geschäftsverkehr zu den wirtschaftlich und/oder intellektuell „stärkeren" Beteiligten gehören. Sie benötigen keinen Schutz vor benachteiligenden AGB-Klauseln, da sie sich selbst schützen können. Folglich gibt es verschiedene Personen-Gruppen bei denen die AGB-Kontrolle stark eingeschränkt ist:

> **Eingeschränkter persönlicher Prüfungsbereich bei der AGB-Kontrolle**
> - Unternehmer im Sinne des § 14 BGB
> - Juristische Personen des öffentlichen Rechts
> - Sondervermögen des öffentlichen Rechts
> - Versorgungswirtschaft

§ **§ 310 Abs. 1, 2 und 4 BGB Geltungsbereich** (1) § 305 Abs. 2 und 3 und die §§ 308 und 309 finden **keine Anwendung** auf Allgemeine Geschäftsbedingungen, die **gegenüber einem Unternehmer**, einer **juristischen Person des öffentlichen Rechts** oder einem **öffentlich-rechtlichen Sondervermögen** verwendet werden. § 307 Abs. 1 und 2 findet in den Fällen des Satzes 1 auch insoweit Anwendung, als dies zur Unwirksamkeit von in den §§ 308 und 309 genannten Vertragsbestimmungen führt; auf die im Handelsverkehr geltenden Gewohnheiten und Gebräuche ist angemessen Rücksicht zu nehmen. (2) Die §§ 308 und 309 finden **keine Anwendung auf Verträge der Elektrizitäts-, Gas-, Fernwärme- und Wasserversorgungsunternehmen** über die Versorgung von Sonderabnehmern mit elektrischer Energie, Gas, Fernwärme und Wasser aus dem Versorgungsnetz, soweit die Versorgungsbedingungen nicht zum Nachteil der Abnehmer von Verordnungen über Allgemeine Bedingungen für die Versorgung von Tarifkunden mit elektrischer Energie, Gas, Fernwärme und Wasser abweichen. …(4) Dieser Abschnitt findet **keine Anwendung** bei Verträgen auf dem Gebiet des **Erb-, Familien- und Gesellschaftsrechts** sowie auf **Tarifverträge, Betriebs- und Dienstvereinbarungen**. Bei der Anwendung auf **Arbeitsverträge** sind die im Arbeitsrecht geltenden Besonderheiten angemessen zu berücksichtigen; § 305 Abs. 2 und 3 ist nicht anzuwenden. …

Zur Einbeziehung von AGB in den Vertrag genügt **bei Unternehmern** auch die stillschweigend erklärte Willensübereinstimmung (d.h. die Voraussetzungen des § 305 Abs. 2 und 3 müssen grundsätzlich nicht vorliegen, vgl. bereits oben). Darüber hinaus wird für die AGB-Inhaltskontrolle nur der schwächere Maßstab des § 307 BGB herangezogen, während die gefährlichen bzw. verbotenen Klauseln der §§ 308 und 309 BGB zwischen diesen Personen also grundsätzlich erlaubt sind, vgl. dazu später.

Gleiches gilt bei den **juristischen Personen des öffentlichen Rechts**, wie z. B. Hochschulen, Rundfunkanstalten, öffentlich-rechtlichen Kammern wie Industrie- und Handelskammern (IHK), Handwerkskammern (HWK), Sozialversicherungsträgern etc., sowie den in der Praxis keine Rolle mehr spielenden Sondervermögen des öffentlichen Rechts.

AGB der Versorgungswirtschaft unterliegen nach § 310 Abs. 2 BGB nicht der inhaltlichen Kontrolle durch die Gerichte, da sie von den Aufsichtsbehörden überprüft werden und die Qualität von Rechtsnormen haben.

2 Inhaltlicher Anwendungsbereich

▷ **243 In welchen inhaltlichen Rechtsbereichen werden verwendete AGB nicht bzw. eingeschränkt kontrolliert?**

Die Kontrolle von AGB ist in manchen Rechtsbereichen nicht erforderlich, da dort die Angemessenheit der Inhalte durch andere Rahmenbedingungen gewährleistet ist, sog. Bereichsausnahmen:
- **Baurecht**, § 310 Abs. 1 S. 3 BGB = Soweit es sich um Verträge handelt, in die die Vergabe- und Vertragsordnung für Bauleistungen Teil B (VOB/B) einbezogen ist.
- **Familien- und Erbrecht**, § 310 Abs. 4 S. 1 BGB = Hier werden zum einen nur in seltenen Fällen Formularverträge verwendet und zum anderen unterliegen diese vielfach notariellen Beurkundungs- und damit Informationspflichten.
- **Gesellschaftsrecht**, § 310 Abs. 4 S. 1 BGB = Soweit wie ein Unternehmer gehandelt wird, erfolgt keine Kontrolle der gesellschaftsrechtlichen Vereinbarungen. ABER: Kontrolle von Vereinbarungen zum Erwerb gesellschaftsrechtlicher Beteiligungen ohne unternehmerische Befugnisse oder Ausübung von Gesellschafterrechten, z. B. Depotstimmrechte.
- **Arbeitsrecht**, § 310 Abs. 4 S. 1 und 2 BGB = Eine wichtige Neuerung der Schuldrechtsreform 2002 war die gesetzlich geregelte Einbeziehung des Individualarbeitsrechts unter die Vorschriften über allgemeine Geschäftsbedingungen, die bisher vereinzelt bereits durch die Gerichte durchgeführt wurde. Nunmehr sind Tarif-, Betriebs- und Dienstvereinbarungen völlig ausgenommen, während bei Arbeitsverträgen die AGB-Kontrolle unter Beachtung der arbeitsrechtlichen Besonderheiten durchgeführt werden darf, was in den letzten Jahren zahlreich z. B. im Bereich arbeitsvertraglicher Vertragsstrafenregelungen durchgeführt wurde.

VI. Überraschende und unklare AGB-Klauseln

1 Überraschende Klauseln

▶ **244 Was gilt bei überraschenden AGB-Klauseln?**

> **Fall 105 Zuviel des Guten …** Die **Kundin K** hat eine Kaffeemaschine für sehr wenig Geld beim **Kaffee-Großhändler G** erstanden. Die Freude über den günstigen Preis vergeht ihr allerdings, als sie vom Großhändler **jeden Monat eine große Menge sehr teuren Kaffee** geliefert und natürlich in Rechnung gestellt bekommt. Der Großhändler verweist auf die dem Kauf zugrunde gelegten **AGB**, wo die Kundin K tatsächlich im Kleingedruckten von der **Abnahmeverpflichtung** erfährt. Sie will den Kaffee nun natürlich nicht bezahlen und auch die Maschine will sie nicht mehr haben. **Frage Wie kann man der Kundin K helfen?**

Vor der eigentlichen inhaltlichen Kontrolle einzelner Klauseln in den §§ 307 bis 309 BGB regelt das BGB in § 305 c BGB für alle Verträge geltende Rechtsprinzipien, die zur Nichteinbeziehung von AGB bzw. zu einer bestimmten Auslegung von problematischen Klauseln führt.

> **Allgemeine Rechtsgrundsätze der AGB-Kontrolle**
> - Verbot überraschender Klauseln
> - Unwirksamkeit unklarer Klauseln
> - Unwirksamkeit untransparenter Klauseln

Nach § 305 c BGB werden vorformulierte Vertragsklauseln auch bei Vorliegen aller bisher geschilderten Einbeziehungsvoraussetzungen der §§ 305 bis 305 b BGB nicht Bestandteil des Vertrages, wenn die entsprechenden Klauseln überraschend sind (sog. negative Einbeziehungsvoraussetzung). Sinn und Zweck des § 305 c Abs. 1 BGB ist folgender:

> Der Kunde muss darauf vertrauen dürfen, dass sich die AGB im Rahmen dessen halten, was bei Würdigung aller Umstände bei Verträgen der konkreten Art zu erwarten ist (OLG Köln NJW 2006, 3358).

§ **§ 305 c Abs. 1 BGB Überraschende Klauseln** Bestimmungen in Allgemeinen Geschäftsbedingungen, die nach den Umständen, insbesondere nach dem äußeren Erscheinungsbild des Vertrags, so **ungewöhnlich** sind, dass der Vertragspartner des Verwenders mit ihnen **nicht zu rechnen** braucht, werden nicht Vertragsbestandteil.

Aus dem Gesetzestext hat die Rechtslehre zwei Anhaltspunkte für die Bestimmung des Umstands der Überraschung abgeleitet:
- Bestimmung in den AGB muss ungewöhnlich sein
- Vertragspartner muss mit ihnen nicht „rechnen"

1 Überraschende Klauseln

Ob eine **objektiv ungewöhnliche Klausel** vorliegt, beurteilt sich nach den Gesamtumständen des Einzelfalls und kann sich aus verschiedenen Indizien wie Abweichung vom üblichen Leitbild oder Erscheinungsbild des Vertrages, von vorangegangenen Verhandlungen oder der Werbung des Verwenders etc. ergeben.

> **Beispiele objektiv ungewöhnlicher Klauseln** (Palandt / Grüneberg, § 305 b Rn. 3) ▶ Unvereinbarkeit mit dem Leitbild des Vertrages, z. B. Vereinbarung eines **ausländischen Gerichtsstands**, wenn materiell deutsches Recht anzuwenden ist (OLG Düsseldorf NJW-RR 1988, 1261) ▶ **Beginn der Verzinsung** des Kaufpreises zu einem vor dem Vertragsschluss liegenden Zeitpunkt (BGH NJW 1986, 1805) ▶ Werbung mit angeblichem Gratisversand durch Verwendung von Begriffen wie *„free"*, *„gratis"* und *„umsonst"* bei SMS, wobei aber zunächst mehrere kostenpflichtige Anmelderufe zu tätigen sind (AG Hamm NJW-RR 2008, 1078) ▶ **Gehaltsabtretungsklausel** in Kreditkartenkaufvertrag (OLG Hamm BB 1983, 1305) ▶ Herstellergarantie wird durch erhebliche Einschränkungen ausgehöhlt (OLG Hamm MDR 1984, 53) ▶ Täuschung über die Höhe des Entgelts, indem z. B. eine Befugnis des Verwenders in den AGB auftaucht, **neben dem Pauschalpreis auch *„Aufschließkosten"*** zu berechnen bzw. für Leergut **neben dem *„Pfand"* Miete** zu bezahlen (LG Köln MDR 1987, 627) ▶ bei Wohnungsmietvertrag z. B. Zimmertemperatur von **18 Grad** als vertragsgemäße Erfüllung (LG Heidelberg WuM 1982, 2) ▶ bei **Werkverträgen** z. B. Vergütungspflicht für Kostenvoranschläge, da diese nach der gesetzlichen Regelung eigentlich nicht zu vergüten sind, § 632 Abs. 3 BGB (BGH NJW 1982, 765) ▶ in bereits **befristeten Arbeitsverträgen** die Vereinbarung einer befristeten Probezeit (BAG NJW 2008, 2279)

Ferner muss man mit AGB-Klauseln **nicht rechnen**, wenn sie **an völlig außergewöhnlicher, sachfremder oder unerwarteter Stelle verwendet werden**. Abzustellen ist hierbei auf den durchschnittlich einsichtsfähigen, aber rechtsunkundigen Kunden, unabhängig vom konkreten Kenntnisstand der Parteien. Allerdings ist zwischen dem **Verständnishorizont verschiedener Kundengruppen** zu differenzieren. So kann für eine geschäftlich unerfahrene Person eine bestimmte Klausel überraschend sein, während dieselbe Klausel im Geschäftsleben anstandslos Verwendung findet.

Zusammenfassend gilt, dass mit einer Klausel dann nicht zu rechnen ist, wenn zwischen den Erwartungen des Verwendungsgegners und dem Klauselinhalt eine Diskrepanz besteht, **sog. Überrumpelungs- oder Übertölpelungseffekt** (BGH NJW-RR 2004, 780 und 1397). Entscheidend ist die Erkenntnismöglichkeit des typischerweise zu erwartenden Durchschnittskunden, so dass eine an sich übliche Klausel überraschend werden kann, wenn sie sich innerhalb eines umfangreichen Formularvertrages an einer Stelle befindet, an der sie der Kunde nicht zu vermuten braucht (Palandt/Grüneberg, § 305 b Rn. 3).

> **Beispiele für Überrumpelungs- oder Übertölpelungseffekte** ▶ **falsch im Text eingeordnete** und dadurch geradezu versteckte Klauseln wie z. B. die zwischen anderen Regelungen versteckte Klausel, dass die Anzeige auch in 11 weiteren Ausgaben veröffentlicht werden soll (LG Saarbrücken NJW-RR 2002, 915) ▶ **Nicht** überraschend sind Regelungen, die der Vertragspartner kennt oder kennen muss. ▶ **Fettdruck, Pfeile, Ausrufezeichen** oder eine besonders unterschriebene Formularerklärung reichen vielfach nach der Rechtsprechung **nicht** aus, um ein starkes Überraschungsmoment auszuschließen, erforderlich ist ein individueller Hinweis (BGH NJW-RR 2002, 485). ▶ **Je seltener und je ungewöhnlicher** eine Klausel ist, **desto strengere** Anforderungen werden an die Deutlichkeit und Hervorhebung für den Kunden gestellt, z. B. wenn nach den AGB des Flugreisevertrags Einreisestrafen wegen Fehlens eines Visums auf den Kunden abgewälzt werden dürfen und die Strafe den Reisepreis um das achtfache übersteigt (LG Aschaffenburg NJW-RR 2007, 1128). ▶ Durch **umständliche, langatmige Formulierung** oder durch **mangelnde Gliederung** längerer Vertragspassagen kann die Tragweite einer Bestimmung in Frage gestellt werden.

VI. Überraschende und unklare AGB-Klauseln

Wer zu **beweisen** hat, dass eine Klausel als überraschende Klausel nicht wirksam in den Vertrag einbezogen worden ist, ergibt sich **aus den folgenden Umständen:**

- Wer sich auf die Nichteinbeziehung einer Klausel nach § 305 c Abs. 1 BGB beruft, muss die begründenden Umstände beweisen, in der Regel also der Kunde.
- Behauptet der Verwender, er habe auf eine Klausel besonders hingewiesen, so ist er hierfür beweispflichtig.

> **Lösung Fall 105** Der Großhändler G wird mit seiner Abnahmeklausel keine rechte Freude haben, da ein starkes Überraschungsmoment dann nach **§ 305 c BGB gegeben** ist, wenn in einem Vertragstyp auf einmaligen Warenaustausch (Kauf) eine längerfristige Geschäftsverbindung enthalten ist. Die Klausel ist nicht wirksam einbezogen worden, so dass die Kundin den **Kaffee nicht abnehmen** muss, die **Kaffeemaschine aber sehr wohl zum niedrigen Kaufpreis behalten** darf.

2 Mehrdeutige Klauseln

▷ 245 Wie werden unklare AGB-Klauseln rechtlich behandelt?

Gemäß § 305 c Absatz 2 BGB gehen Zweifel bei der Auslegung von Vertragsbedingungen zu Lasten des Verwenders, da er die „**Wahl der Waffen**" hat und somit auch die Formulierungen wesentlich mitbestimmen kann. Die Auslegungsregel des § 305 c Abs. 2 BGB sichert dem Kunden dann die für ihn günstigste Auslegung.

> **§ § 305 c Abs. 2 BGB Mehrdeutige Klauseln** Zweifel bei der Auslegung Allgemeiner Geschäftsbedingungen gehen **zu Lasten des Verwenders**.

> **Unklar** ist eine AGB-Klausel erst dann, wenn sie nicht sofort verstanden werden kann und die Auslegung auch unter Berücksichtigung aller hierzu heranzuziehenden Umstände einschließlich ergänzender Vertragsauslegung nach den §§ 133, 157 BGB zu keinem eindeutigen Ergebnis und mindestens zwei rechtlich vertretbaren Auslegungsvarianten führt (BGH NJW 2007, 504) – Unklarheitenregel.

Eine Unklarheit kann sich dabei auch aus einer unübersichtlichen oder verwirrenden Wortwahl bzw. Gliederung ergeben. Die Rechtsprechung hat in der Vergangenheit zu vielen Beispielen Stellung nehmen müssen.

> **Beispiele für unklare Formulierungen** ▶ „*Verkäufer sichert zu, dass das Kfz, soweit ihm bekannt, eine Gesamtfahrleistung von x km ausweist*" gilt beim Verkauf durch einen Händler als vertragliche Zusicherung, als Garantieübernahme (BGH NJW 1998, 2207), anders aber unter Privatleuten (OLG Köln NJW 1999, 2601). ▶ Auch nach fehlgeschlagener Nachbesserung kann ein Neuwagenkäufer seiner Pflicht nach den AGB nachkommen, den Verkäufer von Sachmängelansprüchen bei Drittwerkstätten zu informieren (BGH NJW 2007, 505). ▶ Wird auf ein angeblich bestehendes **gesetzliches Widerrufsrecht** verwiesen, entsteht kraft Auslegung ein vertragliches Widerrufsrecht (BGH NJW 1982, 2314). ▶ Macht der Käufer Mängelbeseitigungskosten geltend, so werden diese im Zweifel auch von einer **nicht deutlich begrenzten Vorauszahlungsbürgschaft** erfasst (BGH NJW 1999, 1105). ▶ Der ausdrücklich für Kfz gewährte Haftpflichtversicherungsschutz wird im Zweifel

2 Mehrdeutige Klauseln

auch auf Gabelstapler angewendet (BGH NJW-RR 1995, 1179). ▶ Bei Versicherungen führt nur grobe Fahrlässigkeit zum Ausschluss des Versicherungsschutzes, wenn **nicht eindeutig zwischen grober und einfacher Fahrlässigkeit** unterschieden wird (BGH NJW 1995, 56). ▶ Hat der Reisende *„bis drei Tage vor Abfahrt"* ein Stornorecht, ist der Rücktritt auch noch am dritten Tag vor Reisebeginn möglich (AG Dortmund NJW-RR 2007, 60).

Für die betriebswirtschaftliche Praxis enthält die Unklarheitenregel des § 305 c Abs. 2 BGB eine deutliche Botschaft:

> AGB-Formulierungen müssen aus Gründen der Rechtssicherheit unter Beachtung des Horizonts eines Durchschnittslesers **deutlich, kurz, widerspruchsfrei** formuliert, **logisch gegliedert**, und evtl. mit **besonderen Hinweisen** versehen werden.

▶ 246 Welche Rechtsfolgen können bei intransparenten AGB-Klauseln eintreten?

§ 307 Abs. 1 S. 2 BGB sieht die Nichtigkeit einer unklaren und nicht verständlichen AGB-Regelung vor, da hierdurch der Verwendungsgegner unangemessen benachteiligt werden kann.

> **§ 307 Abs. 1 S. 2 BGB Inhaltskontrolle** (1) Bestimmungen in Allgemeinen Geschäftsbedingungen sind unwirksam, wenn sie den Vertragspartner des Verwenders entgegen den Geboten von Treu und Glauben unangemessen benachteiligen. Eine unangemessene Benachteiligung kann sich auch daraus ergeben, dass die **Bestimmung nicht klar und verständlich** ist. ...

In der Systematik des Gesetzes ist damit **zum dritten Mal** (!) die Verständlichkeit von AGB entscheidend für unterschiedliche Rechtsfolgen:

- **Einbeziehungsvoraussetzung** ist die Verständlichkeit, wenn es um die Beurteilung der Kenntnisnahmemöglichkeit im Rahmen von § 305 Abs. 2 Nr. 2 BGB geht.
- **Unterwerfung unter eine Auslegungsregel** droht unverständlichen AGB-Klauseln nach § 305 c Abs. 2 BGB.
- **Nichtigkeitsgrund** kann die durch die Unverständlichkeit hervorgerufene unangemessene Benachteiligung des Verwendungsgegners sein, § 307 Abs. 1 S. 2 BGB.

Mit dieser Häufung wird gleichzeitig deutlich, wie wichtig dem Gesetzgeber verständliche AGB sind, rechtlich nicht ganz einfach ist die Grenzziehung zwischen diesen drei Fällen.

Inhaltlich wird im Rahmen des Transparenzgebotes nach § 307 Abs. 1 S. 2 BGB von den AGB eine klare, einfache und präzise Darstellung von Vertragspflichten- und rechten verlangt (BGH NJW 2006, 996, 2007, 3632, NJW 2008, 1438, NJW 2010, 3152, NJW 2011, 1801).

> **Beispiele für das Transparenzgebot** ▶ Wirtschaftliche Belastungen und Nachteile müssen soweit **erkennbar** sein, wie dieses nach Treu und Glauben unter Beachtung der Umstände gefordert werden kann (BGH NJW 2001, 2014, 2016), wobei auch die besonderen z. B. juristischen Kenntnisse und Fertigkeiten der konkreten Vertragsparteien eine Rolle spielen können. ▶ Die **Grenzen** der Transparenzanforderungen werden von der Rechtsprechung so gezogen, dass nicht jede AGB-Klausel rechtlich und betriebswirtschaftlich in ihrer Bedeutung und den

VI. Überraschende und unklare AGB-Klauseln

Folgen kommentiert werden muss (BGH NJW 1996, 2093). ▶ **Unbestimmte Rechtsbegriffe** wie z. B. „wichtiger Grund", „Fehlschlagen der Nacherfüllung" dürfen aus der Sprache des Gesetzes in die AGB übernommen werden (BGH NJW 1994, 1004), dagegen wurde in einer Haftungsklausel der Begriff der „Kardinalpflicht" als Verstoß gegen die Transparenz gewertet (BGH NJW-RR 2005, 1496). ▶ Zulässig sind auch **Verweisungen auf verständliche Anlagen** oder andere Rechtsgrundlagen wie z. B. Tarifverträge (BGH NJW 1996, 2374, BAG NJW 2008, 45). ▶ Der Klauselinhalt muss sich insgesamt mit der im Einzelfall gebotenen Aufmerksamkeit eines sorgfältigen Vertragspartners herauslesen lassen, so dass die Rechtsprechung das Transparenzgebot z. b. gewahrt sieht, wenn bei einem Kaufvertrag die **Bezugsdauer einer Buchreihe** erst durch Multiplikation ermittelt werden konnte (BGH NJW 1993, 2054).

In der Rechtsprechung gibt es eine Vielzahl von Einzelfällen, in denen das Transparenzgebot seinen Niederschlag findet. Palandt/Grüneberg, § 307 Rn. 20 ff. zählt anhand von drei Fallgruppen einige Rechtsprechungsbeispiele für **nicht hinreichend transparente Regelungen** auf: **Verständlichkeitsgebot, Bestimmtheitsgebot und Täuschungsverbot**

- **Fehlende Verständlichkeit**: ▶ Haftungsausschluss „soweit gesetzlich zulässig" (BGH NJW 1996, 1407) ▶ kein Versicherungsschutz für „vorvertragliche Gesundheitsstörungen" (OLG Düsseldorf, VersR 2000, 1093) ▶ nicht eindeutiges Nebeneinander von „Besonderen Bedingungen" und „Sonderbedingungen" (OLG Frankfurt NJW-RR 1995, 283) ▶ falsch dargestellte Rechtslage in Neuwagen-AGB (BGH NJW 2001, 292/296 und 300) hinsichtlich Ersatzlieferungen bei Versandhandels-AGB (BGH NJW 2006, 3659) ▶ nicht transparente Wettbewerbsverbotsklausel (BAG NJW 2006, 3659)

- **Fehlende Bestimmtheit**: ▶ ohne Leistungsbestimmung wird eine Gebühr für die „Nachlassbearbeitung" von der Bank erhoben (LG Dortmund NJW-RR 2001, 1205) ▶ Bank verlangt Entgelt für „besondere Leistungen" (OLG Naumburg DB 2007, 799) ▶ ohne Bestimmung näherer Voraussetzungen und des zulässigen Umfangs werden Preiserhöhungen in Aussicht gestellt (BGH NJW 1980, 2518 und 1986, 3135) ▶ Recht zur Bestimmung der Leistung ohne Anlass, Grundsätze und Grenzen der Ausübung festzulegen (BGH NJW 2000, 651) ▶ Umfang der zu leistenden Überstunden (BAG NJW 2012, 552)

- **Täuschung**: ▶ Ausreichend ist, dass die AGB-Klausel objektiv zur Irreführung geeignet ist, ohne dass eine Täuschungsabsicht des Verwenders vorliegen muss, wie z. B. bei Klauseln, die den Eindruck erwecken, ein Rücktrittsrecht bestehe erst 4 Monate nach Eintritt der Störung (BGH NJW 2001, 292). ▶ Klausel, mit der der Verwendungsgegner eine umfassende Haftung vortäuscht (BGHZ 119, 168) ▶ eine angeblich „wertbeständige" Kaufpreisrente wird durch eine Klausel einer „Kappungsgrenze" unterworfen (BGH NJW-RR 2008, 251) ▶ im Gewerbemietvertrag wird verschleiert, dass der Vermieter die Ladenöffnungszeiten bestimmen kann (BGH NJW 2007, 2176)

Unklare AGB-Klauseln bedeuten im Regelfall auch die in § 307 Abs. 1 BGB geforderte unangemessene Benachteiligung des Verwendungsgegners. **Inhaltlich nachteilige Auswirkungen** für den Verwendungsgegner liegen z. B. darin, dass dieser in seinen Verhandlungsmöglichkeiten behindert wird, er eigene Rechtspositionen nicht mehr erkennen kann und letztlich der Verwender seine Gestaltungsmacht durchsetzen kann. Auch aus Gründen der Vertragsgerechtigkeit sind daher untransparente Klauseln aus Sicht des Gesetzgebers zu bekämpfen.

VII. Umgehungsverbot

▶ **247 Was sieht das Gesetz bei Umgehungspraktiken vor?**

Das BGB enthält auch bei der Verwendung von AGB ein Umgehungsverbot in § 306 a BGB (an anderen Stellen ebenfalls z. B. im elektronischen Geschäftsverkehr, § 312 i S. 2 BGB, beim Verbrauchsgüterkauf, § 475 Abs. 1 S. 2 BGB.

§ **§ 306 a BGB Umgehungsverbot** Die Vorschriften dieses Abschnitts finden auch Anwendung, wenn sie durch anderweitige Gestaltungen **umgangen** werden.

> **Begrifflich** versteht man unter einer Umgehung ein Verhalten, bei dem eine vom Gesetz verbotene Regelung bei gleicher Interessenlage durch eine andere rechtliche Gestaltung erreicht werden soll, die objektiv nur den Sinn haben kann, dem gesetzlichen Verbot zu entgehen.

Es genügt das Vorliegen der objektiven Voraussetzungen, eine Umgehungsabsicht ist nicht erforderlich.

> **Beispiele für Umgehungspraktiken** ▶ Eine Umgehung liegt z. B. vor, wenn dem Vertragspartner die vom Verwender entworfenen AGB so überlassen werden, dass der **Vertragspartner, diese als eigene AGB dem Verwender gegenüber zu „stellen" hat** oder nur mittels der AGB des Verwenders ein eigenes Vertragsangebot machen kann. ▶ Eine Bank verzichtet auf eine in den AGB geregelte (unzulässige) Pflicht des Kunden, für Lastschriftrückgaben zu bezahlen (praktisch „**Geld für die Nichtausführung einer Leistung**") und regelt dieses durch eine **bankinterne Anweisung mit dem gleichen Inhalt** (BGH NJW 2005, 1645). ▶ Umgehungen können auch z. B. durch die **Gründung einer Einkaufsgesellschaft** verschleiert werden, indem die AGB als Gesellschaftsstatut getarnt und die Kunden nun Gesellschafter sind, auf die die AGB-Kontrolle ja keine Anwendung findet, § 310 Abs. 4 S. 1 BGB.

In der Rechtspraxis werden relativ wenige Umgehungspraktiken festgestellt, da die Rechtslehre z. B. bei der Frage, ob eine Umgehungspraxis den AGB-Begriff im Sinne des § 305 Abs. 1 BGB erfüllt, durch eine zielgerichtete Auslegung bejahen und das gesamte Vertragswerk der AGB-Kontrolle unterwerfen wird.

Die verbleibenden Umgehungsversuche nützen dem Verwender nicht viel, da die einmal entlarvten AGB-Regelungen dann der AGB-Kontrolle unterworfen und bei unangemessener Benachteiligung für nichtig erklärt werden.

Allgemeine Grundsätze der AGB-Kontrolle

- **Begriff der AGB-Kontrolle** ○ gewisse Systematik, mit der AGB-Klauseln nach einem Schema von Fragen kontrolliert werden
- **Begriff von AGB, § 305 Abs. 1 BGB** ○ drei Voraussetzungen ○ vorformulierte **Vertragsbedingungen** des Verwenders, die bereits vom Verwender ausgearbeitet wurden ○ **für eine Vielzahl von Verträgen**, was bei einer Verwendung für drei Verträge bereits gegeben ist ○ und **vom Verwender dem Verwendungsgegner einseitig gestellt**, d. h. wenn der Verwender den Vertragsabschluss zu den vorgelegten AGB verlangt hat, ohne daran Veränderungen durch den Vertragsgegner wirklich zuzulassen, ein Aushandeln nicht vorliegt

VII. Umgehungsverbot

- **Drei Einbeziehungsvoraussetzungen von AGB, § 305 Abs. 2 BGB**
- **Deutlicher Hinweis oder Aushang** zum Zeitpunkt des Vertragsschlusses
- **Möglichkeit der Kenntnisnahme** durch Vorlage der AGB, so dass der andere Teil diese mühelos lesen kann
- **Einverständnis durch die andere Vertragspartei**, das ausdrücklich, konkludent und nur ausnahmsweise durch Schweigen erfolgen kann ○ Vereinfachungen für die Einbeziehung gelten bei Vertragsabschlüssen mit Unternehmen, § 310 Abs. 1 S. 1 BGB, und behördlich genehmigten oder geprüften Tarifen, Beförderungsbedingungen und AGB, § 305 a BGB.
- **Bei widersprechenden AGB-Klauselwerken** gelten nur die übereinstimmenden Klauseln, widersprechende Teile werden nicht Vertragsbestandteil, § 306 BGB.
- **Vorrangige Individualvereinbarungen, § 305 b BGB** ○ liegen z. B. bei hand- oder maschinenschriftlichen Ergänzungen vor
- **Anwendungsbereich der AGB-Kontrolle, § 310 BGB** ○ keine bzw. nur eingeschränkte AGB-Kontrolle bei AGB gegenüber bestimmten **Personen**, d. h. Unternehmern, juristischen Personen des öffentlichen Rechts, Sondervermögen des öffentlichen Rechts und Einrichtungen der Versorgungswirtschaft, z. B. Elektrizitätsunternehmen ○ keine bzw. eingeschränkte Kontrolle im Baurecht, Familien- und Erbrecht, Gesellschaftsrecht, Arbeitsrecht
- **Überraschende und mehrdeutige AGB-Klauseln** ○ **Verbot überraschender Klauseln, § 305 c Abs. 1 BGB**, so dass alle Klauseln unwirksam sind, die aus der Sicht des Kunden bei Verträgen der konkreten Art nicht zu erwarten sind bzw. an völlig außergewöhnlicher Stelle verwendet werden, **sog. Überrumpelungs- oder Übertölpelungseffekt** ○ **Unwirksamkeit unklarer Klauseln, § 305 c Abs. 2 BGB**, d. h. Klauseln müssen aus der Sicht eines Durchschnittslesers deutlich, kurz, widerspruchsfrei formuliert, logisch gegliedert und evtl. mit besonderen Hinweisen versehen werden ○ **Unwirksamkeit untransparenter Klauseln, § 307 Abs. 1 S. 2 BGB**, wenn fehlende Verständlichkeit, fehlende Bestimmtheit oder Täuschung ○ **Umgehungen, § 306 a BGB**, sind unzulässig

VIII. Einzelne AGB-Klauselverbote

▶ **248 Welche AGB-Klausel-Gruppen unterscheidet das BGB bei der AGB-Kontrolle?**

§ 307 BGB ist mit der Überschrift „Inhaltskontrolle" versehen, in Wirklichkeit finden sich aber in den §§ 307 bis 309 BGB in Funktion und Ausgestaltung unterschiedliche Klauselverbote.

- **Klauselverbote ohne Wertungsmöglichkeit in § 309 BGB** = Hier finden sich die konkretesten Verbotsbeispiele aus AGB-Vertragswerken, z. B. das Verbot der Vereinbarung von Dauerschuldverhältnissen mit mehr als zwei Jahren Dauer in AGB; diese AGB könnte man umgangssprachlich auch als **„absolut verbotene"** Klauseln bezeichnen.
- **Klauselverbote mit Wertungsmöglichkeit in § 308 BGB** = Diese Verbotsbeispiele setzen immer noch eine Ausfüllung der unbestimmten Rechtsbegriffe wie z. B. „unangemessen lange", „nicht hinreichend bestimmt" voraus; umgangssprachlich könnte man diese AGB-Klauseln auch als grundsätzlich **„gefährliche"** Klauseln bezeichnen, weil sie nicht gänzlich verboten sind, der Verwender sich aber erkundigen muss, wo die gesetzlichen Grenzen sich befinden.
- **Generalklausel in § 307 BGB** = die praktisch als **Auffangvorschrift** für die Fälle konzipiert ist, die in den §§ 308 und 309 BGB nicht zugeordnet werden können, bei denen aber trotzdem eine unangemessene Benachteiligung des Verwendungsgegners vorliegen kann. Eine solche unangemessene Benachteiligung liegt z. B. dann vor, wenn ▶ eine Klausel intransparent ist, ▶ mit wesentlichen Grundgedanken einer gesetzlichen Regelung (dem Leitbild des Vertrages) nicht vereinbar ist oder ▶ die Klausel wesentliche gesetzliche Rechte und Pflichten aus einem Vertrag derart einschränkt, dass die Erreichung des Vertragszwecks gefährdet ist. Umgangssprachlich könnte man hier auch von **„zu vermeidenden"** Klauseln sprechen.

Im **Prüfungsschema** erscheinen diese Klauselverbote sehr weit hinten, da zunächst begrifflich AGB vorliegen müssen, die wirksam einbezogen wurden und dem Anwendungsbereich der AGB-Kontrolle unterfallen müssen. Ist dieses alles gegeben, muss dann bei jeder einzelnen AGB-Regelung geprüft werden, ob eine den Vertragspartner entgegen den Geboten von Treu und Glauben unangemessen benachteiligende Klausel vorliegt. Eine unangemessene Benachteiligung wird dann – widerlegbar – gesetzlich vermutet, wenn vertragliche Haupt- sowie grundlegende Nebenpflichten des Verwenders, die sog. Kardinalpflichten, beseitigt oder ausgehöhlt werden. Diese in § 307 BGB niedergelegten Grundsätze werden in den §§ 308 und 309 BGB für einzelne Klauseln konkretisiert.

Zuerst werden verbotene Klauseln nach § 309 BGB gesucht, dann die unter § 308 BGB fallenden Klauseln mit unbestimmten Rechtsbegriffen und schließlich für Zweifelsfälle die Generalklausel in § 307 BGB.

IX. Klauselverbote ohne Wertungsmöglichkeit

▶ **249 Welche AGB-Klauseln sind nach § 309 BGB grundsätzlich verboten und deshalb nichtig?**

In § 309 BGB sind alle diejenigen Klauselverbote zusammengefasst, die im Wesentlichen **keine unbestimmten Rechtsbegriffe** wie die Verbote des § 308 BGB enthalten, doch leider ist dieses nicht ganz im Gesetzestext realisiert worden (vgl. in § 308 BGB die Nr. 5 b „wesentlich" und die Nr. 8 b dd „unverhältnismäßig"). Aber auch hier gilt der Grundsatz, dass Ausnahmen die Regel bestätigen.

Besieht man sich z. B. gleich die Nr. 1 von § 309 Abs. 1 BGB, so fällt auf, dass eine genaue Fristangabe für die Unzulässigkeit von Preiserhöhungen aufgeführt ist (**vier Monate**), so dass der Rechtsanwender aus dem Gesetz direkt die Kontrolle einer Preiserhöhungsklausel vornehmen könnte, ohne dass es noch einer Wertung durch ein Gericht bedarf.

§ **§ 309 Abs. 1 Nr. 1 BGB Klauselverbote ohne Wertungsmöglichkeit** Auch soweit eine Abweichung von den gesetzlichen Vorschriften zulässig ist, ist in Allgemeinen Geschäftsbedingungen unwirksam **1. (Kurzfristige Preiserhöhungen)** eine Bestimmung, welche die Erhöhung des Entgelts für Waren oder Leistungen vorsieht, die **innerhalb von vier Monaten** nach Vertragsschluss geliefert oder erbracht werden sollen; dies gilt nicht bei Waren oder Leistungen, die im Rahmen von Dauerschuldverhältnissen geliefert oder erbracht werden; ...

Die Verbote betreffen Klauseln aus den folgenden Bereichen (siehe die Überschriften im Gesetz):

Klauselverbote ohne Wertungsmöglichkeiten nach § 309 BGB
- **Zulässigkeit kurzfristiger Preiserhöhungen**, § 309 Nr. 1 BGB
- **Ausschluss oder Einschränkung gesetzlicher Leistungsverweigerungsrechte**, § 309 Nr. 2 BGB**Verbot der Aufrechnung**, § 309 Nr. 3 BGB
- **Abschaffung einer gesetzlich zwingend vorgeschriebenen Mahnung oder Fristsetzung**, § 309 Nr. 4 BGB
- **Überhöhte Schadensersatzpauschalen**, § 309 Nr. 5 BGB
- **Vereinbarung von Vertragsstrafen in AGB**, § 309 Nr. 6 BGB
- **Unzulässige Haftungsausschlüsse**, z. B. für Vorsatz und grobe Fahrlässigkeit, § 309 Nr. 7 BGB
- **Sonstige Haftungsausschlüsse**, z. B. bei Mängeln, § 309 Nr. 8 BGB
- **Unzulässige Laufzeiten bei Dauerschuldverhältnissen**, § 309 Nr. 9 BGB
- **Unzulässiger Wechsel des Vertragspartners**, § 309 Nr. 10 BGB
- **Auferlegung von Haftungen für bloße Abschlussvertreter**, § 309 Nr. 11 BGB
- **Änderung von Beweislastregelungen**, § 309 Nr. 12 BGB
- **Bestimmung von bestimmten Formvorschriften**, § 309 Nr. 13 BGB

Zulässigkeit kurzfristiger Preiserhöhungen, § 309 Nr. 1 BGB ▶ Grundsätzlich unzulässig sind Preisanpassungsklauseln, die sich auf Leistungen beziehen, die innerhalb von vier Monaten nach Vertragsschluss geliefert oder erbracht werden. ▶ Ausnahmsweise können aber bei Dauerschuldverhältnissen wie z. B. bei einem Vertrag über ein Zeitungsabonnement, Preisanpassungen früher möglich sein.

Muster 38: Unzulässige Preisanpassungsklausel

Preise können bei Kostensteigerungen und Lohnerhöhungen **des Verwenders** nach oben angepasst werden. (BGH NJW 1985, 856)

Unseren Rechnungen liegen die derzeit gültigen Listenpreise zugrunde. Sollten sich die Produktionskosten ändern, behalten wir uns vor, **die am Liefertag** geltenden Preise zu berechnen.

Die Preise verstehen sich einschließlich der **jeweilig** geltenden Umsatzsteuer. (BGHZ 77, 82, da die UmSt/MwSt Bestandteil des Entgelts ist)

Im Falle einer **Umsatzsteuererhöhung** hat der Kunde den erhöhten Preis zu bezahlen. (BGH NJW 1981, 979)

Muster 39: Zulässige Preisanpassungsklausel mit fester Quote für den Rücktritt

Preise können geändert werden, wenn zwischen Vertragsabschluss und vereinbartem Liefertermin mehr als vier Monate liegen. Eine Änderung der Preise erfolgt in angemessener Höhe entsprechend den Steigerungen der Materialkosten oder Löhne. Ein Rücktritt des Kunden ist nur dann zulässig, wenn die Preise sich um mehr als 5 % erhöht haben. Ist der Kunde Unternehmer, kann er nur den Rücktritt erklären, wenn die Preiserhöhung 20 % oder mehr beträgt.

Ausschluss oder Einschränkung gesetzlicher Leistungsverweigerungsrechte, § 309 Nr. 2 BGB ▶ Die gesetzlichen Leistungsverweigerungsrechte in §§ 273 und 320 BGB sichern den Leistungsempfänger, so dass es höchst ungerecht wäre, diese durch AGB zu entziehen.

Muster 40: Unzulässige AGB-Klauseln bei Leistungsverweigerungsrechten

Die gesetzlichen Leistungsverweigerungsrechte gelten nur hinsichtlich der voraussichtlichen **Nachbesserungskosten**.

Die Geltendmachung eines Leistungsverweigerungsrechtes ist nur nach vorheriger **schriftlicher Anzeige** und bei **Einverständnis** durch den AGB-Verwender möglich.

Muster 41: Zulässige AGB-Klauseln bei Leistungsverweigerungsrechten

Unsere Leistung wird erst geliefert, wenn der insoweit vorleistungspflichtige Kunde seine Gegenleistung erbracht hat.

Verbot der Aufrechnung, § 309 Nr. 3 BGB ▶ Der Verwender von AGB darf dem Verwendungsgegner nicht die Aufrechnung mit unbestrittenen oder rechtskräftig festgestellten Gegenforderungen durch AGB-Vereinbarungen vereiteln.

Muster 42: Unwirksame Aufrechnungsklausel (Palandt/Grüneberg, § 309 Rn. 17 ff.)

Aufrechnungen sind **nur** mit vom Verwender **anerkannten** Forderungen zugelassen. (BGH NJW 2007, 3421)

IX. Klauselverbote ohne Wertungsmöglichkeit

> **Muster 43: Wirksame Aufrechnungsklausel**
>
> Eine Aufrechnung gegen Forderungen des Lieferanten ist unzulässig, soweit die Forderung des Kunden nicht unbestritten oder rechtskräftig festgestellt ist.
>
> Der Kunde kann nur dann aufrechnen, wenn seine Gegenansprüche rechtskräftig festgestellt, unbestritten sind oder vom Lieferanten anerkannt wurden.

Abschaffung einer gesetzlich zwingend vorgeschriebenen Mahnung oder Fristsetzung, § 309 Nr. 4 BGB ▶ Soweit in gesetzlichen Vorschriften für bestimmte Rechtsfolgen wie z. B. Verzugseintritt grundsätzlich eine Mahnung (§ 286 BGB) oder eine Fristsetzung (z. B. §§ 281, 323, 637 BGB) erforderlich ist, kann diese durch AGB nicht abgeschafft werden.

> **Muster 44: Unzulässige Mahnungs- und Fristsetzungsklauseln**
>
> Der Schuldner kommt **in jedem Fall** ohne eine Mahnung in Verzug.
>
> Einer **Fristsetzung** bedarf es für die Geltendmachung gesetzlicher Schadensersatzansprüche nicht.

> **Muster 45: Zulässige Mahnungs- und Fristsetzungsklauseln**
>
> Innerhalb von 14 Tagen nach Lieferung ist der Kaufpreis fällig und zu entrichten. Nach Ablauf der genannten Frist gerät der Kunde in Zahlungsverzug.
>
> Rechnungen sind sofort nach Lieferung der Ware zu bezahlen. Der Kunde kommt spätestens 30 Tage nach Fälligkeit in Verzug. Dies gilt gegenüber einem Kunden, der Verbraucher ist, nur wenn auf diese Rechtslage in der Rechnung ausdrücklich hingewiesen wird.

Überhöhte Schadensersatzpauschalen, § 309 Nr. 5 BGB ▶ Da es in der Praxis schwer fallen kann, einen Schadensersatz genau zu beziffern, z. B. wenn der Kunde eine bestellte Ware nicht abholt, begnügen sich AGB-Verwender oft mit der Aufnahme pauschaler Schadenspositionen, z. B. Lagerungskosten, zusätzlich zur Möglichkeit, einen darüber hinaus gehenden höheren Schaden auch noch geltend zu machen. ▶ Bei dieser Vorgehensweise sind zwei wichtige Grenzen der AGB-Kontrolle zu beachten: die Pauschale darf nicht den nach dem gewöhnlichen Lauf der Dinge zu erwartenden Schaden übersteigen, Nr. 5 a, worunter regelmäßig eine Abweichung von 10 % vom Üblichen verstanden wird. ▶ Darüber hinaus muss dem Verwendungsgegner ausdrücklich der Nachweis gestattet werden, dass ein Schaden oder eine Wertminderung nicht entstanden oder wesentlich niedriger als die Pauschale eingetreten ist (BGH NJW 2006, 1056).

> **Muster 46: Aufgrund nicht angepasster Höhe unzulässige Schadenspauschale (Palandt/Grüneberg, § 309 Rn. 24 ff.)**
>
> Bei Nichtabnahme des Gebrauchtwagens kann der Verkäufer **20 %** des Kaufpreises als Schadensersatz beanspruchen. (OLG Köln NJW-RR 1993, 1405)
>
> Holt der Kunde die gekauften Möbel nicht innerhalb von acht Tagen ab, so wird eine monatliche Lagergebühr in Höhe von **2 %** des Kaufpreises fällig. (OLG Karlsruhe BB 1981, 1168)
>
> Für jede Mahnung wird eine Gebühr von **50 DM** fällig. (BGH NJW-RR 2000, 719)
>
> Die Bearbeitungsgebühr bei einer Rücklastschrift beträgt **50 €**. (LG Dortmund WM 2007, 1883)

IX. Klauselverbote ohne Wertungsmöglichkeit

> **Muster 47: Zulässige Schadenspauschale im Kfz-Handel**
> Der Käufer ist verpflichtet, den Kaufgegenstand innerhalb von acht Tagen ab Zugang der Bereitstellungsanzeige abzunehmen. Im Fall der Nichtabnahme kann der Verkäufer von seinen gesetzlichen Rechten Gebrauch machen. Verlangt der Verkäufer Schadensersatz, so beträgt dieser **10 %** des Kaufpreises. Der Schadensersatz ist **höher oder niedriger anzusetzen**, wenn der Verkäufer einen höheren Schaden nachweist oder der Käufer nachweist, dass ein geringerer oder überhaupt kein Schaden entstanden ist. (Neuwagen-Verkaufsbedingungen Klausel IV Neuwagen-Verkaufsbedingungen des Zentralverbandes Deutsches Kraftfahrzeuggewerbe e. V. (ZDK) u. a.)

Vereinbarung von Vertragsstrafen in AGB, § 309 Nr. 6 BGB ▶ Vertragsstrafen sind nicht von vornherein unzulässig in AGB, sondern nur in den vom Gesetz genannten Fallgruppen der Nichtabnahme, des Zahlungsverzugs oder der Lösung vom Vertrag. ▶ Die Abgrenzung zur Schadenspauschale fällt nicht immer leicht, letztlich soll mit der Vertragsstrafe nicht nur die Berechnung der Schadenshöhe erleichtert werden, sondern auch noch ein gewisser „Druck" auf den Schuldner ausgeübt werden, damit dieser die Forderung begleicht (BGH NJW 1983, 1542). ▶ In Arbeitsverträgen sind Vertragsstrafen ebenfalls grundsätzlich in angemessener Höhe zulässig (BAG NJW 2008, 458). ▶ Gegenüber Unternehmern sind Vertragsstrafenklauseln auch bei Lieferverzug möglich, wenn die Höhe angemessen ist (Maßstab des § 307 BGB) und eine zeitliche Beschränkung oder Begrenzungen nach oben vorgesehen sind.

> **Muster 48: Unzulässige Vertragsstrafenklauseln (Palandt/Grüneberg, § 309 Rn. 33 ff.)**
> **Unabhängig von der Dauer** der Überziehung ist eine Überziehungsgebühr zu bezahlen. (BGH NJW 1994, 1532)
> Bei **Nichteinhaltung des Vertrags** wird eine Vertragsstrafe in Höhe von … € fällig. (OLG Hamburg NJW-RR 1988, 651)

> **Muster 49: Zulässige Vertragsstrafenklauseln**
> Für jeden Werktag, den der Lieferant mit der Lieferung in Verzug gerät, hat er dem Unternehmer 0,1 %, höchstens aber 10 % der Auftragssumme als Vertragsstrafe zu zahlen. (BGHZ 153, 311)

Unzulässige Haftungsausschlüsse z. B. für Vorsatz und grobe Fahrlässigkeit, § 309 Nr. 7 BGB ▶ In der betriebswirtschaftlichen Praxis von größter Bedeutung sind Regelungen in AGB, mit denen eine unerwünschte Haftung wegen Pflichtverletzungen (z. B. aus Vertrag, §§ 280 ff. BGB, mangelhaft gelieferter Ware, deliktischen Ansprüchen nach § 823 ff. BGB) ausgeschlossen oder zumindest beschränkt werden soll. ▶ Zu unterscheiden sind zwei verschiedene Verletzungsgüter und die jeweils unterschiedliche Mindesthaftung. ▶ Bei **Rechtsgütern wie Leben, Körper und Gesundheit** können AGB die Haftung weder für Vorsatz noch für jede Fahrlässigkeit ausschließen, ▶ bei **sonstigen Rechtsgütern** (z. B. Sachschäden) sind nur AGB-Haftungsbeschränkungen im Fall des Vorsatzes und der groben Fahrlässigkeit nicht wirksam, leicht fahrlässig verursachte Schäden können dagegen grundsätzlich durch AGB-Klauseln ausgeschlossen werden.

IX. Klauselverbote ohne Wertungsmöglichkeit

Muster 50: Unzulässige Haftungsausschlüsse

In keinem Fall haften wir für Schadensersatz.

Unsere Haftung für Schadensersatz beträgt höchstens 50 % des Auftragswertes.

Wir haften nur sechs Monate. (BGH NJW-RR 2008, 112)

Muster 51: Zulässige Haftungsausschlüsse

Wir haften unbeschadet vorstehender Regelungen und der nachfolgenden Haftungsbeschränkungen uneingeschränkt für Schäden an **Leben, Körper und Gesundheit**, die auf einer fahrlässigen oder vorsätzlichen Pflichtverletzung unserer gesetzlichen Vertreter oder unserer Erfüllungsgehilfen beruhen, sowie für Schäden, die von der Haftung nach dem **Produkthaftungsgesetz** umfasst werden, sowie für **alle Schäden**, die auf vorsätzlichen oder grob fahrlässigen Vertragsverletzungen sowie Arglist unserer gesetzlichen Vertreter oder unserer Erfüllungsgehilfen beruhen.

Soweit wir bezüglich der Ware oder Teile derselben eine Beschaffenheits- und/oder Haltbarkeitsgarantie abgegeben haben, haften wir auch im Rahmen dieser **Garantie**.

Für Schäden, die auf dem Fehlen der garantierten Beschaffenheit oder Haltbarkeit beruhen, aber nicht unmittelbar an der Ware eintreten, haften wir allerdings nur dann, wenn das Risiko eines solchen Schadens ersichtlich von der **Beschaffenheits- und Haltbarkeitsgarantie** erfasst ist.

Wir haften auch für Schäden, die durch einfache Fahrlässigkeit verursacht werden, soweit diese Fahrlässigkeit die Verletzung solcher Vertragspflichten betrifft, deren Einhaltung für die Erreichung des Vertragszwecks **von besonderer Bedeutung** sind (Kardinalpflichten).

Wir haften jedoch nur, soweit die Schäden **in typischer Weise** mit dem Vertrag verbunden und vorhersehbar sind.

Bei **einfachen fahrlässigen Verletzungen** nicht vertragswesentlicher Nebenpflichten haften wir im Übrigen nicht.

Diese Haftungsbeschränkungen gelten auch, soweit die Haftung für die gesetzlichen Vertreter, leitenden Angestellten und sonstigen Erfüllungsgehilfen betroffen ist.

Eine weitergehende Haftung ist ohne Rücksicht auf die Rechtsnatur des geltend gemachten Anspruchs ausgeschlossen.

Sonstige Haftungsausschlüsse z. B. bei Mängeln, § 309 Nr. 8 BGB ▶ Nach Nr. 8 a darf das **Recht**, sich vom Vertrag wegen Pflichtverletzungen des Verwenders **zu lösen**, nicht durch AGB ausgeschlossen noch beschränkt werden. ▶ In der Praxis wichtiger ist der Nr. 8 b, die für den Bereich der Mängelhaftung im Kauf- und Werkvertragsbereich für neu hergestellte Sachen einen ganzen Katalog an Verboten für AGB-Klauseln enthält. ▶ Verboten ist es, **Gewährleistungsrechte vollständig auszuschließen** oder auf Dritte zu verweisen, **Nr. 8 b aa**, die Gewährleistung darf auch nicht auf einzelne Teile beschränkt werden. ▶ Verboten ist auch eine **Beschränkung** der Mängelhaftung auf **Nacherfüllung**, wenn nicht ausdrücklich bei Fehlschlagen der Nacherfüllung ein Recht auf Rücktritt und Minderung ermöglicht wird, Nr. 8 b bb. ▶ Unwirksam sind auch AGB-Klauseln, die die **Kosten** für die Nacherfüllung dem Kunden auflasten, Nr. 8 b cc. ▶ Auch dürfen die Ansprüche auf Nacherfüllung nicht von **anderen Bedingungen** abhängig gemacht werden, wie z. B. der Zahlung des vollständigen Entgelts, Nr. 8 b dd. ▶ Ausschlussfristen für Mängelanzeigen sind grundsätzlich für offensichtliche Mängel zwar zulässig, dürfen aber für **nicht offensichtliche Mängel** nicht kürzer sein als die gesetzliche Verjährungsfrist, Nr. 8 b ee.

IX. Klauselverbote ohne Wertungsmöglichkeit

▶ Letztlich sind **Verjährungsverkürzungen** auch Beschränkungen der Gewährleistungsrechte des Kunden, so dass in Nr. 8 b ff Grenzen für diese Art der Haftungsbeschränkung enthalten.

Muster 52: Unzulässiger Gewährleistungsausschluss

Gekauft wie besehen unter Ausschluss jeglicher Gewährleistung.
Die Gewährleistung erstreckt sich nicht auf Bezugsstoffe, Glas und Sonderanfertigungen.

Muster 53: Zulässiger Gewährleistungsausschluss

Ist der **Kunde Verbraucher**, haften wir bei Vorliegen eines Mangels nach den gesetzlichen Vorschriften, soweit sich aus dem Nachfolgenden keine Einschränkungen ergeben.

Offensichtliche Mängel sind vom Käufer innerhalb von 4 Wochen ab Lieferung der Vertragsgegenstandes schriftlich uns gegenüber zu rügen. Erfolgt die Anzeige nicht innerhalb der vorgenannten Frist, erlöschen die Gewährleistungsansprüche. Das gilt nicht, wenn der Mangel arglistig verschwiegen oder eine Garantie für die Beschaffenheit der Sache übernommen wurde.

Die **Gewährleistungsfrist** beträgt bei neuen Gegenständen 2 Jahre, gerechnet ab Gefahrübergang. Bei gebrauchten Gegenständen beträgt die Gewährleistungsfrist 1 Jahr, beginnend mit Ablieferung der Ware oder Herstellung des Werkes. Bei neuen Baumaterialien – sofern eingebaut – beträgt die Gewährleistungsfrist 5 Jahre, falls die Baumaterialien gebraucht sind, beträgt sie 1 Jahr.

Schadensersatzansprüche des Verbrauchers wegen eines Mangels verjähren nach einem Jahr ab Ablieferung der Ware oder Herstellung des Werkes. Dieses gilt nicht, wenn der Verkäufer grob schuldhaft gehandelt hat, oder bei der Verletzung von Leben, Körper oder Gesundheit des Verbrauchers.

Ist der **Kunde Unternehmer**, beträgt die Gewährleistungsfrist immer ein Jahr. Die Verjährungsfrist im Fall des Lieferregresses nach den § 478, 479 BGB bleibt unberührt.

Unzulässige Laufzeiten bei Dauerschuldverhältnissen, § 309 Nr. 9 BGB ▶ Dieses Klauselverbot will nicht alle Dauerschuldverhältnisse regeln (Miete, Pacht, Leasing, etc.), sondern nur Kauf-, Werk- und Dienstverträge, bei denen regelmäßig Leistungen erbracht werden, wie z. B. Zeitungsabonnements, Mitgliedschaften in Buchclubs, Unterrichtsverträge, Schlankheitskurse, Sportstudio- und Fitnessverträge (BGH NJW 1997, 739), Wartungsverträge, Reinigungsverträge. ▶ Das Gesetz enthält exakte Vorgaben für folgende Bereiche: Laufzeit (maximal zwei Jahre), Verlängerungszeitraum (max. ein Jahr), Kündigungsfrist zum Ende des Vertrages (nicht länger als drei Monate).

Muster 54: Zulässige Dauerschuldklausel

Der Wartungsvertrag wird zunächst für zwei Jahre geschlossen. Er verlängert sich jeweils um ein weiteres Jahr, falls er nicht jeweils drei Monate vor Ablauf des entsprechenden Zeitraums gekündigt wird.

Unzulässiger Wechsel des Vertragspartners, § 309 Nr. 10 BGB ▶ In der betriebswirtschaftlichen Praxis ist es manchmal nötig, den Vertrag durch andere erbringen zu lassen, z. B. wenn man einen anderen lukrativeren Vertrag ansonsten ausschlagen müsste, andererseits will der Gesetzgeber den Kunden vor unbekannten (evtl. unzuverlässigen) Vertragspartnern schützen, so dass er in Nr. 10 grundsätzlich die Vertragsübernahme aufgrund einer AGB-Klausel verbietet. ▶ Ausnahmsweise soll aber eine Übertragung in zwei Fällen doch zulässig sein: dem Kunden wurde der neue Vertragspartner bereits in den AGB genannt oder es wird ihm ein Recht zur Lösung vom Vertrag ausdrücklich in den AGB eingeräumt.

Muster 55: Unzulässige Klausel über den Wechsel des Vertragspartners

Wir sind berechtigt, die Rechte und Pflichten aus diesem Vertrag auf eine andere Firma zu übertragen.

Muster 56: Zulässige Klausel über den Wechsel des Vertragspartners

Übertragungen von Rechten und Pflichten des Käufers aus dem Kaufvertrag bedürfen der schriftlichen Zustimmung.

Der Verwender ist seinerseits berechtigt, den Vertrag durch die im Anhang aufgeführten Firmen durchführen zu lassen.

Wir sind befugt, die sich aus dem Vertrag ergebenden Rechte und Pflichten auf ein anderes Unternehmen zu übertragen. Der Kunde wird schnellstmöglich hierüber informiert. Der Kunde kann innerhalb eines Monats nach Kenntnisnahme der Vertragsübertragung vom Vertrag zurücktreten.

Auferlegung von Haftungen für bloße Abschlussvertreter, § 309 Nr. 11 BGB ▶ Unzulässig sind AGB-Klauseln, die eine Mithaftung des Vertreters vorsehen, da dieser eigentlich nur eine Willenserklärung für einen anderen abgeben möchte. ▶ Ausnahmsweise kann der Abschlussvertreter aber in Mithaftung genommen werden, wenn dieses ausdrücklich und gesondert so erklärt wird, Nr. 11 a.

Muster 57: Zulässige Mithaftungsklausel für Abschlussvertreter

Der in Vertretung für den Vertragspartner Unterzeichnende haftet für die sich aus dem Vertrag ergebenden Verpflichtungen neben dem Vertragspartner.

Änderung von Beweislastregelungen, § 309 Nr. 12 BGB ▶ Das Gesetz enthält hier ein Verbot, in AGB-Klauseln die Beweislast zu Ungunsten des Verwendungsgegners zu verändern. ▶ Unerheblich ist es, ob es sich um gesetzliche oder richterrechtliche Beweislastregeln handelt (BGH NJW-RR 2005, 1496). ▶ Die in der Rechtslehre zu findende Beweislastverteilung nach Verantwortungsbereichen darf nicht verändert werden. ▶ Sehr beliebt in der Praxis ist es, sich vom Kunden bestimmte Tatsachen bestätigen zu lassen, was nur wirksam durch AGB möglich ist, wenn diese als Empfangsbekenntnisse besonders unterschrieben werden, damit der Kunde die Möglichkeit bekommt, sich über die besondere Bedeutung seiner Unterschrift im Klaren zu sein.

Muster 58: Unzulässige beweislastverändernde Klauseln (Palandt/Grüneberg, § 309 Rn. 99 ff.)

Wir haften nur, wenn uns nachweislich Fahrlässigkeit zur Last gelegt wird.

Die Vertragsbedingungen sind im Einzelnen ausgehandelt worden. (BGHZ 99, 379)

Der Kunde bestätigt, dass er die AGB gelesen und verstanden hat. (BGH NJW 1996, 1819)

IX. Klauselverbote ohne Wertungsmöglichkeit

Der Mieter bestätigt, dass die Mietsache bei der Übergabe in einwandfreiem Zustand war. (OLG Koblenz NJW 1995, 3392, OLG Düsseldorf NJW-RR 2005, 1538)

Der Vertrag ist in die Heimatsprache übersetzt worden und am folgenden Ort .... unterschrieben worden, nicht dagegen im Übergangswohnheim. (OLG Koblenz NJW-RR 1994, 58)

Eine genaue Kenntnis der Besonderheiten der Baustelle wird bestätigt. (OLG Frankfurt NJW-RR 1986, 246)

Bestimmung von bestimmten Formvorschriften, § 309 Nr. 13 BGB ▶ In der Praxis wird häufig versucht, den bestehenden Grundsatz der Formfreiheit durch neue Form- und Zugangserfordernisse so auszuschalten, dass dem Verwendungsgegner Rechtsnachteile entstehen können. ▶ Davor will Nr. 13 schützen, indem das Gesetz ein Verbot für die Vereinbarung von Formvorschriften in AGB regelt, die strenger als die Schriftform nach §§ 126, 127 BGB sind. ▶ Zu beachten ist, dass das Verbot nicht für vertragliche Abreden oder sonstige Erklärungen des Verwenders gilt, sondern nur für Anzeigen und Erklärungen des Verwendungsgegners.

Muster 59: Unzulässige Formvorschriftenklauseln (Palandt/Grüneberg, § 309 Rn. 104 ff.)

Eine Kündigung ist nur auf den dafür ausgelegten **Formularen** zulässig. (OLG Schleswig NJW-RR 2001, 818)

Anzeigen durch den Kunden sind nur mittels **notariell beglaubigten** Handzeichens wirksam.

Muster 60: Zulässige Formvorschriftenklauseln

Rechtserhebliche Anzeigen oder Erklärungen, die der Kunde gegenüber dem Verwender oder einem Dritten abzugeben hat, sind nur in schriftlicher Form zulässig, soweit nichts anderes vereinbart wurde.

Mündliche Zusagen durch unsere Vertreter oder sonstige Hilfspersonen bedürfen der schriftlichen Bestätigung durch den Verwender.

X. Klauselverbote mit Wertungsmöglichkeit

▶ **250 Welche verbotenen AGB-Klauseln des § 308 BGB halten einer gerichtlichen Überprüfung eventuell nicht stand?**

In § 308 BGB sind die Klauselverbote enthalten, in denen der Gesetzgeber unbestimmte Rechtsbegriffe (z. B. „unangemessen lange bzw. hohe", „nicht hinreichend bestimmt") verwendet hat.

§ **§ 308 Abs. 1 Nr. 1 BGB Klauselverbote mit Wertungsmöglichkeit** Auch soweit eine Abweichung von den gesetzlichen Vorschriften zulässig ist, ist in Allgemeinen Geschäftsbedingungen ist insbesondere unwirksam 1. **(Annahme- und Leistungsfrist)** eine Bestimmung, durch die sich der Verwender unangemessen lange oder nicht hinreichend bestimmte Fristen für die Annahme oder Ablehnung eines Angebots oder die Erbringung einer Leistung vorbehält; ...

Die Feststellung der Unwirksamkeit erfordert also im Regelfall eine Wertung durch ein Gericht.

Folgende Bereiche werden in § 308 BGB einer richterlichen Kontrolle unterworfen:

Klauselverbote mit Wertungsmöglichkeiten nach § 308 BGB

- Unangemessen lange oder nicht hinreichend bestimmte Annahme- und Leistungsfristen, § 308 Nr. 1 BGB
- Unangemessen lange oder nicht hinreichend bestimmte Nachfristen, § 308 Nr. 2 BGB
- Vereinbarung sachlich nicht gerechtfertigter und im Vertrag angegebener Rücktrittsrechte, § 308 Nr. 3 BGB
- Vereinbarung eines unzumutbaren Änderungsvorbehalts hinsichtlich der versprochenen Leistung, § 308 Nr. 4 BGB
- Vereinbarungen über fingierte Erklärungen, die als abgegeben oder nicht abgegeben gelten, § 308 Nr. 5 BGB
- Vereinbarungen über die Fiktion des Zugangs von bestimmten Erklärungen des Verwenders, § 308 Nr. 6 BGB
- Vereinbarung einer unangemessenen Vergütung für die Nutzung einer Sache für den Fall der Abwicklung von Verträgen, § 308 Nr. 7 BGB
- Vereinbarung, bei Nichtverfügbarkeit einer Leistung den Vertragspartner z. B. nicht unverzüglich informieren zu müssen, § 308 Nr. 8 BGB

Unangemessen lange oder nicht hinreichend bestimmte Annahme- und Leistungsfristen, § 308 Nr. 1 BGB ▶ In der betriebswirtschaftlichen Praxis neigen die Unternehmer dazu, Kunden ein bindendes Vertragsangebot zu entlocken, dann aber mit der eigenen Vertragsannahme so lange zu zögern, bis sie sich sicher sind, dass der Kunde zahlungskräftig, die Ware vorhanden und der Preis akzeptabel ist. ▶ Mag dieses betriebswirtschaftlich durchaus aus der Sicht der Unternehmer verständlich sein, verbietet Nr. 1 unangemessen lange oder nicht hinreichend bestimmte Annahme, Ablehnungs- und Leistungsfristen. ▶ Die Rechtsprechung hat bei alltäglichen Verträgen eine **Höchstannahmefrist** von 14 Tagen entwickelt (OLG Naumburg MDR

1998, 854), die bei Neuwagenkauf auch vier Wochen sein darf (BGHZ 109, 362), im Gebrauchtwagenhandel mit Privatpersonen keine 10 Tage übersteigen darf (OLG Köln NJW-RR 1993, 1404) und bei nicht vorrätigen Möbeln drei Wochen beträgt (BGH NJW-RR 2001, 198 und NJW 2001, 303). Je hochwertiger und komplexer die vertraglichen Gegenstände und Grundlagen sind, umso länger werden die gerichtlich akzeptierten Fristen. ▶ Bei den **Leistungsfristen** sind beim Neuwagenkauf sechs Wochen noch zulässig (BGH NJW 2001, 292), bei Einbauküchen die AGB-mäßig vereinbarte Lieferzeit mit vier Wochen zulässig, bei sechs Wochen und auf jeden Fall drei Monate dagegen als zu lang empfunden worden (BGH NJW 2007, 1198, OLG Hamm NJW-RR 1987, 315, BGH NJW 1983, 1321). ▶ **Nicht** hinreichend bestimmt sind Fristen dann, wenn der Verwendungsgegner das Fristende nicht selbst errechnen kann (BGH NJW 1989, 1603), wobei aber mit „circa" bezeichnete Fristen zulässig sein sollen.

> **Muster 61:** Unzulässige Annahme-, Ablehnungs- und Leistungsfristen
>
> Der Kunde ist **10 Wochen** an seine Möbelbestellung gebunden.
>
> Vereinbarte Liefertermine werden **nach Möglichkeit** eingehalten.
>
> Angegebene Lieferzeiten sind **unverbindlich**.
>
> Lieferungen erfolgen **in der Regel** innerhalb von vier Wochen.
>
> Eine Lieferung erfolgt, sobald wir **selbst** von unserem Großlieferanten die Ware **ausgehändigt** bekommen. (KG Berlin NJW 2007, 2266)
>
> Wir **bemühen** uns um Einhaltung der Lieferzeiten. (OLG Oldenburg NJW-RR 1992, 1528)

> **Muster 62:** Zulässige Annahme-, Ablehnungs- und Leistungsfristen
>
> Der Kunde gibt ein bindendes Angebot ab, das durch den Lieferanten innerhalb von zwei Wochen durch Zusendung einer Auftragsbestätigung oder durch Zusendung der Ware angenommen werden kann.
>
> Ist kein verbindlicher Liefertermin vereinbart, erfolgt die Lieferung zwei Wochen nach Vertragsschluss. Die Frist beginnt nicht eher zu laufen, als notwendige Mitwirkungspflichten des Kunden erfüllt sind.

Unangemessen lange oder nicht hinreichend bestimmte Nachfristen, § 308 Nr. 2 BGB
▶ In den §§ 281, 323 und 637 BGB sind Nachfristen vorgesehen, die zunächst gesetzt werden müssen, bevor bestimmte Rechtsfolgen eintreten können. Da hierdurch dem Verwender von AGB evtl. auch Nachteile entstehen würden, werden diese Nachfristen gerne von den Verwendern in ihren AGB zu Lasten des anderen Vertragspartners übermäßig verlängert. ▶ Nr. 2 beschränkt die Zulässigkeit von Verlängerungen auf das **angemessene Maß**, das nach der Rechtsprechung bei den Alltagsgeschäften der Verbraucher zwei Wochen beträgt und beim Möbelkauf mit vier Wochen zu lang war (BGH NJW 1985, 323). ▶ Natürlich muss der Verwender die Nachfrist auch so genau bestimmen, dass deren Ende vom Verwendungsgegner selbst erkannt werden kann. ▶ Die hier im Gesetz gemeinte Nachfrist ist nicht mit der in der Praxis häufig ebenfalls eingeräumten **Lieferfristverlängerung** zu verwechseln, wonach ein Verzug mit der Lieferleistung z. B. erst zwei Wochen nach Ablauf einer unverbindlichen Lieferfrist beginnt, diese umgangssprachlich auch als „**Schlamperfrist**" zu bezeichnende sog. unechte Nachfrist unterfällt als eigentliche Leistungsfrist den Anforderungen der Nr. 1 des § 309 BGB.

X. Klauselverbote mit Wertungsmöglichkeit

Muster 63: Zulässige Nachfristklausel
Soweit das Gesetz die Setzung angemessener Nachfristen verlangt, betragen diese zwei Wochen.

Vereinbarung sachlich nicht gerechtfertigter und im Vertrag angegebener Rücktrittsrechte, § 308 Nr. 3 BGB ▶ Von geschlossenen Verträgen darf nicht aufgrund von AGB-Klauseln ohne Weiteres zurückgetreten werden können, da ansonsten **Vertragsabschlüsse entwertet würden** und sich keiner mehr auf deren Verbindlichkeit verlassen könnte (Ausnahmen gibt es nur bei Dauerschuldverhältnissen). ▶ Nr. 3 verbietet aber Rücktrittsvorbehalte in AGB nicht völlig, sondern unterwirft sie gewissen Anforderungen. ▶ Rücktrittsrechte müssen in den AGB für jeden Durchschnittsleser **erkennbar konkret angegeben** werden, so dass der Hinweis auf „Betriebsstörungen" z. B. nicht ausreicht (BGH NJW 1983, 1321), dagegen aber die oft zu lesenden Begriffe wie Rücktritt bei „höherer Gewalt, Streik und Naturkatastrophen" nicht verboten sind (OLG Koblenz NJW-RR 1989, 1459). ▶ Außerdem müssen Rücktrittsgründe **sachlich gerechtfertigt** sein, d. h. auf einem überwiegenden, zumindest aber anerkennenswerten Interesse des Verwenders beruhen (BGH 99, 193), das nicht bereits bei Vertragsabschluss bereits erkennbar war (BAG NZA, 2006, 539), was z. B. bei rechtswidrigem Verhalten oder fehlender Kreditwürdigkeit des Vertragspartners sowie Leistungshindernissen in der Sphäre des Verwenders gegeben sein kann.

Muster 64: Unzulässige Rücktrittsklauseln

Wir behalten uns einen Rücktritt vor, wenn es **die Umstände** erfordern. (BGH NJW 1983, 1325)

Bei Betriebsablaufstörungen gleich aus welcher Ursache sind wir berechtigt vom Vertrag zurückzutreten, auch wenn die Störung vorübergehend ist. (BGH NJW 1983, 1321 und OLG Koblenz WM 1983, 1272)

Der Lieferant kann jederzeit vom Vertrag zurücktreten, wenn der Verdacht besteht, dass die Zahlungsfähigkeit des Bestellers nicht mehr besteht. (OLG Hamm BB 1979, 1425)

Muster 65: Zulässige Rücktrittsklauseln

Wird die unter Eigentumsvorbehalt gelieferte Ware beim Vertragspartner nicht ordnungsgemäß behandelt, behalten wir uns den Rücktritt vom Vertrag vor. (BGH NJW 1985, 325)

Der Verkäufer kann jederzeit vom Vertrag zurücktreten, wenn der Käufer unberechtigt seine Zahlungen einstellt.

Macht der Vertragspartner falsche Angaben über seine Kreditwürdigkeit, besteht ein Recht des anderen Teils auf Rücktritt vom Vertrag. (OLG München NJW-RR 2004, 212)

Erscheint die tatsächliche Erbringung des Kaufpreises durch objektiv bestehende Tatsachen erheblich gefährdet, z. B. Abgabe einer Offenbarungsversicherung, ist der andere Vertragsteil zum Rücktritt vom Vertrag berechtigt. (BGH NJW 2001, 292)

Für die Erfüllung des vorliegenden Vertrags wurde uns von unserem Lieferanten nur eine Leistung unter Vorbehalt der Verfügbarkeit der Ware zugesichert, so dass auch wir vertraglich nur dann unsere Leistung zusagen können, wenn wir ordnungsgemäß beliefert werden. (sog. Selbstbelieferungsvorbehalt im nichtkaufmännischen Geschäftsverkehr, BGH NJW 1985, 857)

X. Klauselverbote mit Wertungsmöglichkeit

Ein Rücktritt vom Vertrag ist für den Verwender in folgenden Fällen möglich: Der Kunde hat einen Antrag auf Eröffnung des Insolvenzverfahrens gestellt, eine eidesstattliche Versicherung nach § 807 ZPO abgegeben, das Insolvenzverfahren wurde über das Vermögen des Kunden eröffnet oder mangels Masse abgelehnt.

Vereinbarung eines unzumutbaren Änderungsvorbehalts hinsichtlich der versprochenen Leistung, § 308 Nr. 4 BGB ▶ Wurde in der Nr. 3 des § 308 BGB die Lösung vom Vertrag durch AGB-Klauseln bereits erschwert, muss eine wirksame AGB-Kontrolle auch solche Klauseln beschränken, die die teilweise Veränderung der im Vertrag versprochenen Leistungen durch sog. Änderungsklauseln versucht. ▶ In AGB dürfen diese Änderungsklauseln nur ausnahmsweise aufgenommen werden, wenn sie unter Berücksichtigung der beiderseitigen Interessen zumutbar sind, was in der Regel einen triftigen Änderungsgrund erfordert (BGH NJW-RR 2008, 134), an den im Hinblick auf Konkretheit und Kalkulierbarkeit durch genaue Schilderungen der Ausübungsvoraussetzungen und seines Umfang strenge Anforderungen gestellt werden, besonders dann, wenn die Folgen für die andere Seite einschneidend sind (BGH NJW 2008, 360).

Muster 66: Unzulässige bzw. unwirksame Änderungsklauseln

Fahrplanänderungen sind jederzeit möglich. (BGHZ 86, 294)

Dem Mieter des Messestandes kann **bei Bedarf** durch die Messeleitung ein anderer Standplatz zugewiesen werden. (OLG Köln NJW-RR 1990, 1232)

Die in der Baubeschreibung enthaltenen Bauausführungen und Materialien können durch den Baubetreuer durch gleichwertige Bausausführungen und Materialien ersetzt werden. (BGH NJW 2005, 3420)

Die vom Sender zur Verfügung gestellten Programme können sich jederzeit ändern. (BGH NJW 2008, 360)

Unterrichtsstunden können bei Erkrankung der Lehrperson oder auch **aus sonstigen Gründen** abgesagt oder verlegt werden. (LG München NJW-RR 1999, 1960)

Farb-, Maß- und Maserungsabweichungen bei Möbeln bleiben vorbehalten.

Angaben in Prospekten sind nur annähernd und unverbindlich.

In einem Urteil des BGH vom 04.02.2009 hat der BGH festgestellt, dass im Produktkatalog eines Mobiltelefonanbieters enthaltenen Hinweise „**Änderungen und Irrtümer vorbehalten. Abbildungen ähnlich**» keine Vertragsbedingungen im Sinne von § 305 Abs. 1 BGB darstellen. (BGH NJW 2009, 1337). Es handle sich um Hinweise ohne eigenständigen Regelungsgehalt, die lediglich zum Ausdruck bringen, dass die im Katalog enthaltenen Angaben insoweit vorläufig und unverbindlich sind, als sie vor oder bei Abschluss eines Vertrags noch korrigiert werden können. Ein vertraglicher Regelungsgehalt, insbesondere eine etwaige Beschränkung der Rechte des Vertragspartners in haftungs- oder gewährleistungsrechtlicher Hinsicht, kann diesen Hinweisen nicht entnommen werden. Damit wird letztlich nur der Irrtums- und Änderungsvorbehalt dahingehend ergänzt, dass nicht nur die Angaben im Katalogtext, sondern auch die Katalogabbildungen unverbindlich sind; maßgebend für das vertragsgemäße Aussehen eines vom Kunden erworbenen Gegenstands ist nicht der Katalog, sondern der Vertragsinhalt.

X. Klauselverbote mit Wertungsmöglichkeit

> **Muster 67: Zulässige Änderungsklauseln**
> Ist der Chefarzt aufgrund unvorhergesehener Umstände verhindert, erfolgt eine Behandlung durch den im Vertrag genannten Vertreter. (BGH NJW 2008, 987)

Vereinbarungen über fingierte Erklärungen, die als abgegeben oder nicht abgegeben gelten, § 308 Nr. 5 BGB ▶ Obwohl im Vertragsrecht der Grundsatz gilt, dass Schweigen keinen Erklärungswert hat, wird in AGB immer wieder zum Nachteil des Verwendungsgegners versucht, bestimmte Erklärungen in das Schweigen des anderen Teils hineinzudeuten ▶ Die Rechtsprechung lässt in AGB Regelungen nicht zu, mit denen Schweigen als Annahme eines Vertrages oder als Abänderung zentraler Vertragsinhalte qualifiziert werden sollen (BGH NJW-RR 2008, 134). ▶ In Ausnahmefällen ist eine fingierte Erklärung aber zulässig, wenn das organisierte Massengeschäft ansonsten zu sehr behindert werden würde. ▶ Es gelten aber zwei Voraussetzungen: so muss dem anderen eine angemessene Erklärungsfrist (mindestens ein bis zwei Wochen, in Ausnahmefällen bis zu sechs Wochen) gewährt und auf die fingierte Erklärung beweisbar besonders hingewiesen werden.

> **Muster 68: Unzulässige Fiktionsklauseln**
> Will der Vertragspartner die geänderten Zinssätze nicht akzeptieren, ist eine **sofortige** Erklärung erforderlich. (LG Dortmund NJW-RR 1986, 1170, wonach sogar zwei Wochen noch zu kurz waren)

> **Muster 69: Zulässige Fiktionsklauseln**
> Nach Ablauf eines Monats gilt die zugesandte monatliche Abrechnung inhaltlich als genehmigt. (LG Frankfurt VersR 1998, 1238)
>
> Vom Patienten im Krankenhaus zurückgelassene Sachen gehen nach erfolgloser Aufforderung zur Abholung in das Eigentum des Krankenhausträgers über. (BGH NJW 1990, 764)
>
> Erhebt der Kontoinhaber gegen einen Rechnungsabschluss keine Einwendungen, gilt dieser als genehmigt. (BGH NJW 2000, 2667)

Vereinbarungen über die Fiktion des Zugangs von bestimmten Erklärungen des Verwenders, § 308 BGB Nr. 6 ▶ Da empfangsbedürftige Willenserklärungen erst mit ihrem Zugang wirksam werden, fingieren AGB-Klauseln gerne den Zugang dieser Erklärungen. ▶ Nach der Klauselkontrolle des Nr. 6 ist diese Fiktion des Zugangs bei besonderen Erklärungen verboten, z. B. Kündigungen (BayObLG NJW 1980, 2818) und Mahnungen (OLG Hamburg VersR 1981, 125).

Vereinbarung einer unangemessenen Vergütung für die Nutzung einer Sache für den Fall der Abwicklung von Verträgen, § 308 Nr. 7 BGB ▶ Steht einer Vertragspartei ein Rücktritts- oder Kündigungsrecht zu, kann dieses für die andere Vertragspartei mit erheblichen betriebswirtschaftlichen Verlusten verbunden sein, so dass in AGB-Klauseln erhebliche Schadenspauschalen geregelt werden. ▶ Die Zulässigkeit dieser Klauseln regelt sich neben den bereits gezeigten Nr. 5 und 6 des § 309 BGB, die für Schadensersatzansprüche und Vertragsstrafen gelten, bei Entgeltansprüchen, wie z. B. aus § 347 BGB bei gezogenen Nutzungen nach einem Rücktritt, nach der Angemessenheit der Höhe. ▶ Als Maßstab einer angemessenen Vergütung gelten die gesetzlich geschuldeten Beträge, wobei dem Verwendungsgegner ausdrücklich der

Nachweis eines geringeren Betrages entsprechend der Regelung in § 309 Nr. 5b BGB auch hier gestattet werden muss.

Muster 70: Unzulässige Rückabwicklungspauschalen (Palandt/Grüneberg, § 308 Rn. 39)

Bei vorzeitigem Rücktritt vom Vertrag bleibt die Zahlungspflicht des Kunden des Kreditkartenvertrages in voller Höhe erhalten. (OLG Frankfurt NJW-RR 1997, 1248, ebenso für Partnerschaftsvermittlungsverträge, OLG Nürnberg NJW-RR 1997, 1556, und Inkassoaufträge, BGH NJW-RR 2005, 642)

Bei der Nichtabnahme des Darlehens wird eine Bearbeitungsgebühr in Höhe von 3 % der Darlehenssumme fällig. (OLG Hamm NJW 1983, 1503)

Muster 71: Zulässige Rückabwicklungspauschalen (Palandt/Grüneberg, § 308 Rn. 39)

Bei vorzeitiger Aufhebung des Mietvertrages wird eine Aufwandspauschale in Höhe einer Monatsmiete fällig. (OLG Hamburg NJW-RR 1990, 909)

Wird der Bauvertrag vor Baubeginn vom Besteller gekündigt, muss er 10 % der Auftragssumme an den Bauunternehmer entrichten. (BGH NJW 2006, 2551)

Vereinbarung, bei Nichtverfügbarkeit einer Leistung den Vertragspartner z. B. nicht unverzüglich informieren zu müssen, § 308 Nr. 8 BGB. ▶ War nach der Nr. 3 des § 308 BGB eine Lösung vom Vertrag bei sachlich gerechtfertigtem und im Vertrag angegebenen Grund möglich, so setzt die Nr. 8 nun noch zwei weitere Voraussetzungen drauf: der Verwender muss sich in der Klausel dazu verpflichten, den Verwendungsgegner über die Nichtverfügbarkeit zu informieren und die Gegenleistungen des Vertragspartners zu erstatten.

Muster 72: Zulässige Rücktrittsklausel

Für die Erfüllung des vorliegenden Vertrags wurde uns von unserem Lieferanten nur eine Leistung unter Vorbehalt der Verfügbarkeit der Ware zugesichert, so dass auch wir vertraglich nur dann unsere Leistung zusagen können, wenn wir ordnungsgemäß beliefert werden. Ist die Ware letztlich nicht verfügbar, werden wir den Vertragspartner sofort davon informieren und alle bereits erhaltenen Gegenleistungen unverzüglich zurückerstatten (sog. Selbstbelieferungsvorbehalt im nichtkaufmännischen Geschäftsverkehr, BGH NJW 1985, 857)

XI. Generalklausel

▶ **251 Welche Klauseln sind in der Praxis nach der Generalklausel des § 307 BGB möglichst zu vermeiden?**

> **Fall 106** Wagenwaschen – eigentlich ein ganz alltäglicher Vorgang Der **Autobesitzer A** fährt mit seinem Mercedes Benz S 500 L in die Waschanlage des **Betreibers B**, wobei A das im Eingangsbereich aufgehängte gut lesbare Schild nicht weiter beachtet, weil er gerade Kleingeld in seiner Tasche sucht. Auf dem Schild steht: *„Eine Haftung für die Beschädigung der außen an der Karosserie angebrachten Teile, wie z.B. Zierleisten, Spiegel, Antennen, sowie dadurch verursachte Lack- und Schrammschäden, bleibt ausgeschlossen, es sei denn, dass den Waschanlagenunternehmer eine Haftung aus grobem Verschulden trifft."* Frage Kann der A Schäden an den Spiegeln und Nutzungsausfallschäden in Höhe von 4.676,88 € mit der Behauptung geltend machen, das Schild sei ihm bei Vertragsschluss nicht genügend gezeigt worden? (Fall nach BGH NJW 2005, 422)

Der § 307 BGB regelt zunächst im **Absatz 1** eine **Generalklausel** für die richterliche AGB-Kontrolle, die den grundlegenden Wertmaßstab für die richterliche Inhaltskontrolle von AGB festlegt = das Vorliegen einer unangemessen Benachteiligung des Vertragspartners des Verwenders.

> **§ 307 BGB Inhaltskontrolle** (1) Bestimmungen in Allgemeinen Geschäftsbedingungen sind unwirksam, wenn sie den Vertragspartner des Verwenders entgegen den Geboten von Treu und Glauben **unangemessen benachteiligen**. Eine unangemessene Benachteiligung kann sich auch daraus ergeben, dass die Bestimmung **nicht klar und verständlich** ist. (2) Eine unangemessene Benachteiligung ist **im Zweifel** anzunehmen, wenn eine Bestimmung 1. mit wesentlichen Grundgedanken der gesetzlichen Regelung, von der abgewichen wird, nicht zu vereinbaren ist oder 2. wesentliche Rechte oder Pflichten, die sich aus der Natur des Vertrags ergeben, so einschränkt, dass die Erreichung des Vertragszwecks gefährdet ist.

Zwar wird der § 307 BGB im Prüfungsschema nach den konkreteren §§ 308 und 309 BGB geprüft, inhaltlich ist aber in § 307 BGB der **Kern der AGB-Kontrolle** zu finden. Findet man in den §§ 308 und 309 keine passenden Klauselverbote, muss immer noch § 307 BGB geprüft werden, der eine Art **Auffangtatbestand** darstellt (Palandt/Grüneberg, § 307 Rn. 2).

In **Absatz 2** wird versucht, die Generalklausel durch Regelbeispiele zu **konkretisieren**, indem rechtliche Kriterien aufgeführt werden, die typischerweise zu einer Unangemessenheit und damit zu einer Unwirksamkeit führen, so bei Nichtvereinbarkeit mit wesentlichen Grundgedanken einer gesetzlichen Regelung, Nr. 1, oder bei Einschränkung wesentlicher Rechte und Pflichten, die sich aus der Natur des Vertrags ergeben, so dass die Erreichung des Vertragszwecks gefährdet ist, Nr. 2.

Der § 307 BGB ist für die betriebliche Praxis aber praktisch schwierig zu handhaben, da die oben genannten Tatbestände sehr konturlos sind und sich daher der Anwender keine konkreten Auswirkungen für die Gestaltung seiner AGB ableiten kann.

Die Rechtsprechung hat versucht die obigen Kriterien etwas zu präzisieren, so dass folgende Fragen beantwortet wurden.

(1) Wie kann man eine Benachteiligung des Verwendungsgegners feststellen?

Hierfür muss ein **Vergleich** angestellt werden zwischen der dispositiven Gesetzeslage (Wie wäre die Rechtslage ohne AGB?) und der durch die AGB veränderten Rechtsposition der Vertragsparteien (Welche Nachteile bringen die AGB für den Verwendungsgegner?).

In der Rechtsprechung wird zur Bestimmung der Unangemessenheit immer wieder mehr oder weniger folgende Definition zitiert (z. B. BGH NJW 2005, 1774):

> **Unangemessen** ist die Benachteiligung des Vertragspartners, wenn der Verwender durch einseitige Vertragsgestaltung missbräuchlich eigene Interessen auf Kosten seines Vertragspartners versucht durchzusetzen, ohne von vornherein auch dessen Belange hinreichend zu berücksichtigen und ihm einen angemessenen Ausgleich zuzugestehen.

Hiervon ausgehend sind dann bei der Beurteilung von konkreten Klauseln **viele Aspekte umfassend zu würdigen** (vgl. Palandt/Grüneberg § 307 Rn. 8):

- die **Interessen** beider Parteien
- die **Anschauungen** der beteiligten Kreise
- die sich aus der Gesamtheit der Rechtsordnung ergebenden **Bewertungskriterien**, die Wertentscheidungen des Grundgesetzes und des Europarechts
- **Eigenart, Zweck und Hintergrund** des Vertrages
- **konkrete Fallgestaltungen**, wie z. B. gebrauchte oder neue Sachen, Privat- oder Unternehmergeschäfte

(2) Wann verstößt eine AGB-Klausel gegen wesentliche Grundgedanken der gesetzlichen Regelung?

Entscheidend sind Vorschriften, die von ihrem Grundgedanken her einen bestimmten Schutzzweck verfolgen, der letztlich aber durch die AGB-Klausel so vereitelt wird, dass die benachteiligte Vertragspartei dadurch erhebliche Nachteile erleidet.

§ **§ 307 Abs. 2 Nr. 1 BGB Inhaltskontrolle** (2) Eine unangemessene Benachteiligung ist **im Zweifel** anzunehmen, wenn eine Bestimmung 1. mit wesentlichen Grundgedanken der gesetzlichen Regelung, von der abgewichen wird, nicht zu vereinbaren ist ...

So wurden wesentliche Grundgedanken u. a. in folgenden Vorschriften und Rechtsgrundsätzen gesehen:

> **Beispiele** (Palandt/Grüneberg § 307 Rn. 30) ▶ Vorschriften über **Willensmängel**, wie **Irrtum** und **Täuschung** (BGH NJW 1983, 1671) ▶ Notwendigkeit des **Zugangs** der Erklärung der Annahme (OLG Hamm NJW-RR 1986, 928) ▶ Abhängigkeit von **Leistung und Gegenleistung** (BGH NJW 1991, 1749)

XI. Generalklausel

> **Muster 73: Gegen wesentliche Grundsätze verstoßende Klauseln**
>
> **Gerichtsstand** ist immer Sitz des Verwenders. (OLG Düsseldorf NJW-RR 1995, 440; gegenüber Nichtkaufleuten wegen Verstoßes gegen §§ 38, 689 ZPO unwirksam)
>
> Der Vertragspartner haftet für alle Schäden, die dem Verwender entstehen, **ohne dass es auf das Verschulden ankommt.** (BGH NJW 2006, 47; Klausel in Einkaufsbedingungen, die gegen den Grundsatz des Schadensersatzes nur bei Verschulden verstößt)
>
> Die Bestellung des Kunden ist **unwiderruflich.** (wenn ein gesetzliches Widerrufsrecht besteht)
>
> Die sich aus dem Bestattungsauftrag ergebenden Kosten sind mit der Auftragserteilung **sofort rein netto Kasse** fällig. (in AGB unzulässige Vorkasse-Klausel)
>
> Der Kunde hat vor Übergabe des bezugs- und gebrauchsfertigen Hauses nebst Garage die dann noch fälligen Kaufpreisteile von insgesamt 14 % nach Anweisung des Verkäufers zu **hinterlegen.**
>
> Zur Sicherung der Kaufpreisforderung tritt der Käufer **den pfändbaren Teil** seines Arbeitsentgelts an den Verkäufer ab. (wenn ein Fall der Übersicherung vorliegt)
>
> Zahlung kann nur in bar erfolgen. (in AGB des Kfz-Handels nicht zugelassen)

> **Muster 74: Nicht gegen wesentliche Grundsätze verstoßende Klauseln**
>
> Für sämtliche gegenwärtigen und zukünftigen Ansprüche aus der Geschäftsverbindung **mit Kaufleuten** einschließlich Wechsel- und Scheckforderungen ist ausschließlicher **Gerichtsstand** der Sitz des Verkäufers. Der gleiche Gerichtsstand gilt, wenn der Käufer keinen allgemeinen Gerichtsstand im Inland hat, nach Vertragsschluss seinen Wohnsitz oder gewöhnlicher Aufenthaltsort aus dem Inland verlegt hat oder sein Wohnsitz oder gewöhnlichen Aufenthaltsort zum Zeitpunkt der Klageerhebung nicht bekannt ist. **Im Übrigen** gilt bei Ansprüchen des Verkäufers gegenüber dem Käufer **dessen Wohnsitz** als Gerichtsstand. (Klausel IX Neuwagen-Verkaufsbedingungen des Zentralverbandes Deutsches Kraftfahrzeuggewerbe e.V. (ZDK) u.a.)
>
> Zahlungen durch **Wechsel oder Scheck** sind nicht zulässig.

(3) Wann werden wesentliche Rechte und Pflichten so durch AGB-Klauseln eingeschränkt, dass eine Gefährdung des Vertragszwecks droht?

Fehlt es an gesetzlichen Vorschriften, gegen deren Schutzgedanken eine AGB-Klausel verstoßen könnte, greift § 307 Abs. 2 Nr. 2 BGB ein und stellt auf die Natur des Vertrages und die sich daraus ergebenden Kardinalpflichten ab.

§ **§ 307 Abs. 2 Nr. 2 BGB Inhaltskontrolle** (2) Eine unangemessene Benachteiligung ist **im Zweifel** anzunehmen, wenn eine Bestimmung ... 2. wesentliche Rechte oder Pflichten, die sich aus der Natur des Vertrags ergeben, so einschränkt, dass die Erreichung des Vertragszwecks gefährdet ist.

> **Muster 75: Den Vertragszweck gefährdende Klauseln**
>
> Für Schäden, die aufgrund von **Konstruktionsfehlern**, einer mangelhaften innerbetrieblichen Organisation oder Ähnlichem entstehen, wird nicht gehaftet. (BGH NJW 1971, 1797 und NJW 1973, 2154)
>
> **Aufreißen der Verpackung** verpflichtet zum Kauf der Ware. (OLG Düsseldorf NJW-RR 2001, 1563)
>
> Der Käufer ist zur **Vorleistung** verpflichtet. (BGH NJW 1999, 2180)
>
> **Gutscheine** haben eine Gültigkeit von 12 Monaten. (OLG München NJW-RR 2008, 1233)
>
> Für Falschauskünfte haftet die **Bank** nur bei grober Fahrlässigkeit und Vorsatz.

> **Muster 76: Nicht den Vertragszweck gefährdende Klausel**
>
> Die Ware bleibt bis zur vollständigen Bezahlung im Eigentum des Verkäufers. (BGH NJW-RR 2008, 818)

> **Lösung Fall 106** Nach BGH NJW 2005, 422 ist hier eine unwirksame Klausel gegeben, da sie den alleinigen Verantwortungsbereich des Anlagenbetreibers betrifft, den nur er ordnungsgemäß überwachen kann (**Aspekt der Risikobeherrschung**). Der Haftungsausschluss widerspricht auch dem **berechtigten Vertrauen des Kunden** darauf, dass sein Fahrzeug so wie es ist, also mit allen außen angebrachten Teilen unbeschädigt aus der Waschanlage wieder hervorkommt. Das ist **vom Vertragszweck mitumfasst**, zumal der Anlagenbetreiber besonders schadensanfällige Autos ja von der Benutzung ausschließen kann. Der Autobesitzer A kann also alle Schäden, die sich aus der Benutzung der Waschanlage ergeben, grundsätzlich ersetzt verlangen.

(4) Welche Besonderheiten gelten bei dem Verbot von Klauselarten im kaufmännischen Geschäftsverkehr?

§ 307 BGB hat vor allem für den kaufmännischen Verkehr erhebliche Bedeutung (B2B-Geschäfte), da die §§ 308, 309 BGB keine Anwendung finden, wenn die AGB gegenüber einem Kaufmann/Unternehmer verwendet werden (siehe § 310 Abs. 1 BGB). Die Wertungen der §§ 308 und 309 BGB können grundsätzlich auch auf diese Geschäfte angewendet werden, so dass die Klauselkontrolle bei B2B-Geschäften ähnliche Ergebnisse haben kann. So ist ein Verstoß gegen ein Verbot des § 309 BGB immerhin ein Indiz für eine unangemessene Benachteiligung im Rahmen der § 307-BGB-Prüfung. Entscheidender Unterschied ist aber, dass die kaufmännischen Geschäftsgewohnheiten und die Geschäftserfahrenheit der Vertragsparteien zu anderen Ergebnissen bei der Klauselkontrolle führen können.

XII. Rechtsfolgen der AGB-Kontrolle

▶ **252 Was geschieht mit einem Vertrag, wenn einzelne AGB-Klauseln unwirksam sind?**

Stellt sich bei der AGB-Kontrolle nach dem oben genannten Prüfungsschema heraus, das AGB-Klauseln nicht wirksam einbezogen worden sind oder wegen inhaltlicher Benachteiligung unwirksam sind, so werden die weiteren Rechtsfolgen für den Vertrag von § 306 BGB bestimmt.

> **§ 306 BGB Rechtsfolgen bei Nichteinbeziehung und Unwirksamkeit** (1) Sind Allgemeine Geschäftsbedingungen ganz oder teilweise nicht Vertragsbestandteil geworden oder unwirksam, **so bleibt der Vertrag im Übrigen wirksam**. (2) Soweit die Bestimmungen nicht Vertragsbestandteil geworden oder unwirksam sind, richtet sich der Inhalt des Vertrags **nach den gesetzlichen Vorschriften**. (3) Der **Vertrag ist unwirksam**, wenn das Festhalten an ihm auch unter Berücksichtigung der nach Absatz 2 vorgesehenen Änderung eine unzumutbare Härte für eine Vertragspartei darstellen würde.

Rechtsfolgen bei AGB-Verstößen
- Teilnichtigkeit des Vertrages, Rest-Vertrag bleibt wirksam
- Ergänzung von Vertragslücken mit gesetzlichen Vorschriften
- Gesamtnichtigkeit nur bei Unzumutbarkeit

Nach § 306 Abs. 1 BGB ist nur die rechtswidrige AGB-Klausel unwirksam, der Gesamtvertrag bleibt zum Schutz des Verwendungsgegners **weiter bestehen**, da ansonsten der Verwender aus dem Vertrag zu leicht wieder „herauskommen" würde. Diese in § 306 Abs. 1 BGB geregelte Folge ändert damit die normalerweise nach § 139 BGB „im Zweifel" bei teilnichtigen Verträgen eintretende Gesamtnichtigkeit ab.

> **§ 139 BGB Teilnichtigkeit** Ist ein Teil eines Rechtsgeschäfts nichtig, so ist das ganze Rechtsgeschäft nichtig, wenn nicht anzunehmen ist, dass es auch ohne den nichtigen Teil vorgenommen sein würde.

Die unwirksame Klausel darf auch nicht so ausgelegt werden, dass sie gerade noch zulässig wäre (so genanntes Verbot der geltungserhaltenden Reduktion, BAG NJW 2007, 3018). Die Klausel **entfällt völlig** und wird nur bei entstandenen **Regelungslücken durch eine gesetzliche Regelung** (BGH NJW-RR 2008, 192) ersetzt. Anstelle unverständlicher Zinsregelungen treten die gesetzlichen Zinssätze (OLG Celle NJW-RR 995, 1133).

Fehlen geeignete gesetzliche Regelungen zur Lückenfüllung, können auch durch ergänzende Vertragsauslegung interessengerechte Lösungen gefunden werden, indem man eine Regelung nimmt, die die Parteien bei sachgerechter Abwägung der beiderseitigen Interessen gewählt hätten, wenn sie von der Unwirksamkeit vorher gewusst hätten (BGH NJW 2008, 2172 und 2840).

XII. Rechtsfolgen der AGB-Kontrolle

Gesamtnichtigkeit des Vertrages tritt nach §306 Abs.3 BGB erst dann ein, wenn das Festhalten an dem gemäß §306 Abs.2 BGB geänderten Vertrag für eine der Vertragsparteien eine unzumutbare Härte darstellen würde. §306 Abs.3 BGB wird eng ausgelegt und kommt daher eher selten zur Anwendung.

> **Beispiele unzumutbarer Härte** ▶ Aus **Verwendersicht** wurde eine unzumutbare Härte angenommen, wenn das Vertragsgleichgewicht dadurch grundlegend gestört war, dass der Verwender ein Grundstück **ohne die Nachzahlungsklausel nicht verkauft hätte** und deren Unwirksamkeit für ihn nicht vorhersehbar war (BGH NJW-RR 2002, 1136). ▶ Da für den Vertragspartner die Nichtanwendbarkeit benachteiligender AGB praktisch immer zu einer Verbesserung seiner Rechtsposition führt, ist eine Aufhebung des gesamten Vertrages nur dann für ihn als vorteilhaft angesehen worden, wenn bei gesetzlich nicht geregelten Vertragstypen wie z. B. Automatenaufstellungsvertrag, ein **nur noch rudimentär bestehender Vertragstorso** zu **Rechtsunsicherheit** auch für den Verwendungsgegner führen kann (KG Berlin, MDR 1998, 760, OLG Köln NJW 1994, 59).

AGB-Kontrolle anhand der §§307 bis 309 BGB und Rechtsfolgen

- **Klauselverbote ohne Wertungsmöglichkeit, §309 BGB** ○ Zulässigkeit kurzfristiger **Preiserhöhungen**, §309 Nr.1 BGB ○ Ausschluss oder Einschränkung gesetzlicher **Leistungsverweigerungsrechte**, §309 Nr.2 BGB ○ Verbot der **Aufrechnung**, §309 Nr.3 BGB ○ Abschaffung einer gesetzlich zwingend vorgeschriebenen **Mahnung oder Fristsetzung**, §309 Nr.4 BGB ○ überhöhte **Schadensersatzpauschalen**, §309 Nr.5 BGB ○ Vereinbarung von **Vertragsstrafen**, §309 Nr.6 BGB ○ unzulässige **Haftungsausschlüsse** z. B. für Vorsatz und grobe Fahrlässigkeit, §309 Nr.7 BGB ○ **sonstige Haftungsausschlüsse** z. B. bei Mängeln, §309 Nr.8 BGB ○ unzulässige **Laufzeiten** bei Dauerschuldverhältnissen, §309 Nr.9 BGB ○ unzulässiger **Wechsel des Vertragspartners**, §309 Nr.10 BGB ○ Auferlegung von Haftungen für bloße **Abschlussvertreter**, §309 Nr.11 BGB ○ Änderung von **Beweislastregelungen**, §309 Nr.12 BGB ○ **Bestimmung von bestimmten Formvorschriften**, §309 Nr.13 BGB
- **Klauselverbote mit Wertungsmöglichkeit, §308 BGB** ○ unangemessen lange oder nicht hinreichend bestimmte **Annahme- und Leistungsfristen**, §308 Nr.1 BGB ○ unangemessen lange oder nicht hinreichend bestimmte **Nachfristen**, §308 Nr.2 BGB ○ Vereinbarung sachlich nicht gerechtfertigter und im Vertrag angegebener **Rücktrittsrechte**, §308 Nr.3 BGB ○ Vereinbarung eines unzumutbaren **Änderungsvorbehalts** hinsichtlich der versprochenen Leistung, §308 Nr.4 BGB ○ Vereinbarungen über **fingierte Erklärungen**, die als abgegeben oder nicht abgegeben gelten, §308 Nr.5 BGB ○ Vereinbarungen über die **Fiktion des Zugangs** von bestimmten Erklärungen des Verwenders, §308 BGB Nr.6 ○ Vereinbarung einer **unangemessenen Vergütung** für die Nutzung einer Sache für den Fall der Abwicklung von Verträgen, §308 Nr.7 BGB ○ Vereinbarung, bei **Nichtverfügbarkeit einer Leistung** den Vertragspartner z. B. nicht unverzüglich informieren zu müssen, §308 Nr.8 BGB
- **Generalverbotsklausel, §307 BGB** ○ dient als Art „**Auffangtatbestand**", wenn in den Klauselverbotsnormen der §§308 und 309 BGB keine inhaltlich passende Regelung gefunden wurde ○ Nichtig ist eine unangemessene Benachteiligung des Verwenders, §307 Abs.1, S.1 BGB. ○ Diese kann sich aus **nicht transparenten Klauseln** ergeben, §307 Abs.1 S.2 BGB, ○ Verstößen gegen **wesentliche Grundgedanken** der gesetzlichen Regelung, §307 Abs.2 Nr.1 BGB, ○ Einschränkung

der **wesentlichen Rechte und Pflichten**, die sich aus der Natur des Vertrages ergeben, so dass eine Gefährdung des Vertragszwecks droht ○ Besonderheiten gelten im Geschäftsverkehr mit Unternehmern.
- **Rechtsfolgen unwirksamer AGB-Klauseln, § 306 BGB** ○ Teilnichtigkeit des Vertrages, Rest-Vertrag bleibt wirksam ○ Ergänzung von Vertragslücken mit gesetzlichen Vorschriften ○ Gesamtnichtigkeit nur bei Unzumutbarkeit

9. Teil

Leistungsstörungen –

Wie kann beim Vertrag die Leistung gestört werden?

Gliederung des 9. Teils

I.	Begriff und Systematik des Leistungsstörungsrechts	391
II.	Unmöglichkeit	395
III.	Schuldnerverzug	403
IV.	Gläubigerverzug	427
V.	Positive Vertragsverletzung (pVV)	434
VI.	Verschulden bei den Vertragsverhandlungen	444
VII.	Haftung für Mängel	453
VIII.	Wegfall der Geschäftsgrundlage	465
IX.	Sicherungsmittel	470

Fall 107 Der vorsichtige Gebrauchtwagenhändler Der Gebrauchtwagenhändler V hat einen gebrauchten Pkw an den **Geschäftsmann K** für 20.000 € verkauft. Der Wagen soll zum **1.12.** zum Geschäft des K geliefert werden. Der Gebrauchtwagenhändler V macht sich Gedanken darüber, welche Vorkehrungen man rechtlich unternehmen kann, damit ihm bei der Vertragsabwicklung kein betriebswirtschaftlicher Schaden entsteht. **Frage** Zunächst will er wissen, **welche Störungen im Sinne des BGB bei der Leistungserbringung auftreten können.** Außerdem will er auch einschätzen können, welche Folgen er im schlimmsten Falle ("worst case") **rechtlich** zu erwarten hat, wenn die eine oder andere ihm eben geschilderte Leistungsstörung eintritt.

I. Begriff und Systematik des Leistungsstörungsrechts

▶ 253 Was versteht man unter Leistungsstörungen und wie sind diese systematisch im BGB geregelt?

Bei der Durchführung von Verträgen kommt es in der Praxis immer wieder zu Störungen, indem die versprochene Leistung gar nicht, verspätet, mangelbehaftet, unter Verletzung von Schutzpflichten oder unter sinnlosen Umständen erbracht wird. In der Rechtslehre spricht man hierbei von „Leistungsstörungen", ohne dass das BGB diesen Begriff irgendwo verwendet noch definiert.

Das BGB regelt lediglich die einzelnen Fälle der Leistungsstörung in allgemein geltenden Leistungsstörungsvorschriften (z. B. §§ 280 ff. BGB für die Schadensersatzpflicht) und besonderen Vorschriften je nach Vertragstyp (z. B. §§ 434 ff. BGB Mängelhaftung beim Kauf).

(1) Welche Änderungen brachte die Schuldrechtsreform 2002 beim Leistungsstörungsrecht?

Diese Vorschriften wurden durch die **Schuldrechtsreform** 2002 so grundlegend verändert, dass Bücher, Urteile und sonstiges Material aus der Zeit vor diesem Stichtag nur noch für Altfälle Bedeutung haben, viele der in den Urteilen genannten Vorschriften heute nicht mehr im Gesetz unter dem gleichen Paragraphen zu finden sind. Die **neue Struktur** zeigt sich durch folgende Regelungen:

- für **alle Arten** von Schuldverhältnissen gelten die Vorschriften der §§ 275 bis 288 BGB über allgemeine Leistungsstörungen,
- speziellere Regelungen über **vertragliche** Leistungsstörungen in §§ 311 ff. BGB,
- für **gegenseitige Verträge** allgemeine Regelungen in den §§ 320 bis 326 BGB, die aber
- für das **Kauf- und Werkvertragsrecht** (§§ 434 ff. BGB bzw. 633 ff. BGB) ergänzt werden durch spezielle Regelungen für Sach- und Rechtsmängel, ohne das allgemeine Leistungsstörungsrecht zu verlassen
- für das **Miet- und Reisevertragsrecht** gibt es wie bisher aber eigene Haftungsvorschriften für Mängel in § 536 a BGB und §§ 651 c bis f BGB, ohne dass an das System des Leistungsstörungsrechts angeknüpft wird

I. Begriff und Systematik des Leistungsstörungsrechts

(2) Welche sieben Arten von Leistungsstörungen kann man im Gesetz unterscheiden?

Im BGB finden sich die folgenden **Arten** der Leistungsstörung, die nachfolgend näher vorgestellt werden sollen:

Sieben Arten von Leistungsstörungen

- **Völliges Ausbleiben der Leistung** = sog. Unmöglichkeit, §§ 275, 280 Abs. 1, 3 i. V. m. 283, 311 a, 326 BGB
- **Verspätete Leistung** = Schuldnerverzug, §§ 280 Abs. 1, Abs. 2 i. V. m. 286 bis 290 BGB
- **Nichtannahme der Leistung durch den Gläubiger** = Gläubigerverzug, §§ 293 bis 304 BGB
- **Schlechte Leistung wegen allgemeiner Pflichtverletzung** (positiver Vertragsverletzung, PVV) hinsichtlich Schutz- und Nebenpflichten, §§ 280, 241 Abs. 2 BGB
- **Schlechte Leistung durch Verschulden bei Vertragsschluss** (culpa in contrahendo, cic) wegen Verletzung vorvertraglicher Schutzpflichten, §§ 280 Abs. 1, 311 Abs. 2, Abs. 3, 241 Abs. 2 BGB
- **Schlechte Leistung wegen Mängeln** = Mängelhaftung, z. B. beim Kauf in §§ 434 ff. BGB
- **Sinnlosigkeit der Leistung** = so dass ein Wegfall der Geschäftsgrundlage vorliegt, § 313 BGB

---

(3) Welche unterschiedlichen Rechtsfolgen können bei Leistungsstörungen eintreten?

Rechtlich formuliert ändert sich durch eine Leistungsstörung der **Inhalt** des Schuldverhältnisses. Die **Primär**leistungspflicht wie z. B. die Liefer- und Zahlungsverpflichtung wandelt sich **ganz** oder **teilweise** in eine **Sekundär**leistungspflicht um. Folgende Systematik der Rechtsfolgen ist erkennbar (5 Gruppen):

- **Erste** Gruppe: Ein Rücktrittsrecht vom Vertrag ist in §§ 323 ff. BGB geregelt.
- **Zweite** Gruppe: Ein Schadensersatzrecht enthält der § 280 BGB in drei Ausprägungen je nach Art des Schadensersatzes:
  - **Schadensersatz statt der Leistung**, § 280 Abs. 3 BGB (z. B. Kosten für einen teureren Deckungskauf bei unterbliebener Belieferung),
  - **Schadensersatz wegen Verzögerung der Leistung**, § 280 Abs. 2 2 BGB (sog. Verzögerungsschaden, wie z. B. Leihwagen),
  - **Ersatz sonstiger Schäden**, § 280 Abs. 1 BGB (z. B. Schaden an dem Einfahrtstor, der bei der verspäteten Lieferung durch den Lkw-Fahrer verursacht wurde).

Diese Systematik der Rechtsfolgen ist **grundsätzlich** nicht davon abhängig, welche **Art** der Leistungsstörung vorliegt. Vielmehr rückt das Gesetz die Rechtsfolgen in den Vordergrund, da dem **Rechtsanwender in der Praxis** letztlich gleich ist, ob er sein Geld nun über die allgemeine Pflichtverletzung (positive Vertragsverletzung) oder die Grundsätze des Verschuldens bei Vertragsverhandlungen (culpa in contrahendo), § 311 Abs. 2 BGB, bekommt.

I. Begriff und Systematik des Leistungsstörungsrechts

- Als **dritte Gruppe der Rechtsfolgen** regelt das Schuldrecht eine **Befreiung des Schuldners von seiner Leistungspflicht**, wenn die primäre Leistungspflicht nach § 275 BGB wegen Unmöglichkeit der Leistung ausgeschlossen ist.
- Als eine **vierte Gruppe** könnten die **gewährleistungsrechtlichen Ansprüche** auf **Nacherfüllung** und **Minderung** zusammengefasst werden. Diese Sonderrechtsfolgen gibt es zusätzlich bzw. neben den allgemeinen Schadensersatz- und Rücktrittsansprüchen nur bei der Mängelhaftung.
- In einer **fünften Gruppe** kann man die **sonstigen Rechtsfolgen** zusammenfassen, wie z. B. Anspruch auf Aufwendungsersatz, § 284 BGB, Herausgabeanspruch hinsichtlich eines erlangten Ersatzes oder bei Dauerschuldverhältnissen ein Kündigungsrecht aus wichtigem Grund, § 314 BGB.

▶ 254 Welche Voraussetzungen sind bei Leistungsstörungen grundsätzlich abzuprüfen?

Folgende **Checkliste** ist zu empfehlen:

Checkliste 32   Allgemeines Prüfungsschema bei Leistungsstörungen

- **Erster Schritt: Besteht ein vertragliches oder gesetzliches Schuldverhältnis?** Nur in einem solchen kann es überhaupt zu Leistungsstörungen kommen.
- **Zweiter Schritt: Welche Primärleistungspflichten bestehen?** Wegen des Grundsatzes der Vertragsfreiheit haben vertragliche Abreden Vorrang, so dass die Inhalte des Schuldverhältnisses zunächst aus vertraglichen Absprachen und den AGB festgestellt werden müssen.
- **Dritter Schritt: Welche Art der Leistungsstörung liegt vor?** Regelmäßig sind auch vertragliche Regelungen für den Fall der Leistungsstörung zu finden, die vorgehen, wenn sie nicht gegen zwingende gesetzliche Vorschriften verstoßen.
- **Vierter Schritt: Liegt eine verschuldete Pflichtverletzung vor?** Alle Leistungsstörungen müssen vorab auf das Bestehen einer Pflichtverletzung nach § 280 BGB überprüft werden müssen.
- **Fünfter Schritt: Welche Sondervoraussetzungen enthält das Gesetz für die jeweilige Art von Leistungsstörung?**
- **Sechster Schritt: Welche allgemeinen Rechtsfolgen sieht das Gesetz vor und welche Besonderheiten gelten für die jeweilige Leistungsstörung?**

Lösung Fall 107 In dem Einstiegsfall muss dem Händler zunächst erläutert werden, **welche Leistungspflichten** in dem konkreten Vertrag bestehen, so dass ihm bewusst wird, wo überhaupt Pflichtverletzungen auftreten können. Da es sich um einen Kaufvertrag nach § 433 BGB handelt, ergeben sich folgende Pflichten aus dem Gesetz: **Verkäuferpflichten**: Übergabe und Übereignung des Pkw, § 433 Abs. 1, S. 1 BGB. **Käuferpflichten**: Bezahlung des Pkw, § 433 Abs. 2 BGB.

Diese Pflichten können dann unterschiedlich erfüllt bzw. verletzt werden: überhaupt nicht, zu spät, durch Nichtannahme der Leistung, schlechte Leistung infolge Verletzung von Rücksichtnahmepflichten oder Verschuldens bei der Vertragsanbahnung oder mangelhaft. Auch ein kompletter Wegfall der Geschäftsgrundlage kann möglich sein.

I. Begriff und Systematik des Leistungsstörungsrechts

Aus diesen Pflichtverletzungen ergeben sich dann für den Händler zahlreiche **negative Rechtsfolgen**, angefangen vom Rücktritt des Kunden über Schadensersatzansprüche bis hin zur Gewährleistungsrechten.

 Systematik des Leistungsstörungsrechts

- **Sieben Arten von Leistungsstörungen** ○ **völliges Ausbleiben der Leistung** = sog. Unmöglichkeit ○ **verspätete Leistung** = Schuldnerverzug ○ **Nichtannahme der Leistung** durch den Käufer = Gläubigerverzug ○ **Schlechte Leistung wegen allgemeiner Pflichtverletzung** ○ **Schlechte Leistung durch Verschulden bei Vertragsschluss** (culpa in contrahendo, cic) ○ **Schlechte Leistung wegen Mängeln** = Mängelhaftung ○ **Sinnlosigkeit der Leistung** = Wegfall der Geschäftsgrundlage
- **Rechtsfolgen bei Leistungsstörungen** ○ Rücktrittsrechte ○ Schadensersatzansprüche ○ Befreiung von der eigenen Leistungspflicht ○ gewährleistungsrechtliche Ansprüche auf Nacherfüllung und Minderung wegen Mängeln ○ sonstige Rechtsfolgen wie z. B. Aufwendungsersatzansprüche
- **Prüfungsschema bei Leistungsstörungen** ○ Besteht ein vertragliches oder gesetzliches Schuldverhältnis? ○ Welche Primärleistungspflichten bestehen? ○ Welche Art der Leistungsstörung liegt vor? ○ Liegt eine verschuldete Pflichtverletzung vor? ○ Welche Sondervoraussetzungen enthält das Gesetz für die jeweilige Art von Leistungsstörung? ○ Welche allgemeinen Rechtsfolgen sieht das Gesetz vor und welche Besonderheiten gelten für die jeweilige Leistungsstörung?

II. Unmöglichkeit

▶ **255 Welche Folgen hat das völlige Ausbleiben der Leistung (sog. Unmöglichkeit)?**

> **Fall 108** Es-gibt-nichts-was-es-nicht-gibt Muss der **Gebrauchtwagenhändler Volker Lambertus Schleimer** bei folgenden Fallbeispielen weiterhin an die **Bestellerin Rosa Pech** liefern, wenn der bereits verkaufte aber noch nicht gelieferte Gebrauchtwagen ...
> a) **kurz nach der Probefahrt** von einem Baggerfahrer auf wenige Zentimeter Höhe „geschrumpft" wurde, ohne dass dieses bei Vertragsschluss bekannt war?
> b) auf dem Hof des Unternehmens einen Tag vor Übergabe durch Blitzschlag **verbrennt**?
> c) 10 Minuten vor dem Eintreffen des Kunden von Dieben **gestohlen** wird?
> d) mangels behördlicher **Importgenehmigung** nicht aus den USA eingeführt werden darf?
> e) zwar relativ unversehrt wieder gefunden wird, sich aber an Bord eines Öl-Tankers befindet, der vor der spanischen Küste gesunken ist und so **nur mit gewaltigen Kosten und hohen technischen Risiken** vom Meeresgrund geborgen und repariert werden kann?
> f) von einem **berühmten Autodesigner eigenhändig** halb schon bemalt wurde, dieser dann aber zu seiner schwer erkrankten Ehefrau ins Krankenhaus muss und das Werk auf lange Zeit nicht fertig malen kann?
>
> **Frage 1** Welche **Rechte** hat die **Bestellerin**? Muss der **Verkäufer** nochmals leisten?
> **Frage 2** Was ist mit der **Gegenleistung der Bestellerin**? Muss diese trotzdem bezahlen?
> **Frage 3** Wer ersetzt der Bestellerin mögliche **Schäden**?

Kann der Vertragspartner oder jedermann die vertraglich geschuldete Leistung nicht mehr erbringen, spricht das Gesetz **begrifflich** von Unmöglichkeit, § 275 Abs. 1 BGB.

§ **§ 275 Abs. 1 BGB Ausschluss der Leistungspflicht** (1) Der Anspruch auf Leistung ist ausgeschlossen, soweit diese für den Schuldner oder für jedermann unmöglich ist.

Wo ist die Unmöglichkeit geregelt?

Neben dem § 275 BGB, der dem Vertragspartner im Fall der Unmöglichkeit den Anspruch auf die Leistung kraft Gesetzes ausschließt, sind noch weitere Vorschriften ergänzend bei der Lösung der Rechtsfragen unmöglich gewordener Verträge hinzuzuziehen, § 275 Abs. 4 BGB.

§ **§ 275 Abs. 4 BGB Ausschluss der Leistungspflicht** (4) Die Rechte des Gläubigers bestimmen sich nach den §§ 280, 283 bis 285, 311a und 326.

Wenn der Schuldner die Unmöglichkeit verschuldet hat, muss er dem Gläubiger den dadurch entstandenen Schaden ersetzen, §§ 280 Abs. 1 und 3, 283 BGB.

§ **§ 280 Abs. 3 BGB Schadensersatz wegen Pflichtverletzung** (1) Verletzt der Schuldner eine Pflicht aus dem Schuldverhältnis, so kann der Gläubiger **Ersatz** des hierdurch entstehenden Schadens verlangen. Dies gilt nicht, wenn der Schuldner

II. Unmöglichkeit

die Pflichtverletzung nicht zu vertreten hat. (3) **Schadensersatz statt der Leistung** kann der Gläubiger nur unter den zusätzlichen Voraussetzungen des § 281, des § 282 oder des § 283 verlangen.

> **§ 283 BGB Schadensersatz statt der Leistung bei Ausschluss der Leistungspflicht** Braucht der Schuldner nach § 275 Abs. 1 bis 3 nicht zu leisten, kann der Gläubiger unter den Voraussetzungen des § 280 Abs. 1 **Schadensersatz statt der Leistung** verlangen. § 281 Abs. 1 Satz 2 und 3 und Abs. 5 findet entsprechende Anwendung.

Die Frage, was mit der Pflicht des Gläubigers auf Erbringung seiner Gegenleistung passiert, regelt der § 326 BGB für die gegenseitigen Verträge im Abs. 1 z. B. dahingehend, dass der Gläubiger grundsätzlich nicht mehr seine Leistung erbringen muss und frei wird.

> **§ 326 Abs. 1 S. 1 BGB Befreiung von der Gegenleistung und Rücktritt beim Ausschluss der Leistungspflicht** (1) Braucht der Schuldner nach § 275 Abs. 1 bis 3 nicht zu leisten, **entfällt** der Anspruch auf die **Gegenleistung**

Stellt sich nach Vertragsschluss heraus, dass die Unmöglichkeit bereits vor Vertragsschluss bestand, ist der Vertrag nach **§ 311a BGB** wirksam.

> **§ 311a Abs. 1 BGB Leistungshindernis bei Vertragsschluss** (1) Der **Wirksamkeit eines Vertrags** steht es nicht entgegen, dass der Schuldner nach § 275 Abs. 1 bis 3 nicht zu leisten braucht und das Leistungshindernis schon bei Vertragsschluss vorliegt.

▶ **256 Welche Voraussetzungen müssen für das Vorliegen einer Unmöglichkeit geprüft werden?**

Bei der Unmöglichkeit muss der Schuldner nicht mehr in der Lage sein, seine primären vertraglichen Leistungspflichten, z. B. im Ausgangsfall Verschaffung der Kaufsache, zu erbringen. Die Rechtslehre hat die verschiedenen Ursachen und Ausprägungen begrifflich in folgende Fälle der Unmöglichkeit eingeteilt, die in jedem Einzelfall auf Besonderheiten zu prüfen sind (Palandt/Grüneberg § 275, Rn. 4 ff.).

Begriffe der Unmöglichkeit
- Anfängliche und nachträgliche Unmöglichkeit
- Objektive und subjektive Unmöglichkeit
- Rechtliche Unmöglichkeit
- Wirtschaftliche Unmöglichkeit
- Persönliche Unmöglichkeit
- Verschuldete und nicht verschuldete Unmöglichkeit
- Teilweise Unmöglichkeit
- Vorübergehende und dauernde Unmöglichkeit

Es bleibt aber bei dem **Grundsatz**, dass das Gesetz alle Arten der **nach** Vertragsschluss eintretenden nachträglichen Unmöglichkeit hinsichtlich der unmöglich gewordenen Leistungspflicht **gleich behandelt**: Die **Primär**leistungspflicht (z. B. Lieferung des Autos) entfällt, es entstehen bei den einzelnen Unmöglichkeitsarten allenfalls unterschiedliche Sekundärleistungspflichten (Schadensersatzansprüche).

> **Lösung Fall 108** Der Gebrauchtwagenhändler kann in allen Fällen die Lieferung des konkreten Autos verweigern.

(1) Wie unterscheiden sich anfängliche und nachträgliche Unmöglichkeit?

Diese liegt vor, wenn der Entstehungszeitpunkt der Unmöglichkeit **vor** oder **nach** dem Vertragsschluss lag. Beide Unmöglichkeiten führen nach § 275 BGB zum Wegfall der Primärleistungspflicht, die Rechtsfolgen der anfänglichen Unmöglichkeit richten sich nach § 311 a BGB, die der nachträglichen Unmöglichkeit nach §§ 280, 283 BGB.

> **Fall a)** des „geschrumpften" Autos (anfänglich) und im Fall b) des verbrannten Autos (nachträglich)

(2) Was bezeichnet die objektive und die subjektive Unmöglichkeit?

Die objektive Unmöglichkeit liegt vor, wenn die Leistung für niemanden mehr möglich ist, wie § 275 Abs. 1, Alt. 2 BGB „für jedermann" formuliert. Voraussetzung ist aber, dass die Leistung auch nicht mit dem Vertragspartner zumutbaren Änderungen der eigentlich versprochenen Leistung doch erbracht werden könnte (OLG München NJW-RR 2005, 616).

> **Fälle a) und b)** des „geschrumpften" und des verbrannten Autos

> **Beispiele objektiver Unmöglichkeit** (Palandt/Grünberg § 275, Rn. 14) ▶ sämtliche Fälle des Untergangs, der Zerstörung oder vollständigen Entwertung, so dass aufgrund der Naturgesetze auch nach dem Stand der Technik keine Leistungserbringung möglich ist ▶ Verkauf eines Tieres mit Gendefekten (BGH NJW 2005, 2852) ▶ Verkauf eines bereits bekannten Geheimverfahrens (BGH GRUR 1963, 209) ▶ Leistung soll mittels magischer, parapsychologischer oder astrologischer Verfahren erfolgen (BGH NJW 2011, 756, LG Augsburg NJW-RR 2004, 272, AG Grevenbroich NJW-RR 1999, 133) ▶ Gattung existiert nicht mehr (OLG Hamm DAR 1983, 79)

Von **subjektiver Unmöglichkeit** spricht das Gesetz, wenn allein dem Schuldner die Leistung nicht mehr erfüllbar ist, § 275 Abs. 1, Alt. 1 BGB. Früher bezeichnete das Gesetz diese Fallgruppe mit „Unvermögen" statt Unmöglichkeit, was aber in § 275 BGB entfallen ist, da beides gleichbehandelt wird. In § 275 BGB ist aber danach zu unterscheiden, ob die Leistungserfüllung überhaupt nicht mehr möglich ist, Abs. 1, oder ob nur grob unverhältnismäßige Anstrengungen dazu nötig wären, Abs. 2.

> § **§ 275 Abs. 2 BGB Ausschluss der Leistungspflicht** (2) Der Schuldner **kann die Leistung verweigern**, soweit diese einen Aufwand erfordert, der unter Beachtung des Inhalts des Schuldverhältnisses und der Gebote von Treu und Glauben in einem **groben Missverhältnis** zu dem Leistungsinteresse des Gläubigers steht. Bei der Bestimmung der dem Schuldner zuzumutenden Anstrengungen ist auch zu berücksichtigen, ob der Schuldner das Leistungshindernis zu vertreten hat.

II. Unmöglichkeit

> **Fall c)** des gestohlenen Autos, da der Dieb ja theoretisch noch leisten könnte, eine weltweite Fahndung aber eine Überspannung der Kräfte bedeuten würde

Beispiele subjektiver Unmöglichkeit (Palandt/Grüneberg § 275, Rn. 24) ▶ Unmöglichkeit aus **tatsächlichen** Gründen wie z. B. Doppelvermietung einer Wohnung nach Überlassung an einen der Mieter ▶ **rechtliche** Hindernisse z. B. beim Verkauf einer bereits an einen Dritten verkauften Ware

(3) Wann liegt eine rechtliche Unmöglichkeit vor?

Beruht die Unmöglichkeit nicht auf **tatsächlichen** Leistungshindernissen, sondern auf Rechtsgründen, liegt eine **rechtliche** Unmöglichkeit vor.

> **Fall d)** der fehlenden Importgenehmigung, wenn endgültig keine Einfuhr mehr durch die Grenzbehörden erfolgt (OLG Köln NJW-RR 1995, 671)

Beispiele rechtlicher Unmöglichkeit (Palandt/Grüneberg § 275, Rn. 16) ▶ Enteignung, Beschlagnahme durch öffentliche Stellen (BGH DtZ 1996, 26, BGHZ 90, 292) ▶ Verkauf einer gestohlenen Sache, wegen § 935 BGB ist kein gutgläubiger Erwerb daran möglich ▶ weiterer Fall, wenn die Kaufsache dem Käufer schon gehört

(4) Was versteht man unter einer wirtschaftlichen Unmöglichkeit?

Wenn die Leistungserbringung durch z. B. hohe Bergungskosten derart erschwert wird, dass sich ein grobes Missverhältnis zu dem Interesse des Gläubigers an der Leistung ergeben würde, liegt eine wirtschaftliche Unmöglichkeit vor, die nach § 275 Abs. 2 BGB behandelt werden könnte. Soweit ersichtlich ist aber mit der ausdrücklichen gesetzlichen Regelung der Leistungsstörung „Wegfall der Geschäftsgrundlage" in § 313 BGB eine von den Rechtsfolgen besser passende Regelung in das BGB aufgenommen worden. Die Anpassung des Vertrages an veränderte Vertragsumstände nach § 313 BGB ist in der Regel besser als das nach § 275 BGB vorgesehene Entfallen der Leistungspflicht (Palandt/Grüneberg § 275, Rn. 22). Somit unterfallen auch Unmöglichkeitsfälle aus „praktischen" oder „faktischen" Gründen nicht mehr dem § 275 BGB.

> **Fall e)** des auf dem Tanker versunkenen Autos.

(5) Wie ist die persönliche Unmöglichkeit gekennzeichnet?

Wird eine persönlich zu erbringende Leistung z. B. aufgrund eines Arbeitsvertrages geschuldet, nun dadurch unmöglich, dass der Schuldners stirbt, schwer erkrankt, einen schwer erkrankten Angehörigen pflegen muss, auf dem Wege zur Arbeit durch widrige Wetterverhältnisse oder einen Verkehrsstreik behindert wird, so kann ein Fall der in § 275 Abs. 3 BGB geregelten persönlichen Unmöglichkeit vorliegen.

§ **§ 275 Abs. 3 BGB Ausschluss der Leistungspflicht** (3) Der Schuldner kann die Leistung ferner verweigern, wenn er die Leistung **persönlich** zu erbringen hat und sie ihm unter Abwägung des seiner Leistung entgegenstehenden Hindernisses mit dem Leistungsinteresse des Gläubigers nicht zugemutet werden kann.

Fall f) des erkrankten Angehörigen. Stirbt der Maler in unserem Beispiel selbst, liegt auch eine objektive Unmöglichkeit nach §275 Abs. 1 BGB vor.

> **Beispiel persönlicher Unmöglichkeit** (Palandt/Grüneberg §275, Rn. 14, 30) ▶ speziell auf den Dirigenten zugeschnittenes Konzert wird nach dessen Tod abgesagt (AG Mannheim NJW 1991, 1490) ▶ Smogalarm (BAG DB 1983, 396)

(6) Warum unterscheidet man die verschuldete und nicht verschuldete Unmöglichkeit?

Besonders auf der Rechtsfolgenseite ist es wichtig zu danach zu unterscheiden, wer die Unmöglichkeit zu vertreten hat und wer nicht. §275 BGB findet auf alle diese Fälle Anwendung, so dass der Schuldner zunächst von seiner Leistungspflicht frei wird, aber bei eigenem Verschulden dann Schadensersatz leisten muss, §§280 Abs. 1, 283 BGB.

(7) Was gilt bei einer Teilunmöglichkeit?

Ist eine Leistung teilbar, finden die gesetzlichen Unmöglichkeitsregelungen auch auf den unmöglich gewordenen Teil Anwendung, so dass im Ergebnis die Gegenleistung dann herabzusetzen ist, und bei fehlendem Interesse an der Restleistung auch Rücktritt vom ganzen Vertrag erfolgen kann, §§323 Abs. 5 S. 1 i. V. m. 326 Abs. 5 BGB.

> **Beispiel für Teilunmöglichkeit** ▶ die Kaufsache ist mit dem Recht eines fremden Dritten belastet, so dass der Verkäufer nur Besitz, aber kein lastenfreies Eigentum leisten kann

(8) Wie wird die vorübergehende und die dauernde Unmöglichkeit behandelt?

Die in §§275, 283 und 311 a BGB geregelte Unmöglichkeit geht von einem dauernden Leistungshindernis aus, ansonsten liegt Verzug vor. Wird allerdings der mit dem Vertrag bezweckte Inhalt aufgrund des Hindernisses nicht mehr erreicht, z. B. erkrankter Fotograf soll die Hochzeit fotografieren, so ist das Festhalten am Vertrag bis zum Wegfall des Leistungshindernisses nicht mehr zumutbar, die vorübergehende Unmöglichkeit wird der dauernden gleichgestellt (BGH NJW 2007, 3777).

▶ 257 Welche Rechtsfolgen hat die Unmöglichkeit?

Für den Schuldner der unmöglich gewordenen Leistung hat seine Unmöglichkeit zunächst die Rechtsfolgen aus §275 BGB, d. h. nach §275 Abs. 1 BGB muss er nicht noch mal leisten. Die Rechtsfolgen **des Gläubigers** bestimmen sich wie bereits erwähnt laut §275 Abs. 4 BGB nach den folgenden Vorschriften:

§§280, 283 bis 285 ff., §311 a BGB: Der Gläubiger kann **Schadensersatz** statt der Leistung oder **Aufwendungsersatz** verlangen. Voraussetzung ist natürlich, dass der Schuldner der unmöglich gewordenen Leistung deren Unmöglichkeit **zu vertreten** hat.

> **Keinen** Schadensersatz gibt es deshalb sowohl bei dem geschrumpften Auto **Fall a)**, wenn der Verkäufer davon nichts wusste und nichts wissen konnte, §311 a Abs. 2, S. 2 BGB. Entsprechendes gilt bei dem Blitzschlag **Fall b)**, dem Diebstahl **Fall c)**, dem Tankeruntergang **Fall e)** und der Erkrankung des Künstler-Angehörigen **Fall f)**, da diese Umstände der Schuldner im Regelfall nicht verschuldet hat. Anders wäre natürlich zu entscheiden, wenn das Auto nicht vor Diebstahl geschützt worden war, z. B. unverschlossen und mit steckendem Schlüssel.

II. Unmöglichkeit

> **Etwas anderes** gilt im **Fall der fehlenden Importgenehmigung d)**. Hier liegt ein Fall der anfänglichen Unmöglichkeit vor, die dem Verkäufer regelmäßig bekannt sein muss. Das **Beschaffungsrisiko** der Einfuhrgenehmigung liegt eindeutig im Risikobereich des Verkäufers, so dass der Vertrag trotz anfänglicher Unmöglichkeit gemäß §311a Abs.1 BGB wirksam ist. Die Bestellerin kann aber nach ihrer Wahl **Schadensersatz oder Ersatz ihrer Aufwendungen** (z.B. Besichtigungskosten in USA) verlangen, §311a Abs.2 BGB.

§ **§311 a Abs.1 und 2 BGB Leistungshindernis bei Vertragsschluss** (1) Der Wirksamkeit eines Vertrags steht es nicht entgegen, dass der Schuldner nach §275 Abs.1 bis 3 nicht zu leisten braucht und das Leistungshindernis schon bei Vertragsschluss vorliegt. (2) Der Gläubiger kann nach seiner Wahl **Schadensersatz statt der Leistung** oder **Ersatz seiner Aufwendungen** in dem in §284 bestimmten Umfang verlangen. Dies gilt nicht, wenn der Schuldner das Leistungshindernis bei Vertragsschluss nicht kannte und seine Unkenntnis auch nicht zu vertreten hat. §281 Abs.1 Satz 2 und 3 und Abs.5 findet entsprechende Anwendung.

§326 Abs.4 und 5 BGB: Zusätzlich hat der Gläubiger der unmöglich gewordenen Leistung ein **Rücktrittsrecht** ohne Fristsetzung und unabhängig davon, ob die Unmöglichkeit verschuldet war oder nicht. Im Nachgang der Rücktrittserklärung kommt es dann zu einer Rückgewähr der evtl. schon entrichteten Gegenleistung (Kaufpreis des Autos).

§ **§326 Abs.4 und 5 BGB Befreiung von der Gegenleistung und Rücktritt beim Ausschluss der Leistungspflicht** (1) Braucht der Schuldner nach §275 Abs.1 bis 3 nicht zu leisten, entfällt der Anspruch auf die Gegenleistung; (4) Soweit die nach dieser Vorschrift nicht geschuldete Gegenleistung bewirkt ist, kann das Geleistete nach den §§346 bis 348 **zurückgefordert** werden. (5) Braucht der Schuldner nach §275 Abs.1 bis 3 nicht zu leisten, kann der Gläubiger **zurücktreten**; auf den Rücktritt findet §323 mit der Maßgabe entsprechende Anwendung, dass die **Fristsetzung entbehrlich** ist.

§326 Abs.1 BGB: Unter welchen Umständen muss z.B. der Käufer den Kaufpreis für den nicht mehr lieferbaren Kaufgegenstand bezahlen? Nachdem die Rechte des Gläubigers betrachtet wurden, stellt sich die Frage, welche Rechte hat der nicht leistende Schuldner hinsichtlich der Gegenleistung. Logischerweise kann der Verkäufer den Kaufpreis dann nicht verlangen, wenn er selbst auch nicht zur Leistung in der Lage war. Rechtlich ausgedrückt führt also die Leistungsbefreiung bei gegenseitigen Verträgen auch zur Befreiung von der Gegenleistungspflicht, wie es §326 Abs.1 BGB ausdrücklich regelt.

§ **§326 Abs.1 BGB Befreiung von der Gegenleistung und Rücktritt beim Ausschluss der Leistungspflicht** (1) Braucht der Schuldner nach §275 Abs.1 bis 3 nicht zu leisten, entfällt der Anspruch auf die Gegenleistung;

An diesem Ergebnis kann es nur dann Zweifel geben, wenn folgende Sonderfälle vorliegen:

II. Unmöglichkeit

- Ist z. B. der **Schuldner einer mangelhaften Sache wegen Unzumutbarkeit der Nacherfüllung** nicht zur Mängelbeseitigung nach § 275 BGB verpflichtet, wäre es unbillig, ihm auch die gesamte Gegenleistung (Werklohn) zu versagen. In diesen Fällen bleibt es grundsätzlich bei der Pflicht zur Entrichtung des Geldes.
- Ebenso sind diejenigen Fälle zu behandeln, bei denen der **Gläubiger der unmöglich gewordenen Leistung die Unmöglichkeit „allein oder überwiegend" zu vertreten hat**, §§ 276 ff. BGB, oder er sich **„im Verzug der Annahme"** befindet, § 326 Abs. 2 BGB. In diesen Fällen ist es nur recht und billig, wenn er dem „unschuldigen" Schuldner der unmöglich gewordenen Leistung trotzdem seine Gegenleistung (im Regelfall das Geld) erbringt.
- Verlangt der Gläubiger für den geschuldeten Gegenstand einen erlangten **Ersatz**, z. B. Zahlungsanspruch gegenüber einer Versicherung, so muss er gleichsam seine Leistung erbringen, § 326 Abs. 3 BGB, sog. stellvertretendes commodum.

> **§ § 326 Abs. 2 und 3 BGB Befreiung von der Gegenleistung und Rücktritt beim Ausschluss der Leistungspflicht** (2) Ist der Gläubiger für den Umstand, auf Grund dessen der Schuldner nach § 275 Abs. 1 bis 3 nicht zu leisten braucht, **allein oder weit überwiegend verantwortlich** oder tritt dieser vom Schuldner nicht zu vertretende Umstand zu einer Zeit ein, zu welcher der Gläubiger **im Verzug der Annahme** ist, so **behält der Schuldner den Anspruch auf die Gegenleistung**. Er muss sich jedoch dasjenige anrechnen lassen, was er infolge der Befreiung von der Leistung erspart oder durch anderweitige Verwendung seiner Arbeitskraft erwirbt oder zu erwerben böswillig unterlässt. (3) Verlangt der Gläubiger nach § 285 **Herausgabe** des für den geschuldeten Gegenstand erlangten **Ersatzes** oder Abtretung des Ersatzanspruchs, so bleibt er zur Gegenleistung verpflichtet. Diese mindert sich jedoch nach Maßgabe des § 441 Abs. 3 insoweit, als der Wert des Ersatzes oder des Ersatzanspruchs hinter dem Wert der geschuldeten Leistung zurückbleibt.

▷ **258 Wie können Ansprüche bei Unmöglichkeit in der Praxis geltend gemacht werden?**

Ein Musterbrief zur Geltendmachung von Rechten wegen Unmöglichkeit könnte wie folgend formuliert werden:

> **Muster 77: Schadensersatz wegen anfänglicher Unmöglichkeit**
> Absender   Ort, Datum ...
> Empfänger Fa. ... (Name, Anschrift) ...
> **Unmöglichkeit der Lieferung – Schadensersatz**
> Sehr geehrte/r Frau/Herr ..., Sie haben sich vertraglich zur Lieferung von ... (Vertragsgegenstand) ... verpflichtet, obwohl Sie zum Zeitpunkt des Vertragsabschlusses bereits wussten oder zumindest aufgrund unsorgfältigen Verhaltens nicht wussten, dass dieses Produkt **mangels Importgenehmigung** nicht geliefert werden kann. Wir waren durch Ihre Nichtlieferung gezwungen, uns anderweitig gleichwertige Fahrzeuge zu besorgen. Bedauerlicherweise waren diese Fahrzeuge teurer, wie Sie der beigefügten Rechnung entnehmen können. Die Mehrkosten haben Sie zu tragen. Wir verlangen daher den uns entstandenen Schaden in Höhe von ... (Betrag) ... bis zum .... zu ersetzen. Mit freundlichen Grüßen (Unterschrift) Anlage: Rechnung für Deckungskauf

II. Unmöglichkeit

 Völliges Ausbleiben der Leistung = sog. Unmöglichkeit

- **Begriff und Regelungsort** ○ Unmöglichkeit bezeichnet die Unfähigkeit des Vertragspartners, die vertraglich geschuldete Leistung erbringen zu können ○ Gesetz regelt verschiedene Aspekte der Unmöglichkeit ○ **Schuldner** wird frei von seiner Leistungspflicht, § 275 Abs. 1 BGB ○ **Rechte des Gläubigers** der unmöglich gewordenen Leistung bestimmen sich nach §§ 280, 283 bis 285, 311 a BGB und 326 BGB
- **Begriffe der Unmöglichkeit** ○ anfängliche und nachträgliche Unmöglichkeit ○ objektive und subjektive Unmöglichkeit ○ rechtliche Unmöglichkeit ○ wirtschaftliche Unmöglichkeit ○ persönliche Unmöglichkeit ○ verschuldete und nicht verschuldete Unmöglichkeit ○ teilweise Unmöglichkeit ○ vorübergehende und dauernde Unmöglichkeit
- **Rechtsfolgen der Unmöglichkeit** ○ Schuldner muss nicht noch mal liefern, § 275 BGB ○ Gläubiger kann Schadensersatz oder Aufwendungsersatz verlangen, wenn der Schuldner die Unmöglichkeit verschuldet hat ○ Gläubiger kann vom Vertrag ohne Fristsetzung und unabhängig, ob die Unmöglichkeit verschuldet war oder nicht, zurücktreten, § 326 Abs. 4 und 5 BGB ○ unter bestimmten Umständen hat der Gläubiger einen Anspruch auf die Gegenleistung ohne selbst leisten zu müssen

III. Schuldnerverzug

▶ **259 Welche Folgen hat eine verspätete Lieferung (sog. Schuldnerverzug)?**

> **Fall 109 Termine, Termine, Termine** Der **Geschäftsmann Kain Dunst** hat mit dem **Gebrauchtwagenhändler Valentino Lässig** als verbindlichen Liefertermin den **1.10.** schriftlich vereinbart, da der Käufer an diesem Tag eine längere Dienstreise mit dem Wagen antreten muss. Am 1.10. ist der Wagen nicht da, so dass Kain Dunst sich am nächsten Tag einen Leihwagen nehmen muss und seine **Rechtsanwältin Elena Mühle-Stein** mit der Sache beauftragt. Rechtsanwältin Mühle-Stein übermittelt dem Verkäufer am **3.10.** eine Mahnung und setzt eine Frist zur Lieferung bis zum **15.10.** Erst auf Druck der Anwältin wird das Auto am **2.11.** an Käufer Kain Dunst geliefert und übereignet. **Frage Ab wann ist der Verkäufer nach den gesetzlichen Vorschriften mit seiner Leistungspflicht in Verzug? Welche Rechtsfolgen ergeben sich aus dem Verzug?**

Solange der Schuldner seine fällige und noch mögliche Leistung aus eigenem Verschulden pflichtwidrig hinauszögert, ist er im Verzug und muss von der Grundidee des Gesetzes her alle damit zusammenhängenden Verspätungsschäden ersetzen.

Der Verzug ist in den §§ 280 Abs. 2, 286 ff. BGB geregelt.

§ **§ 280 Abs. 2 BGB Schadensersatz wegen Pflichtverletzung** (2) Schadensersatz wegen **Verzögerung der Leistung** kann der Gläubiger nur unter der zusätzlichen Voraussetzung des § 286 verlangen. ...

§ **§ 286 Abs. 1 und 4 BGB Verzug des Schuldners** (1) Leistet der Schuldner auf eine Mahnung des Gläubigers **nicht**, die nach dem **Eintritt der Fälligkeit** erfolgt, so kommt er durch die **Mahnung** in Verzug. (4) Der Schuldner kommt nicht in Verzug, solange die Leistung infolge eines Umstands unterbleibt, den er **nicht zu vertreten** hat.

▶ **260 Welche Voraussetzungen müssen für den Schuldnerverzug geprüft werden?**

Die alte Lehrformel für den Schuldnerverzug kann noch heute helfen, die Voraussetzungen sich besser einzuprägen können:

> „Schuldnerverzug ist schuldhafte Nichtleistung der möglichen Leistung trotz Fälligkeit und Mahnung".

Die zu prüfenden Voraussetzungen des Schuldnerverzugs können alle in § 286 BGB abgelesen werden:

III. Schuldnerverzug

> **Voraussetzungen des Schuldnerverzugs**
> - Nichtleistung trotz Möglichkeit der Leistung
> - fälliger und durchsetzbarer Erfüllungsanspruch
> - Mahnung des Gläubigers
> - Umstand der Nichtleistung ist vom Schuldner „zu vertreten"

(1) Wann liegt eine Nichtleistung trotz Möglichkeit der Leistung vor?

In Abgrenzung zur bereits dargestellten Unmöglichkeit kann ein Verzug nur dann eintreten, wenn die **Leistung an sich noch erbracht werden kann**. In der Regel wird der Verzug daher nur bei vorübergehenden Leistungshindernissen in Betracht kommen, wobei Ausnahmen z. B. bei Fixgeschäft bestehen, wo schon ein kleiner Zeitverzug für den Gläubiger zum Wegfall seines Interesses an der Leistung führen kann, so dass dann bereits Unmöglichkeit vorliegt.

> Im **Fall 99** konnte der Gebrauchtwagenhändler später ja ganz normal liefern, so dass mangels Anhaltspunkten für ein Fixgeschäft nicht von einer Unmöglichkeit auszugehen ist.

(2) Wann ist der Erfüllungsanspruch nicht fällig und durchsetzbar?

In Verzug kommt man nur mit **fälligen und durchsetzbaren Ansprüchen**. Kann sich der Schuldner auf eine dauernde oder aufschiebende Einrede wie z. B. Verjährung, § 214 BGB, berufen, kann ein Verzug nicht mehr vorliegen. Zudem muss die vereinbarte Leistungszeit bereits verstrichen sein, bzw. bei Fehlen einer solchen, die im Zweifel bestehende Sofort-Fälligkeit des § 271 BGB eingreifen. Im unternehmerischen Geschäftsverkehr gilt der neue § 271 a BGB.

Für die Geltendmachung von Forderungen sind durch das Gesetz Zeitgrenzen gesetzt, **die sog. Verjährungsfristen**, §§ 194 ff. BGB. Nach Ablauf dieser Fristen kann sich der Schuldner auf die Verjährung berufen, so dass u. a. kein Verzug mehr eintreten kann, obwohl die Forderung eigentlich noch besteht. **Zweck dieser Regelungen** ist es, den negativen Auswirkungen der „verdunkelnden Macht" der Zeit entgegenzuwirken. Denn mit fortschreitendem Zeitablauf entstehenden Probleme mit der Beweisbarkeit einer Forderung. Zumal will das Gesetz eine übermäßige Pflicht des Geschäftsverkehrs, Belege, Quittungen, etc. aufzubewahren, auf ein vernünftiges Maß bringen. Auch soll ein Gläubiger, der sich jahrelang nicht um seine Forderungen kümmert, nicht noch die Gerichte mit seinen Streitigkeiten belasten. Deshalb gelten folgende Grundfristen für allgemeine Forderungen, die von den Gewährleistungsfristen zu unterscheiden sind (vgl. später):

Anspruchsinhalt	Frist	Zu beachten sind der unterschiedliche Beginnzeitpunkt und das Bestehen einer maximalen „Dachfrist":
Ansprüche, wie z. B. **Zahlungsansprüche** aus Kauf-, Werk-, Miet- oder Arbeitsverträgen, solange keine Sonderregelung besteht (z. B. in Tarifverträgen)	3 Jahre	Verjährungsbeginn mit dem Schluss des Jahres, in dem der Anspruch entstanden ist und Kenntnis des Anspruchs vorliegt. **Maximale** Verjährungsfrist bei Unkenntnis des Anspruchs: • 30 Jahre bei Schadensersatzansprüchen wegen Verletzung hochrangiger Rechtsgüter wie Freiheit, Körper, Leben oder Gesundheit. **Verjährungsbeginn** ist der Zeitpunkt der Verletzung. • 10 Jahre bei allen sonstigen Schadensersatzansprüchen. **Verjährungsbeginn** ist der Zeitpunkt der Verletzung. • 10 Jahre bei allen anderen Ansprüchen Die eher endende Frist ist maßgeblich für die gesamte Verjährung
Ansprüche auf Übertragung des Eigentums an einem **Grundstück** und auf sonstige Rechte an einem Grundstück	10 Jahre	Verjährungsbeginn bei Fälligkeit
Herausgabeansprüche aus Eigentum und anderen dinglichen Rechten	30 Jahre	Verjährungsbeginn bei Fälligkeit
Familien- und erbrechtliche Ansprüche	30 Jahre	Verjährungsbeginn bei Fälligkeit
Rechtskräftig festgestellte Ansprüche	30 Jahre	Verjährungsbeginn bei Fälligkeit
Ansprüche aus **vollstreckbaren** Vergleichen oder vollstreckbaren Urkunden	30 Jahre	Verjährungsbeginn bei Fälligkeit
Ansprüche, die durch die im **Insolvenzverfahren** erfolgte Feststellung vollstreckbar geworden sind	30 Jahre	Verjährungsbeginn bei Fälligkeit

§ **§ 195 BGB Regelmäßige Verjährungsfrist** Die regelmäßige Verjährungsfrist beträgt drei Jahre

§ **§ 199 BGB Beginn der regelmäßigen Verjährungsfrist und Höchstfristen** (1) Die regelmäßige Verjährungsfrist beginnt mit dem **Schluss des Jahres**, in dem 1. der Anspruch entstanden ist und 2. der Gläubiger von den den Anspruch begründenden Umständen **und** der Person des Schuldners Kenntnis erlangt oder ohne

III. Schuldnerverzug

grobe Fahrlässigkeit erlangen müsste. (2) **Schadensersatzansprüche**, die auf der Verletzung des Lebens, des Körpers, der Gesundheit oder der Freiheit beruhen, verjähren ohne Rücksicht auf ihre Entstehung und die Kenntnis oder grob fahrlässige Unkenntnis in 30 Jahren von der Begehung der Handlung, der Pflichtverletzung oder dem sonstigen, den Schaden auslösenden Ereignis an. (3) **Sonstige Schadensersatzansprüche** verjähren 1. ohne Rücksicht auf die Kenntnis oder grob fahrlässige Unkenntnis in zehn Jahren von ihrer Entstehung an und 2. ohne Rücksicht auf ihre Entstehung und die Kenntnis oder grob fahrlässige Unkenntnis **in 30 Jahren** von der Begehung der Handlung, der Pflichtverletzung oder dem sonstigen, den Schaden auslösenden Ereignis an. **Maßgeblich ist die früher endende Frist.** (4) Andere Ansprüche als Schadensersatzansprüche verjähren ohne Rücksicht auf die Kenntnis oder grob fahrlässige Unkenntnis in zehn Jahren von ihrer Entstehung an. (5) Geht der Anspruch auf ein Unterlassen, so tritt an die Stelle der Entstehung die Zuwiderhandlung.

Berechnungsbeispiel Der **Metallbauermeister M** stellt seinem **Kunden K** am 31.1.2009 eine Rechnung für ein ausgeführtes und abgenommenes Metallgitter. Der Kunde zahlt in der Folgezeit nicht. **Frage** Wann ist die Forderung des M verjährt? Die Verjährungsfrist von drei Jahren beginnt am 31. Dezember 2009 um 24.00 Uhr und endet am 31. Dezember 2012 um 24.00 Uhr. Am 1.1.2012 ist der Anspruch verjährt, der Schuldnerverzug beendet.

Darüber hinaus müssen für den Verzug noch die sonstigen Anspruchsvoraussetzungen vorliegen:

Beispiele für die sonstigen Anspruchsvoraussetzungen ▶ Keine Mängel bei Vertragsschluss, d. h. ▶ Vorhandensein von Rechts- und Geschäftsfähigkeit, § 104 ff. BGB (z. B. Minderjährigkeit, Störung der Geistestätigkeit) ▶ kein sittenwidriger Vertrag, § 138 BGB (z. B. zu hohe Zinsforderungen, Wucher, Bestechungsgelder, Vorliegen einer Übersicherung) ▶ keine wirksame Anfechtung, §§ 119 ff. BGB (z. B. wegen Irrtum, arglistiger Täuschung, widerrechtlicher Drohung) ▶ kein Verstoß gegen Formvorschriften, §§ 125 ff. BGB, (z. B. bei Grundstücksgeschäften, Bürgschaftsabreden, Schuldanerkenntnis)

Im **Fall 99** war am **1.10.** ein fälliger und durchsetzbarer Anspruch geben, da das der vereinbarte Liefertermin war.

(3) Welche Anforderungen bestehen an eine Mahnung?

Das Gesetz verlangt in § 286 Abs. 1 S. 1 BGB **vom Grundsatz** her eine **Mahnung**, beschreibt aber in S. 2 und in § 286 Abs. 2 BGB sogleich die Fälle, die einer Mahnung gleich gesetzt werden (Klageerhebung, Zustellung Mahnbescheid) bzw. in denen die Mahnung entbehrlich ist (z. B. kalendermäßig bestimmter Leistungstermin), vgl. dazu unten.

> **Häufiger Irrtum: „Immer erst dreimal mahnen!"**
> - Falsch!
> - Im Geschäftsleben gibt es die Gepflogenheit, den Schuldner nicht sofort mit den rechtlichen Konsequenzen einer Säumnis zu konfrontieren, da dieses die Geschäftsbeziehung unnötig belasten könnte.
> - Rechtlich gesehen kann der Schuldner zwar ohne eine Mahnung in Verzug kommen, betriebswirtschaftlich sollte hier aber ein vorsichtiges Arbeiten entsprechend der noch zu schildernden Mahnformulierungen und Alternativen an den Tag gelegt werden.

(4) Liegt ein vom Schuldner verschuldeter Verzug vor?

Der Umstand der Nichtleistung muss **vom Schuldner „zu vertreten", d. h. verschuldet** sein, § 286 Abs. 4 BGB, so dass der Schuldner nur dann in Verzug gerät, wenn er auch für die Lieferverzögerung etwas kann (Maßstab sind die §§ 276 bis 278 BGB). Der Schuldner ist dabei für sein fehlendes Verschulden beweispflichtig.

> **Beispiele für verschuldeten Verzug** ▶ **Verschuldet** ist regelmäßig immer die eigene finanzielle Leistungsunfähigkeit (*„Geld hat man zu haben"*, wenn man Verträge mit Zahlungspflichten abschließt), ebenso haftet man für seine eigenen fehlerhaften Dispositionen (BGH WM 1982, 400) und wenn man die Leistungserbringung garantiert hat bzw. sich ausdrücklich für die Beschaffung einsetzen wollte. ▶ **Kein Verschulden** liegt bei Leistungshindernissen **tatsächlicher** Art, z. B. Schuldner erkrankt schwer, unbekannte Anschrift des Schuldners oder seiner Erben (BGH NJW 2006, 51), wesentliche Veränderung des Bauzeitenplans, ohne dass der Auftragnehmer das wissen hätte können (OLG Hamm NJW-RR 1996, 1364), sonstige Störungen im Betriebsablauf oder aufgrund von höherer Gewalt ▶ Ebenso können **rechtliche** Hindernisse den Verzug verhindern, z. B. zollrechtliche Einfuhrbeschränkungen, Bauverbote auf Zeit, fehlende behördliche Genehmigungen.

> **Lösung Fall 109** Solange im **Fall** der Händler V im Fall nichts Gegenteiliges vorbringt, ist nach Feststellung seiner Pflichtverletzung i. S. d. § 280 Abs. 1 S. 1 BGB auch sein Verschulden anzunehmen (vermutetes Verschulden, Beweislastumkehr). V haftet für seine Unpünktlichkeit.

▶ 261 Bestehen bestimmte Formanforderungen an Mahnungen?

Die **Mahnung** ist **nicht formgebunden**, muss als einseitige Erklärung nicht vom Empfänger „angenommen" werden, ist aber empfangsbedürftig, so dass eine Bestätigung des Empfangs in der Praxis hilfreich sein kann (z. B. Quittierung des Empfangs durch den Empfänger, durch einen Zeugen). Den Verzug begründen kann die Mahnung nur, wenn sie nach Eintritt der Fälligkeit ausgesprochen wird.

Der **Inhalt** des Mahnschreibens ist gesetzlich nicht geregelt. Die Rechtsprechung verlangt eine eindeutige Leistungsaufforderung, ohne dass unbedingt eine Fristsetzung oder die Androhung von rechtlichen Folgen enthalten sein muss (BGH NJW 2008, 50). Möglich sind sogar konkludente Mahnungen, z. B. durch Übersendung eines Prozesskostenhilfeantrags (BGH NJW 1983, 2320).

III. Schuldnerverzug

Als **unwirksam** wurden folgende Mahnungen von der Rechtsprechung eingestuft (Palandt/Grüneberg, § 286 Rn. 17):

> **Muster 78: Unwirksame Mahnung**
>
> Der Leistung werde gern entgegen gesehen. (nicht eindeutig genug)
>
> Der Schuldner solle sich jetzt über seine Leistungsbereitschaft erklären. (BGH NJW-RR 1998, 1749, OLG Brandenburg NJW-RR 2003, 1515)
>
> Die Forderung ist nun fällig. (OLG Düsseldorf DNotZ 1985, 767)
>
> Man wäre dankbar, wenn man die Leistung erwarten dürfte. (RGZ 93, 301)

Damit bleibt jedem die **Freiheit, die Mahnungen inhaltlich selbst zu gestalten**, ein für alle Fälle gültiges Muster existiert nicht. Es bedarf der jeweiligen Anpassung an die Umstände des Einzelfalls und den Geschäftspartner. Im **Massengeschäft** sind heute (leider) allerdings vielfach Massenbriefe die Regel. Ein Arbeiten mit Text-Bausteinen kann aber in der Praxis zu erheblichen Erleichterungen führen. Bei der Formulierung können einige Aspekte von Bedeutung sein:

- **Schuldnerart**: Schuldner im Privatbereich wird man sicher anders behandeln als gewerbliche Schuldner, Kleinunternehmer werden anders angesprochen als Großunternehmen.
- **Geschäftsbeziehung**: für den eigenen Unternehmenserfolg wichtige Kunde werden in der Praxis anders behandelt als kleine, wirtschaftlich unbedeutendere Kunden.
- **Branchenabhängigkeit**: Die Gepflogenheiten können sich von Branche zu Branche unterscheiden. Gerade in kleinen mittelständischen Handwerksbetrieben wird viel mit mündlicher Vorsprache und Telefonanrufen gearbeitet, während im Banken- und Versicherungswesen die schriftliche Mahnung vorherrscht.
- **Liquidität des Schuldners**: Bei sehr liquiden Schuldner ist sicherlich ein größere Toleranz bei den Gläubigern festzustellen, demgegenüber bei Schuldnern mit Liquiditätsproblemen eine größere Nervosität der Gläubiger zu beobachten ist.
- **Forderungshöhe**: Auch die Höhe der Forderung ist in der Praxis oftmals für die Formulierung einer Mahnung bedeutsam. Während bei kleineren Beträgen wenig Aufwand auf die Formulierungen verwandt wird, können größere Beträge als „Chefsache" auch andere Formulierungen zur Folge haben.

(1) Welche acht Bestandteile hat eine Mahnung regelmäßig?

Regelmäßig kann man folgende Bestandteile einer Mahnung in der Praxis vorfinden:

> **Acht Bestandteile einer Mahnung**
> - Anschrift der Parteien
> - Überschrift bzw. Betreff-Zeile
> - Anrede
> - Einleitungssatz
> - Darstellung des Rechnungsbetrags
> - Aufzählung der Rechtsfolgen und weiteres Vorgehen
> - Unterschrift
> - Zugangsbestätigung

(2) Was steht im Bereich der Anschrift einer Mahnung?

Die Anschrift der Parteien enthält in der Regel alle Angaben der Vertragsparteien, wie bei der normalen Korrespondenz, d. h. Anschrift der Vertragspartner, bei juristischen Personen auch den Geschäftsführer der GmbH oder den Vorstand der AG.

(3) Wie formuliert man eine Überschrift bzw. Betreff-Zeile?

In der betriebswirtschaftlichen Praxis liest man in der Überschrift bzw. Betreff-Zeile immer wieder „Erste Mahnung" oder „Letzte Mahnung", so dass sich die Frage stellt, **wie oft man mahnen muss und ob immer drei Mal gemahnt werden muss**, bevor der Schuldner in Verzug gerät. Wie noch zu zeigen sein wird, gibt es sogar einen Verzug ohne Mahnung, z. B. wenn die Leistungszeit nach dem Kalender bestimmt ist. Das dreimalige Mahnerfordernis ist daher rechtlich nicht haltbar, hat aber einen konkreten betriebswirtschaftlichen Hintergrund: jedes Unternehmen hat eine gewisse „Mahnkultur", die in den seltensten Fällen sofort nach der ersten Mahnung eine Klage gegen den säumigen Kunden anstrengt. Man unterscheidet üblicherweise drei Mahnstufen, die Stufe für Stufe abgearbeitet werden, damit nicht gleich bei der ersten Mahnung bereits die ganze Kraft „verpufft":

- **Erste Mahnstufe**: mildeste Mittel einsetzen, höflicher Schreibstil, man geht davon aus, der Schuldner hat die Zahlung schlicht vergessen
- **Zweite Mahnstufe**: bestimmtes Aufzählen der Fakten, Setzen einer erneuten Frist, sachlicher Ton, Hinweis auf die bereits entstandenen Zinsen und die Kostenfolgen
- **Dritte Mahnstufe**: schärferer Ton, evtl. persönlicher Besuch, telefonische Anfragen, weitere Folgen mit Deutlichkeit aufzeigen, Inkassobüro oder Rechtsanwalt anführen, gerichtliche Schritte in Aussicht stellen oder gleich die Mahnung durch Inkassobüro oder Rechtsanwalt zustellen lassen.

Muster 79: nicht zu empfehlende Bezeichnungen in der Überschrift einer Mahnung

Erste Mahnung
(da der Schuldner dann glauben könnte, es käme noch eine zweite und dritte Mahnung)

Letzte Mahnung
(da dieses vom Schuldner so ausgelegt werden könnte, dass der Gläubiger danach aufgibt, außerdem kann man das eigentlich nur ein Mal schreiben. Danach muss dann wirklich gehandelt werden – Klage, Mahnbescheid –, sonst macht man sich unglaubwürdig.)

In der Praxis haben sich daher folgende Überschriften bewährt:

Muster 80: zu empfehlende Formulierungen in der Überschrift einer Mahnung

Mahnung
Zahlungserinnerung
Erinnerung
Zahlungsaufforderung

III. Schuldnerverzug

(4) Wie redet man den säumigen Schuldner üblicherweise an?

Die Anrede in einem Mahnschreiben hängt natürlich von der Art der Geschäftsbeziehung ab, so dass eine persönliche Anrede bei langjährigen und guten (Stamm-)Kunden empfehlenswert ist. Eine standardisierte Anrede ist bei nur wenig bekannten Kunden z. B. im Massengeschäftsverkehr üblich.

Muster 81:   Anrede in Mahnschreiben

Sehr geehrte Damen und Herren,
(häufigste Anrede, unpersönlich, nicht zu empfehlen, wenn persönliche Kundenbeziehung oder freundschaftliche Beziehungen bestehen)

Sehr geehrte Damen und Herren!
(unpersönliche Anrede, Ausrufezeichen evtl. zu massiv als (laute) Ansprache misszuverstehen, besser nur mit Komma enden lassen)

Sehr geehrte Herren …!
(nur, wenn man sicher ist, dass auch nur Herren auf Schuldnerseite sind, klingt etwas altbacken)

Sehr geehrte Frau Müller.
(persönliche Ansprache ist eigentlich nie falsch)

Lieber Kunde!
(persönlich und sachlich, evtl. branchenabhängig)

Guten Tag, Frau …!
(etwas umgangssprachlich, evtl. branchenabhängig)

---

(5) Was ist rechtlich bei der Formulierung des Einleitungssatzes zu beachten?

Der erste Satz ist immer der schwerste … wie anfangen? Wie der Anfang gemacht werden soll, hängt entscheidend von dem **Fingerspitzengefühl** und der **Mahnstrategie** des Gläubigers ab.

Muster 82:   Einleitungssätze einer Mahnung

Sie haben sicherlich übersehen, Ihre Rechnung Nr. … vom … über …. zu begleichen.
Sicher ist es Ihrer Aufmerksamkeit entgangen, dass die o.g. Rechnung noch nicht ausgeglichen wurde.
Möglicherweise haben Sie es versäumt, nachfolgend aufgeführte Rechnungen zum Fälligkeitstermin zu begleichen.
(guter Anfang, sachlich, freundlich, höflich, etwas für den Anfang eines Zahlungsverzugs)

Die Zahlung für die unten aufgeführte Rechnung ist bis zur Erstellung dieses Schreibens noch nicht bei uns eingegangen.
(sehr sachlich, bestimmt, evtl. etwas sehr direkt, kein richtiger Einstieg)

Für die oben aufgeführte Rechnung ist die Zahlungsfrist überschritten.
(sehr knapp, kann verärgern, wenn es ein Versehen war oder es Probleme mit der Leistung gegeben hat)

Hiermit gestatte ich mir, Sie darauf aufmerksam zu machen, dass mein Honorar gemäß unten bezeichneter Rechnung in der aufgeführten Höhe noch unbeglichen ist.
(sehr höflich, etwas altmodisch klingend, bei konservativen Schuldnern angebracht)

Unser neuer **Bestellkatalog** ist da! Wir haben Ihnen diesen gleich beigelegt und hoffen, dass Sie wieder viele schöne Dinge darin finden. Bei dieser Gelegenheit erlauben wir uns, Sie darauf aufmerksam zu machen, dass noch ein Rechnungsbetrag in Höhe von … aus der Rechnung vom … offen ist.
(Hier haben sich die Leiter der Marketingabteilung mit der Inkassoabteilung zusammengetan, kein schlechter Gedanke, da man anscheinend weiterhin an einer Zusammenarbeit mit dem Kunden interessiert ist. Ist der Schuldner aber schon verärgert, kann sich sein Ärger aber evtl. nun auch auf den neuen Katalog ausweiten.)

Rechtlich ist beim Einleitungssatz folgendes zu beachten: Der Einleitungssatz kann einem Schreiben, das als Mahnung gedacht war, **den Mahncharakter nehmen**, wenn eine **eindeutige Leistungsaufforderung** fehlt, wie die folgenden Beispiele zeigen:

Muster 83:   Keine Mahnung

„Bitte verstehen Sie diesen Brief **nicht als Mahnung**. Wir haben Verständnis dafür, dass der Eingang der Zahlung auf die Rechnung vom … in Höhe von … im Alltagsgeschäft wohl untergegangen ist.

Bezüglich der o.g. Rechnung gestatten wir uns die **höfliche Anfrage**, ob die noch offenen Beträge auf Ihrem Kundenkonto korrekt sind oder ob es sich um ein Versehen unserer Buchhaltung handelt.
(vorsichtige, moderate Schreibweise für besonders wichtige Kunden, Verständnis zeigen. Fraglich, ob es sich trotzdem rechtlich um eine Mahnung handelt, wenn alle sonstigen Kriterien erfüllt sind. Daher diese Gangart eher nicht benutzen, um einen Verzug zu begründen.)

Unser Ziel war es, Ihnen schnell und kostengünstig unsere Leistung zukommen zu lassen. Wir hoffen, dass Sie es uns **daher nicht übel nehmen**, wenn wir von Ihnen auch eine pünktliche Leistung erwarten.
(sehr persönlicher Anfang, man zeigt seine Erwartungen gegenüber dem Kunden. Hier werden die alten Werte wie Gerechtigkeit, Ehre und Vertragstreue hochgehalten. Das Wort „übel nehmen" ist deutlich und kann durchaus so verstanden werden, dass man die jetzige Zeitverzögerung bereits nicht mehr so lustig findet. Um eine verzugsbegründende Mahnung daraus zu machen, müssen noch ein paar deutliche Sätze folgen.)

Wir sind uns nicht ganz sicher, warum wir von Ihnen auf die Rechnung vom … über den Betrag von … € noch keinen Zahlungseingang verbuchen konnten und **vermuten folgende Ursachen**: – Dieses Schreiben und Ihre Zahlung haben sich überschnitten. Dann betrachten Sie bitte dieses Schreiben als gegenstandslos, – Es gab ein Problem

III. Schuldnerverzug

> mit unserer Leistung. In diesem Fall bitten wir Sie, sich mit uns unter der angegebenen Telefonnummer in Verbindung zu setzten. Wir klären dieses unverzüglich.
> – Es liegt einfach ein Versehen vor. Dann können Sie dieses Schreiben als kleine Erinnerung sehen.
>
> (Hier wird der Schuldner aufgefordert zu reagieren, was in manchen Fällen durchaus wirken kann. Der Ton ist sehr locker, daher nicht bei konservativen Schuldnern einsetzen. Um eine verzugsbegründende Mahnung daraus zu machen, müssen noch ein paar deutliche Sätze folgen.)

Mahnungen dürfen aus rechtlicher Sicht auch **locker geschrieben** werden, mit **witzigem oder ironischem** Unterton.

> **Muster 84:   Lockere, Brücken bauende, witzige und ironische Mahnungen**
>
> Irgendetwas hindert Sie leider daran, die noch offene Rechnung vom … in Höhe von… zu bezahlen oder; Wollen Sie nicht noch vor Jahresende einen „reinen Tisch" machen? Dann fangen Sie doch mit unserer Rechnung an!
>
> **Was du heute kannst besorgen, das verschiebe nicht auf morgen!** Wer kennt nicht diesen alten Satz. Es ist leider noch unsere Rechnung zu bezahlen, so dass wir diesen alten Satz Ihnen hiermit ins Gedächtnis rufen müssen.
>
> (sehr lockere, pfiffige Eingangssätze, die für konservative Schuldner sicher nicht zu empfehlen sind)
>
> Auf unsere Mahnung vom … haben wir bisher keine Reaktion von Ihnen erhalten. **Wir vermuten**, dass unser Schreiben Sie nicht erreicht hat. oder Haben Sie unsere Mahnung vom … nicht erhalten? Wir haben Sie Ihnen eine Kopie nochmals beigefügt, damit Sie nicht erst danach suchen müssen.
>
> (sachlich, bestimmt, mit Verständnis für die andere Seite. Setzt eine bislang vergebliche Mahnung voraus, will dem Kunden ein wenig „eine Brücke bauen". Bei wichtigen Kunden anzuwenden.)
>
> **Geht es Ihnen nicht auch so?** Mahnungen schreiben wir nicht gerne! oder
> Eigentlich glauben wir nicht, dass Sie Angelegenheiten ohne Grund „auf die Spitze" treiben. Wahrscheinlich habe Sie gute Gründe, warum Sie auf unsere Mahnung vom …. über den noch offenen Rechnungsbetrag in Höhe von… nicht reagiert haben. oder
> Leider müssen wir Ihnen erneut wegen der o.g. Rechnung schreiben. Sollte es einen Grund geben, warum Sie bislang die Summe nicht überwiesen haben, setzen Sie sich bitte mit uns umgehend in Verbindung.
>
> (lockere, saloppe Schreibart, nicht für jeden Kunden anwendbar)
>
> Wir haben Ihnen **das Porto** beigefügt, damit Sie uns die Gründe für die Nichtzahlung der Rechnung vom … in Höhe von … € miteilen können. oder
> Mit der beiliegenden Briefmarke möchten wir Ihnen evtl. Gebühren für die Überweisung des noch offenen Rechnungsbetrages in Höhe von…. € erstatten.
> **Ärger schadet unserer Gesundheit** und beeinträchtigt unsere Lebensqualität. Das sollten wir uns ersparen und offene Rechnungen gleich bezahlen. So möchten wir Sie daran erinnern, dass noch folgende Posten offen sind…

Hilfe! Sie melden sich nicht! Was haben wir falsch gemacht? Was ist das Problem? Sie haben uns tatsächlich vergessen?

Wir sind **bankrott**... wenn Sie nicht bald die längst fällige Rechnung vom ... in Höhe von ... € begleichen. Bitte schicken Sie noch heute Ihren **Geldesel** vorbei, er allein kann uns nur noch retten.

Die Mahnung kann sogar höflich, in Versen oder witzig formuliert sein, sollte aber immer eindeutig fordernd sein (BGH NJW 1998, 2132, LG Frankfurt NJW 1982, 650). Aber Achtung! Mahnungen mit „Gag" sind nicht jedermanns Sache, können aber evtl. den einen oder anderen Schuldner zum Bezahlen bewegen – Ausprobieren! Wenn mit psychologischem Druck gearbeitet wird (Briefmarke), Vorsicht üben bei empfindlichen Schuldnern.

Würden Sie uns bitte die Liebenswürdigkeit erweisen, unsere gefällige Rechnung vom ... in Höhe von gerademals ...€ bei Gelegenheit vielleicht doch noch zu begleichen? Wir sind Ihnen auf ewig zu größtem Dank dafür verpflichtet.
(Eine Mahnung, die mit völlig überzogener Höflichkeit beginnt und mit einer gehörigen Portion Ironie. Nicht bei jedem Schuldner geeignet, aber als originelle Mahnung evtl. doch mal einen Versuch wert.)

Abzuraten ist von Mahnungen, die einen **drohenden oder beleidigenden Inhalt** haben, wie die nachfolgenden Beispiele zeigen:

Muster 85: Nicht zu empfehlende drohende und beleidigende Mahnungen

Hiermit versuchen wir das allerletzte Mal, eine bereits lange währende Sache aus der Welt zu schaffen: die von Ihnen bislang nicht bezahlte Rechnung in Höhe von ... €.
Nachdem Sie auf unsere letzten Mahnungen bislang nicht reagiert haben, nehmen wir nun auch keine Rücksicht mehr.
Nachdem Sie sich so lange nicht auf unsere Mahnungen gemeldet haben, können Sie von uns nun nicht mehr erwarten, dass wir Gnade walten lassen.
(Mahnung mit drohendem Unterton, ohne dass Konsequenzen direkt schon angesprochen sind. Nur im fortgeschrittenen Mahnstadium empfehlenswert, Kundenbeziehung kann danach beendet sein, daher Wichtigkeit des Kunden für den eigenen Betrieb überprüfen)

Um Ihnen noch einmal entgegen zu kommen, unterbreiten wir Ihnen folgenden Vorschlag über das weitere Vorgehen vor:
(sehr drohender Ton mit konkretem Vorschlag, wie weiter zu verfahren ist, nur im fortgeschrittenen Mahnstadium empfehlenswert)

Sehr GEEHRTER Herr ... Ob ein Geschäftspartner nach mehreren Mahnschreiben noch diese Anrede verdient, bezweifeln wir bereits ernsthaft. Unsere Zweifel können Sie nur noch mit der sofortigen Begleichung der Rechnung vom ... in Höhe von ... € ausräumen.
(Mahnschreiben mit beleidigendem Inhalt, das nicht weiterempfohlen werden kann)

(6) Was gehört zu einer ordnungsgemäßen Darstellung des Rechnungsbetrages?

Damit eine Mahnung eine verzugsbegründende Wirkung hat, muss der Schuldner nach Lesen des Textes genau wissen, um welchen Rechnungsbetrag es sich handelt und wie sich weitere Posten zusammensetzen (z. B. Zinsen). Nicht nur wenn dem Gläubiger mehrere Forderungen gegen den Schuldner zustehen, sollte der Rechnungsbetrag daher wie folgend aufgegliedert sein:

- **Hauptforderung**: am besten mit Rechnungsdatum, Bezeichnung der Leistung und Fälligkeitstermin sowie Umsatzsteueranteilen. Ist die Höhe noch unbekannt, z. B. bei Schmerzensgeldansprüchen, kann ein genauer Betrag natürlich nicht angegeben werden, die Einforderung eines **zu geringen Betrages** führt nur in Höhe des angemahnten Teils zum Verzug (BGH NJW 1982, 1985), während die **Angabe eines zu hohen Betrags** dann eine ordnungsgemäße Mahnung des tatsächlichen Betrags darstellt, wenn der Schuldner dieses nach den Umständen als richtig zuordnen konnte (was bei weit überzogenen Forderungen nicht der Fall ist, BGH NJW-RR 2005, 1538) und der Gläubiger auch mit dem geringeren Betrag einverstanden ist (BGH NJW 2006, 769).
- **Zinsen**: Zinssatz, Zinsbeginn (= Beginn des Verzuges), bis zum Tage der Erstellung der Rechnung
- Weitere Kosten wie **Inkassokosten**: diese **können auf zwei Wegen vom Schuld**ner erstattet verlangt werden = kraft Gesetzes als Verzugsschaden und kraft Vereinbarung in einer Inkassokostenklausel. Man unterscheidet folgende Kostenarten und übliche Kostenhöhen (eine gesetzlich festgelegte Gebührenordnung gibt es für Inkassounternehmen nicht, so dass die Sätze des Rechtsanwaltsvergütungsgesetzes als Obergrenze genommen werden – OLG Bamberg NJW-RR 1994, 412):

> **Beispiele zulässiger und unzulässiger Inkassokosten** ▶ **Erfolgshonorar**: nicht vom Schuldner verlangt werden können die Erfolgsprämien, diese verbleiben beim Gläubiger ▶ **Bearbeitungsgebühren**: handelsüblich sind Bearbeitungsgebühren in Höhe von fünf bis sechs Prozent der Forderung, mindestens 5,00 € bis 7,50 € ▶ **Mahnkosten**: drei bis vier Prozent der Forderung ▶ **Sachführungskosten**: ein bis vier Prozent der Forderung bei Ratenzahlungsvereinbarung bzw. 1,50 € bis 2,50 € pro Monat bis maximal 25 € bis 40 € ▶ **Auslagen**: Telefonkosten pro Gespräch und Schreibkosten pro Brief ▶ **Kopierkosten**: 0,50 € ▶ **statt Einzelberechnung Kostenpauschale**: ein bis drei Prozent der Forderung mit Beschränkung z. B. auf 20 € bis 25 € ▶ **zusätzlich Fremdkosten nach Entstehung**: entsprechend Nachweis, z. B. Kosten einer Einwohnermeldeamtsanfrage ▶ **Voraussetzung der Erstattung bei Fehlen einer Vereinbarung**: erfolgsunabhängige Inkassokosten der dargestellten Art sind nach herrschender Meinung der Gerichte dem Gläubiger vom Schuldner in Höhe von 7,5/10, zum Teil auch in Höhe von 10/10 zu erstatten.

Voraussetzung ist in jedem Fall, dass der Schuldner sich (beweisbar) in der Vergangenheit weigerte, die Forderung zu bezahlen. Der Gläubiger ist nach dem Rechtsgedanken des Mitverschuldens, § 254 BGB, gehalten, die entstehenden Kosten so gering wie möglich zu halten, sog. Schadensminderungspflicht. Hier muss der Gläubiger im Gerichtsverfahren evtl. Beweise dafür vorlegen, dass er nicht die teuersten Inkassodienste in Anspruch genommen hat, wenn er nicht die Mehrkosten alleine tragen will.

Darüber hinaus kann die Zahlungsverpflichtung des Schuldners kraft Vereinbarung in einer Inkassokostenklausel vereinbart werden.

> **Muster 86: Inkassokostenklausel**
> Wird bei Zahlungsverzug des Schuldners ein Inkassobüro mit der Forderungseinziehung beauftragt, so hat der Schuldner die aus dieser Beauftragung entstehenden Kosten zu tragen.
> Die Kosten für das Erfolgshonorar bleiben beim Gläubiger.

(7) Können auch Rechtsanwaltskosten erstattet verlangen?

Keine Erstattung von Rechtsanwaltskosten ist möglich, solange noch kein Verzug besteht oder der Anwalt die erst den Verzug begründende Mahnung schickt. Möglicherweise kommt es zu einer Erstattung, wenn der Schuldner sich in Verzug befindet, so dass ihm die Kosten als Verzugsschaden in Rechnung zu stellen sind. Aber Vorsicht! Die **Rechtslage ist nicht eindeutig.** Eine Rechtsmeinung **bejaht** eine Kostenerstattungspflicht: Es kommt immer darauf an, dass der Gläubiger aus bestimmten Gründen darauf vertrauen durfte, dass der Schuldner ohne gerichtliche Hilfe leisten wird (OLG Hamm NJW-RR 2006, 242). Andere Gerichte **verneinen** eine Kostenerstattungspflicht: Nur bei erkennbarem Zahlungsunwillen oder Zahlungsunfähigkeit darf ein Rechtsanwalt eingeschaltet werden (OLG Karlsruhe NJW-RR 1987, 15), da den Gläubiger auch eine Schadensminderungspflicht aus den Grundsätzen des Mitverschuldens nach § 254 BGB trifft. Letztlich muss die Beauftragung des Rechtsanwalts vom Gericht nachvollziehbar als adäquater Kausalverlauf anzusehen sein (BGHZ 30, 156). Eine Beauftragung eines Rechtsanwalts neben einem Inkassodienst kann bei einem anschließenden Prozess in der Regel nicht dem Schuldner gleichzeitig in Rechnung gestellt werden, da die kostengünstigere Variante der Beauftragung des Anwalts von Anfang an hätte gewählt werden können (OLG Dresden NJW-RR 1994, 1139).

(8) Wie hoch dürfen in Rechnung gestellte Mahnkosten sein?

Diese können entweder mit einer **allgemeinen Kostenpauschale angesetzt werden**, die bereits in den AGB vereinbart wurde, z. B. 5,– €, oder die vom Gläubiger in jedem Einzelfall geltend zu machenden Kosten, wobei bei der Mahnung durch den Gläubiger selbst 2,50 € als Kosten pauschal angesetzt werden dürfen (AG Brandenburg NJW 2007).

> **Muster 87: Mahnpauschale**
> Für jede Mahnung wird eine pauschale Gebühr von 5,– € erhoben.
> (Zur Höhe der anzumahnenden Mahnkosten existieren Urteile, die pauschale Mahngebührenklauseln zwischen 2,50 € und 5 € als zulässig ansehen. In Einzelfällen wurden sogar höhere Beträge akzeptiert. Die Beweislast für die Höhe der Mahnkosten trägt der Gläubiger: bestreitet der Schuldner die Höhe der Mahngebühren, muss der Verwender dieser Mahnpauschalen nachweisen, dass seine Pauschale dem typischen Schadensumfang entspricht, BGHZ 67, 319)
> Diese Kosten werden für die Erstmahnung nicht erhoben.
> (Bei Vereinbarung in AGB ist dieser Zusatz erforderlich, damit eine rechtmäßige Regelung vorliegt, vgl. § 309 Nr. 4 AGBG, BGH NJW 1985, 324: kein Ersatz der Kosten der Erstmahnung bei fehlender kalendermäßiger Bestimmung der Fälligkeit.)

III. Schuldnerverzug

(9) Sollten die Rechtsfolgen einer weiteren Nichtzahlung und das weitere Vorgehen in der Mahnung aufgeführt werden?

Das Aufzeigen der weiteren Rechtsfolgen kann bei hartnäckigen Schuldnern angebracht sein. So könnten je nach Einzelfall folgende Sätze empfehlenswert sein.

Muster 88: Rechtsfolgenklausel

Wir müssen Sie bitten, den Rechnungsbetrag bis spätestens ... zu überweisen, da Sie sich bereits im Verzug befinden. Andernfalls wären wir leider gezwungen, die Hilfe des Gerichts in Anspruch zu nehmen.

(noch höflicher Schreibstil, der mit Bestimmtheit die Folgen aufzählt, die gerichtliche Hilfe kann sowohl die Durchführung eines gerichtlichen Mahnverfahrens als auch eine Klage sein – festgelegt hat man sich noch nicht)

Sollte der Rechnungsbetrag nicht bis zum ... fristgerecht bei uns eingehen, werden wir entweder ein Inkassounternehmen mit der Beitreibung beauftragen oder ohne weitere Ankündigung eine Klage auf Zahlung gegen Sie erheben. Die dadurch entstehenden Mehrkosten müssen von Ihnen übernommen werden, da Sie sich im Verzug befinden.

(sehr drohender Schreibstil, der klar und deutlich die weiteren Konsequenzen aufzählt; die Kostenfolgen sind vielen Schuldnern nicht bewusst, so dass hiermit evtl. noch ein Einsehen beim Schuldner zu bewirken ist)

Hiermit fordern wir Sie letztmalig zur Zahlung des Rechnungsbetrags bis zum ... auf.
Sollte diese Frist wiederum verstreichen, werden wir ohne weiteres Zögern die zwangsweise Beitreibung Ihrer Schulden einleiten.
Dadurch werden Ihnen weitere Kosten entstehen, die sie als Verzugsschaden zu ersetzen haben.
Verzugszinsen müssen in Höhe des von uns in Anspruch genommenen Überziehungszinssatzes von derzeit ... % von Ihnen erstattet werden.

(Wird in der Mahnung noch auf die hohen Kreditzinsen verwiesen, wird letztlich jedem Schuldner klar, dass es sich um keine „billige" Angelegenheit mehr handelt; evtl. vergleicht der Schuldner die hier angegebenen Zinsen mit anderen von Gläubigern angedrohten Zinssätzen, und entscheidet sich für die Zahlung der hier angegebenen Schuld, wenn der Zinssatz wesentlich über das bisher von anderen Gläubigern geforderte Maß hinausgeht.)

Die **Unterschrift darf** nicht vergessen werden, sonst kann. eine nicht wirksame Mahnung vorliegen, da evtl. nur ein Entwurf einer Mahnung angenommen wird.

▶ **262 Wie sollte eine Mahnung dem Schuldner zugeleitet werden?**

Obwohl Mahnungen **grundsätzlich formlos**, ja sogar mündlich möglich sind, ist dieses in der Praxis regelmäßig **nicht ratsam**, da dem Gläubiger der Beweis für eine rechtlich einwandfreie Mahnung obliegt und dieses bei mündlichen Mahnungen schwer fallen kann. Da der entstehende Zinsverlust bei Nichtbeweisbarkeit des Zugangs die Kosten der Zustellung oft nicht unerheblich **übersteigt**, ist hier auch aus betriebswirtschaftlicher Sicht sorgfältig abzuwägen, welchen Mitteilungsweg man wählt **wenn keine persönliche Übergabe möglich** ist:

III. Schuldnerverzug

- **1. Möglichkeit: mündlich, am Telefon** Dieses hat mehr psychologische Wirkung, um die Kundenbeziehung nicht zu gefährden und evtl. Informationen über den Schuldner zu bekommen. Beweisprobleme: Wurde beim Telefonat überhaupt gemahnt? Wurde tatsächlich eindeutig und bestimmt am Telefon gemahnt? Mithöranlage und Zeugen sind nur bei Einverständnis der anderen Seite im Prozess verwertbar.
- **2. Möglichkeit: per Telefax, E-Mail** Ein Zugang erfolgt erst mit Abschluss des Druck- bzw. Speichervorgangs im Empfangsgerät. Beweisprobleme: OK-Vermerk des Faxgerätes bestätigt nur die Absendung, nicht den Zugang des Dokuments beim Empfänger. Es besteht Uneinigkeit bei der Rechtsprechung über die Bedeutung des Sendeberichts als Beweis des Zugangs. Zum Teil sehen Gerichte im **Sendebericht nur ein einfaches „Indiz"**, dass eine Sendung abgesandt wurde (BGH, NJW 1995, 665, BGH NJW-RR 2002, 999, OLG Köln, MDR 1995, 411, KG Berlin, NJW 1994, 3172, OLG Dresden NJW-RR 1994, 1485, OLG München, 7. Zivilsenat, NJW 1993, 2447). Demgegenüber meinen manche Gerichte, dass der **Sendebericht als sog. Anscheinsbeweis** ausreicht, so dass sich nach der Lebenserfahrung ein typischer Geschehensablauf ergebe, also der Zugang z. B. eines gefaxten Mahnschreibens anzunehmen sei. Der Schuldner müsse dann beweisen, dass er das Schriftstück nicht per Fax erhalten habe, was in der Praxis wiederum schwer sein kann, z. B. bei einer falschen Faxnummer gelingen könnte (OLG München, 23 Zivilsenat, NJW 1994, 527, OLG München 15 Zivilsenat, MDR 1999, 286). Fraglich könnte auch sein, welchen Inhalt das gefaxte Blatt hatte (z. B. kommt nur eine leere Seite an, weil das zu faxende Blatt falsch herum eingelegt worden war!?).
- **3. Möglichkeit: mit einfachem Brief** Der Zugang erfolgt auch hier erst mit Übergabe des Briefes an den Empfänger selbst. Problematisch könnte der Zugangsbeweis dann werden, wenn der Schuldner bestreitet, einen Brief überhaupt bekommen zu haben. Zwar sind in der Rechtsprechung bereits Urteile zu finden, die bei einer dreimaligen Zusendung einer Rechnung oder Mahnung mit einfachem Brief, dem Schuldner nicht glaubten, dass er keinen der drei Briefe erhalten habe (so OLG Naumburg, NJW-RR 2000, 1666). Ob allerdings die Gerichte in jedem Einzelfall so entscheiden, ist nicht gesichert. Ob es tatsächlich lohnend ist, drei Mal Porto für einen einfachen Brief auszugeben, darf daher auch bei geringen Kosten für die Zustellung, bezweifelt werden. Jedenfalls bleibt dem Empfänger immer noch der weitere Einwand, er habe lediglich eine Auftragsbestätigung, Werbung etc. bekommen.
- **4. Möglichkeit: Einschreiben/Rückschein** Der Zugang erfolgt erst mit Übergabe des Briefes an den Empfänger selbst, wobei grundsätzlich keine Abholpflicht im Falle eines bei der Post hinterlegten Einschreibens besteht. Beweisprobleme: Welchen Inhalt hatte das übermittelte Blatt? Evtl. war es leer, oder enthielt eine erneute Auftragsbestätigung). Das gleiche gilt auch für neuere Briefzusatzleistungen der Post wie z. B. Einwurf-Einschreiben, Post-Express etc.
- **5. Möglichkeit: Zustellung per Gerichtsvollzieher** Diese hat die verstärkte und sicherste Wirkung, wird aber in der Regel nur beim Willenserklärungen mit rechtlichen Inhalten von den Gerichtsvollziehern angenommen. Die Kosten der Zustellung betragen 7,50,– € und innerhalb von 3 Tagen ist eine Zustellung im Regelfall erfolgt (entweder durch den Gerichtsvollzieher persönlich oder mit Hilfe der Post) Zusatzwirkung: Vereitelt der Schuldner den Zugang der Mahnung, z. B. durch Abmontieren des Briefkastens, freilaufende Hunde, sehen die Gesetze eine

III. Schuldnerverzug

Fiktion des Zugehens vor, wenn der Gerichtsvollzieher vergeblich eine Zustellung versucht hat. Der Schuldner kann sich dann nicht darauf berufen, dass das Schriftstück nicht angekommen sei, er wird so gestellt, als hätte er es tatsächlich bekommen, §132 Abs. 1 BGB, §11 Nr. 1 GVGA. Nähere Auskünfte geben die Gerichtsvollzieherverteilungsstellen beim jeweiligen Amtsgericht.

> **§132 Abs. 1 BGB Ersatz des Zugehens durch Zustellung** (1) Eine Willenserklärung gilt auch dann als **zugegangen**, wenn sie durch Vermittlung eines Gerichtsvollziehers zugestellt worden ist. Die Zustellung erfolgt nach den Vorschriften der Zivilprozessordnung.

- **6. Möglichkeit: Öffentliche Zustellung** Ist der Aufenthaltsort eines Schuldners unbekannt, z. B. weil er sich durch Wegzug der Schuldeneintreibung entziehen will, kann auch eine öffentliche Zustellung an der Gerichtstafel erfolgen, §132 Abs. 2 BGB.

> **§132 Abs. 2 BGB Ersatz des Zugehens durch Zustellung** (2) Befindet sich der Erklärende über die Person desjenigen, welchem gegenüber die Erklärung abzugeben ist, in einer nicht auf Fahrlässigkeit beruhenden Unkenntnis oder ist der Aufenthalt dieser Person unbekannt, so kann die Zustellung nach den für die öffentliche Zustellung geltenden Vorschriften der Zivilprozeßordnung erfolgen. Zuständig für die Bewilligung ist im ersteren Fall das Amtsgericht, in dessen Bezirk der Erklärende seinen Wohnsitz oder in Ermangelung eines inländischen Wohnsitzes seinen Aufenthalt hat, im letzteren Fall das Amtsgericht, in dessen Bezirk die Person, welcher zuzustellen ist, den letzten Wohnsitz oder in Ermangelung eines inländischen Wohnsitzes den letzten Aufenthalt hatte.

- **7. Möglichkeit: Anwalt** Dieses hat eine sehr verstärkte Wirkung, die aber evtl. zu massiv ist bei guten Kunden. Kosten: nach Vereinbarung
- **8. Möglichkeit: Inkassounternehmen** Bei unbestrittenen oder titulierten Forderungen ist dieser Weg sehr wirksam. Kosten: nach Vereinbarung
- **Unzulässige Mahnungsmethoden:** „Schwarzer Mann", „Schwarzer Schatten", „Die schwarzen Ladies", „Cobradores del Frac", d.h. schwarz gekleidete Mitarbeiter der vom Gläubiger beauftragten „Inkassofirma" laufen mit schwarzem Zylinder oder einer Melone auf dem Kopf hinter dem Schuldner in der Öffentlichkeit her, sind vor dem Geschäft des Schuldners postiert und übergeben eine Visitenkarte eines „Vermittlungsdienstes", wenn sie vom Schuldner angesprochen werden. Dieses ist sittenwidrig, da es eine öffentliche Bloßstellung darstellt und kann wurde mit der Androhung eines Ordnungsgeldes in Höhe von bis zu einer halben Million DM belegt (LG Leipzig Az.: 6 O 4342/94 und LG Köln, Az.: 81 O 114/94). Ebenso rechtswidrig sind **„Rote Prangerautos"**, die vor dem Hause des Schuldners stehen und auf denen der Schuldenstand und der Schuldner öffentlich gemacht werden.

▶ 263 Ist eine Mahnung evtl. entbehrlich?

Eine **Mahnung ist entbehrlich**, wenn einer der Fälle des § 286 Abs. 2 BGB gegeben ist:

- Berechenbarkeit der Leistungszeit nach dem Kalender
- Berechenbarkeit der Leistungszeit nach einem vorausgehenden Ereignis
- Endgültige Verweigerung der Leistung durch den Schuldner
- Besondere Gründe
- Ablauf von 30 Tagen nach Rechnungszustellung bei Entgeltforderungen

Die Zeit für die Leistung ist nach dem Kalender bestimmt, § 286 Abs. 2, Nr. 1 BGB: „bestimmt" meint eine vertragliche Vereinbarung, so dass einseitige Bestimmungen durch den Gläubiger grundsätzlich ausscheiden (BGH NJW 2008, 50).

> **Muster 89: Formulierungsbeispiele für eine kalendermäßig bestimmte Leistungsfrist (Palandt/Grüneberg § 286 Rn. 22)**
> Zahlungstermin ist der 17.8.2009.
> Die Forderung ist fällig im Dezember. (BGH NJW-RR 1999, 593)
> Zahltermin ist immer Mitte des Monats. (BAG WM 1982, 615)
> Die Geldbeträge müssen in der 1. Dekade des Monats eingegangen sein. (d. h. in den die ersten zehn Tagen, BGH NJW 1984, 49)
> Zahlungstermin: 10. Kalenderwoche (BGH WM 1996, 1598)
> Zahlungen werden bis Ende 2009 fällig.

> Eine Mahnung erfolgte im **Fall** erst am 3.10., so dass eventuell erst an diesem Tag der Verzug beginnt. Hier ist allerdings § 286 Abs. 2 Nr. 1 BGB zu beachten, wonach ein Verzug auch ohne Mahnung eintritt, wenn für die Leistung eine Zeit nach dem Kalender (wie hier) bestimmt ist. Es bleibt also beim 1.10. als Verzugstermin.

Die Zeit ist von einem Ereignis aus berechenbar, § 286 Abs. 2, Nr. 2 BGB: Als fristauslösendes Ereignis kommen viele Umstände in Betracht, z. B. Abruf der Ware, Lieferung, Bestellung, Beurkundung, Beginn der Arbeiten.

> **Beispiele** (Palandt/Grüneberg § 286 Rn. 23) ▶ Der Rechnungsbetrag ist innerhalb von 2 Wochen nach Bestätigung des Wareneingangs auf dem Lieferschein auf das angegebene Konto zu entrichten. ▶ Hat der Kunde den Lieferschein unterschrieben, beginnt die vereinbarte Zahlungsfrist von zwei Wochen und endet, ohne dass es einer Mahnung bedarf.

> ⚡ **Häufiger Irrtum: Zahlbar sofort ist die beste Frist in einer Rechnung!**
> **Falsch!** Die oft in Rechnungen zu lesende Aufforderung „zahlbar sofort" nach Lieferung oder Erhalt der Ware ist rechtlich gesehen nicht im Sinne der Nr. 2 des § 286 Abs. 2 BGB „berechenbar", so dass es weiterhin einer Mahnung bedarf! Besser ist es daher, einen datumsmäßig beschriebenen Tag anzugeben.

Der Schuldner verweigert die Leistung endgültig, § 286 Abs. 2, Nr. 3 BGB: Seit langem ist in der Rechtsprechung anerkannt, dass der Gläubiger nicht zu weiteren Mahnungen und Mitwirkungshandlungen verpflichtet ist, wenn der Schuldner schon eindeutig nicht leisten will (BGHZ 2, 312). Diese Ausnahme gilt aber nur unter strengen

III. Schuldnerverzug

Voraussetzungen, so muss z. B. die Verweigerung wirklich als das letzte Wort des Schuldners aufgefasst werden können.

Nach Abwägung der beiderseitigen Interessen ist der Eintritt des Verzugs gerechtfertigt, § 286 Abs. 2 Nr. 4 BGB: Hierzu hat die Rechtsprechung bislang folgende besondere Gründe **für das Absehen von einer Mahnung durch den Gläubiger** herausgearbeitet.

Beispiele für ein Absehen von der Mahnung (Palandt/Grüneberg § 286 Rn. 25) ▶ wenn die Parteien ausdrücklich auf eine Mahnung **verzichtet** haben, wobei aber zu beachten ist, dass derartige Vereinbarungen nicht im Rahmen von AGB vereinbart werden dürfen, Verstoß gegen § 309 Nr. 4 BGB, sondern gesondert vereinbart und ausgehandelt werden müssen ▶ Wenn der **Schuldner ankündigt**, an einem bestimmten Tage **zu zahlen**, und die Zahlung dann nicht erfolgt, hat sich der Schuldner dann selbst sozusagen „gemahnt", der Verzug tritt sofort mit diesem Zeitpunkt ein (sog. **Selbstmahnung**, BGH NJW 2008, 1216). ▶ Der Gläubiger hat wissentlich die falsche oder eine fehlerhafte Leistung erbracht und **verweigert die richtige Leistung** (BGH NJW 1985, 2526). ▶ Schon **nach dem besonders eilbedürftigen Vertragsinhalt** ist dem Gläubiger das große Interesse des Schuldners an einer schnellen Leistung ohne weitere Verzögerung deutlich, wie z. B. beim Abschleppauftrag nach einem Unfall auf der Autobahn, Wasserrohrbruch (BGH NJW 1963, 1004). ▶ Das **eigene Verhalten** des Schuldners verhindert die Mahnung (OLG Köln NJW-RR 1999, 4). ▶ Es ergeht zwischenzeitlich ein rechtskräftiges **Gestaltungsurteil**, das die Leistung des Schuldners festlegt (BGH NJW 2006, 2472). ▶ **Herausgabe** der durch unerlaubte Handlungen erlangten Gegenstände oder Geldmittel (BGH NJW-RR 2008, 918)

Ablauf der 30-Tage-Frist nach Rechnungszugang, § 286 Abs. 3 BGB: Neben den bisher beschriebenen Fällen einer entbehrlichen Mahnung gibt es den in § 286 Abs. 3 BGB eingefügten Fall, dass der Schuldner einer Entgeltforderung nicht innerhalb von 30 Tagen nach Fälligkeit und Zugang einer Rechnung oder gleichwertigen Zahlungsaufforderung leistet.

§ **§ 286 Abs. 3 BGB Verzug des Schuldners** (3) Der Schuldner einer **Entgeltforderung** kommt spätestens in Verzug, wenn er nicht innerhalb **von 30 Tagen nach Fälligkeit und Zugang einer** Rechnung oder gleichwertigen Zahlungsaufstellung leistet; dies gilt gegenüber **einem Schuldner, der Verbraucher ist**, nur, wenn auf diese Folgen in der Rechnung oder Zahlungsaufstellung besonders hingewiesen worden ist. Wenn der Zeitpunkt des Zugangs der Rechnung oder Zahlungsaufstellung unsicher ist, kommt der Schuldner, der nicht Verbraucher ist, spätestens 30 Tage nach Fälligkeit und Empfang der Gegenleistung in Verzug.

Erfasst werden aber nur Entgeltforderungen, d. h. Forderungen, denen eine Gegenleistung gegenübersteht, z. B. nach der Lieferung von Gütern oder der Erbringung von Dienstleistungen, nicht also Schadensersatzansprüche oder Ähnliches. Hinzu können **besondere Anforderungen an die Rechnungsstellung** kommen. Ist der Schuldner Verbraucher, muss er auf diese Folgen in der Rechnung oder Zahlungsaufstellung besonders hingewiesen worden sein (BGH NJW 2008, 50).

> **Muster 90:** Rechnung mit Hinweis für den Verbraucher über die 30-Tages-Regel
>
> Rechnung Nr. … vom …
>
> Sehr geehrte Damen und Herren,
>
> aufgrund der von uns am … gelieferten Waren beläuft sich der Rechnungsbetrag auf … €. Wir bitten um Überweisung auf eines der unten angegebenen Konten.
>
> **Hinweis für Verbraucher:** Wir gehen davon aus, dass Sie den Rechnungsbetrag in den nächsten Tagen überweisen werden. Bitte beachten Sie, dass nach gesetzlichen Vorschriften ein Zahlungsverzug automatisch und ohne Mahnung eintritt, wenn nach 30 Tagen nach Erhalt der Rechnung keine Zahlung erfolgt.
>
> Es werden die gesetzlichen Verzugszinsen ab Verzugseintritt angesetzt. Die Geltendmachung eines höheren Verzugszinses bleibt vorbehalten. …

Zu beachten ist bei der **30-Tages-Regel**, dass es sich um eine „Spätestens-Regelung" handelt, d. h. die 30-Tages-Frist gilt nur, wenn nichts anderes wirksam vereinbart wurde, z. B. in der Rechnung kein früherer Zahlungstermin angegeben war oder aufgrund der Üblichkeit stillschweigend anderes vereinbart wurde, z. B. Sofortzahlung üblich ist (z. B. Friseure, Taxi, Lokale). Die **Rechnung oder gleichwertige Zahlungsaufforderung** übernehmen die Funktion, die bei den anderen Forderungsarten die Mahnung hat, weitere Angaben zu den Anforderungen an eine Rechnung enthält das Gesetz nicht. Nach der Rechtslehre ist darunter eine gegliederte Aufstellung über eine Geldforderung als Entgelt für eine Warenlieferung oder einer sonstigen Leistung zu sehen (Palandt/Grüneberg § 286 Rn. 28). Bei Vorliegen einer Fälligkeitsvereinbarung muss die Rechnung auch Angaben zum Zeitpunkt der Fälligkeit enthalten (OLG Saarbrücken NJW-RR 2012, 539).

> **Beispiel für die Berechnung der 30-Tages-Frist**: ▶ 30 Kalendertage (nicht: 1 Monat oder 4 Wochen, es muss also jeder Tag gezählt werden, auch Wochenende, Feiertage, vgl. aber die Ausnahme für das Fristende) ▶ **Fristbeginn** = es werden nur volle Tage (0.00 Uhr – 24.00 Uhr) mitgezählt, § 187 Abs. 1 BGB, d. h. beim Zugang der Rechnung nachmittags, zählt der Zugangstag nicht, sondern erst der nächste Tag ab 0.00 Uhr ▶ **Fristende** = nach Ablauf von 30 x 24 „Stunden-Tagen" endet die Frist mit Ablauf 23.59 Uhr ▶ Verzugsbeginn = mit Beginn des nächsten Kalendertages, 0.01 Uhr, es sei denn, dieser ist ein Sonnabend, Sonntag oder Feiertag, dann beginnt der Verzug erst mit dem nächsten Werktag, § 193 BGB (BGH NJW 2007, 1581).
>
> | | |
> |---|---|
> | Zugang der Rechnung: | 10.4. im Laufe des Tages |
> | Fristbeginn: | 11.4., 0.00 Uhr |
> | Fristende: | 10.5., 24.00 Uhr |
> | Verzugsbeginn: | 11.5., 0.01 Uhr |

§ **§ 187 Abs. 1 BGB Fristbeginn** (1) Ist für den Anfang einer Frist ein Ereignis oder ein in den Lauf eines Tages fallender Zeitpunkt maßgebend, so wird bei der Berechnung der **Frist der Tag nicht mitgerechnet,** in welchen das Ereignis oder der Zeitpunkt fällt.

III. Schuldnerverzug

§ **§193 BGB Sonn- und Feiertag; Sonnabend** Ist an einem bestimmten Tage oder innerhalb einer Frist eine Willenserklärung abzugeben oder eine Leistung zu bewirken und fällt der bestimmte Tag oder der letzte Tag der Frist auf einen Sonntag, einen am Erklärungs- oder Leistungsort staatlich anerkannten allgemeinen Feiertag oder einen Sonnabend, **so tritt an die Stelle eines solchen Tages der nächste Werktag.**

Soweit keine Verbraucher beteiligt sind, gelten zwischen Unternehmern die Sonderregelungen der §§ 286 Abs. 5 i. V. m. 271a BGB.

§ **§286 BGB Verzug des Schuldners** (5) Für eine von den Absätzen 1 bis 3 abweichende Vereinbarung über den Eintritt des Verzugs gilt § 271a entsprechend.

§ §271a BGB Zahlungs-, Überprüfungs- und Abnahmefrist

(1) Eine Vereinbarung, durch die die Zeit für die Erfüllung einer Entgeltforderung um mehr als 60 Tage nach Zugang einer Rechnung oder gleichwertigen Zahlungsaufstellung oder um mehr als 60 Tage nach Empfang der Gegenleistung überschritten wird, ist nur wirksam, wenn sie ausdrücklich getroffen und für den Gläubiger nicht grob nachteilig ist.

(2) Ist der Schuldner ein öffentlicher Auftraggeber im Sinne von § 98 Nummer 1 bis 3 des Gesetzes gegen Wettbewerbsbeschränkungen, so ist abweichend von Absatz 1 eine Vereinbarung, durch die die Zeit für die Erfüllung einer Entgeltforderung um mehr als 30 Tage nach Zugang einer Rechnung oder gleichwertigen Zahlungsaufstellung oder um mehr als 30 Tage nach Empfang der Gegenleistung überschritten wird, nur wirksam, wenn die Vereinbarung

1. ausdrücklich getroffen und
2. aufgrund der besonderen Natur oder der Merkmale der Vereinbarung sachlich gerechtfertigt ist. Eine Vereinbarung, durch die die Zeit für die Erfüllung einer Entgeltforderung um mehr als 60 Tage nach Zugang einer Rechnung oder gleichwertigen Zahlungsaufstellung oder um mehr als 60 Tage nach Empfang der Gegenleistung überschritten wird, ist unwirksam.

(3) Ist eine Entgeltforderung erst nach Überprüfung oder Abnahme der Gegenleistung zu erfüllen, so ist eine Vereinbarung, durch die die Zeit für die Überprüfung oder Abnahme der Gegenleistung um mehr als 30 Tage nach Empfang der Gegenleistung überschritten wird, nur wirksam, wenn sie ausdrücklich getroffen und für den Gläubiger nicht grob nachteilig ist.

(4) Die Absätze 1 bis 3 gelten nicht für die Vereinbarung von Teilleistungen sowie für Rechtsgeschäfte, an denen ein Verbraucher beteiligt ist."

▶ **264 Welche betriebswirtschaftlichen Alternativen gibt es beim Schuldnerverzug zur Mahnung?**

Eine Mahnung zu verfassen ist nur ein Weg, um als Gläubiger zu seinem Geld zu gelangen. Als weitere Alternativen wären folgende Verhaltensweisen zu nennen:

▶ telefonisches Nachhaken ▶ Vereinbarung einer Ratenzahlung ▶ Stundung der Forderung ▶ persönlicher Besuch mit Erläuterung der Umstände ▶ (neue) vertragliche Sicherheiten verlangen ▶ Vereinbarung eines Nachlasses ▶ Einzug durch Postnachnahme ▶ Mahnbescheid beantragen ▶ Einzug der Forderung durch ein Inkassounternehmen ▶ Klage auf Zahlung der Schulden erheben ▶ Strafanzeige wegen Täuschung über die Zahlungsfähigkeit bei der Polizei stellen ▶ Rechtsanwalt mit der Forderungseinziehung beauftragen ▶ Abtretung der Forderung an eine Factoring-Firma ▶ Forderung abschreiben

▶ **265 Welche Rechtsfolgen hat der Schuldnerverzug?**

Der Schuldnerverzug hat für die Praxis erhebliche Auswirkungen.

Rechtsfolgen des Schuldnerverzugs
- Bestehenbleiben des Erfüllungsanspruchs des Gläubigers
- Ersatz des Verzugsschaden
- Schadensersatz statt der Leistung
- Ersatz vergeblicher Aufwendungen
- Haftungsverschärfung
- Zahlung von Verzugszinsen
- Rücktrittsmöglichkeit des Gläubigers

Zunächst einmal behält der Gläubiger den primären **Erfüllungsanspruch** auf die Leistung, die ja weiterhin noch möglich ist. Die weiteren Rechtsfolgen eines Schuldnerverzuges ergeben sich u. a. aus den §§ 286 bis 288 BGB.

Der Gläubiger hat Anspruch auf Ersatz aller Schäden, die durch die Pflichtverletzung (Nichtlieferung bzw. Nichtzahlung) entstanden sind (sog. **Verzugsschaden** bzw. Verzögerungsschaden) §§ 280 Abs. 2 i. V. m. 286 BGB.

§ **§ 280 Abs. 2 BGB Schadensersatz wegen Pflichtverletzung** (2) Schadensersatz **wegen Verzögerung der Leistung** kann der Gläubiger nur unter der zusätzlichen Voraussetzung des § 286 verlangen.

Beispiele für Verzögerungsschäden (Palandt / Grüneberg § 286 Rn. 42 ff.) Kosten der Rechtsverfolgung ▶ nur zum Teil die Kosten eines Inkassobüros, vgl. bereits oben ▶ entgangener Gewinn, wenn die Sache zwischenzeitlich nicht mehr verkauft werden kann (BGH WM 2001, 2012) ▶ entgangene Zinsen und Insolvenzschäden (OLG Köln WM 2007, 2209)

Ohne dass die Voraussetzungen des Verzuges vorliegen müssen, kann der Gläubiger auch statt des Erfüllungsanspruchs und des Verzögerungsschadens den Schadensersatz statt der Leistung nach § 281 Abs. 1 BGB verlangen, da der **säumige Schuldner die Leistung nicht wie geschuldet erbringt.**

§ **§ 281 Abs. 1 BGB Schadensersatz statt der Leistung wegen nicht oder nicht wie geschuldet erbrachter Leistung** (1) Soweit der Schuldner die fällige Leistung nicht oder nicht wie geschuldet erbringt, kann der Gläubiger unter den Voraussetzungen des § 280 Abs. 1 Schadensersatz statt der Leistung verlangen, wenn er dem Schuldner erfolglos eine angemessene Frist zur Leistung oder Nacherfüllung bestimmt hat.

Die Mahnung im Rahmen des § 286 BGB erfüllt zugleich die notwendige Fristsetzung nach § 281 Abs. 1 BGB.

Anstelle des Schadensersatzes statt der Leistung kann der Gläubiger auch seine vergeblichen Aufwendungen vom **Schuldner ersetz**t verlange**n**, § 284 BGB.

> **§ 284 BGB Ersatz vergeblicher Aufwendungen** Anstelle des Schadensersatzes statt der Leistung kann der Gläubiger **Ersatz der Aufwendung**en verlangen, die er im Vertrauen auf den Erhalt der Leistung gemacht hat und billigerweise machen durfte, es sei denn, deren Zweck wäre auch ohne die Pflichtverletzung des Schuldners nicht erreicht worden.

> **Beispiele für Aufwendungsersatzansprüche** (Palandt/Grüneberg § 286 Rn. 47, § 288 Rn. 4) ▶ die durch die Anmietung einer Ersatzwohnung entstehenden Miet- und Finanzierungskosten (BGHZ 66, 281, BGH NJW-RR 1990, 980) ▶ Nachteile durch zusätzliche Steuerbelastungen wie den Solidaritätszuschlag (LG Freiburg NJW-RR 1995, 1206)

Der Schuldner haftet während des Verzugs **verschärft**, im Regelfall bei Schäden am Leistungsgegenstand, § 287 BGB.

> **§ 287 BGB Verantwortlichkeit während des Verzugs** Der Schuldner hat während des Verzugs jede Fahrlässigkeit zu vertreten. Er haftet wegen der Leistung auch für Zufall, es sei denn, dass der Schaden auch bei rechtzeitiger Leistung eingetreten sein würde.

> **Beispiele für die Haftungsverschärfung** (Palandt/Grüneberg § 287) ▶ Hätte der säumige Schuldner rechtzeitig geleistet, wäre auch eine Beschädigung der Ware z. B. durch höhere Gewalt wie Naturkatastrophen jedenfalls nicht beim Schuldner zustande gekommen, so dass der Schuldner auch für diese durch den Verzug mitverursachten Schäden haftet. ▶ **Keine Haftung** entsteht, wenn der Schuldner beweisen kann, dass der Schaden auch bei rechtzeitiger Leistung eingetreten wäre.

Bei Geldschulden hat der Schuldner **Verzugszinsen** zu zahlen, § 288 BGB, und zwar in Höhe von fünf bzw. neun Prozentpunkten über dem Basiszinssatz, § 244 BGB. Wenn der Gläubiger nachweisen kann, dass er noch höhere Schuldzinsen z. B. bei der Bank für den gleichen Zeitraum entrichtet hat, können aber auch diese **höhere**n Zinsen geltend gemacht werden, § 288 Abs. 3 BGB.

> **§ 288 BGB Verzugszinsen und Pauschale** (1) Eine Geldschuld ist während des Verzugs zu verzinsen. Der Verzugszinssatz beträgt für das Jahr fünf Prozentpunkte über dem Basiszinssatz. (2) Bei Rechtsgeschäften, an denen ein Verbraucher nicht beteiligt ist, beträgt der Zinssatz für Entgeltforderungen neun Prozentpunkte über dem Basiszinssatz der Ausschluss des Anspruchs ist unwirksam. (3) Der Gläubiger kann aus einem anderen Rechtsgrund höhere Zinsen verlangen. (4) Die Geltendmachung eines weiteren Schadens ist nicht ausgeschlossen. (5) Bei Rechtsgeschäften, an denen ein Verbraucher nicht beteiligt ist, hat der Gläubiger einer Entgeltforderung bei Verzug des Schuldners außerdem einen

Anspruch auf Zahlung eines Betrags in Höhe von 40 Euro. Soweit eine Vereinbarung diesen Anspruch ausschließt, wird vermutet, dass sie gegen die guten Sitten verstößt. Die Pauschale nach Satz 1 ist auf einen geschuldeten Schadensersatz anzurechnen, soweit der Schaden in Kosten der Rechtsverfolgung begründet ist.

Die Verzugszinsen sind damit erheblich höher als die „normalen" Zinsen z. B. für Kredite (4 %, § 246 BGB bzw. 5 %, § 352 HGB).

Beispiele für die Entwicklung des Basiszinssatzes (z. B. unter http://basiszinssatz.de)
▶ ab 1.1.07 = **2,70** % ▶ 1.7.07 = **3,19** % ▶ 1.1.08 = **3,32** % ▶ 1.7.08 = **3,19** % ▶ 1.1.09 = **1,62** % ▶ 1.7.09 = **0,12** % ▶ 1.1.10 = **0,12** % ▶ 1.7.10 = **0,12** % ▶ 1.1.11 = **0,12** % ▶ 1.7.11 = **0,37** % ▶ 1.1.12 = **0,12** % ▶ 1.7.12 = **0,12** %

Der Grund für diese erhebliche Verteuerung des Verzugs mit einer Geldschuld ist nach Aussage des Gesetzgebers in der immer wieder zu beobachtenden „Unsitte" zu sehen, dass Schuldner gerne den „**Gläubiger- bzw. Justizkredit**" ausnutzten, d. h. dem Gläubiger bewusst sein Geld nicht zahlen. Die Schuldner merken sich sehr schnell, dass sie für einen alternativ aufgenommenen Kredit bei der Bank betriebswirtschaftlich wesentlich höhere Zinsen als die gesetzlichen 4 % bzw. 5 % zahlen mussten, wenn sie überhaupt einen Kredit bekamen. Die hohen Zinssätze sollen jetzt der Abschreckung dienen. Zudem dienen sie mittelbar dem Schutz der Gläubigerunternehmen, für die die Liquidität von wesentlicher Bedeutung für die Vermeidung einer Insolvenz und der Entlassung von Mitarbeitern ist.

Will der Gläubiger darüber hinaus auch noch weitergehende Zinsschäden wie z. B. entgangene Zinsen oder gezahlte Kreditzinsen vom Schuldner verlangen, so muss er diese durch Belege eindeutig nachweisen.

Der Gläubiger kann auch nach den Regelungen des § 323 Abs. 1 BGB vom Vertrag **zurücktreten**, wobei eine ergangene Mahnung in der Regel auch die erforderliche angemessene Fristsetzung mit umfasst.

§ **§ 323 Abs. 1 BGB Rücktritt wegen nicht oder nicht vertragsgemäß erbrachter Leistung** (1) Erbringt bei einem gegenseitigen Vertrag der Schuldner eine fällige Leistung nicht oder nicht vertragsgemäß, so kann der Gläubiger, wenn er dem Schuldner erfolglos eine angemessene Frist zur Leistung oder Nacherfüllung bestimmt hat, vom Vertrag zurücktreten.

▶ **266 Bestehen rechtliche Besonderheiten beim Schuldnerverzug?**

Beim Schuldnerverzug bestehen folgende Besonderheiten:

- Beweislastverteilung
- Mahnung stoppt nicht die Verjährung

Die Beweislastverteilung gestaltet sich wie folgt: Der **Gläubiger** muss beweisen, dass eine fällige, durchsetzbare Forderung tatsächlich entstanden ist, und dass eine erforderliche Mahnung tatsächlich zugegangen ist. **Der Schuldner** muss beweisen, dass die Forderung nicht oder nicht in der geltend gemachten Höhe entstanden ist oder dass sie noch nicht fällig ist.

III. Schuldnerverzug

> ⚡ **Häufiger Irrtum: Mahnung unterbricht die Verjährung**
> - Das ist falsch: Eine Mahnung stoppt nicht den Lauf der Verjährungsfristen! (anders dagegen der gerichtliche Mahnbescheid)

 Verspätete Lieferung = Schuldnerverzug

- **Begriff und Regelungsort** ○ Schuldnerverzug liegt vor, wenn und solange der Schuldner seine fällige und noch mögliche Leistung aus eigenem Verschulden pflichtwidrig hinauszögert. ○ Grundsätzlich ist er zum Ersatz des daraus entstehenden Schadens verpflichtet. ○ §§ 280 Abs. 2, 286 bis 292 BGB
- **Voraussetzungen** ○ im Regelfall vier Voraussetzungen, wobei auf die Mahnung unter bestimmten Umständen verzichtet werden kann
- **1. Voraussetzung: Nichtleistung trotz Möglichkeit der Leistung** ○ Verzug kommt nur bei vorübergehenden Leistungsstörungen in Betracht ○ sonst liegt Unmöglichkeit vor
- **2. Voraussetzung: fälliger und durchsetzbarer Erfüllungsanspruch** ○ keine dauernde oder aufschiebende Einrede, wie z. B. Verjährung ○ Leistungszeit abgelaufen ○ alle Anspruchsvoraussetzungen gegeben, z. B. wirksamer Vertragsschluss
- **3. Voraussetzung: Mahnung des Gläubigers** ○ grundsätzlich ist eine Mahnung erforderlich ○ nicht formgebunden ○ inhaltlich muss eine eindeutige Leistungsaufforderung vorliegen ○ Inhalte sollten je nach Schuldnerart, Geschäftsbeziehung, Branche, Liquidität des Schuldners, Forderungshöhe etc. angepasst werden ○ **acht Bestandteile** einer Mahnung = Anschrift der Parteien, Überschrift bzw. Betreff-Zeile, Anrede, Einleitungssatz, Darstellung des Rechnungsbetrags, Aufzählung der Rechtsfolgen und weiteres Vorgehen, Unterschrift, Zugangsbestätigung ○ **Zugang kann über unsichere und sichere Wege** erfolgen, z. B. mündlich, am Telefon, per Telefax, E-Mail, mit einfachem Brief oder besser mit Einschreiben und Rückschein, Gerichtsvollzieher bei schwierigen Fallumständen oder durch öffentliche Zustellung bei unbekanntem Aufenthaltsort oder durch Anwälte und Inkassounternehmen, sittenwidrig: „rote Prangerautos" ○ Entbehrlichkeit der Mahnung vorab prüfen, § 286 Abs. 2 BGB ○ **betriebswirtschaftliche Alternativen der Mahnung erwägen**, z. B. telefonisches „Nachhaken", Ratenzahlung vereinbaren, Stundung mit persönlichem Besuch, neue Sicherheiten verlangen
- **4. Voraussetzung: Umstand der Nichtleistung ist vom Schuldner „zu vertreten"** ○ Dieses liegt bei Leistungshindernissen tatsächlicher Art, z. B. schwerer Erkrankung des Schuldners, oder rechtlicher Art, z. B. zeitlich befristetes Bauverbot vor.
- **Rechtsfolgen des Schuldnerverzugs** ○ Bestehenbleiben des Erfüllungsanspruchs des Gläubigers ○ Ersatz des Verzugsschadens ○ Schadensersatz statt der Leistung ○ Ersatz vergeblicher Aufwendungen ○ Haftungsverschärfung ○ Zahlung von Verzugszinsen ○ Rücktrittsmöglichkeit des Gläubigers
- **Besonderheiten beim Schuldnerverzug** ○ Gläubiger muss fällige, durchsetzbare Forderung und den Zugang einer erforderlichen Mahnung nachweisen ○ Schuldner muss fehlende Forderung oder Nichterhalt der Mahnung beweisen ○ Mahnen unterbricht nicht die Verjährung

IV. Gläubigerverzug

▶ **267** Welche Folgen hat die Nichtannahme der Lieferung durch den Käufer (Gläubigerverzug)?

> **Fall 110 Ein Kunde ist viel auf Reisen** Der **Schneider S** will dem **Kunden K** den bestellten Anzug zur **Zwischenprobe** bringen, da ihm noch einige Maße fehlen. Kunde K hat den Termin einfach vergessen, so dass der Schneider **nach einer Stunde Warten** vor dem Haus des Kunden K unverrichteter Dinge wieder nach Hause fährt. **Auf dem Rückweg** fällt ihm der Anzug leicht fahrlässig aus den Händen und bekommt einen **Fleck**, der nur durch eine **kostenpflichtige Reinigung** wieder beseitigt werden konnte. Schneider S ist erbost und **verlangt Ersatz der unnütz aufgewandten Fahrtkosten und Reinigungsaufwendungen. Frage Wie ist die Rechtslage?**

Wenn der Gläubiger die ihm ordnungsgemäß angebotene Leistung (die noch möglich ist) nicht annimmt, kommt er rechtlich in **sog. Gläubigerverzug** (auch: **Annahmeverzug**), § 293 BGB.

§ **§ 293 BGB Annahmeverzug** Der Gläubiger kommt in Verzug, wenn er die ihm angebotene Leistung **nicht annimmt**.

Die Vorschriften zum Annahmeverzug haben eine recht übersichtliche Systematik, da zwischen Voraussetzungen und Rechtsfolgen sauber getrennt wird. Die Voraussetzungen des Annahmeverzugs finden sich in den §§ 293 bis 299 BGB.

> **Voraussetzungen des Annahmeverzugs**
> - tatsächliches Angebot, § 294 BGB
> - wörtliches Angebot, § 295 BGB
> - entbehrliches Angebot, § 296 BGB
> - Unvermögen des Schuldners, § 297 BGB
> - Zug-um-Zug-Leistungen, § 298 BGB
> - vorübergehende Annahmeverweigerung, § 299 BGB

Die Rechtsfolgen werden in den §§ 300–304 BGB geschildert.

> **Rechtsfolgen des Gläubigerverzugs**
> - Keine Befreiung des Schuldners von der Leistungspflicht, aber verminderte Haftung des Schuldners und Konkretisierung der Gattungsschuld, § 300 BGB
> - Wegfall der Verzinsung, § 301 BGB
> - Herausgabe von Nutzungen, § 302 BGB
> - Recht zur Besitzaufgabe, § 303 BGB
> - Ersatz von Mehraufwendungen, § 304 BGB

Daneben finden sich aber auch **an anderen Stellen** Regelungen, die **weitere Rechtsfolgen** im Fall des Annahmeverzugs vorsehen.

> **Beispiele für weitere Rechtsfolgenvorschriften** ▶ § 264 Abs. 2 BGB (Verzug des Wahlberechtigten) ▶ § 274 Abs. 2 BGB (besonderes Recht auf Zwangsvollstreckung) ▶ § 322 Abs. 2

IV. Gläubigerverzug

BGB (besonderer Klageantrag des Vorleistungspflichtigen) ▶ § 326 Abs. 2 BGB (Recht auf die Gegenleistung, z. B. bei unverschuldeter Zerstörung der Leistung) ▶ § 642 ff. BGB (besondere Entschädigungs-, Kündigungs- und Gefahrtragungsregelungen beim Werkvertrag)

Der Gläubigerverzug tritt unter folgenden **Voraussetzungen** ein:

> **Checkliste 33   Bestehen eines Annahmeverzugs**
> - **Möglichkeit der Leistung**: Ist die Leistung noch möglich oder liegt eine andere Leistungsstörung vorrangig vor? § 297 BGB
> - **Taugliches Angebot**: Erfolgte ein tatsächliches Angebot des Schuldners zur rechten Zeit, am rechten Ort und in der rechten Art und Weise? Ist ein wörtliches Angebot ausnahmsweise ausreichend? Entfällt ausnahmsweise die Angebotspflicht? §§ 294–296 BGB
> - **Nichtannahme der Leistung**: Hat der Gläubiger die Leistung nicht rechtzeitig angenommen? § 293 BGB
> - **Keine Beendigung des Annahmeverzugs**: Ist der Annahmeverzug wieder beendet worden?

▶ 268   Wie ist der Annahmeverzug von anderen Leistungsstörungen abzugrenzen?

Der Annahmeverzug ist praktisch die andere Seite des Schuldnerverzugs, wenn der Schuldner versucht seine Leistungspflicht zu erbringen, eine dafür notwendige Mitwirkung des Gläubigers (Annahme) aber unterbleibt. Kann die Leistung dagegen nicht erbracht werden, liegt kein Gläubigerverzug vor, § 297 BGB, sondern bei dauerndem Leistungshindernis **Unmöglichkeit**.

> § **§ 297 BGB Unvermögen des Schuldners** Der Gläubiger kommt nicht in Verzug, wenn der Schuldner zur Zeit des Angebots oder im Falle des § 296 zu der für die Handlung des Gläubigers bestimmten Zeit **außerstande ist**, die Leistung zu bewirken.

Der Gläubiger hat aber in diesem Fall zu beweisen, dass der Schuldner nicht leisten kann oder will, BGH NJW 2012, 2605.

> **Beispiele aus dem Arbeitsrecht** (Palandt/Grüneberg § 297) ▶ Beim Arbeitsverhältnis kommt der Arbeitgeber z. B. gegenüber einem erkrankten, inhaftierten, im Urlaub weilenden oder sonst wie ortsabwesenden Arbeitnehmer auch dann nicht in Gläubigerverzug, wenn er diesem keine Arbeit zuweist (BAG NJW 1999, 3432). ▶ Wurde dem Arbeitnehmer der **Führerschein entzogen** und sind keine anderen zumutbaren Beschäftigungsmöglichkeiten vorhanden, kommt der Arbeitgeber nicht in Annahmeverzug, wenn der Arbeitnehmer seine Arbeitsleistung trotzdem anbietet (BAG DB 1987, 1359).

Ist die Entgegennahme der Leistung eine Hauptpflicht, z. B. beim Kaufvertrag bzw. Werkvertrag die Abnahme der verkauften oder hergestellten Sache, § 433 Abs. 2 BGB, § 640 Abs. 1 BGB, liegt rechtlich gesehen nur **Schuldnerverzug** vor. Der Gläubigerverzug erfasst eben nur die Fälle, in denen eine Mitwirkungshandlung als Obliegenheit und nicht als Hauptpflicht gegeben ist. Gleiches gilt für eine Schadensersatzpflicht nach § 280 ff. BGB, die eine Verletzung von Rechtspflichten voraussetzt und bei den hier betrachteten bloßen Obliegenheitsverletzungen grundsätzlich deshalb ausscheidet.

> **Beispiele für Mitwirkungshandlungen** ▶ **Annahme der Gegenleistung**, z. B. bei Geldschulden den geschuldeten Betrag ▶ **Mitteilung des Notartermins** bei einer zu beurkundenden Grundstücksübertragung ▶ **Bereitstellung von Räumen** ▶ **persönliche Anwesenheit** für eine Operation ▶ **Treffen einer Auswahl** unter verschiedenen angebotenen Leistungen ▶ **Zuteilung von Arbeitsinhalten** beim Arbeitsverhältnis

> **Lösung Fall 110** Im Fall war das „Liefern" der richtigen Maße eine Mitwirkungshandlung des Gläubigers, die aber nicht zu den Hauptpflichten des Werkvertrags gehört, sondern eine Obliegenheit darstellt, vgl. § 643 BGB.

▶ 269 Wie ist der Gegenstand anzubieten, damit der Gläubigerverzug eintreten kann?

Der Gläubigerverzug beginnt nur dann, wenn der Schuldner sein Leistungswillen durch entsprechende Angebote dem Gläubiger gegenüber hinreichend dokumentiert. So ist gemäß § 294 BGB regelmäßig ein tatsächliches Angebot am Erfüllungsort zum Zeitpunkt der Fälligkeit notwendig.

§ **§ 294 BGB Tatsächliches Angebot** Die Leistung muss dem Gläubiger so, **wie sie zu bewirken ist**, tatsächlich angeboten werden.

Nach der Rechtsprechung liegt dieses auf die Erfüllung hinführende tatsächliche Angebot nur in den Fällen vor, in denen der Gläubiger nichts weiter zu tun hat als „zuzugreifen" und die Leistung anzunehmen (BGHZ 90, 359). In weiteren Urteilen haben die Gerichte weiter präzisiert, wie ein Angebot **in richtiger Art und Menge, zum richtigen Zeitpunkt und am richtigen Ort** auszusehen hat, wenn man den Gläubigerverzug einleiten möchte.

> **Beispiele für das richtige Angebot** (Palandt / Grüneberg § 294, Rn. 2 ff.) ▶ Es darf **keine andere als die geschuldete Leistung** angeboten werden, z. B. Scheck statt vereinbarter Barzahlung. (BGH WM 1983, 864) ▶ Dass der Schuldner zur Leistung bereit ist, reicht nicht, ist z. B. Geld geschuldet muss der Schuldner das Geld auch überweisen oder vorbei bringen, **bloßes Bereithalten** oder durch die Bank mitteilen lassen, dass man vom Schuldner mit der Leistung beauftragt sei, genügt für ein tatsächliches Angebot nicht (RGZ 108, 160 und 109, 328). ▶ In der **rechten Art** ist die Leistung dann angeboten, wenn sie nicht mangelhaft ist (BGHZ 114, 34), der geschuldeten Gattung angehört und ordnungsgemäß verpackt ist (OLG Frankfurt DB 1984, 1521). ▶ Ebenso regeln in der Praxis die Vertragsparteien regelmäßig die **Menge**, so dass nur im Zweifelsfall die Regelungen der §§ 266 ff. BGB (grundsätzliches Verbot der Teilleistungen, Ausnahmen sind möglich) und § 243 Abs. 1 BGB (**Lieferung mittlerer Art und Güte**) zum Tragen kommen. ▶ Ob die Leistung zur **rechten Zeit** erfolgt, ergibt sich aus den Vereinbarungen, im Zweifel gilt § 271 BGB (Sofort-Fälligkeit) ▶ Die Grundsätze zur Bestimmung des **richtigen Ortes** ergeben sich ebenfalls aus den Vereinbarungen, bei Zweifeln helfen §§ 269, 270 BGB.

Das Gesetz sieht von dem Grundsatz des tatsächlichen Angebots einige Ausnahmen vor. So reicht ein **wörtliches Angebot** nach § 295 S. 1 Alt. 1 BGB ausnahmsweise aus, wenn der Gläubiger bestimmt und eindeutig erklärt hat, er werde die Leistung nicht annehmen.

IV. Gläubigerverzug

> **§ 295 S.1 Alt.1 BGB Wörtliches Angebot** Ein wörtliches Angebot des Schuldners genügt, wenn der **Gläubiger** ihm **erklärt** hat, dass er die Leistung nicht annehmen werde.

> **Beispiele für ein wörtliches Angebot** (Palandt/Grüneberg § 295, Rn. 4) ▶ **Ausreichend** für eine bestimmte und eindeutige Annahmeverweigerung sind die notwendigerweise immer **vor** einem tatsächlichen Angebot gemachten Äußerungen des Gläubiges, dass er von der Nichtigkeit des Vertrages ausgehen den Vertrag annulliere oder den Rücktritt erkläre (RGZ 57, 113, BGH NJW 1988, 1201). ▶ Als **nicht als ausreichend** für die Annahmeverweigerung wurde es angesehen, wenn der Gläubiger sich seine Mitwirkungshandlung nur vorbehält, auf die Anzeige der Leistungsbereitschaft des Schuldners lediglich nicht reagiert bzw. schweigt (OLG Köln NJW-RR 1995, 1393).

Selbst wenn der Gläubiger die Annahme ausdrücklich oder konkludent verweigert hat, ist der Schuldner grundsätzlich zu Vornahme des wörtlichen Angebots verpflichtet, solange dieses nicht in als übertriebene „Förmelei" unangebracht ist (BGH NJW. 2001, 287).

Darüber hinaus ist ein tatsächliches Angebot dann nach § 295 S.1 Alt.2 BGB durch ein wörtliches Angebot ersetzbar, wenn zur Erfüllung eine Mitwirkungshandlung des Gläubigers erforderlich ist. Der Gläubiger gerät in Annahmeverzug, solange wie er diese für das tatsächliche Angebot des Schuldners notwendige Mitwirkung nicht vornimmt.

> **§ 295 S.1 Alt.2 BGB Wörtliches Angebot** Ein wörtliches Angebot des Schuldners genügt, wenn ... zur Bewirkung der Leistung eine **Handlung des Gläubigers erforderlich** ist, insbesondere wenn der Gläubiger die geschuldete Sache abzuholen hat.

> **Beispiele für erforderliche vorherige Gläubigerhandlungen** (Palandt/Grüneberg § 295, Rn. 5) ▶ bei einer Holschuld die im Gesetz genannte Abholung der Sache ▶ bei Werkverträgen sämtliche Vorleistungen und schließlich die Abnahme des Werkes (BGH NJW 2003, 1601) ▶ Feststellung des noch nicht bestimmten Rechnungsbetrages durch Aufstellung einer Rechnung, damit der Schuldner dann weiß, wieviel er zu bezahlen hat (OLG Celle NJW 1986, 327) ▶ Zurverfügungstellung von Transport- und Verpackungsmaterial, wenn dieses vertraglich geschuldet war

In Weiterführung des in § 295 S.1 Alt.2 BGB enthaltenen Rechtsgedankens erklärt § 296 BGB jegliches Angebot für entbehrlich, wenn termingebundene Mitwirkungshandlungen vom Gläubiger unterlassen worden sind oder der Mitwirkungshandlung ein Ereignis vorauszugehen hat, das kalendermäßig berechenbar ist. Diese Regelung entspricht inhaltlich den in § 286 Abs. 2 Nr.1 und Nr.2 BGB enthaltenen Fällen einer entbehrlichen Mahnung zur Herbeiführung eines Schuldnerverzugs, vgl. bereits dazu oben.

> **§ 296 BGB Entbehrlichkeit des Angebots** Ist für die von dem Gläubiger vorzunehmende Handlung eine Zeit nach dem Kalender bestimmt, so bedarf es des Angebots nur, wenn der Gläubiger die Handlung rechtzeitig vornimmt. Das Gleiche gilt, wenn der Handlung ein Ereignis vorauszugehen hat und eine angemessene Zeit für die Handlung in der Weise bestimmt ist, dass sie sich von dem Ereignis an nach dem Kalender berechnen lässt.

IV. Gläubigerverzug

Beispiele für entbehrliche Angebote (Palandt/Grüneberg §295, Rn. 5) ▶ Nichteinhaltung des vereinbarten Termins für die Übergabe (BGH NJW-RR 1991, 268) ▶ trotz bestehenden Lastschrifteinverständnisses bucht der Gläubiger den Betrag nicht ab ▶ verspätetes Eintreffen zum Theater-, Kino- oder Opernbesuch ▶ Versäumnis eines Operationstermins ▶ Abweisung des Arbeitnehmers durch den Arbeitgeber z. B. nach einer (rechtswidrigen) Kündigung (BAG NJW 2007, 2796)

Der Gläubiger kommt in Verzug, wenn er die beschriebenen Mitwirkungshandlungen, **verweigert**, ohne dass die Gründe für den Eintritt des Annahmeverzugs eine Rolle spielen. Nicht notwendig ist insbesondere ein Verschulden oder ein Vertretenmüssen des Gläubigers, da beim Annahmeverzug grundsätzlich keine Schadensersatzpflicht des „nur" eine Mitwirkungspflicht verletzenden Gläubigers begründet wird. Liegen weitere Pflichtverletzungen vor, sind aber daneben Schadensersatzansprüche nach §§ 280 ff. BGB selbstverständlich möglich.

Besteht bei einem Vertrag keine Vorleistungspflicht der einen oder anderen Seite, z. B. wie beim Kaufvertrag üblich, so ist der Verkäufer der Kaufsache nur verpflichtet, Zug-um-Zug seine Leistung anzubieten, der Käufer muss seinerseits ebenfalls die Gegenleistung, den Kaufpreis, anbieten, will er seinen Pflichten aus dem Schuldverhältnis ordnungsgemäß nachkommen. Dementsprechend regelt § 298 BGB, dass nicht nur die Nichtannahme der angebotenen Leistung den Gläubigerverzug begründet, sondern bereits schon das Nichtanbieten der vertraglich geschuldeten Gegenleistung. Hinsichtlich der nicht angebotenen Gegenleistung liegt dann gleichzeitig Schuldnerverzug vor.

§ **§ 298 BGB Zug-um-Zug-Leistungen** Ist der Schuldner nur gegen eine Leistung des Gläubigers zu leisten verpflichtet, so kommt der Gläubiger in Verzug, wenn er zwar die angebotene Leistung anzunehmen bereit ist, die verlangte Gegenleistung aber **nicht anbietet**.

Beispiele für Zug-um-Zug-Leistungen (Palandt/Grüneberg § 298) ▶ Die Gegenleistung muss in der geschuldeten Höhe verlangt werden, vgl. die entsprechenden Ausführungen zur angebotenen Leistung des Schuldners nach § 293 BGB. ▶ Ein überhöht angeforderter Zahlungsbetrag begründet daher nicht den Annahmeverzug (OLG Karlsruhe NJW 2008, 925).

Der **Annahmeverzug endet** grundsätzlich, wenn der Gläubiger die Mitwirkungshandlung wie vereinbart vornimmt. Hat der Gläubiger dem Schuldner nach § 304 BGB auch Mehraufwendungen zu ersetzen, muss er diese auch dem Schuldner anbieten. Ist dieses erfolgt, muss der Schuldner dann unverzüglich tatsächlich auch seine Leistung vornehmen. Hatte der Gläubiger zunächst seine Mitwirkung ausdrücklich oder konkludent verweigert und ändert nun diese Haltung, endet ebenfalls der Gläubigerverzug, so dass der Schuldner wieder verpflichtet ist, seine Leistung tatsächlich anzubieten und durchzuführen.

▷ **270 Welche Rechtsfolgen treten bei einem Annahmeverzug ein?**

Ohne dass dieses im Gesetz ausdrücklich erwähnt wird, ergibt sich aus dem Gesamtzusammenhang der §§ 300 ff. BGB zunächst, dass der Schuldner durch die Säumnis des Gläubigers nicht von seiner Leistungspflicht befreit wird, sondern weiterhin anbieten muss.

IV. Gläubigerverzug

Nach der gesetzlichen Regelung bewirkt der Annahmeverzug zudem eine **Haftungsminderung** im Hinblick auf den zu erbringenden Haftungsgegenstand, §300 Abs.1 BGB, und korrespondiert mit der beim Schuldnerverzug in §287 S.1 BGB existierenden Verschärfung der Haftung.

> §300 Abs.1 BGB Wirkungen des Gläubigerverzugs (1) Der Schuldner hat während des Verzugs des Gläubigers nur Vorsatz und grobe Fahrlässigkeit zu vertreten.

Hat der Schuldner dem säumigen Gläubiger nur für Vorsatz und grobe Fahrlässigkeit zu haften, wird er von seiner Verpflichtung zur Leistung dann frei, wenn z.B. die Kaufsache aufgrund Zufalls oder leichter Fahrlässigkeit nicht mehr geliefert werden kann, sog. Leistungsgefahr. Den Anspruch auf die Gegenleistung, also z.B. den Kaufpreis, behält der Schuldner aber, §326 Abs.2, S.1 BGB.

Darüber hinaus ist der Schuldner einer **nur der Gattung nach bestimmten Ware**, z.B. Tomaten ein bestimmten Güteklasse, nach Eintritt des Annahmeverzugs nur noch verpflichtet, die bereits für den säumigen Gläubiger ausgesonderte, z.B. in Kisten verpackte und bereitgestellte Ware zu liefern, sog. Konkretisierung der Gattungsschuld zur Stückschuld, §300 Abs.2 BGB.

> §300 Abs.2 BGB Wirkungen des Gläubigerverzugs (2) Wird eine nur der Gattung nach bestimmte Sache geschuldet, so **geht die Gefahr** mit dem Zeitpunkt **auf den Gläubiger über**, in welchem er dadurch in Verzug kommt, dass er die angebotene Sache nicht annimmt.

Beispiele für Umwandlung in Stückschuld (Palandt/Grüneberg §300 Rn.6) ▶ Von §300 Abs.2 BGB wird z.B. der Fall der Säumnis des Gläubiges nach der **Aussonderung der Waren bei der Bring- oder Schickschuld** durch den Schuldner erfasst. ▶ Bei schuldlosem **Diebstahl des erfolglos angebotenen Geldbetrages** auf dem Rückweg, muss der Schuldner dem säumigen Gläubiger nicht noch mal Geld anbieten und behält aber den Anspruch auf die Ware.

Kann der Schuldner einen Geldbetrag deshalb nicht zurückzahlen, weil der Gläubiger diesen nicht annimmt oder nicht annehmen will, so kann der Schuldner nicht auch noch mit der weiteren Verzinsungspflicht „bestraft" werden. §301 BGB regelt diesen Fall und bestimmt den Ausschluss der Verzinsungspflicht einer Geldschuld, §301 BGB.

> §301 BGB Wegfall der Verzinsung Von einer verzinslichen Geldschuld hat der Schuldner während des Verzugs des Gläubigers **Zinsen nicht** zu entrichten.

Die **Herausgabe von Nutzungen**, wie sie z.B. in den Fällen der §§292 Abs.2, 3, 4, 987 Abs.2 und 990 BGB vorgesehen ist, wird auf die tatsächlich gezogenen Nutzungen beschränkt, §302 BGB. Es wäre auch unbillig, den Schuldner auch noch zur Nutzziehung zu verpflichten, obwohl er das zeitlich gar nicht mehr wollte oder konnte.

> §302 BGB Nutzungen Hat der Schuldner die Nutzungen eines Gegenstands herauszugeben oder zu ersetzen, so beschränkt sich seine Verpflichtung während des Verzugs des Gläubigers auf die **Nutzungen**, welche er zieht.

IV. Gläubigerverzug

Da der Schuldner trotz Eintritts ja immer noch zur Leistung verpflichtet ist, kann er bei beweglichen Sachen den Weg der Hinterlegung, §§ 373 ff. BGB und bei unbeweglichen Sachen die **Besitzaufgabe** mit vorheriger Androhung wählen, § 303 BGB, um von seiner Leistungspflicht endlich befreit zu werden.

> **§ 303 BGB Recht zur Besitzaufgabe** Ist der Schuldner zur Herausgabe eines **Grundstücks** oder eines eingetragenen Schiffs oder Schiffsbauwerks verpflichtet, so kann er nach dem Eintritt des Verzugs des Gläubigers den Besitz aufgeben. Das Aufgeben muss dem Gläubiger vorher angedroht werden, es sei denn, dass die **Androhung** untunlich ist.

Auch wenn der Annahmeverzug den Schuldner nicht zur Forderung von Schadensersatz berechtigt, soll er nach der gesetzlichen Regelung in § 304 BGB wenigstens die **Mehraufwendungen** erstattet bekommen.

> **§ 304 BGB Ersatz von Mehraufwendungen** Der Schuldner kann im Falle des Verzugs des Gläubigers Ersatz der Mehraufwendungen verlangen, die er für das erfolglose Angebot sowie für die Aufbewahrung und Erhaltung des geschuldeten Gegenstands machen musste.

> **Beispiele für Mehraufwendungen** (Palandt/Grüneberg § 304) ▶ Nimmt der Gläubiger erst beim zweiten Angebot die Leistung entgegen, so können nur die Kosten des Erstangebots ersetzt verlangt werden. ▶ Alle objektiv erforderlichen und tatsächlich entstandenen Kosten, z. B. für eine Mahnung ▶ Aufbewahrungs- und Lagerungskosten einschließlich Versicherungsprämien

> Im **Fall 100** kann der Schneider S daher sowohl die Kosten für die aufgewandten Fahrtkosten als auch für die Reinigungsaufwendungen vom Gläubiger K ersetzt verlangen.

> **Nichtannahme der Lieferung durch den Käufer = Gläubigerverzug**
> - **Begriff und Regelungsort** ○ wenn der Gläubiger die ihm ordnungsgemäß angebotene noch mögliche Leistung nicht annimmt ○ §§ 293 bis 299 BGB
> - **Voraussetzungen** ○ **Möglichkeit der Leistung**, § 297 BGB ○ **taugliches Angebot**, §§ 294 – 296 BGB ○ **Nichtannahme der Leistung**, § 293 BGB ○ **keine Beendigung des Annahmeverzugs**
> - **Rechtsfolgen** ○ Keine Befreiung des Schuldners von der Leistungspflicht, aber verminderte Haftung des Schuldners und Konkretisierung der Gattungsschuld, § 300 BGB ○ Wegfall der Verzinsung bei einer Zahlungsforderung, § 301 BGB ○ Nutzungen, § 302 BGB ○ Recht zur Besitzaufgabe, § 303 BGB ○ Ersatz von Mehraufwendungen, § 304 BGB ○ weitere Rechtsfolgen in anderen Vorschriften, z. B. § 264 Abs. 2 BGB (Verzug des Wahlberechtigten)

V. Positive Vertragsverletzung (pVV)

▶ **271 Wie haftet der Vertragspartner bei einer Pflichtverletzung (positive Vertragsverletzung)?**

Der **Begriff** der „positiven Vertragsverletzung" oder abgekürzt „pVV" ist im Gesetz nirgends zu finden, trotzdem war vor vielen Jahren von der Rechtslehre und der Rechtsprechung erkannt worden, dass die geregelten Leistungsstörungen (Unmöglichkeit, Verzug, Mängelhaftung) nicht ausreichen, alle Schadensersatzfälle im vertraglichen Bereich ordnungsgemäß erfassen.

> **Fall 111 Die übermütigen Mitarbeiter** Der **Gebrauchtwagenhändler Valentino Lässig** hat aus den Fehlern der Vergangenheit gelernt und es geschafft, das an den **Geschäftsmann Kain Dunst** verkaufte Auto bis zum Liefertermin ordentlich zu bewachen, rechtzeitig herzurichten, um es dann am 1.10. einem Mitarbeiter zwecks Auslieferung auszuhändigen. Der **Mitarbeiter Michael Umhauer** fährt zum Käufer hin und macht etwas übermütig die Garage des Kunden auf, so dass diese **erheblich beschädigt** wird (Schaden 10.000 €). **Frage Kann der Geschäftsmann diese Kosten vom Verkäufer grundsätzlich aufgrund vertraglicher Haftungsvorschriften ersetzt verlangen?**

Mit der Schuldrechtsreform 2002 ist mit der Aufnahme der Vorschrift des **§ 280 Abs. 1 BGB** nun diese gesetzliche „Lücke" geschlossen worden, gleichzeitig ist aber der **Begriff der „positiven Vertragsverletzung"** nicht übernommen worden. Das Gesetz spricht jetzt nur von der *„Pflichtverletzung"*.

§ **§ 280 Abs. 1 BGB Schadensersatz wegen Pflichtverletzung** (1) Verletzt der Schuldner eine Pflicht aus dem Schuldverhältnis, so kann der Gläubiger Ersatz des hierdurch entstehenden Schadens verlangen. Dies gilt nicht, wenn der Schuldner die Pflichtverletzung nicht zu vertreten hat.

> Begrifflich können durch diese Vorschrift alle Schadensersatzforderungen, die durch eine Verletzung nicht notwendig vertraglicher sondern auch gesetzlicher Pflichten durch Tun oder Unterlassen und schuldhaftes Verhalten begründet werden.

V. Positive Vertragsverletzung (pVV)

▶ 272 Wie ist die Pflichtverletzung von anderen Leistungsstörungen abzugrenzen?

§ 280 Abs. 1 BGB enthält eine Anspruchsgrundlage für Schäden, die aus der Verletzung von **Leistung-, Nebenleistungs- und Verhaltenspflichten** entstanden sind. Für die anderen Fälle der Leistungsstörungen enthalten die **§§ 281 ff. BGB ergänzende Regelungen**, so dass sich für die Geltendmachung der verschiedenen Schäden folgende gesetzliche, nicht ganz leicht durchschaubare Systematik ergibt:

> **Abgrenzung der allgemeinen Pflichtverletzung**
> - § 280 Abs. 1 BGB = Schäden wegen Pflichtverletzung neben der weiterhin möglichen Hauptleistung
> - § 281 BGB = Schäden wegen nicht oder nicht wie geschuldeter Leistung (z. B. Mängelhaftung)
> - § 282 BGB = Schäden wegen Verletzung von Rücksichtnahmepflichten
> - § 283 BGB = Schäden bei Ausschluss der Leistungspflicht (z. B. Unmöglichkeit)
> - § 284 BGB = Ersatz von vergeblichen Aufwendungen statt Schadensersatz

Wie zu zeigen sein wird, ist eine **genaue Grenzziehung allerdings nicht immer möglich** und bleibt in der Gerichtspraxis vielfach offen, gerade wenn es für das Ergebnis irrelevant ist, ob der Schadensersatz auf der einen oder anderen Vorschrift beruht.

§ 280 Abs. 1 BGB regelt alle diejenigen Schäden, die mit einer **allgemeinen Pflichtverletzung** endgültig dem Gläubiger erwachsen sind und die nicht durch eine Nachbesserung oder Ersatzlieferung ausgeglichen werden können. Dieser Schadensersatz kann **neben** der weiterhin möglichen Hauptleistung verlangt werden, was beim Schadensersatz statt der Leistung nach § 281 Abs. 1 BGB nicht der Fall ist.

> § **§ 280 Abs. 1 BGB Schadensersatz wegen Pflichtverletzung** (1) Verletzt der Schuldner eine Pflicht aus dem Schuldverhältnis, so kann der Gläubiger Ersatz des hierdurch entstehenden Schadens verlangen. Dies gilt nicht, wenn der Schuldner die Pflichtverletzung nicht zu vertreten hat.

Vom Inhalt des Schadensersatzanspruchs werden nach § 280 Abs. 1 BGB alle nicht von den spezielleren Leistungsstörungen wie Unmöglichkeit, Verzug, Mängelhaftung erfassten Schäden ersetzt, also hauptsächlich Schäden des Gläubigers an Wertgegenständen außerhalb des zu leistenden Gegenstandes.

> **Beispiele für den Inhalt des Schadensersatzes** (Palandt/Grüneberg § 280 Rn. 18) ▶ **Gesundheitsschäden** ▶ Schäden durch **Datenverlust** ▶ **Nutzungsausfallschaden** aufgrund mangelhafter Sache bzw. Werkleistung (BGH 2009, 2674) ▶ nicht realisierte **Gewinne** (BGH NJW 2002, 141) ▶ Kosten für **Gutachter** ▶ sogar **Schadensersatzpflichten**, die aus einem Weiterverkauf der Sache entstanden sind (BGH NJW-RR 1996, 951)

Vom § 280 Abs. 1 BGB ist dann der Fall abzugrenzen, dass der Schuldner **noch keine Leistung** erbracht hat. Hier liegt zwar streng genommen auch eine Pflichtverletzung des Schuldners vor, es geht dem Gläubiger aber zunächst um einen Ersatz des Schadens, der durch die Verzögerung entstanden ist, sog. Verzögerungsschaden. Wohl gemerkt: der säumige Schuldner muss die Hauptleistung weiterhin leisten. Dieser Schaden **hängt aber mit dem Tatbestand des Verzugs** zusammen, so dass das Gesetz zusätzliche Voraussetzungen dadurch verlangt, dass § 280 Abs. 2 BGB auf § 286 BGB

V. Positive Vertragsverletzung (pVV)

verweist und die einzelnen Verzugsvoraussetzungen zu prüfen sind (siehe bereits oben beim Schuldnerverzug).

§ **§ 280 Abs. 2 BGB Schadensersatz wegen Pflichtverletzung** (2) Schadensersatz wegen Verzögerung der Leistung kann der Gläubiger nur unter der zusätzlichen Voraussetzung des § 286 verlangen.

Inhaltlich erstreckt sich dieser Anspruch auf Ersatz ausschließlich derjenigen Wertminderungen, die durch die Verzögerung der Leistung entstanden sind.

Beispiele für den Inhalt des Verzögerungsschadens (Palandt/Grüneberg § 280 Rn. 18, § 286) ▶ **Mietkosten** für Ersatzsache ▶ anderweitig zu zahlende **Vertragsstrafen** ▶ **Nutzungsausfall**/Betriebsausfallschäden ▶ Kosten für **Gutachten** im Zusammenhang mit der Pflichtverletzung und ihren Auswirkungen

Erbringt der Schuldner bei einer **verzögerten Leistung nach Ablauf einer angemessenen Nachfrist** die Leistung nicht, kann der Gläubiger nach § 281 Abs. 1 S. 1 Alt. 1 BGB dann **sogar Schadensersatz statt der Leistung** verlangen.

§ **§ 281 Abs. 1 S. 1 Alt. 1 BGB Schadensersatz statt der Leistung wegen nicht ... erbrachter Leistung** (1) Soweit der Schuldner die fällige Leistung nicht ... erbringt, kann der Gläubiger unter den Voraussetzungen des § 280 Abs. 1 Schadensersatz statt der Leistung verlangen, wenn er dem Schuldner erfolglos eine angemessene Frist zur Leistung ... bestimmt hat.

Eine Verpflichtung zur Erbringung der Leistung kann für den Gläubiger der verzögerten Leistung dann je nach seiner Wahl entfallen. Dabei ist der Gläubiger so zu stellen, wie wenn der Schuldner seine Leistungspflichten korrekt erbracht hätte, also das sog. positive Interesse. Je nachdem, ob der Gläubiger bei gegenseitigen Verträgen seine Gegenleistung bereits erbracht hat oder nicht, bestehen verschiedene Wahlrechte, wenn er seinen Schaden ausgleichen will.

Ist die **Gegenleistung noch nicht vom Gläubiger erbracht**, kann er wählen,

- ob er entweder die Differenz zwischen dem Wert der Leistung des Schuldners zuzüglich von Folgeschäden und dem Wert seiner nicht erbrachten Gegenleistung haben möchte (bloßer Vergleich der Rechnungsposten, sog. **Differenzmethode**, OLG Nürnberg NJW-RR 2002, 47)
- oder ob er doch noch seine Leistung erbringt und dafür Ersatz für die ausgefallene geschuldete Leistung (incl. Folgeschäden) verlangt (sog. **Surrogationsmethode**).

Hat der Gläubiger bei gegenseitigen Verträgen seine **Gegenleistung bereits erbracht,** stehen zudem folgende Wahlmöglichkeiten offen:

- der Gläubiger der nicht geschuldeten Leistung kann seine Gegenleistung **wieder zurückverlangen** und zusätzlich die sonst noch entstandenen Folgeschäden (z. B. geringerer Erlös beim Weiterverkauf der zurückgenommenen Kaufsache)
- oder der Gläubiger **belässt** dem nicht leistenden Schuldner die Gegenleistung und verlangt nach dem Ansatz der Surrogationsmethode den Wert der ausgefallenen geschuldeten Leistung zuzüglich etwaiger Folgeschäden.

Wurde die Leistung **mangelhaft** erbracht, findet die Formulierung „**nicht wie geschuldet**" in § 281 Abs. 1 S. 1 Alt. 2 BGB auf die Mängelfälle Anwendung, in denen keine eigenen Mängelansprüche im Gesetz zu finden sind.

V. Positive Vertragsverletzung (pVV)

> **§ § 281 Abs. 1 S. 1 Alt. 2 BGB Schadensersatz statt der Leistung wegen ... nicht wie geschuldet erbrachter Leistung** (1) Soweit der Schuldner die fällige Leistung ... nicht wie geschuldet erbringt, kann der Gläubiger unter den Voraussetzungen des § 280 Abs. 1 Schadensersatz statt der Leistung verlangen, wenn er dem Schuldner erfolglos eine angemessene Frist zur ... Nacherfüllung bestimmt hat.

> **Beispiele für Verträge ohne besondere Gewährleistungsvorschriften** (Palandt/Grüneberg § 280 Rn. 15) ▶ **Dienst- und Geschäftsbesorgungsverträge** z. B. mit Banken, Anlageberatern, Ärzten, Steuerberatern, Wirtschaftsprüfern, Treuhändern, Maklern ▶ Verträge auf **Auftragsbasis** ▶ **Gesellschaftsverträge** (BGH NJW 1983, 1188) ▶ **Arbeitsverträge** (wobei aber eigene Haftungsgrundsätze gelten)

Bei Kauf-, Werk-, Miet- und Reiseverträgen sind zuerst die dortigen Sondervorschriften heranzuziehen.

> **Beispiele für Verträge mit besonderen Gewährleistungsvorschriften** (Palandt/Grüneberg § 281 Rn. 40) ▶ **Kaufvertrag**, §§ 434 ff. BGB ▶ **Werkvertrag**, §§ 634 ff. BGB ▶ **Mietvertrag**, §§ 536 a ff. BGB ▶ **Reisevertrag**, 651 ff. BGB

Inhaltlich können im Rahmen von § 281 BGB alle Schäden geltend gemacht werden, die mit der Ersatzbeschaffung oder Reparatur zusammenhängen, sowie sonstige Werteinbußen wie etwa ein Minderwert (BGH NJW 1978, 2242).

Bei Verletzung von **Nebenpflichten nach § 241 Abs. 2 BGB** enthält das Gesetz eine eigene Verweisung in **§ 282 BGB** auf den § 280 Abs. 1 BGB. Diese Vorschrift hat ihren Sinn darin, dass nach § 280 Abs. 1 BGB grundsätzlich ja nur der konkrete Schaden durch die Pflichtverletzung zu ersetzen ist, während der Schuldner weiterhin zur Leistung und der Gläubiger zur Erbringung seiner Gegenleistung verpflichtet ist. § 282 BGB ermöglicht dem Gläubiger der „verletzten Pflicht" auch einen Schadensersatz statt der Leistung zu verlangen, wenn ihm die Leistung durch den Schuldner nicht mehr zuzumuten ist.

> **§ § 282 BGB Schadensersatz statt der Leistung wegen Verletzung einer Pflicht nach § 241 Abs. 2** Verletzt der Schuldner eine Pflicht nach § 241 Abs. 2, kann der Gläubiger unter den Voraussetzungen des § 280 Abs. 1 Schadensersatz statt der Leistung verlangen, wenn ihm die Leistung durch den Schuldner nicht mehr zuzumuten ist.

> **Beispiele für verletzte Rücksichtspflichten** (Palandt/Grüneberg § 282 Rn. 3) ▶ Schuldner beschädigt bei der Werkerstellung oder bei der Nachbesserung **Gegenstände des Gläubigers** (OLG Saarbrücken NJW 2007, 3503) ▶ Schuldner **wirbt Arbeitnehmer** des Gläubigers **ab** ▶ Schuldner **beleidigt** bei der Leistungserbringung den Gläubiger oder seine Angehörigen

Unzumutbarkeit setzt regelmäßig die vorherige Anmahnung der Einhaltung der Pflichten voraus (BGH NJW 1978, 260), auf die nur unter besonderen Umständen entsprechend § 281 Abs. 2, Alt. 2 BGB verzichtet werden kann. Da aber jede Verletzung der Leistungstreuepflicht sowohl unter § 282 BGB als auch gleichzeitig eine „nicht wie geschuldete" Leistung nach § 281 BGB darstellt, fällt die Abgrenzung schwer.

Kann die Leistung **überhaupt ganz oder teilweise nicht mehr erbracht** werden (Unmöglichkeit), wurde oben bereits dargelegt, welche Auswirkungen dieses auf die Leistungspflichten der Vertragsparteien hat (z. B. Freiwerden von Leistungspflicht

V. Positive Vertragsverletzung (pVV)

und Entfallen der Gegenleistung). Den Schaden, den der Gläubiger durch diese Nichterfüllung hat, kann er nach § 280 Abs. 3 BGB i. V. m. **§ 283 BGB** statt der unmöglich gewordenen Leistung ersetzt verlangen.

> **§ 283 BGB Schadensersatz statt der Leistung bei Ausschluss der Leistungspflicht**
> Braucht der Schuldner nach § 275 Abs. 1 bis 3 nicht zu leisten, kann der Gläubiger unter den Voraussetzungen des § 280 Abs. 1 Schadensersatz statt der Leistung verlangen. § 281 Abs. 1 Satz 2 und 3 und Abs. 5 findet entsprechende Anwendung.

Inhaltlich richtet sich der Schadensersatz wie bei § 281 BGB danach, ob die Gegenleistung bereits erbracht wurde und welchen Weg des Schadensausgleichs der Gläubiger wählt.

▷ 273 Welche Voraussetzungen müssen für die Pflichtverletzung nach § 280 Abs. 1 BGB geprüft werden?

Eine Schadensersatz begründende Pflichtverletzung nach § 280 Abs. 1 BGB liegt unter folgenden Voraussetzungen vor:

> **Checkliste 34** Wann besteht eine Schadensersatz begründende Pflichtverletzung nach § 280 Abs. 1 BGB?
> - Bestehen eines **Schuldverhältnisses**: Besteht eine Schuldbeziehung z. B. vertraglicher oder gesetzlicher Art?
> - Vorliegen einer **Pflichtverletzung**: Hat der Schuldner eine Leistungs-, Nebenleistungs- oder Verhaltenspflicht verletzt?
> - **Vertretenmüssen** des Schuldners: Kann der Schuldner beweisen, dass er die Pflichtverletzung nicht verschuldet hat?

Ein Schadensersatzanspruch aus § 280 Abs. 1 BGB kann sich aus **allen Schuldverhältnissen** ergeben, die den Parteien bestimmte Pflichten zur Leistung auferlegen, gleichgültig, ob es sich dabei um Haupt- oder Nebenleistungspflichten handelt.

> **Beispiele** (Palandt/Grüneberg § 280 Rn. 2) ▶ **vertragliche** Schuldverhältnisse entgeltlicher oder unentgeltlicher Art, gegenseitig oder einseitig, z. B. Kauf-, Werk-, Arbeitsverträge ▶ **gesetzliche** Schuldverhältnisse wie z. B. die gesetzlich begründete Geschäftsführung ohne Auftrag, § 677 BGB, so dass der Geschäftsführer bei nicht ordnungsgemäßer Erfüllung schadensersatzpflichtig nach § 280 Abs. 1 BGB werden kann ▶ **öffentlich-rechtliche Rechtsverhältnisse**, bei denen ähnlich wie im Privatrecht Haupt- oder Nebenleistungspflichten entstehen und soweit keine öffentlich-rechtlichen Vorschriften oder Besonderheiten etwas anderes vorsehen, z. B. beim öffentlich-rechtlichen Vertrag ▶ **nicht** dagegen sollen Schuldverhältnisse im Sinne des § 280 Abs. 1 BGB z. B. zwischen dem Vermieter und einer einen Mieter einweisenden Behörde entstehen (BGH NJW-RR 2006, 802)

▷ 274 Hat der Schuldner eine Leistungs-, Nebenleistungs- oder Verhaltenspflicht verletzt?

Die als **zweite Voraussetzung** zu prüfende **Pflichtverletzung im Sinne des § 280 Abs. 1 BGB** kann jede objektiv vorliegende Nichteinhaltung von Leistungs-, Nebenleistungs- und Verhaltenspflichten sein, quasi jede Abweichung vom „geschuldeten

V. Positive Vertragsverletzung (pVV)

Pflichtprogramm" (Palandt/Grüneberg § 280 Rn. 12). Welches Verhalten die Rechtslehre verlangt, ergibt sich letztlich aus der für das Schuldverhältnis einschlägigen Gesetzesvorschrift. Damit ergeben sich eine Vielzahl von Pflichten, gegen die verstoßen werden könnte. Eine Systematisierung der Pflichten kann durch Bildung von drei Typen von Pflichtverletzungen versucht werden, dabei gibt es aber viele Abgrenzungsschwierigkeiten. In der Praxis kann die genaue Zuordnung zu der einen oder anderen Gruppe dann auch offen bleiben, wenn im Ergebnis das Bestehen einer Pflichtverletzung anzunehmen ist.

Typen von Pflichtverletzungen im Rahmen des § 280 Abs. 1 BGB
- Fehlende Erfüllung der geschuldeten Leistung
- Schlechte Erfüllung einer geschuldeten Leistung
- Verletzung von Nebenpflichten

Erfüllt der Schuldner seine Leistungspflicht nicht, ist der § 280 Abs. 1 BGB selten allein als Anspruchsgrundlage für einen Schadensersatzanspruch einschlägig. Wird ein **Verzögerungsschaden** geltend gemacht, müssen die Voraussetzungen des Schuldnerverzugs noch vorliegen, § 280 Abs. 2 BGB i. V. m. § 286 BGB, so dass der Schadensersatzanspruch als Rechtsfolge des Verzugs anzusehen ist.

Hat der Schuldner schlecht erfüllt, liegt darin bereits eine Pflichtverletzung nach § 280 Abs. 1 BGB vor, so dass der Schuldner wegen der allein durch diese Pflichtverletzung verursachten Schäden bereits Schadensersatz trotz Weiterbestehens der Hauptleistung verlangen kann, darüber hinaus gehender Schadensersatz ist dann unter den Voraussetzungen des § 281 BGB möglich.

Hat der Schuldner eine Nebenpflicht verletzt, liegt hierin ebenfalls eine Pflichtverletzung nach § 280 Abs. 1 BGB vor. Da der § 280 Abs. 1 BGB nicht nach Leistungs-, Rücksichtnahme- oder Verhaltenspflichten unterscheidet, ist hier eine weite Rechtsprechung inzwischen entstanden, welche Nebenpflichtverletzungen zu einem Schadensersatz führen und welche nicht. Entscheidend sind die zugrunde liegenden Vorschriften und die Ausgestaltung der einzelnen Vertragstypen (z. B. Kauf, Miete, Werk). Wie einleitend zu diesem Kapitel erläutert, kann man die Nebenpflichten in folgende **Hauptgruppen** einordnen, ohne damit letztlich klar voneinander abgrenzbare und vollständige Pflichtengruppen zu erhalten.

Wichtige Nebenpflichten
- Rücksichtnahmepflichten
- Leistungstreuepflichten
- Mitwirkungspflichten
- Sonstige Pflichten

Unter die Verletzung von **Rücksichtnahmepflichten** i. S. d. § 241 Abs. 2 BGB fallen auch sämtliche vertraglichen Aufklärungs- und Schutzpflichten. Die Vertragspartner haften folglich einander für die nicht ordnungsgemäße **Aufklärung** über alle für die Entscheidung des Vertragspartners wichtigen Umstände.

Beispiele für die Verletzung von Aufklärungspflichten (Palandt/Grüneberg § 280 Rn. 30) ▶ fehlende Information über absehbare Lieferschwierigkeiten (BGH DB 1988, 2401) ▶ bevorstehende Betriebsstilllegung muss mitgeteilt werden (BGH NJW 1974, 795) ▶ Nichtauf-

V. Positive Vertragsverletzung (pVV)

klärung über Zweifel an der Kreditwürdigkeit von Kunden (BGH BB 1969, 1196) ▶ Pflicht zur Mitteilung einer längeren Stromabschaltung durch den Stromerzeuger gegenüber seinen Kunden (BGH VersR 1971, 155) ▶ Aufklärung über rechtliche Bedenken von geplanten Werbemaßnahmen durch die beauftragte Werbeagentur (BGHZ 61, 120)

Darüber hinaus können sich Schadensersatzansprüche nach § 280 Abs. 1 BGB aus der Nichtbeachtung von **Schutzpflichten** ergeben, wenn z. B. bei der Vertragsabwicklung unabhängig von der ordnungsgemäß erbrachten Hauptleistung sonstige Rechte und Rechtsgüter (Leben, Körper, Eigentum, etc.) zu Schaden kommen. Da bei einer vertraglichen Beziehung die Vertragsparteien aufgrund der Nähebeziehung eher die Möglichkeit haben, auf diese Rechtspositionen der anderen Seite einzuwirken, gibt § 280 Abs. 1 BGB einen eigenen vertraglichen Haftungsanspruch neben der auch noch gesetzlichen Haftung aus §§ 823 ff. BGB (wegen unerlaubter Handlungen).

Beispiele für die Verletzung von Schutzpflichten (Palandt/Grüneberg § 280 Rn. 28) ▶ Handwerker müssen **die zur Reparatur abgegebenen Gegenstände** sicher aufbewahren (BGH NJW 1983, 113) ▶ Mieter haftet für von ihm **verursachte Wasser- oder Brandschäden** an einer Mietsache bzw. an Sachen anderer Mitmieter (BGH NJW 1964, 35) ▶ **Vertragspartner** haften auch für die **Wahrung von Geheimnissen**, die ihnen im Rahmen von Vertragsbeziehungen bekannt werden, z. B. bei Zeitungsanzeigen mit Chiffrevermerken (OLG Oldenburg NJW-RR 1989, 614), Verträgen mit Detekteien (AG Leer NJW-RR 2007, 683) ▶ Bankmitarbeiter haben im Rahmen von **Bankverträgen** eine so weite Schutzpflicht, dass die Kreditwürdigkeit des Bankkunden auch nicht durch die Bekanntgabe von wahren Tatsachenbehauptungen, persönlichen Meinungen oder Einschätzungen von Bankmitarbeitern gefährdet werden darf (BGH NJW 2006, 830) ▶ Bahnanlagenbetreiber haftet für Schädigungen, die ein Fahrgast auf dem Bahnsteig erleidet (BGH NJW 2012, 1083).

Die **Leistungstreuepflichten** legen den Vertragspartnern die Pflicht auf, den mit dem Vertrag bezweckten Erfolg nicht durch irgendwelche Maßnahmen zu beeinträchtigen oder in Gefahr zu bringen. In jeder ernsthaften und endgültigen Verweigerung der Erfüllung, ja schon bei Inaussichtstellen einer Nichterfüllung liegt eine Pflichtverletzung nach § 280 Abs. 1 BGB vor.

Beispiele für die Verletzung von Leistungstreuepflichten (Palandt/Grüneberg § 280 Rn. 25) ▶ **Nichteinhaltung** der vereinbarten Zahlungswege, z. B. plötzliches Verlangen von Bargeld, statt Annahme eines Wechsels ▶ Vertragspartner täuscht über Inhalt und Umfang der wirklich beabsichtigten Vertragserfüllung (BGHZ 11, 86) ▶ Ein **Beharren auf unbegründeten Ansprüchen** wird von der Rechtsprechung jedenfalls in bestehenden Vertragsverhältnissen regelmäßig als Pflichtverletzung verstanden, insbesondere dann, wenn die rechtliche Beurteilung durch den Vertragspartner vertretbar war oder er erkennen kann, dass der Grund für die gerügten Mängel selbst verursacht wurden (BGH NJW 2007, 1458, AG München NJW-RR 2006, 1534, BGH NJW 2008, 1147). ▶ **Nichtabschluss** einer Zielvereinbarung durch den Arbeitgeber, wenn der Arbeitnehmer hierdurch seinen Anspruch auf leistungsbezogene Entgelte verliert (BAG NJW 2008, 872) ▶ **Fehlerhafte Abrechnung** mit schweren Fehlern, die auch nach Mahnung nicht beseitigt werden, so dass ein Sachverständigengutachten eingeholt werden muss (OLG Hamm NJW-RR 2008, 334) ▶ Ausspruch oder Androhung einer **unbegründeten Kündigung** (BGH NJW 1988, 1269), z. B. in Wahrheit nicht bestehender Eigenbedarf bei der Kündigung eines Mietvertrages

Bestehen in einer Vertragsbeziehung **Mitwirkungspflichten**, so darf eine Vertragspartei nicht die Zusammenarbeit mit dem Vertragspartner verweigern, sondern muss alle Hindernisse beseitigen um eine Vertragserfüllung zu ermöglichen.

Beispiele für Mitwirkungspflichten (Palandt/Grüneberg § 280 Rn. 29) ▶ Erforderliche Genehmigungen müssen eingeholt werden (OLG München BB 1954, 547). ▶ Bei einem Werkvertrag muss der Besteller alle Daten, Pläne etc., die zur Werkerstellung notwendig sind, dem Unternehmer zur Verfügung stellen, vgl. § 642 BGB (BGHZ 50, 179).

V. Positive Vertragsverletzung (pVV)

▶ **275 Kann der Schuldner beweisen, dass er die Pflichtverletzung nicht verschuldet hat?**

Als **dritte Voraussetzung** für einen Schadensersatz wegen Pflichtverletzung ist das **Vorliegen eines Verschuldens im Sinne des § 276 BGB** des sich pflichtwidrig verhaltenden Schuldners erforderlich.

§ **§ 276 Abs. 1 BGB Verantwortlichkeit des Schuldners** (1) Der Schuldner hat **Vorsatz und Fahrlässigkeit** zu vertreten, wenn eine strengere oder mildere Haftung weder bestimmt noch aus dem sonstigen Inhalt des Schuldverhältnisses, insbesondere aus der Übernahme einer Garantie oder eines Beschaffungsrisikos, zu entnehmen ist.

Diese Verschuldensvoraussetzung wird zwar in § 280 Abs. 1 S. 1 BGB nicht ausdrücklich erwähnt, ergibt sich aber aus S. 2 der Vorschrift.

§ **§ 280 Abs. 1 S. 2 BGB Schadensersatz wegen Pflichtverletzung** (1) ... Dies gilt nicht, wenn der Schuldner die Pflichtverletzung **nicht zu vertreten** hat.

Dieser Satz bestimmt damit zugleich die **Beweislast** bei der Prüfung eines Schadensersatzanspruches aus § 280 Abs. 1 BGB:

> **Gläubiger des Schadensersatzanspruchs muss beweisen:**
> - Vorliegen einer Pflichtverletzung, z. B. Nichterbringung oder mangelhafte Leistungserbringung
> - Tatsächliche Entstehung eines Schadens
> - Ursächlicher Zusammenhang zwischen Schaden und Pflichtverletzung
>
> **Schuldner des Schadensersatzanspruchs muss beweisen:**
> - Fehlendes Verschulden des Schuldners an der

Die hier von der Vorschrift vorgenommene Beweislastverteilung hat als **Rechtsprinzip für alle Pflichtverletzungen** Gültigkeit, mit Ausnahme von Schadensersatzansprüchen des Arbeitgebers gegen den Arbeitnehmer (§ 619a BGB, BAG NJW 1998, 1011: Beweislast des geschädigten Arbeitgebers für verschuldetes Handeln des Arbeitnehmers). Damit wird letztlich dem Umstand Rechnung getragen, dass man bei einer durch den Gläubiger nachgewiesenen Pflichtverletzung regelmäßig auf schuldhaftes Handeln des pflichtwidrig Handelnden schließen kann. Ihm wird aber die Möglichkeit gegeben, besondere Umstände vorzutragen, die seine Schuld wiederum ausschließen. Natürlich muss in jedem Einzelfall geprüft werden, ob sich nicht **Beweiserleichterungen** in die eine oder andere Richtung dadurch ergeben, dass die Vertragsparteien für bestimmte Pflichten Verantwortung übernommen haben und somit in ihrem Verantwortungsbereich dann auch haften müssen.

> **Beispiele für Beweiserleichterungen** (Palandt/Grüneberg § 280 Rn. 37) ▶ **Unternehmer** hat durch das pflichtwidrige Handeln der Mitarbeiter des Gläubigers oder seiner Geräte den Schaden eindeutig verursacht (BGH BauR 1985, 705) ▶ **Vermieter** hat Wasserschaden des Mieters durch fehlerhafte Wartung wesentlich mitzuverantworten ▶ **Waschanlagenbenutzer** müssen beweisen, dass der Schaden tatsächlich beim Waschvorgang und nicht vor- oder hinterher entstanden ist (OLG Hamm NJW-RR 2002, 1459)

V. Positive Vertragsverletzung (pVV)

▶ 276 Welche Rechtsfolgen hat die Pflichtverletzung?

Die Pflichtverletzung bewirkt, dass der Geschädigte **alle mit dem schädigenden Verhalten unmittelbar oder mittelbar zusammenhängenden Vermögenseinbußen und sonstigen Folgen ersetzt** verlangen kann. Hat der Gläubiger durch den Vertragsschluss Nachteile, muss er vom Schuldner so gestellt werden, als hätte er diese Vermögensdispositionen nicht vorgenommen (BGH NJW 2004, 1868).

> **Beispiele für Rechtsfolgen** (Palandt/Grüneberg §280 Rn. 32 ff.) ▶ **Prozesskosten** müssen ersetzt werden (OLG Düsseldorf NJW-RR 1996, 729) ▶ **Schmerzensgeld** ist zu zahlen, wenn eine Verletzung des Körpers, der Gesundheit, der Freiheit oder der sexuellen Selbstbestimmung im Sinne des §253 Abs. 2 BGB vorliegt ▶ **Herausgabe der Kaufsache** kann bei Nichtdurchführung einer Wiederverkaufszusage verlangt werden (BGH NJW 1994, 1968) ▶ **Unterlassungsanspruch** gegenüber dem sich pflichtwidrig verhaltenden Schuldner, wenn und solange durch die Pflichtverletzung ein schädigender Zustand geschaffen wurde (BGH NJW 1995, 1184)) ▶ **Anspruch auf Löschung** einer Bewertung auf dem eBay-Portal, wenn der Bieter unrichtige Tatsachen behauptet, den Versteigerer mit Schmähkritik überzieht oder ohne sachliche Argumente verunglimpft (AG Koblenz NJW-RR 2006, 1643)

Der Gläubiger muss grundsätzlich beweisen, dass die **Pflichtverletzung die Ursache für den eingetretenen Schaden** ist, wobei aber bei klaren Verstößen keine zu großen Anforderungen zu stellen sind.

> **Beispiele für Kausalität Pflichtverletzung und Schaden** (Palandt/Grüneberg §280 Rn. 38) ▶ Hat bei einem Einbruch eine automatische Sicherungsvorrichtung nicht funktioniert, geht die Rechtsprechung davon aus, dass bei ordnungsgemäßer Funktion der Anlage kein Schaden eingetreten wäre (sog. prima-facie-Beweis, OLG Hamburg MDR 2002, 329). ▶ Eine **Umkehr der Beweislast** kann in Einzelfällen hinsichtlich der Gesundheitsschäden vorliegen, wenn ein eklatanter **Verstoß gegen Berufspflichten** gegeben ist, z.B. grobe Behandlungs- oder Versorgungsfehler durch Ärzte und Pflegepersonal, und die Fehler geeignet waren, derartige Schäden herbeizuführen (BGH NJW 1971, 243, nicht dagegen bei Vermögensschäden, BGH NJW 1997, 1011, OLG Celle NJW-RR 2006, 346). ▶ Beim Verstoß gegen **Aufklärungs- oder Beratungspflichten** muss vom Schädiger bewiesen werden, dass der Schaden auch bei richtiger Aufklärung eingetreten wäre oder der Geschädigte auch so die Wahl zwischen verschiedenen Verhaltensvarianten gehabt hatte, bei der der Schaden nicht eingetreten wäre (BGH NJW 1998, 302, NJW-RR 2007, 569).

Dieser Schadensersatzanspruch kann **neben** dem Erfüllungsanspruch weiter geltend gemacht werden, wie bereits oben beschrieben. Evtl. ergeben sich auch noch andere Anspruchsgrundlagen, wie z.B. aus einem Verschulden während der Verhandlungsphase, §311 Abs. 2 und 3 BGB.

> **Lösung Fall 111** Es liegt ein **Kaufvertrag** vor, aus dem der Verkäufer nicht nur zur Übereignung einer mangelfreien Ware verpflichtet war, §433 Abs. 1 BGB, sondern auch zur **Rücksichtnahme gegenüber den anderen Rechtsgütern des Kunden**, §241 Abs. 2 BGB. Das schadensverursachende Verhalten des Mitarbeiters M wird dem Verkäufer nach §278 BGB als **eigenes Verschulden zugerechnet**. Es liegt damit eine Verletzung fremden Eigentums durch den Verkäufer vor. Der Verkäufer kann seine Schadensersatzpflicht aus §280 Abs. 1 BGB nur dann wirksam entkräften, wenn er nachweisen kann, dass ihn bzw. seinen Mitarbeiter keine Fahrlässigkeit traf, z.B. weil die Garage nicht gesichert war oder sonstige Mitverschuldensanteile des Käufers bestehen.

V. Positive Vertragsverletzung (pVV)

▶ 277 Wie kann man einen Schadensersatz wegen Pflichtverletzung geltend machen?

> **Muster 91:** Schadensersatz wegen Pflichtverletzung
>
> Absender, Ort, Datum …
>
> Fa. …
>
> (Name, Anschrift) …
>
> **Schadensersatz**
>
> Sehr geehrte/r Frau/Herr …,
>
> wir hatten Sie mit Schreiben vom … (Datum) … aufgefordert, darauf hinzuwirken, dass Ihre Mitarbeiter es unterlassen, bei der Anlieferung von Verpackungsmaterial die die Hofeinfahrt umgebende Zaunanlage zu beschädigen.
>
> Bedauerlicherweise sind Ihre Mitarbeiter unserer Bitte nicht gefolgt. Ihre Mitarbeiter beschädigten weiterhin die Zaunanlage erheblich; dieses Verhalten ist für uns nicht zumutbar.
>
> Wir **treten** daher von unserem Vertrag **zurück**.
>
> Gleichzeitig haben wir ein anderes, teureres Unternehmen mit der Belieferung der beiden letzten Paletten Verpackungsmaterial beauftragt. Wir verlangen hiermit den Differenzbetrag, der sich aus dem ergibt, was wir an Sie gezahlt hätten und was wir jetzt für die letzten beiden Paletten Verpackungsmaterial an das neu beauftragte Unternehmen … (Name) … zahlen müssen, als **Schadensersatz**. Die Rechnung des neu beauftragten Unternehmens ist beigefügt.
>
> Bitte zahlen sie … (Differenzbetrag) … unverzüglich an uns.
>
> Ferner werden wir mit gesondertem Schreiben die durch Ihre Mitarbeiter **angerichteten Schäden** an den Zaunanlagen geltend machen, sobald wir den genauen Betrag errechnet haben.
>
> Mit freundlichen Grüßen
>
> (Unterschrift)

> **👁 Schlechte Lieferung wegen Pflichtverletzung (PVV) hinsichtlich Schutz- und Nebenpflichten**
>
> - **Begriff und Regelungsort** ○ alle Schadensersatzforderungen, die durch eine Verletzung nicht notwendig vertraglicher sondern auch gesetzlicher Pflichten durch Tun oder Unterlassen und schuldhaftes Verhalten begründet werden können ○ § 280 Abs. 1 BGB gibt einen Schadensersatz neben der weiterhin möglichen Hauptleistung
> - **Abgrenzung** ○ § 281 BGB = Schäden wegen nicht oder nicht wie geschuldeter Leistung (z. B. Mängelhaftung) ○ § 282 BGB = Schäden wegen Verletzung von Rücksichtnahmepflichten ○ § 283 BGB = Schäden bei Ausschluss der Leistungspflicht (z. B. Unmöglichkeit) ○ § 284 BGB = Ersatz von vergeblichen Aufwendungen statt Schadensersatz
> - **Voraussetzungen** ○ Bestehen eines **Schuldverhältnisses**, z. B. vertraglicher oder gesetzlicher Art ○ Vorliegen einer **Pflichtverletzung** im Bereich von Leistungs-, Nebenleistungs- oder Verhaltenspflichten ○ **Vertretenmüssen** des Schuldners
> - **Rechtsfolgen** ○ Ersatz aller mit dem schädigenden Verhalten unmittelbar oder mittelbar zusammenhängenden Vermögenseinbußen und sonstigen Folgen

VI. Verschulden bei den Vertragsverhandlungen

▶ **278 Welches schuldhafte Verhalten bei den Vertragsverhandlungen (culpa in contrahendo, kurz cic) kann zu Schadensersatzansprüchen führen?**

Noch vor Inkrafttreten des BGB (im Jahre 1900) hatten die Rechtsgelehrten bereits anerkannt, dass es auch eine vertragliche Haftungsgrundlage neben der deliktischen aus §§ 823 ff. BGB für die im Vorfeld eines Vertragsabschlusses begangenen Pflichtverletzungen geben muss (bereits 1861 von Rudolf v. Jhering begründet). Dahinter steckt der Gedanke, dass **bereits vor Vertragsschluss ein besonderes Vertrauen zwischen den in Verhandlung befindlichen Personen besteht, das evtl. missbraucht wurde**. Dabei muss es für einen Schadensersatz des Geschädigten dann auch unerheblich sein, ob es zu einem Vertrag dann überhaupt noch kommt, wie der folgende Fall zeigt.

> **Fall 112 Ein Sturz mit Folgen** Bei den Verkaufsverhandlungen zwischen dem **Gebrauchtwagenhändler Valentino Lässig** und dem **Geschäftsmann Siegfried Schmerz** stößt sich dieser an einer **nicht ordnungsgemäß gesicherten Hebebühne** als er das Kaufobjekt von unten ansehen möchte. Zum **Vertragsschluss kommt es dann nicht mehr**, da der Kunde genug gesehen hat. Die Krankenversicherung verlangt vom Händler Lässig die Erstattung der **Behandlungskosten in Höhe von 3.000 €. Frage Besteht ein vertraglicher Schadensersatzanspruch, obwohl ein Vertrag doch gar nicht zustande gekommen ist?** (abgewandelter Fall des in der Rechtslehre berühmten Falls der auf eine Kundin und ihr Kind fallenden Linoleumrollen, **sog. Linoleumrollenfall**, RGZ 78, 239)

Durch die Schuldrechtsmodernisierung 2002 wurde der § 311 Abs. 2 und Abs. 3 BGB neu in das Gesetz eingefügt, die die Haftung im vorvertraglichen Bereich regeln.

§ **§ 311 Abs. 2 BGB Rechtsgeschäftliche und rechtsgeschäftsähnliche Schuldverhältnisse** (2) Ein Schuldverhältnis mit Pflichten nach § 241 Abs. 2 entsteht auch durch **1.** die Aufnahme von Vertragsverhandlungen, **2.** die Anbahnung eines Vertrags, bei welcher der eine Teil im Hinblick auf eine etwaige rechtsgeschäftliche Beziehung dem anderen Teil die Möglichkeit zur Einwirkung auf seine Rechte, Rechtsgüter und Interessen gewährt oder ihm diese anvertraut, oder **3.** ähnliche geschäftliche Kontakte.

Diese Vorschriften stehen im engen Zusammenhang mit dem § 241 Abs. 2 BGB, der die Rücksichtnahmepflichten umschreibt, und dem § 280 Abs. 1 BGB, der für die Rechtsfolgen bei Verstößen im vorvertraglichen Bereich die entsprechende Schadensersatzgrundlage gibt. Somit sind als **formale Anspruchsgrundlage** für **Schadensersatzansprüche** bei Versäumnissen in der vorvertraglichen Phase die Absätze 2 und 3 des § 311 BGB zusammen mit den §§ 280 Abs. 1, 241 Abs. 2 BGB zu nennen.

VI. Verschulden bei den Vertragsverhandlungen   445

▶ **279 Wie grenzt man das Verschulden bei Vertragsanbahnung von anderen Leistungsstörungen ab?**

In der Praxis kann es vorkommen, dass eine vorvertragliche Pflichtverletzung gleichzeitig auch eine andere Leistungsstörung erfüllt, so dass sich die Frage nach dem Verhältnis der Vorschriften zueinander stellt.

Neben einer Anfechtungsmöglichkeit wegen Irrtums, §§ 118 ff. BGB, oder arglistiger Täuschung und widerrechtlicher Drohung, § 123 BGB, besteht durchaus noch Raum für einen Schadensersatzanspruch wegen Verschuldens bei Vertragsschluss (BGH NJW 2006, 845) neben dem im Irrtumsfall Schadensersatz zusprechenden § 122 BGB. Besteht das vorvertragliche Verschulden dagegen z. B. in einer unrichtigen Darstellung der Mangelfreiheit oder sonstigen Beschaffenheitsangabe der Kaufsache, so geht das **Gewährleistungsrecht** der §§ 437 ff. BGB als abschließende Regelung dem § 311 Abs. 2 und 3 BGB grundsätzlich vor (BGH NJW 1991, 2556, Ausnahmen werden von der Rechtsprechung z. B. bei vorsätzlich schädigendem Handeln des Verkäufers gemacht, BGH NJW 1997, 2813). Ebenso abschließend sind die Gewährleistungsrechte beim Miet- und Werkvertrag anzusehen, so dass der § 311 Abs. 2 und 3 BGB als Anspruchsgrundlage regelmäßig ausscheidet.

▶ **280 Welche Voraussetzungen müssen für das Verschulden bei Vertragsanbahnung geprüft werden?**

Folgende Voraussetzungen für einen Schadensersatzanspruch wegen vorvertraglichen Verschuldens müssen erfüllt sein:

Checkliste 35   Wann besteht ein Verschulden bei Vertragsanbahnung nach §§ 311 Abs. 2 und 3, 280 Abs. 1, 241 Abs. 2 BGB?

- **Bestehen eines vorvertraglichen Schuldverhältnisses**: Besteht eine vorvertragliche Schuldbeziehung durch Aufnahme von Vertragsverhandlungen (Nr. 1 des § 311 Abs. 2 BGB), Anbahnung eines Vertrages (Nr. 2) oder ähnliche geschäftliche Kontakte (Nr. 3)?
- **Vorliegen einer Pflichtverletzung**: Hat der Schuldner eine Verhaltenspflicht im Sinne von § 241 Abs. 2 BGB verletzt?
- **Vertretenmüssen des Schuldners**: Kann der Schuldner beweisen, dass er die Pflichtverletzung nicht verschuldet hat?

Bei der **ersten Voraussetzung** des Bestehens eines vorvertraglichen Schuldverhältnisses werden nach dem Gesetzeswortlaut in § 311 Abs. 2 BGB insgesamt **drei Typen** unterschieden.

In **Nr. 1** wird die **Aufnahme von Vertragsverhandlungen** genannt, so dass mit Beginn jeglicher Maßnahme der Vertragsanbahnung bereits die Pflichten des vorvertraglichen Schuldverhältnisses zu beachten sind.

Beispiele für die Aufnahme von Vertragsverhandlungen (Palandt/Grüneberg § 311 Rn. 22) ▶ **Vorgespräche** ▶ **Bewerbungsgespräche** (ArbG Köln NZA-RR 2005, 577) ▶ Vergabeverfahren (BGH ZIP 2011, 2026) ▶ Maßnahmen der **Werbung** ▶ **Zusendung** von Prospekten ▶ **nicht** dagegen nur lockere geschäftliche Kontakte, mit denen erst eine geschäftliche Zusammenarbeit vorbereitet werden soll (BGH NJW 2006, 830)

VI. Verschulden bei den Vertragsverhandlungen

Die in der **Nr. 2** des § 311 Abs. 2 BGB geregelte **Anbahnung eines Vertrages** wird auch gerne als **Grundtatbestand** bezeichnet, da diese Variante am umfangreichsten durch den Gesetzeswortlaut noch umschrieben ist. So soll erforderlich sein, dass der eine Vertragspartner dem anderen Teil eine Möglichkeit zur „Einwirkung auf seine Rechte, Rechtsgüter und Interessen gewährt oder ihm diese anvertraut". Die Nr. 1 und Nr. 3 sollen lediglich Ergänzungen darstellen (Palandt/Grüneberg § 311 Rn. 23). Da keine präzise Abgrenzung zwischen den Nummern möglich ist, kann in der praktischen Anwendung oftmals auch nicht genau gesagt werden, welche Alternative nun tatsächlich einschlägig ist, was aber letztlich auch für das Ergebnis unerheblich ist, wenn jedenfalls ein vorvertragliches Schuldverhältnis zu bejahen ist.

> **Beispiele für die Anbahnung eines Vertrages** (Palandt/Grüneberg § 311 Rn. 23) ▶ zunächst nur **einseitige Kontaktaufnahme** durch einen Geschäftspartner ▶ **Zusendung unbestellter Gegenstände** ▶ **Aufbewahrung** von Gegenständen des Kunden vor Vertragsschluss (BGH NJW 1977, 376) ▶ Durchführung einer **Probefahrt**, auf der es dann zu einer Beschädigung des Kfz kommt (BGH NJW 1972, 1563) ▶ **Betreten** des Geschäftslokals durch einen potentiellen Kunden ▶ **Eintreten** in den Eingangsbereich der Verkaufsräume (BGH NJW 1962, 32) ▶ **Kein** vorvertragliches Schuldverhältnis entsteht allerdings, wenn der Kunde nicht zu geschäftlichen Zwecken, sondern **aus anderen Gründen** den Bereich des anderen **betritt** (BGH NJW 1976, 712).

Nach **Nr. 3** des § 311 Abs. 2 BGB reichen schon **ähnliche geschäftliche Kontakte** für die Begründung eines vorvertraglichen Schuldverhältnisses aus. Hiermit wird nochmals deutlich gemacht, dass auch außerhalb von Vertragsverhandlungen ein rücksichtsvoller Umfang mit den Rechten und Rechtsgütern des anderen zur Haftungsvermeidung erforderlich ist. Damit werden alle Verbindungen erfasst, die eine irgendwie geartete besondere Nähebeziehung mit sich bringen, aus der sich evtl. zwar keine Leistungspflichten aber Schutz- und Treuepflichten ergeben.

> **Beispiele für ähnliche geschäftliche Kontakte** (Palandt/Grüneberg § 311 Rn. 24) ▶ zwischen einer **Gemeinschaft von Verkäufern**, die gemeinsam eine Sache verkaufen (BGH NJW 1980, 2464) ▶ zwischen **Vertragspartnern nichtiger Verträge** (BGH NJW 2005, 3208) ▶ zwischen Mitgliedern einer **Wohnungseigentümergemeinschaft** (BGH NJW 1999, 2108) ▶ **Kein** geschäftlicher Kontakt liegt **bei rein sozialen** Kontakten vor.

Ist ein Schuldverhältnis nach diesen Falltypen zustande gekommen, kann sich dieses auch schützend auf Dritte wie z. B. Angehörige des anderen Vertragsteils erstrecken (BGH NJW 1976, 112).

▶ 281 Hat der Schuldner eine Verhaltenspflicht im Sinne von § 241 Abs. 2 BGB verletzt?

Gesetzlich nicht näher regeln musste man die als **zweite Voraussetzung** erforderlichen **Pflichtverletzung im vorvertraglichen Stadium**. Dieses ergibt sich aus der ausdrücklichen Bezugnahme in § 311 Abs. 2 BGB auf § 241 Abs. 2 BGB. Da es im vorvertraglichen Bereich (noch) keine Hauptleistungspflichten gibt, liegt das Hauptaugenmerk auf den Verhaltenspflichten wie z. B. Pflicht zur Aufklärung, zum Schutz und sonstiger Fürsorge. Wie bereits oben dargelegt, existiert **keine genaue Systematik** aller bestehenden Nebenpflichten, so dass man sich in der Praxis mit **Fallgruppen** begnügen muss, in denen gleichgelagerte Fälle der Rechtsprechung nach verschiedenen Kriterien zusammengefasst werden können (hier eine Aufzählung nach Palandt/Grüneberg, § 311 Rn. 29 ff.).

VI. Verschulden bei den Vertragsverhandlungen

> **Fallgruppen von vorvertraglichen Pflichtverletzungen**
> - Körper- und Eigentumsschäden
> - Abbruch von Vertragsverhandlungen
> - Verzögerung von Vertragsverhandlungen
> - Verstoß gegen die Vergabegrundsätze bei öffentlichen Ausschreibungen
> - Hervorrufen eines unwirksamen Vertrages
> - Verletzung von vorvertraglichen Aufklärungspflichten

Neben der deliktischen Haftung nach §§ 823 ff. BGB können auch vertragliche Ansprüche nach § 311 Abs. 2 und 3 BGB für die im vorvertraglichen Stadium erlittenen **Körper- und Eigentumsschäden** herangezogen werden.

> **Beispiele für Körper- und Eigentumsschäden** (Palandt/Grüneberg § 311 Rn. 29) ▶ Kaufinteressent und sein Kind werden von zwei umstürzenden **Linoleumrollen** verletzt (RGZ 78, 239) ▶ Kind der Käuferin rutscht auf einem am Boden liegenden **Gemüseblatt** aus und zieht sich einen Gelenkbluterguss zu (BGH NJW 1976, 712) ▶ Kunden und Geschäftspartner rutschen auf **Bananenschalen** aus (BGH NJW 1962, 32) ▶ Kunden fallen hin, weil der **Fußboden** in Geschäftsräumen in verkehrswidrigem Zustand ist (BGH NJW-RR 1986, 1284) ▶ Kunden werden bei der Herausnahme von **Flaschen** aus Kartons von herunterfallenden Flaschen getroffen (LG Trier NJW-RR 2006, 525)

> **Lösung Fall 112** Aufgrund der konkreten Kaufvertragsverhandlungen bestand ein **vorvertragliches Schuldverhältnis** zwischen dem Händler und dem Geschäftsmann. Durch die nicht ordnungsgemäß gesicherte Hebebühne und das Hineinführen hat der Händler eine **Verhaltenspflicht** nach § 241 Abs. 2 BGB verletzt. Das **Verschulden** wird nach der in § 280 Abs. 1 S. 2 BGB enthaltenen Umkehr der Beweislast vermutet, da es Aufgabe des Händlers ist, seinen Gefahrenbereich zu beherrschen und bereits die Tatsache, dass jemand dort zu Schaden gekommen ist, ihm als Verschulden anzurechnen ist.

Auch wenn man nach dem Grundsatz der Vertragsabschlussfreiheit nicht verpflichtet ist, einen Vertrag nach Beginn von Vertragsverhandlungen abzuschließen, kann sich unter bestimmten Umständen eine **Haftung bei Abbruch von Vertragsverhandlungen** ergeben. Voraussetzung ist, dass dieses ohne triftigen Grund oder aus sachfremden Erwägungen erfolgt, obwohl man vorher beim anderen zurechenbar das Vertrauen erweckt hat, es werde der Vertrag zustande kommen (BGH NJW 1996, 1884).

> **Beispiele für eine Haftung bei Abbruch von Vertragsverhandlungen** (Palandt/Grüneberg § 311 Rn. 30) ▶ wenn der **Vertragsabschluss als sicher hingestellt** wurde (BGH NJW-RR 1989, 627) ▶ wenn der andere Teil bereits **Kosten aufgrund von Vorleistungen** ausgelegt hat (BGH NJW 1985, 1778) ▶ wenn sachfremde Gründe für den Abbruch vorgeschoben werden, z. B. überzogene Sicherheitsforderungen (BGH NJW, 1980, 1683) ▶ Ein triftiger Abbruchgrund und **keine Haftung** können dagegen in einem anderen Angebot, das günstiger ist oder verschlechterten Weiterverkaufsumständen angenommen werden (BGH DB 1996, 777).

Verzögert eine Vertragspartei die Annahme des Vertrages, ist dieses zunächst einmal nicht zu beanstanden. Aus den näheren Umständen kann sich aber ein pflichtwidriges Verhalten ergeben.

> **Beispiele für eine Haftung bei Verzögerung von Vertragsverhandlungen** (Palandt/Grüneberg § 311 Rn. 35) ▶ Verhandlungspartner hat die andere Partei **durch beruhigende Äußerungen** hingehalten und verhinderte einen Vertragsabschluss mit einem Dritten (BGH NJW 1984, 867) ▶ dagegen **keine** Haftung, wenn eine Annahmefrist vollständig ausgenutzt wird (BGH NJW 1966, 1407)

VI. Verschulden bei den Vertragsverhandlungen

Neben der Haftung aus den Vergabevorschriften besteht ein Schadensersatzanspruch bei **öffentlichen Ausschreibungen**, wenn gegen die Vergabegrundsätze verstoßen wird.

> **Beispiele für eine Haftung bei öffentlichen Ausschreibungen** (Palandt/Grüneberg § 311 Rn. 36) ▶ Ausschreibender bevorzugt aus sachfremden Gründen unter Überschreitung seines Beurteilungsspielraums einen bestimmten Bewerber (BGH NJW 1985, 1466) ▶ Ausschreibender enttäuscht das Vertrauen eines Bieters, indem er die Ausschreibungsvorschriften der VOB/A oder VOL/A nicht beachtet (BGH NJW 2002, 1952) ▶ Ausschreibender hebt die Ausschreibung rechtswidrig auf, informiert nicht über Änderungen in der Ausschreibung, weist nicht auf finanzielle Absicherung des Projekts hin, erteilt den Zuschlag zu spät (BGH NJW 2001, 3698)

Vom Umfang her erhält der nicht zum Zuge gekommene Bieter Ersatz des Vertrauensschadens (z. B. Kosten für Vorleistungen). Nur ausnahmsweise ist der Erfüllungsschaden (z. B. entgangener Gewinn) zu ersetzen, wenn der Bieter nachweisen kann, dass er ohne den Rechtsverstoß den nun anderweitig vergebenen Auftrag tatsächlich bekommen hätte (BGH NJW 2004, 2165).

> **Fall 113 Der Weinsteinsäure-Fall** Der **Händler A** schickte dem **Händler B** ein Preisverzeichnis zusammen mit dem freibleibenden Angebot über die angebotenen Waren. In dem Verzeichnis war u. a. Weinsteinsäure, kristallisiert zu einem Preis von 68,50 € aufgeführt. Händler B antwortete wenig später dem Händler A, *„Erbitten Limit über hundert Kilo Weinsteinsäure Gries bleifrei"*. Händler A antwortete zwei Tage später: *„Weinsteinsäure Gries bleifrei Kilogramm 128 € Nettokasse bei hiesiger Übernahme."* Worauf der Händler A dem B antwortete: *„Hundert Kilo Weinsteinsäure Gries bleifrei geordnet, briefliche Bestätigung unterwegs."* Erst mit dieser Bestätigung stellte sich heraus, dass eigentlich **jeder der beiden Teile ein Verkaufsangebot machen wollte** und die jeweils andere Seite als Käufer betrachtet hatte. Händler B verweigerte Abnahme und Zahlung der Weinsteinsäure, so dass die Ware von Händler A öffentlich versteigert werden musste. **Frage Kann der Händler A dem Händler B den Verlust zwischen dem vereinbarten Kaufpreis und dem Versteigerungserlös als Schadensersatz in Rechnung stellen?** (Fall nach RGZ 104, 265)

> **Lösung Fall 113** In dem **Weinsteinsäure-Fall** haben sowohl Händler A als auch Händler B Worte gebraucht, die zwar scheinbar zueinander passten, aber man hat mit diesen Worten einen Sinn verbunden, der nicht zum Vertragsschluss führen konnte, da beide verkaufen wollten. Ein **Kaufvertrag ist daher nicht zustande gekommen**. Für einen Schadensersatzanspruch des Händlers A ist nun die Schuldfrage des Händlers B zu klären, wobei aber festzustellen ist, dass **beide sich nicht verständlich ausgedrückt** haben, was einfach gewesen wäre, wenn wenigstens einmal ein Wort wie „Angebot" oder „Annahme" verwendet worden wäre. Die **salomonische Lösung** des Gerichts: der entstandene Schaden muss gemeinschaftlich nach dem Grade des beiderseitigen Verschuldens getragen werden, d. h. vorliegend **jeder trägt die Hälfte** der Differenz zwischen dem Eindeckungspreis des Händlers A und dem Marktpreis.

Diejenige Partei, deren Verhalten im Vorvertragsstadium maßgeblich dazu beigetragen hat, **dass ein unwirksamer Vertrag** entsteht, kann nach § 311 Abs. 2 und 3 BGB schadensersatzpflichtig werden, wenn ihr Verhalten nicht redlich war. Eigentlich muss sich jeder selbst um die Rechtswirksamkeit eines Vertrages kümmern. Etwas anderes kann sich aus den Umständen aber dann ergeben, wenn eine Partei der anderen Partei besondere Sorgfalts- oder Aufklärungspflichten schuldet.

VI. Verschulden bei den Vertragsverhandlungen

> **Beispiele für eine Haftung wegen Hervorrufung unwirksamer Verträge** (Palandt/Grüneberg § 311 Rn. 38) ▶ Vertragspartner drückt sich unklar aus, so dass ein **Dissens** über wesentliche Vertragsinhalte entsteht, z. B. ob man Weinsteinsäure verkaufen oder kaufen will und letztlich herauskommt, dass beide verkaufen wollten (RG 104, 265) ▶ Vertragspartner weist nicht auf **fehlende Vertretungsmacht**, erforderliche **Genehmigungen**, den möglichen Widerruf von bereits erteilten Genehmigung hin (BGH NJW 1985, 1778, BGH NJW 1999, 3335) ▶ Vertragspartner verwendet **Allgemeine Geschäftsbedingungen**, die gegen die guten Sitten, § 138 BGB, oder gegen die Klauselgrundsätze der §§ 307 ff. BGB verstoßen (BGH NJW 1987, 639, OLG Dresden NJW 2002, 523) ▶ **Keine** Haftung tritt dagegen ein für Wirksamkeitshindernisse, die die Parteien beide nicht zu verantworten haben, z. B. gänzlich unbekannte Genehmigungspflichten, oder wenn der anderen Partei die Unwirksamkeit bekannt war oder bekannt hätte sein müssen, z. B. Vertragsbedingungen schon vor Gericht als unwirksam erklärt wurden.

Die Verletzung von **vorvertraglichen Aufklärungspflichten** kann nach § 311 Abs. 2 BGB besonders dann zur einer Haftung führen, wenn der richtig und umfassend informierte Vertragspartner ansonsten einen für ihn nachteiligen Vertrag nicht abgeschlossen hätte (BGH NJW-RR 2007, 32).

> **Beispiele für eine Haftung wegen Verletzung der Aufklärungspflicht** ist gleichzeitig auch der Tatbestand einer arglistigen Täuschung, § 123 Abs. 1, Alt. 1 BGB, gegeben, kann nach §§ 311 Abs. 2 i. V. m. 280 Abs. 1 BGB ebenfalls ein Schadensersatzanspruch vorliegen. ▶ Das Verschweigen von gezahlten Schmiergeldern an einen Verhandlungsgehilfen des anderen Vertragsteils ist ebenfalls pflichtwidrig (BGH NJW 2001, 1492), da diese Beträge in der Regel mit auf den Preis mitaufgeschlagen werden und somit von der getäuschten Seite getragen werden (BGH NJW 2001, 1492).

▶ 282 Kann der Schuldner beweisen, dass er die Pflichtverletzung nicht verschuldet hat?

Als **dritte Voraussetzung** für eine Haftung bei der Vertragsanbahnung nach § 311 Abs. 2 BGB ist **schuldhaftes Handeln** des Schuldners erforderlich. Dieser hat nach den allgemeinen Haftungsmaßstäben der §§ 276 ff. BGB für Vorsatz und jede Fahrlässigkeit zu haften, soweit nicht Haftungsmilderungen bestehen. Z. B. nach § 521 BGB haftet der Schenker nicht für leichte Fahrlässigkeit. Ebenso wird für das Handeln der im Vorfeld des Vertragsschlusses eingesetzten Erfüllungsgehilfen gehaftet, § 278 BGB.

> **Beispiele für eine Haftung für Dritte im Vorvertragsstadium** (Palandt/Grüneberg § 311 Rn. 28) ▶ Der Vertragspartner setzt einen Vertreter ein, der eigentlich keine oder eine für den konkreten Vertragsabschluss **zu geringe Vertretungsmacht** hatte. (BGH NJW 1995, 3389) ▶ Der Verhandlungsgehilfe **täuscht den anderen Teil arglistig**. (BGH NJW 1974, 1505) ▶ Der Vertreter füllt die vom anderen Teil übergebenen **Formulare schuldhaft unrichtig** aus. (BGH NJW 1972, 822) ▶ Der Vertreter verwendet **irreführende Prospekte**. (BGH NJW 1982, 2493)

▶ 283 Welche Rechtsfolgen hat das Verschulden bei Vertragsanbahnung?

Vom Grundsatz her soll der durch das pflichtwidrige Verhalten des Vertragspartners Geschädigte vermögensmäßig wieder so dastehen, wie er ohne Pflichtverletzung stehen würde (BGH NJW 1998, 982).

VI. Verschulden bei den Vertragsverhandlungen

> **Mögliche Rechtsfolgen beim Verschulden bei der Vertragsanbahnung**
> - Zahlung von Schmerzensgeld
> - Ersatz des Vertrauensschadens
> - Ersatz des Erfüllungsinteresses
> - Vertragsanpassung

Die allgemeinen Regelungen der Schadensberechnung gelten, z. B. Möglichkeit zur Forderung von Schmerzensgeld, § 253 Abs. 2 BGB, und auch ein möglicher Mitverschuldensanteil des geschädigten Vertragspartners wird nach § 254 BGB berücksichtigt.

Vom **Umfang des Schadensersatzes** her kann der Geschädigte zunächst die Schadenspositionen verlangen, die ihm im Vertrauen auf das anstehende Geschäft entstanden sind, sog. Vertrauensschaden. Im Unterschied zu dem **Vertrauensschaden** bei Irrtum, § 122 BGB, und fehlender Vertretungsmacht, § 179 BGB, ist dieser Schaden aber **nicht auf das Erfüllungsinteresse** begrenzt.

Beispiele für den Vertrauensschaden (Palandt/Grüneberg § 311 Rn. 55) ▶ **Kosten für die Rechtsverfolgung**, z. B. Rechtsanwaltskosten ▶ **Forderungsausfall**, wenn das pflichtwidrige Verhalten des anderen Teils dazu geführt hat, dass eine Forderung nun nicht mehr durchgesetzt werden kann (BGH NJW-RR 2002, 1309) ▶ **Rück- und Umbaukosten**, wenn diese in Erwartung auf den erfolgreichen Vertragsschluss aufgewendet wurden (BGH NJW 2006, 1963) ▶ **entgangener Gewinn** nur dann, wenn ohne das pflichtwidrige Verhalten des anderen Teils der Vertrag mit einem anderen zustande gekommen wäre, aus dem der Gewinn erzielt hätte werden können (BGH NJW 2006, 60) ▶ Kam wegen des pflichtwidrigen Verhaltens ein Vertrag zustande, der nicht gewollt war, kann der Geschädigte die Rückgängigmachung des Vertrages verlangen, nicht aber den mit dem Vertrag erhofften Gewinn (BGH NJW 1962, 1196).

Darüber hinaus ist auch das **Erfüllungsinteresse** zu ersetzen, d. h. die Schadenspositionen, die dem Geschädigten dadurch entstehen, dass der Vertrag nicht so zustande gekommen ist, wie er ohne die Pflichtwidrigkeit des anderen zustande gekommen wäre.

Beispiele für das Erfüllungsinteresse (Palandt/Grüneberg § 311 Rn. 56) ▶ Den **Mehrpreis für ein gleichwertiges Grundstück** bekommt der Käufer als Schadensersatz, der auf einen formgültigen Kaufvertrag vertraut hatte und nun durch Verschulden des Verkäufers auf das Grundstück verzichten musste (BGH NJW 1965, 812). ▶ **Nicht** dagegen kann der Geschädigte die tatsächliche Durchführung des Vertrages verlangen (BGH WM 1968, 1402).

Der mit einem für ihn ungünstigen Vertrag zurückbleibende Geschädigte kann den Schädiger nicht zu einer Anpassung des Vertrages zu seinen Bedingungen zwingen, eine derartige echte Vertragsanpassung wird von der Rechtsprechung regelmäßig verneint (BGH NJW 2006, 3139). Damit aber der Schädiger nicht die Vorteile seiner Pflichtverletzung behält, ist eine **Vertragsanpassung in der Weise möglich, dass die Leistung des Geschädigten auf ein angemessenes Maß reduziert** wird und bereits erfolgte Zahlungen zurück zu entrichten sind (BGH NJW 2006, 899). Voraussetzung ist aber immer, dass Leistung und Gegenleistung nicht mehr im Gleichgewicht zueinander stehen.

Beispiele für die Vertragsanpassung (Palandt/Grüneberg § 311 Rn. 57) ▶ Anpassung des Kaufpreises **beim Unternehmenskauf**, wenn die Bilanzen oder die Umsatzzahlen falsch waren (BGH NJW-RR 1989, 307) ▶ **beim Grundstückskauf**, wenn zu Lasten des Käufers wirkende Provisionsabreden vorliegen, der Verkäufer Belästigungen durch Geruch, Bauabsichten der Nachbarn oder sonstige sich auf die Lage auswirkende Nachteile verschwiegen hat (BGH NJW 1993, 1324) ▶ falsche Informationen über bereits vom Verkäufer gezahlte **steuerliche Lasten**, z. B. Einfuhrumsatzsteuer beim Yachtkauf (BGH NJW 1990, 1659) ▶ oder von Erschließungskosten beim Grundstückskauf (BGH NJW-RR 1994, 77)

▶ 284 Welche Besonderheiten gibt es bei der Haftung für Verschulden bei Vertragsanbahnung?

Die bereits beschriebene Haftung bei der Vertragsanbahnung trifft grundsätzlich nur die Partei des anzubahnenden Vertrages. Das erscheint nicht sachgerecht, wenn z. B. Vertreter oder Verhandlungsgehilfem wesentlicher Anteil an den Pflichtverletzungen im Vorvertragsstadium zukommt. Laut § 311 Abs. 3 BGB kann deshalb ein vorvertragliches Schuldverhältnis auch zu Personen entstehen, die gar nicht Vertragspartner des in Verhandlung befindlichen Vertrages sind.

§ **§ 311 Abs. 3 BGB Rechtsgeschäftliche und rechtsgeschäftsähnliche Schuldverhältnisse** (3) Ein Schuldverhältnis mit Pflichten nach § 241 Abs. 2 kann auch zu Personen entstehen, die nicht selbst Vertragspartei werden sollen. Ein solches Schuldverhältnis entsteht insbesondere, wenn der **Dritte** in besonderem Maße Vertrauen für sich in Anspruch nimmt und dadurch die Vertragsverhandlungen oder den Vertragsschluss erheblich beeinflusst.

Voraussetzung für diese Erweiterung des haftenden Personenkreises ist, dass der Geschädigte dieser Person **besonderes Vertrauen** entgegengebracht hat und ein erheblicher Einfluss auf die Vertragsverhandlungen oder den Vertragsabschluss vorliegt.

> **Beispiele für ein besonderes persönliches Vertrauen** (Palandt/Grüneberg § 311 Rn. 63) ▶ **Teilnahme an den Verhandlungen** ist unmittelbar oder mittelbar durch eine andere Person erforderlich (BGH NJW-RR 2005, 23) ▶ **Übernahme einer persönlichen Gewähr** für die Seriösität und die Erfüllung des Vertrages, z. B. mit den Worten *„ich verbürge mich für diesen Vertrag ..."*, so dass eine über das normalerweise bei jeder Verhandlung vorhandene Vertrauen hinaus gegebene „qualifizierte" Vertrauenslage vorliegt (BGH NJW-RR 2006, 993) ▶ **Stellung** bei den Verhandlungen **als Sachwalter**, vertraglicher Berater der Vertragsinteressenten, z. B. bei auf die Sanierung von Unternehmen spezialisierten Personen (BGH NJW 1990, 1907) ▶ der für einen anderen Staat auftretende **Generalkonsul, Versicherungsmakler** (BGH NJW 1985, 2595) ▶ **Nicht** ausreichend sind bloße Hinweise auf die besondere eigene Sachkunde (BGH NJW 1990, 506), Kontakte aus dem Privatbereich oder die lange Dauer der bisherigen Geschäftsverbindung (BGH NJW-RR 1992, 605).

Zusätzlich wird in der Rechtsprechung noch ein ungeschriebenes Tatbestandsmerkmal verlangt: der Dritte muss selbst einen **eigenen finanziellen Vorteil** aus den vermittelten Geschäften ziehen wollen (er muss quasi „Herr des Geschäfts" sein, BGH NJW 2002, 1309).

> **Beispiele für ein eigenes wirtschaftliches Interesse** (Palandt/Grüneberg § 311 Rn. 63) ▶ **Gebrauchtwagenhändler** verkauft das in Zahlung genommene Kundenfahrzeug im Namen des Kunden als „**Quasi-Verkäufer**" (BGH NJW 1983, 2192) ▶ Der wahre Vertragspartner ist der Dritte, der **nur zum Schein** für einen ausländischen Vertragspartner auftritt (BGH NJW-RR 2002, 1309) ▶ Dritter will einen Teil der Leistung des Geschädigten **für sich** behalten (BGH NJW 1986, 587) ▶ **Nicht** dagegen reichen **bloße Provisions- oder Entgeltinteressen** (BGH NJW 1992, 605), so dass eine Haftung nicht ohne weitere Hinweise für

VI. Verschulden bei den Vertragsverhandlungen

Angestellte, Handlungsbevollmächtigte, Versicherungsagenten, Bezirksleiter einer Lotto-Gesellschaft, Vermittler, Autoren, die sich für die Veröffentlichung ihres Werkes einsetzen, nach § 311 Abs. 3 BGB in Betracht kommt.

Nach den von der Rechtsprechung entwickelten Grundsätzen kann man noch **weitere Fallgruppen** unterscheiden, in denen die Voraussetzungen für eine Haftung Dritter sehr genau von den Gerichten herausgearbeitet wurden, z. B. Haftung des Gebrauchtwagenhändlers, Haftung des GmbH-Geschäftsführers und der Gesellschafter, Haftung für die bei den Verhandlungen verwendeten Prospekte (Prospekthaftung).

 Verschulden bei Vertragsschluss (cic) wegen Verletzung vorvertraglicher Schutzpflichten

- **Begriff** ○ Bereits vor Vertragsschluss kann ein besonderes Vertrauen zwischen den in Verhandlung befindlichen Personen bestanden haben, das eine Vertragspartei missbraucht hat, so dass der anderen Seite ein Schaden entstanden ist ○ Das Rechtsinstitut des Verschuldens bei Vertragsverhandlungen gibt einen vertraglichen Schadensersatzanspruch bei Verletzung von vorvertraglichen Pflichten.
- **Regelungsort** ○ § 311 Abs. 2 und Abs. 3 BGB
- **Abgrenzung** ○ neben Anfechtungsfällen anwendbar ○ Gewährleistungsansprüche gehen vor
- **Voraussetzungen** ○ **Bestehen eines vorvertraglichen Schuldverhältnisses,** durch Aufnahme von Vertragsverhandlungen, z. B. Zusendung von Prospekten (Nr. 1 des § 311 Abs. 2 BGB), Anbahnung eines Vertrages, z. B. durch Betreten des Geschäftslokals (Nr. 2, Grundtatbestand) oder ähnliche geschäftliche Kontakte (Nr. 3), z. B. Wohnungseigentümergemeinschaft und nicht rein soziale Kontakte ○ **Vorliegen einer Pflichtverletzung** im Sinne von § 241 Abs. 2 BGB, z. B. wenn im Vorfeld des Vertrages der potentielle Vertragspartner einen Körper- oder Eigentumsschaden erlitten hat ○ **Vertretenmüssen des Schuldners,** das vom Schuldner widerlegt werden muss, wobei sich der Schuldner auch z. B. von seinem Vertreter falsch ausgefüllte Formulare zurechnen lassen muss
- **Rechtsfolgen** ○ **Zahlung von Schmerzensgeld** ○ **Mitverschulden** des Geschädigten wird berücksichtigt, § 254 BGB ○ **Ersatz des Vertrauensschadens,** z. B. Kosten der Rechtsverfolgung ○ **Ersatz des Erfüllungsinteresses,** z. B. Kosten für einen teureren Ersatzkauf ○ **Vertragsanpassung** ist nur in der Weise möglich, dass die Leistung des Geschädigten auf ein angemessenes Maß reduziert wird.
- **Besonderheiten** ○ Laut § 311 Abs. 3 BGB kann eigenes vorvertragliches Schuldverhältnis auch zu Personen entstehen, die gar nicht Vertragspartner des in Verhandlung befindlichen Vertrages sind. ○ Voraussetzung ist, dass sie besonderes Vertrauen in Anspruch genommen haben, z. B. Übernahme einer persönlichen Gewähr.

VII. Haftung für Mängel

▷ **285 Wie sieht die vertragliche Haftung für Mängel aus? (sog. Gewährleistung)**

> **Fall 114 Des deutschen Mannes liebstes Kind: Das Auto!** Der **Käufer Kris Nix-Moos** hat einen „jungen Gebrauchten" beim **BMW-Händler Vasili Schlagheck** für 25.000 € erworben. Im schriftlichen Kaufvertrag war im Feld „unfallfrei" das Wort „ja" eingedruckt. Später stellt sich heraus, dass die Seitenwand hinten links ersetzt und ebenso wie die linke vordere Tür neu lackiert worden war, was der Käufer beim Kauf nicht bemerkt hatte. Bei einem bestimmten Lichteinfall war dieses zu sehen. **Frage Liegt ein Sachmangel vor, wenn der Händler intern eine Reparaturrechnung über netto 798,70 € erstellt hatte?** (Fall nach LG Karlsruhe, 1.2.2005 – 8 O 614/04)

Die Erbringung einer mangelfreien Leistung gehört **aus rechtlicher Sicht** zu den **Hauptleistungspflichten** bei der Durchführung von Verträgen. Eine Störung in diesem Bereich hat weit reichende Rechtsfolgen für den Leistenden, da das BGB bei den jeweiligen Vertragstypen (Kaufvertrag, Werkvertrag, Mietvertrag etc.) umfangreiche Rechte der anderen Seite vorsieht, wie z. B. Nacherfüllung, Schadensersatz, Minderung des Kaufpreises oder Rücktritt vom Vertrag.

Diese Rechtsfolgen können dazu führen, dass der betriebswirtschaftliche Ertrag der Leistungserbringung deutlich sinkt, evtl. sogar ein „Verlustgeschäft" vorliegt. Es verwundert daher nicht, dass **aus betriebswirtschaftlicher Sicht** unbedingt eine Mängelhaftung vermieden werden soll. Die Wege dahin sind aber unterschiedlich. Sicherlich versucht jeder Leistende eine mangelfreie Leistung zu erbringen, darüber hinaus sind aber auch andere Möglichkeiten gegeben, wie z. B. vertragliche Haftungsausschlüsse oder bezahlte Garantiezusagen, deren Nutzung aber gewisse Grundkenntnisse im Recht der Mängelhaftung voraussetzt.

Die inhaltlichen **Voraussetzungen** für die Mängelhaftung sind zwar je nach Vertragstyp naturgemäß unterschiedlich, es sind aber einheitlich folgende Rechtsfragen zu prüfen:

> **Checkliste 36 Wann haftet der Vertragspartner für eine mangelhafte Leistung?**
> - **Bestehen eines vertraglichen Schuldverhältnisses**: Besteht ein vertragliches Schuldverhältnis und wenn ja, welcher Vertragstyp?
> - **Vorliegen eines Mangels**: Liegt eine mangelhafte Leistung begrifflich vor?
> - **Ausschluss oder Beschränkung der Haftung**: Wurde die Mängelhaftung ausgeschlossen oder beschränkt?
> - **Verjährung der Mängelrechte**: Ist die Geltendmachung der Mängelrechte aufgrund Zeitablaufs nicht mehr möglich?
> - **Rechtsfolgen**: Welche Rechtsfolgen hat die Mängelhaftung?

Zu beachten ist, dass diese Mängelhaftung im Gegensatz zu manch anderer Leistungsstörung **unabhängig vom Verschulden** des Leistenden besteht, da der Leistende mit dem Vertragsschluss immer die Verpflichtung zur mangelfreien Leistung übernimmt. Je nachdem welcher Vertragstyp im konkreten Fall gegeben ist, ergibt sich dieses aus den entsprechenden vertragstypischen Anspruchsnormen.

VII. Haftung für Mängel

Beispiele für Anspruchsnormen ▶ **Verkäufer** sind verpflichtet, dem Käufer eine sachmangelfreie Ware zu verschaffen, § 433 Abs. 1, S. 2 BGB. ▶ **Vermieter** schulden dem Mieter eine zum vertragsgemäßen Gebrauch geeignete Mietsache, § 535 Abs. 1, S. 2 BGB. ▶ **Werkunternehmer** haben dem Besteller ein mangelfreies Werk zu verschaffen, § 633 Abs. 1 BGB. ▶ **Reiseveranstalter** müssen die Reise so erbringen, dass sie die zugesicherten Eigenschaften hat und nicht fehlerhaft ist, § 651 c Abs. 1 BGB.

▶ 286 Besteht ein vertragliches Schuldverhältnis und wenn ja, welcher Vertragstyp?

Die Mängelhaftung ist grundsätzlich bei folgenden Vertragstypen geregelt.

Regelungsorte der Mängelhaftung, z. B.
- Kaufvertrag, §§ 434 ff. BGB
- Mietvertrag, §§ 536 ff. BGB
- Werkvertrag, §§ 633 ff. BGB
- Reisevertrag, §§ 651 c ff. BGB

Besondere Vorschriften für den Fall der Schlechtleistung haben andere Vertragstypen wie z. B. Dienstvertrag, §§ 611 ff. BGB nicht. Nur vereinzelt lassen sich dort für die Fälle der Schlechtleistung besondere Vorschriften finden, z. B. § 619 a BGB. Diese werden von den von der Rechtsprechung entwickelten Haftungsfolgen ergänzt.

Für die Bestimmung der Rechtsfolgen finden hauptsächlich dann die allgemeinen Vorschriften des BGB für alle Vertragstypen einheitlich Anwendung, z. B. beim Schadensersatzanspruch wegen nicht wie geschuldeter Leistung, § 281 BGB.

▶ 287 Liegt eine mangelhafte Leistung begrifflich vor?

Wann **begrifflich eine mangelhafte Leistung** vorliegt, hängt von dem jeweiligen Vertragstyp ab.

Beispiele für Mängel ▶ **Kaufsachen** sind nach § 434 BGB mangelhaft, wenn sie nicht die **vereinbarte Beschaffenheit** haben, z. B. ein verkaufter Wagen nicht das im Vertrag extra erwähnte Sportfahrwerk hat, oder bei fehlender Vereinbarung entscheidet die **Eignung** der Kaufsache zur vorausgesetzten oder **gewöhnlichen Verwendung**, z. B. die Kupplung ist bereits nach 10.000 km Gesamtfahrleistung defekt; es können auch öffentliche Äußerungen der Verkäuferseite, **Montagemängel**, **mangelhafte Montageanleitungen** oder **Falschlieferungen einen Mangel** begründen. ▶ **Werksachen** sind nach § 633 BGB mangelhaft, wenn der tatsächliche Zustand des Werkes bei Abnahme (Ist-Beschaffenheit) nicht dem vereinbarten Zustand bei Vertragsschluss entspricht (Sollbeschaffenheit), z. B. vom Bauunternehmer erstellte Räume sind wegen zu geringer Raumhöhe nur beschränkt nutzbar ▶ **Mietsachen** sind nach § 536 BGB mangelhaft, wenn eine für den Mieter **nachteilige Abweichung des tatsächlichen Zustands der Mietsache vom vertraglich vorausgesetzten Zustand** vorliegt (BGH NJW 2006, 899), so dass die Tauglichkeit zu dem von den Vertragsparteien im Einzelnen vorausgesetzten vertragsgemäßen Gebrauch ganz oder teilweise aufgehoben ist. ▶ **Reisen** unterfallen nach § 631 c BGB dann der Mängelhaftung, wenn aus dem Gefahrenbereich des Reiseveranstalters ein die Tauglichkeit der Reise mindernder Fehler vorliegt oder eine zugesicherte Eigenschaft nicht gegeben ist, z. B. das Hotel entgegen der Angaben im Prospekt weit weg vom Strand liegt und einen defekten Swimmingpool hat.

VII. Haftung für Mängel

§ **§ 434 BGB Sachmangel** (1) Die Sache ist frei von Sachmängeln, wenn sie bei Gefahrübergang die **vereinbarte** Beschaffenheit hat. Soweit die Beschaffenheit nicht vereinbart ist, ist die Sache frei von Sachmängeln, 1. wenn sie sich für die **nach dem Vertrag vorausgesetzte Verwendung** eignet, sonst 2. wenn sie sich für die **gewöhnliche Verwendung** eignet und eine Beschaffenheit aufweist, die bei **Sachen der gleichen Art üblich** ist und die der Käufer **nach der Art der Sache erwarten** kann. Zu der Beschaffenheit nach Satz 2 Nr. 2 gehören auch Eigenschaften, die der Käufer nach den **öffentlichen Äußerungen** des Verkäufers, des Herstellers (§ 4 Abs. 1 und 2 des Produkthaftungsgesetzes) oder seines Gehilfen insbesondere in der **Werbung** oder bei der Kennzeichnung über bestimmte Eigenschaften der Sache erwarten kann, es sei denn, dass der Verkäufer die Äußerung nicht kannte und auch nicht kennen musste, dass sie im Zeitpunkt des Vertragsschlusses in gleichwertiger Weise berichtigt war oder dass sie die Kaufentscheidung nicht beeinflussen konnte. (2) Ein Sachmangel ist auch dann gegeben, wenn die **vereinbarte Montage** durch den Verkäufer oder dessen Erfüllungsgehilfen **unsachgemäß** durchgeführt worden ist. Ein Sachmangel liegt bei einer zur Montage bestimmten Sache ferner vor, wenn die **Montageanleitung mangelhaft** ist, es sei denn, die Sache ist fehlerfrei montiert worden. (3) Einem Sachmangel steht es gleich, wenn der Verkäufer **eine andere Sache oder eine zu geringe Menge liefert**.

Lösung Fall 114 Das LG Karlsruhe hat dem Käufer K einen **Anspruch auf Rückabwicklung des Kaufvertrages zugesprochen**, da der BMW die **zugesicherte Eigenschaft** der Unfallfreiheit nicht aufwies, und darin einen erheblichen, zum Rücktritt berechtigenden Umstand gesehen. Jeder Kfz-Händler weiß, dass **für einen Privatkunden die Unfallfreiheit von großer Bedeutung** ist. Für die Eigenschaft der Unfallfreiheit bleiben nur geringfügige, ausgebesserte Blechschäden und Schönheitsfehler außer Betracht. In der Rechtsprechung existieren zwar **gewisse Beträge für Reparaturen**, bei deren Überschreiten keine Unfallfreiheit mehr vorliegen kann (z. B. soll **ab rund 330 €** Nachbesserungskosten eine Offenbarungspflicht** des Händlers bestehen, OLG Oldenburg, OLG-Report 2001, 50). Im vorliegenden Fall war aber die Reparatur **auch nicht ganz perfekt ausgeführt** worden, so dass ein Mangel vom Gericht bejaht wurde. Der Käufer konnte daher vom Vertrag **zurücktreten**.

VII. Haftung für Mängel

> **Häufiger Irrtum:** „Der Verkäufer hat für Fehler der Kaufsache zwei Jahre zu garantieren!"
>
> - Falsch!
> - Zu unterscheiden sind immer folgende Begriff: Gewährleistung, Verschleiß und Garantie
> - **Gewährleistung** heißt, dass der Verkäufer für alle **bereits beim Kauf** in der Sache angelegten aber unbemerkt gebliebenen Mängel für zwei Jahre Ersatzansprüche zu leisten hat, z. B. für fehlerhaft arbeitende Druckersoftware muss neue aufgespielt werden.
> - Somit fallen die erst nachträglich durch den Gebrauch der Sache entstandenen **Verschleißerscheinungen** nicht unter diese Gewährleistung, z. B. leere Druckerpatrone (weitere Beispiele enthält das Urteil des **AG Offenbach, Urteil vom 27.9.2004 – 38 C 276/04**).
> - **Garantieren** kann der Verkäufer gerne weitere Eigenschaften der Sache, z. B. verschleißfreier Druckerkopf, später entstehende Mängel oder zeitliche längere Fristen, in denen bestimmte Eigenschaften vorliegen sollen versprechen z. B. zehn Jahre Garantie auf Durchrostung.
> - Ist eine Ware **definitiv mangelhaft**, interessiert insbesondere der von Verkäufern gerne gesagte Satz, **dass die Ware noch Garantie habe und deshalb zum Hersteller eingeschickt werden müsse**, nicht. Der Verkäufer muss die gesetzliche Gewährleistungshaftung übernehmen, die gegenüber dem Hersteller bestehende Garantie kann den Verkäufer allenfalls für seine Regressansprüche beim Hersteller interessieren.

▶ **288 Wurde die Mängelhaftung ausgeschlossen oder beschränkt?**

Bei der Frage, ob und in welchem Umfang ein Ausschluss oder eine Beschränkung der Haftung möglich ist, müssen bei allen Vertragstypen gleichermaßen Ausschlüsse oder Beschränkungen **kraft Gesetzes** und **kraft vertraglicher** Vereinbarung unterschieden werden.

> Beispiele für gesetzliche Haftungsausschlüsse und Beschränkungen ▶ **Käufer** und **Mieter** haben keine Mängelrechte bei **bekannten** Mängeln, § 442 BGB bzw. § 536 b BGB, z. B. bei Kauf oder Miete von 2. Wahl-Gegenständen, so dass in der Praxis hiermit ein weitreichender Haftungsausschluss durch bloße Information möglich ist. ▶ keine Haftung beim **Kauf auf öffentlichen Versteigerungen**, § 445 BGB, z. B. Versteigerung durch das gemeindliche Fundamt, nicht dagegen eBay-Versteigerungen ▶ keine Haftung auch bei verspäteten Untersuchungs- und Rügepflichten im Rahmen eines **Handelskaufs**, § 377 HGB

Aufgrund der Vertragsfreiheit können die Vertragsparteien grundsätzlich die Haftung des Leistenden für alle oder bestimmte Mängel ausschließen oder beschränken.

> **Muster 92:** Haftungsausschluss bzw. -beschränkung im Kfz-Handel
>
> Ansprüche des Käufers wegen Sachmängeln verjähren **entsprechend den gesetzlichen Bestimmungen in zwei Jahren** ab Ablieferung des Kaufgegenstandes.
>
> Hiervon **abweichend** gilt eine **Verjährungsfrist von einem Jahr**, wenn der **Käufer** eine juristische Person des öffentlichen Rechts, ein öffentlich-rechtliches Sondervermögen oder ein **Unternehmer** ist, der bei Abschluss des Vertrages in Ausübung seiner gewerblichen oder selbständigen beruflichen Tätigkeit handelt.

VII. Haftung für Mängel

> Weitergehende Ansprüche bleiben unberührt, soweit der Verkäufer aufgrund Gesetzes zwingend haftet oder etwas anderes vereinbart wird, insbesondere im Falle der Übernahme einer Garantie.
>
> Bei arglistigem Verschweigen von Mängeln oder der Übernahme einer Garantie für die Beschaffenheit bleiben weitergehende Ansprüche unberührt. (Neuwagen-Verkaufsbedingungen Klausel VII 1., unverbindliche Empfehlung des Zentralverbandes Deutsches Kraftfahrzeuggewerbe e. V. – ZDK)

Ein Ausschluss bzw. eine Beschränkung ist aber **nicht grenzenlos** möglich.

> **Beispiele für Grenzen vertraglicher Haftungsausschlüsse bzw. -beschränkungen** ▶ Bei Kauf-, Miet- und Werkverträgen kann die Haftung insoweit ausgeschlossen werden, als der **Mangel nicht arglistig verschwiegen** wird, §444 Alt.1, §536 d und §639 Alt.1 BGB. ▶ Bei Kauf- und Werkverträgen darf der Haftungsausschluss nicht mit einer **Garantie für die Beschaffenheit** der Sache kollidieren, §444 Alt.2 und §639 Alt.2 BGB. ▶ Beim Verbrauchsgüterkauf regelt §475 BGB weitere Grenzen, z.B. darf bei gebrauchten Sachen eine Verjährungsverkürzung (ebenfalls ein Haftungsbeschränkung) von Mängelansprüchen nicht weniger als ein Jahr betragen. ▶ Bei Reiseverträgen kann eine Haftung **auf den dreifachen Reisepreis** beschränkt werden, soweit der Sachschaden des Reisenden weder vorsätzlich noch grob fahrlässig herbeigeführt wurde oder der Reiseveranstalter allein wegen eines Verschuldens des Leistungsträgers verantwortlich ist, §651 h BGB.

> **Häufiger Irrtum: „Im Preis herabgesetzte Ware ist vom Umtausch immer ausgeschlossen!"**
>
> - Das kommt darauf an!
> - Hat eine Ware einen Mangel, kann der Käufer trotz der Preisreduzierung seine Gewährleistungsrechte geltend machen, z.B. also Nacherfüllung.
> - Ausgeschlossen sein kann aber der Umtausch einer fehler**freien** Kaufsache, die preisreduziert war. Hier kann auch eine Rücknahme auf Kulanzbasis ausgeschlossen werden.

Daneben bestehen natürlich noch die **allgemeinen Grenzen** wie Sittenwidrigkeit, §138 BGB und bei der Verwendung von Allgemeinen Geschäftsbedingungen die §§305 ff. BGB. So ist beispielsweise eine Reduzierung eines mangelbedingten Schadensersatzanspruchs an den von **§309 Nr.7 a und b BGB** gezogenen Grenzen zu überprüfen. Des Weiteren dürfen die gesetzlich vorgesehenen Mängelrechte beim Kauf- und Werkvertrag nur in den Grenzen des **§309 Nr.8b BGB** beschränkt bzw. ausgeschlossen werden, ansonsten sind die AGB unwirksam.

> **§ §309 Nr.7a und b BGB Klauselverbote ohne Wertungsmöglichkeit** Auch soweit eine Abweichung von den gesetzlichen Vorschriften zulässig ist, ist in Allgemeinen Geschäftsbedingungen unwirksam
>
> **7. (Haftungsausschluss bei Verletzung von Leben, Körper, Gesundheit und bei grobem Verschulden) a)** (Verletzung von Leben, Körper, Gesundheit) ein Ausschluss oder eine Begrenzung der Haftung für Schäden aus der Verletzung des Lebens, des Körpers oder der Gesundheit, die auf einer fahrlässigen Pflichtverletzung des Verwenders oder einer vorsätzlichen oder fahrlässigen Pflichtverletzung eines gesetzlichen Vertreters oder Erfüllungsgehilfen des Verwenders beruhen; **b)** (Grobes Verschulden) ein Ausschluss oder eine Begrenzung der

Haftung für sonstige Schäden, die auf einer grob fahrlässigen Pflichtverletzung des Verwenders oder auf einer vorsätzlichen oder grob fahrlässigen Pflichtverletzung eines gesetzlichen Vertreters oder Erfüllungsgehilfen des Verwenders beruhen;

8. **(Sonstige Haftungsausschlüsse bei Pflichtverletzung)** b) **(Mängel)** eine Bestimmung, durch die bei Verträgen über Lieferungen neu hergestellter Sachen und über Werkleistungen aa) **(Ausschluss und Verweisung auf Dritte)** die Ansprüche gegen den Verwender wegen eines Mangels insgesamt oder bezüglich einzelner Teile ausgeschlossen, auf die Einräumung von Ansprüchen gegen Dritte beschränkt oder von der vorherigen gerichtlichen Inanspruchnahme Dritter abhängig gemacht werden; bb) **(Beschränkung auf Nacherfüllung)** die Ansprüche gegen den Verwender insgesamt oder bezüglich einzelner Teile auf ein Recht auf Nacherfüllung beschränkt werden, sofern dem anderen Vertragsteil nicht ausdrücklich das Recht vorbehalten wird, bei Fehlschlagen der Nacherfüllung zu mindern oder, wenn nicht eine Bauleistung Gegenstand der Mängelhaftung ist, nach seiner Wahl vom Vertrag zurückzutreten; cc) **(Aufwendungen bei Nacherfüllung)** die Verpflichtung des Verwenders ausgeschlossen oder beschränkt wird, die zum Zwecke der Nacherfüllung erforderlichen Aufwendungen, insbesondere Transport-, Wege-, Arbeits- und Materialkosten, zu tragen; dd) **(Vorenthalten der Nacherfüllung)** der Verwender die Nacherfüllung von der vorherigen Zahlung des vollständigen Entgelts oder eines unter Berücksichtigung des Mangels unverhältnismäßig hohen Teils des Entgelts abhängig macht; ee) **(Ausschlussfrist für Mängelanzeige)** der Verwender dem anderen Vertragsteil für die Anzeige nicht offensichtlicher Mängel eine Ausschlussfrist setzt, die kürzer ist als die nach dem Doppelbuchstaben ff zulässige Frist; ff) **(Erleichterung der Verjährung)** die Verjährung von Ansprüchen gegen den Verwender wegen eines Mangels in den Fällen des §438 Abs. 1 Nr. 2 und des §634a Abs. 1 Nr. 2 erleichtert oder in den sonstigen Fällen eine weniger als ein Jahr betragende Verjährungsfrist ab dem gesetzlichen Verjährungsbeginn erreicht wird; dies gilt nicht für Verträge, in die Teil B der Verdingungsordnung für Bauleistungen insgesamt einbezogen ist;

▶ 289 Wann ist die Geltendmachung der Mängelrechte aufgrund Zeitablaufs nicht mehr möglich?

Die Mängelrechte **verjähren** nach der gesetzlichen Regelung je nach Vertragstyp mit unterschiedlichen Fristen. Es gilt insbesondere **nicht die allgemeine dreijährige Verjährungsfrist** nach §§ 195, 199 BGB.

Beispiele für Verjährung ▶ **Kaufvertragliche Mängelansprüche** verjähren nach §438 BGB grundsätzlich in **zwei** Jahren nach Übergabe der Kaufsache, bei arglistig verschwiegenen Mängeln innerhalb der **dreijährigen Regelverjährungsfrist (d. h. gerechnet erst ab Kenntnis der Umstände und des Anspruchsgegners)**, bei Bauwerken in **fünf** Jahren. ▶ **Mietvertragliche Mängelansprüche** verjähren als Schadensersatzansprüche innerhalb der dreijährigen Regelverjährungsfrist, § 536 a Abs. 1 i. V. m. §§ 195, 199 BGB, dagegen verjähren Aufwendungsersatzansprüche wegen einer Selbstbeseitigung der Mängel nach § 548 Abs. 2 BGB innerhalb von **sechs Monaten** nach Beendigung des Mietverhältnisses. ▶ **Werkvertragliche Mängelansprüche** verjähren nach § 634 a BGB bei Arbeiten an einer Sache in

VII. Haftung für Mängel

zwei Jahren, §634a Abs.1 Nr.1 BGB, bei Arbeiten an einem Bauwerk in fünf Jahren, §634a Abs.1 Nr.2 BGB, bei sonstigen Werkleistungen innerhalb der regelmäßigen dreijährigen Regelverjährungsfrist nach §§195, 199 BGB. ▶ **Reisevertragliche Mängelansprüche** verjähren nach §651 g Abs.1 BGB innerhalb von zwei Jahren, beginnend mit dem Tag des planmäßigen vertraglichen Reiseendes.

Eine vertragliche **Verkürzung der Verjährung** ist nach der Vertragsfreiheit grundsätzlich auch für die Mängelrechte zulässig, jedoch muss in vielen Fällen **mindestens ein Jahr Verjährungsfrist** erhalten bleiben, z. B. bei Kauf- und Werkverträgen nach §309 Nr.8b ff. BGB, bei Verbrauchsgüterkaufverträgen nach §475 Abs.2 BGB, bei Reiseverträgen, nach §651 m S.2 BGB.

Gewährleistungsfristen im Überblick (in Anlehnung an **http://www.inkasso-anwalt.com**)

Kaufvertrag über bewegliche Sachen, wenn der Verkäufer Gewerbetreibender ist (business to consumer, B2C-Geschäft):

	Gesetzliche Gewährleistungsfrist	Durch AGB abänderbar	Durch einzelvertragliche Regelung abänderbar
Verkauf neuer Sachen an Verbraucher	2 Jahre	Nein	Nein
Verkauf gebrauchter Sachen an Verbraucher	2 Jahre	Ja, mind. 1 Jahr	Ja, auf 1 Jahr
Verkauf neuer Sachen an gewerblich Tätige	2 Jahre	Ja, mind. 1 Jahr	Ja, auf Null
Verkauf gebrauchter Sachen an gewerblich Tätige	2 Jahre	Ja, mind. Null	Ja, auf Null

Verbraucher untereinander (consumer to consumer, C2C-Geschäft) können die Verjährung für neue Sachen **einzelvertraglich** vollständig ausschließen, **in AGB** nur für gebrauchte Sachen.

Fristen bei Bauteilen und Hauskäufen

Beim Verkauf von Grundstücken mit Bauwerken, gilt für die Mängel am Bauwerk nach dem Recht nach 2002 eine 5-jährige Gewährleistungsfrist ab Übergabe (nach altem Recht ein Jahr). Das Gleiche gilt für ein mangelhaftes Bauteil, das in eine Bauwerk eingebaut wird und dessen Mangelhaftigkeit verursacht.

	Gesetzliche Gewährleistungsfrist	Durch AGB verkürzbar	Durch einzelvertragliche Regelung verkürzbar
Neue Sache an Verbraucher	5 Jahre	Nein	Ja, auf 2 Jahre
Gebrauchte Sache an Verbraucher	5 Jahre	Ja, mind. 1 Jahr	Ja, auf 1 Jahr
Neue Sache an gewerblich Tätigen	5 Jahre	Noch unklar (Rechtsprechung abwarten)	Ja, auf Null
Gebrauchte Sache an gewerblich Tätigen	5 Jahre	Ja, auf Null	Ja, auf Null

▶ 290 Welche Rechtsfolgen hat die Mängelhaftung?

Auf der Rechtsfolgenseite der Mängelhaftung ist in den letzten Jahren einiges vereinheitlicht worden, so dass man im Wesentlichen folgende Rechtsfolgen feststellen kann, die aber je nach Vertragstyp unterschiedlichen Regelungen unterliegen können:

VII. Haftung für Mängel

Rechtsfolgen einer Mängelhaftung
- Nacherfüllung
- Selbstvornahme
- Rücktritt
- Minderung
- Schadensersatz
- Ersatz vergeblicher Aufwendungen

(1) Wie erfolgt die Nacherfüllung?

In den meisten Fällen ist die **Nacherfüllung das vorrangig bestehende Recht**, so beim Kauf- und Werkvertrag, da der anderen Seite zunächst ein Recht zur Beseitigung des Mangels gegeben werden soll.

> **Beispiele für Nacherfüllungs-Vorschriften** ▶ Beim **Kaufvertrag** ist darunter die Lieferung einer mangelfreien Sache (Nach- oder Ersatzlieferung, Umtausch) zu verstehen, kann aber auch als Nachbesserung in eine mangelfreie Sache (Reparatur) erbracht werden, § 439 BGB.
> ▶ Beim **Mietvertrag** als Dauerschuldverhältnis ist eine Nacherfüllung in diesem Sinne für die vergangene Mietzeit mit Mangel nicht möglich, dort besteht dann eine Befreiung von der Mietzahlungspflicht, § 536 Abs. 1, S. 1 BGB. ▶ Beim **Werkvertrag** ist ähnlich wie beim Kaufvertrag die Beseitigung des Mangels oder die Neuherstellung des Werkes als Nacherfüllung geschuldet, § 635 BGB. ▶ Beim **Reisevertrag** wird die Nacherfüllung in der Form der Beseitigung des Reisemangels als „Abhilfe" bezeichnet, § 651 c Abs. 2 BGB.

In Verträgen sind sehr häufig Regelungen zur Durchführung der Nacherfüllung enthalten, um deren Kosten möglichst niedrig zu halten.

Muster 93: Durchführung der Mängelbeseitigung im Kfz-Handel

2. Soll eine Mängelbeseitigung durchgeführt werden, gilt Folgendes:

   a) Ansprüche auf Mängelbeseitigung kann der Käufer beim Verkäufer oder bei einem anderen, vom Hersteller/Importeur für die Betreuung des Kaufgegenstandes anerkannten Betrieb geltend machen; im letzteren Fall hat der Käufer den Verkäufer hiervon unverzüglich zu unterrichten, wenn die erste Mängelbeseitigung erfolglos war. Bei mündlichen Anzeigen von Ansprüchen ist dem Käufer eine schriftliche Bestätigung über den Eingang der Anzeige auszuhändigen.

   b) Wird der Kaufgegenstand wegen eines Sachmangels betriebsunfähig, hat sich der Käufer an einem dem Ort des betriebsunfähigen Kaufgegenstandes nächstgelegenen, vom Hersteller/Importeur für die Betreuung des Kaufgegenstandes anerkannten dienstbereiten Betrieb zu wenden.

   c) Für die zur Mängelbeseitigung eingebauten Teile kann der Käufer bis zum Ablauf der Verjährungsfrist des Kaufgegenstandes Sachmängelansprüche aufgrund des Kaufgegenstandes geltend machen.

   d) Ersetzte Teile werden Eigentum des Verkäufers.

3. Durch Eigentumswechsel am Kaufgegenstand werden Mängelbeseitigungsansprüche nicht berührt.

4. Abschnitt VII Sachmangel gilt nicht für Ansprüche auf Schadensersatz; für diese Ansprüche gilt Abschnitt VIII. Haftung.

(Neuwagen-Verkaufsbedingungen Klausel VII. 2.–4, unverbindliche Empfehlung des Zentralverbandes Deutsches Kraftfahrzeuggewerbe e. V. – ZDK)

VII. Haftung für Mängel

> ⚡ **Häufiger Irrtum:** „Der Verkäufer kann fehlerhafte Ware so oft nachbessern wie er will!"
>
> - Falsch!
> - § 440 S. 2 BGB sieht das ganz deutlich vor: mehr als zwei Nachbesserungsversuche hat der Verkäufer nicht. Nicht geklärt ist damit natürlich, wie lange diese Nachbesserungsversuche zeitlich dauern dürfen.

§ **§ 440 S. 2 BGB Besondere Bestimmungen für Rücktritt und Schadensersatz** Außer in den Fällen des § 281 Abs. 2 und des § 323 Abs. 2 bedarf es der Fristsetzung auch dann nicht, wenn der Verkäufer beide Arten der Nacherfüllung gemäß § 439 Abs. 3 verweigert oder wenn die dem Käufer zustehende Art der Nacherfüllung fehlgeschlagen oder ihm unzumutbar ist. Eine Nachbesserung gilt **nach dem erfolglosen zweiten Versuch als fehlgeschlagen**, wenn sich nicht insbesondere aus der Art der Sache oder des Mangels oder den sonstigen Umständen etwas anderes ergibt.

> **Muster 94: Nacherfüllungsanspruch**
> Absender, Ort, Datum ... Empfänger Fa. ... (Name, Anschrift) ...
> **Kauf eines Fernsehgerätes – Nachlieferung**
> Sehr geehrte/r Frau/Herr ... , ich habe bei Ihnen am ... (Datum)..., also vor zwei Tagen, ein Fernsehgerät (Marke, Typ, Rechnungs-Nr.) gekauft. Der Bildschirm flimmert bereits nach 10 Minuten Betriebsdauer. Ich fordere Sie auf, mir unverzüglich, spätestens aber innerhalb von ...x... Tagen, einen neuen Fernseher zu liefern. Mit freundlichen Grüßen (Unterschrift)

(2) Wann ist eine Selbstbeseitigung des Mangels zulässig?

In manchen Fällen ist der vom Mangel Geschädigte zur **Selbstbeseitigung des Mangels** berechtigt, sog. Selbstvornahme. Dieses hat dann natürlich Kostenerstattungsansprüche zur Folge, die der mangelhaft Leistende zu tragen hat.

> **Beispiele für Selbstvornahme-Regelungen** ▶ Beim **Kauf** einer mangelhaften Sache ist die Selbstbeseitigung grundsätzlich nicht in § 437 BGB vorgesehen, da dann das Recht des Verkäufers zur zweiten Andienung unmöglich gemacht wird, nur im Notfall darf der Käufer zur Rettung der Kaufsache etwaige Mängel selbst beseitigen, z.B. wenn der Verkäufer diese nicht rechtzeitig erbringen könnte. ▶ Bei der **Vermietung** einer mangelhaften Sache ist eine Selbstbeseitigung des Mangels nach § 536 a Abs. 2 BGB vorgesehen, wenn der Vermieter in Verzug mit der Beseitigung ist oder ein umgehendes Handeln erforderlich ist. ▶ Bei der **Herstellung eines mangelhaften Werkes** ist nach erfolglosem Ablauf einer vom Besteller bestimmten angemessenen Frist dieser zur *„Selbstvornahme"* nach § 637 BGB berechtigt. ▶ Wird beim **Reisemangel** keine oder nur eine unzureichende Abhilfe vom Reiseveranstalter geleistet, kann der Reisende zur *„Selbstabhilfe"* nach erfolglosen Ablauf einer angemessenen Frist greifen, § 651 c Abs. 3 BGB.

(3) Wie kann ein Rücktritt bei mangelhafter Leistung erklärt werden?

Ein **Rücktritt** vom Vertrag ist für den mangelhaft bedienten Vertragspartner ebenfalls eine Alternative und führt dazu, dass der Vertrag in ein Rückgewährschuldverhältnis umgewandelt wird, für das die Vorschriften der §§ 323 ff. BGB Anwendung finden können, soweit keine besonderen Vorschriften existieren. Früher sprach man von „Wandlung".

Beispiele für besondere Rücktrittsregelungen ▶ Ein Rücktritt vom **Kaufvertrag** (früherer Begriff „Wandlung" oder „Wandelung") ist nur nach den Besonderheiten des §440 BGB möglich, so dass z. B. eine Fristsetzung vor dem Rücktritt bei Verweigerung, fehlgeschlagener oder unzumutbarer Nacherfüllung nicht mehr nach den allgemeinen Vorschriften §§281 Abs. 2 und 323 Abs. 2 notwendig ist. ▶ Der Rücktritt vom **Mietvertrag** ist nicht als solcher möglich, es finden aber die Vorschriften über die „*Kündigung*" aus wichtigem Grund nach §§543 bzw. 569 BGB Anwendung. ▶ Der Rücktritt vom **Werkvertrag** ist in §636 BGB weitgehend wie beim Kaufvertrag geregelt. ▶ Wie beim Mietvertrag ist beim **Reisevertrag** ein Kündigungsrecht in §651 e BGB vorgesehen, wenn eine erhebliche objektive Beeinträchtigung der Gesamtreise oder subjektive Unzumutbarkeit der Reise aus wichtigem, dem Veranstalter bekanntem Grund vorliegt und die Kündigung nach erfolglosem Ablauf einer angemessenen Frist erklärt wird.

 Häufiger Irrtum: „Bei einem Rücktritt muss man dem Verkäufer Geld für die evtl. Nutzung der Ware zahlen und bekommt nicht den Kaufpreis voll erstattet!"

- Falsch!
- Nach der Entscheidung des BGH vom 26.11.2008, NJW 2009, 155 (sog. **Herd-Fall**), kann der Verkäufer bei der Rücknahme einer beweglichen Sache **von einem Käufer nicht mehr einen Anspruch auf Ersatz der Nutzungen verlangen**, wie es auch §439 Abs. 2 BGB formuliert, wonach die Kosten der Verkäufer zu tragen hat und die Rücktrittsvorschriften über §439 Abs. 4 BGB Anwendung finden.
- Diesem Rechtsstreit war eine **Klarstellung des EuGH** vorausgegangen (NJW 2008, 1433), wo dieser eine richtlinienkonforme Auslegung der Rücktrittsvorschriften bei der deutschen Mängelhaftung forderte. Der §439 Abs. 4 BGB darf nicht ohne Weiteres auf die Rücktrittsvorschriften verweisen, die in §346 Abs. 1 BGB auch die Herausgabe der gezogenen Nutzungen vorsehen. §439 Abs. 4 BGB enthält somit eine **planwidrige Gesetzeslücke**, die nicht mit der Verbrauchsgüterkaufrichtlinie konform läuft.
- Letztlich sah der BGH für den Anspruch des Herd-Verkäufers (Quelle AG) auf Ersatz der zwischen Sommer 2002 und bis zum Umtausch des nur äußerlich an der Emaillierung schadhaften Elektroherdes (Kaufpreis 524,90 €) im Januar 2004 gezogenen Nutzungen (im Wert von 67,88 €) **keine Rechtsgrundlage** mehr, das Geld musste vom Verkäufer zurückgezahlt werden.

Muster 95: Rücktritt vom Vertrag

Absender, Ort, Datum ... Empfänger Fa. ... (Name, Anschrift) ...

Mangelhafte Reparaturversuche – Rücktritt vom Vertrag

Sehr geehrte/r Frau/Herr ... , ich habe bei Ihnen am ... (Datum) ... einen Sportwagen (Marke, Typ) zum Preis von ... €. gekauft. Von Anfang an verlor der Wagen sehr viel Öl. Nachdem ich Sie unter Fristsetzung aufgefordert hatte, die Funktionstüchtigkeit herzustellen, haben Sie zwei Mal vergeblich versucht, den Fehler zu beheben. Nunmehr trete ich vom Vertrag zurück und fordere Sie auf, den Kaufpreis unverzüglich an mich zurückzuzahlen. Mit freundlichen Grüßen Unterschrift Käufer

VII. Haftung für Mängel

(4) Kann man bei allen Vertragstypen die Gegenleistung mindern?
Alle Vertragstypen sehen als mögliche Rechtsfolge einer mangelhaften Leistung die Minderung der Gegenleistung vor.

> **Beispiele für Minderungsvorschriften** ▶ Kaufvertrag, §441 BGB ▶ Mietvertrag, §536 BGB ▶ Werkvertrag, §638 BGB ▶ Reisevertrag, §651 d BGB

Dabei ist regelmäßig der erfolglose Ablauf einer angemessenen Frist wie beim Rücktritt erforderlich. Der konkrete Minderungsbetrag wird **beim Mietvertrag** durch Herabsetzung der vereinbarten Miete proportional zur geminderten Tauglichkeit errechnet, §536 Abs. 1 BGB. Beim **Kauf-, Werk- und Reisevertrag** bestehen grundsätzlich zwei Methoden: relative Berechnung des sog. Minderwerts der mangelhaften Leistung oder Schätzung.

Relative Berechnungsmethode: Der Kaufpreis ist in dem Verhältnis herabzusetzen, in welchem zur Zeit des Vertragsschlusses der Wert der Sache im mangelfreien Zustand zu dem wirklichen Wert gestanden hätte. Aus Gründen der optischen Vereinfachung wurde im folgenden diese Verhältnisrechnung aufgestellt:

$$\frac{\text{Geminderter Kaufpreis}}{\text{Vereinbarter Kaufpreis}} = \frac{\text{Wert mit Mangel}}{\text{Wert ohne Mangel}}$$

> **Beispielsrechnungen für den Minderwert** ▶ Bei einem **für den Käufer günstigen Kauf**: betrug der Kaufpreis 100 € und hat die Kaufsache einen Wert ohne Mangel in Höhe von 120 € (20 % Gewinn des Käufers), mit dem Mangel allerdings nur 60 €, muss der Käufer nur einen geminderten Kaufpreis in Höhe von **50 € bezahlen**, der Gewinnanteil des Käufers bleibt also erhalten (10 €, d. h. 20 % vom wahren Wert, 50 €). ▶ **Bei einem für den Verkäufer günstigen Verkauf**: vereinbart war als Kaufpreis 100 €, die Kaufsache hatte ohne Mangel einen Wert von 80 €, mit dem Mangel wiederum nur 60 €, dann muss er **75 € bezahlen**, da der Gewinnanteil des Verkäufers erhalten bleibt, damit der Käufer durch den Mangel nicht besser dasteht als zuvor.

Schätzmethode: Soweit erforderlich soll auch eine Schätzung möglich sein. Dabei wird im Rechtsstreit die Minderung nach §287 Abs. 2 ZPO bestimmt. Die Parteien müssen dabei nicht die tatsächlichen wertbildenden Umstände alle beweisen und geben sich mit einem ungefähren Geldbetrag unter Berücksichtigung aller Umstände zufrieden. Im Reisevertragsrecht gibt es darüber hinaus Tabellen, aus denen sich der Abschlag vom Tagesreisepreis errechnen lässt (z. B. Frankfurter Tabelle, NJW 1994, 1639 oder Kemptener Reisemängeltabelle von Führich, www.reiserecht-fuehrich.de)

Muster 96: Minderung des Kaufpreises durch Käufer

Absender, Ort, Datum ... Empfänger Fa. ... (Name, Anschrift) ...

Defekt am Sportwagen – Minderung

Sehr geehrte/r Frau/Herr ... , ich habe bei Ihnen am ... (Datum) ... einen Sportwagen zum Preis von ... € erworben. Leider ist die Ölwanne defekt. Sie haben es abgelehnt, den Sportwagen zu reparieren oder mir einen neuen zu überlassen. Ich mache hiermit mein Recht auf Minderung geltend und verlange die Rückzahlung von ... € auf mein unten genanntes Konto innerhalb von 14 Tagen. Mit freundlichen Grüßen (Unterschrift)

VII. Haftung für Mängel

(5) Welche Schadensersatzvorschriften finden bei mangelhaften Leistungen Anwendung?

Hat der die mangelhafte Leistung entgegennehmende Vertragspartner einen **Schaden** erlitten, sieht die Mängelhaftung regelmäßig einen Schadensersatzanspruch vor.

> **Beispiele für Schadensersatzvorschriften bei Mängeln** ▶ Im **Kauf- und Werkvertragsrecht** richtet sich der Schadensersatz aufgrund der Verweisung in §§ 440 bzw. 636 BGB weitestgehend nach den allgemeinen Schadensersatzregelungen der §§ 280 ff. BGB, insbesondere § 281 Abs. 1 Alt. 2 BGB „nicht wie geschuldet erbrachte Leistung". ▶ Das **Mietrecht** sieht neben der Mietminderung einen eigenständigen Schadensersatzanspruch im Falle des Verzugs mit der Beseitigung des Mangels vor, § 536 a BGB. ▶ Im **Reisevertragsrecht** regelt § 651 f. BGB einen Schadensersatz wegen Nichterfüllung und eine angemessene Entschädigung wegen nutzlos aufgewendeter Urlaubszeit.

(6) Wann kann Ersatz vergeblicher Aufwendungen bei Mängeln verlangt werden?

An der Stelle des Schadensersatzes kann bei einer mangelhaften Leistung auch der Ersatz vergeblicher Aufwendungen nach § 284 BGB verlangt werden, worunter freiwillige Vermögensopfer stehen, wie z. B. Reise- und Übernachtungskosten bei Konzertbesuchen, Kosten einer sinnlos gewordenen Finanzierung.

> **Beispiele für Aufwendungsersatzvorschriften** ▶ **Kaufvertrag**, § 437 Nr. 3 BGB mit Verweis auf § 284 BGB ▶ **Mietvertrag**, § 536 a Abs. 2 BGB im Falle der Selbstbeseitigung ▶ **Werkvertrag**, § 634 Nr. 4 mit Verweis auf § 284 BGB ▶ **Reisevertrag**, § 651 f. BGB

Schlechte Leistung wegen Mängeln = Mängelhaftung

- **Begriff und Bedeutung** ○ mangelhafte Leistung ist ein Verstoß gegen Hauptleistungspflichten ○ betriebswirtschaftlich können die Rechtsfolgen mangelhafter Leistung zu einem Verlustgeschäft führen
- **Voraussetzungen** ○ Bestehen eines vertraglichen Schuldverhältnisses, z. B. in Form der verschiedenen Vertragstypen Kaufvertrag, §§ 434 ff. BGB, Mietvertrag, §§ 536 ff. BGB, Werkvertrag, §§ 633 ff. BGB, Reisevertrag, §§ 651 c ff. BGB ○ **Vorliegen eines Mangels**, z. B. bei Kaufsachen wenn sie nicht die **vereinbarte Beschaffenheit** haben ○ **kein Ausschluss oder Beschränkung der Haftung** aufgrund gesetzlicher Vorschriften, z. B. bei bekannten Mängeln, § 442 BGB, oder aufgrund von Vereinbarungen in AGB, wobei gesetzliche Grenzen, z. B. § 444 BGB, einzuhalten sind ○ **keine Verjährung der Mängelrechte** innerhalb der regelmäßigen Frist von zwei Jahren bei Kaufverträgen, § 438 BGB
- **Rechtsfolgen** ○ **Nacherfüllung**, z. B. beim Kaufvertrag durch Lieferung einer mangelfreien Sache oder Reparatur ○ **Selbstvornahme**, z. B. beim Werkvertrag nach Ablauf einer angemessenen Frist ○ **Rücktritt**, z. B. beim Kaufvertrag früher als „Wandlung" bezeichnet, wird weitestgehend nach den allgemeinen Rücktrittsvorschriften durchgeführt ○ **Minderung** der Gegenleistung z. B. im Kaufrecht nach einer relativen Berechnungsmethode oder aufgrund von Schätzung ○ **Schadensersatz** nach § 281 Abs. 1 Alt. 2 BGB oder den jeweiligen vertragstypischen Vorschriften ○ **Ersatz vergeblicher Aufwendungen** nach § 284 BGB aufgrund Verweisungen bei den einzelnen Vertragstypen

VIII. Wegfall der Geschäftsgrundlage

▶ **291 Wann ist bei einem Vertrag die Geschäftsgrundlage weggefallen?**

> **Fall 115 Iraner Bierlieferungsfall** Die **Brauerei Viktor Lebersorg** hatte dem iranischen **Importeur Kian Noruz** die ersten Lieferungen von insgesamt 12.000 Kartons mit je 24 Dosen Export-Bier zum Preis von 15,36 DM pro Karton „cif Theran" geliefert. Da **40%** der Bierlieferungen schadhaft waren, hatte man sich in einem Vergleich darauf verständigt hatte, dass der Importeur K 73.728 DM an gezahltem Kaufpreis wieder zurück bekommt. Da kam es zu Revolution und der **neue geistliche Führer Ayatollah Khomeini** verbot unter der Androhung der Todesstrafe die Einfuhr und den Handel mit alkoholischen Erzeugnissen. **Frage Wie ist die Rechtslage, wenn der Importeur Kian Noruz nun an diesen Vergleich nicht mehr gebunden sein möchte, da man noch davon ausgegangen sei, dass weitere Bierlieferungen erfolgen könnten?** (Fall nach BGH NJW 1984, 1746)

Wurde bei den Pflichtverletzungen im Rahmen des Verschuldens bei der Vertragsanbahnung noch die Anpassung des Vertragsinhalts an die Vorstellungen der geschädigten Vertragspartei ausgeschlossen, gibt das Rechtsinstitut des Wegfalls der Geschäftsgrundlage **unter strengen Voraussetzungen die Möglichkeit, Vertragsinhalte nachträglich veränderten Umständen anzupassen.**

Dieser Weg der Vertragsanpassung steht damit im Spannungsverhältnis zu dem Grundsatz, dass Verträge so zu halten sind, wie sie abgeschlossen wurden (Vertragstreue, „pacta sunt servanda"). Seinen **Ursprung** hat der Wegfall der Geschäftsgrundlage in den Nachkriegswirren des ersten Weltkrieges, die auch auf Schuldverhältnisse erhebliche Auswirkungen hatten. Die Rechtsprechung hat im Anschluss an die Erörterungen des Juristen Oertmann 1921 erstmalig in einem Fall über den Kauf einer Spinnerei aufgrund der damals herrschenden Geldentwertung den Wegfall der Geschäftsgrundlage im Kaufvertrag berücksichtigt (RGZ 103, 328, Vigogne-Spinnerei). Da die Vertragsparteien **keine Änderung der äußeren Umstände erwarten** (sog. **clausula rebus sic stantibus**, frei übersetzt soviel wie „vorbehaltlich dass die Dinge so bleiben"), ist bei trotzdem eintretender grundlegender Veränderung eine Anpassung erforderlich.

Auch in der heutigen Zeit hat der Wegfall der Geschäftsgrundlage seinen festen Platz in der Rechtsprechung, so dass mit der Schuldrechtsmodernisierung 2002 sogar erstmals Vorschriften darüber ins BGB aufgenommen wurden, §§ 313 und 314 BGB.

> § **§ 313 Abs. 1 BGB Störung der Geschäftsgrundlage** (1) Haben sich Umstände, die zur Grundlage des Vertrags geworden sind, nach Vertragsschluss schwerwiegend verändert und hätten die Parteien den Vertrag nicht oder mit anderem Inhalt geschlossen, wenn sie diese Veränderung vorausgesehen hätten, so kann **Anpassung des Vertrags** verlangt werden, soweit einem Teil unter Berücksichtigung aller Umstände des Einzelfalls, insbesondere der vertraglichen oder gesetzlichen Risikoverteilung, das Festhalten am unveränderten Vertrag nicht zugemutet werden kann.

VIII. Wegfall der Geschäftsgrundlage

> **Checkliste 37 Wann liegt ein Wegfall der Geschäftsgrundlage vor?**
> - **Keine Spezialvorschriften vorhanden**: Sind andere Lösungsmöglichkeiten in anderen Vorschriften vorhanden, z. B. Auslegung, Mängelhaftung, Unmöglichkeit, Kündigungsrechte?
> - **Vorhandensein einer Geschäftsgrundlage**: Bestand eine nicht in den Risikobereich einer der Parteien fallende Geschäftsgrundlage?
> - **Wegfall oder Fehlen der Geschäftsgrundlage**: Ist die Geschäftsgrundlage weggefallen oder fehlte sie von Anfang an?
> - **Unzumutbarkeit am Festhalten eines unveränderten Vertrages**: Ist das Festhalten an einem unveränderten Vertrag unzumutbar?

(1) Sind andere Lösungsmöglichkeiten in anderen Vorschriften vorhanden?

Der Wegfall der Geschäftsgrundlage kann nur angenommen werden, wenn nicht **andere Rechtsvorschriften und Rechtsinstitute** bereits zu einer Lösung des Rechtsproblems führen können. So hat z. B. die Vertragsauslegung, §§ 133, 157 BGB, immer Vorrang vor § 313 BGB, so dass zuerst durch Auslegung ermittelt werden muss, ob sich nicht bereits im Vertragstext Anhaltspunkte für die Lösung fehlender, sich ändernder oder weggefallener Umstände ergeben. Auch die Regeln über die Mängelhaftung und Unmöglichkeit gehen grundsätzlich vor, wobei die Zuordnung aber z. B. bei der wirtschaftlichen Unmöglichkeit schwierig sein kann.

(2) Bestand eine nicht in den Risikobereich einer der Parteien fallende Geschäftsgrundlage?

Nach dem Wortlaut des Gesetzes können alle subjektiven und objektiven Umstände, die zur Grundlage des Vertrages geworden sind, zur **Geschäftsgrundlage** gehören. Können daher auch subjektiv zur Vertragsgrundlage gemachte Vorstellungen einer oder beider Parteien im Rahmen des § 313 BGB Beachtung finden, wird von der Rechtsprechung regelmäßig aber gefordert, dass diese internen Vorstellungen der anderen Vertragspartei erkennbar waren bzw. nicht von dieser beanstandet wurde (**sog. subjektive Geschäftsgrundlage**, BGH NJW-RR 1993, 774).

> **Beispiele für die subjektive Geschäftsgrundlage** (Palandt/Grüneberg § 313 Rn. 3) ▶ gemeinsamer Irrtum der Vertragsparteien über die **Gewinnentwicklung** bei einem Unternehmenskauf ▶ **nicht ausreichend**: die bloße Mitteilung von Erwartungen in steuerlicher oder finanzieller Hinsicht, die Darlegung der beabsichtigten Finanzierung (BGH NJW 1983, 1490), die Erwähnung der Verwendungsabsichten der Mietsache

Demgegenüber gehören Umstände, die von beiden Vertragsparteien ausdrücklich als Grundlagen des Vertrages bezeichnet und im Vertrag als solche erörtert werden, zur **sog. objektiven Geschäftsgrundlage**.

> **Beispiele für die objektive Geschäftsgrundlage** (Palandt/Grüneberg § 313 Rn. 4) ▶ Fehlen von Krieg oder kriegsähnlichen Bedingungen ▶ Beständigkeit der Währung ▶ politisch stabile Lage ▶ Stabile wirtschaftliche oder soziale Verhältnisse

(3) Ist die Geschäftsgrundlage weggefallen oder fehlte sie von Anfang an?

Darüber hinaus muss eine **schwerwiegende Änderung, ein Wegfall oder Fehlen der Geschäftsgrundlage** vorliegen.

Eine **schwerwiegende Änderung** der Umstände wird man immer dann annehmen müssen, wenn nicht ernsthaft bezweifelt werden kann, dass bei Kenntnis der wah-

VIII. Wegfall der Geschäftsgrundlage

ren Sachlage eine oder beide Vertragsparteien den Vertrag nicht oder nicht mit dem tatsächlich geschlossenen Inhalt vereinbart hätten.

> **Beispiele für schwerwiegende Änderungen** (Palandt/Grüneberg § 313 Rn. 18) ▶ Ein mit dem Vertrag **rechtlich oder wirtschaftlich verbundener Vertrag wird nicht abgeschlossen** (BGH NJW 1982, 106). ▶ wenn der Vertrag auf ihnen aufbaut: sich **ändernde gesetzliche Vorschriften** (in der Regel nicht sich schnell ändernde Steuervorschriften), Abkehr von einer bisher bestehenden Rechtsprechung, Änderung von Standesrichtlinien (BGH NJW 2000, 2497) ▶ fehlende Vertragsdurchführung wegen **Auslandsverbot** (BGH NJW 1984, 1747) ▶ **Nicht** dagegen führen **Störungen allein in der Risikosphäre einer der Vertragsparteien** zu einer Anwendung des § 313 BGB.

Wurde im Vertrag keine ausdrückliche Risikoübernahme vereinbart, ergibt sich nach dem Gesetz folgende Risikoverteilung, hier am Beispiel der Lieferung einer Kaufsache:

> **Gesetzliche Risikoverteilung z. B. beim Kauf einer Sache**
> - der **Geld erwartende Gläubiger** (Verkäufer) trägt das Risiko einer Geldentwertung
> - der **Geldschuldner** (Käufer) hat für die ordnungsgemäße Beschaffung des Geldes einzustehen
> - andererseits ist der **Schuldner der Sache** (Verkäufer) für die ordnungsgemäße Leistung verantwortlich und hat Probleme der Selbstbelieferung und der Erhöhung von Beschaffungskosten zu tragen
> - der **Sachgläubiger** (Käufer) trägt die Sorge dafür, dass er die geleistete Sache auch verwenden kann

Wann eine Geschäftsgrundlage entfallen ist, hat die Rechtsprechung in einer Vielzahl von Urteilen näher konkretisiert.

> **Beispiele für den Wegfall der Geschäftsgrundlage** (Palandt / Grüneberg § 313 Rn. 25) ▶ wenn das normalerweise im gewissen Rahmen bestehende **Gleichgewicht von Leistung und Gegenleistung** durch unvorhersehbare Ereignisse schwerwiegend gestört ist und über das von einer Partei normalerweise zu tragende Risiko hinausgeht (BGH NJW 1962, 30), z. B. die Parteien bei der Kaufpreiskalkulation von einer Belastung der Kaufsache mit einer angeblichen Schuld in Höhe von 850.000 DM ausgehen (BGH NJW 2001, 1204) ▶ Eine Äquivalenzstörung kann selbst bei Vereinbarung einer Wertsicherungsklausel vorliegen, wenn diese zwecklos geworden ist (BGH NJW 2012, 526). ▶ Das eigentlich vom Geldgläubiger zu tragende **Geldentwertungsrisiko** kann dann nach § 313 BGB anders zu verteilen sein, wenn die Entwertung eines Erbbauzinses 60 %, bei kollektiven Gesamtversorgungszusagen 50 % und bei Versorgungsverträgen 30 % beträgt (allgemeingültige Grenzsätze gibt es aber eigentlich nicht, einzelfallabhängig, BGHZ 119, 220, BAG DB 2008, 1387, BAG NJW 1973, 959). ▶ Das vom Sachleistungsgläubiger zu tragende Risiko der **Entwertung der Sachleistung** kann dann durch § 313 BGB z. B. zum Entfallen der Geldzahlungspflichten führen, wenn der zu zahlenden Rentenzahlung nur noch eine im Krieg zerstörte Fabrik gegenübersteht. ▶ Das vom Sachleistungsschuldner grundsätzlich zu tragende **Lieferungsrisiko** führt nur ausnahmsweise dazu, dass er unerwartete Kostensteigerungen, witterungsbedingte Lieferschwierigkeiten oder Ähnliches im Rahmen des § 313 BGB vorbringen kann, wenn die Fälle der wirtschaftlichen Unmöglichkeit vorliegen wie z. B. eine Steigerung der Herstellungskosten um das 15-fache oder um 60 % (RGZ 101, 81 und 102, 273), wenn die Vorräte beschlagnahmt werden, das Unternehmen abbrennt. ▶ Auch das vom Gläubiger der Sache zu tragende Risiko, die Sache nicht mehr wie **beabsichtigt verwenden** zu können, muss dann anders nach § 313 BGB verteilt werden, wenn die geplante Verwendung ausdrücklich berücksichtigt wurde, z. B. bei der Bemessung des Mietpreises für ein Zimmer mit Blick auf

VIII. Wegfall der Geschäftsgrundlage

den dann ausgefallenen **Krönungszug**, beim Verkauf von Fertighäusern bei abgelehnter Baugenehmigung, für den Bierlieferungsvertrag mit einem iranischen Käufer, der nach der islamischen Revolution dafür keine Verwendung mehr hatte (BGH NJW 1984, 1746)

In §313 Abs. 2 BGB wird das **Fehlen einer Geschäftsgrundlage** dem Wegfall ausdrücklich gleichgestellt.

§ **§313 Abs. 2 BGB Störung der Geschäftsgrundlage** (2) Einer Veränderung der Umstände **steht es gleich**, wenn wesentliche Vorstellungen, die zur Grundlage des Vertrags geworden sind, sich als falsch herausstellen.

Hierbei geht es um die Fälle, in denen sich beide Vertragsparteien über einen für die Willensbildung wichtigen Umstand geirrt haben oder wenn eine Partei eine falsche Annahme von bestimmten Umständen hatte, die von der anderen Partei hingenommen und in den Vertrag aufgenommen wurde.

Beispiele für ein Fehlen der Geschäftsgrundlage (Palandt/Grüneberg §313 Rn. 38) ▶ bei der **Kalkulation** ein beiden Parteien unterlaufener Kalkulationsirrtum, z. B. durch falsche Annahme der Höhe eines Rechtsanwaltshonorars oder von übernommenen Aufwendungen, Irrtum über Umrechnungskurse ▶ bei der **Bereitstellung von Geld** die Vorstellung beider Parteien, das Geld würde für die in Auftrag gegebenen Leistungen ausreichen (BGH NJW-RR 2000, 1219) ▶ beim **Verkauf eines Grundstücks** der gemeinsame Irrtum über den Verkehrswert des verkauften Grundstücks, dessen Grenzverlauf und Bebaubarkeit (BGH NJW 1972, 153) ▶ bei der **Verpachtung einer Gaststätte** der gemeinsame Irrtum über den zu erzielenden Umsatz (BGH NJW 1990, 569)

Das Festhalten am unveränderten Vertrag ist nur dann im Sinne von §313 BGB unzumutbar, wenn es zu untragbaren, mit Recht und Gerechtigkeit nicht zu vereinbarenden Ergebnissen führen würde (BGHZ 133, 321), wobei eine Abwägung aller Umstände des Einzelfalls durchzuführen ist, bei der Vor- und Nachteile zu beachten sind (BGH NJW 1995, 47, 592).

▶ **292 Welche Rechtsfolgen hat der Wegfall der Geschäftsgrundlage?**

Ist die Geschäftsgrundlage tatsächlich nicht (mehr) vorhanden, bleibt der Vertrag grundsätzlich zunächst wirksam und muss angepasst werden. Erst wenn dieses nicht mehr zumutbar ist, wie §313 Abs. 3 BGB formuliert, kann der benachteiligte Vertragspartner die Auflösung des Vertrags verlangen.

§ **§313 Abs. 3 BGB Störung der Geschäftsgrundlage** (3) Ist eine Anpassung des Vertrags nicht möglich oder einem Teil nicht zumutbar, so kann der benachteiligte Teil vom Vertrag **zurücktreten**. An die Stelle des Rücktrittsrechts tritt für Dauerschuldverhältnisse das Recht zur Kündigung.

Bei der Frage, wann ein Festhalten am Vertrag zumutbar ist, werden alle Interessen der Parteien gegeneinander so abgewogen, dass ein Optimum an Interessenausgleich erreicht wird und der bisherige Vertrag so wenig wie möglich verändert wird (BayObLG NJW-RR 1989, 1296, BAG NJW 2003, 3005).

Beispiele für Anpassungswege (Palandt/Grüneberg §313 Rn. 40) ▶ **Verbindlichkeiten** werden **herabgesetzt** oder ganz aufgehoben (BGH NJW-RR 2006, 1037) ▶ Ersatz der **Aufwendungen** für eine sinnlose Leistung ▶ Ersatz für den entgehenden Gewinn des Ver käufers bei Aufhebung der Zahlungspflicht des Käufers ▶ **Stundung** der Gegenleistung ▶ **Teilzahlungsvereinbarungen** ▶ **Teilung des Risikos** ▶ **Zurverfügungstellung einer Ersatzwohnung** anstelle der vorher bewohnten Unterkunft

Eine Vertragsauflösung nach § 313 Abs. 3 BGB wird stets dann angenommen, wenn die Vertragsanpassung rechtswidrig, praktisch undurchführbar oder ohne Sinn ist (Palandt/Grüneberg § 313 Rn. 42).

> **Lösung Fall 115** In dem **Iraner Bierlieferungsfall** nahm das **Gericht einen Wegfall der Geschäftsgrundlage des Vergleichs** an, da der Handel mit Alkohol im Iran nachträglich verboten worden war. Dass die politische Entwicklung im Iran diesen Weg nehmen würde, hätte der Importeur bei Vergleichsschluss **auch nicht voraussehen müssen**, da das Fehlschlagen der Vergleichsbemühungen nicht so nahe gelegen habe, dass sich der Importeur darauf nicht hätte berufen können. Im **Ergebnis** wurde der Vergleich dahingehend **angepasst**, dass der Importeur den Gewinn zugesprochen bekam, den er bei Durchführung des Vergleichs voraussichtlich bekommen hätte, konkret 0,90 DM je Karton.

Wegfall der Geschäftsgrundlage

- **Bedeutung** ○ Anpassung von einmal geschlossenen Verträgen unter strengen Voraussetzungen ○ Instrument des Wegfalls der Geschäftsgrundlage hat seinen Ursprung in den Nachkriegswirren des ersten Weltkrieges, 1921 ○ Grund ist, dass die Vertragsparteien eigentlich keine so starke Änderung der Vertragsumstände erwarten ○ tritt sie doch ein, ist eine Anpassung legitim
- **Regelungsort** ○ seit der Schuldrechtsmodernisierung 2002 erstmals im Gesetz ○ §§ 313 und 314 BGB
- **Voraussetzungen** ○ **keine Spezialvorschriften vorhanden**, z. B. Auslegung, Mängelhaftung, Unmöglichkeit, Kündigungsrechte ○ **Vorhandensein einer Geschäftsgrundlage**, die nicht in den alleinigen Risikobereich einer der Parteien fällt ○ **Wegfall oder Fehlen der Geschäftsgrundlage** von Anfang an, z. B. für die Vertragsdurchführung besteht ein Auslandsverbot ○ **Unzumutbarkeit des Festhaltens am unveränderten Vertrag**, z. B. bei untragbaren mit Recht und Gerechtigkeit nicht zu vereinbarenden Ergebnissen
- **Rechtsfolgen** ○ zunächst Wirksambleiben des Vertrages und Vertragsanpassung an neue Umstände ○ Auflösung des Vertrages nur bei Unzumutbarkeit

IX. Sicherungsmittel

▶ **293 Welche Sicherungsmittel existieren in der Praxis des Vertragsrechts?**

In der Praxis existiert eine Vielzahl von Instrumenten, die die Leistungen der Vertragsparteien absichern sollen. Das BGB regelt in §§ 232 ff. lediglich, wie eine Sicherheitsleistung bewirkt werden könnte.

§ **§ 232 BGB Arten** (1) Wer Sicherheit zu leisten hat, kann dies bewirken durch **Hinterlegung** von Geld oder Wertpapieren, durch **Verpfändung** von Forderungen, die in das Bundesschuldbuch oder in das Landesschuldbuch eines Landes eingetragen sind, durch Verpfändung beweglicher Sachen, durch Bestellung von **Schiffshypotheken** an Schiffen oder Schiffsbauwerken, die in einem deutschen Schiffsregister oder Schiffsbauregister eingetragen sind, durch Bestellung von **Hypotheken** an inländischen Grundstücken, durch **Verpfändung von Forderungen**, für die eine Hypothek an einem inländischen Grundstück besteht, oder durch **Verpfändung von Grundschulden** oder Rentenschulden an inländischen Grundstücken. (2) Kann die Sicherheit nicht in dieser Weise geleistet werden, so ist die Stellung eines tauglichen **Bürgen** zulässig

Woraus sich allerdings die Pflicht zur Leistung einer Sicherheit ergibt, ist an anderer Stelle zu finden.

Beispiele für Verpflichtungen zur Sicherheitsleistung ▶ **gesetzliche** Anordnung, z. B. bei Zahlung einer Geldrente, § 843 Abs. 2 BGB ▶ **richterliche** Anordnungen, z. B. § 1382 Abs. 3 BGB ▶ praktisch wichtige **vertragliche** Anordnung der Vertragsparteien

Systematisch unterscheidet man die Sicherheiten, die kraft Gesetzes gelten und diejenigen die nur kraft vertraglicher Vereinbarung gelten:

Gesetzliche Sicherheiten (Auswahl)
- Zurückbehaltungsrechte
- Unsicherheitseinrede
- Pfandrechte
- Recht auf Abschlagszahlungen
- Sicherungsrechte im Baubereich

Vertragliche Sicherheiten
- Bürgschaft
- Schuldbeitritt
- Schuldversprechen und Schuldanerkenntnis
- Garantievertrag
- Sicherungsübereignung
- Sicherungsabtretung
- Eigentumsvorbehalt
- Vertragliches Pfandrecht
- Patronatserklärung

1 Zurückbehaltungsrecht

▷ **294 Wann hat der Schuldner ein Zurückbehaltungsrecht hinsichtlich seiner Leistung?**

> **Fall 116 Abschleppen kostet was!** Der **Abschleppunternehmer A** hat den Wagen des **Studenten S** abgeschleppt, nachdem dieser tagelang auf dem Schwerbehindertenparkplatz des **Einzelhändlers H** stand. Den Anspruch auf Ersatz der Abschleppkosten hat der Einzelhändler an den Abschleppunternehmer A abgetreten. **Frage Kann der A das Auto des S zu Recht zurückhalten?** (Fall nach OLG Karlsruhe OLGZ 78, 206)

In der Praxis kommt es manchmal sehr genau darauf an, ob man seine Leistung **als Erster an den Gläubiger erbringt, gleichzeitig** oder **als Letzter**, nach Erhalt der Gegenleistung. Der Schuldner wird sich evtl. nach Empfang der erwarteten Leistung nicht mehr so um die Erbringung seiner Leistung kümmern oder er gerät in Insolvenz noch ehe er seine Gegenleistung hat erbringen können, so dass in vielen Fällen der Kunde weder sein Geld zurückerhält noch die versprochene Leistung.

Das Gesetz hat diese Problematik erkannt und somit dem eigentlich zur Leistung verpflichteten Schuldner so lange ein **Recht auf Verweigerung** seiner eigenen Leistung in § 273 BGB und für die hier interessierenden gegenseitigen Verträge in § 320 BGB gegeben, wie der andere Vertragspartner seinerseits seine Leistung nicht erbracht hat.

§ **§ 273 Abs. 1 BGB Zurückbehaltungsrecht** (1) Hat der Schuldner aus demselben rechtlichen Verhältnis, auf dem seine Verpflichtung beruht, einen fälligen Anspruch gegen den Gläubiger, so kann er, sofern nicht aus dem Schuldverhältnis sich ein anderes ergibt, die geschuldete Leistung verweigern, bis die ihm gebührende Leistung bewirkt wird (Zurückbehaltungsrecht).

§ **§ 320 Abs. 1 S. 1 BGB Einrede des nicht erfüllten Vertrags** (1) Wer aus einem gegenseitigen Vertrag verpflichtet ist, kann die ihm obliegende Leistung bis zur Bewirkung der Gegenleistung verweigern, es sei denn, dass er vorzuleisten verpflichtet ist.

IX. Sicherungsmittel

Dieses Zurückbehaltungsrecht ist damit eines der wichtigsten Sicherungsmittel der vom Schuldner zu erbringenden Leistung und gleichzeitig Druckmittel zum Erhalt der Gegenleistung.

Dieses Zurückbehaltungsrecht besteht nach § 320 BGB in gegenseitigen Verträgen nur unter folgenden Voraussetzungen:

> - **Gegenseitigkeitsverhältnis der Forderungen**: Beruhen die Forderungen auf einem gegenseitigen Vertrag, aus dem beide Vertragsparteien der jeweils anderen zur Leistung verpflichtet sind?
> - **Fälligkeit der Gegenforderung**: Ist die Gegenforderung bereits voll wirksam und fällig oder besteht eine Vorleistungspflicht des Schuldners?
> - **Vertragstreue des Schuldners**: Will der Schuldner seine eigene Leistung erbringen und am Vertrag festhalten?
> - **Fehlende Erfüllung des Vertragspartners**: Hat der andere Teil seine Gegenleistung noch nicht erbracht?

Wenn ein wirksames Leistungsverweigerungsrecht besteht, kommt der nicht leistende Schuldner **nicht in Schuldnerverzug**, die dort beschriebenen Folgen wie z. B. Verpflichtung, den Verzögerungsschäden zu tragen, tritt nicht ein. Vor Gericht kann der Zurückbehaltungsberechtigte dann auf eine Verurteilung Zug-um-Zug gegen die Gegenleistung klagen, § 322 BGB.

> **Lösung Fall 116** Für ein Zurückbehaltungsrecht des A müsste er gegen den **Herausgabeanspruch des S** einen **Anspruch auf Bezahlung der Abschleppkosten** haben. Grundsätzlich hat der Auftraggeber (hier Einzelhändler E) die anfallenden Abschleppkosten zu tragen, wenn er ein widerrechtlich geparktes Fahrzeug privat abschleppen lässt, sog. „Geschäftsführung ohne Auftrag", §§ 683 S. 1, 670, 667 ff. BGB. Ein **entgegenstehender Wille des Fahrzeugparkenden** ist wegen des öffentlichen Interesses an der Freihaltung von Parkplätzen für Körperbehinderte unbeachtlich (AG Mülheim a.d.Ruhr, NJW-RR 1986, 1355). Diese Schadensersatzforderung kann der geschädigte Einzelhändler **auch an den Abschleppunternehmer A abtreten**, so dass dieser den Wagen erst nach Begleichung der Kosten herausgeben kann, da ein einheitliches Lebensverhältnis (**Konnexität**) von der Rechtsprechung bejaht wird. A kommt daher mit der Versagung der Herausgabe des Autos nicht in Verzug und muss nicht etwaige Kosten des Studenten ersetzen.

2 Unsicherheitseinrede

▷ **295 Welche Einrede hat ein eigentlich vorleistungspflichtiger Schuldner bei einer unsicheren Erbringung der Gegenleistung?**

Ein weiteres Sicherungsmittel gibt der § 321 BGB dem eigentlich vorleistungspflichtigen Schuldner dann in die Hand, wenn die Leistungsfähigkeit des Vertragspartners gefährdet ist.

> **§ 321 BGB Unsicherheitseinrede** (1) Wer aus einem gegenseitigen Vertrag vorzuleisten verpflichtet ist, kann die ihm obliegende Leistung verweigern, wenn nach Abschluss des Vertrags erkennbar wird, dass sein Anspruch auf die Gegenleistung durch **mangelnde Leistungsfähigkeit des anderen Teils** gefährdet wird. Das Leistungsverweigerungsrecht entfällt, wenn die Gegenleistung bewirkt oder Sicherheit für sie geleistet wird. (2) Der Vorleistungspflichtige kann eine angemessene Frist bestimmen, in welcher der andere Teil Zug um Zug gegen die Leistung nach seiner Wahl die Gegenleistung zu bewirken oder Sicherheit zu leisten hat. Nach erfolglosem Ablauf der Frist kann der Vorleistungspflichtige vom Vertrag zurücktreten. § 323 findet entsprechende Anwendung.

> **Beispiele für eine Gefährdung des Anspruchs** (Palandt/Grüneberg, § 321 Rn. 4 ff.) ▶ Gegen den Vertragspartner **läuft die Zwangsvollstreckung** oder Kreditinstitute verweigern weitere Kredite (BGH NJW 1964, 100). ▶ **Schecks sind nicht mehr gedeckt**, Wechselprotest tritt ein oder eine zur Sicherung eingerichtete Vormerkung fällt aus. ▶ Die **Raten** für einen Leasingvertrag werden **nicht mehr bezahlt** (OLG Frankfurt NJW 1977, 200). ▶ Das **Insolvenzverfahren** wird **eröffnet**. ▶ Sonstige Umstände wie **Kriegswirren**, Import- oder Exportstop sind zu berücksichtigen. ▶ **Nicht** dagegen reichen schwierige wirtschaftlich Bedingungen, z. B. infolge von Inflation.

Damit liegt ein besonders geregelter Fall des Wegfalls der Geschäftsgrundlage vor, in dem der Schuldner so lange ein **Leistungsverweigerungsrecht** hat, bis die Leistung erbracht wurde oder eine Sicherheit anstelle der Gegenleistung vorliegt, § 321 Abs. 1 S. 2 BGB. Zudem gibt die Vorschrift nach erfolglosem Ablauf einer angemessenen Frist auch noch ein **Rücktrittsrecht**.

3 Pfandrechte

▷ 296 Welche Pfandrechte regelt das Gesetz für den Gläubiger einer Leistung?

Das BGB regelt **gesetzlich bestehende Pfandrechte** z. B. an beweglichen Sachen des Schuldners, so dass der Gläubiger einer Forderung diese verwerten kann, wenn z. B. der Schuldner nicht innerhalb einer bestimmten Zeit das Pfandrecht wieder auslöst, §§ 1204, 1257 BGB.

> **§ 1204 BGB Gesetzlicher Inhalt des Pfandrechts an beweglichen Sachen** (1) Eine bewegliche Sache kann zur Sicherung einer Forderung in der Weise belastet werden, dass der Gläubiger berechtigt ist, Befriedigung aus der Sache zu suchen (**Pfandrecht**).

> **§ 1257 BGB Gesetzliches Pfandrecht** Die Vorschriften über das durch Rechtsgeschäft bestellte Pfandrecht finden auf ein kraft Gesetzes entstandenes Pfandrecht **entsprechende** Anwendung.

IX. Sicherungsmittel

> **Beispiele für gesetzlich mit Pfandrechten ausgestattete Vertragsparteien** ▶ aus einer **Hinterlegung** Berechtigte, § 233 BGB ▶ **Vermieter**, § 562 BGB ▶ **Verpächter**, §§ 592, 562 BGB ▶ **Werkunternehmer**, § 647 BGB ▶ **Gastwirte**, § 704 BGB ▶ **Kommissionäre**, § 397 HGB ▶ **Frachtführer, Spediteure, Lagerhalter**, §§ 441, 464, 475 b HGB

Im Vertragsrecht von besonderer Bedeutung sind die zum Schutz des Vermieters und des Werkunternehmers in §§ 562 und 647 BGB eingeräumten gesetzlichen Pfandrechte.

§ **§ 562 Abs. 1 BGB Umfang des Vermieterpfandrechts** (1) Der Vermieter hat für seine Forderungen aus dem Mietverhältnis ein Pfandrecht an den eingebrachten Sachen des Mieters. Es erstreckt sich nicht auf die Sachen, die der Pfändung nicht unterliegen.

Entstehung des Vermieterpfandrechts an eingebrachten Sachen des Mieters nach § 562 BGB

- **Eingebracht**: Hat der Mieter die Sachen willentlich in die Mieträume geschafft oder wurden sie nur vorübergehend dort untergestellt?
- **Sachen des Mieters**: Gehören die Sachen dem Mieter oder sind sie im Fremdeigentum eines anderen? z. B. Sicherungsübereignung an einen Dritten
- **Forderungen aus dem Mietverhältnis**: Werden Forderungen auf Miete oder Entschädigung aus der Verletzung mietvertraglicher Pflichten geltend gemacht?
- **Keine unpfändbaren Sachen**: Liegen nach § 811 Abs. 1 und 811 c Abs. 1 ZPO unpfändbare Sachen vor? z. B. künstliche Gliedmaßen, Brillen und andere wegen körperlicher Gebrechen notwendige Hilfsmittel, soweit diese Gegenstände zum Gebrauch des Schuldners und seiner Familie bestimmt sind, § 811 Abs. 1 Nr. 12 ZPO
- **Kein Erlöschen des Vermieterpfandrechts**: Ist das Vermieterpfandrecht durch rechtmäßige Entfernung der Sache wieder nach § 562 a BGB erloschen? z. B. durch Mitnahme von üblicherweise mitzunehmenden Gegenständen zur Arbeitsstelle des Mieters.

Rechtsfolge des entstandenen Vermieterpfandrechts ist ein **Recht des Vermieters auf Herausgabe und Besitz** an der Pfandsache und das schon, bevor der Mieter ausgezogen ist. Der Vermieter hat sogar ein **Recht auf Selbsthilfe**, wenn der Mieter dem Pfandrecht unterliegende Sachen entfernen will, § 562 b Abs. 1 BGB. Wurden sie bereits unrechtmäßig entfernt, hat der Vermieter einen **Herausgabeanspruch**, § 562 b Abs. 2 BGB. Schließlich hat er ein **Verwertungsrecht** und kann die Sachen versteigern lassen, §§ 1257, 1288 Abs. 2 BGB.

Das Werkunternehmerpfandrecht ist die rechtliche Folge der im Werkvertragsrecht geltenden Vorleistungspflicht des Werkunternehmers. Er trägt in der Regel bis zur Abnahme das Risiko, dass das Werk gelingt, der Besteller das Werk abnimmt und auch wie vereinbart bezahlt. Dieses Ungleichgewicht will der § 647 BGB etwas abmildern, indem an den beweglichen Sachen des Bestellers ein Pfandrecht entsteht.

> **§ 647 BGB Unternehmerpfandrecht** Der Unternehmer hat für seine Forderungen aus dem Vertrag ein Pfandrecht an den von ihm hergestellten oder ausgebesserten beweglichen Sachen des Bestellers, wenn sie bei der Herstellung oder zum Zwecke der Ausbesserung in seinen Besitz gelangt sind.

4 Abschlagszahlungen

▶ 297 Wann hat der Gläubiger ein Recht auf Abschlagszahlungen?

Beim Werkvertrag regelt der § 632 a BGB für die von dem Unternehmer dem Besteller erbrachte Leistung ein Recht auf Abschlagszahlungen, aber abgesichert durch Sicherheitsleistungen des Unternehmers an den Besteller.

> **§ 632 a Abs. 1 BGB Abschlagszahlungen** (1) Der Unternehmer kann von dem Besteller für eine vertragsgemäß erbrachte Leistung **eine Abschlagszahlung** in der Höhe verlangen, in der der Besteller durch die Leistung einen Wertzuwachs erlangt hat. Wegen **unwesentlicher Mängel** kann die Abschlagszahlung nicht verweigert werden. § 641 Abs. 3 gilt entsprechend. Die Leistungen sind durch eine **Aufstellung** nachzuweisen, die eine rasche und sichere Beurteilung der Leistungen ermöglichen muss. Die Sätze 1 bis 4 gelten auch für erforderliche Stoffe oder Bauteile, die angeliefert oder eigens angefertigt und bereitgestellt sind, wenn dem Besteller nach seiner Wahl Eigentum an den Stoffen oder Bauteilen übertragen oder entsprechende Sicherheit hierfür geleistet wird.

Demnach kann der Werkunternehmer z. B. Zahlungen entsprechend dem Fortschritt der Baustelle praktisch als Anzahlungen auf den Gesamtpreis verlangen.

5 Bauvertragliche Sicherheiten

▶ 298 Welche besonderen bauvertraglichen Sicherungsrechte bestehen?

Über diese Absicherung durch Abschlagszahlungen hinaus bestehen im besonders „zahlungsausfallgefährdeten" Baubereich noch andere Sicherungsinstrumente aus §§ 648 und 648 a BGB.

> **§ 648 BGB Sicherungshypothek des Bauunternehmers** (1) Der Unternehmer eines Bauwerks oder eines einzelnen Teiles eines Bauwerks kann für seine Forderungen aus dem Vertrag die **Einräumung einer Sicherungshypothek** an dem Baugrundstück des Bestellers verlangen. Ist das Werk noch nicht vollendet, so kann er die Einräumung der Sicherungshypothek für einen der geleisteten Arbeit entsprechenden Teil der Vergütung und für die in der Vergütung nicht inbegriffenen Auslagen verlangen. (2) Der Inhaber einer Schiffswerft kann für seine

Forderungen aus dem Bau oder der Ausbesserung eines Schiffes die Einräumung einer Schiffshypothek an dem Schiffsbauwerk oder dem Schiff des Bestellers verlangen; Absatz 1 Satz 2 gilt sinngemäß. § 647 findet keine Anwendung.

Baut ein Werkunternehmer auf dem Grundstück des Bestellers ein Haus oder repariert er einzelne Bereiche davon, gehen diese Werkleistungen zum größten Teil als wesentliche Bestandteile in das Eigentum des Grundstückseigentümers über, in der Regel des Bestellers. Ist der Werkunternehmer in dieser Situation nicht durch andere Sicherungsmittel abgesichert (z. B. § 648 a BGB), liegt der im Gesetz vorgesehene **Anspruch des Werkunternehmers auf eine Sicherungshypothek** gerade an diesem Grundstück nahe. Erforderlich ist das Vorliegen eines Bauwerks, so dass die Gestaltung von Außenanlagen ebenso wenig ausreicht, wie die bloß vorbereitende oder kaufmännische Tätigkeit von Architekten, Statikern oder Baubetreuern, bei denen es nicht zu einer Vermögensmehrung des Grundstückseigentümers kommt. Die Hypothek bezieht sich dabei auf das gesamte Grundstück, das dem Besteller auch gehören muss. Fallen Besteller und Grundstückseigentümer rechtlich auseinander, ist zu prüfen, ob der Grundstückseigentümer sich nicht nach Treu und Glauben, § 242 BGB, so behandeln lassen muss, als wenn er Besteller war, z. B. wenn ein zahlungsunfähiger Mieter als Besteller nur vorgeschoben worden war (OLG Düsseldorf NJW-RR 1993, 851) oder der Grundstückseigentümer der wahre Nutznießer der Werkleistung ist. Hier liegen die Schwächen der Sicherungshypothek, sie sichert den Werkunternehmer letztlich nicht ausreichend.

Vor diesem Hintergrund sieht der § 648 a BGB weitere Ansprüche auf Sicherheitsleistung der in § 232 Abs. 1 genannten Beispiele für den Bauhandwerker vor.

§ **§ 648 a Abs. 1 S. 1 BGB Bauhandwerkersicherung** (1) Der Unternehmer eines Bauwerks, einer Außenanlage oder eines Teils davon **kann vom Besteller Sicherheit** für die auch in Zusatzaufträgen vereinbarte und noch nicht gezahlte Vergütung einschließlich dazugehöriger Nebenforderungen, die mit 10 vom Hundert des zu sichernden Vergütungsanspruchs anzusetzen sind, **verlangen**.

Im Gegensatz zum bisherigen Recht liegt nun nicht nur ein Leistungsverweigerungsrecht des Bauhandwerkers vor, sondern **ein durchsetzbarer Anspruch**, so dass der Unternehmer bei fehlender Sicherheitsleistung einen Schadensersatzanspruch aus §§ 280 ff. BGB gegen den Besteller hat, weitere Arbeiten verweigern kann und den Vertrag sogar nach erfolglosem Ablauf einer angemessenen Frist kündigen kann, § 648 a Abs. 5 BGB. Die Kosten der Sicherheitsleistung muss im Verhältnis zum Sicherungsgeber (z. B. Bank) zwar der Besteller tragen, diese bekommt er aber bis zu 2 % pro Jahr erstattet, § 648 a Abs. 3 BGB.

👁 Gesetzliche Sicherheiten

- **Zurückbehaltungsrechte, §§ 273, 320 BGB** ○ Recht des nicht vorleistungsverpflichteten Schuldners, seine Leistung bis zur Bewirkung der Gegenleistung zurückzuhalten, ohne in Schuldnerverzug zu geraten

- **Unsicherheitseinrede,** § 321 BGB ○ Ein eigentlich vorleistungspflichtiger Schuldner kann bei gefährdeter Leistungsfähigkeit des Vertragspartners seine Leistung verweigern, ohne in Schuldnerverzug zu geraten. ○ Nach Fristablauf besteht sogar ein Rücktrittsrecht.
- **Pfandrechte** ○ BGB regelt **gesetzlich bestehende Pfandrechte** z. B. an beweglichen Sachen des Schuldners, so dass der Gläubiger einer Forderung diese verwerten kann, wenn z. B. der Schuldner nicht innerhalb einer bestimmten Zeit das Pfandrecht wieder auslöst, §§ 1204, 1257 BGB ○ besondere Bedeutung haben das Vermieterpfandrecht, § 562 BGB, und das Werkunternehmerpfandrecht, § 647 BGB ○ Pfandrechte geben Rechte auf Herausgabe, Besitz, sogar Selbsthilfe und Versteigerung
- **Recht auf Abschlagszahlungen** ○ z. B. beim Werkvertrag aufgrund § 632 a BGB ○ Recht auf Abschlagszahlungen, aber abgesichert durch Sicherheitsleistungen des Unternehmers an den Besteller ○ Werkunternehmer kann z. B. Zahlungen entsprechend dem Fortschritt der Baustelle praktisch als Anzahlungen auf den Gesamtpreis verlangen
- **Bauvertragliche Sicherungsinstrumente** ○ Anspruch des Werkunternehmers auf eine Sicherungshypothek, § 648 BGB ○ weitere Ansprüche auf Sicherheitsleistung der in § 232 Abs. 1 BGB genannten Beispiele, § 648 a BGB

6 Vertragliche Sicherheiten

▶ 299 Welche Sicherheiten können in der Praxis vertraglich vereinbart werden?

Zu den vertraglichen Sicherungsrechten zählt man alle diejenigen Vereinbarungen, die nur bei Vorliegen einer Einigung der Vertragsparteien Geltung haben:

Vertragliche Sicherheiten
- Bürgschaft
- Schuldbeitritt
- Schuldversprechen und Schuldanerkenntnis
- Garantievertrag
- Sicherungsübereignung
- Sicherungsabtretung
- Eigentumsvorbehalt
- Vertragliches Pfandrecht
- Patronatserklärung

7 Bürgschaft

▷ **300 Wie sichert die Bürgschaft den Gläubiger vor einem Forderungsausfall?**

> **Fall 117** Der Lebenstraum Die **Eltern E** und der 74-jährige **Großvater G** wollten sich einen „Lebenstraum" erfüllen und ein **Bauprojekt über 8,6 Mio. €** realisieren und ließen sich ein Darlehen der R-Bank geben. Diese verlangte Sicherheiten u. a. vom **Sohn S**, der derzeit Soldat auf Zeit war und monatlich 1.500 € Einkommen hatte. Der vermögenslose Sohn S übernahm aus familiärer Hilfsbereitschaft und nach Drängen der Eltern E die **selbstschuldnerische Bürgschaft** für alle bestehenden und künftigen Ansprüche der R-Bank gegen seine Eltern und seinen Großvater. **Frage Kann die Bank nach dem Scheitern des Bauprojekts wegen Kostensteigerungen, gegen den inzwischen als Journalist tätigen Sohn S vorgehen, wenn die Mutter inzwischen vermögenslos und der Großvater G verstorben ist?** (Fall nach BGH NJW 1994, 1278)

Die in §§ 765 bis 778 BGB geregelte Bürgschaft gehört zu den bedeutendsten Sicherungsmitteln, um die sich gleichzeitig eine hochkomplexe Rechtsprechung zu vielen Einzelfragen entwickelt hat.

§ **§ 765 BGB Vertragstypische Pflichten bei der Bürgschaft** (1) Durch den Bürgschaftsvertrag verpflichtet sich der Bürge gegenüber dem Gläubiger eines Dritten, für die Erfüllung der Verbindlichkeit des Dritten einzustehen. (2) Die Bürgschaft kann auch für eine künftige oder eine bedingte Verbindlichkeit übernommen werden.

> **Muster 97: Selbstschuldnerische Bürgschaft**
>
> Für die Herrn X, ... Hochschulstraße 7, Dresden, gegenüber der Y-AG zustehende Forderung in Höhe von ... € übernehme ich die Bürgschaft unter Verzicht auf die Einrede der Vorausklage.
>
> Ort, Datum ...   Unterschrift (Bürge)

Bei der Bürgschaft sind folglich mindestens **drei Personen beteiligt**:

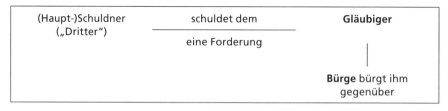

- der **Gläubiger** einer Verbindlichkeit, z. B. ein Kreditinstitut, das sich Sicherheiten dafür geben lässt, dass es einen Geldbetrag jetzt oder später (§ 765 Abs. 2 BGB) aus der Hand gibt oder aus anderen Gründen eine Forderung besitzt, z. B. Kostenerstattungsanspruch für die Beseitigung von Mängeln bei der Gewährleistungsbürgschaft
- der **Hauptschuldner** einer Verbindlichkeit, der grundsätzlich der Hauptnutznießer ist, z. B. da er über das überlassene Geld verfügen kann und der im Gesetzes-

text als der **„Dritte"** bezeichnet wird, da der Bürgschaftsvertrag nur zwischen dem Gläubiger und dem
- **Bürgen** zustande kommt, worin dieser sich verpflichtet, für die Verbindlichkeit des Dritten im Fall der Geltendmachung durch den Gläubiger aufzukommen.

Für den Abschluss des Bürgschaftsvertrags ist grundsätzlich Schriftform erforderlich, § 766 BGB (Ausnahmen: § 350 HGB).

Der Bürge übernimmt in dem Bürgschaftsvertrag zwar eine **eigene** Leistungspflicht **neben** dem Dritten (Hauptschuldner), diese ist aber grundsätzlich nur **subsidiär**, d. h. der Bürge muss erst leisten, wenn der Hauptschuldner ausfällt.

Zudem ist die Bürgschaft von der Hauptschuld in der Weise auf Dauer abhängig (**akzessorisch**), dass die Leistungspflicht des Bürgen sich grundsätzlich nach der Hauptschuld richtet, § 767 BGB.

> **Beispiele für die Abhängigkeit der Bürgschaft** ▶ Bürgschaft **entsteht** nur wenn die Hauptschuld entsteht ▶ Bürgschaft **erlischt**, wenn die Hauptschuld z. B. durch Erfüllung des Hauptschuldners erlischt ▶ Bürgschaft**umfang** richtet sich grundsätzlich nach der Höhe der Hauptschuld, § 767 Abs. 1 BGB ▶ Bürgschaft ist nur **durchsetzbar**, wenn auch der Hauptschuld keine Einreden entgegenstehen, § 768 Abs. 1 S. 1 BGB, z. B. wenn der Gläubiger seine vertraglichen Pflichten nicht erbracht hat und dem Hauptschuldner (Dritten) die Einrede des nichterfüllten Vertrages nach § 320 BGB zusteht

Im **Verhältnis zwischen dem Bürgen und dem Hauptschuldner** (Dritter) werden regelmäßig bestimmte Absprachen herrschen, warum der Bürge für eine Verbindlichkeit einstehen will, von der er evtl. wirtschaftlich gesehen keinen Vorteil hat. Vielfach liegt ein Auftrag oder ein Geschäftsbesorgungsvertrag vor, z. B. wenn die Bank Bürge ist. Verzichtet der Bürge auf einen Rückgriff, z. B. aus Gründen der familiären Verbundenheit, kann auch eine Schenkung des Bürgen an den Hauptschuldner vorliegen.

▶ 301 Welche Arten von Bürgschaften unterscheidet man?

Je nach Ausgestaltung einer Bürgschaft unterscheidet man die verschiedensten **Arten** von Bürgschaften, die auch in Mischformen möglich sind. Hier soll nur ein kurzer Überblick anhand einiger Abgrenzungskriterien (z. B. Umfang, Art der zu sichernden Forderung, Ort des Abschlusses) gegeben werden (vgl. näher dazu Palandt/Sprau, Einf. v. § 765 Rn. 6 ff.):

> **Arten der Bürgschaft**
> - **Selbstschuldnerische Bürgschaft**: Haftet der Bürger nicht mehr subsidiär? Kann er den Gläubiger nicht mehr zunächst an den Hauptschuldner verweisen und die Einrede der Vorausklage nach § 771 BGB erheben? z. B. bei vertraglichem Verzicht, § 733 Abs. 1 Nr. 1 BGB, oder wenn der Bürge Kaufmann ist, § 349 HGB, ist Sicherheit kraft Gesetzes zu leisten, muss dieses immer selbstschuldnerisch erfolgen, § 239 Abs. 2 BGB
> - **Mitbürgschaft**: Haben sich mehrere Bürgen für ein und dieselbe Verbindlichkeit gemeinschaftlich oder auch unabhängig voneinander verbürgt? § 769 BGB, Folge ist eine gesamtschuldnerische Haftung einzelner Mitbürgen gegenüber dem Hauptschuldner auf die gesamte Summe, mit Regressforderung an die anderen Mitbürgen

- **Zeitbürgschaft**: Soll der Bürge nach einer bestimmten Frist von seiner Bürgschaftsverpflichtung befreit werden? §777 BGB
- **Teilbürgschaft**: Will der Bürge nur für den in der Bürgschaftserklärung näher beschriebenen Teil der Verbindlichkeit einstehen?
- **Höchstbetragsbürgschaft**: Ist der Bürge nur bereit, bis zu einem bestimmten Betrag zu haften?
- **Kredit oder Kontokorrentbürgschaft**: Resultiert die Verbindlichkeit, für die der Bürge einzustehen hat, aus einem Kreditvertrag oder einem laufend abzurechnenden Girovertrag?
- **Nachbürgschaft**: Existiert noch ein anderer Vorbürge, so dass der Nachbürge nur dafür einstehen will, wenn und soweit der Vorbürge seinerseits seine Verpflichtungen aus dem Bürgschaftsvertrag nicht erfüllt?
- **Rückbürgschaft**: Will der Bürge lediglich den Regressanspruch des Erstbürgen vom Hauptschuldner absichern? Ist eine Absicherung des Nachbürgen gegenüber den Vorbürgen gewollt?
- **Ausfall-(Schadlos-)Bürgschaft**: Will der Bürge den Gläubiger nur beim endgültigen Ausfall der Hauptforderung absichern? D. h. es muss Erfolglosigkeit jeglicher mit höchster Sorgfalt betriebener gerichtlicher und vollstreckungsrechtlicher Maßnahmen einschließlich Inanspruchnahme anderer Bürgen und Einstandspflichtigen vorliegen.
- **Prozessbürgschaft**: Wurde aufgrund einer gerichtlichen Anordnung die Bestellung einer prozessualen Sicherheit in Form einer Bürgschaft verfügt? §108 Abs. 1 S. 2 ZPO
- **Anzahlungs- oder Vorauszahlungsbürgschaft**: Muss der Bürge die bei Scheitern des Vertrages vom Gläubiger (z. B. Werkbesteller) bereits an den Schuldner (z. B. Werkunternehmer) geleisteten An- bzw. Vorauszahlungen absichern?
- **Erfüllungs- oder Ausführungsbürgschaft**: Soll der Bürge den Anspruch auf die fristgerechte und abnahmefähige Herstellung des Werkes so absichern, dass er bis zur Abnahme evtl. entstehende Schäden aus einer Nichterfüllung zu tragen hat? Z. B. miterfasst werden auch Vertragsstrafen, Schadensersatz wegen Nichterfüllung und Verzugsschäden.
- **Gewährleistungsbürgschaft**: Steht der Bürge für die Mängelbeseitigungskosten und Ansprüche auf vertragsgemäße Ausführung noch ausstehender Arbeiten ein? Vgl. Musterbeispiel unten.
- **Bürgschaft aufs erste Anfordern**: Muss der Bürge aufgrund Erfüllung vorab vereinbarter formaler Anforderungen bereits leisten, ohne dass grundsätzlich die Berechtigung des Gläubigers geprüft wird? (Sehr riskante Bürgschaft für den Bürgen, die dem Gläubiger einen schnellen, besonders bevorzugten Zugriff erlaubt und bei dem es erst im später möglichen Prozess um die Rückforderung der geleisteten Beträge um die materielle Berechtigung der Zahlung geht)

> **Muster 98: Gewährleistungsbürgschaft**
>
> Wir, das Bankhaus .... haben Kenntnis vom Generalunternehmervertrag vom ...... zwischen dem Bauherrn .... als Auftraggeber und der Bau GmbH als Auftragnehmer. In diesem Vertrag hat sich der Auftragnehmer zur schlüsselfertigen Errichtung eines Sechsfamilienhauses zu einem Pauschalfestpreis von .... zuzüglich gesetzlicher Umsatzsteuer verpflichtet. Nach § .... dieses Generalunternehmervertrages hat der Auftragnehmer gegenüber dem Auftraggeber eine Gewährleistungsbürgschaft in Höhe von 5 % der Bruttoabrechnungssumme zu stellen. Dies vorausgeschickt, übernehmen wir hiermit gegenüber dem Auftraggeber die selbstschuldnerische Bürgschaft für die Erfüllung der vom Auftragnehmer übernommenen Gewährleistungsverpflichtungen bis zu einem Betrag in Höhe von .... mit der Maßgabe, dass wir aus der Bürgschaft nur auf Zahlung von Geld in Anspruch genommen werden können. Auf die Einreden der Anfechtung, der Aufrechnung und der Vorausklage gemäß §§ 770, 771 BGB wird verzichtet. Diese Bürgschaft steht nicht unter Auflagen und ist unbefristet. Unsere Verpflichtungen aus dieser Bürgschaft erlöschen mit Rückgabe der Bürgschaftsurkunde an uns. Eine Änderung der Rechtsform des Auftragnehmers berührt unsere Bürgschaftsverpflichtung nicht.

Weitere Bürgschaften sind z. B. die Mietbürgschaft, § 551 BGB, Partnerausschüttungsbürgschaft bei einer Arbeitsgemeinschaft (ARGE), Bauträgerbürgschaft, § 7 MaBV.

Hat der Bürge dem Gläubiger Verbindlichkeiten des Hauptschuldners befriedigt, so kann er jetzt seinerseits diese Forderungen gegenüber dem Hauptschuldner geltend machen, es findet ein gesetzlicher Forderungsübergang statt, § 774 BGB.

> **Lösung Fall 117** Die vertragliche Bürgschaft des Sohnes S verstößt jedoch wegen Sittenwidrigkeit gegen § 138 Abs. 1 BGB und **ist nichtig**. Nach den Umständen hat sich darin der Sohn S in einem Umfang verpflichtet, der seine **gegenwärtigen und zukünftig zu erwartenden Einkommens- und Vermögensverhältnisse weit übersteigt**. Die Unwirksamkeit des Vertrages folge laut Gericht „bereits aus dem besonders groben Missverhältnis zwischen dem Verpflichtungsumfang und der Leistungsfähigkeit des Bekl. in Verbindung mit dessen geschäftlicher Unerfahrenheit". Sohn S hatte weder aufgrund seiner Ausbildung noch durch praktische Tätigkeit im Erwerbsleben **geschäftliche Erfahrung erworben**. Die Bürgschaftsverpflichtung war er nur **aus Hilfsbereitschaft** seinen Eltern gegenüber eingegangen, wobei die Eltern ihre familienrechtliche Pflicht zu Rücksichtnahme (§ 1618 a BGB) gegenüber dem Sohn S verletzt haben. Auch wenn er bei einem Gelingen des Bauvorhabens damit rechnen konnte, einmal erhebliche Vermögenswerte zu erben, erhielt er neben dieser **„bloßen Chance"**, irgendwann einmal Erbe zu werden, hinaus nichts, was seine Rechtsstellung im Hinblick auf das noch zu bildende Vermögen hätte stärken können. Auf der anderen Seite hat die **R-Bank** sich durch die Bürgschaft in der vereinbarten Höhe völlig **außer Verhältnis zum Umfang des insoweit in Betracht kommenden Risikos abgesichert**, da die wertvollen Grundstücke der Eltern als Sicherheit ausgereicht hätten. Die R-Bank wusste auch, dass die Eltern Einfluss auf den Sohn S genommen haben, damit dieser die Bürgschaft abgeben würde.

§ **§ 1618 a BGB Pflicht zu Beistand und Rücksicht** Eltern und Kinder sind einander Beistand und Rücksicht schuldig.

Eine weitere bei der Bürgschaft angesiedelte Sicherungsart ist der **Kreditauftrag, § 778 BGB,** bei dem ein Auftraggeber (z. B. Kontoinhaber) dadurch einem Dritten eine Sicherheit verschafft, dass er den Beauftragten (z. B. eine Bank) verpflichtet, dem Dritten Kredit zu gewähren. Der Beauftragte haftet dann dem Dritten wie ein

Bürge. Regelmäßig hat der Auftraggeber ein eigenes wirtschaftliches Interesse an der Gewährung des Kredits.

> **Muster 99: Kreditauftrag**
>
> An den Kreditgeber (z. B. die S-Bank)
>
> Hiermit erteile ich Ihnen unter Verzicht auf die Einreden der §§ 768, 770 und 771 BGB und unter voller Haftung auch für sämtliche Zinsen und Kosten den Auftrag, der Y-GmbH in ... unter Einbeziehung der bereits gewährten Kredite bis auf Weiteres in laufender Rechnung einen Kredit in Höhe von ... € einzuräumen.
>
> Meine Haftung bezieht sich auf die bereits gewährten Kredite. Für das durch diese Kredite begründete Rechtsverhältnis gelten die allgemeinen Geschäftsbedingungen.
>
> Ich verzichte auf Unterrichtung über die jeweilige Höhe des Kredits und etwaige die Kreditwürdigkeit der Y-GmbH berührende Umstände. Ich werde mich insoweit selbst durch Einsicht in die Unterlagen der Kreditnehmerin informieren. § 776 BGB gilt nicht.
>
> Ort, Datum ... (Kreditnehmer)

8 Schuldbeitritt

▷ **302 Welche Rechtsfolgen hat ein Schuldbeitritt für die Absicherung des Gläubigers?**

> **Fall 118 Scheidung auf Kredit** Die **klagende Bank B** hat mit dem inzwischen geschiedenen Ehemann der Beklagten, dem **Elektroschlosser S**, einen Darlehensvertrag über **37.000 €** geschlossen. Der Vertrag wurde von der Ehefrau E als „2. Kreditkonto – Inhaber (Ehepartner)" mitunterzeichnet. Von der Kreditsumme wurden vereinbarungsgemäß 14.000 € auf ein von der Klägerin **für beide Ehegatten eingerichtetes Girokonto** überwiesen und 23.000 € **in bar** ausgezahlt, wovon der Ehemann **6.000 € für eigene Schulden** verbrauchte. Kurze Zeit nach Abschluss des Darlehensvertrages **trennten sich die Eheleute**. Nachdem der Kredit nicht mehr ordnungsgemäß bedient wurde, **kündigte** die Bank den Darlehensvertrag am 11. Juli 2001 **fristlos**. Die beklagte Ehefrau E hatte bei Abschluss des Vertrages zwei kleine Kinder zu betreuen und verfügte weder über ein eigenes laufendes Einkommen noch über ein nennenswertes Vermögen. Sie ist der Ansicht, dass sie nicht Mitdarlehensnehmerin geworden sondern nur die unbeschränkte **Mithaftung** für die Darlehensschuld ihres damaligen Ehemannes übernommen habe. **Frage Muss die Ehefrau E das Restdarlehen zurückzahlen, nachdem ihr Ehemann mittellos geworden ist?** (Fall nach BGH-Urteil vom 16.12.2008, XI ZR 454/07)

Bei dem **im Gesetz nicht ausdrücklich** erwähnten Schuldbeitritt will ein Dritter (Mitübernehmer) neben dem bisherigen Schuldner **zusätzlich** für die Rechte und Pflichten aus einem Schuldverhältnis eintreten. Der Beitretende und der bisherige Alleinschuldner werden Gesamtschuldner.

Rechtlich handelt es sich um ein vertragliches Schuldverhältnis im Rahmen des § 311 Abs. 1 BGB, das **zwischen dem Mitübernehmer und dem Gläubiger** mit deutlich beschriebener Verbindlichkeit abgeschlossen werden kann.

8 Schuldbeitritt

> **Muster 100: Schuldbeitritt**
>
> Die X-GmbH ... (Anschrift) schuldet dem Gläubiger Herrn Y ... (Anschrift) aus Werkerstellung einen Betrag von .... €.
>
> Herr Z .... (Anschrift) verpflichtet sich hiermit gegenüber dem Gläubiger Herrn Y zur Zahlung des vorgenannten Betrages als Gesamtschuldner neben der X-GmbH.
>
> Ort, Datum,   Unterschrift Herr Y,   Unterschrift Herr Z

Der **Beitretende kann den Schuldbeitritt auch gegenüber dem Schuldner** erklären, so dass ein Vertrag zugunsten Dritter entsteht, § 328 BGB. Eine Zustimmung des Gläubigers ist dazu nicht erforderlich, da mit der auf der Schuldnerseite eintretenden Personenverdopplung regelmäßig eine Vergrößerung der zur Verfügung stehenden Haftungsmasse stattfindet, was aus der Sicht des Gläubigers nur zur begrüßen ist.

Das für die Bürgschaftserklärung geltende Schriftformerfordernis des § 766 BGB gilt hier nicht, bestehen aber Formvorschriften aus anderen Gründen, z.B. bei Grundstücks-, Schenkungs- oder Kreditgeschäften (§§ 311b, 518, 492 BGB), sind diese zu beachten.

Auch wenn **Bürgschaft und Schuldbeitritt** sich in der praktischen Ausgestaltung sehr ähnlich sein können, unterscheidet die Rechtsprechung beide an der grundlegenden Tatsache, **dass der Schuldbeitretende in der Regel ein eigenes wirtschaftliches Interesse an der Erfüllung der Schuld hat und eine selbständige Schuld begründen will**. Ist dieser Wille nicht zweifelsfrei aus einer Vereinbarung herauszulesen, nimmt man eine nur an die Hauptschuld angelehnte Bürgschaft an, bei der der Erklärende nur für eine fremde Schuld einstehen will (BGH NJW 1968, 2332, 1986, 589, OLG Hamm NJW 1993, 2625). Nicht möglich ist es aber, eine wegen fehlender Beachtung der Formvorschriften unwirksame Bürgschaft in einen Schuldbeitritt umzudeuten, da die Schriftform ja wichtige Schutzfunktionen (hier wichtige Warnfunktion) erfüllt, die bei dem formlosen Schuldbeitritt nicht bestehen und somit umgangen würden. Umgekehrt kann man aber einen schriftlichen Schuldbeitritt, der Nichtigkeitsgründe aufweist, in eine Bürgschaft umdeuten (BGH NJW 2008, 1070).

Im Vergleich zur gesetzlich geregelten **Schuldübernahme**, §§ 414 ff. BGB, unterscheidet sich der Schuldbeitritt dadurch, dass **kein Schuldnerwechsel** stattfindet. Deshalb ist bei der Schuldübernahme auch eine Zustimmung des Gläubigers erforderlich, da dieser an der Bonität des neuen Schuldners ein besonders Interesse hat. Die befreiende Schuldübernahme wird deshalb auch nicht als Sicherheitsleistung im engen Sinne verstanden, § 232 BGB, kann aber faktisch eine den Gläubiger besser absichernde Wirkung haben, wenn der neue Schuldner wesentlich mehr Bonität mitbringt.

> **Lösung Fall 118** Nach dem Leitsatz der Entscheidung muss die kreditgebende Bank grundsätzlich darlegen und beweisen, dass die Voraussetzungen für eine **echte Mitdarlehensnehmerschaft** vorliegen. Hierfür spricht aber der **Wortlaut des vorformulierten Darlehensvertrages** (hier eigenes Kreditkonto des Ehepartners), so dass der Schuldner (Ehefrau E) darzutun hat, dass sie nicht das für eine Mitdarlehensnehmerschaft notwendige **Eigeninteresse** an der Kreditaufnahme besaß und **nur ein Schuldbeitritt** vorliegt. Dieser Verpflichtung ist die Beklagte nur insoweit nachgekommen, als sie nachweisen konnte, dass von der Kreditsumme über 37.000 € ein Teilbetrag von 6.000 € zur Tilgung eines von ihrem geschiedenen Ehemann allein aufgenommenen Darlehens verwendet werden sollte. Dagegen fehlten Nachweise dazu, dass die übrige Summe zum maßgebli-

chen Zeitpunkt des Vertragsschlusses nicht den gemeinsamen Interessen der damaligen Eheleute dienen sollte. Das Gericht verurteilte die Ehefrau E daher zur Rückzahlung des Darlehens.

9 Schuldversprechen bzw. Schuldanerkenntnis

▷ **303 Welche Sicherheiten bietet ein Schuldversprechen bzw. Schuldanerkenntnis?**

Die in §§ 780 bis 782 BGB geregelten und einem Schriftformerfordernis unterworfenen Schuldversprechen bzw. Schuldanerkenntnisse bieten je nach Ausgestaltung in der Praxis dem Gläubiger verschiedene Grade an Sicherheit und haben unterschiedliche Formanforderungen.

§ **§ 780 BGB Schuldversprechen** Zur Gültigkeit eines Vertrags, durch den eine Leistung in der Weise versprochen wird, dass das Versprechen die Verpflichtung selbständig begründen soll (Schuldversprechen), ist, soweit nicht eine andere Form vorgeschrieben ist, schriftliche Erteilung des Versprechens erforderlich. Die Erteilung des Versprechens in elektronischer Form ist ausgeschlossen.

§ **§ 781 BGB Schuldanerkenntnis** Zur Gültigkeit eines Vertrags, durch den das Bestehen eines Schuldverhältnisses anerkannt wird (Schuldanerkenntnis), ist schriftliche Erteilung der Anerkennungserklärung erforderlich. Die Erteilung der Anerkennungserklärung in elektronischer Form ist ausgeschlossen. Ist für die Begründung des Schuldverhältnisses, dessen Bestehen anerkannt wird, eine andere Form vorgeschrieben, so bedarf der Anerkennungsvertrag dieser Form.

> **Arten von Schuldversprechen und Schuldanerkenntnissen**
> - **formbedürftiges konstitutives** (selbstständiges) Schuldversprechen und Schuldanerkenntnis
> - **formfreies deklaratorisches** (unselbstständiges) Schuldversprechen und Schuldanerkenntnis

Welche der beiden Arten gewollt ist, muss bei Zweifeln durch **Auslegung** der von den Vertragsparteien mit der Vereinbarung beabsichtigten Wirkung, ihrer beiderseitigen Interessen unter Berücksichtigung der allgemeinen Verkehrsauffassung ermittelt werden.

> **Beispiele für die Auslegung** (Palandt/Sprau § 780 Rn. 2 ff.) ▶ Ist z. B. eine **unvertretbare Sache** geschuldet, die Übereignung eines im Alleineigentum eines anderen stehenden Grundstücks oder einer Wohnung, wird man keine selbstständige Verpflichtung eines dritten Nichteigentümers annehmen können (deklaratorisches Versprechen) ▶ Nennt die Anerkenntnisurkunde **nicht den Grund für die Verpflichtung**, wird dieses in der Rechtsprechung als Indiz für ein selbstständiges Schuldversprechen angesehen (BGH NJW 1999, 574), bei Nennung gilt im Zweifel ein unselbstständiges Versprechen als wahrscheinlich (BGH NJW 2002, 1791).

9 Schuldversprechen bzw. Schuldanerkenntnis

Für ein **konstitutives Schuldanerkenntnis** spricht, dass die Vertragsparteien eine selbstständige und neue Verpflichtung unabhängig vom ursprünglichen Anspruch entstehen lassen wollten (BGH NJW 1995, 574 und 960, NJW 2008, 1589). Außerdem soll im Klagefall eine Begründung des Anspruchs leichter bewiesen werden können. Schuldversprechen und Schuldanerkenntnisse können daher deutlich bei der Beitreibung einer Forderung helfen. **Technisch** kommt dieses durch Abschluss eines einseitig den Versprechenden verpflichtenden abstrakten Vertrags zustande. Es ist also auch eine Annahmeerklärung des Gläubigers erforderlich. Die **Unterscheidung zum Garantievertrag** ist oft schwer zu treffen, letztlich will der eine Schuld Versprechende bzw. Anerkennende die Leistung erbringen, während der Garantierende nur die Abwendung eines Schadens ermöglichen will.

> Beispiele für konstitutive Schuldversprechen bzw. Schuldanerkenntnisse (Palandt/Sprau §780 Rn.5 und §781 Rn.7) ▶ Bestätigung einer bereits **verjährten Forderung** ▶ wenn bei unklarer Sachlage die **Salden einer Kontobeziehung bestätigt** werden ▶ Es wird Bezug genommen auf ein eigentlich gar **nicht existierendes Darlehen** (BGH DB 1962, 1222, BGH NJW 1980, 1158).

Muster 101: Konstitutives (selbstständiges) Schuldanerkenntnis mit Vollstreckungsunterwerfung

Zwischen

Herrn/Frau/Firma ... – im folgenden Schuldner genannt – und

Herrn/Frau/Firma ... – im folgenden Gläubiger genannt – wird Folgendes vereinbart:

§1 Anerkenntnis Der Schuldner erkennt hiermit an, unter gleichzeitiger eigenständiger Begründung einer Schuldverpflichtung dem Gläubiger einen Betrag in Höhe von ... € zuzüglich ... % Zinsen seit dem ... zu schulden.

§2 Zahlungspflicht Der Schuldner verpflichtet sich dem Gläubiger gegenüber, den in §1 benannten Betrag zuzüglich Zinsen bis zum ... an den Gläubiger zurückzuzahlen. Dem Schuldner wird zugleich nachgelassen, den gesamten Betrag in Raten von monatlich ... €, beginnend erstmals zum ... zurückzuzahlen. Kommt der Schuldner mit einer Ratenzahlung länger als 10 Tage in Verzug, wird der gesamte dann noch offene Restbetrag auf einmal zur Zahlung fällig. Der Gläubiger ist insbesondere berechtigt, in diesem Fall unverzüglich Zwangsvollstreckungsmaßnahmen einzuleiten.

§3 Zwangsvollstreckungsunterwerfung Der Schuldner unterwirft sich wegen der dem Gläubiger zustehenden Forderung zuzüglich Zinsen gemäß §1 dieser Vereinbarung der sofortigen Zwangsvollstreckung in sein gesamtes Vermögen. Der Schuldner ermächtigt zugleich den Notar, dem Gläubiger auf dessen Verlangen hin eine vollstreckbare Ausfertigung dieser Urkunde zu erteilen.

IX. Sicherungsmittel

> Vom Notar vorgelesen und vom Schuldner genehmigt sowie eigenhändig unterschrieben
>
> … (Schuldner) … (Notar)
>
> Der Gläubiger nimmt das Anerkenntnis hiermit ausdrücklich an und bestätigt dies durch nachfolgende Unterschrift: … (Gläubiger)

Bei einer **Störung des Grundgeschäfts** ist der Inhaber eines Schuldversprechens oder eines Schuldanerkenntnisses recht gut vor Einwendungen des Schuldners geschützt. Der Gläubiger kann daraus selbst bei Nichtigkeit der zugrunde liegenden Verbindlichkeit nach §§ 134, 138 BGB gegen den Schuldner vorgehen.

Demgegenüber wird beim **deklaratorischen Schuldversprechen und -anerkenntnis** eigentlich nur eine Art Schuldbestätigungsvertrag abgeschlossen, da der Versprechende nur eine sicher bestehende Schuld im Visier hat (vgl. Palandt/Sprau, §781 Rn. 3). Vielfach will man je nach Inhalt des Versprechens/Anerkenntnisses nur den Streit oder die subjektiv bestehende Unsicherheit über eine bestehende Schuld oder einzelne Aspekte der Verbindlichkeit beenden (BGH NJW 1976, 1259).

> **Beispiele für deklaratorische Schuldversprechen bzw. Schuldanerkenntnisse** (Palandt/Sprau §780 Rn. 5 und §781 Rn. 7) ▶ wenn die Parteien des Bauvertrages den Umfang der geleisteten Arbeiten durch ein **gemeinsames Aufmaß** verbindlich festlegen (OLG Hamm NJW-RR 1991, 1496) ▶ wenn **Stundenzettel** durch den Vorarbeiter abgezeichnet werden

Die in §781 S.1 BGB vorgesehene **Schriftform** ist hier **nicht** erforderlich, da es für die mit der Formvorschrift verbundene Warnfunktion keine große Notwendigkeit gibt: der Versprechende bzw. Anerkennende verschlechtert seine Rechtsposition nur wenig durch die Abgabe seiner Erklärung (er ermöglicht Beweiserleichterungen).

Das deklaratorische Schuldversprechen bzw. Anerkenntnis hat trotzdem eine **gewisse rechtliche Wirkung**, wenn es hilft, Vertragsstörungen besser nachweisen zu können, Streit über rechtserhebliche Punkte zu beenden. Als weitere **wichtige Wirkung** des deklaratorischen Anerkenntnisses ist sicherlich auch der dadurch ausgelöste Neubeginn der Verjährung im Hinblick auf den bestätigten Anspruch zu beachten, §212 Abs. 1, Nr. 1 BGB, so dass faktisch auch eine weitere (zeitliche) Absicherung des Gläubigers erfolgt, wenn er mehr Zeit für die Beitreibung der Forderung bekommt.

10 Garantievertrag

▶ **304 Welche Bedeutung kann ein Garantievertrag zur Absicherung gegen Vertragsstörungen haben?**

10 Garantievertrag

Der Garantievertrag ist nicht im BGB ausdrücklich bei den Typenverträgen geregelt, sondern hat sich selbst in der Praxis neu herausgebildet. Der Begriff der Garantie wird im BGB in unterschiedlicher Weise verwendet.

> **Arten der Garantieerklärungen**
> - unselbstständige Garantie bzw. Zusicherung
> - selbstständige Garantie bzw. selbstständiger Garantievertrag

Will der Garantierende nur für eine ihm sowieso im Rahmen eines Vertrages obliegende Leistungspflicht verschuldensunabhängig einstehen, z. B. Mängelfreiheit einer Kaufsache, so liegt eine **unselbstständige Garantie** vor, die eigentlich ihren Namen nicht verdient. Es handelt sich eher um eine Beschaffenheitszusicherung.

> **Beispiele für unselbstständige Garantien** (Palandt/Sprau Einf. v. §765 Rn. 19) ▶ Finanzierungsbestätigung der Bank stellt regelmäßig nur eine Information dar ▶

Demgegenüber will der Garantierende mit einer **selbstständigen Garantie** für den Eintritt eines bestimmten Erfolges oder Ausbleiben eines Schadensfalles einstehen, ohne dass er dazu bereits durch einen anderen Grund verpflichtet wäre.

> **Beispiele für selbstständige Garantien** (Palandt/Sprau Einf. v. §765 Rn. 16) ▶ Abgabe einer **Finanzierungsgarantie** gegenüber dem Bauherrn durch den Baubetreuer (BGH BB 1984, 564) ▶ **Vermietungsgarantie** bei der Vermietung eines Neubaus ▶ **Mietgarantie** hinsichtlich der zu erzielenden Mieteinnahmen (BGH NJW 2003, 2235) ▶ **Renditegarantie** beim Verkauf eines Unternehmens (OLG Düsseldorf NJW-RR 1997, 1410) ▶ **Bankgarantie**

Beim **Zustandekommen** einer selbstständigen Garantie sind im Gegensatz zum Schuldversprechen und zur an die Hauptforderung angelehnten Bürgschaft keine Formvorschriften einzuhalten, aus Gründen der Beweissicherung aber dringend zu empfehlen.

> **Muster 102: Garantievertrag**
>
> Ich, Herr X, ... (Anschrift) übernehme Herrn Y gegenüber unwiderruflich die Garantie für die pünktliche Begleichung der Forderung aus dem Vertrag vom ... in Höhe von ... €, die Herrn Z zusteht.
>
> Ort, Datum ...   Unterschrift Garantiegeber

Ob eine selbständige Garantie oder eine abhängige Bürgschaft vorliegt, muss durch Auslegung herausgefunden werden, im Zweifel nimmt die Rechtsprechung eine formbedürftige Bürgschaft an.

> **Beispiele für Abgrenzungskriterien** (Palandt/Sprau Einf. v. §765 Rn. 17) ▶ Garanten haben zumeist ein eigenes **wirtschaftliches Interesse** daran, dass die Hauptverbindlichkeit erfüllt wird, z. B. wenn bei einer GmbH der Gesellschafter-Geschäftsführer deren Lieferanten versichert, dass die ausstehenden Kaufpreisforderungen bezahlt werden (BGH WM 2001, 1567). ▶ Wird **im Rahmen eines Kaufvertrages** ein bestimmter Verhandlungserfolg „garantiert", muss geprüft werden, ob eine tatsächliche Einstandspflicht gewollt ist oder nur die bei Bestehen von Mängeln mögliche Gewährleistung (OLG Frankfurt NJW 2007, 1467).

11 Sicherungsübereignung

▶ **305 Welche Sicherungswirkungen können mit einer Sicherungsübereignung erreicht werden?**

> **Fall 119 Ohne Sicherheiten geht nichts!** Der international agierende **Unternehmer U** benötigt dringend 1 Mio. € für neue Computer und Software, um dem Globalisierungsdruck auf dem internationalen Markt standzuhalten. Die **Bank S** will ihm nur gegen Sicherheiten in Höhe von 2 Mio. € den Kredit über 1 Mio. € geben. Unternehmer U gibt der Bank S daher seinen Fuhrpark als Sicherheit und überlässt das Eigentum der mit dem Kredit anzuschaffenden Computer samt Software der Bank S als Sicherheit. **Frage Ist das Verhalten der Bank rechtlich zulässig?**

Bei der Sicherungsübereignung sichert sich der Gläubiger (Sicherungsnehmer) einer Forderung gegenüber seinem Schuldner dadurch gegen Vertragsstörungen ab, z. B. Verzug mit der Ratenzahlung, dass er sich einen Gegenstand des Schuldners (Sicherungsgeber) **mit späterem Verwertungsrecht übereignen lässt** und den Gegenstand aber dem Schuldner im Besitz belässt. Die Sicherungsübereignung wird begrifflich zwar nicht im BGB erwähnt, ist aber mit der geschilderten Konstruktion bei § 930 BGB angesiedelt, wo es um die Ersetzung der tatsächlichen Übergabe einer Sache durch Vereinbarung eines sog. Besitzmittlungsverhältnisses („ein Rechtsverhältnis") geht.

> **§ 930 BGB Besitzkonstitut** Ist der Eigentümer im Besitz der Sache, so kann die Übergabe dadurch ersetzt werden, dass zwischen ihm und dem Erwerber **ein Rechtsverhältnis** vereinbart wird, vermöge dessen der Erwerber den mittelbaren Besitz erlangt.

Das Besitzmittlungsverhältnis besagt bei der Sicherungsübereignung, dass der bisherige Eigentümer der Sache (Sicherungsgeber) die Sache so lange weiter im Besitz halten darf, bis der jetzige Eigentümer die Sache zur Befriedigung seiner Forderung benötigt und vom Besitzer (Sicherungsgeber) herausverlangt.

> **Beispiel für Sicherungsübereignung** (Palandt/Bassenge § 930 Rn. 8 ff.) ▶ Verkauf eines Kfz auf Raten mit Überlassung des für die Eigentumsvermutung wichtigen Kfz-Briefs (jetzt Zulassungsbescheinigung Teil 1) an den Verkäufer

Anlässlich einer Sicherungsübereignung werden **bestimmte vertragliche Vereinbarungen** (Sicherungsabreden oder Zweckerklärungen) getroffen, beispielsweise über die Nutzung und Verwaltung des Sicherungsgutes im Rahmen der ordnungsgemäßen Wirtschaft und der möglichen Verwertung im Fall einer Vertragsstörung des zugrunde liegenden Geschäfts, in den meisten Fällen Zahlungsverzug mit Kaufpreisraten.

Die Sicherungsübereignung kann wertlos als Sicherungsmittel sein, wenn sich eine anfängliche oder nachträgliche **Übersicherung** des Sicherungsnehmers bei der Übereignung des Sicherungsgutes herausstellt, § 138 BGB. Der Sicherungsnehmer muss also auf jeden Fall verhindern, dass kein „auffälliges Missverhältnis" zwischen der gesicherten Forderung und dem im noch ungewissen Zeitpunkt der Verwertungsreife zu realisierenden Wert des Sicherungsgutes ergibt (BGHZ 137, 212).

Beispiele für Übersicherung (Palandt/Bassenge §930 Rn. 24, 25) ▶ Eine **anfängliche** Übersicherung bereits mit Abschluss des Sicherungsvertrages besteht wegen der unsicheren zukünftigen Bewertungssituation regelmäßig erst dann, wenn für eine zu sichernde Forderung Gegenstände zur Sicherheit übereignet werden, deren **Wert die Forderung um mehr als 30%** überschreitet. ▶ Bei **hohem Verwertungsrisiko** z. B. von Saisonware kann der Zuschlag aber auch bei **200%** liegen. ▶ Kommt es erst nach der Sicherungsübereignung zu Veränderungen im Wertgefüge, kann eine **nachträgliche** Übersicherung durch teilweises Absinken der Forderung oder Werterhöhungen beim Sicherungsgut eintreten. ▶ Sittenwidrigkeit tritt hier aber erst bei einem Übersteigen des Wertes des Sicherungsgutes über die noch zu sichernde Verbindlichkeit **um 50%** ein (BGHZ 137, 212).

Die **entscheidenden rechtlichen Sicherungswirkungen** entfaltet die Sicherungsübereignung durch verschiedene Wirkungsweisen. Zunächst kann der Sicherungsnehmer das Sicherungsgut **weiterveräußern**, wobei der Erwerber dann weiterhin das Besitzrecht des Sicherungsgebers zu beachten hat, §986 BGB. Tritt Verwertungsreife ein, z. B. weil der Sicherungsgeber auch nach Aufforderung und Androhung der Verwertung innerhalb angemessener Frist nicht die zugrunde liegende Verbindlichkeit erfüllt, kann der Sicherungsnehmer das Sicherungsgut **verkaufen oder versteigern lassen**. Die Sicherungsübereignung behält auch ihre **Wirkungen bei Zwangsvollstreckungsmaßnahmen** (z. B. Pfändung) durch Gläubiger des Sicherungsgebers in das Sicherungsgut, da der Sicherungsnehmer als Eigentümer die Herausgabe der Sache von der Vollstreckungsstelle so lange verlangen kann, wie die gesicherte Forderung noch nicht beglichen ist, §771 ZPO. Ähnlich verhält es sich bei der Zwangsvollstreckung durch Gläubiger des Sicherungsnehmers, bei der der Sicherungsgeber, solange noch die Forderung fortbesteht, ein Widerspruchsrecht gegen Zwangsvollstreckungsmaßnahmen hat. Auch in der **Insolvenz des Sicherungsnehmers** ist bei noch nicht befriedigter Forderung und fehlender Verwertungsreife das übereignete Gut auszusondern, §47 InsO, und darf die Sache erst nach Verwertungsreife verwertet und etwaige Mehrerlöse an den Sicherungsgeber herausgeben werden. Bei einer Insolvenz des Sicherungsgebers verwertet der Insolvenzverwalter die in seinem Besitz befindlichen Sachen, §166 InsO, der Sicherungsnehmer hat aber ein Absonderungsrecht, §51 Nr. 1 InsO.

Lösung Fall 119 In diesem Fall werden insgesamt **drei Verträge** geschlossen: zunächst der **Kreditvertrag** der Bank S mit dem Unternehmer U. Dazu ein **Sicherungsvertrag**, der im BGB nicht geregelt ist, aber unter §311 Abs. 1 BGB als allgemeines Schuldverhältnis fällt. In ihm sind z. B. alle für Aufbewahrung, Wartung und gebrauchsbedingten Austausch notwendigen Modalitäten geregelt. Auch eine Freigabe vom Sicherungsgut für den Fall der Rückzahlung des Kredits oder Teile davon sind darin zu regeln. Als drittes Rechtsgeschäft ist eine **dingliche Übereignung der Waren** an die Bank S im Wege eines Besitzkonstituts nach §§929, 930, 868 BGB erfolgt. Das bedeutet, dass die Sachen zwar beim Unternehmer U verbleiben (Besitz), er aber nur Besitzer ist, die **Bank S in Wirklichkeit das Eigentum** hat. Nach Rückzahlung des Kredits übereignet die Bank S die Gegenstände wieder an den Unternehmer U und für den Fall der Nichtzahlung, kann sie die Gegenstände veräußern und sich aus dem Erlös befriedigen. **Problematisch** an dem Fall könnten allenfalls die Wertverhältnisse zwischen Kredithöhe und Wert des Sicherungsgutes sein, das doppelt so hoch ist (**Übersicherung?**). Hier kommt es auf die Umstände im Einzelfall an, z. B. ob es sich um ein riskantes Darlehen handelt oder nicht.

12 Sicherungsabtretung

▶ **306 Wie kann eine Sicherungsabtretung Vorteile bei Vertragsstörungen haben?**

Die Sicherungsabtretung ist das der Sicherungsübereignung entsprechende Sicherungsinstrument **auf der Ebene der Forderungen**: hier erwirbt der Sicherungsnehmer **zur Absicherung anderer Verbindlichkeiten eine Forderung vom Sicherungsgeber**, soll diese aber nur nach Inhalt der getroffenen vertraglichen Vereinbarungen verwerten dürfen. Rechtlich ist die Sicherungsabtretung damit bei §§ 398 ff. BGB einzuordnen.

> **§ 398 BGB Abtretung** Eine Forderung kann von dem Gläubiger durch Vertrag mit einem anderen auf diesen übertragen werden (Abtretung). Mit dem Abschluss des Vertrags tritt der neue Gläubiger an die Stelle des bisherigen Gläubigers.

> **Muster 103: Gehaltsabtretung**
>
> Aus dem Auftrag vom ... Datum, Nr. schuldet der unterzeichnende Schuldner ..., Anschrift, dem Bauunternehmer ..., Anschrift, noch einen Betrag in Höhe von ... €. Zwischen den Parteien ist vereinbart, dass dieser Betrag in ... Monatsraten gezahlt werden soll. Zur Absicherung dieses noch offenen Betrages **tritt** der Schuldner... die ihm für die Zeit von ... bis ... zustehenden **Gehaltsansprüche** bei der Firma ... Anschrift, in Höhe von jeweils 250 € monatlich an den Gläubiger **ab**. Im Falle eines Arbeitsplatzwechsels gilt diese Abtretung auch für Arbeitseinkommen jeglicher Art, das der Schuldner von seinem jeweiligen künftigen Arbeitgeber erhält. Sollte der Schuldner arbeitslos werden, tritt er 250 € seines monatlichen Arbeitslosengeldes ab, soweit dieser Betrag unter Beachtung der Pfändungsgrenzen des § 850 c ZPO pfändbar wäre. Ort, Datum ... Unterschrift Schuldner

Im **Verhältnis zum Schuldner der abgetretenen Forderung** erhält der Sicherungsnehmer die volle Stellung eines neuen Gläubigers, so dass er die Forderung gerichtlich und außergerichtlich geltend machen kann. **Im Verhältnis zum Gläubiger** der abgetretenen Forderung (Sicherungsgeber) ist der Sicherungsnehmer aber nur im Rahmen der Sicherungsabrede befugt, über die zur Sicherheit abgetretene Forderung zu verfügen. Regelmäßig darf er deshalb vor Eintritt der Fälligkeit der Forderung und Verzug des Sicherungsgebers mit der Erfüllung diese nicht einziehen.

In der Praxis finden sich die Sicherungsübereignung häufig in der **Form der Globalzession und des verlängerten Eigentumsvorbehalts** wieder. Bei der Globalzession lässt sich der Gläubiger einer Forderung (Sicherungsnehmer) weitreichend alle Forderungen des Schuldners (Sicherungsgeber) abtreten. Dieses kollidiert dann evtl. mit den verlängerten Eigentumsvorbehalten von Lieferanten, bei denen eine Abtretung der aus der Weiterverarbeitung gelieferter Ware entstandenen Forderungen gegenüber den Kunden des Schuldners vereinbart wird. Wer bei dieser Sachlage eine Globalzession vereinbart, verleitet den Sicherungsgeber zu Täuschung und Vertragsbruch seinen Lieferanten gegenüber, so dass die Globalzession ohne entsprechende Regelungen nach § 138 BGB nichtig wäre (erforderlich wäre die Vereinbarung eines Vorrangs verlängerter Eigentumsvorbehalte durch dingliche Teilverzichtsklauseln).

Werden diese Dinge beachtet, kann die Sicherungsabtretung aber ein gutes Instrument zur Sicherung bei Vertragsstörungen und sonstigen Gefährdungen sein. So gelten im **Vollstreckungsfall** ähnliche Mechanismen wie bei der Sicherungsübereignung, so dass der Sicherungsnehmer bei der Pfändung der Forderung durch die Gläubiger des Sicherungsgebers einer Verwertung ebenso nach § 771 ZPO widersprechen kann, wie bei einer Pfändung durch die Gläubiger des Sicherungsnehmers, solange keine Verwertungsreife eingetreten ist.

Bei der **Insolvenz** des Sicherungsgebers hat der Sicherungsnehmer ein Absonderungsrecht, § 51 Nr. 1 InsO, und im Insolvenzfall des Sicherungsnehmers hat der Sicherungsgeber ein Aussonderungsrecht nach § 47 InsO.

Muster 104: Sicherungsabtretung

Herr ... – im folgenden Sicherungsgeber genannt – u n d

Firma ... – im folgenden Sicherungsnehmerin genannt – vereinbaren Folgendes:

§ 1 Zur Sicherung aller bestehenden und künftigen Ansprüche und Forderungen der Sicherungsnehmerin gegen den Sicherungsgeber aus der zwischen den Parteien bestehenden laufenden Geschäftsverbindung tritt der Sicherungsgeber alle in **Anlage 1 im Einzelnen aufgeführten und bezeichneten Forderungen** gegen seine Kunden ab.

§ 2 Der Sicherungsgeber sichert zu, über die abgetretenen in der Anlage aufgeführten Forderungen **unbeschränkt verfügungsberechtigt** zu sein. Er versichert insbesondere, dass die Abtretbarkeit der Forderungen von Seiten der Kunden des Sicherungsgebers nicht ausgeschlossen ist und dass die abgetretenen Forderungen nicht bereits an andere Dritte abgetreten sind und auch sonstige Rechte Dritter an den Forderungen nicht bestehen.

§ 3 Die Sicherungsnehmerin räumt dem Sicherungsgeber ausdrücklich das Recht ein, dass dieser vorbehaltlich eines Widerrufs dazu berechtigt bleibt, sämtliche hier abgetretenen Forderungen **im eigenen Namen einzuziehen**. Die Sicherungsnehmerin ist berechtigt, vom Sicherungsgeber zu verlangen, dass dieser beim Einzug der abgetretenen Forderungen die Drittschuldner anhält, die Zahlungen auf das Konto Nr. ... bei der ... Bank, BLZ: ... zu erbringen. Erfolgt der Zahlungseingang auf ein Konto des Sicherungsgebers, so ist dieser verpflichtet, die Zahlungseingänge unverzüglich unter Angabe der betreffenden Forderungen der Sicherungsnehmerin anzuzeigen.

§ 4 Die Parteien sind sich darüber einig, dass die **Drittschuldner** bis auf Weiteres **von der Abtretung nicht in Kenntnis gesetzt werden sollen**. Die Sicherungsnehmerin ist jedoch berechtigt, bei Vorliegen eines wichtigen Grundes die Abtretung offen zu legen bzw. die Offenlegung durch den Sicherungsgeber zu fordern.

Ein wichtiger Grund im Sinne des vorstehenden Absatzes liegt insbesondere vor, wenn der Sicherungsgeber gegen Pflichten aus diesem Vertrag verstößt, so z. B. seiner Anzeigepflicht von Zahlungseingängen auf ein Konto des Sicherungsgebers nicht nachkommt.

§ 5 Zusammen mit den hier zur Sicherung abgetretenen Forderungen gehen **alle für diese Forderungen haftenden Sicherheiten**, zusammen mit allen Rechten aus den zugrunde liegenden Rechtsgeschäften, auf die Sicherungsnehmerin über. Ausgenommen davon sind Forderungen, denen Lieferungen unter Eigentumsvorbehalt zugrunde liegen.

§ 6 Die Sicherungsnehmerin verpflichtet sich, die an sie bezahlten Beträge oder von ihr vereinnahmten Beträge zum Ausgleich ihrer Ansprüche, welche durch diese Abtretung gesichert sind, zu verwenden und **etwaige Überzahlungen an den Sicherungsgeber auszubezahlen**.

Nach Ausgleich aller durch diese Abtretung gesicherten Forderungen der Sicherungsnehmerin, verpflichtet sich diese, die an sie abgetretenen Forderungen an den Sicherungsgeber **rückabzutreten, soweit eine Inanspruchnahme nicht notwendig** ist.

§ 7 Mündliche Nebenabreden zu diesem Vertrag bestehen nicht. Etwaige Abreden, Ergänzungen und Änderungen dieses Vertrages bedürfen zu ihrer Wirksamkeit der Schriftform. Dies gilt auch für die Änderung der hier vereinbarten Schriftform selbst.

Die Unwirksamkeit einer einzelnen Bestimmung dieses Vertrages führt nicht zur Unwirksamkeit des gesamten Vertrages. Die Vertragspartner sind sich darüber einig, dass die ungültige Bestimmung durch eine wirksame, dem Sinn und Zweck dieses Vertrages möglichst nahe kommende Vereinbarung, ersetzt werden soll. Ort, Datum
... (Sicherungsgeber)   ... (Sicherungsnehmerin)

13 Eigentumsvorbehalt

▷ **307 Wie weit kann ein Eigentumsvorbehalt Vertragsstörungen vom Gläubiger fernhalten?**

Fall 120 Immer diese Vorbehalte Der **Kfz-Händler K** bekommt von seinem **Lieferanten L** immer großzügige Zahlungsziele und **Ratenzahlungsmöglichkeiten** eingeräumt. Irgendwann kann er aber auch diese Raten nicht mehr bezahlen. Der L verlangt die gelieferten Sachen **wieder heraus**, da man einen **Eigentumsvorbehalt** vereinbart hatte. **Frage Welche Rechte hat der Lieferant, wenn der Kfz-Meister die gelieferte Ware zum Teil noch im Lager hat aber einen Teil schon in Kundenfahrzeuge fest eingebaut hat?**

Der Eigentumsvorbehalt gehört in der Praxis zu den bekanntesten und häufigsten Sicherungsmitteln und findet regelmäßig beim Kauf beweglicher Sachen dann Anwendung, wenn der Käufer den Kaufpreis nicht vorab oder Zug-um-Zug gegen Übergabe der Kaufsache bezahlt, aber die Ware bereits dem Käufer mitgegeben werden soll – die typischen Kreditgeschäfte also.

Muster 105: Einfacher Eigentumsvorbehalt

1. Wir behalten uns das Eigentum an der gelieferten Sache bis zur vollständigen Zahlung sämtlicher Forderungen aus dem Liefervertrag vor.
2. Wir sind berechtigt, die gelieferte Ware zurückzunehmen, wenn der Besteller sich vertragswidrig verhält.
3. Der Besteller ist verpflichtet, solange das Eigentum noch nicht auf ihn übergegangen ist, die Ware pfleglich zu behandeln.
4. Insbesondere ist er bei hochwertigen Gütern verpflichtet, diese auf eigene Kosten gegen Diebstahl, Feuer- und Wasserschäden ausreichend zum Neuwert zu versichern.
5. Müssen Wartungs- und Inspektionsarbeiten durchgeführt werden, hat der Besteller diese auf eigene Kosten rechtzeitig auszuführen.
6. Solange das Eigentum noch nicht übergegangen ist, hat uns der Besteller unverzüglich schriftlich zu benachrichtigen, wenn der gelieferte Gegenstand gepfändet oder sonstigen Eingriffen Dritter ausgesetzt ist. Soweit der Dritte nicht in der Lage ist, uns die gerichtlichen und außergerichtlichen Kosten einer Klage gemäß § 771 ZPO zu erstatten, haftet der Besteller für den uns entstandenen Ausfall.

13 Eigentumsvorbehalt

Das BGB hält für den Fall des vorbehaltenen Eigentums in §449 Abs. 1 BGB eine Auslegungsregel bereit, wonach bei der Vereinbarung eines Eigentumsvorbehalts das Eigentum erst dann auf den Käufer übergeht, wenn er den gesamten Kaufpreis gezahlt hat (dinglicher Eigentumserwerb unter aufschiebender Bedingung vollständiger Zahlung).

> **§449 Abs. 1 BGB Eigentumsvorbehalt** (1) Hat sich der Verkäufer einer beweglichen Sache das Eigentum bis zur Zahlung des Kaufpreises vorbehalten, so ist im Zweifel anzunehmen, dass das Eigentum unter der aufschiebenden Bedingung vollständiger Zahlung des Kaufpreises übertragen wird (Eigentumsvorbehalt).

Der **einfache Eigentumsvorbehalt** schützt damit den Verkäufer davor, dass der Käufer die Kaufsache **weiterverkauft**, da er ja zunächst nur Besitzer ist und somit kein Eigentum an der Kaufsache hat. Der einfache Eigentumsvorbehalt kann auch sehr einfach mit Verbrauchern in Allgemeinen Geschäftsbedingungen z. B. durch Aufdruck auf der Bestellung „Eigentum vorbehalten" vereinbart werden.

Die Schutzwirkung des vorbehaltenen Eigentums wirkt aber dann nicht mehr, wenn der Käufer die gekaufte Ware bestimmungsgemäß weiterverarbeitet, verbraucht oder verkauft. In diesem Fall benötigt man weitere Vereinbarungen zum einfachen Eigentumsvorbehalt, so dass man folgende Arten von Eigentumsvorbehalten unterscheiden kann.

> **Besondere Arten** des Eigentumsvorbehalts
> - **weitergeleiteter** Eigentumsvorbehalt
> - **nachgeschalteter** Eigentumsvorbehalt
> - **verlängerter** Eigentumsvorbehalt
> - **erweiterter** Eigentumsvorbehalt
> - **nachträglicher** Eigentumsvorbehalt

Beim **weitergeleiteten Eigentumsvorbehalt** verpflichtet sich der Käufer, die unter Eigentumsvorbehalt erworbene Ware nur so weiter zu verkaufen, dass der Verkäufer weiterhin Vorbehaltseigentümer bleibt. Diese Art von Eigentumsvorbehalt wird in der Praxis nicht häufig angewandt und stellt bei vertraglich vorausgesetztem Weiterverkauf einen Verstoß gegen §307 Abs. 1 S. 1 BGB dar (BGH NJW 1991, 2286). Dagegen wäre er möglich, wenn der Käufer nur sein Anwartschaftsrecht auf baldigen Vollerwerb an den Dritten abtritt oder die Weiterübereignung von der Genehmigung des Vorbehaltseigentümers abhängig macht.

Der **nachgeschaltete Eigentumsvorbehalt** liegt dann vor, wenn der Käufer seinerseits die Ware unter Eigentumsvorbehalt weiterveräußert, wie es im Zwischenhandel üblich ist und daher dort auch oft so vereinbart.

Eine große Sicherheit erlangt der Erstverkäufer damit nicht, da in den einzelnen Handelsstufen evtl. sogar gutgläubig Eigentum erworben werden kann, so dass der nachgeschaltete Eigentumsvorbehalt nur Sinn macht, wenn sich der Erstverkäufer die aus dem Weiterverkauf resultierenden Kaufpreisforderungen in der Höhe der eigenen Forderung (sicherungs-)abtreten lässt oder sich das Eigentum an einer neu entstandene Sache weiter fortsetzt, sobald der Eigentumsvorbehalt in der Kette durch Weiterveräußerung, Verbindung oder Verarbeitung erlischt, sog. **verlängerter Eigentumsvorbehalt.**

Muster 106: Verlängerter Eigentumsvorbehalt

1. Der kaufmännische Besteller ist zur Weiterveräußerung der Vorbehaltsware im normalen Geschäftsverkehr berechtigt.
2. Die Forderungen des Abnehmers aus der Weiterveräußerung der Vorbehaltsware tritt der Besteller schon jetzt an uns in Höhe des mit uns vereinbarten Faktura-Endbetrages (einschließlich Mehrwertsteuer) ab.
3. Diese Abtretung gilt unabhängig davon, ob die Ware ohne oder nach Verarbeitung weiterverkauft worden ist.
4. Der Besteller bleibt zur Einziehung der Forderung auch nach der Abtretung ermächtigt. Unsere Befugnis, die Forderung selbst einzuziehen, bleibt davon unberührt. Wir werden jedoch die Forderung nicht einziehen, solange der Besteller seinen Zahlungsverpflichtungen aus den vereinnahmten Erlösen nachkommt, nicht in Zahlungsverzug ist und insbesondere kein Antrag auf Eröffnung eines Insolvenzverfahrens gestellt ist oder Zahlungseinstellung vorliegt.

Der verlängerte Eigentumsvorbehalt wird ausschließlich im kaufmännischen Verkehr verwendet und ist dort grundsätzlich zulässig, wenn dem Erfordernis der Bestimmbarkeit genügt wird, § 307 BGB (Gefahr der unangemessenen Benachteiligung des Vertragspartners).

Wenn allerdings Bauherr und Bauunternehmer (Belieferter) ein Abtretungsverbot nach § 399 BGB vereinbaren, ist der verlängerte Eigentumsvorbehalt wiederum unwirksam, die Werklohnforderung bleibt im Verhältnis Bauherr – Bauunternehmer.

In der Praxis ist dieser Eigentumsvorbehalt auch durch die häufig erfolgende **Globalzession** des Kunden problematisch. Dieser Fall liegt dann vor, wenn der Kunde (Handwerker) des Lieferanten den Vergütungsanspruch gegenüber dem Werkbesteller mehrfach abgetreten hat. So wird der Handwerker zur Sicherung eines Darlehens oder eines Kontokorrentkredits seine Werklohnforderungen in der Form einer Globalzession an ein Kreditinstitut (Bank) abgetreten. Bei diesem Konflikt zwischen Globalzession an eine Bank und einer Vorausabtretung im Rahmen einer Belieferung „gewinnt" nach der Rechtsprechung derjenige, der zuerst seine Abtretung vereinbart hat (Prioritätsgrundsatz, BGHZ 30, 151). Das wird in der Regel das Kreditinstitut sein, da der Handwerker sich zunächst um die Finanzierung seiner Geschäfte und sodann um den Einkauf der zu verarbeitenden Stoffe kümmert. Die Werklohnforderung gehört damit häufig den Banken.

In der Rechtsprechung wird diese **unbefriedigende Situation durch gewisse Grenzziehungen versucht zu korrigieren**:

> **Beispiele zum verlängerten Eigentumsvorbehalt in der Praxis** ▶ Unzulässigkeit des verlängerten Eigentumsvorbehalt, wenn **branchenunüblich** (BGH NJW 1995, 1669, BGHZ 32, 361, 366) ▶ Kreditinstitute haben ihre AGB zudem dieser Rechtsprechung angepasst, z. B. dass durch die Regelung, dass die Globalzession **nur ausgewählte Forderungen** erfasst, die nicht unter die Vorausabtretung eines verlängerten Eigentumsvorbehalts fallen. Auf der anderen Seite darf der Lieferant aber auch seine Rechtsposition nicht zu stark z. B. durch die Vereinbarung eines vollständigen Eigentumsvorbehalt erweitern. ▶ **Unzulässige Klausel**: *„Der Käufer tritt schon jetzt alle ihm gegenüber seinem Auftraggeber zustehenden Forderungen und alle Nebenrechte sicherungshalber in voller Höhe ab"* (BGHZ 98, 307, 308). ▶ Will der Lieferant die aus dieser Übersicherung resultierende Nichtigkeit

verhindern, muss er Freigaberegelungen treffen, die auch eine angemessene Deckungsgrenze wie in Ziffer (6) des folgenden Beispiels oder wie im BGH-Fall von 1985 regeln: „**Übersteigt der Wert der Sicherheit die Gesamtforderung des Lieferanten um mehr als 20%, ist der Lieferant auf Verlangen des Kunden zur Rückübertragung verpflichtet**" (BGH BB 1985, 1085).

Demgegenüber geht der **erweiterte Eigentumsvorbehalt** noch weiter, wenn er bestimmt, dass der Eigentumsvorbehalt an einer gekauften Sache nicht schon mit Begleichung des Kaufpreises für diese konkrete Sache erlischt, sondern erst, wenn alle oder ein bestimmter Teil an anderen Verbindlichkeiten aus einer laufenden Geschäftsbeziehung ausgeglichen werden (deshalb wird er auch als Kontokorrentvorbehalt bezeichnet).

> **Muster 107: Erweiterter Eigentumsvorbehalt**
> 1. Die Be- und Verarbeitung oder Umbildung der Ware durch einen kaufmännischen Besteller erfolgt stets im Namen und im Auftrag für uns.
> 2. In diesem Fall setzt sich das Anwartschaftsrecht des Bestellers an der Ware an der umgebildeten Sache fort.
> 3. Sofern die Ware mit anderen, uns nicht gehörenden Gegenständen verarbeitet wird, erwerben wir das Miteigentum an der neuen Sache im Verhältnis des objektiven Wertes unserer Ware zu den anderen bearbeiteten Gegenständen zur Zeit der Verarbeitung.
> 4. Dasselbe gilt für den Fall der Vermischung. Sofern die Vermischung in der Weise erfolgt, dass die Sache des Bestellers als Hauptsache anzusehen ist, gilt als vereinbart, dass der Besteller uns anteilmäßig Miteigentum überträgt und das so entstandene Alleineigentum oder Miteigentum für uns verwahrt.
> 5. Zur Sicherung unserer Forderungen gegen den Besteller tritt der Besteller auch solche Forderungen an uns ab, die ihm durch die Verbindung der Vorbehaltsware mit einem Grundstück gegen einen Dritten erwachsen; wir nehmen diese Abtretung schon jetzt an.
> 6. Wir verpflichten uns, die uns zustehenden Sicherheiten auf Verlangen des Bestellers freizugeben, soweit ihr Wert die zu sichernden Forderungen um mehr als 20 % übersteigt.

Dieser im kaufmännischen Geschäftsverkehr häufig anzutreffende erweiterte Eigentumsvorbehalt ist gegenüber Nichtkaufleuten nach §307 Abs.2 Nr.2 BGB unwirksam. Auch zwischen Kaufleuten ist auf ausreichende Freigabeklauseln zu achten, will man nicht die Nichtigkeit des Vorbehalts riskieren. Sind die Salden einmal ausgeglichen, erlischt der jeweilige Vorbehalt und kann nicht wiederaufleben (BGH NJW 1994, 1154).

Der Eigentumsvorbehalt muss gerade bei der Verwendung von Allgemeinen Geschäftsbedingungen **bei Vertragsschluss** vereinbart werden, so dass der erst auf dem Lieferschein enthaltene Vordruck „Eigentum vorbehalten" als **nachträglicher Eigentumsvorbehalt** grundsätzlich nach §305 Abs.2 BGB unwirksam ist. Wollen allerdings beide Parteien einen Eigentumsvorbehalt nachträglich einführen, kann das rechtlich durch eine bedingte Rückübereignung der Kaufsache und entsprechende Kaufvertragsänderung gedeutet werden.

> **Lösung Fall 120** Sobald der **Lieferant L** vom Vertrag zurückgetreten ist, kann er die gelieferten Waren als Eigentümer nach § 985 BGB herausverlangen. Das Recht **des Kfz-Meisters zum Besitz** erlischt, § 986 BGB, da sein Anwartschaftsrecht auf das Eigentum mit dem Recht erloschen ist. Hinsichtlich der eingebauten Teile hat der Lieferant sein Eigentum nach §§ 947 ff. BGB **durch Verbindung mit den Fahrzeugen verloren**, wenn und soweit die Teile wesentliche Bestandteile der Fahrzeuge geworden sind, § 949 S. 1 BGB. Hier hätte dem Lieferanten eher ein verlängerter Eigentumsvorbehalt genutzt. Der Lieferant L hat somit **keinen dinglichen Anspruch** auf die Teile aber kann Schadensausgleich verlangen, was jedoch bei einem insolventen Schuldner in der Praxis oft schwer realisiert werden kann.

14 Vertragliches Pfandrecht

▶ 308 Welche Sicherungswirkungen hat das vertragliche Pfandrecht?

Ebenso wie das oben beschriebene gesetzliche Pfandrecht entfaltet auch das vertragliche Pfandrecht an Sachen oder Rechten des Schuldners seine Sicherungswirkung durch die Verleihung eines absolut wirkenden Rechts, das den Gläubiger u. a. zur Verwertung des Sicherungsgutes berechtigt.

Das vertragliche Pfandrecht hat nicht zuletzt durch das Instrument der Sicherungsübereignung deutlich an **Bedeutung verloren**. Der wesentliche Grund dafür ist sicherlich darin zu sehen, dass für das Entstehen des Pfandrechts grundsätzlich der **Verlust des Besitzes beim Sicherungsgeber erforderlich** ist, z. B. durch Übergabe der Pfandsache an den Gläubiger, § 1205 Abs. 1 BGB (sog. Faustpfand, d. h. der Gläubiger muss die Sache in der Hand „Faust" haben, um über diese dann nach eigenem Wunsch leicht verfügen zu können).

> § **§ 1205 BGB Bestellung** (1) Zur Bestellung des Pfandrechts ist erforderlich, dass der Eigentümer die Sache dem Gläubiger **übergibt** und beide darüber einig sind, dass dem Gläubiger das Pfandrecht zustehen soll. Ist der Gläubiger im Besitz der Sache, so genügt die Einigung über die Entstehung des Pfandrechts.

Demgegenüber konnte ja wie oben bereits beschrieben bei der Sicherungsübereignung das Sicherungsgut im Besitz des Schuldners bleiben und dort weiter dem Schuldner wertvolle Dienste leisten, indem er aus der Nutzung der zur Sicherheit übereigneten Gegenstände die zugrundeliegende Forderung (z. B. Darlehen) und die anfallenden Zinsen erwirtschaftet. Außerdem hat die Sicherungsübereignung auch wichtige „optische" Aspekte auf ihrer Seite, weil außenstehende Dritte den Verlust des Eigentums nicht bemerken, während bei einer Verpfändung ein für alle sichtbarer Besitzverlust eintritt.

Die **Verwertung** eines Pfandrechts kann auf verschiedene Wege durch den Gläubiger erfolgen, je nachdem welche Art von Titel vorliegt: ▶ Der Pfandgläubiger kann das Sicherungsgut privat verkaufen, §§ 1228 ff. BGB, gerichtlich versteigern lassen, § 1233 Abs. 2 BGB i. V. m. § 814 ZPO, oder zwangsvollstrecken in das Pfand.

Der Gläubiger wird **im Fall einer Vollstreckung** der Gläubiger des Sicherungsgebers durch § 805 ZPO (Anspruch auf vorzugsweise Befriedigung aus dem Erlös) ebenso wie bei einer **Insolvenz des Sicherungsgebers** nach § 50 InsO (abgesonderte Befriedigung der Pfandgläubiger) geschützt.

15 Patronatserklärung

▶ 309 Welche Wirkungen kann eine Patronatserklärung bei Vertragsstörungen entfalten?

Inhaltlich sieht die Patronatserklärung ein Versprechen einer Partei (Patron) gegenüber dem Gläubiger eines Dritten, sich in bestimmter Art und Weise zu verhalten, um die Kreditwürdigkeit des Dritten zu erhöhen.

> **Beispiele für Inhalt von Patronatserklärungen** (Palandt/Sprau Einf. v. § 765 Rn. 21) ▶ im Geschäftsbericht der **Konzernmuttergesellschaft** erklärt sich diese zur Einwirkung auf die Schuldner der Tochterfirmen bereit (sog. good-will-Erklärung). ▶ Die selbständigen Gesellschaften der Gemeinden bekommen von dieser eine offen gelegte finanzielle Rückendeckung in garantieähnlicher Aufmachung. ▶ Eltern erklären sich bereit, ihren Kindern im Falle der Nichterfüllung vertraglicher Verpflichtungen entsprechende Geldmittel zu überlassen oder sogar Schadensersatzansprüche auszugleichen (OLG Brandenburg MDR 2005, 1277).

Muster 108: Patronatserklärung

Hiermit verpflichtet sich die Firma … gegenüber der Firma …

sicherzustellen, dass die der vorbenannten Firma gewährten Kredite und sonstigen Verbindlichkeiten entsprechend den zugrundeliegenden vertraglichen Bestimmungen ordnungsgemäß zurückgeführt werden.

Die … AG versichert ferner, die Gesellschaft entsprechend zu unterstützen, dass diese ihren Verpflichtungen jedenfalls nachkommen kann.

Sollte die Firma … aus dieser Patronatserklärung von Dritten in Anspruch genommen werden, so erklärt die Firma … hiermit gegenüber der Gesellschaft zugleich, dass sie mit etwaigen Regressansprüchen gegen die Gesellschaft aufgrund der Inanspruchnahme im Rang jedenfalls hinter jegliche andere Gläubiger der Gesellschaft zurücktritt und die Regressansprüche erst dann geltend machen wird, wenn die Gesellschaft hierzu wieder ausreichend in der Lage ist.

Zugleich erklärt die Firma … gegenüber der Gesellschaft den Verzicht auf jegliche Regressansprüche für den Fall, dass die Voraussetzungen auf Antrag eines Konkursverfahrens über das Vermögen der Gesellschaft eintreten sollten.

Der Gesellschaft wird ferner das Recht eingeräumt, diese Patronatserklärung den sie finanzierenden Banken und/oder ihren Lieferanten gegenüber offenzulegen.

Für alle sich aus dieser Erklärung ergebenden Rechte und Pflichten vereinbaren die Parteien die Geltung und Anwendung ausschließlich des Deutschen Rechts.

Als Gerichtsstand gilt … als vereinbart.

Ort, Datum Unterschriften

Der bedingte Verzicht wird hiermit ausdrücklich angenommen, was durch nachfolgende Unterschrift nochmals bestätigt wird. Unterschrift

---

Für den Gläubiger stellt eine Patronatserklärung je nach Inhalt eine weitreichende Absicherung gegen eine Vertragsstörung bzw. gegen deren Folgen dar.

Vertraglich vereinbarte Sicherheiten

- **Bürgschaft, §§ 765–778 BGB** ○ bedeutendstes Sicherungsmittel und gleichzeitig hochkomplexe Rechtsprechung ○ **drei Beteiligte**: Gläubiger einer Forderung, Bürge der für die Forderung eines Dritten (Hauptschuldner) eintreten will ○ **Schriftform** für Bürgschaftserklärung des Bürgen an Gläubiger erforderlich, § 766 BGB ○ Bürgschaft ist von Hauptschuld abhängig (**akzessorisch**) ○ **verschiedene Arten** von Bürgschaften je nach Absprachen, z. B. selbstschuldnerische Bürgschaft, wenn Gläubiger ohne den „Umweg" über den Hauptschuldner auf den Bürgen zugehen kann
- **Schuldbeitritt** ○ im Gesetz nicht ausdrücklich geregelt ○ gesondertes Schuldverhältnis im Sinne des § 311 Abs. 1 BGB ○ Beitretender hat in der Regel ein eigenes wirtschaftliches Interesse an der Erfüllung der Schuld (im Gegensatz zur Bürgschaft)
- **Schuldversprechen bzw. Schuldanerkenntnis, §§ 780, 781 BGB** ○ zwei Arten werden unterschieden ○ **formbedürftiges konstitutives** (selbstständiges) Schuldversprechen und Schuldanerkenntnis ○ **formfreies deklaratorisches** (unselbstständiges) Schuldversprechen und Schuldanerkenntnis ○ Auslegung ergibt, welches vorliegt
- **Garantievertrag** ○ nicht im Gesetz geregelt ○ zwei verschiedene Arten ○ unselbstständige Garantie bzw. Zusicherung ○ selbstständige Garantie bzw. selbstständiger Garantievertrag
- **Sicherungsübereignung** ○ Gläubiger (Sicherungsnehmer) einer Forderung sichert sich gegenüber seinem Schuldner dadurch gegen Vertragsstörungen ab, z. B. Verzug mit der Ratenzahlung, dass er sich einen Gegenstand des Schuldners (Sicherungsgeber) **mit späterem Verwertungsrecht übereignen lässt** und den Gegenstand aber dem Schuldner im Besitz belässt, § 930 BGB ○ sehr effektives Sicherungsmittel, das nicht zu einer Übersicherung führen darf, z. B. wenn der Wert des Sicherungsgutes die zu sichernde Forderung **um mehr als 30% überschreitet** ○ **Sicherungswirkung** durch Recht zur Weiterveräußerung durch den Gläubiger und Sicherheit bei Zwangsvollstreckungsmaßnahmen beim Schuldner (Sache gehört dem Gläubiger, hat Herausgabeanspruch, §§ 771 ZPO)
- **Sicherungsabtretung** ○ hier erwirbt der Sicherungsnehmer **zur Absicherung anderer Verbindlichkeiten eine Forderung vom Sicherungsgeber**, soll diese aber nur nach Inhalt der getroffenen vertraglichen Vereinbarungen verwerten dürfen ○ entsteht durch Abtretung nach §§ 398 ff. BGB ○ Gefahr in der Praxis der Übersicherung bei Globalzession und Kollision mit verlängerten Eigentumsvorbehalten anderer Lieferantengläubiger ○ **Sicherungswirkung** wie Sicherungsübereignung
- **Eigentumsvorbehalt, § 449 BGB** ○ bekanntestes und häufigstes Sicherungsmittel in der Praxis ○ Verkäufer bleibt Eigentümer der bereits ausgehändigten Ware, bis Kaufpreis vollständig gezahlt wurde ○ **verschiedene Arten** ○ **unterschiedliche Sicherungswirkung der verschiedenen Arten von Eigentumsvorbehalten** ○ **einfacher** Eigentumsvorbehalt sichert nur vor Weiterverkauf durch den Käufer ○ **weitergeleiteter** verpflichtet den Käufer mit seinem Aufkäufer das Eigentum des Erstverkäufers zu vereinbaren (in AGB unwirksam) ○ **nachgeschalteter**, wenn Käufer mit eigenem Eigentumsvorbehalt weiterveräußern darf (üblich im Zwischenhandel) ○ **verlängerter** wenn sich der Erstverkäufer die aus dem

Weiterverkauf resultierenden Kaufpreisforderungen in der Höhe der eigenen Forderung (sicherungs-)abtreten lässt oder sich das Eigentum an einer neu entstandenen Sache weiter fortsetzt, sobald der Eigentumsvorbehalt in der Kette durch Weiterveräußerung, Verbindung oder Verarbeitung erlischt ○ **erweiterter,** wenn der Eigentumsvorbehalt an einer gekauften Sache nicht schon mit Begleichung des Kaufpreises für diese konkrete Sache erlischt, sondern erst, wenn alle oder ein bestimmter Teil an anderen Verbindlichkeiten aus einer laufenden Geschäftsbeziehung ausgeglichen werden (deshalb wird er auch als Kontokorrentvorbehalt bezeichnet) ○ **nachträglicher** ist grundsätzlich unwirksam nach § 305 Abs. 2 BGB, wenn er nicht bei Vertragsabschluss vorlag
- **Vertragliches Pfandrecht** ○ entfaltet wie das gesetzliche Pfandrecht an Sachen oder Rechten des Schuldners seine Sicherungswirkung durch die Verleihung eines absolut wirkenden Rechts, das den Gläubiger u. a. zur Verwertung des Sicherungsgutes berechtigt ○ hat durch das Instrument der Sicherungsübereignung deutlich an Bedeutung verloren, da Pfand im Besitz des Pfandleihers sein muss, § 1205 BGB
- **Patronatserklärung** ○ Versprechen einer Partei (Patron) gegenüber dem Gläubiger eines Dritten, sich in bestimmter Art und Weise zu verhalten, um die Kreditwürdigkeit des Dritten zu erhöhen

10. Teil
Vertragsbeendigung –

Auf welche Art und Weise können Verträge beendet werden?

Gliederung des 10. Teils

I.	Überblick	503
II.	Allgemeine Erfüllungshandlungen	504
III.	Besondere Erfüllungshandlungen	508
IV.	Weitere Erlöschensgründe	519

I. Überblick

▶ **310 Welche Beendigungsalternativen gibt es beim Vertrag?**

Die Beendigung eines Vertrages kann auf verschiedene Art und Weise dadurch erfolgen, dass entweder wie geplant die gegenseitigen Pflichten erfüllt werden oder außerplanmäßige Beendigungsgründe auftreten.

Allgemeine und außerplanmäßige Erfüllungshandlungen
- Erfüllung
- Annahme einer anderen Sache an Erfüllung statt
- Eingehung einer neuen Verbindlichkeit

Besondere Erfüllungshandlungen
- Hinterlegung
- Aufrechnung
- Erlass
- Negatives Schuldanerkenntnis

Weitere Erlöschenshandlungen
- Unmöglichwerden der Leistung
- Ablauf der für die Leistung bestimmten Frist
- Verwirkung
- Aufhebungsvertrag
- Kündigung
- Widerruf
- Rücktritt
- Novation
- Konfusion

II. Allgemeine Erfüllungshandlungen

1 Erfüllung

▶ **311 Wann liegt eine Beendigung des Vertrages durch Erfüllung vor?**

> **Fall 121 Bargeld gehört nicht in den Briefkasten!** Der **Student Simon Peinlich** musste sich von seinem Freund **Fridolin Reichenvater** dringend 650 € für die fällige Studiengebühr leihen, sonst wäre das Semester das letzte für ihn gewesen. Da Simon das Ganze peinlich ist, will er den Darlehensbetrag so schnell wie möglich wieder zurückzahlen. **Student Simon Peinlich** spart eisern und schickt dem Fridolin schon bald eine SMS, in der er ankündigt, dass er das Geld noch am selben Tage bar in den Hausbriefkasten des Fridolin werfen werde. Fridolin findet aber in seinem Hausbriefkasten angeblich kein Geld und verlangt erneut die Rückzahlung der 650 € Simon Peinlich ist empört, wo er doch so eisern gespart hat und jeden Cent in den Briefkasten eingelegt hat! **Fragen Hat der Student Simon Peinlich wirksam seine Rückzahlungsverpflichtung erfüllt? Ist der Darlehensvertrag beendet?** (Fall nach AG Köln NJW 2006, 1600)

Der von den Vertragsparteien im Regelfall vorgesehene Beendigungsfall ist die Erfüllung der vertraglich vereinbarten gegenseitigen Pflichten, so dass es zum Erlöschen des Schuldverhältnisses kommt, § 362 Abs. 1 BGB.

§ **§ 362 Abs. 1 BGB Erlöschen durch Leistung** (1) Das Schuldverhältnis erlischt, wenn die geschuldete Leistung an den Gläubiger bewirkt wird.

▶ **312 Wer muss die Erfüllung beweisen?**

Normalerweise hat der Schuldner einer Leistung den tatsächlichen Eintritt des Leistungserfolgs zu beweisen. Hat der Gläubiger dann aber eine Leistung einmal als Erfüllung entgegengenommen, tritt eine Beweislastumkehr dergestalt ein, dass der Gläubiger nun beweisen muss, dass die Leistung doch nicht so war, wie vereinbart, § 363 BGB.

§ **§ 363 BGB Beweislast bei Annahme als Erfüllung** Hat der Gläubiger eine ihm als Erfüllung angebotene Leistung als Erfüllung angenommen, so trifft ihn die Beweislast, wenn er die Leistung deshalb nicht als Erfüllung gelten lassen will, weil sie eine andere als die geschuldete Leistung oder weil sie unvollständig gewesen sei.

In der Praxis kann es manchmal streitig sein, wann genau eine Leistung als Erfüllung angenommen wurde und wann nicht.

Beispiele für Annahmehandlungen (Palandt/Grüneberg § 363 Rn. 2) ▶ Da die Annahme kein Rechtsgeschäft sondern eine tatsächliche Handlung ist, kann schon **Schweigen** für eine gewisse Zeit reichen (OLG Köln NJW-RR 1995, 751). ▶ das **Ingebrauchnehmen** der Lieferung (BGH NJW 1961, 115) ▶ wenn die gelieferte Sache **weiterverkauft** wird ▶ wenn ohne zu zählen **Geld in Bündeln** entgegengenommen wird, (BGH NJW 1984, 722) ▶ **nicht** dagegen reichen nur **allgemein formulierte Vorbehalte** des Gläubigers (RGZ 71, 23)

▶ **bloße Entgegennahme** der noch verpackten und daher nicht nutzbaren Ware (LG Frankfurt NJW-RR 1986, 1055) ▶ Annahmehandlungen sind auch erst zu einem **Zeitpunkt** möglich, zu dem die Prüfung auf ordnungsgemäße Erfüllung möglich ist, z. B. **nach Einweisung** in eine EDV-Anlage (OLG Düsseldorf, DB 1989,520). ▶ Erklärt der Gläubiger nur allgemein einen Vorbehalt, ist die Annahme als Erfüllung nicht ausgeschlossen; anders aber, wenn er einen Vorbehalt bezüglich konkreter Mängel erklärt (BGH NJW 2009, 360).

In der Praxis werden in den Verträgen Regelungen zum Erfüllungsort aufgenommen. Dabei handelt es sich um den Ort, an dem der Schuldner seine Leistungshandlungen vorzunehmen hat. Dieses ist nicht mit dem Ort zu verwechseln, an dem der Leistungserfolg letztlich eintritt, sog. Erfolgsort. Beide Orte können zusammenfallen (z. B. im Einzelhandel, am Kiosk) aber auch auseinanderfallen (z. B. bei Distanzgeschäften wie im Versandhandel). Da sich nach dem Erfüllungsort auch ein Gerichtsstand richtet, § 29 Abs. 2 ZPO, kann durch eine Vereinbarung des Erfüllungsortes dieser Gerichtsstand gegenüber Verbrauchern nicht mittelbar geändert werden. Gegenüber Unternehmern ist eine Regelung dagegen möglich.

> **Muster 109: Erfüllungsortklausel**
>
> Soweit im Vertrag nichts anderes geregelt ist, ist Erfüllungs- und Zahlungsort der Sitz des Verkäufers. Die gesetzlichen Regelungen über die Gerichtsstände bleiben Verbrauchern gegenüber unberührt.

> **Lösung Fall 121** Nach § 270 Abs. 1 BGB muss der Student Geld auf seine Gefahr und seine Kosten dem Gläubiger an dessen Wohnsitz übermitteln. Der Schuldner einer Geldsumme ist also mit dem **Risiko des Verlustes** belastet. Eine Geldschuld ist daher erst erfüllt, wenn der Leistungserfolg eingetreten ist, d.h. die **Geldsumme** dem Gläubiger **tatsächlich zur Verfügung steht**. Ob das Geld nun in den Hausbriefkasten gelegt worden ist oder nicht, kann letztlich dahingestellt bleiben, da der Hausbriefkasten **in jedem Fall keine Empfangsvorrichtung für Bargeldbeträge in dieser Größenordnung** ist. Eine Erfüllung konnte durch das Einlegen nicht eintreten. Dazu ist der Hausbriefkasten zu leicht zugänglich, z. B. für Austräger von Werbemitteln. Eine **Zustimmung zum Einwurf** in den Hausbriefkasten des Gläubigers Fridolin kann auch nicht in dem Empfang der SMS angenommen werden. Der Student Simon schuldet daher dem Fridolin immer noch die Summe in Höhe von 650 €.

2 Leistung an Erfüllung statt und erfüllungshalber

▷ **313 Darf der Schuldner auch eine andere als die geschuldete Leistung erbringen?**

Grundsätzlich muss der Schuldner die Leistung wie vereinbart erbringen. In der Praxis werden hier aber vielfach Zugeständnisse vom Gläubiger gemacht und aus Praktikabilitätsgründen auch in gewissem Umfang erwartet. Manchmal wird auch eine Ersetzungsbefugnis ausdrücklich vereinbart, was in AGB aber nur bei hinreichender Bestimmtheit wirksam möglich ist, § 308 Nr. 4 BGB (Änderungsvorbehalt).

Hat der Gläubiger eine andere als die geschuldete Leistung angenommen, sog. **Leistung an Erfüllung statt**, § 364 Abs. 1 BGB, so erlischt die ursprüngliche Leistung durch die neue Leistung.

II. Allgemeine Erfüllungshandlungen

§ §364 Abs.1 BGB Annahme an Erfüllungs statt (1) Das Schuldverhältnis erlischt, wenn der Gläubiger eine andere als die geschuldete Leistung an Erfüllungs statt annimmt.

> **Muster 110:** Vereinbarung über die Annahme an Erfüllung statt (vgl. Beck'sches Formularhandbuch, II. 12)
>
> Vereinbarung zwischen Kunde K und Händler H: K schuldet H einen Betrag von 5.000 € aus der beiliegenden Rechnung. Gleichzeitig schuldet H dem Kunden K Schadensersatz (einschließlich Zinsen und Kosten) in Höhe von 5.000 € wegen eines Produkthaftpflichtschadens (Lieferung gemäß Auftrag vom 17.8.2009). K und H vereinbaren, dass die genannten Forderungen in Höhe von 5.000 € miteinander verrechnet werden.

▶ 314 Darf der Schuldner zur Befriedigung des Gläubigers auch eine neue Verbindlichkeit übernehmen?

Ohne besondere rechtliche Vorkenntnisse würde man diese Frage wohl sofort als abwegig abtun und doch findet sie in der Geschäftspraxis täglich tausendfache Anwendung und hat in § 364 Abs. 2 BGB ihren rechtlichen Niederschlag gefunden.

> **Beispiele für Eingehung neuer Verbindlichkeiten zu Erfüllungszwecken** (Palandt/Grüneberg § 364 Rn.5) ▶ Bezahlung mit **Scheck** (BGH NJW 1982, 1946) ▶ **Wechselhingabe** (BGH NJW 1986, 424) ▶ im Zweifel auch bei Nutzung der **Kreditkarte**, selbst wenn hier rechtlich eigentlich vom Schuldner ein Anspruch gegen einen Dritten und nicht gegen sich selbst begründet wird, wie § 364 Abs. 2 BGB verlangt ▶ Zahlung mit **ec-Karte** im POS-System oder mittels **aufgeladener Geldkarte** ▶ wenn ein Anspruch an eine Vertretung **abgetreten** wird (BGH NJW 1993, 1579) ▶ **Abtretung** von Grundschulden ▶ **von Dritten** ausgestellte **Schecks** oder **Wechsel** (BGH NJW 1992, 1380)

Nach § 364 Abs. 2 BGB besteht die neu eingegangene Verbindlichkeit neben der ursprünglich geforderten Leistung fort. Der Gläubiger kann also bei Ausfall der neu eingegangenen Verbindlichkeit (z. B. im Fall des ungedeckten Schecks) weiterhin auf Erbringung der ursprünglich vereinbarten Leistung bestehen.

§ §364 Abs.2 BGB Annahme an Erfüllungs statt (2) Übernimmt der Schuldner zum Zwecke der Befriedigung des Gläubigers diesem gegenüber eine neue Verbindlichkeit, so ist im Zweifel nicht anzunehmen, dass er die Verbindlichkeit an Erfüllungs statt übernimmt.

Nimmt der Gläubiger dagegen **einen Gegenstand an**, den er zur Befriedigung der Schuld verwerten soll, kann man im Regelfall keine Leistung an Erfüllung statt annehmen, da der Verwertungserlös ja noch nicht feststeht – **also Leistung erfüllungshalber**.

Ein Erlöschen der ursprünglichen Leistungspflicht kann sich aber daraus ergeben, dass der Gläubiger einen bestimmten Betrag festlegt, wie er die hingegebene Sache berücksichtigen will (BGH NJW 1984, 429).

2 Leistung an Erfüllung statt und erfüllungshalber

Allgemeine Erfüllungshandlungen

- **Erfüllung, § 362 BGB** ○ Normalfall der Vertragsbeendigung ○ Schuldner einer Leistung muss den tatsächlichen Eintritt des Leistungserfolgs beweisen ○ hat der Gläubiger die Leistung als Erfüllung angenommen, trifft Gläubiger die Beweislast, wenn er später diese Leistung nicht gelten lassen will, § 363 BGB
- **Annahme einer anderen Sache an Erfüllung statt, § 364 BGB** ○ möglich ist auch, dass der Gläubiger eine andere Leistung annimmt ○ dann erlischt die ursprüngliche Schuld
- **Eingehung einer neuen Verbindlichkeit** ○ kein Erlöschen der Leistung, wenn der Gläubiger einen anderen Gegenstand zur Verwertung annimmt ○ nur Leistung erfüllungshalber

III. Besondere Erfüllungshandlungen

▶ **315 Welche besonderen Erfüllungshandlungen gibt es?**

Die geschuldete Leistung kann auf besondere Art und Weise erfüllt werden:

> **Besondere Erfüllungshandlungen des Schuldners**
> - Hinterlegung
> - Aufrechnung
> - Erlass
> - Negatives Schuldanerkenntnis

1 Hinterlegung

▶ **316 Wann wird durch eine Hinterlegung eine vertragliche Schuld getilgt?**

In der Praxis kann sich immer wieder die Situation ergeben, dass der Schuldner zwar leisten möchte, der Gläubiger aber aus irgendwelchen Gründen (z. B. Platzmangel, Erkrankung) nicht bereit ist, diese Leistung anzunehmen. Um hier eine sachgerechte Verteilung der Risiken zwischen dem Schuldner und dem Gläubiger zu erreichen, regelt das Gesetz bei Leistungshindernissen aus der Sphäre des Gläubigers das Recht (nicht die Pflicht!), sich durch Hinterlegung der Sache von seiner Leistungspflicht zu befreien, §§ 372 bis 386 BGB.

§ **§ 372 BGB Voraussetzungen** Geld, Wertpapiere und sonstige Urkunden sowie Kostbarkeiten kann der Schuldner bei einer dazu bestimmten öffentlichen Stelle für den Gläubiger hinterlegen, wenn der Gläubiger im **Verzug der Annahme** ist. Das Gleiche gilt, wenn der Schuldner aus einem **anderen in der Person des Gläubigers liegenden Grund** oder infolge einer nicht auf Fahrlässigkeit beruhenden **Ungewissheit über die Person des Gläubigers** seine Verbindlichkeit nicht oder nicht mit Sicherheit erfüllen kann.

(1) Liegt ein Hinterlegungsgrund vor?

Zunächst muss also ein **anerkannter Hinterlegungsgrund** vorliegen.

Insgesamt werden im Gesetz **drei Fälle** aufgezählt, in denen die Hinterlegung möglich sein soll: Annahmeverzug, andere in der Person des Gläubigers liegende Gründe und eine Ungewissheit über die Person des Gläubigers.

> **Beispiele für Hinterlegungsgründe** (Palandt/Grüneberg § 372 Rn. 1) ▶ § 372 **S. 1** BGB: ist der Gläubiger nach ordnungsgemäßem Angebot zur richtigen Zeit am richtigen Ort nicht willens die Leistung entgegenzunehmen, ist eine Rechtsfolge dieses **Annahmeverzugs** das Hinterlegungsrecht des Schuldners, vgl. bereits oben bei den Leistungsstörungen. ▶ § 372 **S. 2, Alt. 1** BGB: **in der Person des Gläubigers** liegende Gründe sind z. B. sein nicht zu

1 Hinterlegung

ermittelnder Aufenthaltsort, verschollene Gläubiger, geschäftsunfähige oder beschränkt Geschäftsfähige ohne gesetzliche Vertreter ▶ § 372 **S. 2 Alt. 2** BGB: eine **Ungewissheit über die Person** kann angenommen werden, wenn begründete, objektiv verständliche Zweifel über die Person des Gläubigers vorliegen, z. B. bereits bei Vertragsschluss nicht klar ist, mit wem der Vertrag geschlossen worden ist, wie das Rangverhältnis zwischen einer Pfändung und einer Abtretung aussieht (BGH NJW-RR 2205, 712). ▶ **Nicht** ausreichend ist dagegen, dass mehrere behaupten, Gläubiger einer Forderung zu sein (BGH NJW 1953, 19, NJW 1997, 1501, NJW-RR 2004, 656) ▶ oder mehrere Gläubiger aus unterschiedlichen Gründen ein und dieselbe Leistung beanspruchen (BGH NJW-RR 2007, 687). ▶ Ebenso scheidet Hinterlegung bei **fahrlässig unbekannt** gebliebenen Gläubigern aus, so dass zwar eigene Ermittlungen über außerhalb seines zu beeinflussenden Bereichs gerade bei Abtretungen und ähnlichen Vorgängen auf der Gläubigerseite nicht angestellt werden müssen (BGH NJW 2001, 231). ▶ Eine vorhandene eigene Rechtsabteilung ist aber zu befragen, ebenso bestehen höhere Anforderungen an die Nachforschungspflichten bei **potentiell rechtskundigen Schuldnern** wie z. B. Notaren, Rechtsanwälten und der öffentlichen Hand, denen umfassende Prüfungspflichten von der Rechtsprechung auferlegt werden und die nur ausnahmsweise eine Hinterlegung durchführen dürfen (OLG Saarbrücken NJW-RR 2008, 696).

(2) Ist der Gegenstand hinterlegungsfähig?

Eine Hinterlegung ist zudem nur mit **beweglichen Sachen** möglich, so dass z. B. Ansprüche aus Werk- oder Dienstverträgen von vornherein ausscheiden.

> **Beispiele hinterlegungsfähiger Gegenstände** (Palandt/Grüneberg § 372 Rn. 2) ▶ **Geld**, d. h. auch ausländische Zahlungsmittel, soweit sie gesetzlich zugelassen sind ▶ **Wertpapiere**, bei denen also das Recht aus dem Papier (Forderung) dem Recht am Papier (Besitz) folgt, z. B. Aktien, Grundschuldbrief, Schuldverschreibung auf den Inhaber, § 793 BGB, Sparkassenbrief ▶ **sonstige Urkunden**, worunter Legitimationspapiere nach § 808 BGB wie z. B. Leihhausscheine, **persönliche Monatskarte, Gutschein** für Ballonfahrt, **WM-Fussball-Tickets, Sparbücher**, aber auch andere Urkunden wie z. B. Vollmachtsurkunden und Handakten fallen ▶ als **Kostbarkeiten** werden bewegliche Sachen bezeichnet, die gemessen an ihrem Umfang und Gewicht sehr wertvoll sind, dazu leicht aufzubewahren und unverderblich wie z. B. **Gold, Edelsteine, Schmuck, Kunstgegenstände**; nicht hinterlegungsfähig waren aber ein Pelzmantel und Videokassetten (OLG Frankfurt NJW-RR 1988, 444), so dass hier eine öffentliche Versteigerung und Hinterlegung des Erlöses in Betracht kommt, § 383 BGB.

Im **Handelsrecht** ist die Hinterlegungsmöglichkeit dadurch umfangreicher, dass dort nicht zwischen hinterlegungsfähigen und hinterlegungs**un**fähigen Sachen unterschieden wird, § 373 HGB, und somit grundsätzlich alle Sachen hinterlegt werden können.

Rechtsfolge einer wirksamen Hinterlegung ist die Befreiung des Hinterlegenden von der Verpflichtung zu leisten, sobald die hinterlegte Sache nicht mehr zurückgenommen werden kann, § 378 BGB. Der Schuldner ist so zu stellen, wie wenn er zum Zeitpunkt der Hinterlegung an den wahren Gläubiger geleistet hätte (BGH NJW-RR 2008, 1975). Dafür ist nur erforderlich, dass der Schuldner einen der möglichen Gläubiger im Antrag auf Hinterlegung angibt oder ihn später benennt (BGH NJW-RR 1989, 200). Ist die Verbindlichkeit entfallen, verlieren auch alle daran angelehnten (akzessorischen) Rechte, wie z. B. Bürgschaften, Pfandrechte, Zinszahlungsverpflichtungen, Vertragsstrafeversprechen und sonstige Verzugsfolgen ihre Grundlage.

2 Aufrechnung

▶ **317 Welche Wirkungen hat die Aufrechnung für das Vertragsverhältnis?**

> **Fall 122** Jetzt wird ab- und aufgerechnet?! Der **Händler H** hat dem **Kunden K** schon vor Monaten Waren im **Wert von 5.000 €** geliefert, aber K will nicht bezahlen. Da kommt dem Händler H die Idee, dem Kunden K beim nächsten Besuch vor seinen Augen den auf **den Firmenparkplatz abgestellten Porsche 911 des K mit einem Schlüssel zu zerkratzen**. Als der Kunde K dem H später die **Lackierkosten in Höhe von 5.000 €** in Rechnung stellt, beruft sich der H auf die Aufrechnung seiner Kaufpreisforderung gegen die Werkstattkosten. **Frage Kann der Händler H die Aufrechnung wirksam erklären?**

Bei der Aufrechnung stehen sich zwei Forderungen mit identischen Gläubigern und Schuldnern gegenüber. Hier bietet es sich aus praktischen und wirtschaftlichen Gründen grundsätzlich an, die Forderungen miteinander zu „verrechnen" „auf Null" zu stellen, anstatt erst die eine Forderung zu leisten, um dann gleich die andere Forderung wieder zurückzugewähren. Die zur Aufrechnung gestellten Forderungen erlöschen dann.

§ **§ 389 BGB Wirkung der Aufrechnung** Die Aufrechnung bewirkt, dass die Forderungen, soweit sie sich decken, als in dem Zeitpunkt erloschen gelten, in welchem sie zur Aufrechnung geeignet einander gegenübergetreten sind.

Erforderlich ist aber, dass eine der Parteien durch ein einseitiges Rechtsgeschäft die Aufrechnung erklärt, der Aufrechnende, §§ 387, 388 BGB.

§ **§ 387 BGB Voraussetzungen** Schulden zwei Personen einander Leistungen, die ihrem Gegenstand nach gleichartig sind, so kann jeder Teil seine Forderung gegen die Forderung des anderen Teils aufrechnen, sobald er die ihm gebührende Leistung fordern und die ihm obliegende Leistung bewirken kann.

§ **§ 388 BGB Erklärung der Aufrechnung** Die Aufrechnung erfolgt durch Erklärung gegenüber dem anderen Teil. Die Erklärung ist unwirksam, wenn sie unter einer Bedingung oder einer Zeitbestimmung abgegeben wird.

> **Muster 111:** Aufrechnungserklärung (vgl. Beck'sches Formularhandbuch, II. 12)
> Der Kunde K schuldet mir, Händler H, einen Betrag von 5.000 € aus der beiliegenden Rechnung. Gleichzeitig schulde ich dem Kunden K Schadensersatz (einschließlich Zinsen und Kosten) in Höhe von 5.000 € wegen eines Produkthaftpflichtschadens (Lieferung gemäß Auftrag vom 17.8.2009). Hiermit erkläre ich die Aufrechnung der genannten Forderungen in Höhe von 5.000 €.

▸ 318 Wie heißen die beteiligten Personen der Aufrechnung und wie die gegenüberstehenden Forderungen?

Für das Verständnis der Aufrechnungsvoraussetzungen und –wirkungen ist es wichtig, die **Personen und Forderungen der Aufrechnungslage genau zu bezeichnen und auseinander zu halten.** Dabei ist aus Gründen der Übersichtlichkeit von der Person auszugehen, die aufrechnet, die also die von der anderen Seite vorgebrachte (Haupt) Forderung nicht wie gefordert begleichen will, sondern eine eigene Forderung entge**gen**stellt (deshalb heißt diese Forderung die sog. Gegenforderung). Diese Person ist der eigentliche Schuldner, der eine Aktivität entwickelt, die Aufrechnung betreibt.

> **Aufrechnender** = derjenige Schuldner, der eine **Verbindlichkeit** einem anderen gegenüber hat (Hauptforderung) und der diese nicht wie vereinbart beglichen haben will, weil er gleichzeitig auch Gläubiger einer Forderung gegen den anderen ist und deshalb mit dieser Gegenforderung **gegen** seine Verbindlichkeiten beim anderen aufrechnet; die Beträge werden praktisch auf „Null" gestellt, soweit sie sich entsprechen.
>
> **Aufrechnungsgegner** = derjenige, der eine (Haupt-)Forderung an den Aufrechnenden hat, die wiederum einer Verbindlichkeit gegenüber dem Aufrechnenden entgegensteht, und die nun dadurch erlöschen soll, dass beide Forderungen, soweit sie sich entsprechen, auf „Null" gestellt werden.

Rechtsfolge der Aufrechnung ist, dass das Schuldverhältnis der an der Aufrechnung beteiligten Parteien erlischt, soweit die Forderungen sich decken. Damit hat der Aufrechnende zudem eine einfache Möglichkeit, sich etwaiger gegen ihn bestehender Forderungen zu entledigen. Betriebswirtschaftlich ist dieses besonders dann für den Aufrechnenden wichtig, wenn der Aufrechnungsgegner nicht mehr zahlungskräftig ist, so dass mit der Aufrechnung sicherungs- und vollstreckungsrechtliche Zwecke verfolgt werden können (BGH NJW 1995, 1967).

▸ 319 Welche Voraussetzungen müssen bei einer wirksamen Aufrechnung vorliegen?

Damit diese Wirkung eintritt, müssen im Zeitpunkt des Zugangs der Aufrechnungserklärung die **Voraussetzungen** der Aufrechnung gegeben sein:

> **Checkliste 38** Wann führt eine Aufrechnung zum Erlöschen der Forderungen?
> - **Gegenseitigkeit der Forderung:** Ist der Aufrechnende gleichzeitig Schuldner der Hauptforderung und Gläubiger der Gegenforderung?
> - **Gleichartigkeit der Forderungen:** Ist der Gegenstand der Forderungen der gleiche bzw. gleichartig?
> - **Wirksamkeit der Gegenforderung:** Ist die zur Aufrechnung gestellte Gegenforderung vollwirksam und fällig?
> - **Erfüllbarkeit der Hauptforderung:** Liegt eine zumindest erfüllbare Hauptforderung vor, die zum Erlöschen gebracht werden soll?
> - **Kein Ausschluss der Aufrechnung:** Bestehen keine Aufrechnungsverbote?

III. Besondere Erfüllungshandlungen

(1) Ist der Aufrechnende gleichzeitig der Schuldner der Hauptforderung und Gläubiger der Gegenforderung?

Es muss eine **Aufrechnungslage** bestehen, bei der sich die Forderungen wirklich einander gegenüberstehen, jeder der Beteiligten muss grundsätzlich Schuldner und Gläubiger des anderen sein.

Aufrechnender:	Aufrechnungsgegner:
Schuldner der Hauptforderung	Gläubiger der Hauptforderung
Gläubiger der Gegenforderung	Schuldner der Gegenforderung
es wird **mit** der Gegenforderung aufgerechnet	es wird **gegen** die Hauptforderung des Aufrechnungsgegners aufgerechnet
es wird die Gegenforderung zur Aufrechnung gestellt	
„verliert" durch die Aufrechnung seine Gegenforderung	„verliert" durch die Aufrechnung seine Hauptforderung

Dabei muss die Gegenforderung auch wirklich **dem aufrechnenden Schuldner gehören**, da sie ja nach der Aufrechnung erloschen ist.

Sobald ein Dritter in diesem Verhältnis einen Anteil an der Gegenforderung hat, kann diese Forderung so lange nicht durch eine Aufrechnung zum Erlöschen gebracht werden, wie er von der Hauptforderung nicht ebenfalls betroffen ist.

> **Beispiele nicht aufrechenbarer Gegenforderungen** (Palandt/Grüneberg § 387 Rn. 4) ▶ Ein Gesamtschuldner kann nicht seine Hauptforderung mit einer Gegenforderung eines anderen Gesamtschuldners aufrechnen, § 422 Abs. 2 BGB. ▶ Mit der Gegenforderung eines Dritten kann ein Schuldner auch mit Einverständnis des Dritten nicht aufrechnen, solange der Gläubiger der Hauptforderung nicht einverstanden ist.

Umgekehrt muss sich die Gegenforderung gegen den Gläubiger der Hauptforderung richten, also eine **Verbindlichkeit des aufrechnenden Gläubiger** sein.

> **Beispiele nicht aufrechenbarer Hauptforderungen** (Palandt/Grüneberg § 387 Rn. 6) ▶ Eine unteilbare Verbindlichkeit im Sinne des § 432 BGB kann nicht durch Aufrechnung gegen die Forderung gegen einen Mitgläubiger aufgerechnet werden (BGH NJW 2008, 1807). ▶ Die Forderung des Gesellschafters kann nicht durch Aufrechnung gegen eine mehrere Mitgesellschafter betreffende Gesellschaftsforderung auf „Null" gestellt werden. ▶ **Ausnahmsweise** sieht das Gesetz in manchen Fällen trotz Fehlen dieser Gegenseitigkeit eine Aufrechnungsmöglichkeit vor, vgl. z. B. § 406 BGB bei Abtretung der Gegenforderung an einen neuen Gläubiger kann diesem gegenüber trotzdem mit einer dem bisherigen Gläubiger zustehenden Forderung aufgerechnet werden, da die Abtretung nicht zum Nachteil des Schuldners der abgetretenen Forderung wirken darf.

(2) Ist der Gegenstand der Forderungen der gleiche bzw. gleichartig?

Im Zeitpunkt der Aufrechnung muss **Gleichartigkeit**, d. h. gleichartige Gegenstände der Leistung, bestehen, so dass sich in der Praxis eigentlich hauptsächlich Geldforderungen gegenüberstehen. Unterschiedliche Modalitäten der Leistungserbringung spielen aber keine Rolle, so dass andere Schuldgründe ebenso wenig die Gleichartigkeit stören wie verschiedene Verzinsungen oder Erfüllungsorte. Theoretisch wären aber auch sich gegenüberstehende Sachforderungen möglich, wenn es sich dabei um Gegenstände der gleichen Gattung handelt (in der Praxis wohl selten anzutreffender Fall).

2 Aufrechnung

Beispiele gleichartiger und nicht gleichartiger Forderungen (Palandt/Grüneberg § 387 Rn. 8 ff.) ▶ **gleichartig** = Anspruch auf Herausgabe von Geld, das hinterlegt wurde (BGH NJW-RR 1989, 556) ▶ Zahlungsanspruch gegen Dritten, über den bereits ein rechtskräftiger Titel vorliegt, z. B. Urteil, Vollstreckungsbescheid ▶ wenn verschiedene Leistungsorte bestehen, aber Schadensersatzanspruch nach § 391 BGB ▶ **nicht gleichartig** = Geldforderungen in verschiedenen Währungen ▶ Gutschrifterteilungsanspruch gegen ein Kreditinstitut (BGH NJW 1978, 699)

(3) Ist die zur Aufrechnung gestellte Gegenforderung vollwirksam und fällig?

Der Aufrechnende kann mit einer Gegenforderung regelmäßig nur dann eine gegen ihn gerichtete Hauptforderung zum Erlöschen bringen, **wenn diese Gegenforderung auch erzwingbar und ohne Einreden besteht.** Schließlich kann dem Aufrechnungsgegner nicht einfach seine Hauptforderung mit einer nicht oder nicht in vollem Umfang bestehenden Gegenforderung entzogen werden.

Beispiele nicht wirksamer Gegenforderungen (Palandt/Grüneberg § 387 Rn. 11) ▶ **verjährte** Forderungen, soweit nicht § 215 BGB einschlägig ist ▶ **Spiel- oder Wettschulden** des Aufrechnenden, die von der Rechtsordnung nicht anerkannt werden, § 762 Abs. 1 S. 1 BGB ▶ Verbindlichkeiten, die erst bei **Eintritt einer Bedingung** entstehen sollen, solange diese nicht eingetreten ist ▶ Verbindlichkeiten, die vom Aufrechnungsgegner **gestundet** wurden, solange die Stundungszeit noch nicht abgelaufen ist ▶ nach **Ablauf einer Frist** erloschene Ansprüche (BAG NJW 1968, 813) ▶ Ansprüche, die erst **in Zukunft entstehen** werden ▶ Selbst wenn man künftige Ansprüche eigentlich fest einplanen kann, z. B. Renten der gesetzlichen Rentenversicherung, lässt die Rechtsprechung hier nur eine im Voraus durchgeführte Aufrechnung in einem angemessenem Zeitraum von sechs Monaten zu (BGH NJW-RR 2006, 1185).

(4) Liegt eine zumindest erfüllbare Hauptforderung vor, die zum Erlöschen gebracht werden soll?

Die **Hauptforderung muss nur erfüllbar sein,** eine voll wirksame und fällige Schuld des Aufrechnenden ist nicht erforderlich. Dieser Unterschied zur zwingend bestehenden Gegenforderung ist darin begründet, dass es letztlich ja der Aufrechnende ist, der entscheiden kann, ob und welche weniger „verbindliche" Hauptforderungen der Passivseite er mit seiner „guten" Gegenforderung zum Erlöschen bringen möchte.

Beispiele möglicher und nicht möglicher Hauptforderungen (Palandt/Grüneberg § 387 Rn. 12) ▶ **möglich** = Spiel- oder Wettschulden des Aufrechnungsgegners, § 762 Abs. 1 S. 2 BGB ▶ **gestundete, auflösend bedingte, anfechtbare** Ansprüche, gegen die Einreden bestehen, z. B. verjährte Forderungen des Aufrechnungsgegners, vgl. auch § 215 BGB ▶ **nicht möglich** = **aufschiebend bedingte und künftige** Ansprüche (BGH NJW 2004, 3118) ▶ Nur ausnahmsweise ist die Aufrechnung für **einen angemessenen Zeitraum** gegen zukünftige Rentenansprüche oder Versorgungsrenten möglich (BGH NJW-RR 1990, 160).

(5) Bestehen Aufrechnungsverbote?

Aufrechnungsverbote können sich aus dem Gesetz, vertraglichen Vereinbarungen oder Gründen von Treu und Glauben ergeben.

Die Aufrechnung ist teilweise kraft **gesetzlicher Vorschriften** des BGB, §§ 390 bis 395 BGB oder spezialgesetzlicher Regelungen ausgeschlossen, um besonderen Umständen die Rechnung zu tragen.

Beispiele gesetzlicher Aufrechnungsausschlüsse ▶ **einredebehaftete** Forderungen, § 390 BGB, z. B. grundsätzlich bei Bestehen von Zurückbehaltungsrechten nach §§ 273, 320 BGB, wenn das Fehlen einer Rechnung geltend gemacht wird ▶ **beschlagnahmte** Forderungen,

III. Besondere Erfüllungshandlungen

§ 392 BGB ▶ **Hauptforderungen aus vorsätzlich begangener unerlaubter Handlung gegenüber dem Schädiger**, § 393 BGB, da ansonsten der Gläubiger einer beim Schuldner z. B. wegen Geldmangels nicht realisierbaren Forderung diesem vorsätzlich einen Schaden in gleicher Höhe verursachen und dann einfach die Aufrechnung gegen die Hauptforderung des Geschädigten erklären könnte; dagegen kann der Geschädigte mit seiner aus einem Delikt herrührenden Forderung gegen eine Hauptforderung aufrechnen ▶ **unpfändbare** Hauptforderungen, § 394 BGB, sollen dem Aufrechnungsgegner verbleiben, da sie vielfach der Existenzsicherung dienen; unpfändbare Gegenforderungen können aber zur Aufrechnung gestellt werden ▶ weitere Aufrechnungsverbote, §§ 19 Abs. 2 GmbHG bezüglich ausstehender Einlagen, § 66 AktG, § 96 InsO

Eine Aufrechnung führt dazu, dass buchführungsmäßig nicht zusammenhängende Positionen miteinander in Beziehung gebracht werden und so die betriebliche Kalkulation stören können. Es werden deshalb gerne Aufrechnungsverbote **in Verträgen** vereinbart, was bei AGB-mäßiger Vereinbarung auch in den Grenzen des § 309 Nr. 3 BGB möglich ist, soweit nicht die Aufrechnung mit unbestrittenen oder rechtskräftig festgestellten Gegenforderungen ausgeschlossen wird.

§ **§ 309 Nr. 3 BGB Klauselverbote ohne Wertungsmöglichkeit** Auch soweit eine Abweichung von den gesetzlichen Vorschriften zulässig ist, ist in Allgemeinen Geschäftsbedingungen unwirksam 3. **(Aufrechnungsverbot)** eine Bestimmung, durch die dem Vertragspartner des Verwenders die Befugnis genommen wird, mit einer **unbestrittenen** oder **rechtskräftig** festgestellten **Forderung** aufzurechnen;

In der Praxis gibt es darüber hinaus auch noch andere Handels- und Barzahlungsvereinbarungen in den Geschäftsbedingungen zur Hauptforderung, die einen Aufrechnungsausschluss erkennen lassen:

Beispiele vertraglicher Aufrechnungsausschlüsse (Palandt/Grüneberg § 387 Rn. 14) ▶ *„netto Kasse gegen Rechnung und Verladepapiere"* (BGH NJW 1957, 827) ▶ *„Kasse gegen Verladedokumente"* (BGH NJW 1976, 852) ▶ *„binnen 7 Tagen rein netto"* (OLG Düsseldorf NJW-RR 1996, 115) ▶ *„cash on delivery"* (BGH NJW 1985 550)

Die Rechtsprechung hat weitere Fälle entwickelt, in denen es gegen Treu und Glauben, §§ 157, 242 BGB, verstößt, eine Aufrechnung durchzuführen. Zumeist ist die Aufrechnung mit der Eigenart des Schuldverhältnisses nicht zu vereinbaren oder widerspricht den mit der vereinbarten Leistung verfolgten Zwecken.

Beispiele wegen Treuwidrigkeit nicht zulässiger Aufrechnungen (Palandt/Grüneberg § 387 Rn. 15) ▶ wenn Anspruch auf Gewährleistungseinbehalt mit Ansprüchen aus anderen Bauvorhaben verrechnet werden sollen (BGH NJW-RR 2008, 38) ▶ Anspruch gegen die Hinterlegungsstelle auf Rückzahlung des hinterlegten Geldbetrags (BGH NJW 1985, 2820) ▶ Schadensersatzanspruch wegen unberechtigter Inanspruchnahme einer Bürgschaft auf erstes Anfordern (OLG Düsseldorf WM 1996, 1856)

Lösung Fall 122 Eine **Aufrechnungslage** zwischen H und K besteht grundsätzlich schon: H hat gegen K einen Kaufpreisanspruch aus § 433 Abs. 2 BGB und K gegen H einen Schadensersatzanspruch aus § 823 Abs. 1 BGB wegen vorsätzlicher begangener Eigentumsverletzung durch H. Da beides Geldforderungen sind, ist **Gleichartigkeit** gegeben, ebenso wie die **Fälligkeit** der Gegenforderung (auf Kaufpreiszahlung) und die Hauptforderung in jedem Fall **erfüllbar ist**. Der Fall hat aber ein deutliches „Geschmäckle", das Vorgehen des Händlers kann von unserer Rechtsordnung nicht toleriert werden. §393 BGB **verbietet** daher die Aufrechnung des H **gegen** eine Forderung aus einer vorsätzlichen unerlaubten Handlung. Dagegen könnte aber der Käufer K mit seine Schadensersatzforderung gegen die Kaufpreisforderung aufrechnen.

> **§393 BGB Keine Aufrechnung gegen Forderung aus unerlaubter Handlung** Gegen eine Forderung aus einer vorsätzlich begangenen unerlaubten Handlung ist die Aufrechnung nicht zulässig.

3 Erlass und negatives Schuldanerkenntnis

▶ **320 Wie erfolgt der Erlass einer vertraglichen Schuld?**

> **Fall 123** Die **Erlassfalle** Der **Mieter M** zahlte viele Jahre seine Miete für einige Grundstücke nicht an den Vermieter V. Plötzlich teilt der Mieter dem Vermieter mit, dass er den Rückstand von 147.890 DM *„trotz aller Bemühungen, ... vertragstreu (zu) sein"*, nicht werde begleichen können. Er schrieb: *„Da ich bemüht bin, auch diese Angelegenheit im Rahmen meiner finanziellen Möglichkeiten abzuschließen, überreiche ich Ihnen in der Anlage einen Verrechnungsscheck über 1.000,00 DM zur endgültigen Erledigung obiger Angelegenheit. Eine Antwort auf dieses Schreiben erwarte ich nicht, eine Antwort ist auch nicht notwendig, da ich meine, dass insofern alles besprochen ist."* Auf dem beigefügten Verrechnungsscheck stand *„Mein Schreiben vom 28.08.97 wegen Vergl."* **Frage** Hat der Vermieter durch Einlösung des Schecks den Restbetrag erlassen? (Fall nach BGH NJW 2001, 2324)

Schuldverhältnisse können kann auch dadurch beendet werden, dass sich Gläubiger und Schuldner darüber einig sind, das einzelne Forderungen erlöschen, §397 Abs. 1 BGB, auch Abfindungsvertrag genannt.

> **§397 Abs. 1 BGB Erlassvertrag, ...** (1) Das Schuldverhältnis erlischt, wenn der Gläubiger dem Schuldner durch Vertrag die Schuld erlässt.

Erforderlich ist also, dass der Gläubiger dem Schuldner ein formloses Erlassangebot macht, das dieser annehmen muss. Hinsichtlich der Annahmeerklärung liegt im Regelfall eine nicht empfangsbedürftige Willenserklärung vor, Fall des §151 BGB, so dass der Gläubiger die Annahme des Schuldners nicht erwartet und die schweigende Hinnahme durch den Schuldner für das Zustandekommen eines wirksamen Erlassvertrages ausreicht.

> **Muster 112:** **Erlassvertrag** (vereinfachtes Muster, vgl. Beck'sches Formularbuch, II. 13)
> Zwischen der B-Bank und dem Kreditnehmer K-AG wird Folgendes vereinbart.
> Die B-Bank verzichtet hiermit auf die Rückzahlung des Kredits in Höhe eines Teilbetrages von ... € zuzüglich der hierauf entfallenden Zinsen.
> Der Verzicht erfolgt vorbehaltlich des nachfolgend vereinbarten Besserungsscheins: Soweit der Kunde K-AG künftig, beginnend mit dem Geschäftsjahr ... einen Jahresüberschuss erzielt, wird der Kunde einen Betrag von ... % dieses Jahresüberschusses an die B-Bank leisten. ...

III. Besondere Erfüllungshandlungen

Ob allerdings ein Erlassvertrag wirklich vom Erklärenden gewollt ist, muss sich eindeutig aus seiner Willenserklärung ergeben, wobei wegen der weitreichenden Auswirkungen ein strenger Maßstab von der Rechtsprechung angelegt wird (BGH NJW 1996, 588, NJW 2008, 2842). Dabei müssen **alle wesentlichen Umstände des Einzelfalls** beachtet werden (BGH NJW 2002, 1044), besonders auch bei der Bestimmung des Umfangs eines Erlassvertrags, so dass er den Parteien unbekannte Forderungen im Zweifel nicht umfasst (BGH NJW 1984, 1346 hinsichtlich Forderungen aus Delikt).

> **Beispiele die für und gegen einen Erlass sprechen** (Palandt/Grüneberg § 397 Rn. 7) ▶ **für Erlass spricht** = wenn man eine abschließende Abrechnung vornimmt, dabei aber bestehende Mindesthonorarsätze unterschreitet, verzichtet man auf die darüber hinaus gehenden Forderungsteile (OLG Hamm NJW-RR 1998, 811) ▶ **gegen Erlass spricht** = wenn man bloß **widerspruchslos eine Abrechnung** hinnimmt (BGH NJW 1994, 379) ▶ wenn der Schuldner einen Antrag stellt, ob er einen Teil der Verbindlichkeit erlassen bekommt und der Gläubiger den über den geringeren Teilbetrag der **Gesamtforderung mit gesandten Scheck** einlöst ▶ Wenn während eines Rechtsstreits die **Klageforderung reduziert** wird, bedeutet das keinen Erlass des darüber hinausgehenden Forderungsanteils (BGH NJW 1997, 379). ▶ wenn der Vermieter die **Kaution zurück überweist**, obwohl Mängel bestehen (OLG München NJW-RR 1990, 20)

Der Erlass erfasst selbstverständlich nur solche Ansprüche auf die der Erlassende überhaupt verzichten kann. **Unverzichtbare Rechte** sind z. B. Anfechtungsrechte wegen arglistiger Täuschung oder widerrechtlicher Drohung nach § 123 BGB (BGH NJW 2007, 1058), Unterhaltsansprüche nach §§ 1360a, 1614, 1615 BGB, tarifliche Ansprüche begrenzt nach § 4 Abs. 4 TVG, Anspruch auf Mindesturlaub, § 13 BUrlG.

> **Lösung Fall 123** Ein Erlassvertrag ist nicht zwischen Vermieter V und Mieter M zustandegekommen, da das vom Mieter dazu abgegebene Angebot, auf dessen Zugang er nach § 151 BGB verzichtet hatte, **nicht vom Vermieter mit eindeutigem Annahmewillen akzeptiert** wurde. Die Art und Weise, wie der Mieter vorgeht, entspricht einem Muster, das von den Juristen „Erlassfalle" genannt wird. Jedenfalls kann aus **den Umständen, dass die angebotene Abfindung nur 0,68 % der Hauptforderung ohne Zinsen erfasst und der Vermieter allein für den Gerichtskostenvorschuss für das gerichtliche Mahnverfahren 3.387,50 DM einzahlen musste,** kein Wille des Scheckeinlösenden abgelesen werden, er wolle auf den Rest der Forderung verzichten. Dieses ginge nur bei geringen Abweichungen zwischen geschuldetem und angenommenem Betrag. Ein **Erlassvertrag** liegt daher **nicht** vor.

▶ **321 Was versteht man unter einem negativen Schuldanerkenntnis?**

Bei einem negativen Schuldanerkenntnis liegt das Gegenteil des positiven Schuldanerkenntnisses vor: der Gläubiger bestätigt, dass kein Schuldverhältnis mehr besteht, § 397 Abs. 2 BGB.

> § **§ 397 BGB ... negatives Schuldanerkenntnis** (1) Das Schuldverhältnis erlischt, wenn der Gläubiger dem Schuldner durch Vertrag die Schuld erlässt. (2) **Das Gleiche** gilt, wenn der Gläubiger durch Vertrag mit dem Schuldner **anerkennt**, dass das Schuldverhältnis **nicht bestehe**.

Ein Beispiel des negativen Schuldanerkenntnisses ist die **sog. Ausgleichsquittung**, die im Arbeitsrecht häufig am Ende des Arbeitsverhältnisses zwischen den Parteien

3 Erlass und negatives Schuldanerkenntnis

unterzeichnet wird, um einen abschließenden Strich unter das vergangene arbeitsrechtliche Schuldverhältnis zu ziehen.

Muster 113: Ausgleichsquittung als Beispiel eines negativen Schuldanerkenntnisses

Frau / Herr _____ bestätigt hiermit, von dem Unternehmen _____ die nachfolgend ordnungsgemäß ausgefüllten Arbeitspapiere anlässlich der Beendigung des Arbeitsverhältnisses zum _____ erhalten zu haben: (Zutreffendes bitte ankreuzen)

o Lohnsteuerkarte o Urlaubsbescheinigung o Arbeitsbescheinigung zur Vorlage bei der Agentur für Arbeit o Zeugnis, einfaches o Zeugnis, qualifiziertes o Lohn-/Gehaltsabrechnung bis zum ...

Darüber hinaus bestätigt der unterzeichnende Arbeitnehmer, dass er gegen das oben genannte Unternehmen keinerlei gegenwärtige und künftige Ansprüche aus und in Verbindung mit dem Arbeitsverhältnis und seiner Beendigung hat. Dieses gilt nicht für unverzichtbare Ansprüche.

Der unterzeichnende Arbeitnehmer erklärt weiter, dass er mit der Kündigung / dem Aufhebungsvertrag vom _____ sowie der Abrechnung von Gehalts- und Urlaubsabgeltung einverstanden ist.

Eine Kündigungsschutzklage bzw. eine Zahlungsklage wird nicht erhoben. Eine bereits bei Gericht eingereichte Kündigungsschutzklage bzw. Zahlungsklage wird auf Grund dieser Ausgleichsquittung zurückgenommen. Diese Ausgleichsquittung haben die Parteien sorgfältig gelesen. Soweit erforderlich: Diese Ausgleichsquittung wurde dem Arbeitnehmer in seine Landessprache übersetzt.

Ort, Datum Unterschriften Arbeitgeber Arbeitnehmer

Der **Umfang** einer Ausgleichsquittung wird grundsätzlich von der Rechtsprechung weit gesteckt, so dass ein 13. Monatsgehalt ebenso wie das Wettbewerbsverbot ohne ausdrücklich aufgezählt zu werden mit umfasst sind (BAG NJW 2004, 1280, BB 2004, 1280). Dagegen will die Rechtsprechung eine deutliche Nennung in den Fällen haben, in denen es um den Verzicht auf den Kündigungsschutz nach KSchG geht, um Rentenansprüche und Zeugnisansprüche (BAG NJW 1979, 2267, BAG DB 1990, 1870, BAG NJW 1975, 407).

Weitere Beispiele für negative Schuldanerkenntnisse (Palandt/Grüneberg § 397 Rn. 10) ▶ Klausel in einem Vertrag, dass **keine Provisionsansprüche** bestehen (OLG Düsseldorf NJW-RR 1995, 1524) ▶ **Gutschrift** auf einem Kontoauszug ▶ Wenn eine Miet- oder Leasingsache **mit erkennbaren Mängeln** zurückgegeben wird und im Rückgabeprotokoll bestimmte Mängel nicht aufgezählt werden, können diese Auslassungen als negatives Schuldanerkenntnis bewertet werden (OLG Celle DB 1997, 2215).

Besondere Erfüllungshandlungen

- **Hinterlegung, §§ 372 bis 386 BGB** o wenn der Schuldner zwar leisten möchte, der Gläubiger aber aus irgendwelchen Gründen (z. B. Platzmangel, Erkrankung) nicht bereit ist, diese Leistung anzunehmen o bei Leistungshindernissen aus der Sphäre des Schuldners o inhaltlich das Recht (nicht die Pflicht!), sich durch Hinterlegung der Sache von seiner Leistungspflicht zu befreien o **Hinterlegungsgründe**, z. B. Annahmeverzug des Gläubigers, Ungewissheit über die Person des Gläubigers o **Hinterlegungsgegenstände**, z. B. bewegliche Gegen-

stände von besonderem Wert, z. B. Geld, Wertpapiere, Gold ○ Rechtsfolge der Hinterlegung ist die Befreiung des Hinterlegenden von seiner Schuld
- **Aufrechnung, §§ 387 bis 396 BGB** ○ Aufrechnungslage: es stehen sich zwei Forderungen mit identischen Gläubigern und Schuldnern gegenüber ○ Aus praktischen und wirtschaftlichen Gründen bietet es sich grundsätzlich an, die Forderungen miteinander zu „verrechnen", „auf Null" zu stellen, anstatt erst die eine Forderung zu leisten, um dann gleich die andere Forderung wieder zurückzugewähren. ○ aus Gründen der Übersichtlichkeit von der Person auszugehen, die aufrechnet, die also die von der anderen Seite vorgebrachte (Haupt)Forderung nicht wie gefordert begleichen will, sondern eine eigene Forderung ent**gegen**stellt (deshalb heißt diese Forderung die sog. Gegenforderung) ○ **Voraussetzungen der Aufrechnung = Gegenseitigkeit der Forderung, d. h.** der Aufrechnende ist gleichzeitig Schuldner der Hauptforderung und Gläubiger der Gegenforderung ○ Gegenstand der Forderungen ist der gleiche bzw. gleichartig ○ die zur Aufrechnung gestellte Gegenforderung ist vollwirksam und fällig ○ zumindest erfüllbare Hauptforderung, die zum Erlöschen gebracht werden soll ○ keine Aufrechnungsverbote
- **Erlass, § 397 Abs. 1 BGB** ○ Gläubiger und Schuldner sind darüber einig, dass einzelne Forderungen erlöschen. ○ Ob allerdings ein Erlassvertrag wirklich vom Erklärenden gewollt ist, muss sich eindeutig aus seiner Willenserklärung ergeben. ○ Wegen der weitreichenden Auswirkungen legt die Rechtsprechung einen strengen Maßstab an.
- **Negatives Schuldanerkenntnis, § 397 Abs. 2 BGB** ○ Gegenteil des positiven Schuldanerkenntnisses ○ der Gläubiger bestätigt, dass kein Schuldverhältnis mehr besteht, z. B. bei der arbeitsrechtlichen Ausgleichsquittung

IV. Weitere Erlöschensgründe

▶ **322 Welche weiteren Erlöschensgründe existieren im Vertragsrecht?**

In der Praxis gibt es aber noch verschiedene andere Möglichkeiten, wie die vertraglich geschuldeten Pflichten ein Ende finden können.

> **Weitere Erlöschensgründe**
> - Unmöglichwerden der Leistung
> - Ablauf der für die Leistung bestimmten Frist
> - Verwirkung
> - Aufhebungsvertrag
> - Kündigung
> - Widerruf
> - Rücktritt
> - Novation
> - Konfusion

1 Unmöglich gewordene Leistung

▶ **323 Was geschieht mit dem Schuldverhältnis, dessen Leistung unmöglich geworden ist?**

Bereits bei der Vorstellung der Unmöglichkeit im Rahmen der Vertragsstörungen wurde der §275 BGB beschrieben, wonach bei einer objektiv oder subjektiv unmöglichen Leistungserbringung der Schuldner von seiner Leistungspflicht frei wird und das Schuldverhältnis mit den vereinbarten Zwecken sein Ende findet.

§ **§275 Abs. 1 BGB Ausschluss der Leistungspflicht** (1) Der Anspruch auf Leistung ist ausgeschlossen, soweit diese für den Schuldner oder für jedermann unmöglich ist.

2 Fristablauf

▶ **324 Wann endet ein mit einer Zeitbestimmung versehener Vertrag?**

Ein Schuldverhältnis kann von den Vertragsparteien auch so ausgestaltet werden, dass seine Rechtswirkungen von einem in der Zukunft liegenden Termin abhängen. So kann ein Vertrag erst mit einem bestimmten Anfangstermin überhaupt seine Wirkung entfalten oder auch an einem bestimmten Endtermin erlöschen, §163 BGB.

IV. Weitere Erlöschensgründe

§ **§ 163 BGB Zeitbestimmung** Ist für die Wirkung eines Rechtsgeschäfts bei dessen Vornahme ein Anfangs- oder ein Endtermin bestimmt worden, so finden im ersteren Falle die für die aufschiebende, im letzteren Falle die für die auflösende Bedingung geltenden Vorschriften der §§ 158, 160, 161 entsprechende Anwendung.

Geht es um die Vertragsbeendigung, ist regelmäßig eine auflösende Bedingung durch Ablauf eines Endtermins gegeben, § 158 Abs. 2 BGB, so dass die Wirkungen des Rechtsgeschäfts mit diesem Termin ihr Ende finden.

§ **§ 158 Abs. 2 BGB ... auflösende Bedingung** (2) Wird ein Rechtsgeschäft unter einer auflösenden Bedingung vorgenommen, so endigt mit dem Eintritt der Bedingung die Wirkung des Rechtsgeschäfts; mit diesem Zeitpunkt tritt der frühere Rechtszustand wieder ein.

3 Verwirkung

▶ **325 Wie können vertragliche Rechte aufgrund von Verwirkung untergehen?**

Bei dem Rechtsinstitut der Verwirkung handelt es sich um einen **Unterfall des widersprüchlichen Verhaltens**, das nach § 242 BGB als treuwidrig bewertet wird und dem damit von der Rechtsordnung sämtliche Rechtswirkungen genommen werden. Hat der Berechtigte längere Zeit seine Rechte nicht eingefordert, so dass der Schuldner sich darauf verlassen hat und verlassen durfte, dass auch in Zukunft diese Rechte nicht mehr eingefordert werden, kann eine verwirkte Rechtsposition vorliegen (BGH NJW 2006, 219, NJW 2008, 2254). Die Rechtsprechung hat verschiedene Voraussetzungen für das Vorliegen einer Verwirkung herausgebildet:

> **Voraussetzungen der Verwirkung**
> - **Zeitmoment**: Ist eine längere Zeit verstrichen, in der von dem Recht trotz bestehender Möglichkeit kein Gebrauch gemacht worden ist?
> - **Untätiger Berechtigter**: Hat der Berechtigte während dieser Zeit nichts zur Durchsetzung seines Rechts unternommen?
> - **Umstandsmoment**: Hat der Verpflichtete sich berechtigterweise darauf verlassen dürfen, dass das Recht nicht mehr eingefordert werden wird?

Welches **Zeitmoment** letztlich für eine Verwirkung ausreicht, richtet sich nach den Verhältnissen in jedem Einzelfall, wobei es nach der Rechtsprechung insbesondere auf folgende Aspekte ankommt: ▶ Art und Bedeutung des möglicherweise untergehenden Anspruchs (OLG Hamm NJW-RR 1997, 847) ▶ Intensität des vom Anspruchsinhaber geschaffenen Vertrauenstatbestands (OLG Frankfurt NJW-RR 1991, 678) sowie ▶ das Ausmaß an Schutzbedürftigkeit auf der Seite des Anspruchsgegners. Macht der Berechtigte bei Verhandlungen oder Abrechnungen seinen Anspruch nicht geltend, kommt dieses einem konkludenten Verzicht gleich, so dass sich die notwendige Zeitspanne deutlich verringern kann (BGH WM 1979, 647).

> **Beispiele zum „Zeitmoment"** (Palandt/Grüneberg § 242 Rn. 93) ▶ Innerhalb von **einigen Wochen** kann z. B. ein Rücktrittsrecht verwirkt sein (BGH BB 1969, 383). ▶ Selbst **28 Jahre** waren aber bei einem dinglichen Anspruch noch nicht lange genug (BGH WM 1971, 1084). ▶ Will die öffentliche Hand von Bauunternehmern zu viel gezahlten Werklohn zurück haben, sollen **sieben oder acht Jahre ab Schlussrechnung** als verwirkt angesehen werden (z. B. LG Landshut NJW-RR 2002, 749). ▶ Ein titulierter Rückzahlungsanspruch eines Bankdarlehens ist **sechseinhalb, acht** oder **sechzehn** Jahre nach der letzten Vollstreckungsmaßnahme verwirkt. ▶ Zinsen können **nach neuneinhalb Jahren** nicht mehr angepasst werden (OLG Köln WM 1994, 1469). ▶ Wird erst **vier Jahre** nach Abbruch einer Zahnarztbehandlung ein Honorar von mehr als 60.000 € verlangt, kann Verwirkung angenommen werden (OLG Nürnberg, MDR 2008, 377). ▶ Benutzt ein Gutgläubiger mit Wissen eines Markenberechtigten dessen Marke, tritt gemäß §§ 21 Abs. 1 bis 3 MarkenG nach **fünf Jahren** eine quasi gesetzliche Verwirkung ein, die aber die hier dargestellten Verwirkungsgrundsätze daneben auch für eine frühere Verwirkung zulässt, vgl. § 21 Abs. 4 MarkenG. ▶ Nach der Reform des Verjährungsrechts haben sich aber die Verwirkungsfälle deutlich reduziert, da grundsätzlich dem Gläubiger die Regelverjährungsfrist von 3 Jahren nach § 195 BGB **ungekürzt** zur Verfügung stehen soll, so dass vor Ablauf dieser Zeit eine Verwirkung nur bei Vorliegen besonderer Umstände zukünftig möglich sein wird (BGH NJW 2011, 212 Tz. 22).

Der Berechtigte darf in keiner Weise zu erkennen gegeben haben, dass er **doch noch Interesse an der Verfolgung des Rechts** gehabt hätte. Daher schließen Mahnungen oder Widersprüche durch den Berechtigten das Vorhandensein einer Verwirkung aus.

Der **Vertrauenstatbestand** schließlich besteht darin, dass sich der Schuldner nach dem Verhalten des Gläubigers auf eine Nichtgeltendmachung des Rechts eingerichtet hat und einrichten durfte. Die verspätete Geltendmachung muss sich letztlich als eine mit dem Grundsatz von Treu und Glauben unvereinbare Härte darstellen (BGH NJW 2003, 824).

> **Beispiele zum Vertrauenstatbestand** (Palandt/Grüneberg § 242 Rn. 95) ▶ wenn der Verpflichtete z. B. im Vertrauen auf die Nichtgeltendmachung **Mängelansprüche nicht mehr weiterverfolgt** hat oder auf eine **Beweissicherung der Mängel verzichtet** hat (OLG Hamm NJW-RR 2003, 81) ▶ Belege wurden **nicht mehr gesichert** (LG Trier NJW-RR 1993, 55) ▶ Ein für die Verwirkung sprechendes Indiz sind verstrichene handelsrechtliche **Aufbewahrungsfristen**, § 257 Abs. 4 HGB (sechs bzw. zehn Jahre).

Schließlich ist es für die Verwirkung grundsätzlich unerheblich, ob dem Berechtigten das Bestehen seines **Rechts überhaupt bekannt ist** und ob diese Unkenntnis verschuldet oder unverschuldet eintrat. Es reicht, dass er bei objektiver Beurteilung hätte Kenntnis haben können (LG Frankfurt NJW-RR 1986, 593). Weiß allerdings der Verpflichtete, dass der Berechtigte keine Kenntnis davon hatte oder verheimlicht er es absichtlich, ist wiederum kein schutzwürdiger Vertrauenstatbestand auf der Seite des Verpflichteten festzustellen (BGH NJW-RR 2007, 257). Gleiches gilt auch, wenn der Verpflichtete unwirksame AGB absichtlich verwendet und deshalb der Berechtigte zunächst auf die Geltendmachung verzichtet (BGH NJW 2008, 2254).

Die Verwirkung wird vor Gericht **von Amts wegen** berücksichtigt, ohne dass sich die Parteien darauf berufen müssen. Der Verpflichtete hat die Beweise für das Vorliegen der Verwirkung darzutun und der Berechtigte muss dann darlegen, dass und wie er sich doch um seine Rechte gekümmert hat (BGH NJW 1958, 1188).

IV. Weitere Erlöschensgründe

4 Aufhebungsvertrag

▶ **326 Wie kann man durch einen Aufhebungsvertrag einen Vertrag beenden?**

In einem Aufhebungsvertrag erklären beide Vertragsparteien einvernehmlich, das Vertragsverhältnis aufheben zu wollen. Inhaltlich können die Vertragsparteien frei wählen, welche Regelungen sie treffen wollen, im Regelfall finden sich folgende Vereinbarungen:

> **Muster 114: Aufhebungsvertrag beim Arbeitsverhältnis**
>
> zwischen _____ (Anschrift) – im Folgenden: Arbeitgeber – und
>
> Frau / Herrn _____ (Anschrift) – im Folgenden: Arbeitnehmer –
>
> **1. Ende des Arbeitsverhältnisses** Die Parteien sind sich einig, dass das zwischen ihnen bestehende Arbeitsverhältnis einvernehmlich zum _____ beendet wird.
>
> **2. Abfindung** Aus Anlass der Beendigung des Arbeitsverhältnisses erhält der Arbeitnehmer für den Verlust des Arbeitsplatzes und zum Ausgleich für den Verlust des sozialen Besitzstandes gemäß § 3 Ziff. 9 EStG sowie in entsprechender Anwendung der §§ 9, 10 KSchG eine Abfindung in Höhe von … €, brutto (in Worten: … €). Die Parteien vereinbaren, dass der Abfindungsanspruch vererbbar und bereits mit Unterzeichnung dieses Vertrages entstanden ist. Die Abfindung wird bei Beendigung des Arbeitsverhältnisses sofort, spätestens jedoch am … zur Zahlung fällig. Für den Fall einer Nachforderung des Finanzamtes aufgrund dieser Vereinbarung verpflichtet sich der Arbeitnehmer insoweit zur Freistellung des Arbeitgebers bzw. zur Erstattung.
>
> **3. Ordnungsgemäße Abwicklung** Bis zur Beendigung des Arbeitsverhältnisses erhält der Arbeitnehmer seine bisherigen Bezüge weitergezahlt. Das Arbeitsverhältnis wird bis zu seiner Beendigung von beiden Seiten ordnungsgemäß abgewickelt.
>
> **4. Zeugnis** Der Arbeitnehmer erhält mit Ausscheiden ein einfaches/qualifziertes Endzeugnis. Die zusammenfassende Leistungsbeurteilung sowie die Schlussformel lauten wie folgend: … Das Zeugnis wird ungeknickt im Karton auf Kosten und Risiko des Arbeitgebers an den Arbeitnehmer versandt. Der Arbeitgeber wird mündliche und schriftliche Auskünfte nur entsprechend dem Wortlaut des Zeugnisses erteilen.
>
> **5. Erledigungsklausel** Beide Parteien sind sich einig, dass nach ordnungsgemäßer Abwicklung dieser Vereinbarung beide Seiten keinerlei Ansprüche gleich aus welchem Rechtsgrund, unabhängig ob bekannt oder unbekannt, mehr bestehen. Eine Kündigungsschutzklage bzw. eine Zahlungsklage wird nicht erhoben. Dem Arbeitgeber steht kein Zurückbehaltungsrecht hinsichtlich der sich aus dieser Vereinbarung ergebenden Verpflichtungen zu. Eine Aufrechnung des Arbeitgebers gegenüber den sich aus diesem Vertrag ergebenden finanziellen Verpflichtungen ist ausgeschlossen.
>
> **6. Arbeitspapiere** Der Arbeitgeber wird die Arbeitspapiere wie hier vereinbart ausfüllen und dem Arbeitnehmer unverzüglich zur Verfügung stellen. Dritten gegenüber wird der Arbeitgeber keine dieser Vereinbarung widersprechenden Auskünfte erteilen.
>
> **7. Geheimhaltung** Der Arbeitnehmer sichert zu, Stillschweigen hinsichtlich des Inhalts dieser Vereinbarung gegenüber jedermann zu wahren, es sei denn, er ist gesetzlich zur Auskunft verpflichtet oder die Auskunft ist aus steuerlichen oder sozialversicherungsrechtlichen Gründen gegenüber Behörden oder zur Wahrung von Rechtsansprüchen gegenüber Gerichten erforderlich.

> **8. Sozialversicherungsrechtliche Hinweise** Der Arbeitgeber hat den Arbeitnehmer vor Abschluss der Vereinbarung darauf hingewiesen, dass Nachteile steuerlicher oder sozialversicherungsrechtlicher Art nicht ausgeschlossen werden können und diesbezüglich die zuständigen Behörden Auskunft erteilen.
> **9. Nebenbestimmungen** Sollte eine Bestimmung dieser Vereinbarung unwirksam sein, wird die Wirksamkeit der übrigen Bestimmungen davon nicht berührt. An dieser Stelle der unwirksamen Bestimmung soll eine wirksame Bestimmung treten, die dem wirtschaftlichen Zweck der unwirksamen Bestimmung möglichst nahe kommt. Entsprechendes gilt, falls die Vereinbarung eine unbeabsichtigte Lücke aufweisen sollte. Unterschriften, Datum, Ort

Das BGB **definiert den Aufhebungsvertrag an keiner Stelle**, geht aber von seiner Existenz wie selbstverständlich aus, so z. B. in § 623 BGB, wo begrifflich von dem inhaltlich identischen **Auflösungsvertrag** gesprochen wird, der bei Arbeitsverhältnissen ausnahmsweise schriftlich zu erfolgen hat. Dieses hat z. B. große Bedeutung, wenn ein Arbeitnehmer zum GmbH-Geschäftsführer ernannt wird und die Parteien vergessen, sein bisheriges Arbeitsverhältnis schriftlich aufzuheben, so dass bei späterer Abberufung das alte Arbeitsverhältnis wieder aufleben kann (BAG NJW 2006, 1899, NJW 2007, 396).

Beim Abschluss des Aufhebungsvertrags ist aber ansonsten **keine Form** einzuhalten, insbesondere nicht die des aufzuhebenden Vertrages. Das gilt auch für vertraglich vereinbarte Formvorschriften, die Zweifelsregelung des § 127 BGB gilt nicht (BAG NJW 2000, 3155).

In **Abgrenzung** zum Erlassvertrag, § 397 BGB, bringt der Aufhebungsvertrag das gesamte Schuldverhältnis zum Ende und bezieht sich nicht nur auf einzelne Forderungen.

Die Aufhebungsvereinbarung kann auch **stillschweigend vorliegen**, z. B. durch Auszug der Mietvertragspartei oder wenn der Arbeitnehmer seine Papiere und ein Endzeugnis verlangt (trotzdem gilt aber die Schriftform, § 623 BGB). Dieses ist aber mit der gebotenen Vorsicht zu behandeln, da ein vertraglicher Schutz nicht leichtfertig entzogen werden soll, so dass z. B. in der bloßen Hinnahme einer Kündigung im Mietrecht nicht sogleich ein stillschweigender Aufhebungsvertrag gesehen werden darf (BGH NJW 1981, 43). Anders kann der Fall behandelt werden, in dem die eher schutzbedürftige Partei selbst den Vertrag aufheben möchte, z. B. weil sie aus gesundheitlichen Gründen den Vertrag nicht mehr erfüllen kann (BGH NJW 1996, 1023).

Seine **Grenzen** findet der Aufhebungsvertrag dort, wo er **zwingende Schutzbestimmungen umgehen soll** oder die Willensbildung des Vertragspartners eingeschränkt ist. Aber nicht jeder Verlust einer Schutzposition macht den aufhebenden Vertrag sogleich unwirksam. So kann ein Arbeitsverhältnis trotz bestehender Kündigungsschutzbestimmungen durch Aufhebungsvertrag beendet werden. Auch wenn der Aufhebungsvertrag nur deshalb unterschrieben wurde, weil der Arbeitgeber ansonsten mit einer nach objektiven Kriterien ernsthaft in Betracht kommenden außerordentlichen Kündigung nach § 626 BGB oder Strafanzeige gedroht hat, ist er rechtlich zulässig zustande gekommen (BAG NJW 2004, 597 und 2401).

Sozialversicherungsrechtlich kann die Unterschrift unter einen Aufhebungsvertrag für den Arbeitnehmer eine Sperrzeit beim Bezug von Arbeitslosengeld von bis zu

IV. Weitere Erlöschensgründe

12 Wochen bedeuten, wenn der Arbeitnehmer nicht einen wichtigen Grund für die Aufhebung hatte, § 144 Abs. 1, S. 1 und S. 2 Nr. 1, Abs. 3 SGB III.

5 Kündigung

▶ 327 Welche Voraussetzungen müssen für eine Kündigung eines Vertragsverhältnisses gegeben sein?

Begrifflich führt die Kündigung zur Beendigung des Schuldverhältnisses für die Zukunft und ersetzt den Rücktritt, der nur bis zur Überlassung des Vertragsgegenstands z. B. der Mietsache, möglich ist. Außerdem ist die Kündigung bei in Gang gesetzten Dauerschuldverhältnissen wie z. B. Miet-, Dienst- und Arbeitsverträgen das bedeutendste Beendigungsmittel.

Liegt ein **rechtlich einheitlicher Vertrag** vor, bei dem die Vereinbarungen der Vertragsparteien zueinander weitestgehend in untrennbarem Verhältnis stehen, kann nur der gesamte Vertrag gekündigt werden, eine Kündigung einzelner Vereinbarungen (sog. **Teilkündigung**) ist grundsätzlich nicht zulässig.

> **Beispiele zur Teilkündigung** ▶ **Nicht zulässig** ist z.B, bei einem einheitlichen Mietvertrag den **Wohnungsmietvertrag** getrennt vom (auch später erst geschlossenen) **Garagenmietvertrag** zu kündigen oder umgekehrt (OLG Karlsruhe NJW 1983, 1499), es sei denn die Verträge sind hinsichtlich Vertragsdauer und Kündigungsfrist nicht einheitlich. ▶ Teilkündigung von **Nebenräumen und Grundstücksteilen** ist unter den Voraussetzungen des § 573 b BGB zulässig. ▶ Der Vermieter kann **Nebenabreden** wie z. B. eine vereinbarte Erlaubnis, an der Mietsache Werbeschilder anzubringen, nicht später einzeln kündigen, dagegen kann der Abrechnungsmaßstab für Betriebskosten später einseitig vom Vermieter abweichend geregelt werden, § 556 a Abs. 2 S. 1 BGB. ▶ Auch bei **Arbeitsverträgen** ist eine Teilkündigung nur dann zulässig, wenn sie vertraglich vereinbart wurde (BAG BB 1983, 1791).

Die Rechtsprechung zum Kündigungsrecht bei Verträgen ist sehr unübersichtlich. Es kann daher zur besseren Orientierung hilfreich sein, alle zu behandelnden Rechtsfragen in **drei Grundvoraussetzungen** zusammenzufassen:

> **Checkliste 39   Grundvoraussetzungen bei Kündigungen**
> - **Kündigungserklärung**: Wurde inhaltlich eine Kündigung am richtigen Ort zur richtigen Zeit und in der richtigen Art und Weise vom Kündigungsberechtigten gegenüber dem Kündigungsempfänger so erklärt, dass sie ihm zugegangen ist?
> - **Kündigungsfrist**: Ist die richtige Kündigungsfrist rechnerisch korrekt eingehalten?
> - **Kündigungsgrund**: Ist ein Kündigungsgrund erforderlich, und wenn ja, liegt dieser vor?

(1) Wurde inhaltlich eine Kündigung erklärt?

Die **Kündigungserklärung** ist eine einseitige empfangsbedürftige Willenserklärung, die bereits mit der Erklärung der kündigenden Seite ihre Wirkung entfaltet. Da die Kündigung weitreichende rechtliche und betriebswirtschaftliche Folgen für das

Vertragsverhältnis hat, sind Fehler bei der Gestaltung der Kündigung unbedingt zu vermeiden. Schlimmstenfalls ist die Kündigung nicht eindeutig und damit unwirksam. Der Kündigende kann dann bestimmte Kündigungstermine nicht einhalten, wirtschaftliche Zusatzlasten kommen z. B. auf den Arbeitgeber zu, der dann erst zum nächstmöglichen Kündigungstermin kündigen kann, oder den Vermieter, der die Mietsache besser hätte vermieten können.

In der Praxis werden z. B. folgende Musterkündigungen verwendet, wobei allerdings in jedem Einzelfall die besonderen Umstände mit im Text zu berücksichtigen sind.

Muster 115: Ordentliche Kündigung des Arbeitgebers – Grundmuster ohne Angaben von Gründen

Absender _____

Frau/Herrn _____ Ort, Datum

Ordentliche Kündigung

Sehr geehrte/r Frau/Herr _____ ,

hiermit kündigen wir das mit Ihnen bestehende Arbeitsverhältnis unter Einhaltung der vertraglichen / tariflichen / gesetzlichen Frist von _____ zum _____ . Vorsorglich kündigen wir zum nächstmöglichen Termin.

Der Betriebsrat / Personalrat / _____ ist ordnungsgemäß beteiligt worden.

Bis zum Ablauf der Kündigungsfrist und der rechtlichen Beendigung des Arbeitsverhältnisses haben Sie für das Urlaubsjahr ____ noch einen Resturlaub von ____ Tagen. Diesen Urlaub erteilen wir Ihnen während der Kündigungsfrist und zum Ende des Arbeitsverhältnisses. Demnach müssen Sie am _____ letztmals zur Arbeit erscheinen.

Bitte geben Sie am _____ die in Ihrem Besitz befindlichen Firmengegenstände und Arbeitsunterlagen ab.

Ihre Arbeitspapiere werden Ihnen am letzten Tag ausgehändigt. Sollten Sie vorab für evtl. Bewerbungen ein Zwischenzeugnis oder sonstige Unterlagen benötigen, geben Sie bitte in der Personalabteilung Bescheid.

Mit freundlichen Grüßen

_____
(Arbeitgeber)

Auf einer Kopie dieses Schreibens ist folgender Zusatz zu unterschreiben:

Das Original dieses Schreiben wurde mir am _____

ausgehändigt _____ (Arbeitnehmer)

Inhaltlich muss sich aus der Kündigung ein eindeutiger Beendigungswille ergeben, wobei das Wort „Kündigung" nicht zwingend ist, aber aus Gründen der Rechtssicherheit in jedem Fall sehr zu empfehlen ist. Da die Vorschriften keine weiteren Vorgaben zum Inhalt der Kündigung machen, hat die Rechtsprechung zu vielen Einzelfragen Stellung nehmen müssen.

> **Beispiele zu den inhaltlichen Anforderungen an die Kündigung** ▶ Nicht ausreichend deutlich ist der Beendigungswille, wenn der Arbeitgeber dem Arbeitnehmer schreibt, *„er solle sich woanders umzusehen".* ▶ nicht eindeutig auch wenn der Arbeitnehmer mitteilt, *„wenn sich das hier nicht ändert, dann ist für mich der 31. der Letzte"*, da keine zweifelsfreie Erklärung vorliegt

Empfehlenswert ist auch eine **eindeutige Fristenberechnung**, so dass in der Kündigung zum Ausdruck kommt, ob eine fristlose oder eine fristgerechte Kündigung

IV. Weitere Erlöschensgründe

gewollt ist. Ist dieses unklar, darf der Gekündigte sich aussuchen, welche Art der Kündigung er gegen sich gelten lassen will. Darüber hinaus sollte ein **eindeutiges Arbeitsvertragsende** enthalten sein. Grundsätzlich ist auch ein bestimmter Termin anzugeben, zu dem das Arbeitsverhältnis rechtlich beendet werden soll. Fehlt diese Angabe, kann eine Beendigung zum nächst zulässigen Termin in Betracht kommen. In der Praxis sind diese Termine schon aus Gründen der Personalbuchhaltung unerlässlich und sollten mit größter Sorgfalt ermittelt werden, da sonst z. B. eine Nachversicherung des Arbeitnehmers in der Sozialversicherung nötig wird.

Die **Kündigungsgründe** müssen grundsätzlich nicht angegeben werden. Von diesem Grundsatz gibt es Ausnahmen dann, wenn eine beschränkte Anzahl von Kündigungsgründen vereinbart wurde, so dass nur diese herangezogen werden können (BGH NJW-RR 2003, 152). Außerdem gibt es einige gesetzliche Begründungsvorschriften, z. B. §§ 573 Abs. 3, 569 Abs. 4 BGB für die Kündigung von Wohnraum, §§ 626 Abs. 2 S. 3 BGB bzw. § 1 Abs. 3, S. 1 KSchG bei Kündigung von Arbeitsverhältnissen wenn dieses der Gekündigte verlangt, § 22 Abs. 3 BBiG, bei der Kündigung von Ausbildungsverhältnissen nach Ablauf der Probezeit. Probleme bereitet dieser Punkt in der Praxis immer in der Hinsicht, dass die Kündigenden gerne nach Erklärung der Kündigung noch Kündigungsgründe nachschieben möchten und es dann zum Streit darüber kommt, ob und inwieweit die Gründe noch berücksichtigt werden können. Grundsätzlich werden Kündigungsgründe noch bis zum Schluss der mündlichen Verhandlung, § 296 a ZPO, beachtet. Voraussetzung ist aber, dass objektiv ausreichende Gründe schon im Zeitpunkt der Kündigungserklärung vorgelegen haben, gleich ob sie der Kündigende kannte oder nicht (BAG NJW 2008, 1097). Ist das nicht der Fall, muss eine neue Kündigung unter Beachtung aller Formalitäten, wie Formvorschriften, Fristenberechnung und Anhörungserfordernissen durchgeführt werden.

Weitere in der Praxis übliche Inhalte von Kündigungserklärungen ergeben sich aus dem jeweils zu kündigenden Vertrag:

> **Beispiele von weiteren Inhalten einer Kündigung** ▶ **bei Arbeitsverhältnissen**: Angabe eines noch bestehenden **Resturlaubs** ▶ Erteilung eines Urlaubs während der Kündigungsfrist zum Ende des Arbeitsverhältnisses ▶ Errechnung eines tatsächlich **letzten Anwesenheitstages**, für die Übergabe der noch offenen Arbeitsvorgänge, Schlüssel, Passwörter etc. ▶ **Zugangsbestätigung** durch den Arbeitnehmer auf einer Kopie der Kündigungserklärung

(2) Ist eine bestimmte Form bei der Kündigung eingehalten?

Eine besondere **Form** ist bei der Kündigung aufgrund der Formfreiheit grundsätzlich **nicht erforderlich**, so dass sogar stillschweigend oder durch schlüssiges Handeln, z. B. Auszug der Mietvertragsparteien, eine Kündigung erklärt werden kann. In der Praxis wird hier aber vielfach eine besondere Form vereinbart (z. B. schriftlich per Einschreiben) oder es existieren gesetzliche Schriftformvorschriften, z. B. für Wohnraummietverträge, § 568 Abs. 1 BGB, für Arbeitsverträge, § 623 BGB. Hier ist dann eine eigenhändige Namensunterschrift des Kündigenden unter der Kündigungserklärung erforderlich, § 125 BGB. Wird eine formunwirksame Kündigung aber trotz des Formmangels angenommen, kann hierin je nach den Umständen des Einzelfalls ein Verzicht auf die Formvorschriften und eine Bestätigung des gekündigten Vertrages entsprechend dem Rechtsgedanken des § 144 BGB angenommen werden.

Kündigungen sind Gestaltungsrechte, die die Rechtslage unmittelbar verändern, so dass sie nur **ohne Bedingungen** erklärt werden dürfen, damit beim Empfänger keine Ungewissheit darüber entsteht, ob die Kündigung nun wirksam ist oder nicht. Natürlich können auch hier die Parteien die Zulässigkeit einer bedingten Kündigung vereinbaren. Möglich ist auch die hilfsweise Erklärung einer weiteren Kündigung für den Fall, dass die vorangegangene Kündigung unwirksam ist, vgl. Muster. Dieses ist ausnahmsweise zulässig, da hier eine sog. Rechtsbedingung vorliegt, die von rechtlichen Erwägungen abhängt und damit nicht zu einer völligen Ungewissheit führt. Die Wirksamkeit der zweiten Kündigung wird dann erst nach Prüfung und Verwerfung der ersten Kündigung geprüft.

▶ 328 Wann und wo ist eine Kündigung möglich?

Vom **Zeitpunkt** her kann eine Kündigung jederzeit von dem Vertragspartner erklärt werden, das gehört mit zur negativen Abschlussfreiheit, also der Freiheit einen Vertrag mit jemanden nicht schließen zu wollen bzw. ihn schnell wieder beenden zu können. Deshalb ist sogar schon vor Ingangsetzen eines Dauerschuldverhältnisses eine Kündigung zulässig (sog. **Vorabkündigung**), also beim Arbeitsverhältnis vor Arbeitsantritt, wobei die Kündigungsfristen dann mit Zugang der Kündigung zu laufen beginnen (BAG NJW 2004, 3444). In der praktischen Konsequenz können deshalb Arbeitnehmer jederzeit einen bereits geschlossenen Arbeitsvertrag durch eine Vorabkündigung wieder vernichten, was auf der Arbeitgeberseite zur Entwertung wichtiger mit einer Einstellung zusammenhängender wirtschaftlicher Dispositionen führt, wie z. B. Einrichtung des Arbeitsplatzes, Hereinnahme von Aufträgen mit Vertragsstrafenversprechen im Verzögerungsfall, Erarbeitung einer Terminplanung mit Anmietung von benötigten Arbeitsmitteln und Personal. Aus diesem Grund finden sich in Arbeitsverträgen gerne Vereinbarungen, wonach eine Kündigungsfrist bei einer Vorabkündigung erst mit tatsächlichem Arbeitsantritt zu laufen beginnt, so dass dem Arbeitgeber zumindest die Arbeitsleistung innerhalb der Kündigungsfrist zur Verfügung steht. Ergänzende werden aber auch Vertragsstrafen vereinbart für den Fall, dass der Arbeitnehmer die Arbeit überhaupt nicht antritt.

Die **Angabe von Ort und Zeit** der Erstellung der Kündigungserklärung ist grundsätzlich nicht erforderlich, aus Beweissicherungsgründen aber dringend zu empfehlen. Bei Fehlen liegt trotzdem eine formal wirksame Kündigung vor. Eine Kündigung kann grundsätzlich auch **an jedem Ort** erklärt werden. Zu beachten ist aber, dass die Ausübung dieses Kündigungsrechts nicht gegen Treu und Glauben verstoßen darf, § 242 BGB. So kann eine Kündigung schon deshalb unwirksam sein, weil sie am unpassenden Ort, z. B. auf der Toilette, oder in verletzender Form ausgesprochen wurde.

▶ 329 Wann ist eine Kündigung wirksam zugegangen?

Wie oben bei der empfangsbedürftigen Willenserklärung dargelegt, ist für das Wirksamwerden der **Zugang der Erklärung** beim Empfänger erforderlich, d. h. sie muss so in seinen Machtbereich gelangt sein, dass dieser unter normalen Verhältnissen die Möglichkeit hat, von ihrem Inhalt Kenntnis zu nehmen (BGH NJW 2004, 1320, BAG NJW 1993, 1093). Nach der Rechtsprechung ergeben sich bei der Kündigung folgende Besonderheiten:

IV. Weitere Erlöschensgründe

Beispiele für den Zugang von Kündigungen ▶ Schriftliche Kündigungserklärungen gehen unter **Anwesenden** mit Aushändigung und (nicht notwendigerweise dauerhafter) Übergabe der Erklärung über (BAG NJW 2005, 1533). ▶ Hat ein Arbeitnehmer seine **Familienangehörigen** instruiert, keine Kündigungen entgegenzunehmen, so ist sein Verhalten treuwidrig und führt dazu, dass die Kündigung trotz Verweigerung durch den Empfangsboten als zugegangen gilt (BAG NJW 1993, 1093). ▶ Zugang erfolgt auch bei Übermittlung der Kündigung an die Heimatanschrift des bekanntermaßen **im Urlaub** weilenden Arbeitnehmers (BAG NJW 1998, 606) ▶ bei **unbekannt verzogenem** Arbeitnehmer Zugang an bisher bekannter Anschrift ▶ **auch möglich:** Kündigung am **Feiertag**, innerhalb oder außerhalb der Arbeitszeit, vor **Dienstantritt**, vor oder am Kündigungstermin ▶ während der **Erkrankung** des Arbeitnehmers ▶ Zugang auch bei **Haftaufenthalt** des Arbeitnehmers im Ausland (BAG NJW 1989, 2213) ▶ Zugang auch am **Sonnabend, Sonntag** und am **Weihnachtsabend**, (24.12.) möglich (BAG NZA 2006, 204), aber personalpolitisch unfair und deshalb evtl. nach § 242 BGB unwirksame Kündigung zur Unzeit ▶ **kritisch** wegen möglicher Kündigung zur Unzeit, bei einer Kündigung durch den Arbeitgeber **am Tag des Arbeitsunfalls** im Krankenhaus

Auch wenn die Kündigung rechtlich gesehen für ihre Wirksamkeit keiner Annahme durch den Kündigungsempfänger bedarf, ist es aus Beweissicherungsgründen ratsam, wenn sich der Kündigungserklärende den Zugang der Kündigung bestätigen lässt, z. B. durch Gegenzeichnung auf einer Kopie der Kündigung oder bei nicht persönlicher Übergabe durch ein Übergabeprotokoll des Überbringers:

Muster 116:   Übergabeprotokoll

Absender _____

Empfänger Frau/Herrn _____   Ort, Datum

Zugangsbestätigung

Sehr geehrte/r Frau/Herr _____,

hiermit bestätige ich, dass ich das Original des in Kopie beigefügten Kündigungsschreibens vom _____ (Datum des Kündigungsschreibens) an _____ (Kündigungsempfänger) wohnhaft: _____ (Adresse des Kündigungsempfängers) in einen Umschlag gesteckt habe.

Mit dem verschlossenen Umschlag habe ich mich anschließend zu der vorgenannten Adresse begeben und den Umschlag

am _____ (Datum) um _____ (Uhrzeit)

○ in den Hausbriefkasten des Empfängers mit der Aufschrift _____ eingeworfen

○ in den Briefkastenschlitz an der Wohnungstür des Empfängers mit dem Namensschild _____ eingeworfen

○ persönlich dem Empfänger überreicht (Zutreffendes ist angekreuzt)

Besonderheiten: _____

Mit freundlichen Grüßen Grüßen _____ (Bote)

Anlage: Kopie des eingeworfenen Schreibens

Die Kündigung muss in angemessener **Art** vorgebracht werden, so dass sich eine Unwirksamkeit nach § 242 BGB bei willkürlichen, zur Unzeit oder in verletzender Form ausgesprochenen Kündigungen ergeben kann (BAG NZA 1989, 16, NJW 2001, 2994).

5 Kündigung 529

▶ **330 Wer darf eine Kündigung aussprechen, wer darf sie in Empfang nehmen?**

Berechtigt zur Kündigung und zum Empfang einer Kündigung sind bei einheitlichen Verträgen grundsätzlich nur alle Vertragspartner gemeinsam gegenüber dem oder den Vermietern gemeinschaftlich (BGH NJW 2005, 1715), so bei mietenden Ehegatten, Mitgliedern einer Wohngemeinschaft und Partnern einer nichtehelichen Lebensgemeinschaft. Hier können vertragliche Vereinbarungen und Vollmachten auch einen Anspruch- und Kündigungsberechtigten bzw. -empfänger bestimmen, so dass von ihm bzw. ihm gegenüber eine Kündigung ausreicht. Wird ein **Vertreter** zur Kündigungserteilung verwendet, ist der § 174 BGB zu beachten, wonach eine Vertretungsvollmacht verlangt werden kann, deren Fehlen zur Unwirksamkeit der Kündigung führen kann (die Rechtsprechung verlangt aber bei Personalabteilungsleitern, Prokuristen oder Generalbevollmächtigten keine solche Vollmacht, BAG NJW 1993, 1286).

▶ **331 Wer hat bei einer Kündigung mitzuwirken bzw. muss zustimmen?**

Darüber hinaus ist bei einer Kündigung oft die **Mitwirkung bzw. Zustimmung anderer Stellen** zwingend erforderlich. Zusätzlich sollte **der Gekündigte selbst** auch die Möglichkeit bekommen, zu Kündigungsgründen Stellung zu nehmen, insbesondere wenn es sich um Fälle wie der Verdacht einer Straftat handelt.

> Beispiele zu den Mitwirkungsrechten anderer Stellen ▶ unterlassene Mitwirkung der **Gesellschafterversammlung** hat Unwirksamkeit der Kündigung zur Folge (BAG NJW 1999, 234) ▶ Mitbestimmung des **Betriebsrats bei Kündigung von Arbeitnehmern**, § 102 BetrVG, wobei die Kündigung z. B. unwirksam ist, wenn eine Anhörung fehlt, nicht ordnungsgemäß erfolgte, erst nach der Kündigung oder vor Ablauf der Äußerungsfrist des Betriebsrats durchgeführt wird ▶ Anhörung des **Sprecherausschusses bei Kündigung von leitenden Angestellten** hat die gleichen Wirkungen wie bei Nichtanhörung des Betriebsrats, § 31 Abs. 2 Sprecherausschussgesetz ▶ Beteiligung des **Personalrats bei Arbeitnehmern im öffentlichen Dienst** ist ebenso zwingend und führt bei Nichtbeachtung zur Unwirksamkeit der Kündigung, §§ 79 Abs. 4, 108 Abs. 2 BPersVG ▶ vorherige Zustimmung des **Integrationsamtes bei Kündigung schwerbehinderter Arbeitnehmer**, § 85 SGB IX ▶ behördliche Erlaubnis zur Kündigung **schwangerer Arbeitnehmerinnen** durch die **Behörden der Gewerbeaufsicht**, z. B. bei Vorliegen wichtiger Kündigungsgründe wie Betriebsstilllegung, Diebstahl, Tätlichkeiten, § 9 Abs. 3 MuSchG

§ **§ 102 Abs. 1 BetrVG Mitbestimmung bei Kündigungen** (1) Der Betriebsrat ist **vor jeder Kündigung zu hören**. Der Arbeitgeber hat ihm die Gründe für die Kündigung mitzuteilen. Eine ohne Anhörung des Betriebsrats ausgesprochene Kündigung ist unwirksam.

§ **§ 31 Abs. 1 und 2 SprAuG Personelle Maßnahmen** (1) Eine beabsichtigte Einstellung oder personelle Veränderung eines leitenden Angestellten ist dem Sprecherausschuss rechtzeitig mitzuteilen. (2) Der Sprecherausschuss ist **vor jeder Kündigung eines leitenden Angestellten zu hören**.

IV. Weitere Erlöschensgründe

§ **§ 79 Abs. 1 und 4 BPersVG (1)** ¹Der Personalrat wirkt bei der ordentlichen Kündigung durch den Arbeitgeber mit. ²§ 77 Abs. 1 Satz 2 gilt entsprechend. ... (4) Eine Kündigung ist **unwirksam**, wenn der Personalrat nicht **beteiligt** worden ist.

§ **§ 85 SGB IX Erfordernis der Zustimmung** Die Kündigung des Arbeitsverhältnisses eines schwerbehinderten Menschen durch den Arbeitgeber bedarf der vorherigen Zustimmung des Integrationsamtes.

Eine **Rücknahme** der Kündigung ist rechtlich nach Zugang beim Empfänger grundsätzlich nicht möglich. Will der Kündigende seine Erklärung rückgängig machen, bedarf es einer Einigung mit dem Kündigungsempfänger (Vertrag nach § 311 Abs. 1 BGB). Wird die Kündigung dann noch vor Fristablauf aufgehoben, gilt der Vertrag als nicht unterbrochen oder aufgehoben, sondern als fortgesetzt (BAG NJW 1983, 1628).

Ist beispielsweise eine außerordentliche Kündigung unwirksam, besteht in der Praxis immer wieder das Bedürfnis, diese Kündigung in eine ordentliche **umzudeuten**, da ansonsten die gesamte vergangene Zeit seit Ausspruch der außerordentlichen Kündigung für den Kündigenden „verloren" ist. Die Rechtsprechung lässt dieses unter strengen Voraussetzungen dann zu, wenn eindeutige Anhaltspunkte dafür vorhanden sind, dass der Kündigende auf jeden Fall den Vertrag beenden wollte (BGH NJW 2007, 1269). Dabei darf die Umdeutung aber nur auf ein Rechtsgeschäft ausweichen, das zulässig ist, wobei an die Annahme des umgedeuteten Geschäfts zum Teil nicht zu hohe Anforderungen gestellt werden.

> **Beispiel zur Umdeutung** ▶ Nimmt der Vermieter eine unwirksame Kündigung des Mieters ausdrücklich an, so wurde dieses Vermieterverhalten von der Rechtsprechung in ein Aufhebungsangebot des Vermieters umgedeutet und die stillschweigende Hinnahme dieser Erklärung als Annahme des Aufhebungsvertrags gewertet (OLG Düsseldorf ZMR 2003, 921).

▶ 332 Wann ist die Kündigungsfrist rechnerisch korrekt eingehalten?

Bei der Berechnung der richtigen Kündigungsfrist ist zunächst zu unterscheiden, welche Art von Kündigung vorliegt: eine **ordentliche fristgerechte oder eine außerordentliche fristlose Kündigung**. Das unterscheidet die ordentliche Kündigung u. a. von der **außerordentlichen** Kündigung, die im Zweifel ohne Frist, fristlos, mit Zugang der Willenserklärung ihre vertragsbeendende Wirkung entfaltet.

> **Fall 124 Kündigungsberechnung leicht gemacht!** Der nicht tarifvertraglich gebundene Arbeitgeber A arbeitet seit langem mit dem Arbeitnehmer R ohne schriftlichen Arbeitsvertrag zusammen. Jetzt geht es um die Berechnung der Kündigungsfrist, wobei folgende Daten zu verarbeiten sind: ▶ Alter: **35 Jahre** ▶ Betriebszugehörigkeit: **15 Jahre** ▶ es gilt die **gesetzliche** Kündigungsfrist ▶ bislang noch keinen Tag von den 24 Werktagen Urlaub genommen ▶ Urlaub soll dann innerhalb der Kündigungsfrist genommen werden
> **Fragen Wie lange ist die Kündigungsfrist? Wie lange ist die Kündigungsfrist für den Arbeitnehmer? Wie müsste das Kündigungsschreiben auf den vorhergehenden Seiten ausgefüllt werden**, wenn der **Arbeitgeber** dem Arbeitnehmer die Kündigung am Jahresende am Silvestertag (31.12.) aussprechen möchte, damit der Arbeitnehmer im Laufe des Jahres ausscheidet. Der Arbeitgeber will mit der **Übergabe** bis zum spätestmöglichen

5 Kündigung

Termin warten, weil er befürchtet, dass der Arbeitnehmer nach Erhalt der Kündigung krankheitsbedingt nicht mehr zur Arbeit erscheint.

Variante: Wie würden die Kündigungsdaten aussehen, **wenn der Arbeitnehmer R dem Arbeitgeber A zuvorkommen würde** und ebenfalls am Jahresende (31.12.) beschließt, selbst die Kündigung so schnell wie möglich durchführen zu wollen?

Bei einer **ordentlichen** Kündigung ist sodann die vertraglich vereinbarte oder gesetzlich vorgegebene Kündigungsfrist für die Berechnung folgender Termine und Fristen heranzuziehen:

> **Wichtige Termine und Fristen bei der Kündigungsfristberechnung**
> - **Dauer der Kündigungsfrist**: Wie lange ist die Kündigungsfrist?
> - **Rechtlich letzter Tag des Vertragsverhältnisses**: Wann enden rechtlich die letzten Leistungspflichten aus dem Vertrag?
> - **Tag des Fristbeginns**: Wann beginnt die Kündigungsfrist zu laufen?
> - **Tag des Fristendes**: Wann endet die Kündigungsfrist?
> - **Tatsächlich letzter Tag des Vertragsverhältnisses**: Wann kann man die Vertragsparteien das letzte Mal beim Vertragsgegenstand antreffen?
> - **Tag des Zugangs bzw. Übergabetag**: Bis wann muss die Kündigung spätestens in den Machtbereich des Empfängers gelangen, damit noch eine Kenntnisnahme möglich ist?
> - **Ausstellungstag der Kündigungserklärung**: Bis wann muss die Kündigung fertig formuliert sein und alle wesentlichen Sachverhalte und Unterlagen zusammengestellt sein?

▶ **333 Wie lange ist die Kündigungsfrist?**

Die **Dauer der Kündigungsfrist** kann sich zunächst aus den Vereinbarungen der Vertragsparteien ergeben, vgl. § 622 Abs. 5 und 6 BGB für arbeitsvertragliche Vereinbarungen. Zusätzlich sind aber Schutzvorschriften anderer Rechtsquellen zu beachten:

> Beispiele von Kündigungsfristen ▶ beim **Wohnraummietvertrag auf unbestimmte Zeit** = allgemeine Kündigungsfrist beträgt **drei** Monate, abzüglich 3 Karenztage, je nach Mietdauer und Sonderfall = Verlängerung auf **sechs** bzw. bis zu **12** Monate, § 573 c BGB, 573 a Abs. 1 S. 2 BGB ▶ bei **Grundstücken** und Räumen, die keine Geschäftsräume sind = zum Ablauf eines Tages, eines Sonnabends, zum Monatsende, § 580 a BGB ▶ bei **tariflich gebundenen Arbeitsverträgen** die im jeweiligen Tarifvertrag geregelten Kündigungsfristen ▶ bei **Dienstverhältnissen** = zwischen **einem Tag** und bis zu **drei Monaten**, § 621 BGB ▶ bei **Arbeitsverhältnissen** = zwischen **zwei Wochen** und sieben Monaten, § 622 BGB

§ **§ 622 Abs. 1 und 2 BGB Kündigungsfristen bei Arbeitsverhältnissen** (1) Das Arbeitsverhältnis eines Arbeiters oder eines Angestellten (Arbeitnehmers) kann mit einer Frist von **vier Wochen zum Fünfzehnten** oder zum **Ende** eines **Kalendermonats** gekündigt werden. (2) Für eine Kündigung **durch den Arbeitgeber** beträgt die Kündigungsfrist, wenn das Arbeitsverhältnis in dem Betrieb oder Unternehmen
1. zwei Jahre bestanden hat, einen Monat zum Ende eines Kalendermonats,
2. fünf Jahre bestanden hat, zwei Monate zum Ende eines Kalendermonats,

3. acht Jahre bestanden hat, drei Monate zum Ende eines Kalendermonats,
4. zehn Jahre bestanden hat, vier Monate zum Ende eines Kalendermonats,
5. zwölf Jahre bestanden hat, fünf Monate zum Ende eines Kalendermonats,
6. 15 Jahre bestanden hat, sechs Monate zum Ende eines Kalendermonats,
7. 20 Jahre bestanden hat, sieben Monate zum Ende eines Kalendermonats.

Bei der Berechnung der Beschäftigungsdauer werden Zeiten, die vor der Vollendung des **25. Lebensjahrs** des Arbeitnehmers liegen, nicht berücksichtigt.

> Da im **Fall** weder eine tarifvertragliche noch eine arbeitsvertragliche Regelung vorliegt, sind die **gesetzlichen Kündigungsfristen** des §622 BGB zu beachten:
>
> ▶ Für die **Arbeitgeberkündigung** sind zunächst die Fristen des **§622 Abs.2 BGB** einschlägig, da der Arbeitnehmer R schon länger als zwei Jahre beschäftigt ist und diese Zeiten nach dem 25. Lebensjahr des Arbeitnehmers liegen, §622 Abs.2 Satz 2 BGB. Das Alter spielt nach der neueren Rechtsprechung keine Rolle für die Berechnung der Kündigungsfristen, da die im Gesetz enthaltene 25-Jahre-Regel wegen Altersdiskriminierung nicht mehr angewendet werden darf.
>
> ▶ Für die **Arbeitnehmerkündigung** spielt die Betriebszugehörigkeitsdauer nach der gesetzlichen Regelung keine Rolle, da Abs. 2 des § 622 BGB nur für die Arbeitgeberkündigung gilt und es somit bei Abs. 1 bleibt: **vier Wochen**.

▷ **334 Wann enden rechtlich die letzten Leistungspflichten aus dem Vertrag?**

Rechtlich letzter Tag des Vertragsverhältnisses ist der Tag, mit dessen Ablauf der Vertrag seine rechtlichen Leistungspflichten grundsätzlich verliert. Dieser Tag wird auch als **Kündigungstermin** bezeichnet, d. h. der Tag, „zu" dem eine Kündigung wirken soll. Im Gegensatz zur Kündigungsfrist, bei der eine Zeitspanne aus mehreren Tagen vorliegt, besteht der Kündigungstermin in einem Tag.

> Beispiele von Kündigungsterminen ▶ beim **Wohnraummietvertrag auf unbestimmte Zeit** = zum **Ablauf des übernächsten Monats**, §573 c BGB ▶ bei **mündlichen** Mietverträge = frühestens zum **Ablauf eines Jahres** nach Überlassung des Wohnraums, §550 S. 2 BGB ▶ bei **Grundstücken** und Räumen, die keine Geschäftsräume sind = frühestens zum Ablauf des folgenden Tages und spätestens zum **Ablauf eines Kalendervierteljahres**, §580 a BGB ▶ bei **Dienstverhältnissen** = frühestens zum Ablauf des folgenden Tages und spätestens zum Schluss eines Kalendervierteljahres, §621 BGB ▶ bei **Arbeitsverhältnissen** = frühestens **zu jedem Tag** (Probezeitkündigungsfrist, Kleinbetriebsfrist, §§621 Abs. 3 und 5 BGB), teilweise nur **zum Fünfzehnten oder zum Ende eines Kalendermonats**, §622 Abs.1 und 2 BGB

In der Praxis werden auch gerne die sog. **Quartalskündigungen** vereinbart, so dass eine Kündigung immer nur zum 31.3., 30.6., 30.9. oder 31.12. möglich ist.

> Im **Fall** hat der **Arbeitgeber** für seine Kündigung vier Monate Kündigungsfrist zum Ende eines Kalendermonats einzuhalten, §622 Abs.2 S.1 Nr.4 BGB, also bei einem Kündigungszugang am 31.12. bis 24 Uhr, wäre der **Kündigungstermin der 30.4. bis 24 Uhr** im neuen Jahr.
>
> Dagegen muss der Arbeitnehmer nach §622 Abs.1 BGB seine vierwöchige Kündigungsfrist nur zum nächsten Fünfzehnten oder zum Monatsende einhalten, d. h. bei einem Kündigungszugang am 31.12. bis 24 Uhr, wäre der **Kündigungstermin der 28.1. bis 24 Uhr** im neuen Jahr.

(1) Wann beginnt eine Kündigungsfrist zu laufen?

Wenn man die Kündigungsfrist und die möglichen Kündigungstermine kennt, kann man vom Kündigungstermin aus quasi die zwischen Zugang der Kündigung und Endtermin benötigte Zeitspanne „zurückrechnen", um schließlich den **Tag des Fristbeginns** zu erhalten. Dabei ist zu beachten, dass der Zugangstag nicht mitzählt, da der Ausspruch oder die Zustellung der Kündigung ein in den Tag fallendes Ereignis ist, § 187 Abs. 1 BGB. Das Gesetz will verhindern, dass man genau die Stunde, Minute und Sekunde des Zugangs beim Kündigungsempfänger festhalten müsste.

> § **§ 187 Abs. 1 BGB Fristbeginn** (1) Ist für den Anfang einer Frist ein Ereignis oder ein **in den Lauf eines Tages fallender Zeitpunkt** maßgebend, so wird bei der Berechnung der Frist der **Tag nicht** mitgerechnet, in welchen das Ereignis oder der Zeitpunkt fällt.

Mit der gesetzlichen Regelung rechnet man jetzt nur mit ganzen Tagen und „verlängert" die Kündigungsfrist nur unwesentlich um den Zugangstag (maximal um 23 Stunden und 59 Sekunden).

> Im **Fall** würde bei einem Kündigungszugang am 31.12. bis 24 Uhr, sowohl bei der Arbeitgeber- als auch bei der Arbeitnehmerkündigung der **Fristbeginn der 1.1. 0 Uhr** sein.

(2) Wann endet eine Kündigungsfrist?

Ist eine **Frist nach bestimmten Tagen** bemessen, zählt man in der Praxis einfach z. B. 12 Tage zu je 24 Stunden ab, § 188 Abs. 1 BGB.

> § **§ 188 Abs. 1 BGB Fristende** (1) Eine **nach Tagen** bestimmte Frist endigt mit dem **Ablauf des letzten Tages** der Frist.

Liegen dagegen **Wochen- oder Monatsfristen** vor, besteht das Problem der ungleichen Monate des Jahres. Das Gesetz hat sich hier einer theoretisch einfachen Lösung bedient, die leider sprachlich nicht so einfach darzustellen ist. Neben dem Trick, dass man nur mit ganzen Tagen rechnet, unterscheidet das Gesetz die zu berechnenden Fristen danach, **ob sie Ereignisfristen oder Beginnfristen** sind:

- **Ereignisfrist** = Frist, bei der **ein Ereignis** den Fristbeginn auslöst, z. B. Ausspruch der Kündigung bei der **Kündigungsfrist**, und bei der der **Ereignistag nicht** mitzählt, so dass das Ende mit Ablauf des Tages eintritt, der durch seine Benennung (Montag, Dienstag, etc.) oder seine Zahl (30. April, 31. Mai) **dem Tage entspricht, an dem das Ereignis war (!)**, §§ 187 Abs. 1 i. V. m. 188 Abs. 2 Halbsatz 1 BGB

> § **§ 188 Abs. 2 Halbsatz 1 BGB Fristende** (2) Eine Frist, die nach **Wochen**, nach **Monaten** oder nach einem mehrere Monate umfassenden Zeitraum – **Jahr**, halbes Jahr, Vierteljahr – bestimmt ist, endigt **im Falle des § 187 Abs. 1** mit dem Ablauf desjenigen Tages der letzten Woche oder des letzten Monats, welcher durch seine **Benennung** oder seine **Zahl dem Tage entspricht, in den das Ereignis** oder der Zeitpunkt **fällt**, ...

IV. Weitere Erlöschensgründe

> - **Beginnfrist** = Frist, bei der **der Beginn eines Tages** der für den Anfang einer Frist maßgebende Zeitpunkt ist, z. B. Überlassung der Mietsache und die Mietfrist, und bei der dieser Tag bei der Berechnung einer Frist voll mitzählt, so dass die Frist mit Ablauf des Tages der letzten Woche oder des letzten Monats abläuft, welcher **vor dem Tage war**, der für den Beginn der Frist durch seine Benennung oder seine Zahl entscheidend war, §§ 187 Abs. 2 i. V. m. 188 Abs. 2 Halbsatz 2 BGB

§ **§ 188 Abs. 2 Halbsatz 2 BGB Fristende** (2) Eine Frist, die nach **Wochen**, nach **Monaten** oder nach einem mehrere Monate umfassenden Zeitraum – **Jahr**, halbes Jahr, Vierteljahr – bestimmt ist, endigt … im Falle des **§ 187 Abs. 2** mit dem Ablauf desjenigen Tages der letzten Woche oder des letzten Monats, welcher **dem Tage vorhergeht**, der durch **seine Benennung** oder seine Zahl **dem Anfangstag der Frist entspricht**.

> **Lösung Fall 124** Im **Fall** einer **Arbeitgeberkündigung am 31.12.2013** müsste diese **sechsmonatige** Ereignisfrist zwingend auch wieder an einem **31.** enden, da dieser für die Zahl des Ereignisses entscheidend war: **31.6.2014**. Da es diesen Tag aber im Juni nicht gibt, rutscht das Kündigungsende auch rechnerisch auf den **30.6.2014**, korrigiert nach § 188 Abs. 3 BGB. (**Beachte**: nach der augenblicklich noch im BGB enthaltenen Regelung werden die Zeiten vor dem 25. Lebensjahr nicht mitgerechnet, so dass eigentlich eine viermonatige Frist anzuwenden wäre. Diese Altersdiskriminierung haben die Gerichte aber untersagt).
> Im **Fall** der **Arbeitnehmerkündigung am Dienstag, den 31.12.2013**, handelt es sich um eine Wochenfrist, so dass es auf die Wochentage ankommt; folglich müsste diese vierwöchige Ereignisfrist zwingend auch wieder an einem **Dienstag** enden, da dieser für die Benennung des Ereignisses entscheidend war. Rechnerisch sind vier Wochen, vier mal sieben Tage zu 24 Stunden, also 28 Kalendertage, so dass nach dem Fristbeginn am 1.1.2014, 0 Uhr mit Ablauf des **28.1.2014, 24 Uhr** die Kündigungsfrist und das Arbeitsverhältnis beendet ist: ein **Dienstag**!

Wenn der letzte Tag einer Monatsfrist nicht existiert, nimmt man den letzten Tag des Monats, z. B. hat man bei einer einmonatigen Kündigungsfrist und Kündigung Ende Januar am 31.1., keinen entsprechenden Tag im Februar, so dass dann der 28. Februar genommen wird und es faktisch zu einer Fristverkürzung kommt, die aber vom Gesetzgeber hingenommen wird, § 188 Abs. 3 BGB.

§ **§ 188 Abs. 3 BGB Fristende** (3) Fehlt bei einer **nach Monaten** bestimmten Frist in dem letzten Monat der für ihren Ablauf maßgebende Tag, so endigt die Frist mit dem Ablauf des letzten Tages dieses Monats.

> **Häufiger Irrtum:** „Der Sonnabend zählt bei der Berechnung von Fristen ebenso wie Feiertage und Sonntag nicht mit!"
>
> - **Falsch!**
> - Am Sonnabend wird zwar heute allgemein nicht mehr gearbeitet, der Sonnabend ist kein Arbeitstag mehr, ein Werktag ist er aber weiterhin geblieben, vgl. z. B. die Urlaubsberechnung des BUrlG, die von Werktagen ausgeht und dieses auch definiert, § 3 Abs. 2 BUrlG.

5 Kündigung

- Bei der Berechnung einer z. B. vierwöchigen Kündigungsfrist, wird jeder Kalendertag (von Montag bis Sonntag) mitgezählt, also auch der Sonnabend.
- Das Gesetz enthält aber **Ausnahmeregelungen,** und diese betreffen z. B. die Kündigungsfrist in § 193 BGB. Fällt also bei einer Kündigung zum Letzten des Monats dieser Tag auf einen Sonnabend, schiebt das Gesetz die Frist auf den nächsten Werktag, also den Montag, weiter, um die Wochenendruhe zu schützen.

§ **§ 193 BGB Sonn- und Feiertag; Sonnabend** Ist an einem bestimmten Tag oder innerhalb einer Frist eine Willenserklärung abzugeben oder eine Leistung zu bewirken und fällt der bestimmte Tag oder der letzte Tag der Frist auf einen Sonntag, einen am Erklärungs- oder Leistungsorte staatlich anerkannten allgemeinen Feiertag oder einen **Sonnabend**, so tritt an die Stelle eines solchen Tages der nächste Werktag.

(3) Wann kann man die Vertragsparteien das letzte Mal beim Vertragsgegenstand antreffen?

In der Praxis kann es aber nicht nur auf die rechtlich letzten Tage eines Vertrages ankommen, sondern auch auf tatsächliche Verhältnisse. So z. B. wenn bei Arbeitsverhältnissen vor dem rechtlich letzten Tag noch der letzte zustehende Urlaub vom Arbeitnehmer genommen werden soll, er aber auch noch Firmengegenstände, Schlüssel, etc. übergeben muss. Dieser Tag ist dann durch Abrechnung der noch verbleibenden Urlaubstage von den letzten Arbeitstagen zu ermitteln.

Im **Fall** der **Arbeitgeberkündigung** stehen dem Arbeitnehmer für die ersten sechs Monate im Jahr 2014 noch 6/12 des gesetzlichen Jahresurlaubsanspruchs (24 Werktage, d. h. 2 Werktage pro Monat) zu, also 12 Werktage. Diese 12 Werktage nimmt der Arbeitnehmer R zum 30.6.2014 hin, wobei er auch für die Sonnabende, 28. und 21.6.2014 Urlaub nehmen muss (Werktage!) und rechnerisch seinen ersten Urlaubstag am Dienstag, den 17.6.2014 genießen kann. Der Arbeitgeber sieht ihn also am **Montag, den 16.6.2014 das letzte Mal**, um noch notwendige Beendigungsformalitäten erledigen zu können.

(4) Bis wann muss die Kündigung spätestens in den Machtbereich des Empfängers gelangen, damit noch eine Kenntnisnahme möglich ist?

Damit eine Kündigung wirklich wirksam wird und die in ihr gesetzte Frist zu laufen beginnt, ist der beweisbare Zugang beim Kündigungsempfänger **vor Fristbeginn** erforderlich. Soweit die Kündigung noch mündlich möglich ist, muss die Kündigung also so dem Empfänger übermittelt werden, dass er sie noch vor dem Lauf der Frist verstehen kann. Ist dagegen ein Schriftformerfordernis zu beachten, muss die Kündigung angefertigt sein und einem anwesenden Empfänger ebenfalls so zugehen, dass er davon rechtzeitig Kenntnis nehmen kann. Einem abwesenden Empfänger dagegen muss die Kündigung zusätzlich in seinen Empfangsbereich geleitet werden, so dass er vor dem Fristbeginn davon Kenntnis nehmen konnte. Hier passieren in der Praxis immer wieder Fehler, die bei einer richtigen Vorbereitung weitestgehend vermieden werden können.

IV. Weitere Erlöschensgründe

> Im **Fall** sowohl der Arbeitgeber- als auch der Arbeitnehmerkündigung ist der Tag der Übergabe spätestens **Dienstag, der 31.12.2013, 23.59 Uhr** (und 59 Sekunden!), da die Frist um 0 Uhr am 1.1.2014 beginnt.

(5) Bis wann müssen die Kündigung fertig formuliert und alle wesentlichen Sachverhalte und Unterlagen zusammengestellt sein?

Ein Kardinalfehler kann es in der Praxis sein, die Kündigung wirklich erst in den letzten Minuten zu erstellen und dann noch die Zustellung zu versuchen. In Einzelfällen kann das funktionieren, ist aber mit vielen Risiken verbunden, z. B. dass der Arbeitnehmer nicht am Arbeitsplatz wie erwartet angetroffen wird (weil er sich krank gemeldet hat). Hier ist mindestens eine Karenzzeit von zwei Wochen einzuhalten, so dass sogar noch notwendige Äußerungsfristen von Mitwirkungsorganen abgewartet werden können, z. B. die Betriebsratsanhörung nach § 102 Abs. 2 S. 1 BGB (eine Woche Äußerungsfrist).

▸ 335 Ist ein Kündigungsgrund erforderlich, und wenn ja, liegt dieser vor?

Grundsätzlich ist mit dem Grundsatz der Vertragsfreiheit auch das Recht der Vertragsparteien verbunden, eine Kündigungsmöglichkeit ohne die Angabe von Gründen in einem Vertrag vorzusehen. Dieser Grundsatz ist aber durch gesetzliche Regelungen und durch einen intensiven Verbraucherschutz in den letzten Jahren weit zurückgedrängt worden, so dass der juristische Laie heute wohl ohne Weiteres auf die Frage, ob eine Kündigung eines Kündigungsgrundes bedarf, mit Ja antworten würde.

Versucht man systematisch im unsystematischen Recht der Kündigungsgründe vorzugehen, muss man zunächst nach der Art der Kündigung und unterschiedlichen Schutzbereichen differenzieren.

> **Notwendigkeit von Kündigungsgründen**
> - **Außerordentliche Kündigung**: Liegt eine außerordentliche, fristlose Kündigung vor?
> - **Persönlicher Schutzbereich erfordert Kündigungsgrund**: Gehört die gekündigte Person zu einem besonders geschützten Personenkreis?
> - **Sachlicher Schutzbereich erfordert Kündigungsgrund**: Gehört der Vertragsgegenstand zu einem besonders geschützten Sachbereich?

Vom **Grundsatz** her kann eine **ordentliche Kündigung** allein durch eine Kündigungserklärung und Einhaltung der ordentlichen Kündigungsfrist ihre Wirkung entfalten, vgl. z. B. bei Dienst- und Arbeitsverhältnissen den § 620 Abs. 2 BGB, der nichts vom Erfordernis eines Kündigungsgrundes erwähnt, ebenso § 542 BGB bei unbefristeten Mietverhältnissen. Von diesem Grundsatz ausgehend kann man nun die **Ausnahmefälle** ableiten, in denen es also doch eines Grundes für eine Kündigung bedarf.

▶ 336 Liegt eine außerordentliche, fristlose Kündigung vor?

Bei der außerordentlichen Kündigung kann der Erklärende grundsätzlich auf die Einhaltung der regulären Kündigungsfristen zum Teil oder ganz verzichten, so dass die Kündigung dem Empfänger recht schnell gegenüber Wirkung zeigt. Um diesen Fristvorteil für sich verbuchen zu können, sind allerdings von den Gesetzen her besondere, wichtige Gründe erforderlich, da ja von dem Normalfall der ordentlichen Kündigung abgewichen werden soll.

> **Beispiele für außerordentliche Kündigungsvorschriften** ▶ **Mietvertrag**: bei wichtigem Grund fristlos möglich, z. B. Vertragsstörung oder Unzumutbarkeit der Fortsetzung des Mietvertrags, § 543 BGB (Grundnorm), außerordentliche Kündigung mit Einhaltung bestimmter Fristen, z. B. nach einer Mieterhöhung, § 561 BGB, nach Eintritt eines Mieters nach dem Tod des ursprünglichen Mieters, § 563 Abs. 4 BGB, durch den überlebenden Mieter, § 563 a BGB oder durch Erben des verstorbenen Mieters, §§ 564, 573 d, 575 a BGB ▶ **Arbeitsvertrag**: aus wichtigem Grund, wenn eine Kündigung innerhalb der ordentlichen Kündigungsfrist nicht zumutbar ist, § 626 BGB ▶ **Werkvertrag**: bei unterlassener Mitwirkung nach erfolglosem Ablauf einer angemessenen Frist zur Nachholung, § 643 BGB

§ **§ 626 BGB Fristlose Kündigung aus wichtigem Grund** (1) Das Dienstverhältnis kann von jedem Vertragsteil aus wichtigem Grund ohne Einhaltung einer Kündigungsfrist gekündigt werden, wenn **Tatsachen** vorliegen, auf Grund derer dem Kündigenden unter Berücksichtigung aller Umstände des Einzelfalles und unter **Abwägung der Interessen** beider Vertragsteile die Fortsetzung des Dienstverhältnisses bis zum Ablauf der Kündigungsfrist oder **bis zu der vereinbarten Beendigung** des Dienstverhältnisses **nicht zugemutet** werden kann. (2) Die Kündigung kann nur innerhalb von zwei Wochen erfolgen. Die Frist beginnt mit dem Zeitpunkt, in dem der Kündigungsberechtigte von den für die Kündigung maßgebenden Tatsachen Kenntnis erlangt. Der Kündigende muss dem anderen Teil auf Verlangen den Kündigungsgrund unverzüglich schriftlich mitteilen.

▶ 337 Gehört die gekündigte Person zu einem besonders geschützten Personenkreis?

Für bestimmte Personenkreise enthalten gesetzliche Vorschriften das Erfordernis eines **wichtigen oder sonstigen Kündigungsgrundes**:

> **Beispiele für besonders vor Kündigung geschützte Personenkreise** ▶ **Werdende Mütter** sind im Arbeitsverhältnis unkündbar während der Schwangerschaft und bis vier Monate nach der Entbindung, § 9 Abs. 3 MuSchG. ▶ Wird **Elternzeit** in Anspruch genommen, kann grundsätzlich erst nach Ablauf des Urlaubs gekündigt werden, § 18 Abs. 1 BEEG (Ausnahmen sind möglich). ▶ **Auszubildenden** kann nach der Probezeit nur aus wichtigem Grund und ohne Einhalten einer Kündigungsfrist gekündigt werden, Auszubildende selbst können mit der Begründung, die Berufsausbildung zugunsten einer anderen Berufstätigkeit aufgeben zu wollen, kündigen, § 22 Abs. 2 Nr. 1 und 2 BBiG. ▶ **Schwerbehinderten** Arbeitnehmern darf nur mit Zustimmung des Integrationsamtes gekündigt werden, wobei es einer Begründung bedarf. ▶ **Wehrpflichtige** und Zivildienstleistende sind während des Wehrdienstes oder einer Wehrübung bzw. des Zivildienstes in ihrem Arbeitsverhältnis nur aus wichtigem Grund kündbar, § 2 Abs. 1 und 3 Arbeitsplatzschutzgesetz. ▶ **Betriebsratsmitgliedern** sowie Jugend- und Auszubildendenvertretern darf während ihrer Amtszeit und ein Jahr danach nur aus wichtigem Grund gekündigt werden, § 15 Abs. 1 S. 1 KSchG.

IV. Weitere Erlöschensgründe

§ **§9 Abs. 3 MuSchG Kündigungsverbot** (3) Die für den Arbeitsschutz zuständige oberste Landesbehörde oder die von ihr bestimmte Stelle kann **in besonderen Fällen**, die nicht mit dem Zustand einer Frau während der Schwangerschaft oder ihrer Lage bis zum Ablauf von vier Monaten nach der Entbindung in Zusammenhang stehen, ausnahmsweise die Kündigung für zulässig erklären. Die Kündigung bedarf der schriftlichen Form, und sie muß den **zulässigen Kündigungsgrund** angeben.

▶ **338 Gehört der Vertragsgegenstand zu einem besonders geschützten Sachbereich?**

Zusätzlich sehen gesetzliche Vorschriften eine besondere Berechtigung für ordentliche Kündigungen bei besonders geschützten Sachbereichen vor:

> **Beispiele für besonders vor Kündigung geschützte Sachbereiche** ▶ **Mietvertrag**: ordentliche **Kündigung von Wohnraum** bedarf eines berechtigten Interesses des Vermieters an der Beendigung des Mietverhältnisses, §573 BGB ▶ **Arbeitsvertrag**: ordentliche Kündigungen gegenüber Arbeitnehmern, die dem **Kündigungsschutzgesetz** unterfallen (Betrieb mit mehr als zehn Arbeitnehmern und Gekündigter ist länger als sechs Monate im Betrieb) müssen eine soziale Rechtfertigung enthalten, d. h. personen-, verhaltens- oder betriebsbedingte Gründe aufweisen, §1 Abs. 2 S. 1 i. V. m. 23 Abs. 1 KSchG

§ **§1 Abs. 2 S. 1 KSchG Sozial ungerechtfertigte Kündigungen** (2) Sozial ungerechtfertigt ist die Kündigung, wenn sie nicht durch **Gründe**, die in der **Person** oder in dem **Verhalten** des Arbeitnehmers liegen, oder durch dringende **betriebliche** Erfordernisse, die einer Weiterbeschäftigung des Arbeitnehmers in diesem Betrieb entgegenstehen, bedingt ist.

6 Widerruf

▶ **339 Welche Widerrufsrechte bestehen bei Verträgen?**

> **Fall 125 Im Internet geht es schneller!** Der **Käufer K** hatte einen Kaufrausch, aber nicht im Laden sondern in der **Internet-Shop V**, wo er 100 Teile **für je 10 €** gekauft hat. Nun sehen die Waren aber ganz anders aus als am Bildschirm, und er möchte **fünf Teile** der georderten Waren nicht mehr haben und sie zurückschicken. **Frage Was ist ihm zu raten, wie er bei der Rückabwicklung vorgehen sollte?**

In den letzten Jahrzehnten wurden in den Vorschriften des BGB mehr und mehr Widerrufsmöglichkeiten von Verträgen eingefügt. Dieses steht dem eigentlich geltendem Grundsatz entgegen, dass einmal geschlossene Verträge nicht ohne Weiteres einseitig beendet werden können (pacta sunt servanda). Vor dem Hintergrund eines immer stärker werdenden europarechtlichen Einflusses auf den nationalen Verbraucherschutz, gehört das Widerrufsrecht zu einem der wichtigsten Verbraucherschutzinstrumente:

6 Widerruf

Stellung des Widerrufs im Rahmen des europäischen Verbraucherschutzrechts
- Der Verbraucher muss umfassend über die Umstände des Vertragsinhalts und über Beendigungsformalitäten **informiert** werden.
- Die Informationen müssen dem Verbraucher dauerhaft und leicht zugänglich **zur Verfügung stehen**.
- Der Verbraucher erhält ein umfangreiches **Widerrufs- oder Rückgaberecht**, das er ohne Angabe von Gründen ausüben kann.

Neben den bereits behandelten sonstigen im deutschen Vertragsrecht existierenden Schutzvorschriften (allen voran z. B. die Formvorschriften mit ihren Schutzfunktionen), hat der Widerruf **im deutschen Recht seine eigene Regelung** für den Verbraucher in den §§ 355 bis 359 BGB gefunden (weitere Widerrufsrechte finden sich z. B. in § 8 Versicherungsvertragsgesetz – VVG).

§ **§ 355 Abs. 1 BGB Widerrufsrecht bei Verbraucherverträgen** (1) Wird einem Verbraucher durch Gesetz ein Widerrufsrecht nach dieser Vorschrifteingeräumt, so ist er an seine auf den Abschluss des Vertrags gerichtete Willenserklärung **nicht mehr gebunden**, wenn er sie fristgerecht widerrufen hat. Der Widerruf muss keine Begründung enthalten und ist in Textform oder durch Rücksendung der Sache innerhalb von zwei Wochen gegenüber dem Unternehmer zu erklären; zur Fristwahrung genügt die rechtzeitige Absendung.

Ein ordnungsgemäßer Widerruf muss folgende Voraussetzungen erfüllen:

Checkliste 40   Voraussetzungen des Widerrufs
- **Verweis durch gesetzliche Vorschriften:** Wurde dem Verbraucher durch ein bestimmtes Gesetz ein Widerrufsrecht nach § 355 BGB eingeräumt?
- **Keine anders lautende Vereinbarung**: Wurde im Hinblick auf das Widerrufsrecht eine Vereinbarung getroffen?
- **Widerrufserklärung**: Ist der Widerruf ordnungsgemäß erklärt worden?
- **Widerrufsfrist**: Wurde die Widerrufsfrist eingehalten?
- **Widerrufsbelehrung**: Liegt eine ordnungsgemäße Widerrufsbelehrung vor?
- **Kein Erlöschen des Widerrufsrechts**: Ist das Widerrufsrecht inzwischen erloschen?

Das BGB verleiht dem Verbraucher das Widerrufsrecht nur in bestimmten Abschlusssituationen bzw. bei verschiedenen Vertragsgegenständen:

Widerrufsrechte im Überblick
- Haustürgeschäfte
- Fernabsatzverträge
- Teilzeit-Wohnrechteverträge
- Verbraucherdarlehensvertrag

IV. Weitere Erlöschensgründe

(1) Wann ist ein Widerruf bei Haustürgeschäften zulässig?

Ein sog. Haustürgeschäft liegt immer dann vor, wenn ein Vertrag zwischen einem Verbraucher und einem Unternehmer über eine entgeltliche Leistung in einer für Geschäftsabschlüsse ungewöhnlichen räumlichen Umgebung (der sog. Haustürsituation) erfolgt, § 312 Abs. 1 S. 1 BGB.

> **§ 312 Abs. 1 BGB Widerrufsrecht bei Haustürgeschäften** (1) Bei einem Vertrag zwischen einem Unternehmer und einem Verbraucher, der eine entgeltliche Leistung zum Gegenstand hat und zu dessen Abschluss der Verbraucher 1. durch mündliche Verhandlungen an **seinem Arbeitsplatz** oder im Bereich **einer Privatwohnung**, 2. anlässlich einer vom Unternehmer oder von einem Dritten zumindest auch im Interesse des Unternehmers durchgeführten **Freizeitveranstaltung** oder 3. im Anschluss an ein überraschendes Ansprechen in **Verkehrsmitteln** oder im Bereich öffentlich zugänglicher **Verkehrsflächen** bestimmt worden ist (**Haustürgeschäft**), steht dem Verbraucher ein Widerrufsrecht gemäß § 355 zu.

Da sich der Verbraucher an diesen Plätzen oft nicht einer Geschäftssituation mit entsprechenden Interessengegensätzen der Vertragsparteien bewusst ist, besteht die Gefahr, dass er zu einem **unüberlegten Geschäftsabschluss** veranlasst und damit **überrumpelt** wird (BGH NJW 2006, 845). Zudem kann der Verbraucher in diesen Situationen auch nicht den Preis ohne Weiteres vergleichen und die Qualität der Ware überprüfen. Folglich ist bei den in § 312 Abs. 1 S. 2 Nr. 1 bis 3 BGB umschriebenen Situationen immer erforderlich, dass zumindest ein **mitentscheidender Beweggrund** für den Vertragsschluss **die Haustürsituation** war und der Verbraucher unter anderen Umständen seine Erklärung nicht oder **nicht mit dem konkreten Inhalt abgegeben hätte** (BGH NJW 2007, 1947). Die Haustürsituation wird auch nicht dadurch abgeändert, dass der Verbraucher z. B. auch noch Warenproben oder Werbegeschenke bekommt. Des Weiteren muss zwischen Vertragsverhandlung und Abgabe der vertragsschließenden Willenserklärung noch ein solcher Zeitzusammenhang bestehen, dass das **Überraschungsmoment** der Verhandlung fortwirkt und den Verbraucher in seiner Entscheidungsfreiheit beeinträchtigt (BGH NJW 1994, 262).

> **Beispiele für Haustürsituationen** (vgl. Palandt/Grüneberg § 312 Rn. 14 ff.) ▶ Zum **Arbeitsplatz des Verbrauchers** gehört jeder Ort des Betriebsgebäudes oder -geländes (BGH NJW 2007, 2110), z. B. Personalbüro (BAG NJW 2004, 2401), Kantine. ▶ Eine **Privatwohnung** erstreckt sich auf den gesamten zum dauernden Aufenthalt eingerichteten Bereich innerhalb oder außerhalb der Wohnung (BGH NJW 2006, 845), z. B. Eingangsbereich, Hausflur, Garten, Campingplatz-Wohnwagen, Wohnmobil, Hausboot, Seniorenheime, Hotelzimmer und Partyverkäufe in Privaträumen, wobei es auch Wohnstätten Dritter sein können. ▶ Die ausgenutzte freizeitlich unbeschwerte Stimmung von **Freizeitveranstaltungen** liegt vor bei Kaffee- und Butterfahrten, Ausflügen zu eigenständigen überragenden Unterhaltungszwecken, Erholungs- und Bildungsfahrten (OLG München NJW-RR 1991, 122), gemeinsamen Ausfahrten zu Sportveranstaltungen, Filmfestivals (LG Hanau NJW 1995, 1100), Veranstaltungen anlässlich von Wanderlagern (OLG Hamm NJW-RR 1989, 117), Tag der offenen Tür in einem Fitnessstudio, zu dem Gratisgutscheine ausgegeben wurden (AG Bad Iburg NJW-RR 2007, 1353), Gewinnabholungsveranstaltungen bei denen in Wirklichkeit Teilzeitwohnrechte (Timesharing) angeboten werden (OLG Karlsruhe NJW-RR 1997, 432). ▶ **Nicht** dagegen bei Märkten und Messen, die wegen der angebotenen Waren vom Verbraucher besucht werden, und bei denen es Besuchern nicht besonders schwer gemacht wird, sich den Verkaufsaktivitäten der anwesenden Händlern zu entziehen, z. B. **Grüne Woche** in Berlin (BGH NJW 2002, 3100) oder der **Hessentag** (BGH NJW-RR 2005, 1417).

▶ Zu den öffentlichen Verkehrsmitteln und -flächen gehören alle Transportmöglichkeiten, die nicht dem Privatverkehr zuzuordnen sind, z. B. Schiff, Flugzeug, Bus und Bahn, sowie allgemein zugängliche Verkehrsflächen wie z. B. Fußgängerzonen, Straßen, Wege, Plätze, öffentliche Parks und Gärten, private nicht verschlossene Wege, Einkaufszentren und dortige Passagen (LG Dresden NJW-RR 2007, 1352), Bahnhof einschließlich der Bahnsteige, Flughafen, Raststätten auf Autobahnen. ▶ **Nicht** dagegen besteht eine Haustürsituation auf privaten Plätzen wie z. B. Vereinssportplätze, Kinos, Theater, Gastronomieeinrichtungen wie Gasthäuser und Restaurants (BGH NJW-RR 1997, 177) sowie öffentliche Behördenräume

Das Widerrufsrecht ist in den Fällen des § 312 Abs. 3 BGB **ausgeschlossen,** z. B. bei Versicherungsverträgen (dort gelten eigene Widerrufsrechte, § 8 VVG) oder wenn der Verbraucher den Vertragspartner vorher zu sich bestellt hat und es daher auf Initiative des Verbrauchers zu Verhandlungen kam. Außerdem besteht kein Widerrufsrecht bei sofort vollzogenen Bargeschäften mit Gesamtkosten unter 40 € (einschließlich aller Kosten, wie z. B. Nebenkosten und Umsatzsteuer) sowie notariell beurkundeten Verbrauchererklärungen.

(2) Welche Widerrufssituation muss bei Fernabsatzverträgen vorliegen?

Eine typische Fernabsatzsituation ist nur dann gegeben, wenn die in § 312 b Abs. 1 S. 1 BGB enthaltenen besonderen Vertragsschlussumstände bestehen, ohne dass es nur auf den konkret geschlossenen Vertragsinhalt ankommt.

§ **§ 312 b Abs. 1 S. 1 BGB Fernabsatzverträge** (1) Fernabsatzverträge sind Verträge über die Lieferung von Waren oder über die Erbringung von Dienstleistungen, einschließlich Finanzdienstleistungen, die zwischen einem Unternehmer und einem Verbraucher unter ausschließlicher Verwendung von Fernkommunikationsmitteln abgeschlossen werden, es sei denn, dass der Vertragsschluss nicht im Rahmen eines für den Fernabsatz organisierten Vertriebs oder Dienstleistungssystems erfolgt.

Entscheidend ist die Verwendung von Fernkommunikationsmitteln im Rahmen eines für den Fernabsatz organisierten Vertriebssystems, durch das sich der Verbraucher aufgrund des nicht sichtbaren Vertragspartners und nur bildlich erfassbaren Vertragsgegenstands in einer **besonderen schutzbedürftigen Gefahrensituation** befindet (BGH NJW 2004, 3699). Zu diesen **Fernkommunikationsmitteln** gehören aber nicht nur die Instrumente des E-Commerce, wie z. B. E-Mails, SMS und sonstige elektronische Dienste in Rundfunk und Fernsehen. Auch der schon lange bekannte Versandhandel gehört zu den erfassten Distanzgeschäften, die mit Briefen, Katalogen, Telefonanrufen etc. ohne gleichzeitige körperliche Anwesenheit einen Vertrag anbahnen bzw. sogar abschließen sollen. Diese müssen ausschließlich für den Vertragsschluss bei Angebots- und Annahmehandlungen verwendet werden, so dass kein Fernabsatz vorliegt, wenn sich der Verbraucher vorher mit persönlichem Kontakt z. B. im Geschäft des Verkäufers informiert hat und dann erst später am Telefon für das Geschäft entscheidet. **Personell** ist beim Fernabsatz auch wieder das besonders schutzbedürftige **„B2C"-Verhältnis** (business to consumer) erforderlich. Dabei werden auch Privatpersonen, die nebenberuflich z. B. auf der Internetplattform „eBay" wiederholt und planmäßig Kaufsachen anbieten, als Unternehmer im Sinne des BGB, § 14 BGB, angesehen, besonders wenn es sog. „Powerseller" sind (OLG Koblenz NJW 2006, 1438). Der Gegenstand der geschlossenen Verträge ist grundsätzlich nicht relevant, es muss sich nur um die Lieferung von Waren oder die Erbringung von

Dienstleistungen handeln. Die besondere „Gefährlichkeit" des Fernabsatzes ergibt sich letztlich auch aus dem **planmäßigen und systematischen Einsatz** der Fernkommunikationsmittel und weiterer organisatorischer Maßnahmen, z. B. Werbung mit Bestell-Hotline (BGH NJW 2004, 3699), so dass nur gelegentliche Bestellannahmen eines Ladengeschäfts nicht unter die Fernabsatzverträge fallen. **Ausdrücklich ausgenommen** sind in § 312 b Abs. 3 BGB auch Fernabsatzverträge, die im Bereich Fernunterricht, Versicherungen, Immobilien, Lebensmittel und Haushaltsgegenstände des täglichen Bedarfs, Reiseleistungen, Automaten und öffentlicher Fernsprecher geschlossen werden, weil sie eine Sonderregelung erfahren haben (z. B. Versicherungen) oder nicht sinnvoll sind (z. B. Automatenverträge und Widerruf).

> **Lösung Fall 125** Käufer K hat zunächst ein Widerrufsrecht, da es sich beim Einkauf in einem Internet-Shop um eine typische Fernabsatzsituation handelt.

(3) Wann haben Vertragspartner bei Teilzeit-Wohnrechteverträgen ein Widerrufsrecht?

Nach § 481 BGB werden bei Teilzeit-Wohnrechteverträgen Wohngebäude oder Teile von diesen für eine bestimmte Dauer (mind. 3 Jahre) **zu Wohn- oder Erholungszwecken dergestalt überlassen**, dass der Verbraucher das Recht hat, jedes Jahr aufs Neue sich einen bestimmten „erworbenen" Zeitraum auszusuchen und das Wohngebäude zu nutzen. Besonders in den 90er-Jahren wurden viele dieser als Time-Sharing-Verträge bekannt gewordenen mietähnlichen Immobiliengeschäfte auf Ferieninseln aber auch weltweit abgeschlossen und führten aufgrund fehlenden effektiven Verbraucherschutzes zu **europarechtlichen Vorgaben** (sog. Teilzeitnutzungsrecht-Richtlinie) im Hinblick auf einheitliche Festlegung von Formvorschriften, umfassende Informationspflichten in den Prospekten etc., die z. B. in **§§ 482, 483 BGB und Art. 242 ff.** EGBGB ihren Niederschlag gefunden haben. Neben dem in § 485 BGB enthaltenen Widerrufsrecht regelt das BGB zum Schutz des Verbrauchers noch zahlreiche andere Verpflichtungen des Unternehmers, z. B. Prospektpflicht, § 482 BGB, Vertrags- und Prospektsprache, § 483 BGB, Schriftform, § 484 BGB, Anzahlungsverbot während laufender Widerrufsfrist, § 486 BGB, Verbot abweichender Vereinbarungen, § 487 BGB.

(4) Welche Situation muss beim Verbraucherdarlehensvertrag für einen Widerruf vorliegen?

Nach der Legaldefinition des § 491 Abs. 1 BGB ist beim Verbraucherdarlehensvertrag eine gegenüber dem allgemeinen Darlehensvertrag, § 488 BGB, besonders schutzwürdige Situation allein daraus gegeben, dass der Darlehensgeber ein Unternehmer, während der **Darlehensnehmer ein Verbraucher** ist, eine typische „B2C"-Konstellation.

Grundsätzlich ist es für den Schutz unabhängig, wozu das Darlehen benötigt wird, in welcher Höhe es gewährt wird und zu welchen Konditionen. Ausnahmsweise **kein Schutz** besteht z. B. bei Kleindarlehensverträgen bis 200 €, Arbeitgeberdarlehensverträgen, Förderdarlehen nach § 491 Abs. 2 BGB, bzw. nur **begrenzter Schutz** bei Immobiliendarlehen, Beurkundungen oder Effekten und Edelmetallen, § 491 Abs. 3 BGB. Dem Darlehensgeber stehen neben dem **Widerrufsrecht**, § 495 BGB, weitere Schutzrechte zur Verfügung, wie Schriftformerfordernis und Inhaltsanforderungen der Vertragsurkunde, § 492 BGB, Unterrichtungspflichten während des Vertragsverhältnisses, § 493 BGB.

> **§ §495 BGB Widerrufsrecht** (1) Dem Darlehensnehmer steht bei einem Verbraucherdarlehensvertrag ein **Widerrufsrecht nach §355** zu.

▶ 340 Wurde im Hinblick auf das Widerrufsrecht eine Vereinbarung getroffen?

Zugunsten des Verbrauchers können natürlich immer weiter gehende Rücknahmemodalitäten vereinbart werden (z. B. längere Widerrufsfrist), **zugunsten des Unternehmers** lassen die gesetzlichen Vorschriften nur wenige Abweichungen zu.

So können bei Bestellungen mit einem Warenwert von bis zu 40 €, §357 Abs. 2 S. 3 BGB, dem Verbraucher die **Kosten für die Rücksendung** dann durch Vereinbarung (auch in AGB) auferlegt werden, wenn es sich um ein Widerrufsrecht im Fernabsatz handelt, §312 d Abs. 1 S. 1 BGB. Dabei darf aber dem Verbraucher nicht die Rückgabe dadurch erschwert werden, dass die Originalverpackung verlangt wird (OLG Hamm NJW-RR 2005, 1582).

Zudem kann das Widerrufsrecht nach §356 Abs. 1 BGB auch in ein **Rückgaberecht** umgewandelt werden, z. B. durch Rücksendung von mit der Post versandten Sachen. Voraussetzung ist eine deutliche Belehrung im Verkaufsprospekt, so dass der Verbraucher davon eingehend Kenntnis nehmen konnte und das Rückgaberecht in Textform eingeräumt wurde.

> Im **Fall** stellt sich hinsichtlich der **Kosten der Rücksendung** der Waren die Frage, **ob der Kunde K diese zu tragen hat**, wenn der Internet-Shop-Betreiber in seinen AGB wie üblich dem Kunden die Rücksendungskosten für bis zu einem Warenwert von 40 € übertragen hat. Vorliegend würde der Gesamtbetrag 50 € betragen, so dass evtl. K die Kosten nicht zu tragen hätte. Da in der Vergangenheit diese 40 €-Grenze aber missbraucht wurde, indem die Kunden bei geringwertigen Gegenständen einfach mehrere bestellt und dann zurückgegeben hatten, ist nach heute wohl herrschender Ansicht auf den **Wert einer Sache** abzustellen (Palandt/Grüneberg, §357 Rn. 6). Bei Bestellung der zehn Teile durch K, kommt es danach nur auf den Preis eines Teils an, der mit 10 € also unter der Grenze von 40 € liegt, und somit zulässig auf den K die Kosten der Rücksendung abgewälzt werden durften.

▶ 341 Wann ist ein Widerruf ordnungsgemäß erklärt worden?

Inhaltlich muss eine Erklärung des Widerrufs zwar weder den Begriff „Widerruf" verwenden noch etwaige Widerrufsgründe anführen, der zugrunde liegende Vertrag und der Widerrufende müssen aber für den Erklärungsempfänger erkennbar sein, §355 Abs. 1 S. 2 BGB.

> **Muster 117:   Widerrufserklärung**
>
> An den Internet-Shop V
>
> Am … (Datum) habe ich bei Ihnen unter der Auftragsnummer … folgende Gegenstände bestellt: … Diese Bestellung widerrufe ich hiermit.
>
> Ort, Datum, Name und Unterschrift des Verbrauchers

IV. Weitere Erlöschensgründe

Die **Formanforderungen** sind auf die **Textform**, § 126 b BGB, herabgesenkt, so dass sogar ein Widerruf per Fax oder E-Mail möglich ist, es also keiner Unterschrift bedarf. Der Widerruf kann auch stillschweigend durch Rücksendung der Sache erfolgen, wobei für die Wahrung der Widerrufsfrist dieser Zeitpunkt der Rücksendung relevant ist.

> Dem K ist im **Fall** neben der eindeutigen Widerrufserklärung auch die sichere Wahl der Zustellung anzuraten, bei der er den **Zugang des Widerrufs** beweisen kann, also z. B. Fax mit der Bitte um Bestätigung per Rückfax, oder Einschreiben mit Rückschein, wobei bei Letzterem deutlich höhere Kosten anfallen.

▶ **342 Wie wird die gesetzliche Widerrufsfrist eingehalten?**

Der Widerruf ist **grundsätzlich** innerhalb von **zwei Wochen** nach ordnungsgemäßer Belehrung zu erklären, § 355 Abs. 1 S. 2 Halbsatz 1 BGB. Ausnahmsweise kann sich der Verbraucher **einen Monat** Zeit lassen, wenn die Belehrung erst nach Vertragsschluss mitgeteilt wird, § 355 Abs. 2 S. 2 BGB.

Eine weitere zeitliche Grenze von **sechs Monaten**, nach der das Widerrufsrecht aufgrund § 355 Abs. 3 S. 1 BGB erlischt, setzt ebenfalls eine wirksame Belehrung voraus.

Da die Aushändigung der Belehrung ein „in den Tag fallendes Ereignis" ist, wird der Tag bei der Berechnung nicht mitgezählt. Es gelten die Berechnungsvorschriften für die **Ereignisfrist**, §§ 187 Abs. 1, 188 Abs. 2 Alt. 1, 193 BGB.

Um die Widerrufsfrist wirklich in Gang zu setzen, sind neben den in § 355 Abs. 2 BGB enthaltenen Anforderungen aber noch **weiter gehende gesetzliche Anforderungen** bei den jeweils einschlägigen Widerrufssituationen zu beachten, z. B. beim Verbraucherdarlehensvertrag und Teilzeitwohnrechtevertrag wegen des Schriftformerfordernisses zusätzlich die Aushändigung der Vertragsurkunde, §§ 492, 484 BGB.

> Will der K im **Fall** seine Rücktrittsfrist voll ausnutzen, ist sicher zu gehen, **welche der Rücktrittsfristen** laufen (zwei Wochen, ein Monat oder sechs Monate) und **ab wann** sie begonnen haben zu laufen. Wurde K wirksam über das Widerrufsrecht belehrt, stehen ihm im schlechtesten Fall nur **zwei Wochen ab Erhalt der Belehrung** zur Verfügung.

▶ **343 Liegt eine ordnungsgemäße Widerrufsbelehrung vor?**

Die Widerrufsbelehrung kann jeder Unternehmer selbstständig formulieren. Aus Gründen der Sicherheit ist aber für eine ordnungsgemäße Widerrufsbelehrung das Muster der Anlage 1 zu Art. 246 § 2 Abs. 3 S. 1 EGBGB zu empfehlen, zu dem auch noch Gestaltungshinweise zu den jeweiligen Ziffern gegeben werden.

> **Achtung Abmahngefahr: veraltete oder mehrere unterschiedliche Belehrungsmuster**
>
> - Gerade für gewerbliche Betreiber von Internetshops ist zu beachten, dass die in den Gesetzen veröffentlichten Muster in der Vergangenheit wiederholt angepasst wurden und auf eine Verwendung **nur der aktuellen Muster** geachtet werden sollte (Übergangsfrist endete am 4.11.2011!).

- Mit **neuen Mustern** kann man Rechtsnachteile und Verstöße gegen das Wettbewerbsrecht vermeiden, da die Verwendung von mehreren unterschiedlichen und/oder veralteten Musterbelehrungen einen Wettbewerbsverstoß darstellen kann, OLG Hamm (Urteile vom 02.07.2009, Az: 4 U 43/09 und vom 26.05.2011, I–4 U 35/11).

Selbst formulierte Widerrufsbelehrungen müssen folgende Inhalte unbedingt aufnehmen: ▶ dass ein Recht auf Widerruf besteht ▶ wann die 2-Wochen-Frist beginnt ▶ dass der Widerruf ohne Begründung in Textform erfolgen kann ▶ dass die Frist bereits mit Absendung des Widerrufs gewahrt wird ▶ ladungsfähige Anschrift des Widerrufsempfängers ▶ auf welchen Vertrag sich der Widerruf bezieht ▶ bei Haustürgeschäften ist ein Datum erforderlich ▶ je nach Widerrufssituation weitere zwingende Belehrungsinhalte, die in den Sondervorschriften z. B. §§ 312 d Abs. 2 und 485 BGB zu finden sind.

Darüber hinaus muss die Belehrung nach dem Gesetzeswortlaut „**deutlich gestaltet**" sein (sog. **Deutlichkeitsgebot**), so dass sie sich von dem sonstigen Text dadurch unterscheidet, dass sie farblich abgesetzt ist, mit größeren Buchstaben oder mit kursiver und oder fetter Schrift geschrieben ist.

Beispiele für das Deutlichkeitsgebot (vgl. Palandt/Grüneberg § 355, 16) ▶ **Nicht ausreichend** sind ein **geringerer Randabstand und größere Absätze** bei einem ansonsten gleichförmigen Schriftbild (BGH NJW 1994, 1800). ▶ Unzureichend ist ein bloß durchgezogener Strich bei kleineren Drucktypen (BGH NJW 1996, 1964), ▶ graue Unterlegung des Belehrungstextes (LG Kassel NJW 2007, 3136). ▶ Nur die Überschrift „Widerrufsbelehrung" drucktechnisch herauszuheben reicht nicht (OLG Stuttgart NJW-RR 1995, 667). ▶ Unbedingt zu vermeiden sind verwirrende oder ablenkende Zusätze (BGH NJW 2002, 3396), z. B. die Angabe einer Telefonnummer weist auf telefonisch mögliches Widerrufsrecht (KG Berlin NJW-RR 2008, 352). ▶ Mehrere sich widersprechende Belehrungen machen die Belehrung insgesamt unwirksam (BGH NJW-RR 2005, 180). ▶ **Ausreichend dagegen** kann eine Belehrung auf der Rückseite sein, auch wenn ein Hinweis auf der Vorderseite fehlt. ▶ **Belehrungssprache** muss **deutsch** sein, es sei denn, der Vertrag wurde in einer anderen Sprache geschrieben und die Vertragsparteien beherrschen die Sprache und verhandeln in ihr auch (LG Köln NJW-RR 2002, 1491).

Entscheidend ist auch, dass ein **Belehrungsexemplar beim Verbraucher verbleiben** muss (ersichtlich aus der Verwendung der Worte „mitgeteilt worden ist", BGH NJW 1998, 540), so dass die Frist erst zu laufen beginnt, wenn der Unternehmer dem Verbraucher die Belehrung (wieder) ausgehändigt oder bei elektronischer Mitteilung ihn zum Ausdrucken aufgefordert hat.

▶ 344 Ist das Widerrufsrecht inzwischen erloschen?

Obwohl in § 355 Abs. 3 S. 1 BGB eine **sechsmonatige Erlöschensfrist** geregelt ist, tut sich die Rechtslehre schwer damit, dem nicht ordnungsgemäß belehrten Verbraucher irgendwann einmal das Widerrufsrecht zu entziehen. Deshalb wendet man diese Ausschlussfrist eigentlich nur an, wenn irgendwelche Informationspflichten verletzt wurden, bei ansonsten ordnungsgemäßer Widerrufsbelehrung. Die S. 2 und 3 des § 355 Abs. 3 BGB sehen Ausnahmen für bestimmte Widerrufssituationen vor, die letztlich aber für alle Widerrufssituationen angewendet werden. Damit das

Widerrufsrecht nicht völlig ohne zeitliches Ende existiert, wendet man die oben dargestellten **Grundsätze der Verwirkung** an, § 242 BGB.

7 Rücktritt

▶ **345 Wann kann ein Vertragspartner den Vertrag durch Rücktritt zum Erlöschen bringen?**

> **Häufiger Irrtum: „Ein Rücktritt vom Vertrag ist immer möglich!"**
> - Falsch!
> - Ein Rücktritt vom Vertrag ist nur ausnahmsweise möglich, ist das Vertragsrecht doch wie schon mehrfach gezeigt von der Verbindlichkeit eines Vertragsschlusses geprägt (pacta sunt servanda). Somit ist für einen zulässigen Rücktritt eine gesetzliche Regelung wie z. B. in §§ 323 ff. BGB oder eine ausdrückliche vertragliche Vereinbarung erforderlich.

Das Gesetz regelt den Rücktritt in den §§ 323 ff. BGB, wobei § 323 BGB die zentrale Vorschrift ist.

> **§ 323 BGB Rücktritt wegen nicht oder nicht vertragsgemäß erbrachter Leistung** (1) Erbringt bei einem gegenseitigen Vertrag der Schuldner eine **fällige** Leistung **nicht** oder **nicht vertragsgemäß**, so kann der Gläubiger, wenn er dem Schuldner erfolglos eine **angemessene Frist** zur Leistung oder Nacherfüllung bestimmt hat, vom Vertrag **zurücktreten**. (2) Die Fristsetzung ist **entbehrlich**, wenn 1. der Schuldner die Leistung ernsthaft und endgültig verweigert, 2. der Schuldner die Leistung zu einem im Vertrag bestimmten Termin oder innerhalb einer bestimmten Frist nicht bewirkt und der Gläubiger im Vertrag den Fortbestand seines Leistungsinteresses an die Rechtzeitigkeit der Leistung gebunden hat oder 3. besondere Umstände vorliegen, die unter Abwägung der beiderseitigen Interessen den sofortigen Rücktritt rechtfertigen. (3) Kommt nach der Art der Pflichtverletzung eine Fristsetzung nicht in Betracht, so tritt an deren Stelle eine **Abmahnung**. (4) Der Gläubiger kann bereits **vor dem Eintritt der Fälligkeit** der Leistung zurücktreten, wenn offensichtlich ist, dass die Voraussetzungen des Rücktritts eintreten werden. (5) Hat der Schuldner eine **Teilleistung** bewirkt, so kann der Gläubiger vom ganzen Vertrag nur zurücktreten, wenn er an der Teilleistung kein Interesse hat. Hat der Schuldner die Leistung nicht vertragsgemäß bewirkt, so kann der Gläubiger vom Vertrag nicht zurücktreten, wenn die Pflichtverletzung unerheblich ist. (6) Der **Rücktritt ist ausgeschlossen**, wenn der Gläubiger für den Umstand, der ihn zum Rücktritt berechtigen würde, allein oder weit überwiegend verantwortlich ist oder wenn der vom Schuldner nicht zu vertretende Umstand zu einer Zeit eintritt, zu welcher der Gläubiger im Verzug der Annahme ist.

Das Gesetz lässt einen Rücktritt vom Vertrag unter folgenden Voraussetzungen zu:

7 Rücktritt

> **Checkliste 41   Voraussetzungen des gesetzlichen Rücktritts**
> - **Vertragsverletzung nicht unerheblichen Umfangs**: Hat der Schuldner seine Leistung nicht oder nicht vertragsgemäß erbracht?
> - **Vollwirksamer Anspruch**: Ist die Leistung fällig?
> - **Fristsetzung**: Hat der Gläubiger dem Schuldner eine angemessene Frist gesetzt?
> - **Ablauf der Frist**: Ist die Frist erfolglos abgelaufen?
> - **Abmahnung**: Wurde eine Abmahnung ausgesprochen, da eine Fristsetzung nach der Art der Pflichtverletzung nicht in Betracht kam?
> - **Kein Ausschluss des Rücktritts**: Ist das Rücktrittsrecht nicht ausgeschlossen?

Für den Rücktritt ist eine Vertragsverletzung **nicht unerheblichen Umfangs** (vgl. § 323 Abs. 5 S. 2 BGB) erforderlich, wobei die verletzten Pflichten nicht mehr wie vor der Schuldrechtsmodernisierung 2002 im Gegenseitigkeitsverhältnis (Synallagma) stehen müssen, so dass auch die Verletzung z. B. der Abnahme durch den Käufer darunter fallen kann.

Ein Rücktritt ist so lange nicht möglich, wie dem geltend gemachten **fälligen Anspruch** eine dauernde oder aufschiebende Einrede wie z. B. Verjährung entgegensteht.

Der Schuldner muss zur Leistung oder Nacherfüllung eine **angemessene Frist** gesetzt bekommen haben, die vor der Schuldrechtsmodernisierung 2002 noch erforderliche **Ablehnungsandrohung ist entfallen**. Damit läuft der Schuldner bei jeder Fristsetzung durch den Gläubiger Gefahr, dass dieser vom Vertrag zurücktritt, ohne dass der Gläubiger dieses nochmals ausdrücklich angedroht bekommt. Wie bei der Mahnung, die bereits im Rahmen des Verzugs hier vorgestellt wurde, muss die Fristsetzung dem Schuldner den **Ernst der Lage** deutlich durch Bestimmung eines Endtermins vor Augen führen, allzu höfliches Anfragen nach Erbringung der geschuldeten Leistung kann hier schädlich sein. Angemessen ist jede Frist, die dem Schuldner die Möglichkeit gibt, eine bereits angefangene Leistungserfüllung zu Ende zu bringen (BGH NJW 1982, 1280), so dass eine zweitägige Frist bei großer Eilbedürftigkeit ausreichen kann (OLG Köln NJW-RR 1993, 949).

Die Fristsetzung ist ähnlich wie beim Verzug nach § 323 Abs. 2 BGB in folgenden Fällen **entbehrlich**: bei ernsthafter und endgültiger Erfüllungsverweigerung (Nr. 1), bei Fixgeschäften (Nr. 2) oder aufgrund besonderer Umstände und Abwägung der beiderseitigen Interessen (Nr. 3).

Den **Ablauf der Frist** kann der Schuldner nur durch Vornahme der Leistungshandlung innerhalb der Frist verhindern, z. B. rechtzeitige Absendung der Ware, Erteilung des Überweisungsauftrags.

Ein Vertrag kann auch dadurch nicht ordnungsgemäß erfüllt werden, dass gewisse Verhaltensweisen unterlassen werden. Eine Fristsetzung ist bei Unterlassungspflichten aber nicht angesagt, sondern eher die **Abmahnung** des vertragswidrigen Verhaltens, das geändert werden soll.

> **Beispiele für einen Ausschluss des Rücktritts** ▶ wenn der **Gläubiger selbst** für den Rücktrittsgrund weit überwiegend, mindestens 80 bis 90 %, **verantwortlich** ist, § 323 Abs. 6 Alt. 1 BGB ▶ wenn der Gläubiger sich im **Annahmeverzug** befand und den Schuldner kein Verschulden trifft, § 323 Abs. 6 Alt. 2 BGB ▶ wenn nur eine **unerhebliche** Pflichtverletzung vorliegt, § 323 Abs. 5 S. 2 BGB, z. B. Mangelbeseitigungskosten unter 10 % der vereinbarten Gegenleistung betragen (BGH NJW 2005, 3490)

IV. Weitere Erlöschensgründe

▶ **346 Welche Anforderungen sind an einen vertraglich vereinbarten Rücktritt zu stellen?**

> **Fall 126 Immer sind die Banken schuld!** Der **Unternehmer U** möchte expandieren und dazu das an seinen Betrieb angrenzende **Grundstück des Eigentümers E** erwerben. Man ist sich schnell über den Preis handelseinig geworden, aber die **Bank B** will nicht so richtig mit der Finanzierung mitziehen. Unternehmer U befürchtet, dass der E das Grundstück anderweitig verkauft und so schließt man beim Notar schon mal den notariellen Kaufvertrag, dem U wird aber ein **Rücktrittsrecht bis zum 31.12. des laufenden Jahres** eingeräumt. **Frage Ist der Vertrag bindend, wenn der Unternehmer am 31.12. den Rücktritt durch Aufgabe eines Briefes bei der Post erklärt, weil die Bank B endgültig keine Finanzierungszusage gemacht hat?**

Aufgrund der Vertragsfreiheit können die Vertragsparteien selbstverständlich sich gegenseitig ein Rücktrittsrecht auch außerhalb der §§ 323 ff. BGB einräumen. In AGB sind allerdings die Regelungen des § 308 Nr. 3 BGB und des § 309 Nr. 4 BGB zu beachten.

§ **§ 308 Nr. 3 BGB Klauselverbote mit Wertungsmöglichkeit** In Allgemeinen Geschäftsbedingungen ist insbesondere unwirksam ... 3. (**Rücktrittsvorbehalt**) die Vereinbarung eines Rechts des Verwenders, sich **ohne sachlich gerechtfertigten** und im Vertrag **angegebenen** Grund von seiner Leistungspflicht zu lösen; dies gilt nicht für Dauerschuldverhältnisse;

Daraus ergibt sich zunächst ein **Bestimmtheitsgebot**, d.h. dass die Gründe für einen Rücktritt so **konkret** im Vertrag angegeben werden müssen, dass dem durchschnittlichen Kunden eine Beurteilung darüber möglich ist, wann der andere Vertragsteil vom Vertrag zurücktreten kann und wann nicht.

> **Beispiele für das Bestimmtheitsgebot** (vgl. Palandt/Grüneberg § 308, 14) ▶ **zulässig** ist das Abstellen auf Rechtsbegriffe, wie z.B. bei *„unmöglich"* gewordener Leistung ▶ Rücktritt *„im Verzugsfall"* ▶ *„Pflichtverletzungen"* geben ein Rücktrittsrecht ▶ **nicht bestimmt** genug sind Formulierungen, dass ein Rücktritt zulässig sein soll, „wenn die Umstände es erfordern" (BGH NJW 1983, 1325) ▶ Rücktritt bei *„Betriebsstörungen"* ohne Rücksicht auf die Ursache der Störungen (BGH NJW 1983, 1321) ▶ Rücktritt *„aus zwingendem Grund"* (OLG Köln NJW-RR 1998, 926) ▶ wenn *„eine zu geringe Beteiligung"* ausreichen soll ▶ Abstellen auf *„Erkrankungen"*

In AGB muss der Rücktrittsgrund auch zudem noch **sachlich gerechtfertigt** sein, was von der Rechtsprechung bei Vorliegen eines überwiegenden, zumindest aber anerkannten Interesses des Verwenders gestützt sein muss (BGHZ 99, 193), wie z. B. ein vertragswidriges Verhalten des anderen Vertragspartners, ohne dass §§ 323 ff. BGB vorliegen, falsche Angaben zur Kreditwürdigkeit des Kunden oder auch nicht erfolgte Selbstbelieferung, wenn dem Verbraucher diese Abhängigkeit von einem Deckungskauf offengelegt wurde.

Soll ein vertraglicher Rücktritt ohne Fristsetzung vereinbart werden, ist dieses in AGB wegen § 309 Nr. 4 BGB nicht möglich.

§ **§ 309 Nr. 4 BGB Klauselverbote ohne Wertungsmöglichkeit** Auch soweit eine Abweichung von den gesetzlichen Vorschriften zulässig ist, ist in 4. (... **Fristset-**

zung) eine Bestimmung, durch die der Verwender von der gesetzlichen Obliegenheit freigestellt wird, den anderen Vertragsteil zu mahnen oder ihm **eine Frist** für die Leistung oder Nacherfüllung zu setzen;

Lösung Fall 126 In dem Fall wurde formwirksam ein Kaufvertrag vereinbart, §§ 433, 311 b BGB, auch wenn ein vertragliches Rücktrittsrecht bestand. Nach § 349 BGB ist eine formlose Erklärung des Rücktritts des Unternehmers U daher zulässig gewesen. Problematisch ist aber die Einhaltung der Frist, da der Rücktritt bis zum 31.12. beim E als **empfangsbedürftige Willenserklärung** zugegangen sein muss. Erfolgt der Rücktritt zu spät, ist der Kaufvertrag endgültig wirksam.

8 Novation

▶ 347 Wann führt eine sog. Novation zur Beendigung des Schuldverhältnisses?

Bei einer Novation vereinbaren die bisherigen Vertragsparteien eine Ersetzung des alten Schuldverhältnisses durch ein anderes neues Schuldverhältnis, das die Stelle des bisherigen Schuldverhältnisses einnimmt.

Die Novation ist vom Änderungsvertrag dadurch abzugrenzen, dass das ursprüngliche Schuldverhältnis nicht nur abgeändert wird, sondern gänzlich erlischt, einschließlich aller dafür bestellten Sicherungsrechte, wie z. B. Bürgschaften und Pfandrechte (BGH NJW 2003, 59). Aufgrund dieser umfangreichen Rechtsfolgen muss für eine Novation daher ein eindeutiger Parteiwille vorliegen (BGH NJW 1986, 1490), sonst liegt im Zweifel ein bloßer Änderungsvertrag vor, bei dem zumindest die Sicherheiten für das bisherige Schuldverhältnis ohne die Erweiterung der Pflichten fortbestehen.

Beispiele zur Novation (Palandt/Grüneberg § 311 Rn. 10) ▶ anerkannte Kontokorrentsalden, § 355 HGB, aber ohne Erlöschen der bestehenden Sicherheiten, § 356 HGB (BGH NJW 1982, 2193) ▶ Ersetzung der Bürgschaftsschuld durch Darlehensvertrag (OLG Celle WM 2010, 753) ▶ **nicht** dagegen das bloße **Zusenden von Kontoauszügen** bei einem Sparkassenkontokorrent (BGH NJW 1979, 1164) ▶ wenn statt der geschuldeten Leistung eine andere **Leistung an Erfüllung statt** geliefert wird, die der Gläubiger annimmt, § 364 Abs. 1 BGB

Je nachdem, ob das Bestehen des neuen Schuldverhältnisses vom bisherigen abhängig sein soll oder nicht, unterscheidet man die **kausale Novation** (sog. Schuldumschaffung) und die **abstrakte Novation** (sog. Schuldneuschaffung), BGH NJW 1958, 2111). Nur bei Letzterer liegt gleichzeitig ein Schuldversprechen bzw. Schuldanerkenntnis im Sinne der §§ 780, 781 BGB vor, so dass regelmäßig **Schriftform** erforderlich ist (Ausnahmen: § 782 BGB, § 350 HGB).

9 Konfusion

▶ **348 Warum führt die sog. Konfusion grundsätzlich zur Beendigung des Schuldverhältnisses?**

Als sog. Konfusion wird der Sachverhalt bezeichnet, bei dem sich Gläubiger und Schuldner in einer Person hinsichtlich der gleichen Schuld vereinigen (BGH NJW 1967, 2399, NJW-RR 2006, 1232). Die Konfusion ist im Gesetz nicht geregelt, es ist aber anerkannt, dass das Schuldverhältnis grundsätzlich erlischt, wenn es nicht aufgrund von **besonderen Vorschriften aufrechterhalten** wird, z. B. im Erbrecht, bei Nachlassverwaltung oder Nachlassinsolvenz, § 1976 BGB. Die Rechtsprechung hat auch weitere Fälle anerkannt, in denen es aufgrund der **besonderen Interessenlage der Beteiligten** notwendig sein kann, die Forderungen aufrechtzuerhalten, z. B. bei einer Sicherungsabtretung der Rechte aus einer Lebensversicherung an den Versicherer (OLG Düsseldorf NJW-RR 1999, 1406) oder wenn für einen Schadensersatzanspruch Haftpflichtversicherungsschutz besteht.

Weitere Erlöschenshandlungen

- **Unmöglichwerden der Leistung, § 275 Abs. 1 BGB** ○ Schuldner der unmöglich gewordenen Leistung wird frei von seiner Leistungspflicht
- **Ablauf der für die Leistung bestimmten Frist, § 163 BGB** ○ Vertrag kann mit einem bestimmten Endtermin erlöschen, § 158 Abs. 2 BGB
- **Verwirkung, § 242 BGB** ○ Unterfall des **widersprüchlichen Verhaltens** ○ Wer als Berechtigter längere Zeit seine Rechte nicht einfordert, muss damit rechnen, dass der Schuldner sich darauf verlassen hat und verlassen durfte, dass auch in Zukunft diese Rechte nicht mehr eingefordert werden und die Rechtsposition erlischt. ○ **Voraussetzungen** = **Zeitmoment**, wenn eine längere Zeit verstrichen ist, in der von dem Recht trotz bestehender Möglichkeit kein Gebrauch gemacht worden ist, z. B. Rücktrittsrechte innerhalb von einigen Wochen ○ der **untätige Berechtigte** während dieser Zeit nichts zur Durchsetzung seines Rechts unternommen hat ○ der Verpflichtete **durfte sich berechtigterweise darauf verlassen**, dass das Recht nicht mehr eingefordert werden wird
- **Aufhebungsvertrag** ○ beide Vertragsparteien erklären einvernehmlich, das Vertragsverhältnis aufheben zu wollen ○ gesetzlich in § 623 BGB vorgesehen ○ keine Formvorschriften ○ auch stillschweigend möglich ○ darf nicht zwingende Schutzbestimmungen umgehen oder die Willensbildung des Vertragspartners einschränken
- **Kündigung** ○ ersetzt den Rücktritt bei in Gang gesetzten Dauerschuldverhältnissen, wie Miet-, Dienst- und Arbeitsverträgen ○ bei einheitlichen Verträgen sind Teilkündigungen grundsätzlich unzulässig ○ **drei häufige Problemfallgruppen** = **Kündigungserklärung** am richtigen Ort zur richtigen Zeit und in der richtigen Art und Weise vom Kündigungsberechtigten gegenüber dem Kündigungsempfänger zugegangen ○ **richtige Kündigungsfrist** rechnerisch korrekt eingehalten ○ **Kündigungsgrund** erforderlich und gegeben
- **Widerruf** ○ in den letzten Jahrzehnten wurden in den Vorschriften des BGB mehr und mehr Widerrufsmöglichkeiten von Verträgen eingefügt, z. B. §§ 355

bis 359 BGB ○ **Voraussetzungen des Widerrufs** = dem Verbraucher wurde durch ein bestimmtes Gesetz ein Widerrufsrecht nach § 355 BGB **eingeräumt** ○ **Es wurde** im Hinblick auf das Widerrufsrecht keine **andere Vereinbarung** getroffen. ○ Der Widerruf ist ordnungsgemäß **erklärt** worden. ○ Die **Widerrufsfrist** wurde eingehalten. ○ Es liegt eine ordnungsgemäße **Widerrufsbelehrung** vor. ○ Das Widerrufsrecht ist nicht inzwischen **erloschen**.
- **Rücktritt, §§ 323 ff. BGB** ○ nur ausnahmsweise möglich ○ Voraussetzungen = **Vertragsverletzung nicht unerheblichen Umfangs** ○ **vollwirksamer Anspruch** ○ Gläubiger hat dem Schuldner eine angemessene **Frist** gesetzt ○ Die Frist ist erfolglos **abgelaufen** ○ oder eine **Abmahnung** wurde ausgesprochen, da eine Fristsetzung nach der Art der Pflichtverletzung nicht in Betracht kam. ○ Das Rücktrittsrecht ist **nicht ausgeschlossen**. ○ Bei einem **vertraglich vereinbarten Rücktritt** muss der Grund im Vertrag angegeben und sachlich gerechtfertigt sein, § 308 Nr. 3 BGB.
- **Novation** ○ bei einer Novation vereinbaren die bisherigen Vertragsparteien eine Ersetzung des alten Schuldverhältnisses durch ein anderes neues Schuldverhältnis, das die Stelle des bisherigen Schuldverhältnisses einnimmt. ○ z. B. **anerkannte Kontokorrentsalden**, § 355 HGB
- **Konfusion** ○ wenn sich Gläubiger und Schuldner in einer Person hinsichtlich der gleichen Schuld vereinigen ○ gesetzlich nicht geregelt ○ führt im Regelfall zum Erlöschen der Schuld ○ Ausnahmen, wenn besondere Interessenlage der Beteiligten besteht, die Schuld aufrecht zu halten

Stichwortverzeichnis

Symbole
4-W-Frage 103

A
Abändernde Annahmen 156
Abbruch von Vertragsverhandlungen 447
Abgabe einer Willenserklärung 127, 136, 138, 142, 146, 148
Ablehnungsfristenklausel 377
Abschlagszahlungen 475
Abschlusszwang 32
Absichtserklärung 115
Absolutes Verfügungsverbot 292
Abstraktionsgrundsatz 210
Abstraktionsprinzip 237
Abwehrklausel 356
AGB-Anerkenntnis-Klausel 348
AGB-Anwendungsklausel 351
AGB-Geltungsklausel 350, 354
AGB-Kontrolle 342
Akzessorietät 479
Allgemeine Geschäftsbedingungen
– AGB-Kontrolle 342
– Anwendungsbereich 358
– Begriff 342
– Einbeziehung in den Vertrag 349
– Einverständnis des Vertragspartners 353
– einzelne AGB-Klauselverbote 367
– Fundorte 341
– Individualvereinbarungen 357
– Kenntnisnahmemöglichkeit 352
– Nachteile 340
– Rechtsfolgen 363, 386
– Umgehungsverbot 365
– Verträge mit Unternehmern 354
– Vorteile 336
– widersprechende AGB 355
Allgemeines Gleichbehandlungsgesetz 32
Altersgrenzen 195
Analyse juristischen Sachverhalte 100
Analyse juristischer Sachverhalte
– Fragestellung 103
Analyse juristischer Sachverhalte

– Ausformulierung der Lösung 109
– Erste Gedanken zur Lösung 104
– Lösungsskizze 108
– Sachverhalt erfassen 100
– Suche nach Rechtsvorschriften 105
Änderungsklauseln 379
Anfechtung 301, 335
– Anfechtungsberechtigter 325
– Anfechtungserklärung 324
– Anfechtungsformalitäten 322
– Anfechtungsfrist 322
– arglistige Täuschung 314
– Begriff 302
– Berechnungsirrtum 306
– Eigenschaftsirrtum 311
– Erklärungsirrtum 310
– Erlöschen 326
– Gründe 307
– Inhaltsirrtum 308
– mögliche Fälle 301
– Motivirrtum 306
– Muster 324
– nicht gelesene Urkunde 305
– Rechtsfolgenirrtum 308
– Schadensersatz 327
– Übermittlungsirrtum 313
– Voraussetzungen 301
– widerrechtliche Drohung 318
– Wirkungen 327
Angebot 128
– Ablehnung 151
– Angebote an jedermann 130
– Annahmefristen 152
– Begriff 128
– bindendes Angebot 131
– Erlöschen bei Geschäftsunfähigkeit 157
– Erlöschen bei Tod 157
– unter Abwesenden 154
– unter Anwesenden 153
– zeitliche Abfolge 128
– Zeitungen, Internet oder Kataloge 129
Angebotsklausel 132
Annahme 132
– Annahmeerklärung 132

- entbehrlicher Zugang 133
- Realofferte 133
- unter Änderungen 156
- verspätete 154
- zeitliche Abfolge 128

Annahmefristen 152
Annahmefristenklausel 377
Anpassungsklauseln 73
Anrufbeantworter 143
Ansprechpartner im Projektteam 70
Anspruchskonkurrenz 108
Anzahlungs- oder Vorauszahlungsbürgschaft 480
Arglistige Täuschung 301, 314
Arten von Rechtsgeschäften 39
Aufbau des Vertrages
- Fachsprache 85
- praktische Hilfsmittel 87
- Reduzierung von Wiederholungen 85
- Sprachstil 86
- Untergliederungen und Absätze 85

Aufbauregeln 84
Aufgaben des Vertrages 14
- Abänderung gesetzlicher Regelungen 14
- Klarheit und Beweisbarkeit 18
- Konkretisierung 16
- Lückenfüllung 17
- Rechtssicherheit 19
- Verlagerung von Risiken 20

Aufhebungsvertrag 522
Aufklärungspflicht 275
Aufklärungspflichten 449
Aufrechnung 510
Aufrechnungsklausel 369
Aufwendungsersatz 424
Ausfall-(Schadlos-)Bürgschaft 480
Ausgleichsquittung 517
Ausklammerungsmethode 107
Auslegungsgrundsätze 80
- Empfängerhorizont 80
- ergänzende Vertragsauslegung 81
- geltungserhaltende Reduktion 83
- hypothetischer Parteiwille 81
- Treu und Glauben 81
- Verbot der Buchstabenauslegung 80
- Verkehrssitte 80

- vernünftige Ziele und redliche Absichten 83
- Vorrang des übereinstimmenden Parteiwillens 80

Auslegungshilfen 79
Auslobung 137
Äußerung des Willens 49

B

Basiszinssatz 425
Bauvertragliche Sicherheiten 475
Bedeutung des Vertrags
- Absatz 7
- Investition und Finanzierung 9
- Produktion 6
- Rechnungswesen 11
- Steuer- und Versicherungsfragen 12
- Unternehmensführung 5

Befristeter Vertrag 519
Beginn des Vertrages 84
Beginnfrist 534
Berechnungsirrtum 306
Beschränkte Geschäftsfähigkeit 209
Beschränkt Geschäftsähige
- Dienst- oder Arbeitsverhältnis 216
- Erwerbsgeschäft 215
- Taschengeldgeschäfte 214
- Teilgeschäftsfähigkeit 213

Beschränkt Geschäftsfähige 209
- rechtlicher Vorteil 209
- rechtlich vorteilhafte Verträge 209
- Widerrufsrechte 212

Betreuer 208
beweislastverändernde AGB-Regelungen 180, 183
beweislastverändernde Klauseln 374
Blankounterschriften 168
Bürgschaft 478
- Arten 479
- Muster 478

Bürgschaft aufs erste Anfordern 480

C

Circa-Klausel 81

D

„Das-kommt-darauf-an"-Antwort 102
Dauerschuldklausel 373
Deliktsfähigkeit 191, 195

Stichwortverzeichnis 555

Dissens 303
Durchführungsplanung
- typische Haupthindernisse 95
- Werkzeuge 98
Durchführungsphase 75
Durchführungsplanung 95

E
Edelmannswort-Fall 177
Ehemündigkeit 191, 195
Eigenschaftsirrtum 311
Eigentsumsvorbehalt
- nachgeschalteter 493
Eigentumsvorbehalt 492
- Autokauf 11
- einfacher 492
- weitergeleiteter 493
Einkaufs-AGB 355
Einschreiben 146
Einschreiben-Klauseln, 182
Einschreiben mit Rückschein 144, 146
Elektronische Signatur 171
Eltern 208
E-Mail 50, 139, 143, 146, 149, 173, 190
Empfängerhorizont 80
Empfangsbedürftigkeit 136
Empfangsbote 144
Empfangsvertreter 144
Ereignisfrist 533
Erfüllung 504
Erfüllungs- oder Ausführungsbürgschaft 480
Erfüllungsortklausel 505
Erfüllungsschaden 328
Ergänzende Vertragsauslegung 81
Erklärungsbote 144
Erklärungsirrtum 310
Erlass 515
Erlöschensgründe 519
Erweiterter Eigentumsvorbehalt
- Muster 495

F
Fachsprache 85, 101
Falschbezeichnung 302
falscher Preis an der Ware 156
Falsche Übermittlung 301
Fehlinterpretationen im Vertrag 78
Fernabsatzgeschäfte 291

Fiktionsklauseln 380
Formvorschriften
- elektronische Form 170
- Folgen eines Verstoßes 162
- Heilung von Formfehlern 164
- notarielle Beurkundung 177
- öffentliche Beglaubigung 174
- Prüfungsschema 161
- Regelungsort 159
- Schriftform 166
- vereinbarte Form 163
- vereinbarte Formanfoderungen 179
- Zweck und Funktionen 160
Formvorschriftenklauseln 375
Formzwang 35
freibleibend 131
Freizeichnungs-Klauseln 131
Fristen bei Bauteilen und Hauskäufen 459

G
Garantie 456, 457
Garantievertrag 486
- Muster 487
Gefälligkeitsverhältnisse 45
Geheimhaltungsvereinbarung 69
Geisteskrankheit 140
geltungserhaltende Reduktion 83
geschäftsähnliche Handlungen 45
Geschäftsfähigkeit 191, 195, 204
- Begriff 204
- Fallgruppen 204
Geschäftsunfähige
- Geschäfte des täglichen Lebens 208
- volljährige Geschäftsunfähige 206
Geschäftsunfähigkeit 205
- Alkohol- und Drogensucht 206
- lichte Augenblicke 207
- minderjährige Geschäftsunfähige 205
- partielle Geschäftsunfähigkeit 207
- Rechtsfolgen 207
Gesetzliches Veräußerungsverbot 292
Gesetzliches Verbot 282
Gestaltungszwang 35
Gewährleistung 453
- Voraussetzungen 453
Gewährleistungsausschlussklausel 373, 456

Gewährleistungsbürgschaft 480, 481
Gewährleistungsfristen 459
Gläubigerverzug 427
– Rechtsfolgen 431
– Voraussetzungen 428
Globalzession 494
Gutachterstil 109

H
Haftungsausschlussklausel 372
Handlungsfähigkeit 191
Handschenkung 165
Hauptleistungspflichten 273
Haupt- und Nebenpflichten 273
Haustürgeschäft 291
Hinterlegung 508
Höchstbetragsbürgschaft 480
Hypothetischer Parteiwille 81

I
Informationsquellen 21
– Fach- und Lehrbücher 21, 22
– Fallsammlungen 24
– Gesetzesvorschriften 25
– Internetfundstellen 26
– Kommentare 23
– Urteile 25
Inhaltsirrtum 308
Inkassokostenklausel 415
Invitatio ad offerendum 129
Irrtum 301

J
Juristische Personen 192, 199
– Beginn der Rechtsfähigkeit 201
– Begriff 199
– Durchgriffshaftung 202
– Ende der Rechtsfähigkeit 201, 202
– Umfang der Rechtsfähigkeit 200

K
Knebelungsverträge 289
Konfusion 550
Kontokorrentbürgschaft 480
Kontrollphase 75
Kreditauftrag 482
Kündigung 524
– Empfangsberechtigter 529
– Erklärender 528

– fristlose Kündigung 537
– Kündigungserklärung 524
– Kündigungsfrist 530
– Kündigungsgrund 536
– Kündigungsschutz 537
– Mitwirkende 529
– Ort 527
– Übergabeprotokoll 528
– Zeitpunkt 527
– Zugang 527
Kündigungserklärung 525
– Form 526
Kündigungsfrist
– Dauer 531
Kündigungsgrund 536

L
Leistung an Erfüllung statt 505
Leistung erfüllungshalber 505
Leistungsfristenklausel 377
Leistungsstörungen
– Begriff 391
– Unmöglichkeit 395
– Voraussetzungen 393
Leistungstreuepflicht 277, 440
Leistungsumfangsklausel 7
Leistungsverweigerungsklausel 369
Letter of Intent 115
Linoleumrollenfall 444
Lotteriefall 214
lucida intervalla 207
Lücken im Vertrag 78

M
Mahnpauschalenklauseln 415
Mahnung 406, 407
– 30-Tage-Frist 420
– Alternativen 422
– Bestandteile 408
Mahnungs- und Fristsetzungsklauseln 370
mangelhafte Leistung 454
Mängelhaftung 453
– Aufwendungsersatz 464
– Ausschluss 456
– Begriff des Mangels 454
– Fristen 458
– Minderung 463
– Musterbrief 463

- Nacherfüllung 460
- Nutzungsersatz 462
- Rechtsfolgen 459
- Rücktritt 461
- Schadensersatz 464
- Schuldverhältnis 454
- Selbstbeseitigung 461

Mentalreservation 294
Missverständnisse im Vertrag 78
Mitbürgschaft 479
Mithaftungsklausel für Abschlussvertreter 374
Mitwirkungspflichten 278, 440
Motivirrtum 49, 306
Musterverträge 88
- Nachteile 89
- Vorteile 89

N
Nachbürgschaft 480
Nacherfüllung 460
Nachfristklausel 378
nasciturus 196
Natürliche Personen 192, 194
- Beginn der Rechtsfähigkeit 195
- Ende der Rechtsfähigkeit 196
- vorverlagerte Rechtsfähigkeit 196
Nebenleistungspflichten 274
Nebenpflichten
- Aufklärungspflichten 275
- Leistungstreuepflichten 277
- Mitwirkungspflichten 278
- Rücksichtnahmepflichten 275
- Schutzpflichten 276
negatives Schuldanerkenntnis 515, 516
Nichtigkeit des Vertrages 282
- Gesetzesverstoß 282
- Gründe 282
- Sittenwidrigkeit 285
- Wucher 287
Notarielle Beurkundung 177
Novation 549

O
Öffentliche Beglaubigung 174
ohne obligo 131
Option 118
Ordnungsvorschriften 284

P
Partnerwahlzwang 34
Partnerwechselklausel 72
Patronatserklärung 497
- Muster 497
Pfandrechte 473
Pfleger 208
Pflichtverletzung 434
- Begriff 434
- Musterbrief 443
- Rechtsfolgen 442
- Voraussetzungen 438
Pilotprojektvertrag 72
Planungsszenarien 74
Präambel 84
Preisanpassungsklausel 369
Preisgleitklauseln 73
Projektabschnitte 70
Projektteams 70
Pseudonym 167
Punktationen 114

R
Rahmenverträge 72
Ratenkreditverträge 289
Realakte 45
Rechnung 421
Rechte 263
- Abtretung 263
- Arten 263
- Familien- und Erbrecht 265
- Gesellschaftsrecht 266
- Gestaltungsrechte 267
- Gewerbliche Schutzrechte 266
- Sachenrecht 265
Rechtsbindungswille 38
Rechtsfähigkeit 194
- Beginn 194, 195, 201
- Begriff 191
- Ende 196, 201, 202
- vorverlagerte 196
Rechtsfolgenirrtum 308
Rechtsfolgenklausel 416
Rechtsgeschäft 38
- Arten 39
- Begriff 38
- einseitiges 39
- mehrseitiges 39
- zweiseitiges 39

Rechtsgeschäftslehre 28
Rechtsobjekte 192
Rechtssubjekte 192
Regel-Ausnahme-Denken 102
Registrierungsbehörde für Internetdomains 34
Risikominimierung 337
Rückabwicklungspauschalen 381
Rückbürgschaft 480
Rücksichtnahmepflichten 275, 439
Rücktritt 461, 546
– gesetzlicher 547
– vertraglicher 548
Rücktrittsklausel 381
Rücktrittsklauseln 73, 378

S
Sachen 248
– bewegliche 249
– körperliche 245, 248
– nicht vertretbare 250
– Scheinbestandteil 257
– unbewegliche 249
– verbrauchbare 252
– vertretbare 250
– wesentlicher Bestandteil 253
– wesentlicher Bestandteil einer Sache 254
– wesentlicher Bestandteil eines Grundstücks 256
– Zubehör 258
Schadensersatz
– Vertrauensschaden 295
Schadenspauschale 370
Scheingeschäft 293, 296
Scherz
– böser 294
– guter 295
Scherzgeschäft 293, 294
Schiedsgerichtsverfahren 73
Schlichtungsverfahren 72
Schneeballsysteme 36
Schriftformklausel 179
– Abänderungsverbot 181
Schuldanerkenntnis 484
– Muster 485
Schuldbeitritt 482
– Muster 483
Schuldnerverzug 403

– Rechtsfolgen 423
– Verschulden 407
– Voraussetzungen 403
Schuldversprechen 484
Schutzpflichten 276, 440
Schwebende Unwirksamkeit 290
Schwebende Wirksamkeit 291
Schweigen 50
– beredetes 50
– fingiertes 50
– handelsrechtliche Bedeutung 50
– normiertes 50
Selbstbelieferungsvorbehalt 381
Selbstbeseitigung 461
Selbstschuldnerische Bürgschaft 478
„Semilodei"-Fall 303
Sicherungsabtretung 490
– Muster 491
Sicherungsmittel 470
– Abschlagszahlungen 475
– bauvertragliche Sicherheiten 475
– Bürgschaft 478
– Eigentumsvorbehalt 492
– Garantievertrag 486
– Patronatserklärung 497
– Pfandrechte 473
– Schuldbeitritt 482
– Schuldversprechen 484
– Sicherungsabtretung 490
– Sicherungsübereignung 488
– Unsicherheiteneinrede 472
– vertragliche Sicherheiten 477
– vertragliches Pfandrecht 496
– Zurückbehaltungsrecht 471
Sicherungspflichten 278
Sicherungsübereignung 488
Silber-Fall 306
Sittenwidriges Verhalten gegenüber der Allgemeinheit oder Dritten 290
Sittenwidrigkeit 285
– Knebelungsverträge 289
– Sittenwidriges Verhalten gegenüber der Allgemeinheit oder Dritten 290
– Überforderung 289
– Übersicherung 290
SMS 143
solange Vorrat reicht 131
Sprachstils 86
Stellvertretung 219

- Ausschluss 223
- Begriff 219
- Botengeschäft 224
- Geschäft für den, den es angeht 225
- Handeln auf Anweisung 236
- Handeln im fremden Namen 225
- Handeln unter fremden Namen 226
- offenes Geschäft 225
- Prinzipien 221
- unternehmensbezogene Geschäfte 225
- Vertreter ohne Vertretungsmacht 236
- Vertretungsmacht 227, 236
- Voraussetzungen 222
- Zurechnung von Fehlern 235
Strohmann 236

T
Tegernseer Gebräuche 78, 81, 86, 88
Teilbürgschaft 480
Telefax 173, 190
Testament 137
Testierfähigkeit 191, 195
Textform 172
Tiere 261
Tod 157
Transparenzgebot 352, 363
Trennungs- und Abstraktionsprinzip 40
- Bedeutung 40
Treu und Glauben 81
Trierer Weinversteigerungsfall 47, 48

U
Überforderung 289
Übergabeprotokoll 528
Übermittlungsirrtum 313
Übersicherung 290, 489
Umsatzsteuer 81
Unbestellte Leistungen 134
Unmöglichkeit 395, 519
- Musterbrief 401
- Rechtsfolgen 399
- Regelungsort 395
- Voraussetzungen 396
Unsicherheitseinrede 472
Unterstützungs- und Rücksichtnahmepflichten 278

unverbindlich 131
Unwirksamkeit
- relative 292
- schwebende 290
Unwirksamkeit von Verträgen 281
Urteilsstil 110

V
Verbot der Buchstabenauslegung 80
Verbotsgesetz 283
- einseitige 284
Verbraucherdarlehen 291
Verfügungsgeschäft 41
Verhandlungsphase 75
Verhandlungsprotokolle 114
Verjährungsfristen 404, 426
Verkaufs-AGB 355
Verkehrssitte 80, 133
Verlängerter Eigentumsvorbehalt
- Muster 494
Verpackungskostenklausel 7
Verpflichtungsgeschäft 41
Verschulden bei den Vertragsverhandlungen 434, 444
- Abgrenzung 445
- Besonderheiten 451
- Pflichtverletzung 446
- Rechtsfolgen 449
- Voraussetzungen 445
Vertrag 53
- Abgrenzung 54
- allgemeine Bedeutung 3
- Arten 56
- Begriff 53
- Hauptregelungsort 53
- zweiseitig verpflichtender 57
Vertragliche Sicherheiten 477
Vertragliches Pfandrecht 496
Vertragsabschluss
- Inhalt und Ablauf 127, 131
- Willenseinigung 127
Vertragsanbahnung 59, 114
Vertragsanbahnung
- Absichtserklärung 115
- Option 118
- Verhandlungsprotokolle 114
- Vorhand bzw. Vorkaufsrecht 120
- Vorvertrag 121
Vertragsbeendigung 501

- Aufhebungsvertrag 522
- Aufrechnung 510
- Erfüllung 504
- Erlass 515
- Fristablauf 519
- Hinterlegung 508
- Konfusion 550
- Kündigung 524
- Leistung an Erfüllung statt 505
- negatives Schuldanerkenntnis 516
- Novation 549
- Rücktritt 546
- unmöglich gewordene Leistung 519
- Verwirkung 520
- Widerruf 538

Vertrags-Controlling 112
Vertragsdesign 77
- Regel für Aufbau, Sprache und Form 84

Vertragsfreiheit 28
- Abschlusszwang 32
- Beschränkungen 31
- Formzwang 35
- Gestaltungszwang 35
- Grundsatz der Vertragsfreiheit 30
- Partnerwahlzwang 34
- Privatautonomie 29

Vertragsgegenstand
- Bedeutung 246
- Begriff 245

Vertragsmanagement 63
Vertragsparteien 187
- Funktion 189
- Muster 189, 190

Vertragspartnerwechselklausel 374
Vertragsplanung 64
- Störfaktoren 66, 74
- Strategie und Taktik 65
- Ziele 64

Vertragsschluss 125
Vertragsstörungen 269, 299, 333, 389
- Haupt- und Nebenpflichten 273
- Überblick 271

Vertragsstrafe 69
Vertragsstrafenklauseln 371
Vertragsverhandlungen
- Phasen der Verhandlung 92
- Verhandlungsstile 92

Vertrauenspflichten 278

Vertrauensschaden 328
Vertreter ohne Vertretungsmacht 236
- fehlende Genehmigung 238
- Haftung des Vertreters 239

Vertretungsmacht 227, 235
- kraft Gesetzes 227
- kraft Vereinbarung 227

Verweisungstechnik 107
Verwirkung 520
Verzugsschaden 423
Verzugszinsen 424
Vollmacht 227
- Anscheinsvollmacht 231
- Arten 229
- Außenvollmacht 229
- Duldungsvollmacht 231
- Einzelvollmacht 230
- Erlöschen 232
- Gattungsvollmacht 230
- Generalvollmacht 230
- Gesamtvollmacht 230
- Hauptvollmacht 231
- Innenvollmacht 229
- Muster 230
- Spezialvollmacht 229
- Untervollmacht 231

Vollstreckungsunterwerfung 485
Vorbemerkung 84
Vorbereitungspflichten 277
Vorbereitungsphase 75
Vorhand bzw. Vorkaufsrecht 120
Vormund 208
Vorrang des übereinstimmenden Parteiwillens 80
Vorvertrag 121
Vorwort V, VI

W

Wegfall der Geschäftsgrundlage 465
- Rechtsfolgen 468

Weinsteinsäure-Fall 448
Widerrechtliche Drohung 301, 318
Widerruf
- Widerrufsbelehrung 544

Widerruf 538
- Erlöschen 545
- Fernabsatzverträge 541
- Haustürgeschäfte 540
- Kosten 543

– Teilzeit-Wohnrechtevertrag 542
– Verbraucherdarlehensvertrag 542
– Widerrufserklärung 543
– Widerrufsfrist 544
– Wirksamwerden der Willenserklärung 145
Widerrufsbelehrung 544
Widerrufsfrist 544
Willenserklärung 44
– Abgabe 138
– Abgrenzung 45
– äußerer Tatbestand 49
– Begriff 44
– empfangsbedürftige 137
– Erklärungswille 47
– Geschäftswille 49
– Handlungswille 47
– mündliche 139
– nicht empfangsbedürftige 136
– schlüssige 50
– schriftliche 139
– Schweigen 50
Wucher 287

Z
Zeitbürgschaft 480
Zugang
– Anrufbeantworter 143
– Begriff 142
– Beweis 146
– Einschreiben 143
– E-Mail 143
– empfangsbedürftige Willenserklärung 142
– SMS 143
– Telefax 143
– Telegramm 143
– über Dritte 144
– Unzeit 143
– Zugangshindernisse 148
Zugang einer Willenserklärung 127, 136, 142, 146, 148
Zugangsprotokoll 146
Zurückbehaltungsrecht 471
Zweifelsvorschriften 79